# DOGMÁTICA CATÓLICA

Dados Internacionais de Catalogação na Publicação (CIP)
(Câmara Brasileira do Livro, SP, Brasil)

Müller, Gerhard Ludwig
  Dogmática católica : teoria e prática da teologia / Gerhard Ludwig Müller ; [traduzido por Volney Berkenbrock, Paulo Ferreira Valério, Vilmar Schneider]. – Petrópolis, RJ : Vozes, 2015.

  Título original : Katholische Dogmatik : für Studium und Praxis der Theologie
  Bibliografia.

  7ª reimpressão, 2025.

  ISBN 978-85-326-4694-1

  1. Igreja Católica – Doutrinas  2. Teologia dogmática  I. Título.

13-10878                                                     CDD-230.203

Índices para catálogo sistemático:
1. Igreja Católica : Doutrinas : Teologia dogmática    230.203

Gerhard Ludwig Müller

# DOGMÁTICA CATÓLICA

Teoria e prática da teologia

Petrópolis

© 2010, Verlag Herder GmbH, Freiburg im Breisgau
3ª tiragem da edição especial 2010
(8ª edição geral)

Gerhard Ludwig Müller
Tradução do original em alemão intitulado *Katholische Dogmatik – Für Studium und Praxis der Theologie*

Direitos de publicação em língua portuguesa – Brasil:
2014, Editora Vozes Ltda.
Rua Frei Luís, 100
25689-900 Petrópolis, RJ
www.vozes.com.br
Brasil

Todos os direitos reservados. Nenhuma parte desta obra poderá ser reproduzida ou transmitida por qualquer forma e/ou quaisquer meios (eletrônico ou mecânico, incluindo fotocópia e gravação) ou arquivada em qualquer sistema ou banco de dados sem permissão escrita da editora.

| CONSELHO EDITORIAL | PRODUÇÃO EDITORIAL |
|---|---|
| **Diretor** | Anna Catharina Miranda |
| Volney J. Berkenbrock | Bianca Gribel |
|  | Eric Parrot |
| **Editores** | Jailson Scota |
| Aline dos Santos Carneiro | Marcelo Telles |
| Edrian Josué Pasini | Mirela de Oliveira |
| Marilac Loraine Oleniki | Natália França |
| Welder Lancieri Marchini | Priscilla A.F. Alves |
|  | Rafael de Oliveira |
| **Conselheiros** | Samuel Rezende |
| Elói Dionísio Piva | Verônica M. Guedes |
| Francisco Morás | Vitória Firmino |
| Teobaldo Heidemann |  |
| Thiago Alexandre Hayakawa |  |
| **Secretário executivo** |  |
| Leonardo A.R.T. dos Santos |  |

*Editoração*: Fernando Sergio Olivetti da Rocha
*Diagramação*: Sheilandre Desenv. Gráfico
*Capa*: Sandra Bretz
*Tradutores*: Vilmar Schneider
Volney Berkenbrock (cap. 6 e 9)
Paulo Ferreira Valério (cap. 10-12)
*Ilustração de capa*: Visão da hierarquia angelical. Século XII.
Autor desconhecido.

ISBN 978-85-326-4694-1 (Brasil)
ISBN 978-3-451-28652-0 (Alemanha)

Este livro foi composto e impresso pela Editora Vozes Ltda.

# SUMÁRIO

*Prefácio à 6ª edição*, 9
*Índice de abreviaturas*, 11

## PRIMEIRO CAPÍTULO
## EPISTEMOLOGIA DA TEOLOGIA DA REVELAÇÃO, 19

I. Temas e perspectivas, 19
II. A dogmática como especialidade teológica, 41
III. A realidade de referência da teologia: a autorrevelação de Deus em Jesus Cristo, 48
IV. O *medium* da teologia: a fé da Igreja, 53
V. Visão geral de grandes épocas da história da teologia, 81

## SEGUNDO CAPÍTULO
## O SER HUMANO COMO DESTINATÁRIO DA AUTOCOMUNICAÇÃO DE DEUS (ANTROPOLOGIA TEOLÓGICA), 89

I. Temas e perspectivas de uma antropologia teológica, 89
II. Perspectivas essenciais de uma antropologia transcendental, 91
III. A condição da criatura humana em sua realização histórica, 102
IV. A existência humana entre o pecado e a graça, 106

## TERCEIRO CAPÍTULO
## A AUTORREVELAÇÃO DE DEUS COMO CRIADOR DO MUNDO (DOUTRINA DA CRIAÇÃO), 123

I. Temas e perspectivas de uma teologia da criação, 123
II. A fé no Deus Criador segundo o testemunho bíblico, 134
III. A formação da doutrina da criação na história da teologia, 140
IV. Investigação sistemática, 162

## QUARTO CAPÍTULO
## A AUTORREVELAÇÃO DO CRIADOR COMO DEUS DE ISRAEL E PAI DE JESUS CRISTO (TEO-LOGIA), 169

I. A origem da fé cristã em Deus na autorrevelação de Deus Pai, 169
II. A imediatez de Javé a seu povo e a automediação na *Palavra* e no *Espírito* (sabedoria), 181
III. A autorrevelação escatológica no "Filho de Deus" e a promessa do mediador messiânico da salvação, 182
IV. Resumo sistemático, 185

## QUINTO CAPÍTULO
### A REVELAÇÃO DE JESUS COMO "FILHO DO PAI" E COMO MEDIADOR DO REINO DE DEUS (CRISTOLOGIA/SOTERIOLOGIA), 187

I. Temas e horizontes da cristologia, 187

II. O testemunho da Igreja primitiva sobre Jesus, o Cristo, 202

III. A confissão de Cristo na história da fé, 233

IV. Jesus Cristo – O mediador da salvação, 268

## SEXTO CAPÍTULO
### A REVELAÇÃO DO ESPÍRITO DO PAI E DO FILHO (PNEUMATOLOGIA), 281

I. Temas e perspectivas da doutrina do Espírito Santo, 281

II. O Espírito Santo no acontecimento da autorrevelação de Deus, 286

III. O conhecimento da ação divina, natureza e hipóstase do Espírito Santo, 290

IV. Visão sistemática, 293

## SÉTIMO CAPÍTULO
### A AUTORREVELAÇÃO DE DEUS COMO AMOR DO PAI, DO FILHO E DO ESPÍRITO SANTO (DOUTRINA DA TRINDADE), 297

I. Temas e horizontes da teologia trinitária, 297

II. A fé na Trindade no testemunho bíblico, 309

III. Perspectivas histórico-teológicas, 312

IV. Concepções sistemáticas da teologia trinitária contemporânea, 327

## OITAVO CAPÍTULO
### A MÃE DE CRISTO – MODELO DA EXISTÊNCIA CRISTÃ E TIPO DA IGREJA (MARIOLOGIA), 339

I. Temas e horizontes da mariologia, 339

II. Maria no testemunho bíblico da revelação, 343

III. O desenvolvimento dos enunciados mariológicos na história da fé, 349

IV. Visão sistemática: Mariologia – Paradigma de uma antropologia de inspiração trinitária (LG 53), 361

## NONO CAPÍTULO
### A AUTORREVELAÇÃO DO DEUS TRINO NA REALIZAÇÃO DO SER HUMANO (ESCATOLOGIA), 365

I. Horizonte e perspectivas da escatologia, 365

II. A escatologia da autorrevelação de Deus no testemunho bíblico, 376

III. Aspectos da história teológica, 385

IV. Desenvolvimento sistemático da escatologia, 390

## DÉCIMO CAPÍTULO
## A IGREJA – O NOVO POVO DE DEUS DA ALIANÇA (ECLESIOLOGIA), 401

I. Temas e perspectivas da eclesiologia, 401

II. A Igreja segundo o testemunho bíblico, 409

III. Questionamentos escolhidos a partir da história da teologia, 420

IV. Eclesiologia sistemática, 429

## DÉCIMO PRIMEIRO CAPÍTULO
## O MÚNUS SACERDOTAL DE CRISTO NA LITURGIA DE SUA IGREJA (DOUTRINA DOS SACRAMENTOS), 441

### A. A MEDIAÇÃO SALVÍFICA SACRAMENTAL (OS SACRAMENTOS EM GERAL), 441

I. Temas da sacramentologia clássica, 441

II. Abordagem antropológica dos sacramentos, 457

III. A origem dos sacramentos nas ações e no destino de Jesus Cristo, 459

IV. A dimensão eclesial dos sacramentos, 461

### B. A DOUTRINA ESPECIAL DOS SACRAMENTOS, 461

I. O fundamento da existência cristã, 461

II. A celebração sacramental da comunhão divino-humana, 477

III. A reação de Cristo ao pecado, à enfermidade e ao perigo de morte, 500

IV. Construção e forma da Igreja, 520

## DÉCIMO SEGUNDO CAPÍTULO
## COMUNHÃO DE VIDA COM DEUS NO ESPÍRITO SANTO (DOUTRINA DA GRAÇA), 541

I. Temas e perspectivas, 541

II. O testemunho bíblico da graça, 544

III. Desenvolvimento histórico da doutrina da graça, 548

IV. A graça do Espírito Santo: princípio da existência cristã na fé, na esperança e na caridade, 570

*Referências*, 573

*Índice de passagens da Escritura*, 599

*Índice onomástico*, 621

*Índice analítico*, 631

*Índice geral*, 681

# PREFÁCIO À 6ª EDIÇÃO

Dez anos depois da publicação da *Dogmática católica*, está disponível agora a sexta edição, com referências bibliográficas atualizadas. Contra a opinião amplamente difundida, a fé refletida encontra vias de acesso ao ser humano atual. Ele continua a ser, em espírito e liberdade, "ouvinte da palavra" e destinatário da livre ação de Deus na história.

Não está o ser humano, desde o início de sua vida, inserido na autorrevelação de Deus na história? O lugar destacado em que a expectativa imediata e existencial do caráter definitivo da revelação de Deus se encontra com o horizonte de compreensão racional do ser humano é a história, que convida o ser humano para um encontro racional com o mistério de Deus e o conduz para o amor que consuma o ser humano no Deus trino.

O presente projeto sistemático leva em conta a situação específica e sempre cambiante em que o ser humano se aproxima dos temas da teologia. Para além de uma divisão mecânica dos tratados, a *Dogmática católica* é uma tentativa de esclarecer a coordenação interna e a compenetração recíproca dos eixos temáticos. A teologia nunca pode se dar apenas a partir de uma única perspectiva, mas deve sempre dirigir o olhar para a realidade inteira da aliança de Deus com o ser humano. É, pois, preciso, justamente numa época em que a especialização é alçada à condição de parâmetro exclusivo do conhecimento científico, elaborar uma visão geral dos tratados que se contraponha ao isolamento e à particularização dos conhecimentos.

A ênfase deste manual de "Dogmática católica" está em possibilitar uma orientação inicial e em atender à necessidade de uma certificação sobre a origem, a direção e o futuro da fé cristã. Deve transmitir os fundamentos primeiros, bem como propiciar os impulsos para o aprofundamento dos conhecimentos de fé. Meu desejo, pois, é que tomem em suas mãos este livro de estudo justamente aquelas pessoas para as quais a teologia é o ponto central de sua vida espiritual. Uma vez que não se pode separar o estudo teológico da práxis pastoral, também pode auxiliar a transmitir a autocomunicação de Deus em Jesus Cristo como verdade e vida do ser humano para a orientação ética e prática no mundo.

Minha maior alegria seria que, numa época de relativismo e indiferença religiosa, a pergunta teológica sobre Deus se convertesse, para o maior número possível de jovens que estão em busca de respostas, no centro de sua existência moral e espiritual. No entanto, todo pensamento humano permanece cativo da provisoriedade e alcança sua plenitude somente através do criador e redentor: "No presente vemos por um espelho e obscuramente; então veremos face a face. No presente conheço só em parte; então conhecerei como sou conhecido. No presente permanecem estas três coisas: fé, esperança e amor; mas a maior delas é o amor" (1Cor 13,12-13).

Ratisbona,
por ocasião da Festa de São Carlos Borromeu, 2004.

† *Gerhard Ludwig Müller*
Bispo de Ratisbona

# ÍNDICE DE ABREVIATURAS

Os documentos doutrinais são citados recorrendo às seguintes coletâneas de fontes:

| | |
|---|---|
| BSLK | *Die Bekenntnisschriften der evangelisch-lutherischen Kirche* [Os escritos confessionais da Igreja Evangélica Luterana], editados pelo Conselho das Igrejas Evangélicas Alemãs. 31 ed. Gö, 1986. |
| COD | ALBERIGO, G. et al. (org.). *Conciliorum Oecumenicorum Decreta*. 3. ed. Bolonha, 1973. |
| DH | DENZINGER, H.J. &. HÜNERMANN, P. *Compêndio dos símbolos, definições e declarações de fé e moral*. São Paulo: Paulinas/Loyola, 2007, 1.467 p. |
| DwÜ I+II | *Dokumente wachsender Übereinstimmung* – Sämtliche Berichte und Konsenstexte interkonfessioneller Gespräche auf Weltebene. Pb, 1983ss. |
| GÖK | *Geschichte der ökumenischen Konzilien* [História dos concílios ecumênicos]. Mz, 1963ss. |
| Mansi | *Sanctorum Conciliorum et decretorum* – Collectio Nova P, 1899-1927. |
| Niesel | *Bekenntnisschriften und Kirchenordnungen der nach Gottes Wort reformierten Kirche* [Escritos confessionais e ordens eclesiais da Igreja reformada de acordo com a Palavra de Deus]. M, 1938. |
| NR | NEUNER, J. & ROOS, H. *Der Glaube der Kirche in den Urkunden der Lehrverkündigung* [A fé da Igreja nos documentos da proclamação da doutrina]. 12. ed., 1986. |
| Steubing | *Bekenntnisse der Kirche* [Confissões da Igreja]. Wuppertal, 1970. |

Os *documentos do Concílio Vaticano II* são citados de acordo com Frederico Vier (coord.). *Compêndio do Vaticano II* - Constituições, decretos, declarações. Petrópolis: Vozes, 2000.

| | |
|---|---|
| AA | *Apostolicam Actuositatem*. Decreto sobre o apostolado dos leigos, de 18 de novembro de 1965. |
| AG | *Ad Gentes*. Decreto sobre a atividade missionária da Igreja, de 7 de dezembro de 1965. |
| CD | *Christus Dominus*. Decreto sobre o múnus pastoral dos bispos na Igreja, de 28 de outubro de 1965. |
| DV | *Dei Verbum*. Constituição dogmática sobre a revelação divina, de 18 de novembro de 1965. |
| GS | *Gaudium et Spes*. Constituição pastoral sobre a Igreja no mundo de hoje, de 7 de dezembro de 1965. |
| LG | *Lumen Gentium*. Constituição dogmática sobre a Igreja, de 21 de novembro de 1964. |
| OE | *Orientalium Ecclesiarum*. Decreto sobre as Igrejas orientais católicas, de 21 de novembro de 1964. |
| OT | *Optatam Totius*. Decreto sobre a formação sacerdotal, de 28 de outubro de 1965. |
| PO | *Presbyterorum Ordinis*. Decreto sobre o ministério e a vida dos presbíteros, de 7 de dezembro de 1965. |
| SC | *Sacrosanctum Concilium*. Constituição sobre a sagrada liturgia, de 4 de dezembro de 1963. |
| UR | *Unitatis Redintegratio*. Decreto sobre o ecumenismo, de 21 de novembro de 1964. |

## Abreviaturas gerais

| | |
|---|---|
| AC | *Apologia Confessionis Augustanae* (in: BSLK). |
| ACO | *Acta Conciliorum Oecumenicorum*, dir. por E. Schwarz. B, 1984ss. |
| BKV | *Bibliothek der Kirchenväter* [Biblioteca dos Padres da Igreja], dir. por O. Bardenhewer, Th. Schermann e C. Weyman. Kempten, 1911-1938. |
| CA | *Confessio Augustana* (in: BSLK). |
| Cath | *Catholica*. Escrito quadrimestral de teologia ecumênica. Ms, 1968ss. |
| CIC | *Codex Iuris Canonici* |
| CCL | *Corpus Christianorum Latina seu nova Patrum collectio*. Turnhout/Paris, 1953ss. |
| Conc | Revista Internacional de Teologia. Ei/Mz, 1965ss. |
| DBW | Dietrich Bonhoeffer. *Werke* [Obras]. M, 1987. |
| FC | *Formula Concordiae* (in: BSLK). |
| FC (novo) | *Fontes Christiani*. Nova edição bilíngue de fontes cristãs da Antiguidade e da Idade Média, dir. por N. Brox, W. Geerlings, G. Greshake, R. Ilgner e R. Schieffer. Fr, 1990ss. |
| Gr. Kat. | *Grosser Katechismus* [Catecismo Maior]. |
| KD | Karl Barth. *Kirchliche Dogmatik* [Dogmática eclesiástica]. |
| HDG | *Handbuch der Dogmengeschichte* [Manual da história dos dogmas], dir. por M. Schmaus, J. Geiselmann, A. Grillmeier, L. Scheffczyk e M. Seybold. Fr. 1951ss. |
| Kl. Kat. | *Kleiner Kathecismus* [Catecismo Menor]. |
| LXX | *Septuaginta* |
| MThZ | *Münchener Theologische Zeitschrift* [Revista de teologia de Munique], 1950ss. |
| MySal | *Mysterium Salutis – Grundriss heilsgeschichtlicher Dogmatik* [Mysterium Salutis – Compêndio de uma dogmática histórico-salvífica], dir. por J. Feiner e M. Löhrer. Ei, 1965-1976. |
| NBL | *Neues Bibel Lexicon* [Novo Lexicon da Bíblia], dir. por M. Görg e B. Lang. Zü, 1988ss. |
| PG | *Patrologia Graeca*, dir. por J.P. Migne. Paris, 1857-1866. |
| PL | *Patrologia Latina*, dir. por J.P. Migne. Paris, 1841-1864. |
| QD | *Quaestiones Disputatae*, dir. por K. Rahner e H. Schlier (desde 1985: H. Fries e R. Schnackenburg; desde 1994: P. Hünermann e R. Schnackenburg). Fr, 1951ss. |
| Schm. Art. | Artigos de Esmalcalde (in: BSLK). |
| ThQ | *Theologische Quartalschrift*. Tübingen, 1819ss. |
| TzT | *Texte zur Theologie* [Textos sobre a teologia], dir. por W. Beinert. Graz, 1989ss. |
| Vg | *Vulgata* |
| WA | Martin Luther. *Werke – Kritische Gesamtausgabe* [Martinho Lutero. Obras – Edição crítica completa]. Weimar, 1881ss. ("*Weimarer Ausgabe*"). |
| ZKTh | *Zeitschrift für Katholische Theologie* [Revista de teologia católica]. Innsbruck/Wien, 1877ss. |
| ZThK | *Zeitschrift für Theologie und Kirche* [Revista de teologia e Igreja]. Tübingen, 1891ss. |

## Abreviaturas das obras dos autores clássicos

| | | |
|---|---|---|
| Agostinho | an. = | *De anima et eius origine* |
| | bapt. = | *De baptismo* |
| | bono coni. = | *De bono coniugali* |
| | bono vid. = | *De bono viduitatis* |
| | c. Julian. = | *Contra Julianum* |
| | c. Julian. op. imperf. = | *Contra secundum Juliani responsionem opus imperfectum* |
| | c. Pelag. = | *Contra duas epistulas Pelagianorum* |
| | civ. = | *De Civitate Dei* |
| | conf. = | *Confessiones* |
| | contra ep. Parm. = | *Contra Epistolam Parmeniani* |
| | corr. et grat. = | *De correptione et gratia* |
| | De cura pro mort. ger. = | *De cura pro mortuis gerenda* |
| | De Genesi contra Manich. = | *De Genesi contra Manichaeos* |
| | doctr. christ. = | *De doctrina Christiana* |
| | enchir. = | *Enchiridon (Ad Laurentium de fide, spe et caritate)* |
| | ep. = | *Epistulae* |
| | Faust. = | *Contra Faustum Manichaeum* |
| | fid. et op. = | *De fide et operibus* |
| | Gen. ad litt. = | *De Genesi ad litteram* |
| | grat. Christi = | *De gratia Christi* |
| | grat. et lib. arb. = | *De gratia et libero arbitrio* |
| | haer. = | *De Haeresibus* |
| | in Jo. = | *In Joannis Evangelium tractatus* |
| | nat. et grat. = | *De natura et gratia* |
| | nupt. et conc. = | *De nuptiis et concupiscentia* |
| | persev. = | *De dono perseverantiae* |
| | post. coll. = | *Ad Donatistas post collationem* |
| | praed. sanct. = | *De praedestinatione sanctorum* |
| | Quaest. evang. = | *Quaestiones evangeliorum* |
| | retr. = | *Retractationes* |
| | serm. = | *Sermones* |
| | trin. = | *De trinitate* |
| | ver. rel. = | *De vera religione* |
| | virg. = | *De sancta virginitate* |
| Alberto Magno | Sent. = | *Comentário(s) às sentenças* |
| Ambrósio | ep. = | *Epistulae* |
| | In Luc. = | *Expositio evangelii secundum Lucam* |
| | In Ps. = | *Explanatio XII Salmorum* |
| | inst. virg. = | *De instituitione virginis* |
| | myst. = | *De mysteriis* |
| | paen. = | *De paenitentia* |
| | sacr. = | *De sacramentis* |
| | virg. = | *De virginibus* |
| Anselmo de Canterbury | conc. virg. = | *De conceptu virginali et de originali pecatto* |
| | Prosl. = | *Proslogion* |
| Aristides | apol. = | *Apologia* |
| Aristóteles | metaph. = | *Metaphysica* |
| | post. anal. = | *Analytica posteriora* |

| | | |
|---|---|---|
| Atanásio | apol. sec. = | *Apologia (secunda) contra Arianos* |
| | Ar. = | *Orationes adversus Arianos* |
| | ep. Serap. = | *Epistulae ad Serapionem* |
| | incarn. = | *De incarnatione* |
| | Sent. Dion. = | *Epistula de sententia Dionysii* |
| | Syn. = | *Epistola de synodis Arimini et Seleuciae* |
| | tom. = | *Tomus ad Antiochenos* |
| Atenágoras | leg. = | *Lagatio (supplicatio) pro Christianis* |
| | res. = | *De resurrectione mortuorum* |
| | suppl. s. leg. | |
| Basílio | ep. = | *Epistulae* |
| Basílio de Cesareia | or. = | *Orationes* |
| | spir. = | *De Spiritu Sancto* |
| Beda Venerabilis | Exp. in Luc. = | *In Lucae evangelium expositio* |
| Bernardo de Claraval | ep. = | *Epistulae* |
| Boaventura | Brevil. = | *Breviloquium* |
| César de Arles | serm. = | *Sermones* |
| Cipriano de Cartago | domin. Or. = | *De dominica oratione* |
| | ep. = | *Epistulae* |
| | laps. = | *De lapsis* |
| | unit. eccles. = | *De catholicae ecclesiae unitate* |
| Cirilo de Alexandria | ep. = | *Epistulae* |
| Clemente de Alexandria | paed. = | *Paedagogus* |
| | protr. = | *Protrepticus* |
| | q.d.s. = | *Quis dives salvetur* |
| | strom. = | *Stromata* |
| Cirilo de Jerusalém | catech. = | *Catecheses* |
| | (catech.) myst. = | *Catecheses mystagogicae* |
| Epifânio de Salamina | haer. = | *Adversus haereses (Panarion)* |
| Eusébio de Cesareia | h.e. = | *Historia ecclesiastica* |
| | praep. = | *Praeparatio evangelica* |
| Gregório de Nazianzo | ep. = | *Epistulae* |
| | or. = | *Orationes* |
| Gregório de Nissa | bapt. Christi = | *De baptismo Christi* |
| | Eun. = | *Contra Eunomium* |
| | hom. opif. = | *De hominis opificio* |
| | or. catech. = | *Oratio catechetica magna* |
| Gregório o Grande | dial. = | *Dialogi* |
| Guilherme de Ockham | Ord. = | *Ordinatio (In Sententiarum)* |
| | Quodl. = | *Quodlibeta septem* |

| | | |
|---|---|---|
| Hipólito | antichr. = <br> ref. = <br> trad. apost. = | *Demonstatio de Christo et antichristo* <br> *Refutatio omnium haeresium (Philosophoumena)* <br> *Traditio apostolica* |
| Hugo de São Vítor | De sacr. Christ. fidei = | *De sacramentis chistianae fidei* |
| Immanuel Kant | CrP(B) | *Crítica da Razão Pura* (B) |
| Irineu de Lião | epid. = <br> haer. = | *Epideixis* <br> *Adversus haereses* |
| Isidoro de Sevilha | orig. = <br> off.e. = | *Origines (etymologiae)* <br> *De officiis ecclesiasticis* |
| Jerônimo | adv. Jovin. = <br> adv. Pelag. = <br> Dial. e. Lucif. = <br> ep. = <br> Helvid. = <br> In. = | *Adversus Jovinianum* <br> *Dialogus adversus Pelagianos* <br> *Altercatio Luciferiani et Orthodoxi* <br> *Epistulae* <br> *Adversus Helvidium de perpetua virginitate Mariae* <br> *Comentários* (aos escritos bíblicos) |
| João Calvino | Inst. christ. rel. = | *Institutio christianae religionis* |
| João Crisóstemo | hom. in = <br> sac. = | *Homiliae* (sobre os escritos bíblicos). <br> *De sacerdotio* |
| João Damasceno | fid. orth. = | *De fide orthodoxa* |
| João Duns Escoto | Op. Ox (Ord.) = <br> Rep. Paris. = <br> Sent. = | *Opus Oxoniense od. Ordinatio* <br> *Reportatio Parisiensis* <br> *Comentários aos quatro livros das sentenças* |
| João Escoto Erígena | De div. nat. = | *De divisione naturae* |
| João o Diácono | ep. Ad Senarium = | *Epistula ad Senarium* |
| Justino Mártir | 1/2 apol. = <br> dial. = | *Apologiae* <br> *Dialogus cum Typhone Judaeo* |
| Lactâncio | inst. = | *Divinae institutiones* |
| Leão de Bizâncio | Nest. et Eut. = | *Contra Nestorianos et Eutychianos* |
| Leão Magno | ep. ad Flavian. = <br> serm. = | *Tomus ad Flavianum* (ep. 28) <br> *Sermones* |
| Melito de Sardes | pass. = | *Homilia in passionem Christi* |
| Nicetas de Remesiana | expl. symb. = | *Explanatio symboli* |
| Novaciano | trin. = | *De trinitate* |
| Orígenes | Cels. = <br> comm. in = <br> dial. = <br> hom. in = <br> or. = <br> princ. = | *Contra Celsum* <br> *Commentarii in...* <br> *Dialogus cum Heraclide* <br> *Homiliae* (sobre os escritos bíblicos) <br> *De oratione* <br> *De principiis* |
| Pedro Lombardo | Sent. = | *Libri IV Sententiarum* |

| | | |
|---|---|---|
| *Platão* | polit. =<br>Theat. = | Politeia<br>Theaitetos |
| *Plínio* | Ep. ad Trajanum = | Epistula ad Trajanum |
| *Plotino* | Enn. = | Enneaden |
| *Pseudo-Agostinho* | serm. = | Sermones |
| *Pseudo-Cipriano* | rebapt. = | De rebaptismate |
| *Ps-Dionísio Areopagita* | c.h. =<br>myst. = | De caeleste hierarchia<br>De mystica theologia |
| *Ricardo de São Vítor* | trin. = | De trinitate |
| *Robert Bellarmin* | Controv. = | Disputationes de controversiis christ, fidei adversus hujus temporis haereticus |
| *Teófilo de Antioquia* | Autol. = | Ad Autolycum |
| *Tertuliano* | adv. Marc. =<br>adv. Prax. =<br>an. =<br>bapt. =<br>carn. =<br>cor. =<br>cult. fem. =<br>exh. cast. =<br>fug. =<br>mart. =<br>monog. =<br>or. =<br>paenit. =<br>praescr. =<br>pudic. =<br>ressurr. carnis =<br>scorp. =<br>uxor. =<br>virg. vel. =<br>virgin. = | Adversus Marcionem<br>Adversus Praxean<br>De anima<br>De baptismo<br>De carne Christi<br>De corona<br>De cultu feminarum<br>De exhortatione castitatis<br>De fuga<br>Ad martyres<br>De monogamia<br>De oratione<br>De paenitentia<br>De praescriptione haereticorum<br>De pudicitia<br>De carnis resurrectione<br>Scorpiace<br>Ad uxorem<br>De virginibus velandis<br>De virginitate |
| *Tomás de Aquino* | Com. Theol. =<br>ver. =<br>Exp. Sal. Ang. =<br>In lib. Boetii de Trinit. =<br>In Sent. =<br>Ord. =<br>suppl. =<br>S.c.g. =<br>S. th. = | Compendium theologiae ad fr. Reginaldum<br>De veritate<br>Expositio in salutationem angelicam<br>Super Boetium de Trinitate<br>Super IV lib. Sententiarum<br>De forma absolutionis ad mag. Ordinis<br>Summa theologiae supplementum<br>Summa contra gentiles<br>Summa theologiae |
| *Zeno de Verona* | Tract. =<br>serm. = | Tractatus<br>Sermones |

## As obras dos Padres apostólicos

| Clemente de Roma | 1 Clem | *Epístola de Clemente* |
| --- | --- | --- |
| Inácio de Antioquia | Eph.<br>Magn.<br>Philad.<br>Polyc.<br>Rom.<br>Mart. Pol. | *Epistula ad Ephesios*<br>*Epistola ad Magnesios*<br>*Epistola ad Philadelphienses*<br>*Epistola ad Polycarpum*<br>*Epistola ad Romanos*<br>*Martyrium Polycarpi* |
| Hermas | mand.<br>Did.<br>Barn. | *Mandata pastoris* (O Pastor de Hermas)<br>*Didaquê*<br>*Carta de Barnabás* |

## Localização das editoras

| B | Berlim |
| --- | --- |
| C | Colônia |
| D | Düsseldorf |
| Da | Darmstadt |
| Ei | Einsiedeln |
| Er | Erlangen |
| F | Frankfurt a.M. |
| Fr | Friburgo de Br. |
| Fri | Friburgo (Suíça) |
| G | Genebra |
| Gi | Giessen |
| Gö | Göttingen |
| Gt | Gütersloh |
| HH | Hamburgo |
| I | Innsbruck |
| L | Leipzig |

| Lo | Londres |
| --- | --- |
| M | Munique |
| Ma | Madri |
| Ms | Münster |
| Mz | Mainz |
| Nl | Nova Iorque |
| P | Paris |
| Pb | Paderborn |
| Rb | Regensburg |
| Ro | Roma |
| S | Salzburgo |
| St | Stuttgart |
| Tü | Tübingen |
| Wu | Wuppertal |
| Wü | Würzburg |
| Z | Zurique |

# PRIMEIRO CAPÍTULO
## EPISTEMOLOGIA DA TEOLOGIA DA REVELAÇÃO

### I. TEMAS E PERSPECTIVAS

#### 1 *Objetivo e programa do* Manual de dogmática

A teologia católica ensinada hoje nas universidades, escolas superiores e seminários oferece, no seu conjunto e nas suas disciplinas singulares, uma gama praticamente inimaginável de material científico. Particularmente a área da dogmática, que assume a função de integrar num quadro global os resultados das disciplinas teológicas singulares, reuniu uma quantidade tão grande de material que é quase impossível para o estudante obter uma *visão global*, quanto mais uma *visão concreta* do nexo interno dos temas centrais. A discrepância entre o acúmulo de conhecimentos concretos e a falta de uma síntese conceptual poderia trazer à memória as palavras irônicas que Mefistófeles dedica ao seu aluno no *Fausto* de Goethe:
> Tem todos os componentes na sua mão / Mas lhe falta, infelizmente, o laço espiritual.

No entanto, a diversidade da teologia cristã não pode ser posta de lado como uma mera carga histórica. Sua amplitude é uma consequência necessária da pretensão de validade universal da fé cristã. Ao reconhecer a verdade de que Deus se revelou na criação, na redenção e na reconciliação como a origem e o fim do ser humano e do mundo, a teologia está obrigada a não excluir, por princípio, nada como possível objeto de sua reflexão.

Apesar de todas as tensões e desenvolvimentos em particular, a história da revelação, que se estende por 3.500 anos, forma um *continuum* traditivo em que Javé aparece como o sujeito da revelação e o povo da aliança do Antigo e do Novo testamentos encontra sua identidade na resposta de fé à palavra singular de Deus proferida na história. Justamente devido à universalidade da revelação manifestada em Jesus Cristo, a concepção histórica e escatológica da verdade do cristianismo deve ser mediada, de forma crítica e positiva, com todas as formas de expressão do *humanum*. É válido, pois, confrontar a autocompreensão cristã com as pretensões de verdade concorrentes das religiões concretas da humanidade, bem como com as concepções teóricas e práticas da visão do ser humano e do mundo presentes na filosofia e nas ciências históricas, sociais e naturais.

Também são campos de tarefas da teologia católica o movimento ecumênico e as tentativas de inculturação do cristianismo, ainda de cunho europeu, nas jovens igrejas da América Latina, da África e da Ásia. Por fim, mas não por último, o estudo da teologia requer que o estudante se familiarize com as diversas ciências auxiliares, aprenda línguas estrangeiras, e saiba fazer uso dos métodos histórico-filológicos e do instrumental hermenêutico.

O "laço intelectual" é o "fio de Ariadne" que conduz para fora do labirinto do aparentemente inesgotável objeto material da teologia. Esse fio surge quando se concebe a unidade da teologia a partir da origem do ato de fé pessoal e indivisível. A unidade da teologia depende da precedente unidade da fé, que se deve, tanto em sua confissão como em sua prática, à autocomunicação de Deus. Conceber a razão teológica como interpretação da fé implica entendê-la como parte constitutiva da fé. Assim como a própria fé, a teologia está determinada pelo acontecimento do encontro do ser humano com a Palavra de Deus na forma de sua automediação no acontecimento de Cristo e no envio do Espírito. A fé é um efeito da ação do Espírito Santo.

A almejada *perspectiva universal* que garante uma visão do nexo interior dos temas e métodos singulares da teologia é *a autorrevelação do Deus trino na mediação da pessoa e da história de Jesus de Nazaré para a salvação do ser humano.*

A elaboração e a estrutura da confissão de fé cristã (credo) permitem reconhecer os três níveis interligados de referência da teologia. O "eu", ou respectivamente o "nós", dos seres humanos estabelece, por meio da fé, uma relação com Deus. Essa relação é mediada por Jesus Cristo e continua presente na Igreja através do Espírito de Deus. Designam-se, assim, os três principais mistérios da fé cristã: a Trindade, a encarnação e o dom do Espírito/perdão do ser humano. Podem ser agrupados nos três principais eixos temáticos: teologia – cristologia – antropologia. Desse modo, os tratados singulares da dogmática podem figurar nesta perspectiva abrangente.

| Os três dogmas fundamentais do cristianismo |
|---|
| A Trindade de Deus: As pessoas da única essência divina |
| A encarnação: A encarnação do Filho eterno |
| O Espírito e graça: A vinda de Deus no Espírito Santo |

A partir da tarefa da teologia de estabelecer uma relação entre a diversidade dos temas (objeto material) e a unidade da perspectiva (objeto formal), surgem os objetivos e o programa do *Manual de dogmática*:

*1. Informação básica*
Apresentará a seguinte estrutura – a não ser que o próprio assunto exija um esquema diferente:
(I.) As questões atuais da temática,
(II.) Os fundamentos bíblicos,
(III.) O desenvolvimento histórico (dos dogmas), bem como
(IV.) A exposição sistemática.

*2. Orientação para a formação de um juízo teológico independente:*
De acordo com seu gênero literário, este manual não é uma enciclopédia teológica, nem substitui um dicionário, tampouco é uma introdução ao cristianismo e muito menos é um catecismo. É uma *introdução à teologia dogmática*.

*3. Metodologia*
Os tratados singulares da dogmática teológica serão apresentados na seguinte ordem:
1. Epistemologia da teologia da revelação
2. Antropologia teológica
3. Doutrina da criação
4. Teo-logia
5. Cristologia/soteriologia
6. Pneumatologia/Teologia trinitária
7. Mariologia
8. Escatologia
9. Eclesiologia
10. Doutrina dos sacramentos
11. Doutrina da graça

## 2 Teologia: a ciência da confissão e da prática da fé cristã
### a) A necessidade de uma reflexão científica fundamental

*O objeto da teologia é a fé, testemunhada pela Igreja, na autorrevelação de Deus na pessoa e na história de Jesus de Nazaré. O objetivo dessa autocomunicação de Deus é que "os homens, por intermédio do Cristo, Verbo feito carne, e no Espírito Santo", tenham acesso ao Pai e se tornem "participantes da natureza divina" (DV 2).*

A fé como *ato* (*fides qua creditur*) de uma relação pessoal com Deus se diferencia, na origem e na realização, do mero exame dos fatos próprios da razão científica. Isto não exclui, contudo, "que o conteúdo profundo da verdade seja a respeito de Deus, seja da salvação do homem manifesta por meio desta revelação" (*fides quae creditur*), seja refletido com auxílio dos métodos científicos e apresentado em sua abrangente relação com a compreensão da realidade e em especial com a questão da salvação do ser humano. A fé cristã não concebe a si mesma como a expressão de uma experiência irracional situada além da referência racional com o mundo, nem como um êxtase religioso espontâneo e, de modo algum, como um elemento de uma cosmovisão especulativa (gnose, esoterismo, teosofia, antroposofia, *New-Age*). Antes, pretende apresentar, definitivamente, a origem e o destino do ser humano no horizonte de sua relação pessoal com Deus, o Criador, o Redentor e o Consumador do mundo. Uma definição da relação entre a fé e a orientação ética e racional ao mundo é, pois, um elemento constitutivo da fé cristã. A fé vem do ato de ouvir a Palavra de Cristo (*fides ex auditu*) e se realiza como assentimento pessoal (*assensus fidei, affectus amoris*) à reclamação da Palavra de Deus (cf. Rm 10,17). Porém, como ato humano, esse ouvir implica também uma aceitação *inteligente* da Palavra de Deus mediada pela linguagem humana, com sua estrutura lógico-hermenêutica e de acordo com os princípios de formação de conceitos e de juízos. Pode fazer uma distinção, mas não uma separação entre *auditus fidei* e *intellectus fidei*, porque a fé sempre contém em si também um "compreender e conhecer o amor de Deus por nós em seu Filho" (cf. Gl 1,1; Ef 3,19; 4,13).

Justamente devido à pretensão universal de que, no nome (isto é, na pessoa) de Jesus, Deus oferece a salvação a todos os seres humanos (Cf. At 4,12; Jo 14,6; 1Tm 2,4s.), mostrou-se indispensável uma certificação da "firmeza da doutrina" e do fundamento histórico do Evangelho de Cristo (Lc 1,1-4). Por causa de seu mandato missionário universal (cf. Mt 28,19), a Igreja não está autorizada a se retirar a sua própria esfera como mais um grupo religioso. A Igreja, como "sacramento da salvação do mundo em Jesus Cristo" (cf. LG 1), se encontra numa relação dinâmica com o mundo, com a humanidade inteira e com a sua história. Um discurso racional da fé e uma mediação argumentativa do Evangelho são elementos indissociáveis do caráter dialogal da Palavra de Deus: "Estai sempre prontos para responder àqueles que perguntarem pelo motivo de vossa esperança" (1Pd 3,15).

*A dogmática se pergunta pela consistência e coerência interna dos diferentes enunciados de fé que desenvolve a partir do fundamento único da revelação de Deus, como Pai de Jesus Cristo, e de "seu Filho"* (cf. 1Cor 15,1; Gl 1,11).

O problema fundamental consiste em como pode surgir uma fé racional na Palavra de Deus e em como é possível uma imediatez do ser humano a Deus que permanece ligada à mediação humana da Palavra de Deus nas palavras humanas (1Ts 2,13), sem que, por outro lado, o ser humano, em seu discurso sobre Deus, tenha de lidar somente consigo mesmo e com suas ideias sobre Deus, como presume a suspeita de projeção de Ludwig Feuerbach. O que está em jogo, fundamentalmente, é como definir, em geral, o conceito de "razão" e qual é o tipo de razão científica ou filosófica surgido na história que deve servir de ponto norteador no sistema de referência "fé-razão".

Na condição de primeiro tratado da dogmática, cabe à epistemologia teológica (gnoseologia teológica, dogmática fundamental; prot.: prolegômenos) a tarefa de aclarar a referência à realidade, o âmbito do objeto, o objeto formal, bem como as fontes e os critérios do conhecimento teológico e da formação do juízo.

### b) A história da "doutrina da introdução teológica"

*A Patrística*

A rica literatura apologética que, desde o século II, teve de se confrontar com as objeções judaicas e os ataques pagãos à legitimidade do cristianismo trata, entre outros pontos, também de demonstrar a racionalidade interior da fé cristã em face da filosofia grega (Justino Mártir). *Ireneu de Lião*, em seu escrito *Adversus Haereses* (180/185), salienta – contra as supostas tradições secretas que os gnósticos diziam possuir – a transmissão pública da revelação por meio da Igreja apostólica. A identidade de conteúdo e a continuidade com a Igreja apostólica estava assegurada por meio de dois princípios materiais, a saber, por um lado, pela origem apostólica da Sagrada Escritura e, por outro, pela tradição apostólica que permaneceu viva na Igreja; bem como por meio de um princípio formal: a concordância mútua das igrejas fundadas pelos apóstolos e de seus bispos (a sucessão apostólica).

Na Patrística, formam parte do âmbito da doutrina teológica sobre os princípios também as questões da formação do cânon, da inspiração, dos métodos de interpretação da Escritura, da origem e do caráter vinculante das confissões e das regras de fé, bem como da autoridade dos doutores da Igreja e dos concílios. É clássica a formulação do princípio da tradição de *Vicente de Lérins* († por volta de 450), segundo a qual deve considerar-se apostólico e católico "o que foi crido sempre, em todas as partes e por todos" (*Commonitorium* 2). Ela se reporta ao *depositum fidei*, em que se conserva o testemunho fundamental dos apóstolos a respeito da revelação de Deus em Jesus de Nazaré (1Tm 6,20) e que permitiria um progresso na compreensão da fé, mas não uma corrupção dela.

*A Escolástica*

O desenvolvimento de uma teologia sistemática nos séculos XII e XIII, com base no ideal científico de Aristóteles, teve seu ponto de partida, por um lado, nos escritos pedagógico-científicos de Hugo de São Vítor, mas principalmente nos comentários ao *Livro das Sentenças* de Pedro Lombardo. Alcançou seu ponto alto nas grandes sumas da teologia escolástica, que contêm, antes de tudo, uma peculiar doutrina dos princípios. À exposição sistemática da fé antepõem-se as reflexões sobre o método e o alcance científico da teologia (p. ex., *Tomás de Aquino*, In Sent. q.1-5; S.c.g.I, 1-9; S. th. I q.1 a.1-10; In lib. Boetii de Trinit.). Investigava-se especialmente o problema da relação entre fé (*lumen fidei*) e razão (*lumen naturale*) e se rejeitava a teoria da dupla verdade, segundo a qual dois enunciados contrários entre si poderiam, mesmo assim, ser ambos verdadeiros em seu respectivo contexto, um na filosofia e o outro na teologia. Da unidade da razão decorre que não pode haver contradição entre os conhecimentos da fé e as verdades da razão. Resulta, além disso, a possibilidade de que a razão, iluminada pela fé (*ratio fidei illustrata*), compreenda e exponha a interconexão mútua dos enunciados fundamentais da confissão de fé (*articuli fidei*), concebidos no ato de fé, e atue de intermediária da verdade do conhecimento natural do mundo nas categorias da linguagem e da razão humana. As duas pedras angulares da doutrina escolástica do conhecimento são a autoridade do Deus que se revela e a da Igreja incumbida de sua transmissão, assim como a razão humana que procede, metodológica e sistematicamente, segundo seus próprios princípios (*auctoritas et ratio*).

*A teologia moderna*

A epistemologia teológica da Idade Moderna estava condicionada também pela crítica humanista a alguns aspectos da Escolástica tardia: a seu distanciamento especulativo da realidade, a suas "acrobacias conceituais", a grande distância da simplicidade da linguagem bíblica e a sua falta de crítica histórico-filosófica no tocante às fontes bíblicas e patrísticas. No fundo estava ainda a crítica, alimentada pela tradição platônico-agostiniana, à supremacia da filosofia aristotélica sobre a teologia, a separação nominalista entre a autoridade da revelação e a razão e a virada antropológica esboçada pela filosofia subjetivista emergente. Por fim, também a crítica à metafísica que acompanhava o empirismo e o ceticismo (mais tarde, o naturalismo e o positivismo) atingiu a teologia que se reportava a um fundamento metafísico. No lugar do hilemorfismo aristotélico e de sua concepção das formas substanciais, aparece progressivamente uma visão de mundo completamente nova e uma concepção fundamentalmente modificada da matéria, que era considerada exclusivamente sob o aspecto da quantidade e tinha suas leis mecânicas investigadas com auxílio de regras matemáticas.

No entanto, foi principalmente a crítica da Reforma ao princípio da tradição que desestabilizou a doutrina clássica da transmissão da revelação através da Igreja visível. À autoridade doutrinária do concílio e do papa contrapôs os seguintes princípios: "somente a Escritura" (*sola scriptura*) e a autointerpretação da Escritura (*sacra scriptura sui ipsius interpres/testimonium internum Spiritus sancti*). Através da teologia da controvérsia, o centro de interesse da discussão deslocou-se para os "lugares teológicos" (*loci*, ou, segundo os tópicos de Aristóteles, *topoi*), ou seja, para a descoberta e a valorização de todos os argumentos teológicos relevantes na respectiva discussão (Ph. Melanchton, J. Eck, R. Belarmino, J. Gerhard). Foi pioneira no âmbito católico a obra de *Melchior Cano, De locis theologicis* (1563). Sob a influência do humanismo, adota na teologia a problemática histórica e filológica e faz a transição do paradigma medieval "fé/razão" (graça/natureza) para o moderno "fé/história". Cano reconheceu claramente que a teologia sistemática não pode se esgotar numa especulação abstrata e na simples definição conceitual. Necessita de uma base na teologia positiva, isto é, na comprovação do conteúdo na história real da revelação e em seus testemunhos positivos nas fontes da fé. Cano cita dez lugares teológicos, sete próprios (*proprii*) e três alheios (*alieni*): 1) a Sagrada Escritura; 2) a tradição; 3) a autoridade da Igreja Católica (hoje, p. ex.: a proclamação regular e geral da doutrina e o sentido da fé do povo de Deus); 4) a autoridade dos concílios; 5) a autoridade da Igreja Romana; 6) os Padres da Igreja; 7) os teólogos escolásticos, em especial Santo Tomás de Aquino, bem como os canonistas. Seguem-se 8) a autoridade da razão natural; 9) a autoridade dos filósofos, especialmente de Aristóteles, e do direito civil e, por fim, 10) a autoridade da história da humanidade. Desde Melchior Cano, toda "dogmática católica" se inicia com uma epistemologia teológica.

Tornou-se célebre, sobretudo, a epistemologia teológica do *Manual de dogmática* de *Matthias Josef Scheeben* (1874; Fr 1959). Na primeira parte, trata da própria revelação como origem do conhecimento teológico e, em seguida, de sua transmissão objetiva. Aqui devem levar-se em consideração três elementos: 1) o depósito escrito (= a Sagrada Escritura) e o depósito oral (= a tradição apostólica) como fontes da fé; 2) a tradição eclesial (isto é, o testemunho do depósito apostólico no *continuum* da transmissão da fé e no conhecimento teológico) e 3) a vigência da Palavra de Deus por meio do apostolado doutrinal. Na segunda parte, segue a *analysis fidei*, ou seja, a análise da fé e a maneira de entendê-la (*intellectus fidei*).

Uma estrutura semelhante apresenta a dogmática *Mysterium Salutis*, 1965ss. (dir. por J. Feiner e M. Löhrer): 1) a revelação; 2) a presença permanente da revelação na Escritura e na tradição; 3) a atualização da revelação por meio da Igreja e 4) a análise da fé como resposta à revelação, juntamente com a definição da teologia como explicação da fé.

Uma reorientação da epistemologia teológica resulta da Constituição Dogmática do Vaticano II sobre a revelação de Deus, *Dei Verbum* (1965). Aqui, logo no primeiro capítulo, descreve-se a revelação como a autocomunicação histórica e escatológica de Deus, com o que se supera um reducionismo intelectualista do conceito de revelação, uma coordenação de certo modo mecânica das verdades da fé entre si e uma relação da fé com suas fontes concebidas de maneira meramente exterior. Não é menos relevante o segundo capítulo em que se expõe a "transmissão da divina revelação por meio da Igreja". Sob a permanente presença do Espírito Santo, a Igreja transmite, em todas as suas esferas e atividades, a autocomunicação de Deus. Nesse caso, a Sagrada Escritura, a tradição e o Magistério podem exercer suas diferentes funções na transmissão da revelação tão somente através de uma específica e mútua referência.

*A virada da filosofia subjetivista e suas consequências para a problemática da teologia fundamental*

Tão plena de consequências como a crítica reformadora foi a assim chamada "virada antropocêntrica" na filosofia moderna. O primeiro plano passou a ser a questão fundamental de saber se a razão humana em geral pode ter uma via de acesso a uma possível revelação de Deus na história. Apesar de todas as diferenças nos pormenores, a teologia havia construído – na Patrística e também na Escolástica – uma metafísica do ser. O sujeito do conhecimento orientou-se no ser, em suas referências transcendentais e em sua origem transcendente. Com sua filosofia transcendental, no entanto, *Immanuel Kant* (1724-1804) propicia, de certo modo, uma "virada copernicana" na determinação da relação entre o objeto e o sujeito do conhecimento. Tratou-se, para ele, de uma crítica prévia ao alcance e aos limites do nosso conhecimento. Pretendia resolver as tarefas da metafísica admitindo não que todo o nosso conhecimento deveria se regular pelos objetos (como acontecia até então), mas "que os objetos se deveriam regular pelo nosso conhecimento" (CrP B XVI).

Essa filosofia da Idade Moderna que começa pela consciência humana alcança sua mais influente cunhagem em Kant. Já antes dele, entretanto, a filosofia do Racionalismo (Descartes, Spinoza, Leibniz, Wolff) havia tentado estabelecer um novo fundamento após a desestabilização da visão de mundo medieval e o colapso da unidade da Igreja. *Descartes*, por exemplo, encontrou o "ponto arquimediano" na indubitável autopercepção do eu na consciência. E ao eu seriam inatas também as ideias de Deus, da imortalidade da alma etc. Como condições reais da possibilidade da autoconsciência, são ideias que demonstram possuir uma existência real. O conhecimento dessas verdades supratemporais não depende de uma mediação da nossa razão a respeito do mundo sensível. As autênticas verdades da filosofia e da religião podem, antes, ser deduzidas das ideias supratemporais da consciência. Sob esses pressupostos, porém, coloca-se de modo completamente novo o problema da relação entre a verdade supratemporal da revelação e os acontecimentos contingentes da história da revelação (cf. a famosa formulação de G.E. Lessing, em seu escrito *Über den Beweis des Geistes und der Kraft* [Sobre a demonstração do espírito e da força]: "Este é, este é o terrível e largo fosso que não posso cruzar...: *As verdades históricas contingentes jamais podem ser a demonstração das verdades racionais necessárias*"; Lessing, *Werke* III, dir. K. Wölfel, F 1967, 309ss.).

Contra essa filosofia racionalista, que levava necessariamente a uma concepção deísta de Deus e a uma desvalorização da historicidade da revelação, Kant enfatizou radicalmente o caráter finito da razão humana. O conhecimento humano está – isso Kant aprende do empirismo – imperiosamente referido aos sentidos. Os objetos de toda possível experiência (empírica) constituem também os limites de todo conhecimento, pois o sujeito cognoscente só dispõe de formas intuitivas aprioristicas (espaço e tempo) e de categorias do entendimento que, aplicadas ao material intermediado pela sensibilidade, constituem os fenômenos do conhecimento, sem que se chegue à "realidade em si". Entre as ideias reguladoras que a razão forma está inclusive a ideia de Deus, destinada a ordenar a atividade cognitiva para a totalidade da experiência de todas as coisas. Deus, alma e mundo são ideias necessárias para constituir a unidade e a totalidade da experiência da realidade. Uma vez que, porém, a possibilidade cognitiva do ser humano é limitada pelos sentidos, não se pode demonstrar que Deus é uma substância que transcende a experiência. Entretanto, Kant se volta aqui também contra uma "metafísica da Escola" contemporânea que, numa vasta simplificação da filosofia clássica, havia de certo modo ordenado "uma sobre a outra" a transcendência e a imanência, o além e o aquém, o mundo sensível e o suprassensível, e acreditou que se podia demonstrar o além como um lugar de objetos suprassensíveis e representá-lo univocamente com as mesmas categorias aplicadas ao mundo da experiência (coisificação ou objetivação de Deus). A "virada transcendental" de Kant dos objetos para o "nosso modo de conhecê-los, na medida em que este deve ser possível *a priori*" (CrP B 25), exclui a teologia positiva, ainda que, como "teologia natural", possa ter plena ciência da analogia do seu discurso e, como "teologia sobrenatural", se reporte a uma revelação histórica:

> "Afirmo, pois, que todas as tentativas de um uso apenas especulativo da razão com respeito à teologia são totalmente infrutíferas e, pela sua índole intrínseca, nulas e vãs; mas que os princípios do seu uso natural não conduzem, de modo algum, a qualquer teologia e que, por conseguinte, se não tomarmos como base as leis morais ou não nos servirmos delas como fio condutor, não poderá haver, em absoluto, uma teologia da razão. Porque todos os princípios sintéticos do entendimento são de uso imanente e para o conhecimento de um Ser supremo requer-se o seu uso transcendente, para o qual o nosso entendimento não está equipado" (CrP B 664) [KANT, I. *Crítica da razão pura*. Lisboa: Calouste Gulbenkian, 2001].

Para a razão teórica, Deus só pode ser uma ideia reguladora, nunca uma ideia constitutiva, porque, neste caso, a razão deveria ser capaz de exceder a sua vinculação à sensibilidade.

No campo da ética, entretanto, Deus pode ser apresentado como postulado da razão prática. A teologia transcendental, no sentido de Kant, só admite um uso negativo quando aponta os limites do conhecimento racional e rejeita, como sistemas sem fundamento, um ateísmo apodítico e, ao mesmo tempo, um deísmo. O resultado, porém, é que são impossíveis os enunciados teóricos da teologia sobre Deus e sua existência, bem como sobre os fatos contingentes de sua autorrevelação no *medium* da história, da linguagem humana ou de um ser humano singular como mediador. Os postulados da dogmática cristã, sob as premissas dessa teoria do conhecimento, não são mais enunciados análogos sobre o ser, a essência e a ação de Deus. São, antes, afirmações sobre o ser humano, dado que este, na relação com os dados sensíveis ou em contextos referidos a Deus como o ideal da razão pura, reúne e objetiva para si mesmo os fenômenos como "símbolos e como conceitos e práticas religiosos". A filiação divina de Jesus, por exemplo, é, então, o ideal intuitivo da essência moral de um Deus que se compraz com a humanidade (cf. *Die Religion innerhalb der Grenzen der blossen Vernunft*, B 76).

O objetivo da *Metafísica do Espírito* de Hegel é transpor e eliminar as tensões – visíveis na contraposição radical entre a filosofia do ser e a filosofia da consciência – entre ser e consciência, entre a verdade supratemporal de

Deus, por um lado, e sua revelação histórica, por outro, enfim, entre a razão eterna de Deus e a razão finita do ser humano. Hegel supera o hiato ao conceber o ser como a consciência – que se estabelece e se compreende na história – do Espírito absoluto, no que o finito é entendido como o *medium* do Deus que se compreende a si mesmo e se revela justamente assim. Embora em Hegel a teologia especulativa pareça fundamentalmente possível outra vez, sabe-se que, no século XIX, empreendeu-se predominantemente uma fundamentação teológica do cristianismo com base nas ideias de Kant. Excluída a razão teórica, isto é, o conhecimento real do próprio Deus, buscou-se constituir o cristianismo no horizonte da ética e da moral. O dogma foi multiplamente reduzido à explicação, condicionada pelo tempo, da exigência ética da proclamação da moral de Jesus. Assim, A. Ritschl, por exemplo, propôs uma teologia antimetafísica. A. von Harnack criticou o dogma trinitário e cristológico da Igreja Antiga como resultado de uma suposta helenização do cristianismo bíblico que, nas suas origens, havia estado livre da influência da metafísica. Atualmente, Harnack conta com epígones em John Hick, Paul Knitter e outros representantes de uma assim chamada "teologia da religião pluralista".

A *crítica da religião* (L. Feuerbach, K. Marx, S. Freud, J.-P. Sartre) rejeita, em princípio, tanto o caráter científico da teologia como a realidade de Deus e sua revelação alcançada na fé (tese da projeção, alienação socioeconômica por meio da religião). Também a filosofia analítica, o positivismo lógico e o racionalismo crítico rejeitam, em face das limitações aprioristas do sujeito do conhecimento, a possibilidade de uma compreensão teórica da transcendência de Deus. Em todo caso, pode interrogar-se a religião a respeito de sua função positiva ou negativa de "dominar a contingência" ou de sua utilidade no desenvolvimento de uma ética individual ou social (teoria funcional da religião).

As *concepções monísticas do conhecimento* (p. ex., a teoria do conhecimento evolutivo de R. Riedl, F. Wuketits e outros) que se reportam aos resultados das atuais ciências naturais (a evolução, a biologia cerebral) negam a autonomia da razão humana. Desse modo, desmorona não só sua capacidade de transcender toda realidade percebida através dos sentidos, mas também a condição real do mundo sensível e do ser humano como seu espectador e sujeito da pergunta sobre sua origem transcendente.

A "*filosofia da Pós-modernidade*", surgida nos anos de 1970 na França, se dirige contra as ideologias totalitárias do século XX, bem como contra as grandes concepções filosóficas universais de origem ôntico-metafísica, filosófico-transcendental e filosófico-espiritual. O ser humano não alcança um ponto de vista a partir do qual possa construir nem dispor, de modo teocrático ou da perspectiva de um transcendentalismo apriorista, a totalidade do mundo, do ser humano, da sociedade, da história e da subjetividade. Em toda concepção de uma fundamentação última estaria oculta uma intenção totalitária, seja teológica, política ou científica. Nessa corrente confluem diversas influências: A crítica de Nietzsche à metafísica ocidental e aos seus valores e verdades supratemporais; o recurso ao historicismo que enfatizava a historicidade incondicional de todos os nossos pontos de vista e deduzia daí um relativismo epistemológico; a filosofia da linguagem de Wittgenstein; o racionalismo crítico, para o qual a busca pela verdade está de tal modo ligada à falibilidade fundamental do ser humano que um progresso do conhecimento só é concebível por meio da refutação do estado da pesquisa alcançado até hoje; por fim, também o discurso de Heidegger sobre a historicidade do ser que se remete a si mesmo nas diferentes épocas. A "Pós-modernidade" suspeita que os sistemas que reivindicam uma verdade inequívoca e consideram possível a fundamentação última de verdades absolutas no fundo só estão a serviço de ideologias de dominação e lhes contrapõem um pluralismo religioso, filosófico e ético. Este parte de uma multiplicidade de "verdades" ligadas a interesses e dependentes de contextos que não pode ascender ao nível de uma unidade teórica. A *teologia da religião pluralista*, que depende da Pós-modernidade, conclui daí que seriam insustentáveis, por exemplo, o monoteísmo cristão, o conceito de revelação que lhe serve de base, a confissão da singularidade da mediação de Cristo e a infalibilidade do dogma, bem como a autoridade do Magistério da Igreja e que deveria excluir-se a teologia cristã como uma ciência com pretensão de verdade dogmática, justamente porque conduziria às consequências eticamente inadmissíveis da intolerância e dos conflitos religiosos militantes.

## c) As tarefas da epistemologia teológica na atualidade

1. *Na epistemologia, a teologia deve demonstrar que a razão humana, em virtude de sua referência ao mundo (sensibilidade, vinculação cultural, contextualidade, historicidade, sociabilidade), está fundamentalmente aberta para a transcendência e que o ser humano pode ser o ouvinte de uma verdadeira revelação da Palavra de Deus na história.* Os temas que resultam daí são os seguintes: o ser humano como ouvinte da Palavra, sua referência transcendental, a problemática da analogia, bem como a mediação entre a metafísica ontológica e a transcendental.
2. A teologia deve formular uma definição da relação entre a pretensão de verdade escatológica e a estrutura histórica da revelação; e entre a condicionalidade histórica e sociológica do acesso a seu conteúdo e sua pretensão e seu conteúdo pessoal.
3. Deve formular a concepção de verdade dos enunciados teológicos de tal modo que *se estabeleça uma mediação positiva entre a totalidade e o caráter definitivo da verdade enunciada no postulado dogmático e a liberdade da fé e da consciência*, sem que por causa da liberdade da fé a pretensão de verdade específica do cristianismo tenha de ser diluída na verdade e na funcionalidade abstrata de uma religiosidade original supostamente subjacente a todas as religiões.
4. A teologia deve refletir sobre a relevância social de seus enunciados (cf. a teologia da libertação).

### 3 A teologia como ciência

### a) Conceito e objetivo da teologia cristã

O uso do termo "teologia" para designar a investigação, a exposição e a compreensão da realidade inteira do mundo e do ser humano na perspectiva da revelação se impôs no Ocidente somente no decorrer do século XII (Gilberto de Poitiers, Pedro Abelardo). Até então, a doutrina da fé (*doctrina christiana, sacra scriptura, divina pagina, sacra eruditio*) foi frequentemente considerada um contraponto à "teologia" concebida como uma designação aglutinadora das falsas doutrinas dos pagãos a respeito de Deus. Em contraste com ela, o ensinamento cristão sobre Deus e sobre Cristo seria a "verdadeira" teologia ou filosofia (Agostinho, civ. 8,1). Agostinho menciona um triplo emprego desse termo (civ. 6): primeiro, como teologia mítica dos poetas, segundo, como teologia política (isto é, também como ideologia do Estado) e, terceiro, como doutrina filosófica sobre Deus. Cunhado pela interpretação filosófica do mito, esse discurso sobre Deus (Platão, polit. 379s.) constitui, como *theologia*, em Aristóteles, uma das três ciências filosóficas depois da matemática e da física: "Pois é indubitável que, se em alguma parte há algo divino, se encontra nesta natureza e que a ciência mais digna deve ter como objeto o mais digno gênero do ser" (metaph. E 1026a). Assim, a teologia significa "filosofia primeira" e metafísica. Indaga sobre as causas e os princípios universais do ser. Essa doutrina filosófico-metafísica de Deus é relevante, como *Theologia naturalis*, também para a teologia cristã.

A recepção do vocábulo "teologia" como termo técnico realizou-se diante do pano de fundo de uma considerável mudança de significado dos dois componentes deste conceito. Em contraste com o emprego do termo *theos* como predicado na mitologia greco-romana, agora passa a designar o Deus da revelação bíblica que é, em si mesmo, pessoa e sujeito. *Theos* designa o nome daquela realidade pessoal que vai ao encontro do mundo como seu criador (Gn 1,1), como autor e portador da história da salvação (Ex 3,14) e que se revela no Novo Testamento como Pai, Filho e Espírito (Gl 4,4-6; Mt 28,19 passim). O discurso sobre Deus é, por isso, também a explicação do *Logos* de Deus (Jo 1,14), dado que o Deus incompreensível a todo pensamento se expressa na PALAVRA e no Espírito (Clemente de Alexandria, strom. I, 12; 66,1; 13; 57,6; Orígenes Cels. 6,18; comm. in Jo. 1,24; 2,34).

Em Atanásio, Basílio de Cesareia, Gregório de Nazianzo e Gregório de Nissa, encontra-se uma importante diferença entre *theologia* (= a doutrina do *theos*, o Pai, como origem da divindade e de sua unidade com o Filho e com o Espírito, isto é, a doutrina da Trindade imanente) e *oikonomia* (= a doutrina da encarnação da Palavra e do envio do Espírito, isto é, a concentração na Trindade econômica, na autoabertura de Deus na história da salvação). Em *Eusébio de Cesareia*, a "teologia eclesial" designa a doutrina cristã verdadeira sobre Deus, em contraste com o paganismo e as concepções heréticas (praep. 55, 1, 1-4). No século VI, o *Pseudo-Dionísio Areopagita* fazia distinção entre a teologia simbólica e mística, que une intimamente com Deus, e a teologia demonstrativa e argumentativa, de caráter exterior (myst. 3; ep. 9). A teologia mais afetiva e existencial identifica seu centro preferencialmente na vontade e no amor (*theologia cordis*), ao passo que a teologia de cunho mais intelectual enfatiza o conhecimento (*theologia intellectualis*). A isto corresponde também a questão da Escolástica, a saber, se a teologia deve ser classificada como uma ciência teórica e especulativa (assim, os teólogos orientados mais intensamente no ideal de ciência aristotélico, como Alberto Magno, Tomás de Aquino, cf. S. th. I q.1. a.4) ou, antes, no sentido da tradição agostiniana e franciscana, como uma ciência prática (Duns Escoto; Boaventura, Prooem. In IV Sent. 9,3: *ut boni fiamus*).

A definição do conteúdo da "teologia" decorre da reflexão sobre sua necessidade como função da Igreja. A missão da Igreja de anunciar o Evangelho às pessoas de todos os tempos (Mt 28,19) inclui o mandato de transmitir a revelação numa forma adequada de linguagem e de testemunho, de tal modo que possa ser acolhida na fé pelo ser humano nas condições espirituais, psíquicas e culturais existentes. A teologia como um esforço de assimilação teórica e de aplicação da revelação é, portanto, parte constitutiva essencial do Magistério universal da Igreja.

A teologia, tanto como simples reflexão sobre a fé como em sua institucionalização como ciência teórica e como organização científica, cultivada em suas próprias escolas superiores, é

1. *Teologia histórica*, com a tarefa de realizar uma investigação hermenêutica e histórica do verdadeiro intuito das sentenças de Deus presentes nas fontes normativas da fé (Escritura, tradição, vida e doutrina da Igreja);
2. *Teologia teórica especulativa*, com a tarefa de compreender racionalmente a fé em seu contexto global e conduzi-la a um diálogo fecundo com a experiência da realidade natural do ser humano, assim como refletida particularmente na filosofia, mas também nas ciências históricas sociais e naturais;
3. *Teologia prática*, com o objetivo de refletir sobre a configuração individual e social da vida cristã na Igreja e da Igreja em relação com a sociedade.

A teologia não surge, portanto, do disparate da razão que ousa penetrar demasiadamente no mistério de Deus e, em vez do salto arriscado da fé, prefere assentar-se sobre a base segura do conhecimento disponível. A teologia tampouco se fundamenta no interesse particular de um pesquisador individual. A teologia é uma tarefa da Igreja como um todo. Seu âmbito é o foro público da vida espiritual e cultural.

Ao defender o caráter de mistério da fé, o Vaticano I fundamentou a função exercida pela razão para a realização da fé e expressou em conceitos também o nexo entre os aspectos positivos, os teórico-filosóficos e os práticos da teologia:

"Decerto,
• a razão iluminada pela fé (*ratio fide illustrata*), quando busca diligente, pia e sobriamente, consegue, com a ajuda de Deus,
• alguma compreensão dos mistérios (*intelligentia mysteriorum*), e esta frutuosíssima, quer
• pela analogia (*analogia*) das coisas conhecidas naturalmente, quer
• pela conexão dos próprios mistérios entre si (*nexus mysteriorum inter se*) e
• com o fim último do homem (*finis hominis ultimus*)" (DH 3016; 4192).

Com o Vaticano II pode definir-se o objetivo do estudo da teologia em suas disciplinas singulares, em conexão com as questões da filosofia e das ciências naturais e em contato com as questões ecumênicas e com os conhecimentos da história das religiões,

"de modo que os estudantes possam acuradamente haurir da Revelação divina a doutrina católica, nela penetrar profundamente, torná-la alimento da própria vida espiritual, anunciá-la, expô-la e defendê-la no ministério sacerdotal" (OT 16).

### b) A unidade da teologia quanto ao objeto formal

Uma ciência singular se diferencia das demais não apenas pela sua temática específica, seu *objeto material*, e pelos seus métodos, mas também pelo seu *objeto formal* (cf. Aristóteles, post. anal. 42, 5; 44, 2).

O objeto formal significa, por um lado, o aspecto unificador sob o qual se considera o objeto do conhecimento e, por outro lado, o princípio subjacente ao objeto do conhecimento que confere a unidade e a coerência ao conhecimento adquirido sobre o mesmo. A teologia da revelação está ligada à teologia natural por meio do objeto material comum, a saber, o problema de Deus, ao passo que ambas as teologias se diferenciam entre si em virtude dos princípios cognitivos distintos. A teologia natural se refere à revelação de Deus na realidade do mundo com auxílio da respectiva razão natural (*lumen naturale*). A teologia da revelação reconhece o próprio Deus como o autor da revelação e, nele, a unidade dos conteúdos da fé (*fides quae creditur*), aos quais se refere a razão iluminada pela fé (*lumen fidei, ratio fide illustrata*).

A teologia está ligada à ciência das religiões no que se refere ao objeto material em virtude do interesse comum por todos os fenômenos do cristianismo histórico. No entanto, por causa do objeto formal próprio de cada uma, a ciência das religiões e a teologia são duas ciências fundamentalmente distintas.

A teologia não valoriza o fenômeno da fé cristã e da Igreja somente sob aspectos puramente históricos, psicológicos e sociológicos. A questão que coloca é se e como se pode fundamentar a pretensão de verdade que se expressa no fenômeno do cristianismo, se e como se pode debater e expor cientificamente a realidade da revelação de Deus que supera a razão; enfim, se pode existir, em sentido estrito, uma ciência da fé como conteúdo e como ato.

Orientado no ideal científico aristotélico, *Tomás de Aquino* (1225-1274) definiu a teologia como "doutrina sagrada sobre Deus como causa suprema": "Não só do que se pode saber por intermédio das criaturas – o que os filósofos alcançaram –, pois o que se pode conhecer de Deus para eles é manifesto; mas também do que só Deus conhece de si mesmo e que é comunicado aos outros por revelação" (S. th. I q.1 a.6). Portanto, o ponto de vista formal que fundamenta a unidade da teologia é a consideração da realidade inteira do mundo e do acontecimento da salvação: *sub ratione Dei*:

> "Ora, na sagrada doutrina é tratado sob a razão de Deus ou porque se trata do próprio Deus ou de algo que a Ele se refere, como a seu princípio ou a seu fim. Segue-se então que Deus é verdadeiramente o assunto desta ciência" (S. th. I q.1 a.7).

A unidade da teologia no objeto formal, por conseguinte, não é simplesmente um ponto de vista arbitrário aplicado a uma área temática. A unidade da problemática teológica é determinada pelo conteúdo de seus conhecimentos, a saber, pelas verdades de fé singulares, dado que é o próprio Deus quem as mantém unidas enquanto o sujeito de sua revelação na criação e na história da salvação.

De acordo com essa definição, Deus não é apenas o objeto e o conteúdo, mas, dado que é conhecido como o sujeito de todos os enunciados, é também o princípio do conhecimento e do discurso humano sobre Deus.

Por causa dessa clara formulação da ideia orientadora da teologia, a definição tomista do princípio e do objeto formal da teologia se mostra superior a muitas definições precedentes (cf. Pedro Lombardo, I Sent. d.1: "Sinal e realidade da fé"; Hugo de São Vítor, *De Sacramentis* I, p.I, c.2: "As obras de salvação": Roberto de Melun, "Cristo como cabeça e corpo"; cf. A. Grillmeier, *Vom Symbolur zur Summa* [Do symbolum à suma], in: o mesmo, *Mit ihm um in ihm* [Com ele e nele], Fr 1975, 585-636).

A definição escolástica do objeto formal da teologia, no entanto, só é compreensível no marco de uma determinada concepção do objetivo da teologia. Esta se encontra no sistema de referência da fé e das possibilidades, depreendidas dos artigos da fé, para conseguir uma descrição racional da realidade do ser humano na ordem da criação e da redenção.

Uma descrição distinta do objeto formal da teologia resulta de uma concepção antes dialética e existencialista da relação entre Deus e ser humano. Numa retomada da tradição da teologia experimental, *Martinho Lutero* (1483-1546) define a teologia, no contexto da relação do ser humano com Deus na dialética da graça e do pecado, nos seguintes termos:

> "[...] que a ideia diretriz da teologia é o homem acusado e condenado (como pecador) e o Deus justificador e redentor. Tudo o que se apresenta como tema da teologia, mas não entra nessa definição, nada mais é que erro e autoengano" (En. In Ps 51: WA 40/II, 327, 11).

Já na disputa de Heidelberg, de 1518, Lutero havia apresentado, nas teses 19 e 20, um novo programa e uma nova compreensão fundamental da teologia. A teologia não tem nada a ver com um sistema de deduções conceituais da realidade a partir de uma criação que repousa em si mesma (*theologia gloriae*). Antes, a teologia deve dirigir o olhar para o drama total da existência humana, desenrolado entre a perdição do pecado e a graça única, tal como se fez visível na indedutível e indisponível liberdade de Deus e na lógica da cruz, contrária a toda vontade ordenadora da razão (*theologia crucis*):

> "19. Não se pode designar condignamente de teólogo quem enxerga as coisas invisíveis de Deus, compreendendo-as por intermédio daquelas que estão feitas; [...] 20. mas sim quem compreende as coisas visíveis e posteriores de Deus, enxergando-as pelos sofrimentos e pela cruz" (LUTERO. M. "O debate de Heidelberg". *Obras selecionadas* – Vol. 1: Os primórdios. São Leopoldo/Porto Alegre: Sinodal/Concórdia, 1987, p. 49).

O enfoque existencialista da teologia luterana determina a atitude reservada, própria dos manuais de dogmática evangélicos, diante do discurso sobre Deus em si (sobre a asseidade de Deus). A teologia tem seu "centro de gravidade" no *Deus pro me*. Para esse enfoque, uma doutrina genérica sobre Deus que fala de Deus ainda antes de determinar a condição concreta do ser humano em virtude do pecado e da graça, parece facilmente um prelúdio alienante ou um corpo estranho que procede da teologia natural da metafísica grega.

A virada antropocêntrica levada a cabo pela filosofia moderna não podia se dar sem provocar consequências na definição do objeto formal da teologia. Depois que Kant declarou que era impossível o uso positivo da teologia como ciência teórica, mas se reconheceu também que a redução da teologia a uma doutrina moral era contrária à essência do cristianismo, *Friedrich Daniel Ernst Schleiermacher* (1768-1834), o mais influente teólogo protestante do século XIX, tomou "a religião", uma potência própria da alma, como o ponto de partida de uma fundamentação da revelação. A religião é, portanto, a autoconsciência piedosa, definida como "sentimento da mais absoluta dependência". Todos os enunciados dogmáticos singulares têm por base esse sentimento como uma relação existencial supracategorial com Deus. E nesse sentimento se experimenta de novo a determinação da totalidade do ser a partir de Deus, assim como se expressa em todas as manifestações da vida da Igreja propiciada pelo Espírito Santo. À dogmática cabe a tarefa de transmitir a interconexão da determinação fundamental da consciência religiosa com as configurações cambiantes de sua expressão nas diversas épocas: "As afirmações de fé cristãs são concepções dos estados de ânimo da piedade cristã que se expressam através da linguagem" (*Der christliche Glaube* [A fé cristã], § 15, B 21830, ed. por M. Redeker, B 1960, 205). Essa virada na concepção da essência da teologia dogmática tem grande importância. A ciência de Deus e de sua revelação objetiva se converte em ciência da fé subjetiva e das configurações psicológica e sociologicamente concebíveis numa subjetividade religiosa.

Uma fundamentação antropocêntrica da dogmática na subjetividade religiosa do ser humano foi vivamente contestada no âmbito da teologia protestante no século XX, sobretudo por *Karl Barth* (1886-1968). Ele pretende fundamentar a teologia de uma maneira estritamente teocêntrica a partir da pretensão da própria revelação, que precede a todo estado anímico religioso do sujeito piedoso:

> "A dogmática, enquanto disciplina teológica, é autocomprovação científica da Igreja cristã a respeito do conteúdo de seu próprio discurso sobre Deus" (KD I/1,1).

Em face dessa nítida oposição entre teo-logia e antropo-logia, revelação e religião, fé e teologia natural, o que está em jogo é saber se a fundamentação da teologia e, assim, também a busca pelo seu objeto formal não necessita em geral de uma mediação interior entre teocentrismo e antropocentrismo. Porque não existe uma imediatez absoluta do ser humano a Deus e, assim, tampouco uma possibilidade de contornar o problema da mediação da autoridade de Deus na linguagem e na história humana, a revelação sempre já é Palavra de Deus na palavra do ser humano, e é somente através da palavra do ser humano que se pode ter acesso à autoridade da Palavra de Deus.

Com base nestes pressupostos, *Karl Rahner* (1904-1984) empreendeu a tentativa de uma redefinição. Descreve o ser humano em sua abertura ilimitada para a realidade que se ilumina na subjetividade transcendental de seu espírito. Como "ouvinte da Palavra", o ser humano busca, com necessidade transcendental que justamente se confirma novamente na recusa desesperada, por uma autorrevelação de Deus sucedida possivelmente na história (filosofia da religião como ontologia da *potentia oboedientialis*, a abertura fundamental do espírito criado à revelação). Na tentativa de conseguir a mediação entre o enfoque da filosofia do ser e o enfoque da filosofia subjetiva e, ao mesmo tempo, evitar tanto a objetivação de Deus como a redução do conhecimento humano de Deus à mera produção de um conceito de Deus, Rahner chega à seguinte concepção sobre a origem e a peculiaridade da teologia:

> "A teologia não é, na sua essência original, uma espécie de ciência que o ser humano tenha construído com seu próprio esforço. É sempre, em sua própria origem, a escuta em si mesma iluminada da revelação de si de Deus, surgida em virtude de seu livre desígnio e através de sua própria palavra. A teologia não é, num sentido primeiro e original, um sistema de sentenças válidas construído pelo pensamento humano, mas a totalidade do discurso divino dirigido pelo próprio Deus – ainda que na linguagem humana – aos seres humanos. Essa palavra da revelação de Deus, já assim escutada e compreendida numa unidade original de *auditus* e *intellectus fidei*, pode e deve ser convertida pelos seres humanos em objeto de seu pensamento indagador e sistematizador e inserida no conjunto global do conhecimento humano, de modo que constitua uma segunda forma da ciência teológica. Podemos descrever, com a ajuda da antiga terminologia, a diferença entre a teologia no primeiro sentido e a teologia no segundo como a diferença entre a teologia positiva e a teologia escolástica (= especulativa, acréscimo do autor). Mas também essa ciência da teologia escolástica repousa sempre essencialmente na livre-palavra da revelação do próprio Deus, na teologia positiva, a teologia que escuta" (*Hörer des Wortes. Zur Grundlegung einer Religionsphilosophie* [Ouvinte da palavra. Para a fundamentação de uma filosofia da religião], nova edição revisada por J.B. Metz, ³1985, 20 p.).

Essa definição do objeto formal da teologia apresentada por Rahner não se situa mais no sistema de referência "fé/natureza" que serve de base à Escolástica medieval, mas antes no *horizonte da história* problematizado pela filosofia subjetiva moderna e nas condições finais do conhecimento humano e de seu acesso a uma possível revelação.

Na teologia mais recente, devido à profunda dedicação da Igreja ao mundo e às condições da existência humana nos contextos econômicos, científicos, políticos e sociais (cf. Constituição Pastoral do Vaticano II, as encíclicas sobre os desafios políticos e sociais mundiais, as conferências episcopais latino-americanas de Medellín, Puebla, Santo Domingo), configurou-se um novo esquema de referência, que define também o objeto formal da teologia.

No *sistema de referência "fé/sociedade"*, Gustavo Gutiérrez (*1928) define a teologia como reflexão crítica sobre a práxis histórica à luz do e sob o pressuposto da palavra definitiva de Deus que sucedeu em Jesus Cristo para a redenção e a libertação do ser humano:

> "A teologia como reflexão crítica da práxis histórica é, assim, uma teologia libertadora, uma teologia da transformação libertadora da história da humanidade, portanto também dela – reunida em ecclesia – que confessa abertamente Cristo. Uma teologia que não se limita a pensar o mundo, mas procura situar-se como um momento do processo por meio do qual o mundo é transformado: abrindo-se – no protesto diante da dignidade humana pisoteada, na luta contra a espoliação da imensa maioria da humanidade, no amor que liberta, na construção de uma nova sociedade, justa e fraterna – ao dom do Reino de Deus" (GUTIÉRREZ, G. *Teologia da libertação* – Perspectivas. São Paulo: Loyola, 2000, p. 74).

Em suma, indica-se que a definição mais próxima do objeto formal da teologia está cunhada pelos desafios condicionados à época. A teologia é sempre o esclarecimento científico da confissão e da práxis de fé de que Deus está presente na criação e se autocomunica em sua Palavra na história e na pessoa de Jesus Cristo. No entanto, essa compreensão fundamental está marcada também pelos cambiantes sistemas de referência e pelas formações de ênfases. Desse modo, a fé é vista, por um lado, em relação com a realidade do ser ou com a experiência da existência humana no pecado e na graça; por outro lado, em relação com a reflexão filosófica transcendental da mediação de todos os nossos conceitos através das condições aprioristas ou transmitidas pela história, pela sociedade e pela cultura, de nosso conhecimento, de nossa linguagem e de nossa ação; por fim, também e justamente nos dias de hoje, está relacionada com a realidade socioeconômica concreta e com os desafios que surgem dela.

### c) A unidade da teologia no marco da coordenação de suas disciplinas singulares

O quadro que apresenta a teologia atual com sua divisão em diversas áreas de investigação e a pluralidade de seus métodos (histórico, filológico, jurídico, psicológico, sociológico, hermenêutico, sistemático) não deve obscurecer o fato de que a teologia, por meio de seu objecto formal unitário, continua sendo uma ciência unitária e coerente.

A coordenação em várias disciplinas é o resultado da necessária divisão do trabalho e da inevitável formação de centros de gravidade em face dos desafios da evolução histórica das ideias. Nos séculos XVII e XVIII, doutrina de fé e teologia moral se separam e passa-se a distinguir entre *theologia dogmatica* e *theologia moralis* (na terminologia de L.F. Reinhardt, G. Calixt). A controvérsia com a Reforma e a discussão sobre a possibilidade da fé cristã no contexto do Iluminismo europeu levam ao surgimento da teologia da controvérsia/teologia ecumênica e da apologética/teologia fundamental. Como disciplinas independentes, destacam-se a exegese do Antigo e do Novo testamentos, a patrologia e a história da Igreja (originalmente a serviço da controvérsia em torno da interpretação da história da Igreja como um abandono das origens ou como um desenvolvimento contínuo desde a Igreja primitiva). O interesse surgido na história fundamenta também uma história autônoma dos dogmas, da teologia e da cultura do cristianismo no contexto global da história das ideias. O que importa agora é a investigação da fé a partir de suas diversas fontes, por exemplo, da liturgia. Quando as autoridades políticas recorreram à Igreja para levar a cabo um programa geral de formação, de educação e de moralidade surgiu uma teologia pastoral independente (cf. a reforma educacional do abade beneditino Rautenstrauch sob a Imperatriz Maria Teresa) e prepara a ruptura com a longa hegemonia da teologia especulativa.

No contexto das grandes mudanças sociais dos últimos dois séculos, incluiu-se no cânon das especialidades, como disciplina teológica própria, a doutrina social cristã. No conceito global da teologia pode acrescentar-se também o direito canônico, que na Idade Média foi cultivado, juntamente com a teologia, como ciência independente. É uma ciência tanto sistemática como prática que considera a revelação e a Igreja sob o ponto de vista da "ordem do povo de Deus para a promoção da vida da *Communio*" (AYMANS, W. *Kanonisches Recht I*. [Direito Canônico I], Pb 1991, 26).

Uma justaposição desconexa ou uma igualação formalista das disciplinas teológicas singulares não só estaria em contradição com a unidade fundamental do objeto formal da teologia, mas também desgastaria o perfil próprio de cada uma das disciplinas singulares no que se refere à missão global da teologia, a saber, expor a confissão à práxis da fé cristã.

Quando se compreende a teologia fundamentalmente como o esforço científico de aclaramento racional da fé cristã, da sua realização histórica e da sua pretensão de configuração eclesial e social, pode-se dizer que as disciplinas sistemáticas representam, com a dogmática, a teologia moral e a teologia fundamental, o "tronco científico" da teologia. Por meio das disciplinas bíblico-históricas, porém, elas se reportam permanentemente às bases positivas da fé na Palavra de Deus, que está normativamente testemunhada na Escritura e que se expressa vivamente na tradição da Igreja.

Ao mesmo tempo, porém, todas as disciplinas se referem à realização atual da vida eclesial como uma fonte essencial de conhecimento teológico: nas realizações eclesiais fundamentais da *martyria*, da *leiturgia* e da *diakonia*. Desse modo, a teologia inteira está nuclearmente ligada à práxis da vida eclesial nas disciplinas teológicas diretamente coordenadas com ela (liturgia, querigmática, teologia pastoral, direito canônico etc.). O intercâmbio interior e a interação recíproca entre essas dimensões são relevantes para a vida eclesial e dão mostras de renovada fecundidade. Cumpre-se o sentido da teologia quando os resultados da teologia positiva aglutinam-se nas disciplinas sistemáticas voltadas ao conhecimento da realidade de Deus, assim como se expressa na revelação e se atualiza na confissão e na práxis da Igreja.

*Nesse sentido, pode afirmar-se que a dogmática, como exposição sistemática e penetração espiritual da palavra crida e vivida, tem uma função de integração em prol da unidade e da totalidade da teologia como ciência* (cf. OT 16).

### d) A questão do caráter científico da teologia

*A teologia como um lugar da autocompreensão humana*

A teologia, caso queira fazer jus a sua tarefa, não pode se limitar a ser um simples discurso sobre a fé ou uma mera explicação da doutrina da Igreja. Neste caso, surgiria, não por último, o perigo de um fundamentalismo na interpretação da Escritura que, do ponto de vista hermenêutico, não faz nenhuma distinção entre o conteúdo do enunciado e sua inserção em conceitos mundanos ou, respectivamente, o perigo de uma invocação meramente positivista e estéril da revelação ou da doutrina do Magistério eclesial. Porque a fé não é uma simples disposição afetiva da alma (segundo a sentença: "Cada um deve resolver a questão religiosa por si mesmo e na esfera privada"), mas implica uma relação pessoal com Deus, que se revela na palavra e no acontecimento de sua autocomunicação histórica como a principal ideia orientadora da experiência da realidade e da busca da verdade humana, o ser humano se reporta inevitavelmente à razão. Por meio dela, reage adequadamente ao todo de sua experiência de mundo.

Uma definição da relação entre a razão e a fé requer uma precisão do conteúdo de ambos os conceitos inter-relacionados. Não se pode determinar a relação fundamental entre a realidade e o conhecimento humano de maneira que o intelecto e a razão representem apenas um sistema de regras vazias por meio das quais os conteúdos amorfos da intuição sensível se estruturam num todo fenomenológico. Inversamente, tampouco se deve definir a fé, no horizonte de uma concepção quantitativa do conhecimento, como um complemento ou uma delimitação do saber adquirido a partir da experiência do mundo e referido a um mundo do além, concebido como um objeto. A razão é facultada por meio da própria realidade para sua realização transcendental que vai além dos objetos, já que só através da experiência sensível se descobre a unidade da consciência. Referida a essa experiência, coloca-se a questão do fundamento incondicionado da realidade, do *sentido da própria existência humana como pessoa*. O abandono da vida humana no sofrimento, no amor e na morte são momentos essenciais da existência espiritual do ser humano no mundo. Na sua autorrealização espiritual, ele se experimenta remetido à origem transcendente e ao objetivo de tudo: a Deus como o "para onde" da autorrealização. À autoconcepção do ser humano como natureza racional pertence, portanto, a determinação de ser "ouvinte" de uma possível alocução de alento e de exigência que Deus lhe dirige mediado pela palavra humana. Somente no encontro com o para onde do espírito humano que se revela a si mesmo na história se consuma sua capacidade de autotranscendência (*potentia oboedientialis*). *Esse modo de realização da razão e da liberdade do ser humano inaugurado pela* PALAVRA *e sustentado pelo* ESPÍRITO *chama-se fé no sentido teológico*. Não se trata de um complemento heterogêneo de conhecimentos, mas da determinação da realização transcendental da razão por meio da luz que irradia do próprio "objeto do conhecimento" (*lumen fidei*). No nível de uma reflexão avançada, essa racionalidade original da fé se chama teologia.

*A teologia é um* medium *específico para o autoentendimento do ser humano acerca de sua própria essência e de sua posição no mundo, e, com efeito, à luz da revelação*. Ao se fazer uma cuidadosa distinção metodológica entre, por um lado, o conhecimento alcançado a partir da realização natural da razão e, por outro lado, a realização dialogal e pessoal da razão possibilitada pela fé no marco de um encontro com Deus, surge um nexo interior entre o conhecimento de Deus e a concepção que o ser humano tem do mundo e de si mesmo. A razão teológica não serve somente para oferecer uma explicação do conhecimento da confissão da Igreja imanente ao sistema, mas, ao mesmo tempo, atua como intermediação recíproca entre a orientação básica no mundo alcançada na fé e a totalidade dos conhecimentos da filosofia e das ciências experimentais os quais são relevantes para o problema da existência humana.

A pretensão científica da fé não está em contradição, portanto, com a natureza interior da fé nem com o objetivo e o método da ciência.

Daí resulta que:

1. A teologia fundamentada na fé objetiva e subjetiva na verdade revelada nos artigos da fé (o princípio de unidade da teologia) se diferencia especificamente tanto da teologia natural da filosofia como das ciências formais e positivas.

2. No entanto, uma vez que ela se realiza por meio da razão e participa, portanto, da penetração universal da razão no todo da realidade em sua condição natural, social, histórica e transcendental (e, nesse ponto, a razão teológica, assim como a razão em geral, está informada pela realidade), é ciência em sentido eminente.

No século XIX, o Magistério da Igreja se posicionou contra duas definições deficitárias da relação entre fé e razão:

1. Contra o *fideísmo* (Bautain) e o *tradicionalismo* (Bolland, Bonnetty, Lamennais). A fim de contornar as objeções contra a racionalidade da fé (empirismo, racionalismo, criticismo), os representantes dessas correntes atribuíram a uma protorrevelação todos os conhecimentos religiosos e morais do ser humano, que seriam prévios, de modo autoritativo e positivista, a toda possibilidade de investigação e de transmissão racional (cf. DH 2751-2756; 2776-2780; 2811-2813; 2841-2844).

2. Por outro lado, também o *racionalismo* teológico (nas suas diversas variantes) necessitava de crítica. É verdade que não reduzia sempre nem em todos os aspectos as verdades da fé a verdades da razão. Porém, como sabemos, obscurecia a origem distinta e o princípio diferente (*lumen naturale, lumen fidei*) que servem de base à verdade natural e à sobrenatural. Neste contexto, foi preciso fazer valer, com determinação, a estrutura analógica do conhecimento teológico. Porque Deus, como conteúdo e princípio desse conhecimento, nunca pode ser totalmente abarcado pela razão humana, nem posto à sua disposição. Em sua incompreensibilidade, continua a ser o mistério sagrado ao qual o ser humano se refere num ato pessoal. Portanto, também a razão teológica é essencialmente dialogal e pessoal e não pode dispor de seu objeto (cf. as condenações das teses de J. Frohschammer DH 2850-2854).

A definição da relação entre fé e razão na sua referência recíproca e em sua simultânea diferença foi também um dos temas da Constituição dogmática *Dei Filius* sobre a fé católica do I Concílio Vaticano (DH 3000-3045).

Um novo aprofundamento da definição da relação entre "fé e saber" ocorre no II Concílio Vaticano. *Dei Verbum* não entende a revelação sob o ponto de vista da informação sobre verdades sobrenaturais, mas como autocomunicação pessoal de Deus no *medium* do mundo e da história. Embora sempre diferentes, a fé e a razão não mantêm entre si uma relação estática, mas estão referidas entre si de maneira dinâmica (cf. DV 2-6; GS 15 e outros).

*A dimensão histórica da questão*

A mudança decisiva na autocompreensão da teologia realizou-se no século XIII. Até então, a teologia era considerada, no sentido da tradição agostiniana, uma sabedoria (*sapientia*), concebida como uma compreensão da fé de base sobrenatural na forma de uma participação na sabedoria de Deus.

Foi sobretudo Tomás de Aquino que, orientado na concepção aristotélica de ciência, configurou a teologia como ciência (*scientia*) no sentido autêntico. No entanto, o instrumental da ciência (conceitos, juízos, conclusões, lógica, dialética etc.) é adequado para o discurso sobre Deus, uma vez que a sabedoria de Deus revelada na cruz e na morte de Jesus é oposta a toda sabedoria humana? (cf. 1Cor 1,23s.; 2,5-8).

Ao converter a teologia tradicional numa verdadeira ciência, a Escolástica não pretendia, em hipótese alguma, construir a fé sobre a sabedoria humana. Seu axioma foi ancorado, em termos teórico-científicos, na qualificação da teologia como *scientia subalternata*. Ao passo que, por exemplo, a própria filosofia identifica suas bases características e suas premissas supremas nos *principia per se nota*, a teologia não pode demonstrar a validez de seus princípios fundamentais, os artigos da fé, com auxílio da razão. Antes, os aceita no ato de fé na autoridade de Deus. Continua sendo, por conseguinte, segundo Tomás, uma ciência subordinada, que carece de sua própria visão interior dos seus primeiros princípios, os quais deve à superior e sobreposta ciência de Deus e dos santos (S. th. I q.1 a.2).

*João Duns Escoto* (1265-1308) buscou, em contrapartida (cf. In I. Sent., prol. p. 3 q.2), ater-se à definição da teologia como *sapientia* e levantou objeções a sua qualificação como ciência subalterna, argumentando que não toma seus princípios de nenhuma outra ciência, mas imediatamente da essência divina que é, enquanto tal, inclusive seu objeto formal. É característico da teologia a visão interior de seus primeiros princípios. Neste ponto, porém, deve dizer-se que, para caracterizar a teologia como ciência, é indispensável apenas a certeza da fé em seus princípios, não necessariamente a sua evidência.

O sentido de uma teologia metodológica e sistematicamente cultivada como ciência consiste, por um lado, em alcançar uma assimilação ainda mais profunda da fé pelos próprios cristãos que creem e refletem e, por outro lado, em demonstrar, por exemplo, para os que não creem, não a verdade dos próprios artigos da fé, mas a inconsistência dos argumentos racionais expostos contra a fé (Tomás, S. th. I. q.1 a.8).

Faz parte de uma teologia cultivada como ciência também e precisamente a permanente autossuperação no ato da fé, em que se aceita, afirma e adora a Deus como o mistério absoluto e imaterial e como origem de sua autorrevelação. Apesar disso, o que confere à teologia o caráter de ciência é certa independência. É necessária a existência de uma ciência própria fundada na revelação para demonstrar que e como o ser humano está ordenado para Deus como objetivo de todas as suas intenções e ações (S. th. I q.1 a.1). Em Tomás, a relação entre fé e teologia é uma aplicação da relação transcendental da graça à natureza:

> "No entanto, a doutrina sagrada utiliza a razão humana, não para provar a fé, o que lhe tiraria o mérito, mas para iluminar alguns outros pontos que esta doutrina ensina. Como a graça não suprime, mas a aperfeiçoa (cum enim gratia non tollat naturam, sed perficiat), convém que a razão natural sirva à fé, assim como a inclinação natural da vontade obedece a caridade" (S. th. I q.1 a.8 ad 2) [AQUINO. T. *Suma teológica*. Vol. I. São Paulo: Loyola, ³2009].

Com a adoção do conceito aristotélico de ciência, surgiu um profundo problema estrutural para a teologia. Segundo a concepção aristotélica, somente as coisas imutáveis e necessárias podem ser objeto da reflexão científica, não os acontecimentos singulares e contingentes. Por isso, a história não alcança a dignidade de objeto da ciência. Uma vez que a revelação como objeto da teologia é inseparável de sua forma contingente e histórica, a reconstrução sistemática da razão teológica como uma forma da contemplação supratemporal e estática da essência supratemporal da realidade da revelação levaria, em longo prazo, a um desprezo da dimensão histórico-salvífica.

No entanto, também ali onde fundamenta seu caráter científico de outra maneira e renuncia ao sistema aristotélico, a teologia se depara com um questionamento fundamental de sua cientificidade. Essa crítica à teologia acompanha o Iluminismo do século XVIII.

O racionalismo filosófico ainda tentou deduzir as verdades eternas (a existência de Deus, a imortalidade da alma) a partir das ideias inatas e dos conceitos da razão. Considerava que a certeza de seus conhecimentos estava garantida pelo fato de que, na sua realização puramente racional, o sujeito não é confundido pelos sentidos (DESCARTES, R. *Meditationen über die Grundlagen der Philosophie*, 1641 = PhB 250a,5). Essa concepção, no entanto, está em contradição com a realidade da finitude da razão, constitutivamente ligada aos sentidos. Além disso, falta-lhe a visão da mediação temporal e histórica do conhecimento, razão pela qual tampouco pode alcançar a revelação histórica constitutiva da nossa relação com Deus.

Isto se aplica, por exemplo, à concepção cartesiana do conhecimento de Deus, segundo a qual "tudo que podemos chegar a saber de Deus pode-se demonstrar com argumentos extraídos unicamente de nosso pensamento. Considero que é tarefa para a qual estou capacitado analisar como isso é possível e por que caminho se pode chegar a conhecer a Deus mais facilmente e com maior segurança do que as próprias coisas temporais". Em oposição ao racionalismo, que fundamenta a certeza dos conteúdos do conhecimento no pensamento puro, o empirismo (inclusive em sua continuação no sensualismo, no naturalismo, no positivismo, no materialismo) entende que todo o conhecimento brota somente dos dados da experiência e destaca que o critério máximo da ciência é a verificação empírica de uma tese. Dessa maneira, restringe-se o conhecimento seguro à esfera das ciências empíricas e das operações lógico-formais da razão (lógica, matemática). A teologia natural da metafísica e a teologia baseada na revelação histórica perdem sua condição de ciências (cf. HUME. *Ensaio sobre o entendimento humano*, 1784 = PhB 35, 193) (Trad.: Anoar Aiex): "Se examinarmos, por exemplo, um volume de teologia ou de metafísica escolástica e indagarmos: *Contém algum raciocínio abstrato acerca da quantidade ou do número? Não. Contém algum raciocínio experimental a respeito das questões de fato e de existência?* Não. Portanto, lançai-o ao fogo, pois não contém senão sofismas e ilusões".

Sob o impacto dos grandes êxitos das ciências da natureza e da técnica, seus métodos de verificação empírica e experimental tornaram-se cada vez mais a norma de "fatos objetivamente demonstráveis". É evidente que a teologia só pode construir a partir da fé no sentido de uma conjectura subjetiva que, em todo caso, é útil para a configuração moral da vida e para um pretenso sentido da vida. Nesse contexto, mencione-se apenas a teoria do assim chamado "Círculo de Viena": os problemas metafísicos devem ser solucionados apresentando-os, de antemão, como questões sem sentido. Um conceito como "Deus" e enunciados sobre Ele não podem ser verificados, porque "Deus" não é necessário para as regras da lógica formal nem apresenta um conteúdo empiricamente acessível. Este e outros conceitos parecidos surgiriam de um uso irrefletido da linguagem. Porque a metafísica e a teologia constroem a partir destes conceitos sem sentido e de experiências sem conteúdo, podem "ser superadas" por meio da "análise lógica da linguagem" (CARNAP, R. 1931). Essa é também a concepção, por exemplo, de L. Wittgenstein (pelo menos em sua primeira fase), que concebe a realidade como "o que é o caso". A realidade coincidiria com sua possibilidade de exposição científica numa linguagem objetiva. Por consequência, a teologia não pode reivindicar um caráter de ciência. Antes, deveria dizer-se: "Sobre aquilo que não se pode falar, deve-se calar" (*Tractatus logico-philosophicus*, 7).

Na medida em que na filosofia da linguagem da atualidade, por ocasião da análise da linguagem, se reflete sobre as condições da possibilidade das modalidades objetivo-linguísticas e metalinguísticas de acesso à realidade, bem como sobre o problema do conhecimento da realidade em relação com sua exposição, a teologia se pergunta como ir além da mera formação do conceito "Deus" e como a realidade que corresponde ao conceito pode se tornar princípio real e critério objetivo de sua presença nas esferas da linguagem e da experiência humanas. Ainda assim, uma reflexão linguístico-filosófica revela que um único nível de experiência não pode ser arbitrariamente alçado à condição de critério exclusivo de uma adequada utilização das palavras e dos sinais também em outros contextos experimentais (L. Wittgenstein, Investigações filosóficas 23: "O termo 'jogo de linguagem' deve aqui salientar que o falar da linguagem é uma parte de uma atividade ou de uma forma de vida").

No contexto da crise das bases das ciências naturais modernas (teoria quântica, teoria da relatividade etc.) e da concepção da filosofia "pós-moderna" de que não se pode pressupor nenhum ponto de vista racional absoluto e universalmente aceito (pretensão de fundamentação última), deve ser dito, em vista não apenas do caráter científico da teologia, mas de todas as ciências, que hoje não existe um consenso sobre o que se deve entender, afinal, por ciência e que falta uma instância capaz de definir critérios inequivocamente válidos para todas as diferentes ciências. Todas as teorias científicas já pressupõem determinados conhecimentos e opções metafísicos fundamentais. Nenhuma teoria científica pode desenvolver, independentemente das ciências concretas, uma criteriologia *a priori*, abstrata e formal. Toda ciência singular deve, antes de tudo, fundamentar a si mesma e, em vista do seu objeto próprio, formular as condições sob as quais se pode considerar que seus conhecimentos e suas conclusões são verdadeiros. Assim, também a teologia pode se reinserir no concerto das ciências. Ela precisa, no entanto, se perguntar se corresponde a certos padrões cristalizados no decorrer da história da ciência universitária ocidental. Entre eles

1. Que se possa denominar e sejam acessíveis os pontos de partida (princípios), mesmo que a pretensão que parte deles – como, no caso da teologia, a fé na realidade da autorrevelação de Deus em Jesus Cristo – não tenha que ser necessariamente aceita a título pessoal por todos os que participam do discurso científico.

2. A descrição exata do âmbito do objeto (teologicamente: a realidade e a realização histórica da autocomunicação de Deus em Cristo: *res fidei et morum*).

3. Uma metodologia universalmente aplicada, verificável e transparente.

4. A coerência, a consistência e a sistemática dos resultados entre si e com seus princípios de partida.

*Aplicados esses critérios, a teologia pode reivindicar, com razão, o caráter de ciência. Não é uma explicação voltada apenas para o interior do sistema de fé da Igreja, que se baseia em enfoques subjetivos inverificáveis, mas, no todo, é uma contribuição àquela questão discutida, de diferentes maneiras, por todas as ciências: "O que é o ser humano, e como pode o ser humano ser bem-sucedido?"*

### e) A analogia como princípio do conhecimento teológico

*O significado da analogia*

Diferentemente de todas as outras ciências, a teologia não pode apresentar o seu objeto, o princípio de todos os seus enunciados, nem como o correlato de uma intuição transmitida por meio dos sentidos, nem como um conceito da razão constitutivo ou regulador, resultante de uma análise do processo racional. A transcendência absoluta de Deus em relação ao mundo e ao conhecimento exclui que a razão finita, vinculada aos sentidos e dependente do pensamento discursivo, transforme Deus em um objeto adequado de sua capacidade compreensiva. Permanece, então, um puro mistério situado além de todo discurso racional, que se abre unicamente a um vago sentimento de união mística com o infinito? (apessoal). Esta é a problemática que se coloca tanto para a teologia natural como para a teologia baseada na revelação.

A referência a um puro autotestemunho de Deus "a partir de cima" (K. Barth, E. Jüngel) não resolve o problema, porque Deus se oferece ao ser humano como conteúdo e princípio da fé e da compreensão teológica, invariavelmente pela mediação das possibilidades humanas do conhecimento.

Na perspectiva da teologia natural, a questão é saber como o ser humano, enquanto espírito finito, pode expressar sua referência a um mistério absoluto, de modo a não aprisionar Deus em sua linguagem e em seu pensamento e objetivá-lo em seu próprio sistema de categorias (cf. a crítica de Kant, Fichte e Hegel à objetivação de Deus na metafísica racionalista).

Na teologia da revelação, por outro lado, coloca-se a questão: Como Deus pode se revelar como Ele mesmo no *medium* da linguagem humana sem se expor a uma redução ao finito por meio do espírito humano que o concebe?

Uma vez que o ser humano pode articular e perceber o sentido da palavra "Deus", ou a Palavra de Deus que, de fato, se difunde nele invariavelmente no marco de seu conhecimento vinculado aos sentidos e às condições aprioristas, é preciso pressupor uma receptividade fundamental da razão humana para uma possível automanifestação de Deus (*potentia oboedientialis*, referenciabilidade transcendental, constante antropológica: ouvinte da Palavra).

Numa antropologia teológica, deve-se poder indicar que a referência do ser humano a Deus representa um momento constitutivo de sua natureza espiritual e de sua experiência da realidade (*praeambula fidei*). É verdade que se pode demonstrar a realidade da revelação unicamente com o auxílio da razão. No entanto, pressupõe-se a razão do ser humano para que ele, no encontro pessoal com o mediador humano da Palavra de Deus e sob o impacto desse acontecimento, se deixe determinar pela espontaneidade do juízo (*lumen fidei*), de tal modo que, por meio da mediação da palavra e do mediador humanos, esteja imediatamente presente o próprio Deus.

A possibilidade de que as palavras, sinais, conceitos e categorias da linguagem humana se transformem no *medium* de um encontro dia-logal entre Deus e o ser humano e, por isso, também num discurso racional sobre Deus, tem seu fundamento na *analogia do ente* (*analogia entis*).

A analogia é uma figura mental (a:b = c:d) adotada da matemática pela filosofia e tem tanto uma dimensão lógico-linguística (*analogia nominum*) como uma dimensão ontológica (*analogia entis*). Abre a possibilidade de que uma mesma palavra, sem perder a unidade de seu conteúdo conceitual, possa ser aplicada, de diversas maneiras, a seres diferentes (distinguindo-se da completa igualdade de significado da *univocidade* e da completa diferença de significado da *equivocidade*).

A *analogia dos nomes e dos conceitos* se baseia na *analogia do conteúdo do ser*, isto é, na relação diferente do ente (conforme sua essência) com o ser. A *analogia categorial* se refere à relação específica do ente finito com o ser; a *analogia transcendental* designa a relação de Deus com seu ser, a qual não tem por meio de participação, mas por causa da identidade de seu ser com sua essência.

Em termos objetivos e terminológicos, faz-se distinção entre

1. A analogia de *proporcionalidade* (interna ou externa): a comparabilidade de duas relações entre si (a:b = b:c).
2. A analogia de *atribuição*: o conteúdo do conceito é transferido de um analogado (portador do enunciado) para outro analogado; numa analogia de atribuição interna, o segundo analogado possui internamente como próprio não apenas a palavra e a relação com o primeiro analogado, mas o próprio conteúdo do conceito, assim como o ser do ente finito, quando aplicado a Deus, é internamente próprio de Deus, e de uma maneira livre de toda limitação criada.

Para ir além de uma mera analogia metafórica (ou seja, da aplicação de metáforas a Deus sem refletir sobre a legitimidade deste procedimento), é preciso, antes de tudo, demonstrar a possibilidade da linguagem analógica na epistemologia em geral. A epistemologia aristotélico-tomista parte do ente real como o objeto adequado do conhecimento metafísico. Todo conhecimento do ser humano começa, na verdade, na experiência sensível, o que não significa, porém, que esteja limitado ao âmbito dos objetos percebidos pelos sentidos. O fato de que a razão finita possa formar em geral o conceito não objetivado do ser (*conceptus entis*) pressupõe que o conhecimento da razão sempre se realize já no horizonte do ser, que se manifesta nos entes concretos e concebe seus princípios por meio do ser do ente (*conceptio entis*). Portanto, a formação de conceitos categoriais e transcendentais sempre já pressupõe a experiência da realidade. Os conceitos não estão dados ao pensamento como formas vazias e abstratas, por meio das quais se constituiriam os objetos da experiência. Antes, a formação de conceitos segue-se ao encontro com a realidade. Tampouco a linguagem humana é, pois, um sistema arbitrário de denominações das coisas ou um instrumento para se apoderar delas. A linguagem humana lança suas raízes num encontro do espírito com a realidade, um encontro que possibilita a formação de conceitos e a reflexão.

A experiência da diferença entre "ser" e "ente" que caracteriza todas as coisas finitas e limitadas em sua relação com o ser ilimitado permite chegar à conclusão – fundada na experiência da realidade original – de um ente que define sua relação com o ser não por meio de participação, mas por meio de sua essência e que, por isso, se dá a conhecer também como origem de todos os entes que existem em virtude da participação no ser. Portanto, ente e ser não são conceitos *a priori* que concebem univocamente Deus e o mundo e transformam Deus no objeto da formação conceitual humana. O conhecimento analógico do ser tampouco tende a uma semelhança das essências conceitualmente entendidas como unívocas. O conhecimento análogo de Deus tem como fundamento a igualação do simples, a saber, o ser dos entes. Pois o ser é, no caráter ilimitado em que transcende o ente, a primeira, maior e mais pura analogia de Deus (Tomás, cf. 22, 2 ad2). O conhecimento analógico de Deus, mediado pelo ser, não é um conhecimento da essência de Deus em si mesma (S. th. I q.12 ad1); na analogia do ser, o ser humano pode conhecer Deus somente como mistério (*tamquam ignotum*). Por conseguinte, o conhecimento de Deus que aqui se torna visível diz mais sobre a referência do ser humano a Deus do que sobre Deus em si mesmo. A experiência de ser e a possibilidade de aplicação analógica dos conceitos humanos indicam também como Deus pode se dar a conhecer na linguagem humana sem cair na dependência do pensamento humano. Deus não está ligado a uma dialética real ou conceitual com o mundo. É, antes, o mundo, por causa de sua condição de coisa criada, que está realmente referido a Deus e, por consequência, o ser humano é sempre um possível ouvinte da Palavra de Deus pronunciada na história. No entanto, o fato da autocomunicação divina no mundo por meio da palavra de um ser humano histórico somente pode ser aceito em liberdade, não pode ser deduzido de um conceito de Deus previamente adquirido. Os enunciados básicos do ser humano sobre Deus (sua simplicidade, sua bondade, sua infinidade, sua onipotência etc.) e sua relação com o mundo (como criador, salvador, reconciliador, consumador) não são simples predicados que descrevem o ser e a ação de Deus e as "conceitualizam", mas são designações da livre autorrelação de Deus com o mundo na criação e na história. Ele se dá a conhecer no *medium* da própria história como o autor transcendente do ser, do amor e do bem; essas qualidades existem essencialmente nele, sem que, para além disso, ainda seja possível ao ser humano compreender e expressar adequadamente a unidade do ser e da essência de Deus.

O IV Concílio de Latrão (1215) expressou essa realidade fundamental numa formulação clássica da linguagem teológica (ainda que sem a exatidão da terminologia especializada) da seguinte forma:

> "Pois entre o criador e a criatura não se pode observar tamanha semelhança que não se deva observar diferença maior ainda" (DH 806; cf. tb. Vaticano I, DH 3001, 3004, 3016, 3026).

Uma interpretação que se reporta a *João Duns Escoto* (Ord. 1.1, d.3, p.1, q.1-2, 26) rejeita que um conceito simples como "ente" possa ser chamado de analógico. O conteúdo conceitual inequívoco encerrado nesse termo se aplica univocamente a Deus e às criaturas e se especifica unicamente por meio das modalidades "infinito" e "finito". Nesse caso, porém, o ser humano não teria um autêntico conceito de Deus ou um acesso a Ele que só pode ser limitado em virtude da afirmação de uma absoluta liberdade arbitrária?

*A analogia como tema da teologia da controvérsia*

Em contato com uma definição – crítica em relação à epistemologia aristotélica e orientada na compreensão platônica e agostiniana – da relação entre revelação e razão, especialmente a teologia reformadora criticou a analogia como fundamento do caráter científico da teologia.

Somente na história da teologia mais recente, o tema da analogia novamente se tornou objeto de intensas controvérsias. Em contraposição aos representantes da teologia liberal (F.D.E. Schleiermacher, A. Ritschl, W. Herrmann, A. von Harnack), que partiam de certo *a priori* religioso da autocompreensão humana e, a partir daí, determinavam a revelação e a história, mas especialmente em oposição à doutrina do Vaticano I sobre a possibilidade de um conhecimento natural de Deus como uma suposta "segunda fonte de revelação ao lado da Sagrada Escritura", Karl Barth qualificou a nova doutrina sobre a analogia proposta por Erich Przywara como "invenção do anticristo" (KD I/1,8) e como "o esquema fundamental da doutrina e do pensamento católico" (KD II/1, 658). Um juízo teológico prévio serve de base para essa condenação da razão na teologia natural e sobrenatural, a saber, a desvalorização da natureza humana – que se considera inteiramente corrompida por meio do pecado original – e a convicção de que a razão é incapaz de conhecer a Deus. Aqui é determinante a concepção da dialética entre lei e Evangelho, que substitui a harmonia entre natureza e graça. Toda fundamentação da teologia como ciência por meio de uma analogia do ente cai aqui sob a suspeita de ser um ataque deliberado do ser humano à liberdade autônoma da revelação de Deus, pois só Deus pode conduzir o ser humano à verdade. Em vez de uma *analogia entis*, Barth fala de uma *analogia fidei* (*relationis*, *operationis*) fundada na revelação.

Apesar disso, a teologia protestante analisou a questão de seu ponto de partida e de um possível ponto de contato antropológico da revelação (E. Brunner, P. Althaus, W. Joest). Paul Tillich fala da necessária correlação entre a antropologia e a teologia. W. Pannenberg contesta qualquer possibilidade de comparação entre o ser divino e o humano e defende, recorrendo a Duns Escoto, que em toda analogia do ente existe um núcleo unívoco. Somente a ação de Deus na história permite conhecê-lo (antecipadamente). E. Schlink considera que a analogia somente é possível como falar doxológico sobre Deus, que vai além dos conceitos inequívocos da teologia. E. Jüngel acredita que a aporia da teologia filosófica possa ser superada unicamente a partir do próprio Deus que se expressa a si mesmo no acontecimento de sua vinda na palavra da cruz.

*A analogia como mediação entre a Palavra de Deus e a razão humana*

Em virtude de sua concepção de pecado original, a teologia católica não pode assumir esta limitação do discurso racional sobre Deus da teologia filosófica. É certo que a razão está sujeita à possibilidade de erro. No entanto, ainda que o pecado signifique uma perturbação da relação pessoal com Deus, não implica uma destruição da estrutura fundamental da realização da razão humana. Para essa estrutura, é natural a ligação da razão humana com o mundo sensível, e daí resulta também a realização de seu conhecimento à luz dos princípios naturais do ser e do conhecimento. De resto, nem no estado original a razão necessitaria de uma iluminação como um princípio adicional para possibilitar sua realização natural. Muito menos a razão, como *medium* da teologia científica, necessita de uma adicional "luz dos teólogos" (assim, p. ex., Henrique de Gante). O *medium* da teologia da revelação como ciência é a razão natural do ser humano com os princípios e as estruturas que lhe são características, mas universalmente válidas. A luz da fé (*lumen fidei*) se refere à visão dos conteúdos da fé dados à teologia, os quais são interpretados pelo caminho da ciência, segundo as regras científicas e de acordo com as leis universalmente válidas da razão.

Portanto, uma resposta à questão da possibilidade da teologia como ciência sempre já se situa no contexto de uma compreensão da analogia do ente e pressupõe o marco de uma concepção ontológica e epistemológica global. Não é convincente a objeção de que o "ente" é um conceito simples e que, por isso, toda analogia contém um núcleo unívoco, porque o "ente" é definido como "algo a que advém o ser", a saber, de acordo com a sua essência. Assim, na unidade do conceito "ente" se expressa também a diferença entre ser e essência. É, pois, perfeitamente possível uma aplicação diferenciada do conteúdo do conceito a entes diferentes, desde que, na tensão entre ser e essência, possa ser enunciada a diferença entre ser criado, como ser por meio de participação, e a realidade de Deus, como ser em virtude de sua própria essência. A objeção de uma "conceitualização" de Deus talvez esteja certa no caso de Francisco Suárez (1548-1619), que declarou que as essências contidas no conceito (*ens nominaliter sumptum*) são o objeto da metafísica. Segundo esse ponto de vista, a existência real é considerada apenas uma precisão adicional da essência já antes conceitualmente compreendida. Dessa maneira, porém, Deus dependeria, de certa maneira, da capacidade de formação de conceitos da mente humana. Isto ocorre na metafísica racionalista que, com razão, é criticada por Kant: De um simples conceito de Deus não se pode deduzir sua existência. À questão de saber se não podemos pelo menos imaginar essa essência, distinta do mundo, segundo uma analogia com os objetos da experiência, Kant responde:

"[...] *sem dúvida*, mas apenas como objeto na ideia e não na realidade; ou seja, unicamente na medida em que é um substrato, para nós desconhecido, da unidade sistemática, da ordem e da finalidade da constituição do mundo, da qual a razão deve fazer princípio regulador para a sua investigação da natureza" (CrP B 725).

Se, por esse motivo, a analogia não pode fundamentar-se a partir da experiência original da realidade (portanto, não simplesmente por meio de um conceito do ente), também é impossível a teologia como ciência teórica (pelo menos para além de sua aplicação puramente negativa).

Se, porém, existe uma experiência original do ser e da realidade, também é possível uma tematização reflexiva da abertura anterior do ser humano para o Deus transcendental (e, dessa maneira, também a constante antropológica da referência transcendental). Uma vez que é impossível a imediatez a Deus para além do mundo sensível, a referência do ser humano a Deus e sua livre autorrelação com o ser humano sucede apenas por meio da mediação categorial da experiência humana no espaço da imanência. Disso fazem parte todas as dimensões da existência humana, como a linguagem, a corporeidade, a sociabilidade e a historicidade.

A analogia não é um meio para "descolar-se" do mundo e encontrar Deus além do mundo, mas expressa uma compreensão da realidade segundo a qual é possível encontrar Deus exatamente no mundo. Só se conhece a Deus através do mundo. Portanto, a razão aberta e estruturada a partir da experiência do mundo também está em condições de descrever o encontro de Deus no mundo com os meios da ciência. Essa definição da relação entre a imediatez a Deus e a mediação pela história incluída na concepção de analogia é um elemento constitutivo do conceito teológico de verdade.

No momento em que começou a impor-se o conceito de verdade do método indutivo das ciências naturais modernas, negou-se à teologia o caráter de ciência, visto que, como se sabe, tem na palavra da Escritura e no Magistério uma autoridade previamente estipulada. No entanto, a verdade, segundo o método indutivo, só pode ser o resultado da investigação científica e não é algo pressuposto. Logo, a teologia tem somente um conceito de verdade dedutivo e explicativo, em oposição à compreensão de verdade moderna, que é indutiva e produtiva? É claro que a teologia parte da verdade como o acontecimento de um diálogo divino-humano na história. Nesse sentido, a invocação de uma premissa constitutiva da Palavra de Deus sempre tem também um caráter dedutivo e analítico. Entretanto, também a ciência da natureza parte de determinados critérios de verificação válidos *a priori*, por exemplo, a possibilidade de comprovação de toda teoria com base nos fenômenos da matéria, transformada, assim, no fundamento da verdade dos conhecimentos adquiridos. A revelação, como crida na Igreja, não é um simples descobrimento da essência de Deus e tampouco sua gravação iluminadora na inteligência humana. Só vem ao encontro do ser humano na modalidade da aceitação humana nas condições históricas, mundanas e sociais de sua existência e de sua mediação no mundo. Assim, a ascensão da verdade de Deus previamente dada sucede sempre de modo produtivo e indutivo nos contornos da compreensão de si e do mundo do ser humano que crê.

*Pertence à teologia como uma ciência humana obter novamente, ao mesmo tempo também produtivamente, no processo de sua automediação assimiladora, a verdade que lhe foi previamente estabelecida. Pois, a teologia não é simplesmente a repetição das palavras de Deus, mas a assimilação reflexa da revelação, dada apenas no* medium *criado, no marco do domínio científico e prático da existência humana.*

### f) A relação dialogal da teologia com a filosofia e com as ciências

Em virtude da estrutura de seus enunciados, fundada na analogia do ente, a teologia não tem uma pretensão totalitária de verdade, embora trate o conjunto de seus temas *sub ratione Dei*. Agora, em perspectiva teológica, Deus certamente é o parâmetro de todos os conhecimentos criados da verdade nas ciências. Se, porém, a teologia quiser formular, com os meios da razão humana, o significado decisivo de Deus para o mundo (como criador e redentor do ser humano), então, para poder expressar também corretamente a verdade de Deus no *medium* da linguagem humana, deverá esforçar-se para ampliar seus conhecimentos do ser humano e do mundo. Desse modo, a teologia, em virtude de sua própria autocompreensão, estabelece necessariamente um diálogo construtivo com o esforço científico de realizar uma análise racional da existência humana. Neste contexto, o Vaticano II enfatiza a "autoridade legítima das realidades e das ciências profanas":

"Pela própria condição da criação, todas as coisas são dotadas de fundamento próprio, verdade, bondade, leis e ordem específicas. O homem deve respeitar tudo isto, reconhecendo os métodos próprios de cada ciência e arte. Portanto, se a pesquisa metódica, em todas as ciências, proceder de maneira verdadeiramente científica e segundo as leis morais, na realidade nunca será oposta à fé: tanto as realidades profanas quanto as da fé originam-se do mesmo Deus" (GS 36).

*A relação da teologia com a filosofia*

Caso se quiser cultivar a teologia como ciência, deve recorrer-se ao instrumental hermenêutico da filosofia e também formular seus próprios temas no contexto da história da problemática filosófica, mesmo ante a crítica de alguns apologetas do século II ou dos antidialéticos da primeira fase da Escolástica, e outros.

Não passa despercebida a diferença de caráter e de gênero entre a modalidade da transmissão da revelação bíblica na linguagem humana no mundo semítico, por um lado, e a formulação de uma teologia natural na filosofia grega, por outro. Não obstante, resulta da pretensão universal do cristianismo também a necessidade de se expressar por meio do instrumental reflexivo de uma filosofia avançada. A revelação bíblica não é de modo algum a metafísica pela sua própria natureza. Como sabemos, ela sempre já pressupõe a transcendência absoluta de Deus e a possibilidade de sua mediação no *medium* da linguagem humana. Dessa maneira, está essencialmente mais próxima da orientação crítica reflexa da razão humana na realidade própria da filosofia do que a deformação mitológica do divino nas religiões históricas. Com toda certeza, a teologia não pode se comprometer exclusivamente com uma determinada concepção filosófica e permitir que os princípios e critérios de validade de seus enunciados sejam estipulados a partir dela. A afirmação de que a Igreja Antiga, com a adoção dos conceitos filosóficos gregos, tornou-se culpável de um distanciamento da fé bíblica ("acusação de helenização") é, na maioria dos casos, insustentável. A adoção dos *termini* filosóficos estava quase sempre acompanhada de uma profunda reinterpretação dos respectivos conteúdos conceituais. O critério da formação de conceitos era o conteúdo da fé e não o contrário. Os Padres da Igreja tinham consciência de que estavam normativamente vinculados à Sagrada Escritura, à confissão de fé e às regras de fé.

Por outro lado, porém, não se pode reduzir o conteúdo da revelação cristã, sob as normas de uma epistemologia cética frente à transcendência, a um mero material para o esclarecimento do imperativo ético ou dos sentimentos religiosos. A revelação bíblica contém, segundo o conteúdo e a forma, certas exigências a uma ontologia, uma epistemologia e uma antropologia, que ela pressupõe como critérios imanentes de sua própria validade. Eventualmente, a teologia deve inclusive estabelecer um diálogo crítico com determinadas filosofias em torno da pertinência das categorias correspondentes. Em aberta oposição ao ceticismo, ao naturalismo e ao materialismo, a teologia dirigirá repetidamente à filosofia o desiderato de uma epistemologia realista, bem como de uma ontologia da referência humana à transcendência. Ao atual pluralismo filosófico aparentemente incapaz de integração, a teologia deve responder com a busca de um diálogo abrangente (também em vista das assim chamadas filosofias "regionais" da história, da linguagem, da cultura, da técnica etc.).

*A relação da teologia com as ciências categoriais*

Também as ciências humanas, sociais e naturais são de interesse da teologia na medida em que formulam verdades a respeito do ser humano. Seus resultados recebem a respectiva atenção em todas as disciplinas teológicas. Em especial na esfera das disciplinas práticas, a recepção dos resultados da investigação das ciências humanas dos últimos anos provocou diferenciações e progressos consideráveis dos conhecimentos. Uma das tarefas permanentes da hermenêutica teológica consiste em indagar a respeito do caráter normativo dos conhecimentos das ciências humanas nas questões teológico-morais e socioéticas. Apesar de todas as diferenças quanto ao objeto formal, também existem, por fim, áreas de contato entre a dogmática e as ciências naturais puras (criação e evolução, as leis próprias da matéria, a ação de Deus no mundo como sua causa primeira, a problemática corpo/alma, o significado da corporeidade do ser humano e de seu ser pessoal espiritual etc.).

## g) A eclesialidade da teologia

A relação peculiar da teologia científica com a Igreja não pode limitar-se a uma lealdade exterior. Antes, faz parte da sua essência que a teologia aporte, na forma e na transmissão eclesial da fé, a problemática especificamente teológica, ainda que, por outro lado, sempre já pressuponha, como seus princípios próprios, os artigos da fé testemunhados pela Igreja. É isto que diferencia a teologia, quanto ao objeto formal, da ciência das religiões. A liberdade da teologia não consiste, portanto, numa dispensa de se ater ao seu objeto que lhe foi previamente dado e ao respectivo método. Isto equivaleria a uma autodestruição da teologia. A liberdade da teologia consiste em que, segundo sua própria natureza, se compreenda a si mesma, relacionada com a vida eclesial, como instância de aprofundamento e, cada vez mais, de crítica e que ofereça, no interesse de todas as ciências pelo aspecto antropológico, uma contribuição essencial à configuração humana da vida. É por isso que seu lugar é, com razão, também a universidade, o lugar específico da espiritualidade ocidental. Isto encontra seu fundamento na dupla função da teologia: diálogo e mediação.

## II. A DOGMÁTICA COMO ESPECIALIDADE TEOLÓGICA

### 1 Definição

Ao passo que as disciplinas históricas e práticas da teologia indagam sobre os pressupostos formais dos dados históricos e sobre as consequências éticas, sociais e pastorais da fé cristã, a dogmática considera o conteúdo da revelação a partir da ideia orientadora (objeto formal) da autocomunicação de Deus na medida em que esse acontecimento se abre a uma compreensão sistemática (= especulativa). Do ponto de vista formal, a dogmática nasce da necessidade racional de transmitir a orientação de Deus, percebida no ato pessoal de fé como verdade e vida do ser humano, de uma maneira racional de acordo com o conhecimento natural da realidade do mundo (Anselmo de Canterbury, Prosl. 1: *Credo ut intelligam*).

Pode definir-se a dogmática da seguinte maneira:

*A dogmática é a exposição metodologicamente refletida da realidade e do contexto da autocomunicação, que redime a nós, seres humanos, do Deus trino em Jesus Cristo, como se expressa no* medium *da confissão de fé da Igreja (= symbolum, dogma).*

Embora o nome dessa disciplina tenha sido tomado (aproximadamente desde o século XVIII) dos dogmas individuais, ela não se limita aos dogmas em sentido formal, ou seja, a determinadas sentenças doutrinais que, segundo a fé católica, são aceitas em vista da autoridade divina e se expressam numa definição conciliar ou papal (p. ex., a fé em Cristo do Concílio de Niceia ou o dogma da assunção corporal de Maria na glória de Deus).

*Dogma* significa aqui o todo da fé cristã contida na confissão e na práxis da Igreja.

### 2 Pode legitimar-se ainda hoje o método dogmático a partir da perspectiva científica e moral?

No discurso científico geral e no uso da linguagem pelos meios de comunicação pública o termo "dogmático" adquire quase exclusivamente conotações negativas. Na maioria das vezes, associa-se a ele a "absolutização das opiniões subjetivas", "a intolerância contra pessoas com opinião diferente", "concepções distantes da vida real", "a oposição à autonomia do pensamento pessoal", "motor espiritual das guerras religiosas e das perseguições aos hereges" ou, por fim, mas certamente não por último, "a repressão de novos conhecimentos científicos em prol de uma fundamentação ideológica da pretensão de poder da hierarquia da Igreja".

Essa crítica arrasadora se refere não apenas ao conteúdo dos dogmas individuais, mas, no todo, à pretensão de verdade universal e definitiva do cristianismo.

No entanto, o desenvolvimento epistemológico na filosofia do Iluminismo europeu, que não admite juízos afirmativos, mas só hipotéticos, sobre a transcendência, não proíbe de fato a afirmação de enunciados verdadeiros e válidos para todos? Levando em conta a condicionalidade histórica de todas as pretensões de verdade humanas e a pluralidade das religiões, cosmovisões, ideologias e filosofias, não se tornou definitivamente impossível a formulação de verdades atemporais, completamente independentes do ponto de vista humano, sobre questões últimas? Nesta constelação da história das ideias, só parece ser ainda defensável um ceticismo metafísico que entende o pluralismo, incapaz de chegar a qualquer unidade, como uma aproximação assintótica da verdade, em si mesma incognoscível. Sob esses pressupostos pode-se classificar, de fato, os enunciados de fé cristãos somente como configurações dependentes do sujeito crente, projetadas na parede de uma transcendência vazia.

Desde o século XVII se constata uma crítica fundamental ao caráter dogmático do cristianismo proveniente de orientações intracristãs que não definem a fé a partir de seu conteúdo cognitivo e racional, mas que o deduzem a partir de um *a priori* religioso afetivo (a piedade do coração do pietismo, a teologia do sentimento de Schleiermacher e também o modernismo no âmbito católico). Essa crítica se dirige contra a racionalização da fé, convertida num sistema de autênticas sentenças doutrinárias, cuja aceitação, baseada apenas na autoridade de Deus, seria determinante para a obtenção da eterna bem-aventurança (assim no supranaturalismo da dogmática ortodoxa protestante e também na Neoescolástica católica do século XIX, onde a fé foi entendida, sobretudo, no sentido de "aceitar como verdadeira" a verdade da revelação proposta pela Igreja). Frente a essa compreensão da fé dogmática e racionalista, algumas correntes entendem que o cristianismo é a religião prática do seguimento de Jesus e do amor afetivo a Ele, pois o próprio Jesus não apresentou nenhuma sentença doutrinal, mas indicou o caminho certo por meio de seu exemplo. Segundo o lema "o dogma separa, a vida une", essa visão reivindica, ainda que tem a receita para a solução de todos os problemas relacionados com a diversidade das confissões.

A crítica da compreensão dogmática do cristianismo se reporta frequentemente ao uso da linguagem de Kant, mas sem mencionar os verdadeiros destinatários da crítica kantiana:

"A crítica não se opõe ao *procedimento dogmático da razão* no seu conhecimento puro, enquanto ciência (pois esta é sempre dogmática, isto é, estritamente demonstrativa, baseando-se em princípios *a priori* seguros), mas sim ao *dogmatismo*, quer dizer, à presunção de seguir por diante apenas com um conhecimento puro por conceitos (conhecimento filosófico), apoiado em princípios, como os que a razão desde há muito aplica, sem se informar como e com que direito os alcançou. O dogmatismo é, pois, o procedimento dogmático da razão *sem uma crítica prévia da sua própria capacidade*. Essa oposição da crítica ao dogmatismo não favorece, pois, de modo algum, a superficialidade palavrosa que toma a despropósito o nome de popularidade, nem ainda menos o ceticismo que condena, sumariamente, toda a metafísica. A crítica é antes a necessária preparação para o estabelecimento de uma metafísica sólida fundada rigorosamente como ciência, que há de desenvolver-se de maneira necessariamente dogmática e estritamente sistemática, por conseguinte escolástica (e não popular)" (Kant, CrP B XXXVIs.).

O que Kant realmente rejeita não é o procedimento demonstrativo dogmático da razão pura, mas aquele da metafísica racionalista que pretendia deduzir a realidade inteira a partir das ideias e dos conceitos racionalmente determinados e que afirmava que podia chegar às verdades essenciais da religião, da metafísica e da ética, verdades supratemporais e completamente independentes do horizonte histórico de compreensão do ser humano.

### 3 O conceito de verdade histórica da dogmática

Esse dogmatismo criticado por Kant não tem nada a ver com a concepção da verdade da dogmática cristã, pois faz parte da essência da revelação cristã justamente sua mediação histórica e a reflexão das condições da possibilidade de sua recepção na razão finita do ser humano. O tema da historicidade e da história não entra no conceito dogmática da verdade como elemento perturbador (isto é, como relativização das verdades essenciais "eternas"). Ao contrário, a dogmática cristã tem seu ponto de partida justamente na realidade da autorrevelação de Deus transmitida na história. Refere-se à autocomunicação de Deus em Jesus Cristo, conhecida e reconhecida no ato de fé, como a seu princípio do conhecimento, que precede a reflexão teológica e é seu fundamento permanente. A teologia é dogmática, no sentido de que, a partir desse princípio, alcança uma compreensão racional desse acontecimento, de sua verdade e de sua reivindicação de uma autocompreensão humana.

A razão receptiva do ser humano não é determinada, contra a formulação de Kant, por rígidas formas e regras aprioríticas, de modo que sempre tenha de limitar a realidade ao marco de seu próprio sistema de referência humano. É claro que a razão, além da dimensão *a posteriori*, finita, sensível e histórica de sua mediação, tem um momento apriorista. A aprioridade da razão humana consiste, entretanto, na possibilidade fundamental de ser informada por meio da realidade experimentada na história. Portanto, a historicidade da razão humana não significa de modo algum uma relativização de sua capacidade de verdade ou a impossibilidade de alcançar um conhecimento de Deus. A verdade de Deus se transmite justamente no acontecimento de sua livre autocomunicação no *medium* da história, de modo que o ser humano, em sua liberdade pessoal e em sua realização da razão mediada em termos *a priori* e *a posteriori* na história, no *medium* da palavra e do acontecimento histórico Jesus Cristo, possa aceitar a verdade que é o próprio Deus. *A razão dogmática pressupõe, portanto, com o ato de fé, a realidade e o caráter vinculante da autorrevelação de Deus na história e efetua, ao mesmo tempo, a mediação hermenêutica da fé em seu medium histórico (história dos dogmas, contextos filosóficos e culturais que se modificam na história).*

### 4 A estruturação da dogmática

A dogmática pretende expor o nexo interior da revelação. Isto não significa, contudo, que a revelação de Deus possa ser entregue a uma vontade absoluta de sistematização da razão humana (no sentido do conceito de sistema do idealismo alemão). O modo analógico de conhecimento e a historicidade da razão humana só admitem uma *sistematização relativa* frente à revelação, que permanece um *mysterium* que transcende à razão. Sob o pressuposto irrenunciável da confissão de fé (*articuli fidei*), é possível uma exposição sumária em perspectivas articuladas e ideias orientadoras coerentes. Portanto, jamais se impôs na história um sistema definitivamente válido de dogmática.

Na teologia neoescolástica, formou-se uma classificação em cerca de 10-12 tratados, que às vezes ficou bastante esquemática:

1) Epistemologia teológica; 2) Doutrina do Deus uno e trino; 3) Doutrina da criação; 4) Antropologia teológica; 5) Cristologia/Soteriologia; 6) Mariologia; 7) Eclesiologia; 8) Pneumatologia; 9) Doutrina da graça; 10) Doutrina dos sacramentos); 11) Escatologia.

*Karl Rahner* propôs a substituição dos tratados por sequências temáticas (*Curso Fundamental da Fé*. Friburgo, 1976). A visão do uno e do todo da mensagem cristã é abordada nos seguintes passos: o ser humano como ouvinte da mensagem, sua existência diante do mistério absoluto, a análise de sua ameaça de culpa, a autocomunicação de Deus que perdoa e agracia em Jesus Cristo, a vida cristã na e como Igreja e a esperança da vida eterna.

Essa estrutura reflete claramente a necessidade de uma tomada de posição em face da incerteza que cerca o ser humano, uma necessidade que é acentuada em virtude da virada epistemológica e antropológica da Idade Moderna.

De modo distinto, as "dogmáticas antigas" abordam diretamente a doutrina sobre Deus. Tomando como referência a confissão de fé, falam da unidade e da Trindade de Deus: Deus como o fundamento original de sua obra salvadora na criação, na redenção e na santificação, até a consumação do ser humano na ressurreição e na vida eterna. É claro que também se tem em conta a dimensão antropológica, pois está incluída no "creio", ou seja, no "cremos", com que começa o *symbolum* (a imagem de Deus do ser humano, a determinação fundamental de sua condição de criatura espiritual como *desiderium naturale ad videndum Dei*, o caráter pessoal, a eclesialidade da fé etc.). O problema consiste aqui, entretanto, em que não se consegue uma adequação total entre o decurso histórico-salvífico da revelação e a abordagem estrutural de uma sistematização. No acontecimento da história da salvação, Deus aparece como Deus trino somente no final, no acontecimento de Cristo, que, porém, evidentemente, já como o Deus trino, é o autor da criação e da história veterotestamentária da salvação.

Quando se começa pela doutrina de Deus, há o perigo de se falar de Deus prescindindo de sua Trindade, ou seja, fazendo uma separação entre a doutrina de Deus e a doutrina da Trindade, ou de se pressupor, como algo dado, já no estudo da doutrina da criação, a Trindade imanente de Deus, embora só apareça como o princípio transcendente da criação e da história da salvação no curso da história da salvação (Trindade econômica).

Uma primeira exposição sistemático-objetiva geral da fé se deve a *Orígenes* que, com a escola de catecúmenos de Alexandria, indicou à teologia o caminho da ciência. Em sua obra *De principiis* (220 d.C.), expõe a seguinte estrutura fundamental: Após constatar que os conteúdos da fé recebidos no AT/NT baseiam-se unicamente na palavra de Cristo, e se referir à sua interpretação por meio da tradição apostólica e eclesial, destaca que cabe ao erudito fundamentar e desenvolver mais profundamente algumas doutrinas. Seguem como temas principais: o Deus trino, o criador e senhor da antiga e da nova aliança; a encarnação do Filho e o Espírito Santo; a alma, sua natureza e seu destino na vida terrena; o livre-arbítrio; o diabo e os poderes demoníacos; a criação e o fim do mundo; por fim, trata-se dos princípios da interpretação da Escritura.

Impulsos importantes para uma divisão sistemática da doutrina da fé resultaram também da necessidade da catequese batismal e das discussões sobre o dogma trinitário e cristológico. Na maioria dos casos, seguia-se o Credo (cf. as catequeses de *Cirilo de Jerusalém* e as pregações catequéticas de *Gregório de Nissa*). Com o *Enchiridion ad Laurentium de fide, spe et caritate*, de *Agostinho*, começa uma linha da tradição que articula o *mysterium* de acordo com as virtudes divinas da fé, da esperança e do amor.

Apresenta aspectos originais o escrito de *Fulgêncio de Ruspe* (467-532), *De fide*. Diferentemente de Orígenes, aqui o nexo entre a Trindade imanente e econômica é mantido por meio da sequência: Trindade, encarnação, criação, pecado original, salvação. Similar é a exposição de *Ruperto de Deutz* († 1130), em sua obra *De sancta Trinitate et operibus eius*, de orientação histórico-salvífica.

Para a teologia dogmática da Escolástica, teve igualmente uma grande relevância a terceira parte da obra principal de São *João Damasceno* († 750), conhecida no Ocidente com o título *De fide orthodoxa*: Deus, criação e providência, a encarnação de Cristo, sacramentos, mariologia, veneração dos santos, doutrina do pecado e últimas coisas. Nesse contexto, é importante mencionar ainda os sumários patrísticos de *Genádio de Marselha* († entre 492 e 505). *Liber ecclesiasticorum dogmatum*, bem como as *Ethymologiae* de *Isidoro de Sevilha*, uma exposição geral abrangente do saber teológico e profano de sua época.

Nos inícios da Escolástica, *Hugo de São Vítor* expõe no escrito *De sacramentis christianae fidei* uma divisão da dogmática em duas partes. Primeiro, aparece o *opus conditionis* com a doutrina sobre Deus e uma história da salvação da antiga aliança. Em seguida, a *opus reparationis* com o acontecimento de Cristo, a Igreja, a liturgia, os sacramentos, as virtudes e a consumação de todas as coisas.

A coletânea de sentenças dos Padres, disposta em quatro volumes, apresentada por *Pedro Lombardo* († 1160), se converteu no manual por excelência da Escolástica. No primeiro livro, trata diretamente – sem apresentar primeiro uma doutrina sobre a natureza de Deus – da subsistência trinitária de Deus, para, em seguida, passar aos atributos das Pessoas divinas e sua relação com o mundo. No segundo livro, começa com a origem de todas as criaturas espirituais e corporais a partir do Criador e depois descreve o distanciamento do ser humano no tocante a Deus em virtude do pecado. No terceiro livro trata da redenção do ser humano por meio da encarnação, bem como do fruto da redenção, ofertado na vida da graça. Aí conecta a transmissão dessa graça por meio dos sacramentos e sua configuração numa vida virtuosa (*gratia et virtus*). Aqui encontramos pela primeira vez uma análise abrangente dos sete sacramentos: o Batismo, a Confirmação, a Eucaristia, a Penitência, a Extrema-Unção [sic], a Ordem e o Matrimônio. Encerra com a escatologia individual e geral (ainda não separada) com os temas purgatório e juízo, bem-aventurança e condenação.

Na literatura das sumas da Alta Idade Média destaca-se a síntese genial de *Tomás de Aquino*. Na *Summa theologiae* (1266; inacabada), expõe a teologia como uma reconstrução teórica do acontecimento real do encontro humano-divino e da realização da salvação em Jesus Cristo. Todo o drama do ser, do mundo e da história está determinado por Deus e pelo ser humano, e unido em Jesus Cristo, Deus e homem. Desse modo, aqui fica visível a estrutura global da suma teológica. O próprio Deus é o princípio do ser e da consumação de todas as suas criaturas. Partem de Deus e a Ele retornam como seu fim. Não se trata, porém, de um movimento natural de fluxo e refluxo da vida divina de acordo com a concepção emanacionista da relação entre Deus e mundo, como a concebia o neoplatonismo. Segundo Tomás, o encontro entre Deus e o mundo é, antes, mediado pela liberdade de Deus. Deus cria livremente o mundo e se situa diante de pessoas que atuam livremente, que também se tornam portadoras independentes da vida histórica e titulares do movimento de retorno da criatura espiritual para Deus. Portanto, a primeira parte trata do próprio Deus, da criação e do seu movimento para os seres humanos. A segunda parte principal fala do ser humano originado de Deus e destinado para Ele. Esses dois movimentos, de Deus para o ser humano e do ser humano para Deus, são mediados e realizados em Jesus Cristo, o Deus e ser humano. Por meio de sua natureza humana, Deus vem a nós e, em sua humanidade, que subsiste no Logos-Deus, os seres humanos retornam a Deus. Cristo é, na sua pessoa, o caminho de Deus para nós e o nosso caminho para Deus. Através da recepção de Aristóteles foi superado o esquema de categorias neoplatônico até então predominante para expressar a relação Deus/mundo ("espiritual/corporal" e "imortal/mortal", cf. Orígenes, *De principiis*). Isto possibilitou a tematização mais enfática da realidade genuína do mundo e da atividade própria da criatura justamente também em vista da materialidade e da corporeidade da existência humana. A dialética de "pecado/graça" (Paulo, Agostinho), até então predominante, não é substituída, mas inserida na relação criatural fundamental do ser humano com Deus (natureza/graça). A natureza espiritual e livre da criatura é a base metafísica e a estrutura fundamental que, pelo pecado e pela graça, inicia seu movimento histórico e perde ou cumpre sua orientação básica.

Uma das obras sistemáticas mais significativas do espaço da teologia da Reforma é a *Institutio Christianae Religionis* (1536, 1559), de *João Calvino*. Calvino, o mais sistemático entre os reformadores, estruturou sua dogmática em torno da ideia fundamental do verdadeiro conhecimento de Deus, que sucede na justificação e na predestinação. Os quatro livros de sua *Institutio* são organizados da seguinte maneira:

1. O conhecimento de Deus o Criador.
2. O conhecimento de Deus o Redentor em Cristo por meio da Lei e do Evangelho.

3. A maneira de receber a graça em Cristo (a fé, a justificação, a vida cristã, as boas obras, a liberdade cristã, a oração, a eleição eterna da graça, a ressurreição).

4. Os meios externos com o auxílio dos quais Deus nos convida para a comunhão com Cristo e nos mantém nela, a saber, a Igreja, o Batismo, a Eucaristia, a vida na comunidade política.

Nessa tradição se situa também *Karl Barth*, com sua *Kirchliche Dogmatik* [Dogmática eclesiástica] (Zurique 1932ss.; 4.000 páginas, inacabada), que apresenta a seguinte divisão: a doutrina da Palavra de Deus, a doutrina do próprio Deus, a doutrina de suas obras na criação, na reconciliação e na redenção/santificação.

Corresponde melhor à atual situação espiritual, que requer uma abordagem antropológica, a *Systematische Theologie* [Teologia sistemática] de *Wolfhart Pannenberg* (vols. I-III, Göttingen 1988-1993) dividida em: introdução, teologia natural e Deus nas religiões, a revelação do Deus trinitário, sua essência e suas propriedades, a criação, a antropologia, a cristologia e a soteriologia, a pneumatologia e a eclesiologia, a ação eletiva de Deus e a teologia da história, bem como a consumação escatológica da criação no Reino de Deus.

*Daniel Friedrich Ernst Schleiermacher* (1768-1834) – que apresentou uma nova perspectiva em sua obra principal (*Der christliche Glaube, Nach den Grundsätzen der evangelischen Kirche im Zusammenhang*, ²1830) – deixou claro que o tema do enfoque e da estrutura da dogmática não é apenas um problema didático, mas envolve a problemática da fundamentação da própria teologia que se reporta à revelação histórica. Pretende contrapor uma interpretação mais ponderada da fé às duas posturas extremas de sua época, por um lado, a ortodoxia protestante, com uma metafísica supranatural e uma concepção da fé como um sistema de doutrinas expostas de modo objetivista e que prescindia do contexto existencial na questão da salvação pessoal e, por outro lado, o imanentismo de cunho naturalista ou místico-panteísta. Em sua abordagem filosófico-religiosa, Schleiermacher começa com o "sentimento", entendido como uma certeza original da autoconsciência de ser absolutamente dependente de algo, a que chama Deus. Ainda antes da cisão sujeito/objeto como pressuposto de todo conhecimento objetivo, há uma unidade com Deus no sentido de uma relação existencial que se exprime na experiência de fé. Frente a ela, toda doutrina é secundária, pois é objetivação da experiência original de fé. Onde, porém, a doutrina da fé não é expressão original exatamente desse "sentimento", resvala numa opinião doutrinária ultrapassada. É preciso estabelecer um vínculo entre as doutrinas tradicionais da fé e a autoexposição da consciência religiosa. A dogmática é, assim, exposição da fé subjetiva e de suas objetivações, não simplesmente uma doutrina sobre Deus e sua revelação. Na primeira parte, Schleiermacher fala do si-mesmo piedoso, dado que nele se expressa a relação entre Deus e mundo (criação, propriedades de Deus, a perfeição original). A segunda parte descreve os fatos da autoconsciência piedosa, como determinados pela oposição (por um lado, o pecado e, por outro lado, as propriedades divinas da santidade, da justiça e da misericórdia, que se contrapõem ao pecado). Essa oposição é superada por meio da realização de sua unidade (pessoa e ministério de Cristo, graça, Igreja, comunicação do Espírito, palavra, Batismo, Eucaristia, consumação da Igreja no *eschaton*). Seguem-se as propriedades divinas do amor e da sabedoria que se referem às matérias anteriores. Ao final, aparece, bastante deslocada e introduzida de modo repentino, a exposição sobre a "Trindade divina".

O enfoque de Schleiermacher exerceu uma enorme influência no protestantismo cultural do século XIX e na teologia liberal. A teologia se entendia a si mesma mais como uma reflexão da autoexpressão – subjetiva, afetiva, psicológica, de psicologia profunda etc. – do ser humano na configuração de sua fé do que como a exposição das palavras de Deus para o ser humano na linguagem humana (se bem que, entretanto, muitas vezes se tratasse também de grosseiras deformações da abordagem de Schleiermacher). Karl Barth, com sua abordagem direta da Palavra de Deus, que, sem qualquer consideração da autocompreensão humana, exige escuta e obediência, protestou contra aquela orientação, situada na tradição de Schleiermacher, e provocou uma virada na abordagem da teologia dogmática. Entretanto, não faz jus ao problema a simples alternativa entre uma abordagem "de cima" e outra "de baixo". Pois, na estrutura fundamental da revelação e da sua recepção na fé, sempre já aparece o nexo característico de imediatez e mediação, de teologia e antropologia.

A exposição deste manual mantém, em seu conjunto, a divisão clássica em tratados, mas apresentados num nexo interior que segue o acontecimento da revelação e a condição da possibilidade de sua aceitação pelo ser humano.

Após a introdução teológica geral segue, abrindo a *Série A*, uma antropologia de cunho mais formal, em que se tematiza a referência do ser humano a Deus. A doutrina da criação deve indicar a vinculação fundamental do ser humano com Deus, na qual se reflete a livre autorrelação de Deus com a sua criatura. Os três tratados seguintes mostram, no curso da história da salvação, a autoabertura do Deus trino (Trindade econômica) como sujeito da história da salvação no Antigo Testamento e como Pai de Jesus Cristo no Novo Testamento; a revelação de Deus em seu Filho (cristologia/soteriologia) e no Espírito Santo (pneumatologia). A autoabertura histórico-salvífica do Deus trino possibilita, então, uma visão da vida do Deus trino (doutrina da Trindade). Este tratado se situa, de certo modo, no centro de toda a série de temas teológicos.

A *Série B* é construída a partir do aspecto da resposta de fé dada pelo ser humano, no decorrer da história, à revelação divina refletida na *Série A*. Inicia com a mariologia. Nela se abordam claramente e de modo exemplar as mensagens da autocomunicação de Deus para a antropologia, visto que Maria é o protótipo do ser humano singular que recebe o dom da graça e da Igreja como comunidade de fé. Em correspondência com a autorrevelação de Deus como criador (protologia), aparece o tema da "consumação do ser humano" (escatologia); com a autorrevelação do Pai, o tema da assembleia da Igreja como povo de Deus (eclesiologia). Frente à cristologia se situa a presença salvífica de Cristo, cabeça e senhor da Igreja, nos sacramentos (doutrina dos sacramentos), ao passo que, por fim, em correspondência com a pneumatologia, a doutrina da graça encerra o discurso dogmático:

### 5 Esquema da estrutura da dogmática

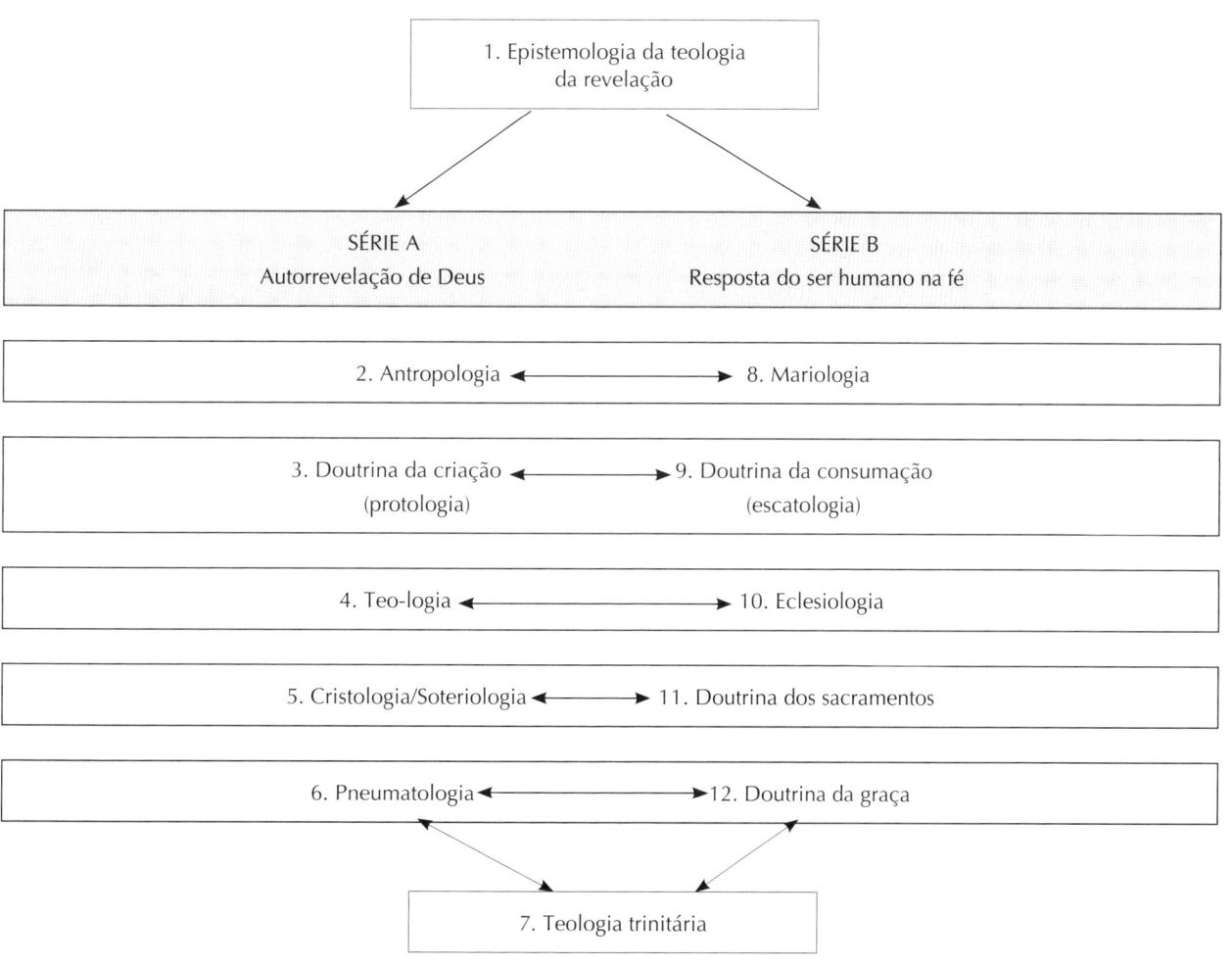

– 47 –

## III. A REALIDADE DE REFERÊNCIA DA TEOLOGIA: A AUTORREVELAÇÃO DE DEUS EM JESUS CRISTO

### 1 Conceito e concepção da "revelação"

*"Revelação" é a designação sintetizadora da ação salvífica de Deus na história, testificada no Antigo e no Novo testamentos, que tem seu ponto alto no acontecimento de Cristo. A revelação de Jesus Cristo abre ao crente o conhecimento da realidade de Deus como o* mysterium *do amor que é o próprio Deus Pai, Filho e Espírito Santo.*

Sob as condições epistemológicas da filosofia subjetiva ocidental-moderna e de seu problema da cisão entre sujeito e objeto, configuraram-se três possíveis concepções fundamentais da revelação.

1. A *interpretação da teoria da informação*. A fim de garantir a objetividade da revelação contra uma apropriação subjetiva, a revelação é concebida como um sistema de sentenças verdadeiras, afiançadas pela autoridade de Deus e positivamente expostas na Bíblia ou por meio do Magistério. A razão deve se sujeitar à revelação num ato de obediência. O perigo de uma visão deste tipo consiste em reduzir a concepção da fé a um horizonte intelectualista (como acontece, p. ex., na ortodoxia protestante, na Escolástica barroca católica e na Neoescolástica), e, além disso, em uma "teoria dos dois andares", da relação entre natureza e graça, entre fé e razão; seus referenciais filosóficos são o supranaturalismo, o racionalismo filosófico e uma metafísica ontológica.

2. A *visão da teoria da projeção*. Partindo da finitude radical do sujeito, nega-se a possibilidade de um encontro real com a transcendência de Deus. Deus aparece apenas como uma ideia reguladora da razão ou é considerado no *a priori* religioso como pressuposto de todos os enunciados sobre Ele numa unidade de sentimento. Os conceitos de fé seriam produtos da consciência humana, quando o ser humano tenta objetivar sua experiência fundamental. Na crítica da religião, o próprio Deus e os dogmas religiosos ligados a Ele são "desmascarados" como projeções de uma consciência-do-eu alienada. Na visão de uma "fundamentação da religião da psicologia profunda", os deuses, ou seja, os conteúdos míticos associados a eles, surgem por meio do contato do inconsciente individual e coletivo com uma transcendência formal, que se interpreta especificamente no respectivo contexto cultural. Sob esses pressupostos, a doutrina de fé cristã não é nada mais que a racionalização helenista do mito humano universal. Essa "teoria da revelação" encontra sua correspondência filosófica no sensualismo, no empirismo, no naturalismo e no ceticismo metafísico.

3. A *compreensão da teoria da comunicação*. Aqui não se interpreta a revelação como um sistema de verdades nem como estados de sentimento religioso, mas como o acontecimento de uma relação sujeito/objeto. A fé se baseia numa experiência original da realidade e num encontro pessoal com Deus em sua palavra e sua ação. A aprioridade da subjetividade da razão finita se limita à possibilidade de ser fundamentalmente ouvinte da Palavra de Deus. A subjetividade humana não prescreve, pois, a revelação em fórmulas e regras. Ao contrário, a razão recebe o seu conteúdo e a sua forma a partir da própria revelação, mas da maneira como se realiza a razão finita, a saber, num entrelaçamento indissolúvel de aprioridade e aposterioridade, de espírito e sensibilidade. A imediatez de Deus, inacessível a partir de nós, torna-se acessível a partir dele no nível da mediação histórica. E porque, inversamente, o ser humano somente pode alcançar uma imediatez pessoal a Deus mediada por todos os seus conteúdos espirituais através da corporeidade, da historicidade e da sociabilidade, o encontro humano-divino sucede na história e na forma de um diálogo. E é justamente assim que alcança a categoria de "encontro de pessoas", que é a adequada ao conceito de revelação. *A revelação e seu conhecimento se baseiam, portanto, numa dupla mediação: a partir de Deus, quando sua imediatez acontece na mediação histórica; e a partir do ser humano, quando, por meio da mediação realizada pelo próprio Deus, pode alcançar a imediatez de Deus como pessoa.*

Como filosofia de referência, corresponde ao paradigma da teoria da comunicação a metafísica da história com as categorias fundamentais: acontecimento, pessoa, diálogo, encontro e comunicação.

Não se consegue definir precisamente o que significa a revelação simplesmente a partir de um conceito abstrato do termo, nem de um aspecto formal da razão aplicado à revelação. Aqui se encontram os limites da "interpretação existencialista" da mensagem bíblica, quer se trate do chamado à decisão em favor da autenticidade da minha existência (R. Bultmann), ou da concepção da Palavra de Deus como "fronteira e juízo sobre a vontade pessoal do pecador camuflada em piedade religiosa" e da graça como "nova criação radical para além de todo ponto de contato natural" (K. Barth), do "encontro com aquele que nos afeta incondicionalmente" (P. Tillich), da interpretação da história da salvação, como "soma dos atos de Deus" reconhecíveis junto ou além da história profana como uma cadeia singular de acontecimentos (O. Cullmann) e, por fim, também da interpretação do acontecimento de Cristo como "antecipação simbólica" da totalidade de sentido ainda pendente (Pannenberg).

O conteúdo e a forma da revelação e as condições sob as quais pode ser aceita e reconhecida decorrem primeiramente de uma análise do *encontro* com ela no contexto da estrutura de sua transmissão.

Como cheguei à fé de que, na história contada na Bíblia e testemunhada pela Igreja, o próprio Deus estava atuando? Encontro uma comunidade de pessoas, ou talvez pertença a ela desde a infância, que se constitui por meio da fé em Jesus de Nazaré. Nela ouço falar de Jesus, em quem se cumpriu e se consumou, na história real e escatológica, a autopromessa messiânica de Javé ao seu povo. O testemunho e o anúncio que recebi diz que nele, neste proclamador da proximidade do Reino de Deus que morreu na cruz, Deus atuou redentoramente por meio do ato da ressurreição e se revelou o Deus da vida e dos vivos. Deus se deu a conhecer a nós ao manifestar que a pessoa e a história de Jesus de Nazaré são a mediação e o mediador de sua imediatez, que chegou aos seres humanos. Se aceito na fé essa mensagem, proclamada na Igreja de forma ininterrupta e inconfundível desde os primeiros testemunhos dos acontecimentos até o dia de hoje, então devo também aceitar que a tradição que se manifesta nas realizações fundamentais da Igreja (credo, sinais, símbolo, comunicação) não me permite reduzi-la a uma recordação subjetiva de uma pessoa situada num passado histórico longínquo. Ao contrário, o conteúdo da tradição se identifica com seu portador e com seu sujeito: com Jesus Cristo ressuscitado e vivo em sua Igreja por meio da Palavra e do Espírito. Na mediação da Igreja, Ele me encontra como pessoa viva, e por meio dela entro na imediatez de Deus, ou seja, o próprio Deus se dirige a mim imediatamente em Jesus Cristo através do processo de transmissão da tradição da Igreja.

Em todos os níveis de seu acontecimento histórico, de sua tradição e da chegada aos crentes, a revelação está marcada pela identidade e pela diferença entre imediatez e mediação. Justamente por causa do ser humano, o encontro pessoal e dialogal não pode deixar para trás a estrutura comunitária, histórica e linguística de sua mediação, para ficar "a sós" com Deus na solidão de uma subjetividade diante do mundo (identidade apriorista da consciência com Deus, coordenação dualista do corpo do ser humano com o mundo e do espírito com Deus). Justamente por causa da constituição material própria da natureza do ser humano, confirmada pela automediação de Deus ao ser humano no acontecimento histórico da encarnação, é que o acesso à imediatez de Deus somente se dá na nova passagem pelas formas e configurações da mediação.

## 2 *A revelação como autocomunicação do Deus trino*

Sob a influência da filosofia da liberdade mais recente (que vai além do dualismo sujeito/objeto) e com as novas categorias do pessoal, dialogal, social e histórico, o Vaticano II concebeu a revelação sob o ponto de vista orientador da "autocomunicação de Deus como verdade e vida". Ela contém certa correção da concepção intelectualista da fé, sobretudo característica da teologia da controvérsia pós-tridentina, que realçava o ato de obediência às proposições doutrinárias vinculantes do Magistério. A ênfase no caráter da revelação – sobrenatural, indedutível, doutrinário e, contudo, não contrário à razão – do Vaticano I esteve condicionada pela determinação de estabelecer limites ao fideísmo. No entanto, ainda assim o concílio tratou da revelação como livre autocomunicação de Deus ao ser humano (DH 3004).

A revelação como autocomunicação significa (DV 2):

> *"Aprouve a Deus, em sua bondade e sabedoria, revelar-se a si mesmo e tornar conhecido o mistério da sua vontade (cf. Ef 1,9), pelo qual os homens, por intermédio de Cristo, Verbo feito carne, e no Espírito Santo, têm acesso ao Pai e se tornam participantes da natureza divina (cf. Ef 2,18; 2Pd 1,4). Mediante esta revelação, portanto, o Deus invisível (cf. Cl 1,15; 1Tm 1,17), levado por seu grande amor, fala aos homens como a amigos (cf. Ex 33,11; Jo 15,14.15) e com eles se entretém (cf. Br 3,38), para os convidar à comunhão consigo. Este plano de revelação se concretiza através de acontecimentos e palavras intimamente conexos entre si, de forma que as obras realizadas por Deus na história da salvação manifestam e corroboram os ensinamentos e as realidades significadas pelas palavras. Estas, por sua vez, proclamam as obras e elucidam o mistério nelas contido. No entanto, o conteúdo profundo da verdade seja a respeito de Deus, seja a respeito da salvação dos homens, se nos manifesta por meio dessa revelação em Cristo que é ao mesmo tempo o mediador e a plenitude de toda a revelação."*

Ao entender a revelação como autocomunicação de Deus na história, supera-se também a antiga diástase entre as verdades essenciais, sempre válidas, para além da história e dos fatos históricos contingentes, e os conteúdos religiosos da consciência que jamais podem atingir a realidade transcendente de Deus (Lessing, Fichte, Kant). A palavra eterna, que é Deus, ingressou no aqui e agora deste mundo e sujeito às condições das experiências humanas, justamente neste ser humano, Jesus de Nazaré.

Deus não determina sua relação com a história por meio de uma delimitação puramente negativa, mas justamente através de sua liberdade, ao se aproximar, no *medium* da história, assim como ele mesmo é, em um sujeito da história (a história da liberdade do ser humano Jesus de Nazaré). A história não é apenas o nexo funcional entre os fatos tangíveis e as motivações de seus atores. Sem a referência constitutiva à liberdade do ser humano não se pode definir em geral a história como um conceito razoável. A história nunca é o pressuposto ou o marco exterior, mas o produto das liberdades que se encontram e se objetivam em seus atos. Isto inclui que a liberdade finita do ser humano pode se desenvolver somente no *medium* de seus pressupostos materiais e também no espaço das liberdades e de suas objetivações que ocorrem já antes dele (= os fatos históricos). Dessa maneira, o pressuposto material de nossa referência de liberdade pessoal sempre já está acompanhado de conotações positivas e negativas.

No conjunto, pode conceber-se a essência do ser humano como a realização dinâmica de sua liberdade, em que tem um encontro pessoal e dialogal com o Deus que se media no acontecimento da liberdade do ser humano Jesus. Aí Deus se revela como o sujeito soberano de sua autoexpressão na palavra e de sua vinda no acontecimento perante o ser humano, o qual busca, na história e sob as condições de sua existência mundana, a validez última de sua salvação. Ali onde o ser humano conhece e reconhece em Jesus de Nazaré a presença definitiva e escatológica da autocomunicação de Deus como verdade e vida, Deus se comunica a ele imediatamente e se deixa aceitar por ele como seu criador, redentor e consumador.

Ao descrevermos as estruturas fundamentais da pessoa criada (transcendentalidade, sociabilidade, liberdade, imagem de Deus, corporeidade), fazemos referência à condição de criatura ou à natureza teológica do ser humano.

Se considerarmos a vinda real de Deus ao nosso encontro no contexto da história da liberdade humana, em que se descobre como condição e conteúdo da autotranscendência humana no espírito e na liberdade, teremos aquilo que chamamos de autocomunicação de Deus na palavra, que é o próprio Deus (Jo 1,1). A autocomunicação de Deus na história tem seu ponto alto ali onde a própria palavra se tornou carne, história, liberdade humana (Jo 1,14). A presença imediata de Deus como graça e verdade na mediação histórica tem um nome humano: Jesus, que realizou, a partir do coração do Pai, a autoexplicação de Deus (cf. Jo 1,18).

Em Jesus Cristo temos, portanto, a identidade definitiva da imediatez de Deus ao ser humano na mediação criada e da mediação criada na imediatez. Jesus Cristo é o acontecimento da unidade de imediatez e mediação tanto no movimento de Deus para o mundo como no movimento de resposta do mundo a Deus. O ser humano Cristo Jesus é o único mediador entre o Deus uno e o ser humano (1Tm 2,5).

### 3 Jesus de Nazaré: a revelação do "Filho único do Pai" e do mediador da Nova Aliança

Jesus se diferencia dos portadores humanos da história da revelação, dos profetas, não só em termos de gradação, mas de essência. Nele se supera a distância infinita entre a palavra confiada de Deus e os mediadores humanos. Para Ele, a Palavra de Deus não foi entregue apenas para a proclamação. *Jesus é, em sua pessoa, em seu ser e em seu destino, o próprio acontecimento da revelação. Jesus Cristo não é apenas a presença definitiva da autorrevelação de Deus. É também, da parte da humanidade, a realização plena da resposta humana em liberdade, obediência e dedicação. Assim, Jesus como ser humano é o sacramento da revelação ou o sinal em que o conteúdo está presente imediatamente.* Em Jesus, a resposta de fé da Igreja à revelação e a atualidade da revelação no testemunho da Igreja têm seu ponto de referência indefectível. Jesus é o "autor e consumador da fé" (Hb 12,2). Como novo Adão e o "Sumo Sacerdote dos bens definitivos [...] entrou uma vez por todas no santuário [...] e, com seu sangue, conseguiu uma redenção eterna" (Hb 9,11s.).

A palavra da conclusão da "revelação em Cristo" só é compreendida corretamente quando a revelação não é interpretada na perspectiva da teoria da informação, nem no sentido idealista, como a soma de reflexos e configurações sempre novas de nossa consciência de Deus e de nossa autoconsciência. Trata-se, antes, da mediação definitiva da proximidade pessoal de Deus na sua configuração histórica. Dessa maneira, não se atribui valor absoluto a nenhuma época. É Jesus Cristo que, como pessoa, é o mediador, o único e eterno mediador entre o Deus único e o ser humano, e, portanto, não pode ser superado. A revelação não se encontra, pois, como um bloco errático no meio da história. É definitivamente perceptível na história na figura histórica de Jesus, mas está presente também na relação viva com Ele como o Senhor exaltado. A Igreja está sempre em diálogo com o Cristo presente. Ele a conduz pelo caminho da permanente tradução da autocomunicação de Deus na subjetividade da fé. O Vaticano II confessa o centro e fundamento cristológico da revelação concluída em Cristo e, ao mesmo tempo, aberta para uma compreensão mais profunda e para a assimilação pessoal, nos seguintes termos:

> *"Depois de ter falado muitas vezes e de muitos modos pelos Profetas, 'ultimamente, nestes dias, falou-nos pelo Filho' (Hb 1,1-2). Com efeito, Ele enviou seu Filho, o Verbo eterno que ilumina todos os homens, para que habitasse entre os homens e lhes expusesse os segredos de Deus (cf. Jo 1,1-18). Jesus Cristo, portanto, Verbo feito carne, enviado como 'homem aos homens', 'profere as palavras de Deus' (Jo 3,34) e consuma a obra salvífica que o Pai lhe confiou (cf. Jo 5,36; 17,4). Eis por que Ele, ao qual quem o vê também vê o Pai (cf. Jo 14,9), pela plena presença e manifestação de si mesmo por palavras e obras, sinais e milagres, e especialmente por sua morte e gloriosa ressurreição, enviado finalmente o Espírito de verdade, aperfeiçoa e completa a revelação e a confirma com o testemunho divino que Deus está conosco para libertar-nos das trevas do pecado e da morte e para ressuscitar-nos para a vida eterna.*
> *A economia cristã, pois, como aliança nova e definitiva, jamais passará e já não há que esperar nenhuma nova revelação pública antes da gloriosa manifestação de Nosso Senhor Jesus Cristo (cf. 1Tm 6,14; Tt 2,13)" (DV 4).*

### 4 A missão do Espírito Santo como origem da fé da Igreja

*A totalidade e a unidade das respostas dos discípulos de Jesus, e daqueles que aceitam seu testemunho, sustentadas e possibilitadas por meio da autorrevelação de Deus em Jesus Cristo, chama-se: "a fé da Igreja".*

A fé, a confissão e o testemunho da Igreja são, sem dúvida, manifestações e realizações do espírito e da liberdade do ser humano. No entanto, na medida em que devem ser o *medium* da autoatualização da revelação na história, não podem resultar de uma atividade isolada, moral ou intelectual, do ser humano (*lumen naturale*). Deus se dá a conhecer na revelação, e este conteúdo de conhecimento inclui em si, como um de seus elementos, a luz que se reflete no espírito humano e por meio da qual se revela a resposta pessoal no espírito e na liberdade. O próprio Deus evoca no ser humano a figura cognitiva criada e mediadora, e gera o impulso da vontade livre, de modo que o próprio Deus, na revelação, não é apenas o conteúdo do conhecimento de Deus, mas também o princípio através do qual o ser humano percebe na mediação criada a imediatez a Deus (*lumen fidei*). Portanto, a aparição, a permanência e o desenvolvimento da fé e de sua confissão devem ser entendidas sempre como obra do Pai celeste (Mt 16,17) ou como dom de Cristo (Hb 12,2) ou, de modo bem especial, como efeito do Espírito Santo. O Espírito é o Paráclito que traz à memória dos discípulos tudo o que Jesus lhes disse (Jo 14,26). Ele os leva à verdade plena e total (Jo 16,13; Lc 24,49).

Portanto, a identidade da fé da Igreja nas diversas épocas e culturas não foi conseguida de forma autônoma por meio do esforço humano dos titulares da vida da Igreja. O próprio Deus, como sujeito soberano da revelação da salvação e da história da revelação que brota dele, permanece também, ao mesmo tempo, mediante sua presença no Espírito Santo, o princípio da aceitação da revelação na fé e da sua expressão no testemunho e na confissão, justamente na "fé da Igreja". A "fé da Igreja" é um fator real da revelação. É a revelação na modalidade de sua repercussão no ser humano e na sua atualidade histórica.

> "Ao Deus que revela deve-se 'a obediência da fé' (Rm 16,26; cf. Rm 1,5; 2Cor 10,5-6); pela qual o homem livremente se entrega todo a Deus prestando 'ao Deus revelador um obséquio pleno do intelecto e da vontade' e dando voluntário assentimento à revelação feita por Ele. Para que se preste essa fé, exigem-se a graça prévia e adjuvante de Deus e os auxílios internos do Espírito Santo, que move o coração e converte-o a Deus, abre os olhos da mente, e dá a todos a suavidade no consentir e crer na verdade. A fim de tornar sempre mais profunda a compreensão da revelação, o mesmo Espírito Santo aperfeiçoa continuamente a fé por meio de seus dons" (DV 5).

### 5 A presença da revelação de Cristo no medium do testemunho apostólico

Na transmissão da revelação, os "apóstolos e profetas" (Ef 2,20) do cristianismo primitivo têm uma importância fundamental. Os apóstolos (os Doze, Paulo, outros missionários da Igreja primitiva) são as testemunhas da autorrevelação de Jesus como o Senhor que ressuscitou e vive junto ao Pai. São apóstolos também em virtude do mandato pessoal e da autoridade que advêm dele (cf. 1Cor 15,3-11). A realidade da ressurreição de Jesus não é uma informação neutra, que carece de repercussão pessoal, ou um fato objetivável do conhecimento. Uma vez que a certeza de sua realidade surge somente do encontro pessoal dos apóstolos com o ressuscitado, só pode ser atualizada no *medium* do testemunho pessoal daqueles aos quais Jesus Cristo se revelou como o mediador do Reino de Deus, que vive junto ao Pai e é confirmado por Ele. A mediação dessa realidade na forma de testemunho e de confissão de fé pessoal possibilita a liberdade da fé. Uma vez que a ação de Deus no mundo sempre se dá pela mediação dos processos criados, também o acesso à imediatez da Palavra de Deus na fé só é possível através do *medium* do testemunho e da confissão humana.

Sob esse pressuposto revela-se quão pouco adequada é uma hermenêutica que trabalha com a oposição dualista das categorias "fato" e "interpretação". Nesse caso, parte-se do falso pressuposto de que a realidade possa ser compreendida de forma puramente objetiva, completamente independente do ponto de vista do observador (por meio da investigação histórica e empírica), de que, num segundo passo, então, o sujeito do conhecimento configura, mediante suas formas de juízo e de intuição lógico-formais, psicológicas e culturalmente condicionadas, a "coisa em si" em um "interpretamento". Aplicada à história de Jesus, teríamos, por um lado, as palavras e as ações históricas de Jesus, que, porém, não são mais conhecidas precisamente e, por outro lado, são recobertas por uma série de interpretações subjetivas e divergentes. A tarefa do método histórico seria agora avançar, através de todas as interpretações, para o verdadeiro "núcleo" histórico. Este "núcleo histórico" não é, porém, um objeto, mas uma pessoa, e, por isso, pertence à compreensão adequada da realidade pessoal de Jesus a categoria do encontro pessoal. O método da teologia não pode ser, portanto, puramente objetivo histórico ou puramente transcendental interpretativo. A fim de fazer jus à realidade pessoal de Jesus e sua tradição e à reclamação que Deus nos dirige, a qual tem seu fundamento nesta realidade, o método teológico deve trabalhar com um conceito de razão em que se faça valer o condicionamento mútuo da realização histórica, dialogal e transcendental do espírito humano.

Se levarmos a sério a automediação de Jesus (A) no testemunho pessoal dos apóstolos (B), não haverá, fora dessa relação de mediação A:B, um terceiro ponto de vista que permita uma comprovação objetiva da concordância de A e B. O testemunho de fé de Paulo, de João e dos sinóticos sobre a autorrevelação de Deus na história e da pessoa de Jesus não pode se cristalizar em Jesus como figura histórica, para, em seguida, num segundo passo, constatar a concordância ou a discrepância entre o testemunho bíblico e o acontecimento nele testemunhado. A fim de alcançar a imediatez de A, deve-se aceitar na fé a B. Desse modo, nesse ato de fé se alcança, ao mesmo tempo, também a imediatez de Jesus, dado que Ele mesmo se media no testemunho dos apóstolos e se dá a conhecer aos crentes em sua identidade como ser humano histórico e Filho a quem o Pai ressuscitou.

Somente na assimilação reflexa desses pressupostos, conteúdos e consequências do encontro pessoal dos discípulos com o Senhor ressuscitado é que nasce uma diversidade de tentativas de expor esse acontecimento da revelação e o mistério da pessoa de Jesus num nexo narrativo e fundamentador. A pluralidade das confissões neotestamentárias de Cristo manifestam as diversas configurações linguísticas do acontecimento original único, a saber, da fé em Jesus como mediador escatológico do Reino de Deus.

A origem apostólica e a mediação apostólica são, portanto, essenciais para a "transmissão da revelação divina":

> *"Deus dispôs com suma benignidade que aquelas coisas que revelara para a salvação de todos os povos permanecessem sempre íntegras e fossem transmitidas a todas as gerações. Por isto o Cristo Senhor, em quem se consuma toda a revelação do Sumo Deus (cf. 2Cor 1,20; 3,16–4,6), ordenou aos apóstolos que o Evangelho, prometido antes pelos profetas, complementado por Ele e por sua própria boca promulgado, fosse por eles pregado a todos os homens como fonte de toda verdade salvífica e de toda disciplina de costumes, comunicando-lhes dons divinos. E isto foi fielmente executado tanto pelos apóstolos, que na sua pregação oral, por exemplos e instituições, transmitiram aquelas coisas que ou receberam das palavras, da convivência e das obras de Cristo ou aprenderam das sugestões do Espírito Santo, como também por aqueles apóstolos e varões apostólicos que, sob a inspiração do mesmo Espírito Santo, puseram por escrito a mensagem da salvação"* (DV 7).

## IV. O MEDIUM DA TEOLOGIA: A FÉ DA IGREJA

Não se pode descrever a essência e a missão da Igreja exclusivamente com categorias sociológicas. Segundo a concepção teológica, a fé não pode ser reduzida a convicções religiosas subjetivas. Essa concepção afirma que a Igreja nasce ali onde Deus efetua, no espírito e na liberdade do ser humano, a aceitação de sua automediação como verdade e vida. No modo de sua aceitação por meio do ser humano, a revelação significa também "fé da Igreja". A fé da Igreja na confissão e na práxis é a forma objetiva e real do autotestemunho da Palavra de Deus na palavra humana.

*A "fé da Igreja" é, portanto, também o pressuposto e o medium da reflexão teológica sobre a revelação, bem como de sua atualização na doutrina, na vida e na constituição da Igreja.*

A revelação de Deus e a "fé da Igreja" são mediadas entre si por três níveis de referência: *A Escritura, a tradição, a proclamação da doutrina* (*Magistério*). Estas são, portanto, as três fontes essenciais de toda teologia:

1. A Sagrada Escritura do AT/NT como a PALAVRA DE DEUS escrita.
2. A tradição do querigma apostólico (como conteúdo e processo: *traditum* e *traditio*).
3. A proclamação da doutrina atual (a totalidade dos crentes que ouvem a Palavra e como sujeitos a proclamam; a autoridade dos Padres da Igreja e dos teólogos; a autoridade magisterial dos bispos em virtude da sucessão apostólica como representantes da *communio ecclesiarum* = o Magistério eclesiástico em sentido estrito).

O Vaticano II cita, como fundamento de toda teologia, a Palavra de Deus, reconhecida e aceita na fé e presente de várias maneiras na vida da Igreja:

> *"A sagrada teologia apoia-se, como em perene fundamento, na palavra escrita de Deus juntamente com a Sagrada Tradição, e nesta mesma palavra se fortalece firmissimamente e sempre se remoça perscrutando à luz da fé toda a verdade encerrada no mistério de Cristo. Ora, as Sagradas Escrituras contêm a Palavra de Deus e, porque inspiradas, são verdadeiramente Palavra de Deus; por isso, o estudo das Sagradas Páginas seja como que a alma da sagrada teologia"* (DV 24).

### 1 A doutrina da Sagrada Escritura

À "doutrina da Sagrada Escritura" pertencem os temas clássicos: a inspiração e a ausência de erro (inerrância), a formação do cânon, a suficiência material ou formal da Escritura no tocante à transmissão das verdades da revelação, a relação entre Escritura e tradição, o caráter normativo da Escritura (*norma normans non normata*), a relação entre a exegese histórico-filológica e dogmático-teológica. À análise destes temas deve preceder hoje uma reflexão hermenêutica fundamental sobre a relação entre a revelação e a Escritura.

### a) A consignação por escrito da Palavra de Deus como consequência da encarnação da revelação

Nas ciências das religiões comparadas existe a fórmula "Sagradas Escrituras", adotada da linguagem cristã (cf. Rm 1,2; 1Tm 6,3). Trata-se de uma designação coletiva para os mais diferentes documentos escritos das religiões históricas (p. ex., o *Livro dos mortos* do antigo Egito; o *Talmude* judaico, as *Regras da comunidade de Qumran*, os *Vedas* indianos, escritos budistas e taoistas).

Diferentemente daqueles, os escritos surgidos na Igreja apostólica primitiva não podem ser compreendidos, por causa do seu caráter peculiar, como expressão de vivências subjetivas, religiosas, extáticas ou místicas. O AT/NT não são a transmissão de revelações privadas da vontade divina na figura de um profeta (como, p. ex., no *Corão* islâmico). Ainda que a fé cristã tenha relações constitutivas com os escritos bíblicos, o cristianismo não pertence ao tipo histórico-religioso de "religiões de livro".

*A peculiaridade da Sagrada Escritura, no seu surgimento, na estrutura e no significado, só se torna visível na relação com a história da revelação de Deus em Israel e, por fim, em Jesus de Nazaré.*

No sentido cristão, a revelação se realiza no contexto da experiência histórica realmente perceptível do povo de Deus (relação sujeito/objeto):

• *Dialogal* e *verbal*, quando Deus expressa sua palavra e sua vontade no *medium* da linguagem humana e das ações históricas.

• *Social*, quando o destinatário da revelação é o povo de Deus ou a humanidade.

• *Escatológica*, quando Deus se media definitivamente ao ser humano no acontecimento histórico ou na figura histórica do mediador.

Por isso, os autores da literatura histórica, profética e sapiencial do AT, dos quatro evangelhos, dos Atos dos Apóstolos, das cartas às comunidades e do Apocalipse de João entenderam seus escritos como testemunho e proclamação da Palavra de Deus pronunciada ao povo de Deus e de sua ação salvífica na história, que atingiu seu ápice histórico e escatológico em Jesus de Nazaré, a Palavra de Deus feita carne (cf. Jo 1,14).

A origem da Sagrada Escritura não reside numa experiência religiosa privada ou numa reflexão sobre a "significação de Jesus e de seus assuntos". Os escritores bíblicos são, antes, testemunhas da autorrevelação de Deus em obras e palavras no âmbito da comunidade de fé e, por fim, no da Igreja de Jesus Cristo edificada sobre a fé dos apóstolos.

A palavra escrita é uma transmissão do "Evangelho de Deus" e "de seu Filho" (Rm 1,1.3). Como testemunha da Palavra de Deus escatologicamente pronunciada em Cristo, a palavra humana dos apóstolos contém, na versão oral e escrita (cf. 1Cor 15,3-5; 2Ts 3,6 passim), a própria Palavra de Deus: Eu vos agradeço porque recebestes a Palavra de Deus "e a acolhestes como realmente é, como Palavra de Deus" (1Ts 2,13).

Jesus não consignou sua proclamação por escrito. E, já nesse aspecto, se diferencia fundamentalmente do tipo de "fundador de religião" conhecido na história das religiões ou das "figuras marcantes da história mundial".

Porém, ali onde o mediador escatológico da Palavra de Deus no acontecimento pascal reconstitui a comunidade de fé do povo de Deus mediante o testemunho apostólico e a proclamação apostólica, ali aparece, como um elemento constitutivo da futura Igreja, a consignação escrita do querigma original, visto que a referência à origem histórica da recepção da revelação é um fator importante de sua atualidade histórica permanente.

A consignação escrita da Palavra de Deus no querigma apostólico não substitui a transmissão viva da palavra no testemunho pessoal da Igreja, mas constitui seu ponto de referência definitivo. É verdade que nem tudo o que Jesus fez foi registrado, mas estes "sinais foram escritos para que creiais que Jesus é o Cristo, o Filho de Deus, e para que, crendo, tenhais a vida em seu nome" (Jo 20,31). No prólogo de seu evangelho, Lucas se refere a muitos autores que já haviam relatado os acontecimentos da salvação com base "na transmissão daqueles que, desde o princípio, foram testemunhas oculares e ministros da Palavra" (Lc 1,2). O registro do querigma apostólico serve para "melhor conheceres a firmeza da doutrina em que foste instruído" (Lc 1,4).

Uma consignação da palavra só é consequente onde a revelação de Deus acontece nos condicionamentos dos contextos históricos, linguísticos, racionais e culturais de sua aceitação pelo ser humano.

A consignação da proclamação e do testemunho protoeclesial da Palavra de Deus é
1. A consequência objetiva da revelação como um nexo humano-divino de acontecimentos.
2. A condição da referência da Igreja pós-apostólica ao acontecimento histórico original.

## b) A interpretação histórico-teológica da "Palavra de Deus na palavra humana"

Se a Sagrada Escritura é Palavra de Deus na palavra do ser humano, então deve tomar-se em consideração, quando da interpretação, de igual maneira, tanto o componente divino como o humano.

Como o objeto da teologia não pode ser a essência de Deus em si mesma, porque não existe uma percepção imediata da essência de Deus e tampouco um conceito apriorista e inato de Deus, que nos foi dado com a autoconsciência humana, também está excluída uma audição imediata da Palavra de Deus. A relação entre a Palavra de Deus e a palavra humana não é como a que se dá entre um termo alemão e sua tradução francesa, mas se deve entendê-la, antes, como o sentido de uma palavra a respeito de sua expressão linguística. De certa forma, a relação entre a Palavra de Deus e a palavra humana é análoga à da automediação da divindade de Jesus em sua natureza humana, em sua história e sua linguagem humana.

Para evitar uma interpretação fundamentalista da Bíblia é necessária uma reflexão fundamental sobre a concepção de revelação.

De acordo com uma concepção de revelação baseada na teoria da informação, a Bíblia comunica verdades sobrenaturais que, na perspectiva epistemológica, estão no mesmo nível que as verdades categorialmente perceptíveis das ciências experimentais. Daí resulta necessariamente um conflito com as modernas ciências naturais, por exemplo, a respeito da questão da origem do universo: É criação ou auto-organização da matéria? Aqui não se leva em conta que a Bíblia explica, com auxílio de um determinado gênero literário, a criação como uma relação transcendental do mundo com Deus, ao passo que a cosmologia quer descrever a relação do mundo com seus princípios estruturais categorialmente perceptíveis a partir da perspectiva das condições em que surgiu o cosmos.

Por outro lado, uma concepção da revelação baseada na teoria da projeção não leva a sério a reclamação de verdade dos acontecimentos históricos entendidos como meios da revelação na palavra e no acontecimento, porque os explica como simbolizações ou objetivações racionais da automediação do eu piedoso com seu fundamento original apriorista, ou seja, como expressão da alienação a respeito deste eu. Com estes pressupostos não existe a menor possibilidade de uma automediação de Deus no *medium* da história nem de um encontro do ser humano com Deus na sua referência real ao mundo.

Essa alternativa oriunda da situação epistemológica universal se manifestou na oposição entre o método teológico-dogmático e o método histórico-filológico de interpretação da Escritura. Assim, uma exegese que se pretendia "puramente" histórica pôde estabelecer como objetivo libertar a "figura real e histórica de Jesus" de sua superestrutura dogmática.

O debate em torno da "questão bíblica" foi travado abertamente no âmbito católico durante a crise do modernismo (cf. a Encíclica *Pascendi* e o Decreto do Santo Ofício *Lamentabili*, DH 3401-3500). Diante do pano de fundo dessa tensão entre o "imanentismo modernista", por um lado, e a concepção da revelação supranaturalista e extrinsecista da Neoescolástica, por outro lado, baseado no horizonte conceitual não bem refletido das declarações do Magistério da Igreja, devem ser entendidas também as declarações da "Comissão Bíblica", como, por exemplo, a atribuição da autoria do Pentateuco a Moisés, da autoria apostólica de todas as cartas neotestamentárias que aparecem sob o nome de um apóstolo etc. Visto que não estava claro como harmonizar as verdades de intencionalidade teológica com os conhecimentos históricos e literários, asseverou-se que os enunciados teológicos eram verdadeiros no nível da comprovação histórica e empírica dos fatos e, para isso, se recorreu à autoria dos testemunhos imediatos da revelação.

Uma mediação interior entre as questões históricas e as teológicas (transcendentais), como corresponde ao testemunho da revelação da Bíblia, só foi possível mediante uma renovação do modelo que concebe a revelação a partir da teoria da comunicação.

As etapas deste processo foram as encíclicas *Providentissimus* (1891), *Spiritus paraclitus* (1920) – dirigidas contra uma divisão mecânica do testemunho bíblico em verdades salvíficas religiosas, por um lado, e enunciados de conteúdo profano não inspirado, por outro lado – e a *Divino afflante Spiritu* (1943) com a importante indicação da investigação do sentido literal e a alusão à atenção que se deve prestar aos gêneros literários (crítica textual, crítica das formas, crítica literária e redacional, história da tradição).

A confirmação definitiva dessa nova visão geral do método histórico e dogmático para a interpretação da Escritura se deu com a concepção da revelação do Vaticano II (*Dei Verbum*), baseada na teoria da comunicação. A revelação designa o acontecimento da autocomunicação pessoal de Deus como verdade e vida do ser humano, em que a busca humana pelo conhecimento e pela realização definitiva de seu amor chega ao ser objetivo. Dessa maneira, a razão teológica se reporta à história da revelação testemunhada na Escritura. E, por causa da unidade interior entre a realização transcendental e a categorial da razão e da liberdade humana, o encontro com Deus só é possível através da mediação dos acontecimentos históricos e de sua exposição na palavra humana. Essa estrutura da automediação de Deus na história corresponde à mediação interna do método histórico e o dogmático, isto é, do método que transpõe para a linguagem a verdade da revelação.

### c) A formação do cânon

*Por cânon (= norma, regra) da Sagrada Escritura, entendem-se os 45 livros do AT e os 27 escritos do NT que constituem, em separado ou em conjunto, o testemunho autêntico da Palavra de Deus, como se deu na história de Israel e em Jesus Cristo e foi aceito na confissão e no testemunho do povo de Deus de Israel, e na Igreja.*

Na época de Jesus, reconhecia-se em geral que o Pentateuco, os profetas e os salmos formavam parte do núcleo fundamental do cânon. Um concílio judeu de influência farisaica (Iamnia 90/100 d.C.) negou a validade canônica dos escritos e suplementos elaborados depois dos livros existentes, redigidos, em grande parte, na língua grega. Apesar de algumas dúvidas (Jerônimo, Cirilo de Alexandria, Atanásio, Gregório de Nazianzo), a Igreja Antiga, por sua vez, acolheu no seu índice canônico também os livros presentes na tradução grega da Bíblia (Septuaginta = LXX) e não o restringiu apenas à Bíblia judia hebraica.

Estes assim chamados "livros deuterocanônicos" (Sisto de Siena) foram incluídos pelos reformadores entre os apócrifos. Na linguagem protestante, os escritos não canônicos e, portanto, apócrifos se chamam pseudoepígrafos. Assim, surge uma diferença entre católicos e protestantes na questão do cânon veterotestamentário, dado que a Bíblia católica também inclui em seu cânon os escritos deuterocanônicos (Tb, Jt, 1Mc, 2Mc, Sb, Eclo, Br, e as partes gregas de Est e Dn).

O Concílio de Trento (Sessão IV, 8 de abril de 1546: DH 1501-1505) não concordou com as opiniões dos reformadores e de alguns humanistas, mas manteve as decisões da Igreja Católica antiga e a *praxis ecclesiae*. Organizou um índice preciso dos livros canonicamente válidos e declara:

> "Seguindo (a Igreja) o exemplo dos Padres ortodoxos, recebe e venera, com igual sentimento de piedade e 'igual' reverência, todos os livros tanto do Novo como do Antigo testamentos, já que o mesmo Deus é o autor de ambos; e 'recebe e venera' igualmente as tradições concernentes tanto à fé como aos costumes, como provenientes da boca de Cristo ou ditadas pelo Espírito Santo e conservadas na Igreja Católica por sucessão contínua" (DH 1501).

O reconhecimento da canonicidade dos escritos da época apostólica e seu agrupamento num corpo conjunto não teve um motivo puramente positivista no sentido de que tivessem sido admitidos como inspirados por meio de um ato próprio de revelação ou de que a Igreja tivesse declarado arbitrariamente documentos históricos do primeiro século de sua história como documentos da revelação de caráter vinculante. O motivo pelo qual os escritos de autoria de alguns Padres apostólicos (1 *Carta de Clemente* ou as *Cartas de Inácio*), de conteúdo doutrinal e mais antigos que os últimos escritos do NT, não foram incluídos no cânon é o critério interno da "apostolicidade".

O querigma apostólico não foi mero testemunho de um procedimento histórico, mas a atualização do acontecimento da revelação no testemunho humano. Os escritos canônicos do século I, portanto, eram considerados inspirados, porque estão em relação imediata com o querigma apostólico original ou o expressavam de maneira fidedigna na segunda ou na terceira geração. O Vaticano I declara a esse respeito:

> "E esses livros [...] devem ser aceitos como sagrados e canônicos. E a Igreja os tem como tais, não por terem sido redigidos por mera obra humana e depois aprovados por sua autoridade, nem somente por conterem a revelação isenta de erro, mas porque, escritos sob a inspiração do Espírito Santo, têm Deus por autor e como tais foram confiados à mesma Igreja" (DH 3006).

A formação do cânon está em estreita relação com a consciência da cesura entre a época apostólica normativa da Igreja primitiva e a da Igreja da época pós-apostólica, dependente do testemunho daquela. A partir daí, formou-se, desde o princípio, um núcleo básico de "Sagradas Escrituras do Novo Testamento" (cf. já o discurso de Lc 1,1-4 sobre os diversos relatos a respeito dos acontecimentos normativos com base na predicação das testemunhas oculares; cf. tb. 2Pd 3,15s., onde se relata acerca de uma coletânea de cartas do Apóstolo Paulo e, portanto, de uma documentação de sua proclamação apostólica).

Esse incontestável núcleo essencial da formação do cânon neotestamentário (que consiste das cartas de Paulo, das outras cartas apostólicas e dos quatro evangelhos) conferem ao NT sua forma e seu centro.

Esses escritos foram intercambiados entre as comunidades, lidos nos cultos e equiparados à autoridade da Palavra de Deus no AT. Dado que o acontecimento de Cristo é o ponto alto da autointerpretação histórica de Deus, o NT se torna o critério interior de interpretação do AT (cf. Justino, Apologia; Inácio de Antioquia; Policarpo de Esmirna; Papias de Hierápolis). Um impulso à exata definição do cânon partiu também da heresia de Marcião (ca. 85-160 d.C.), que excluiu todo o AT e também uma grande parte do NT em virtude da sua compreensão de que existia uma oposição dualista entre o Deus vingativo e mau no AT e o Deus do amor no NT. Com a formulação de que "Deus é o autor de toda Escritura" (Ambrósio, ep. 8,10; cf. *Statuta ecclesiae antiqua*: DH 325), o dualismo gnóstico foi rejeitado como princípio e critério da formação do cânon.

Já a fragmentária enumeração dos livros canônicos da segunda metade do século II descoberta por L.A. Muratori (até 1740) contém os quatro evangelhos, as 13 cartas de Paulo, os Atos dos Apóstolos, o Apocalipse de João, a carta de Judas e duas cartas de João. Aqui o fragmento se interrompe; Hb, Tg, 1Pd, 2Pd e 3Jo ainda não são mencionados. Ao todo, porém, quase não ocorreram mudanças significativas neste núcleo básico do cânon neotestamentário testificado desde épocas remotas.

No Oriente, a controvérsia em torno da canonicidade do Apocalipse se estendeu até o século VII. Com base no critério da autoria dos apóstolos ou, respectivamente, dos discípulos dos apóstolos (Marcos, Lucas), também Hb, Tg e 2Pd alcançaram, por fim, depois de muito tempo, aceitação geral. Em suas linhas gerais, o processo de esclarecimento estava em grande parte concluído no século IV.

Na 39ª carta pascal de Santo Atanásio (367), encontramos pela primeira vez a coletânea dos 27 escritos neotestamentários – nem mais nem menos. Alguns sínodos, como o de Roma do ano 382 sob o Papa Dâmaso I (DH 179s.), o de Hipona de 393, os de Cartago de 397 e 419 (DH 186), ratificam o desenvolvimento. O mesmo se dá com o II Concílio de Constantinopla, uma carta de Inocêncio I (DH 213), o *Decretum Gelasianum* (DH 353s.) e o *Trullanum* 682. O Concílio da União de Florença lembra aos jacobitas (1442) essas decisões (DH 1335). O Concílio de Trento (1546) ameaça com o anátema aquele que "não receber como sagrados e canônicos esse livros em sua integridade, com todas as suas partes, tal como costumavam ser lidos na Igreja Católica [...] e desprezar, ciente e propositadamente, as tradições antes mencionadas" (DH 1504).

## d) A inspiração da Escritura

*Por inspiração da Escritura se entende a influência específica do Espírito de Deus no espírito dos autores humanos das Sagradas Escrituras, de modo que esses escritos não são, nem quanto à sua origem nem quanto ao seu conteúdo, reações meramente humanas à Palavra de Deus pronunciada na história, mas que neles está a Palavra de Deus e sua vontade de autocomunicação como verdade e vida do próprio ser humano pela mediação da linguagem humana e da analogia do conhecimento humano. Dessa maneira, Deus é, num sentido verdadeiro, o autor do Antigo e do Novo testamentos* (Florença: DH 1334; Trento: DH 1501; Vaticano I: DH 3006; Vaticano II: DV 11).

Já em 2Tm 3,15s. (cf. tb. 1Ts 2,13) encontramos a convicção de que a Escritura tem sua origem no Espírito:

> "Desde a infância conheces as Sagradas Escrituras que podem instruir-te para a salvação pela fé em Cristo Jesus. Toda Escritura é inspirada (θεόπνευστος = *inspiratus*) por Deus e útil para ensinar, para repreender, para corrigir, para educar na justiça, a fim de que o homem de Deus seja perfeito e capacitado para toda boa obra."

A influência divina sobre o surgimento dos escritos neotestamentários se identifica com o dom do Espírito em virtude do qual os apóstolos, à luz das aparições pascais, podiam identificar o Senhor ressuscitado e Filho do Pai com o Jesus pré-pascal (1Cor 12,3: "Ninguém pode dizer 'Jesus é o Senhor' senão no Espírito Santo"). A consignação da Palavra de Deus na palavra humana dos autores bíblicos reflete a proclamação e o testemunho do acontecimento da revelação no querigma apostólico. As "testemunhas oculares e ministros da Palavra" protocristãos (Lc 1,2) ou, respectivamente, e dependendo deles, os escritores do círculo de sua tradição, possuíam o dom carismático de, a partir do contexto do acontecimento da revelação, ouvir, entender e converter em linguagem humana a Palavra de Deus (*auditus fidei* → *intellectus fidei* → *scriptura fidei*).

Portanto, não se deve entender a inspiração como uma espécie de cunhagem iluminadora de conceitos cognitivos num sentido milagroso e supranatural. É a presença do Espírito Santo que cunha de tal modo a capacidade natural de conhecimento que a testemunha da revelação reconhece no acontecimento real e empiricamente perceptível, e em sua autoexposição a Palavra de Deus que se expressa nele e a consigna por escrito. No entanto, alguns termos empregados na doutrina da inspiração (p. ex., Deus é o "autor" da Escritura ou os hagiógrafos escreveram "sob ditado" do Espírito Santo) podem induzir a entender a inspiração de modo supranaturalista e consificável em categorias.

Em seu estudo *De Prophetia*, Tomás de Aquino deu a forma clássica à concepção católica de inspiração (S. th. II-II qq. 171-174). Para que se possa falar da Escritura como Palavra de Deus (e não apenas como uma palavra humana *acerca de* Deus e de Jesus Cristo), Deus deve ser tanto o autor da Escritura como do acontecimento da salvação, que atualiza no querigma apostólico e nos escritos protocristãos. A revelação de Deus já tem em Israel uma forma histórica, que alcançou em Jesus Cristo uma configuração e uma realização humano-divina, de modo que não se pode prescindir, com mentalidade "monofisita", do fator humano justamente na consignação escrita da revelação. Deus é o *auctor primarius*, o hagiógrafo é o *auctor secundarius*. Mediada pela causalidade instrumental dos autores, Deus permite que redijam tudo o que Ele quer. Isso ocorre, porém, de uma maneira que se possa dizer que o ser humano é um "instrumento". Não é um instrumento passivo. Age de acordo com a sua natureza, a saber, em espírito e liberdade, segundo suas qualidades pessoais e no horizonte de seu universo conceitual e cultural.

Na época posterior, contrapuseram-se frequentemente entre si as teorias da inspiração real e da inspiração verbal, sem atentar que o problema consiste justamente na relação entre realidade e verbalização.

O Vaticano II apresentou, no terceiro capítulo do *Dei Verbum*, uma reelaboração da doutrina da inspiração. Ela se situa no contexto hermenêutico de um modelo de revelação baseado na teoria da comunicação.

> "Entretanto, já que Deus na Sagrada Escritura falou através de homens e de modo humano, deve o intérprete da Sagrada Escritura, para bem entender o que Deus nos quis transmitir, investigar atentamente o que os hagiógrafos de fato quiseram dar a entender e aproue a Deus manifestar por suas palavras" (DV 12).

Faz parte disto um conhecimento preciso dos diversos gêneros literários como os modos de falar históricos, proféticos e poéticos, bem como a consideração das circunstâncias das diversas épocas e culturas.

O princípio hermenêutico fundamental na interpretação da Escritura é, portanto, o *sentido literal*. Por sentido literal deve-se entender aquilo que o autor quis dizer e disse de fato. Entretanto, todo enunciado concreto sempre se situa num determinado horizonte e sua pretensão de verdade se insere num determinado sistema de coordenadas que o autor de um escrito nem sempre tematiza por completo nem tem consciência explícita dele. Por isso, todas as sentenças do escrito, entendidas em sentido literal, devem ter como referência hermenêutica a confissão de fé de seus autores no que diz respeito à totalidade da autorrevelação de Deus em Jesus Cristo. Por esse motivo, a Sagrada Escritura transmite, no todo, a verdade da autocomunicação histórica de Deus, e é esta autocomunicação que constitui o adequado horizonte de interpretação do sentido literal das passagens concretas. Tudo aponta para a salvação do ser humano em seu encontro com Deus. A revelação não é uma informação suplementar sobre as leis naturais do mundo criado, que é o objeto adequado da razão científica. Nessa relação, a Escritura não media um conhecimento garantido da verdade. *Somente em sua orientação dinâmica para o* mysterium *singular, a Escritura, no todo e em cada um de seus enunciados, é inerrante*. Isso não se refere às questões incidentais relativas à experimentação natural do mundo, em que, segundo o estado atual do conhecimento, podem ser constatados "erros" ou "falhas" (em virtude da cosmovisão antiga ou das limitações específicas da cultura) quanto a informações em questões históricas concretas ou enunciados errôneos no campo da filosofia da natureza e das ciências naturais. Pois onde se recorre a tais enunciados, eles são apenas os meios enunciativos, mas não o objeto formal e o conteúdo autêntico do testemunho da Escritura sobre a Palavra de Deus.

*"Mas como a Sagrada Escritura deve ser também lida e interpretada naquele mesmo Espírito em que foi escrita, para apreender com exatidão o sentido dos textos sagrados, deve-se atender com não menor diligência ao conteúdo e à unidade de toda a Escritura, levada em conta a Tradição viva da Igreja toda e a analogia da fé. É dever dos exegetas esforçar-se dentro destas diretrizes para entender e expor com maior aprofundamento o sentido da Sagrada Escritura, a fim de que, por seu trabalho como que preparatório, amadureça o julgamento da Igreja. Pois todas estas coisas que concernem à maneira de interpretar a Escritura estão sujeitas em última instância ao juízo da Igreja, que exerce o divino mandato e ministério de guardar e interpretar a Palavra de Deus" (DV 12).*

### e) O caráter normativo da Sagrada Escritura para a teologia

*Todos os enunciados constitutivos da confissão e relevantes para a salvação devem estar fundamentados na Sagrada Escritura. Os enunciados doutrinários singulares, que somente se evidenciaram no desenvolvimento posterior, devem pelo menos ser conciliáveis com a substância da revelação testemunhada na Escritura.*

Nesse ponto, também a teologia católica admite a validade do princípio *sola scriptura* (Tomás de Aquino, S. th. I q. a.8), pois a fé se baseia na revelação recebida pelos apóstolos e profetas que foram os autores dos livros canônicos. A fé não se baseia numa revelação outorgada aos Padres da Igreja ou ao Magistério. A tradição pós-apostólica como princípio de conhecimento teológico tem uma função diferente do que ser, por exemplo, uma fonte de informações adicionais procedente do desenvolvimento protoeclesial e não consignada na Escritura. Para uma compreensão católica é determinante a coordenação interna da Escritura, da tradição e da autoridade doutrinária da Igreja no nível de referência do acontecimento da revelação e de sua transmissão na Igreja.

A Escritura é, no sistema vivo da doutrina e da prática atual da Igreja, o fundamento permanente e a recordação viva da origem normativa (*norma normans non normata*).

O sistema hermenêutico, rico em referências, da Escritura, da tradição e da autoridade doutrinal da Igreja se converteu, entretanto, a partir da Reforma, num problema de primeira grandeza da teologia da controvérsia. O princípio reformador *sola scriptura* diz não apenas que a Escritura é a fonte normativa e o elemento regulador do desenvolvimento doutrinal eclesiástico. É também "juiz, regra e norma" da doutrina (*Fórmula de Concórdia*, 1577: BSLK 769). Haveria, portanto, uma evidência da palavra divina na Escritura (*sacra scriptura sui ipsius interpres*), que exigiria uma crítica a uma interpretação arbitrária do Magistério da Igreja, uma vez que este tentaria, em virtude de sua interpretação vinculante para a fé, se colocar "entre" Deus e o crente.

O Concílio de Trento, por outro lado, designou a Igreja como a autêntica intérprete da Sagrada Escritura. Compete à Igreja "julgar do verdadeiro sentido e da interpretação das Sagradas Escrituras" (DH 1507; 3007).

Também o Vaticano II diz: "O ofício de interpretar autenticamente a Palavra de Deus escrita ou transmitida foi confiado unicamente ao Magistério vivo da Igreja, cuja autoridade se exerce em nome de Jesus Cristo" (DV 10).

No contexto da missão da Igreja para transmitir a revelação, mostra-se, porém, o que seria uma perversão da autoridade do Magistério, que quer se contrapor à autoridade constitutiva e normativa da Palavra de Deus na Escritura:

> "Tal Magistério evidentemente não está acima da Palavra de Deus, mas a seu serviço, não ensinando senão o que foi transmitido, no sentido de que, por mandato divino e com a assistência do Espírito Santo, piamente ausculta aquela palavra, santamente a guarda religiosamente e fielmente a expõe. E deste único depósito da fé [o Magistério] tira o que nos propõe para ser crido como divinamente revelado" (DV 10).

Uma vez que a transmissão da revelação só é possível numa interação de seus elementos fundamentais na Escritura, na tradição e na proclamação doutrinal, a questão da normatividade da Escritura tampouco pode ser resolvida por meio de uma determinação quantitativa ou exclusiva da relação de cada um dos elementos.

A Escritura não é, num sentido mecânico, a regra para todo desenvolvimento posterior da exposição da revelação na confissão e na práxis da Igreja. A Escritura participa da relação histórica e dinâmica da autocomunicação de Deus na palavra humana da Igreja.

Tampouco deve simplesmente representar o princípio temporal da Igreja. *Pois a Escritura não só contém a Palavra de Deus, como a tradição, mas é a Palavra de Deus e a testemunha no acontecimento original de sua comunicação aos seres humanos na história.*

Por isso, também o desenvolvimento teológico posterior, a formulação dogmática da fé e a interpretação vinculante devem ser interpretados sempre a partir dessa Palavra de Deus original, porque a plenitude original jamais pode exaurir-se. A proclamação dogmática da doutrina requer sempre uma mediação retrospectiva objetiva na Escritura. A Escritura é não apenas a norma exterior, mas a "alma da Sagrada Teologia" (DV 24). A Escritura, por sua vez, somente pode ser lida e adequadamente entendida de novo como Palavra de Deus no espaço da comunidade de fé. Pois a Escritura, como Palavra de Deus, não é concebível de forma simplesmente objetivada. Só se revela como Palavra de Deus na sua relação viva com a fé e com a história da fé da Igreja, que é a ouvinte e a testemunha adequada da Palavra de Deus.

Na Sagrada Escritura – que, segundo sua natureza, deve ser pensada juntamente com sua "área de ressonância", a vida eclesial –, a Igreja reconhece "a suprema regra de sua fé" (DV 21). Portanto, não se pode considerar a Bíblia como uma autoridade dissociada da Igreja, que desde fora pudesse ser levada a se posicionar contra ela. Sempre coexiste com a Igreja como a expressão original e normativa de sua fé na autocomunicação de Deus em Jesus Cristo. A Escritura é a norma interna da vida da Igreja. É a Palavra de Deus unida à fé da Igreja e o fundamento de sua confissão, assim como a alma não advém ao corpo do ser humano desde o exterior, mas o forma a partir de dentro:

> "Fica, portanto, claro que, segundo o sapientíssimo plano divino, a Sagrada Tradição, a Sagrada Escritura e o Magistério da Igreja estão de tal maneira entrelaçados e unidos, que um não tem consistência sem os outros, e que juntos, cada qual a seu modo, sob a ação do mesmo Espírito Santo, contribuem eficazmente para a salvação das almas" (DV 10).

## 2 A doutrina da tradição

### a) A tradição: um fenômeno antropológico fundamental

*A capacidade específica do ser humano de realizar sua vida espiritual no horizonte da "tradição" constitui um pressuposto essencial para uma recepção da revelação de Deus histórica.*

Por meio da tradição, todo ser humano entra numa relação comunicativa com os seres humanos atualmente vivos, bem como com os que viveram em épocas passadas. A partir daí existe inclusive a possibilidade de que os seres humanos do futuro participem das experiências e das concepções do presente e do passado. Os meios da tradição são a linguagem, a escrita e outros documentos e objetivações do espírito humano e das ações livres dos seres humanos. Somente em virtude da tradição há uma constituição da humanidade como de um sujeito unitário da história e, dessa maneira, de um destinatário da autocomunicação de Deus na história.

Desde a filosofia do Iluminismo do século XVIII, recaiu sobre "a tradição" a suspeita de ideologia. É considerada o acúmulo de concepções antiquadas e ingênuas proveniente de épocas arcaicas e subdesenvolvidas. A tradição se personifica na pretensão de autoridade das instituições com poder político ou de capacidade de formação de consciências (a realeza, a aristocracia, o clero). Contrapõe-se aos valores modernos da autonomia, da emancipação, da liberdade individual, da igualdade, da codeterminação democrática e da objetividade científica da razão independente.

No sentido contrário a essas forças da revolução, as quais destroem e dissolvem tudo, a "tradição" assumiu a bandeira de uma contraideologia (o "tradicionalismo"). Os conceitos ligados à concepção teológica de tradição, como revelação, autoridade de Deus, obrigatoriedade da doutrina, infalibilidade dos concílios e do papa, se tornaram, assim, elementos de uma postura intelectual anti-iluminista. O "papa infalível" é considerado (no ultramontanismo) como a rocha na rebentação do relativismo e do pluralismo, do capricho da liberdade individual e da arbitrariedade subjetiva do "pensamento livre".

## b) O conceito teológico de tradição

Para se obter um conceito teologicamente justificado de tradição, o ponto de partida deve ser a origem da revelação e a estrutura de sua transmissão. Do ponto de vista hermenêutico, é necessário desvencilhar o conceito de tradição e cada um de seus elementos das amarras dos postulados ideológicos tradicionalistas e progressistas.

A Palavra de Deus está presente no mundo na palavra humana do querigma e da confissão. A mediação fundamental da revelação na palavra humana em geral e, desse modo, também no tempo histórico da proclamação eclesial denomina-se biblicamente *parádosis* (παράδοσις = *traditio*). No sentido teológico, a "tradição" deve ser entendida, de preferência, como "mediação" da Palavra de Deus na linguagem humana e na época histórica da Igreja, e não como "transmissão. Por isso, a crítica de Jesus aos fariseus que colocam os regulamentos humanos e as tradições dos antigos acima do mandamento de Deus (cf. Mc 7,7; Mt 15,2; Cl 2,8) não se refere à "tradição" como um princípio fundamental da mediação da revelação. Na crítica de Jesus, trata-se da oposição entre os mandamentos de Deus e as leis estabelecidas pelos seres humanos, não do fato de que a revelação de Deus só pode estar presente e ser transmitida no testemunho e na confissão humana.

A tradição tem sua origem no próprio querigma. É a forma constitutiva de mediação do querigma, por meio da qual se fundamenta a Igreja, com a missão, que lhe é inerente, de anunciar na confissão, com autoridade e de forma adequada à situação, o Evangelho recebido.

O próprio Paulo recebeu o Evangelho por meio da revelação do Filho de Deus (Gl 1,16; 1Cor 15,1). Na forma da *parádosis*, transmite o que *recebeu*: a confissão do caráter expiatório da morte de Jesus, de seu sepultamento e de sua ressurreição ao terceiro dia e de sua aparição a Cefas e a outras testemunhas (1Cor 15,3-5). Esta origem da tradição na própria estrutura do querigma se revela também na Eucaristia. O apóstolo *recebeu* do Senhor o conhecimento de que Jesus, na Última Ceia, instituiu a Eucaristia como testemunho e atualização de sua morte até sua nova vinda. O apóstolo o *transmite* a sua comunidade (cf. 1Cor 11,23). Uma vez que as comunidades são constituídas por meio da mediação do querigma apostólico, acolhido na fé, o que importa é ater-se às tradições dos apóstolos (1Cor 11,2), sejam orais ou escritas (2Ts 2,15; Jo 21,25), e perseverar na "doutrina dos apóstolos e na koinonia" (At 2,42).

"Pois quem vos anuncia um evangelho diferente do que vos anunciamos, seja amaldiçoado (ἀνάθεμα ἔστω)" (Gl 1,8).

### c) A tradição como princípio cognitivo da Igreja pós-apostólica

Já chamamos a atenção para a cesura, de grande importância teológica, entre a época apostólica e a pós-apostólica da Igreja. A Igreja apostólica é normativa, uma vez que nasce diretamente do acontecimento da revelação e o expõe adequadamente no querigma apostólico. Por meio do testemunho e da confissão da Igreja apostólica, a Igreja pós-apostólica está referida à revelação. Isto é necessário porque a revelação não é a proclamação de uma verdade supra-histórica, mas porque sua verdade se realizou no tempo histórico. Um elo essencial é, nesse caso, a Sagrada Escritura. No entanto, não é uma interpretação puramente histórica que pode garantir a identidade da Igreja no tempo, mas somente o Senhor vivo e exaltado que, no seu Espírito Santo, prometeu para a Igreja sua presença até o fim dos tempos (cf. Mt 28,20). Pois o Senhor exaltado vai ao encontro dos crentes na Igreja por meio das realizações fundamentais – que remontam à origem apostólica da Igreja – da doutrina e da confissão, do batismo e da ceia do Senhor, do mandato e da missão dos "pastores e doutores da Igreja" (Ef 4,11; At 20,28).

Essa transmissão da revelação, que remonta aos apóstolos e se realiza na presença do Senhor exaltado, e ocorre por meio da palavra e da ação da Igreja, denomina-se agora, em sentido estrito, a *tradição apostólica da Igreja*. Portanto, não se pode, em hipótese alguma, reduzi-la a elementos isolados da doutrina e da práxis que não se encontram expressamente na Escritura. A tradição apostólica representa juntamente com a Escritura a *parádosis* apostólica e, assim, também a própria revelação como se produziu na história e na autocomunicação procedente dela mesma no *medium* da vida eclesial. Desse modo, a partir do princípio da tradição resulta a tarefa de testemunhar o fato e o conteúdo da história da revelação levada a cabo em Jesus Cristo, proteger os conteúdos essenciais e abri-los, mediante sua interpretação, a novos horizontes de conhecimento.

Já nos livros tardios do NT bem como nos mais antigos escritos pós-neotestamentários (Didaquê, 1 Clemente, Cartas de Inácio, 2 Polyc., Pastor de Hermas e os Apologetas) se encontram as primeiras reflexões sobre a vida eclesial extraídas de sua tradição apostólica. Segundo Ef 2,20, a Igreja está edificada sobre o fundamento dos apóstolos e dos profetas. Lucas cita como elemento de identidade permanente a perseverança na "doutrina dos apóstolos, nas reuniões em comum, no partir do pão e nas orações" (At 2,42). Nas cartas pastorais que se reportam à autoridade do Apóstolo Paulo encontram-se reflexões explícitas sobre a ligação da Igreja pós-apostólica com a Igreja apostólica. Timóteo deve preservar o depósito que lhe foi confiado: a herança da proclamação apostólica da fé (παραθήκη).

Este *depositum fidei* (1Tm 6,20) torna-se um conceito importante na discussão teológica. Neste caso, não se trata de um repasse mecânico das proposições de fé fixadas, no sentido de uma concepção da revelação baseada na teoria da informação. Timóteo deve se ater à sã doutrina que aprendeu de Paulo: "Com o *auxílio do Espírito Santo* que habita em nós, guarda as coisas boas a ti confiadas" (2Tm 1,14). Deve transmitir esse depósito da fé a outras pessoas de confiança que, por sua vez, sejam capazes de instruir aos demais (cf. 2Tm 2,2).

Essa mediação fidedigna do Evangelho garante que o querigma transmitido não sucumba ao perigo de falsificação dos hereges e se acredita na fidelidade à fé transmitida de uma vez por todas aos santos (Jd 3). Assim, "a Igreja do Deus vivo" mostra ser "coluna e fundamento da verdade" (1Tm 3,15).

### d) A formulação do princípio da tradição na história da teologia

*A "reciprocidade" de "Escritura e tradição"*

Diferencia-se entre a participação real no processo da tradição (tradição objetiva = orientação em seu conteúdo; tradição subjetiva = o *sensorium* dos crentes nas questões doutrinárias, *sensus fidei, sensus fidelium*) e a reflexão sobre a tradição como fonte e princípio da argumentação teológica.

Contra a asserção gnóstica da existência de uma suposta transmissão de doutrinas secretas dos apóstolos e no contexto das grandes discussões teológicas sobre a Trindade, a cristologia e a teologia da graça, foi-se assinalando que a tradição apostólica e eclesial, enquanto princípio do conhecimento teológico, tinham um caráter de norma vinculante para a retidão e a integridade da confissão (São importantes, nesse aspecto, já os Padres Apostólicos e, em seguida, sobretudo Irineu de Lião, Tertuliano, Cipriano, Clemente de Alexandria, Orígenes, Atanásio, os capadócios, Ambrósio, Jerônimo, Agostinho, Epifânio de Salamina e, no final da época dos Padres Apostólicos, Vicente de Lérins e João Damasceno).

*Irineu de Lião* formula validamente o nexo histórico real entre o acontecimento da revelação de Cristo, o testemunho apostólico e a Igreja. Tem caráter normativo a tradição oral e escrita da proclamação apostólica, "conservada na Igreja mediante a sucessão dos presbíteros" (haer. III, 2).

A tradição proclamada pelos apóstolos no mundo inteiro é, portanto, a transmissão completa e verdadeira da revelação original. Está garantida pela sucessão apostólica da Igreja dirigida pelos bispos, dado que guardam fielmente "a tradição apostólica e a pregação da fé", como Irineu demonstra no exemplo da Igreja de Roma, edificada sobre os apóstolos Pedro e Paulo:

> "Nesta ordem e sequência chegou até nós a tradição apostólica da Igreja e aqui há uma prova concludente de que aquela fé, dispensadora de vida, que a Igreja recebeu dos apóstolos foi conservada e transmitida até nós na verdade" (haer. III, 3).

A tradição não é, portanto, simplesmente um repasse narrativo de certas experiências e ideias religiosas, mas a exposição autorizada da revelação por meio dos legítimos representantes da Igreja, que busca ser obedecida (= resposta pessoal da fé).

*A tradição se revela como a proclamação testemunhada e autorizada da fé pela Igreja, uma proclamação que Cristo confiou aos apóstolos e que, devido a sua origem e a sua identidade apostólicas, é ininterruptamente praticada na Igreja.*

Depois que também o NT assumiu sempre mais claramente um perfil de norma da fé apostólica, foi necessário remeter de alguma maneira aos apóstolos determinadas instituições e práticas da Igreja que não estavam expressamente testemunhadas no NT.

Surge então o discurso de "tradições" de tipo escrito e não escrito (Clemente de Alexandria). Elas são elementos da práxis pública e sempre praticada da Igreja, que remontam à época apostólica e se devem, portanto, a uma iniciativa dos apóstolos. Citam-se, neste contexto, a data da Páscoa, as práticas do jejum, o sinal da cruz, a oração em direção ao Oriente etc. Acrescentavam-se questões que dizem respeito também à fé enquanto tal: o batismo de crianças, a validade do batismo de hereges, a veneração dos santos e de suas imagens, a oração pelos mortos.

Sobretudo nos debates teológicos em torno da Trindade, da cristologia e graça, ficou claro que não era suficiente invocar extrinsecamente passagens bíblicas isoladas. Fez-se referência, portanto, à tradição apostólica como testemunhada autenticamente na viva proclamação doutrinária da Igreja por meio dos bispos dos primeiros tempos. Dessa maneira, porém, a tradição se tornou, de certo modo, uma segunda fonte da argumentação teológica, que levou a certa dualidade entre a Escritura e a tradição. Os Padres estão convencidos, entretanto, de que todas as verdades relevantes para a salvação podem ser encontradas na Escritura e que a tradição cumpre uma função complementar, explicativa e unificadora da interpretação da Escritura.

Em *Basílio de Cesareia*, consta:

> "Dos dogmas e doutrinas conservados na Igreja, alguns possuímos pela mediação da Escritura, os outros pela *parádosis* dos apóstolos, transmitida no mistério. Ambos procuram o mesmo efeito para a piedade" (spir. 27, 66).

Agostinho expressa a unidade e a diversidade de Escritura e tradição no contexto geral do processo da tradição da Igreja, da seguinte maneira: "Não creria no evangelho se não me movera a ela a autoridade da Igreja católica" (*Faust*. 5).

Quando levamos em consideração a relação interna entre o conteúdo e o processo da transmissão, também fica claro que, a partir da transmissão da própria tradição apostólica, se extrai novamente uma tradição de conteúdo e forma posteriormente chamada de "tradição católica". Somente no *medium* dessa tradição eclesial (escritos dos Padres da Igreja, práxis da Igreja, decisões doutrinais dos concílios), a tradição apostólica pode realizar-se como fonte viva e norma de "fé da Igreja" (cf. Hipólito de Roma. *Traditio apostolica*, com sua reflexão sobre o *argumentum ex auctoritate patrum*).

Essa atualização da tradição apostólica e da tradição eclesial é abordada pelo II Concílio de Constantinopla de 553 nos seguintes termos:

> *"Confessamos manter e proclamar a fé dada desde o princípio pelo grande Deus e Salvador nosso Jesus Cristo a seus santos apóstolos e por estes proclamada no mundo inteiro; também os Santos Padres e, sobretudo, aqueles que se reuniram nos quatro grandes concílios a confessaram, explicaram e transmitiram às santas Igrejas"* (NR 83).

Por fim, o II Concílio de Niceia de 787 resume o princípio da tradição:

> "Se alguém rejeita toda a tradição eclesiástica, escrita ou não escrita, seja anátema" (DH 609).

Na linguagem posterior, diferencia-se entre a *traditio divino-apostolica* e a *traditio mere ecclesiastica*. Na primeira, incluíam-se as questões atinentes à fé e aos costumes; na segunda, as cerimônias de culto e as disposições positivas do direito canônico. Uma formulação distinta proposta ainda na Patrística explicava que a *traditio* da Igreja é a forma em que se transmite o conteúdo da tradição divino-apostólica.

A fim de evitar uma compreensão equivocada da relação entre Escritura e tradição no sentido de duas fontes de fé que se complementam em termos de conteúdo, deve entender-se a revelação não como a comunicação de uma soma desconexa de verdades. A revelação é, antes, a autocomunicação de Deus como vida, tal como testemunhada, conservada e atualizada através dos tempos na fé da Igreja que se fundamenta e se desenvolve na história.

*Johann Adam Möhler* (1796-1838), um dos mais importantes representantes da Escola Católica de Tübingen, propôs uma definição de tradição que corresponde mais à concepção patrística e faz jus também à ideia contemporânea da historicidade da mediação da revelação.

> "A Igreja é o corpo do Senhor, é, em seu conjunto, sua forma visível, sua humanidade permanentemente rejuvenescida, sua revelação eterna; este corpo descansa totalmente no todo, ao todo foram entregues todas suas promessas, todos seus dons, e não a algum indivíduo tomado isoladamente, desde a época dos apóstolos. Essa compreensão total, essa consciência eclesial é a tradição, no sentido subjetivo da palavra. O que é, pois, a tradição? É o sentido cristão genuinamente presente na Igreja e propagado através da educação eclesial, um sentido que não deve ser imaginado como carente de conteúdo, mas que se formou a partir e através de seu conteúdo, de modo que se pode chamá-lo de um sentido pleno. A tradição é a palavra permanentemente viva no coração dos crentes. A este sentido, como sentido total, se confiou a interpretação da Sagrada Escritura; a explicação aportada por este sentido nas questões debatidas é o juízo da Igreja, e por isso a Igreja é juíza nas questões de fé (*judex controversiarum*). A tradição em sentido objetivo é a fé global da Igreja tal como se encontra nos testemunhos históricos externos através de todos os séculos; neste sentido, é usualmente chamada de norma, princípio de interpretação da Escritura e regra da fé" (*Symbolik*, ed. por J.R. Geiselmann, K 1958, § 38, 414s.).

*A crítica da Reforma à tradição*

A definição da relação entre a Escritura e a tradição e, dessa maneira, também a questão do caráter vinculante da tradição para a fé e para a argumentação teológica é um tema clássico da teologia da controvérsia. Aqui foi determinante a questão da certeza da salvação. A experiência de *Lutero*, de que a salvação é ofertada somente mediante a palavra salvífica de Deus e a nossa fé (*sola gratia, sola fidei*), tem sua correspondência no princípio de que a única norma para a fixação dos conteúdos da fé é a Palavra de Deus, assim como se encontra na Escritura (*sola scriptura*). É verdade que as instituições, ofícios e práticas da Igreja, e suas tradições, que extrapolam o testemunho da Escritura, são de direito humano e, eventualmente, obrigatórios (a confissão individual, a veneração dos santos, o número septenário dos sacramentos, a constituição episcopal da Igreja, o papado, a autoridade dos concílios etc.). No entanto, sua aceitação jamais pode ser condicionada à salvação, pois isto significaria declarar que há instâncias e instituições humanas condicionantes, suprimindo-se assim a imediatez do crente à Palavra de Deus.

A *Confessio Augustana* de 1530 diz que, para a verdadeira unidade da Igreja, é suficiente a pureza da proclamação do Evangelho e a reta administração dos sacramentos, ao passo que não se requer a concordância entre as tradições, os ritos e as cerimônias estabelecidos pelos seres humanos (cf. CA 7).

O problema consiste em que algumas instituições e instâncias designadas de tradições humanas formam, segundo os católicos, parte da revelação, ou se entende que são elementos essenciais da vida da Igreja, logicamente derivados da revelação.

A *Fórmula de concórdia*, um dos escritos confessionais luteranos mais importantes de 1580, se refere na sua introdução à definição da relação entre a Escritura e a tradição nos termos em que, a partir dali, se tornou normativa para as Igrejas evangélicas:

> "Dessa maneira se retém a distinção entre a Sagrada Escritura do Antigo e do Novo testamentos e todos os demais escritos, ficando somente a Escritura Sagrada como único juiz, regra e norma de acordo com que, como única pedra de toque, todas as doutrinas devem e têm de ser discernidas e julgadas quanto a serem boas ou más, corretas ou incorretas.
> Os demais *Symbola*, todavia, e os outros escritos citados, não são juízes como o é a Escritura Sagrada, porém apenas testemunho e exposição da fé, que mostram como em cada tempo a Escritura Sagrada foi entendida e explicada na Igreja de Deus, no que diz respeito a artigos convertidos, pelos que então viviam, e ensinamentos contrários a ela rejeitados e condenados" ("Fórmula de Concórdia". *Livro de Concórdia*. São Leopoldo/Porto Alegre: Sinodal/Concórdia, 1980, p. 500-501).

Portanto, a aceitação da tradição e das tradições ocorre com a ressalva de que concordem com a Escritura, testemunhem-na corretamente ou, respectivamente, de que possa demonstrar-se que coincidem com as sentenças da Escritura.

### e) A Escritura e a tradição como tema do Concílio de Trento

O concílio, no seu decreto sobre "os livros sagrados e as tradições a serem acolhidas" (DH 1501-1505), sabe-se igualmente comprometido com a verdade do Evangelho que Jesus pregou e os apóstolos proclamaram a toda a humanidade. A verdade e a ordem contidas no Evangelho estão presentes nos livros escritos e nas tradições não escritas (*et...et*). Também estas últimas os apóstolos receberam da boca de Cristo ou por inspiração do Espírito Santo e as transmitiram até a época atual. Devem aceitar-se com igual disposição e reverência os livros do Antigo e do Novo testamentos e as tradições. Eles dizem respeito a questões de fé e de costumes:

> "Provenientes da boca de Cristo ou ditadas pelo Espírito Santo e conservadas na Igreja Católica por sucessão contínua (*continua successione*)" (DH 1501).

Quanto ao conteúdo, as tradições se diferenciam de acordo com questões de fé e cerimônias exteriores. Entretanto, fala-se de tradições apenas no plural, de modo que não se coloca a questão fundamental da essência da tradição. Suprimiu-se a formulação *partim...partim* que constava no esboço do decreto e segundo a qual a revelação teria sido transmitida em parte através da Escritura e em parte através da revelação oral. Entretanto, na controvérsia teológica interpretou-se frequentemente dessa maneira a afirmação do concílio, tanto pelo lado católico, por Roberto Belarmino, como pelo lado protestante, por Martin Chemnitz e Johann Gerhard. A formulação escolhida *et...et* está aberta para uma interpretação mais próxima do sentido da Igreja Antiga, segundo a qual tanto a Escritura como a tradição contêm, de um modo distinto, a totalidade da revelação. Ao *Tridentinum* se associaram diversas tendências interpretativas:

1. A tradição contém adições complementares que vão além da Escritura (*traditio additiva*).
2. A tradição serve à explicação e à interpretação das sentenças da Escritura (*traditio explicativa et interpretativa*).

3. A Escritura e a tradição concordam em todas as questões relevantes para a salvação; somente nas questões secundárias a tradição suplanta a Escritura (suficiência da Escritura).

Essa discussão estava demasiadamente vinculada à concepção da revelação baseada na teoria da informação, sobretudo nos debates em torno da Escritura relacionados com os "dogmas da tradição" acerca da preservação de Maria do pecado original e da sua assunção corporal ao céu, bem como os dois dogmas do Vaticano I que dizem respeito ao papado.

### f) A doutrina do II Concílio Vaticano

A concepção de revelação como autocomunicação histórica de Deus autoriza agora inclusive uma nova perspectiva do nexo interior das verdades da revelação como expressão da verdade singular de Deus (cf. a hierarquia das verdades relacionadas com seu fundamento singular, UR 11).

A partir de uma concepção da revelação proposta pela teoria da comunicação, a automediação da revelação pode ser concebida, de maneira muito mais dinâmica, no processo da vida eclesial, da Escritura, da tradição e do Magistério:

> "E assim o Deus que outrora falou mantém um permanente diálogo com a esposa de seu dileto Filho, e o Espírito Santo, pelo qual a voz viva do Evangelho ressoa na Igreja e através dela no mundo, leva os crentes à verdade toda e faz habitar neles abundantemente a palavra de Cristo (cf. Cl 3,16)" (DV 8).

Como autocomunicação escatológica de Deus na história, a revelação é uma entrega total à origem histórica da Igreja e ao centro de sua autorrealização: nas formas fundamentais da *martyria*, *leiturgia* e *diakonia*. Na vida de fé da Igreja, há uma diferenciação interior, uma assimilação mais reflexa e alguns enunciados das verdades da revelação mais adequados aos novos desafios da época. A tradição não acrescenta nada de novo às verdades testemunhadas na Escritura. Trata-se de uma retransmissão eclesial-sacramental da revelação que, no modo de sua presença histórica e eclesial, é o princípio de sua atualização e de seu desenvolvimento na consciência de fé da Igreja.

Daí se segue que:

> "A Sagrada Tradição e a Sagrada Escritura estão, portanto, entre si estreitamente unidas e comunicantes. Pois promanam ambas da mesma fonte divina, formam de certo modo um só todo e tendem para o mesmo fim. Com efeito, a Sagrada Escritura é a Palavra de Deus enquanto é redigida sob a moção do Espírito Santo; a Sagrada Tradição, por sua vez, transmite integralmente aos sucessores dos apóstolos a Palavra de Deus confiada por Cristo Senhor e pelo Espírito Santo aos apóstolos, para que, sob a luz do Espírito de verdade, eles por sua pregação fielmente a conservem, exponham e difundam; resulta assim que não é através da Escritura apenas que a Igreja deriva sua certeza a respeito de tudo que foi revelado. Por isso, ambas [Escritura e Tradição] devem ser aceitas e veneradas com igual sentimento de piedade e reverência" (DV 9).

> "A Sagrada Tradição e a Sagrada Escritura constituem um só sagrado depósito da Palavra de Deus confiado à Igreja" (DV 10).

### g) A tradição apostólico-eclesial nas suas formas de realização

Do acontecimento global da *traditio* fazem parte tanto o conteúdo (*traditum*) e a realização (*tradere*) como as testemunhas pessoais (*tradentes*).

Para a Igreja pós-apostólica, a *parádosis* apostólica encontrou na Sagrada Escritura uma sedimentação normativa. No entanto, o caráter normativo do testemunho da Escritura só adquire vigência se referida à autorrealização viva da comunidade de fé (*praxis ecclesiae*), sobretudo na sua proclamação e na sua liturgia. O querigma, como a verdade revelada por Deus, testemunhado e aceito na fé da Igreja, se expressa nas fórmulas de confissão e nas regras e confissões de fé, cuja presença se verifica já no NT, e, sobretudo, no dogma da Igreja.

*Querigma e liturgia*

No querigma apostólico e na liturgia, não se trata da sedimentação de formas de pensamento judaico-bíblicas (assim, a historiografia dos dogmas liberal: F. Chr. Baur, A. Ritschl, Von Harnack, M. Werner, e outros) opostas ao pensamento ontológico-essencial que, à época dos Padres da Igreja e dos escolásticos, havia acabado de impor um novo tipo de "dogma".

O querigma e a liturgia não são expressão de determinadas formas de pensamento. São meios de sua atualização, adequados à revelação histórico-salvífica. Na palavra da proclamação e na celebração dos mistérios, sucede não apenas a autocomunicação de Deus para o ser humano, mas também a Igreja no sentido original. Na celebração e na proclamação, ela se realiza como comunidade de fé, do amor e da esperança escatológica, e nela exerce sua missão como testemunha viva da revelação de Deus para a salvação de todos os seres humanos.

O querigma é a autorrepresentação – eficaz por causa do Espírito Santo – da palavra da salvação de Deus na pessoa e na história de Jesus e, com efeito, no *medium* da proclamação apostólica. Quando os apóstolos pregam e testemunham a palavra salvífica da reconciliação, o próprio Cristo atua no querigma. Autoriza cada um que se abre na fé a participar no acontecimento da salvação da cruz e da ressurreição. Desse modo, no querigma e na fé sucede a mediação a uma imediatez pessoal com Cristo:

> "Tudo isso vem de Deus, que nos reconciliou consigo por Cristo e nos confiou o ministério da reconciliação. Pois era Deus que em Cristo reconciliava o mundo consigo, já não levando em conta os pecados das pessoas e pondo em nossos lábios a mensagem da reconciliação. Portanto, desempenhamos o encargo de embaixadores em nome de Cristo, e é Deus mesmo quem exorta por nosso intermédio. Em nome de Cristo vos pedimos: deixai-vos reconciliar com Deus!" (2Cor 5,18-20).

O querigma encontra sua maior condensação na celebração do Batismo e da Eucaristia, os quais pressupõem a fé e servem ao aprofundamento da fé e do amor.

O batismo é o banho de água na palavra (Ef 5,26; Jo 3,5; Tt 3,5). Quem se mantém firme na "palavra da vida" (Fl 2,16), nele ela habitará com toda sua abundância (Cl 3,16). É especialmente na celebração da Ceia do Senhor que a liturgia se revela como a forma suprema do querigma. Por meio do ato-palavra da comunidade, isto é, de sua ação real-simbólica, a comunidade atualiza (= proclama) a morte do Senhor, até que venha (1Cor 11,26).

Quando a comunidade se mantém fiel ao que lhe foi transmitido pelos apóstolos (1Cor 11,23), pode estar certa de que o querigma e sua realização litúrgica não são simples obras humanas, mas ações da Igreja, plenas do Espírito Santo, nas quais Cristo atualiza a si mesmo na sua palavra salvífica (Tt 1,3). A palavra salvífica tem poder para perdoar os pecados, fundamentar a nova criação e outorgar na *koinonia* a participação com Cristo na vida de Deus.

É a partir daí que surgiu a ideia da inerrância da Igreja ao exercer seu querigma (Magistério ordinário) e da eficácia objetiva dos sacramentos, dado que é o próprio Cristo, no Espírito Santo, o sujeito da ação querigmática e sacramental da Igreja.

Por conseguinte, a liturgia e a oração pública da Igreja são também *loci theologici*. O querigma e a liturgia são fontes importantes da teologia, porque constituem formas vivas de mediação da *traditio*.

Refere-se, primariamente, à liturgia vivamente realizada e à sensibilidade espiritual e eclesial para perceber os nexos interiores da fé (*sensus fidei* dos crentes). Secundariamente, refere-se ao estudo dos grandes documentos da história da liturgia (como as disposições eclesiásticas, p. ex., de Hipólito; além dos eucológios, missais e livros rituais etc.).

Para a formação do cânon, por exemplo, os Padres da Igreja recorreram, em primeira linha, à liturgia. Os escritos reconhecidos como inspirados eram utilizados permanentemente na missa, o que demonstrava sua conformidade com a tradição apostólica. Na formação da confissão trinitária e cristológica, recorre-se à confissão batismal e à estrutura trinitária da oração. Em resposta ao ataque de Lutero ao caráter de sacrifício da missa, que considerava incorporado ao *canon missae*, o concílio faz menção à centenária práxis litúrgica da Igreja, que não poderia estar errada quanto às formas básicas essenciais de sua oração. Adquiriu uma grande importância para a liturgia como fonte do conhecimento teológico uma sentença do *Indiculus* (século V). Contra a heresia da teologia da graça dos pelagianos se argumentava que

> "Além dessas invioláveis deliberações da beatíssima e apostólica sé [...] tenhamos em consideração também os sacramentos das públicas orações sacerdotais, que, trazidos desde os apóstolos, são celebrados uniformemente em todo o mundo e em cada igreja católica, para que a norma do orar determine a norma do crer (*ut legem credendi lex statuat supplicandi*)" (DH 246).

O Concílio Vaticano II concebe a liturgia como "a primeira e necessária fonte, da qual os fiéis haurem o espírito verdadeiramente cristão" (SC 14).

A liturgia, enquanto encarnação do querigma, sempre está ligada a esta fonte. No entanto, a fé e a vida eclesial não se esgotam na liturgia. A teologia tem na liturgia uma fonte segura. No entanto, não pode se restringir unicamente à liturgia.

O querigma encontra sua expressão na doutrina (*didaché*), bem como nas instruções da fé (Lc 1,1-4; Hb 6,2), nas fórmulas de confissão (1Cor 15,3-5; 1Tm 3,16 passim), na regra da fé (*canon seu regula veritatis*), na confissão batismal e nas confissões públicas da fé da Igreja (credo niceno-constantinopolitano, credo apostólico) e, por fim, num sentido sucinto, no *dogma definitum*.

*Fórmula de confissão, regra da fé e confissão de fé*

O ato de fé (*fides qua creditur*) só alcança a Deus pela mediação de sua autorrevelação histórica na palavra e nas suas ações salvíficas que, enquanto tais, determinam a realização objetiva da fé (*fides quae creditur*). A forma histórica da revelação de Deus e a historicidade, a expressão linguística e sociabilidade da resposta humana de fé condicionam uma referência recíproca entre a unidade do ato de fé e a pluralidade dos conteúdos da fé.

Também a teologia tem parte nessa concentração mutuamente condicionante no centro e na origem como na diversificação dos enunciados singulares. Já em *Paulo* encontramos uma concentração do querigma na cruz e na ressurreição de Jesus Cristo que, no final das contas, se fundamenta na unidade de Deus e de sua vontade salvífica (1Cor 15,3-5). A partir daqui deve compreender-se os enunciados individuais sobre a exaltação de Jesus à direita do Pai, sobre sua presença no Espírito e no Evangelho da cruz por meio da pregação, do Batismo e da Ceia do Senhor, sobre a expectativa da nova vinda do Senhor, sobre a justificação do pecador pela fé e pela graça. Paulo confessa que Jesus é o "Filho único de Deus" (Rm 1,3; 8,3; Gl 4,4-6). O Filho foi enviado ao mundo para sofrer, vicariamente, a morte dos pecadores e vencê-la pela sua obediência para ser exaltado sobre todas as coisas para a glória de Deus e ser reconhecido por todas como "Senhor" (cf. Fl 2,6-11).

Os *sinóticos* apresentaram sua confissão de fé em Jesus em forma de narrativa da sua mensagem acerca do Reino de Deus e de sua ação salvífica até a morte na cruz, a ressurreição, a missão do Espírito e a atividade missionária da Igreja. Essa "teologia narrativa" contém também, como elementos estruturais, as confissões que reconhecem em Jesus o Messias, o Filho de Deus e, por fim, "o Filho". O gênero literário do Evangelho revela ser uma combinação interior de narrativa e confissão: "Evangelho de Jesus Cristo, Filho de Deus" (Mc 1,1).

*João* começa pela encarnação do Logos eterno de Deus e indica a revelação de sua glória na paixão, na cruz e no envio do Espírito.

Já em Paulo, mas principalmente nos escritos deuteropaulinos, encontram-se compilações rudimentares dos mais importantes conteúdos da fé em fórmulas de confissão bíblicas:

> "Sem dúvida, é grande o mistério da piedade: Ele foi manifestado na carne, justificado no espírito, contemplado pelos anjos, anunciado às nações, acreditado no mundo, exaltado na glória!" (1Tm 3,16; cf. tb. Rm 1,3; 1Cor 15,3-5).

Essas fórmulas servem à transmissão da fé e da autocompreensão da comunidade na missa (confissão batismal). Proporcionam ao crente individual uma regra que lhe permite diferenciar entre o querigma eclesial e as concepções heréticas (cf. At 2,42: perseverar na "doutrina dos apóstolos").

À necessidade de dispor de um critério claro e seguro para a compreensão fundamental da fé cristã e de seu desenvolvimento nos conteúdos concretos serviu a "regra e princípio da fé" (p. ex., em Irineu, haer. I, 10,1; epid. 6).

Em seu livro sobre os princípios teológicos, Orígenes se refere à necessidade de uma *regra de fé* para fixar a doutrina verdadeira e servir de pressuposto e critério de toda a explicação teológica:

"Ora, uma vez que há muitos desacordos entre aqueles que professam a fé em Cristo, e que essas discordâncias não são só sobre questões secundárias, ou mesmo muito secundárias, mas também sobre questões importantes e às vezes de grande importância – como acerca de Deus, do Senhor Jesus Cristo, sobre o Espírito Santo, e não somente sobre eles, mas também sobre as criaturas, isto é, as dominações, as santas potestades –, por causa disso parece-nos necessário estabelecer em primeiro lugar sobre cada um desses assuntos uma diretriz certa e uma regra clara; e depois faremos também uma investigação sobre os demais assuntos [...]. As questões que a pregação apostólica nos transmitiu de maneira clara são as seguintes: em primeiro lugar, que há um só Deus que criou e ordenou todas as coisas, quando ainda nada existia [...] A questão seguinte é que Jesus Cristo, Aquele que veio, nasceu do Pai antes de todas as criaturas. [...] Em terceiro lugar, os apóstolos nos transmitem o ensinamento sobre o Espírito Santo, associado ao Pai e ao Filho em honra e dignidade" (princ. I. prefácio 2-4). [ORÍGENES. *Tratado sobre os princípios*. São Paulo: Paulus, 2012, 330 p. [Coleção Patrística]).

A partir desse fundamento, revelam-se o sentido, o objeto e os limites da teologia:

"Eis, portanto, os elementos fundamentados que devemos utilizar [...] para, tomando-os a todos num conjunto, os organizarmos racionalmente num corpo de doutrina; pelas afirmações claras e convincentes, devemos procurar saber do que se trata realmente em cada um desses assuntos, e constituir, como acabamos de dizer, um só corpo, com demonstrações e afirmações, quer as que descobrirmos nas Sagradas Escrituras, quer as que encontrarmos no encadeamento da própria instituição e na manutenção do discurso correto" (ORÍGENES. *Tratado sobre os princípios*. São Paulo: Paulus, 2012, p. 10 [Coleção Patrística]).

Quanto ao conteúdo, existe uma estreita relação entre a regra da fé e a *confissão de fé* geral da Igreja surgida a partir da confissão batismal (cf. Mt 28,19). No que diz respeito à estrutura (geralmente, trinitária) e à abrangência distinta dos conteúdos explicitamente mencionados, é possível identificar diferenças em parte consideráveis entre as diversas redações. No entanto, todas pretendem registrar o conjunto das sentenças essenciais e vinculantes da confissão de fé cristã ou, respectivamente, salientar de modo mais preciso e acurado, através de adições mais nítidas, frente aos heréticos e cismáticos, as crenças fundamentais.

Reveste-se de universal relevância eclesial o:
*Símbolo niceno-constantinopolitano* (DH 150)
Também são muito importantes:
• o símbolo apostólico do século II (no Ocidente);
• o Credo de Epifânio de Salamina, 374 (DH 44s.);
• o chamado símbolo "Atanasiano" ou *Quicumque*, do século VI (DH 75s.);
• a profissão de fé do XI Sínodo de Toledo, de 675 (DH 525-541);
• o *Caput firmiter* do IV Concílio de Latrão, de 1215 (DH 800-802);
• a profissão de fé do Imperador Miguel Paleólogo no II Concílio de Lião, de 1274 (DH 851-861);
• a profissão de fé do Concílio de Trento, de 1564 (DH 1862-1870), e outros.

As profissões de fé não pretendem nem podem querer expor, de maneira completa e absoluta, a fé da Igreja por meio de seus conceitos. Compartilham a tensão interior entre a realidade escatológica e irreversível da autocomunicação de Deus na história e a recepção da revelação na comunidade dos crentes, que se expressa em formas analógicas, históricas e sociais. Os credos são o marco referencial imediato da proclamação doutrinal dogmática da Igreja e da reflexão teológica do dogma na teologia dogmática.

*O dogma de fé (dogma fidei)*

O *dogma de fé* não se diferencia essencialmente da *fórmula de fé* e da *confissão de fé*, mas unicamente pela redação terminológica mais sucinta dos conteúdos da fé. A legitimidade do dogma depende fundamentalmente da questão de saber se a razão humana finita pode conhecer e expressar na linguagem humana, no marco de suas condições e limitações, a palavra divina pronunciada na história. A interpretação do dogma está relacionada com a discussão moderna em torno do caráter do cristianismo em geral. Os conteúdos da fé podem ser transmitidos de uma forma que de fato não seja unicamente sob os signos de uma interpretação ética, mítico-religiosa e simbólico-psicológica (racionalismo, idealismo, criticismo, modernismo)? O dogma, devido à superação da "antiga" Igreja por meio da Reforma, não é um estágio ultrapassado da história do cristianismo? (A. von Harnack, M. Werner, e outros.) Pode superar-se o preconceito de que o dogma é, no final das contas, somente expressão de uma doutrina de fé ou de um sistema doutrinal positivista da revelação (dogmática da ortodoxia protestante; Neoescolástica)?

*Conceito e definição de "dogma"*

"Dogma" vem de δοκέω (*dokeo* = aparecer, ou seja, parecer verdadeiro ou bom). Objetivamente, significa "crer" e "opinar". Na filosofia, o dogma designava uma opinião doutrinal; na política, equivalia a uma resolução ou a um edito.

Em At 16,4 as resoluções do concílio dos apóstolos se chamam *dogmata*. Têm força vinculante, porque pareceu bem "ao Espírito Santo e a nós", os apóstolos e presbíteros, decidir nas questões de fé de modo que os pagãos possam receber a fé cristã e, assim, ser salvos sem conversão prévia ao judaísmo (At 15,22-25). Segundo Ef 2,15 e Cl 2,14, os *dogmata* são verdades puramente religiosas.

Inácio de Antioquia fala dos "dogmas do Senhor e dos apóstolos" (Magn. 13,1). A carta de Barnabé menciona os "dogmas do Senhor da justiça, da esperança e do amor" (1,6; 10,1.9s.); o Didaquê se refere ao "Dogma do Evangelho" (11,3) e Aristides ao "dogma da verdade" (apol. 15).

O conceito "dogma" quase não foi empregado como *terminus technicus* com um significado preciso durante um longo período da história da teologia. Os sistemas filosóficos doutrinais e as opiniões dos hereges eram considerados seus "dogmas". Os enunciados doutrinais da Igreja deviam ser chamados de "dogma da Igreja" para assinalar claramente as diferenças. Em Clemente de Alexandria e Orígenes encontra-se o conceito oposto ao dogma da Igreja. São os dogmas das doutrinas equivocadas, das heresias, contrárias à doutrina de fé vinculante da Igreja (a heterodoxia em oposição à ortodoxia eclesial).

Na Patrística e na Escolástica o *terminus* foi reproduzido, na maioria dos casos, por meio de expressões equivalentes como "verdade da fé", "palavra da verdade" (Ef 1,13; 2Tm 2,15; Tg 1,18) ou "verdade do Evangelho" (1Tm 6,5; 2Tm 2,18; 3,8; 4,4; Tt 1,14). Em vez de dogmas, a Escolástica prefere falar dos "artigos da fé".

A teologia pós-tridentina foi a primeira a apresentar uma definição mais precisa do conceito. Eliminou-se o componente de opinião doutrinal subjetiva que ressoa na etimologia através da junção dos termos *dogma fidei* (= enunciado conceitual da fé objetiva da Igreja). Justamente por ocasião de uma tentativa de reunificação da Igreja no século XVII, urgia estabelecer uma diferenciação mais clara. Indagou-se (p. ex., VERÔNIO, F. *Règle génerale de la foy catholique séparée de toutes autres doctrines*. Paris, 1638) o que se podia exigir, com razão, dos protestantes em termos de assentimento à fé: evidentemente, somente aquilo que é, no sentido mais estrito do termo, doutrina da Igreja. Não se exige o assentimento a opiniões das escolas teológicas. É evidente que muitos enunciados dos concílios são de natureza disciplinar ou só têm validade em algumas situações específicas.

A partir dessas discussões desenvolveu-se na teologia da Escola um conceito mais preciso do dogma, com diversos componentes de conteúdo e de forma. O Vaticano I (1870) apresentou a seguinte definição conceitual:

> "Deve-se, pois, crer com fé divina e católica tudo (*fide divina et catholica ea omnia credenda*) o que está contido na Palavra de Deus escrita ou transmitida (*in verbo Dei scripto vel traditio*), e que pela Igreja, quer em declaração solene, quer pelo Magistério ordinário e universal, nos é proposto a ser crido como revelado por Deus (*tamquam divinitus revelata credenda proponuntur*)" (DH 3011).

No sentido dessa definição conceitual, são dogmas, em sentido estrito, apenas a preservação de Maria da mancha da culpa original (1854), a infalibilidade da Igreja e do papa e o primado de jurisdição do Pontífice Romano (1870) e, por fim, a assunção corporal de Maria ao céu (1950).

Em todas as declarações anteriores dos concílios, sínodos e papas sobre as questões importantes da teologia da Trindade, da cristologia, da doutrina da graça e da escatologia etc., deve ser colocada respectivamente a questão objetiva. O tema da importância da proclamação da doutrina eclesial depende não do *terminus* "dogma", mas do caráter vinculante da sentença. Não é adequado ao tema um uso meramente esquemático desse tardio termo técnico "dogma".

*Aspectos do conteúdo dos dogmas*

1. O dogma não é, assim como não o é uma fórmula da fé ou uma confissão de fé, a própria Palavra de Deus. É, antes, uma palavra humana, por meio da qual a própria Palavra de Deus se enuncia e, dessa maneira, pode ser ouvida. O dogma é o enunciado do conteúdo da fé no *modus* do pensamento e da fala humana (formação de conceitos, emissão de juízos). A possibilidade da sentença de fé se baseia na estrutura analógica do conhecimento e da linguagem humana, de modo que a automediação de Deus se realiza no *medium* da história e do nexo comunicativo da tradição eclesial. O sujeito do enunciado dogmático é a Igreja como um todo.

2. A verdade do dogma se fundamenta na participação na verdade da revelação. A livre decisão de Deus pela sua autoabertura na história tem um equivalente no dogma da Igreja, na medida em que a comunidade de fé, num ato de liberdade e determinação, aceita a determinação de Deus para o ser humano e a testemunha ante o mundo. A revelação se transmite atualmente na confissão de fé da Igreja e na redação conceitual mais precisa do dogma de fé. O dogma é expressão e manifestação da autoabertura livre, escatológica e irreversível de Deus como verdade e vida do ser humano.

3. Quanto ao seu conteúdo, o dogma deve estar contido na fé da Igreja universal, do mesmo modo que essa fé se relaciona normativamente com a Sagrada Escritura através de seu fundamento apostólico e como se expressa validamente no processo vivo da tradição. Quanto à sua forma, o dogma só pode ser formulado pelo Magistério da Igreja (concílio, papa), numa definição solene ou com base na proclamação geral da doutrina.

4. A pretensão de verdade infalível do dogma também está sujeita aos condicionamentos da razão finita e às limitações do conhecimento humano, e se move no marco das possibilidades de representação da linguagem humana. O dogma, portanto, não expressa uma verdade supratemporal, no sentido da metafísica racionalista, nem um conhecimento não mediado da verdade da essência de Deus. O dogma resulta, antes, da automediação de Deus no ato de sua vinda ao ser humano na história. O dogma testemunha a verdade da história da revelação e da história da recepção sustentada pelo Espírito de Deus na vida histórica e social da Igreja. Da realização histórica da revelação fazem parte a historicidade da assimilação e a interpretação histórica. Não há contradição entre a imutabilidade da verdade e a forma histórica de sua mediação na vida da Igreja. Condicionam-se mutuamente numa revelação em que Deus se comunica definitivamente ao mundo e nele permanece presente no *modus* de acesso à verdade e de realização da liberdade própria dos seres criados.

5. O dogma se encontra, *a priori*, no espaço hermenêutico da Igreja que é tanto comunidade de fé como comunidade de linguagem. Ao dogma é inerente, portanto, um componente apriorista e outro positivo do regime linguístico da Igreja. Por isso, a Igreja não está comprometida, de maneira absoluta, com expressões e fórmulas dogmáticas uma vez adotadas (p. ex., "transubstanciação", "pecado original", "uma pessoa e duas naturezas em Cristo"). Na hermenêutica do dogma, realiza-se uma dinâmica espiritual que busca transcender a fórmula para chegar ao conteúdo – sempre maior – a que aponta o dogma. O dogma não esgota o *mysterium* da fé nem encerra a revelação aos limites da razão criada. Ao contrário, a sentença de fé serve, inversamente, para que a razão e a liberdade humanas se realizem, sob os pressupostos de sua realização categorial, rumo ao seu horizonte transcendental, a saber, a união com Deus na verdade e no amor. Portanto, não existe contradição entre o dogma e a vida. O dogma surge da tentativa de afirmar a plena verdade e realidade da revelação no âmbito do conhecimento humano e deixar-se penetrar completamente por ela na própria autorrealização espiritual.

6. Em comparação com uma equiparação indiferenciada de todos os dogmas individuais sob o ponto de vista formal de sua aceitação obrigatória (necessidade da salvação) e da segurança de sua pretensão de verdade, como corresponde a uma concepção teórico-informativa da verdade, uma concepção teórico-comunicativa da revelação outorga aos dogmas peso de conteúdo e de coordenação orgânica com o que é o centro da revelação: a autoabertura do Deus trino. Portanto, não se deve exigir de cada crente uma assimilação expressa e plenamente reflexa de cada um dos dogmas (*fides implicita*).

"Comparando as doutrinas, lembrem-se de que existe uma ordem ou 'hierarquia' de verdades na doutrina católica, já que o nexo delas com o fundamento da fé cristã é diverso" (UR 11).

### h) O dogma no horizonte de um conceito histórico da verdade

*O problema da "história dos dogmas"*

Nos artigos da confissão de fé e, especialmente, no *dogma fidei*, está contida a pretensão de ser uma formulação adequada da verdade supra-histórica de Deus. Por outro lado, porém, a Palavra de Deus somente é acessível no *medium* do pensamento humano e da linguagem humana. Portanto, a formulação da pretensão de verdade dogmática depende da capacidade de verdade da razão criada do ser humano. A razão criada é caracterizada, no entanto, pela finitude. Inclusive o espírito humano, como um espírito essencialmente finito, jamais conseguirá alcançar a totalidade de seus condicionamentos e chegar ao incondicionado que pudesse servir-lhe como critério absoluto de seus enunciados de verdade categoriais.

O desenvolvimento da filosofia moderna intensificou a consciência dessa problemática fundamental.

Se – a exemplo da metafísica racionalista (Descartes, Spinoza, Leibniz, Wolff) – se tomam como ponto de partida as verdades essenciais próprias da razão, ou as supratemporais transmitidas pela revelação, facilmente recai sobre o dogma a suspeita de uma concepção autoritária da verdade. Neste caso, é certo que o dogma está imune à relatividade da história, porém, desse modo, a fé cristã perde sua base – própria de sua essência – na história.

Se, por outro lado, se toma como ponto de partida a epistemologia do empirismo, só é possível um conhecimento neutro dos diversos fenômenos de ideias religiosas e representações de valor éticas. Falta um critério de verdade para a avaliação das concepções religiosas opostas. O dogma está abandonado ao relativismo. Somente se pode afirmar que Atanásio estava convicto da igualdade de essência entre o Logos e o Pai, ao passo que Ário defendia o contrário. Porém, fica sem resposta a pergunta de qual dos dois estava certo, porque parece impossível verificar seus pontos de vista com base na realidade, a saber, na relação real do Logos com Deus.

A partir desse pano de fundo histórico-intelectual, explicam-se também as discussões realizadas nos séculos XVIII e XIX em torno dos métodos dogmáticos e históricos na teologia.

À relativização da verdade dogmática com recurso aos elementos contingentes na história de sua formulação (dependência dos estilos de pensamento, das correntes da época, da visão de mundo e dos interesses políticos evidentes), como discutido na exegese bíblico-histórica, na historiografia dos dogmas liberal, no modernismo e também no mais recente debate em torno do pluralismo, a Neoescolástica do século XIX e do início do século XX contrapôs uma concepção da verdade orientada antes na metafísica racionalista. O dogma é considerado absolutamente verdadeiro "não devido à verdade intrínseca das coisas conhecida pela luz natural da razão, mas em virtude da autoridade do próprio Deus revelante, o qual não pode enganar-se ou enganar" (Vaticano I. *Dei filius*, 3 cap.: DH 3008).

Sob este pressuposto, o desenvolvimento doutrinário real na história das igrejas só pode ser entendido como o caminho para uma melhor explicação e elucidação conceitual das verdades concretas contidas originalmente na revelação (na Escritura e na tradição). Recorrendo a *Vicente de Lérins* (*Commonitorium* 23), falava-se de um progresso (*profectus*) do conhecimento da verdade revelada. Este progresso, porém, não deve ser confundido com uma mudança substancial (*permutatio*). Aceita-se um desenvolvimento acidental dos dogmas, mas se rejeita uma evolução substancial.

Uma vez que a revelação já está encerrada – se alega –, o desenvolvimento dos dogmas pode representar só uma explicação das proposições de fé contidas originalmente nos documentos da revelação. O método do desenvolvimento consiste, portanto, numa dedução lógico-formal à maneira do silogismo (conceito, juízo, conclusão).

É fácil explicitar um aspecto formalmente implícito numa sentença de fé já estabelecida. Quando, por exemplo, se afirma que o único e o mesmo Logos é Deus e ser humano, também se pode deduzir que ele tem uma natureza divina e uma humana. Mais difícil é explicitar uma implicação virtual. Aqui se precisa de duas sentenças diferentes, para, mediante seu aclaramento mútuo, chegar ao conhecimento de uma terceira sentença que, embora não expressamente consignada nos documentos da revelação, está contida neles segundo o sentido. Um procedimento desse tipo se assemelha a um silogismo dedutivo, quando ambas as premissas estão contidas na revelação.

Num olhar retrospectivo se percebe que a orientação tanto numa concepção de verdade de cunho racionalista-estático como numa dinâmico-evolucionista, como ocorreu nos grandes debates entre a teologia liberal e a ortodoxa no protestantismo e no âmbito da teologia católica, era fortemente dependente de uma concepção de revelação baseada ou na teoria da informação ou na teoria da projeção.

Se, porém, a revelação é concebida como a automediação pessoal e dialogal de Deus no *medium* histórico de sua presença definitiva em Jesus Cristo e de sua recepção na Igreja apostólica, então o conceito teológico de verdade não se orienta unilateralmente numa quantidade de saber natural e sobrenatural, mas na comunhão instituidora de vida e de sentido com Deus. À automediação da verdade eterna de Deus na finitude da história e do mediador humano Jesus de Nazaré corresponde, da parte do receptor da revelação, a possibilidade de ser pessoalmente interpelado no horizonte de sua referência transcendental a Deus e ser habilitado para tomar uma decisão frente à reclamação de Deus.

Essa livre aceitação da autopromessa divina e do seu testemunho na palavra humana é a base da confissão e do dogma.

Portanto, o dogma, como expressão da fé da Igreja, participa da verdade do presente e do futuro escatológico da verdade de Deus. O dogma da Igreja não é uma opinião hipotética por meio da qual se tende à verdade permanentemente inacessível do Deus transcendente. Por meio da formulação da verdade da autorrevelação divina na palavra humana, o próprio Deus se dirige ao ser humano. O destinatário da revelação se caracteriza pela referência à verdade e ao sentido de sua existência, mas só pode alcançá-los nas situações concretas de seu ser humano e da história da humanidade com todos os seus desvios, seus rodeios e seus becos sem saída.

*As declarações do Magistério da Igreja*

O Vaticano I se volta decididamente contra um conceito evolucionista de verdade, característico da filosofia idealista, do historicismo do século XIX e, mais tarde, no início do século XX, também do "modernismo" católico.

> "Pois a doutrina da fé, que Deus revelou, não foi proposta como uma descoberta filosófica a ser aperfeiçoada pelas mentes humanas, mas foi entregue à Esposa de Cristo como um depósito divino, a ser por ela fielmente guardada e infalivelmente declarada. Daí que sempre se deve manter aquele sentimento dos sagrados dogmas que a santa mãe Igreja uma vez declarou, e jamais, a título de uma inteligência mais elevada, é permitido afastar-se deste sentido. Cresçam, pois, e multipliquem-se abundantemente, tanto em cada um como em todos, tanto no indivíduo como em toda a Igreja, segundo o progresso das idades e dos séculos, a inteligência e a sabedoria, mas somente no gênero [próprio] dela, isto é, no mesmo dogma, no mesmo sentido e na mesma sentença – *in eodem dogmate, eodem sensu eademque sententia*" (DH 3020, cf. tb. DH 3043 e o 'Juramento antimodernista'" DH 3541)

Ante o pano de fundo de uma concepção de revelação baseada na teoria da comunicação, o Vaticano II se aproxima claramente da dimensão histórica do conhecimento humano da verdade:

> "*Esta tradição, oriunda dos apóstolos, progride na Igreja sob a assistência do Espírito Santo: cresce, com efeito, a compreensão das coisas como das palavras transmitidas, seja pela contemplação e estudo dos que creem, os quais as meditam em seu coração (cf. Lc 2,19.51), seja pela íntima compreensão que desfrutam das coisas espirituais, seja pela pregação daqueles que, com a sucessão do episcopado, receberam o carisma seguro da verdade. A Igreja, pois, no decorrer dos séculos, tende continuamente para a plenitude da verdade divina, até que se cumpram nela as palavras de Deus*" (DV 8).

*Os elementos teóricos do desenvolvimento dos dogmas*

No contexto de uma concepção da revelação como comunicação entre Deus e o ser humano no âmbito da história e no *medium* da palavra, a pretensão de verdade definitiva do dogma e a historicidade de todo conhecimento da verdade do ser humano são fatores que se condicionam reciprocamente na mediação singular da autocomunicação escatológica de Deus como verdade e vida.

Uma teoria do desenvolvimento dos dogmas é, assim, uma tarefa essencial da teologia.

O conhecimento de todos os conteúdos dogmáticos da fé cristã é o resultado de uma história: a Trindade de Deus, a unidade essencial do Filho com o Pai, a divindade do Espírito, a formação do cânon, a inspiração da Escritura, o pecado original, o batismo de crianças, a presença real de Cristo na Eucaristia, o primado do papa, a possibilidade de um perdão dos pecados após o batismo, a diferença entre o batismo e a confirmação, a invocação dos santos, o purgatório, as sentenças fundamentais sobre Maria etc. As teorias fundamentais a respeito do desenvolvimento dos dogmas foram apresentadas, sobretudo, por John Henry Newman, *Über die Entwicklung der Glaubenslehre* [Do desenvolvimento da doutrina da fé], 1878, e Maurice Blondel, *Dogma und Geschichte* [Dogma e história], 1904.

Acompanhando Karl Rahner (1904-1984), podem mencionar-se os seguintes elementos constitutivos da história dos dogmas (*Zur Frage der Dogmenentwicklung* [Da questão do desenvolvimento dos dogmas], *Schriften* I, 49-90; MySal I, 727-787):

(1.) O Espírito Santo e a graça

A fé é o encontro pessoal com Deus que, com sua palavra e seu Espírito, ingressa na esfera de realização do espírito e da liberdade do ser humano. Para que o ser humano não rebaixe a revelação de Deus ao seu nível e a limite (naturalize) por meio das condições de seu conhecimento da razão natural, sua razão deve se abrir, por meio de uma presença dinâmica do Espírito Santo, para a recepção da Palavra de Deus. A audição da palavra efetivada por Deus é, portanto, a possibilidade aberta de correalização do autoconhecimento e do amor de Deus, um amor que se identifica com o próprio Deus e se comunica ao ser humano por meio de Jesus Cristo no Espírito Santo. Essa dinâmica da fé aberta ao ser humano pelo Espírito e orientada para um fim encontra sua conclusão na contemplação de Deus na vida eterna.

Portanto, a ação do Espírito na história de fé da Igreja não deve ser entendida como um componente extrínseco, como se o Espírito de Deus interviesse de fora num processo fechado de comunicação puramente natural da Igreja (modelo de intervenção). O Espírito, como o princípio da proximidade mais íntima de Deus no crente, é um fator do movimento imanente da história da fé em cada nova audição da palavra, em cada nova reflexão, em cada novo aprofundamento e em cada nova concretização da proclamação e do testemunho da autopromessa de Deus, já irreversível em Jesus Cristo.

(2.) O Magistério

Segundo a doutrina do Vaticano II, a Igreja, como um todo, é ouvinte da palavra e, também como um todo, lhe foi confiada a missão de dar testemunho perante o mundo. No interior do processo da vida eclesial, o Magistério dos bispos e do papa constitui o ponto de cristalização do desenvolvimento doutrinário, visto que, como sucessores dos apóstolos, os bispos são os primeiros proclamadores do Evangelho e pastores de suas igrejas. Embora o Magistério da Igreja remonte a uma missão específica concedida por Cristo e a um mandato do Espírito, deve refutar-se a compreensão equivocada da eclesiologia segundo a qual o Espírito Santo estaria ligado exclusivamente ao Magistério e este seria o resultado de uma informação sobre a verdade apresentada aos leigos, como a Igreja ouvinte, para ser crida e perante a qual só cabe a exigência formal de obediência. Numa eclesiologia-*communio*, a Igreja crente e ouvinte se encontra sob a influência do Espírito Santo e se orienta na convicção normativa fundamental da Palavra de Deus na Sagrada Escritura e sua autoexposição na tradição e nos seus resultados determinantes (resoluções dos concílios, proclamações do Magistério regular).

O Magistério eclesiástico tem a tarefa de comprovar se as respostas teológicas aos novos problemas e, dessa maneira, às novas formulações da confissão de fé concordam objetivamente como o *depositum fidei*. No entanto, também deve entender-se como a instância que efetua, com efeito vinculante para o conjunto da Igreja, o passo para a exposição e realização da fé de maneira adequada à época, recorrendo ao caráter vinculante universal (tensão entre fidelidade à origem e adequação à época).

(3.) A tradição

A tradição não é uma segunda fonte da revelação. Deve ser entendida como um processo histórico em que a Igreja, como sujeito coletivo da fé, reflete sobre os conteúdos da Palavra de Deus, explicita-os e os formula de acordo com uma forma de expressão concreta da fé (função anamnética e antecipatória da tradição).

(4.) A função da palavra e do conceito

À clareza da revelação na palavra corresponde a aplicação na palavra humana com palavras e conceitos segundo regras gramaticais. Justamente, porém, a finitude do Espírito humano e a analogia do conhecimento da verdade fazem com que a verdade expressa no dogma seja superada no mistério maior da autocomunicação de Deus. A autoabertura de Deus fundamenta inclusive a unidade transcendental de todas as afirmações categoriais da fé. Os dogmas não se introduzem como um corpo estranho na unidade mística com Deus. São, antes, os passos dados no caminho que leva a um encontro pessoal e dialogal com Deus.

(5.) *Analogia fidei*

O pressuposto interior de todo desenvolvimento dos dogmas no sentido de uma nova assimilação da revelação na história de fé da Igreja reside no fato de que a revelação não representa uma soma exterior de fatos, princípios, sentenças e conceitos. A própria revelação é a unidade original que se desdobra na diversidade de seus aspectos conhecidos através dos artigos da fé e dos dogmas de fé. Essa analogia da fé possibilita a crescente percepção dos seus elos, dos seus aclaramentos mútuos, inclusive da formação de certos centros de gravidade, gerais e próprios das biografias individuais, condicionados pelas diferentes épocas. Algumas verdades de fé podem aparecer no primeiro plano numa época ou num período da vida da pessoa ou, por outro lado, receber menos atenção, ou até mesmo ser negadas enquanto tais (*fides implicita*).

Numa época caracterizada pela secularização e pelo pluralismo, é menos aconselhável um desenvolvimento explicitador dos dogmas que implique um número maior de dogmas expressos. É mais adequado à época uma exposição implicadora e intensificadora dos dogmas. É preciso que na multiplicidade muitas vezes desconsertada das afirmações do Magistério fique clara a sua unidade na afirmação fundamental da autocomunicação de Deus como verdade e vida de todo ser humano (cf. os esforços no sentido de uma "fórmula concisa da fé").

(6.) Não se pode deduzir, com certeza metafísica desligada da história, o processo de formação de um determinado dogma. É possível identificar tendências baseadas na necessidade ou na conveniência histórica que sugerem reiteradamente que a Igreja declare que um *factum* acolhido na fé universal da Igreja (p. ex., a encarnação do Logos) ou um princípio universalmente válido (p. ex., a mediação aplicada em sentido analógico a Cristo ou aos santos) é uma verdade contida na revelação e ratificada mediante a formulação de um dogma explícito.

*A interpretação do dogma (hermenêutica dos dogmas)*

Uma vez que o dogma não proporciona uma visão imediata da essência e da conduta de Deus, mas também ele está sujeito à lei fundamental da mediação da Palavra de Deus na palavra humana e é, portanto, palavra humana e criada, necessita também de uma interpretação humana.

Mesmo pressupondo a validade da sua verdade no contexto da concepção global da revelação e da fé, todo dogma formulado por um concílio ou um papa deve, portanto, ser interpretado segundo as regras gerais da hermenêutica (crítica textual, crítica do conteúdo, análise dos contextos filosóficos, político-ideológicos e histórico-tradicionais, e também os motivos pessoais daqueles que colaboraram na formulação do dogma etc.). Coloca-se a tarefa de distinguir entre a vontade de afirmação permanente do dogma e as conotações impostas pelas concepções de cada época. Desse modo, por exemplo, o dogma da criação afirma que existe uma relação real do mundo com o ser e o agir de Deus, mas não oferece uma explicação acerca das causas imanentes do mundo da realidade física, categorial e empiricamente perceptível, razão por que a fé na criação não está objetivamente vinculada à cosmovisão ptolomaica nem às ideias dos antigos biólogos acerca da permanência das espécies.

No entanto, tampouco a tradução do conteúdo autêntico do dogma é uma reprodução mecânica. Reinsere o dogma no processo traditivo dinâmico da Igreja. Portanto, a hermenêutica dogmática não se limita a uma defesa do conteúdo de verdade dos dogmas formulados no passado. A hermenêutica dogmática é parte constitutiva do mandato eclesial da proclamação no momento atual e é um elemento de sustentação da história dos dogmas aberta ao seu próprio futuro.

"O dogma não significa o fim da atividade reflexiva, mas a elevação do reflexionado a uma dignidade de pensamento indiscutível e de validez permanente" (SCHLIER, H. "Biblische und dogmatische Theologie". *Besinnung auf das Neue Testament*, Fr ²1967, 32).

A possibilidade de correção das decisões doutrinais provisórias e reformáveis da Igreja, ou da interpretação tradicional das afirmações dogmáticas irreformáveis (p. ex., do axioma "fora da Igreja não há salvação", no sentido de uma vontade salvífica de Deus de cunho particular em vez de, como correta, de cunho universal) é um componente essencial da hermenêutica dos dogmas e, dessa maneira, uma tarefa indispensável do participante do processo da tradição da Igreja (cf. *Schreiben der deutschen Bischöpfe na alle, die von der Kirche mit der Glaubensverkündigung beauftragt sind*, 1967: NR 468s.).

*Qualificações e censuras teológicas*

Por qualificações teológicas entende-se a classificação das sentenças do Magistério segundo seu grau de certeza.

As censuras teológicas expressam diferentes objeções doutrinais aos sistemas teológicos.

As censuras mais importantes da teologia da Escola eram:
1. A proposição herética (*propositio haeretica*) como contraposição ao *dogma definitum*.
2. A *propositio haeresi proxima* como contraposição à *sententia fidei próxima*.

3. A *propositio haeresim sapiens* como contraposição à *fides ecclesiastica*, isto é, uma doutrina ligada à revelação (p. ex., o conhecimento natural de Deus), que, porém, não é conteúdo imediato da própria revelação, mas proposta pelo Magistério para ser crida.

4. A *propositio falsa* como contraposição ao *factum dogmaticum* (p. ex., um fato puramente histórico e não pertencente à própria revelação, mas que é um pressuposto da aceitação da revelação, por exemplo, a existência histórica de Jesus ou a realidade de uma resolução conciliar).

Devem acrescentar-se diversas caracterizações específicas da linguagem teológica (*propositio temeraria, piarum aurium ofensiva, male sonans, captiosa, scandalosa*).

Essas censuras que se referem a sentenças isoladas de um sistema teológico só funcionam numa tradição com linguagem teológica uniforme e formas de pensamento uniformes.

Para o futuro pode propor-se:

1. Em primeiro lugar, o Magistério eclesiástico deveria confiar as controvérsias teológicas para o debate entre especialistas. As objeções doutrinais não devem se referir unicamente às proposições isoladas, mas também devem levar em consideração o enfoque sistemático geral de uma teologia e, a partir dele, apreciar a concordância ou a contrariedade das teses isoladas com a profissão de fé e com o dogma da Igreja.

2. É preciso insistir na distinção fundamental entre *dogma fidei* e heresia. O NT menciona que a preservação do Evangelho e da reta doutrina e o rechaço da falsa doutrina são funções fundamentais da Igreja e, especialmente, do ministério pastoral dos bispos (cf. 1Cor 14,38; Gl 1,8; 2Tm 2,14-26; Tt 1,10-16; At 20,28; 1Jo 2,18-27; Hb 13,17; 2Pd 2,1-3, e outros).

3. Note-se que um católico só se torna herege quando assume, pessoalmente, uma doutrina herética contraposta à fé da Igreja. Não se pode designar de hereges aqueles que cresceram numa comunidade cristã separada da Igreja Católica. Dessa maneira, o Vaticano II, sem prejuízo da doutrina da plena presença da verdade da revelação no ser e na missão da Igreja Católica, pôde formular como princípio do diálogo ecumênico que "as partes se tratem de igual para igual" (UR 9).

### 3 Proclamação da doutrina e Magistério da Igreja

A Escritura e a tradição são, cada uma do seu jeito, fontes e pontos de orientação normativos da teologia. Uma vez que não se pode objetivar a revelação num sistema doutrinário abstrato, mas que ela sempre existe só na proclamação viva das testemunhas apostólicas originais, a teologia se reporta ao testemunho daqueles que se encontram na sucessão histórica legítima dos apóstolos e exercem seu ofício no poder do Espírito Santo prometido à Igreja.

A missão apostólica da Igreja é desempenhada por todos aqueles que pertencem à comunidade dos crentes. De diversas maneiras, mas com mútua referência, leigos, religiosos, presbíteros, diáconos e o colégio episcopal dirigido pelo bispo de Roma são titulares da missão apostólica única da Igreja. Essa se estende a todas as dimensões da vida eclesial, na *diakonia*, na *martyria* e na *leiturgia*. Isto significa, ao mesmo tempo, que Jesus Cristo exerce, por meio da Igreja como um todo e de cada um de seus membros, seu ministério salvífico como sacerdote, rei e pastor (cf. LG 9-17).

#### a) A comunidade dos crentes como titular da proclamação

A revelação de Deus em Jesus Cristo está presente na comunidade dos crentes mediante o "sentido sobrenatural da fé do povo de Deus" (*sensus fidei, sensus fidelium*).

Por *sensus fidei* se compreende a sensibilidade ou a intuição para perceber a origem, os nexos e a reta explicação das afirmações de fé. Este *sensus* é um elemento da fé subjetiva, dado que a fé, na verdade, é uma atividade do espírito criado e da liberdade do ser humano, mas também pode ser entendido como ampliação, aberta pelo Espírito Santo, do horizonte de compreensão, pelo qual o ser humano, de maneira analógica, toma parte no autoconhecimento de Deus por meio da mediação da encarnação do Logos.

Por *sensus fidelium* se entende a repercussão do *sensus fidei* na Igreja universal. A Igreja como um todo é o sujeito que na fé ouve e aceita a Palavra de Deus e a realiza nas dimensões históricas e sociais da aceitação humana da revelação.

A comunidade dos crentes é, portanto, o sujeito da mediação viva da Palavra de Deus na tradição da Igreja.

Por causa da participação de todo o povo de Deus no ministério profético de Cristo, a Igreja universal possui uma infalibilidade quando da transmissão da revelação:

> "O conjunto dos fiéis, ungidos que são pela unção do Santo (cf. 1Jo 2,20.27), não pode enganar-se no ato de fé. E manifesta essa sua peculiar propriedade mediante o senso sobrenatural da fé de todo o povo quando, 'desde os bispos até os últimos fiéis leigos', apresenta um consenso universal sobre questões de fé e costumes. Por este senso da fé, excitado e sustentado pelo Espírito da verdade, o Povo de Deus – sob a direção do sagrado Magistério, a quem fielmente respeita –já não recebe a palavra de homens, mas verdadeiramente a Palavra de Deus (cf. 1Ts 2,13); apega-se indefectivelmente à fé uma vez para sempre transmitida aos santos (cf. Jd 3); e, com reto juízo, penetra-a mais profundamente e mais plenamente a aplica à vida" (LG 12).

No marco da Igreja universal, atribui-se aos *leigos* uma autoridade autônoma na tradição da fé, dado que tomam parte da infalibilidade da Igreja e a expressam.

Deve rejeitar-se como uma interpretação equivocada a definição da relação entre sacerdotes e leigos mediante a cópia de modelos de poder sociopolíticos e estatais, como democracia, monarquia ou uma divisão de poder entre o povo e a autoridade numa monarquia constitucional. A natureza da Igreja, fundamentalmente diferente do Estado ou de uma organização política e ideológica, requer uma definição original da relação entre os diversos titulares da missão única da Igreja, compreensível somente a partir de uma eclesiologia-*communio*, de cunho bíblico-patrístico, renovada pelo Vaticano II. Os modelos de uma "Igreja de cima", ou seja, "Igreja oficial" ou de uma "Igreja de baixo" ou "Igreja de base" são alternativas teologicamente falsas que devem ser superadas como falaciosas.

### b) A autoridade dos doutores da Igreja

Na história da tradição da revelação destacam-se, como portadores especialmente qualificados da tradição, na Igreja Antiga (no Ocidente, até Isidoro de Sevilha, 560-636, e, no Oriente, até João Damasceno, por volta de 675-750), os Padres da Igreja e, na Escolástica e na mística da Idade Média e na teologia da Idade Moderna, "os teólogos" (muitas vezes, com o título de doutor ou doutora da Igreja).

Não em nome próprio (cf. Mt 23,8-12), mas em nome de Cristo, confia-se já aos discípulos a missão de transmitir a doutrina. Devem servir à edificação interior da Igreja (Gl 6,2; Rm 12,7; 1Cor 12,28) e, para fora, testemunhar a todos os povos a respeito da presença da salvação de Deus no Cristo crucificado e ressuscitado (Mt 28,20). A tarefa principal do apóstolo é a proclamação e o ensinamento do Evangelho com o poder do Espírito (1Cor 2,4; 1Pd 1,12).

A missão de ensinar o Evangelho sob a direção da comunidade e com o poder do Espírito recai particularmente sobre os ministérios ligados ao apostolado, ou seja, os epíscopos, os diáconos (Fl 1,1) e os presbíteros (At 15,6; 2Tm 1,13; 2,24; Tt 1,5; Hb 13,7). Já Paulo entendia que, por meio da proclamação do Evangelho, se tornava "pai e exemplo da comunidade" (cf. 1Cor 4,15). Nesse sentido, denominavam-se "Padres da Igreja" também os grandes titulares, na maioria dos casos episcopais, do desenvolvimento dos dogmas na teologia trinitária, na cristologia e na doutrina da graça da Igreja Antiga. Seus escritos são tradição documental da Igreja. Não são titulares da revelação original, mas apenas testemunhas da tradição. Por isso, recorrendo aos Padres da Igreja, não se torna possível uma ampliação de conteúdo da verdade da revelação que exceda a Sagrada Escritura.

Como autênticas testemunhas da fé e como titulares da sucessão apostólica no episcopado, eles são, nos sínodos e concílios, também competentes "juízes" nas discussões em torno do conteúdo e da reta exposição da fé. Um importante critério é o testemunho unânime dos Padres (*unanimis consensus patrum*: Trento, DH 1507; cf. 3007).

Não tem caráter vinculante suas opiniões teológicas privadas ou seus ensinamentos particulares. Entre as características que diferenciam um Padre da Igreja de um simples escritor da Igreja mencionam-se: a permanência na reta doutrina da fé; a santidade da condução da vida; o reconhecimento pela Igreja; a pertença à Idade Antiga.

Uma cesura se configurou com o surgimento do labor científico de teologia na Idade Média. Não é mais viável a unidade da Idade Antiga entre o labor teológico dos bispos em seus escritos ocasionais e a proclamação episcopal atual. Os bispos permanecem, daqui em diante, titulares da proclamação atual da doutrina. Têm a tarefa de apreciar a doutrina e propor a autêntica confissão de fé nos concílios e sínodos. Para cumprir sua tarefa, porém, dependem do trabalho da ciência teológica, dado que agora é preciso analisar histórica e sistematicamente o testemunho da revelação na Escritura e na tradição para aplicá-lo à proclamação atual da doutrina os novos contextos político-culturais.

### c) O Magistério episcopal da Igreja (*Magisterium ecclesiasticum*)

O Magistério episcopal resultou do desenvolvimento do apostolado protoeclesial dos ofícios da comunidade cristã primitiva e representa um elemento indispensável da natureza e da missão da Igreja. Na figura do bispo, prossegue de maneira pessoal a missão do apóstolo (instituição de epíscopos e presbíteros por meio de imposição de mãos e oração dos apóstolos: cf. At 14,23; 1Tm 4,14; 5,22, 2Tm 1,6; Tt 1,5). Como os apóstolos, os bispos exercem seu ministério "em nome de Cristo" (cf. 2Cor 5,20) ou na pessoa de Cristo, "o mestre, pastor e pontífice" da Igreja (LG 21). Os bispos são, de maneira especial, responsáveis pela preservação "da verdadeira palavra da doutrina" e para que as "coisas boas a ti confiadas, com o auxílio do Espírito Santo", sejam ensinadas sem distorções (2Tm 1,14). Portanto, pertence à esfera de responsabilidade do bispo a doutrina e a direção da Igreja (At 20,28; 1Pd 5,1).

No entanto, essa missão só pode ser desempenhada por meio de uma orientação no conteúdo da própria revelação, tal como encontrou sua sedimentação normativa na Sagrada Escritura e na tradição. Formalmente, o serviço de proclamação e o ministério de direção do bispo em sua dimensão eclesiástica local estão vinculados à missão apostólica da Igreja global e ao sentido infalível da fé do povo de Deus.

Na pessoa do bispo integra-se e concretiza-se a identidade da Igreja com sua origem apostólica, a continuidade em seu desenvolvimento histórico e a unidade de sua vida atual. Isto afeta todas as suas realizações fundamentais na doutrina, na vida e na interação de todos os seus carismas, serviços e missões.

No esclarecimento teológico dos princípios da Escritura, da tradição e da sucessão na Igreja pós-apostólica primitiva (Irineu, Hegésipo, Clemente de Alexandria, Orígenes, Tertuliano, Cipriano, Hipólito), na síntese dos aspectos cristológicos, pneumatológicos e eclesiológicos do episcopado, o bispo foi designado de "sucessor dos apóstolos". Na pessoa do bispo se concretiza, no sentido de uma missão pessoal e de uma autorização por meio do Espírito Santo presente na Igreja, a natureza apostólica da Igreja, sem, entretanto, limitá-la ao Magistério episcopal. Daí resulta a responsabilidade específica, mas não exclusiva, dos bispos pela preservação da doutrina apostólica, pela unidade da Igreja e pela transmissão da fé.

A responsabilidade especial do bispo de Roma (primado do papa) não corresponde a um ministério próprio, acima do episcopado. O primado romano nada mais é que a concretização da responsabilidade da Igreja universal, baseada no ministério apostólico, pela continuidade da doutrina e pela unidade da *communio* eclesial (cf. LG 18), "de tal forma que, guardada a unidade de comunhão e de fé com o romano pontífice, a Igreja de Cristo seja um só rebanho sob um só pastor supremo" (DH 3060).

### d) A infalibilidade da Igreja na recepção e na proclamação da revelação

*A infalibilidade da Igreja está fundamentada naquele carisma com que Deus dotou sua Igreja para que possa exprimir, definitivamente, tanto na fé como na doutrina* (in credendo et docendo), *de forma não distorcida e nem reduzida, no medium cognitivo da palavra humana (confissões e dogmas de fé), sua missão consoante a verdade da autorrevelação escatológica de Deus.*

O sujeito da infalibilidade da Igreja nas confissões de fé e na proclamação doutrinária é:
1. A totalidade dos fiéis (LG 12).

2. O conjunto do episcopado, já que os bispos exprimem concretamente o conteúdo da revelação testemunhada no senso de fé dos crentes, ou o concílio ecumênico universal em que os bispos representam a Igreja universal (LG 25).

3. O romano pontífice, quando, como representante ("cabeça") do colégio de bispos e do conjunto da Igreja, fala *ex cathedra*, ou seja, "quando, no desempenho do múnus de pastor e doutor de todos os cristãos, define com sua suprema autoridade apostólica que determinada doutrina referente à fé e à moral deve ser sustentada por toda a Igreja –, em virtude da assistência divina prometida a ele na pessoa do bem-aventurado Pedro, goza daquela infalibilidade com a qual o Redentor quis estivesse munida a sua Igreja quando deve definir alguma doutrina referente à fé e aos costumes; e que, portanto, tais declarações do romano pontífice são, por si mesmas, e não apenas em virtude do consenso da Igreja, irreformáveis" (DH 3074; LG 25).

Portanto, quando se promete à Igreja a indestrutibilidade (indefectibilidade) até a volta de Cristo (Mt 16,18; 28,19), isto se refere a suas realizações fundamentais na proclamação fiel do Evangelho por meio da doutrina da fé (infalibilidade da doutrina) e a certeza da mediação salvífica dos sacramentos (doutrina da eficácia objetiva dos sacramentos).

O objeto da declaração infalível a respeito da verdade da revelação não são, evidentemente, as verdades naturais (como as formulam as diversas ciências), mas as verdades da salvação da automediação de Deus na sua palavra e na realização histórica da redenção (questões da fé e dos costumes). Num sentido derivado, incluem-se também as verdades históricas ou filosóficas cuja omissão anularia a revelação em si ou a faria inacessível (p. ex., agnosticismo, niilismo ou o questionamento da existência histórica de Jesus). Dessa maneira, por exemplo, a argumentação filosófica acerca da existência de Deus em si não é, na verdade, uma parte da fé sobrenatural vinculada à graça. No entanto, o crente deve aceitar, fundamentalmente, a ideia de Deus e do acesso racional à existência de Deus, porque, do contrário, todo discurso a respeito da revelação de Deus não teria nenhum fundamento.

A infalibilidade da Igreja não é uma pretensão monstruosa de ter um acesso indefectível às verdades naturais e sobrenaturais, exteriores às condições finitas, limitadas e sempre falíveis da razão humana.

Antes, essa doutrina revela ser um elemento concomitante intrínseco à fé na autocomunicação escatológica e irreversível de Deus na encarnação de sua palavra e na sua recepção definitiva por parte do ser humano Jesus ao realizar sua missão, que se confirma no ato ressurrecional do Pai. A fé da Igreja no Pai e no Filho se baseia na missão do Espírito Santo. A tarefa da Igreja é, no poder deste Espírito, "ser coluna e fundamento da verdade" (1Tm 3,15).

Se, portanto, Deus se ofertou definitivamente em Jesus Cristo e no Espírito Santo, de maneira escatológica e irreversível, como verdade e vida do mundo e encarregou a Igreja da transmissão da revelação na história, a Igreja é dotada também dos meios necessários ao desempenho dessa tarefa. A presença escatológica da revelação tem sua correspondência, da parte dos destinatários humanos, na possibilidade da sua aceitação definitiva e irreversível – expressa em palavras e sentenças – por meio da Igreja:

> "Mas quando ou o romano pontífice ou o corpo dos bispos com ele definem uma proposição, enunciam-na segundo a própria revelação, à qual todos devem conformar-se e ater-se. Esta revelação, quer escrita quer comunicada através da legítima sucessão dos bispos e especialmente do próprio romano pontífice, é integralmente transmitida e intactamente conservada na Igreja e fielmente exposta à luz do Espírito da Verdade. O romano pontífice e os bispos, cada qual na medida dos seus deveres e conforme a gravidade da matéria, esforçam-se cuidadosamente usando meios aptos para investigar exatamente e enunciar convenientemente esta Revelação. Mas não reconhecem nenhuma nova revelação pública como pertencente ao divino depósito da fé" (LG 25).

O exercício do Magistério eclesiástico, no entanto, não se limita de modo algum às decisões doutrinais infalíveis. É tanto uma possibilidade como um fato histórico que "no exercício de seu ministério a autoridade magisterial da Igreja incorra em erros" (*Schreiben der deutschen Bischöpfe an alle, die von der Kirche mit der Lehrverkündigung beauftragt sind*, 1967; NR 468). Essa constatação de uma diferenciação de forma e de conteúdo na valoração das sentenças doutrinais da Igreja deve ser interpretada no contexto de uma concepção teórico-comunicativa da revelação.

# V. VISÃO GERAL DE GRANDES ÉPOCAS DA HISTÓRIA DA TEOLOGIA

## 1 A Patrística

A Patrística produziu a fundamentação da teologia. Tratou de todos os grandes temas da fé. Destacou-se a elaboração do dogma trinitário-cristológico. Elaborou também a doutrina da graça, da Igreja e dos sacramentos. Foram relevantes também as contribuições à espiritualidade, à exegese da Escritura, à ascese e à mística. Além do conflito com as heresias a respeito da doutrina da Trindade e da cristologia, os padres combateram, sobretudo, a gnose, o maniqueísmo, o donatismo e o pelagianismo.

Subdivide-se a Patrística em três épocas:
1. A Patrística pré-nicena: por volta de 90/100-325 d.C.
2. A Alta Patrística: 325-451
3. A Patrística tardia: 451-aproximadamente 750.

Diferencia-se em vários grupos, segundo épocas, regiões ou escolas:
1. Os *Padres apostólicos*: Clemente de Roma, Inácio de Antioquia, Policarpo de Esmirna, Papias de Hierápolis, Carta de Barnabé, Pastor de Hermas, Didaquê.
2. Os *Apologetas*: São Quadrado de Atenas, Ariston de Pella, Milcíades Apolinário, Melitão de Sardes, Aristides, Justino Mártir, Taciano, Atenágoras, Teófilo de Antioquia, Epístola a Diogneto.
3. *Pré-nicenos* importantes: Hegésipo, Irineu de Lião, Hipólito de Roma, Clemente de Alexandria, Orígenes, Tertuliano, Cipriano de Cartago.
4. A *Escola de Alexandria*, que trabalha com métodos especulativos e idealistas, foi fundada por Clemente de Alexandria, Orígenes, Atanásio.
5. Os *Antioquenos* de orientação mais histórico-positiva: Eustásio de Antioquia, Diodoro de Tarso, Teodoro de Mopsuéstia.
6. A *Alta Patrística*: Atanásio, Basílio de Cesareia, Gregório de Nissa, Gregório de Nazianzo, Cirilo de Jerusalém, Epifânio de Salamina, João Crisóstomo, Hilário de Poitiers, Ambrósio de Milão, Jerônimo (o "maior exegeta da Antiguidade"), Leão Magno; como um ponto alto deve ser considerado *Agostinho*.
7. A *Patrística tardia*: Leôncio de Bizâncio, Leôncio de Jerusalém, Sofrônio de Jerusalém, Máximo Confessor, Pseudo-Dionísio Areopagita, Próspero de Aquitânia, Fulgêncio de Ruspe, Fausto de Riez, Vicente de Lérins, Boécio, João Damasceno, Gregório Magno.
8. *Fase final* e passagem para as coletâneas de *sentenças dos Padres* levadas a cabo na Antiguidade tardia: Genádio de Marselha, Isidoro de Sevilha, Juníllo Africano, Tajus de Saragoça, Anastácio Sinaíta.

## 2 A teologia da Idade Média (a Escolástica)

Após o apogeu da teologia dos Padres, fica-se restrito a uma mera retransmissão do que fora elaborado. O argumento da *auctoritas* predominou amplamente sobre o argumento da *ratio*. Disseminaram-se florilégios, catenas e compilações de sentenças. Os titulares da teologia eram, sobretudo, as escolas dos monastérios e das catedrais (Tours, Orleans, Reims, Chartres, Corbie, Fulda, Mainz, Reichenau, St. Gallen, Lorsch). Na Alta Idade Média realizou-se a maior cesura com a fundação das universidades (Bolonha, Paris, Colônia, Praga etc.).

Toda a obra de Aristóteles foi recebida (Alberto Magno, Tomás de Aquino) e traduzida diretamente do grego. Superou-se a desconfiança em relação ao aristotelismo árabe (Alfarábi, Avicena, Algazel, Averróis) e judeu (Avicebron, Moisés Maimônides). Refutaram-se os seus equívocos (a teoria da eterna criação do mundo, a teoria da emanação neoplatônica, a organização hierárquica dos espíritos astrais, a negação da alma individual e de sua imortalidade, a limitação da providência divina ao governo geral do mundo e a teoria do fatalismo). Um traço característico da Escolástica foi sua tentativa de exposição sistemática da fé por meio de uma síntese racional que incorporava os conhecimentos das ciências profanas, pois divide-se a Escolástica medieval em quatro períodos:

### a) A pré-Escolástica (700-1100)

Foi determinante o renascimento carolíngio do século IX, que promoveu um florescimento da ciência. No século XI, iniciou-se o conflito entre dialéticos e antidialéticos. Estes últimos encaravam com ceticismo o potencial da razão no âmbito da teologia e duvidavam do valor da ciência profana.

Importantes representantes:

Beda, o Venerável († 735), primeiro historiador anglo-saxônico e grande comentarista bíblico; Alcuíno, Teodulfo de Orleans, Jonas de Orleans, Amalário de Metz (grande litúrgico), Rábano Mauro (*primus praeceptor Germaniae*), Walafrido Strabo (autor da *Glossa ordinaria* = principal fonte da exegese medieval). Haimo de Halberstadt, Remígio de Auxerre, Hincmar de Reims, Ratério de Verona, Pedro Damião, João Escoto Erígena († 877), um filósofo genial deste período (principal obra: *De divisione naturae*). Pascásio Radberto e Ratramno de Corbie são adversários na *primeira controvérsia em torno da Eucaristia*. A *segunda controvérsia em torno da Eucaristia* foi desencadeada por Berengário de Tours († 1088). Opuseram-se a ele, com importantes ensaios sobre a Eucaristia: Guitmundo de Aversa, Lanfranc de Bec e outros.

Importante é Fulberto de Chartres, o fundador da *Escola de Chartres* (Gilberto de Paitiers, Bernardo e Thierry de Chartres, Bernardo Silvestre, Guilherme de Conches, João de Salisbury). Esta, bem como a "escola" dos *vitorinos*, pertence mais ao período seguinte.

### b) A primeira fase da Escolástica (1000-1200)

Desenvolveu-se o método escolástico (emprego crítico-sistemático da Escritura e das sentenças dos padres). Cite-se aqui, em especial, *Pedro Abelardo* (1079-1142), com sua obra *Sic et non*. A ele se opôs *Bernardo de Claraval* († 1153), a fim de frear o crescente racionalismo. Bernardo tem grande importância no campo da mística e da espiritualidade.

Confere-se o título de "pai da Escolástica" a *Anselmo de Canterbury* (1033-1109), autor do princípio *fides quaerens intellectum*. Suas principais obras são: *Cur Deus homo* (diálogo com seu aluno Boso sobre a necessidade da encarnação; contém a "teoria da satisfação"); *Monologion* (doutrina sobre Deus); *Proslogion* (a assim chamada prova ontológica da existência de Deus, ou "prova anselmiana").

Houve um grande incremento da literatura de sentenças, cuja base são os *Libri IV sententiarum* de *Pedro Lombardo* († 1160), que se converteram no manual da teologia escolástica e foram substituídos somente no século XVI pela *Summa theologiae* de Tomás.

Mais original foi Hugo de São Vítor em sua obra principal *De sacramentis* orientada na história da salvação.

Merece atenção também Ruperto de Deutz, *De trinitate et operibus suis*, uma exposição bíblica e histórico-salvífica da teologia a partir do horizonte da Trindade.

Outros expoentes são: Graciano (*Decretum Gratiani*), Huguccio, Sicardo de Cremona, Anselmo de Laon, Ricardo, Adão, Godofredo e Walter de São Vítor, Rolando Bandinelli (Papa Alexandre III), Ognibene, Radulfo Ardens, Allain de Lille (Alano de Insulis), Nicolau de Amiens, Roberto Pulleyn, Gerhoh e Arno de Reichersberg, Pedro de Poitiers, Pedro o Venerável, Roberto de Melun, Martin de Cremona, Pedro de Cápua, Simão de Tournai, Prepósito de Cremona, Pedro o Comestor, Pedro Cantor, Roberto Courcon, Guido de Orchelles, Stephen Langton (foi quem introduziu na Sagrada Escritura a divisão em capítulos vigente até hoje).

### c) A Alta Escolástica (1200-1350)

Esse período é marcado pela passagem da literatura de sentenças para a *literatura de sumas*. A Escolástica cultivou quatro formas literárias: *comentários à Escritura*, *comentários a Aristóteles*, monografias (*Quaestiones disputatae*, *Quodlibetales*) e a extraordinária contribuição da *Summa theologiae*.

Antes e junto aos quatro ou cinco grandes mestres da Alta Escolástica, devem mencionar-se: Guilherme de Auxerre, Felipe o Chanceler, Gaufried de Poitiers, Guilherme de Auvergne, Hugo de Saint Cher, Roberto de Kilwardby,

Vicente de Beauvais, Raimundo de Peñaforte, Roger Bacon, Raimundo Lúlio, Egídio Romano, Geraldo de Abeville, Henrique de Gante, Godofredo de Fontaines, Ricardo de Mediavilla.

Os quatro grandes são:

Por um lado, os dois franciscanos: *Alexandre de Hales* (por volta de 1185-1245), o *doctor irrefragibilis* – redigiu a mais abrangente *Summa universalis theologiae* da Idade Média; Giovanni Fidanza, chamado *Boaventura* (1217/1218-1274), o *doctor seraphicus*. Suas obras principais: *Breviloquium*, um grande comentário às sentenças, *Colationes in Hexaemeron, Itinerarium mentis in Deum*.

Por outro lado, os dois monges dominicanos e aristotélicos:

*Alberto Magno* (por volta de 1200-1280), o *doctor universalis* (Obras: sumas *de bono, sacramentis, incarnatione, creaturis*; comentários às sentenças) e

*Tomás de Aquino* (1224/1225-1274), o *doctor angelicus* ou *doctor communis*. Suas obras principais: Comentário às sentenças *Quaestiones disputatae*, especialmente *de veritate, de potentia, de malo, Summa contra gentiles, Summa theologiae, Compendium theologiae, De ente et essentia, In Boethium de Trinitate*, e vários comentários à Escritura, a Aristóteles e, especialmente, à metafísica.

Entre os de orientação franciscana encontra-se *João Duns Escoto* (por volta de 1265-1308), o *doctor subtilis*. Sua obra principal: *Ordinatio*, um comentário às sentenças. É um crítico perspicaz dos aquinianos.

### d) A Escolástica tardia (1350-1500)

A intensificação da crítica iniciada por Escoto provocou, no nominalismo, uma persistente separação entre fé e razão, Deus e criação. Teve efeitos nefastos a conceitualização do ser: a metafísica degenerou gradualmente na ciência conceitual em que o ponto de partida era o conceito e suas deduções lógicas, e não a realidade.

Nomes importantes: Pedro Auréolo, *Guilherme de Ockham*, Pierre d'Ailly, João Gerson, Marsílio de Inghen, Henrique de Langenstein, Henrique Totting de Oyta, Gabriel Biel ("o último escolástico").

Além disso, merecem atenção os grandes místicos: Mestre Eckhart, João Tauler, Henrique Seuse, a *Theologia* alemã, João de Ruysbroeck, *Devotio moderna* e a mística das mulheres.

Grandes escolas constituíam os tomistas, escotistas, agostinianos e carmelitas.

Algumas figuras originais são:

Tomás de Bradwardino, Raimundo de Sabunde (*Theologia naturalis*), *Nicolau de Cusa* (*De docta ignorantia*), Dionísio o Cartucho.

No âmbito da teologia bizantina, são representantes de um anti-intelectualismo: Gregório Palamas (palamismo) e Neilos Cabasilas (cf. a controvérsia hesicasta). Seus opositores se aproximam da teologia ocidental e aceitam as ideias de Tomás de Aquino: Demétrio Cidones e Genádio Escolário.

Uma figura de destaque foi também o Cardeal Bessarion, porta-voz dos bispos gregos no Concílio da União de Florença.

### 3 *A Reforma e a Escolástica católica tridentina*

O período dos séculos XV a XVIII é marcado pela controvérsia católico-reformadora. Só chegou ao seu fim com o Iluminismo.

Os grandes temas de controvérsia são: a justificação, a culpa hereditária, o livre-arbítrio, o mérito das boas obras, a predestinação, a confissão-penitência, a Igreja, a infalibilidade e a autoridade do concílio e do papa, a invocação dos santos, o purgatório, o sacrifício de missa e a presença real (transubstanciação), os votos monásticos, a sacramentalidade da confirmação, a penitência, a unção dos enfermos, a ordem e o matrimônio.

Pode dividir-se o período mencionado, por exemplo, desta maneira:

1. A teologia da controvérsia pré-tridentina (1517-1560);
2. A teologia da controvérsia pós-tridentina (1550-1750).

3. A Escolástica do Barroco (1520-1800).

ad 1) A teologia da controvérsia pré-tridentina se caracteriza pela discussão direta com os grandes reformadores (M. Lutero, J. Calvino, H. Zwínglio). Importantes representantes são: João Eck, Gaspar Schatzgeyer, Jerônimo Emser, João Cocleo, João Gropper, John Fischer, Erasmo (*De libero arbitrio*, 1524), Reginaldo Pole, Jerônimo Seripando, Alfonso de Castro, Pedro Canísio, Jodocus Clichtoveus, João Dietenberger, Cardeal Tommaso de Vio (Caetano: grande tomista; seu comentário à *Summa theologiae* de Tomás foi acrescentado à *Editio Leonina*). O comentário clássico à *Summa contra gentilis* foi redigido por Francisco Silvestre de Ferrara.

ad 2) Com base nos decretos do Concílio de Trento (1545-1563) surge uma teologia sistemática da controvérsia.

O mais importante teólogo da controvérsia é Roberto Belarmino (1541-1621): *Disputationes de Controversitis christianae fidei adversus hujus temporis haereticos*, Ingolstadt 1586-1593 = o mesmo, *Opera Omnia* III, ed. Fèvre, Paris, 1870, reimpressão Franfurt a.M., 1965.

Outros nomes importantes são: Gregório de Valência, Thomas Stapleton, Jacques-Davy Duperron, Adam Tanner, Jacó Gretser, Adrian e Peter van Walenburch, Franz Veronius, Jaques-Benigne Bossuet (*Histoire des variations des églises protestantes* e o famoso escrito *Exposition de la doctrine catholique sur les matières de la controverse*); Leone Allacci (Leo Allatius) (debate com as Igrejas ortodoxas orientais).

ad 3) Além da dogmática, há um incremento da exegese sob influência do humanismo (Lorenzo Valla, Faber Stapulensis, Erasmo de Roterdã, Alfonso Salmerón, Guilherme Estius, Cornélio a Lapide).

Surge também uma teologia histórico-positiva: César Barônio, G.D. Mansi (grande coletânea de atas dos concílios), Jean Bolland, os maurinos: Jean Mabillon, Bernard de Montfaucon, Thierry de Ruinart, João Morino, Ludwig Antonio Muratori, Dionísio Petávio, Louis de Thomassin, Martin Gerbert de St. Blasien, Scipione Maffei.

A dogmática é renovada com base na Escolástica.

O ponto de partida é a Escola de Salamanca (Francisco de Vitória, Domingo Bañez). Importantes são também as universidades de Évora, Coimbra, Alcalá (Complutum), Paris, Louvaina, Ingolstadt.

Nomes relevantes: Domingo de Soto, Pedro Soto, Melchior Cano, Bartolomeo Carranza, Carlo Gaetano Gaisruck, Domingo Bañez, Ludovico Molina, João de São Tomás, Augustin Reding.

*Francisco Suárez*: *Disputationes metaphysicae* e Gabriel Vázquez (grande metafísico); João de Lugo, Leonardo Lessio, Francisco de Toledo.

A *Theologia Wirceburgensis* (ed. por jesuítas de Würzburg); Cláudio Frassen; Honoré de Tournely, Vicente Gotti, Natalis Alexander, Charles-René Billuart, Eusébio Amort.

No universo da teologia evangélica deve registrar-se:

O ramo reformado já havia alcançado uma organização sistemática através da obra principal de Calvino *Institutio christianae religionis*. Pelo lado luterano, a obra *Loci communes* de Felipe Melanchton forneceu uma redação sistemática das experiências religiosas e existenciais de Lutero a respeito da justificação, do pecado, da graça e da fé. Diferencia-se entre a ortodoxia luterana inicial, alta e tardia (com a retomada do método aristotélico-escolástico).

Importantes representantes: Martin Chemnitz, *Examen Concilii Tridentini*, F 1563-1573.

Johann Gerhard, *Loci theologici*, Jena, 1658, ed. E. Preuss, Berlim, 1870.

Outros nomes: M. Hafenreffer, J. Hutter, A. Calov, J.F. Koening, J.A. Quenstedt, J.W. Baier, P. Hollaz, J.F. Buddeus.

A ortodoxia foi superada pelo pietismo (Ph. J. Spener, A.H. Francke, Graf Zinzendorf) e, no âmbito da teologia do Iluminismo, pelos assim chamados "neólogos" (J.J. Spalding, J.S. Semler, J.A. Ernesti, J.D. Michaelis). Ganhava força a visão histórico-crítica do cristianismo tradicional.

No contexto das tentativas de união no século XVII, tiveram méritos:

Do lado católico: J.B. Bossuet (1627-1704) e Fr. Veronius (no século XVIII, Eusébio Amort e Beda Mayr).

Do lado evangélico: Georg Calixt, Gerard Wolter Molanus e, sobretudo, G.W. Leibniz (1646-1716).

O teólogo anglicano mais relevante: Richard Hooker (1554-1600).

O teólogo ortodoxo mais relevante: Pedro Mogila (1596-1646).

### 4 As grandes mudanças da era do Iluminismo

O Iluminismo do século XVIII trouxe uma profunda transformação na vida intelectual europeia, sobretudo por meio da retomada do humanismo da Renascença com a figura do ser humano autônomo e secular, segundo o modelo da Antiguidade pré-cristã. Além de uma orientação hostil à Igreja e à fé (Toland, Tindal, Hume, Bayle, Voltaire, Rousseau, materialistas, enciclopedistas), também existe, sobretudo na Alemanha, uma orientação simpática ao cristianismo, por exemplo, na metafísica racionalista de G.W. Leibniz e Chr. Wolff. Ambíguo era o efeito do criticismo da filosofia transcendental de Kant (agnosticismo ou refundação da religião como ética?).

Na Alemanha, o sul católico, que no século XVIII foi superado pelo norte protestante, aceitou na segunda metade daquele século a filosofia de Leibniz-Wolff e, em seguida, a de Kant.

Característica principal: A dogmática perdeu sua posição central. A teologia não deve servir à compreensão da fé, mas ser a formação para o exercício da vocação. A disciplina principal se torna a teologia pastoral (cf. a reforma dos estudos de Stephan Rautenstrauch OSB de 1774). Adquire crescente importância também a teologia histórica na exegese e na história da Igreja.

A teologia corre o risco de só ser considerada ciência quando se limita à investigação histórica e filológica.

Os mais importantes representantes da teologia católica do Iluminismo católico foram: J.A. Dereser (Breslau), F.A. Blau (Mainz), S. Mutschelle (Munique), Jakob Salat (Landshut), M. Fingerlos, os litúrgicos V.A. Winter e Benedikt Maria Werkmeister.

*Benedikt Sattler* (Ingolstadt), com base no dogma católico, busca renovar a teologia, contra Kant e com o apoio da filosofia de Wolff.

Contra o Iluminismo (porém, levando em consideração também o seu lado positivo), preparou uma renovação da teologia, da Igreja e da religiosidade.

*Johann Michael Sailer* (1751-1832), que exerceu uma grande influência sobre inúmeras personalidades ("círculo de Sailer"), e também sobre o Rei Luís I da Baviera, Joseph Görres e o Cardeal Melchior Diepenbrock.

Elaboraram importantes livros de dogmática:

Stephan Wiest († 1797), *Engelbert Klüpfel*, Marianus Dobmayr († 1805), Patrizius Banedictus Zimmer; Franz Oberthür, Bernhard Galura, Friedrich Brenner, *Bruno Franz Liebermann* (Primeira Escola de Maiz), Alois Buchner († 1869), *Beda Mayr* († 1794).

Um filósofo relevante (fundador da "lógica pura") foi o professor de Praga *Bernhard Bolzano* († 1848). Importante é também o filósofo da religião *Martin Deutinger* († 1864).

De grande significação foram o teólogo *Georg Hermes* (dogmático de Bonn, † 1831) e o cientista vienense *Anton Günther* († 1863), condenados devido às suas posições racionalistas.

### 5 A Escola de Tübingen e a Neoescolástica

Um grupo de teólogos que tinha em Tübingen um ponto de referência comum e, por isso, é chamado de Escola de Tübingen conseguiu superar o racionalismo do Iluminismo. Vincula a teologia especulativa ao método histórico e, assim, pode afirmar a historicidade do cristianismo e, ao mesmo tempo, sua pretensão de verdade eterna. Sente a influência de pensadores católicos como J.M. Sailer, da filosofia do idealismo (Schelling, Hegel), e também a de Schleiermacher, do Romantismo e do Classicismo alemão.

O seu fundador foi *Sebastian Drey* (1777-1853); os representantes mais importantes, porém – e os maiores teólogos católicos do século XIX, com J.H. Newman e M.J. Scheeben –, são *Johann Adam Möhler* (1796-1838), com as obras principais (1.) *Die Einheit der Kirche oder das Prinzip des Katholizismus* [A unidade da Igreja ou o princípio do catolicismo], 1825, (2.) *Athanasius der Grosse und die Kirche seiner Zeit* [Atanásio o Grande e a Igreja de sua época], 1827 e (3.) *Symbolik*, 1832, uma exposição, de cunho irenista, no marco da teologia da controvérsia, das diferenças doutrinais entre católicos e reformadores e, ao mesmo tempo, uma espécie de introdução à dogmática, e *Johannes von Kuhn* († 1887), um dos teólogos de maior capacidade especulativa, elaborou uma importante dogmática (sobre a doutrina da Trindade).

Outros representantes: Anton Staudenmaier († 1856), J.B. Hirscher († 1865), Paul Schanz († 1905), Heinrich Klee († 1840), Anton Berlage († 1888), Franz Dieringer († 1876), Franz Friedhoff († 1878), Johann B. Schwetz († 1890).

Outra orientação seguiu a assim chamada Neoescolástica (por volta de 1830-1950), um termo que agrupa uma série de esforços bem distintos entre si. Sua característica comum é a vontade de autoafirmação diante de uma cultura secularizada, o que explica seu retorno à grande época da Escolástica. Censurável é o fato de que, muitas vezes, não se travou um debate criador com o espírito de seu tempo. Uma mera repetição de Tomás não podia ser suficiente. Além disso, era frequente que o próprio Tomás só fosse citado segundo a escola, sem que se assumissem suas geniais especulações.

Importantes centros da Neoescolástica são:

A *Segunda Escola de Mainz* (Fr. Moufang, P. Haffner, J.B. Heinrich, teologia dogmática, 10 vols.).

*Würzburg*: J.H. Denzinger, F.S. Hettinger e o historiador Cardeal J. Hergenröther.

A *Escola Romana*: C. Passaglia, G. Perrone, J.B. Franzelin, J. Kleutgen (teologia e filosofia da Antiguidade), L. Billot, e outros.

Outros nomes importantes são: C.v. Schätzler, H. Oswald, A.v. Schmid, E. Commer, J. Pohle, Chr. Pesch, Franz von Paula Morgott;

Na Espanha: Jakob Balmes, Francisco Marin-Solá.

Superou a Neoescolástica *Matthias Joseph Scheeben* (1835-1888), professor de Seminário em Colônia. Sua obra principal: *Natur und Gnade* [Natureza e graça], 1861; *Die Herrlichkeiten der göttlichen Gnade* [As glórias da graça divina], 1862; *Die Mysterien des Christentums* [Os mistérios do cristianismo], 1865; *Handbuch der Dogmatik* [Manual de dogmática], 1874ss.

Posteriormente, recebe especial atenção o opositor da Neoescolástica *Herman Schell* († 1905): *Das Wirken des dreieinigen Gottes* [A ação do Deus trino], *Katholische Dogmatik* [Dogmática católica]. *Gott und Geist* [Deus e Espírito], *Der Katholizismus als Prinzip des Fortschritts* [O catolicismo como princípio do progresso].

Nos séculos XIX e XX situa-se o grande período da *historiografia da Igreja Católica*: K. Werner, C.J. Hefele, Fr. X. Funk, Fr. X. Kraus, J. Döllinger, J. Hergenröther, H. Grisar, H. Denifle, L.v. Pastor, H. Jedin, J. Lortz.

Deve ter-se em conta também a *investigação* histórica da *Escolástica*: Fr. Ehrle, Cl. Bäumker, M. Grabmann. A.M. Landgraf, B. Geyer, Fr. Stegmüller.

### 6 A teologia no século XX

A grande cesura sucede com o Vaticano II (1962-1965). Antes do concílio, prevalecia amplamente a Neoescolástica. Na virada do século, ocorreu a grande crise do modernismo (Alfred Loisy, Édouard Le Roy, George Tyrell). Diferencia-se do modernismo o chamado "catolicismo reformador" (H. Schell, A. Ehrhard, C. Muth). O importante filósofo da religião francês Maurice Blondel (1861-1949) não pode ser incluído no modernismo; como se sabe, sua obra *Geschichte und Dogma* [História e dogma] representa uma das análises mais fundamentais das carências do modernismo.

Após a Primeira Guerra Mundial ocorre um amplo encontro da teologia católica com a cultura não católica. A seguir são reunidos alguns grupos com diferentes perspectivas:

I. A teologia protestante: K. Barth, R. Bultmann, P. Tillich, Fr. Gogarten, E. Brunner, P. Althaus, D. Bonhoeffer, W. Pannenberg, E. Jüngel, J. Moltmann.

II. Sob a influência da filosofia de Heidegger encontram-se Max Müller, J.B. Lotz, K. Rahner e G. Siewerth; sob a influência de K. Jaspers está H. Fries. E. Przywara e H.U. v. Balthasar retomam todo o legado cultural e dialogam com ele. Retomam e continuam as filosofias da linguagem, da pessoa e da história: R. Guardini, H. Volk, G. Söhngen, Th. Steinbüchel, M. Schmaus, E. Krebs.

III. Desenvolvem o espírito da Escola de Tübingen: Karl Adam, Joseph Rupert Geiselmann, Joseph Ratzinger, Walter Kasper.
IV. Tem méritos na renovação da Patrística: Berthold Altaner, Hugo Rahner, Aloys Grillmeier, Jean Daniélou, Henri de Lubac.
V. Movimento litúrgico e ciência da liturgia: R. Guardini, J.A. Jungmann.
VI. Renovação bíblica: M.J. Lagrange, Josef Schmid, Rudolf Schnackenburg, Heinrich Schlier, Anton Vögtle.
VII. Encontro com as ciências naturais: Teilhard de Chardin.
VIII. Apresentam concepções globais: Yves Congar, Karl Rahner, Hans Urs von Balthasar, Edward Schillebeeckx, Walter Kasper, O. González de Cardenal.
IX. Teologia da libertação: Gustavo Gutiérrez, V. Codina, Jon Sobrino.
X. Teologia de inculturação cristã na África, Ásia e América Latina.

# SEGUNDO CAPÍTULO

# O SER HUMANO COMO DESTINATÁRIO DA AUTOCOMUNICAÇÃO DE DEUS (ANTROPOLOGIA TEOLÓGICA)

## I. TEMAS E PERSPECTIVAS DE UMA ANTROPOLOGIA TEOLÓGICA

### 1 O conceito

*A antropologia teológica significa o tratado dogmático em que a origem e a definição do ser humano são interpretadas à luz da autorrevelação histórica de Deus em Jesus Cristo. Ela serve à orientação espiritual e ética na vida com base na fé cristã.*

Como os dois focos inter-relacionados de uma elipse, a antropologia teológica se move em torno de dois eixos temáticos:

1. Abrange os pressupostos e as condições *aprioristico-transcendentais* da existência humana diante de Deus (caráter de criatura, imagem de Deus, personalidade, sociabilidade, espiritualidade, liberdade, corporeidade, historicidade). A antropologia teológica estabelece um diálogo com a antropologia filosófica a respeito da tematização comum da questão fundamental: "O que é o homem?" (Sl 8,5; GS 10; Kant, Logik [1801], Introdução, A 25).

2. Reflete sobre a situação *aposteriori-categorial*, histórica, social e natural do ser humano no seu mundo vital concreto (unidade natural entre natureza e graça no estado original, a ruptura das relações com Deus e com seus semelhantes em virtude do pecado, da experiência da negatividade e da deficiência no sofrimento e na morte, bem como na esperança de uma salvação abrangente). Desse modo, resulta um nível de diálogo com as antropologias e ciências empíricas (cosmologia, paleontologia, biologia, psicologia, sociologia, antropologia cultural, ciências da religião).

A antropologia teológica se encontra numa relação especial com a doutrina da criação, a soteriologia e a doutrina da Trindade. Atinge sua máxima concretização na mariologia, dado que a mãe de Jesus é o tipo da pessoa crente tomada pela graça.

### 2 O ser humano concreto como sujeito e tema da teologia

Desde a configuração da filosofia subjetiva tipicamente moderna, o ser humano não é mais apenas um objeto de enunciados antropológicos. Tematiza também a si mesmo nos seus pressupostos, condições e limites do seu conhecimento de Deus na criação e na história. Portanto, a antropologia teológica reflete sobre a relevância da revelação para o aclaramento da existência humana, bem como sobre a possível mediação com o conhecimento acerca do ser humano obtido de outra maneira na epistemologia, na metafísica e na ciência.

Portanto, a dogmática não pode mais começar seu discurso diretamente a partir da doutrina de Deus. Deve iniciar com uma análise do ser humano, de sua situação histórica e de sua reflexão transcendental. A antropologia teológica parte do fato de que o ser humano se sabe interpelado pelo Deus de Israel, o Pai de Jesus Cristo, e introduzido na verdade de sua humanidade. Diferentemente da filosofia da religião geral e da teologia natural, a antropologia teológica não começa pela abstração metodológica da realidade da revelação (*remoto Deo, remoto Christo*).

> O Vaticano II recomendou como ponto de partida da dogmática a questão geral básica: *O que é o homem?* (GS 10; 22).

Aqui, porém, confluem diferentes respostas. Nas concepções do materialismo e do consumismo práticos, dissimula-se a dramática da existência humana e a imperiosa referência da questão do sentido a um horizonte transcendental. As ideologias da fé no progresso contam com a possibilidade de construir, por meio de esclarecimento e da educação e na confiança num processo evolutivo que avança necessariamente, uma sociedade pacífica em que se realizam completamente todas as pretensões materiais e espirituais do ser humano. Além disso, há um ceticismo que afronta a necessidade existencial do ser humano com um suportar heroico ante a conhecida e assumida finitude e futilidade do ser humano. O surgimento da religião é atribuído, neste caso, à inclinação do ser humano à autoilusão em vista da (supostamente evidente) estrutura niilista fundamental da existência.

Para esta sóbria concepção de si, a fé em Deus é algo a respeito do que um homem racional só pode se "admirar" (cf. MACKIE, J.L. *Das Wunder des Theimus* [O milagre do teísmo], ingl. O 1982. Por outro lado, SWINBURNE, R. *Die Existenz Gottes* [A existência de Deus], al. St 1987).

A antropologia teológica parte, no entanto, do princípio de que só à luz de Jesus Cristo, do "homem novo", isto é, "só no mistério do Verbo encarnado" se elucida "verdadeiramente o mistério do homem" (GS 22).

A antropologia teológica não parte de uma "imagem do ser humano", abstrata, obtida a partir dos conhecimentos da razão ou do testemunho da revelação, mas do ser humano concreto. Ao mesmo tempo, porém, conta com a possibilidade de esclarecer a situação dele com auxílio da razão e também à luz da relação pessoal com Deus na fé.

Todo ser humano já se encontra num contexto histórico, político e cultural concreto. Também essa situação concreta é o objeto de sua análise. Para uma antropologia teológica não é indiferente se seu sujeito se encontra do lado dos pobres ou dos ricos, se nasceu como escravo ou como senhor, se sofre de deficiência física e de experiências traumáticas ou pode se alegrar com uma condição de saúde física e mental, se, a partir de sua predisposição, se inclina, antes, para o ceticismo e a depressão ou se é sustentado na sua vida por uma confiança fundamental na acessibilidade da verdade.

O *aspecto unificador* da antropologia teológica não decorre de uma versão abstrata de uma "essência" do ser humano que excede sua determinação concreta e individual, mas é o resultado do contato com a *opção de Deus em favor de cada ser humano concreto* – reconhecida na sua autocomunicação histórica ao ser humano – justamente nas situações de sua existência individual.

> "Novo Adão, na mesma revelação do mistério do Pai e de seu amor, Cristo manifesta plenamente o homem ao próprio homem e lhe descobre a sua altíssima vocação" (GS 22).

### 3 O horizonte transcendental de toda antropologia

O ser humano é um ser historicamente condicionado, com experiências fundamentais opostas e concepções fundamentais que se contradizem. Assim, há, por exemplo, a concepção idealista do ser humano como um espírito desterrado à matéria ou a redução materialista-evolucionista do ser humano a um mero ser da natureza.

No entanto, pelo caminho de uma mera consideração e análise dos fenômenos, não pode alcançar-se um aclaramento definitivo da origem e do destino do ser humano. Só se esclarece o que é o ser humano refletindo sobre sua relação com uma origem transcendental e com um fim que excede o mundo. O ser humano é o ser vivo que, por meio de seu espírito, está referido a um fundamento não objetivo, a partir do qual o mundo empírico ao qual ele mesmo pertence está fundado em sua existência.

Caso a transcendência possa ser explicada também como um abismo vazio, a referência transcendental do ser humano, dada com o espírito, não pode, porém, ser contestada. As questões daí resultantes não podem ser rejeitadas como absurdas, como faz o positivismo. À fé cristã serve de base a experiência de que esse mistério absoluto e sagrado aberto ao pensamento se fez acessível a si mesmo no Deus de Israel e Pai de Jesus Cristo como a resposta à questão que o ser humano é para si mesmo (cf. GS 21).

### 4 Documentos do Magistério a respeito da antropologia

(1.) O *Sínodo de Constantinopla* (543) condena no cânon 1 a doutrina de Orígenes da transmigração das almas, segundo a qual as almas preexistentes foram desterradas aos corpos como punição pelos seus pecados.

(2.) Também o *I Sínodo de Braga* rejeita a doutrina da queda das almas – condicionada ao pecado – no corpo (cânon 6; DH 456) e condena também as "crenças no destino" (cânon 9; DH 459; cf. 283).

(3.) O *IV Concílio de Constantinopla* (869/870) afirmou, contra a concepção de Plotino, que há uma única alma no ser humano que cunha toda a vida espiritual e sensível (cânon 10, ou seja, latim, cânon 11: DH 657).

(4.) O *Concílio de Viena* (1312) se opôs ao espiritualista franciscano Pedro de João Olivi, segundo o qual a alma espiritual, mediada pela alma animal e vegetativa, só se vincula ao princípio material da alma, e ensina: "A substância da alma racional ou intelectiva é verdadeiramente e por si a forma do corpo humano" (*anima rationalis est forma corporis humani per se et essentialiter*; Const. *Fidei Catholicae*, DH 902).

(5.) O *V Concílio de Latrão* (1513) condena na bula *Apostolici Regiminis* o "aristotelismo de interpretação averroísta" de Pietro Pomponazzi, segundo o qual a alma racional do ser humano é mortal e a mesma em todos os seres humanos. Positivamente, diz-se: Há tantas almas individuais como corpos humanos individuais. Toda alma humana individual é imortal, isto é, determinada por Deus, devido à criação, para a vida eterna (DH 1440).

(6.) *Pio XII* registra em sua encíclica *Humani Generis* (1950) que a teoria geral da evolução não contradiz a fé católica. Quanto ao "corpo", o ser humano está em continuidade com as formas de vida animal. A "alma", no entanto, é criada imediatamente por Deus, isto é, à natureza da alma pertence sua referência pessoal a Deus no marco da procedência geral do ser humano a partir da evolução mediante a vontade criadora de Deus (DH 3896).

(7.) A Constituição pastoral *Gaudium et Spes* do *Vaticano II* ensina: O ser humano é sempre uma unidade de elementos espirituais e materiais. Portanto, também a existência corporal deve ser vista com apreço. Em sua intimidade, o ser humano sobrepuja a totalidade das coisas e está ordenado a Deus. Sua alma é espiritual e imortal: "A consciência é o núcleo secretíssimo e o sacrário do homem onde ele está sozinho com Deus e onde ressoa sua voz" (GS 16). A liberdade é a dignidade máxima do ser humano como imagem de Deus. A liberdade pode alcançar plena efetividade, porém, só com a graça de Deus (GS 17).

(8.) A Declaração sobre a liberdade de religião *Dignitatis Humanae* do *Vaticano II* diz no artigo 2º: Faz parte da dignidade da pessoa humana o direito à liberdade religiosa correspondente à pretensão da própria consciência.

## II. PERSPECTIVAS ESSENCIAIS DE UMA ANTROPOLOGIA TRANSCENDENTAL

### 1 O ser humano como criatura

O primeiro enunciado fundamental e abrangente da revelação acerca do ser humano afirma que:

*O ser humano é criatura de Deus* (Gn 1,27; 2,7).

A condição de criatura significa que o ser humano, de acordo com sua realidade inteira, é constituído, na sua existência e na realização de sua essência corpóreo-espiritual, de maneira exclusiva e abrangente, por meio de uma relação transcendental com Deus como sua origem e seu fim. O discurso sobre a condição de criatura não nasce da pergunta pelo princípio cosmológico empiricamente perceptível do mundo e pelas condições materiais do surgimento evolutivo e genético do ser humano como gênero e indivíduo, mas da contemplação da referência espiritual, e superior à matéria, do ser humano à origem transcendental de toda a realidade, do conhecimento objetivo e da reflexão sobre as condições da possibilidade do conhecimento em geral.

Tampouco deve relacionar-se a condição de criatura, na primeira abordagem, com a debilidade e a transitoriedade do mundo e da experiência da inanidade e impotência do ser humano.

A condição de criatura significa a pura positividade de tudo o que existe por meio da vontade de Deus como realidade onticamente distinta dele e que se realiza nele. Com base na sua referência constitutiva a Deus, o ser humano se compreende na sua *identidade relacional*. No âmago de sua existência, ele se concebe como *pessoa* que, na sua realização espiritual, se experimenta na existência incondicionalmente prometida e, portanto, assumida como própria (subsistência). Com base nessa autopertença em liberdade, a pessoa pode dispor de si mesma em relação a outra pessoa e, no nível da comunicação interpessoal, identificar-se com ela no amor (relacionalidade e autotranscendência da pessoa). O ser humano como pessoa pode reconhecer sua condição de criatura como relação transcendental com Deus (relação entre criador e criatura) e realizá-la no seu caminho histórico. As atitudes de adoração, veneração, obediência, gratidão e amor, apresentadas perante Deus, não têm nada a ver com uma experiência humilhante de dependência e tutela (como afirma em tom de postulado o ateísmo), mas correspondem à dedicação pessoal de Deus ao ser humano na justiça, na santidade, na graça, na justificação e no perdão (cf., p. ex., Rm 1,1.16-20). São as realizações da própria essência, que resultam do ser-Deus de Deus e do ser-criatura do ser humano, as quais possibilitam uma relação de parceria e uma comunicação num diálogo pessoal.

A aceitação da condição de criatura é decisiva para o êxito do ser humano, para o alcance de sua identidade na realização de sua relação transcendental com o Deus pessoal (*relatio realis transcendentalis*). Ao reconhecimento da condição de criatura vincula-se também uma experiência original do "eterno poder e da divindade" (cf. Rm 1,20) de Deus. Por meio das obras de sua criação, Deus se revela para a razão criada do ser humano como o criador que se coloca livremente perante sua criação. À referência constitutivo-essencial da criatura a Deus (*relatio realis*) corresponde a livre autorrelação do criador e salvador com sua criação (*relatio rationalis*).

A constituição do ser humano como criatura no espírito e na liberdade mostra-o como o ser vivo que pode ser fundamentalmente e sempre "ouvinte da Palavra" ou destinatário da livre ação de Deus na história em seu benefício (*potentia oboedientialis*).

Segundo o testemunho bíblico, Deus se manifesta na sua revelação como pessoa que se autopossui e dispõe de si de maneira ilimitada, quando se coloca perante o ser humano como sujeito de sua interpelação e de sua ação soberana e livre no mundo.

Da condição de criatura do ser humano resultam três determinações fundamentais:

• o *teocentrismo* abrangente do ser humano em vista da realização de sua essência;

• a *concretização cristocêntrica* da relação com Deus, dado que em Jesus Cristo Deus e ser humano alcançam uma proximidade insuperável;

• a *consumação histórico-escatológica* das criaturas, que significa que o Deus eterno se revela na história da humanidade como fundamento (protologia) e objetivo (escatologia em sentido estrito), como criador e consumador.

### 2 O ser humano como imagem e semelhança com Deus

#### a) Um enunciado essencial da antropologia teológica

A tradição eclesiástica explicou a peculiaridade da condição de criatura humana com auxílio do conceito bíblico de "imagem e semelhança de Deus".

Seu fundamento está na intenção criadora de Deus:

> "Deus disse: Façamos o ser humano à nossa imagem (v.g.: *imago*) e segundo nossa semelhança (v.g.: *similitudo*), para que domine sobre os peixes do mar, as aves do céu, os animais domésticos, todos os animais selvagens e todos os répteis que rastejam sobre a terra. Deus criou o ser humano à sua imagem, à imagem de Deus o criou, macho e fêmea Ele os criou" (Gn 1,26.27; cf. 5,1-3; 9,6s.; Eclo 17,1-4; Sb 2,23).

O Sl 8 oferece uma boa explicação: A dignidade ímpar do ser humano e sua proximidade com Deus consistem em que foi coroado com a glória e a honra de Deus e toma parte no poder soberano (salvífico) de Deus sobre a criação, exercendo-o em seu nome (Sl 8,6s.).

A imagem e semelhança de Deus que aparece na condição de criatura do ser humano adquire caráter escatológico por meio do acontecimento de Cristo. O próprio Jesus como o Filho de Deus que veio ao mundo é a imagem (εἰκών, *ikono*) de Deus em que irradia no mundo a glória de Deus (2Cor 4,4; Cl 1,15). A imagem de Deus consoante à criação, isto é, a relacionalidade pessoal com Deus o criador (Cl 3,10) inserida na natureza criada, traduz-se, pela mediação de Cristo, em imagem de Cristo ou numa conformidade com Ele (Fl 3,21; Gl 4,19; Ef 4,13).

Por causa do dom do Espírito (*Pneuma*) Santo ou por meio da força do Espírito do Pai e do Filho, os crentes estão destinados a "serem conformes à imagem de seu Filho, para que este seja o primogênito de muitos irmãos" (Rm 8,29; cf. 1Cor 15,49; 11,7b; 2Cor 3,18; Fl 3,21; Cl 3,10; Ef 4,24).

A imagem e semelhança com Deus e com Cristo conferem um caráter protológico e escatológico ao chamado a uma relação pessoal e parceira com o Deus Criador, como filhos e amigos de Deus e como irmãos/irmãs de Jesus Cristo.

Em virtude da criação não pessoal, a imagem e semelhança de Deus significa que se confia ao ser humano o exercício da função divina de domínio e providência. Frente à crítica mais recente de que a função de domínio teria levado a uma desdivinização do mundo e, assim, à possibilidade de utilizar o mundo como mero material, deve ser dito que a condição de criatura eleva de fato o ser humano à dignidade do seu ser pessoal que é livre e dispõe sobre si mesmo. O ser humano não é escravo dos deuses ou do cosmo, nem uma massa à disposição das pretensões de ideologias totalitárias. A função de domínio inclui, pois, a veneração de Deus como o criador e a providência protetora do mundo. A redução moderna do mundo a mero material, à disposição do potencial criador do ser humano que, emancipado de Deus, pode levar a uma remodelação irrestrita, procede, como demonstra a história das ideias, de ideologias opostas ao cristianismo.

### b) As interpretações da imagem de Deus na história da teologia

*Irineu de Lião*, em oposição ao monismo materialista do gnosticismo, propôs a distinção, rica em consequências, entre a imagem de Deus natural e a sobrenatural (cf. haer. IV, 16 passim). Pretendia assim evitar as conclusões a que os gnósticos chegaram a respeito dos efeitos do pecado original sobre a imagem do ser humano, a saber, que a perda da comunhão original com Deus "no paraíso" (Gn 2-3) teria tornado completamente má a natureza (material) do ser humano. Irineu, por sua vez, postula que, por meio do pecado, o ser humano teria perdido apenas a forma suprema de semelhança com Deus (*similitudo*), ao passo que, como criatura, teria mantido a imagem de Deus (*imago*) e, portanto, sua condição de criatura continuaria a refletir a bondade de Deus.

Essa interpretação certamente não coincide com o sentido literal de Gn 1,26s. No entanto, também segundo Gn 9,6, o pecado não teria eliminado completamente a ordenação da criatura humana inserida na imagem e semelhança com Deus. Portanto, não se exclui que a mencionada distinção entre a permanência da semelhança divina no pecador e a sua ordenação a uma nova recepção da perdida "glória de Deus" (Rm 3,23) reflita adequadamente a intenção geral da antropologia bíblica e fundamente a rejeição da interpretação gnóstica.

Teve grande repercussão a adoção da ontologia da imagem platônica, segundo a qual o mundo invisível das ideias tem com o mundo visível-material uma relação de modelo e cópia. Essa concepção, entretanto, não coincide de modo algum com a relação entre Deus e a criatura. Deus não é simplesmente o modelo do ser humano, e o ser humano não é a cópia unívoca ou a mera imagem reflexa de Deus. A condição de criatura significa, antes, que o ser humano, na totalidade de sua existência espiritual, corporal e mundana, bem como em sua autonomia e liberdade pessoal criada, tende a Deus e que Deus pode estabelecer uma relação de aliança com o ser humano. A partir das expressões bíblicas sobre a criação do ser humano à imagem de Deus, não se pode, em hipótese alguma, chegar à conclusão inversa, ou seja, de que o ser humano, a partir da análise de seu ser criado, conceba e apresente uma imagem de Deus que lhe possibilite "entender" e manejar a Deus segundo os parâmetros do criado. Contrapõem-se a essa ideia a proibição bíblica de fazer para si imagens de Deus (Ex 20,3s.) ou a afirmação de que Deus, em nenhum aspecto, pode ser comparado com o ser humano (Is 40,18). Portanto, a partir da imagem de Deus do ser humano não se deduz que o ser humano possa criar para si um Deus segundo a sua imagem (contra FEUERBACH, L. *A essência do cristianismo*).

No recurso à antropologia platônica e ao seu primado do espiritual sobre o material, pode-se constatar que os Padres da Igreja tendem a concentrar na alma humana a imagem de Deus. Na explicação psicológica da doutrina da Trindade de *Santo Agostinho*, a alma é considerada, com a realização de suas capacidades de memória, entendimento e vontade, como a *imago Trinitatis* (trin. IX-XII; cf. Tomás de Aquino, S. th. III, q. 63 a.3).

A Escolástica via a essência da imagem natural de Deus principalmente na natureza espiritual e volitiva da alma (na medida em que a racionalidade diferencia o homem do animal). Por outro lado, identifica a imagem sobrenatural de Deus com o estado original da graça, ou seja, com a graça da justificação (Tomás de Aquino, S. th.I q.93 a.2; a.4; a.6).

Alguns teólogos entendem que a imagem de Deus indica a peculiaridade morfológica do ser humano (p. ex., no andar ereto) ou, no tocante à relação entre homem e mulher, refere-se a relações trinitárias, intradivinas (K. Barth, KD III/1, 204-233) ou inclusive ao acontecimento da fé no ser interpelado pela Palavra de Deus (JÜNGEL, E. "Der Gott entsprechende Mensch". *Entsprechungen* [Correspondências]. Munique, 1980, p. 290-317).

Em contrapartida, a partir da exposição bíblica deve-se fazer valer que o ser humano inteiro, em sua unidade corpóreo-espiritual, é criado por causa de Deus e que a condição de criatura, como relação fundamental transcendental com Deus, determina sua identidade irrevogável como pessoa em sua essência e em sua história, inclusive ali onde o ser humano, por causa do pecado, perde a dinâmica interior e a autotranscendência de seu ser criado.

A imagem e semelhança de Deus é uma qualidade natural própria e imperdível da essência do ser humano. Uma vez que o mundo está orientado para o ser humano, este deve entender-se como objetivo e centro da revelação da criação (antropocentrismo do mundo). A "dignidade e a vocação" do ser humano (GS 12) é, como pessoa criada e mediada a si mesmo, reconhecer e amar Deus como criador. O centro do ser humano é Deus em Jesus Cristo.

### 3 A unidade da pessoa humana e sua natureza corpóreo-espiritual

#### a) A declaração da fé

A partir da referência pessoal a Deus em virtude do fato de ter sido criado à sua imagem, decorre, inversamente, a identidade pessoal, a imediata realidade de si e a autorresponsabilidade do ser humano.

A unidade da constituição corporal e espiritual da sua natureza não surge por meio de uma composição exterior e acidental. Não se entende que o ser humano está unido em espírito, corpo e alma, mas que é *uno*. Essa unidade se realiza como junção do princípio espiritual e do material, por meio da interioridade do ser humano mediado consigo mesmo. Portanto, a natureza do ser humano não se consuma na dualidade de espírito e matéria, mas na unidade da pessoa com seus atos corporalmente espirituais e éticos (unidade substancial). A forma substancial da alma-espírito é o princípio unificador – em si e por si mesmo – das substâncias da alma, considerada abstratamente como incompleta, e da matéria disposta à corporificação (cf. a fórmula: *anima forma corporis*).

O Vaticano II diz portanto:

> "Corpo e alma, mas realmente uno, o homem, por sua própria condição corporal, sintetiza em si os elementos do mundo material" (GS 14).

Resultam daí como aspectos antropológicos singulares:

1) A *substancialidade* (realidade própria, irredutibilidade à matéria), a espiritualidade e a imortalidade *da alma* (GS 14; IV Concílio de Constantinopla 869/870: DH 657s.; Viena 1311: DH 902; IV Concílio de Latrão 1513: DH 1440; Encíclica *Humani Generis*, 1950: DH 3896).

2) A *dignidade do corpo*: a corporeidade é a autorrealização própria da essência do ser humano e o *medium* adequado do encontro salvador com o Deus pessoal (encarnação, ressurreição do corpo, mediação da graça em sinais sensíveis, Igreja como comunidade salvífica do ser humano, concretização individual e social do amor ao próximo, sacramentalidade do matrimônio etc. (cf. GS 14).

São incompatíveis com a doutrina eclesiástica da unidade essencial, fundada na pessoa, da natureza humana na pluralidade de suas realizações corporais e anímico-espirituais:

• O *maniqueísmo*: a matéria seria princípio original do pecado; a salvação consistiria na libertação da alma das cadeias da matéria.

• O *platonismo*: a alma pertenceria ao mundo divino das ideias; o corpo seria o cárcere da alma; a ordenação do mundo inteligível (*mundus intelligibilis*) como mundo dos sentidos (*mundus sensibilis*) ocorre por meio do esquema "ideia/mundo dos fenômenos", sendo que a este corresponderia uma densidade de realidade atenuada.

• O *tricotomismo*: o ser humano compõe-se de três substâncias distintas: corpo, alma e espírito, sendo que não se entende que o espírito é o princípio organizacional do ser humano inteiro, mas se concebe que está só indiretamente ligado ao corpo por meio de forças anímicas vegetais e animais.

• O *dualismo cartesiano*: a alma como consciência espiritual (*res cogitans*) existiria como substância inteiramente independente e fechada em si mesma; estaria ligada ao corpo (*res extensa*) só acidentalmente.

• *Empirismo/sensualismo*: a alma não seria uma substância própria, mas apenas a acumulação de percepções sensíveis (David Hume; cf. o *atomismo* de Demócrito).

• *Monismo idealista*: a matéria (a "natureza") seria apenas a forma de manifestação do espírito e da consciência.

• *Monismo materialista*: a alma/espírito seria apenas o epifenômeno da matéria, a interconexão funcional de funções puramente materiais no cérebro; não haveria uma autonomia da alma/espírito e, portanto, uma diferença essencial em relação à matéria.

### b) O testemunho bíblico

O testemunho da revelação da Escritura estipula para a reflexão de fé somente o fato da unidade do ser humano. Diferentemente da filosofia grega (e também dos mitos religiosos), a revelação não está interessada numa definição precisa da relação entre corpo e alma. Decisiva é a definição essencial teológico-criadora e histórico-salvífica do ser humano na sua referência a Deus e na sua inserção no mundo, na história e na sociedade.

Os enunciados teológicos e magisteriais posteriores a respeito da antropologia e também a delimitação frente às soluções insatisfatórias dos problemas não têm o objetivo de transformar em dogma uma determinada concepção da relação corpo/alma. O que importa é só assegurar os pressupostos antropológicos para tornar compreensível o Dogma da Criação e a autocomunicação histórica de Deus como salvação e vida do ser humano. As definições magisteriais a respeito do tema da unidade corpo/alma, da imortalidade, da individualidade e da substancialidade da alma não são, portanto, *objecta fidei*, mas antes *facta dogmatica*, isto é, pressupostos necessariamente postulados para a compreensão e para a realização do acontecimento da revelação.

Ao passo que o relato da criação mais recente (Gn 1,1–2,4a P) menciona unicamente o fato de que o ser humano foi criado como um ser do mundo referido a Deus (à imagem de Deus) (Gn 1,26-29), o relato da criação mais antigo (Gn 2,4b-25 J) aborda mais claramente também o "como" do surgimento do ser humano enquanto um "ser vivo" (Gn 2,7): O ser humano é chamado por Deus à existência por meio da modelagem de sua figura com o barro de uma terra arável e a inspiração vivificante do alento divino. Portanto, o ser humano tem sua origem constitutiva no mundo material e está permanentemente vinculado a ele: é um ser de "carne". Ao mesmo tempo, está constituído também pelo pneuma divino, que lhe foi dado internamente como seu próprio, por meio do qual vive e no qual também se torna capaz de aceitar a palavra e o mandamento de Deus.

Quando, mais tarde, também no encontro com o helenismo (literatura sapiencial), os discursos acerca do ser humano como um ser constituído de espírito, alma e corpo (cf. tb. 1Ts 5,23) e da imortalidade da alma (Sb 2,23) foram acolhidos na Escritura, é preciso ter em conta, porém, o incomensurável contexto intelectual da filosofia grega (cosmocentrismo, ausência da ideia de criação, nenhuma mediação histórico-salvífica da relação Deus-ser humano). O que se adota não é uma concepção alheia à revelação, mas o conteúdo bíblico expresso numa outra linguagem (mudando seu contexto hermenêutico).

### c) O desenvolvimento histórico-teológico do tema

Os Padres da Igreja estavam diante da tarefa de, frente ao dualismo maniqueísta e aos materialismos de base filosófica, fundamentar a substância espiritual da alma, sua referência essencial a Deus e sua diferença do corpo. Recorrem para isso à doutrina das almas de Platão (Diálogo *Phaidon*), a Aristóteles e ao estoicismo. A partir daí obtiveram também os pontos de contato para uma mediação da convicção de fé cristã da singularidade da pessoa humana na interlocução pessoal com Deus, o criador e salvador. Entretanto, conceitos como alma, espiritualidade, imortalidade etc. foram consideravelmente remodelados para poder servir de linhas de argumentação no contexto hermenêutico da fé cristã.

Com o conceito alma se expressa que o eu, a individualidade e a autoconsciência do ser humano, assim como sua orientação em Deus como a esperança absoluta, não são elementos acidentais na constituição do ser humano.

*Agostinho* (354-430), por exemplo, toma como ponto de partida a experiência interior em que a alma, com suas decisões e seus atos voluntários, fundamenta a personalidade ética do ser humano. Nessa experiência interior o ser humano percebe tanto sua unidade essencial como a diversidade da expressão corporal de sua interioridade; no entanto, a alma tem a primazia. Em certo sentido, ela é o autêntico ser humano (*anima utens corpore*). Ainda que essa formulação de maneira alguma deva ser concebida em sentido dualista (como no racionalismo de Descartes ou, em absoluto, no maniqueísmo de tipo completamente oposto), permanece aqui certa preferência e uma sobreordenação do espírito ao corpo.

No seu corpo, o ser humano experimenta sua vinculação corporal ao lugar. Na sua experiência interior, porém, a alma ou a interioridade do ser humano se percebe como realização sem limitações espaciais e se torna, assim, imediata como espírito. Concebe-se imediatamente como sua própria vida e concebe sua vida como pensamento (trin. X, 13). Desse modo, a alma é o princípio de organização e de atividade que domina e unifica o corpo inteiro. Está inteiramente em todo o corpo e inteiramente em todas as partes do corpo. Por outro lado, necessita do corpo como *medium* a fim de se mediar no mundo material. Porém, o corpo, por sua vez, também necessita da alma como forma espiritual, através da qual é possível a mediação de volta ao mundo das ideias de Deus. A alma significa participação na vida de Deus. Assim, o próprio Deus é o princípio da existência e da realização da vida da alma, ao passo que a alma representa o princípio do corpo e da unidade do ser humano. Porque a alma tem parte nas ideias da verdade e experimenta a bondade e a inclinação gratuita de Deus, é imortal, também e justamente por ocasião da corrupção do corpo na morte.

A alma não é apenas um princípio de vida vegetativo e animal que desaparece com a decomposição do corpo. É o princípio espiritual pessoal em que o ser humano, em sua origem e em sua orientação para Deus, se reconhece como indestrutível. A alma se concebe como uma criação esboçada segundo a imagem da vida trina de Deus, a qual, por isso, é também o princípio criado da consumação do ser humano na sua integralidade e unidade corpóreo-espiritual na ressurreição corporal do ser humano efetuada por Deus.

Diferentemente de Platão, Agostinho não fundamenta a imortalidade da alma na sua natureza divina e no seu anseio interior. Só pode interpretar a natureza da alma no horizonte de que foi criada com uma relação imediata a Deus.

> "O homem, fragmentozinho da criação, quer louvar-vos; o homem que publica a sua mortalidade, arrastando o testemunho do seu pecado e a prova de Vós que resistis aos soberbos. Todavia, esse homem, particulazinha da criação, deseja louvar-vos. Vós o incitais a que se deleite nos vossos louvores, porque nos criastes para Vós e nosso coração vive inquieto, enquanto não repousar em Vós" (conf. I,1) [AGOSTINHO. *Confissões*. Petrópolis: Vozes, 2001, p. 23].

Em virtude da aceitação do pensamento de Aristóteles, a Escolástica abriu novas possibilidades de expressar a relação entre a alma e o corpo num nível de reflexão mais profundo. A subvalorização da corporeidade, que acompanha o "platonismo dos Padres da Igreja" e que não correspondia inteiramente aos dados bíblicos, pôde ser fundamentalmente superada.

Foi sobretudo *Tomás de Aquino* (1225-1274) que desenvolveu, com base aristotélica, uma concepção da unidade substancial do ser humano e de sua natureza espiritual e corporal, da unicidade e da imortalidade individual da alma como do princípio criado da ação ressurrecional de Deus (S. th. I, q.75; 76), que mais tarde apareceu nas declarações dogmáticas do Concílio de Viena (1311), do V Concílio de Latrão (1513) e também do Vaticano II.

O corpo e a alma não são duas substâncias independentes, quase que como dois princípios físicos só exteriormente justapostos (como acredita o dualismo), mas são princípios metafísicos constitutivos que se cristalizam a partir da autoexperiência humana, por meio dos quais é formada a unidade, concretude e individualidade do ser humano. A alma é a imediatez a si mesmo dada na autoexperiência. Como pressuposto e princípio organizacional de toda experiência mediada pelos sentidos, não pode ser verificada e objetivada empiricamente. Esta observação rejeita todo monismo materialista que toma a incontestável dependência das realizações espirituais do ser humano do substrato corporal como prova da materialidade dos conteúdos do pensamento. Se, com efeito, o sujeito do conhecimento fosse reduzido inteiramente à estrutura material do objeto do conhecimento, não haveria mais diferença entre o que é conhecido, aquele por meio do que se conhece e o cognoscente, ou seja, desapareceria a distinção entre objeto e sujeito; portanto, em absoluto haveria conhecimento. A afirmação da epistemologia materialista de que "tudo é matéria" carece do sistema de referência entre o sujeito da sentença e o conteúdo dela ao qual pode recorrer para comprovar sua exatidão. O conhecimento da matéria como matéria pressupõe um ser essencialmente distinto em relação à matéria, o qual se denomina o espírito ou a imaterialidade da alma.

Diferentemente do dualismo cartesiano, para a antropologia teológica não há realização espiritual da alma que possa renunciar à matéria como *medium* de realização (corpo individual do ser humano) e como objeto do conhecimento (mundo).

A constituição do ser humano como pessoa na unidade e pluralidade interior de princípio espiritual e material pode ser concebida da seguinte maneira:

Com base no ato criador do ser, a essência do ser humano se constitui quando o espírito se exterioriza (*materia prima*) na alteridade vazia de sua espaçotemporalidade. Essa alteridade vazia é o princípio – limitador, restritivo e ao mesmo tempo possibilitador do espírito – de sua existência concreta. A alma/espírito é aqui o princípio modelador da matéria. Numa mediação existencial recíproca entre espírito e matéria, também a matéria possibilita uma individualização e personalização do espírito que, fora de sua referência à matéria, representa apenas uma forma essencial geral (existente em pensamentos) do ser humano.

Essa forma de espírito, cuja singularidade individual é possibilitada por meio da matéria, chama-se alma individual do ser humano; a matéria apropriada imediatamente pela forma de espírito denomina-se o corpo. O ser que se constitui nessa interação, em espírito, alma e corpo, chama-se, em sua individualidade, autonomia (subsistência), irredutibilidade e referência imediata a Deus: *pessoa humana*. Ela é a existência concreta única na natureza corpóreo-espiritual (= essência) do ser humano na referência transcendental a Deus e na referência categorial ao semelhante e ao mundo. O ser humano constituído como pessoa por meio da vontade do criador – que não pode ser compreendido sem sua referência transcendental a Deus – carrega, portanto, a esperança de uma consumação na comunhão pessoal com Deus, que ultrapassa os limites de sua mortalidade e destrutibilidade que caracterizam sua estrutura material.

O ser humano não espera, neste caso, uma mera continuação da existência de seus princípios constitutivos abstratos, mas a consumação de sua unidade e de sua pessoa na alma e no corpo; espera, no sentido cristão, a ressurreição dos mortos e, assim, também a realização da continuação da existência no corpo ressurreto. Isto, porém, só é possível se a forma substancial simples, formadora da identidade, de sua alma individual for o princípio da restauração da unidade e da integralidade do ser humano. Assim, no horizonte de uma antropologia teológica, pode-se falar de uma indestrutibilidade da alma por meio da morte e, assim, de sua imutabilidade e perenidade por meio das cambiantes condições de existência do mundo, porque a vontade salvífica de Deus revelada já na criação da pessoa é mais forte que o poder do pecado e da morte.

O ser humano morre quando se destrói sua unidade e integralidade (contra o dualismo e o platonismo, em que a morte é vista somente como libertação da alma a partir de uma condição estranha). Na morte o ser humano não é destruído, porque o princípio criado por Deus de seu ser pessoal se identifica com a determinação do ser humano para a consumação de sua pessoa em Deus (contra uma assim chamada "teoria-da-morte-total", que tanto é inconsistente como contradiz o testemunho bíblico e magisterial).

### d) Declarações do Magistério

Contra Pedro João Olivi (1248-1298), o Concílio de Viena declarou que a alma espiritual, sem a mediação secundária de etapas intermediárias sensíveis e animais, seria "a forma do corpo por si e essencialmente" (*per se et essentialiter forma corporis*; DH 902).

Em 1513, o V Concílio de Latrão ocupou-se com uma determinada interpretação de Aristóteles (Averróis, Sigério de Bravante, Pietro Pomponazzi, e outros). Segundo essa interpretação presumidamente correta, Aristóteles considerou que o espírito é imortal apenas num sentido geral. Uma vez que o espírito pode conceber uma verdade universalmente válida, ele não pode ser vida puramente individual. Por outro lado, a realização espiritual da alma está ligada à função orgânica e material da matéria humana, de modo que dificilmente se concebe uma continuação da vida individual, uma consciência e uma atividade da alma após a morte.

A partir da doutrina da individualidade da alma humana, resulta, porém, a rejeição da tese da mortalidade da alma espiritual do ser humano e a afirmação de sua unicidade e universalidade em todos os seres humanos: "[...] pois ela não só é verdadeiramente, por si e essencialmente, a forma do corpo humano, [...] mas é também imortal e, dada a multiplicidade de corpos nos quais é infundida individualmente, é multiplicável [...]" (DH 1440).

No sentido oposto à tendência mais recente, que insere o ser humano indiferenciadamente num jogo cósmico e, dessa maneira, renuncia ao ser pessoal do ser humano e às determinações daí resultantes (cf. a crítica ao antropocentrismo e ao discurso do ser humano como a "coroa da criação"), o Vaticano II fala novamente de seu significado inteiramente incomparável:

> "O homem na verdade não se engana quando se reconhece superior aos elementos materiais, e não se considera somente uma partícula da natureza ou um elemento anônimo da cidade humana. Com efeito, por sua vida interior, o homem excede a universalidade das coisas. Ele penetra nessa intimidade profunda quando se volta ao seu coração, onde o espera Deus, que perscruta os corações (cf. 1Rs 16,7; Jr 17,10), e onde ele pessoalmente, sob os olhares de Deus, decide sua própria sorte. Deste modo, reconhecendo em si mesmo a alma espiritual e imortal, longe de tornar-se joguete de uma criação imaginária que se explicaria somente pelas condições físicas e sociais, o homem, ao contrário, atinge a própria profundeza da realidade" (GS 14).

### e) Teorias sobre a origem da alma humana individual

Deus é o criador do mundo e do gênero humano. No entanto, também o surgimento de um ser humano individual mediante a geração dos pais é determinado por meio de uma atividade criadora individualizadora do ser humano. Por meio dela, a constituição da imediatez da pessoa a Deus coincide com o surgimento da natureza corpóreo-espiritual do ser humano através da geração dos pais. Na história da teologia procurou-se descrever essa imediatez a Deus que se expressa no ser pessoal do ser humano recorrendo a diversos modelos da influência de Deus no surgimento da alma:

(1.) O *emanatismo*. As almas seriam uma emanação da essência de Deus, ou o mundo seria – de forma panteísta – uma mera manifestação de Deus, sem consistência em si. Essa posição contradiz a fé na criação, segundo a qual a "alma não é uma parte de Deus, mas que foi criada do nada" (DH 685; 3024).

(2.) A *doutrina da preexistência das almas*, atribuída aos origenistas e priscilianistas, defende que as almas foram desterradas para sua existência corporal como punição pelos pecados cometidos antes da criação do mundo. Isso contradiz fundamentalmente o enunciado de que todo o criado e, assim, inclusive a corporeidade, é bom (Gn 1,31) e não deve ser associado ao surgimento do pecado. Essa doutrina foi condenada e rejeitada nos sínodos de Constantinopla, 543, e Braga, 561 (DH 403, 456, 459).

(3.) O *traducianismo*. Uma parte da substância das almas dos pais passa, com o sêmen corporal, à alma do filho, concebida aqui como parcialmente material (Tertuliano).

(4.) O *generacionismo*. O corpo e a alma da criança surgem em virtude do ato geracional dos pais. Agostinho considerou essa teoria possível porque parecia explicar a transmissão do pecado original hereditário melhor que a doutrina da criação imediata da alma espiritual. Sobre o posicionamento contrário da Igreja, cf. DH 1007, 3220.

(5.) O *criacionismo*. Defende que a alma de cada ser humano é imediatamente criada *ex nihilo*. Essa doutrina geralmente aceita não deve ser confundida com o assim chamado criacionismo dirigido contra a teoria evolucionista, baseada numa leitura fundamentalista dos relatos bíblicos da criação interpretados quase como uma cosmologia revelada. O criacionismo corretamente entendido deve ser relacionado com o surgimento geral do ser humano a partir do fluxo da evolução e no marco da visão biogenética da geração de cada ser humano. Não se refere à intervenção de Deus no fluxo constante da natureza, mas à disposição, dada com a complexidade da matéria, à autotranscendência, à autopertença e à referência aberta ao mundo, como concerne a todo ser humano em virtude de sua essência e, assim, constitui sua personalidade. A imediatez a Deus, dada com a natureza humana, tem como autor transcendente a Deus, que faz com que no contexto generativo cada pessoa concreta surja de tal modo que possa estabelecer, por meio da razão e da vontade, uma relação pessoal imediata consigo mesmo, com os demais seres pessoais e com Deus.

### 4 *A sexualidade do ser humano ou a existência pessoal como homem e mulher*

Com formas distintas de exposição, os dois relatos bíblicos da criação (Gn 2,7ss.18-25; 1,26-27) dizem que a existência do gênero humano em dois sexos e a de cada ser humano concreto como homem ou como mulher são expressão direta da vontade criadora de Deus (diferentemente do mito platônico do ser humano primordial, dividido em duas partes que tendem, por natureza, novamente à unificação e à integralidade original; ou do mito da teogamia segundo o qual o ser, desde os deuses até os seres humanos e até a estrutura mais íntima da matéria, estaria perpassado pela oposição entre um princípio masculino e outro feminino).

Na perspectiva bíblica, a sexualidade masculina ou feminina é uma qualidade da criatura corpórea, que modifica o ser pessoal do ser humano (com base na constituição recíproca do espírito, da alma e do corpo). Na perspectiva formal, o ser pessoal do homem e da mulher tem a mesma dignidade.

A masculinidade e a feminilidade designam uma *diferença modal* no ser humano. Daí resulta que a natureza humana, na totalidade de suas características básicas, a corporeidade, a mundanidade, a interpessoalidade, a dignidade da pessoa, a transcendentalidade a Deus, se realiza e concretiza completamente em cada homem e em cada mulher. Todo ser humano é criado à imagem de Deus. O ser humano, homem ou mulher, não é só a metade da imagem de Deus. De acordo com sua personalidade indivisível, cada ser humano representa, de maneira completa, a mediação, constitutiva da essência do ser humano, à imediatez de Deus.

Porém, a modalidade existencial pessoal de cada ser humano individual só é concebível orientada a outro ser humano. Só com base na tensão polar entre homem e mulher há uma multiplicação dos indivíduos e uma história da humanidade na sequência das gerações. A correspondência entre homem e mulher, como base de sua capacidade para uma vida conjunta e de ajuda mútua, na comunhão pessoal do amor, é o pressuposto básico e, ao mesmo tempo, a imagem original de toda comunicação humana e de toda formação comunitária, nas realizações análogas na família, nas comunidades, na sociedade política e eclesiástica.

*Na perspectiva bíblica, a relação entre o homem e a mulher é a forma básica da socialidade e da interpessoalidade do ser humano.*

A relação entre homem e mulher não reflete – univocamente – a relação intratrinitária das pessoas divinas (Gn 1,26 não trata deste aspecto). *No entanto, a relação pessoal das criaturas umas com as outras é uma analogia direta da relação das criaturas com Deus.*

Por isso, não se trata de maneira alguma de uma alegoria exterior abordar a relação de Javé com Israel (cf. Os 1,2) ou também a de cada ser humano com Deus e, por fim, a de Cristo com sua Igreja (Ef 5,25; 2Cor 11,2; Ap 19,7; 22,17) recorrendo à relacionalidade entre a mulher e o homem revelada na criação. Na diferença e na referência entre o homem e a mulher, revela-se que o ser humano só pode realizar seu ser pessoal de forma relacional levando em conta a Deus e os demais seres pessoais.

### 5 Os anjos como criaturas pessoais companheiras do ser humano

#### a) Os dados bíblicos

O cristão ouve no testemunho bíblico, na doutrina eclesial e na liturgia a respeito de uma existência de seres não humanos, mas criados, que num certo sentido são pessoais. Não são figuras míticas. Tampouco sua existência é exigida a partir de uma filosofia da natureza como, por exemplo, da filosofia de Aristóteles, que considera necessárias as inteligências criadas, para que – a serviço do primeiro Motor imóvel – mantenham em movimento as esferas do cosmo.

No AT/NT o discurso a respeito dos anjos se situa sempre num contexto religioso. No tratamento diferenciado dessa temática nas camadas traditivas do AT os anjos devem ser entendidos apenas no marco da fé na criação. Segundo sua essência, são espíritos (Hb 1,14) e, segundo sua função, mensageiros do anúncio da salvação de Deus. A realização interior de seu sentido consiste no louvor e na adoração a Deus.

Não são etapas intermediárias naturais ou essências mediadoras no marco de um esquema emanacionista neoplatônico que, a partir do Uno original, descem, através de várias etapas intermediárias, até a matéria mais inferior.

Não precisam transpor uma distância espacial entre Deus e o ser humano ou uma transcendência ontológico-natural. Segundo sua missão, são mediadores da salvação para os povos, as comunidades e, ocasionalmente, também para os indivíduos (Tb 5; 12; Mt 18,10).

No Novo Testamento, os anjos aparecem como intérpretes, enviados por Deus, do acontecimento da salvação, em cujo centro está Cristo (anúncio da concepção de Jesus por obra do Espírito e de seu nascimento, a aparição do Anjo do Senhor em sonhos a José, os anjos como anunciadores da ressurreição junto ao túmulo de Jesus etc.). No NT os anjos não aparecem de forma especialmente frequente. Tudo gira em torno de Cristo, o único mediador, intercessor e sumo sacerdote do ser humano junto a Deus, o Pai (1Tm 2,5; 1Jo 2,1; Hb 5,7-10). Por meio dele, mediador da salvação e redentor, todas as criaturas "no céu e na terra" são referidas escatologicamente a Deus (Cl 1,16; 2,8s.). No entanto, pela mediação de Cristo, funda-se também uma intercomunicação pessoal na liturgia singular da Igreja terrestre e celestial (cf. Tb 12,15; Ap 5,13).

#### b) Declarações do Magistério da Igreja

As declarações do Magistério a respeito do tema se limitam à existência dos anjos, à sua natureza espiritual (sem dar maiores detalhes sobre sua relação com o mundo material) e, sobretudo, a sua condição de criaturas.

Assim como o Sínodo de Braga, de 561 (DH 455; 463), o IV Concílio de Latrão, de 1215, rejeita categoricamente todo dualismo maniqueísta, gnóstico, cátaro, bem como a teoria de que os anjos são seres não criados:

> "Cremos [...] que Deus é o único princípio do universo, criador de todas as coisas visíveis e invisíveis, espirituais e materiais, que, com sua força onipotente, desde o princípio do tempo criou do nada uma e outra criação: a espiritual e a material, isto é, a angelical e a mundana; e, depois, a humana, de algum modo comum 'a ambas', constituída de alma e de corpo. Pois o diabo e os outros demônios foram criados por Deus naturalmente bons, mas por si mesmos se transformaram em maus" (DH 800; cf. Vaticano I, DH 3002).

A "hierarquização" dos anjos em nove coros (anjos, arcanjos, principados, potestades, dominações, virtudes, tronos, querubins e serafins; c.h., VI, 2), de autoria do *Pseudo-Dionísio Areopagita* (século VI), surgiu da influência neoplatônica e certamente exerceu uma grande influência na espiritualidade e na teologia, mas não é vinculante para a fé.

A existência e a atividade dos anjos não são objetos expressos da fé. No marco da orientação de todas as verdades de fé para o seu centro, a doutrina da existência e do significado histórico-salvífico dos anjos é apenas um tema de importância secundária. A Igreja *acredita também* nela, e se insere mais concretamente na *fides implicita*.

### c) Uma abordagem sistemática para chegar à compreensão

O discurso a respeito dos anjos existe só no contexto da revelação. No entanto, quando o crente pode estabelecer uma relação pessoal e consciente com eles na leitura da Escritura, no conhecimento da doutrina cristã e nas palavras da liturgia, pode também tornar mais evidente para si seu saber acerca dos nexos cósmicos (não cosmológicos) e intercomunicativos da realização da vontade salvífica singular de Deus.

Para o ser humano como criatura, a relação com Deus como a origem e o objetivo da criação sempre é mediada também pelas relações interpessoais e naturais. Os anjos simbolizam, na sua existência real, estruturas cósmicas parciais, criadas, de caráter pessoal (RAHNER, K. *Über Engel* [Dos Anjos]: Schriften XIII, 381-428). Apontam para a interdependência coletiva entre a história mundial e a sociedade. Podem esclarecer os horizontes mundiais teológicos e éticos do ser humano. São "espíritos bons" criados por Deus que exercem sua influência numa interação de todas as pessoas criadas e servem à propagação do Reino de Deus.

### d) O diabo, os demônios e seu envolvimento na história da perdição

Onde os seres pessoais criados, pervertendo sua liberdade, se afastam de Deus, podem determinar, também de maneira negativa, as condições e disposições da história da liberdade humana ("tentação").

É por isso que a Bíblia trata também dos anjos pecadores, chamados de diabos e demônios, que estão envolvidos de maneira peculiar na história da perdição da humanidade e nas perversões da liberdade (Jd 6; 2Pd 2,4; Gn 6,2). Não mudaram sua natureza de criatura. O diabo não é uma substância má em si, mas uma criatura pessoal que, pervertendo a transcendência de sua vontade, se afastou do objetivo que devia alcançar, o amor de Deus. A autoperversão da liberdade se volta contra Deus e, assim, também contra as restantes criaturas pessoais, porque Deus quer a sua salvação. O diabo é o "príncipe do mundo" (Jo 14,30), que tem poder sobre o pecado e a morte (Hb 2,14). Os demônios (espíritos maus) são os soberanos – que se opõem à soberania salvífica de Deus – da perdição que se manifesta na doença, na discórdia etc. (Mc 1,34), e foram vencidos por Cristo.

Por outro lado, no Reino de Deus, Cristo institui "a lei do espírito da vida" (Rm 8,2). Não há motivo para uma crença independente no diabo ou para o temor aos demônios. O diabo nunca pode servir de desculpa para a perda da liberdade humana, porque não pode penetrar na autonomia pessoal e ética do ser humano. O ser humano deve, antes, se proteger de si mesmo para não perder a liberdade que lhe foi ofertada por meio de Cristo e, assim, a soberania sobre si mesmo no Espírito Santo (cf. Gl 5,13-26).

## III. A CONDIÇÃO DA CRIATURA HUMANA EM SUA REALIZAÇÃO HISTÓRICA

### 1 A situação histórica da relação entre Deus e o ser humano

A natureza do ser humano pode ser abrangentemente descrita com a expressão "condição de criatura". Com ela se trata tanto da identidade pessoal como da realidade própria, o valor próprio, a atividade própria e a relação transcendental com Deus, próprios de sua essência. A condição de criatura do ser humano não foi, porém, desde o princípio, uma espécie de dinâmica que cai no vazio, frente à qual Deus teria se vinculado, num ato segundo, e de uma maneira só extrínseca, à criação, como cumprimento puramente positivo (graça). O ser humano foi, antes, criado por Deus, ao receber *ao mesmo tempo* a "justiça e santidade" originais e, assim, já na presença de Deus, ser remetido para o caminho de uma realização histórica de sua natureza (Trento, Decreto sobre o pecado original, 1546; DH 1512). Uma vez que o ser humano pode ganhar ou perder sua natureza apenas no horizonte do tempo e da contingência, sua constituição histórica é também o lugar original da recepção da graça na liberdade criada.

Portanto, não são meramente extrínsecas as variações que experimenta no curso da história a condição de criatura como relação transcendental e universal com Deus. Na história da relação entre Deus e o ser humano, a condição de criatura só se torna acontecimento e, dessa maneira, realidade na esfera das decisões da liberdade humana. Além disso, cada ser humano, como membro do gênero humano, já está, de antemão, codeterminado para sua tomada de posição individual em virtude da situação fundamental do conjunto da humanidade diante de Deus (estado, *status*).

Diante da oferta da graça justificadora e do pneuma santificador de Deus são possíveis quatro formas reais de realização da condição de criatura. O ser humano, como criatura, se depara com a comunidade de vida que Deus lhe outorgou originalmente como:

(1.) *agraciado* no estado original (*status naturae elevatae et integrae*) ou
(2.) *pecador*, em Adão (*status naturae lapsae*) ou
(3.) *redimido* na graça de Cristo e santificado no Espírito Santo (*status naturae reparatae et sanctificatae*) ou
(4.) *consumado* na contemplação da essência de Deus na realização do amor trinitário (*status naturae glorificatae*).

### 2 A comunhão de vida com Deus como objetivo único da história humana

Por ocasião dos debates em torno das questões fundamentais da doutrina da graça e da justificação (no agostinianismo extremado dos reformadores, do teólogo católico *Miguel Baio* e do *jansenismo*), a "gratuidade da graça" se destacou como tema central da teologia moderna.

O problema consiste em que a natureza criada não está de tal modo vinculada à elevação original por graça à participação na vida de Deus que quase se identifica essa dotação da graça com a natureza de "Adão". Do contrário, o homem no estado original poderia ter reclamado, como um direito exigível, a graça (DH 1921).

A fim de garantir a liberdade de Deus frente à natureza criada do ser humano, inclusive sua orientação essencial em Deus (*Tomás de Aquino*, S. th. I q.12 a.1: *desiderium naturale ad videndum Deum*), defendeu-se, sobretudo mais tarde na Neoescolástica, a criação pelo menos hipoteticamente possível de uma natureza pura (*natura pura et integra*) (cf. *Agostinho*, retr. I, 6,6; Tomás, In Sent. II d.3 q.1 a.2 ad3; Sínodo provincial de Colônia, 1860: NR 343). Segundo essa visão, também faria sentido que Deus houvesse dado ao ser humano, como seu fim natural, um estado de felicidade e um conhecimento de Deus naturais, inclusive o dom da integridade da liberdade do sofrimento, da morte e da concupiscência, ou seja, do domínio dos apetites desordenados que desintegram a vontade espiritual e os impulsos corporais do ser humano. Com isso se diz que a orientação para um conhecimento sobrenatural de Deus (contemplação da essência de Deus o trino) é oferecida ao ser humano de maneira inteiramente livre e gratuita. O fato de o ser humano estar orientado para a comunhão de vida pessoal com Deus, a qual excede sua natureza, não resulta das tendências naturais, mas de uma orientação para uma meta sobrenatural prescrita de forma puramente positiva. Essa doutrina do duplo fim (teologia dos dois andares), entretanto, é insuficiente, porque não leva em consideração a abertura interior da antropologia em direção à teologia.

Nessa teoria se faz uma nítida distinção entre os conceitos de natureza e graça:
• *Natureza* é aquilo que pertence à disposição da criatura espiritual, o que resulta dela; ou que pode ser reivindicado legitimamente por ela; portanto, que pertence ao ser humano de forma constitutiva, consecutiva e exigitiva (cf. SCHEEBEN, M.J. *Natur und Gnade* [Natureza e graça], 1881, 1º cap. § 2-4; cf. NR 343).
• *"Sobrenatural"* é aquela graça santificadora por meio da qual o ser humano é de tal modo elevado acima de seu estado natural que, em virtude da concessão da condição da filiação divina, pode alcançar aquela felicidade que existe na contemplação imediata de Deus e excede todas as capacidades naturais do ser humano.

"E assim dizemos: Quem ensina que a sabedoria e a bondade de Deus exige que faça aos homens partícipes da graça santificante, da liberdade frente à concupiscência ou da imortalidade do corpo, afasta-se da verdade católica. E o mesmo quem afirma que a liberdade frente à concupiscência pertence naturalmente à ideia da natureza do ser humano e também, por fim, quem diz que os dons que foram concedidos a Adão devem ser qualificados de sobrenaturais só porque Deus os outorgou e não o ser humano" (Concílio Provincial de Colônia, 1860. NR 345, 348).

A teologia mais recente buscou – mantendo a diferença relativa entre natureza e graça e a doutrina da gratuidade da graça – evitar a dissociação da antropologia em dois âmbitos, um puramente natural e outro puramente sobrenatural e, ao mesmo tempo, a teoria de um fim natural e de outro sobrenatural.

Se a natureza do espírito e da liberdade do ser humano se identifica à sua orientação para a infinidade e a receptividade frente a uma autocomunicação de Deus na história (Tomás, S. th. III q.11 a.1: *potentia obedientiae*), o ser humano não terá, a partir de si, um direito à graça e à visão de Deus (porque o movimento do espírito em direção à infinidade se identifica com o ato existencial humano e, portanto, sempre se dá nos limites da razão). No entanto, o ser humano tem a esperança fundamentada de que Deus, que o criou para si, em sua dinâmica infinita, não pretende deixá-lo cair no vazio. A unidade de natureza e graça se funda na liberdade de Deus, que produz uma criatura espiritual, para se prometer a ela como sua consumação na comunhão pessoal do amor. Dessa maneira, Deus não se torna cativo de seu projeto criador. A experiência da condição de criatura alimenta a esperança humana de que Deus se manterá fiel a si mesmo e a suas próprias obras.

Em conexão com a teologia mais recente (H. de Lubac, H. Rondet, K. Rahner e outros), o Vaticano II afirmou que, dada a autotranscendência própria da natureza do ser humano em relação a Deus, pode existir

"uma só vocação última do homem, a divina" (GS 22).

### 3 A *hermenêutica dos enunciados protológicos*

Deve ficar evidente para o ser humano sua condição de criatura quando reflete sobre sua existência em vista do sentido de totalidade do mundo, tanto no princípio original como no fim consumador, e se sabe desafiado pela auto-oferta de Deus que pede como resposta uma autoentrega de sua pessoa inteira ("obediência", fé, amor). Portanto, a condição de criatura, como uma relação pessoal de natureza espiritual com Deus como seu horizonte último, não pode ser verificada nem refutada *per definitionem* com os métodos das ciências empíricas. Desde o princípio, os enunciados teológicos a respeito da comunhão original com Deus e do ato pecaminoso de Adão e sua transmissão (pecado original) estão num nível completamente diferente do que os enunciados da cosmologia, da paleoantropologia, da biologia evolutiva etc. a respeito dos princípios empiricamente objetiváveis do cosmo, do surgimento da vida e da hominização.

Os textos veterotestamentários e neotestamentários a respeito da protologia não nascem de recordações históricas dos primórdios nem são especulações mitológicas sobre uma época áurea, nem simples reprodução de uma cosmologia filosófico-natural ou científico-natural contemporânea, mitológica ou primordial.

Nos textos bíblicos da criação, do estado original, do paraíso, do pecado, da expulsão do paraíso e da propagação mundial do pecado e do afastamento de Deus (Gn 1-11), Israel refletiu, a partir de sua real experiência histórico-salvífica de Deus, sobre as condições da relação do ser humano com Deus em geral. Pois Deus se revelou para Israel na história como o autor incondicionado, que condiciona e revela tudo o mais, do mundo e do ser humano e como o critério e horizonte instransponível do projeto de sentido do ser humano, do seu anseio por felicidade e do seu projeto próprio em liberdade.

Corresponde-lhe o *gênero literário da etiologia histórica*. As séries de imagens devem, pois, ser analisadas criticamente em vista de seu conteúdo teológico a respeito da condição de criatura do ser humano (seis dias de trabalho, a experiência da proximidade original com Deus na imagem do jardim, a árvore do conhecimento do "bem e do mal" e da vida, a transgressão do mandamento, a expulsão do paraíso etc.).

A doutrina bíblica sobre a criação do ser humano e sua determinação original para a comunhão (sobrenatural) com Deus dependem inteiramente da experiência histórico-salvífica de Deus. À luz do cumprimento progressivo da salvação no acontecimento de Cristo, é possível e necessária, portanto, também uma reflexão aprofundadora sobre a fé na criação, a antropologia teológica e a doutrina do ser humano como pecador.

Desse modo, a reflexão sobre as condições e consequências cristológicas da autorrevelação escatológica de Deus em Jesus Cristo trouxe um enriquecimento da doutrina da criação em relação a Cristo, que, como palavra eterna e Filho encarnado, é o mediador da criação (1Cor 8,6; Cl 1,16s.; Hb 1,2; Jo 1,3).

Segundo Paulo, é possível aprofundar, com um olhar retrospectivo, o significado do pecado de Adão ao se estabelecer uma relação antitética com a justificação, a santidade, o dom do Espírito e a nova criação do ser humano em Cristo – obtida por meio do ato de obediência de Cristo – e com a vocação para a participação na sua comunhão como Filho com o Pai no Espírito (cf. Gl 4,4-6; Rm 8,15.29). Assim como, por causa do pecado de Adão, todos perderam a glória de Deus, tornaram-se "pecadores" perante Deus, submetendo-se ao domínio do pecado, e colheram a morte como recompensa pelo pecado, assim todos, por meio da representação de Cristo, novamente têm acesso à glória de Deus e à sua dádiva, que é o próprio Deus como vida eterna (Rm 1–11; 1Cor 15).

A doutrina revelada sobre o estado original e o pecado original resulta de uma releitura que não se baseia numa informação sobre os primórdios do mundo (no sentido de uma compreensão supranaturalista da revelação). Tem seu fundamento na experiência divina atual – histórico-salvífica e cristológica – de Israel e da Igreja.

Corresponde ao gênero literário dos livros históricos do Antigo Testamento e também aos narradores da história de Jesus dos evangelhos sinóticos o fato de que se trate do pecado e da graça como a alternativa fundamental da relação com Deus, mas que permaneça aberta uma reflexão teológico-transcendental fundamental sobre o estado original, o pecado da origem e o pecado hereditário.

O fato de, diferentemente dos sinóticos, essa temática ser abordada em Paulo decorre do interesse teológico distinto. É indispensável uma reflexão teológica sobre o significado do "pecado de Adão", porém situada numa concepção soteriológica de base cristológica.

### 4 *A constituição do ser humano em "justiça e santidade"*

Na doutrina teológica do estado original, o debate não trata das condições biológicas, geológicas, culturais e psicossociais do ser humano num estágio anterior do processo evolutivo. A doutrina teológica do estado original pergunta pelas condições e pelos pressupostos *transcendentais* da autorrealização do ser humano como um ser espiritual e livre na história, com especial interesse pela sua relação pessoal com Deus.

Do ponto de vista do ser humano atual, sabemos que a realização ou concretização de nossa liberdade num ato histórico é precondicionada e limitada pela história realizada pelas gerações anteriores.

Numa análise da interação das condições transcendentais na realização categorial chega-se necessariamente a uma primeira geração de seres humanos, que não teve de realizar sua liberdade na história já dada antecipadamente, mas que pela primeira vez transformou em história a historicidade apriorista da liberdade humana. Portanto, este "princípio" originante não é simplesmente um começo meramente temporal da história. Não se trata do primeiro de uma série de acontecimentos completamente iguais que devem ser situados na linha de continuidade de um eixo temporal. "Princípio" significa aqui a origem da história a partir da liberdade transcendental e apriorista do ser humano. É, assim, um fator concomitante e contemporâneo de toda a história categorial.

Essa humanidade originante (*humanitas originans*), diferentemente da humanidade que dela descende (*humanitas originata*) se condensa, em termos teológicos compreensíveis, nas figuras de *Adão* (= o ser humano como ser genérico, como descrição dos elementos constitutivos de sua natureza, inclusive da referência transcendental a Deus, como indivíduo e protótipo da humanidade na série das gerações), e *Eva*, a "mãe de todos os viventes" (Gn 3,20).

Portanto, a doutrina do estado original tematiza o elemento apriorista e transcendental da liberdade criada que antecede, acompanhando e condicionando, a toda a história material, dado que a liberdade da pessoa criada pode chegar à sua consumação somente na relação dialogal com Deus na interação de palavra e resposta (obediência = atitude de escuta, ou seja, livre realização da potência da vontade).

O que vincula, pois, a doutrina teológica do estado original com o problema biológico-evolutivo da hominização dos primatas não é a questão acerca do quando, onde e como, mas a pergunta sobre a diferença qualitativa entre o ser humano e o animal e, assim, a questão do ser, da natureza e do destino sobrenatural do ser humano.

A questão da essência se deduz apenas numa reflexão transcendental. Por causa da sua orientação fenomenológica e dos seus limites metodológicos, não pode ser definitivamente respondida pelas ciências concretas (a morfologia, a genética, a fisiologia cerebral etc.). Nelas somente é possível distinguir determinadas disposições materiais para a autorrealização específica do ser humano, na qual ele se concebe, em sua subjetividade irredutível, como espírito e liberdade e se percebe também como distinto dos animais.

A característica do ser humano como natureza espiritual não se limita a uma assim chamada "inteligência superior" que poderia ser quantitativamente descrita (no sentido de uma maior capacidade de adaptação ao ambiente). A comparação entre o ser humano e o animal não é de grau. A diferença entre o ser humano e o animal está, antes, no próprio ser humano, dado que se concebe em seu irredutível estar-em-si e em sua orientação supramaterial ao mundo, se pergunta pelo sentido do ser e pelo fundamento do ente, bem como reconhece a possibilidade de entender a Palavra de Deus.

Ao reconhecer também a continuidade com a evolução universal de todas as formas de vida e inclusive poder verificar isso empiricamente na investigação das condições materiais de sua existência, o ser humano se concebe, ao mesmo tempo, como o sujeito não material, isto é, espiritual de sua autotematização como ser espiritual e livre corporeamente realizado.

Um espírito finito, portanto, não pode transformar o conhecimento de sua condicionalidade material num horizonte absoluto e intransponível de sua referência à realidade. O espírito como um movimento que excede suas condições e seus objetos materiais concebe também o para onde e o de onde transcendental como a condição constitutiva de sua realização. A ideia de Deus que aqui emerge não é uma teoria qualquer para explicar os impressionantes fenômenos da natureza ou os estados intrapsíquicos do ser humano. O conhecimento de Deus está dado, na realização espiritual do ser humano, pelo menos de forma implícita e pré-temática, como o conhecimento do fundamento necessário do ser do mundo em geral e também do autoconhecimento e do conhecimento humano do mundo.

O ser humano se compreende em sua essência distinto do animal quando, na reflexão sobre sua existência, se reconhece como espírito de sua autopertença espiritual e livre, como o modo efetivado por Deus da participação no ser. Essa é sua constituição como pessoa finita que pode integrar no processo evolutivo a matéria disponível justamente entendida como própria de seu ser corporal na sua autorrealização espiritual e livre.

À sua condição de criatura se vincula a autorrevelação de Deus por meio de suas obras no ato da criação ("desde a criação do mundo"). Ela se manifesta na razão, dado que é a essência do ser humano. Por meio de sua razão o ser humano concebe a divindade de Deus, seu poder eterno e sua glória e concebe a si mesmo na sua referência ao mistério sempre maior de Deus (Rm 1,20).

Esse conhecimento original de Deus, dado com a natureza do ser humano, é, por um lado, o ponto alto da ação criadora de Deus e da autorrevelação de Deus como objetivo do ser humano e, por outro lado, ao mesmo tempo, autoconhecimento do ser humano como criatura de Deus que, no reconhecimento de sua condição de criatura, participa, na adoração, na gratidão e na obediência, na vida de Deus.

> "O primeiro homem *Adão, perdeu... a santidade e justiça nas quais tinha sido constituído*" (cf. Trento, Decreto sobre o pecado original, cânon 1: DH 1511).

Isto não exclui de forma puramente lógica que exista uma diferença relativa entre o ato de constituição (a graça) e o *onde* desta constituição (a natureza).

Real e concretamente, porém, não se pode separar o ser-criado do ser humano da autopromessa pessoal de Deus como salvação do ser humano.

Na teologia clássica, a partir da doutrina da elevação original e gratuita do ser humano como participação na vida de Deus, desenvolveu-se a doutrina dos *dons preternaturais*: o não estar submetido à morte física nem ao sofrimento inevitável, a posse de verdades naturais e sobrenaturais infusas, o estar-livre do conflito entre a vontade espiritual e os instintos naturais (isto é, a liberdade frente ao desejo e frente à submissão ao poder das paixões e dos instintos).

Tampouco a doutrina dos dons preternaturais e, assim, uma integridade especial das disposições espirituais e materiais da realização da pessoa humana tem a intenção de afirmar que houve uma época assim empiricamente concebível na história da humanidade. (A figura do Jardim do Éden não deve ser interpretada no sentido da ideia de um país da abundância e da felicidade ou de uma idade de ouro.)

A relação transcendental com Deus, dada como experiência salvífica, tinha também como consequência uma determinada experiência fundamental do ser humano e de ordenação positiva de sua constituição criada (a mediação entre esperança infinita e natureza finita, entre alma e corpo; a vida social dos homens entre si, a coordenação do ser humano com o ambiente material em geral).

Por meio do pecado original, não houve uma modificação essencial de uma natureza divina e imortal, situada acima do sofrimento.

Como situação histórico-salvífica, o estado original tampouco deve ser confundido com a consumação eterna do ser humano na visão de Deus (cf. Tomás, S. th. I. q.94). No estado original, o ser humano devia começar a trilhar o caminho histórico da configuração de seu espaço de vida social e da sua responsabilidade pelo mundo (cf. Gn 1,28; 2,15).

Portanto, pertence à existência histórica do ser humano no mundo a experiência da finitude e da limitação no tempo, a dissolução das sucessivas gerações e a experiência da resistência que lhe opõe a matéria.

Quando o ser humano, porém, perde a experiência da presença salvadora e vivificadora de Deus, as experiências da finitude se transformam na necessidade do *ter de* morrer, a ligação com o mundo material no *ter de* sofrer e no *ser* submetido ao poder elementar dos fatores constitutivos da criação e na *maior dificuldade* para usar forças espirituais e volitivas.

A coordenação original do Espírito de Deus e da liberdade humana (Gl 5) se transforma na experiência de que o espírito humano está sujeito à necessidade, à lei "do pecado e da morte" (Rm 8,2s.), à escravidão e à perdição (Rm 8,21).

## IV. A EXISTÊNCIA HUMANA ENTRE O PECADO E A GRAÇA

### 1 Sob o domínio do pecado e da morte

#### a) O pecado como oposição à condição de criatura do ser humano

> *"O pecado de Adão, que é um só quanto à origem"* (DH 1513).

A partir da história da perdição real da humanidade pode medir-se, do alto do mistério da redenção em Cristo, o abismo inteiro, ou seja, de que é evidente que o "primeiro ser humano" (como expoente da *humanitas originans*) categorializou de maneira negativa sua liberdade apriorista e aberta para Deus em face da oferta do amor e da graça.

Assim, o "princípio da história" é determinado pela contradição do ser humano com sua condição de criatura e sua constituição em "santidade e justiça". A incipiente história da liberdade iniciante se transformou por meio do pecado original numa história da perdição.

Se a autorrevelação de Deus como criador e a comunicação de sua vida divina alguma vez se tornou concreta no *modus* da livre recepção no mundo ou se ela se apresentou na autorreflexão espiritual como a livre auto-oferta de Deus dada com sua existência espiritual, é uma questão que permanece em aberto na teologia.

Isto se aplica também à questão do intervalo temporal entre a constituição no estado original e o pecado original.

O conceito do pecado original não pode ser considerado no sentido de uma ação pecaminosa, uma transgressão dos mandamentos de Deus.

*O "verdadeiro e próprio caráter de pecado" (DH 1515) se refere, formalmente, no caso do pecado original, à livre recusa, realizada em vista da graça, da condição de criatura como a relação transcendental fundamental com Deus.*

Ainda que, na linguagem figurada, o pecado original possa ser designado "transgressão de um preceito" (Rm 5,14), no caso da proibição de "comer do fruto da árvore, que está no meio do jardim" (Gn 3,3), contudo, é evidente que não se trata de um preceito concreto da legislação moral, mas do respeito aos limites do ser humano em relação a Deus, que lhe são impostos por meio de sua condição de criatura. (Por isso, também a história da queda no pecado nada tem a ver com a antiga noção de um furto de uma fruta, ao que Deus teria imposto um castigo absolutamente desproporcional.) A natureza do pecado original se aclara a partir da tentadora intenção de tornar-se "como Deus" e pretender um poder de disposição sobre o "conhecimento do bem e do mal" igual ao de Deus (Gn 3,5).

*O núcleo do pecado original consiste, portanto, em que "pela desobediência de um só homem todos se fizeram pecadores"* (cf. Rm 5,19). "Desobediência" não significa aqui a falta de obediência dos filhos diante dos pais ou o não cumprimento da ordem de um superior. Significa, antes, a negação da autotranscendência natural da vontade criada para a unidade com Deus, seu criador, do encontro com Ele como a origem da vida e do amor (cf. Rm 5,21; 8,39 e outros), portanto, a perversão da capacidade positiva de escutar (da *potentia oboedientialis activa*) que visa à consumação pessoal.

O pecado original é, em suma, o ato espiritual interior que reconhece a referência da criatura a Deus e, em oposição estrita a ela, recusa a autotranscendência natural da liberdade e, assim, a recepção da autoentrega de Deus. Por isso, o pecador não só incorre numa *oposição a Deus*, mas também numa insolúvel *oposição a si mesmo*. O afastamento de Deus torna o ser humano um pecador e o entrega à corrupção, à escravidão, à perdição (Rm 8,19-21) e à morte, que é o salário do pecado (Rm 6,23). Está dominado pela "lei do pecado e da morte" (Rm 8,2).

*As consequências do pecado original*

Como consequência fundamental do pecado de Adão aparece a expulsão do ser humano do paraíso, ou seja, a perda das relações de confiança do ser humano com Deus (Gn 3,23s.). O ser humano não tem mais acesso à "árvore da vida" e, assim, está sujeito ao poder da morte com sua finitude (Sb 2,23s.). A sentença pronunciada contra a mulher e contra Adão tem como consequência uma dificuldade maior na realização das tarefas naturais estabelecidas para o ser humano, ou seja, a paternidade e o cultivo, mediante o trabalho, de seu espaço vital, bem como uma desestabilização das relações inter-humanas (Gn 3,14-19; 4–11).

Paulo descreve, sobretudo na Carta aos Romanos, a consequência do pecado original como a "perda da glória de Deus" (Rm 1,22-24; 3,3) que atinge todos os seres humanos. Por isso, todos atraíram sobre si a "ira de Deus" (Rm 1,18; 2,5), isto é, seu justo juízo sobre os pecados. A "ira" de Deus não significa, contudo, que Deus estaria dominado por sentimentos e desejos de vingança ou pelo afã de desforra. Na "ira", Deus revela que todos os seres humanos dependem e necessitam do perdão dos pecados. A "ira de Deus" é a revelação de sua glória em oposição ao pecado e, assim, o primeiro chamado à conversão e ao arrependimento (*metanoia*).

No lugar da "justiça e santidade" originais, encontra-se no pecador agora a "impiedade e a injustiça" (Rm 1,18). Aquele ser humano, amigo e filho, tornou-se um "inimigo de Deus" (Rm 5,10). A liberdade e a glória originais dos filhos de Deus (Rm 8,21) se degenerou na perdição e na servidão do pecador. Se, originalmente, foram concedidos ao ser humano os dons da glória, da honra, da incorrupção e da paz (Rm 2,6; 1Cor 15,49; Sb 2,23), agora só se lhe concede a necessidade e dificuldade, porque ele faz o mal (Rm 2,6; cf. Tb 12,10: "Aqueles que cometem pecado e injustiça são inimigos de si mesmos.").

Se a dádiva de Deus é a vida eterna em Cristo, o salário do pecado é a morte (Rm 6,23). O ser humano sob a lei do pecado deve considerar a morte como o último e mais funesto inimigo (1Cor 15,26).

Deus não aplica ao pecador sanções exteriores ou castigos humilhantes (pena vindicativa). Deus simplesmente o abandona às consequências negativas interiores do pecado. Ele "os entregou aos desejos do coração, à impureza" (Rm 1,24) ou ao seu "sentimento depravado", que os leva a cometer "injustiça, malícia, avareza e maldade, inveja, homicídio, discórdias, fraudes e malvadezas" e faz com que sejam "murmuradores, caluniadores, inimigos de Deus, insolentes, soberbos, fanfarrões, maquinadores do mal, rebeldes contra os pais, insensatos, desleais, sem coração nem misericórdia" (Rm 1,28-31).

Isto tem o sentido de "encerrar a todos na desobediência para usar com todos de misericórdia" (Rm 11,32).

A nova existência no Espírito de Deus e de Cristo conduz, por outro lado, à vida. Onde Jesus Cristo condenou, em sua carne, o pecado e rompeu com seu poder, superou também o poder da "carne", ou seja, a autorreferência alienada de Deus. "Ora, a tendência da carne é a morte, enquanto a tendência do espírito é a vida e a paz. Pois o desejo da carne é hostil a Deus. A carne não se sujeita nem pode sujeitar-se à Lei de Deus" (Rm 8,6s.).

Recorrendo ao Concílio de Cartago, do ano de 418 (DH 222-224), ao *Indiculus* (DH 239) e ao II Concílio de Orange, do ano de 529 (DH 371s.), o Concílio de Trento, no cânon 1 do *Decreto sobre o pecado original*, ensina:

> "Se alguém não admite que o primeiro homem, Adão, tendo transgredido no paraíso a ordem de Deus, perdeu imediatamente a santidade e a justiça nas quais tinha sido constituído (*constitutus*), e que, por este pecado de prevaricação, incorreu na ira e na indignação de Deus e, por isso, na morte com que Deus o havia ameaçado anteriormente, e, com a morte, na escravidão sob o poder daquele que depois 'teve o domínio da morte' [Hb 2,14], isto é, o diabo; e que o Adão inteiro por aquele pecado de prevaricação mudou para pior, tanto no corpo como na alma (*secundum corpus et animam in deterius commutatum*), seja anátema" (DH 1511).

### b) A doutrina do pecado original

*O conceito*

Com o termo pecado hereditário (CA 2; *peccatum haereditorium*: *Melitão de Sardes*, pass. 49s.; *Irineu*, haer. V, 1,3; *Agostinho*, retr. I,13,5) designa-se o fato de que o ato pecaminoso pessoal e voluntário de Adão (*peccatum originale originans*) provocou a perda da "justiça e santidade" que lhe havia sido oferecida em nome de toda a sua descendência (*peccatum originale originatum*).

Ele é "culpa", dado que todo ser humano é devedor da constituição original em "justiça e santidade" que o santifica e o leva a uma relação de amizade com Deus. Essa constituição é "propriedade" de Deus e não do ser humano. A culpa hereditária designa, portanto, uma oposição objetiva, provocada pelo pecado, à relação com Deus que havia sido ofertada ao ser humano e representa a consumação de sua condição de criatura que tende a Deus como meta e fim (Trento. *Decreto sobre o pecado original*, cânon 1; 3; 5: DH 1511; 1515; 1519).

Portanto, todo ser humano (exceto Cristo e Maria), desde o primeiro momento de sua existência humana, é, em sentido verdadeiro e real, "pecador", dado que o "pecado, que é a morte da alma" (DH 372; 1512), cunha, de uma maneira negativa, sua relação fundamental de criatura com Deus (Rm 5,19; Ef 2,3; 1Cor 15,22).

A doutrina eclesial sobre a situação real de pecador de cada ser humano perante Deus por causa da culpa hereditária não é plenamente compreendida quando se fala de uma simples imputação moral do pecado de Adão (Albert Pigge, Cayetano, De Lugo, Scheeben).

Tampouco é suficiente falar de uma pré-cunhagem meramente negativa das decisões pessoais das crianças e dos jovens por meio do contexto social e histórico existente (P. Schoonenberg), pois não se trata apenas das condições categoriais, mas da relação transcendental a Deus que as antecede. O ser humano individual existe concretamente já antes de suas decisões pessoais no estado objetivo de "pecador" perante Deus.

Além disso, por meio do pecado de Adão, a "morte eterna" e a perturbação da referência ao mundo natural ("castigos corporais") foram transmitidas para todo o gênero humano (Trento. *Decreto sobre o pecado original*, cânon 2: DH 1512).

Com a morte eterna e a "morte da alma" ("alma" significa aqui o portador da relação pessoal com Deus na graça) se faz referência à perda da visão eterna de Deus. Para este objetivo, o ser humano, em sua constituição original, foi ordenado como criatura dotada de graça. Diferentemente dessa perda da visão de Deus (*poena damni*), os atos pecaminosos pessoais de todo ser humano são o objeto de uma punição real (*poena sensus*).

A concepção de que as crianças que morrem sem batismo, ainda incapazes de um ato pecaminoso livre, experimentam um "castigo pessoal no inferno" ainda que leve – como julgou, por exemplo, *Agostinho*, an. III, 9, 12 – não foi aceita pelo Magistério da Igreja: cf. DH 410; 464; 693; 780; 1306; 1526. Levando em consideração a doutrina eclesial da vontade salvífica universal, deve considerar-se definitivamente abandonada a teoria teológica de uma bem-aventurança natural das crianças que morrem sem batismo, a teoria do *limbus puerorum*.

À transmissão do pecado de Adão pertencem os três aspectos: *pecado hereditário, culpa hereditária, castigo hereditário*. Só se pode desenvolver essa doutrina como antítese ao acontecimento da salvação em Jesus Cristo.

Em essência, o estado de pecador significa que nenhum ser humano pode desenvolver, por si mesmo, uma iniciativa livre para recuperar a constituição original do ser humano na graça. É preciso a mediação do "novo Adão", por meio do qual e no qual foi ofertada a todos os seres humanos a nova constituição na relação de amizade com Deus e por meio de cuja obediência foi livremente recebida também em nome de todos. No sentido contrário se descreve a "justificação do pecador" como "passagem do estado em que o ser humano nasce como filho do primeiro Adão para o estado da graça e da adoção de filho de Deus por meio do segundo Adão, Jesus Cristo, nosso Salvador" (Trento. *Decreto sobre a justificação*: DH 1524). Essa nova constituição mediada por Jesus Cristo da relação com Deus torna-se acessível ao ser humano individual por meio da fé, do batismo, da afiliação à Igreja, corpo de Cristo, e o seguimento pessoal.

"Na prevaricação de Adão, todos os homens perderam a habilitação natural e a inocência, e ninguém pode, mediante o livre-arbítrio, erguer-se do abismo daquela queda, a não ser que o tenha reerguido a graça de Deus misericordioso" (*Indiculus*, cap. 1: DH 239).

*O problema central: pecado original e livre-arbítrio*

A dificuldade da doutrina do pecado original consiste em explicar como o ato pecaminoso de um ser humano individual pode se converter em pecado próprio e interior das gerações subsequentes por ele representadas e como as gerações posteriores podem ser afetadas pelo estado de culpa e de castigo de Adão (*reatus culpae et poenae*).

O pecado de Adão se transmite aos seus descendentes não por meio de uma imitação voluntária, mas mediante a interconexão natural da descendência (*propagatione, non imitatione*: DH 1513), dado que a graça que Deus concedeu a Adão devia se transmitir para todos os seres humanos pela pertença ao gênero humano (agraciado). A transmissão não se efetua, portanto, por meio de uma livre ratificação de um ato pecaminoso. Todo ser humano ingressa numa existência caracterizada pela perda da constituição original do ser humano. Ele se encontra, portanto, no estado de pecador, ainda que, como criança, não seja capaz de um ato pecaminoso pessoal.

Por outro lado, porém, pertence ao conceito formal de pecado a transgressão voluntária de um preceito de Deus (*ratio voluntarii*, DH 1946-1949).

Esse dilema (aparente) provocou fortes críticas tanto filosóficas como teológicas. Chegam ao ponto de propor o abandono do "Dogma do Pecado Original" como contraditório em si mesmo, ou interpretá-lo como uma descrição meramente metafórica da finitude e da fragilidade universalmente experimentáveis da existência humana.

É pouco considerado, porém, o conceito analógico do pecado, de modo que as críticas se baseiam numa concepção inadequada de pecado original.

Na realidade, um ato pecaminoso, por meio do qual se transgride um mandamento de conteúdo moral, seria intransferível, assim como a culpa moral e pessoal dele resultante. Tal concepção seria uma escandalosa contradição com a dignidade da pessoa do ser humano e estaria em oposição ao dogma de que o ser humano é uma criatura feita à imagem e semelhança de Deus.

No pecado de Adão, porém, não se trata, em primeiro lugar, do ser humano como um sujeito ético, mas como um sujeito teológico, em sentido estrito.

Em debate está a realização da referência transcendental do ser humano a uma comunhão com Deus em que a natureza humana estava originalmente constituída.

"Adão", como representante da humanidade que descende dele, rejeitou voluntariamente a "justiça e a santidade originais" ofertadas pessoalmente a ele e a todos como descendentes dele. Dessa maneira, ele a "perdeu para si e para todos nós" (DH 1512).

O "momento voluntário" se situa, assim, no próprio pecado original e é transmitido, enquanto tal, com o pecado, aos descendentes. Estes se encontram, portanto, numa contradição objetiva com a constituição original do ser humano na comunhão gratuita com Deus. Nesse sentido, pela "transgressão de um só homem todos se fizeram pecadores" (Rm 5,19), sem que sejam pecadores num sentido moral subjetivo ou tenham cometido, eles próprios, o ato de Adão ou devam tê-lo ratificado por meio de um pecado moral pessoal (cf. Rm 5,13: "De fato, até à Lei havia pecado no mundo, mas em Lei o pecado não é levado em conta. No entanto, a morte reinou desde Adão até Moisés, também sobre os que pecaram em virtude de sua solidariedade com a transgressão de Adão, que é tipo do futuro").

A doutrina do pecado original não se baseia objetivamente na tradução certamente imprecisa, de Rm 5,12, da Vulgata: Adão..., "*naquele em quem* todos pecaram" em vez de "sob a condição de que todos pecaram", pelo que o caráter pecaminoso do ato de Adão e as consequências passaram para as pessoas individuais. Pois, formalmente, a essência do pecado original consiste justamente em que os seres humanos que se encontram nesse estado não causaram, eles mesmos, essa contradição objetiva com sua constituição na fé, mas têm de aceitar como um *estado de carência* da graça que lhes foi prometida em Adão, uma carência provocada pela própria vontade de Adão. Por outro lado, tampouco o estado objetivo da reconciliação e da nova criação, propiciado por Cristo, é coconstituído ou ratificado, mas recebido como dádiva por meio da fé pessoal.

Portanto, o pecado original não tem nada a ver com uma espécie de culpa coletiva, com base na qual as crianças tivessem de pagar pelos pecados morais de seus pais. Tampouco transforma as crianças "inocentes" em pecadores num sentido moral. Nem confirma concepções filosóficas de uma "natureza de lobo inata" do ser humano.

Ainda que o ser humano, também como sujeito teológico, não possa mais alcançar, por si mesmo, a plenitude que lhe foi originalmente oferecida em Deus, permanece inteiramente responsável por seus atos como o sujeito moral de sua orientação individual na consciência (Rm 2,15) e das normas materiais das leis éticas.

É verdade que o ser humano está, em parte, desorganizado, por causa da perda da graça que o eleva à comunhão com Deus, também na coordenação de suas forças naturais (maus desejos = concupiscência, ainda que não seja em si mesma pecado; *vulneratus in naturalibus, spoliatus gratuitis*).

Isto, porém, não exclui qualquer ordenação para Deus anterior e exterior ao acontecimento de Cristo. Pois, também no estado de pecador, o ser humano permanece criatura de Deus. A perda da graça sobrenatural não coloca o ser humano na condição de mero ser natural (*in puris naturalibus*). Justamente também na perda da graça se revela que o ser humano somente consegue colocar-se de acordo consigo mesmo quando pode se transcender ao objetivo da comunhão de vida com Deus, em que e em vista da qual havia sido constituído (a respeito do ser humano como sujeito moral também no estado de pecador hereditário, cf. o *Decreto sobre a justificação*, do Concílio de Trento, cânon 5; DH 1555).

## c) Conflitos históricos em torno do Dogma do Pecado Original

*O dualismo maniqueísta*

Em contradição com a fé bíblica na criação, o dualismo metafísico (Marcião, maniqueísmo, gnosticismo) contesta a bondade ontológica da criação e, por conseguinte, também da natureza corporal do ser humano (contra Gn 1,31). O mundo material é lugar e fonte do mal. A corporeidade do ser humano estaria totalmente corrompida. Não teria livre-arbítrio. Quando, por meio do revelador divino, o ser humano alcança o conhecimento, então compreende a salvação como retorno de sua parte espiritual superior à luz de Deus e como libertação da matéria da esfera de poder do Deus mau.

Aqui o pecado não tem nada a ver com uma relação transcendental e pessoal do ser humano, mas é materializado e substantivado na natureza corporal (cf., contra isso, a distinção entre natureza e graça em *Irineu*, haer. V, 2, 1, *Tertuliano*, an. 21; bapt. V, pela qual a bondade ontológica do ser humano, a qual não pode ser anulada por meio de nenhum poder mau, é garantida como natureza e criatura, ao passo que graça e pecado designa, nesta distinção, a relação pessoal bem-sucedida ou malsucedida do ser humano com o Deus criador pessoal).

*A interpretação equivocada do pecado original como pecado individual*

Aos origenistas e priscilianistas se atribui a opinião de que a alma de todo ser humano individual teria cometido um pecado pessoal numa existência anterior à criação do mundo e de que, na sequência, como punição, teria sido desterrada a sua existência corporal no mundo (cf. contra isso DH 403; 410; 456; 459; 790; 800).

Porém, o pecado original justamente não é um pecado pessoalmente cometido ou uma participação concebida em termos míticos no pecado pessoal de um "ser humano original".

*A contestação do pecado original no pelagianismo*

O contraponto herético direto à doutrina do pecado hereditário é o pelagianismo do século V (Pelágio, Celéstio, Juliano Eclanense). Foi frontalmente combatido por Agostinho e seus discípulos e rejeitado como herético pelo II Sínodo de Mileve (416), de Cartago (418), pelo II Sínodo de Orange (529), pelo *Indiculus*, em geral também pelo Concílio de Éfeso (431) (DH 267) e pelo Concílio de Trento, com os decretos sobre o pecado original (1546) e sobre a justificação (1547).

O pelagianismo contesta a existência do pecado hereditário. O pecado de Adão teria sido apenas um mau exemplo. As consequências do pecado de Adão passaram para os descendentes apenas por meio de imitação, não, porém, por meio de descendência. Quando, por outro lado, o cristão segue o bom exemplo de Cristo, não só pode, em sua vontade autônoma e voluntária, cumprir a lei moral, mas também elevar-se, por meio de seu esforço ascético e ético, à vida divina, sem que Deus, no ato da salvação de Cristo e na graça solícita do Espírito Santo, tenha de libertar o ser humano da contradição objetiva com Deus no estado de pecador nem de pecados pessoalmente cometidos.

A morte física do ser humano não seria, portanto, um castigo ou uma manifestação da "morte da alma", ou seja, a perda da comunhão de vida eterna com Deus que enche de sentido o ser. É, simplesmente, uma pura necessidade da natureza.

A concupiscência do ser humano, como se manifesta na dinâmica de impulsos anímicos e nos instintos corporais, poderia ser controlada unicamente por meio de exercícios ascéticos. A graça como poder integrador e condutor não seria necessária para libertar o ser humano do egoísmo inserido na dinâmica dos impulsos.

As crianças que ainda não alcançaram o livre uso de sua vontade e de sua razão seriam batizadas, na verdade, segundo a fórmula batismal "para o perdão dos pecados". Isto, porém, não diz respeito à passagem ao estado da filiação divina sobrenatural, à nova criação e, assim, à expectativa da contemplação eterna de Deus na vida eterna. O batismo de crianças produz apenas um melhoramento quantitativo. As crianças não batizadas chegam, após a morte, a um "reino celeste", concebido como um tipo de estado de felicidade. Este, no entanto, não seria idêntico à bem-aventurança eterna em Deus, a qual, pelo visto, só pode ser alcançada por meio de exercícios éticos e ascéticos, que somente são possíveis para um ser humano adulto.

*A redução do pecado hereditário ao castigo hereditário*

O Sínodo de Sens, 1140, condenou a opinião atribuída a Pedro Abelardo de que "de Adão não contraímos a culpa, mas somente a pena" (DH 728; assim também, mais tarde, Zwínglio, cf. DH 1512).

*A doutrina da corrupção total da natureza na Reforma protestante*

No intuito de detectar e eliminar todas as tendências pelagianas na teologia, na Reforma sucedeu uma intensificação extrema da temática do pecado. O conflito católico-protestante daí resultante não se refere à existência do pecado original, nem à necessidade universal e absoluta da redenção e da graça para a renovação e o aprofundamento da comunhão original do ser humano com Deus. A diferença essencial está em que a teologia reformadora acreditava que era preciso considerar a corrupção total da natureza humana, a fim de poder assegurar assim a gratuidade absoluta da graça.

Semelhante a Agostinho, Lutero partia da experiência imediata da impotência, da oposição do ser humano a Deus em sua natureza real. Quando, no estado original, a existência natural do ser humano se identifica com o desenvolvimento, aprazível a Deus, da graça (portanto, não se leva em consideração a diferença relativa entre natureza como orientação para Deus e graça como a possibilitação livremente outorgada de sua realização a Deus), o efeito do pecado de Adão e do pecado original só podem ser vistos como uma depravação total da natureza.

A natureza humana, resultante do pecado de Adão e acessível na autoexperiência interior, não tem, considerada em si mesma, "nem temor a Deus nem confiança em Deus" (CA 2). Deve falar-se de uma "corrupção profundamente perversa da natureza" (Lutero, Schm. Art III/1). Em sua autoexperiência, o ser humano se concebe como uma autorreferência sem saída (*cor incurvatum in se*, assim já João Olivi no século XIII). Na sua natureza, o ser humano se concebe como um rebelde contra Deus, como adversário e inimigo de Deus. A vontade, como centro da natureza humana, não seria livre para fazer o bem nem se mover em direção a Deus. Como um animal de carga inteiramente dependente de seu condutor, assim seria também a vontade humana totalmente submetida à condução por meio do diabo ou de Deus: "Dessa maneira, a vontade humana está colocada no meio, como um jumento. Se Deus está sentado nele, ele quer e vai como Deus quer, [...]. Se satanás está sentado nele, ele quer e vai como quer satanás, e não está em seu arbítrio correr para um dos dois cavaleiros ou procurá-lo; antes, os próprios cavaleiros lutam para o obter e possuir" (LUTERO, M. "Da vontade cativa". *Obras Selecionadas*. Vol. 4: Debates e controvérsias II. São Leopoldo/Porto Alegre: Sinodal/Concórdia, 1993, p. 49). Do ponto de vista formal, o pecado original é a constituição concupiscente da situação da natureza provocada pelo pecado de Adão, assim como a encontra de antemão cada indivíduo concreto.

Após intensas controvérsias no interior do campo protestante, na *Fórmula de Concórdia*, 1580 (que manifesta a conclusão da formação do credo intralutherano), chega-se a uma elucidação da questão. Buscou-se evitar ambos os extremos de uma trivialização de viés pelagiano (acidentalização) e de uma posição maniqueísta quanto à natureza corporal do ser humano (substantivação do mal):

> "Em primeiro lugar, é verdade que os cristãos devem considerar e reconhecer como pecado não apenas a transgressão atual dos mandamentos de Deus, mas também a horrenda e temível enfermidade hereditária, pela qual a natureza inteira é corrompida, acima de tudo deve ser considerada e reconhecida verdadeiramente como pecado, na verdade como 'pecado principal', que é raiz e fonte de todos os pecados atuais. O Dr. Lutero lhe chama 'pecado de natureza ou pessoa', querendo indicar com isso que, posto o homem não pensasse, falasse ou fizesse nada de mal – o que evidentemente é impossível nesta vida para a natureza humana, depois da queda de nossos primeiros pais –, sua natureza e pessoa, nada obstante, seriam pecaminosas, isto é, aos olhos de Deus inteira e completamente envenenadas e corrompidas pelo pecado original como lepra espiritual. Por causa dessa corrupção e em virtude da queda do primeiro homem, a natureza ou pessoa é acusada e condenada pela Lei de Deus de maneira tal, que somos 'por natureza filhos da ira' [Ef 2,3], da morte e da condenação, a menos que sejamos redimidos disso pelo mérito de Cristo. Em segundo lugar, também é claro e verdadeiro [...] que Deus não é criador, autor ou causa do pecado, senão que, pela maquinação do diabo, 'por um só homem o pecado' (que é obra do diabo) 'entrou no mundo' Rm 5[,12]; 1Jo 3[,8]! E ainda hoje, nessa corrupção, Deus não cria nem faz pecado em nós, mas com a natureza, que Deus ainda hoje cria e faz nos homens, o pecado original é propagado da semente pecaminosa, pela concepção e nascimento carnais de pai e mãe. Em terceiro lugar, a razão não conhece nem entende o que é esse mal hereditário. [...] é coisa que deve ser aprendida e crida da revelação bíblica" ("Declaração Sólida – I. Do pecado original". *Livro de concórdia*. São Leopoldo/Porto Alegre: Sinodal/Concórdia, 1980, p. 546-547).

Com base numa distinção relativa entre natureza humana e a graça da justificação e da santificação que atua sobre ela, o Concílio de Trento rejeitou a afirmação de que "o livre-arbítrio do homem se perdeu e extinguiu depois do pecado de Adão" (Decreto sobre a justificação, cânon 5: DH 1555). Daí resulta que o ser humano inclusive no estado de pecado original é o autor de suas ações boas ou más e não só um joguete nas mãos de um Deus imprevisível, que faz ao mesmo tempo o bem e o mal (como a obstinação do faraó e a conversão de Paulo). E se deduz igualmente que nem tudo que o ser humano faz antes da justificação é automaticamente pecado.

*O "renascimento agostiniano" nos séculos XVI e XVII ("jansenismo")*
Uma forte desvalorização da natureza humana caracteriza também o unilateral "renascimento agostiniano" dos séculos XVI e XVII (M. Baio, C. Jansen, P. Quesnel). Também aqui se percebe uma quase identificação entre graça e natureza no estado original, de modo que a natureza remanescente após o pecado é só uma concupiscência antagônica a Deus. Portanto, todas as boas obras dos pagãos são pecados, e as virtudes dos filósofos e seus conhecimentos, apenas vícios e mentiras. Quando aqui simplesmente se identifica o pecado original com a concupiscência, tudo o que o ser humano faz fora da graça é necessariamente pecado mortal (cf. a relação dos erros de Baio, 1567; de Jansênio, 1653: DH 2001-2007; do jansenismo, 1650: DH 2301-2332; de Quesnel, 1713: DH 2400-2502).

*O pecado original como contradição com a religião da razão*
O dogma eclesial do pecado original se contrapõe diametralmente à religião da razão da filosofia popular iluminista e também à crítica da religião do século XIX, cunhada por aquela filosofia.

Já antes, exerceu uma grande influência o socinianismo (SOCINO, F. *De Jesu Christo servatore – De statu primi hominis ante lapsum*, 1578; Catecismo Racoviano, 1605). Essa heresia antitrinitária ariana baseou-se numa interpretação racionalista da Escritura e contestou, entre outros, também o pecado original e, dessa maneira, a necessidade universal da graça salvadora. O ser humano alcançaria a graça por meio de boas obras e de um estilo de vida ético.

O pecado original e o recurso a uma graça sobrenatural questionam a concepção iluminista da capacidade natural do ser humano de alcançar a perfeição. No processo do desenvolvimento natural da personalidade ética, os sofrimentos psíquicos e anímicos deveriam ser considerados como deficiências naturais e sociais, que devem ser superadas com base no progresso geral ou, respectivamente, intra-anímico. A alusão a uma necessidade universal de redenção por Deus e, dessa maneira, a uma superação do aquém por meio da referência ao além é absolutamente incompatível com o otimismo do Iluminismo (Hume, Voltaire, enciclopedistas).

A explicação cristã da "miséria e da necessidade de redenção do ser humano" por meio da referência ao pecado e ao pecado original torna-se agora, inversamente, o argumento contra a ideia de um Deus supostamente bom. Este não dispõe do poder de organizar melhor o mundo ou, simplesmente, não quis fazê-lo. Então, recai sobre ele uma reprovação moral (relação entre a doutrina do pecado original e a problemática da teodiceia).

Nesse ponto foram determinantes as ideias de *J.-J. Rousseau* (*Émile ou l'éducation*, 1762). Por um lado, está o ser humano inteiramente bom. Surge, puro e inocente, como criatura da natureza. Aqui, ainda se encontra além da contradição entre o bem e o mal. Repousa numa vontade que aceita a si mesmo sem problemas (*amour de soi*). A ele se contrapõe o ser humano depravado, corrompido pela sociedade. Sucumbe ao egoísmo (*amour propre*), que o leva a se converter num tirano dos outros seres humanos ou também da natureza.

Os meios de melhoramento do estado humano seriam o esclarecimento e a educação racionais, não, porém, a graça, a salvação ou o esforço da autoformação na configuração da vida espiritual ou ética.

De maneira consequente e ainda assim curiosa, a Convenção Nacional francesa – no contexto da revolução – abole o pecado original por decreto no dia 17 de novembro de 1793.

É verdade que *Immanuel Kant* ousou contestar o ingênuo otimismo natural (cujas consequências – a saber, a inclinação totalitária para a ditadura da razão e da educação e um respectivo regimento do terror, cf. as mortes de setembro de 1792 – já se esboçavam) com seu discurso a respeito da "morada do princípio mau ao lado do bom" ou acerca do "mal radical na natureza humana" ("*A religião nos limites da simples razão*", 1793). No entanto, ele não recorreu à fundamentação teológica do pecado original, mesmo abstraindo inteiramente da circunstância de que este pecado não consiste, nem formalmente, na maldade do coração ou da natureza humana, mas na perda da comunhão com Deus ofertada na origem.

*A naturalização do pecado original numa concepção evolutiva do mundo*

Sem considerar que o discurso sobre o pecado e a graça como as relações transcendentais fundamentais com Deus só podem ser fundamentadas a partir da teologia da revelação, foram feitas várias tentativas de "reabilitar" o pecado original buscando verificá-lo histórica e psicologicamente – no interior da moderna imagem de mundo e de história: por exemplo, como passagem do ser humano do estado instintivo ao racional ou cultural no início da Idade da Pedra, ou como metáfora das experiências traumáticas da puberdade ou como designação da experiência de culpa ou de felicidade da sexualidade adulta. Aqui pertence também a proposta de interpretar as ideias paulinas do pecado de Adão como uma interpretação mitológica, condicionada pela concepção do mundo, de uma experiência universal de culpa.

São completamente insustentáveis as tentativas de uma historiografia liberal dos dogmas que consideravam o "pecado original" uma invenção de Santo Agostinho, sem fundamento na Escritura, que se poderia atribuir às experiências neuróticas de uma sexualidade não dominada, ou seja, aos resquícios maniqueístas irredutíveis de sua vida anterior.

A interpretação da doutrina do pecado e do pecado hereditário, de *Teilhard de Chardin*, como "fatores contraevolutivos" num processo abrangente de "humanização mediante evolução" ao Cristo cósmico se reveste de um indubitável interesse para o diálogo entre teologia e ciências naturais (*Mein Glaube*. Olten, 1972, 179). Entretanto, tampouco aqui se entende o caráter do pecado e da graça. Pois se trata de relações pessoais com Deus que mais uma vez não devem ser entendidas totalitariamente como um processo da natureza, mas que, ainda que numa base natural, como elementos que possibilitam ou atrapalham o encontro dialogal com o Deus pessoal.

Ante à questão demasiadamente ingênua de saber se se pode atribuir ao ser humano das idades antigas uma visão das amplas consequências de um ato pecaminoso, deve objetar-se que – na perspectiva das ciências naturais – os seres humanos antigos não eram monstros primitivos e – na perspectiva da teologia – o pecado não é uma questão de inteligência, mas de liberdade pessoal. O elemento formal do pecado tampouco consiste numa simples conduta moral equivocada, mas na recusa da comunhão com Deus, oferecida a Adão em nome de todos. Os hominídeos antigos, que se diferenciam do animal por meio do ato espiritual da autocompreensão, viam-se também *eo ipso* remetidos a Deus, como o fundamento e o fim de sua existência.

### d) As etapas da história da teologia

*O testemunho bíblico do "pecado original"*

Seria um erro metodológico querer investigar diretamente na linguagem bíblica o *conceito* de pecado original, assim como se cristalizou nas discussões com o maniqueísmo e o pelagianismo. Tampouco seria apropriado verificar, de forma puramente esquemática, se esta ou aquela passagem pode ser utilizada ou não como prova a favor do posterior Dogma do Pecado Original.

É correto, do ponto de vista metodológico, seguir a conexão interna do processo de formação de determinadas concepções de fé e compreender sua lógica intrínseca.

A narrativa bíblica do estado original e da queda no pecado (Gn 2,8–3,24) diz que os seres humanos que vivem agora não vivem mais no estado que Deus havia outorgado originalmente aos pais. Os seres humanos no paraíso se referem tanto a sujeitos que agem individualmente como a pessoas coletivas (cf. H.W. Robinson, J. de Fraine). Nesses representantes se revela a tensão própria do ser humano entre unidade do gênero humano e pluralidade dos indivíduos.

As palavras de sentenças condenatórias sobre o homem e a mulher comprovam a ideia dos crentes veterotestamentários de que a miséria e a carga hoje encontradas refletem a perda da original vontade salvífica de Deus a respeito de suas criaturas.

Nos escritos *hebraicos* do AT dificilmente se faz referência a Gn 2-3. São conhecidas a pecaminosidade universal do ser humano, o poder do pecado que se propaga e abrange a todos, a inclinação para o pecado e a maldade desde a juventude (Gn 4-11), sim, já desde o ventre materno (Sl 51,7: "Eis que nasci culpado, e pecador minha mãe me concebeu."). No entanto, refere-se sempre ao pecado pessoal, à falha moral frente ao mandamento ético, à santidade da aliança de Javé e à lei ofertada por Deus, que deveria servir à salvação do ser humano. Em nenhuma parte do AT se estabelece uma relação entre o pecado de Adão e essa queda universal na culpa, entendida no sentido antes descrito de aquisição do estado de pecador.

Apesar da perda do paraíso e apesar dos muitos pecados de responsabilidade pessoal, os seres humanos se encontram, antes, com Deus numa relação de vida por meio da bênção, da oferta da aliança e da promessa escatológica.

A "morte eterna" como consequência do pecado original aparece, pela primeira vez, nos livros do AT escritos em *grego* (cf. Eclo 25,24; Sb 2,23).

Os escritores neotestamentários partem todos de uma necessidade universal de redenção. Os seres humanos estão submetidos ao poder mortal do pecado e do diabo, "homicida desde o princípio e pai da mentira" (Jo 8,44). Daí resulta a necessidade absoluta da graça de Cristo e do "nascer da água e do Espírito Santo" no batismo (Jo 3,5), para se contrapor à morte eterna e superar a morte física. Ao poder de Deus tem acesso apenas quem se converte, faz penitência, crê no Evangelho (Mc 1,15) e, dessa maneira, escapa da esfera de poder do pecado e do mal.

Para se chegar à doutrina do pecado original foi determinante a concepção soteriológica geral de Paulo. Quando, mais tarde, Agostinho assumiu a doutrina paulina, não dependeu da tradução latina que havia vertido, de maneira incorreta, como apontou já Erasmo, o ($\dot{\epsilon}\varphi$' $\ddot{\omega}$) de Rm 5,12 por *in quo*, ou seja, em Adão "em quem" todos pecaram, em vez de "dado que", ou seja, "porque" todos pecaram.

A concepção de pecado hereditário não requer que todo "descendente de Adão" cometa pessoalmente o pecado original em Adão, ou seja, que faça seu o "pecado de Adão", ao aceitá-lo ou "ratificá-lo" pessoalmente quando adulto. Contradiz, por outro lado, o conceito de pecado hereditário se - para além do pecado de Adão, do representante da humanidade inteira - fosse pedido de cada ser humano individual um pecado pessoal cometido voluntariamente. Pois, no caso do pecado original, justamente não se trata do pecado no sentido de uma falta pessoal frente a uma lei moral, mas do acesso à justiça e à santidade sobrenatural oferecida a todos originalmente em Adão, ou seja, da perda do acesso.

Nessa interpretação, a eficácia do ato vicário de Cristo dependeria - em virtude da inversão tipológica - da ratificação pessoal dos crentes. Se, porém, por meio da perda da graça, destrói-se a condição transcendental da liberdade de escolha, por meio da restauração da graça em Cristo cria-se a condição transcendental em virtude da qual o ser humano pode realizar novamente sua liberdade de escolha religiosa e moral (relevante para a salvação).

Segundo Paulo, trata-se de uma comparação tipológica entre Adão e Cristo, o velho e o novo homem. Ambos são o "uno" que representa o "muitos", ou seja, a humanidade. Todos participam na perda da original "glória de Deus" em Adão e se encontram no estado da "impiedade e da injustiça" (Rm 1,18) e entregues ao poder do pecado e da morte. Esse fato designa, de certo modo, um componente existencial negativo: o ser humano pertence ao estado histórico caracterizado pela carência da vida de Deus prometida nas origens.

Por outro lado, por meio de Cristo, todos têm parte na libertação deste estado. Têm acesso à "glória e liberdade dos filhos de Deus". Já antes da recepção individual na fé, de acordo com a vontade salvífica universal, todos são determinados e vocacionados, por meio do componente existencial sobrenatural, para a participação na relação filial de Cristo com o Pai no Espírito (Rm 8,15.29).

*Esse antítipo entre Adão e Cristo é o conteúdo essencial do dogma eclesial do pecado original.* Trata-se de um estado geral que antecede, de forma obstrutora ou promotora, a realização individual da relação com Deus. (Em Paulo se insinua a posterior visão existencialista ou psicológica individual desenvolvida a partir da Idade Média e da Reforma.)

Em Rm 5,18s. o sentido e o conteúdo do dogma eclesial do pecado original estão plenamente expostos:

• Rm 5,18: Portanto, assim como **pela transgressão** de um só a **condenação** se estendeu a **todos**, também pela **justiça** de um só **todos** recebem a **justificação da vida**.

• Rm 5,19: Assim como **pela desobediência** DE UM SÓ HOMEM **todos** se fizeram pecadores, também **pela obediência** DE UM SÓ HOMEM **todos** se tornarão **justos**.

Se Paulo aqui também pensou ou não, por exemplo, nas crianças menores de idade, não muda em nada o fato de que todos, ainda antes do uso de sua liberdade de escolha individual, são cunhados por meio do "ser em Adão" ou do "ser em Cristo": Pois todos perderam a glória de Deus (Rm 3,23). "Deus encerrou a todos na desobediência para usar com todos de misericórdia" (Rm 11,32), porque "pela transgressão de um só a condenação se estendeu a todos" (Rm 5,17). "Mas a Escritura encerrou tudo sob o domínio do pecado para que, mediante a fé em Jesus Cristo, a promessa fosse dada aos que creem" (Gl 3,22). Todos são "por natureza filhos da ira" (Ef 2,3).

*Poder e superação do pecado: o ponto de vista antes de Agostinho*

Esta é a ideia que orienta o conjunto da teologia patrística: "Deus se fez ser humano para que o ser humano se divinize", isto é, participe na vida trinitária de Deus (cf. *Irineu*, haer. III, 18, 7; *Atanásio*, incarn. 54; *Agostinho*, ep. 140,10).

O processo histórico-salvífico abrangente da divinização do ser humano, que sempre inclui o indivíduo como um elo da humanidade inteira, sucede através de uma espécie de educação. Deus configura o ser humano segundo a sua imagem com a colaboração efetiva da liberdade criada. O pecado de Adão obscureceu a imagem de Deus no ser humano.

A encarnação, porém, possibilitou em nós o novo caminho para a semelhança com a imagem de Cristo. O ser humano se subtrai à influência do exemplo corruptor de Adão (Clemente de Alexandria, strom. III, 100-1-4). Este tipo de relação entre os descendentes de Adão e seu pecado, compreendido como imitação de seu mau exemplo, dirige-se aqui, entretanto, contra o gnosticismo e o maniqueísmo. Refuta-se, portanto, a opinião de que o pecado pertença à natureza material do ser humano ou a teria corrompido substancialmente. O pecado sempre tem de resultar da vontade livre (strom. II, 52-55; IV, 93). Significa imediatamente o pecado moral pessoal. O que não se aborda aqui é a questão de saber por que o ser humano em geral se submete ao poder dominador do mau exemplo de Adão e por que, então, em Cristo não só é dado um novo exemplo, mas seu ato salvífico produz uma graça deificante.

De maneira incorreta, porém, os pelagianos recorriam à concepção patrística de salvação para contestar a existência do pecado original e a necessidade absoluta da graça. Interpretavam o pecado não como perda da comunhão original com Deus, mas apenas exteriormente como uma infração da lei ética divinamente garantida. O ser humano não necessitaria, portanto, da presença atual da graça santificante de Deus em seu Espírito, para realizar a transcendentalidade de sua vontade em vista do Deus transcendente.

Somente, pois, a relação com o mau exemplo acarreta ao ser humano o pecado de Adão e não o fato de que Adão perdeu, em nome de todos, a "justiça e santidade" sobrenaturais originais (transmissão do pecado por meio de *imitação* e não por meio de descendência: *imitatione non propagatione*).

Os pelagianos interpretavam o discurso de Agostinho a respeito dos efeitos da ausência da justiça do estado original sobre a natureza humana (a saber, a incapacidade da vontade livre de alcançar seu objetivo transcendental, bem como a desintegração dos impulsos espirituais e físicos), no sentido do maniqueísmo, como substancialização do mal na natureza humana material. Fizeram frente a Agostinho com "cinco cantos de louvor" à criação, ao matrimônio, à lei, ao livre-arbítrio humano e à ausência de pecado dos santos, ou seja, com a concepção de que os justificados teriam tido a possibilidade de permanecer completamente sem pecado a partir do próprio esforço moral e se tornar absolutamente perfeitos sem a ajuda da graça de Deus (cf. Agostinho, c. Pelag. IV). Acusavam Agostinho de objetivar o mal na natureza humana, satanizar o desejo sexual no matrimônio, omitir o livre-arbítrio etc. A acusação central é que Agostinho teria inventado o pecado original em oposição às doutrinas da Igreja e à Sagrada Escritura.

Contudo, o que é novo em Agostinho é simplesmente que falou não só da existência do pecado original, mas que foi o primeiro a tentar definir a sua essência. Não indaga pela responsabilidade dos atos pecaminosos pessoais, mas pelos seus pressupostos históricos concretos na perda da dotação da graça original do ser humano por causa do ato pecaminoso voluntário de Adão, um pecado que acarretou também uma considerável desintegração das forças naturais do ser humano.

A existência do pecado original é asseverada implicitamente por Agostinho ali onde a necessidade da salvação é recebida no batismo de crianças "para o perdão dos pecados". Ali se fala de uma inerência do pecado que não pode resultar de uma culpa moral pessoal (*Melitão de Sardes*, pass. 49ss.; *Irineu*, haer. V, 1, 3; 12,3; 14,1; *Tertuliano*, an. 41: *vitium originis. Cipriano*, ep. 64,5; *Ambrósio, De excessu fratris* II, 6; *Jerônimo*, adv. Pelag. III, 17; *Atanásio*, apol. sec. I, 51; *Basílio de Cesareia*, or. 10s.; *Gregório de Nazianzo*, or. 22,13; *João Crisóstomo*, hom. in Jo. 36,1).

*O pecado original como dependência culpável da concupiscência segundo Agostinho*

Agostinho estava cunhado por uma profunda experiência existencial de escravidão do ser humano sob poder do pecado e pela doação livre, libertadora e inteiramente inesperada da graça de Deus ao pecador. Seus conceitos de justificação, de graça, de pecado, de concupiscência, de predestinação se orientam em Paulo e, também, em João. Seus enunciados centrais se encontram já no escrito pré-pelagiano De diversis quaestionibus na Simplicianum, 397.

A controvérsia com o pelagianismo, a partir de 410, girava em torno de duas questões:
1. A essência (formal) do pecado original.
2. Sua transmissão na sequência das gerações.

A essência do pecado original consiste, segundo Agostinho, na revolta culpável da carne contra o espírito, das potências inferiores e espirituais da concupiscência contra o superior destino de uma vida em liberdade, em razão e em obediência à vontade de Deus. De acordo com sua essência, o pecado é a aversão a Deus (*aversio a Deo*) e a conversão egoísta aos bens efêmeros (*et conversio ad bonum commutabile*; c. Julian. II, 3,5). Onde o ser humano perde a graça, não permanece uma natureza intacta. Pois, sem ancoramento em Deus, não é possível uma integração interior das forças espirituais, anímicas e físicas. Os potenciais da concupiscência do ser humano escapam do controle da razão e do livre-arbítrio e o dominam (*mala concupiscentia*). A perda da harmonia interior das forças criaturais se revela de forma especial, mas de modo algum exclusiva, no caráter desenfreado e no egoísmo da vida sexual humana. Porque a alma perdeu sua vida em Deus, essa perda acarreta também a desintegração das potências espirituais e materiais no ser humano. Isto se expressa na ausência de harmonia da alma e do corpo, bem como na perturbação da vida social por meio da discórdia e do ódio e, por fim, na morte física como experiência extrema da ausência de salvação. A concupiscência que tende ao mal é a consequência e a manifestação da perda culpável da graça.

Se aqui o pecado afeta internamente também a natureza do ser humano, não afeta a essência do ser humano, enquanto criatura. Também no estado de culpa do pecado (*reatus concupiscentiae*) não é a natureza em si que se tornou substancialmente má, como pensa o maniqueísmo. Está simplesmente "ferida, machucada, massacrada, atormentada" (nat. et grat. 53,62).

*Natureza, graça, concupiscência* designam sempre, em Agostinho, a situação existencial histórica concreta do ser humano sob o poder do pecado ou da graça. Nesse caso, "natureza" raramente é empregado como conceito para a totalidade da constituição criada do ser humano. A concupiscência do *reatus* (retr. I,15) não se refere à base fisiológica da sensação de prazer humana na vida sensível, psíquica e intelectual, mas ao caráter descontrolado e incontrolável da faculdade anímica e corporal da concupiscência ao não existir mais a presença da graça de Deus capaz de colocar ordem. Ela se revela como um debilitamento da capacidade cognitiva (ignorância) e volitiva (concupiscência má, em sentido estrito). O ser humano está preso à devassidão e ao egoísmo (*cupiditas*). É verdade que não perdeu o livre-arbítrio como potência natural (*liberum arbitrium*), mas a vontade já não é atraída pelo bem e direcionada por Deus para o seu objetivo. À livre vontade falta a meta que a atrai e, dessa maneira, a autorrealização como amor (*caritas*). Por isso, o ser humano, por meio da perda da graça original provocada por Adão, tornou-se devedor e pecador diante de Deus, que atrai as consequências interiores (castigos), inerentes à perda de Deus. Por meio do pecado de Adão todos os seres humanos se tornaram uma massa perdida e afastada de Deus (*massa damnata, massa perditionis*).

Daí resulta a absoluta necessidade da graça de Cristo e do Espírito Santo também para as crianças que ainda não puderam se fazer culpáveis cometendo um pecado pessoal.

A práxis eclesial do batismo de crianças "para o perdão dos pecados" e a doutrina de que não pode ingressar no Reino de Deus alguém que não tenha renascido da água e do Espírito no batismo (Jo 3,5; Tt 3,5) comprovam a existência de tal pecado original em todos os seres humanos (nupt. et conc. 20,22). Por meio do batismo, o estado de culpa é completamente anulado juntamente com a culpa pessoal dos atos pecaminosos. No ser humano renascido para a filiação divina só resta uma debilidade e inclinação para o pecado que não é pecado caso não se concorde com ela (grat. Christi II, 40).

A grande antítese histórico-salvífica entre Adão e Cristo indica claramente a existência do pecado original e ilumina sua natureza:

> "Assim, pois, dado que por um homem o pecado entrou no mundo e pelo pecado passou a morte a todos os homens naquele (homem) em quem todos pecaram (Rm 5,12), assim também toda a massa da perdição (universa massa perditionis) passou a ser a possessão do corruptor, ou seja, não houve, nem há, ninguém liberado dele nem ninguém será liberado no futuro, senão pela graça do redentor" (grat. Christi II, 39,34).

No que diz respeito à transmissão do pecado de Adão a sua descendência, existem várias explicações que dependem das diversas teorias do surgimento da alma do ser humano (generacionismo, criacionismo, traducianismo).

Se Deus é o criador imediato da alma humana, não poderia ter implantado o pecado original na alma. O pecado original deve ser passado adiante mediante a geração dos pais, também de pais batizados. Uma vez que o pecado hereditário consiste, de fato, na concupiscência, é transmitido ao corpo e à alma dos nascidos através da concupiscência má da qual seguem sendo prisioneiros os desejos sexuais dos justificados.

Agostinho, no entanto, não concebe uma espécie de transmissão hereditária biológico-genética do pecado original. Tampouco se refere a uma simples imputação (arbitrária) do pecado de Adão a todos os recém-nascidos. Antes, diferencia entre a fertilidade natural do matrimônio com seu prazer sexual e a concupiscência desordenada que, embora nos justificados na verdade não seja pecado, remete para as fraquezas e a inclinação ao pecado (nupt. et conc. II, 4, 12; 9, 21).

Ainda que careça de fundamento a acusação do maniqueísmo lançada contra a teoria agostiniana da transmissão do pecado original, a explicação de Agostinho não é convincente.

### A natureza do pecado original: a perda da graça santificadora (Tomás de Aquino)

A nova concepção da doutrina do pecado original foi possível em virtude da aceitação do conceito de natureza aristotélico pela Escolástica. Aqui a "natureza" não é simplesmente a situação existencial concreta do ser humano sob o poder do pecado ou da graça, mas designa estruturalmente a constituição da essência do ser humano na sua unidade corpóreo-espiritual e na sua autotranscendência dinâmica para a comunhão pessoal com Deus no espírito e na liberdade.

A graça é o livre cumprimento procedente de Deus da tendência natural do ser humano a Deus e, assim, também a consumação da natureza humana. Segundo Tomás de Aquino, a justiça do estado original nada mais é que a graça santificadora (*gratia gratum faciens*). A presença da graça de Deus implica também uma harmonia de todas as forças anímicas e físicas. O pecado original consiste, portanto, na carência da justiça que corresponde ao estado original (cf. já *Anselmo de Canterbury*, conc. virg. 27). Visto que a natureza humana, no entanto, é dinamizada e finalizada em vista de Deus, após o pecado original não resta uma natureza pura e sã que pudesse se consumar num objetivo final natural e num conhecimento de Deus natural. Os princípios da concepção neoescolástica e escolástico-barroca do pecado original como uma simples falta neutra da graça santificadora (Belarmino, Gregório de Valência e Francisco Suárez) já se encontram em Duns Escoto: a verdadeira graça se dá por meio de um ato divino livre, que não está ligado ao estado da graça do estado original ou da graça justificadora, que está incluída na dotação natural do ser humano (Ord. II d.29; d.32, n. 19).

Segundo Tomás, o pecado original se transmite simplesmente em virtude da participação na natureza humana, iniciada com a geração. Quando os pais passam adiante a natureza humana, os filhos a recebem na situação histórica da perdição em que se encontra a partir do pecado de Adão, isto é, na falta da graça santificadora que lhe corresponde. Também os pais batizados só podem transmitir esta natureza assim previamente cunhada na história. A referência à ação salvífica, histórica e livre de Cristo não pode ser transmitida naturalmente. O ser humano individual, como portador pessoal da natureza humana, deve receber a graça de Cristo, antes, por meio da fé pessoal e por meio do batismo.

Segundo *Tomás de Aquino*, a essência do pecado original consiste, portanto, na falta da justiça do estado original; materialmente, porém, na concupiscência:

"A privação (*privatio*) da justiça do estado original mediante a qual a vontade estava subordinada a Deus é o elemento constitutivo essencial do pecado original; todas as demais desordens das potências da alma se referem ao pecado original de certo modo como a matéria [à forma, acréscimo do autor]. A desordem das demais potências da alma consiste sobretudo em que se ordenam de maneira desordenada aos bens perecíveis. Este gênero de desordem pode descrever-se como o termo habitual de concupiscência. Pode-se assim dizer que o pecado original é, materialmente, a concupiscência, mas formalmente é a falta da justiça original (*defectus originalis iustitiae*)" (S. th. I/II q.82 a.3) [Tradução própria].

*O pecado original como "codeterminação transcendental pela culpa da situação de liberdade de cada indivíduo concreto" (Karl Rahner)*

Uma via de acesso à compreensão da doutrina cristã do pecado original é possível mediante uma análise da experiência humana fundamental de que a liberdade individual sempre já é codeterminada por uma histórica universal da liberdade humana. A intercomunicação criada tem, porém, seu pressuposto transcendental na autocomunicação original de Deus: por meio dela se torna possível a história da liberdade humana como história da salvação a partir dos inícios da humanidade.

A justiça do estado original não deve ser confundida com a ideia imediata de Deus. A comunicação com Deus estava vinculada, portanto, à mediação da intercomunicação criada. Quando, portanto, se rejeita culpavelmente, no estado original, a comunhão oferecida com Deus, a subsequente história da humanidade teve de ser determinada também por meio da objetivação negativa da liberdade de "Adão". Portanto, a intercomunicação criada deixou de ser, a partir de si mesma, o *medium* do encontro com Deus do ser humano aberto a Deus, como deveria ter sido com base na oferta da graça original.

"A natureza do pecado original deve ser entendida corretamente a partir da compreensão do resultado que a culpa de determinado homem ou determinados homens acarreta para a situação de liberdade de outras pessoas. Porque dada a unidade do gênero humano, o fato de o homem achar-se metido no mundo e na história e, por fim, a necessidade de toda situação originária de liberdade estar mediada no mundo, dá-se necessariamente tal resultado.
Se esta culpa pessoal nos inícios da história do gênero humano é rejeição da absoluta oferta que Deus faz de si mesmo para a absoluta autocomunicação [...], então as consequências como determinação de nossa situação pela culpa são diversas do que seriam se houvesse sido meramente a livre rejeição de uma lei divina – ainda que no horizonte de referência ao próprio Deus. A autocomunicação de Deus (que denominamos "justificação") é o que de mais radical e profundo existe na situação existencial em que o homem exerce sua liberdade. Ela precede, enquanto graça divina, à liberdade como condição da *concreta* possibilidade de ação. A autocomunicação do Deus absolutamente *santo* designa a qualidade que santifica o homem antes de boa decisão livre de sua parte. E, em consequência, a falta de semelhante autocomunicação divina santificante assume o caráter de culpa que não deveria ser e não constitui apenas a diminuição das possibilidades de liberdade, como pode existir em outros casos na forma de "taras hereditárias". Uma vez que para o homem enquanto "descendente de Adão" está dada esta falta em sua situação de exercício da liberdade, pode e deve-se falar, ainda que em sentido analógico, de pecado original, embora se trate de momento na situação de exercício da liberdade e não da liberdade do indivíduo como tal. A maneira como esse indivíduo responde a esta situação codeterminada pela ação culposa nos inícios da história, por ameaçadora e perniciosa seja esta situação, é uma vez mais questão posta à sua liberdade, liberdade que afinal se exerce no espaço do qual Deus se oferta a si mesmo. Essa auto-oferta de Deus permanece sempre válida e não é revogada, não obstante a culpa nos inícios da humanidade, e se mantém *propter Christum* e em vista dela..." [RAHNER, K. *Curso fundamental da fé: introdução ao conceito de cristianismo*. São Paulo: Paulus, 1989, p. 140s. [Coleção Teologia sistemática]].

*Declarações doutrinais da Igreja sobre o pecado original*

O *Concílio de Cartago*, 418, rejeitou a doutrina de que a morte física seria uma necessidade da natureza e não o salário do pecado (DH 222).

No segundo cânon, a necessidade do batismo de crianças para o "perdão dos pecados" é fundamentada na práxis legítima da Igreja. Rejeita-se a opinião de que elas não teriam trazido nada do pecado original de Adão, que não tivesse de ser saldado por meio do banho do renascimento no batismo (DH 223). O terceiro cânon rejeita a doutrina pelagiana do "reino celeste" como um lugar da bem-aventurança das crianças não batizadas, que deveria ser diferenciado do reino celeste como a "vida eterna" (DH 224).

O *Sínodo de Orange*, 529 (cf. também *Indiculus*), rejeita, no cânon 1, a opinião de que, por meio da queda no pecado de Adão, não foi transformado para pior o ser humano inteiro no corpo e na alma, e a liberdade da alma teria permanecido íntegra e o ser humano não estaria submetido à escravidão do pecado (DH 371). O cânon 2 rejeita a opinião de que Adão teria prejudicado apenas a si mesmo, mas não sua descendência, e apenas a morte física seria uma consequência punitiva, "não porém o pecado, que é a morte da alma, por meio de um homem passou a todo o gênero humano" (DH 372).

O *Concílio de Trento* condena no seu *Decreto sobre o pecado original*, na seção 5, de 17/6/1546, seis sentenças sobre o pecado original.

No cânon 1, refuta-se a opinião de que Adão, por meio de sua desobediência, não teria perdido a santidade e justiça originalmente ofertada e nem incorreu na ira e na indignação de Deus. O ser humano está submetido ao poder do diabo, que é um poder para a morte. O ser humano inteiro foi transformado para pior no corpo e na alma por meio do pecado (*secundum corpus et animam in deterius commutatum fuisse*, DH 1511).

O cânon 2 rejeita a afirmação de que o pecado de Adão prejudica somente a ele mesmo, não a sua descendência, e que teria perdido apenas para si mesmo a santidade e a justiça recebida de Deus, mas não para todos; por meio dele a morte e os castigos corporais foram transmitidos a todo o gênero humano, sobretudo, porém, o pecado, que é a morte da alma (DH 1512, cf. literalmente Orange, DH 372).

No cânon 3, diz-se (contra Erasmo de Roterdã) que o pecado original é um só (contra os pelagianos) e é transmitido não por meio de imitação, mas por meio da descendência (*propagatione, non imitatione*). Ele se encontra como próprio em cada pessoa e não pode ser retirado por meio das forças da natureza humana, mas unicamente por meio dos méritos de Cristo, o mediador, méritos que se aplicam unicamente no Sacramento do Batismo de crianças e adultos (DH 1513).

No cânon 4, cita-se literalmente o segundo cânon do Concílio de Cartago: O batismo de crianças é necessário para o perdão do pecado original e a consecução da vida eterna (DH 1514).

Cânon 5: A graça batismal traz como consequência uma anulação completa do caráter de culpa do pecado original e uma nova criação completa do ser humano. No batizado a concupiscência permanece como pavio do pecado. Ainda que Paulo denomine ocasionalmente essa concupiscência pecado, quer assinalar apenas que procede do pecado e tende ao pecado. Foi dada para o combate (*ad agonem*) no seguimento ativo de Cristo e na resistência à tentação na graça de Cristo (DH 1515).

O cânon 6 explica que, ao tratar do pecado original, o concílio não quer incluir Maria, e lembra as constituições do Papa Sisto IV a esse respeito (DH 1516).

Na sua encíclica *Humani Generis*, 1950, o Papa Pio XII explicou que de modo algum está "claro" como o poligenismo poderia ser compatível com a doutrina revelada do pecado original (DH 3897).

Este enunciado certamente não deve ser interpretado no sentido de que o monogenismo seria um componente constitutivo do dogma. Nesse caso, pode tratar-se somente de um *factum dogmaticum*: de uma condição da possibilidade exterior da consistência do enunciado dogmático.

A ideia teológica da criação, porém, não está ligada, de modo algum, à concepção de uma constância das espécies, vinculada a um ato criador categoricamente concebido. A criação como uma relação transcendental deve ser relacionada com aquele *continuum* de desenvolvimento orientado na autotranscendência de uma subjetividade espiritual e livre, denominada o ser humano.

Os seres humanos formam uma unidade como espécie biológica. Por meio de sua liberdade e espiritualidade, constituem a história como um espaço da intercomunicação e da interação. A coesão da história da humanidade, necessária para o Dogma do Pecado Original, e da referência à origem, está, assim, suficientemente demonstrada. Não se baseia numa teoria biológica de um único casal paterno no princípio ou da descendência da humanidade de uma ou mais populações de primatas.

O *Vaticano II* ilumina o Dogma do Pecado Original a partir da experiência de que a vida humana se realiza na dialética de "grandeza e miséria" (Blaise Pascal) e no combate dramático entre o bem e o mal.

> "Constituído por Deus em estado de justiça, o homem, contudo, instigado pelo maligno, desde o início da história abusou da própria liberdade. Levantou-se contra Deus desejando atingir seu fim fora dele. Apesar de conhecerem a Deus, não o glorificaram como Deus. O seu coração insensato se obscureceu e eles serviram à criatura ao invés do Criador. Isto, que nos é conhecido pela Revelação divina, concorda com a própria experiência. Pois o homem, olhando o seu coração, descobre-se também inclinado para o mal e mergulhado em múltiplos males que não podem provir de seu Criador que é bom. Recusando muitas vezes a reconhecer Deus como seu princípio, o homem destruiu a devida ordem em relação ao fim último e, ao mesmo tempo, toda a sua harmonia consigo mesmo, com os outros homens e as coisas criadas.
> Por isso o homem está dividido em si mesmo [...]. O homem se encontra incapaz, por si mesmo, de debelar eficazmente os ataques do mal; e assim cada um se sente como que carregado de cadeias. Mas o próprio Senhor veio para libertar e confortar o homem, renovando-o interiormente. Expulsou o "príncipe deste mundo" (Jo 12,31) que retinha o homem na escravidão do pecado. O pecado, porém, diminuiu o próprio homem, impedindo-o de conseguir a plenitude (cf. Jo 8,34).
> À luz desta revelação, a vocação sublime e, ao mesmo tempo, a profunda miséria que os homens sentem encontram a sua razão última" (GS 13).

A doutrina do pecado original não é um bloco errático. Deve ser desenvolvida em vista da maior vontade salvífica de Deus, que se revelou na história como redentor e consumador do ser humano. A essência e o destino de "Adão" só se esclarecem no acontecimento de Cristo.

### 2 O ser humano sob a promessa da graça e da vida

#### a) A ordenação permanente do ser humano para a salvação de Deus ou Cristo como finalidade do ato criador

Apesar do pecado de Adão, segue vigente a superior e permanente vontade divina que determinou à criatura humana o destino de compartilhar, como plenitude de sua autotranscendência, o conhecimento e o amor de Deus. Já a própria ação criadora é revelação de Deus em atos e palavras. O mundo criado tem no ser humano traços verbais e está sempre ordenado, através da capacidade volitiva do ser humano, à participação na vida divina.

> Deus decidiu unificar em Cristo, na plenitude dos tempos, todas as coisas que estão no céu e na terra, pelo qual recebemos o Evangelho da Verdade e o selo do Espírito Santo (cf. Ef 1,10-13).

#### b) A consumação da criatura na comunhão eterna com Deus e na correalização de seu amor trinitário

A autocomunicação original de Deus na criação e sua recepção no *medium* do espírito humano e da liberdade humana não teria sentido se a história de Deus com o ser humano não consistisse em se revelar a si mesmo como conteúdo que leva à criação a sua consumação. Deus cria o mundo e se comunica ao ser humano para ser tudo em todos e governar sobre tudo (1Cor 15,28). Na história da salvação revela-se também o mistério da Trindade quando a Palavra de Deus feita carne, o mediador e o novo ser humano Jesus Cristo, transforma o pecador no "novo ser humano" que se renova segundo a imagem de seu criador a fim de conhecê-lo (Cl 3, 10s.).

Uma natureza espiritual e uma criatura disposta para o amor encontra sua plenitude, porém, somente na participação no conhecimento trinitário de Deus e na correalização do amor das pessoas divinas do Pai, do Filho e do Espírito Santo. A visão de Deus "face a face" (1Cor 13,12), "tal qual Ele é" (1Jo 3,2), é a vida eterna (Jo 17,3). O Espírito Santo, derramado em nossos corações (Rm 5,5), sustenta e conduz o ser humano para o seu centro pessoal na imediatez a Deus, ao qual ele diz: *Abba*, Pai (Gl 4,4-6; Rm 8,29). A condição de criatura é o enunciado decisivo da antropologia teológica e só pode ser plenamente entendida em vista da eleição, anterior à criação, de Deus Pai, de Nosso Senhor Jesus Cristo e de seu Espírito.

"Predestinou-nos à adoção de filhos por Jesus Cristo, conforme a benevolência de sua vontade, para louvor da glória de sua graça" (Ef 1,5s.)

# TERCEIRO CAPÍTULO

# A AUTORREVELAÇÃO DE DEUS COMO CRIADOR DO MUNDO (DOUTRINA DA CRIAÇÃO)

## I. TEMAS E PERSPECTIVAS DE UMA TEOLOGIA DA CRIAÇÃO

### 1 A "criação": um conceito teológico

*O símbolo niceno-constantinopolitano inicia com o enunciado fundamental: "Creio em um só Deus, Pai onipotente, artífice do céu e da terra, de todas as coisas visíveis e invisíveis" (DH 150).*

Como se pode deduzir da estrutura da frase, a fé não é um enunciado em que se afirma algo sobre o mundo, mas em que se dirige a Deus como realidade pessoal (*credere in Deum*). Isso implica que se crê nele (*credere Deo*), e pressupõe a fé na sua existência e na sua ação soberana (*credere Deum*). À luz desta fé pessoal em Deus, o ser humano pode se referir ao mundo na sua qualificação universal de criação. A doutrina da criação se revela, assim, como uma perspectiva transcendental sobre o mundo no horizonte de uma relação pessoal com Deus. Com base na compreensão cristã de Deus como uma realidade pessoal espiritual, livre, infinita e onipotente, a fé cristã na criação se diferencia fundamentalmente não só das cosmogonias e teogonias míticas e das teorias científicas e filosóficas sobre a origem do universo, mas também da teologia natural e da metafísica.

A relação pessoal de fé com Deus criador tem suas raízes na experiência histórica do Deus de Israel. O símbolo identifica, portanto, o "Pai onipotente", a saber, o Deus da aliança, com o criador universal do mundo. O Deus que liberta Israel da escravidão, o Deus da aliança, da lei e da promessa messiânica é idêntico ao criador soberano, ordenador e consumador do "céu e da terra" (Gn 1,1), o Deus e Pai de todos os seres humanos e de todos os povos. O Deus da criação e da aliança também é o Deus consumador do mundo na "criação do novo céu e da nova terra" (Is 65,17), quando congregar a Israel com todos os povos na comunidade salvífica do final dos tempos para a "revelação de sua glória" (Is 66,19).

A fé no Deus criador não flui de duas fontes inteiramente diferentes. A fé no Deus criador e salvador se enraíza na experiência singular de seu poder na história, no cosmo e na vida de cada ser humano individual. A partir dessa experiência fundamental da presença eficaz de Deus, o horizonte se amplia até a origem universal (protologia) e a consumação do mundo que põe fim a todas as coisas (escatologia). A partir do centro da experiência pessoal de Deus na atualidade, Deus se revela como origem transcendente e fim transcendente do ser humano e do mundo. A estruturação conceitual mental da fé na criação tem parte no desenvolvimento histórico universal da concepção de Deus na história da salvação. Somente à luz do acontecimento de Cristo, o Deus criador revela sua identidade como Deus e Pai de Jesus Cristo.

À fé na criação se somam outros aspectos: a Palavra eterna ou o Filho eterno como mediador da criação, o Deus trinitário como origem e fim, a consumação do mundo no final dos tempos em vista de Cristo, Filho de Deus, e do Espírito Santo.

*A "criação" designa, assim, a relação transcendental-universal do mundo com Deus, a qual reluz, como fundamento transcendental e fim consumador, na referência espiritual e livre do ser humano a Deus e à história.*

## 2 A criação como autorrevelação original de Deus

Aqui fica claro um princípio essencial de todo discurso humano sobre Deus: Deus é reconhecido por meio do mundo histórico e com-humano; se media indiretamente, segundo todo seu ser e toda sua ação, como seu autor absoluto, através do ser do mundo, de sua direção e de sua consumação. "Desde a criação do mundo", portanto, de modo coextensivo à existência da realidade criada, Deus revela sua "realidade invisível", seu "eterno poder e sua divindade" (Rm 1,19s.), fazendo-se reconhecível por meio da luz (*intellectus agens*) da razão humana (*intellectus possibilis*).

O mundo criado não é um *medium* intercambiável a que Deus recorre arbitrariamente para realizar sua autorrevelação. Por meio do ser do mundo que reluz no ato do conhecimento, Deus penetra inevitavelmente na realização racional do ser humano. Sempre que o ser humano, na sua autoexperiência transcendental, perguntar pelo sentido e pelo fim do ser humano, encontrará, pelo menos de forma não temática e implícita, Deus como o fundamento transcendente do ser e do conhecimento finitos. Porque, na experiência humana de si mesmo e do mundo, Deus, como a livre origem do mundo e do ser humano, do ser e do conhecimento finitos, se manifesta como o mistério sagrado, deve falar-se aqui, num sentido explícito, da *autorrevelação de Deus*. Este conhecimento original de Deus como criador excede também em muito a possibilidade de acesso filosófico a Deus como causa transcendente do mundo, porque esse encontro original com Deus representa já um encontro salvífico-mediador com Deus.

O conceito cristão de criação situa o ser humano e o mundo num sistema de coordenadas especial no que diz respeito à transcendência pessoal de Deus, bem como em vista da imanência pessoal divina dependente dessa transcendência na história específica da sua autocomunicação na palavra e no mediador da aliança, Jesus Cristo:

• O próprio Deus é, segundo sua essência e seu ser, infinitamente diferente do mundo. Possui a si mesmo na sua autopertença e na autodisposição ilimitada de sua realidade pessoal.

• O ser humano como criatura é uma essência deste mundo e, ao mesmo tempo, o destinatário da autorrevelação de Deus como criador e parceiro na história da aliança.

• O mundo como criação não é parte de Deus nem um elemento de um processo dialético intradivino; o mundo como criação é o espaço vital do ser humano e o *medium* da revelação da glória e do poder de Deus.

• Desse modo, o conceito teológico de criação contém três níveis de referência que se entrecruzam:

1) *O ato criador*: A criação como ato de Deus coincide com o próprio ato do ser de Deus, por meio do qual chama livremente à existência a totalidade de todos os entes não divinos e faz com que todos eles subsistam realmente com as peculiaridades individuais próprias de sua natureza. Na realidade, existe uma diferença essencial entre o criado e o Deus criador. Em virtude do ato que estabelece a realidade, Deus está presente, porém, da maneira mais íntima, em todas as criaturas de acordo com as suas naturezas finitas. Essa relação fundamental com o mundo baseada na ação criadora se subdivide em aspectos individuais, que caracterizam o princípio, a realização e a consumação das coisas criadas do mundo. Como fundamento de tudo, Deus se encontra no princípio (*creatio ex nihilo*) como a base permanente de sustentação do ser e da existência das coisas (*conservatio mundi*). Dirige e dispõe o curso do universo para a salvação das criaturas por meio de seu cuidado e de sua providência (*providentia Dei*). A direção do ser humano para o seu objetivo final não acontece a partir do exterior, mas na e com a liberdade humana como correspondência entre a liberdade divina e a humana (*concursus divinus*).

2) *O mundo criado*: A criação significa também a totalidade das coisas criadas, "o céu e a terra" (cf. Gn 1,1; o universo, o cosmo ou "o mundo"). A criação é mais do que a simples soma das coisas existentes. Deus quer se revelar e se comunicar com a criação. Por isso, a ação criadora de Deus culmina naquela criatura que, dotada de espírito, está apta para a autotranscendência. A ação criadora de Deus se concentra no ser humano, porque só este pode transcender a condição de criatura do mundo e, à luz de seu autoconhecimento como criatura, converter-se no interlocutor pessoal da Palavra de Deus. A criação tem sua causa final intrínseca na aliança da graça.

3) *A ordem da criação* indica a bondade, a força, a ordem e a sabedoria de Deus, não só em razão de sua existência, de seu ser-aqui, mas também de seu modo de ser, de seu ser-assim, na estrutura funcional da matéria e na processualidade que sustenta e conserva a vida. Na ordem do mundo, Deus manifesta sua vontade salvadora.

À ordem da criação pertence a capacitação do ser humano para assumir ativamente a responsabilidade:
• Pela natureza material (ecologia, ética ambiental).
• Pelo mundo compartilhado: a configuração econômica, social e política do espaço vital racionalmente inferida da realidade da criação (teologia moral, ética social).
• Pelo ser pessoal: a realização da questão do sentido, da referência transcendental a Deus como ouvinte de sua Palavra e, dessa maneira, à religião, à fé, à comunidade eclesial (filosofia da revelação).

### 3 Importantes posicionamentos magisteriais sobre a doutrina da criação

(1.) O *Sínodo de Constantinopla* (543) condenou a doutrina "origenista" segundo a qual o poder de Deus seria finito e criou tudo que teria sido capaz de criar (DH 410).

(2.) Em vista dos "priscilianistas" (uma seita agnóstico-maniqueísta), o *Sínodo de Braga*, 561, nos cânones 5-13, lançou o anátema sobre todos os defensores das seguintes concepções:
(cânon 5): as almas humanas e anjos se compõem da substância divina (DH 455);
(cânon 6): o diabo não é um anjo bom criado por Deus; não tem um criador, mas é substância ou princípio do mal (DH 457);
(cânon 8): o diabo engendrou criaturas e, pelo seu próprio poder, causa danos ao mundo e ao ser humano (p. ex., por meio de intempéries; DH 458);
(cânon 9): as almas e os corpos humanos estão submetidos ao curso das estrelas (DH 459);
(cânon 11): o matrimônio é uma prática condenável e a procriação é algo abominável (DH 461);
(cânon 12): o corpo humano é um invento do diabo, e não há ressurreição da carne (DH 462);
(cânon 13): a criação da carne não é obra de Deus, mas do diabo (DH 463).

(3.) Contra a concepção neoplatônica-idealista da criação e a concepção de um ciclo natural, o Concílio de Latrão, 649, enfatizou a doutrina histórico-salvífica realista da Igreja: cânon 1: *Deus Trinitas est creatrix* (criadora) *omnium et protectrix* (protetora); (DH 501).

(4.) Em 1208 o *Papa Inocêncio III* escreve aos valdenses (que, a exemplo dos albigenses, cátaros e lombardos, ensinavam que a matéria é má e que o diabo a teria criado a partir do nada) este credo: O Deus uno e trino é o autor das coisas, as corporais e as espirituais, as visíveis e as invisíveis; é o autor singular do AT e do NT; é o criador de todas as coisas a partir do nada (DH 790).

(5.) O *Caput firmiter* do IV Concílio de Latrão, 1215, rejeita o catarismo: "Cremos firmemente que um só é o verdadeiro Deus eterno e incomensurável, imutável, incompreensível, onipotente e inefável, Pai e Filho e Espírito Santo [...] [cremos] que *Deus é o único princípio do universo, criador de todas as coisas visíveis e invisíveis, espirituais e materiais*, que com sua força onipotente *desde o princípio do tempo* criou do nada uma e outra criação: a espiritual e a material, isto é, a angelical e a mundana; e, depois, a humana, de algum modo comum 'a ambas', constituída de alma e de corpo. Pois o diabo e os outros demônios foram criados por Deus naturalmente bons, mas por si mesmos se transformaram em maus. Já o homem pecou por sugestão do diabo" (DH 800).

(6.) O *Papa João XXII* (1329) fez objeções a algumas sentenças do Mestre Eckhart (no que é motivo de controvérsia em que sentido as entendeu o próprio Eckhart). Refutadas são as seguintes doutrinas: A coexistência eterna do mundo com Deus; o paralelismo completo entre a geração eterna do Filho pelo Pai e a criação; as criaturas são puro nada; o discurso a respeito da "centelha incriada da alma" com a qual tocamos a Deus (DH 951-53; 976s.).

(7.) Contra o *maniqueísmo*, a Igreja ensina, no Concílio de Florença (1442) na Bula *Cantate Domino* do Decreto para os Jacobitas: "Deus, Pai, Filho e Espírito Santo é o criador de todas as coisas visíveis e invisíveis, o qual, quando quis, criou por bondade todas as criaturas espirituais e corporais, boas, é claro, pois são feitas pelo sumo bem, mas mutáveis, porque feitas do nada; afirma que não há natureza má em si mesma, porque cada natureza enquanto tal é boa. Confessa um só e o mesmo Deus como autor do Antigo e do Novo testamentos. Não há dois princípios primordiais, um das coisas visíveis, o outro das coisas invisíveis" (DH 1333-1336).

(8.) A propósito das teorias dos teólogos católicos G. Hermes e A. Günther, que se orientaram muito estreitamente em Kant e Hegel, o *Sínodo da província eclesiástica de Colônia*, 1860, toma posição contra o panteísmo, o deísmo e a concepção hegeliana do "Deus em devir". Em concreto se registra: Deus subsiste em si mesmo. É imutável. Não se vai fazendo no devir do mundo. Deus cria o mundo livremente, sem qualquer necessidade interior nem coação exterior, a fim de comunicar-lhe sua bondade. Poderia ter criado também outro mundo. O mundo foi criado por Deus no tempo. Os propósitos da criação são a felicidade do ser humano e a revelação da glória de Deus, bem como de suas perfeições, sobretudo, sua sabedoria, seu poder e sua bondade. Deve diferenciar-se entre a *gloria Dei subjectiva* (= a oração, a gratidão, a adoração de Deus pelo ser humano) e *gloria Dei objectiva* (= a revelação de Deus nas suas obras), que se subdivide, por sua vez, em *gloria Dei interna* e *gloria Dei externa* (NR 303-313).

(9.) O *Vaticano I* se refere a estes mesmos equívocos quando na Constituição *Dei Filius* (cap. 1, cânones 1-5) ensinava:
Cap. 1: Deus é uma só substância espiritual singular, simples e imutável. É real e essencialmente distinto do mundo (*re et essentia a mundo distinctus*). Para definir a criação, repete o IV Concílio de Latrão.
A esse respeito, o cânon 3: "Se alguém disser que a substância ou a essência de Deus é a mesma que a substância ou essência de todas as coisas: seja anátema".
Cânon 4: "Se alguém disser que as coisas finitas, tanto as corpóreas como as espirituais [...] emanaram da substância divina; ou que a essência divina se faz tudo pela manifestação ou evolução de si mesma; ou, finalmente, que Deus é o ser universal, ou indefinido, que, determinando-se a si mesmo, constitui a universalidade das coisas, distinta em gêneros, espécies e indivíduos: seja anátema". (O ser do ente, portanto, não é Deus.)
Cânon 5: "Se alguém não professar que o mundo e todas as coisas nele contidas [...] foram por Deus produzidas do nada segundo toda a sua substância, ou disser que Deus criou, não por vontade livre de toda necessidade, mas com a mesma necessidade com que necessariamente se ama a si mesmo, ou negar que o mundo foi feito para a glória de Deus: seja anátema" (DH 3001-3003; 3021-3025).

(10.) O *Vaticano II*, por fim, manifesta-se sobre questões da doutrina da criação, sobretudo na Constituição pastoral *Gaudium et Spes* (1965): O ser humano recebeu de Deus a capacidade e a missão de configurar o mundo responsavelmente e de estruturar a comunidade humana como uma grande família. As conquistas culturais e científicas do ser humano não o transformam num rival de Deus. A mensagem cristã da vida eterna não afasta o ser humano da *responsabilidade pelo mundo* nem da *preocupação com o mundo humano*, mas justamente o desafia para assumir essa tarefa (GS 33-39).

### 4 Os elementos constitutivos do Dogma da Criação

*Por criação (como ato) se entende a passagem de um ente contingente a sua existência e a seu modo de ser, sem recorrer a um substrato real ou potencial (cf. Tomás, S. th. I, q.65 a.3: creatio est productio alicuius rei secundum suam totam substantiam nullo praesuposito quod sit vel incrementum vel ab alio creatum.).*

O Dogma da Criação contém enunciados tanto teológicos em sentido estrito (portanto, enunciados sobre Deus) como cosmológicos (sobre o mundo enquanto tal) e antropológicos (sobre o ser humano).

*Enunciados sobre Deus*

• O Deus trino é origem e fim de toda a criação e de toda a história da salvação (DH 171; 790; 800; 1333). O Pai, o Filho e o Espírito não são três origens, mas a origem uma e única da criação inteira (DH 501; 1331).

• Deus se revela no e perante o mundo na sua realidade pessoal transcendente. Em face de concepções panteístas, emanacionistas e da filosofia do processo, segundo as quais Deus está naturalmente envolvido no processo mundial e chega a sua constituição ou à perfeição de sua essência através de sua passagem pelo mundo, o Vaticano I destaca a transcendência e a liberdade absolutas, a condição de sujeito e a realidade pessoal de Deus (DH 3001).

• O ser em si de Deus, que o mantém afastado do seu envolvimento natural no processo cósmico (imutabilidade de Deus), é, como a transcendência pessoal de Deus, ao mesmo tempo, também o fundamento de sua imanência pessoal no mundo, de sua efetividade na história e de sua influência espontânea. Este enunciado está direcionado contra uma concepção deísta segundo a qual Deus só tem influência sobre a origem do mundo, mas não sobre o curso da história (DH 2902; 3003).

• A presença e imanência de Deus no mundo se dá por meio da pessoa do Pai, "o criador do céu e da terra", da pessoa do Filho, "pelo qual tudo é criado", e da pessoa do Espírito Santo, o "Senhor e doador da vida". A autorrevelação do Deus trino se encerra definitivamente quando o Filho transfere seu reino ao Pai no Espírito Santo, "para que Deus seja tudo em todos" (1Cor 15,28).

*Enunciados sobre o mundo*

• Tudo que existe fora de Deus existe em virtude da ação criadora de Deus. As criaturas não são uma manifestação de Deus. Cada uma das coisas e dos seres vivos possui uma subsistência criada, em virtude da qual cada indivíduo possui sua própria realidade, atividade e valoração, no marco de sua natureza.

• Deus produz o mundo a partir da plenitude de seu poder e de sua força por meio de sua palavra, estabelecendo soberanamente o ente finito (em seu ser-aqui e no seu ser-assim) sem ter de recorrer a uma matéria precedente (contra a concepção de Deus como um simples demiurgo). Só Deus pode criar do nada (DH 800).

• Deus cria, juntamente com o mundo, também o espaço e o tempo como formas intuitivas acessíveis ao ser humano, nas quais pode ordenar os múltiplos dados da experiência sensível. A simples concepção mental de um tempo ilimitado e de uma infinidade do espaço vazio e sem matéria não tem nada a ver com a eternidade, que é uma qualidade que se identifica com a essência de Deus.

• O mundo criado é, em virtude da origem, *uno* (contra o dualismo metafísico). Consiste, porém, pelo menos no ser humano, na dualidade de princípios essencialmente diferentes, o espírito e a matéria; a alma-espírito é o princípio unificador (contra o monismo metafísico).

• Deus produz o mundo em *liberdade*, sem necessidade interior ou coação exterior. Visto que a liberdade de Deus se identifica com sua essência, significa, em vista de sua criação, a possibilidade de certa correalização da liberdade criada na realização da liberdade divina. A liberdade de Deus para com o mundo tem uma correspondência antropológica na capacitação da liberdade humana para a autorrealização no amor e para a participação na vida do Deus trino.

• O "*motivo*" do ato criador é a própria essência de Deus, seu amor (GS 19) e sua bondade (DH 3002): "Não para aumentar sua beatitude ou para adquiri-la, mas a fim de manifestar a sua perfeição pelos bens que prodigaliza às criaturas".

• O motivo da criação tem sua correspondência no mundo, dado que todas as coisas e todos os seres vivos criados, pela sua natureza e na sua natureza (isto é, de acordo com o modo de realizar sua participação no ser) *são em si mesmos bons* (cf. Gn 1,31: "E Deus viu tudo quanto havia feito e achou que era muito bom"). A bondade interior do que foi criado abrange também a materialidade do mundo e da corporeidade do ser humano.

• Contra o maniqueísmo deve-se deduzir, portanto, a partir da teologia da criação, que o *mal* moral *não tem uma natureza criada* (DH 1333). A atribuição do mal moral a uma natureza criada ou a afirmação de que a criação, por ser finita, inclui em si inevitavelmente o mal e a maldade, não significa, de modo algum, na perspectiva da teologia da criação, que essas teorias levem muito a sério o mal, mas o contrário, que o trivializam ou o desculpam já de antemão. O mal moral não existe em si mesmo. Coexiste com uma vontade pessoal criada que se volta contra sua própria salvação, contra a ordem do mundo e contra a orientação em Deus e, dessa maneira, se manifesta numa perversidade abismal (*mysterium iniquitatis*).

• O *propósito* supremo *da criação* é a revelação da glória de Deus (DH 3025). Corresponde a isto a revelação de que o objetivo final do ser humano é a participação na vida de Deus, na "bem-aventurança" do ser humano.

• Deus conserva o mundo do ser humano e conduz a história da humanidade ao se manifestar como origem, meio e fim de toda a criação (GS 39).

*Enunciados sobre o ser humano*

O objetivo do ato da criação e do movimento interior do processo mundial é o ser humano. Foi criado à imagem de Deus, como essência corpóreo-espiritual. Por causa de seu ser pessoal, confronta-se com o mundo com liberdade de ação. À sua natureza pertence a relação pessoal e transcendental com Deus.

A capacidade ordenadora do espírito humano, suas configurações e criações culturais não o convertem em rival do criador, mas são "sinais da grandeza de Deus e o fruto de sua decisão insondável". Pois o ser humano recebeu a missão

> "de governar o mundo em justiça e santidade e, reconhecendo a Deus como criador de tudo, orientar para Ele o seu ser e tudo o mais, de maneira que, com a submissão de todas as coisas ao homem, o nome de Deus seja glorificado em toda a terra" (GS 34).

### 5 A teologia da criação na estruturação da dogmática

#### a) Problemas estruturais da teologia da criação

A teologia da criação não se encontra no começo como um tratado isolado. Não pretende descrever uma relação estática e a-histórica entre Deus e mundo contraposta a uma experiência histórico-salvífica de Deus. A própria criação já é a proto-história da relação entre Deus e ser humano. A dimensão teológica, constituída por meio do ato da criação, da realidade mundial não pode ser desvirtuada pelo pecado do ser humano. A criação significa a autocomunicação original de Deus para o ser humano através do mundo, dado que Deus chama à existência o ser humano na unidade da natureza e da graça. A "natureza" significa, neste contexto, a consistência própria do ser criado, pela qual o ser humano é radicalmente distinto de Deus de acordo com a diferença entre o criador e a criatura, mas está dinamizado, em seu ser humano, para a livre aceitação de seu si-mesmo em virtude da proximidade de Deus que lhe foi prometida. A realização da condição de criatura humana é limitada por causa do pecado. No entanto, o pecado não pode anular a autorrevelação de Deus na criação como a salvação definitiva do ser humano. A persistência da vontade salvífica do Deus criador frente ao pecado significa, portanto, o princípio de uma história da salvação que visa à redenção e à aceitação do estado e da condição de filho, ao conceder-se a ele tomar parte no comportamento filial do Logos feito homem perante o Pai na presença do Espírito.

Ao situar a doutrina da criação no início da dogmática se obtém uma visão geral da estrutura da teologia. É na doutrina da criação que a teologia deve explicar sua concepção fundamental da realidade, sua concepção da história, sua visão do mundo e do ser humano. Na teologia da criação devem desenvolver-se os enunciados essenciais da concepção cristã de Deus que, por um lado, se referem à questão de como, por meio da realidade da criação, Deus se revela, como criador e consumador do ser humano, na capacidade de autocompreensão racional humana e, por outro lado, à questão de como deve conceber-se o ser humano, como um ser teológico, por ocasião da análise de sua experiência existencial fundamental.

A teologia da criação trata de Deus como do ser que se revela ao ser humano, por meio da realidade do mundo, como seu princípio e fim (*De Deo creatore qua principium et finis omnis creaturae*).

### b) A tensão entre a visão histórico-salvífica e a sistemática

A "criação", como afirmação teológica fundamental, desenvolveu-se a partir da experiência histórica de Deus. Só pôde ser formulada, em sua dimensão teológica profunda, com base no acontecimento de Cristo e da missão do Espírito. Não obstante, uma doutrina trinitária sobre Deus e o desenvolvimento de uma teologia da criação antecedem objetivamente ao processo do conhecimento. Há, portanto, certo contrafluxo entre a ordem do ser e a ordem do conhecimento.

### c) A particularidade do cristianismo e sua pretensão de universalidade

A fé cristã se estrutura sobre a experiência de fé historicamente contingente de Israel e sobre a contingência da pessoa histórica de Jesus. A partir desse caráter indedutível do particular, o olhar se dirige para os aspectos universais da humanidade na história da religião, do mundo e do espírito.

A pretensão de universalidade levou a teologia, já desde a época dos apologetas no século II, a buscar um ponto de contato a fim de abrir aos "pagãos" uma via de acesso que os levasse de sua experiência fundamental de ser humano, de Deus e de mundo, ao Deus de Israel e ao Pai de Jesus Cristo, o criador e consumador universal do ser humano. Assim, estabeleceu-se uma conexão com as experiências religiosas da humanidade e com a reflexão sobre as concepções de Deus na teologia natural dos filósofos, sobretudo em Platão e Aristóteles. Disso faz parte também uma discussão com a visão das ciências naturais a respeito das condições empíricas e do surgimento do mundo, bem como da hominização com base num processo de evolução biológica. Este encontro de modo algum é unilateral. Com auxílio das categorias filosóficas e das concepções científicas da cosmologia, a teologia consegue formular com mais precisão o Dogma da Criação, evitar intelecções equivocadas e mediá-lo com a concepção do ser humano moderno e com uma compreensão da realidade desenvolvida a partir da razão filosófica.

No entanto, havia o perigo de que, no curso da história da teologia, a doutrina da criação se reduzisse a uma explicação de um processo natural. É fácil incorrer no erro de interpretar a criação como uma espécie de pórtico, neutro para a salvação, quando Deus é apresentado genericamente como autor do mundo (como no deísmo ou numa cosmologia monoteísta), em vez de se entender a criação, de antemão, como o início da autorrevelação, de relevância salvífica, da realidade pessoal do Deus criador.

### d) A coordenação interior da ordem da criação e da ordem da salvação

Em virtude do pecado original, havia se obscurecido a unidade da autorrevelação de Deus como *criador* e como *consumador* do ser humano. O gnosticismo maniqueísta dualista aprofunda tanto essa experiência da diferença que transfere a cisão para dentro do próprio Deus. Ele estabelece uma contraposição diametral entre o Deus criador mau do Antigo Testamento e o Deus salvador bom da nova aliança. A teologia cristã sempre enfatizou, nesse aspecto, a unidade de Deus, que se revelou como criador e, em vista do pecado, como redentor do ser humano.

Uma vez que, desde Agostinho, o tema central da teologia ocidental foi a polaridade da graça e do pecado (como, mais tarde, também a teologia da Reforma se concentrou na problemática da justificação), sempre houve o perigo de relegar a um segundo plano a teologia da criação. Não se observou que a autorrevelação de Deus no ato da criação abrange todas as realizações historicamente variáveis da relação humana com Deus na fé ou na incredulidade, e que a realidade da criação é sempre anterior ao parêntesis dentro do qual se desenvolve a teologia do pecado original e da graça redentora.

Já desde os Padres da Igreja (Irineu de Lião) e, especialmente, também desde a recepção de Aristóteles pela Escolástica (Tomás de Aquino), deve-se à teologia católica uma exposição da unidade da doutrina da criação e da doutrina da salvação que têm sua origem na unidade de Deus. A dialética do pecado e da graça deve inserir-se numa experiência ontológico-existencial da condição de criatura do ser humano e, dessa maneira, numa experiência da referência ao mistério sagrado que se revela como Deus e se manifesta na história de Israel como o Deus redentor de todos os seres humanos.

## 6 A diferença entre a teologia da criação e as doutrinas religiosas e científicas sobre a origem do universo

O rico acervo da humanidade em termos de doutrinas mítico-religiosas, filosóficas e científicas sobre o surgimento do universo comprova que a questão da origem do mundo e da posição do ser humano é uma constante antropológica. A existência do mundo em geral e sua ordem permite inferir uma dependência de um poder superior, seja o dos deuses, o de um espírito supremo, o de um numinoso divino ou o do princípio de uma dinâmica criadora da "natureza".

Todas essas concepções se diferenciam, quanto ao conteúdo, ao enfoque e à orientação, da concepção judaico-cristã (e, dependendo dele, também da islâmica) do mundo como criação, porque nesta última "Deus" significa um poder pessoal, soberano e independente, que se contrapõe livremente ao mundo em seu ser-aqui e em seu ser-assim.

### a) Doutrinas míticas sobre a origem do universo

De grande importância para a forma literária e o pano de fundo da concepção do cosmo dos cânticos da criação veterotestamentários e da proto-história humana (Gn 1–11) são os mitos da origem do universo provenientes do círculo cultural do Oriente Próximo: o poema sumério *Enki e a ordem do mundo* (2000 a.C.), a epopeia suméria de Gilgamesh (650 a.C.), a epopeia babilônica *Enuma Elish* (séculos XII/XI), o *Hino ao sol* do rei egípcio Echnaton (1360 a.C.), bem como o *hino a Amon* da época de Ramsés II.

Aponta na direção de um monoteísmo pelo menos político o *Memorial da teologia menfítica* (ca. 700 a.C.). Ptah, o deus supremo de Mênfis, aparece como autor e "criador" universal da enéada de deuses e dos homens. Produziu o mundo de maneira puramente espiritual, pela virtude de suas palavras divinas. Estas nascem de seu coração e constituem a essência das coisas.

Já a assim chamada *Instrução ao faraó Merikare* (Egito, ca. 2200-2040 a.C.) atribui a um Deus (possivelmente, de cunho monoteísta) a criação, a conservação e a ordem legal do mundo. Chamam atenção as semelhanças literárias com o hino javista à criação (Gn 2):

> "Estão bem protegidos os homens, o rebanho de Deus. Criou o céu e a terra para que desfrutem deles. Reprimiu o poder da água primordial; criou o alento vital para seus narizes. São sua imagem exata, saída de seu corpo [...]" (ELIADE, M. *Geschichte der religiosen Ideen, Quellentexte*. Fr 1981, 90; inclui uma coletânea de composições poéticas sobre a origem do universo das mais diversas religiões míticas).

No exterior do círculo imediato do mundo bíblico devem considerar-se ainda as doutrinas do surgimento dos deuses e do mundo (cosmogonias e teogonias) do mito grego (Homero, Hesíodo), bem como dos vedas asiáticos (Upanishads; Bagavadguitá) e os diversos mitos das religiões africanas e veteroamericanas.

Todas elas estão vinculadas a uma imagem politeísta da divindade. Os deuses e homens estão abarcados pelo cosmo divino e submetidos ao ritmo universal de aparição e desaparição da vida (cf. os cultos da vegetação e da fertilidade). Uma concepção cosmocêntrica do universo se vincula a uma divinização e sacralização do universo/ da natureza.

A ciência da religião (cf. HEILER, F. *Erscheinungsformen e Wesen der Religion* [Formas de manifestação e essência da religião], St $^2$1979, 471-474) distingue quatro tipos fundamentais:

1) O surgimento espontâneo do universo, por exemplo, a partir de um "ovo do mundo".
2) O surgimento do mundo a partir de geração sexual entre os deuses, ou seja, a autofecundação de uma divindade masculino-feminina.
3) A elaboração de uma matéria ou a domesticação dos poderes do caos e sua configuração num cosmo, no que os seres humanos podem surgir de coisas sagradas, como, por exemplo, de um animal, de uma árvore ou das lágrimas dos deuses.

4) A produção a partir do "nada" (sem matéria preexistente, mas não concebida em sentido filosófico), por meio de palavras originais mágicas ou do encantamento dos deuses.

Além disso, há inclusive religiões ou cosmovisões filosóficas que não recorrem a um surgimento do mundo e aceitam como horizonte último um ciclo eterno (p. ex., o budismo).

Também são mitológicas as teorias dualistas sobre a origem do universo. O universo é aqui o cenário de um conflito entre o bem e o mal que remonta à criação de deuses bons e maus (zoroastrismo iraniano, gnosticismo, maniqueísmo), teorias que tiveram uma considerável influência também no mundo greco-romano da época dos césares.

### b) As cosmologias filosóficas

Nos *filósofos da natureza jônicos* (a partir do século VI), dissipa-se o poder mágico das mitologias. O conteúdo e a pretensão de verdade dos mitos devem ser explicados a partir de uma compreensão racional da realidade do mundo. Os pré-socráticos se colocavam as grandes questões filosóficas do ser, do devir e perecer, do Uno e do Muitos e, por fim, do fundamento original de todos os fenômenos. O primeiro princípio do universo que faz nascer todas as coisas, a *arché*, é o fundamento permanentemente presente na consistência das coisas, em sua *physis* (a matéria primordial: fogo, terra, água ou ar, o *Apeiron*, o fogo universal em *Heráclito* e, posteriormente, nos estoicos, o número nos pitagóricos). Por meio dos diversos estados da matéria primordial e de sua coordenação no todo, surge o processo cósmico. Há uma flutuação entre a unidade de origem e a multiplicidade dos fenômenos.

Na questão de saber se, para além dos princípios materiais, podem distinguir-se também princípios espirituais, o pré-socrático *Anaxágoras* expõe a ideia de um espírito universal separado das coisas do mundo. Esse espírito é, por meio de seu conhecer e pensar, a causa da cambiante combinação e separação das causas materiais.

Por outro lado, os atomistas *Leucipo* e *Demócrito* (e, mais tarde, os epicuristas) excluem todo tipo de causas espirituais e divinas. Só existem causas materiais. Só estas existem. Fora delas, só há o não ser. Os estados cambiantes do mundo, como aparecem para nós, são causados por forças mecânicas. Por meio delas, os entes indivisíveis (os átomos) estabelecem relações complexas e diferentes, dependendo da situação, da forma e da extensão. Este materialismo mecânico atomístico implica necessariamente o "ateísmo". Neste caso, é algo supérfluo recorrer a um princípio divino para explicar o mundo.

### c) A teologia natural da filosofia

Em face deste monismo e materialismo, Platão, Aristóteles e, mais tarde, também Plotino asseveraram a realidade do espírito e, dessa maneira, também um princípio transcendental e divino do mundo. Em vez da doutrina atomista de um número infinito de mundos possíveis, ou seja, da diversidade ilimitada de constelações dos átomos, ensinaram que este universo é único e que, de modo correspondente, também é único seu fundamento absoluto, a saber, Deus. Este monoteísmo filosófico, porém, não coincide de modo algum com a concepção bíblica de Deus em seu poderio próprio e em seu poderio histórico absoluto. Aqui, a relação entre Deus e mundo não está de modo algum mediada pela ideia da criação. Deus aparece apenas como o arquiteto do mundo (Platão) ou como o Primeiro Motor imóvel do movimento universal em sua interação sempre nova das formas espirituais e da matéria, na contínua transição entre realidade e possibilidade (Aristóteles).

Segundo a concepção neoplatônica de *Plotino* (205-270 d.C.), nas *Enéadas*, o mundo surge, por emanação, mediante uma efusão do Uno supraessencial, simples e perfeito, em variadas gradações e delimitações, até chegar à situação em que nós as encontramos na multiplicidade das manifestações do cosmo (ideia, alma, matéria). Concretamente, o mundo é configurado através do espírito universal na perspectiva das ideias eternas. O caminho leva necessariamente da multiplicidade à unidade primordial. Assim, o mundo está cunhado pelo duplo movimento de saída do Uno e de retorno a Ele (esquema de *exitus-reditus*).

Platão, Aristóteles e Plotino tiveram grande importância e repercussão histórica na mediação racional da fé cristã em Deus e em sua criação. Entretanto, foi preciso uma transformação e um desenvolvimento consideráveis de suas ideias fundamentais para que pudessem ser úteis ao discurso racional da teologia.

Não se encontra em Platão a concepção da origem do universo no tempo. Para ele, trata-se de uma dependência total e absoluta do mundo sensivelmente perceptível e mutável das ideias eternas, imutáveis e suprassensíveis e, sobretudo, da ideia suprema do bem. O mundo sensível é formado pelo demiurgo seguindo o modelo das ideias eternas. Tudo que foi feito, foi produzido por uma causa. Este mundo das aparências surge por meio de uma participação maior ou menor no eterno mundo das ideias.

No escrito importante para esse tema (Timeu 29a), consta:

> "Ora, se o mundo é belo e o demiurgo é bom, é evidente que pôs os olhos que é eterno; se fosse ao contrário – o que nem é correto supor –, teria posto os olhos no que devém. Portanto, é evidente para todos que pôs os olhos no que é eterno, pois o mundo é a mais bela das coisas devenientes e o demiurgo é a mais perfeita das causas. Deste modo o que deveio foi fabricado pelo demiurgo que pôs os olhos no que é imutável e apreensível pela razão e pelo pensamento. Assim sendo, de acordo com estes pressupostos, é absolutamente inevitável que este mundo seja uma imagem de algo. Mas em tudo, o mais importante é começar pelo princípio, de acordo com a natureza" (PLATÃO. *Timeu-Crítias*. Coimbra: Universidade de Coimbra, 2011).

O mundo sensível das aparências é, portanto, uma cópia móvel da eternidade. Platão explica o motivo (Timeu 29e):

> "Digamos, pois, por que motivo aquele que constituiu o devir e o mundo os constituiu. Ele era bom, e no que é bom jamais nasce inveja de qualquer espécie. Porque estava livre de inveja, quis que tudo fosse o mais semelhante a si possível. Quem aceitar de homens sensatos que esta é a origem mais válida do devir e do mundo estará aceitando o raciocínio mais acertado".

No livro 12 da *Metafísica*, *Aristóteles* critica a doutrina das ideias de Platão, porque permite que o mundo concreto da experiência seja apenas a cópia de um modelo do mundo das ideias e, dessa maneira, diminui sua realidade própria. Aristóteles, por outro lado, parte dos entes materiais concretos e os considera em sua entidade. A peculiaridade de cada ente é determinada pela sua forma (sua quididade; sua *substantia secunda*). Essa forma se realiza respectivamente na matéria. As mudanças, os movimentos e o devir de cada ente concreto nada mais são que um achado ou uma perda da forma substancial.

Em cada coisa concreta, a forma e a matéria fazem parte uma da outra imediatamente, dado que a generalidade da forma é individualizada por meio da matéria. Através da matéria, uma forma genérica se torna o ente concreto que subsiste em si. Todo ser concreto é determinado por estas duas causas imanentes, a forma e a matéria. Além disso, para poder explicar o aparecer e o desaparecer, são necessárias duas outras causas: a causa eficiente e a causa final. Por meio disso pode explicar-se como diversas formas influem umas sobre as outras.

Visto que, num nível maior de abstração, a forma e a matéria se comportam entre si como o ato e a potência, ou seja, como ser real e ser possível, só se pode explicar o movimento como passagem permanente da possibilidade para a realidade quando se pode recorrer a uma realidade, um ato ou uma forma preexistente. Daí resulta o conceito metafísico de causalidade: "*Omne ens quod movetur ab alio movetur* – tudo que se move, é movido por um outro". Na série de movimentos, porém, é preciso remontar a uma realidade primeira, um ato primeiro ou uma forma espiritual pura. Essa primeira causa eficiente de todo movimento não pode ser, ela mesma, uma composição de possibilidade e realidade, porque, do contrário, necessitaria uma outra causa eficiente para fazer atual a capacidade da forma frente à matéria.

Aristóteles chega assim a uma definição da essência do Primeiro Motor. É absolutamente simples e único. É o ser dotado de eficiência suprema, ato puro, forma espiritual sem qualquer matéria. É puro pensamento de seu si-mesmo ou transcendência absoluta. É em si mesmo vida, felicidade e pensamento puro, não submetido à mutabilidade e à determinabilidade, como as coisas do mundo. Nesse monoteísmo filosófico de Aristóteles, entretanto, Deus não é concebido, em hipótese alguma, como criador, no sentido cristão do termo. Deus parece ser aqui, antes, um conceito delimitador último do pensamento humano. Continua sendo uma espécie de predicado a respeito do mundo e não parece um sujeito que se enfrenta livremente ao universo, que pode "predicar" a si mesmo, ou seja, dar-se a conhecer livremente por meio de sua palavra e de sua ação histórica.

Deus é, aqui, como forma espiritual pura, somente o Primeiro Motor que impulsiona as formas preexistentes a se associar com a primeira matéria, pura, totalmente indeterminada (*materia prima*), ou seja, com a mais pura possibilidade (distante de toda materialidade). Segundo Aristóteles, as formas e a matéria-prima existem desde sempre. No processo universal só os indivíduos desaparecem. As essências são eternas. Tampouco se verifica um surgimento das espécies por acaso, porque justamente as formas puras sempre já estão dadas. A composição individual das essências e das espécies com a matéria-prima fundamentam o devir. No entanto, as essências jamais são o produto do devir. O propósito e o objetivo do devir coincidem com a forma. O pensamento de Aristóteles não é só causal, mas também teleológico, e de tal maneira que parece inconciliável com uma cosmovisão mecanicista.

Com o nascimento das ciências naturais modernas nos séculos XV e XVI, surgem tensões com a teologia cristã da criação justamente porque esta havia sido expressada e apresentada através das categorias do hilemorfismo, da causalidade transcendente e da teologia do pensamento aristotélico.

### d) A cosmovisão das ciências naturais modernas

Os conflitos entre a fé judaico-cristã e as ciências naturais modernas giram basicamente em torno das questões relativas à doutrina da criação. Uma vez que entre a teologia, como uma ciência transcendental que tematiza a relação pessoal entre Deus e ser humano, e as ciências naturais, que indagam pela estrutura da matéria, existe uma diferença fundamental quanto ao objeto e aos métodos, nem sequer deveriam existir áreas de atrito. Os conflitos históricos se agudizaram, principalmente, nas questões cosmológicas, mais especificamente nas questões relativas às condições da origem do mundo cósmico e do ser humano.

Caso se tivesse desde o princípio dado o devido valor ao gênero literário dos relatos bíblicos da criação, teria ficado claro que as descrições condicionadas por certas concepções de mundo não fazem parte do objeto da fé (DV 12). Pois para a relação entre Deus e o ser humano não importa o problema da cosmovisão heliocêntrica ou geocêntrica (controvérsia de Galileu), muito menos a questão da continuidade material do ser humano com o processo de evolução dos seres vivos (teoria da descendência de Darwin, cf. GS 36). No entanto, o elemento decisivo não está nestas discussões que giram em torno de aspectos superficiais, mas na concepção filosófica fundamental da realidade, da qual partem tanto o pensamento teológico como o científico.

Sobre o pano de fundo de determinadas transformações na filosofia medieval e na primeira fase da era moderna (nominalismo), a doutrina aristotélica das quatro causas se tornou questionável. A pesquisa empírica e experimental da natureza já não entendia a matéria como uma causa metafísica. Antes, a matéria foi reduzida ao aspecto da quantidade (massa e energia) e da expansão homogênea de suas partes no espaço, e se descreviam suas reações mútuas segundo as regras da lógica matemática. Surgiu assim uma cosmovisão "mecanicista" que cristalizou a imagem de Deus na forma de um primeiro impulsionador da máquina do mundo, em que a funcionalidade de todas as partes entre si era considerada como a manifestação da inteligência superior de seu construtor (imagem de Deus do deísmo e da teologia física).

Esta imagem de Deus foi posta em questão quando se pôde explicar que a hipótese de um construtor dos mundos não era mais necessária. O caráter supérfluo de Deus como hipótese científica de trabalho se mostrou justamente por ocasião do conhecimento do processo de hominização. Quando se pode explicar a criação sem o auxílio da teoria de uma constância das espécies desde o princípio (Carl von Linné) e se pode demonstrar que a configuração das espécies está condicionada por influências exteriores ao processo vital dinâmico (seleção natural ou artificial, mutação de programas genéticos), não é necessária uma intervenção de fora para explicar a origem da vida humana. Além disso, tampouco se pode demonstrar que no desenvolvimento determinado pelo acaso ou por conjuntos de condições externas existe uma teleologia. Exclui-se Deus como *causa efficiens trancendentalis et causa finalis*. Diversos cientistas da natureza interpretam, pois, também a teoria darwinista de uma evolução universal de todos os seres vivos e a teoria da auto-organização da matéria (Jacques Monod e Manfred Eigen), as quais excluem uma intervenção supranatural de um ser superior, como uma refutação da teologia da criação e como uma fundamentação do ateísmo (WUKETITS, F. *Evolutionstheorien* [Teorias da evolução]. Da, 1988, 29).

Todas as teorias, no entanto, que partem da necessidade ou do caráter supérfluo de Deus como uma hipótese científica de trabalho da cosmologia física ou da biologia, permanecem presas à imagem físico-teológica de Deus e não levam em consideração a diferença fundamental entre a descrição empírico-matemática da matéria e a questão filosófica do sentido do ser em geral ou da diferença entre o ser e o nada. A teologia só pode dialogar com os resultados da ciência da natureza moderna através da questão filosófica da realidade. O diálogo se torna problemático quando se recorre aos resultados da ciência para sustentar uma filosofia materialista.

Hoje se enfrentam duas teorias científicas antagônicas, a da origem do mundo no tempo (a assim chamada "Teoria do *Big-Bang*") ou a que defende que o universo não tem origem no tempo nem limitação no espaço (HAWKING, S. *Uma breve história do tempo*: do *Big-Bang* aos buracos negros. Rio de Janeiro: Rocco, 1988). Ambas se movem num nível distinto da questão filosófica sobre o ser e da questão teológica sobre Deus. Nesse sentido, não são uma confirmação nem uma refutação científica da fé no Deus criador.

De acordo com a observação de uma expansão do universo (cf. a teoria do astrônomo americano Edwin Hubble a respeito do movimento radial de afastamento das galáxias a partir de um ponto central único), o desenvolvimento cósmico começou há cerca de 20 bilhões de anos, a partir da explosão de uma energia infinita extremamente concentrada. Uma vez que, além da singularidade deste começo, não é possível expor condições empiricamente descritíveis, existiria aqui a possibilidade de recorrer a uma causa transcendente. Porém, essa conclusão só seria correta se fosse possível explicar como a matéria em geral passou do não ser à existência, e não só como se desenvolveu, sob a constância de suas condições originais, até sua forma atual.

Por outro lado, Hawking propõe uma teoria diferente. Estabelece uma conexão entre a teoria quântica e a teoria da relatividade geral de Einstein. Assim, o espaço e o tempo formariam um espaço finito quadridimensional, sem singularidades nem limites, assim como a superfície da terra. O mundo seria, portanto, finito, mas ilimitado. Se, pois, deduz ele, o universo é completamente fechado em si e pode ser explicado por meio de uma teoria unitária, não é necessário recorrer a Deus o criador como última hipótese de trabalho para explicar o universo.

Ainda assim, Hawking pergunta por que a matéria em geral se esforçou para existir. Assim, confirma – talvez inconscientemente – a diferença essencial entre a questão científica das condições empíricas do cosmo e da vida e a questão filosófica "por que é o ser e não, antes, o nada", por um lado, e o conhecimento teológico, por outro lado, de que a experiência que o ser humano tem da sua realidade pessoal e a questão do conteúdo e da consumação da busca humana de sentido e de esperança só se esclarece à luz de uma realidade pessoal transcendente, que não é causa num sentido empírico-objetivo, mas num sentido transcendentalmente eficiente de um livre autor do mundo e do ser humano.

## II. A FÉ NO DEUS CRIADOR SEGUNDO O TESTEMUNHO BÍBLICO

A fé na criação só adquire seu perfil próprio no curso de sua história. Corresponde às diversas fases da história da revelação e é uma imagem refletida da experiência de fé de Israel e da Igreja Antiga. As sempre renovadas reflexões e reinterpretações encontram sua sedimentação literária no AT e no NT.

A partir de pontos de vista cronológicos e de conteúdo, existem três grupos de enunciados a respeito da criação no AT: 1) os testemunhos pré-exílicos, 2) a teologia da criação pós-exílica (sobretudo, o Escrito Sacerdotal e o Dêutero-Isaías) e, por fim, 3) os enunciados a respeito da criação na literatura sapiencial tardia.

### 1 A fé na criação no Antigo Testamento

#### a) Os testemunhos pré-exílicos

O relato assim chamado javista, proveniente do século X a.C., acerca do "paraíso e da queda no pecado" (Gn 2,4b–3,24) não pretende oferecer uma reportagem realista dos primórdios empiricamente concebíveis do mundo e do ser humano. O gênero literário da etiologia histórica serve para que o leitor interprete sua experiência de Deus e sua situação no mundo atual a partir da indicação das origens, que condicionam a tudo. O valor cognitivo desse procedimento teológico dedutivo se baseia no encontro presente com Deus na sua palavra e revela ser, assim, uma parte da autorrevelação de Deus.

Entretanto, a ação criadora de Deus foge a todo acesso imediato do conhecimento humano. O conteúdo objetivo só se dá a conhecer analogicamente à compreensão de fé por meio da palavra humana e de acordo com a sequência narrativa de imagens.

Quando o autor da exposição recorre a tradições narrativas culturais do Oriente Próximo, não quer de modo algum favorecer uma interpretação mítica da existência humana ou um discurso mitologizante de Deus. Essas narrativas, tomadas das religiões mitológicas, são, antes, substancialmente desmitologizadas e essencialmente teologizadas. A chave hermenêutica é a fé em Javé, o Deus de Israel, que se revela como criador de todo o mundo e do ser humano mediante a existência do mundo, de sua ordem e de sua sábia disposição como espaço vital humano.

A diferença quanto às concepções mitológico-religiosas sobre o surgimento do mundo não consiste em que se apresente a Javé também como um Deus modelador do mundo, mas em que é o próprio Javé quem determina, totalmente, sua relação com o mundo. Javé não é um Deus entre outros deuses. Só Ele possui a essência da divindade e os priva de entidade própria ao convertê-los em elementos parciais de sua criação ou quando manifesta em geral a sua nulidade.

Javé, o Deus criador, é sempre sujeito. Não é predicado de um mundo que abrange todas as coisas. Manifesta-se frente ao mundo como atividade onipotente ao realizar tudo o que quer.

Entretanto, este texto javista ainda não oferece uma reflexão teológica elaborada da fé na criação.

A literatura pré-exílica oferece indicações isoladas de alguns hinos de louvor a Javé. Realiza na história seus atos maravilhosos. Entre eles, que fez a terra e o céu, as plantas, os seres humanos e os animais (cf. Sl 19,2; Gn 14,19.22; 24,3; 1Rs 8,12; Jr 5,22-24; 27,5; 31,35s.; Ez 28,13).

A ação criadora e poderosa de Deus na história abrange os confins do mundo, os cumes dos montes, as profundezas dos oceanos, bem como o reino dos mortos. Os poderes da natureza tremem com a sua manifestação (Am 9,2-4). Deus também assegura a ordem da natureza, com sua variação das estações do ano de verão e inverno, de dia e noite, de semeadura e colheita, enquanto a terra existir (Gn 8,22). Ditou ao sol sua órbita. Delimitou a terra e o mar.

Um claro enunciado a respeito da criação aparece em Jr 27,5. O "Eu sou" posto em destaque indica uma autorrevelação de Deus:

> "Eu sou aquele que fez a terra, os seres humanos e os animais que estão sobre a terra, por minha grande força e com meu braço estendido, e os dei a quem eu quis".

### b) A teologia israelita da criação segundo o P e o Dêutero-Isaías

No contexto de muitos enunciados da criação, chama a atenção também a terminologia. O conceito *bara* é utilizado para descrever tanto os atos históricos de Deus como sua atividade em face da natureza. O próprio Israel, como povo de Deus, é sua criação e inclusive a fé de Israel é sua obra (cf. Ex 34,10; Sl 51,12).

Apesar de toda exposição (antropomórfica) através de imagens, deve ficar evidente que toda ação de Deus é incomparável com a ação e com a palavra humana. A imagem de Javé, o oleiro, que faz uma obra do barro (cf. Jr 18,6; Is 29,16; 45,9; 64,7; Sb 15,7; Rm 9,21), não quer descrever uma ação real de Deus, como ocorre no mito. No nível do conteúdo objetivo se faz referência à dependência total do ser humano em seu ser-aqui, em seu ser-assim e também em seu caminho histórico e na realização de sua liberdade.

A incomparabilidade da ação de Deus na natureza e na história se expressa no conceito *bara* (Gn 1,1; Is 42,5), que somente pode ter Deus como sujeito. Aos poucos, essa palavra vai se tornando *terminus technicus* para designar a ação criadora de Deus.

A *Septuaginta* nunca o traduz com o termo grego δημιουργεῖν, mas, na maioria das vezes, com ποιεῖν. A *Vulgata* traduz com *facere*. Por isso, o cristão professa no credo a Deus como *factor coeli et terrae*. No NT a ação divina é indicada com κτίξειν. O ser humano aparece como κτίσις. Não se tem em mente uma confecção manual, mas um ato volitivo-espiritual, assim como um soberano, com uma simples ordem, podia fazer surgir, por exemplo, uma cidade.

O hino à criação de Gn 1,1–2,4a, o assim chamado Escrito Sacerdotal (P), surgiu no exílio babilônico (séculos VI-V a.C.). Representa uma contribuição teológica de primeira grandeza. O enunciado fundamental está dado no título sumário:

> "No princípio Deus criou o céu e a terra" (Gn 1,1).

Se aqui a fé de Israel na criação não é concebida e exposta, no sentido da teologia posterior, com categorias filosóficas precisas, recupera sim os momentos constitutivos fundamentais do conhecimento de Deus bíblico e da fé na criação. Eles podem ser denominados, portanto, também com as categorias da teologia sistemática. Como aspectos essenciais aparecem:

(1.) Deus é o sujeito soberano de sua ação criadora. Só Deus pode criar. Por meio de sua ação criadora, Deus manifesta sua onipotência e sua bondade em face do ser humano, que pode compreender o mundo a partir do ponto de vista de sua referência a Deus (cf. Rm 1,18-20). Deus se situa livremente frente ao mundo. Não é um predicado do mundo, nem media demiurgicamente no processo cósmico nem depende dele.

(2.) O resultado do ato da criação é o mundo criado como um todo e na sua referência ao criador: "céu e terra".

(3.) A ação-*bara* do Deus criador não é a configuração de uma matéria já existente ou a conversão de puras possibilidades em realidade. Ainda que o conceito de uma *creatio ex nihilo* só apareça mais tarde (cf. 2Mc 7,28: "Tudo o que existe Deus criou do nada, e também o gênero humano surgiu da mesma maneira"), está sim expresso implicitamente também nos testemunhos mais antigos. Trata-se de um juízo analítico: no conceito da ação criadora de Javé está contido o *ex nihilo*.

O conceito de "nada" permite reconhecer certas influências da filosofia helênica. No contexto da fé na criação, porém, é empregado de outra maneira. Correspondentemente ao axioma aristotélico *ex nihilo nihil fit*, com *nihil* se faz referência, no fundo, à matéria-prima. Essa é pura possibilidade que sem uma causa eficiente não pode passar para a atualidade de uma forma. Os conceitos da cultura e da filosofia helênica, que, em parte, também foi acolhida nas formulações de fé bíblicas e eclesiais posteriores, precisaram ser consideravelmente transformados. Somente assim pôde expressar a fé na criação, a qual era completamente estranha ao conjunto da filosofia grega. Deus como criador não se depara, em hipótese alguma, com uma protomatéria independente dele, que estivesse esperando sua configuração ou sua realização.

O termo *creatio ex nihilo* quer expressar, antes, a singularidade da criação divina. Toda realidade é, em seu ser-aqui e em seu ser-assim, no fundamento da possibilidade e da realidade, o resultado de uma vontade divina livre.

Assim, o salmista pode dizer: "O Senhor falou e assim aconteceu; Ele mandou, e assim se fez" (Sl 33,9). Esta ação de Deus, que não precisa recorrer a um pressuposto ou a uma condição fora de seu si-mesmo, pode tornar-se verdadeiramente o nome com o qual Deus se manifesta: "o Deus que dá vida aos mortos e chama as coisas não existentes como se fossem existentes" (Rm 4,17).

Ao conhecimento humano criado é negado uma compreensão adequada do ato criador de Deus. O ser humano conhece apenas uma ação sobre um objeto já existente.

Vista a partir de Deus, a criação significa que Ele dá a existência à criatura ao evocá-la. E ao evocá-la, ou seja, ao torná-la objeto de sua ação, ela surge.

De modo correspondente, deve interpretar-se Ef 1,4: "Deus nos escolheu em Cristo antes da constituição do mundo". Também aqui, evocar, escolher e criar não são atos distintos e cronologicamente sucessivos. O que se quer dizer é: Quando Deus nos cria, somos escolhidos (o "motivo da criação"), e ao nos escolher, somos criados. A revelação de Deus é a causa do ser criado das coisas.

(4.) Deus realiza seu ato criador por meio de sua palavra e de sua vontade. A palavra não é um instrumento separado de Deus, por meio da qual realiza o mundo. A palavra e a vontade se identificam com Deus. Designam a ação pessoal, subjetiva e livre de Deus. Exclui-se toda a mescla processual de Deus com a natureza. O NT adota a ideia de uma criação por meio da palavra: "Todas as coisas foram feitas por meio dela e sem ela nada se fez do que foi feito" (cf. Jo 1,3). Aqui a palavra não é identificada genericamente com a atualidade de Deus, mas é uma realização hipostática da essência de Deus na diferença pessoal entre o Pai, o Filho e o Espírito. A existência e a orientação da criação ao seu fim não se referem mais apenas a Deus como causa eficiente e final do mundo. Na sua essência trinitária, encontra-se também a orientação que dá e descobre o sentido da criação (*causa exemplaris*).

(5.) Deus cria o mundo "no princípio". O tempo e o espaço não existem, nem objetiva nem logicamente, antes da criação do mundo. São propriedades, dimensões da realidade criada, nas quais o mundo se torna perceptível também para o ser humano, e dão orientação. Porém, o espaço e o tempo não se situam "entre" Deus e o mundo, a fim de indicar uma distância. O ato da criação fundamenta, antes, uma referência supratemporal e supraespacial do mundo a Deus como sua origem e seu fim. Deus está presente em todo lugar e em todo tempo e em todo ser e se revela como criador. É por isso que a teologia fala que Deus criou o mundo num instante (*in instanti*). Uma atuação criadora sucessiva corresponderia à edificação de uma casa por um arquiteto ao longo de várias etapas. No entanto, o ato de criação é tão indivisível como o próprio Deus. Não é que a criação aconteça sucessivamente, mas que o mundo, como criado, é concebido como um desenvolvimento sucessivo na natureza e na história. A *creatio continua* se identifica com a *creatio ex nihilo* original e designa apenas a realidade e a presença permanente do ato criador supratemporal e, dessa maneira, do próprio Deus no mundo como um todo e em seus processos evolutivos, na individuação, na personalização do ser humano e na história da liberdade humana.

(6.) O ser do mundo e de todas as coisas concretas é uma revelação da bondade interior de Deus. Segundo sua realidade e sua essência, as coisas são boas (Gn 1,31). O mal não é uma substância criada nem uma manifestação de um lado sombrio em Deus ou de um princípio divino mau. O mal não deve ser confundido com a contingência e a finitude do criado nem resulta obrigatoriamente delas. O mal moral surge somente quando uma vontade criada se afasta livremente de Deus, que é seu fim. Porém, não surge como entidade criada, mas consiste no afastamento da vontade em relação ao bem a que está ordenada. O mal se manifesta nos intrincados emaranhamentos e enleios das desgraças físicas.

(7.) O autoconhecimento do ser humano como criatura e o conhecimento da infinita superioridade do Deus criador leva o ser humano a se aproximar de Deus como o mistério sagrado, o "Deus oculto" (Is 45,15). E se sabe ligado ao seu criador ao ir ao seu encontro com atitude de adoração, louvor, gratidão e veneração (Sl 8; 95; 104). Nessa entrega em resposta e louvor do ser humano a Deus participam também todas as demais criaturas: os céus e a terra louvam a glória e a honra de Deus (Is 6,3; Ap 4,11).

(8.) A fé na criação (protologia) tem um estreito vínculo com a história da salvação e com a escatologia.
Especialmente o Dêutero-Isaías (Is 40–45) oferece uma radicalização e uma sintetização da fé veterotestamentária na criação e está, ao mesmo tempo, aberta ao futuro messiânico escatológico. Só Javé é Deus. Todos os deuses dos pagãos nada são. Só Javé é o criador e, portanto, só Ele é o redentor. Deus é o princípio e o fim, o A e o Ω do mundo, o primeiro e o último (41,4; 44,6; 48,12).

No Trito-Isaías existe, em virtude de uma consequência interna, a expectativa de uma nova criação, de uma refundação totalmente nova do mundo, de um novo céu e de uma nova terra (Is 65,17; 66,22; Ap 21,1).

### c) A criação na literatura sapiencial

Desde a helenização do Extremo Oriente, Israel conhece, de maneira similar a muitos povos antigos, uma sabedoria resultante da consideração racional dos fenômenos da natureza, dos processos da história e da vida cotidiana. No entanto, o marco interpretativo abrangente continua sendo a fé histórica na salvação. O lema é: "O temor do Senhor é o princípio de toda sabedoria e de todo conhecimento" (Jó 28,28; Pr 1,7; 9,10; Eclo 1,11-21; 19,20). A ordem do mundo, segundo sua medida, seu número e seu peso, reflete a superior sabedoria de Deus, assim como através da harmonia de uma obra se pode admirar a arte excelente do arquiteto.

Também na vida pessoal do piedoso, a sabedoria de Deus se revela como condução e direção superior do destino do ser humano individual, assim como Deus também mantém todos os acontecimentos do mundo sob sua condução e direção soberana. Só Deus cuida de tudo e de todos (Jó 38–42; Sb 7,21; 9,9; 12,1; Eclo 24,1-6; Pr 3,18s.; 8,22-31).

A sabedoria é uma propriedade de Deus (Jó 28,12-27; Br 3,12). Em outra passagem, é apresentada como a primeira criatura de Deus, a qual estava presente na criação do mundo como conselheira. É descrita como personificada (como figura literária) para ilustrar o autoconselho de Deus (Sb 7,22–8,1; Pr 8,1-21; 9,1-6; Eclo 24,1-24). No conjunto, a sabedoria designa a presença salvífica de Deus que permanentemente ordena e conduz. Por outro lado, pode demonstrar também que os infiéis são néscios. Quem se deixa guiar pela sabedoria, pela palavra e pelo Espírito de Deus, conhece também o mundo em sua perfeição. O sábio adquire um conhecimento de Deus como o ser verdadeiro (Sb 13,1). Da grandeza e da magnificência da criatura pode deduzir-se a existência e a vontade salvífica de Deus (Sb 13,5; cf. Rm 1,19s.; At 14,17). Daqui resulta também a definição bíblica do culto aos ídolos. Pagãos e néscios são aqueles que confundem a criatura com Deus e a adoram como divina, no lugar do criador. Ao adorar as coisas criadas, as estrelas, os animais e os seres humanos, obscurecem a verdade de Deus. Deus demonstrará que eles são néscios e ímpios (cf. Sb 11,15; 12,24; 13,10s.; Sl 106,20; cf. Rm 1,18-25).

### 2 Enunciados do Novo Testamento sobre a criação

### a) A fé na criação na vida do Jesus terreno

Jesus identifica a Deus – a quem chama, de forma exclusiva, seu Pai e a quem Deus revela como seu Filho – com o Senhor, o Deus criador, o "Senhor do céu e da terra" (Lc 10,21; Mt 11,25). Na sua proclamação, reporta-se ao "princípio da criação" (Mc 10,6; 13,19; Mt 13,35; 19,8; 24,21; 25,34; Lc 11,50). A vontade criadora é apresentada como norma e medida frente aos parâmetros religiosos e éticos de sua época. A fé na criação está vinculada também ao anúncio de Jesus a respeito da vinda próxima do Reino de Deus. Nos sinais de Jesus relacionados com essa vinda, a cura dos enfermos, a superação dos poderes demoníacos do mal e a dominação dos poderes da natureza hostis à vida, aparecem os traços do poder divino. A vontade salvífica criadora de Deus se manifesta na ação escatológico-messiânica de Jesus. Em Jesus, Deus age como senhor da história e da natureza, como o Deus salvador e providente do destino do ser humano individual. A paz escatológica de Deus se faz visível na paz dos seres humanos entre si e também na cura da mentalidade materialista e perturbada do ser humano.

A legitimidade da missão de Jesus se demonstra no fato de que lhe compete a ação-*bara* de Deus na criação e na história da salvação. Portanto, só há salvação no nome de Jesus, ou seja, no próprio Deus (cf. At 4,12).

A obra criadora de Javé tem sua realização soteriológica em Jesus. O destino salvífico-relevante de Jesus na cruz e na ressurreição se mostra como a revelação plena de Deus como criador da salvação na natureza, na história e na inauguração de uma indestrutível comunhão de vida do ser humano com Deus na "ressurreição dos mortos".

### b) O teocentrismo da criação

Tudo que existe no céu e na terra, todas as coisas visíveis e invisíveis, foram criadas por Deus através de sua palavra e de sua vontade, sem recorrer a uma matéria preexistente ou a um reino de possibilidades. Deus é aquele que chama à existência aquilo que não é (cf. Rm 4,17; 11,36; 1Cor 8,6; Ef 3,9; Cl 1,16; At 4,24; 14,15; 17,24; Hb 3,4; 4,11; Ap 10,6; 14,7). O mundo criado com sua estrutura temporal (Rm 1,20; 1Pd 1,20; At 10,6; Hb 1,10; Ef 1,4; Jo 17,24) está orientado de maneira abrangente para Deus Pai. A ação salvífica do Filho encontra seu fim na sua submissão ao Pai e na obediência a Ele, "a fim de que Deus seja tudo em todos" (1Cor 15,28). "Porque dele, por Ele e para Ele são todas as coisas. Para Ele a glória pelos séculos" (Rm 11,36; cf. Hb 2,10). Uma breve exposição da fé neotestamentária na criação se encontra no discurso do Areópago de Paulo (At 17,22-31). Deus criou tudo, no céu e na terra. O ser humano foi criado para buscar e encontrar a Deus. O Criador não se distancia de nenhum ser humano, "pois é nele que vivemos, nos movemos e existimos". Deus não é um produto moldado ou ideado pela mão humana ou pelo intelecto humano. O Deus criador definiu o dia do juízo, que será realizado por Jesus Cristo, a quem ressuscitou dos mortos (cf. Ap 4,8.11; 5,13).

### c) Jesus Cristo como o mediador da criação e da redenção

O aprofundamento cristocêntrico da fé na criação abrange dois aspectos: Primeiro, Cristo é a palavra eterna do Pai (Jo 1,3) ou o Filho eterno (Cl 1,12-20; Ef 1,3-14; 1Cor 8,6), é o mediador do ato da criação e, assim, o revelador da relação trinitária com a criação; segundo, Jesus, como Filho feito homem, é o mediador da redenção que orienta o mundo criado à sua consumação soteriológica e escatológica:

> "Para nós não há mais do que um só Deus, o Pai de quem tudo procede e para quem nós existimos; e um só Senhor, Jesus Cristo, por quem existem todas as coisas e nós também" (1Cor 8,6).
> "Ele é a imagem do Deus invisível, o primogênito de toda criatura; porque nele foram criadas todas as coisas nos céus e na terra [...] tudo foi criado por Ele e para Ele. Ele é antes de tudo e tudo subsiste nele [...]. Foi do agrado de Deus fazer habitar nele a plenitude e por Ele reconciliar tudo consigo mesmo" (Cl 1,15-20; cf. tb., Ef 1,3-14; Hb 1,1-3: "Esplendor de sua glória e imagem expressa de seu ser, sustenta todas as coisas pela palavra de seu poder").

### d) A mediação pneumatológica da fé na criação

Da ação soteriológica de Jesus resulta uma refundação da criação (cf. 2Cor 5,17; Gl 6,15). Em Cristo e no Espírito, o ser humano é renovado segundo a imagem de seu criador (cf. Cl 3,10) e vive em verdadeira justiça e santidade (cf. Ef 4,24; Lc 1,75). No crente habita o Espírito de Deus "que ressuscitou Jesus dos mortos" (Rm 8,11). Deus efetua a ressurreição dos mortos nos batizados por meio do Espírito criador de Cristo. Também os batizados esperam, juntamente com a criação inteira, sua consumação, a revelação da glória, quando os "que possuem os primeiros frutos do Espírito", com a salvação do seu corpo, serão revelados como filhos de Deus em Cristo (cf. Rm 8,23).

### e) A escatologia da criação

Pela mediação de Cristo, a promessa de uma nova criação do mundo se torna realidade no tempo messiânico (cf. Is 65,17; 66,22). Se a criação foi protologicamente uma ação salvadora de Deus, o fim e a consumação do mundo e da história são igualmente um acontecimento salvífico. Propiciam a revelação definitiva da vontade de Deus criador. Fica excluída uma redução a um fim do mundo concebido em termos cosmológicos. A consumação da criação com a nova vinda de Cristo não leva a uma mescla de Deus com o mundo, mas à consumação do convívio pessoal permanente no amor (de onde surge a imagem escatológica da esposa e do esposo). No "novo céu e na nova terra" (Ap 21,1-7) a criação inteira clama por meio do povo de Deus ("a cidade santa", "a nova Jerusalém", "a esposa") no poder do Espírito:

> "O Senhor nosso Deus, o Todo-poderoso, estabeleceu o seu reino. Alegremo-nos, exultemos e lhe demos glória, porque se aproximam as núpcias do Cordeiro (= Cristo). A esposa (a Igreja) está preparada" (Ap 19,6s.).

## III. A FORMAÇÃO DA DOUTRINA DA CRIAÇÃO NA HISTÓRIA DA TEOLOGIA

### 1 Na Patrística

#### a) Os apologetas do século II

O horizonte de verdade universal da fé cristã impeliu os apologetas do século II a realizar uma mediação positiva entre a confissão bíblica e a imagem de Deus da teologia racional da cultura helenista. Uma asserção imediata da verdade da tradição religiosa particular de Israel não apenas era inviável do ponto de vista da estratégia da proclamação, mas contradizia, sobretudo, a pretensão de universalidade e de racionalidade subjacente na fé judaica e cristã. Porque, porém, uma ideia de criação era completamente estranha para a filosofia grega e Deus, no final das contas, não era conhecido como uma realidade pessoal soberana e livre frente ao mundo e em referência à pessoa humana, a fé na criação cristã tinha de significar uma crítica e uma reavaliação fundamental dos conceitos existentes no espaço helenista, como Deus, o cosmo e o ser humano, mas também a razão e a realidade, bem como todo o seu sistema de coordenadas.

A fórmula da *creatio ex nihilo* (cf. Herm. mand. 1,1), cunhada pelo recurso a 2Mc 7,28, significou nada menos que a primeira ruptura histórico-espiritual da concepção cosmocêntrica do universo da Antiguidade pagã. Deus não é o arquiteto demiúrgico (como em Platão). Não é o Primeiro Motor imóvel (como em Aristóteles). Não está ligado de forma panteísta ou teofânica ao cosmo mediante uma emanação do ser e de sua unidade original na multiformidade de suas manifestações, até chegar a mais ínfima objetivação na matéria (neoplatonismo). Diferentemente dos sistemas do dualismo platônico ou do monismo estoico, Deus enfrenta o mundo livremente. Abrange tudo. Não é envolvido pelo cosmo ou pelo pensamento humano. Deus não é um predicado do cosmo divino. Não está realmente integrado no processo do mundo nem mantém uma tensão dialética ou lógica com ele numa unidade superior.

Em contradição com a religião popular politeísta, os apologetas recorrem à doutrina, em formação na filosofia, da absoluta transcendência de Deus ante o mundo, a qual, entretanto, não é sinônimo do conceito cristão de transcendência de Deus. Aqui, o conceito de "Deus" se forma por meio da pura negação de todas as características próprias do mundo. Situa-se além de todo contato com o mundo e com a matéria. Se, porém, como Motor imóvel ou o demiurgo, deve ser o fundamento do mundo, necessita um sistema de mediações e mediadores. Entre o mundo material e o Deus absolutamente puro, aparece, como princípio mediador, o Logos ou o espírito do mundo. Os apologetas adotam essa ideia filosófica do Logos e a vinculam com a visão bíblica de Jesus Cristo, o Filho e o Logos de Deus, que se encontra no NT não só como mediador da redenção, mas também como mediador da criação. A palavra ou o Filho procede (ainda antes da encarnação) de Deus, e tem como propósito a criação e o governo do mundo (Justino Mártir 2 apol. 6; dial. 61; Atenágoras, leg. 8; Teófilo v. A., Autol. 2, 10.22). Fica em aberto a questão se o Logos é engendrado, independentemente da criação, pelo Pai na eternidade e, dessa maneira, tem-se a mesma essência que ele (cf. o problema da homoousia na controvérsia ariana). Nesse entrecruzamento da processão do Filho a partir de Deus e de sua produção com o propósito de mediar a criação, tampouco fica claro se é a processão, juntamente com a criação e com sua manifestação na encarnação, que converte o Logos em hipóstase e pessoa divina (cf. a questão de um subordinacionismo essencial ou somente histórico-salvífico na cristologia dos doutores eclesiásticos pré-nicenos). Essa concepção teológica ainda não muito bem-elucidada não exclui que os teólogos do século II reconheceram na fé a diferença entre o Pai, o Filho e o Espírito, bem como a preexistência e a divindade eterna do Filho e do Espírito (cf. Atenágoras, leg. 10).

A problemática central dessa tentativa de uma mediação da fé cristã na criação e uma cosmologia e uma metafísica teológica consiste em que a teologia da criação em geral é excluída da autorrevelação histórico-salvífica de Deus e reduzida a uma espécie de cosmologia monoteísta. Existe uma dificuldade de mediar a imagem de Deus e suas determinações surgidas mediante uma negação frente ao mundo (Deus não está sujeito aos sofrimentos do mundo, apatia, impassibilidade, carece de necessidade etc.) e a concepção bíblica de que Deus se revela, já no ato de criação, como o Deus da vontade salvífica, do encontro e da entrega pessoal e como o interlocutor de referência pessoal da história da liberdade e da busca pela salvação humana.

### b) A unidade histórico-salvífica da criação e da redenção segundo Irineu

A visão dualista de mundo do gnosticismo partia de dois princípios últimos ou de duas divindades, no que havia um Deus criador mau, concebido como autor do mundo material e, dessa maneira, do mal, e um Deus redentor bom, o autor do espírito e do bem. Contra esse dualismo metafísico, Irineu de Lião assevera a unidade da obra da criação e, assim, também a bondade essencial da realidade material. Porque não há dois princípios ou deuses últimos, mas apenas o Deus uno, a unidade da criação e da redenção (história da salvação) é uma prova da unidade e da singularidade de Deus, e vice-versa.

Irineu supera inclusive o perigo, percebido pelos apologetas, da dualidade entre a criação e a história da salvação, que reduzia a teologia da criação a uma simples e superficial cosmologia monoteísta. Uma vez que no princípio se encontra o Deus uno e único, a criação e a redenção estão entrelaçadas como as duas fases do plano global de realização da salvação. Deus almeja um único objetivo, a saber, a consumação do ser humano na "divinização pela graça ou pela comunhão de vida com Deus". O objetivo da criação não consiste em que Deus produz os seres humanos para se libertar de sua solidão, ou se desenvolver do seu vazio à sua plenitude. Deus não precisa dos seres humanos. Cria-os para torná-los partícipes de suas boas ações (haer. IV, 14). O fundamento da criação é, portanto, o amor de Deus que se entrega, que nada pretende ganhar, mas que quer compartilhar sua plenitude inesgotável. Nesse sentido, Deus carece de necessidades (cf. o axioma grego da apatia). Diferentemente da filosofia grega, aqui não se pensa, em sentido negativo, numa diferenciação frente ao mundo, mas, pelo contrário, no amor que se entrega livremente. Isto é possível porque Deus produz o mundo como uma criação relacionalmente projetada para ele.

Se, portanto, o objetivo é a autocomunicação de Deus na encarnação, também o cristocentrismo original da criação, revelado na encarnação, aparece na origem e no fim. Assim, o Jesus histórico, como o Logos encarnado do Pai, é o objetivo fundamental da criação. Jesus se mostra como o fundamento original da criação, como o arquétipo, segundo o qual o ser humano foi criado como imagem e semelhança de Deus e existe como interlocutor pessoal (cf. a interpretação trinitária de Gn 1,26: "Façamos o ser humano à nossa imagem e segundo nossa semelhança"; cf. Barn. 6,12).

Em Jesus Cristo a identidade do Deus criador e do Deus redentor se dá tanto no nível histórico-salvífico como no escatológico. Nele se revela a bondade interior e a essência boa de toda criação material e espiritual.

O pecado não pode desfazer o nexo interior entre a criação e a doação da graça. Mediante o perdão dos pecados a vontade salvífica de Deus somente toma um caminho diferente para alcançar seu objetivo.

Neste sentido, Irineu adota a ideia expressa em At 3,21 de uma restauração de todas as coisas (*recapitulatio omnium*), que Deus realiza, no final, em Jesus Cristo.

A criação se relaciona para com a redenção como o início de um processo que aponta para sua consumação exterior passando pelas diversas fases de sua evolução. Esta, entretanto, não deve ser entendida como um processo evolutivo de tipo orgânico, mas como o amadurecimento da liberdade pessoal na dramática da história humana.

Com sua visão geral otimista da história da salvação Irineu pôde superar os dualismos gnósticos de um Deus criador e de um Deus redentor, de uma natureza má e de uma boa do ser humano, de uma natureza criada e de um processo histórico-salvífico, por meio de uma concepção histórico-salvífica (econômica) da Trindade. No entanto, só por meio dessa narrativa histórica estruturante dos atos salvíficos de Deus certamente não poderiam ser solucionadas todas as questões metafísicas que surgem neste caso, como a da relação entre o ser absoluto de Deus e a realidade finita da criação, entre a onipotência divina e a liberdade humana, bem como a da "natureza do mal".

### c) A tentativa de uma mediação racional da fé na criação com a questão metafísica da origem (Clemente, Orígenes)

Os alexandrinos Clemente e Orígenes buscam (de modo similar ao teólogo e filósofo *Filo de Alexandria*, † 65 a.C.) passar a fé cristã para as categorias da filosofia platônica e transmiti-la ao âmbito da racionalidade helenista. Na dialética aqui determinante entre conexão e oposição deve observar-se, por sua vez, que a doutrina bíblica não foi introduzida nas categorias da filosofia helenista, mas que estas categorias foram reformuladas criticamente em vista das constantes da concepção de Deus, da interpretação da realidade e da imagem do ser humano próprias da Bíblia.

Na sua obra principal *De principiis*, *Orígenes* faz uma distinção entre os enunciados de fé vinculantes (de acordo com a *regula fidei*) e sua interpretação teológica com auxílio da cosmologia antiga e da teologia natural (aqui são importantes as referências ao diálogo platônico *Timeu*, aos autores Aristóteles, Teofrasto, Galeno, Plínio e Cícero).

Para o crente, é certo que Deus, o criador, chamou à existência todas as coisas a partir do não ser e lhes deu sua ordem própria. Este Deus se identifica com o Deus de todos os justos, começando por Adão, Abel e Abraão. Jesus Cristo é o Filho de Deus, engendrado pelo Pai antes de toda criação. Por meio dele o Pai criou o mundo. O mundo tem um princípio e um fim no tempo.

O ser humano é uma criatura dotada de liberdade e razão, é autor e senhor de seus atos (contra a determinação por meio do destino ou da influência dos astros). Não está necessariamente entregue à influência do diabo. O ser humano dispõe de livre-arbítrio como pressuposto de sua ação boa ou má. Por isso há recompensa, mérito e castigo.

O diabo não foi criado como uma substância má. Sua maldade consiste em que sua vontade criada livre se afastou de Deus.

Na compreensão metafísica da fé na criação, Orígenes elaborou alguns aspectos do Dogma da Criação que mantiveram sua relevância ao longo da história da teologia:

*A ideia da criação simultânea*
Segundo o modelo de Filo, Orígenes não interpreta a história bíblica da criação como uma reportagem realista. Em virtude de seu objeto, deve ser entendida como a exposição de um ato supratemporal de Deus. O ato, idêntico a Deus, por meio do qual o mundo surge e existe continuamente (*creatio continua*) não pode ser mensurado em dias e horas. De acordo com a formulação bíblica "o Senhor que vive eternamente criou todas as coisas em sua totalidade – *creavit omnia simul*" (Eclo 18,1), a eternidade é uma propriedade essencial de Deus, que não a perde quando estabelece uma relação livre com o mundo. O ato da criação, portanto, não é uma atividade de Deus mensurável segundo uma medida de tempo, mas é sua livre referência ao tempo. Isto, no entanto, não exclui, mas inclui que o próprio mundo pode ter também uma evolução das formas naturais e uma história da liberdade humana.

Com base nessa distinção radical entre eternidade como propriedade essencial de Deus e o tempo como característica do mundo criado, também se pode distinguir fundamentalmente entre a procedência eterna do Logos a partir do Pai e a procedência da criação a partir de Deus.

*A recepção da doutrina das ideias*
As formas das coisas são a realização de conceitos originais existentes no Espírito de Deus (exemplarismo). As coisas são imitações das ideias preexistentes em Deus. Têm no Logos divino seu modelo e, portanto, também seu fim. Essa relação entre os elementos constitutivos internos do universo e a realidade interna de Deus pode ser expressa de forma ainda mais precisa por meio da concepção platônica sobre a participação (cf., p. ex., Gregório de Nissa, or. catech. V, 2). No entanto, surge aqui uma tensão entre o realismo histórico-salvífico da Bíblia e um idealismo que considera o mundo criado como uma espécie de cópia, com menos densidade no nível do ser, de sua ideia que preexiste como modelo em Deus. O verdadeiro ser das coisas poderia aparecer aqui como uma

minoração de seu ser possível no pensamento de Deus. Este problema surgiu em todas as exposições platônicas e neoplatônicas da relação entre o criador e a criação (cf., p. ex., Pseudo-Dionísio Areopagita).

Se a procedência do mundo criado a partir de Deus é uma cópia e representação da processão eterna e arquetípica do Filho a partir do Pai, e está incluída no movimento de retorno que o Filho dá como resposta (cf. o esquema *egressus/regressus*), então uma versão naturalista da origem da criação (cf. o princípio neoplatônico: *bonum diffusivum sui*) só pode ser evitada mediante uma ênfase positivista da ação livre e absoluta de Deus. No século IX, João Escoto Erígena († 877) retomou essa visão neoplatônica de uma conexão entre a procedência do mundo a partir de Deus e seu objetivo em Deus e a processão do Filho a partir do Pai e seu movimento de resposta a Ele. A criação foi apresentada como uma forma de manifestação da autodiferenciação intratrinitária de Deus. Isto, porém, ameaça a realidade própria (a subsistência) da criação. Deus seria, de certa forma, o fundamento essencial das mudanças do mundo (cf. a teologia da trindade idealista de Hegel e a filosofia do processo dos séculos XIX e XX). Contra essa concepção neoplatônica-plotiniana do Dogma da Criação deve ser dito, porém, que as relações originais em Deus, que constituem as pessoas do Pai, do Filho e do Espírito, formam parte da essência de Deus. Não porque Deus se diferencia internamente nas pessoas que o mundo existe diferentemente dele, mas porque Deus quer a si mesmo como distinto do mundo, este existe como essencialmente distinto de Deus por causa de sua própria realidade e, no ser humano, como uma realidade pessoalmente (não de maneira natural e processual) referida a ele.

Em face de um simples paralelismo entre as processões intratrinitárias e a procedência do mundo a partir da vontade de Deus segundo o esquema modelo-cópia, bem como o esquema *egressus/regressus*, o Sínodo de Latrão de 649 constatou que a Trindade inteira e indivisa é o princípio da ação para fora e, portanto, a causa da criação (DH 501). No entanto, isto não significa que exista uma natureza abstrata de Deus, o criador, que se situa por trás das pessoas divinas. Deus, que é o Pai e, no mesmo nível, o Logos e o Pneuma, é o autor da criação e da história da salvação, na qual se revela como o Deus trino.

*A disparidade entre o mundo material e o espiritual*

É problemático conceber o mundo espiritual como o autêntico ser e, por outro lado, o mundo material como o simples resultado de uma queda. As almas preexistentes teriam sido introduzidas no mundo material criado com fins punitivos e educativos. A redenção significaria, então, inversamente, uma espiritualização progressiva e, no estágio final, um retorno da criação ao seu estado original (cf. a doutrina da "apocatástase" e sua refutação por meio do Magistério da Igreja). Quando, diferentemente do dualismo gnóstico e do emanacianismo neoplatônico, Orígenes enfatiza o elemento da liberdade pessoal no curso da história e, por conseguinte, não se pode lhe atribuir um dualismo metafísico, não deixa de criar problemas o esquema de categorias do dualismo platônico entre o mundo espiritual e o sensível. O caminho da fé e do conhecimento (o gnosticismo cristão) se apresenta como uma passagem a partir do mundo temporal, perecível e vazio, para a realidade espiritual, imperecível e eterna. Frente a essa concepção, porém, deve insistir-se que não se trata de uma passagem de um nível inferior para um nível superior do ser, mas de que o ser humano como pessoa na unidade de sua natureza espiritual/material encontra em Deus não uma outra natureza, mas o objetivo de seu caminho e, dessa maneira, a consumação de sua natureza, que abrange o espírito e a matéria.

### d) A teologia da criação de Santo Agostinho

Agostinho desenvolveu sua teologia da criação no debate com o maniqueísmo. Desmascarou-o como um materialismo filosófico que nega a autonomia do espírito e sua diferença da matéria. Deus seria apenas uma substância material que flui através do mundo segundo diversas gradações. Aqui é inconcebível uma diferença essencial entre Deus e o mundo; perdem-se a liberdade e a espiritualidade de Deus. Tampouco o ser humano é um ser espiritual. A alma não é um princípio de movimento espiritual e livre. O mal pode ser explicado de maneira puramente natural como a vinculação do ser humano à matéria, fonte da finitude. Recorrendo ao filósofo neoplatônico Plotino (205-270), sobretudo as suas "enéadas", Agostinho descobriu o primado do espírito sobre a matéria. Há uma luz incorpórea como horizonte e causa de todo o conhecimento da verdade. Nela Deus aparece para nós como espírito puro. A ascensão a Deus requer a libertação da escravidão das coisas materiais. Só assim se consegue passar do visível ao invisível. Só Deus é a plenitude do ser e o único ente verdadeiro. Tudo o mais só é na medida em que participa do ser de Deus.

Tudo o que existe é bom, inclusive a matéria. Apesar dos diversos níveis, os entes só se diferenciam entre si em virtude de sua diversa maneira de participar do ser. O ser e a bondade se identificam. Portanto, não se pode atribuir ao mal uma participação própria no ser, mas se deve entendê-lo como uma diminuição da substância, ou seja, como um deslocamento na ordem do ser (*privatio boni*). Para a teologia da criação resultam daqui os seguintes aspectos:

### Deus criou o mundo a partir do nada

Segundo a concepção materialista de Deus defendida pelos maniqueístas, Deus é uma substância luminosa, da qual o ser humano participa. Dessa maneira se introduz em Deus um elemento mortal. O conceito de Deus se dissolve. Quando, porém, se apresenta a Deus como um ser eterno, imutável e simples, é preciso conceber a realidade e a essência do mundo como distintas de Deus. Uma matéria preexistente (como puro ou já configurado fundamento da possibilidade) está em contradição com a soberania de Deus. Visto que só Deus é o verdadeiro ser, só Ele pode também conceder ao ser finito tanto a matéria como as formas espirituais e assim trazê-lo à existência. Por que, porém, criou Deus o céu e a terra? "Porque Ele quis" (*De Genesi contra Manich.* I, 2, 4). Uma vez que não pode haver em Deus um motivo distinto da sua ação, já que sua ação se identifica com sua vontade, Deus continua sendo insondável para nós na liberdade de sua criação do mundo.

No entanto, a vontade de Deus se identifica com a sua bondade. Na criação, Deus quer compartilhar com as coisas sua bondade e revelar-se nelas. Na existência do mundo, em sua ordem e em seu movimento para um fim, revela-se o amor de Deus que oferta a si mesmo.

### A criação teve um princípio no tempo

À pergunta formulada pelos maniqueístas sobre o que Deus fazia antes da criação, Agostinho responde que precisamente antes da criação não havia tempo nem espaço (*De Genesi contra Manich.* I,2,4). O tempo caracteriza a forma de existência da criatura. Dado que a criatura é essencialmente distinta do criador, é também essencialmente distinta do modo existencial divino, inacessível ao nosso conhecimento, um modo existencial que desconhece a sequência de fases temporais sucessivas e uma justaposição no espaço. Este modo existencial se denomina a eternidade de Deus, sem saber, em termos positivos e unívocos, o que é a eternidade em si mesma (cf. para a sumamente importante filosofia do tempo de Agostinho, conf. XI; civ. XI e XII).

De forma similar a Orígenes, Agostinho defende uma criação simultânea. (Entretanto, essa doutrina não tem nada a ver com a teoria da constância, corrente na filosofia e nas ciências naturais até Darwin, no século XIX.) O relato bíblico da criação ao longo de seis dias deve ser entendido em sentido metafórico e figurado. Uma compreensão literal levaria a uma contradição com o conceito de Deus (Gn. ad litt. 4,33). Os seis dias querem designar, antes, o prolongamento da história universal no tempo (eles são também o pano de fundo de uma filosofia da história das seis idades). O tempo pertenceria à experiência interior do ser humano, dado que só a alma pode medir o tempo segundo sua expansão, mediante a memória, ao passado e de sua antecipação do futuro (*distentio animi*). O tempo pertence também à própria definição das coisas, que jamais podem realizar seu ser de uma vez. As coisas não existem no interior do tempo como uma medida objetiva que as envolve. Elas mesmas têm uma estrutura interna que é temporal. Isto as diferencia de Deus não por causa da referência cosmológica exterior a uma terceira grandeza, mas por causa de sua essência interior.

O próprio Deus é um presente indivisível. Não precisa recorrer à memória para se mediar com seu passado nem para alcançar seu futuro. Uma vez que o mundo não existe fora de sua condição de ser criado, Deus não teria nenhuma referência a ele. Uma vez criada por Deus, teria, como criação, uma referência qualificada a Deus por meio de sua temporalidade e espacialidade. Portanto, Deus criou tudo *in instanti*. No entanto, tudo o que existe no tempo tem, em cada instante de sua existência, uma referência imediata ao ato criador e, dessa maneira, ao próprio Deus.

*Deus criou a matéria e as formas espirituais*
Agostinho concebe o discurso da criação do céu e da terra como a produção do mundo sensível e do espiritual. A matéria seria um simples substrato sem o qual as formas cairiam de volta no nada. Somente existiria concretamente como matéria dotada de forma. Só se consegue conhecer as coisas compostas de matéria e forma.

A fim de explicar a origem das formas, ou seja, o conteúdo espiritual e indestrutível das coisas, Agostinho recorre à doutrina platônica das ideias. Situa as ideias na razão de Deus. As formas concretas teriam sua existência real nas coisas em que estão unidas à matéria. No entanto, possuiriam também uma existência ideal no Logos de Deus, ou seja, no mediador eterno da criação inteira. Tampouco quando existem concretamente no mundo como formas unidas à matéria se desligam de seu ser ideal no Logos.

Quando Deus converte a matéria, juntamente com as formas, nas coisas concretas, existe sempre, no interior da matéria, um movimento para a forma. A forma espiritual, porém, move-se para seu fundamento original ideal no Logos de Deus. A criação inteira se caracteriza por um movimento interior da matéria à forma, da forma à ideia e da ideia a Deus. As formas pré-humanas existem na ideia de Deus apenas como gêneros e espécies. O ser humano é concebido em Deus como indivíduo. No mundo existem certamente uma plenitude de vestígios do Deus trinitário. O ser humano, porém, como uma forma espiritual pessoal, é imagem e semelhança de Deus. Por isso o ser humano foi criado, por causa da alma, que é uma forma espiritual, com um destino indestrutível e imortal. Alcança este objetivo pela mediação da ação histórico-salvífica do Deus encarnado, do protomodelo e imagem final de toda a criação.

Agostinho se deparou com o problema do surgimento contínuo de novos seres vivos. Diferencia entre aqueles que desde o princípio já têm sua forma plena (os anjos, a terra, o fogo, a água, o ar e a alma humana) e aqueles que só em seu gérmen estão orientados para ela (p. ex., o corpo de Adão e os corpos de seus descendentes que descendem dele). São as células germinais que preenchem o mundo inteiro (*rationales seminales*, que apresenta certa semelhança com a concepção atual dos programas genéticos como portadores da evolução biológica). A partir deles surgem, de maneira misteriosa, as formas que lhes correspondem e se unem com elas nos seres vivos individuais. Porém, somente Deus continua sendo a origem de todas as formas. Só por Ele crescem os gérmens. Os pais carregam em seus corpos o gérmen do filho; mas é Deus quem cria o novo ser humano dando-lhe o dom do crescimento e concedendo-lhe a alma como a forma espiritual dessa matéria.

*A substancialidade, espiritualidade e a imortalidade da alma humana*
Agostinho parte da experiência interior de que é a alma que, por meio de suas decisões, fundamenta a personalidade moral do ser humano. Na autoexperiência interior o ser humano se percebe tanto na unidade como na diversidade de corpo e alma. Experimenta o corpo como uma realidade material vinculada a um lugar. Mediado pela alma, o ser humano concebe seu corpo na tridimensionalidade do mundo. Com essa experiência corporal do ser humano não está dada, porém, a experiência da interioridade e da autopertença do ser humano em seu espírito e em sua livre vontade, o que chamamos alma. A alma se percebe imediatamente como espírito numa realização sem dimensão espacial. Sabe imediatamente que vive e que sua vida é pensamento (trin. X, 13). Ela se compreende como o princípio de organização e atividade do corpo como um todo. A alma não está localmente limitada no ser humano, mas se encontra inteira em todo o corpo e inteira em todos os seus membros. A alma necessita do corpo como seu *medium* para o mundo material. Inversamente, porém, o corpo é mediado pela alma, como sua forma espiritual, para o mundo das ideias de Deus. A alma significa, portanto, participação em Deus como vida. Assim, Deus é definitivamente o único princípio da alma em sua existência, em sua realização e em sua meta final. A alma existe em virtude da participação nas ideias eternas da verdade e da bondade do santo

Deus. Por causa dessa procedência e dessa referência constitutiva, é imortal e justamente por isto se diferencia da corruptibilidade do corpo.

A alma se manifesta como uma substância própria (= princípio de realidade, não um substrato coisificado) que não pode ser reduzida a um princípio vital vegetativo ou animal. Por conseguinte, é só Deus, e não a corrupção do corpo, que pode privar a alma de seu ser e levar os seres humanos ao nada. Uma vez que a alma foi criada por Deus como uma substância espiritual, a morte se dá quando a alma imortal se separa do seu corpo. A morte é um processo que afeta o ser humano na esfera pessoal e espiritual, e não só uma extinção do corpo, independentemente da alma. A alma não é aniquilada, mas conservada para a ressurreição – efetuada por Deus – do ser humano na sua nova existência corpóreo-espiritual.

Diferentemente do discurso platônico sobre a imortalidade da alma, Agostinho descreve a natureza da alma como uma referência imediata, como ser criado, a Deus. A alma é aquela criatura espiritual em que Deus se manifesta como origem e, ao mesmo tempo, como consumação da criação. O ser humano é criado segundo o protomodelo ideal em Deus. Também encontra sua consumação no Logos encarnado. As funções fundamentais da alma, ou seja, a memória, o entendimento e a vontade, são uma imagem que prepara para o conhecimento da Trindade de Deus, ao encontro da qual a alma se dirige, como a seu objetivo, mediante o conhecimento e a orientação de suas ações.

*A vontade criada como uma condição exterior de sua orientação para o mal*

Numa boa criação não pode haver, segundo Agostinho, nenhum mal substancial. O mal consiste apenas em que uma vontade criada se afasta do bem supremo e se dedica ao bem inferior, no sentido de que absolutiza e deifica a criatura. Os bens criados estão aí para serem "utilizados" (*uti*), enquanto que Deus só pode ser "fruído" (*frui*) pelo ser humano no amor. A vontade má, afastada do bem, produz o ato mau, que consiste numa privação do bem (*privatio boni*). A vontade má não tem uma causa positiva própria pela qual é movida. É Deus quem causa imediatamente a capacidade volitiva da vontade criada. No entanto, não é a causa da decisão atual da vontade de se afastar do bem e, assim, do próprio Deus.

No entanto, Deus não deveria ter criado a vontade humana de tal modo que se orientasse necessariamente e sempre no bem? – perguntam os gnósticos e maniqueístas. Uma orientação obrigatória de uma vontade criada para o bem, no entanto, seria tão somente a eliminação de sua liberdade e, assim, de sua natureza. Uma determinação material natural é o polo oposto de uma causalidade a partir da liberdade. O bem com objetivo da vontade é algo mais que a simples libertação e ausência das consequências nocivas de uma transgressão da ordem do mundo, é a união com Deus no amor. A consumação da liberdade criada no amor é o bem supremo e o objetivo único em geral, por causa do qual Deus aceita em seus desígnios a possibilidade de que a vontade criada possa perverter-se. Contudo, uma vontade pervertida não pode eliminar a bondade da criação em si e criar uma maldade segundo a substância. Uma vontade pervertida não pode frustrar a orientação total do mundo para a união com Deus nem o plano salvífico de Deus. Pode apenas excluir a si mesmo da dinâmica global do mundo e, dessa maneira, malograr seu próprio fim. O "castigo de Deus" não é, portanto, a vingança de um amante desenganado, que reage com sanções e leva a cabo uma avaliação de danos e prejuízos. Mostra-se, antes, como a consequência interior da liberdade que se fecha para Deus. No "castigo", Deus manifesta sua justiça e sua bondade como origem e objetivo da criação e da referência dinâmica da vontade da pessoa criada ao bem que é sua salvação.

### 2 O tema da criação na teologia no início da Idade Média

#### a) A teologia neoplatônica da criação de João Escoto Erígena

Sob a influência de Pseudo-Dionísio Areopagita, de Máximo Confessor e do neoplatônico Proclo, *Erígena* (810-877), em seu escrito *De divisione naturae*, imprime à ideia da criação um cunho marcadamente plotiniano: aqui é determinante a distinção metafísica última entre o Uno e o Muitos (a pluralidade). O fundamento original divino e uno se transmite para a multiplicidade das coisas do mundo por emanação, pela qual surge um reino escalonado de entes que se diferenciam entre si pelo seu diverso grau de participação na unidade e na bondade original, segundo o princípio *bonum diffusivum sui*. Assim, a realidade inteira está penetrada e referida entre si por meio do esquema fundamental do egresso da unidade à multiplicidade e do regresso da multiplicidade à unidade e à bondade original. (Essa concepção só pode ser aceita no sentido cristão se Deus se situar fora deste processo, como autor livre, sem incluir-se na série das emanações.)

Neste contexto se situa a tradição da *theologia negativa* e de uma corrente da mística cristã de matiz neoplatônico (p. ex., Erígena, Mestre Eckhart, Jakob Böhme, Baruc de Spinoza, Ângelo Silésio, Johann Gottlieb Fichte). Uma de suas características é o sentimento de unidade com o infinito que vai além de uma visão representativa e objetivadora de Deus (a chamada metafísica ôntica do racionalismo), que supera também a metafísica cosmológica do deísmo ou da teologia da física.

Erígena busca relacionar a criação com Deus ao definir um vínculo lógico entre as processões trinitárias e a origem extradivina do mundo e o processo cósmico sustentado por Deus. Pode estabelecer-se (com Proclo) um paralelo entre a figura metafísica fundamental do Uno e do Muitos e o geral-original e o particular e individual. Ao se eliminar, hipoteticamente, as particularidades e as individualidades que se dão de fato com o Uno/geral, o puro ser desaparece no nada ou descobre seu vazio. Só junto com sua diferenciação o ser é algo. Portanto, da essência de Deus forma parte, para que se possa concebê-la como viva, a autodiferenciação no processo de devir. Essa autodiferenciação se identifica, num primeiro momento, com o Deus trinitário como uma unidade que se diferencia em si mesma. Com a processão do Logos, igual em essência, dão-se inclusive as ideias divinas, igualmente eternas, das coisas criadas. Uma vez que na processão eterna do Filho procede eternamente o mundo *idealiter*, também o processo mundial, com suas particularidades nas coisas, faz parte da expressão divina no Pai, do autoconhecimento na Palavra e do amor de si no Espírito Santo. Erígena pôde, portanto, afirmar que

"Deus é quem faz tudo e, ao mesmo tempo, se faz no todo [...]. Quando desce da supraessencialidade de sua natureza, em que se apresenta como o não ser, é criado por si mesmo nas causas proto-originais e se converte no início daquela essência e daquela vida e daquele conhecimento de tudo quanto a consideração gnóstica percebe nas causas proto-originais" (De div. nat. = PhB 86, HH 1983, 336).

Portanto, sem a criação, inseparavelmente unida à processão do Logos, Deus só seria o ser genérico ou o vazio do nada. Quando o ser genérico de Deus se diferencia no próprio processo do mundo, este sai do nada, e, na passagem pelo mundo, Deus se alcança a si mesmo em sua própria plenitude.

Segundo Erígena, Deus está sempre acima do mundo, de modo que é provável que não interpretem corretamente suas intenções aqueles que o acusam de panteísmo, emanacionismo e teofanismo. São bem evidentes as semelhanças entre este sistema neoplatônico e o idealismo absoluto de Hegel.

O Sínodo de Valência (855) condenou a posição de Erígena na controvérsia em torno da predestinação que se deu naquela época (DH 633). No Sínodo de Paris, de 1210, e, por meio de um decreto do Papa Honório III, de 1225, suas teses foram condenadas, juntamente com as de Amalrico de Bena († 1206; cf. DH 808) e David von Dinant († 1215), por causa de sua interpretação de cunho panteísta do ato da criação. A transcendência de Deus não estaria garantida caso se estabeleça uma identificação entre o mundo criado e Deus ou se conceba Deus como a matéria-prima e se equipare, assim, a matéria com a autodiferenciação de Deus no processo do mundo e Deus apareça como o protofundamento físico do processo universal. Deus e o mundo não podem confundir-se entre si nem no sentido ontológico ou emanacionista nem lógico-dialético através de um esquema evolutivo imanentista. Deus não pode ser o ser formal das coisas nem sua soma.

### b) A tensão entre a teologia da criação metafísica e a histórico-salvífica

A Escola de Chartres, Thierry de Chartres, Bernardo Silvestre, João de Salisbury, Guilherme de Conches, Gilberto de Poitiers e outros, no seu interesse pelas questões científicas do diálogo platônico *Timeu*, buscaram delinear uma explicação filosófico-natural e cosmológica mais profunda da ideia da criação. Um sentimento místico-sacro do universo permite reconhecer na estrutura da natureza o domínio da divindade. No "livro da natureza", pode ler-se e adorar-se os pensamentos de Deus (com semelhanças com a mística de Deus da teologia física dos séculos XVII e XVIII; Kepler, Newton e outros). No século XIII, a Escola de Oxford (Robert Grosseteste, Roger Bacon) designou Deus como a forma das coisas. Nesse sentido, mais próximo do exemplarismo, o mundo se caracteriza por uma radiante bondade de Deus, a qual sustenta e penetra todas as coisas (metafísica da luz).

A teologia metafísica dos assim chamados dialéticos (Anselmo de Canterbury, Pedro Abelardo, Pedro Lombardo) tendia, em todo caso, a dar menos importância ao aspecto histórico-salvífico da criação. A *ratio* metafísica busca analisar uma realidade segundo suas leis e estruturas internas. A razão só tem acesso ao essencial, ao que está relacionado com a natureza das coisas e é permanentemente válido, ao passo que as realidades históricas e acidentais não podem ser objeto da ciência nem da teologia. Somente em virtude de uma informação positiva da revelação o cristão sabe que Deus é o autor de duas atividades internamente díspares, a criação e a redenção. Não se percebe claramente uma relação interior entre o Deus trinitário e a criação fora do marco do saber positivo, segundo o qual o Deus trinitário é, consoante à ordem interior das processões das pessoas, a causa una e indivisa da criação. Este discurso, porém, preparou o caminho para o isolamento da teologia da Trindade no tocante à criação e da história da salvação (cf. Lombardo, II. Sent.).

Uma teologia da criação decididamente histórico-salvífica com base trinitária se encontra em Hugo de São Vítor (1096-1171). Em sua obra principal *De sacramentis christianae fidei*, considera que a relação fundamental do *opus conditionis* e do *opus reparationis* está fundamentada na unidade da ação salvífica do Deus trino. Ruperto de Deutz (1075/1080-1135), em sua obra *De Trinitate et operibus eius*, analisa, com maior clareza, as relações trinitárias e cristocêntricas da criação. Acompanhando a doutrina da Trindade oriental, o Pai aparece como a origem da Trindade e da criação. A criação tende internamente à revelação do Filho do Pai, a fim de, por meio dela, dar a conhecer sua fundamentação no Logos. A criação do ser humano segundo a imagem e semelhança com Deus (cf. Gn 1,26) é, portanto, de certo modo, uma promessa que só encontra sua realização histórica no Logos encarnado. Na comunhão com o mediador revelado da criação inteira, o ser humano toma parte na vida do Deus trino e retorna ao Pai, a origem, o objetivo e a plenitude de todo ser e de toda participação em sua vida, mediada pela história da salvação.

### 3 A teologia da criação da Alta Escolástica

#### a) A preparação das sínteses da Alta Escolástica por meio da recepção do pensamento de Aristóteles

A recepção dos escritos de Aristóteles no século XIII dotou a teologia de um novo instrumental para conceber a fé na criação de forma racional e consistente, de modo que as heresias de um panteísmo imanentista e de um dualismo transcendentalista (cf. a objetivação de Deus) pudessem ser eliminadas como fontes de erros.

Isto sucede, sobretudo, em virtude da conexão do princípio metafísico aristotélico da causalidade com a ideia platônica da participação.

Se Deus é a causa metafísica do mundo, o mundo é ontologicamente diferente de Deus. Como realidade pessoal soberana e livre (*institutor naturae*), Deus não se coloca ante o mundo como um objeto acessível ao pensamento humano. Uma vez que Deus, como *prima causa transcendens universalis*, transmite ao mundo, mediante a participação em seu ser e em sua vida, sua própria realidade, a criação possui uma orientação interior para Deus. Deus não é um objeto do além, mas é conhecido como o mistério da origem e do futuro do mundo.

Por meio da causalidade metafísica, repele-se uma mescla panteísta do mundo com Deus. Com base na ideia da participação (e da analogia do ente), evita-se uma oposição dualista de Deus e do mundo ou de um além, concebido como um objeto coisificado, e de um aquém.

Os dois expoentes mais importantes dessa doutrina da criação reelaborada a partir de categorias aristotélicas e platônicas foram: *Boaventura* (1221-1274), mais inclinado ao platonismo, procedente da antiga escola dos franciscanos, e *Tomás de Aquino* (1224/1225-1274), mais inclinado ao aristotelismo, que pertencia, juntamente com seu professor *Alberto Magno* (1193-1280), à escola dos dominicanos. A recepção completa da filosofia aristotélica, sobretudo de seus livros a respeito da metafísica e da física (através dos comentaristas Alfarábi, Avicena, Algazel e, sobretudo, Averróis, mas também dos filósofos judeus Avicebron e Maimônides), confrontou a teologia da criação com três tipos de questões:

1) Segundo Averróis, o mundo é eterno e não tem um princípio no tempo. Também a matéria é eterna. O mundo concretamente configurado que encontramos surge porque o Motor imóvel extrai as formas do inesgotável fundamento material do mundo.

2) Averróis supõe que o Deus uno só teria criado imediatamente a primeira inteligência suprema. As inteligências inferiores (e, em último lugar, também o ser humano) são criadas e guiadas pelas superiores. As inteligências inferiores não têm uma referência imediata a Deus.

3) Por fim, também estava em discussão a concepção de que os seres humanos individuais possuem só um intelecto passivo, ao passo que o intelecto ativo (*intellectus agens*) seria único e comum a todos os seres humanos. Este intelecto ativo precisaria, porém, a multiplicidade dos seres humanos individuais, porque (como designação do gênero humano) não poderia se esgotar plenamente num único exemplar. O intelecto ativo nunca seria propriedade individual do ser humano. Por conseguinte, a alma individual não é imortal. O ser humano individual participa, de uma certa maneira, na imortalidade da alma supraindividual (do gênero humano). Daí surge a questão de saber se é possível demonstrar filosoficamente a imortalidade individual do ser humano ou se este conhecimento só pode ser obtido a partir da revelação. Do ponto de vista ético, o que estava em jogo era se pode falar-se de uma responsabilidade do ser humano livre ou se deve imputar-se sua responsabilidade a um fatalismo.

### b) A teologia da criação de São Boaventura

Assim como para todos os teólogos cristãos, também para Boaventura tem validade o dogma central da fé: Deus, como livre autor do mundo, é também sua origem, seu centro, sua medida e seu fim. Conforme o seu esquema de três passos *emanatio*, *exemplaritas* e *reductio*, Boaventura desenvolve sua original doutrina da criação em analogia com as processões e relações intratrinitárias (cf. suas obras *Breviloquium*, cap. 2; *Collationes in Hexaemeron*).

Aristóteles, por conseguinte, não poderia chegar até uma fé plena na criação, porque lhe faltava a base da fé trinitária. Deus seria apenas o motor da forma; não também o produtor da *materia prima*. A ideia da *creatio ex nihilo* e, de modo correspondente, de um início do mundo no tempo, seria estranha ao sistema aristotélico. Segundo Boaventura, Deus possui seu ser como puro espírito. Deus é, portanto, o conhecimento de si mesmo. No ato de seu ser, Ele é, ao mesmo tempo, a unidade atual de conhecer e ser-conhecido. É a dualidade de Pai e Filho que se conhece a si mesmo e se realiza como unidade atual no Espírito Santo. Quando o Pai se conhece no Filho, encontra nele também a expressão, igual a sua essência, de seu ser. O Filho ou a palavra é a imagem perfeita do autoconhecimento de Deus. O Filho é palavra em que o próprio Deus se concebe e se expressa. O ato em que Deus se conhece não é, contudo, um jogo vazio. Na geração da palavra, demonstra sua fecundidade. No Filho, vem ao encontro do Pai a sua própria fecundidade como infinidade divina. Nessa infinita riqueza criadora da vida divina já estão também incluídas todas as realidades e possibilidades de um universo de ser extradivino livremente posto para o exterior. A ideia da *creatio ex nihilo* e do princípio do mundo no tempo não significa outra coisa que afirmar que Deus possui seu ser por si mesmo, ao passo que o mundo é, segundo sua essência, contingente e finito e só pode existir em virtude do ato livre da vontade de Deus e da participação no ser.

O mundo, porém, não é "algo" arbitrariamente posto, que existe sem relação com Deus. Fundamenta-se, segundo sua realidade e sua possibilidade, na imagem do Pai, a saber, na Palavra eterna. A processão do Filho a partir do Pai e sua palavra de gratidão se tornam o modelo do movimento das coisas criadas, que são produzidas por obra do Pai. O Logos, como autoexpressão do Pai, é a causa exemplar da criação. Essa é uma dádiva adicional do Pai ao Filho, em que se o conhece e em que se quer amar o Espírito Santo comum aos dois. Quando também na criação Deus se conhece na palavra e se ama no Espírito Santo, imprime nela também seus traços trinitários. O mundo existe como uma semelhança original e uma analogia ricamente estruturada da Trindade. Dependendo do nível do ser, aparecem nos entes individuais as *imagines trinitatis*: como sombras das coisas inanimadas (*umbra*), como vestígio nos seres animados (*vestigium*) e como imagem nas pessoas criadas (*imago*). O ser humano como ser pessoal espiritual e corpóreo-espiritual integra em si todos os três níveis. No entanto, os centra em si de tal modo que deve ser considerado a imagem de Deus por excelência. Só ele pode, como pessoa, venerar a Deus como objetivo. Está, pois, referido pessoalmente a Deus, Pai, Filho e Espírito Santo. O ser humano é imagem de Deus em sua existência, seu conhecimento e sua orientação a plenitude e consumação no amor. Na ação criadora do Pai, tem Deus como autor de seu ser; é conhecido no Filho, a palavra essencialmente igual a Deus e o modelo da criação; e conhece a Deus mediante a participação no autoconhecimento de Deus, dado que é amado por Deus no Espírito Santo, o vínculo do amor, e nele é amado e capacitado para o amor de Deus como participação na união amorosa de Deus.

### c) A teologia da criação de Santo Tomás de Aquino

*A doutrina da criação no conjunto de sua teologia*

Santo Tomás representa, sem dúvida, um ponto alto na teologia da criação. De modo consequente, recorre às formas conceituais e às ideias fundamentais de Aristóteles (ser-ente; existência-modo concreto do ser/essência; ato/potência; forma/matéria; a divisão em causas transcendentais (*causa efficiens* e *causa finalis*) e princípios constitutivos imanentes do ente (*causa formalis* e *causa materialis*).

O ser está determinado pelos transcendentais do uno, verdadeiro e bom e pelas dez categorias (a substância como designação da consistência autônoma de um ente e dos nove acidentes: quantidade, qualidade, relação, tempo, lugar, atividade, paixão, situação e hábito). Tomás, porém, não tem receio de corrigir Aristóteles, porque o filósofo carece de um conceito de criação em sentido estrito e, de modo correspondente, também de um conceito de Deus como realidade pessoal livre que se determina unicamente por si mesma e se relaciona soberanamente com a criação (a eternidade e a condição incriada da matéria-prima).

Diferentemente de São Boaventura, Tomás ensina que só Deus pode criar do nada. Caracteriza-se assim a dependência ontológica do mundo ante o ato institucional de Deus. O grande alcance trinitário e salvífico-relevante da criação só pode ser aclarado, afinal, na fé, ou seja, mediante a razão iluminada e dirigida pela graça. Além disso, Tomás ensina que não se pode demonstrar com argumentos filosóficos convincentes que o mundo teve um início no tempo, nem a eternidade do mundo. Ao refletir sobre o início ou a ausência de um início no tempo, a razão se enreda numa antinomia (cf. Kant, CrP B 452ss.). Segundo Tomás, só na fé se pode afirmar que Deus criou o mundo no tempo e com o início do tempo (cf. S. th. I q.46 a.2).

Na *Summa Theologiae* não se encontra uma doutrina própria da criação no sentido de um tratado específico. É tratada como uma parte constitutiva da doutrina de Deus (cf. também o *Comentário às sentenças*, o *Compendium theologiae*, a *Summa contra gentiles* II, algumas *Quaestiones disputatae* e os respectivos comentários à Escritura). A primeira parte da *Summa* fala de Deus e da criação que procede dele; a segunda parte se refere ao ser humano e ao seu movimento em direção a Deus, ao passo que a terceira parte principal apresenta Jesus Cristo como Deus-homem que – na dupla mediação como verdadeira PALAVRA de Deus e como ser humano orientado em Deus – unifica o movimento de Deus para o ser humano e o movimento do ser humano para Deus.

A doutrina de Deus tem três partes: 1. A doutrina sobre o ser, a essência e a ação de Deus e sobre a capacidade da razão criada para conhecê-lo e expressá-lo (S. th. I. q.2-26); 2. A procissão das três pessoas em Deus (q.27-43); 3. A procedência da criatura a partir de Deus, dado que Ele é seu *principium et finis* (q.44-119).

Essa terceira parte se desdobra em quatro seções:

a) Nos qq.44-49 Tomás desenvolve o conceito básico de criação: surge por meio da procissão do mundo a partir do Deus trinitário por causa de uma produção livre. Tem assim o fundamento ôntico-ontológico de sua permanência, seu sentido e seu fim interior em Deus como *causa efficiens*, *causa exemplaris* e *causa finalis* transcendental. Disso faz parte o problema da conservação da existência do mundo e da referência de todas as suas ordens, na multiplicidade dos gêneros e dos indivíduos, à unidade de Deus. Também tem uma importância central a questão da origem e da natureza do mal moral numa criação que, segundo sua natureza, representa a bondade de Deus (*unde malum?*).

b) Os qq.50-64 tematizam a doutrina dos anjos (angelologia) com a questão orientadora de saber como criaturas dotadas de espírito incorreram na culpa e no castigo (demonologia).

c) Qq.65-102: Baseado no esquema da obra dos seis dias, trata-se da criação das naturezas corporais. No final, encontra-se uma antropologia detalhada (qq.75-102). O tema é a unidade substancial do ser humano na alma e no corpo, a alma como princípio de união, as potências da alma (intelecto, sensibilidade e vontade); a questão epistemológica fundamental de saber como um intelecto ligado aos sentidos pode conhecer a estrutura espiritual do mundo material e de que tipo é o conhecimento das realidades não sensíveis (do anjo) e, por fim, de Deus como pura realidade espiritual. Aparece o tema da perfeição do ser humano como forma substancial (*perfectio formae*), isto é, como essência pessoal que deve se realizar mediante ações livres (*operatio*) e está finalizado na medida em que sua natureza chega a sua consumação referida à realidade que a transcende (*perfectio finis*), o que só é possível se Deus se concede a ele como graça e justiça.

d) Os qq.103-119 tematizam o governo universal e específico de Deus e a providência divina, bem como a possibilidade da influência dos anjos, bons e maus, sobre o ser humano.

*A concepção tomista fundamental da criação*

A doutrina da *processão das criaturas a partir de Deus como seu autor e seu primeiro fundamento absoluto* (*causa efficiens*) pressupõe o conceito tomista de Deus: o ser de Deus é sua essência. Existe realmente por si, a partir de si e para si (cf. Ef 4,6) (*ipsum esse per se subsistens*). O que existe e é diferente de Deus existe mediante a participação no ser. A existência criada é sempre, intrínseca e essencialmente, *ens per participationem*. Correspondentemente ao diferente grau de participação no ser universal, surge a multiplicidade dos gêneros, espécies e indivíduos dos entes finitos. Segundo sua natureza, o ser subsistente de Deus é absolutamente simples e único. Por isso, só Deus é a causa universal e única dos diversos entes existentes que, de acordo com a participação no ser, são e subsistem individualmente em suas essências. Uma vez que Deus produziu o mundo em virtude de um ato livre de sua vontade, o universo não pode ser um simples eflúvio ou uma manifestação da substância de Deus. O conceito de causalidade destaca a diferença infinita entre o mundo e Deus. Ambos se diferenciam um do outro, não de um terceiro. O próprio Deus é, em sua infinidade, a infinita diferença em relação ao mundo.

Segundo Tomás, Deus instituiu no ato da criação o ser e o ser-assim das coisas (mas não no sentido panteísta, não como autodiferenciação, pela qual se expressa a unidade na pluralidade do processo do mundo). O ser geral, pelo qual se especificam, se modificam e se limitam as coisas criadas no interior de sua essência de acordo com a sua participação no ser e, assim, alcançam a subsistência, não é o próprio Deus nem um tipo de matéria-prima a partir da qual Deus formaria as coisas finitas. O ser geral existe somente no interior das essências criadas que, através do ser, passam a existir. Assim, o ser, de que participam as criaturas e através do qual existem devido ao ato criador de Deus, fundamenta a absoluta diferença entre as coisas e Deus e uma autonomia própria das criaturas frente a Ele. Nos seres humanos, alcança uma consistência pessoal autônoma que representa o pressuposto de uma relação pessoal com Deus e de uma comunicação com Ele. A forma substancial da realidade do espírito e da liberdade é o ato primário pelo qual o ser humano subsiste. Ele se realiza, porém, na atividade. Portanto, pertence à natureza do ser humano também um movimento autônomo para um fim que excede as possibilidades de sua natureza e que a leva a sua consumação; este fim é o próprio Deus. A relação de Deus com o ser humano, porém, por essa razão, não deve ser concebida de uma maneira extrínseca, no sentido do deísmo ou da teologia física, segundo o modelo da relação de um arquiteto com sua obra.

*A condição de criatura do ser humano significa uma relação pessoal distintiva da essência do ser humano na origem e na ordenação a Deus como a sua consumação. Portanto, justamente a natureza está ordenada à graça e somente nela encontra sua consumação* (cf. S. th. I. q.1 a.8).

Ao passo que, por um lado, a descrição do ato criador com auxílio da teoria da causalidade enfatiza a diferença absoluta entre o criador e a criatura, o recurso à categoria de participação evidencia, por outro lado, a orientação interior. A ideia da participação preconiza que Deus, como origem da criatura, existe também e da maneira mais íntima dentro das coisas. Isto, no entanto, não deve ser entendido de maneira coisificada e quantitativa. Antes, Deus está nas coisas assim como, por exemplo, a meta dirige a vontade do caminhante. O dom do ser, em virtude do qual as coisas existem e subsistem em sua forma substancial, é uma ação de Deus. Quando o ser que Deus dá às coisas é o mais íntimo delas, as fundamenta, as mantêm e as direciona para seu fim e, dessa maneira, as determina em sua abismal profundeza essencial, então Deus está "intimamente" próximo de todo ser em virtude de sua essência, de sua presença e de seu poder (S. th. I. q.8 a.1).

Justamente a criatura dotada de espírito é que tem Deus como fundamento, e não de uma maneira extrínseca e secundária. Tem-no sempre em si, segundo a essência, como a meta das suas ações cognitivas e volitivas.

A forma substancial, como ato primário e dado ao ser humano como seu próprio, só se realiza por meio de sua atividade, orientada a um fim. Uma vez que o ser humano como pessoa subsiste na sua natureza espiritual e livre de uma forma que configura a essência, corresponde-lhe uma causalidade criada específica (cf. o sistema da *causae secundae*). Na causalidade transcendente e universal da criação, Deus produz causas criadas e autônomas, de modo que através delas surge entre Deus e mundo uma dimensão histórica da realidade (com a carga dramática de liberdades confluentes).

Segundo Tomás, Deus é a *causa exemplar de todas as coisas (causa exemplaris)*. O ser das coisas é o efeito primário e universal de Deus, que tudo determina e sempre está presente. Um efeito, porém, reflete uma causa. O mundo reflete, portanto, sua fundamentação na sabedoria universal de Deus, no seu pensamento e na liberdade de sua ação. A estrutura racional das coisas e sua consumação na forma substancial estão exemplarmente fundamentadas no espírito e nas ideias de Deus. A multiplicidade das coisas do mundo não elimina, portanto, a simplicidade de Deus. Quando não são uma realidade criada, coincidem com o autoconhecimento de Deus no Logos. Sua multiplicidade no âmbito da criação é o resultado da participação distinta dos entes no ser e, dessa maneira, no Espírito e no autoconhecimento de Deus.

Diferentemente do ser humano, Deus não chega às formas espirituais e às ideias das coisas por meio de um pensamento discursivo. Conhece o mundo por meio de sua própria essência, em que se conhece sempre a si mesmo. Deus não conhece o ente diferente porque existe, mas existe em sua realização finita porque Deus o faz e o pensa como objeto adicional de seu conhecimento.

O enunciado de que o mundo sempre já está dado, como possibilidade, na ideia de Deus não deve ser interpretado no sentido de uma mera potência passiva (p. ex., como a matéria). Trata-se da potência divina ativa pela qual Deus, em seu autoconhecimento infinito, conhece todas as realidades finitas no mesmo momento em que as cria, e as cria no momento em que as conhece.

Deus é, além disso, a *causa final (causa finalis) de toda a criação*. Se a condição de criatura significa algo mais que a simples existência fática e expressa a referência interior de todas as coisas criadas a Deus, isto significa, consequentemente, que Deus se revela nas criaturas como seu fim transcendente. Deus, porém, não se propõe como objetivo alcançar alguma coisa para si. Ele é pura autorrealização fora da interação de repouso e atividade (*agens tantum*). Na ação criadora, Deus quer comunicar sua perfeição, que se identifica com sua bondade (S. th. I. q.44 a.4). Na sua ação criadora comunica a possível participação por graça na realização da essência, pela qual se identifica consigo mesmo em seu autoconhecimento e em seu amor a si mesmo. Quando o ser humano se compreende a si mesmo, no seu conhecimento e nas suas ações orientadas à união no amor, compreende-se igualmente na sua orientação finalística para Deus e na sua participação no conhecimento e no amor de Deus. Portanto, a correalização (mediada pela graça) do conhecimento divino e do amor divino, pela qual Deus se identifica consigo mesmo, é a perfeição da atividade espiritual e voluntária do ser humano e, assim, de sua condição de criatura.

### A imediatez da atividade criadora e da singularidade de Deus como criador

O conceito cristão de Deus só pode ser verdadeiro se na contraprova pode demonstrar-se que o mundo (também a *materia prima*, ou seja, *quantitate signata*) surge do nada, ou seja, se Deus é o fundamento ôntico único e absoluto do mundo e de sua existência nos entes concretos individuais, nas ordens e em todas as causalidades particulares imanentes. Porque a divindade de Deus não é divisível, tampouco pode compartilhar sua atividade criadora com as outras criaturas (contra Avicena e Pedro Lombardo). Daí resulta uma definição fundamental da criação e uma formulação precisa da concepção cristã de Deus:

> A criação é "a emanação de todos os entes a partir da causa universal, que é Deus. É a esta emanação que designamos com o nome de *criação*" (S. th. I, q.45 a.1).
> "A criação, ademais, é a produção de uma coisa em toda a sua substância, não pressupondo algo que seja incriado ou criado por outro. Conclui-se, pois, que nada pode criar alguma coisa a não ser somente Deus, a primeira causa" (S. th. I, q.65 a.3).

### A incomparabilidade de Deus em relação ao mundo

Com o conceito de criação se designa a relação original, de base ontológica, entre Deus e o mundo. Se, porém, a relação de Deus com o mundo significa a mesma coisa que para o mundo a relação com Deus como o criador, a consequência seria uma limitação de Deus. A relação criadora de Deus com o mundo não pertence à essência de Deus, mas está livremente posta (*relatio rationis*). Nela se revela a referência essencial do mundo a Deus. Para a criatura, trata-se de uma referência real e constitutiva da essência (*relatio realis*). Para Deus, é o ato livre de seu amor que se entrega. A condição de criatura se realiza, portanto, na própria criação, ao passo que essa condição, vista a partir de Deus, se baseia na liberdade da criação do mundo e significa sua orientação para Deus como sua origem e meta de seu movimento (S. th. I q.45 a.3).

### O Deus trinitário como origem e fim da criação

Segundo a doutrina do Sínodo de Latrão de 649 (DH 501) e do IV Concílio de Latrão (DH 800), também Tomás diz que o criador do mundo não é uma única Pessoa, que se diferenciaria assim das outras. É o Deus uno, na unidade de sua natureza e na Trindade das pessoas, que produz a criação. Tomás acrescenta que a atividade criadora de Deus sucede de acordo com a ordem interior das processões das pessoas divinas. Pois se o mundo deve ser considerado como um efeito de Deus, então se reflete nele também uma certa correspondência com Deus como o fundamento universal do ser.

Porém, como podemos depreender da revelação, Deus é Pai que se conhece na processão do Filho e se ama com Ele no Espírito Santo como Deus. O Pai produz o mundo como criador, o Filho o produz como criador por meio de sua palavra e como protomodelo de todo o criado, e o Espírito Santo cria o mundo em sua ordenação para participar do amor das Pessoas divinas.

Portanto, a revelação da Trindade é extremamente importante para a correta compreensão da criação (contra a doutrina da necessidade de Deus e para enfatizar que a criação não surge da necessidade, mas do puro amor e da pura bondade que se comunicam) e, mais ainda, para entender adequadamente a salvação do gênero humano, "que se realiza pela encarnação do Filho e pelo dom do Espírito Santo" (S. th. I q.32 a.1 ad 3).

Nas criaturas infraespirituais há somente frágeis vestígios da obra criadora do Deus trino. No ser humano é a forma subsistente de sua alma como conhecimento e liberdade que representa uma imagem real do Deus trino. Nas suas realizações fundamentais a alma representa a obra criadora trinitária de Deus e, por conseguinte, também está disposta para o encontro com a autoabertura histórico-salvífica do Deus trino.

O próprio Deus é o Uno que se conhece na sua palavra ou no seu Filho e se possui a si mesmo, amorosamente, em sua vontade, como Espírito Santo. O ser humano como uma forma suprema de participação do ser nas realizações fundamentais do uno, verdadeiro e bom é, como pessoa, de forma indivisa, um que se conhece na sua palavra interior e, dessa maneira, está dado como espírito e liberdade (sem que essas realizações sejam constitutivas da pessoa como em Deus). Seu ser espiritual é a fonte de todo conhecimento do mundo e – mediado por ela – do conhecimento de Deus, bem como da orientação volitiva para Ele. A identidade, alcançada na ação, da vontade com o bem que é o próprio Deus se chama amor. A alma humana recebe, por meio da autocomunicação histórica do Pai, de sua palavra e do Espírito Santo, uma *similitudo trinitatis*. Está disposta para uma correalização da vida trinitária do amor divino (para a "visão do Deus uno e trino como ele é": Florença, Decreto *Laetentur caeli*: DH 1305).

*A ordem do mundo como expressão da bondade de Deus*

O mundo só pode refletir a unidade de Deus na multiplicidade das criaturas. A ordem multiforme do mundo com sua pluralidade física e biológica das coisas, dos seres vivos e de suas gradações, desde os seres pessoais até os monocelulares, é a imagem do inesgotável poder criador e da bondade de Deus. O mundo criado não é um caos, mas, no conjunto e nos detalhes, uma expressão positiva do universal poder ordenador de Deus.

Em termos antropológicos, também a diferenciação dos sexos é uma indicação da universal vontade ordenadora de Deus, por meio da qual comunica sua bondade.

Mesmo que Tomás assuma, a partir dos conhecimentos científicos condicionados à sua época, uma inferioridade biológica e sociológica do sexo feminino, afirma, no nível da antropologia e da teologia da graça, que a existência do ser humano como homem e mulher, a pessoa da mulher, sua imagem de Deus e sua vocação para a vida eterna corresponde inteiramente à vontade criadora de Deus como o *universalis auctor naturae* (cf. S. th. I. q.92 a.2 ad 1).

*Se tudo vem de Deus, de onde procede, então, o mal?*

Se Deus é o autor de tudo o que existe no mundo, não deve ser também o autor da diferença entre o bem e o mal?

De modo similar a Santo Agostinho, também Tomás exclui a existência do mal como uma substância criada por Deus (cf. no todo a *Quaestio disputata de malo*).

Se a criação não é simplesmente a produção qualquer de alguma coisa existente, mas a representação do ser, da sabedoria e da bondade de Deus por causa da participação no ser, e a primeira e mais original imagem de Deus (De ver. q.22 a.2 ad 2), então o conceito de uma substância criada má é contraditória em si mesma.

Deve esclarecer-se em que sentido o *malum* se converte num problema teológico.

O problema não é que exista na criação seres que perecem e, assim, que são corruptíveis. Faz parte dos entes finitos a possibilidade de perecer ou de servir à conservação da vida dos outros seres (p. ex., na relação entre os animais de presa e os animais de caça; o sacrifício dos animais destinados à alimentação humana).

Tampouco se deve falar do *malum* em sentido estrito quando um ser vivo carece de uma perfeição que, segundo sua natureza, não lhe corresponde (p. ex., que um cavalo não fale).

Deve refletir-se teologicamente não sobre o *malum privative dictum* (isto é, que a um ente falta alguma coisa que verdadeiramente lhe compete por causa de sua forma; p. ex., que um ser humano, por causa de um acidente, não consiga mais falar), mas sobre o *malum negative dictum*, isto é, a negação volitiva do bem. Deve diferenciar-se também entre a corruptibilidade particular dada com a finitude da criação (p. ex., danos corporais e psíquicos) ou a corrupção total do corpo (na morte) e o mal moral.

A verdadeira questão é o *malum morale*: Como pode uma vontade criada boa ou uma liberdade criada produzir voluntariamente o mal?

A criação significa que Deus, devido à *causa efficiens transcendentalis*, produz a criatura por meio de sua forma substancial que lhe é própria por essência e a consuma nela.

A forma, como ato substantivador e como autorrealização, é concebida num duplo sentido: como *actus primus*, dado que Deus concede ao ser humano em geral uma natureza dotada de espírito que se realiza em liberdade e faz com que justamente nela o ser humano alcance a plenitude de sua forma; mas também se deve falar de um *actus secundus*, dado que essa forma somente pode se realizar por meio de sua autonomia imanente que foi dada em vista de um fim situado fora de seu si-mesmo (*operatio ad finem*). Por causa dessa autonomia da forma substancial do ser humano (*actus* ou *liberum arbitrium*), o mal moral pode surgir quando a vontade humana se desvia de seu fim natural, do bem e de Deus como autor do bem e como causa final da autotranscendência humana.

O mal moral consiste, portanto, não na falta de uma forma substancial, mas é uma carência no *actus secundus*, dado que este somente pode se consumar numa atividade orientada para o bem.

O autêntico mal não consiste *materialiter* em que se cause um dano a uma coisa boa. Formalmente, o mal moral consiste em que uma vontade criada e, assim, substancialmente boa, se afasta, quando de sua autorrealização, do fim que lhe é próprio por natureza (*malum morale negativum*).

Se, porém, Deus é o criador da vontade, neste caso não recai sobre Ele alguma culpa? Deus certamente criou a *forma voluntatis* substancial e a *operatio liberi arbitrii in finem boni*, que caracteriza sua essência. Frente à natureza espiritual e livre do ser humano, Deus é o fundamento transcendente e a possibilidade de sua realização. No entanto, Deus não é sua forma substancial, nem o fundamento material e formal por meio do qual o ser humano se realiza imediatamente em sua liberdade e em sua decisão consciente. Deus é o criador da liberdade humana. Visto que o ser humano, porém, existe por meio do ser que lhe é dado como próprio, a realização de sua vontade é imediatamente autorrealização. O ser humano é o senhor de seus próprios atos. Ao ser mediado para si mesmo e subsistir imediatamente a partir do ser que lhe é dado como próprio, a realização de sua vontade não é uma manifestação de um ato da vontade divina nem o efeito mecânico de uma causa quase física de uma influência divina de que não se pode fugir.

Portanto, o ser humano é o autor imediato e por si mesmo de seu automovimento para o bem como seu fim transcendente. É, pois, também imediatamente, responsável quando se distancia da dinâmica natural para o bem. Dessa maneira, Deus nunca é o autor do mal no sentido moral, isto é, no sentido de culpa.

No entanto, a deficiência do movimento da vontade do ser humano não cria nenhum mal substancial. A vontade humana não pode produzir um mal *per se*, nem tender *per si* ao que sequer existe. Somente pode tender a ele *per accidens*. Por isso o mal moral existe na própria vontade como sua perversão e como sua autodestruição (*privatio boni*). O mal moral é a injustiça de um ato criminoso, não o dano que causa a sua vítima.

Ao passo que nunca se pode ver a Deus como autor do mal moral segundo a culpa, é, contudo, o autor do castigo do mal moral. Ao castigar, Deus não impõe uma simples sanção exterior, sem relação intrínseca com a realidade ou com a sequência dos fatos. O castigo designa a consequência interior da ação livre da vontade, cujo fim, próprio de sua natureza, no bem, é negado pela ação má. O castigo nada mais é que o correspondente "salário do ato mau" (cf. Rm 6,23: "O salário do pecado é a morte", porque justamente o pecado afasta o ser humano de seu fim, de Deus, que é a vida do ser humano). Neste sentido, Deus é o autor do dano que surge como consequência do pecado (*auctor poenae*), pois Deus ordenou o mundo de tal modo que um espírito desordenado se transforma em castigo de si mesmo.

No castigo Deus revela também a ordem de sua justiça. A justiça de Deus nada mais é que a autocomunicação de sua bondade, que resplandece na ordem do mundo. A justiça de Deus diante do pecador (em termos bíblicos: sua "ira", sua "vingança"; p. ex., Na 1,2s.) nada mais é que a revelação de seu amor zeloso. Deus se coloca ante o pecador como o autor e a causa final de todo aquele bem que a autotranscendência humana da livre vontade foi incapaz de alcançar e como a salvação subtraída ao pecador. Deus, como o autor do "castigo pelo pecado", concede, junto com o castigo, a graça do arrependimento do coração e da conversão da vontade à direção da consumação no bem de acordo com sua essência. Essa consumação nada mais é que a bem-aventurança da união amorosa com Deus. À vítima de um ato mau (ou de uma catástrofe natural ou de uma fatalidade histórica) Deus se revela não como vingador de atos maus anteriores (por meio dos quais converteria o transgressor em executor de sua justiça e de sua vingança), mas como o Deus redentor e salvador que vence para sempre a morte, o luto, o lamento e a dificuldade (Ap 21,4).

### d) Desenvolvimentos na Idade Média tardia

Em Boaventura e Tomás de Aquino, a teologia da criação certamente alcançou um ponto alto, mas, de modo algum, seu ponto-final. Com a aceitação plena do Dogma da Criação, outros teólogos – recorrendo a outras tradições teológico-filosóficas e em vista de novos desafios – interpretaram a fé na criação numa concepção teológica em parte nova. Não com expressa intenção de se distanciar de Tomás, mas em oposição a uma independência do conhecimento frente a fé e, até mesmo, frente à ênfase na possibilidade de alcançar verdades filosóficas que diferem do conhecimento teológico da verdade (no aristotelismo de Averróis), *João Duns Escoto* (por volta de 1265-1306) enfatizou que alguns aspectos específicos da fé na criação só podem ser elucidados racionalmente recorrendo à revelação. É verdade que também ele acredita na possibilidade da demonstração filosófica da *creatio ex nihilo* (Op. Ox. II d.1 q.2 n.3,4), mas não que se possa demonstrar como algo evidente que Deus é a causa onipotente por excelência do mundo. Também deveria atribuir-se à fé, e não ao procedimento de demonstração filosófica, a afirmação da presença essencial de Deus nas coisas criadas (Rep. Paris I d.37 q.2 n.10).

Para poder demonstrar filosoficamente a existência de Deus, Duns Escoto precisa formar um conceito unívoco de ser. Só se o ser, como primeiro objeto do entendimento, incluir em si todo o conhecível, esse conceito assim obtido pode ser aplicado a todos os seres, tanto divinos como criados. Isto ocorre segundo a diferença modal entre o infinito e o finito, no que o ser não é um conceito genérico que abrange a Deus e a criatura, pois dessa maneira Deus seria submetido à razão categorizada e, no final das contas, criada (cf. Ord. I d.8 q.3 n.16).

A essência do ato criador não consiste unicamente em que Deus produz um ser finito de modo causal e como participação no ser (no sentido da analogia de Tomás), mas que o produz de maneira ímpar. Também segundo Escoto, o mundo existe de maneira ideal no intelecto de Deus. Mas Deus não produz as coisas da criação diferentes dele simplesmente ao pensá-las. A contingência do mundo só surge da combinação voluntária das ideias originais das coisas simples no intelecto divino e das ideias complexas das coisas que existem como *compositum* de forma e matéria. A realidade criada não indica primariamente o intelecto divino. Sua contingência remete, antes, ao livre ato volitivo de Deus, pelo qual constitui esta realidade. Assim, Deus se revela, antes de tudo, como vontade livre frente ao mundo. Este ato da união é sustentado pela vontade de Deus que, sem dúvida, é uma vontade racional do amor. O mundo manifesta, em sua referência a Deus, sua permanente dependência em relação à vontade divina (*dependentia essentialis*; voluntarismo). A vontade criadora é, de certo modo, contingente e não se identifica (fora das coisas criadas) com a essência de Deus. Portanto, Escoto está interessado em enfatizar, na criação, a liberdade e em salientar a contingência interior das coisas criadas.

No contexto do nominalismo da Idade Média tardia, *Guilherme de Ockham* (1285-1349) sublinhou as crescentes dúvidas a respeito da possibilidade de demonstrar com argumentos filosóficos e, assim, racionais a fé na criação. O vínculo entre Deus e a criação não está fundamentado nas ideias originais do intelecto divino, no sentido de que nas formas das coisas criadas se manifestam as ideias universais de Deus. Os conceitos universais formados pelo intelecto humano não captam a razão de Deus que se expressa na criação (*universalia in re*), mas são apenas esquemas da ordem de nossa razão subjetiva baseados na composição da forma física e da matéria (*universalia post rem*). As criaturas existem em sua individualidade e numa singularidade que não pode generalizar-se. Assim, Deus as reconhece como realidades livremente postas por Ele. Cria-as, mas sem revelar através dessa ação a essência (cf. i Sent. d.35, 9,5; Ord. d.35 q.2). No ser das coisas não se abre uma via de acesso racional a Deus. O vínculo que as une a Deus é exclusivamente a livre vontade de sua onipotência. A contingência já não significa a positividade interior com base na participação no ser nem a possibilidade de conhecer Deus com base na sua existência *per essentiam* no interior do mundo. A onipotência da vontade de Deus (*potentia Dei absoluta*) encontra seu "limite" na lei lógica da contradição (Guodl. 6,1). Nesse caso, o mundo está orientado, em sua consistência física e na vida da graça, no mesmo Deus em virtude da vontade divina, realizada de forma positiva e contingente (*potentia Dei ordinata*).

Ainda que essa posição não tenha nada a ver com a caricatura do "Deus déspota do nominalismo", aqui certamente se produz uma nítida separação entre a teologia da revelação e a teologia filosófica, a fé e a razão, uma visão teológica da relação Deus-mundo e uma visão filosófica ou científica do mundo empiricamente perceptível. Ao situar num segundo plano a metafísica escolástica orientada nas formas das essências e nas ideias, Ockham também se tornou o iniciador das ciências naturais modernas, que se limitam aos fatos concretos, demonstráveis de forma empírica, quantitativa e experimental (aos dados singulares e individuais). Essa concepção implica também que agora uma filosofia construída a partir da experiência (isto é, da experiência quantitativa e sensível da essência das coisas e não da obtida por meio da abstração) não pode continuar explicando, como até então, a fé em Deus o criador como algo acessível à razão. No caso de um conceito de razão circunscrito de tal modo ao mundo da experiência, a teologia natural podia chegar, no marco de uma imagem mecanicista do mundo, a um arquiteto divino absolutamente inteligente. A visão cristã de Deus como uma realidade pessoal que se revela na criação e se comunica como salvação só pode se afirmar de forma puramente positiva a partir da autoridade dos documentos históricos da revelação, mas situadas fora do alcance da compreensão racional.

*Nicolau de Cusa* (1401-1464) tentou, com base num exemplarismo neoplatônico, uma mediação teológica da nova cosmologia ligada às nascentes ciências naturais. Concebe a Deus como uma unidade absoluta. No sentido de sua doutrina fundamental da coincidência dos opostos (*coincidentia oppositorum*), Deus abrange, como *maximum* absoluto, também seu contrário, o *minimum* absoluto, e se expressa nele e por meio dele. Com base na diferença essencial entre o ser infinito do criador e a contingência do mundo se explicita a unidade e a grandeza absoluta de Deus na multiplicidade criada do finito (*explicatio*). Por outro lado, a multiplicidade do finito encontra sua unidade ideal em Deus (*complicatio*). Deus é vida criadoramente ativa que se manifesta na finitude de variadas formas. Cusa pode assim fazer sua a nova imagem de mundo com a concepção do mundo infinito, formado por um espaço e um tempo ilimitados (relação e reflexo interior de macrocosmo e microcosmo). Desse modo, o mundo da infinidade criada se torna, na representação tanto do máximo como do mínimo, uma cópia criada da infinidade e da unidade de Deus na sua atividade vivificante e na sua distinção, assim como se dá essencialmente na Trindade de Deus (*De docta ignorantia* II, 7). A formulação com que Cusa define o mundo como um "Deus criado" e do ser humano como "um Deus que se manifesta no ser humano" está próxima da crítica da Idade Média tardia ao pensamento metafísico essencial da Escolástica, da concepção de mundo nascente das ciências naturais e da autocompreensão otimista do ser humano na filosofia da Renascença (cf. MIRÂNDOLA, G.P. *De dignitate hominis*, 1486).

> "Quem poderia chegar a compreender como tudo é imagem daquela única forma infinita e possui sua diferença de uma maneira contingente, como se a criação fosse algo assim como um Deus incompleto [...]? Mas se recebeu a forma infinita só de uma maneira finita, de modo que toda criatura é de certo modo uma infinidade finita ou um Deus criado para ser assim da melhor maneira possível [...]" (*De docta ignorantia* II, 2).

No entanto, a teologia da criação de cunho neoplatônico de Cusa não deve ser interpretada no sentido panteísta, como fez Giordano Bruno (1548-1600), ou no sentido dialético, como fez mais tarde Hegel (1770-1831). Existem nítidas linhas de conexão com a mística cristã de viés neoplatônico do Mestre Eckhart (1260-1327/1328; cf. também a condenação de sentenças mal-interpretadas: DH 951-953; 976s.) e, mais tarde, com Jakob Böhme (1575-1624), com Franz von Baader (1765-1841), bem como com os representantes mais importantes do Idealismo alemão (Fichte, Schelling).

### 4 No contexto da nova imagem de mundo das ciências naturais e da crise das bases da metafísica e da teologia filosófica

#### a) O contexto geral

A teologia cristã defendeu, justamente no contexto da doutrina da criação, sua concepção fundamental da realidade e a pretensão de validade universal da fé. Pois "é falsa a opinião de que para a verdade da fé é indiferente o que se pense da criação, desde que se pense retamente de Deus. Porque o erro sobre a criação tem como consequência um falso conhecimento de Deus" (Tomás, S.c.g., II, c.3). Depois da identificação da racionalidade da fé cristã e da fundamentação da possibilidade da teologia como ciência, a tarefa central no âmbito da nova orientação do pensamento ocidental da "Idade Moderna" era fazer um debate sobre a imagem do universo das ciências naturais (e históricas), sobretudo a propugnada por Copérnico, Galileu, Kepler, Newton e, no século XIX, especialmente pela teoria evolucionista de Charles Darwin). Nesse caso, os debates não giravam em torno dos conteúdos da ampliação dos conhecimentos sobre a estrutura e atividade da natureza empiricamente perceptível, mas em torno da sua aplicação epistemológica e ontológica à filosofia que, com base na nova imagem de mundo, indagava pela possibilidade da metafísica e, inclusive, de uma teologia filosófica: no Racionalismo (Descartes, Spinoza, Leibniz, Wolff), no Criticismo (Kant) e no Idealismo (Fichte, Schelling, Hegel). Neste contexto, encontram-se também as concepções céticas, agnósticas e antimetafísicas do Empirismo (sobretudo, Locke, Hume) e dos materialistas dos séculos XVIII e XIX (Lamettrie, Condillac, Helvetius, Holbach; D.F. Strauss, A. Ruge, M. Stirner, Feuerbach,

Marx, Nietzsche, Freud), que foram combinadas com o darwinismo para produzir cosmovisões monistas ("Tudo é matéria indistinta") (p. ex., HAECKEL, E. *Welträtsel*, 1899).

Os esforços da filosofia moderna que delimitam enunciados essenciais da dogmática cristã frente à razão filosófica não resultaram de um afastamento deliberado da metafísica e da teologia da Idade Média. Nem se pode entender o desenvolvimento geral como uma emancipação da razão humana frente às pretensões teológicas e metafísicas heterogêneas, em cujo ponto-final devesse surgir, como o resultado indiscutível da história do espírito humano, um imanentismo naturalista e um ateísmo como única resposta responsável frente à razão crítica.

Na realidade, a moderna filosofia subjetiva é uma nova concepção da realidade e da razão humana como fruto dos novos métodos e conhecimentos objetivos das ciências naturais, preparados por certas correntes da filosofia medieval tardia (o nominalismo, a mística neoplatônica). Importava superar a separação entre natureza e espírito, entre o singular e o universal, entre a experiência sensível e a reflexão transcendental, entre o objeto singular apreendido na experiência sensível e a ideia universal supraindividual, entre uma teologia com base numa revelação sobrenatural e uma teologia metafísico-filosófica que se reporta unicamente à razão.

### b) A teologia física como resposta à nova física

A nova ciência orientada no experimento já não considera a natureza sob o aspecto da abstração filosófica da forma essencial (da substância invisível, fundamentadora da realidade) e, no final das contas, no horizonte do ser. Seu objeto é a coisa imediatamente perceptível, em seus fenômenos sensíveis, quantificáveis e mensuráveis, assim como se encontra, segundo as leis da mecânica, em interação com as demais coisas. O conceito, originalmente filosófico, de substância se torna a síntese da vinculação funcional dos fenômenos mecanicamente descritíveis e se prefere designá-lo de "sistema e estrutura".

O ponto de contato com a fé cristã na criação já não deriva de uma metafísica no sentido clássico, mas da questão acerca do fundador e sustentador da estrutura do mundo, movido por causas meramente mecânicas. De acordo com o deísmo oriundo da Inglaterra, Deus se coloca ante o mundo num sentido extrínseco, como um mecânico (o Deus relojoeiro). A sábia disposição que se pode observar na ordem natural e em seu admirável paralelismo com as necessidades humanas aponta para Deus como inteligência superior. Assim, a teologia física pôde falar de uma revelação de Deus no "livro da natureza" (cf. já a Escola de Chartres, dos primórdios da Idade Média). Além disso, é característica a busca por uma verificação empírica do princípio teleológico.

A desvantagem deste postulado de Deus como um tipo de "hipótese de trabalho" era, por um lado, que Deus não podia continuar atuando de modo historicamente contingente no mundo (suspeita de "intervencionismo"; questão do milagre e da história da salvação), e, por outro lado, que, ao aumentar o conhecimento sobre as causas imanentes, Deus viria a se tornar "supérfluo como hipótese de trabalho" (Laplace, St. Hawking).

### c) A tendência filosófica para o naturalismo

Quando não se consideram as possibilidades e os limites das novas ciências experimentais a partir da redução metodológica conscientemente estabelecida, mas se converte a estrutura da matéria – concebida sob esses pressupostos – na norma e no limite de todo o conhecimento da realidade e da formação dos conceitos e no horizonte último da verdade, surge um naturalismo racionalista e monista que se condensou em vários sistemas filosóficos (Empirismo, Sensualismo, Materialismo, Positivismo Lógico, Racionalismo Crítico). O que todos têm em comum é a tensão entre a enorme expansão dos conhecimentos humanos no campo da concepção empírica e do domínio do mundo, por um lado, e uma redução extrema da possibilidade do conhecimento humano no campo da problemática metafísica ou teológica, por outro lado.

Uma vez que a razão humana já não é apta para o conhecimento das formas espirituais das coisas e das suas ideias supraindividuais enraizadas no intelecto de Deus, mas apenas para sua percepção sensível, *David Hume* (1711-1776) pode reduzir as categorias fundamentais da metafísica atual, a saber, a substância e o princípio de causalidade metafísica, bem como a substancialidade da alma, a uma origem condicionada de forma puramente sensível-psicológica e, desse modo, aposteriorista. Deus, a alma, a imortalidade, o mundo como um todo em sua relação transcendental com seu autor, não são objetos nem condições reais do pensamento, mas configurações ou ilusões sensíveis, condicionados simplesmente pelas circunstâncias psicológicas individuais e coletivas.

Paul-Henri Dietrich Holbach (1721-1789) é um exemplo paradigmático da tendência geral a um naturalismo empírico. Em seu escrito *Système de la nature*, publicado em 1770, reduz todos os fenômenos a uma matéria que existe eternamente por si. Somente em virtude das leis mecânicas (biológicas e químicas), a matéria dá a si mesma suas formas. Alcança no ser humano as formas mais elevadas da vida e da consciência. O ser humano é apenas uma configuração complexa da natureza como matéria melhor organizada, uma máquina, segundo Lamettrie (1709-1751. Dessa maneira, também os conteúdos ideais de sua consciência, como, sobretudo, a ideia de Deus e as leis morais, são produtos da sensibilidade. Estes podem ser interpretados na perspectiva da psicologia evolutiva (como pertencentes à "fase infantil" da humanidade) ou na perspectiva sociopolítica (como instrumentos de dominação da Igreja ou como engano da casta sacerdotal; cf. também as teorias do desmascaramento, desenvolvidas posteriormente a partir deste esquema: FEUERBACH, L. *A essência do cristianismo*. Petrópolis: Vozes, 2007. • MARX, K. "Nationalökonomie und Philosophie", 1844. In: LANDSCHUT, S. (org.). *Frühschriften*. St, 1964, 246-248. • FREUD, S. *Die Zukunft einer Illusion*, W, 1927).

Também o ateísmo categórico foi frequentemente legitimado com uma crítica ao Dogma da Criação.
*Ernst Bloch* (1885-1977) contrapôs ao *Deus creator* o *Deus spes* (*Atheismus im Christentum* – Zur Religion des Exodus und des Reichs, F 1968, 63s.). Concebe o Deus criador como uma legitimação do existente e das estruturas injustas dominantes. Se, conforme Gn 1,31, tudo o que Deus fez é bom, ao ser humano não restaria nada para aperfeiçoar; seria privado do potencial crítico da mudança e da autoconstituição de sua liberdade.

Na filosofia positivista e no Racionalismo Crítico, as questões metafísicas sobre o ser e sobre a questão teológica de Deus e da referência transcendente do ser humano carecem de sentido e de conteúdo (CARNAP, R. *Die Überwindung der Metaphysik durch logische Analyse der Sprache*: Erkenntnis 2, 1931, 219-241. • ALBERT, H. *Das Elend der Theologie*, 1979). Este sentimento do tempo sem transcendência característico de um naturalismo monista se expressa também na palavra do "mundo como golpe casual na mudança do sistema solar" (RUSSEL, B. *Warum ich kein Christ bin*, M 1963, 24).

Com referência aos conhecimentos modernos da astrofísica e da investigação da evolução, ao pensamento humano parece possível somente o retorno ao cosmocentrismo antigo com seu *pathos* de caducidade, quando Jacques Monod formula: "Rompeu-se a antiga aliança; o ser humano sabe, enfim, que está sozinho na imensidão indiferente do universo da qual surgiu por acaso" (*Zufall und Notwendigkeit*, M ³1971, 219).

### d) A nova constituição filosófica subjetiva da metafísica e da teologia filosófica

*René Descartes* (1596-1650) quer resgatar a consciência própria da realidade espiritual ideal. Um ponto de partida no mundo empírico já havia deixado de ser seguro para chegar aos conteúdos da filosofia e da teologia. No entanto, Descartes não parte, como a metafísica ôntica, da experiência dos entes concretos e da abstração de suas formas essenciais para chegar, por meio de um processo dedutivo, às ideias do intelecto divino.

Ao situar na autoconsciência o fundamento inabalável de toda reflexão filosófica, supera certamente o objetivismo ingênuo e a certeza subjetiva de uma ciência que acreditava poder descrever objetivamente a realidade eliminando no sujeito cognoscente o elemento apriorista que condiciona o conhecimento. A partir da análise da autoconsciência finita, resulta necessariamente, segundo Descartes, a ideia de Deus que é, ao mesmo tempo, base para a conclusão da sua existência como o polo de referência da subjetividade finita. Deus, enquanto substância infinita, se revela como o autor de ambas as substâncias finitas, da consciência (*res cogitans*) e do mundo corpóreo (*res extensa*). E é também Deus quem as coordena.

A partir disso, o racionalismo teológico da filosofia do Iluminismo inferiu que se poderia deduzir todos os conteúdos da dogmática cristã a partir da razão apriorista, de modo que os processos no mundo contingente da natureza e da história não poderiam acrescentar nada essencialmente novo. Daí surge o grande problema teológico da coordenação do dogma e da história.

No desenvolvimento posterior da filosofia da consciência, colocou-se a questão de como coordenar de novo interiormente entre si a Deus e o mundo. Na teologia física, Deus está diante do mundo apenas exteriormente. Na metafísica racionalista, Deus foi primariamente concebido (por causa do processo de univocação e de conceitualização do ser) como o conceito possível de uma "essência suprema". Uma vez que o mundo não estava mais aberto para Deus a partir da intimidade de seu ser nem Deus já se mediava, através da analogia do ente, como o mistério que não pode ser objetivado, como a origem e o futuro do ser humano, Deus aparecia como um objeto coisificadamente dado, situado além do mundo visível. Se, segundo Kant, a razão humana está limitada aos objetos sensivelmente dados, aos que constitui, por causa de suas formas aprioristas, em um fenômeno concreto, então só é possível afirmar a Deus como um ideal da razão e não há resposta para a questão de sua existência real. Portanto, conclui-se que é filosoficamente impossível demonstrar a existência de Deus como criador do mundo (CrP B 655).

A fim de evitar um conceito de Deus objetivista, isto é, a concepção de Deus como uma essência situada além da experiência e, no final das contas, dependente da imaginação humana, já *Baruch de Spinoza* (1632-1677) e, em seguida, o Idealismo alemão buscaram conceber, no sentido panteísta, uma unidade de Deus e do mundo, do autodesenvolvimento divino na natureza e do pensamento humano como um elemento nesse processo.

Acompanhando a nova definição da substância em Descartes, segundo a qual a substância é algo que não necessita de nenhuma outra coisa para existir (diferentemente da Escolástica: substância é algo que não existe em outra coisa), Spinoza conclui que Deus, como a substância infinita, existe necessariamente e é causa de si mesmo (*causa sui*). Deus ou a natureza (*Deus sive natura*) é a realidade que abrange tudo, que se desenvolve sob os modos e os acidentes das suas manifestações no mundo espiritual e corporal. A natureza divina e suas manifestações se comportam entre si como processo (*natura naturans*) e produto (*natura naturata*). Tudo que existe é Deus, e no processo de sua automanifestação no mundo Deus se relaciona unicamente consigo mesmo.

A ideia de uma pessoa (= a realidade de Deus) que se situa livremente frente ao mundo e uma produção do mundo a partir do nada é insensata e contraditória.

De modo semelhante, deve ser entendida a crítica de *Johann Gottlieb Fichte* ao emprego do conceito de pessoa para Deus. Daí resulta também, segundo ele, a estrita negação da criação:

> "Da ignorância da doutrina que antes expusemos surge a aceitação de uma criação como o erro fundamental absoluto de toda falsa metafísica e ensinamento religioso, e mais em particular como primeiro princípio do judaísmo e do paganismo. O reconhecimento da absoluta unidade e imutabilidade da essência divina fazia necessário – se não quiser negar a existência independente e verdadeira das coisas criadas – deixar que estas últimas surjam de um ato totalmente arbitrário da primeira, de modo que ficaria totalmente corrompido o conceito de divindade que antes se lhes atribuía e se lhes dotaria de um caráter arbitrário que penetra e atravessa todo seu sistema religioso. E então a razão ficaria para sempre transtornada e o pensamento convertido em fantasia sonhadora; já não caberia, com efeito, pensar de maneira correta na criação (dando a palavra pensar seu sentido real), nem jamais algum homem a pensou assim. Especialmente no relacionado com a doutrina da religião, afirmar que existe uma criação é o primeiro critério de sua falsidade. A negação de uma tal criação, no caso de que um ensinamento religioso a afirmou, deveria ser o primeiro critério de verdade desta doutrina religiosa" (Fichte. *Werke* V, B 1971, 479).

Numa problemática parecida se encontra também a filosofia do espírito de Hegel. Deus não mantém com o mundo uma relação de liberdade pessoal que dá existência ao mundo em virtude de um ato soberano. Produz o mundo no processo dialético da autodistinção, revelando-se e conhecendo-se através dos elementos da natureza, da história e do espírito subjetivo a si mesmo em sua própria e articulada plenitude.

É certo que *Hegel* pôde demonstrar, ante o Iluminismo, a racionalidade de todos os dogmas, dado que representam as automanifestações do espírito. Porém, ante o credo cristão, permanece em aberto a questão da distinção ontológica entre o mundo e Deus, entre a realidade pessoal e a autorrelação pessoal livre de Deus com o mundo no sentido da causalidade total de seu ser e da sua orientação em Deus.

## 5 A recente controvérsia católico-reformadora em torno da teologia filosófica como via de acesso à revelação histórica

Diante do pano de fundo das controvérsias entre Karl Barth e Erich Przywara em torno da analogia do ente e do ser como pressuposto da teologia do conhecimento de uma revelação sobrenatural e da controvérsia intraprotestante em torno de um "ponto de contato da revelação" (E. Brunner, P. Althaus, W. Joest, W. Pannenberg), *Eberhard Jüngel* contestou a necessidade e a razão de uma teologia filosófica metafísica como pressuposto de um conhecimento de Deus através da revelação (*praeambula fidei*) (*Gott als Geheimnis der Welt* - Zur Begründung der Theologie des Gekreutzigten im Strei zwischen Theismus und Atheismus, Tü, ⁵1986).

Inteiramente de acordo com o estilo reformador, ele pergunta se o Absoluto da teologia filosófica que a razão corrompida pelo pecado original pensa alcançar pode ter algo a ver com o Deus da revelação ou não é antes um fantasma da razão que se apossa de Deus. Um conhecimento de Deus mediante a razão com base na *analogia entis* não é uma segunda fonte da revelação. O teísmo da metafísica ocidental está tão longe de ser um pressuposto necessário da revelação e de seu conhecimento quanto seu irmão gêmeo, o ateísmo do Ocidente. Segundo Jüngel, Deus somente se revela em seu autotestemunho na sua palavra livre na história. Na palavra, Deus se identifica com o crucificado. Não há, portanto, uma via de acesso ao ser de Deus antes e acima do mundo, por meio de um pensamento abstrato/a-histórico no sentido de que a um Deus filosoficamente concebido a história de Jesus só acrescentaria uma mudança ou complementação acidental. Deus só se deixa experimentar na sua livre autodeterminação por meio da história, do devir, do sofrimento e da cruz. Deus só se abre naquele conhecimento humano quando nega a negação ateísta da onipotência de Deus. O fim do Deus metafísico, isto é, a morte de Deus na filosofia (conforme a "Sexta-feira Santa especulativa" da *Fenomenologia do espírito* de Hegel, 1807), é a condição para uma nova revelação do Deus verdadeiro unicamente na fé, a saber, na fé na revelação de Deus através da palavra da cruz.

A criação não oferece uma base para a teologia filosófica. Não prepara a abertura para o Deus da história. A ideia da criação deve ser subsumida exclusivamente no acontecimento da cruz. Fora dessa revelação de interpretação estaurocêntrica é impossível uma fé em Deus como o criador do céu e da terra.

Jüngel acredita ter superado assim a ideia de que Deus, concebido como superior ao mundo de uma maneira substantiva e coisificada, é o pressuposto metafísico da revelação. Ao mesmo tempo, com o colapso da teologia filosófica, a fé cristã em Deus seria inatacável por parte do ateísmo. Seria igualmente superada a oposição entre o ser divino e o devir contingente do mundo (isto é, entre as verdades ideais da essência e a singularidade do contingente). Deus quer ser conhecido justamente por meio de seu devir na história e não em sua asseidade supratemporal. Só por meio de sua livre autodeterminação no curso do devir da história é conhecido em sua divindade. Uma vez que Deus se identifica livremente com o crucificado, *Deus se revela unicamente como o Deus histórico em Jesus Cristo* (cf. *Gottes Sein ist im Werden*, Tü, ³1976).

Em contrapartida, pode indagar-se a Jüngel se, biblicamente, a autorrevelação salvífico-relevante de Deus como criador já não é o horizonte abrangente para a revelação histórica de Deus, em que Deus se dá a conhecer a si mesmo como origem e objetivo do ser humano. Certamente seria equivocado deixar a fé cristã na criação a critério da teologia filosófica e construir a partir daí uma estrutura neutra para a salvação e uma concepção abstrata e a-histórica de Deus. Uma vez que, por causa da pretensão de verdade universal da fé, a teologia buscou e busca o debate com a metafísica e com a teologia filosófica, não pode começar simplesmente com a afirmação de uma autorrevelação de Deus na cruz e com a simples contradição dialética ante a razão humana. Deve buscar o debate já no campo da doutrina da criação e, dessa maneira, da formulação original de sua concepção de razão e de realidade. Este discurso não tem o sentido de submeter a fé à razão e à sabedoria do mundo (1Cor 1,21). No entanto, quando a teologia media dialogalmente ao mundo o Logos crucificado de Deus, conduz o ser humano à razão da fé. Possibilita-lhe, em sua autorrealização racional, realizar o ato pessoal da fé. Este ato não é uma simples obediência contrária à concepção própria das coisas, mas a consumação da razão e da vontade criada na participação na razão de Deus e na correalização de seu amor, que é ele mesmo e por meio do qual se comunica a nós. Na cruz Deus revela sua oposição ao pecado, mas se revela também como amor reconciliador e, portanto, consumador de sua criatura. A ressurreição de Cristo dentre os mortos é a revelação do amor do Pai, do Filho e do Espírito que suprime a contradição do pecado.

## IV. INVESTIGAÇÃO SISTEMÁTICA

No curso da investigação histórica sempre já aparecem também as questões fundamentais. Agora é preciso estudá-las globalmente a partir de uma perspectiva sistemática. Entende-se aqui "sistemático" no sentido de que se visa alcançar uma síntese dos enunciados essenciais. No entanto, seria impossível tentar refletir conjuntamente e de forma ilimitada sobre Deus e o mundo a partir do ponto de vista da razão criada. O objeto adequado de nossa razão finita vinculada aos sentidos é o mundo. É verdade que a razão pode compreender o mundo, a história e o ser humano em vista de Deus e, iluminada pela fé mediante o Espírito Santo, pode tentar entender também as ações de Deus. A teologia, porém, nunca pode ter como objeto o próprio Deus em seu puro em-si-mesmo. Nenhum intelecto criado pode conceber a Deus tal como Ele mesmo se penetra e conhece em seu espírito divino (cf. 1Cor 2,11s.).

### 1 A realização do ser não divino mediante a atualidade de Deus

O discurso sobre Deus não pode começar no seu puro ser-em-si, como se se pudesse prescindir do mundo existente. A razão criada e finita começa sempre com a experiência do mundo já dado. O ser do mundo nos é sempre problemático, e o acoplamento peculiar da experiência real e a problematicidade do ser dada com ela se chama espírito criado. Porém, faz parte da realização do espírito que, por meio da possibilidade de indagar-se sobre a experiência do mundo, se veja remetido à origem da problematicidade e ao fundamento último, já inquestionável, do ser do mundo, ao qual denominamos Deus. Faz parte da constituição do espírito, justamente porque se lhe deram a experiência do mundo e o caráter problemático do mundo, a referência a Deus. Nesse caso, "Deus" é a designação para o de onde do ser e do espírito. Ele mesmo não é uma espécie de objeto preso ao mundo que é conhecido de maneira complementar. O ser humano, como espírito, é determinado, fundamental e constitutivamente, por meio da referência a Deus subtraída de sua vontade e da qual ele não pode dispor. Porém, deve atualizar por si mesmo, *a posteriori*, esse elemento apriorista e transcendental de sua autorrealização. Não obstante, isto não converte Deus num objeto categorial. Surge somente como o horizonte inquestionável para o qual nos movemos e do qual nos sabemos dependentes num sentido absoluto. Porém, o espírito não se transcende ao infinito de uma maneira meramente intencional. Sabe-se constituído, justamente em sua intencionalidade, pelo Absoluto não mundano de Deus. Só se concebe, no final das contas, através da *realidade* do Deus transcendente. Como pode, porém, sob essas condições, falar de Deus e de suas ações?

Deus não é o mundo. Se Deus fosse o mundo ou uma parte do mundo, não seria seu fundamento absoluto e indisponível. Deus não pode ser definido a partir da distinção frente ao mundo. O mundo tampouco pode ser a base sobre a qual Deus chega a si mesmo. Porém, o mundo significa para nós a possibilidade e, ao mesmo tempo, o limite para falar de Deus e chegar a este conhecimento: Deus é. Este "é" na sentença não se identifica com o ser por meio do qual Deus se realiza a si mesmo.

O mundo se caracteriza pela finitude. A finitude significa que uma coisa concreta contém a realidade apenas numa medida limitada. A razão finita só pode pensar o finito, a saber, o questionável e questionado ente. O ser humano pode agora formar para si, como condição real da experiência e do ser finito e, ao mesmo tempo, da questionabilidade, o conceito de um ente que é pura atualidade e que se media consigo mesmo não no modo da questionabilidade. E este se chama espírito absoluto ou a pura identidade do ser e do autoconhecimento. Este conceito que formamos tem sua base na experiência da factibilidade do mundo finito e dos valores finitos que, em sua existência, dependem de um ato de realização situado fora de seu si-mesmo. Porém, o ato em que se realiza esse ser infinito não depende, em seu ser-si-mesmo, de nós nem de nosso pensamento.

Compreendemos o conceito "Deus" como a condição real de nosso ser enquanto espírito no mundo e, dessa maneira, também como condição da realidade finita. Nesse ponto, também é verdadeiro o enunciado "Deus é";

mas não compreendemos Deus em seu ato interior próprio por meio do qual é si-mesmo. *Somente concebemos precisamente a Deus como o mistério por excelência.*

Todos os entes que conhecemos existem por meio de uma realização do ser universal nas diversas naturezas da essência. Existem como um *concretum* da existência e da essência. A essência é o princípio da delimitação do ente. Fora das coisas concretas, o ser coincide inteiramente com Deus. É que Deus não é limitado, realizado e definido por uma essência, por meio da qual seria mediado com sua existência. O ser de Deus é sua essência. Deus é pura atualidade de sua deidade. Por causa da unidade de ser e essência, a "essência" de Deus não é, ao contrário do que ocorre nas criaturas, o princípio da participação limitada.

Tampouco há em Deus uma sequência de disposição para a ação e sua passagem para ela. Deus não começa repentinamente, a partir de um repouso eterno, a agir para produzir a criação. Na atualidade de Deus, que se identifica inteiramente com Ele, encontram-se as possibilidades infinitas da participação finita no ser. Deus pode, ao querer a si mesmo, querer também algo diferente dele. Porém, este é querido por meio de um princípio de delimitação, do contrário não seria diferente de Deus. No entanto, Deus as quer assim como realmente existem. E, portanto, Deus é autor das coisas do mundo diferentes dele na unidade de seu ser-aqui e de seu ser-assim. Dado que o mundo só existe realizado no *concretum* da existência e da essência, é criado pela palavra e pela vontade de Deus. Ao existir como ser finito diferente de Deus, é criado *ex nihilo* e "fora" de Deus. Isto não significa que Deus criou um lugar em algum momento, mas que o mundo se realiza em sua finitude e se diferencia de Deus. Deus é sua própria essência por meio de absoluta posse do ser. O mundo é uma realidade em virtude da recepção da participação no ser que o delimita. O mundo participa do ser de Deus porque pode existir em virtude da vontade de Deus, sob o modo da finitude, ao passo que Deus subsiste por si, em si, a partir de si e em virtude de sua própria realidade (Ef 4,6).

Se fora das coisas criadas o ato criador de Deus coincide com Deus, então é como o próprio Deus: realidade indivisa, atemporal, imediata. Deus é criador. Está imediatamente próximo de todas as coisas criadas e internamente presente nelas. Essa proximidade imediata não se refere somente ao mundo como um todo, mas a cada um dos seres concretos, seja qual for o tempo e o lugar em que foram criados. Não se trata, de maneira alguma, de que Deus tivesse atuado como criador somente no princípio temporal do universo. Não deixou algum dia o mundo a critério de seus próprios princípios de regulação, para intervir somente de vez em quando, por exemplo, na geração de um ser humano ou nas curas milagrosas de uma pessoa concreta. A proximidade imediata do ser humano a Deus não se deve, diferentemente do animal, a que tivesse sido criado imediatamente (isto é, fora da dinâmica da vida e da mediação da sequência das gerações), mas a que foi criado para a imediatez. Sua natureza espiritual é, com efeito, o princípio da delimitação e da concreção da sua maneira de participação no ser. E, ao ser dado e estar disponível imediatamente como espírito, é parte constitutiva do ser espiritual também a referência à origem do ser em geral. Essa relação com Deus constitui – também onde ainda não foi tematizada – a consistência-em-si, o pressuposto e a condição do que chamamos ser pessoal.

### 2 A criação no medium *da evolução e da história da liberdade humana*

A ação criadora de Deus é a permanente inclusão do mundo na atualidade de Deus e sua realização através de Deus. Isto implica que o mundo, uma vez realizado, atua também mediante seus princípios imanentes e que os fenômenos concretos no mundo podem ser atribuídos a essa atividade dos princípios imanentes. Só o espírito humano é capaz de chegar ao conhecimento de suas causas transcendentes. Deus não estabeleceu uma separação entre sua atividade criadora e as causalidades imanentes do mundo, mas leva a cabo sua realidade criadora *em meio* às causas criadas ao sustentar a existência e a ação do mundo em geral e capacitá-lo para chegar a si mesmo.

Nos princípios fundamentais mais gerais do mundo, deve observar-se uma dualidade entre aquilo que é organizado por outros e aquilo que se organiza por si mesmo: a dualidade entre matéria e espírito. A isso se acrescenta, como coeficiente, a temporalidade. O ato criador indiviso atua no mundo criado somente na forma da evolução.

É incontestável que, no plano individual, uma das características das coisas concretas e finitas é o processo de nascer e de perecer. A questão central está em saber se este processo de nascer e perecer das espécies já estava dado desde o princípio como uma constante. Só se pode conseguir um progresso no conhecimento quando se entende a "criação" como a atualidade atemporal e a presença de Deus nas coisas criadas e não se a identifica simplesmente com o que sucedeu algum dia no princípio de alguma maneira temporalmente concebido (concebido em termos empíricos e não metafísicos) do nosso universo.

De fato, nunca há só pura matéria. Também o que se chama nas ciências naturais de matéria original não se identifica com o que entende filosoficamente por *materia prima*. Também a matéria original científica sempre é matéria já formada e organizada de uma determinada maneira. Essa matéria de alguma maneira já organizada, ou seja, formada numa unidade de sentido, encontra-se inserida no processo de passagem para novas modalidades e singularidades.

As ciências naturais podem falar legitimamente de uma matéria inorgânica e, ao mesmo tempo, analisá-la, mediante abstração metodológica de outros aspectos, somente sob o ponto de vista da quantidade. Dessa maneira, porém, não se consegue compreender a essência da matéria. Na colocação ordinária do problema, parte-se sempre do pressuposto de que já está claro o que é a matéria, ao passo que aquilo que se deve demonstrar com uma argumentação pormenorizada é em que consiste e o que pode ser o espírito. Uma análise mais precisa do conhecimento e da formação de conceitos humanos revela que não se pode conhecer a matéria em si. O espírito humano sempre já entende a matéria *como* matéria de um ente singular. Portanto, o conceito de matéria em si se forma mediante uma abstração de uma coisa concretamente existente e, com efeito, levada a cabo pelo espírito com capacidade de abstração, um processo que, por outra parte, é imprescindível para a formação de conceitos. Na realidade, portanto, o ser humano sempre já se conhece a si mesmo e, na autopresença, à matéria como o outro por meio do qual está unido ao mundo pelo conhecimento, pelo sofrimento e pela atividade. Ao mesmo tempo, precisa novamente da matéria para chegar a si mesmo. A imediatez espiritual a si mesmo sempre já é o resultado de uma mediação que penetra o mundo. Porém, ao mesmo tempo, também a realidade imediata de si na realização espiritual é o pressuposto para que seja possível uma mediação através da matéria.

Assim, pois, não existe um conhecimento do mundo e uma descrição do mundo sem o espírito, mas isto não quer dizer que não possa haver um universo sem o espírito humano. O ser humano pode perfeitamente imaginar, a partir de sua posição atual, uma existência infrapessoal anterior inclusive à existência do gênero humano. No entanto, ao investigar as existências pré-humanas, não as concebe como pura matéria, mas como formas materiais concretas sempre já cunhadas por estruturas significativas. Ou seja, no seu acesso espiritual ao mundo, o ser humano extrai, por abstração, a unidade de sentido e, por meio dela, conhece novamente o mundo. Nessa perspectiva, vê a natureza, com razão, sob o ponto de vista da temporalidade como a história da matéria que se organiza a si mesma. A matéria está compreendida, mediante seus respectivos princípios de organização, em formas individuais. Em termos filosóficos, trata-se do ser que se recebe em suas essências, mas não é absorvido por elas. Toda a história da natureza está atravessada pela tendência que diferencia o ser em significados cada vez mais organizados. Portanto, a plenitude do ser impele à autotranscendência em formas que surgem incessantemente. Essas são, por assim dizer, o princípio internamente ordenador e unificador de uma matéria superior disposta a uma forma total. Isso não exclui, mas inclui, em cada caso concreto, a combinação de ensaio e erro dos fatores fisiológicos e biológicos, uma combinação que se modifica junto com as diferentes oportunidades de sobrevivência. De acordo com a espécie e o gênero dos novos seres vivos que vão aparecendo, formam-se também as recepções que se vão diferenciando em e por si mesmas. Dado que todas elas surgem do ser único como corrente vital que a tudo penetra (gen-pool), evidencia-se que a vida nada mais é do que uma forma suprema de realização do ser.

O ser humano se percebe, na condição de gênero, como o objetivo da autotranscendência do ser que se organiza num ente sob o modo de vida e pensamento.

*No ser humano, a história da natureza do ser se converte na história do espírito.* No entanto, as formas inferiores do ser não são absorvidas nem excluídas. São, antes, integradas no mundo vital espiritual do ser humano. O ser humano se sabe, portanto, inserido na totalidade do universo: juntamente com as estrelas e os planetas, o mar e a terra, as plantas e os animais.

Com razão, o ser humano considera o mundo a partir do ponto de vista humano. A tentativa de não proceder dessa maneira é em si mesmo contraditória. A negação do antropocentrismo é uma forma mascarada do mesmo.

Na sua consciência imediata, o ser humano deve conceber-se como uma recepção espiritual completa do ser real em sua essência, em que subsiste como pessoa. Aí já está implicitamente dada a ideia de Deus. A partir daí, o ser humano pode falar também de uma evolução para níveis mais elevados. O ser animal é superior à matéria inorgânica. O pensamento é mais do que uma forma complexa do orgânico. No ser humano, o mundo criado que se organiza por si mesmo chegou a si no modo da evolução. O ser humano é a forma suprema de realização da recepção do ser e, com efeito, no modo do ser-em-si.

O ato criador atemporal fez que no ser humano uma essência criada possa converter a Deus agora no tema, no horizonte e no objetivo de sua autorrealização. *A história da natureza foi elevada no ser humano à história agora iniciada do espírito e da liberdade.* A natureza representa para o ser humano a base e, ao mesmo tempo, o *medium* da autorrealização do seu ser pessoal.

Nessa estrutura material-espiritual, a autotranscendência da pessoa criada é capaz de conseguir uma participação espiritual na atualidade de Deus. Dito de outra forma: O criador do mundo, da natureza e do ser humano vem ao encontro do ser humano de forma pessoal, como a plenitude da autotranscendência do espírito criado. E é aqui que se mostra que criação é autoabertura implícita de Deus na PALAVRA. Nela Deus vai ao encontro da pessoa criada, de maneira pessoal e dialogal. Na revelação histórica na palavra e na ação de Deus, começa a história da comunicação divino-humana do amor, ou seja, no ESPÍRITO.

### 3 A autorrevelação de Deus como criador e redentor

O ato criador uno, atemporal e indiviso coincide, exceto nas coisas criadas, com a atualidade de Deus. Porém, na sua vida Deus é o mais puro conhecimento de seu si-mesmo. Deus se manifesta a si mesmo sem limitações. Ao se conhecer e se amar, Deus é a mais pura autodisposição de si. Nesse sentido, Deus só é conhecido por meio de si mesmo. O conhecimento de Deus se identifica com a sua essência. Portanto, só Deus se conhece adequadamente na sua palavra, igual a sua essência, e se quer como amante em seu Espírito.

Porém, na medida em que a atualidade infinita de Deus se realiza de maneira finita nas coisas criadas, essas pertencem, ainda que não adequadamente, à autoiluminação de Deus; mas, na medida em que participam do ser de Deus, são meios criados através dos quais alcançamos o conhecimento e o amor de Deus. O conhecimento e o amor de Deus se mostram, no fundo, como participação criada no autoconhecimento e na autoaceitação de Deus.

Assim, a autorrealização criada explícita de um espírito criado nada mais é que um acontecimento em que Deus se dá a conhecer e a amar.

Compreendemos a criação no conjunto como uma autorrevelação de Deus dada nas coisas criadas e mediada por elas. Quando as criaturas entendem e aceitam, de forma consciente e voluntária, sua autorrealização como participação no autoconhecimento e no amor de Deus, o próprio Deus se faz presente nelas.

Assim consta em Rm 1,19:

"Com efeito, o que se pode conhecer de Deus está claro para eles, pois o próprio Deus lhes revelou. De fato, desde a criação do mundo, o invisível de Deus – o eterno poder e a divindade – torna-se visível à inteligência através de suas obras."

Mais adiante, consta em At 17,27:

"Procurem a Deus e se esforcem por encontrá-lo mesmo às apalpadelas. Pois não está longe de nenhum de nós. É nele que vivemos, nos movemos e existimos".

Mais tarde, a Igreja professa no Espírito:

"Há um só Deus e Pai de todos, que está acima de todos, que age por meio de todos e em todos" (Ef 4,6).

Deus está, portanto, permanentemente presente nas coisas criadas por meio de sua atividade criadora. Todo espírito pessoal é fundamental para a participação na revelação e no amor de Deus que se ama a si mesmo.

Concretamente, o ser humano nunca existe numa realidade abstrata da existência, mas sempre já junto com a atualização da existência como um movimento dinâmico para a consumação no outro. Quando, porém, uma vez se separa, por abstração, a simples constituição (*perfectio formae*) de sua realização (*operatio in perfectionem finis*), então se chama *natureza*, mas na medida em que essa natureza sempre já está cunhada com sua atualidade, como movimento para a presença de Deus e o cumprimento por meio de Deus, se fala de *graça*. Quando o ser humano em sua autorrealização como liberdade e espírito se afasta de Deus, ocorre a perda da graça e a culpa (*defectus gratiae*).

O nexo original entre a natureza e a graça é chamado de criação (*status naturae perfectae per gratiam*). A situação concreta na unidade de natureza e graça chama-se a constituição supralapsária do ser humano. No entanto, a criação não pode ser suprimida de forma absoluta pelo pecado. A expressão usual "Deus se retirou da criação" é pouco exata e não passa de uma metáfora. Deus não pode se retirar da criação. Essa cairia imediatamente no nada. Portanto, é impossível que Deus se retire do ato da criação, porque, fora das coisas criadas, aquele ato se identifica com Deus. Deus não se retira da criação por causa do pecado, mas o ser humano se distancia da bondade e da beleza da criação em que existe e se conhece em sua referência a Deus. Dado que o mundo criado permanece, Deus está sempre atual nele, ainda que o ser humano pecador não possa receber em si a plenitude da graça da criação.

Frente ao pecado, porém, a presença salvífica permanente de Deus no mundo na situação da perda de Deus do ser humano adquire o caráter de redenção. A atualidade criadora de Deus, por meio da qual a criatura existe, se revela agora como perdão e reconciliação. *O pecador encontra seu criador em seu redentor*. A criação de Deus deve apropriar-se imediatamente no mundo de um *medium* da atualização redentora e santificadora. Pois o pecado do ser humano fez com que o mundo criado (sobretudo a intercomunicação com os semelhantes na forma sacramental básica do matrimônio) já não possa ser o *medium* do encontro com Deus. A criação de Deus na palavra que vem ao nosso encontro na forma de redenção adota em Jesus uma realidade criada. Em Jesus, o pecador encontra um *medium* criado completamente adequado a Deus, que o media na imediatez ao criador como Deus redentor. Assim, o próprio Deus é a consumação, a redenção e a nova criação da natureza espiritual na sua autotranscendência criaturalmente mediada na imediatez a Deus. A presença original da graça de Deus na criação (na sua atualidade e no *medium* das realidades criaturais) está agora novamente acessível, mas na forma concreta da *graça de Jesus Cristo*. Na palavra eterna encarnada de Deus e no Espírito Santo de Deus derramado nos corações, os agraciados têm agora parte no modo, que se media e se realiza de forma histórico-salvífica, da autorrevelação e da autoafirmação de Deus. A única via de acesso ao Deus criador passa pela presença de Deus em Jesus Cristo e no Espírito Santo. No sentido pleno da palavra, Deus só é conhecido como criador mediante sua atividade redentora em Jesus Cristo.

### 4 O governo universal de Deus e sua presença atuante no mundo

Sob o conceito do governo universal divino se encontram os seguintes temas clássicos da doutrina da criação: a conservação da criação (*creatio continua*), a providência geral e a especial (*providentia*), a predestinação de todos os seres humanos para a salvação e a problemática da conexão entre a liberdade divina e a humana (*concursus divinus*).

O ato criador contém em si, em primeiro lugar, uma posição fundamental do ser não divino e, em segundo lugar, a permanência do ato criador nas coisas criadas. A conservação do mundo (*creatio continua*) não deve ser entendida como um tipo de sequência temporal de atos concretos de criação. Trata-se da presença atemporal e indivisa da atualidade criadora na existência e no movimento do mundo. *Deus está no e sobre o mundo* (Erich Przywara). A transcendência e a imanência de Deus estão numa relação inversamente proporcional uma com a outra. Somente porque Deus é absolutamente transcendente frente ao mundo é que pode também ser imanente ao mundo num sentido incomparável. Ao ser Deus o princípio interior do ser e do movimento nas realidades criadas, as media em seu ser peculiar e no nível da sua consistência a sua própria causalidade. Essa se expressa na terminologia clássica da seguinte forma: Deus é a *causa prima* que não anula as *causae secundae* (forma, matéria, causalidade, finalidade) criadas, mas as capacita para sua atividade própria. A ação criadora de Deus, que fundamenta e abrange tudo, e as causalidades imanentes à criatura não se encontram num *continuum* eficiente quantitativo nem qualitativo. A razão humana, corpóreo-espiritual alcança (pelo menos, fundamentalmente, ainda que nem sempre no nível dos fatos), no objeto do conhecimento criado, a compreensão total de todos os fatores interiores e exteriores que explicam o devir, a existência e o perecer de cada ente concreto. Porém, não se pode recorrer a Deus, como a causa transcendente, para explicar as causalidades e as funções criaturais até agora não compreendidas. Isto equivaleria a negar a perfeição do criado e o sentido de sua estrutura interna. Além disso, a causalidade eficiente transcendental de Deus seria reduzida ao nível da causalidade criada. A causalidade transcendente de Deus não quer complementar as atividades criadas, mas capacitá-las a sua própria atividade. No acesso a um ente criado, a razão criada concebe o todo de uma coisa na integridade de todos os fatores que configuram sua constituição. No entanto, a razão pode compreender o todo de um ente criado também sob o ponto de vista de sua relação transcendental ao ato do ser criador que a fundamenta. A causalidade transcendente e a categorial não se comportam, portanto, como dois princípios parciais que constituem o todo de uma coisa. Antes, a causalidade criada constitui a totalidade de um ente sob o ponto de vista categorial, ao passo que a causalidade transcendente constitui a totalidade íntegra de uma coisa segundo seu ser. Só o intelecto humano está em condição de compreender a totalidade do mundo a partir dessa dupla perspectiva. A "intervenção" de Deus no mundo nunca pode significar uma suspensão da causalidade criada. Porém, Deus pode fazer da causalidade criada uma causa instrumental de sua vontade salvífica específica em face do ser humano. (Os atos da criação, da encarnação, da ressurreição dos mortos não têm uma causalidade criada instrumental.) Depois que Deus produziu a realidade da criação, existe, sem mistura e sem separação, uma colaboração das causas transcendentes e das causas categoriais, por meio das quais Deus media e capacita os entes individuais em seu ser-assim concreto.

Quando se fala da colaboração concreta de Deus e do ser humano devem ficar claros também os limites dos modelos tradicionais de linguagem. Os limites já se encontram na própria conceitualização. Os conceitos de causa e efeito foram tomados do campo físico empírico. No entanto, as causas físicas se complementam entre si para produzir um efeito global ou se limitam mutuamente. Quando se aplica de forma irrefletida esse modelo linguístico e de pensamento à atividade de Deus e às ações livres do ser humano, pode-se cair em aporias insolúveis. Essas aporias se devem ao modelo conceitual, não à própria realidade. Não porque, sob a redução da linguagem, se incorra em aporias, é lícito buscar desculpas com a simples alusão ao mistério. Ao contrário, precisamos falar do mistério num sentido bem consequente, porque com meios naturais nunca percebemos adequadamente este nexo entre a ação de Deus e a ação humana. Só Deus sabe, no conhecimento de sua própria essência, o que Ele mesmo é e o que representa a criatura em relação a Ele. Somente a partir de sua condição de criaturas os seres humanos podem refletir sobre o nexo entre Deus e o ser humano.

Em resumo, pode constatar-se o seguinte: Deus é a causa universal da existência humana. Deus sustenta e possibilita também as causas categoriais que mediam os seres humanos em seu ser-assim e que, portanto, descrevem e determinam exatamente a modalidade da recepção do ser. Além disso, pode afirmar-se que o ser-assim do ser humano representa uma realização do ser na modalidade do ser-consigo espiritual e do ser-livre da vontade. O ser humano não tem a liberdade como algo adicional à sua existência, mas a liberdade é sua forma existencial concreta. O ser humano não só tem, mas ele *é* espírito e liberdade, ainda que só de maneira finita.

### 5 *A criação e a graça como princípios da liberdade criada ou o mistério da providência*

Uma vez que é o Deus transcendente que move tudo, cada coisa de acordo com sua natureza criada, move também o ser humano segundo sua natureza, ou seja, como liberdade. A predestinação não significa uma eliminação da liberdade, mas a faculdade de converter, mediante a aceitação na fé, a vontade de salvação universal no princípio do automovimento para o fim prometido (cf. Tomás, S. th. I. q. 22 a.1: "*In rebus autem invenitur bonum, non solum quantum ad substantiam rerum, sed etiam quantum ad ordinem earum in finem, et praecipue in finem ultimum, qui est bonitas divina [...]. Ratio autem ordinandorum in finem proprie providentia est*"). Essa relação entre a causação absoluta do ser humano por Deus em seu ser livre e o automovimento espiritual do ser humano que constitui sua própria liberdade poderia ser exposta da seguinte maneira: Deus não exerce uma influência fisicamente mensurável sobre a liberdade criada. Isto iria apenas limitá-la e o resultado da ação do ser humano seria apenas uma justaposição de uma contribuição humana e outra divina. Nesse caso, Deus privaria a matéria da capacidade de ação que lhe é própria (como *causa secundaria*). Na realidade, Deus exerce sua influência universal sobre a liberdade criada quando vai ao seu encontro como *motivo* de sua ação. Devem ser consideradas categorias pessoais. Só assim se abre uma via de escape do beco sem saída dos debates travados, com grande virulência, desde o século XVII.

A expressão que melhor sintetiza a *concepção católica* é a da "eficácia universal" (não "eficácia única") de Deus, que não só não elimina a liberdade da criatura, mas justamente a possibilita. No entanto, como se pode descrever, com maior precisão, e com o auxílio de categorias pessoais, a relação entre a eficácia universal divina e a liberdade criada (*concursus divinus*)?

A essência do ser humano é a liberdade. Mas não se pode descrever essa liberdade em termos negativos. A liberdade não se realiza onde posso fazer tudo que me agrada no âmbito de minhas pretensões sensíveis. A liberdade deve ser considerada a partir de um ponto de vista positivo. Designa a possibilidade da consumação do ser humano no encontro e na união definitiva com outra pessoa. Aqui a sensibilidade não deve jogar o ser humano de volta a si mesmo. Deve ser integrada na realização da pessoa como o *medium* da autossuperação e do encontro pessoal com outro ser humano. Essa união interior e mutuamente condicionante de querer interior e constituição corpórea do espírito humano é a forma moral da vontade. A toda liberdade humana compete como próprio um superávit dinâmico que não pode ser satisfeito por outro ser humano, o qual também é criatura. O encontro eu-tu não atrapalha o processo de autossuperação do ser humano para chegar a Deus, mas, antes, o coloca em andamento. Visto que a liberdade humana procede de Deus, só em Deus ela pode encontrar sua consumação. Ali onde o próprio Deus, em sua liberdade, me encontra na palavra divina que o expressa, ele se atualiza sempre como a plenitude da minha liberdade, ou seja, de meu si-mesmo. No sentido positivo de liberdade, essa oferta de Deus significa a plenitude de minha autotranscendência. E, por isso, a liberdade de Deus não é para mim uma limitação, mas justamente a supressão das limitações do movimento dinâmico da liberdade criada até sua consumação.

Já no âmbito intramundano se faz a experiência de que a vontade humana está dinamicamente referida a uma realidade distinta dela. Quando a alcança, ou seja, se identifica e forma uma unidade com ela, a vontade não é limitada, mas a dinâmica chega a seu objetivo. A união com a pessoa amada é experimentada sempre como plenitude do amor do amante. Nesse caso, o amante que vê consumado seu amor no amado atribui sempre sua plenitude, sua felicidade, ao amado que lhe disse sim, e não tão somente ao seu amor.

Só a gratidão das pessoas felizes pode dizer: "Tudo é graça" (Georges Bernanos). O ser humano para o qual o próprio Deus se tornou o motivo de sua ação, de seu projeto de si no mundo, sabe-se de certo modo (formulado em termos bíblicos) como matéria nas mãos do criador que o molda. E pode declarar, portanto, com reconhecimento que Deus leva a cabo nele o querer e o fazer (Fl 2,13). No entanto, isto não faz com que se sinta tutelado e ludibriado em sua liberdade e personalidade. Experimenta-se, antes, facultado para a realização de sua liberdade. Na realização de sua liberdade, ele se sabe capacitado, por meio da autodoação de Deus como plenitude da liberdade, para agir em vista do seu fim. E o amor na realização é a única maneira em que a liberdade está no amado. Por meio do amado como motivo, a liberdade se orienta para seu fim e se põe em movimento. A liberdade alcança sua plenitude unicamente quando se realiza em vista do seu fim, pelo qual é também sustentada. E essa realização que se move para seu fim é possibilitada somente por meio da presença imediata desse fim. Nesse sentido, na doutrina da graça sempre se citou a sentença de Paulo (1Cor 4,7): "O que tens que não tenhas recebido?" Justamente na recepção da nova criatura, o ser humano se converte em colaborador de Deus e de sua graça (1Cor 3,9). Nesse caso, a atividade da liberdade é capacitada, pela presença da graça, para tender, em sua autorrealização, à graça como sua meta. A liberdade está facultada pela graça a aceitar, em sua própria realização, a aceitação do próprio Deus. Na graça, Deus se revela como a fonte eterna da liberdade criada e seu horizonte eterno como amor:

> "Pois é pela graça que fostes salvos mediante a fé. Não é de vós mesmos que vem a fé. É dom de Deus. Não provém das obras para que ninguém se orgulhe. Somos obra de Deus, criados em Cristo Jesus, em vista das boas obras que Deus de antemão preparou para que nós as praticássemos" (Ef 2,8-10).

# QUARTO CAPÍTULO
# A AUTORREVELAÇÃO DO CRIADOR COMO DEUS DE ISRAEL E PAI DE JESUS CRISTO (TEO-LOGIA)

## I. A ORIGEM DA FÉ CRISTÃ EM DEUS NA AUTORREVELAÇÃO DE DEUS PAI

### 1 *A revelação da essência relacional de Deus*

Os manuais de teologia neoescolástica começavam geralmente pelo tratado sobre a doutrina de Deus e, ali, tratavam dos temas da unidade da essência divina e da Trindade das pessoas. Seguia-se a exposição da criação e do pecado original. Aí se articulava a doutrina sobre a pessoa e a obra redentora de Cristo. Assim, porém, passava-se por cima de toda a história da aliança veterotestamentária, desde Abraão e Moisés até o período imediatamente anterior a Jesus de Nazaré, e se tornava pouco compreensiva, em seu significado constitutivo, para a fé cristã em Deus. Isto provocava uma certa confusão na estruturação sistemática da teologia.

A asserção de que o mistério da Trindade somente é conhecido no acontecimento de Cristo (abstraindo de certos vestígios no Antigo Testamento: Gn 1,26; 18,1ss.: o encontro de Abraão com Deus na figura de três homens junto ao carvalho de Mambré; cf. Irineu de Lião, haer. IV, 20,1) tem duas consequências desvantajosas: *Por um lado*, desaparece a possibilidade de desenvolver consequentemente a Trindade divina a partir das características de sua automanifestação histórico-salvífica, pois o conhecimento da Trindade deve ser pressuposto, com argumentos bíblico-positivos, no tratado inicial da doutrina sobre Deus e sua fundamentação interna deve ser desenvolvida de maneira puramente especulativa. *Por outro lado*, a história da revelação veterotestamentária perde seu significado constitutivo para o desenvolvimento do conceito de Deus. Para a doutrina dogmática sobre Deus, o Deus de Israel só interessa do ponto de vista formal da sua essência abstrata, situada atrás ou fora de sua autorrealização trinitária relacional. A unidade de Deus nas três pessoas é fundamentada com argumentos especulativos (p. ex., a partir do conceito de que "Deus é amor"), em vez de fazê-lo a partir de sua realização histórico-salvífica, na qual o Deus de Israel se manifesta como criador do mundo, iniciador da aliança e origem da vida divina em suas processões internas da palavra e do espírito e, portanto, como o DEUS/Pai.

O esquecimento da história salvífica veterotestamentária teve consequências também para a cristologia. Jesus Cristo parece aqui, antes, como um Deus contraposto à natureza divina abstrata, o qual se deu a conhecer na sua relacionalidade essencial através da história da revelação. Coloca-se inevitavelmente a questão de saber se o discurso da divindade do Filho e do Espírito Santo não é uma duplicação ou triplicação de Deus, cuja consequência seria uma destruição do monoteísmo bíblico. Esta é justamente a objeção básica do judaísmo pós-bíblico e do islamismo contra a cristologia. Por outro lado, sobre o pano de fundo da concepção de Deus completamente arrelacional da doutrina filosófica pré-cristã, o discurso sobre a encarnação deve suscitar forçosamente a impressão de que é pura e simples mitologia, no sentido de uma aparição "de deuses em forma humana" (cf. At 14,11). Esta é a crítica de cunho neoplatônico dirigida ao cristianismo em Celso, Porfírio e Proclo, e também, hoje, a objeção da crítica da ciência das religiões ao cristianismo, sobre o pano de fundo do deísmo e do teísmo contemporâneo.

Em sua fundamental importância para a compreensão cristã de Deus, a cristologia pode ser bem-entendida e desenvolvida a partir de sua conexão dinâmica com a autorrevelação divina tal como se cristalizou na história da confissão de Israel no AT.

Jesus se dirige a Deus não como uma suprema essência divina transcendente (como a uma espécie de "para onde" formal e definitivo do anseio humano), mas como Javé, o Deus de Israel, o Deus dos pais Abraão, Isac, Jacó e Moisés, o Senhor universal e criador do céu e da terra.

Só porque Javé já se havia revelado como Pai em sua livre autorrelação com Israel, Jesus pôde manifestar sua essência e sua missão na relação com Javé, ao qual se dirigia, num sentido singular e exclusivo, como seu Pai e se dava a conhecer como seu Filho e como mediador do Reino de Deus escatológico. Assim, o Filho não penetra de fora numa natureza divina fechada. A palavra "Deus" não designa um gênero, cujo único exemplar seria Javé. Antes, "Deus" é a denominação para a pessoa de Javé, que consuma relacionalmente seu ser divino em sua PALAVRA e revela essa relacionalidade pessoal da PALAVRA na encarnação da PALAVRA/FILHO. O ser humano Jesus é a autocomunicação escatológica do Filho, que na sua relação com o Pai revela a consumação da essência relacional interna de Deus:

> "Naquela mesma hora Jesus sentiu-se inundado de alegria no Espírito Santo e disse: Eu te louvo, Pai, Senhor do céu e da terra, porque esconderas estas coisas aos sábios e entendidos e as revelaste aos pequeninos. Sim, Pai, porque assim foi do teu agrado. Tudo me foi entregue por meu Pai. Ninguém conhece quem é o Filho senão o Pai, e quem é o Pai senão o Filho e aquele a quem o Filho o quiser revelar" (Lc 10,21s.; cf. Mt 11,25-27; cf. Mc 14,36).

Assim, Javé, como o sujeito originante único tanto da criação universal como da história da eleição de Israel e da plenitude universal escatológica de toda a humanidade, deve ser identificado com a origem interna da vida relacional de Deus, a quem chamamos Deus Pai. Ele é o "criador de todos os seres humanos" (cf. Is 43,15 passim), o "Deus de Israel" (Ex 24,10; Is 45,3; Mt 15,31). Por meio da conclusão da aliança, ele se converteu em Pai de Israel, o qual fez agora "seu filho eleito" (Dt 32,6; Jr 31,9; Rm 9,5: Israel tem a filiação). Por fim, ele é idêntico ao "Deus e Pai de Jesus Cristo" (2Cor 1,3; 11,31; Ef 1,3; 4,6; Cl 1,3; 1Pd 1,3).

Como se depreende de todas as fórmulas do credo cristão concebidas em termos trinitários, o Deus de Israel e Pai de Jesus Cristo é a primeira pessoa da Trindade que, junto com a Palavra eterna e o Espírito, constitui a essência una e única e a vida de Deus (2Cor 13,13; Gl 4,4-6; Ef 1,3; Mt 28,19; Jo 1,18).

Portanto, a revelação de Deus no AT de modo algum é uma simples pré-história a respeito da revelação autêntica que se instaurou imediatamente com Jesus de Nazaré. O AT deve ser considerado como parte constitutiva também da concepção trinitária cristã de Deus. Ele também não deve ser mencionado apenas como arsenal de citações concretas, de interpretações cristológico-soteriológicas (e também eclesiológicas e escatológicas), de metáforas e categorias do pensamento. O AT é essencialmente algo mais que um simples pano de fundo da compreensão da cristologia e da pneumatologia. A passagem para o Novo Testamento não pode estar ligada à ideia de que o conhecimento de Deus do Antigo Testamento era imperfeito, provisório, transitório, carente de correções ou até, por princípio, distinto das concepções neotestamentárias (no sentido, por exemplo, da errônea compreensão gnóstica marcionita, segundo a qual o Deus do Amor do Novo Testamento havia eliminado o Deus vingativo do Antigo Testamento, ou segundo a opinião de que é necessário purificar a imagem de Deus veterotestamentária de todas as sobreposições de tipo patriarcal e mitológico etc.).

A unidade constitutiva da revelação em sua realização histórica e em seu reflexo na unidade interna do Antigo e do Novo Testamento se fundamenta na consumação relacional das pessoas divinas do Pai, do Filho e do Espírito. A cesura entre ambos os testamentos fica visível na medida em que no curso da história da salvação as realizações essenciais são reveladas como relações subsistentes (hipóstases/pessoas) do Pai de Jesus Cristo, de Jesus Cristo como "Filho único do Pai" (Jo 1,14) e do Espírito como Espírito do Pai e do Filho (Jo 15,26; Gl 4,6).

*Portanto, na estruturação da dogmática deve estabelecer-se um tratado sobre a autorrevelação de Deus Pai. Esse tratado deve ser desenvolvido essencialmente a partir da realização real da história da aliança de Israel, tal como cristalizada no Antigo Testamento. Nesse tratado deve ficar clara a referência mútua entre teologia, cristologia e pneumatologia, dado que só no acontecimento de Cristo e na missão escatológica do Espírito Santo aparece o fundamento da paternidade de Deus, revelada na história da salvação, na pessoa do Pai, que é parte constitutiva da consumação essencial trinitária de Deus.*

Somente caso se possa mostrar a partir do Antigo Testamento que Javé é a primeira pessoa da Trindade também se pode demonstrar a unidade interna entre a criação, a história da salvação e a consumação escatológica e entre a vontade salvífica universal de Deus e sua realização concreta, histórica e contingente na singularidade de Israel e do ser humano Jesus de Nazaré (cf. Is 54,5: "Pois teu esposo é quem te fez: Senhor todo-poderoso é seu nome! Teu defensor é o Santo de Israel, ele é chamado Deus de toda a terra!").

"Porque dele, por Ele e para Ele são todas as coisas" (Rm 11,36). Com a criação do mundo, todos os seres humanos estão destinados de antemão a converter-se em seus filhos no amor de Cristo (cf. Ef 1,4) e chegar a Ele segundo sua graciosa vontade. É "Deus e Pai de todos, que está acima de todos, que age por meio de todos e em todos" (Ef 4,6). O objetivo é "chegar ao conhecimento do Filho de Deus" (Ef 4,13) e "ser marcados pelo selo do Espírito Santo de Deus para o dia da libertação" (Ef 4,30). Na referência ao Deus de Israel e ao Pai de Jesus Cristo se revela também a unidade de todos os temas essenciais do Antigo Testamento. Deus é o Deus único, criador do céu e da terra (Gn 1,1). Criou todos os seres humanos a sua imagem (Gn 1,27). Por meio de Noé selou uma aliança com todos os seres humanos e com todos os seres vivos (Gn 9,9ss.). Estabeleceu uma aliança eterna com Abraão, chamado a ser patriarca de Israel e de todos os povos (Gn 12,3; 17). Javé é o autor da aliança eterna que, por meio de Moisés, mediador da aliança, estabelece com o povo eleito, Israel (Ex 6,7; 19–24). A promessa messiânica da época pós-exílica não é, de modo algum, um acréscimo externo, mas o cumprimento concreto da autopromessa de Javé como fim da salvação universal, que engloba a todos os seres humanos e que se instala na história como reino escatológico de Deus (cf. Is 2,7; Zc 8,20).

## 2 O centro do Antigo Testamento: A relação de aliança de Javé com Israel

### a) O princípio hermenêutico

A teologia dogmática interroga o testemunho bíblico da revelação do ponto de vista de seu significado sistemático e objetivo para a compreensão de Deus em geral.

De uma colocação teológico-dogmática do problema não se pode esperar uma contribuição própria para o esquema da história de Israel ou para a gênese da tradição histórica da sua concepção da fé. Uma teologia do Antigo Testamento pressupõe o conhecimento dos métodos e resultados da exegese histórica, do mesmo modo que a arte pressupõe as habilidades manuais.

Uma estruturação histórica geral resulta dos complexos históricos individuais: história de Moisés, êxodo do Egito, estabelecimento da aliança, conquista da terra prometida, época dos juízes e da monarquia, exílio babilônico e regresso, reforma política e religiosa de Esdras e Neemias, época dos Macabeus e situação religiosa e política nos tempos de Jesus. Inclui-se também aqui o conhecimento da formação dos documentos literários correspondentes (Pentateuco, livros históricos, profetas, literatura sapiencial), bem como a consideração dos diversos gêneros literários (teologias dos hinos da criação, sagas patriarcais, narrações em parábolas, historiografia de cunho teológico, reflexão teológica, por exemplo, da literatura sapiencial, confissões básicas da fé, práxis de oração, especialmente nos Salmos; para o tema dos gêneros literários, cf. NBL I, verbete "*Gattung*"). Para uma interpretação teológica mais precisa, deve considerar-se, respectivamente, também as diversas camadas da tradição e sua compilação redacional do ponto de vista da correspondente posição histórica e teológica do autor e das releituras atualizadoras nos novos contextos históricos (javista, eloísta, deuteronomista, código sacerdotal, impulsos provenientes do helenismo). Paulo oferece uma importante estruturação teológica:

"Eles são israelitas, deles são a *adoção filial*, a *glória*, as *alianças*, a legislação, o *culto* e as *promessas*, deles são os *patriarcas* e deles é o *Cristo segundo a carne*, o qual está acima de tudo, Deus bendito pelos séculos!" (Rm 9,4s.).

À primeira vista, a busca por esse centro estruturador das variadas e, em parte, contraditórias formas de tradição da revelação veterotestamentária parece um empreendimento sem esperança. O Antigo Testamento se fecha frente a uma sistematização por meio de um princípio hermenêutico extrínseco.

*O que unifica internamente entre si as diversas linhas e complexos da tradição é a convicção de que Israel deve sua existência como povo e a identidade de sua fé no curso da história ao acontecimento da livre autorrevelação de Javé como Deus único e criador do mundo e de sua eleição como povo da aliança e portador histórico das promessas. Neste centro gravitacional, em que convergem todas as linhas, condensa-se a confissão de Israel na medida em que testemunha a livre autoinclinação de Deus e sua autorrevelação como origem, centro e fim da sua existência histórica.*

Essa interconexão entre Javé e Israel não ocorre no nível dos sentimentos religiosos subjetivos e das especulações filosóficas. Ela precede objetivamente sua sedimentação literária nos escritos do Antigo Testamento e, assim, demonstra ser o princípio de interpretação adequado e o horizonte da unidade dos escritos bíblicos.

### b) A revelação do nome

Para a hermenêutica bíblica fundamental, é decisivo o acontecimento da revelação do nome e, portanto, da essência de Javé como o criador do mundo, que, mediante suas ações no curso da história, se engaja em favor de seu povo. No chamado de Moisés, Deus se revela, no ato da autorrevelação livre, numa teofania (Ex 3,2: ὤφθη como termo técnico da autorrevelação divina; cf. tb. 1Cor 15,5), como o Deus dos pais, que comunica sua essência na pró-existência a favor de Israel.

> "Deus disse a Moisés: 'Eu Sou Aquele que Sou'. Assim responderás aos israelitas: [...] O Senhor, o Deus de vossos pais, o Deus de Abraão, Deus de Isaac e Deus de Jacó envia-me a vós. Este é o meu nome para sempre, e assim serei lembrado de geração em geração" (Ex 3,14s.; cf. Os 1,9; 14,6; Zc 8,23; Is 7,14; Mt 1,23).

Deus revela sua essência, inacessível à razão humana criada e atada ao mundo, por meio de sua atuação histórica para salvar seu povo. Essa atuação consiste em que a presença eficaz de Deus na criação, na história da aliança de Israel e na consumação universal no *eschaton* da história está cunhada por sua "existência-para" os seres humanos. A essência interna de Deus se revela como sua autorrealização e sua autocomunicação no amor (Os 2,21s.; Jr 31,3; 1Jo 4,8.16).

Como mostram os estabelecimentos das alianças com Noé, Abraão e Moisés, o ser humano, por meio da confiança em Deus e em seu comportamento ético (fé, obediência, amor), entra numa relação de correspondência com a autocomunicação divina. Assim, também por parte do ser humano, a aliança se converte em realidade eficaz por causa de sua resposta religiosa e ética a Deus que vem ao seu encontro (Dt 6,4s.). A acolhida hospitaleira de Deus não é a condição de sua vinda, mas a condição de sua chegada ao ser humano. Apesar da iniciativa soberana de Deus, a "aliança" é uma síntese concreta de graça e fé, revelação e obediência (cf. Jo 1,11s.: "Veio para o que era seu, mas os seus não a receberam. Mas a todos que a receberam, aos que creem em seu nome, deu o poder de se tornarem filhos de Deus."). Um importante papel para a constituição da justiça da aliança do povo cabe à "obediência" do portador da promessa (Gn 15,6: "Abraão teve fé no Senhor e isto lhe foi creditado como justiça"; cf. Rm 4,17; a fundamentação da justiça da Nova Aliança por meio da obediência do mediador Cristo, Rm 5,17ss.). Decisivo para a relação da aliança entre Javé e Israel é Moisés como o mediador da aliança (cf. Ex 20,18-21; Dt 5,23-31).

A livre autorrelação de Javé como salvação de seu povo encontra sua cunhagem histórica na *correlação de Javé - mediador da aliança - povo da aliança*. A *singularidade* de Deus tem sua correspondência no chamado do mediador *único* da aliança e na criação da *unidade* religiosa e étnica *de Israel* (cf. 1Tm 2,4s.).

A estrutura relacional básica da aliança de Javé com Israel se expressou em vários conceitos de relação, como mostra a síntese abaixo.

| Javé é para Israel | Israel é para Javé | Importantes passagens bíblicas |
|---|---|---|
| Meu Deus | Meu povo eleito | Gn 17,2; Ex 6,7; 19,6; Lv 26,12; Dt 4,20; 7,6; 14,2; Js 24,24; Is 62,12; Jr 2,3; 24,7; 30,22; 31,31; Ez 36,28.37; Os 2,25; Am 3,2; Br 2,26; Sl 95,7; 100,3. |
| Meu proprietário | Minha propriedade | Dt 7,6; 26,18; Ex 19,5; Sl 100,3; Sb 11,26; 15,2 (cf. Jo 1,11: "Deus... veio para o que era seu"). |
| Meu rei | Meu reino (= Reino de Deus, *Basileia*), Povo de Deus santo, profético, sacerdotal | Ex 15,18; 19,6; Lv 19,2; Is 52,10; 61,6s.; Ez 34,1; Jl 3,1. |
| Meu pastor | Meu rebanho | Gn 48,15; 49,25; Is 40,11; Ez 34,1; Sl 95,7; 100,3. |
| Meu esposo (prometido) | Minha esposa (virgem, filha de Sião) | 2Rs 19,21; Is 37,22; 54,5; 62,5; Jr 2,2; 14,17; 31,35; Os 2,21s.; Am 5,2; Zc 2,14; Sf 3,14; Lm 4,22; cf. Mc 2,19. |
| Meu senhor | Meu servo (= servo de Deus) | Dt 7,6; 2Cr 20,7; Is 41,8; 42,1-9; 49,1-6; 50,4-11; Os 2,1. |
| Meu pai | Meu Filho (o povo como um todo, o profeta, o rei, cada justo, o Messias como o representante do povo | Ex 4,22; Dt 1,31; 8,5; 32,6; Is 1,4; 63,16; Jr 3,19; 31,9; Os 11,1; Sl 2; 89; 110; Ml 1,6; 2,10; 3,6.17; Sb 18,13; Eclo 4,10; 51,10; Tb 13,4; 2Sm 7,14.24; Cf. Mt 2,15; Lc 1,32; Rm 9,4; Hb 1,5. |

## 3 Javé, Deus, Senhor, Criador e Pai de Israel

### a) A singularidade única de Javé (o monoteísmo da revelação)

A fé de Israel em Javé, Deus único e criador de todas as coisas, é um caso absolutamente singular na história das religiões. Em termos históricos e objetivos, o monoteísmo judeu bíblico se identifica com o monoteísmo cristão e o islâmico. Não há, no fundo, três religiões monoteístas, mas um só monoteísmo originário, que surgiu como resposta à autorrevelação de Deus e que experimentou uma configuração diversa nas três orientações da fé.

O monoteísmo bíblico não é idêntico, nem pela sua origem nem pelo seu conceito, ao monoteísmo especulativo da teologia filosófica grega ou da veneração a um só Deus que aparece, em algumas ocasiões, nas religiões históricas (p. ex., no caso do faraó egípcio Echnaton, até 1350 a.C.). Nelas, Deus continua envolvido pelo princípio maior do cosmo ou se confronta, como demiurgo ou como o primeiro motor, com um mundo eterno da matéria.

A plena modelação da confissão israelita de Javé como Deus único e criador do céu e da terra está vinculada ao processo de evolução histórica das diversas tribos e grupos até desembocar na formação da grandeza teológica "Israel" como povo da aliança. Não é que um povo preexistente se decidiu, com base numa reflexão teórica ou como consequência da resolução político-religiosa de um monarca, a favor da monolatria e do monoteísmo, ou que aceitou uma tradição de um protomonoteísmo que sempre já existiu na história da humanidade.

*A confissão da unicidade e singularidade de Javé e de sua existência como o único Deus vivo e verdadeiro nada mais é que o reflexo da autoidentificação de Javé (venerado por Israel como o Deus único: Gn 4,26 J; Ex 3,13 E; Ex 6,3 P) como o Deus supremo venerado pelos povos, o criador universal do céu e da terra (Gn 14,19).*

Originalmente, a veneração a Javé estava circunscrita a uma tribo nômade. No entanto, de modo algum foi concebido como um tipo de Deus nacional em que estava presente o gênio de um povo sob a forma de figuras e relatos mitológicos. Com a demonstração de seu poder (na palavra e no espírito) sobre a natureza e a história, manifesta-se como sujeito soberano de sua revelação e de sua ação salvífica para alguns grupos singulares e os escolhe e converte em seu povo (cf. Dt 32,39; Is 43,10; Sl 100,3). Javé não é propriedade de seu povo nem a personificação de seu espírito nacional, já que Israel se confronta com Javé, também e justamente, quando atua como Deus que julga. Ante seu povo, Javé permanece sempre livre e não se deixa submeter aos interesses religiosos e políticos coletivos de Israel. Reclama para si o direito exclusivo de veneração divina (monolatria):

> "Eu sou o Senhor teu Deus, que te libertou do Egito, lugar de escravidão. Não terás outros deuses além de mim" (Ex 20,1-3 E).

A revelação de Javé como Deus único não corresponde, por parte de Israel, primariamente à concepção teórica do monoteísmo, mas à resposta real e total da entrega de fé a Deus e da vida numa relação de amor recíproco. Assim, no esquema de Israel consta:

> "Ouve, Israel! O Senhor nosso Deus é o único Senhor. Amarás o Senhor teu Deus com todo o coração, com toda a alma, com todas as forças" (Dt 6,4s.; cf. Mc 12,39; 1Cor 8,4; At 14,4; 17,23; Rm 3,29; Ef 4,6; 1Tm 1,17; 2,5 passim).

Embora nas primeiras etapas do javismo ainda não estivesse formulada expressamente a fé na unicidade de sua existência e no seu poder divino total e ficasse sem resposta a questão da existência e da essência dos deuses adorados por outros povos, isto não pode ser entendido no sentido de uma circunscrição de Javé às dimensões de uma divindade nacional ou de uma divindade localmente vinculada (cf. Jz 11,24; 1Sm 26,19; 2Rs 3,27).

Quando o movimento profético, a partir do século XIX, impulsionou o monoteísmo também no nível teórico da confissão de fé de Israel frente a todo tipo de sincretismo, não se produziu uma transformação da compreensão básica de Javé presente em Israel, mas se reconheceu a universalidade de seu domínio, inerente à essência e ao poder de Javé. Quando Javé se revela por meio do seu poder que envolve o mundo e a história, mostra também que só Ele preenche a realidade designada com o termo "Deus". Portanto, só Javé é Deus (1Rs 18,39; Is 45,21; Os 2,18, passim). Os seres a que os pagãos chamam deuses são coisas criadas e estruturas cósmicas. Não existem fora do mundo conceitual religioso do ser humano. Não têm em si o princípio de sua existência. São, por conseguinte, "nada", e figuras de engano, delírio e mentira (cf. Is 2,8.18; 10,10; 19,3; 45,15.21; Jr 2,2.10.15; 16,19; Sl 96,5). As imagens dos deuses brotam das mentes e das mãos dos seres humanos. Todos os deuses dos pagãos são criações humanas. Mas o Deus de Israel é o criador de todos os seres humanos.

*A história do desenvolvimento do monoteísmo bíblico não aparece como a sequência de concepções básicas que se sucedem e substituem, nem como a evolução gradual de uma ideia desde seus estágios iniciais até sua forma madura e plena, mas como a autoimposição de uma visão ou intuição fundamental nas diferentes etapas de sua assimilação reflexiva e como a formulação de sua pretensão de validade universal.*

A partir da história do desenvolvimento do monoteísmo bíblico pode-se mostrar também a diferença radical entre o monoteísmo e o politeísmo. O monoteísmo fundamentado na história da revelação não surgiu como consequência de uma redução numérica dos deuses a uma divindade única, que remanesceria, ao final, como o exemplar único de um gênero universal. O monoteísmo bíblico significa a identificação exclusiva da *existência* (subsistente) de Javé com a *essência* do divino. No politeísmo, por outro lado, os deuses são personificações das experiências do numinoso dentro de algo absoluto que os engloba: o cosmo divino. No monoteísmo bíblico, Javé, em sua autorrealidade pessoal, sai do horizonte global do cosmo e da capacidade de penetração da razão humana na infinidade do mundo por causa da soberania de sua palavra e de sua ação, superiores ao mundo e à história. Ele se confronta com o mundo como o produto e o destinatário de sua liberdade – da qual dispõe soberanamente – de comunicar o ser desde sua própria e íntegra plenitude ôntica. O monoteísmo se baseia numa definição inteiramente nova da relação do mundo com o absoluto divino que se diferencia radicalmente das concepções politeístas. Os autores bíblicos definem a essência do politeísmo como uma confusão entre o criador e a criatura. Os pagãos adoram como deuses as coisas criadas, no lugar do único Deus vivo e verdadeiro, autor de todas elas (Is 2,8.18; Sb 13–15; Rm 1,23).

Apesar de todos os defeitos e limitações das concepções da divindade, há no politeísmo e no monoteísmo filosófico um ponto em comum: neles se manifesta a orientação teológica do ser humano. Todo ser humano deve se saber interpelado, como criatura de Deus, principalmente em sua razão e em sua consciência (cf. Rm 1,20; 2,14), pela autorrevelação de Deus como criador. Assim, pois, o Deus que vai ao encontro dos pagãos na missão histórica de Israel e da Igreja não é outro que o Deus universal e Pai de todos os seres humanos que se revela a suas criaturas em sua razão e em sua consciência.

## b) A realidade pessoal de Javé

A partir do monoteísmo da revelação se segue imediatamente o conhecimento da realidade pessoal de Javé. O termo teológico técnico de "pessoa", formado nos primeiros séculos da história do dogma trinitário-cristológico e, em seguida, utilizado também na antropologia, não se encontra na Escritura. Porém, expressa de maneira concisa e objetiva a experiência israelita da autodisposição livre e soberana e a transcendência de Javé frente ao mundo. Não se trata, portanto, de uma transmissão ingênua de situações ou de realidades humanas a Deus, com a consequência de uma "criaturização" interna e uma limitação da divindade. Este era o tema do "debate do ateísmo" travado em torno de J.G. Fichte (1762-1814). Fichte opinava que o conceito de pessoa só pode se formar lógica e racionalmente em relação a outra pessoa. Aplicado a Deus, significaria uma limitação. Desse dilema só se poderia escapar mediante uma concepção da divindade de Deus de cunho panteísta.

Entretanto, Fichte acusava falsamente a teologia trinitária e cristológica de utilizar o conceito de hipóstase/pessoa no sentido empírico-psicológico que lhe é dado na Idade Média.

*O conhecimento da realidade pessoal de Deus não se baseia, segundo a convicção bíblica, na projeção de qualidades da essência do ser humano, criatura finita, a uma essência suprema do além, mas no acontecimento, não dedutível por meio do pensamento, do autotestemunho de Javé na sua plena dependência frente ao mundo e no seu poder de disposição absolutamente livre sobre a existência concreta do universo, sobre as forças da natureza e o curso da história.*

Na palavra de sua revelação e na livre realização da salvação na história, Deus manifestou seu ser como palavra constitutiva de sua essência, de sua autocomunicação e de sua livre autopertença. Trata-se de elementos que também o ser humano percebe como típicos de seu próprio ser, diferentemente de seres não humanos. É certo que o ser humano dispõe de sua própria existência numa medida limitada, e que são também limitados seu autoconhecimento, sua liberdade e sua independência do mundo. O *primum analogatum* da utilização do conceito de pessoa para Deus não é a autoexperiência do ser humano que ele projeta sobre um outro ser, mas a experiência de uma essência de soberana plenitude de ser e de autodisposição, que deve ser reconhecida também como o fundamento transcendental da realização finita e criada do ser pessoal do ser humano. Na autoexperiência do ser humano como pessoa está incluída, como condição da possibilidade e de realidade, a experiência da realidade soberana da pessoa de Deus, já que o ser humano foi criado à imagem e semelhança de Deus.

No entanto, o ser humano não pode explorar a realidade interna de Deus com representações imaginativas, por exemplo, mediante a transferência das relações com o mundo para as dimensões algo maiores da realidade divina. E assim, em imediata conexão com o primeiro mandamento, aparece a proibição de fazer imagens de Deus (Ex 20,4). Na esfera inacessível de sua santidade, Deus mora numa inacessibilidade de seu ser-outro (Deus com o inteiramente outro – *aliud*), que se subtrai para sempre a toda visão e compreensão humana (cf. a teofania de Moisés na sarça ardente: Ex 3,5; a manifestação do Senhor da glória é, no Sinai, como um fogo devorador: Ex 24,17). Nem Moisés, o mediador da aliança, pode ver realmente a face de Deus, porque "ninguém me pode ver e permanecer vivo [...] quando a minha glória passar [...] cobrir-te-ei com a mão quando passo. Quando eu retirar a mão, tu me verás pelas costas. Minha face, porém, não se pode ver" (Ex 33,20ss.).

O único que viu a Deus é Jesus Cristo, o mediador escatológico da Nova Aliança, porque é Deus e "está junto ao Pai" (Jo 1,18; cf. 1Tm 6,16).

A experiência original de Javé como realidade pessoal não significa de modo algum uma antropomorfização de Deus, porque segue sendo, precisamente como pessoa, o mistério sagrado, além de toda projeção das circunstâncias terrenas a Deus e da personificação dessa concepção ideal (cf. Dt 4,15: "Pois, no dia em que o Senhor vos falou do meio do fogo no Horeb, não vistes figura alguma"). Sobre o fundamento da revelação, e no marco da analogia da linguagem e do conhecimento humano, o ser pessoal de Javé oferece o pressuposto de uma relação eu-tu entre Javé e Israel, ou também entre Javé e cada crente individual como participante da relação da aliança (cf. Gn 28,13: "*Eu* sou o Senhor, o Deus de teus pais..."); ao passo que Jacó disse a Javé: "*Tu*, Deus de meus pais..." (Gn 32,10).

De modo algum se trata de uma recaída na concepção mítica dos deuses como projeções personificadas do universo no horizonte ôntico divino apessoal quando a Escritura expressa a conduta de Deus com o povo de sua aliança no curso da história mediante conceitos tomados dos sentimentos e dos movimentos anímicos dos seres humanos (p. ex., o amor zeloso de Deus, sua compaixão, sua cólera contra o pecado, sua vingança como castigo do pecador, sua dor pelos pecados, seu arrependimento por haver criado o ser humano em face do esquecimento de Deus por parte dos seres humanos etc.).

Todos esses predicados têm suas raízes no discurso do "coração de Deus" (cf. Gn 6,6; 1Sm 13,14; Os 11,8; Jr 3,15; 15,1; Sl 33,11; Jó 36,5 passim). O coração de Deus nada mais é que o fundamento de seu amor pessoal que se entrega livremente e tem na consumação pessoal da essência divina sua fonte inesgotável (cf. Dt 4,37; 10,15; Os 11,1; Ml 1,2s.). A criação, a aliança e a consumação são expressão do engajamento apaixonado de Deus a favor do seu povo e da obrigação que pesa sobre este povo de se manter fiel à aliança (cf. Ex 20,5: "Eu sou o Senhor teu Deus, um Deus ciumento"; Ex 34,14: "O Senhor se chama ciumento"). Nesse engajamento pela sua criação e pelo povo da sua aliança se dá a conhecer a essência íntima de Deus como amor ativo, comunicativo, criador, que busca uma resposta. A essência de Deus é amor, não no sentido latente, mas no sentido ativo e ardente. Sua essência como amor é a atualidade de sua infinita plenitude ôntica (cf. Jr 31,3; 1Jo 4,8.16). Daí resulta também a descrição de sua reação frente à violação dos preceitos da aliança com termos tais como ira, zelo, castigo etc. Não se trata aqui, pois, dos resíduos de uma imagem imperfeita de Deus, nem de um obsoleto antropomorfismo veterotestamentário.

Do mesmo modo que as qualidades humanas da compaixão e do amor, da misericórdia e do perdão não são o resultado de uma disposição da alma condicionada por paixões e impressões transmitidas pelos sentidos, mas que brotam da espontaneidade de uma solidariedade pessoal, assim tampouco a ira, a dor e a vingança de Javé são o resultado de uma sujeição de Deus, provocada pelo comportamento humano, ao domínio dos sentimentos. Devem ser interpretadas aqui em sentido analógico as expressões que se referem à atividade do amor e à fidelidade da aliança que vai ao encontro do pecador entendido como oposição insuperável ao AMOR *santo* de Deus. A experiência da ausência de Deus e de sua própria insuficiência levam o pecador ao conhecimento de suas faltas, ao arrependimento e à renovação de sua fidelidade à aliança e, ao mesmo tempo, também à nova experiência da fidelidade e do amor de Deus pelo ser humano que, da parte de Deus, nunca foi anulada.

Isto diz respeito também às formulações, muitas vezes erroneamente interpretadas, que se referem ao rechaço do pecador (1Sm 16,14) ou de que Deus provoca o endurecimento, a obstinação e a cegueira do coração daqueles que lhe oferecem resistência (cf. Ex 4,21; 7,14; Sb 16,24; At 28,27; Rm 9,18). Deus não é autor do pecado e do mal da mesma maneira que é autor de sua vontade salvífica. Em sua própria essência, Deus é misericórdia e amor. A luz não é na mesma medida fonte de claridade e de obscuridade, mas apenas a fonte da claridade, diferentemente da obscuridade. A obscuridade não surge da luz, mas dos obstáculos postos à luz. Do mesmo modo, o castigo com que Deus ameaça o pecador não é a vingança do amante decepcionado nem a sanção vinculada arbitrariamente ao ato mau. Justamente quando se leva a sério a revelação veterotestamentária da aliança como autocomunicação de Deus é que se compreende o castigo como o distanciamento – produzido como consequência de um prévio distanciamento frente a Deus – daquela vida e daquela felicidade que é o próprio Deus (cf. Dt 30,15-20; Sb 11,16; Is 64,6: "Tu nos entregaste à mercê de nossas maldades"; Tb 12,10: "Aqueles que cometem pecado e injustiça são inimigos de si mesmos"). Deus é diretamente fonte de vida e só indiretamente autor da perdição e da morte, na medida em que, como uma consequência inerente à realidade mesma das coisas, o ser humano, criado à imagem de Deus, ao perder o criador e Deus da aliança perde-se a si mesmo.

Não se pode falar de uma bipolaridade de qualidades boas e más de Deus ou de uma sujeição ao capricho e à arbitrariedade. Isto é válido não apesar de, mas inclusive por causa de passagens bíblicas como: "Eu causo a morte e restituo a vida" (Dt 32,39) ou: "Eu formo a luz e crio as trevas, eu faço a felicidade e crio a desgraça" (Is 45,7). Pois Deus não é como um ser humano, que mente (Nm 23,19), aceita suborno (Dt 10,17), se cansa e se fadiga (Is 40,28).

A essência de Deus, que se manifesta em suas ações, é o engajamento de seu amor pela salvação do ser humano. Justamente a oferta da aliança com a humanidade e com Israel não é um tratado que o mais forte impõe autoritariamente ao mais fraco. A conduta de resposta do ser humano na fé, na obediência e no amor e numa vida em justiça e em santidade que faça justiça à aliança com Deus não surge da imposição das cláusulas de um tratado que o ser humano teve de aceitar à força.

*A aliança de Deus com Israel não é, em sentido estrito, um tratado entre partes iguais ou desiguais, mas a livre autocomunicação de Deus para sua criatura que, só em comunhão com o criador, pode obter o conteúdo de sua existência como amor.*

### c) A revelação da essência de Deus através de suas obras (as propriedades divinas)

A essência de Deus não se dá a conhecer a uma especulação situada além de sua atividade na história, mas precisamente na reflexão sobre a experiência de suas obras históricas. Os enunciados humanos sobre Deus (predicados) são o reflexo das propriedades divinas (atributos) que se manifestaram em sua conduta como criador e como o Deus da autocomunicação histórica nas suas palavras e nas suas ações salvíficas.

A pluralidade das propriedades de Deus não suprime a unidade interna de sua essência. Em Deus, todas essas propriedades são, em realidade, idênticas, porque se fundamentam em sua unidade essencial. Quando se quer expressar a essencialidade divina, fala-se da essência metafísica de Deus.

Essa linguagem não expressamente bíblica tem, contudo, sua base objetiva na experiência de Israel. A realidade divina, que se manifesta ao longo de suas ações criadoras e histórico-salvíficas e estabelece uma diferença absoluta entre Deus e o mundo, se identifica com sua divindade. Por conseguinte, a essência metafísica de Deus nada mais é que sua realidade, que se consuma na inesgotável plenitude de seu amor. O ser de Deus é a infinita atualidade de sua realização essencial (*actus purus, ipsum esse per se subsistens*. Gregório de Nazianzo, or. 45,3; João Damasceno, fid. orth. I,9; Agostinho, trin. I,5; Tomás de Aquino, S. th. I q.13 a.11).

A raiz bíblica dessa reflexão bíblica posterior é, certamente, a experiência fundamental da soberana plenitude do ser e do poder de Deus (Ex 3,14: "Eu Sou Aquele que Sou", o "ente", segundo LXX), ou da modalidade existencial, englobadora do tempo e supratemporal, daquele "que é, que era e que virá" (Is 41,4; 44,6; 48,12; Sb 13,1; Ap 1,4; 8,17; 21,6; 22,13; Hb 13,8).

A primeira fase da teologia cristã cunhou a doutrina das propriedades divinas, recorrendo à grande tradição da teologia filosófica pré-cristã e, ao mesmo tempo, distanciando-se dela. Ela teve de traduzir a mentalidade e a linguagem bíblicas para outro horizonte de compreensão e, no decorrer dessa tarefa, introduziu notáveis transformações nos conceitos centrais.

*O IV Concílio de Latrão (DH 800) e o Concílio Vaticano I (DH 3001; 3021) levaram essa evolução doutrinal ao nível de confissão de fé da Igreja; o Deus vivo e verdadeiro, criador do céu e da terra, Pai e Filho e Espírito Santo, é uno, único, simples (ou seja, não composto de várias partes), imutável, onipotente, incomensurável e incompreensível* (ineffabilis), *eterno, substância espiritual, infinitamente distinto do mundo segundo sua essência e sua realidade.*

Na formulação do Vaticano I, entretanto, não se menciona expressamente a referência ao Deus trino nem, portanto, a revelação concreta. A dogmática neoescolástica subordinou a doutrina sobre as propriedades divinas a uma essência de Deus concebida em termos abstratos. Uma vez que era possível conhecer a existência e a essência de Deus também "antes" da revelação já por meio da razão filosófica, isto causou a impressão de que esses predicados tivessem sido tomados da teologia filosófica geral. Nessa classificação, a doutrina dogmática sobre Deus parecia, então, um mero conglomerado de enunciados procedentes de duas fontes de conhecimento heterogêneas, a saber, por um lado, da tradição da teologia metafísica e, por outro lado, da teologia da revelação, construída a partir da história da salvação. Entretanto, essa diástase só ocorreu no interior da tradição de um conceito metafísico essencialista de Deus. Porém, é justamente a filosofia desenvolvida, sob a influência da fé cristã na revelação, na direção da metafísica do ser que pode formular a unidade de ser e história, de transcendentalidade e historicidade. O ser é a atualidade de um ente, a qual se manifesta na sua essência e nas suas ações. Por isso, também Deus, o criador do céu e da terra, pode se revelar por meio de seu agir concreto e contingente, sem ser determinado, nem sequer constituído, pela contingência do mundo e da história.

Daí resulta, porém, que a doutrina das propriedades divinas não pode ser desenvolvida a partir da natureza essencial subjacente às pessoas divinas. O discurso sobre as propriedades divinas deve começar imediatamente em Deus, o qual se revelou em seu agir como Pai. Os predicados referidos a Javé passam também, sem mais, ao Filho e ao Espírito. Eles não recebem esses predicados a partir de uma natureza divina abstrata, mas a partir do Pai, do qual procedem como iguais em essência. São, pois, comuns a todas as pessoas divinas, porque estão dados com a comunicação eterna na divindade do Filho e do Espírito, os quais, porém, são distintos entre si segundo seu ser pessoal. Pois o Pai é a fonte e a origem da divindade inteira e também da revelação, tal como realizada no curso da história. Essa abordagem da doutrina das propriedades divinas a partir da pessoa do Pai, e não a partir da natureza divina, foi escolhida também pela tradição das declarações do Magistério da Igreja (cf. o XI Sínodo de Toledo, DH 525ss.; IV Concílio de Latrão, DH 800; Concílio de Florença, Decreto aos jacobitas, DH 1330).

O Antigo Testamento, como testemunho da fé no acontecimento da revelação, não oferece uma doutrina sistematizada de Deus, mas sim o fundamento objetivo para a necessária reflexão teológica sobre o conhecimento de Deus baseado na revelação.

Os diversos enunciados podem ser reduzidos a *duas* intenções fundamentais: *Por um lado, a diferença essencial entre o mundo e* Deus *(a transcendência absoluta;* a unicidade de Deus, sua supramundaneidade, onipotência, santidade etc.); *por outro lado, a revelação da presença histórica de Deus* na sua existência a favor do seu povo (a imanência de Deus na história, sua justiça, misericórdia, bondade, benevolência, graça, providência, sua longanimidade, compaixão e veracidade, sua disposição para o perdão e sua fidelidade imutável: cf. Ex 34,6: "Deus compassivo e clemente, lento para a cólera, rico em amor e fidelidade"; Dt 5,9s.; 32,4; Ne 9,17; cf. tb.: "Ninguém é bom a não ser Deus" (Mc 10,18; Mt 19,17), isto é, aquele cuja bondade é sua essência; 1Jo 4,8: "Deus é amor", ou seja, na realização de sua essência e na atividade comunicadora, Deus é amor).

Ao precisar a diferença entre Deus e o mundo se obtêm os seguintes predicados clássicos, todos eles enraizados na autorrealidade (asseidade) de Deus:

| Predicados | Passagens bíblicas |
|---|---|
| A *unidade* e *simplicidade* de Deus, por exemplo, o ser. | Rm 3,30; Jo 4,24; 2Cor 3,17: "Deus é espírito"; cf. 1Jo 4,8: "Deus é amor". |
| A *perfeição* de Deus, que não tem carência nem atua por necessidade, nem mantém suas criaturas numa dependência escravizante, como os deuses do mito, que utilizam os seres humanos como escravos. | Is 40,13; Eclo 43,29; Sl 92,9; At 17,24s.; Rm 11,34. |
| A *eternidade* de Deus, ou seja, sua superioridade sobre o tempo e, por conseguinte, sua presença imediata em todo momento.<br>Resulta daí, como implicação, sua *imensidão*, ou sua infinidade atual, sua ilimitação (esp. em Gregório de Nissa, Eun. 3; Tomás de Aquino, S. th. I q.7). | Dt 12,7; 33,27; Is 26,4; 33,14; 40,28; Sl 9,8; 2Mc 1,25; Sl 145,3. |
| Sua *imutabilidade*. Não significa rigidez ou imobilidade, mas a identidade pessoal e a mesmidade do ser e a vontade de Deus, sua *fidelidade*. Deus não é influenciado pelo mundo, mas realiza *soberanamente* seu plano salvífico. | 1Sm 15,29; Nm 23,19; Sl 102,27; Is 40,10; 41,4; 44,6; Ml 3,6; Hb 6,17; 13,8; Rm 11,29; Tg 1,17. |
| Sua *onipresença* e sua *onisciência*. | Ex 19,11.18.20; 1Rs 8,27; Is 40,15ss.; 48,3; Br 3,36; Sb 19,1; Rm 11,36; At 17,24. |
| A *onipotência* e a *onieficiência* de Deus, seu *domínio universal*, sua *fortaleza* (cf. o domínio e o Reino de Deus). | Gn 17,1; 28,3; 48,3; 49,25; Ex 6,3; Rt 1,20; Jt 16; Jó 22,17; 2Mc 1,24s.; 8,18; *Pantocrator*: 2Mc 1,14; Sl 33,9; Ap 19,6s. |

### d) Algumas compreensões errôneas (a onipotência e a paternidade de Deus)

O predicado da onipotência, posto em dúvida sobretudo na filosofia do Iluminismo, na teologia do processo e na crítica da religião, não deve ser entendido erroneamente no sentido de uma transferência unívoca de um modelo de domínio absolutista ou como fantasias psíquicas de onipotência aplicadas a Deus. Essa crítica segue na esteira da imagem deísta e da teologia física de Deus do século XVIII. A aplicação do conceito de causa física tem como consequência que a onipotência de Deus e a liberdade do ser humano se tornaram grandezas concorrentes. No entanto, na perspectiva bíblica, Deus fundamenta, por meio de sua onipotência, o ser do mundo e a possibilidade da liberdade criada. Constitui a história como o lugar das liberdades que se encontram e se comunicam. Só sob esse pressuposto pode-se em geral conceber história da salvação e redenção. Por outro lado, os deuses da mitologia, o demiurgo e o Motor imóvel, submetidos eles mesmos ao destino, não podem libertar aos seres humanos de sua sujeição ao cosmo. Só a onipotência de Deus garante a implantação do projeto salvífico soberano, não contra a liberdade criada, mas com ela e referida a ela (cf. Is 46,10).

A partir da condição de ser não criado e transcendente resulta também que Deus se encontra além da diferença sexual e da polaridade pessoal de homem e mulher. Javé não é a unidade superior dos princípios criados da fecundidade (diferentemente de uma divindade da vegetação). Daí decorre também que os predicados masculinos aplicados a Javé (pai, rei etc.) não permitem inferir um gênero masculino de Deus que, diferentemente de Adão, deveria sofrer a solidão criada e a permanecer sozinho, sem uma companheira (cf. Gn 2,18). Tampouco se pode deduzir do feminino *ruah* uma feminilidade biológica do Espírito Santo.

Pelas razões mencionadas, no AT não se pode falar de uma imagem patriarcal da divindade. Nunca e em nenhuma parte, Javé é a projeção ou a legitimação de relações ou de situações sociais vinculadas a uma época ou a um meio ambiente. Deus é sempre o absolutamente incomparável (Is 40,18). E se é certo que de Deus só se pode falar na linguagem humana, Ele não é determinado pelos seres humanos. Justamente também no AT, Deus aparece escolhendo livremente o ser humano, mas também se distanciando criticamente dele e, até mesmo, ameaçando rechaçá-lo. Ele destrói aquela imagem de Deus com que os seres humanos buscam se apoderar dele a fim de instrumentalizá-lo em benefício próprio.

A relação de Javé com Israel (e com a Igreja) não está ligada à natureza, mas é o resultado de uma decisão livre. Pode ser descrita em analogia com a eleição livre, com o cuidado paterno (Is 63,16) ou com a dedicação materna em favor de Israel, "assim como" uma mãe se dedica a seu filho (Is 49,15; 66,13).

### e) A escatologia do "ser-aqui-para" de Javé e a universalidade do Reino do Pai

Javé revela sua essência nas ações histórico-salvíficas em favor do povo da aliança (como libertador da escravidão do Egito, como guia através do deserto, como rei, pastor, amigo e esposo de Israel). No entanto, por parte do povo, a história da aliança é a história de um conflito permanente entre a fidelidade devida a Javé e a falta de confiança e a imoralidade, opostas à santidade de Javé (cf. Is 64,4: "Fomos infiéis desde outrora").

*Uma vez que, por outro lado, Deus permanece sempre fiel a sua vontade de aliança e a seu amor eterno, com que amou Israel, a aliança deve tender a um futuro, quando nos "últimos dias" (cf. Is 2,2; Jr 31,34; Hb 1,1-3) Deus habitar em meio ao seu povo e o coração do povo se voltar definitivamente para Deus. Em meio às grandes catástrofes de Israel, da destruição da unidade do reino, do exílio e da diáspora, eleva-se, na proclamação dos profetas, a esperança de uma aliança nova e eterna (Jr 31,31).*

Aqui, no entanto, não se rechaça a antiga aliança como algo antiquado e superado. Visto que a aliança não é um contrato que se possa romper e que, uma vez rompido, não mais obriga as partes, mas porque a aliança é a autocomunicação de Deus em seu amor eterno, o pacto estabelecido no passado com Abraão e Moisés permanece para sempre (cf. Jr 31,3s.: "Eu te amei com um amor eterno, por isso conservei amor por ti. Eu te construirei de novo e serás reconstruída, virgem de Israel").

A nova fundação da aliança significa que o próprio Deus realiza uma mudança no parceiro humano da aliança. Por meio do perdão dos pecados e da criação de um coração novo, move a vontade humana para que cumpra com obediência a lei. Por isso, Deus derrama seu espírito nos corações do seu povo e os capacita, por meio dessa presença interior, para a justiça da nova aliança em fé e amor. Então, Javé será para sempre o Deus de Israel e Israel será para sempre o povo de Javé (cf. 59,21; Jr 24,7; passim).

Nessa renovação escatológica do povo, a figura do mediador escatológico da aliança, o qual, como "Filho de Deus", representa a relação filial de Israel com Deus, terá um papel decisivo.

*Nesta renovação e consumação escatológica da aliança acontece a plena autoimplantação histórica do nome de Javé: "Eu Sou Aquele que Sou" (Ex 3,14; Os 1,9; 14,6; Is 7,14; 8,10). Justamente este será então o título messiânico de Jesus. Ele é o "Emanuel", "Deus conosco" (Mt 1,23). Seu nome é "redenção dos pecados" (cf. Mt 1,21). Ele é o único nome que Deus nos deu e o único em que se encontra a salvação e a redenção (cf. At 4,12). O ser humano Jesus é, portanto, a plena manifestação do ser-aqui histórico e escatológico de Javé.*

O raio do domínio escatológico de Deus coincide, por conseguinte, com a universalidade protológica da auto--oferta de Deus como criador e salvação de todos os seres humanos. A universalidade da protologia e da escatologia está mediada pela concreção da história salvífica de Israel e do acontecimento histórico da autocomunicação de Deus a esse povo concreto e singular. Este é convertido assim no sinal e instrumento da vontade salvífica universal de Deus (cf. Is 11,10ss.). A aliança eterna prometida ao patriarca Abraão em favor de numerosas nações (Gn 12,3; 17,2-13) torna-se realidade universal no "final dos dias", quando "as nações peregrinarem a Sião" (Is 2,3; 52,10). Então, as nações, que até aquele momento nada ouviram sobre Javé, irão ver sua glória e adorá-lo como único e verdadeiro Deus (Is 66,19.23). Inclusive a centralização local do culto em Jerusalém será transcendida na universalidade da adoração de Javé "entre as nações e em todo lugar" (Ml 1,11; Sf 2,11; 3,9).

Se, portanto, Deus é conhecido e adorado como o Deus único e vivificador, como criador e pai de todos os seres humanos (Gn 1,1; Dt 1,31; Ml 2,10; Ef 4,6), consuma-se também na aliança escatológica a relação filial de Israel e, com Ele, de todos os povos com Javé. Os pagãos participam da "adoção filial de Israel" (Rm 9,4). Todos os povos passam a formar um só povo sob o domínio de Deus Pai.

No Novo Testamento, a aliança eterna se constitui definitivamente e alcança validade universal por meio de Jesus Cristo, "Filho de Deus" e mediador escatológico da aliança. Nele, verdadeiro Filho de Deus, passamos a ser, pelo poder da fé e do seguimento, "filhos" em e com o Filho. Todos participamos de sua relação filial com o Pai na presença do Espírito Santo (cf. Gl 4,4-6; Rm 8,15).

O Antigo Testamento expressou, com diversas imagens e esquemas de esperança, a escatologia da história da aliança e o conhecimento universal de Javé como Deus e pai de Israel e como criador e pai de todo o gênero humano. Todos eles podem se reduzir, do ponto de vista hermenêutico, à teologia da aliança e sua dimensão escatológica (cf. o quadro abaixo).

| Termos | Passagens bíblicas |
|---|---|
| Matrimônio de Deus com Israel. | Os 2,21; Is 54,5; 62,5; cf. 1Cor 11,2; Ef 5,23; Ap 19,7; 22,17. |
| *Shalom* com seres humanos e animais. | Is 11,6ss.; 35,9; 65,25; Os 2,20. |
| Novo Jardim do Éden com torrentes paradisíacas doadoras da vida. | Gn 2,10; Is 51,3; Ez 36,35; 47,1-2; Jl 4,18; Zc 14,8; cf. Jo 4,14; Ap 22,1-3. |
| Reunião de Israel e regresso da diáspora para a terra prometida. | Is 40,11; Jr 23,3; 30,3; Ez 11,20; Zc 8,8; 10,6; 2Mc 1,27. |
| Nova aliança do amor eterno de Javé; morada de Deus entre os seres humanos. | Is 55,3; Jr 31,31ss.; 50,5; Br 2,35; Ez 16,60; 37,26; Sl 111,9; cf. Lc 22,20; 2Cor 3,6; Hb 13,20. |
| Peregrinação dos povos a Sião, adoração universal de Javé. | 1Rs 8,41.60; Is 2,1-3; 11,10; 18,7; 19,24; 56,6-8; 60, 11-14; 66,18-24; Jr 24,7; Ez 36,24; Mq 4,1-3; 7,12; Sl 86,9; Br 2,13; Sf 2,9. |

| | |
|---|---|
| O Evangelho da salvação definitiva. | Is 61,1; 11,2; 42,1; cf. Lc 4,18s.; Ap 14,6. |
| Dia de Javé/dia do Juízo da ira e da redenção. | Is 2,6ss.; 13,4.13; Am 5,18; Ab 15; Jl 3,4; 4,9; Zc 12,9s.; Is 24–27. |
| Ressurreição dos mortos/aniquilação da morte. | Jó 19,25; Is 25,8; Dn 12,2; 2Mc 7,9.14; 12,43s.; Ez 37,12; Sl 16,10; Os 13,14; cf. 1Cor 15,26 (a morte como último inimigo é aniquilada pelo poder de Deus). |
| Domínio (e reino) escatológico de Deus e de seu Filho/Messias. | 2Sm 7,16; Is 9,7; Dn 2,44; 7,13. |
| Criação do novo céu e da nova terra. | Is 65,17; 66,22; Ap 21,1. |
| Efusão do Espírito Santo/dom de um coração novo. | Jr 24,7; 31,33; Ez 36,37; Is 32,15; 59,21; Jl 3,1ss.; Sl 51,12; 73,1; 89,37; 104,30; Sb 10,17; Ag 2,5; Zc 12,10; Ml 3,24; cf. Rm 5,5. |

## II. A IMEDIATEZ DE JAVÉ A SEU POVO E A AUTOMEDIAÇÃO NA *PALAVRA* E NO *ESPÍRITO* (SABEDORIA)

A instituição da aliança fundamenta uma relação de imediatez de Javé com seu povo. Mesmo assim, é preciso, de certo modo, transpor a infinita distância entre criador e criatura (correlação entre imediatez e mediação). Por conseguinte, é necessário um mediador da aliança como representante de Javé diante de Israel e como representante de Israel diante de Deus. O mediador é, de certo modo, em referência a Deus, o mediador do povo, e, visto a partir de Deus, o receptor da palavra e da vontade da revelação de Javé (juízes, profetas, reis, sacerdotes).

Aqui surge o problema fundamental da conexão entre a modalidade da mediação e a posição do mediador da aliança. O mediador não pode aparecer de modo a estabelecer uma separação entre Deus e seu povo. Deve estar ligado com Deus, com sua palavra e com seu espírito somente de uma determinada maneira, de modo que na sua palavra atue, ao mesmo tempo, a palavra e a obra salvífica de Deus. Pois Javé é o único salvador, rei e redentor (Is 33,22; 49,26; 60,16); é o mestre de Israel (Is 30,20s.; Jr 31,20; Os 11,1-9). Quem redimiu o povo não foi um mediador, um mensageiro ou um anjo, mas "sua face"; foi Javé em pessoa quem o salvou (Is 63,9). O próprio Deus quer morar em meio ao seu povo e ser seu Deus na nova aliança (Jr 31,31). A indolência dos pastores de Israel leva ao aumento da preocupação de Deus: "Eis que eu mesmo buscarei minhas ovelhas e tomarei conta delas" (Ez 34,11). Com esse propósito Davi, o servo de Deus, é instituído como pastor único, para apascentá-los e ser seu pastor: "Eu, o Senhor, serei o seu Deus e o meu servo Davi será príncipe entre eles" (Ez 34,23s.).

O "Filho de Deus", chamado a ser mediador da nova aliança, que é, em duplo sentido, o representante tanto de Deus como de Israel, só pode exercer sua função própria de mediação se está destinado, de certo modo, como representante humano, ao mesmo tempo, a uma automediação divina interna que faz parte da essência de Deus.

Se Deus se media a si mesmo em sua revelação, então sua essência deve se consumar por meio da automediação interna de sua realidade pessoal, ou seja, em sua vontade para si mesmo, idêntica, na sua palavra interna, com sua essência e com sua autoexpressão.

Essa unidade essencial de Deus com Ele mesmo em seu autoconhecimento eterno e em sua identidade eterna e voluntária se expressa na revelação bíblica através da teologia da "Palavra de Deus" e do "Espírito Santo de Deus". Entre ambos "oscila", de certo modo, a "sabedoria". Esta não é, porém, um terceiro elemento, ao lado da palavra e do espírito, mas uma designação da unidade da atividade vital divina para o exterior. Visto que no AT a palavra e o espírito ainda não são concebidos como hipóstases no sentido da doutrina trinitária cristã, mas só como modos de ser e de atuar de Deus que se identificam com Javé, não é possível estabelecer uma distinção exata entre palavra e espírito e a coordenação da sabedoria.

O Deus transcendente está presente no mundo por meio de seus efeitos imanentes, por exemplo, na lei, no culto, por meio da transmissão de sua luz gloriosa (*kabod*, *shekinah*). Está presente e poderosamente atuante quando se invoca seu nome YHWH (substituído mais tarde, por temor reverencial, pela invocação *Adonai* = *Kyrios* = Senhor).

Essencial é, porém, a automediação da realidade pessoal de Deus através de sua palavra, em que ele produz a criação, faz-se pessoalmente presente na revelação e leva ao seu termo escatológico a história da salvação (ῥῆμα, dabar, λόγος, na LXX).

A identificação deste Logos, que faz parte da consumação essencial de Javé, com o mediador escatológico, Jesus de Nazaré, é o fundamento da fé cristã em Deus. Nele acontece a dupla mediação de Deus para o ser humano e do ser humano para Deus.

De importância similar são também as palavras a respeito do Espírito de Deus (*ruah*; πνεῦμα). O Espírito Santo é o próprio Deus e representa, na criação do mundo e do ser humano, no chamado dos profetas e na resposta pessoal do ser humano "em seu coração", a ação dinâmica, inspiradora e santificadora de Deus. No seu Espírito Santo, Deus se faz presente, da maneira mais interior e íntima, para o povo da aliança e para cada um dos crentes (cf. em Rm 5,5 a interioridade mútua do coração de Deus no coração do ser humano).

Na realização de sua autorrevelação mostra-se que a palavra, a sabedoria e o espírito de Deus não são só meios da revelação e modos internos de ser para realizar a imanência da revelação de Deus no mundo. São, justamente porque se trata de uma automediação de Deus na imediatez do ser humano, mediações a si mesmo que formam parte da essência de Deus.

O mediador escatológico da eterna aliança só pode desempenhar sua função mediadora sob dois pressupostos:
1) Quando Javé o coloca numa relação tão estreita com sua palavra e seu espírito que pode ser o portador da automediação de Deus no mundo.
2) Quando ele é membro do povo da aliança e, assim, pode ser o destinatário da autocomunicação de Deus, e quando realiza em sua pessoa o princípio constitutivo da resposta humana em obediência e autoentrega.

*Nessa dupla função, de eleição por parte de Javé e de representação da relação filial de Israel, encontra-se o mediador real, sacerdotal e profético do fim dos tempos, o Messias, o Cristo: o Filho de Deus.*

## III. A AUTORREVELAÇÃO ESCATOLÓGICA NO "FILHO DE DEUS" E A PROMESSA DO MEDIADOR MESSIÂNICO DA SALVAÇÃO

Para a confissão neotestamentária fundamental da unidade da palavra intradivina essencial em Javé com Jesus de Nazaré, o mediador da salvação do fim dos tempos, o "Filho de Deus" messiânico, são de grande importância as diferentes formulações veterotestamentárias da esperança de um mediador messiânico da salvação.

Entre os mediadores da salvação *celestes* pode enumerar-se:
1) O anjo de Javé, o Senhor;
2) A sabedoria, personificada como mediadora da ação de Deus; e
3) O "filho do homem".

Entre as figuras mediadoras salvíficas *terrestres* aparecem:
4) O rei (como filho de Deus);
5) O sacerdote;
6) O profeta; e
7) O servo de Javé.

### 1 Figuras celestes de mediadores da salvação

#### a) O anjo de Javé

Ele encarna a ação de Deus orientada para os seres humanos (cf. Gn 16,7-13; Ex 3,2-14; Is 9,6). Essa figura oscila entre identidade com Deus e certa diferenciação pessoal frente a ela (cf. Ex 23,20s.: "Mandarei um anjo à tua frente [...] nele está o meu nome"). Ele tem funções de revelação, de salvação e de intercessão. Na escatologia e na apocalíptica pós-exílica, converte-se em portador das expectativas salvíficas para o dia do juízo do Senhor que está por vir: "Eu vou enviar o meu mensageiro para que prepare um caminho diante de mim. Então, de repente, entrará em seu Templo o Senhor que vós procurais, o anjo da aliança que vós desejais" (Ml 3,1).

No século II d.C. se vinculou aqui a assim chamada cristologia do Christos-Angelos.

### b) A sabedoria

A sabedoria divina quase não apresenta traços messiânicos (Sb 7,22–8,1; 8,3-8; Pr 8; Br 3,28). Ela é, por um lado, a automediação de Deus (Eclo 1,5: "Fonte da sabedoria é a Palavra de Deus"; há um "espírito de sabedoria": Dt 34,9; Sb 7,7). É concebida de maneira personificada e se diferencia, de certo modo, de Deus. Toda mediação terrena tem sua origem na "mediação preexistente" da sabedoria e na sua referência à criação cósmica.

### c) O filho do homem

É o representante coletivo e/ou individual do Reino de Deus futuro, que triunfa sobre todos os impérios políticos terrenos e submete o povo de Deus ao domínio eterno de Javé:

> "E vi aproximar-se, com as nuvens do céu, alguém como um filho do homem; ele avançou até junto do ancião (Deus) e foi conduzido à sua presença. Foram-lhe dados domínio, glória e realeza, e todos os povos, nações e línguas o serviam. Seu domínio é eterno e não acabará, seu reino jamais será destruído" (Dn 7,13s.; 4Esd 13,3; Henoque etíope 48).

Essa figura do filho do homem, que mais tarde assumiu traços mais individuais, foi combinada com a imagem do messias davídico, sacerdote e rei. A conexão, usual no Novo Testamento, do filho do homem que veio para julgar (Mc 14,62) com o servo de Deus (Is 53) que entrega sua vida como preço de resgate (Mc 10,45) ainda era estranha para o judaísmo pré-neotestamentário.

### 2 *Figuras terrestres de mediadores da salvação*

### a) O mediador messiânico-régio

O messias régio, o "filho de Davi", a figura do mediador régio da salvação se insere e está vinculada ao reinado de Davi. O rei é o homem chamado por Deus do meio do povo, escolhido para o cargo – que deve ser interpretado em sentido soteriológico – de representar a relação filial de Israel com Javé. Podem chamar-se "filhos de Deus" não só Israel como um todo, mas também o rei, os profetas e, por fim, cada justo singular, ou seja, quem participa na justiça da aliança (cf. Sb 2,18; Mt 5,9).

Em nome de Javé, o rei faz justiça aos pobres e implanta o Reino de Deus ao libertar o povo da aliança de seus inimigos e opressores. O reinado de Davi adquire um cunho claramente messiânico por meio da promessa de que na descendência davídica Javé estabelecerá um reino eterno.

> "Eu darei firmeza a seu trono para sempre. Eu serei para ele um pai, e ele será para mim um filho" (2Sm 7,13s.; cf. Mq 5,1; Sl 2,7; 89; 110; cf. tb. o colorido messiânico de Gn 49,10: "O cetro não se afastará de Judá"; Nm 24,17: "Uma estrela avança de Jacó, um cetro se levanta em Israel").

Na releitura de uma perspectiva posterior, de Is 7,14, se percebe mais claramente uma tendência messiânica:

> "Eis que a virgem (= filha de Sião, Israel?) conceberá e dará à luz um filho, e o chamarão com o nome de Emanuel, que significa: Deus conosco" (cf. Mt 1,23).

Uma interpretação messiânica inequívoca requer a promessa isaiana do nascimento de um filho que exercerá o domínio de Deus (cf. 1Cor 15,28: o Reino do Pai e o Reino do Filho).

> "Porque nasceu para nós um menino, um filho nos foi dado. Ele tem a soberania sobre seus ombros e será chamado: Conselheiro admirável, Deus forte, Pai para sempre, Príncipe da paz. Ele terá uma soberania ampla e uma paz sem limites sobre o trono de Davi e sobre seu reino, para estabelecê-lo e firmá-lo no direito e na justiça, desde agora e para sempre. O zelo do Senhor Todo-poderoso fará isto" (Is 9,5s.; 11,1-12; Jr 23,5; 30,22; 33,14; Mq 5,1s.; Ez 34,11s.; Zc 9,9s.).

Segundo os salmos régios de cunho messiânico, considera-se o Messias como o Davi futuro (Sl 2; 110), o novo Salomão (Sl 45; 72). O rei é o Ungido (pleno do espírito de Deus) do Senhor (= Messias = Cristo), do mesmo modo que os reis e os sacerdotes, que também recebem o espírito de Deus e são ungidos.

### b) O sacerdote como mediador

Também a figura do sacerdote pertence ao rol dos mediadores da salvação. O sacerdócio cúltico-levítico transmite a bênção, oferece sacrifício para a expiação dos pecados e vincula os seres humanos com a vida e a vontade de reconciliação de Deus. Renova-se, assim, desde sempre, a relação da aliança de Israel com Javé (cf., mais adiante, a cristologia da Epístola aos Hebreus).

No Salmo 110 se descobre a conexão entre as funções sacerdotais e as régias do esperado messias e filho de Davi (Sl 110,1.4: "Oráculo do Senhor ao meu senhor: Senta-te à minha direita, até que ponha teus inimigos por escabelo de teus pés [...] O Senhor jurou e não se arrependerá: Tu és sacerdote para sempre, à maneira de Melquisedec"; Gn 14,18; Hb 5,6; Zc 6,12).

A comunidade de Qumran tinha pontos de vista mais diferenciados. Além do profeta (Dt 18,15), esperava outras duas figuras de mediadores salvíficos, a saber, "o profeta e o messias de Aarão e de Israel" (cf. 1 QS IX,11), um deles como messias "régio" (davídico) e o outro como messias "sacerdotal" (aaronita) (1 QS II, 11-21).

### c) O profeta como mediador da salvação

Moisés é, justamente como profeta, o mediador autêntico da aliança. De maneira singular, é o portador das promessas e está vinculado, por meio do espírito de Deus, com a palavra da revelação divina (cf. Nm 11,25). Transmite a palavra e a vontade de Deus não só de maneira informativa, mas sobretudo também efetiva (cf. Ex 24; Dt 5). Moisés é também intercessor diante de Deus (Ex 32; Dt 9). É solidário com o seu povo e oferece sua vida, vicariamente, como expiação (cf. tb. 1Jo 2,1; 1Tm 2,5; Hb 4,14-16).

O mediador messiânico da aliança do final dos tempos é descrito mediante um paralelismo – de intensificação gradativa – com Moisés. A propósito da instituição da monarquia, do sacerdócio levítico e dos profetas, Moisés declara ao povo:

> "O Senhor teu Deus fará surgir em teu favor do meio dos irmãos um profeta como eu: é a ele que deverás ouvir. Foi exatamente o que pediste ao Senhor teu Deus no Monte Horeb, no dia da reunião, ao dizer: Não quero mais ouvir a voz do Senhor meu Deus, nem ver este grande fogo, para não acabar morrendo. Então o Senhor me disse: Está bem o que falaram. Do meio dos irmãos farei surgir para eles um profeta semelhante a ti. Porei as minhas palavras em sua boca e ele lhes comunicará tudo o que eu lhe mandar" (Dt 18,15-18; cf. Jo 1,17).

### d) Israel e o servo de Javé

Israel pode ser considerado, de maneira especial, como o servo de Deus, assim como os reis, sacerdotes e profetas do povo. Os cantos do servo de Javé do Dêutero-Isaías (42,1-9; 49,1-9c; 50,4-9; 52,13–53,12) estão abertos para uma interpretação do caráter mais coletivo, que teria em conta o papel representado pelo povo de Israel como um todo (a *ekklesia* de Deus), como sinal e instrumento da vontade salvífica de Deus frente aos povos pagãos. Mas também é possível, por outro lado, uma interpretação referida a um homem singular que desempenha, enquanto representante de Israel, uma função de serviço e mediação da vontade salvífica frente ao povo. Com seus sofrimentos expia a culpa de muitos. Por isso, o Senhor se compraz nele e lhe dá vida e descendência: "A causa do Senhor triunfará graças a ele" (Is 53,10). Na perspectiva cristã, essas sentenças aludem ao mediador messiânico da aliança do final dos tempos:

> "Eu, o Senhor, te chamei com justiça, e tomei-te pela mão; eu te formei e te fiz como aliança do povo, como luz das nações" (Is 42,6; cf. 49,6; Lc 2,32-34).

## IV. RESUMO SISTEMÁTICO

### 1 A comunhão escatológica com Deus no Espírito Santo

A efusão do espírito de Deus sobre o mediador salvífico messiânico dos últimos tempos e sobre todo o povo de Deus é uma das características essenciais da união, a partir de então inquebrantável, entre Javé e o povo de sua aliança.

Assim como o espírito de Deus atuou eficazmente na criação, especialmente no ser humano, e o espírito do Senhor penetra e renova, sempre de novo, como espírito vivificador, o coração do ser humano e a criação inteira (Sl 104,30), assim se revela Deus em seu espírito também no final dos tempos. De modo singular, o espírito toma posse do mediador da salvação e o capacita para exercer sua missão (Is 11,1-3). É justamente sobre o servo de Deus que repousa o "espírito de Deus, o Senhor" (Is 61,1; 42,1; cf. Lc 4,18-19). Só no Espírito Santo Ele pode realizar sua missão de anunciar o Evangelho aos pobres.

O espírito de Deus vincula o renovo de Israel, que brota do povo (Sf 3,11ss.; cf. Is 11,1), ou seja, o mediador humano da salvação surgido do povo da aliança e "filho de Deus", com a automediação escatológica de Deus na palavra de sua autocomunicação e da instituição da aliança (cf. a insistência de Rm 9,5 de que Cristo procede de Israel, "segundo a carne"). Deve-se ver aqui uma alusão não tanto à nacionalidade de Jesus, mas sim à sua pertença ao povo da aliança por causa da circuncisão de sua carne (cf. tb. Rm 1,3).

No entanto, não é só o mediador da salvação que está cheio do espírito de Deus, mas o povo de Israel e todos os povos chamados à eterna salvação.

Ao instituir a aliança eterna, o próprio Deus dará aos seres humanos um novo coração, depositará neles um novo espírito para que possam cumprir seus preceitos (Ez 36,22-28; 37,26-28). A aliança de Deus faz com que seu espírito, que repousa sobre Israel, nunca mais se afaste dele e que suas palavras permaneçam para sempre em Israel (Is 59,21).

"Naqueles dias", Deus derramará seu espírito sobre toda carne (Jl 3,1-3; cf. Nm 11,29; At 2,17-21). Todos os membros do povo de Deus são igualmente profetas ou receberam o dom do espírito da profecia (ibid.), mas todos também são chamados "sacerdotes do Senhor" e "servos de nosso Deus" (Is 61,6; cf. Ap 1,6). Todos reinarão em liberdade por causa de sua participação no ministério régio do povo de Deus, ou seja, todos possuem, na unidade da vontade com a vontade salvífica de Deus, a comunhão do amor (cf. Br 2,34; Sb 3,8; Gn 1,26; Sl 8,7; Ex 19,6; Ap 5,10).

Essa figura sacerdotal, régia e profética do povo de Deus no final dos tempos se fundamenta no estabelecimento do Reino de Deus e de seu Cristo sobre toda a criação (cf., p. ex., Ap 11,15ss. passim).

É o Espírito Santo que, pela mediação de Cristo, leva o povo de Deus à unidade matrimonial com Deus e à plenitude da aliança (cf. Ap 2,17).

### 2 A revelação de Javé como Pai de Jesus e a revelação de Jesus como PALAVRA encarnada no ESPÍRITO

Javé é o sujeito único do Antigo e do Novo testamentos. O fato de que sua ação criadora, sua eleição de Israel e sua promessa escatológica de uma aliança universal com todos os povos alcance sua presença definitiva na pessoa humana concreta e singular de Jesus de Nazaré não é algo que se possa deduzir simplesmente a partir da esperança de Israel. A cristologia não surge a partir de uma montagem de ideias extraídas das tradições veterotestamentárias nem de uma rede de citações e interpretações sobrepostas à figura histórica de Jesus. Na continuidade de sua ação salvífica, só o próprio Deus pode realizar a abertura para a consumação. Assim, unicamente Javé pode converter em *acontecimento* a identificação de sua palavra com o ser humano Jesus de Nazaré – que os seres humanos não podiam deduzir a partir dos testemunhos da fé de Israel e que, mesmo assim, mantém uma continuidade com a história da aliança e da salvação (Jo 1,14).

Assim como a fé veterotestamentária não se baseia em construções teóricas nem numa mística ou numa poesia religiosas, mas no acontecimento da livre eleição de Israel como povo da aliança, assim também a fé em Cristo se baseia na experiência de que Deus se revelou a si mesmo, na ação poderosa da ressurreição de Jesus, como poder criador divino e como Deus e Pai de Jesus Cristo, ao qual revelou como *seu* Filho. Isto sucede no poder do Espírito de Deus (Rm 1,3), que sustenta a ação messiânica de Jesus, que o revela como o mediador escatológico e convoca a Igreja como povo escatológico da aliança, formado por "judeus e pagãos" (Ef 2,14):

> "Porque pelo FILHO, nós, judeus e pagãos, temos acesso junto ao PAI num mesmo ESPÍRITO" (Ef 2,18).

# QUINTO CAPÍTULO

# A REVELAÇÃO DE JESUS COMO "FILHO DO PAI" E COMO MEDIADOR DO REINO DE DEUS (CRISTOLOGIA/SOTERIOLOGIA)

## I. TEMAS E HORIZONTES DA CRISTOLOGIA

### 1 A consumação histórica da autorrevelação de Javé em Jesus de Nazaré

*No princípio e no centro da fé cristã se situa a figura histórica de* Jesus de Nazaré.

Cristão é quem se confessa discípulo de Jesus (cf. At 11,26) e crê em Jesus como Filho de Deus (Gl 2,16; Jo 6,29 passim), a palavra eterna encarnada (Jo 1,14) e o Messias prometido (= Cristo = o portador escatológico da salvação ungido com o Espírito Santo).

Por meio de *Jesus Cristo*, o Deus de Israel estabelece seu *domínio* escatológico (= Reino de Deus). Isto significa também que o *mediador* do Reino de Deus dirige a Deus o coração e a vontade dos seres humanos de tal modo que estes entram como parceiros da aliança na nova relação de justiça com Deus.

A partir do AT, a relação singular de Javé com Israel foi expressa na figura da relação pessoal entre pai e filho. A relação filial de Israel é representada, mediada e realizada pelo mediador profético, régio e sacerdotal, que é "filho de Deus" num sentido especial. O mediador messiânico do reino escatológico de Deus é Filho de Deus porque é um membro desse povo e, assim, também pode representá-lo. Deve provir de Israel, "segundo a carne". É o sucessor, filho e descendente de Davi (Rm 1,3; 9,5; Mt 1,16; Lc 1,32; Hb 1,5; Ap 5,5; cf. Is 11,1.10 passim). O Filho de Deus messiânico está permeado (= ungido) pelo Espírito Santo de Deus e está, portanto, em estreita relação com Javé (cf. Mc 1,11 par.; Rm 1,3). Nele se realiza vicariamente e com causalidade originante a consumação escatológica da aliança e, assim, da relação pai-filho de Javé com Israel (cf. 2Sm 7,13s.; Ez 34,24: "Para apascentá-las estabelecerei sobre elas um único pastor, o meu servo Davi. Eu, o Senhor, serei o seu Deus e o meu servo Davi será príncipe entre eles").

Na pessoa de Jesus como representante de Israel, na sua proclamação e no seu destino até a morte na cruz e o acontecimento definitivo da ressurreição pelo Pai se revela a missão (= função) de Jesus como Filho de Deus (cf. Rm 1,3). Assim, no entanto, também se consuma a relação pai-filho entre Deus e seu povo. Em virtude da fé em Jesus e da comunhão fraterna com Ele, todos os seres humanos participam na sua relação filial com o Pai no Espírito Santo (cf. Gl 4,4-6; Rm 8,15.29; Jo 1,13 passim). Jesus Cristo é, portanto, o "Sumo Sacerdote e mediador da nova e eterna aliança" (cf. 1Cor 11,25; Hb 8,6.13), que efetivou, "de uma vez por todas", (εφαπαξ) com seu próprio sangue, "uma redenção *eterna*" (Hb 9,12; cf. Rm 3,25; 2Cor 5,20).

Porque, no entanto, Javé não é o Deus nacional de Israel, a história da aliança não fundamenta uma relação esotérica com Deus. A história da aliança significa a concretização e a mediação histórica da *vontade salvífica universal* de Deus como o criador de todos os seres humanos. E, portanto, o mediador da aliança escatológica é também o único mediador entre o Deus único e a totalidade de todos os seres humanos chamados para a salvação (cf. 1Tm 2,4s.). É o mediador de toda a criação tanto na origem como na consumação em Deus (Jo 1,3; Hb 1,2; 1Cor 8,6; Cl 1,16; Ef 1,10).

Nessa "*plenitude dos tempos*" (Mc 1,15; Gl 4,4; Ef 1,10; Hb 1,2), Deus revela também o significado universal da filiação de Israel (Rm 1,3; 9,5; At 3,25) como o sacramento (= instrumento e sinal), orientado para a universalidade, da vocação de todos os seres humanos para a participação na relação filial de Jesus com o Pai. No ministério da mediação de Jesus, Israel é constituído como o povo da aliança escatológico da "Igreja de judeus e pagãos" (Gl 3,28; Ef 2,14). Na confissão da Igreja, Javé dá testemunho de si como o "Deus e Pai de Jesus Cristo" e como "Deus e Pai" (Tg 1,27) de todos os seres humanos (Ef 4,6).

Na relação filial de Jesus com o Pai consuma-se não só a revelação da relação filial de Israel e da humanidade com Deus. Na figura e no destino do Filho de Deus messiânico, Deus revela, ao mesmo tempo, também escatologicamente, sua própria essência como ser-Pai. Da realidade interior de Deus faz parte a autorrelação, em que Ele se realiza na sua autoexpressão (= palavra) e na identidade de sua vontade consigo mesmo como amor (= Espírito).

O mediador messiânico do Reino de Deus se encontra, portanto, numa relação singular e exclusiva com a palavra interior de Deus, que procede eternamente de Deus e se media no ser humano Jesus de Nazaré com clareza histórica e concreção humana.

Portanto, os escritores neotestamentários podem reconhecer o último e mais profundo mistério de Jesus de Nazaré na identificação da palavra eterna e Filho do Pai com o Filho messiânico de Deus, com o ser humano Jesus de Nazaré.

O *enunciado cristológico culminante* é, portanto: *A Palavra é o Filho* (cf. Jo 1,1.14.18; Hb 1,1-3; Fl 2,6-11; Rm 8,3 passim).

A automediação prometida em nome de Javé ("Eu Sou Aquele que Sou": Ex 3,14) na concreção histórica imanente da existência de Deus tornou-se realidade escatológica no nome de Jesus. Jesus de Nazaré veio a ser para nós "sabedoria da parte de Deus, justiça, santificação e redenção" (1Cor 1,30). Ele nos foi dado como o único "nome" em que há salvação (At 4,12). Foi instituído como o "autor da vida" (At 3,15). É o único caminho para o Pai, para a verdade e para a vida de Deus (Jo 14,6).

O nome de Jesus (Mt 1,21) é a plena representação e mediação humana do único "nome de Deus: Pai, Filho e Espírito Santo" (Mt 28,19) no mundo, na história e na criação uma e única de Deus.

## 2 A metodologia no tratado da cristologia

A *cristologia* se fundamenta na *fé em Cristo* da Igreja. Baseia-se na convicção de que Deus realizou escatológica e historicamente em Jesus de Nazaré sua vontade salvífica universal (*universale concretum*). O significado salvífico de Jesus só pode ser mantido caso se esclareça a unidade incomparável e singular de Deus, o Pai, e Jesus, o Filho do Pai.

*A questão cristológica fundamental é: Quem é este Jesus de Nazaré (cristologia em sentido estrito) e o que Ele significa para nossa relação com Deus? (soteriologia)?*

A questão do *quem* se refere à pessoa de Jesus, isto é, a sua identidade relacional como ser humano em sua relação com Deus e sua ancoragem na autorrelação interna de Deus como palavra consigo mesmo, que tem sua origem na paternidade (ser-Pai) de Deus.

É este ser humano real da história de tal modo sustentado e movido por Deus no mais íntimo de si que o Deus transcendente se faz experimentável e se media através do ser e das ações de Jesus na imanência do mundo e da história?

*A soteriologia (= a doutrina sobre o significado salvífico universal de Jesus para nossa relação com Deus) é o aspecto externo da cristologia (= a doutrina sobre a unidade da divindade e da humanidade na pessoa do Filho e na Palavra do Pai eterno). E, inversamente, a cristologia se manifesta na soteriologia.*

A soteriologia e a cristologia não constituem dois tratados distintos, como deixa entrever às vezes certo desenvolvimento errôneo ocorrido desde a teologia medieval. São, antes, apenas os dois aspectos do único mistério de Cristo. Formam um todo no sentido de uma relação mútua de fundamentação e esclarecimento.

Jesus só tem significado salvífico (cristologia/soteriologia funcional) se é também (ontologicamente) o Cristo enviado por Deus ao mundo.

Como conteúdos concretos da cristologia resultam:
- a relação singular de Jesus com Deus como seu Pai (relação *Abba*);
- sua unidade com o Pai no Espírito Santo (= unção com o Espírito Santo como Messias/Cristo);
- a proclamação de Jesus, em especial sua proclamação do Reino de Deus;
- sua doutrina do reino e suas atividades salvíficas (= práxis soteriológica);
- a instituição da nova aliança na Última Ceia e na cruz;
- a ressurreição, a exaltação e o envio do Espírito;
- a presença pessoal de Jesus na Igreja como sua cabeça e sua atividade na Igreja (proclamação, serviço da salvação e serviço ao mundo);
- sua nova vinda no final dos tempos como juízo e reconciliação.

Desse modo, o olhar engloba também a história dos dogmas cristológicos. Importa seguir o curso da história da assimilação do mistério pessoal e do acontecimento redentor no processo da fé da Igreja.

A Igreja primitiva dedicava-se à cristologia (o termo deriva originalmente de MEISSNER, B. *Christologia sacra*. Wittemberg, 1624) em duas perspectivas sobrepostas:
- Em primeiro lugar, a da *teologia* (= a ligação íntima do Logos com o Pai na processão intratrinitária da Palavra do Filho a partir do Pai na comunhão do Espírito Santo, assim como a encarnação em virtude do nascimento temporal de Jesus a partir da Virgem Maria).
- E, em segundo lugar, a da *economia* (= a ação salvífica de Deus trino por meio da Palavra encarnada, ou seja, por meio da missão, da história e do destino do ser humano Jesus).

Em resposta à *virada antropológica* da filosofia e da teologia moderna, o Vaticano II tematizou novamente a *cristologia como a mediação mútua de antropologia e teologia*. No espelho do ser humano Jesus, o ser humano percebe claramente o que e quem ele é perante Deus. E o próprio Deus se media na história em sua essência e em sua vontade salvífica através da humanidade e da compaixão humana de Jesus.

> "Na verdade, o mistério do homem só se torna claro verdadeiramente no mistério do Verbo encarnado. [...] Tal e tamanho é o mistério do homem que pela revelação cristã brilha para os fiéis. Por Cristo e em Cristo, portanto, ilumina-se o enigma da dor e da morte, que fora de seu Evangelho nos esmaga. Cristo ressuscitou, com sua morte destruiu a morte e concedeu-nos a vida, para que, filhos no Filho, clamemos no Espírito, *Abba*, Pai!" (GS 22).

A cristologia é, sem dúvida, o eixo central e o ponto cardeal de toda a dogmática cristã e, portanto, também da teologia no seu conjunto. A doutrina sobre o ser, a atividade e a essência de Jesus de Nazaré, ou seja, a cristologia, não é simplesmente o tratado a respeito da pessoa intradivina do Logos, que se situaria, com igual valor, ao lado dos tratados sobre o Pai e sobre o Espírito Santo. Antes, é o Deus trino quem se encarnou, por meio da Palavra, no ser humano Jesus de Nazaré. Portanto, Jesus de Nazaré é também, na unidade de sua divindade e humanidade, a unidade da imediatez e da mediação. No entanto, a cristologia não é um centro estático, mas a expressão da dinâmica interna no movimento de Deus e o ser humano em meio ao mundo vital histórico. Ela se situa, portanto, no horizonte da realidade trinitária de Deus, mas de tal modo que só pode ser explicada no seu contexto antropológico. Justamente a partir da unidade humano-divina de Jesus, o ser humano deve ser entendido como a essência da referência transcendental que pode tematizar em geral a questão do Deus transcendente. Ao mesmo tempo, porém, Deus só é acessível quando revela sua realidade pessoal na palavra e quando é possível encontrar a palavra como carne, ou seja, na história como ser humano. A estática do anseio e do amor humanos não se prende ao nada nem cai na transcendência vazia somente se o fundamento de toda a realidade da criação e da revelação histórica, isto é, o Deus Pai, se abrir em sua Palavra eterna (= Filho eterno de Deus) como ser humano e se oferece ao mesmo tempo aos seres humanos, em seu eterno Espírito, como o dom de comunhão pessoal, no amor que permanece para sempre (= a aliança eterna).

A cristologia científica é uma reflexão sobre os pressupostos e a estrutura interna da fé em Jesus como o Cristo. A fé em Cristo se baseia, por sua vez, no testemunho dado por Deus Pai ao enviar o Filho na carne e ao ressuscitar o crucificado.

*Assim, a cristologia científica é fundamentação que reflete metodologicamente e argumenta sistematicamente, é a explanação interna e a mediação do acontecimento Cristo, dado que em Jesus o próprio Deus vai ao encontro do ser humano, de modo que os seres humanos, por e com Jesus de Nazaré, têm acesso à salvação de Deus, criador e consumador de todo o gênero humano.*

### 3 O dogma cristológico-soteriológico

#### a) Visão geral dos principais documentos magisteriais

(1.) *Todas as confissões de fé*: o segundo artigo cristológico: DH 2-76; NR 911-940.
(2.) A carta do *Papa Dionísio* ao Bispo Dionísio de Alexandria, no ano 262: DH 113s.
(3.) O Concílio ecumênico de *Niceia*, 325, (DH 125, 130) com sua refutação do arianismo e a confissão da igualdade essencial do Filho com o Pai (*homoousios*).
(4.) A carta do Papa *Dâmaso I* aos bispos do Oriente, do ano de 374: DH 146s.; cf. 148s.
(5.) O Concílio Ecumênico de *Constantinopla*, de 381: DH 150.
(6.) O Sínodo de *Roma*, de 382: DH 152-177.
(7.) O Concílio Ecumênico de *Éfeso*, de 431: DH 250-264:
• a segunda carta de Cirilo a Nestório;
• os doze anátemas de Cirilo contra Nestório;
• a decisão conciliar contra Nestório.
(8.) A *fórmula de união* entre Cirilo de Alexandria e João de Antioquia, de 433: DH 271-273.
(9.) A carta do Papa Leão I a Flaviano de Constantinopla, *Tomus Leonis*, de 449: DH 290-295.
(10.) A Carta do Papa Leão I, *Licet per nostros*, a Juliano de Cos, em 449: DH 296-299.
(11.) O IV Concílio Ecumênico de *Calcedônia*, 22.10.451: DH 300-303.
(12.) O *Libellus Fidei*, do Papa Hormisdas, em 515: DH 363-365; cf. 368s.
(13.) A Carta *Olim Quidem*, do Papa João II, do ano 534 (DH 401s.) sobre a comunicação de idiomas.
(14.) O *II Concílio* ecumênico *de Constantinopla*, de 553 (DH 421-438; cf. 412-420): controvérsia dos três capítulos e ortodoxia de Teodoro de Mopsuéstia, Teodoreto de Ciro e Ibas de Edessa.
(15.) A Carta *Sicut Aqua*, do Papa Gregório I a Eulógio de Alexandria, no ano 600 (DH 474-476) sobre o conhecimento de Cristo, contra os agnoetas.
(16.) O *IV Concílio de Toledo*, de 633: DH 485.
(17.) A Carta do Papa *Honório I*, *Scripta fraternitatis*, a Sérgio de Constantinopla, no ano 634 (DH 487; cf. 488, 550, 561) sobre as duas vontades e atividades em Cristo (heresia do monotelismo; a questão de Honório, ou seja, da infalibilidade da autoridade do Magistério do papa).
(18.) O *VI Sínodo de Toledo*, de 638: DH 490-493.
(19.) O *Sínodo Laterano* de 649 (DH 500-521) ensina as duas vontades e as duas atividades em Cristo.
(20.) O *XI Sínodo de Todelo*, de 675: DH 533-538.
(21.) O *III Concílio* ecumênico *de Constantinopla*, de 680/681 (DH 553-559; cf. 543, 547, 561) ensina, contra o monotelismo e o monoenergetismo, que há duas vontades e duas atividades em Cristo.
(22.) O *XIV Sínodo de Toledo*, de 684 (DH 564), se ocupa com o problema da comunicação de idiomas.
(23.) O *XV Sínodo de Toledo*, de 688: DH 567.
(24.) O *XVI Sínodo de Toledo*, de 693: DH 571-573.
(25.) A Carta *Institutio Universalis*, do Papa Adriano I, de 785/791 (DH 595), contra o adocionismo.
(26.) A carta *Si Tamen Licet*, do Papa Adriano I, aos bispos espanhóis, de 793/794: DH 610s.
(27.) O *Sínodo de Frankfurt*, de 794 (DH 612-615; cf. 619): refutação do adocionismo.
(28.) O *Sínodo de Sens*, de 1140/1141 (DH 721; 723s.; 731; 738), refuta os erros cristológicos de Abelardo.
(29.) As cartas *Cum in Nostra* (DH 749) e *Cum Christus* (DH 750), do Papa Alexandre III, contra o "niilismo" de Lombardo.

(30.) A Constituição *Cum Quorundam Hominum*, do Papa Paulo IV, de 1555, contra a negação da divindade do Filho defendida pelos socianianos: DH 1880.

(31.) O Decreto *Lamentabili*, de 1907, contra os erros cristológicos do modernismo: DH 3427-3438.

(32.) A Encíclica *Sempiternus Rex* do Papa Pio XII, 1951 (DH 3905), critica uma versão protestante da doutrina da *kenosis*, bem como uma determinada concepção da cristologia do *assumptus homo*.

(33.) O *Vaticano II* trata dos multiformes temas cristológicos menos na perspectiva dogmática e mais na pastoral; no entanto, justamente o enfoque pastoral pressupõe uma cristologia profundamente enraizada na tradição bíblica e veteroeclesial; citem-se aqui esquematicamente algumas de suas declarações mais importantes:

• A Constituição sobre a Liturgia (SC) coloca no centro a Cristo, como o sumo sacerdote.

• A Constituição sobre a Igreja (LG; Cristo é a "luz dos povos") se apoia nas ideias centrais de que Cristo é o mediador entre Deus e os seres humanos e é a cabeça de sua Igreja.

• A Constituição sobre a revelação menciona programaticamente já no seu título que Cristo é a "Palavra de Deus" (*Dei Verbum*) e expõe uma concepção da revelação conforme a teoria da comunicação pessoal e sublinha o significado central do sentido cristológico essencial de toda interpretação da Escritura.

• A Constituição pastoral sobre a Igreja no mundo de hoje (GS) fala de mediação cristológica da questão do ser humano diante de si mesmo e do sentido do mundo e do ser humano.

### b) Aspectos essenciais da fé em Cristo da Igreja

Com base nos enunciados essenciais da Sagrada Escritura sobre Jesus, o Filho do Pai e salvador de todos os seres humanos, as fórmulas ternárias de confissão da Igreja primitiva tratam de Jesus no segundo artigo.

Jesus é a segunda pessoa do Deus trino, que recebeu eternamente sua divindade mediante "nascimento e geração" do Pai. Essa Palavra de Deus, o Filho do Pai, igual em essência, assumiu a existência humana e vem ao nosso encontro no ser humano concreto Jesus de Nazaré. Por meio do ato de aceitação da natureza humana na *encarnação* em virtude da resposta obediente do ser humano Jesus (na sua consciência de criatura e na liberdade que lhe compete como ser criado), realiza-se a vinda de Deus ao mundo na história e no destino de um ser humano concreto. Em razão da unidade entre a natureza humana e a divina, fundamentada na pessoa ou hipóstase do Logos (= a união hipostática), Jesus Cristo é Deus-ser humano, visto que possui, desde a eternidade, sua natureza divina e tornou sua, no tempo e na história, uma natureza humana real e verdadeira.

Por meio de sua *morte expiatória vicária na cruz* por causa de nossos pecados, Ele levou a efeito, pela sua obediência ao Pai e como representante dos seres humanos, a justiça da nova aliança (= expiação). Essa relação salvífica da criatura com seu criador, dada em Jesus Cristo e aberta a todos, nada mais é que a reconciliação, a redenção, a santificação, a justificação e a libertação ou a nova criação do ser humano. Por meio dele, o ser humano é introduzido, como nova criatura, numa comunhão eterna e imperdível com o Deus trino. Na ressurreição de Jesus, Deus se revelou como Pai de Jesus Cristo e o confirmou como o mediador escatológico da salvação. Na humanidade plena de Jesus, o Pai está presente para sempre no mundo como salvação. Por meio da ressurreição, o Deus-ser humano venceu a morte. (Aqui se entende a morte em seu aspecto teológico, como a expressão máxima da distância – destruidora da vida – do "pecador" frente a Deus.) A vida eterna ofertada na ressurreição de Jesus não consiste no prolongamento da existência terrena para um além espacial ou temporal após a morte, mas na adaptação do ser humano a Deus, que enche a pessoa criada para Ele com aquela vida e aquele amor eternos que constituem a própria essência de Deus. No Filho, igual em essência ao Pai, todos são *aceitos pela graça como filhos*, para participar da essência e da figura do Filho (Rm 8,29) e, por causa do amor do Espírito Santo derramado em nossos corações (Rm 5,5), para *ter parte na koinonia do Deus trino* (1Jo 1,1-3).

Esse acontecimento real da redenção por meio da ação da Igreja por incumbência de Jesus *no poder do Espírito Santo está presente por meio da proclamação da palavra, da concessão da vida divina nos sacramentos*, da configuração da vida no espírito de seguimento de Jesus e da participação na vida comunitária da Igreja.

Em seu aspecto subjetivo, esse acontecimento histórico é assimilado na *vida da graça pessoal* por meio dos atos internos da fé, do amor e da esperança. Na morte de cada indivíduo e no fim geral da história, Deus revela a consumação de sua obra salvífica na nova vinda de Cristo, no juízo de cada pessoa individual e no juízo universal. Quando o Filho entregar seu reino ao Pai, Deus será tudo em todas as coisas e em todos (1Cor 15,28; Cl 3,11).

Essa confissão fundamental de Jesus Cristo, Senhor e Filho do Pai, salvador, juiz e redentor de todos os seres humanos, foi o objeto do desenvolvimento cristológico dos dogmas nos primeiros sete séculos da história da Igreja. Nesse contexto, foram da máxima relevância os grandes concílios ecumênicos de Niceia (325), Éfeso (431), Calcedônia (451), o II e o III concílios de Constantinopla (553 e 680/681). A eles se somaram vários sínodos regionais e as iniciativas de alguns papas e bispos.

*O dogma cristológico, em sentido estrito, declara que, por causa da união hipostática, a natureza humana e a divina estão inseparavelmente unidas em Cristo, mas não devem ser mescladas nem confundidas uma com a outra ("uma pessoa em duas naturezas"). Por conseguinte, deve falar-se de Jesus Cristo numa tripla perspectiva:*

1) Por meio do nascimento e geração eterna do Pai, o Logos possui uma *natureza divina, igual em essência*.

2) O Logos assumiu de Maria um verdadeiro corpo humano com uma alma humana, dotada de inteligência e vontade. Portanto, possui uma *natureza humana verdadeira, completa e íntegra*.

3) A unidade das duas naturezas não surge por causa de uma combinação interior, nem de uma mera unificação das vontades. Surge, antes, em virtude da *hipóstase/subsistência/pessoa da Palavra divina*.

As qualidades e atividades concretas que, em virtude de sua essência, correspondem à natureza humana, respectivamente, divina, são próprias da pessoa da Palavra divina e podem, portanto, ser aplicadas a ela (= *comunicação de idiomas*).

Uma vez que a natureza humana não se acrescenta de fora à natureza divina, mas que está vinculada a ela numa união hipostática, cabe à natureza humana de Cristo uma íntima compenetração com a santidade de Deus. Portanto, Jesus, também como ser humano, está livre do pecado por princípio (*impeccabilitas*) e de fato (*impeccantia*). Também o conhecimento e a consciência humana de Jesus se realizam em sua autotranscendência atual a Deus com base na união hipostática (e não só, como se dá nos demais seres humanos, por meio da graça da filiação adotiva).

Os debates sobre a compreensão intelectual e a mediação linguística do acontecimento de Cristo giraram em torno de dois conceitos relacionados entre si: o de natureza (= essência = substância) e o de pessoa (= subsistência, sujeito).

### c) Heresias cristológicas

Para o desenvolvimento cristológico dos dogmas, as posições heréticas foram muitas vezes o ensejo para aclarar os conceitos. Os erros não eram concepções teológicas subjetivas que por razões de política eclesiástica não conseguiram se impor, mas teses identificadas pela consciência da fé da Igreja como contradições objetivas quanto ao conteúdo da palavra e do acontecimento da revelação expresso na confissão de fé. Em correspondência com as três perspectivas fundamentais da cristologia da Igreja primitiva, resultam *três classes* de heresias cristológicas:

1) Aquelas que desembocam numa *negação* (docetismo gnóstico), mutilação (apolinarismo) ou limitação (monofisismo, monotelismo e monenergetismo) da *natureza humana* de Cristo.

2) Heresias que contestam a *natureza divina do Logos* em Jesus e, portanto, suprimem também o mistério da Trindade (ebionismo, adocionismo, o judeu-cristianismo herético que teve influência sobre a imagem de Jesus do Islã, sobretudo o arianismo do século IV e o socianismo do século XVI, assim como, naturalmente, as concepções filosóficas do empirismo, do positivismo e do agnosticismo, desde o Iluminismo do século XVIII).

3) Doutrinas errôneas que não aceitam a *união hipostática*, mas só uma adoção exterior de Jesus como Filho (adocionismo dinâmico). Aí se incluem as teorias que só admitem uma vinculação de tipo moral (cristologia da prova, nestorianismo), ou a concepção de que havia dois filhos, o Filho natural do Pai na Trindade e o ser

humano Jesus, adotado como filho. Ligadas a essas concepções, estão também as teorias da teologia moderna do sentimento (p. ex., de Schleiermacher), segundo as quais a vinculação de Jesus com Deus acontece no nível da consciência humana de Jesus como uma espécie de reação singularmente viva frente à presença de Deus que se impõe a Ele ("sentimento intenso e poderoso da consciência de Deus em Jesus").

Neste contexto encontram-se também algumas teorias dos primórdios da Idade Média. A assim chamada "teoria do *habitus*" declara que o Logos não assumiu a natureza humana em sua totalidade e unidade, mas só os princípios parciais – desvinculados entre si – da matéria e do espírito. O mesmo vale para as diferentes teorias do *homo assumptus*, segundo as quais o Logos havia assumido um ser humano individual, subsistente em si, e não uma natureza humana que havia sido individualizada pelo Logos.

### 4 *A cristologia moderna na tensão entre dogma e história*
### *(O "Jesus da história frente ao Cristo do dogma")*

#### a) A cristologia sob os pressupostos da virada antropológica da filosofia moderna

Na Idade Moderna, o problema da fundamentação da cristologia adquire uma importância crucial. A cristologia clássica da Sagrada Escritura, da Patrística, da Escolástica medieval, da Escolástica católica do Barroco e da Neoescolástica, assim como a teologia da escola da Reforma luterana e calvinista até o século XVIII, se sustenta, no seu conjunto, com base num conceito epistemológico da filosofia ôntica. A virada antropológica da filosofia moderna condiciona, contudo, o problema do conhecimento às possibilidades e ao alcance da razão humana em relação com a realidade transcendental de Deus e com sua automediação no âmbito da experiência histórica e mundana do ser humano. O ser humano não parte mais da validade objetiva dos princípios ontológicos e epistemológicos das condições de seu conhecimento. Para a teologia, isso significa que já não se pode iniciar simplesmente pela noção de que o conhecimento da verdade da palavra e do dogma divinos é independente do ser humano e das condicionantes de seu conhecimento. Assim como o filósofo no âmbito geral da epistemologia, também o teólogo deve, no campo da hermenêutica fundamental, primeiro fazer um exame de consciência sobre as condições e pressupostos de uma possível chegada da Palavra de Deus ao ser humano e sobre o aporte que, no conteúdo objetivo da revelação, deve se atribuir às condições subjetivas do conhecimento do "ouvinte da palavra". Torna-se, portanto, inevitável uma fundamentação filosófica fundamental da possibilidade do discurso teológico sobre Deus, sobre sua revelação e sobre sua atuação na história.

No aspecto metodológico, a cristologia não pode mais começar diretamente com a análise dos dados bíblicos e, em seguida, percorrer a história dos dogmas para, ao final, desenvolver um quadro sistemático geral, sem primeiro examinar as condições epistemológicas sob as quais se pode cultivar uma cristologia histórica e sistemática. Portanto, a cristologia não pode partir simplesmente da revelação e do dogma e deduzir, por assim dizer "de cima", os enunciados cristológicos individuais. Deve, antes, refletir, primeiramente a partir do ser humano ("de baixo"), sobre as condições da possibilidade de um conhecimento humano da autorrevelação de um Deus transcendente e, em seguida, numa análise da existência histórica concreta de Jesus de Nazaré, descobrir as perspectivas que revelam sua transcendência a Deus, a quem chama de Pai. Assim, no encontro com a história e a transcendência de Jesus, sucede também a mediação interna da abertura transcendental e ilimitada do ser humano para o mistério de Deus e sua experimentação no âmbito da criação, da história e de uma comunidade de comunicação em que a unidade da transcendência e da história de Jesus é transmitida e testemunhada (= Igreja).

#### b) A origem da diástase entre o Jesus histórico e o Cristo da
#### fé no dualismo do conhecimento moderno

Sobre o pano de fundo do desenvolvimento da filosofia medieval tardia (nominalismo) e da incipiente ciência da natureza moderna, desenha-se por volta do século XVII uma profunda cisão entre o mundo espiritual-ideal e o mundo exterior, empírico-sensível. A essa cisão de natureza e espírito correspondem, no nível das concepções filosóficas, os esquemas do racionalismo (objetivo ou subjetivo) e do empirismo (sensualismo, positivismo). A ciência da natureza se restringe metodologicamente ao mundo exterior, sujeito a comprovação sensível, ao conceber a matéria como um *continuum* ilimitado de massa quantitativa que está dominado pelas leis da mecânica e pode ser descrito mediante um conceito universal de regras lógico-matemáticas (*mathesis universalis*). Para evitar uma redução (exigida pelo empirismo) dos conhecimentos da realidade às regras de verificação do método científico-natural assim descrito, Descartes (1596-1650) buscou abordar o mundo exterior (*res extensa*) a partir da consciência de si espiritual do ser humano, para chegar até a substancialidade do espírito (*res cogitans*) e demonstrar que os conteúdos ideais do pensamento (e, em primeiro lugar, a ideia de Deus) devem ser em si mesmos reais, na medida em que são o fundamento que condiciona a realização finita da consciência.

O inconveniente dessa concepção é evidente. No encontro com o mundo e a natureza e, sobretudo, também com a história e a comunidade da tradição dos fiéis, o ser humano não chega por meio de um processo de abstração ao conhecimento de um conteúdo inteligível no sentido de que se manifeste eventualmente nele o intelecto ou a liberdade de Deus. A revelação não acontece, porém, na esfera da consciência puramente espiritual do ser humano, separado da natureza e da história.

Dessa concepção filosófico-religiosa do racionalismo teológico resultam duas possibilidades: Ou a consciência humana pode avançar até chegar à realidade objetiva da ideia de Deus, ou os conteúdos da consciência religiosa subjetiva podem se mostrar orientados para um horizonte sempre vago de uma transcendência permanentemente vazia.

Se, porém, agora, sob esses pressupostos, a historiografia, analogamente à ciência da natureza, entender e descrever a história de maneira exclusivamente fenomenológica como a sequência de eventos exteriores e de estados cambiantes da consciência humana, nunca será possível, *a priori*, conhecer ou reconhecer na história uma ação divina. A história não pode se tornar o *medium* da verdade e da liberdade de Deus que se testemunha nela. O ser humano não pode identificar no *medium* e no símbolo da história a autocomunicação da realidade e da vida de Deus.

Esse é o pano de fundo da diástase entre o "Jesus da história e o Cristo da fé". Os enunciados dogmáticos a respeito de Jesus como a Palavra eterna e encarnada de Deus e redentor enviado por Deus não permitem uma verificação empírica. Na perspectiva histórica pode-se constatá-los, ao menos, como autodesignação de um ser humano ou como enunciados de fé de seus seguidores.

Quando se parte *a priori* do princípio de que não é possível ou não se possa conhecer uma revelação de Deus na história, os enunciados dogmáticos sobre Jesus são simples projeções humanas, dependentes das cunhagens históricas e culturais da subjetividade cognoscente de seus discípulos (consciência mítica, especulação filosófica, pré-decisões éticas, modelos de conduta social, disposições socioculturais). Tudo isso seria projetado "inconscientemente" sobre a figura do Jesus histórico. Aqui se pressupõe que Jesus não poderia se comportar de uma maneira diferente da que corresponde aos pressupostos epistemológicos da filosofia subjetiva e da concepção das leis imutáveis e inquebrantáveis da natureza.

Por conseguinte, a confissão de fé não pode ter sua base numa realidade revelada por Deus. Brota da projeção das condições sociais e individuais do conhecimento do sujeito disposto a crer na "coisa em si", em princípio incognoscível, a saber, na autorrelação livre, afirmada, mas indemonstrável, de Deus com esse ser humano, Jesus de Nazaré. A figura histórica de Jesus se reduz, então, a um objeto da investigação histórica, ao lado de muitos outros (prescindindo da transcendência por Ele reivindicada e na qual seus discípulos acreditavam).

O dilema entre o "Jesus da história" e o "Cristo da fé", como esboçado na diástase de exegese e dogmática dos séculos XVIII e XIX, pode ser reduzido a essa questão fundamental: A comunidade primitiva, da qual se pode demonstrar que cria que Deus Pai havia ressuscitado a Jesus e que identificava esse Jesus com a Palavra eterna do Pai, foi convertendo pouco a pouco, com base nas condições cognitivas subjetivas (histórico-religiosas e mitológicas dependentes da visão de mundo) condicionadas à época, o simples e religioso ser humano Jesus, que certamente viveu e morreu numa relação de confiança com um Deus amoroso e paternal, num ser humano divino? Ou a comunidade tomou Jesus, no sentido do mito gnóstico do redentor, por uma essência divina preexistente, que descende do céu, morre, ressuscita e retorna de novo ao céu? (Rudolf Bultmann). Ou a Igreja especulou, talvez desde os séculos II e III, sob a influência da filosofia helênica, sobre o ser humano Jesus como Filho de Deus essencial, num sentido físico? (crítica da religião; John Hick e outros).

Aqui se evidencia que na cristologia, ou seja, na configuração da confissão de fé em Jesus como o Cristo e o Filho eterno do Pai, se coloca em geral e inevitavelmente a problemática fundamental do cristianismo como religião da revelação (cf. a formulação de Adolf von Harnack, *Lehrbuch der Dogmengeschichte I. Die Entstehung des kirchlichen Dogmas*, 1885, Da 1980, 20: "O dogma é, em sua concepção e em sua estruturação, uma obra do espírito grego sobre o solo do Evangelho").

### c) Reconstruções racionalistas da cristologia

Sob o pressuposto da concepção dualista do conhecimento da razão e dos sentidos e da consequente separação entre o mundo consciente do espírito e a esfera da matéria, da natureza, da história e da sociedade, há, desde o século XVII até o século XX, uma longa série de tentativas para salvar o conteúdo ideal do dogma renunciando à afirmação dos fatos implícitos. Tudo que é acidental e condicionado por uma época histórica procederia de uma concepção de mundo pré-científica, que teria influenciado a fé e as formulações das confissões de fé e deveria, portanto, ser eliminado. O dogma só poderia ser "revestimento" de um conteúdo ideal geral, de um imperativo ético, de uma experiência religiosa ou de uma disposição psíquica ou social do ser humano.

Assim, por exemplo, *Johann Salomo Semler* (1725-1791) defendeu a ideia de que a religião racional e natural teve de se adaptar à limitada capacidade de compreensão dos povos antigos. Como superfícies de atrito com a filosofia racionalista evidenciaram-se, nesse contexto, os enunciados positivos acerca, sobretudo, da encarnação do Logos e do nascimento virginal de Jesus, vaticínios e profecias sobre o futuro, os milagres (entendidos como ruptura das leis da natureza), a morte expiatória vicária de Jesus, sua ressurreição corporal e sua nova vinda por ocasião do final dos tempos, entendida como um acontecimento histórico.

Já no socinianismo do século XVI (assim chamado em virtude de *Fausto Socino*, cf. suas obras *De Jesu Christo Servatore*, *De statu primi hominis ante lapsum*; e o *Catecismo de Rakow*), a "razão" foi estabelecida como a medida e o limite da interpretação da Escritura. A existência de Deus em três pessoas seria tão irracional como a afirmação de que Cristo possui duas naturezas na unidade da pessoa do Logos. Segundo sua natureza, Cristo seria um simples ser humano, que havia superado os demais seres humanos pela sua singular santidade e pelo governo do universo que Deus lhe havia confiado. Como ser humano Ele seria somente representante e lugar-tenente de Deus. Sua morte não teve caráter expiatório. Como não existe o pecado original, tampouco há necessidade de redenção. O cristão alcança a vida eterna mediante a imitação do exemplo de Jesus e como recompensa por uma vida moral. A vida eterna é, nessa concepção, mais uma continuação da vida depois da morte que uma consumação do ser humano mediante a *communio* com o Deus trino. Aqui já se rompeu o vínculo entre Jesus histórico e Cristo do dogma.

Na esteira do racionalismo, *Gotthold Ephraim Lessing* (1729-1781) contrapôs, com base na oposição, considerada por ele como intransponível, entre as "verdades históricas acidentais e as verdades racionais necessárias" (*Über den Beweis des Geistes und der Kraft*, 1777. • WÖLFEL, K. (org.). *Lessings Werke III*. Frankfurt a. M., 1967, p. 309), a *religião de Cristo* (= o Jesus da história) à *religião cristã* (= o Cristo do dogma). Segundo ele, Jesus foi um judeu que, como qualquer outro membro deste povo, tinha uma consciência cunhada por conteúdos de fé tradicionais e cuja vida decorreu no marco de regras físicas e psicológicas intransponíveis:

"A religião de Cristo é a religião que Ele mesmo conheceu e praticou como homem; que todo outro homem pode compartilhar com Ele; que todo homem deve tanto mais querer compartilhar com Ele quanto mais excelso e digno de amor é o caráter que ele atribui a Cristo como simples homem" (GÖPFERT (Org.). *Die Religion Christi* – Werke III, p. 711s.).

Neste ponto de vista, Cristo é só o conteúdo de uma ideia racional geral no marco da religião natural, ao passo que o Jesus histórico fático só pode ser o catalisador histórico para ilustrar a relação, dada com a essência espiritual, ética e afetiva do ser humano, com a incondicionalidade de sua existência intelectual e ética.

Segundo *Immanuel Kant* (1724-1804), a ideia do "Filho de Deus" (ou seja, a verdade supratemporal do dogma) nada mais é que a humanidade, dada com o desígnio eterno de Deus a respeito da criação como a essência mundana racional em geral, em sua plenitude moral, a partir da qual surge necessariamente a felicidade (cf. *A religião nos limites da simples razão*, 1794). O ser humano histórico Jesus é a manifestação exemplar do protomodelo eterno da unidade moral da humanidade radicado na razão e, justamente por isso, é o "Filho de Deus". De modo algum, porém, é o próprio protomodelo hipostático, ou seja, subsistente por si mesmo. A referência da razão moral a Jesus tem como objetivo reconhecer nele a exigência moral incondicional de ser gratos a Deus. Ela tem um objetivo pedagógico e, pois, somente um interesse transitório.

*Daniel Friedrich Ernst Schleiermacher* (1768-1834) vai além de Kant ao defender a ideia de que o protomodelo deve ser o próprio Jesus, a fim de se tornar elemento constitutivo para a nossa relação com Deus. Seria preciso um autor autêntico para a vida global da nova humanidade, em que seriam eliminadas as limitações do pecado e da finitude, para que essa humanidade possa desenvolver uma consciência de Deus pura:

> "Não pode, com efeito, explicar-se seu autêntico conteúdo espiritual a partir do conteúdo do círculo vital humano do que formava parte, mas só a partir da fonte geral da vida espiritual em virtude de um ato criador divino em que chega a sua consumação, como magnitude absolutamente máxima, o conceito do homem como sujeito da consciência de Deus" (REDEKER, B. (org.). *Der christliche Glaube* – Nach den Grandsätzen der evangelischen Kirche im Zusammenhang dargestellt. 7. ed., 1980, II, § 93, p. 38).

Schleiermacher recupera aqui a necessária conexão entre o Jesus histórico e a fé em Cristo. Permanece, porém, a questão de saber se essa conexão pode ser limitada unicamente a um ato realizado por Deus, que reforça a consciência de Deus em Jesus. Para além do nível psicológico da relação de Jesus com Deus, é preciso colocar a questão ontológica de saber até que ponto e em que sentido a realidade histórica de Jesus teve sua origem no ser interior de Deus e não consistia, portanto, numa simples influência de Deus na consciência humana de Jesus.

*Georg Wilhelm Friedrich Hegel* (1770-1831) busca equilibrar a oposição entre verdades racionais eternas e acontecimentos históricos contingentes ao definir a história como o campo através do qual o espírito absoluto que a tudo engloba se refere a si mesmo conhecendo-se e atuando, ao mediar-se e constituir-se no finito na sua própria verdade e realidade. Só quando o ser humano conhece que ele mesmo está nesse processo, e na medida em que se deixa inserir nele, media-se para a consciência a ideia divina que ele carrega em si. Porém, para que o ser humano alcance a certeza da consciência dessa unidade da natureza humana e da divina que se ativam mutuamente, "Deus devia se manifestar na carne no mundo" (JAESCHEK, W. (org.). *Vorlesungen über Philosophie der Religion – 3: Die vollendete Religion*. HH, 1984, p. 238). Só por meio da encarnação, da manifestação na esfera do sensível, a verdade da unidade de ambas as naturezas pode se converter em certeza. Portanto, a encarnação é necessária. Por outro lado, porém, ela precisa acontecer em cada ser humano concreto. O ser humano concreto em sua particularidade é necessário para que essa unidade seja visível. Assim, a generalidade da ideia só se manifesta e chega à consciência pela mediação do particular, do historicamente contingente. E essa unidade é justamente Cristo como Deus-ser humano. A alteridade da natureza humana na finitude, no sofrimento e na morte não prejudica em nada essa unidade, como tampouco prejudica a natureza divina, em que a alteridade da ideia eterna não se opõe a sua identidade, mas se manifesta como elemento intrinsecamente necessário ao seu desenvolvimento para si mesma.

Em Hegel, a problemática consiste, no entanto, em que a singularidade histórica de Jesus está tão englobada pela generalidade da ideia de Cristo, e aparece como um elemento dela, que já não se percebe a indedutibilidade histórica e a consistência da figura de Jesus. *David Friedrich Strauss* colocou a questão crítica de saber se a ideia da unidade da divindade e da humanidade teria de se realizar num só indivíduo ou se não seria a humanidade inteira, justamente em sua multiplicidade, a que representa o desenvolvimento e a que seria, portanto, o Filho de Deus. Invertendo o princípio de Hegel, *Ludwig Feuerbach* considerou que os conteúdos dogmáticos, como trindade, união hipostática etc., nada mais são que ideias projetadas e hipostasiadas numa infinidade vazia. Nelas, a humanidade daria um passo intermediário necessário à constituição de sua consciência de si mesma de Deus, que é o amor e se move pelo caminho que leva à encarnação do ser humano.

### d) A destruição do dogma de Cristo sob a influência do empirismo e do positivismo

Em oposição à reconstrução racionalista do Dogma de Cristo, já *David Hume* (1711-1776) havia entendido, por exemplo, em seu escrito *The Natural History of Religion* (1757), os conteúdos concretos do Dogma de Cristo como produto de uma razão ainda não criticamente esclarecida acerca de si mesma. No aspecto empírico-histórico, não se pode demonstrar que Jesus havia transposto o campo das inter-relações passíveis de descrição científica das causas e dos efeitos empíricos. Tudo o que excede isso nada mais é que opinião subjetiva, não metafísica demonstrável e, portanto, *dogmática*.

Sob a influência das posições epistemológicas do empirismo, do sensualismo e, mais tarde, do positivismo, a investigação histórica sobre Jesus buscou reconstruir a figura histórica do "verdadeiro" Jesus ("assim como Ele amou e viveu") e libertá-lo do fundo dourado do dogma, ou seja, das projeções ideológicas da doutrina da Igreja.

Espetacular foi a publicação de Lessing, em 1778, de um manuscrito de *Hermann Samuel Reimarus* sobre "Os objetivos de Cristo e de seus discípulos", sob o título de *Fragmente des Wolfenbüttelschen Ungenannten*. Devido às contradições reais e supostas das tradições dos evangelhos, Reimarus contesta a credibilidade deles como fontes históricas. Os evangelhos seriam uma falsificação e Jesus só podia ser entendido como messias político terreno que havia esperado e prometido a vinda do Reino de Deus no transcurso de sua vida. Ao fracassar sua missão, morreu confessando que havia sido abandonado por Deus. No entanto, os discípulos haviam gostado da vida como pregadores ambulantes e, por isso, após o primeiro choque com o fracasso do messias, passaram a falar da morte expiatória de Jesus, da sua nova vinda e da ressurreição corporal (que contradiz todas as leis da natureza e, portanto, é *a priori* impossível). Quando, mais tarde, a expectativa da próxima vinda não se tornou realidade e essa iniciativa mostrou ser uma fraude, os discípulos teriam se apegado a subterfúgios sempre novos.

Diferentemente dessa concepção, *David Friedrich Strauss* (1808-1874) não considerou a diferença entre a religião de Jesus (= a fé de Jesus) e *a posterior* religião dos cristãos (= a religião cristã) como o resultado de erros e fraudes (*Das Leben Jesu – kritisch bearbeitet*. 2 vols. Tü, 1835-1836 [reimpr., 1984]. Os conteúdos da fé (o dogma de Cristo) do nascimento sobrenatural de Jesus de uma virgem, de sua ressurreição e de sua ascensão ao céu seriam, antes, o resultado de convicções religiosas que passaram por uma elaboração literária correspondente. Os relatos dos evangelhos nada mais seriam que "recobrimentos de gênero histórico de ideias cristãs primitivas, formadas segundo uma saga poética sem propósitos preconcebidos" (*Das Leben Jesu...* I, p. 75). Strauss equilibra a diástase entre o Jesus da história e o Cristo do dogma da seguinte maneira: as ações de Jesus têm um núcleo histórico, mas na tradição a que hoje temos acesso elas são exaltadas e recobertas pelo mito de Cristo. Entretanto, o objetivo não deveria consistir em filtrar aquele núcleo histórico para poder eliminar a superestrutura ideológica. Pois, no mito se ocultam verdades eternas e supra-históricas que se haviam consolidado, de modo até certo ponto casual, em torno da figura histórica de Jesus. Numa obra posterior (*Das Leben Jesu, für das Deutsche Volk bearbeitet*, 1863), Strauss prescinde, porém, de todas essas "exaltações idealistas de Cristo" e vê nele o representante de certo gênero de religião humanista.

Na esteira dessa separação total entre o Jesus histórico e o Cristo do dogma surgiu uma série de reconstruções históricas de sua "verdadeira" biografia. Acreditava-se poder reconstruir a "vida de Jesus" com auxílio do instrumental da moderna investigação histórica e filológica a partir da fé das comunidades cristãs e das fontes neotestamentárias. Porém, poucas vezes se levava em conta os pressupostos epistemológicos e hermenêuticos desse procedimento. Da mesma forma, também se ignorava o caráter singular dos evangelhos como unidade de história e confissão.

Em sua obra *Geschichte der Leben-Jesus-Forschung*, publicada pela primeira vez em 1906 com o título *Von Reimarus zu Wrede* (GBT 77/78 [3. ed., Gt, 1977]), Albert Schweitzer estabeleceu um marco na tentativa de construir uma espécie de biografia de Jesus que prescindia de sua autocompreensão histórica e, ao mesmo tempo, evitou o fracasso dessa orientação da investigação. Pois, visto detidamente, é a imagem ideal do autor e de sua época que foi projetada sobre Jesus e, em seguida, identificada com o "Jesus histórico" (cf. Jesus como romântico sonhador da natureza, como educador idealista, como revolucionário fracassado, como o primeiro socialista ou o primeiro liberal, o inconformista, o guru religioso, o *hippie*, o psicoterapeuta ou o taumaturgo).

## e) A descoberta do querigma de Cristo

A causa do fracasso das investigações sobre a vida de Jesus foi a forma historicamente equivocada de lidar com as fontes. Ficou evidente que não se pode imputar aos evangelistas, no plano histórico e hermenêutico, uma compreensão positivistamente reduzida da realidade. Não se pode estabelecer uma nítida separação entre o conteúdo de um testemunho sobre uma situação histórica e sua transmissão através das testemunhas. Somente através do testemunho da Igreja primitiva se tem acesso à figura de Jesus, a suas intenções e a suas ações. No querigma da comunidade não se encontra somente a fé dos discípulos, mas que é o próprio Jesus que se torna acessível no querigma da proto-Igreja. O *Christus praesens* que vem ao nosso encontro na liturgia, na proclamação e na vida da comunidade é a única eficácia criadora de história que remonta imediatamente ao próprio Jesus. É por isso que somente por meio dessa história eficaz se pode descobrir uma via de acesso ao ponto de partida, à origem dessa eficácia. Tudo o mais é simples produto artificial de uma "investigação histórica" que ainda não chegou a resultados claros a respeito das condições epistemológicas do conhecimento histórico e transcendental. O acesso ao Jesus histórico não se descobre através de reconstruções históricas, mas através do testemunho, digno de fé, dos discípulos.

*Martin Kähler* (1835-1912) fez jus à nova situação da investigação (WOLF, E. (org.). *Der sogennante historische Jesus und der geschischtliche, biblische Christus*, 1891 [4. ed., 1969]). Às teses da investigação da vida de Jesus ele contrapõe o seu entendimento: "O Cristo verdadeiro é o Cristo pregado" (p. 44).

Um marco da história da teologia foram os estudos de *Johannes Weiss* que, em 1892, com sua memorável obra *Die Predigt Jesu vom Reiche Gottes* (org. de F. Hahn. 3. ed. Go, 1964), superou a concepção do Reino de Deus cunhada pela cultura protestante liberal. De modo algum Jesus anunciou o Reino de Deus como uma comunidade intramundana de seres humanos que se submetem à vontade de Deus e forma dessa maneira uma unidade espiritual ética que amadurece no mundo no mesmo ritmo que o processo cultural geral da humanidade (assim, p. ex., Albrecht Ritschl). Pelo contrário, Jesus esperava o Reino de Deus como um drama cósmico que penetra no mundo vindo de fora, com o Filho do Homem aparecendo sobre as nuvens do céu, a ressurreição dos mortos, a recompensa eterna para os bons no céu e o castigo eterno para os maus às penas do inferno. Entretanto, no curso da história, essas expectativas foram desmentidas. A descrição do Reino de Deus com auxílio de imagens dramáticas tomadas do esquema espaçotemporal da apocalíptica mostraria que o discurso sobre este reino está dominado por uma concepção do mundo mitológica e pré-científica. Aqui é importante distinguir entre o autêntico conteúdo da mensagem de Cristo e sua roupagem conceitual.

A partir desse ponto, *Rudolf Bultmann* (1884-1976) desenvolveu seu programa de desmitologização e de interpretação existencial do Evangelho. Contrariamente à concepção mitológica do mundo, a ciência não crê "que o curso da natureza possa ser interrompido ou, por assim dizer, desestabilizado por poderes sobrenaturais" (BULTMANN, R. *Jesus Christus und die Mytologie* – Das Neue Testament im Lichte der Bibelkritik = Stundenbuch 47. HH, 1964, 12).

Ao contrário do que ocorre na teologia liberal, aqui não se elimina do núcleo ético do cristianismo o mito entendido como uma infiltração condicionada por uma concepção de mundo. Antes, é confrontado com a autocompreensão do ser humano moderno. Sua verdade mais profunda deve ser entendida à luz de uma interpretação existencial. Já o próprio Novo Testamento indicaria o caminho quando Paulo não situa o ponto de transição para o mundo novo num fim temporal da história, mas na vinda de Deus em seu Filho na plenitude dos tempos (Gl 4,4), ainda que, em Paulo, não se elimine inclusive a dimensão da nova vinda. Segundo João, porém, a ressurreição e a exaltação de Jesus, o envio do Espírito Santo e a parusia seriam já um acontecimento único, que deve ser interpretado no sentido de uma passagem da vida do pecador para "a vida eterna já agora".

O crente não poderia continuar se apoiando em fatos salvíficos objetivos que podem ser verificados (ou inclusive refutados) também fora da fé com auxílio das ciências naturais e da história. Como aquele que atua em Cristo, Deus é a verdade e a realidade de minha vida somente na palavra, pronunciada aqui e agora no interior de minha existência. Estaria inclusive em contradição com a fé (que nada mais significa que estar situado, em cada circunstância, na verdade da própria existência) querer se prender a um fundamento objetivável fora do *pro me*. É certo que *"o quê"* da confissão de Cristo se revela, na concepção mitológica do mundo da Bíblia, como uma roupagem condicionada pelo tempo. No entanto, mediante a interpretação existencial, o ser humano pode ser conduzido até o puro *"que"*: no chamado à autenticidade e à decisão da própria existência. Minha fé não se fundamenta na ressurreição de Jesus como fato histórico objetivável. Antes, Jesus ressuscitou no querigma dos discípulos. No querigma Ele chama à decisão na fé.

Pode-se incluir Bultmann na linha da reconstrução racionalista da fé em Cristo, ainda que tenha completado e concretizado sua crítica, moldada por uma visão científica do mundo, com aportes tomados da filosofia existencialista. Sob os pressupostos do dualismo do conhecimento moderno, Bultmann conseguiu imunizar a fé frente às dúvidas de cunho histórico-crítico e científico do seu conteúdo de realidade. Se o ser humano é um ser corpóreo-espiritual, histórico e social, então, em virtude de sua própria natureza, um encontro com Deus na palavra e no chamado à autenticidade da existência humana não pode suceder num ato existencial completamente carente de referência à realidade do mundo. Justamente por causa da unidade interior do ser humano enquanto um ser espiritual e histórico deve levar-se a sério, também no nível da atividade reveladora de Deus, a interconexão entre a imediatez de Deus e sua mediação através da encarnação.

Portanto, a questão da história de Jesus e da base histórica do cristianismo precisou ser reformulada.

### f) O reencontro da questão histórica e dogmática e o enfoque de uma cristologia "a partir de baixo"

*A nova pergunta pelo Jesus histórico*

Determinante para a nova problemática foi a exposição *Das Problem des historischen Jesus* (1953) [O problema do Jesus histórico] de *Ernst Käsemann*, exegeta evangélico e discípulo de Bultmann (agora em: *Exegetische Versuche und Besinnungen* I, Gö 1970, 187-214). Não se põe em dúvida que o acesso a Jesus somente é possível por meio do querigma da comunidade e da literatura evangélica que surgiu a partir dela. Porém, os próprios evangelhos estavam interessados na figura do Jesus histórico. Com auxílio do método histórico-formal podem averiguar-se muitas palavras, fatos e comportamentos autênticos de Jesus e, em conclusão, sua autocompreensão. No entanto, seria equivocado um enfoque centrado exclusivamente no *Christus praesens* no querigma, porque construiria um Jesus terreno isolado da confissão crente, ao passo que os evangelistas dão testemunho precisamente da identificação do Jesus terreno com o Senhor e o Cristo exaltado e acreditado por Deus. A interpretação mútua do Jesus terreno e do Jesus Cristo crido havia sido a única possibilidade para a Igreja primitiva testemunhar diante de todo o mundo que este ser humano Jesus, como ser humano verdadeiro dessa história, representava a automanifestação escatológica de Deus e levava a cabo a mediação do Reino de Deus escatológico. Justamente por causa da autorrevelação de Deus na história e mediante a conexão dos acontecimentos históricos se demonstra que é necessária a referência retrospectiva permanente ao Jesus da história e, de todos os pontos de vista, é elemento constitutivo da concepção cristã de Deus.

*O novo enfoque da cristologia dogmática*

A cristologia sistemática não pode continuar aceitando a alternativa "Jesus histórico" e "Cristo da fé" como ponto de partida. Trata-se, antes, de duas dimensões, mutuamente referidas, de uma síntese constituída definitivamente por Deus e acessível aos seres humanos no ato da fé. O ser humano é em si mesmo a unidade da referência à história, por um lado, e, por outro lado, da capacitação para a análise transcendental da verdade e da liberdade da autocomunicação de Deus que acontece no *medium* da história. A história se torna linguagem e gramática, por meio das quais Deus se comunica. Por outro lado, é também o lugar concreto da referência transcendental do ser humano ao mistério de toda a realidade em Deus.

No contexto da celebração do 1.500º aniversário do Concílio de Calcedônia (cf. GRILLMEIER, A. & BRECHT, H. *Das Konzil von Chalcedon*. 3 vols. Wü, 1954 [5. ed., 1979]) apontou-se que o ser humano cunhado pelo dualismo cognitivo contemporâneo já não é capaz de compreender os pressupostos metafísicos e teológicos implícitos na cristologia bíblica e conciliar. Ele estaria entendendo erroneamente a pretensão de realidade desses enunciados no sentido de um objetivismo e de um esquema de verificação científico, ao passo que convicções de fé aparecem somente como interpretações subjetivas de determinados fatos históricos ou científicos. O discurso de uma encarnação real de Deus produziria, antes, a impressão de mito religioso ou de enunciado de uma especulação filosófica.

Por conseguinte, a clássica "cristologia de cima" deveria se transformar – para preservar inteiramente sua substância – numa "cristologia de baixo". E esta deveria começar pela questão antropológica do ser humano em si mesmo e passar para a análise das condições e pressupostos de sua plenitude na referência àquele mistério sagrado que, enquanto mistério inobjetivo e, no entanto, irrecusável, da verdade e do amor, se chama Deus. A mesma estrutura de mediação de história e transcendência apareceria nas manifestações de Jesus, que considerava que sua missão se definia exclusivamente por meio da referência ao Deus transcendente. Essa unidade interna de história e transcendência se reflete também no querigma da comunidade primitiva e na literatura dos evangelhos.

Esse enfoque antropológico-transcendental da cristologia pode revelar que os enunciados dogmáticos sobre Jesus não são uma realidade complementar – que deva ser crida simplesmente em razão da autoridade – à experiência do mundo objetivamente verificável. Antes, esse enfoque forma a base para uma análise profunda dos constitutivos antropológicos e pode proporcionar a mediação interna entre a transcendência de Deus e a questão humana da salvação no contexto da história. É desse modo que a cristologia pode evitar os extremos que se excluem mutuamente: por um lado, o de uma compreensão objetivista da revelação, fundamentada na autoridade (positivismo da revelação, exegese fundamentalista) e, por outro lado, o de um subjetivismo transcendentalista formal, em que a figura histórica de Jesus aparece arbitrariamente carregada de traços morais, místicos, poéticos ou míticos.

Somente uma reflexão histórico-transcendental é capaz de superar a moderna separação sujeito/objeto, e dessa maneira também a oposição entre história e dogma, entre o "Jesus da história" e o "Cristo da fé".

## 5 A protossíntese cristológica: o Jesus crucificado é o Cristo ressuscitado pelo Pai

### a) O acontecimento da Páscoa como origem do testemunho pascal

A confissão de Jesus como Cristo e, portanto, a totalidade da cristologia como reflexão da fé em Cristo se apoia no caráter indedutível de um acontecimento histórico contingente. Nas aparições pascais Jesus se revela a seus discípulos como mediador do reino escatológico de Deus – mediador que vive junto a Deus e é respaldado por Deus, a quem chama de Pai. À luz da experiência pascal, os discípulos puderam identificar o Senhor exaltado a Deus e ressuscitado dos mortos como o Jesus de Nazaré, que havia se apresentado como o mediador do Reino de Deus do final dos tempos. É o Jesus da história que se encontra numa relação singular com Deus como seu Pai (relação *Abba*) e se sabe autorizado e legitimado exclusivamente por Ele para o desempenho de sua missão. É o ser humano Jesus de Nazaré que, por causa de sua pretensão de proclamar aqui e agora o reino escatológico de Deus e de seu chamado à fé e ao seguimento, foi condenado pelos seres humanos à morte na cruz. É o ser humano Jesus de Nazaré que, à luz da fé de Israel proclamada por Ele mesmo, parece ter sido abandonado por Deus e, como um maldito de Deus, parece ter perdido toda credibilidade na sua pretensão missionária (Dt 21,23; Gl 3,13).

A cristologia deve tomar como ponto de partida a síntese dos juízos originais dos discípulos. Através disso, obtém uma via de acesso ao acontecimento, testemunhado nessa experiência, da identificação de Deus com Jesus e também ao acontecimento pascal, à revelação de Jesus como o Filho de Deus messiânico do fim dos tempos, sim, ao *Filho do Pai*, que é parte constitutiva da consumação essencial de Deus (Gl 1,16). Por outro lado, na revelação de Jesus, o próprio Deus se comunica a si mesmo como o *Abba* de Jesus e como a origem intradivina (= Pai) da Palavra divina essencial, agora presente no mundo no e pelo ser humano Jesus de Nazaré, de maneira escatológica e encarnada (Rm 1,1-4; 8,3; Gl 4,4-6; Hb 1,1-3; Jo 1,14-18 passim).

*O acontecimento da Páscoa fundamenta a fé pascal. A fé pascal é a origem da mensagem pascal. A mensagem pascal única está presente nos diversos testemunhos pascais.*

O querigma apostólico primitivo confirma que há somente uma via de acesso à pessoa do Jesus histórico e a seu significado soteriológico: a que leva da confissão de fé dos discípulos até Jesus (cristologia explícita). Somente porque o próprio Deus se revela no acontecimento da ressurreição e nas aparições pascais como o Pai de Jesus, os discípulos podem interpretar adequadamente a relação de Jesus com Deus que se faz presente também na história e nas atividades do Jesus pré-pascal (cristologia implícita).

Essa síntese cristológica primitiva pode ser reconduzida, apesar da multiforme variedade de suas formulações, a um único conteúdo básico:

*O Jesus crucificado é o mediador escatológico, confirmado por Javé, do Reino de Deus. É o Cristo, o "Filho de Deus" messiânico. Nele se cumpriu definitivamente a promessa da presença escatológica de Deus; no ser humano Jesus, essa presença se realizou de forma histórica concreta (cf. o testemunho literário mais antigo: 1Cor 15,3-5; cf. tb. 1Ts 1,10; 4,14; Rm 10,9; 2Tm 2,8; 1Pd 3,18; 1Tm 3,16; Mc 16,6; Mt 28,5s.; Lc 24,5-7; Jo 20,8s. passim).*

## b) A unidade da confissão pascal na pluralidade dos testemunhos bíblicos

Ainda que o testemunho dos escritores bíblicos sobre Jesus apresente uma grande diversidade, não é menos evidente que todos eles tenham como ponto de referência comum o acontecimento pascal e as aparições pascais. A confissão primitiva dos testemunhos pascais diz que Jesus é o mensageiro escatológico do Reino de Deus, que foi acusado de blasfemo e condenado à morte na cruz, que foi confirmado por Deus, seu *Abba*, como a presença escatológica da salvação (como Filho) e que nele Deus se revelou como *Abba*-Pai. Esta é, por fim, também a revelação do Espírito em que o Pai ressuscitou o ser humano Jesus dentre os mortos e o identificou como o portador messiânico do Espírito de Deus.

Podem distinguir-se, pelo menos, *três diferentes formas de tradição* da única confissão fundamental da fé cristológica:

*Paulo* pressupõe incondicionalmente a historicidade de Jesus (cf. Rm 1,3; 9,3; Gl 4,4-6). No entanto, seu pensamento se concentra no significado soteriológico da cruz e da ressurreição. Também o mistério da pessoa de Jesus aparece, já que tematiza a relação singular e exclusiva de Jesus como Filho com Deus, seu Pai, em quem se encontra a origem da eficácia soteriológica de Jesus e da revelação escatológica de Deus enquanto salvação dos seres humanos (cf. p. ex., Rm 1,3; 8,3; Fl 2,6-11 passim).

Os *evangelhos sinóticos*, em troca, recorrendo ao material narrativo mais antigo sobre as atividades terrenas de Jesus e sobre sua paixão, apresentam uma cristologia mais narrativa. O ponto de partida é sempre a natureza e a conduta humana de Jesus, em que transluz, porém, justamente o mistério de sua pessoa. Essa *cristologia implícita* é a base da *cristologia explícita* (= confissão de Jesus por meio de determinados títulos de Cristo) e o princípio da estruturação e da organização dos evangelhos em geral. Jesus é apresentado na sua relação com Deus, seu Pai (*Abba*), e como portador messiânico do Espírito Santo prometido. O fio condutor é a confissão de Jesus como o Filho de Deus, o filho e descendente de Davi, o Senhor (*Kyrios*) e redentor, o profeta (cf. Dt 18,15.18), o servo de Javé, o rei dos judeus (de Israel) e, de certo modo, em síntese, como o Messias Cristo.

Pode-se considerar o *Evangelho de João* (e sua primeira epístola) como uma combinação da cristologia narrativa e homológica (= confessional). O relato da história terrena de Jesus está nitidamente integrado na revelação do mistério de sua pessoa. A história de Jesus ilumina seu mistério pessoal (= sua transcendência), ou seja, sua união com o Pai e sua origem em Deus. Seu mistério pessoal se interpreta como a revelação de sua glória divina junto ao Pai em sua história e em seu destino. A razão mais profunda da identidade do Deus da revelação com Jesus está na unidade de essência e de vida com a Palavra eterna, que estava e está junto a Deus e que se manifesta na relação intradivina do Filho com o Pai, fundamentada no ser humano de Jesus.

## c) A aplicação da experiência pascal à forma linguística do testemunho pascal

A unidade de Jesus com Deus – assim como se manifesta na encarnação, na atividade pública de Jesus e no acontecimento pascal – se subtrai ao conhecimento puramente natural dos discípulos. A dimensão transcendental de todo conhecimento humano deve estar determinada de tal maneira pelo Espírito de Deus que os discípulos possam identificar a figura do Jesus ressuscitado com o Jesus terreno, pré-pascal. O "espírito de santidade", ou seja, o Espírito de Deus pelo qual Jesus, como o Messias, estava unido ao Pai, é também aquele pelo qual o Pai ressuscitou Jesus da morte (Rm 1,1-3; 6,9; 8,11; 1Pd 3,18). Por conseguinte, a protossíntese cristológica tampouco pode ser alcançada a partir de uma interpretação arbitrária dos discípulos, mas apenas por meio do Espírito Santo que se testemunha e comunica no acontecimento da ressurreição e das aparições (cf. 1Cor 12,3: "Ninguém pode dizer 'Jesus é o Senhor' senão o Espírito Santo"; cf. 1Jo 4,2; Mt 16,16). Só pode conhecer a Deus em sua essência e em seu agir aquele a quem Deus comunica seu espírito (cf. 1Cor 2,11-13).

Daí resulta, porém, que a formulação linguística da experiência e do testemunho pascais dos discípulos e da Igreja está permanentemente determinada pela ação eficaz do Espírito Santo. As diferentes versões linguísticas do acontecimento único (p. ex., como ressurreição, glorificação, exaltação, consumação, revelação do Filho) indicam que a capacidade de configuração da razão humana não consegue perceber adequadamente o acontecimento e só pode expressá-lo mediante uma linguagem analógica. Por meio dele, porém, não se reduz o acontecimento, o mistério da fé, à razão humana. As múltiplas metáforas, conceitos e formas de interpretação da linguagem humana têm a função de remeter à transcendência do acontecimento e de possibilitar, na palavra da confissão, o ato da fé que responde a Deus no Espírito Santo.

O Espírito Santo, que ressuscitou Jesus dos mortos e capacitou o entendimento dos discípulos para realizar a síntese valorativa da fé pascal, supera a diástase entre as verdades da razão a-históricas e os processos históricos esvaziados da verdade. Na confissão do acontecimento pascal e da autorrevelação de Deus na ressurreição de Jesus dos mortos, o crente sabe que não tem a ver com uma interpretação qualquer do significado histórico-religioso, moral ou místico de Jesus de Nazaré, mas com o próprio Jesus e, por meio dele, com Deus, e, portanto, também consigo mesmo e com a questão do sentido da existência. Não é uma simples interpretação o que pode superar o abismo absoluto entre a condição humana de estar entregue à morte e sua esperança de plenitude numa vida eterna, mas só Deus, que revelou sua vontade de derrotar o poder da morte como o último inimigo do ser humano e de implantar seu reino e se deu a conhecer como Deus Pai, criador e Senhor "sobre todos e em tudo" (1Cor 15,28).

## II. O TESTEMUNHO DA IGREJA PRIMITIVA SOBRE JESUS, O CRISTO

### 1 A origem e a transmissão da confissão de Cristo

#### a) Jesus de Nazaré: uma figura histórica

Jesus de Nazaré foi um ser humano, parte da história, não do mito ou da lenda.

Até os trinta anos de idade, viveu no pequeno povoado de Nazaré, na Galileia (Mc 1,9). Como um ser humano histórico, recebe o nome de "Jesus de Nazaré" (Mc 1,24 passim).

Ainda que os evangelistas não pretendam escrever uma biografia histórico-psicológica, estão, mesmo assim, interessados na sequência histórica dos fatos. Jesus é "o filho de Maria" (Mc 6,3; segundo Gl 4,4, porque "nasceu de uma mulher", é identificado como verdadeiro ser humano).

Ao ser adotado por José, "esposo de Maria, da qual nasceu Jesus chamado Cristo" (cf. Mt 1,16), Jesus se insere na linha da promessa do Messias régio esperado (= "Filho de Deus"), da descendência de Davi (cf. Lc 1,32; Rm 1,3). Por isso, em sua primeira aparição pública, pôde-se tomá-lo por filho do carpinteiro José (cf. Lc 3,23; Jo 1,45). Na árvore genealógica de Jesus, segundo Mateus, é identificado, num sentido teológico, como "filho de Davi, filho de Abraão" (Mt 1,1), ao passo que Lucas remonta a origem de Jesus diretamente a Adão, o primeiro ser humano criado por Deus, e o testemunha, portanto, como o "homem novo" que procede diretamente de Deus (Lc 3,38).

Jesus Cristo nasceu na Palestina entre o sétimo ano e o quarto ano antes da era cristã, assim chamada em referência ao próprio Cristo (e não no primeiro ano, devido a um erro cometido por Dionísio o Exíguo ao converter o calendário romano no cristão). Naquela época, o rei judeu era Herodes o Grande (37-4 a.C.) e o imperador romano, Otávio Augusto (27 a.C.-14 d.C.). Segundo a indicação dos evangelistas Mateus e Lucas, Jesus nasceu em Belém de Judá durante o reinado de Herodes (Mt 2,1), porque várias disposições para o registro estatístico da população do Império Romano fizeram com que seus pais se deslocassem, na época de seu nascimento, para Belém, a antiga cidade real de Davi (cf. Mq 5,1-3; 1Sm 17,12s.; Rt 4,11-18; Lc 2,1-7).

Até o princípio de sua atuação pública, Jesus viveu em seu "povoado natal" (Mc 6,1), "onde foi criado" (Lc 4,16). Era considerado "carpinteiro" (Mc 6,3) ou "filho de carpinteiro" (Mt 13,55; cf. Lc 3,23; Jo 6,42). Acreditava-se que tinha uns trinta anos de idade (Lc 3,23; Jo 8,57).

O conteúdo da sua mensagem e da sua ação foi o estabelecimento do Reino de Javé, do Reino de Deus ($\beta\alpha\sigma\iota\lambda\epsilon\iota\alpha\ \tau o\hat{\upsilon}\ \theta\epsilon o\hat{\upsilon}$). Proclamou a proximidade iminente do Reino de Deus. Convidou a responder a seu chamado por meio da conversão e da fé no Evangelho de Deus. Depois de um período de atividade de um a três anos sobretudo na Galileia, Judeia e Jerusalém (mas também na Decápolis, Traconítide, Itureia e Transjordânia), seu destino se cumpriu em Jerusalém, centro religioso de Israel. Provavelmente no dia 7 de abril (14/15 de nisan) do ano 30, certamente porém numa sexta-feira, Jesus morreu na cruz, condenado pelo governador romano Pôncio Pilatos (26-36 d.C.), durante o reinado do imperador romano Tibério (14-36 d.C.) e no período em que o cargo de sumo sacerdote era ocupado por Caifás (18-36 d.C.). Foi executado porque as autoridades judaicas o consideravam um blasfemo e um falso messias e as romanas, um sedicioso político. Goza de certeza histórica o título da acusação inscrito na cruz: "O rei dos judeus" (Mc 15,26). Visto que os sumos sacerdotes e escribas caçoaram de Jesus como o "Messias e o rei de Israel" (Mc 15,32), está claro que Jesus foi executado como um falso "pretendente a messias" porque identificava o Reino de Deus com a sua pessoa.

### b) A origem judaica de Jesus e as concepções da fé

Jesus foi um judeu palestinense. Não se distinguia essencialmente de seus contemporâneos pela sua aparência, pelas suas vestes, nem pelas suas atitudes. Sua língua materna foi o aramaico. Também sabia ler e entender a Bíblia hebraica.

A origem judaica de Jesus adquire importância não tanto por razões étnicas quanto teológicas. No centro de suas convicções está Javé, o Deus de Israel, o Deus que o livrou da escravidão no Egito, o Deus da aliança e das promessas messiânicas, "o Senhor e Salvador" (Lc 1,46s.). Javé é o Deus da compaixão "conforme o que prometera a nossos pais, em favor de Abraão e de sua descendência, para sempre" (Lc 1,55). Com sua proclamação do Reino de Deus, Jesus não funda uma nova religião. O que pretende é cumprir radicalmente as mais profundas intenções messiânicas e escatológicas da autorrevelação histórico-salvífica de Deus. Orienta-se não numa coletânea de escritos bíblicos e em sua interpretação oficial, mas no próprio Deus, assim como deu testemunho de si na história de Israel consignada por escrito nos livros sagrados. Jesus confessa a Deus, criador dos céus e da terra (Mt 11,25; Lc 10,21). Esse Deus a quem Jesus se dirige como *Abba* e de quem se sente Filho não é outro que o Deus de Abraão, de Isac e de Jacó (Mc 12,26). Dele Jesus esperava o estabelecimento do Reino de Deus no presente histórico e na consumação escatológica. Jesus cria na ressurreição dos mortos no final dos tempos. Nessa ressurreição se consuma para sempre a relação filial do povo da aliança com Javé e de todos e cada um dos membros deste povo, que "são filhos de Deus, uma vez que já ressuscitaram" (Lc 20,35s.). O Reino de Deus é a unidade matrimonial de Javé e Israel no banquete eterno (Lc 14,15), a comunhão de Deus e de seu povo na *basileia* do Pai e do Filho (Lc 22,30).

### c) O acontecimento da Páscoa como "impulso inicial" da história da repercussão de Jesus de Nazaré

Com a morte de um ser humano desaparece toda possibilidade de comunicação pessoal com ele. Entretanto, ocorre uma história da repercussão de suas ideias (cf. o lema "a causa de Jesus") ou de suas ações que fixam previamente o curso dos acontecimentos. A respeito de Jesus, porém, a comunidade dos que creem nele afirmava que ela mesma era produto da eficácia de um ser humano que continuava vivendo e atuando.

Na opinião de seus adversários, a morte de Jesus não era só o fim de sua vida terrena. Sua morte tinha para eles um significado teológico. Constituía a prova de que Jesus era um impostor, de que se havia arrogado injustamente a pretensão de ser o mediador escatológico e o consumador do Reino de Deus. Era um criminoso merecedor da pena de morte, e por isso foi pendurado no madeiro da cruz, o que o convertia, assim, em "um maldito de Deus" (Dt 21,23; Gl 3,13). Essas ideias eram compartilhadas também pelos discípulos no período de sua vida terrena. Sua fé inicial se desmoronou no contexto da catástrofe da Sexta-feira da Paixão. Seus discípulos se dispersaram e buscaram refúgio em sua terra natal, na Galileia.

No entanto, pouco tempo depois, apontam como motivo para se reunirem novamente o fato de que o Deus dos patriarcas de Israel deu testemunho a favor de Jesus, pendurado no madeiro da cruz. Por meio da ressurreição dos mortos, o próprio Pai deu testemunho a favor dele e o "exaltou a sua direita" como Senhor e Salvador (ou seja, outorgou-lhe o exercício do senhorio divino na *basileia*). Nela foi-nos concedido o dom da conversão e do perdão dos pecados (cf. At 2,30-36; Gl 3,13).

Essa experiência da ação de Deus e do testemunho do Pai em favor de Jesus como seu Filho encontrou seu primeiro reflexo na fórmula de confissão:

> "Deus o ressuscitou dentre os mortos" (Rm 4,24; 10,9; At 2,32; Mt 28,7).

Deus, o Pai, instituiu a Jesus como Senhor (*Kyrios*) e, assim, como portador e mediador da *basileia* do final dos tempos (cf. "Jesus é o Senhor": Rm 10,9; 1Cor 12,3). Essa confissão cristológica fundamental é enriquecida, já nas épocas mais remotas da tradição, com a fórmula da significação salvífica da morte, do sepultamento e da ressurreição de Jesus.

O mais antigo testemunho dessa natureza, cuja fixação linguística talvez remonte a apenas dois ou três anos depois da experiência pascal, tem o seguinte teor:

> "Cristo morreu por nossos pecados, segundo as escrituras, que foi sepultado; que ressuscitou ao terceiro dia, segundo as escrituras, que apareceu a Cefas e depois aos Doze" (1Cor 15,3-5).

É surpreendente a rapidez e a coerência interna que acompanham a formulação da confissão. Dela também fazem parte os enunciados antigos sobre a preexistência de Jesus, do Filho do Pai eterno, sobre sua missão sob a figura da carne, sua autêntica existência humana, sua morte expiatória vicária para a fundação da nova aliança, a ressurreição do Pai em virtude do poder do Espírito e com a força de Deus e também, por fim, a espera da nova vinda de Jesus como juiz e consumador no final dos tempos e o estabelecimento da *basileia* do Pai, do Filho e do Espírito (cf. os hinos e as fórmulas de confissão pré-paulinos: Rm 1,3s.; Fl 2,6-11; 1Cor 11,23-26; Rm 8,3; Gl 4,4; 1Ts 4,14-18; 5,9 passim).

Em vista da enorme discrepância entre a morte vergonhosa de Jesus como sedicioso político segundo o Império Romano e como ímpio e blasfemo segundo a religião judaica e as confissões de fé formuladas poucos anos depois de sua morte, segundo as quais "tinha essência divina e se tornou igual aos seres humanos" (cf. Fl 2,6-8), se afirmou, com razão:

> "[...] que naquele período de tempo de aproximadamente dois decênios aconteceram, no campo da cristologia, muito mais coisas que nos sete séculos seguintes até a conclusão do dogma da Igreja antiga" (HENGEL, M. *Der Sohn Gottes, Die Entstehung der Christologie und die jüdisch-hellenische Religionsgeschichte*. 2. ed. Tü, 1977, 11).

Para os discípulos, o ato divino da ressurreição de Jesus de Nazaré, que superava todas as possibilidades e concepções humanas, não era uma singularidade metafísica ou uma raridade biológica, nem a simples demonstração da onipotência divina.

Quando Deus confirma a pretensão de Jesus de realizar o Reino de Deus no mundo por meio de sua conduta e de suas obras, testemunhou, a respeito de Jesus, que é Pai e que, por meio dele, está presente no mundo em forma humana. *A ressurreição de Jesus é, portanto, o ponto alto da autorrevelação do Deus e Pai de Jesus e, ao mesmo tempo, de Jesus Cristo como "Filho do Pai"* (2Jo 3; cf. Rm 1,3; 1Cor 1,9). No passado, Deus havia revelado seu nome como "Eu Sou Aquele que Sou" (Ex 3,14). Agora vincula essa presença histórica e salvífica ao nome de Jesus. Jesus é o nome único, dado e revelado por Deus, por meio do qual é possível a salvação, ou seja, a comunhão com o poder salvífico de Deus (cf. At 4,12). No nome "Jesus" se revela o único nome de Deus: "Pai, Filho e Espírito Santo" (Mt 28,19). É o nome sob o qual se oculta a presença escatológica salvífica de Deus "no céu e na terra, até a consumação do mundo" (Mt 28,18).

A única possibilidade de se fazer referência à figura histórica de Jesus e à sua pretensão de ser o mediador salvífico definitivo da *basileia* do Pai é através dos testemunhos do acontecimento pascal.

*No acontecimento pascal, Deus revelou sua identidade relacional com Jesus de Nazaré e, ao mesmo tempo, abriu aos discípulos a possibilidade de participar na comunhão do Pai e do Filho no Espírito Santo (cf. Gl 4,4-6; 1Jo 1,1-3).*

## 2 A atividade pública de Jesus até sua morte na cruz

### a) O centro de sua pregação: a proclamação do reino escatológico de Deus

O centro em torno do qual se organizou a atividade pública de Jesus em palavra e ação (práxis soteriológica) e sua autocompreensão orientada exclusivamente para Deus (messianidade, filiação divina) é a proclamação do reino, já próximo e aberto ao futuro, de seu Pai. Os sinóticos apresentam a impressão geral por meio da sentença de Jesus:

> *"Completou-se o tempo (o kairos), e o Reino de Deus (βασιλεία τοῦ θεοῦ) está próximo. Convertei-vos e crede no Evangelho"* (Mc 1,15; cf. Mt 4,17; Lc 4,14s.).

Fora da tradição dos evangelhos, o conceito de *basileia* passa para um segundo plano (cf., porém, At 1,3; 8,12; 14,22; 19,8; 28,23.31; Jo 3,3.5; Rm 14,17; 1Cor 4,20; 15,24; Cl 1,11s.; 2Ts 1,5). A frequente substituição do termo *Reino de Deus* por *Reino dos Céus* em Mateus é secundária. Aqui "céu" descreve o ser e a ação de Deus. O próprio Jesus falou do domínio e do Reino de Deus. O Reino de Deus estabelecido por meio da atividade de Jesus engloba os seguintes aspectos: *nova aliança; reconciliação; justificação do pecador; libertação e liberdade; salvação; santificação; redenção; perdão dos pecados; koinonia com o Pai e o Filho no amor do Espírito; vida eterna; paz (shalom); renascimento para uma vida nova; nova criatura em Cristo e no Espírito; banquete nupcial do Cordeiro; criação do novo céu e da nova terra; novo paraíso.*

### b) O teocentrismo da *basileia*

A *basileia* não se refere a um âmbito de domínio intramundano politicamente delimitado. Tampouco deve ser confundida com uma comunhão de sentimentos (no sentido de um espiritualismo que foge do mundo ou de uma interioridade sem relação com a história).

*O Reino de Deus como consumação da história da aliança de Israel*

O Reino de Deus sucede no aqui e agora da proclamação de Jesus. Por meio de sua atividade salvífica messiânica, estabelece o prometido Reino de Deus em meio ao povo eleito da aliança (cura de enfermos; chamado dos pobres, dos excluídos e marginalizados, dos desprezados e das crianças; expulsão dos poderes demoníacos e hostis à vida; chamado dos discípulos ao seguimento; reunião, no final dos tempos, dos dispersos e vocação simbólica dos *Doze* discípulos como representantes das doze tribos de Israel).

Jesus como proclamador e mediador do Reino de Deus realiza, ao mesmo tempo, em representação do povo, a aceitação humana da aliança em obediência à vontade do Pai e em fidelidade a sua missão. Na comunhão com

Jesus, no seu seguimento e numa vida segundo seu espírito, realiza-se a comunhão da aliança oferecida por Deus, a vida segundo seus preceitos como amor a Deus e ao próximo e como um caminhar pelo caminho de Deus.

A *basileia* não deve ser entendida estaticamente como um estado místico ou moral da alma, nem como uma estrutura de poder concebida em termos sociológicos ou políticos. Sucede, antes, no intercâmbio, por um lado, de uma referência dinâmica de Deus à criação e, por outro lado, da autoentrega da criatura a Deus. O Reino de Deus se *realiza* como comunhão pessoal do amor.

O Reino de Deus não vem com pompas externas e símbolos de *status* resultantes de uma vontade humana de configuração. O Reino de Deus é experimentado, antes, como o poder libertador e vivificador do Espírito de Deus (cf. Gl 5,22).

Ainda que Jesus não tenha definido o conceito, é claro que o Reino de Deus tende à plena implantação histórica da vontade salvífica de Javé.

Uma vez que Deus revela sua essência por meio de suas ações salvíficas, o princípio interno da *basileia* é idêntico a sua consumação essencial como amor, em que ele possui a si mesmo e que se comunica aos seres humanos como plenitude e satisfação de seus anseios.

O ser humano só pode reagir à chegada da realidade pessoal de Deus no mundo por meio dos atos pessoais da fé, da conversão e do amor. O mandamento supremo do amor a Deus de *todo o coração* e ao próximo como a si mesmo (Mt 22,34-40) excede em muito os limites de uma ética do dever divinamente autorizada. Entra na esfera de poder da *basileia* aquele que – segundo a sentença de Jesus – "fizer a vontade de meu Pai que está nos céus" (Mt 7,21). Os discípulos devem orar pela vinda do reino de seu Pai, para que "seja feita a tua vontade, assim na terra, como no céu" (Mt 6,9). Foi assim que, afinal, o próprio Jesus implantou definitivamente, por meio da submissão obediente de sua vontade e da sua passagem pela morte na cruz, o reino salvífico de Deus no mundo, e fez com que este possa ser encontrado em formas concretas. E, por isso, o Reino de Deus também é originalmente experimentável na realização pessoal do ser humano (cf. Lc 17,21: "O Reino de Deus está no meio de vós").

*Presente e futuro da basileia*

Apesar de toda a vinculação ao universo conceitual dos contemporâneos, a vinda da *basileia* não deve ser concebida como uma espécie de movimento físico de Deus a partir do mundo superior do céu ou a partir de um além espacial-temporal em direção à terra. Também é preciso se precaver diante de uma objetivação demasiadamente banal das figuras de linguagem da literatura apocalíptica. A linguagem apocalíptica serve de roupagem e de ilustração plástica das afirmações escatológicas, que não devem ser entendidas como proposições assertivas, como se a vinda do reino fosse algo assim como uma conflagração cósmica universal. Quando se concebe Deus como uma realidade pessoal que se revela na palavra e se aproxima do ser humano por meio de suas ações salvíficas na história, então o Reino de Deus só pode ter seu centro numa relação pessoal com Deus, estabelecida no mundo como reino indestrutível do amor. A partir desse nível pessoal podem ser interpretadas também as condições históricas, sociais e materiais de sua implantação na forma existencial criada do ser humano.

Deus não vem ao mundo a partir de cima ou a partir do exterior. A transcendência divina se identifica com sua realidade pessoal. Deus se aproxima do ser humano na forma do encontro de um mediador humano.

Na vinda de Deus ao mundo mediada por Jesus, este qualifica o mundo como lugar da realidade da salvação (cf. a plenitude dos tempos). Na interação com as dimensões de sua existência no presente, no passado e no futuro, o crente realiza a unidade de sua relação pessoal com Deus na justaposição plural do espaço e na sucessão do tempo.

A finitude da existência criada implica que na morte (de cada indivíduo e da humanidade como um todo) se produz uma transposição da comunhão pessoal com Deus já realizada para a modalidade da consumação, o que, porém, não deve ser equivocadamente entendido no sentido de uma passagem para um mundo do além, situado "detrás" da criação.

Essas dimensões presente-eficazes e futuras (futuras no nível intra-histórico e transcendentalmente consumadoras do mundo) não se relacionam entre si de modo aditivo nem alternativo.

Nas ações simbólicas e nos atos poderosos de Jesus, Deus revela a si mesmo como salvação eterna do ser humano em meio ao mundo. No entanto, a *basileia* só alcança sua forma definitiva plena numa história aberta quando na obediência de Jesus até a morte se impõe, com validez última, o reino e a autocomunicação de Deus como salvação e vida "para a glória de Deus Pai" (cf. Mc 14,36; Fl 2,6-11).

A realização plena do reino escatológico de Deus no ato de obediência de seu mediador abre, no plano intra-histórico, a possibilidade de sua assimilação plena, a saber, na história de fé dos discípulos que trilham o caminho do seguimento de Jesus. A disposição para o seguimento de Jesus na obediência à vontade de Deus, na fé e no amor até a identificação com o sofrimento de Jesus na cruz, contém em si mesma também a referência a sua transposição na modalidade da consumação absoluta, ou seja, da participação na figura ressurreta de Jesus.

O horizonte absoluto do Reino de Deus que transcende o espaço da experiência intra-histórica é a ressurreição dos mortos (atestada pelo próprio Jesus). Pois o Deus de Abraão, de Isaac e de Jacó não é o Deus dos mortos, mas o Deus da vida e dos viventes (Mc 12,6).

O próprio Jesus contava certamente com a pronta manifestação do Reino de Deus, com sua implantação tanto intra-histórica como transcendente (cf. Lc 9,27: "Eu vos asseguro: Alguns dos que aqui se encontram não morrerão antes de verem o Reino de Deus").

Sob o aspecto puramente temporal, o "Dia do Juízo" não é, contudo, o objetivo da missão reveladora do Filho de Deus e do mediador do Reino de Deus: "Quanto a esse dia e a essa hora, ninguém sabe, nem os anjos do céu, nem o Filho, mas somente o Pai" (Mc 13,32).

Pode-se deduzir como testemunho de que Jesus tinha certeza de que, por causa de sua fidelidade a sua missão salvífica e ao cumprimento da vontade salvífica de Deus até a morte na cruz (Mc 14,31), o Pai constituiria escatologicamente o reino e a *basileia* e revelaria a Ele como o mediador uma autêntica sentença de Jesus pronunciada durante a ceia de despedida anterior a sua morte:

"Eu vos asseguro: Já não beberei do fruto da videira até o dia em que beberei vinho novo no Reino de Deus" (Mc 14,25).

## c) A prática do Reino de Deus de Jesus

*Os feitos poderosos e as ações simbólicas (os milagres) de Jesus*

Jesus não só proclamou o Evangelho da *basileia* (especialmente em suas parábolas), mas revelou o poder salvador de Deus também em seu próprio agir salvífico (cf. Mt 4,23-25). Para isso, não necessitou de fórmulas de evocação nem de encantamentos mágicos. Distinguia-se assim dos chamados taumaturgos, como, por exemplo, Apolônio de Tyana, pregador ambulante pagão do século I, associado ao neopitagorismo. Os atos milagrosos e os sinais poderosos de Jesus nada mais são que a dimensão prática da afirmação do Reino de Deus que virá e já veio (soteriopráxis). Seu envio pelo Pai e a permanente união com Ele são as raízes de sua ação poderosa ao perdoar pecados, chamar à conversão e libertar os seres humanos de todas as possíveis enfermidades e necessidades corporais, anímicas ou espirituais.

Assim como na palavra humana de Jesus se comunica a Palavra de Deus, também no agir de Jesus se transmite a vontade salvífica do Pai. Na ação de Jesus acontece o Reino do Pai e a vinda de seu reino:

"Mas, se é pelo dedo – poder ou espírito – *de Deus que expulso os demônios, então o Reino de Deus chegou até vós*" (Lc 11,20; Mt 12,28).

Os milagres de Jesus não devem ser entendidos no marco de uma definição segundo a qual estaria em jogo uma "quebra das leis da natureza". Essa concepção crítica ou apologética do milagre permanece no marco de uma concepção deísta de Deus e de uma compreensão mecanicista do mundo.

A concepção bíblica e teológica do milagre parte da realidade singular relativa dos seres criados. O que não representa uma contradição com a realização da liberdade de Deus na sua relação pessoal com o ser humano no espaço aberto do encontro histórico. Deus pode determinar de tal modo a causalidade criada que esta pode se converter em experiência da vontade salvífica de Deus em favor dos seres humanos. No entanto, nunca se pode quantificar a ação divina, nem verificá-la ou refutá-la empiricamente. Só através da palavra reveladora de Deus, percebida na fé, é possível atribuir a Deus como a sua causa primeira um acontecimento incalculável, extraordinário, que provoca admiração. Quando o crente se transfere a esta palavra, que transforma o receptor, o eleva por cima de si e o abre a Deus, pode descobrir-se que um acontecimento é uma ação de Deus, dado que nela Deus se propõe como objetivo a salvação da pessoa concreta ou de seu povo. Ainda que a causa do milagre se encontre em Deus mesmo, ela acontece de forma concreta e coconstitutiva no centro pessoal do ser humano. Por conseguinte, a eficácia das curas de Jesus está relacionada com a resposta pessoal do ser humano que crê (cf. Mc 5,34: "Tua fé te curou"). Em sua terra natal, Jesus não pôde fazer nenhum milagre por causa da incredulidade de seus habitantes (Mc 6,5a). Responsável por isso não era a incapacidade de Jesus, mas a falta de fé que rechaçava a vinda de Deus no milagre e, no lugar dele, buscava chegar a Deus por meio dos aspectos sensacionalistas do milagre.

*As curas milagrosas de Jesus são ações poderosas e sinais da "grandeza de Deus"* (Lc 9,43a). Com seus atos milagrosos, Jesus demonstra seus poderes divinos e sua missão como mediador final do Reino de Deus (cf. Lc 7,16: "Um grande profeta surgiu entre nós; Deus visitou seu povo").

Do ponto de vista histórico, não há dúvida de que Jesus, pela *dynamis* e pelo *pneuma* (Lc 5,17), efetivamente efetuou a cura de enfermos e a expulsão de demônios, o que nem seus inimigos contestavam (Mt 12,24). Os chamados "milagres da natureza", como o apaziguamento da tempestade no lago (Mc 4,35-41) ou a caminhada de Jesus sobre a água (Mc 6,45-52) e os relatos sobre ressurreições de mortos (Mc 5,21-43; Lc 7,11-17; Jo 11,1-44) foram configurados pelos evangelistas a partir da perspectiva da ressurreição de Jesus por obra do Pai. Têm o propósito de mostrar Jesus como o "autor da vida" (At 3,15; cf. Jo 17,3). Em João, os milagres são sinais da revelação da "glória (= da divindade) de Filho único do Pai" (Jo 1,14; cf. Jo 2,11; 4,46-54; 5,1-18; 9,11-41).

*Reunificação e restabelecimento do povo da aliança*
Jesus não foi o fundador de uma nova religião. De sua missão fazia parte a reunificação do povo de Deus disperso e dividido. Uma ação significativa de sua práxis do Reino de Deus é o chamado dos doze discípulos como representantes das doze tribos de Israel e, portanto, da totalidade do povo da aliança. No chamado e na capacitação dos doze discípulos para participar na sua práxis do Reino de Deus, Jesus revela sua pretensão. Convida todo o povo a crer no Evangelho da *basileia* e a trilhar o caminho do seguimento. O discipulado de Jesus inclui também a disposição para assumir, por causa da *basileia* e de Jesus, as perseguições e, até mesmo, a desunião na própria família (Mc 13,9-13; Mt 5,12; 10,35; e, sobretudo, Mc 8,34-38).

Uma vez que o destino da *basileia* se cumpre na cruz e na ressurreição de Jesus, também a comunidade pré--pascal dos discípulos se transforma no povo escatológico da nova aliança, constituído em virtude da obediência, do sacrifício e da morte expiatória vicária de Jesus. A essa assembleia conclamada do povo de Deus escatológico têm acesso todos os povos, em virtude da implantação final da vontade salvífica universal do criador frente à humanidade.

> *"Estivestes (os pagãos), então, sem Cristo, afastados da cidadania de Israel, estranhos às alianças da promessa, sem esperança e sem Deus no mundo... Ele aboliu a lei dos mandamentos expressa em decretos, para fazer em si mesmo, dos dois, um só homem novo. Estabeleceu, assim, a paz, reconciliou ambos com Deus num só corpo pela cruz e matou em si mesmo a inimizade" (Ef 2,12ss.).*

### d) A relação filial de Jesus com Deus como origem da proclamação da *basileia*

*O teocentrismo de Jesus (a relação "Abba")*
Jesus não se converteu em objeto de sua proclamação num sentido egocêntrico. *Porém, o teocentrismo de sua proclamação sucede na pessoa do mediador.* Sua experiência originária de haver sido instituído como o mediador

do Reino de Deus o constitui como o centro gravitacional do Reino de Deus que irrompe em meio ao mundo e à história humana.

Jesus sabia que era destinado, chamado e enviado por Deus, a quem chamava seu Pai de uma maneira exclusiva, para ser o expoente e representante de Deus frente ao povo de sua aliança e, como representante deste povo, atuar em obediência frente a Deus, o Senhor da Aliança. Neste sentido, Jesus sabia que era, simplesmente, o "Filho" (Mc 13,32) do Pai.

O que escandalizava os adversários de Jesus não era sua pregação acerca de um Reino de Deus vindouro, nem sua exigência de observar a ética da aliança, nem os milagres que fazia. Nada disso destruía o marco das concepções religiosas judaicas de sua época.

*O elemento decisivo era, antes, o poder e a autoridade de missão, que Ele reclamava para si, de tal modo que a atitude frente a Ele – a fé no seu Evangelho e a disposição para seu seguimento pessoal – deveria determinar definitivamente a relação dos seres humanos com Deus.*

Ao inventário identificável das *ipsissima verba* pertencem as palavras transmitidas na *fonte dos logia*: "Aqui está alguém maior do que Jonas" (Mt 12,41; Lc 11,32): "Aqui está alguém maior do que Salomão" (Mt 12,42; Lc 11,31): "Quem está aqui é maior do que o Templo" (Mt 12,6). Da experiência autêntica dos contemporâneos faz parte também que a proclamação e a práxis do Reino de Deus de Jesus eram exercidas "com autoridade divina" (Mc 1,22). Mesmo o escárnio de Jesus como "profeta" durante o processo e a crucificação (Mc 14,65; 15,32) comprova que seus adversários estavam efetivamente tomando em consideração essa pretensão. Sua tentativa de eliminá-lo e, assim, destruir sua pretensão de poder e autoridade de missão se baseava no dado de que Ele havia se apresentado como o "Filho do Deus bendito" (Mc 14,61) e "Messias e Rei de Israel" (Mc 15,32).

Nenhum ser humano pode pretender ser, ele mesmo, o mediador do Reino de Deus e, portanto, a automediação de Deus na figura do mediador humano. O fato de que Jesus se designou a si mesmo como "o Filho" (Mc 13,32) só pode ser o eco de sua resposta ao chamado de Deus Pai, que quer se revelar por meio dele. A maneira de dirigir-se a Deus Pai como *Abba* (Mc 14,36; Gl 4,6; Rm 8,15) se conservou na forma aramaica. Isto comprova também a autenticidade do emprego jesuânico dessa maneira singular de se dirigir a Deus.

*A união instituída pelo próprio Deus entre o ser humano Jesus com Deus como "seu Pai" e a experiência de haver sido constituído como Filho é a raiz fundamental de sua proclamação e de sua práxis do Reino de Deus.*

A relação *Abba* não fazia simplesmente parte da piedade privada de Jesus, que só incidentalmente tivesse algo a ver com seu ministério de ser o mediador do Reino de Deus. Ao se dirigir a Deus como "meu Pai" (Mc 14,36; Mt 7,21; 11,25-27; 12,50; 15,13; 16,17.27; 18,10.19.35; 25,35; 26,29.39.53; Lc 2,49; 22,29; 23,34.46.49; cf. Mc 8,38; cf. tb. Jo passim), Jesus não manobrou a si mesmo para perto de Deus movido por uma simples familiaridade. Faz parte da experiência da santidade e da glória de Javé que o suplicante veterotestamentário estivesse proibido de se apropriar de Deus como Pai. A relação filial de Israel com Deus se revela, antes, inversamente, como o reflexo da livre ação reveladora de Deus, que funda a relação da aliança e pode esclarecer sua entrega pessoal a Israel na relacionalidade de uma relação entre Pai e Filho. A relação de pai e filho entre Javé e Israel é, certamente, o marco de compreensão original da relação *Abba* de Jesus e da relação filial de Javé com Jesus (Ex 4,22; Dt 32,6; Jr 3,19; 31,9; Rm 9,4). Porém, já no Antigo Testamento, a relação filial de Israel e a relação paternal de Deus a respeito de Israel se concretizavam no mediador messiânico do reino do final dos tempos. O Novo Testamento recorre expressamente à promessa do "filho de Davi" messiânico, que é o representante desse reino num duplo sentido, a saber, de Deus ante seu povo e do povo ante Deus: "Eu serei para Ele um pai, e Ele será para mim um filho" (2Sm 7,14; Hb 1,5; cf. Sl 89,27-30: "Ele me invocará: Tu és meu Pai, meu Deus, rocha da minha salvação. E eu farei dele o primogênito, o mais elevado entre os reis da terra, para sempre manterei meu amor com ele, e minha aliança com ele estará assegurada" cf. Cl 1,15-18; Ap 1,5).

A proclamação de Jesus como "Filho do Pai", formulada como confissão da Igreja a respeito de Jesus com base na experiência pascal, tem, portanto, seu *fundamentum in re* na maneira com que o Jesus pré-pascal se dirige ao Pai.

*A relação filial com Javé (o cristocentrismo de Deus)*

Nos evangelhos, é algo evidente, no nível histórico e literário, que Jesus se dirigia a Deus como *Abba* de uma maneira exclusiva, e que Deus ocupava o centro de sua pregação. No entanto, quando Jesus falava de Deus como de "seu Pai", tratava-se apenas de um reflexo do fato de que antes Deus havia se dirigido a Ele como a seu Filho. Quando Jesus se entende e se comporta como "Filho" de Javé, a quem se dirige como a seu Pai, Deus revela, na relação com Ele, sua essência interior e seu comportamento com os seres humanos como Pai. Nessa reciprocidade da relação original do Pai com o Filho e da atualização histórica de Deus no Filho e mediador da *basileia* podem se localizar todas as experiências pré-pascais e pós-pascais dos discípulos de Jesus. Os predicados e títulos posteriores, que pretendem explorar em toda sua profundidade a ação salvífica de Jesus e sua unidade de revelação e de vontade com Deus, têm seu lugar de referência próprio na relação pai-filho de Javé e Jesus (cf. *Messias, filho de Davi, servo* (ebed) *de Deus, o Profeta, o Justo, o Senhor, a Sabedoria de Deus, o Nome de Deus, o Filho de Deus* messiânico e o título messiânico de *Filho do homem*, empregado pelo próprio Jesus). Nessa relação de Jesus com Deus se mostra tanto a continuidade da história da revelação veterotestamentária como a conclusão superadora de tudo na presença escatológica de Deus. O novo em Jesus é isto: O mediador da revelação tem com Deus não só uma relação externa de missão. Na sua pessoa, ele é, antes, o lugar da identidade da PALAVRA divina, manifestada em sua biografia, com a figura do mediador humano.

Uma sentença de Jesus procedente da fonte dos *logia* revela o sentido mais profundo de sua relação *Abba* e da relação filial com Deus. Embora formulada, em termos concretos, a partir de uma perspectiva pascal, essa sentença tem seu fundamento na autêntica maneira com que o Jesus pré-pascal se dirigia ao Pai e na sua pretensão de ser o mediador escatológico da *basileia*:

> "Naquela mesma hora Jesus sentiu-se inundado de alegria no Espírito Santo e disse: [...] Tudo me foi entregue por meu Pai. Ninguém conhece quem é o Filho senão o Pai, e quem é o Pai senão o Filho e aquele a quem o Filho o quiser revelar" (Lc 10,22; Mt 11,25-27).

A autodesignação de Jesus como "o Filho" e seu comportamento como mediador escatológico do Reino de Deus indicam que no conceito de "Filho" se introduziu um nível de significado que excede *essencialmente* as designações veterotestamentárias que qualificam aos reis, sacerdotes e profetas como "filhos de Deus".

O ser humano Jesus não é divinizado, mas sua humanidade mantém uma relação tão singular, criada e consumada pelo próprio Deus, que junto a ela, nela e por meio dela se manifesta a divindade de Deus (na PALAVRA de sua autocomunicação). A relação entre Javé e Jesus é a figura da revelação historicamente perceptível da autorrelacionalidade de Deus em si que a comunidade dos discípulos expressou por meio das palavras Pai-Filho-Espírito. A mútua in-existência do Pai e do Filho no conhecer-se e revelar-se proíbe a partir de agora uma interpretação da essência de Deus no sentido de um *abstractum* filosófico do deísmo especulativo ou do sujeito monopessoal absoluto do teísmo ou o conceito apessoal e arrelacional de Deus do panteísmo. A paternidade de Deus a respeito de seu Filho não é algo que se junta apenas de maneira temporal e acidental à divindade de Deus, de tal modo que "fora de" e "antes de" sua revelação seria o Deus unitário do teísmo moderno. É, antes, a essência de Deus que se realiza relacionalmente, pois Deus é sempre a vida que se dá paternalmente e é filialmente recebida, ao passo que se media no Espírito Santo e na revelação do Nome de Deus, "Pai, Filho e Espírito Santo" (Mt 28,19), que acontece no nome de Jesus de Nazaré, precisamente a manifestação das relações, identificadas com a essência e o Nome de Deus, Pai, Filho/Palavra e Espírito Santo.

Uma vez que Jesus de Nazaré é, sem dúvida, um ser humano verdadeiro e inteiro e não uma essência divina oculta sob a roupagem de uma forma humana, a cristologia pós-pascal se pergunta como, apesar da conservação de sua plena natureza humana e de sua humanidade, podia estar vinculado relacionalmente com o "Filho", que tem a mesma essência do Pai. Aqui surgem as questões fundamentais da cristologia a respeito da natureza humana de Jesus de Nazaré, da natureza divina da Palavra ou do Filho eterno que pertence à essência de Deus e, finalmente, a pergunta sobre a unidade levada a cabo pelo próprio Deus na "pessoa" da Palavra divina.

*Jesus de Nazaré, o símbolo do ser-para de Deus*

A autoridade e a missão de Jesus têm seu fundamento na sua intransferível relação com Deus, seu Pai, e na consciência de haver sido chamado a ser o "Filho". Por conseguinte, a vinda do Reino de Deus não está relacionada de maneira meramente acidental com a pessoa e a história de seu mediador. A *basileia* do Pai foi-lhe confiada de tal modo que ele existe inteiramente a partir dela e se deve completamente à vontade de autocomunicação de Deus. O próprio Jesus é essa vontade de autocomunicação e, portanto, a revelação do Pai convertida em ser humano. Como ser humano histórico Jesus é o símbolo do Reino do Pai. Este reino, porém, tem como objetivo a salvação do ser humano. Deus se revelou sempre por meio de sua *existência-a-favor-de* na criação, na conclusão da aliança e na promessa escatológica da salvação (Ex 3,14). Assim, o ser humano Jesus de Nazaré é a forma existencial histórica do fim dos tempos da existência divina em favor de seu povo. Orígenes definiu essa situação com a expressão de que Jesus é a $\alpha\grave{\upsilon}\tau o\beta\alpha\sigma\iota\lambda\varepsilon\acute{\iota}\alpha$, ou seja, "o Reino de Deus em sua pessoa" (Comm. in Mt 14,7). Jesus é a autoexposição – que se realiza e se torna concreta e visível na história – do Reino de Deus como salvação para todos os seres humanos.

## e) A messianidade de Jesus

*O debate em torno do "mistério do Messias"*

O conteúdo e o núcleo da atividade de Jesus é o Reino de Deus. A compreensão que tem de si mesmo só pode ser esclarecida a partir da referência à *basileia*. Jesus nunca falou de si mesmo no sentido de uma autopredicação. Foi a comunidade pós-pascal que primeiramente interpretou a significação de Jesus recorrendo às figuras de mediadores salvíficos humanos prometidos no Antigo Testamento (o filho de Deus messiânico, o servo de Javé, o filho do homem, o profeta) e vinculando-as com os modos de ser e de revelar-se de Deus (palavra, sabedoria, espírito).

Levanta-se, portanto, a pergunta de se o próprio Jesus talvez tenha vivido uma vida inteiramente amessiânica ou se os discípulos retroprojetaram, a partir da fé pascal, motivos messiânicos na vida histórica de Jesus. A partir da publicação da obra de William Wrede (*Das Messiasgeheimnis in den Evangelien*, 1901 [3. ed., Gö, 1963]), este problema tem sido estudado como tema específico a propósito das surpreendentes ordens de guardar silêncio que Jesus impõe no *Evangelho de Marcos* àqueles que falam de sua messianidade. Essas passagens não incorrem numa contradição com o comportamento real do Jesus histórico e com a ulterior interpretação messiânica?

Aqui se trata de um das questões fundamentais da cristologia, ou seja, se o Jesus histórico tem em geral algo a ver com a fé da comunidade pós-pascal, que o testemunhava e confessava como Filho do Pai, o Messias e Senhor. No entanto, quem é realmente Jesus é uma questão que não depende de se o Jesus pré-pascal atribuiu a si mesmo algum *título* messiânico, assim como explicita mais tarde a confissão pós-pascal, mas de se a partir de sua *conduta* pode-se reconhecer uma *pretensão* de ser o mediador escatológico do Reino de Deus (*cristologia implícita anterior à Páscoa*).

O Novo Testamento não relata a respeito de uma visão de vocação como ocorria aos profetas. Na cena do batismo no Jordão, Jesus não é chamado, mas proclamado publicamente como Messias. Jesus atua como proclamador do Reino de Deus a partir da convicção de que seu ser humano nada mais é que a automediação de Deus. No seu agir e na sua conduta, sucede imediatamente a presença de Deus.

Ao passo que os rabinos de seu tempo se comportavam unicamente como intérpretes da lei, Jesus ensina "como quem tem autoridade, e não como os escribas" (Mc 1,22). As pessoas estavam "fora de si" porque em seu ensinamento sucedia a revelação de Deus.

Jesus não foi um rabino erudito, nem se entendeu como um escriba. Ao passo que era habitual que os alunos da torá escolhessem seu mestre, em Jesus ocorre o contrário: é Ele mesmo quem chama, pela sua própria escolha, os discípulos e converte os doze em representantes do povo de Deus que Ele quer reunir para a *basileia* (Mc 3,13-19). Com sua própria autoridade Jesus convida os discípulos ao seu seguimento, que se torna decisivo para o êxito ou o fracasso definitivo diante de Deus (cf. Mc 8,34-37). Só Deus é o Pai, ao passo que só Jesus Cristo é chamado de mestre de seus discípulos (Mt 23,10). Jesus se sabe tão exclusivamente reclamado pela iminente *basileia* que renuncia às posses e a riqueza para si mesmo. Renuncia até mesmo ao matrimônio, porque está completamente realizado e arrebatado pelo Reino de Deus (cf. Mt 19,12). Para além da autoridade de Moisés, Jesus recorre à vontade original de Deus. Apresenta-se como o intérprete de Deus (cf. Mt 5-7: "Ouvistes o que foi dito aos antigos..., pois eu vos digo"). Jesus não pede a Deus que perdoe os pecados. Perdoa-os Ele mesmo, com sua própria autoridade (cf. Mc 2,5: "Filho, os teus pecados estão perdoados"). Portanto, suas ações não estavam só autorizadas exteriormente por Deus. Em suas obras, tem lugar, antes, de maneira imediata, a autoridade do próprio Deus. A autocompreensão de Jesus radica no seu envio pelo Pai, na consciência da união com Ele e na presença atual do Pai nele como no "Filho". Seus adversários se veem obrigados a perguntar: "Como este homem pode falar assim? Ele blasfema! Quem pode perdoar pecados senão só Deus?" (Mc 2,7). Sua autoridade se revela também no fato de que "o filho do homem", a figura do mediador salvífico procedente de Deus (cf. Dn 7,14) a qual Jesus se refere, é "senhor também do sábado" (Mc 2,28). Nem o povo (Mc 2,12) nem os familiares de Jesus deixam de perceber que em sua conduta e em suas obras há algo extraordinário, algo que supera todos os limites. Também eles acreditam que Ele "estava fora de si" (Mc 3,21). A singular ligação com Deus, seu Pai, é a única categoria em que se pode conceber a proclamação do Reino de Deus e a práxis do Reino de Deus do mediador salvífico escatológico.

Nessa surpreendente conduta de Jesus em seus atos e em suas palavras, ficam evidentes sua reivindicação de autoridade e o mistério de sua missão. Assim, a pergunta pela sua autoridade deve ter o seguinte teor: "Quem é, pois, este?" Ou em sentido de reprovação: "Por quem pretende fazer-se passar?" Em face da agudização do conflito de Jesus com as autoridades por ocasião da purificação do Templo (Mc 11,15-19), faz-se a pergunta: "Com que autoridade fazes estas coisas? Ou quem te deu o direito de fazer estas coisas?" (Mc 11,28). Quem detém a autoridade suprema, este homem concreto, Jesus, ou a configuração tradicional da vontade de Deus na torá? O Reino de Deus se concretiza e se encarna na torá como a manifestação da história da revelação precedente, ou é realmente no homem concreto, Jesus de Nazaré, em quem estão presentes, na figura humana, a palavra e a vontade de Deus?

Na conduta de Jesus se revela, em todo caso, que aqui há alguém que é mais que Jonas e Salomão (Mt 12,41s.). Jesus é mais que descendente de Davi, que chama seu filho de "meu Senhor" (Mc 12,37a; Sl 110,1). O "filho de Abraão" (Mt 1,1) está até mesmo acima da autoridade dos patriarcas (cf. Jo 8,58). Jesus é mais que a torá e que o Templo (Mc 11,15-19).

Na posição-chave do mais antigo dos evangelhos, Pedro, na sua confissão do Messias, responde à pergunta a respeito de quem as pessoas acreditavam ser Jesus (Mc 8,27-29; cf. Mt 16,13-20; Lc 9,18-22; em Mateus a pergunta se refere ao "filho do homem"). Ao passo que alguns acreditavam ser João Batista ou Elias (cf. Ml 3,23) ou algum dos profetas, ou o profeta por excelência (cf. Dt 18,15.18), os discípulos confessam: "Tu és o Messias" (= "o Filho de Deus vivo" (Mt 16,16)). Certamente essa confissão foi remodelada a partir da perspectiva da experiência pascal no sentido de uma cristologia explícita orientada de acordo com o título da confissão. No entanto, não se pode desconsiderar o claro vestígio na formação da confissão pré-pascal da comunidade dos discípulos.

Após o colapso da fé dos discípulos em virtude do acontecimento da Sexta-feira da Paixão, pôde ser esclarecido definitivamente, à luz da experiência pascal, o mistério da pessoa de Jesus. Isto pressupõe, no entanto, o fato de uma conduta messiânica de Jesus, bem como a consciência de seu poder e de sua autoridade de missão, que permitem com que o Reino do Pai se converta em acontecimento na sua própria vida pessoal.

Sem dúvida, Jesus foi executado como falso pretendente a Messias, porque havia posto, à vista de todos, sua autoridade acima do Templo e da torá (Mc 15,26). Desse modo, também no seu processo, teria que se abordar a temática da messianidade. O sumo sacerdote lhe pergunta: "Tu és o Cristo, o Filho do Deus bendito?" E Jesus responde com uma revelação de seu mistério pessoal: "Eu sou! E vereis o Filho do Homem sentado à direita do Todo-poderoso, vindo sobre as nuvens do céu" (Mc 14,61s.). E foi precisamente este título de glória que, desde o princípio, havia sido a causa do ódio das autoridades religiosas de seu tempo que, por fim, o levaria à morte (Mc 2,7).

*O paradoxo: o sofrimento do Messias*
Era evidente a grande discrepância que havia entre as expectativas difundidas sobre o Messias vindouro e a proclamação real de Jesus. Jesus não fala dos objetivos políticos e sociais de Israel que deveriam alcançar-se com

a ajuda de Deus. Com isso, evita também instrumentalizar a Deus. Jesus falou do Reino de Deus em Israel numa perspectiva teocêntrica radical. O Reino de Deus consiste na pró-existência, na existência a favor de seu povo, que atua como salvação ali onde aquele reino é aceito na fé e transformado numa vida de acordo com a ordem estabelecida por Deus. A incredulidade se mostra na oposição a Deus, na rejeição de sua presença salvífica, na resistência à *basileia*. O mediador do Reino de Deus é envolvido neste drama de fé e incredulidade. Nele o próprio Deus se expõe à contradição dos pecadores. Por meio dele, porém, Ele se impõe ante a resistência dos incrédulos. Na fidelidade e na obediência de Jesus até a morte pela mão daqueles que pretendem destruir o Reino de Deus, sucede a manifestação definitiva e a atualização derradeira do Reino de Deus. Na opinião dos adversários, o que levou Jesus à cruz foi o oportunismo, as intrigas políticas e a incredulidade religiosa. Visto a partir de Jesus, é sua obediência à vontade do Pai que provoca a manifestação final do Reino de Deus (cf. Mc 14,36: "*Abba*, Pai, tudo te é possível: afasta de mim este cálice, mas não seja o que eu quero, senão o que Tu queres").

No marco da precedente história da fé de Israel não era plausível que o Messias fosse envolvido no drama da luta de Deus a favor de seu povo, e que nele Deus se expusesse à contradição dos pecadores e em sua sofrida obediência até a morte manifestasse sua *existência a favor* dos seres humanos. Para os judeus, o Messias crucificado é um escândalo, e para os gregos, que buscavam no pensamento filosófico o fundamento último da verdade, uma loucura (1Cor 1,23). A relação do Reino de Deus e do Messias com o sofrimento e a impotência, porém, é a transformação concreta da esperança no Messias na fé cristã em Jesus como o Messias. Jesus pergunta aos discípulos de Emaús: "Não era necessário que o Messias sofresse tudo isso para entrar na sua glória?" (Lc 24,26).

Essa conexão, já sugerida pelos atos e pela conduta do Jesus pré-pascal, só pôde ser compreendida pelos discípulos mediante a experiência da Sexta-feira da Paixão e da Páscoa (cf. Mc 8,31: "Então começou a ensinar-lhes que o Filho do Homem devia sofrer muito, ser rejeitado pelos anciãos, pelos sumos sacerdotes e pelos escribas, que devia ser morto e ressuscitar depois de três dias"). Na morte de Jesus se consumou a vida de Jesus, que, em todas as suas dimensões, esteve a serviço do Reino de Deus. Em sua pró-existência se manifesta o ser-para de Deus.

Uma passagem-chave do Evangelho de Marcos precisa o ser-para de Jesus em vista da figura do "servo sofredor de Javé" (Is 53,10-12). Assim, a paixão de Jesus não é um elemento heterogêneo numa biografia caracterizada, aliás, pelo êxito. Na paixão de Jesus se revela o sentido de sua missão, quando na obediência do Filho à vontade do Pai se realiza o estabelecimento do Reino de Deus:

> "Pois também o Filho do Homem não veio para ser servido, mas para servir e dar sua vida em resgate de muitos" (Mc 10,45; cf. Rm 3,21-26).

### f) A consumação da pró-existência de Jesus na morte na cruz

Todos os testemunhos neotestamentários atestam a morte de Jesus como um fato histórico. Jesus foi injustamente condenado e sofreu a mais infame espécie de morte (*mors turpissima crucis*). A morte na cruz era o tipo de execução que os romanos reservavam às pessoas que cometiam crimes políticos e aos escravos privados de direitos.

*O significado salvífico da cruz de Jesus*

A partir do acontecimento pascal, os testemunhos neotestamentários atribuem à morte de Jesus uma importância salvífica universal. Jesus aceitou a morte, por obediência à vontade de seu Pai, como um sacrifício pelo qual o pecado é expiado e a nova aliança como comunhão eterna de vida dos seres humanos com Deus é aberta para todos aqueles que, por sua vez, se abrem, na fé e no amor, ao Reino de Deus.

Esses testemunhos conseguem descobrir a relevância salvífica da cruz ao estabelecer uma relação entre a *basileia* e o destino de seu representante: "Cristo morreu por (*hyper*) nossos pecados" (1Cor 15,3). Tudo isto não tem nada a ver com uma instrumentalização de Jesus que teria que ser imolado num altar dos sacrifícios para aplacar a cólera de um Deus de cunho mitológico. Aqui é determinante a unidade de ação do Pai e do Filho. A entrega do Filho é a revelação do ser-para do Pai. Essa entrega tem sua correspondência e encontra sua figura histórica na autoentrega livre e espontânea do Filho ao Pai para implantar o Reino de Deus como magnitude definitivamente aceita pelos seres humanos. É o Filho de Deus "que me amou e se entregou por mim" (Gl 2,20; cf. 1Tm 2,5) "como oferenda e sacrifício agradável a Deus" (Ef 5,2.25).

Na Última Ceia, o próprio Jesus é quem dá simbolicamente aos seus discípulos o cálice de seu sangue, derramado por muitos "para o perdão dos pecados" e para a instituição de uma aliança nova (cf. Ex 24,8; Jr 31,31; Is 55,3).

Tudo isto acontece "segundo a Escritura" (1Cor 15,3s.). Aqui não se trata da verificação de profecias singulares, mas do cumprimento histórico da prometida autocomunicação de Deus como salvação de todos os seres humanos, assim como se depreende do conjunto da Escritura. Justamente por isso, o *quarto canto* do *ebed de Javé* oferece um contexto de compreensão em que se pode captar, na fé, a importância salvífica do sofrimento e da morte de Jesus. A razão para isso se encontra na conexão entre o sofrimento vicário do mediador único e a purificação dos pecados – alcançada por meio daquele sofrimento – de muitos, ou seja, da totalidade do povo de Deus (cf. Is 52,13–53,12; 1Pd 2,23-25; Rm 3,23s.; 1Tm 2,4-6; Tt 2,11; 2Cor 5,14-21; Hb 7,25; 8,6; 10,5.10 passim).

*O Jesus pré-pascal sabia do significado salvífico de sua morte?*

Levantou-se a pergunta se o próprio Jesus pré-pascal atribuiu ou em geral podia atribuir um significado salvífico a sua iminente morte na cruz. Bultmann e outros autores cogitaram que Jesus talvez tivesse assumido sua morte como um fracasso total de sua missão (BULTMANN, R. "Das Verhältnis der urchristlichen Christusbotschaft zum historischen Jesus" (*Exegetika*. Tü, 1967, p. 445-469. • MARXSEN, W. "Erwägungen zum Problem des verkündigten Kreuzes". *Der Exeget als Theologe*. Gt, 1968, p. 160-170). Já se supôs inclusive que Jesus poderia ter se sentido completamente surpreendido com sua morte. E se aventou também que morreu com heroica fidelidade a suas convicções e que foram seus discípulos que acrescentaram, à luz da fé pascal, uma dimensão salvífica. Por fim, há uma hipótese que considera possível que Deus tenha atribuído à morte de Jesus na cruz, no sentido puramente positivista, um significado soteriológico a partir da Páscoa.

Inclusive para alguns parece ser uma contradição objetiva o fato de que Jesus proclamou de uma maneira incondicional o Reino de Deus e que, mesmo assim, Deus vinculou sua implantação definitiva à condição da morte salvífica de Jesus (cf. VÖGTLE, A. "Jesus von Narazet". In: KOTTJE, R. & MÖLLER, B. (orgs.). *Ökumenische Kirchengeschichte* I. Mz/M 1970, p. 3-24 passim).

Uma via de acesso para a compreensão se abre a partir da unidade interior do Reino de Deus e de seu mediador. Pois não se deve entender a *basileia* como um estado exterior implantado por Deus nem como a declaração unilateral de que Deus outorgou aos seres humanos o perdão dos pecados, sem levar em conta a sua fé e a sua liberdade. A *basileia* é, antes, o acontecimento de uma correlação entre a dádiva divina e a aceitação humana. A partir de Deus, a *basileia* já foi definitivamente aceita na ação salvífica de Jesus. No entanto, permanece aberta ao futuro, porque sua implantação histórica e contingente ainda está por vir (cf. "venha teu reino, faça-se a tua vontade"). O destino da *basileia* se decide no destino de Jesus e na sua disposição de tomar sobre si a resistência mortal frente ao Reino de Deus. Não se pode, portanto, excluir a morte de Jesus – livremente aceita – do contexto da sua proclamação da *basileia*. A morte de Jesus não ocorreu como um fracasso no plano salvífico de Deus. Tampouco apareceu como uma condição, imposta de maneira adicional e arbitrária, para a proclamação da *basileia*, condição sem a qual Deus não estaria disposto a se reconciliar com os seres humanos. Pois Deus não é o objeto, mas o sujeito do acontecimento da reconciliação. No entanto, na oferta da reconciliação Deus reclama a liberdade do ser humano como o lugar de chegada desta reconciliação. Justamente quando se leva a sério a historicidade da vinda do Reino de Deus sucede a implantação da *basileia* na história contingente da liberdade de seu mediador. Assim, a morte não é um fim natural ou violento, tampouco o ponto-final, sem significado antropológico, de uma biografia linear. Para o ser humano, a morte é um momento de seu ser-si-mesmo. Na morte, o ser humano dispõe de si mesmo na validez definitiva de sua decisão por Deus.

Como sucede com todos os seres humanos, tampouco no caso de Jesus estava estabelecido de antemão que forma concreta assumiria sua entrega confiada, com a qual colocaria sua vida nas mãos de Deus Pai, e a implantação e autoatualização de Deus como salvação de todos os seres humanos. De qualquer forma, a morte de Jesus teve caráter salvífico, porque nela a obediência ao Pai se confirmou e alcançou validez definitiva. Na livre aceitação da morte como destino humano e na recepção vicária da morte (como manifestação da perda de Deus por causa do pecado) sucede definitivamente a unidade da vontade e da revelação do Pai e do Filho.

Ainda que não se deva pressupor uma cristologia predicativa para o Jesus pré-pascal, cabe esperar dele, na perspectiva do acontecimento da cruz, uma soteriologia plenamente configurada. Na sua consciência humana, Jesus não pôde contemplar antecipadamente seu próprio futuro nem possuí-lo como um conteúdo objetivo consciente. A liberdade criada só pode se mover para o futuro e se constituir no campo dos desafios de seu próprio futuro. A consciência humana de Jesus estava, porém, profundamente cunhada pela relação com o Pai. Seu ser e sua consciência não repousam monadicamente em si mesmos, numa definição essencial aprioristicamente fechada. Jesus chega a si mesmo em sua história de liberdade aberta ao futuro justamente por meio de sua autoentrega ao Pai e da plenitude histórica, que se realiza no futuro, da relação de revelação entre o Pai e o Filho. No conflito mortal para dentro do qual os seres humanos empurraram o mediador da *basileia* se confirma e se realiza definitivamente a entrega confiada de Jesus ao Pai. Jesus configura seu futuro, também e precisamente em vista da morte na cruz, na relação de obediência e de plena confiança a seu Pai, que é, na sua vida, o núcleo centralizador de todas as decisões contingentes da liberdade (cf. Fl 2,8.11).

Além desses aspectos antropológicos, uma análise psicológica sugere a conclusão de que é possível que Jesus soubesse de sua morte violenta. Em todo caso, Jesus sabia que sua proclamação da *basileia* e sua pretensão de autoridade e de missão poderiam ter como consequência uma possível morte violenta.

Desde logo se deparou com a resistência por parte dos saduceus, dos fariseus e dos círculos dirigentes de seu povo. Quando prenuncia a seus discípulos perseguições, desprezos e suportar a cruz por causa dele (Mc 10,39; 13,9-13; Mt 5,12), não pode esperar que ele mesmo esteja livre de tais ameaças.

Jesus sabia do destino sangrento que repetidamente havia ameaçado os profetas em Jerusalém (Lc 11,49). A *basileia* se manifesta de forma discreta e na fragilidade do grão de trigo que cai na terra e tem de morrer para dar fruto (cf. Jo 12,24). Começa pequena e despercebida como uma semente de mostarda (Mc 4,30-32). Devido ao sofrimento e à tribulação por causa da *basileia*, é preciso orar e confiar na condução do Pai, para não sucumbir à tentação (Mc 14,38; Mt 6,13). Era impossível que Jesus ignorasse a vontade de aniquilação alimentada pelos seus inimigos, que o haviam acusado de blasfemo, de aliado do diabo e de ímpio. A gravidade da situação ficava evidente no destino de João Batista (Mc 6,14-19; 9,13). Também ele poderia ter o mesmo destino (cf. Jo 11,8). Em termos realistas, Jesus deveria contar com um atentado contra a sua vida.

Ainda que anúncios da paixão e as profecias sobre a ressurreição de Jesus nos evangelhos (Mc 8,31-33; 9,30-32; 10,32-34) tenham sido elaborados literariamente já à luz da Sexta-feira da Paixão e da Páscoa, não se pode negar-lhes um núcleo pré-pascal fundamental.

*Não há dúvida que Jesus, como consequência de sua missão de implantar a* basileia *na sua pessoa em obediência ao Pai, compreendeu e aceitou ativamente o horizonte salvífico de sua morte. Jesus sabia que não morreria em vão e entregou sua vida nas mãos do Pai. A confiança infinita de Jesus no Pai é a origem da significação salvífica de sua morte na cruz.*

A partir da estrutura geral, por exemplo, do Evangelho de Marcos, é preciso perguntar se a citação do salmo de confiança do sofrimento e da esperança do justo, nos lábios de Jesus ("Meu Deus, meu Deus, por que me abandonaste?" (Sl 22,2; Mc 15,36)), deve ser interpretada como confissão do seu fracasso ou como expressão inclusive do fato de que Deus se afastou dele definitivamente. Se a chegada da *basileia* se cumpre no destino do seu mediador, então deve-se partir do fato de que Jesus se entregou com plena confiança, na liberdade de sua obediência, à vontade salvífica do Pai. Seu grito na cruz foi, portanto, o ato último e mais consumado do autodespojamento na obediência e o cumprimento de sua missão histórico-salvífica. Aqui se consuma a história da relação filial de Jesus com o Pai, aqui o ser humano Jesus de Nazaré é identificado como o representante messiânico do reino escatológico de Deus. É por isso que o evangelista pode permitir ao centurião confessar: "Verdadeiramente, este homem era Filho de Deus" (Mc 15,39). Na cruz de Jesus, o Reino de Deus chegou ao mundo para sempre. Também o Sl 22 conclui com as palavras:

> "Porque do Senhor é a realeza e é Ele quem governa as nações [...] e ao povo que há de nascer proclamem a justiça que Ele fez" (Sl 22,29.32).

### 3 A ressurreição de Jesus dentre os mortos como reconhecimento do Pai de que Jesus é "seu Filho"

#### a) O querigma pascal (testemunho e confissão)

*O fosso intransponível entre a Sexta-feira da Paixão e a Páscoa*

A morte é o limite absoluto e insuperável do pensamento humano e do poder humano. Na perspectiva dos discípulos, a Sexta-feira da Paixão significa o colapso total de sua fé em Jesus como o mediador escatológico do Reino de Deus. Pois o que valia era: "Maldito todo aquele que é suspenso no madeiro" (Dt 21,23; cf. Gl 3,13; At 5,30).

Em sentido diametralmente oposto, a confissão dos discípulos afirma que Jesus vive junto a Deus e que foi confirmado, em virtude da ressurreição realizada por Deus Pai, como o "Filho de Deus" messiânico e mediador definitivo do Reino de Deus.

*Esse fosso absoluto entre morte e vida só pode ser superado por meio da poderosa ação soberana do próprio Deus. Por conseguinte, a ação de Deus em favor do Jesus crucificado, pela qual Ele o introduz em sua própria vida eterna, é também a origem da fé pascal. Só a experiência de que o próprio Deus se identificou com Jesus pode ser o fundamento sólido da convicção de fé dos discípulos pela qual identificam o pretendente messiânico crucificado com o "Filho" exaltado pelo Pai.*

As faculdades psicodinâmicas dos discípulos e suas reflexões teóricas não teriam podido transpor, por si só, o fosso da Sexta-feira da Paixão em virtude da realidade da morte de Jesus e do evidente fracasso de sua missão. (À luz dos acontecimentos da Páscoa, os discípulos certamente compreenderam que havia desmoronado somente a sua relação de fé com Jesus e não a unidade de missão e revelação entre Jesus e Deus.)

Porque Jesus não havia anunciado nenhum programa religioso independente de sua relação filial com Deus, os discípulos tampouco precisaram fundamentar o querigma pascal recorrendo a formas de interpretação, condicionadas pelas concepções da época, de uma esperança geral na ressurreição (cf. Dn 12,2; 2Mc 7,9.14; 12,43; Sb 3,1.4). A origem da fé pascal só pode ser um acontecimento fora do alcance das possibilidades humanas, por meio do qual Deus revela sua unidade com Jesus e o reconhece como seu Filho e mensageiro escatológico da *basileia*. Na ressurreição, Deus revela seu nome, a saber: "Aquele que ressuscitou Jesus dos mortos" (Gl 1,1; Rm 4,24; 8,11; 2Cor 4,14; Ef 1,20; Cl 2,12). O Deus da criação e da aliança, "que dá vida aos mortos e chama as coisas não existentes como se fossem existentes" (Rm 4,17), se revela na ressurreição do Filho como "Deus e Pai de Nosso Senhor Jesus Cristo" (2Cor 1,3; 11,31; Ef 1,3; Cl 1,3; 1Pd 1,3 passim). Ele reconhece Jesus de Nazaré como o Filho que faz parte da realização de sua essência divina interna, que nasceu e viveu no mundo, como ser humano, na forma de carne (Rm 1,3; 8,3; Gl 1,16; Fl 2,6s.; At 13,33). Deus revela a esse seu Filho, que, na humanidade de Jesus de Nazaré, era possível encontrar como ser humano na história, como o "Filho de Deus poderoso a partir da ressurreição dos mortos" (Rm 1,4). Ele é o Messias prometido e o Kyrios. Jesus se converte – mediante sua passagem pela cruz e em virtude da ressurreição – no portador do reino divino do Pai do fim dos tempos (cf. Fl 2,9.11; 1Cor 15,28; At 2,32.36; 5,30s. passim).

Uma vez que a poderosa ação escatológica de Deus em favor de Jesus morto e crucificado se subtrai a toda verificação empírica, somente o autotestemunho de Jesus, como o mediador do reino divino que vive junto a Deus, pode ser o momento desencadeador do querigma pascal e da confissão pascal dos discípulos.

Através do testemunho dos discípulos, porém, se abre aos destinatários de sua proclamação uma via de acesso ao acontecimento pascal e à pessoa de Jesus de Nazaré ressuscitado.

*A apresentação do acontecimento pascal na tradição confessional*

No início da tradição pascal se encontram fórmulas confessionais compostas de um só membro: "Deus ressuscitou Jesus dos mortos" (1Ts 1,10; Gl 1,1; 1Cor 15,15; Rm 4,25; 10,9; At 2,32; Ef 1,20; Cl 2,12); "Ele ressuscitou" (1Ts 4,14); Ele "voltou à vida" (Rm 14,9; 1Pd 3,18); foi "exaltado pela direita de Deus" (Fl 2,9; At 2,33; 5,31); foi "glorificado" (Jo 7,39; 12,16; 17,1); "Ele passou para o Pai" (Jo 13,1.3).

Ao testemunho do fato de sua ressurreição pode vincular-se também a esperança de sua nova vinda (cf. 1Ts 1,9s.: "...para servirdes ao Deus vivo e verdadeiro e para esperardes do céu seu Filho, que Ele ressuscitou dos mortos, Jesus, que nos livra do castigo divino que vem").

Além disso, logo apareceram também fórmulas do querigma pascal compostas de vários membros. Simão Pedro é citado como primeiro testemunho. Seguem os Doze, todos os demais apóstolos, e por fim Paulo e outros discípulos. Em direta conexão com isto se encontra a afirmação da significação salvífica da morte e da ressurreição de Jesus. A missão dos discípulos para testemunhar e para formar o povo da nova aliança integrado por judeus e pagãos (em especial os sermões de Pedro: At 2,14-36; 3,11-26; 4,8-12; 5,30-33; 10,37-43) confirma o dado de que a mensagem pascal só pode ser adequadamente interpretada no horizonte hermenêutico da fé no Deus de Israel, do conhecimento de Deus como criador soberano e, ao mesmo tempo, como Deus da aliança que havia prometido o Messias. Essa interpretação adequada da mensagem pascal implica levar em consideração a reclamação de poder e de autoridade de missão do Jesus pré-pascal, a negativa do povo em aceitar Jesus como o representante da *basileia* e, por fim, a confirmação divina, a exaltação de Jesus à direita do Pai (ou seja, a entronização do Filho junto ao Pai) e sua nova vinda como juiz e salvador do mundo.

A fórmula breve do credo apostólico original transmitida por Paulo remonta, na sua redação literária, a três ou quatro anos depois do acontecimento pascal testificado por Cefas e pelos outros apóstolos:

> "Cristo morreu por nossos pecados, segundo as Escrituras; que foi sepultado; que ressuscitou ao terceiro dia, segundo as Escrituras; que apareceu a Cefas e depois aos Doze" (1Cor 15,3-5; cf. Lc 24,34).

O querigma pascal é testificado no Novo Testamento em dois contextos de transmissão. Distingue-se entre:
1) Os relatos das *aparições pascais de Jesus aos discípulos*. Essa tradição tem seu centro na *Galileia*. Para lá, os discípulos de Jesus haviam fugido após a prisão e morte de Jesus.
2) Os *relatos sobre o sepulcro vazio*, que apontam para Jerusalém como seu lugar de origem.

Diferentemente da tradição originária do querigma pascal das fórmulas de confissão, que formulam apenas o fato do acontecimento e as aparições pascais de Jesus, os evangelhos sinóticos e também João apresentam uma proclamação pascal de cunho mais narrativo. Também aqui, o núcleo é a mensagem da ressurreição. Ela é anunciada por um ou dois anjos, ou seja, só está acessível através da revelação divina. O querigma pascal é inserido nos relatos sobre o sepulcro vazio, as aparições pascais de Jesus e os encontros do ressuscitado com os discípulos e com uma discípula, Maria Madalena (cf. Mc 16,1-8; Mt 28,1-20; Lc 24,1-31; At 1,4-11; Jo 20,21; cf. tb. o final canônico de Marcos que, nos versículos 16,9-20, oferece uma síntese posterior dos diversos elementos da tradição).

Ao leitor do Novo Testamento se apresentam os acontecimentos numa sequência temporal e lógica: morte e sepultamento de Jesus; ida das mulheres ao sepulcro; mensagem pascal dos anjos; aparições do ressuscitado aos discípulos; origem da fé pascal; testemunho e missão dos apóstolos e fundação da Igreja como povo de Deus da nova aliança.

Em João se pode reconhecer já na morte de Jesus na cruz sua exaltação ao Pai e sua glorificação. Mesmo assim, as aparições pascais são necessárias para levar os discípulos à fé.

Uma vez que os sinóticos não podem nem querem expor, de modo protocolar, o acontecimento pascal num cenário concreto, mas só dar testemunho do acontecimento da revelação, acessível unicamente na fé, as pequenas contradições de detalhe da exposição (p. ex., um ou dois anjos proclamadores) não representam uma contradição quanto ao fato em si, nem uma indicação da falta de credibilidade dos testemunhos. É preciso ter em conta o caráter literário dos evangelhos sinóticos pascais. Não pretendem ser a reprodução protocolar de um processo externamente imperceptível por meio das testemunhas que participam dele. Querem, antes, dar testemunho do acontecimento da ação salvífica de Deus em Jesus com o auxílio dos recursos literários conhecidos já no Antigo Testamento para transmitir a revelação de Deus em palavras e obras (p. ex., o "esquema da revelação").

Em cada uma das camadas da tradição e das elaborações redacionais da história da Páscoa de Marcos e dos evangelhos de Mateus e de Lucas que se referem a ele, e, por fim, na linha de tradição seguida por João, é possível reconhecer um interesse crescente pela corporeidade glorificada do Senhor ressuscitado. Isto, porém, não é uma prova de uma suposta e crescente coisificação ou materialização da fé na ressurreição, mas a expressão da delimitação frente a toda diminuição docetista e existencialista da fé pascal.

O último nível de referência do acontecimento pascal é a relação Pai-Filho que se tornou visível em Jesus de Nazaré e a sua mediação no Espírito Santo. O querigma pascal não pretende apontar para um fenômeno biológico singular, mas testemunhar, à luz deste acontecimento, a autocomunicação escatológica de Deus em seu nome divino "Pai, Filho e Espírito" (Mt 28,19) e torná-lo acessível a todos os seres humanos por meio da fé.

### b) A historicidade da experiência pascal e a transcendência do acontecimento pascal

A ressurreição de Jesus dos mortos e a revelação da filiação da Palavra do Pai na natureza humana redimida de Jesus de Nazaré é um acontecimento sem qualquer analogia ou paralelo.

Na esfera da experiência e do conhecimento naturais, não sucede um acontecimento deste tipo. Daí decorre a problemática de como fazer para transpor esse acontecimento ao âmbito do conhecimento e da linguagem humanos de tal modo que a ressurreição de Jesus não se dilua em conceitos coisificados nem espiritualizados.

A formação de conceitos pelo ser humano depende sempre da sua experiência do mundo mediada pelos sentidos. Porém, a experiência objetiva pressupõe um horizonte inobjetivo da razão humana. Essa transcendentalidade da razão humana é o pressuposto metafísico da formação de conceitos em geral. No conceito de um ente objetivamente experimentável está sempre implicitamente contida a experiência transcendental-inobjetiva do ser como horizonte do conhecimento e como origem de todo ente. A possibilidade de conhecer a Deus se fundamenta na sua vontade de autoexpressão na palavra divina, que se faz experimentável através de um *medium* sensivelmente apreensível. A experiência pascal consiste em que Deus se media no horizonte cognitivo transcendental dos discípulos através do autotestemunho de Jesus, que se dá a ver aos discípulos de tal modo que eles podem concebê-lo como aquele que vive junto a Deus. O uso das fórmulas teofânicas do Antigo Testamento (cf. Ex 3,2: ὤφθη) evidencia que as aparições da Páscoa são acontecimentos da revelação.

Uma câmera de filmagem não teria podido captar as imagens e o som do acontecimento da ressurreição, que está no núcleo da realização da relação pessoal do Pai com o Filho feito homem no Espírito Santo, nem das aparições pascais de Jesus diante de seus discípulos. Diferentemente da razão humana, aos instrumentos técnicos e aos animais falta a possibilidade de uma experiência transcendental e, portanto, inclusive a possibilidade de serem interpelados pela Palavra de Deus na mediação dos fenômenos e sinais percebidos pelos sentidos. Só a razão humana, em sua unidade interior de categorialidade e transcendentalidade, pode ser determinada pelo Espírito de Deus para poder perceber, na imagem cognitiva sensível desencadeada pelo acontecimento da revelação, a realidade pessoal de Jesus como causa da imagem cognitiva sensível/espiritual.

As testemunhas das aparições pascais não se baseiam nem em êxtases piedosos nem nos resultados da capacidade criadora de sua imaginação, em visões subjetivas ou alucinações. Não são vítimas de uma concepção de mundo pré-científica ou mitológica. O discurso sobre a ressurreição tampouco era para eles o código da convicção geral de que da morte surge repetidamente nova vida.

O autotestemunho dos discípulos deve ser levado a sério. A dúvida sobre a realidade da ressurreição (S. Reimarus, D.F. Strauss etc.) e sua redução a um estado anímico dos discípulos se baseiam num prejulgamento conceitual. No horizonte de uma concepção deísta de Deus e de uma visão mecanicista do mundo, era inevitável que a fala sobre a ressurreição de Jesus dos mortos causasse a impressão de que se está afirmando um processo milagroso da natureza que se encontra em contradição com as leis da matéria conhecidas pelas ciências naturais.

A refutação da ressurreição de Jesus levada a cabo pelo mundo helenista (cf. At 17,31) se fundamenta, por sua vez, na concepção de que Deus não é o criador da matéria. Uma consumação do ser humano também e precisamente em sua corporeidade criada por Deus parecia, fora do âmbito da experiência bíblica de Deus, um contrassenso antropológico e teológico.

Para os discípulos, no entanto, o contexto hermenêutico para a fala sobre a ressurreição de Jesus é a experiência de Israel com Deus, que é o criador do espírito e da matéria e se engaja historicamente em favor dos seres humanos. Ele é o Deus "que dá a todos a vida, o alento e todas as coisas" (At 17,25). Enquanto criador, do qual provém toda vida e em virtude do qual o ser humano foi criado, "Ele fixou um dia em que julgará o mundo com justiça por meio de um homem que Ele escolheu, dando a todos por garantia o fato de tê-lo ressuscitado dos mortos" (At 17,31).

Essa experiência fundamental da realidade transcendente de Deus e de seu poder sobre a história configura o horizonte de compreensão da identificação efetiva de Deus com Jesus de Nazaré e de sua autorrevelação nele como seu Filho (Gl 1,16).

O acontecimento da ressurreição de Jesus, portanto, transcende as possibilidades do ser e do conhecimento do mundo criado. Torna-se acessível para os seres humanos por meio da autorrevelação do Jesus crucificado, que se dá a conhecer como mediador salvífico da *basileia*, que foi ressuscitado e vive junto ao Pai. Visto que as aparições pascais desencadearam a fé pascal, são o *factum* historicamente comprovável do qual surgiu essa fé dos discípulos. No entanto, a ressurreição de Jesus não é o retorno de uma pessoa morta às condições existenciais da vida terrena do ser humano e, portanto, tampouco se pode vê-la ou entendê-la de forma natural. Uma verificação do acontecimento por meio da medicina empírica não é possível nem seria um critério adequado frente ao processo em questão.

O conhecimento da realidade do acontecimento transcendente foi desencadeado pelas aparições pascais. A fé dos discípulos é o sinal historicamente verificável que remete para o acontecimento pascal e através do qual dá acesso ao acontecimento pascal.

*Assim como o Pai ressuscitou dos mortos, pelo poder do Espírito, ao mediador messiânico de seu reino e, desse modo, revelou sua palavra divina (ou seja, o Filho intradivino do Pai) na humanidade de Jesus (Rm 1,3; 8,11), assim também somente por meio do Espírito Santo se torna possível o enunciado de fé humano da unidade de Jesus com o Pai e de sua entronização no Reino de Deus: "Ninguém pode dizer 'Jesus é o Senhor' senão no Espírito Santo" (1Cor 12,3).*

### c) O horizonte teocêntrico de compreensão da fé pascal

*A autorrevelação do Senhor ressuscitado (as aparições pascais)*

A ressurreição de Jesus não significa que Ele tenha se retirado da terra para um andar supraterreno do cosmo ou para um "transmundo" metafísico (Nietzsche). Não se pode descrever a proximidade ou a distância do ser humano em relação a Deus recorrendo a categorias espaciais e temporais, mas primariamente a categorias pessoais. Na morte acontece a passagem da existência humana juntamente com suas condições existenciais espirituais e materiais ao estágio definitivo da comunhão pessoal com Deus. A ação divina de ressuscitar o Jesus crucificado significa que Jesus é consumado por Deus na totalidade da sua realidade humana. Nele Deus consuma também sua autorrevelação histórica: No Filho, que se fez homem, sofreu, morreu e foi ressuscitado, está presente para sempre o Pai como salvação e vida dos seres humanos.

Quando o ressuscitado se deu a conhecer como o crucificado e se identificou com ele, os discípulos compreendem a unidade da revelação de Deus e Jesus e participam da unidade vital do Pai, do Filho e do Espírito Santo através da mediação do Senhor crucificado e ressuscitado (cf. Gl 4,4-6; 1Jo 4,2 passim).

Para definir mais precisamente o caráter de realidade da ressurreição de Jesus entre uma coisificação (concebida como reanimação) e uma volatilização espiritualista (como um estado de ânimo subjetivo dos discípulos) é de suma importância uma análise da fórmula cristofânica ὤφθη (Ex 3,2; 1Cor 15,5; Lc 24,34).

Essa fórmula é um *terminus technicus* da revelação de Deus, de Jesus Cristo e do Espírito Santo e, no sentido derivado, também de Moisés e de Elias na transfiguração de Jesus, assim como nas revelações dos sinais do acontecimento salvífico do final dos tempos (cf. Mc 9,4; Mt 17,3; Lc 1,11; At 2,3; 7,2.26.30.35; 9,17.31; 13,31; 16,9; 26,16; 1Tm 3,16; Hb 9,28; Ap 19,19; 12,1 passim).

Evita-se conscientemente a fórmula de ofthe quando se fala dos santos que, por ocasião do acontecimento da morte de Jesus na cruz, ressuscitaram e "apareceram" para muitos na Cidade Santa (Mt 27,53). Aqui se tem em mente um "ser visto" e não uma autorrevelação ativa.

A forma gramatical excepcional (aoristo passivo) da fórmula teofânica, respectivamente, da fórmula cristofânica indica um determinado sentido de orientação:

Aqui o próprio Jesus é o sujeito que se dá a conhecer aos discípulos. Não está ao alcance da vista como as coisas da experiência natural. Ele mesmo precisa se abrir ao conhecimento de seus discípulos e criar os pressupostos cognitivos que partem do próprio Deus, no marco dos quais eles podem se identificar com Jesus de Nazaré crucificado. Jesus sai da realidade de Deus e se situa no horizonte de compreensão de seus seguidores, um horizonte iluminado pela presença do Espírito Santo (1Cor 12,3). E esta experiência fundamental de que Jesus vive junto do Pai e de que o Pai o revela como seu Filho impele para uma crescente verbalização e reflexão.

### A modalidade existencial do Senhor ressuscitado

Uma antropologia dualista não teria dificuldade com a ressurreição corporal de Jesus. Segundo ela, a alma espiritual de Jesus seria revestida no céu de uma nova corporeidade, ao passo que, independente disso, seu cadáver pode ser entregue às leis naturais da decomposição. No entanto, uma vez que a fé na ressurreição afirma a identidade entre o Jesus terreno e o Senhor transfigurado, é preciso levantar a questão da relação existente entre a realidade e a história humana de Jesus, materializada em seu corpo, e seu modo de existência como Senhor ressuscitado. Essa problemática se indica com a expressão "sepulcro vazio".

Nesse caso, trata-se, por um lado, do tema da historicidade dos evangelhos pascais e, por outro lado, da questão sistemática da corporeidade do Senhor ressuscitado.

### O sepulcro vazio na tradição pascal

Na tradição original das aparições da Páscoa, o sepulcro vazio não aparece como tema específico. Em todo caso, pode-se deduzi-lo implicitamente das fórmulas de confissão pré-paulinas (1Cor 15,3-5). Aqui se fala do sujeito Cristo, que morreu, foi *sepultado* e ao terceiro dia foi ressuscitado. A metáfora da "ressurreição" indica inequivocamente o ato de pôr-se em pé, de erguer-se o cadáver e sair do sepulcro. Pois o "sepulcro" é o selo da morte de Jesus e o cadáver a prova de que havia morrido. Portanto, a ressurreição não ocorreu para além do mundo, mas está referida à história e ao ser de Jesus, dos quais o cadáver de Jesus representa o último sinal de recordação.

Na pregação pascal do Apóstolo Pedro se estabelece uma relação entre a ação divina de ressuscitar Jesus e a existência corpóreo-histórica de Jesus, que envolve também uma ação divina sobre o cadáver: O profeta, antevendo o futuro, diz a respeito da ressurreição de Cristo: "Ele não foi abandonado na região dos mortos e sua carne não conheceu a corrupção" (At 2,31; cf. Sl 16,10).

Nos evangelhos pascais sinóticos, e diferentemente de João, o descobrimento do sepulcro vazio é anterior aos relatos das aparições de Jesus. A tradição da Galileia, com seu primado dos relatos das aparições, foi literariamente vinculada aos relatos do sepulcro de Jerusalém por meio do encargo dado às discípulas de comunicar aos apóstolos que Jesus apareceria a eles em Jerusalém. No entanto, tampouco para os sinóticos o sepulcro vazio é uma prova da ressurreição. O sepulcro vazio é um sinal que desperta a atenção dos discípulos e os leva ao encontro com o Senhor ressuscitado.

O fato de que o sepulcro estava vazio não tem que ser interpretado, isoladamente, no sentido de um ato de ressurreição efetuado por Deus. Diversas outras possibilidades de interpretação permanecem abertas: Cabe mencionar, por exemplo, a hipótese de engano, a do roubo do corpo insinuada pelas autoridades judias (cf. Mt 28,1-15) e, por fim, a hipótese de morte aparente, segundo a qual Jesus não havia realmente morrido, mas se recuperado no sepulcro, sido curado pelos discípulos e, em seguida, partido para "um outro país". (A fantasia alimentou aqui inúmeros romances sobre Jesus, cujo horizonte espacial se estende da Índia à Espanha.)

Aqui não se precisa tratar da questão de se a visita das mulheres ao sepulcro nas primeiras horas do domingo e seu descobrimento de que ali não estava o corpo de Jesus reproduz um processo histórico acontecido na forma descrita. É possível que se reflita aí uma veneração do sepulcro pela comunidade de Jerusalém.

Em todo caso, porém, o ato poderoso de Deus em favor de Jesus deve ter implicado também o corpo morto. A constatação de que o cadáver de Jesus continuava no sepulcro seria uma contradição intransponível com a proclamação pascal. Em sentido bíblico, a "ressurreição dos mortos" não tem nada a ver com uma esperança geral dos justos, dos profetas e dos mártires de serem salvos por Deus e preservados até o final da história. A "ressurreição" se insere no contexto da esperança escatológica do estabelecimento do Reino de Deus. Inclui-se aqui a redenção do ser humano inteiro e, de maneira inclusiva, a consumação de sua corporeidade (cf. 2Mc 7,9; Dn 12,2). Encontrar o cadáver de Jesus seria, para os inimigos de Jesus, uma contraprova irrefutável contra a identificação de Deus com o mediador salvífico do fim dos tempos.

*A corporeidade pneumática do Cristo ressuscitado*

A fé parte do fato da atuação de Deus em favor do Jesus morto e confessa a redenção e a consumação do ser humano Jesus em todos os elementos metafísicos materiais e espirituais constitutivos da essência humana. No entanto, esse conteúdo de fé não pode ser traduzido num *continuum* espacial-temporal visível, no qual fosse possível comprovar sua veracidade ou sua falsidade segundo critérios objetivos e empíricos.

À pergunta de como pode ser possível uma ressurreição corporal, Paulo responde aos coríntios que o corpo corruptível morre e é ressuscitado na incorruptibilidade. O princípio vital natural doado por Deus no ato criador é abarcado pelo Pneuma santo de Deus, ou seja, pela vida divina que se autocomunica. "Semeado como $\sigma\tilde{\omega}\mu\alpha$ $\psi\upsilon\chi\iota\kappa\acute{o}\nu$, ressuscita $\sigma\tilde{\omega}\mu\alpha$ $\pi\nu\varepsilon\upsilon\mu\alpha\tau\iota\kappa\acute{o}\nu$" (1Cor 15,44). Diferentemente do primeiro homem, Adão, Jesus Cristo existe como o ser humano do *eschaton* em virtude do Pneuma divino de Deus (cf. 1Cor 15,45).

A inclusão simbólica do corpo eterno de Jesus na figura ressuscitada do Senhor glorificado não pode ser completamente sincronizada com a questão da escatologia geral, ou seja, do significado da ressurreição corporal para os seres humanos cujos corpos permanecem corrompidos até o dia do juízo final. A ressurreição de Jesus dentre os mortos não é simplesmente o primeiro caso da escatologia geral. A poderosa ação do Pai significa a revelação escatológica de Jesus como Filho do Pai e portador histórico do Reino de Deus. Seu corpo e também seu cadáver participam, pela mediação de sua alma humana, na unidade da pessoa da palavra divina de Deus. Assim, sua corporeidade plena na eternidade é o sinal e o *medium* da comunhão do ser humano com o Deus trino.

Já a constituição da humanidade de Jesus através do Espírito Santo e a ligação de sua divindade e de sua humanidade por meio do Espírito indicam uma relação interior entre sua corporeidade e sua alma espiritual com a vontade salvífica de Deus, de modo que Jesus se converteu, justamente mediante sua corporeidade terrena e transfigurada, no símbolo real do novo céu e da nova terra da *basileia* escatológica.

Aqui não se afirma que o agir transcendente de Deus possa ser verificado no nível da causalidade da matéria, concebida do ponto de vista metodológico da quantidade. Isto significaria uma naturalização da revelação. A fé sustentada pelo Espírito Santo parte da ideia de que Deus não redime o ser humano num ato que excede toda a capacidade de compreensão humana, num espaço situado além da criação, mas que inclui no acontecimento redentor o mundo criado, inclusive a matéria.

### d) A ressurreição de Jesus como exaltação "à direita do Pai"

A exaltação de Jesus "à direita do Pai" é idêntica ao acontecimento da ressurreição. Entretanto, ao se falar da "exaltação" se acentua o aspecto de que o Messias compartilha o trono com Deus (cf. Sl 110,1-4).

Paulo e João renunciam a uma exposição figurada dessa ideia. Em termos de conteúdo, eles dizem o mesmo quando expressam a unidade da ação soteriológica do Pai e do Filho. A ida de Jesus ao Pai o leva ao "céu". O termo não significa um lugar espacial situado além do mundo, mas a comunhão de vida com o Pai e o exercício conjunto do reinado divino do Pai e do Filho. Na cristologia de Lucas, a ressurreição e a ascensão aparecem temporalmente separadas uma da outra por um interstício de 40 dias, mas não objetivamente descoladas uma da outra. A ascensão coincide com a última aparição pascal (Lc 24,51; At 1,1-4; cf. Mc 16,19; 2Rs 2,3.11; 1Pd 3,22; 1Tm 3,16; Cl 1,16; 1Ts 1,9), o que não exclui uma autorrevelação do ressuscitado para Paulo num momento posterior (At 9,4; Gl 1,16).

Lucas não interpreta a ascensão de Jesus (At 1,9-11) como um movimento fisicamente demonstrável, mas como um acontecimento da revelação. A "nuvem", a sombra (Lc 1,35), atrás da qual se oculta a luz gloriosa de Deus, significa o limite da experiência natural do mundo em face da experiência transcendental do poder e da presença de Deus no mundo transmitida pela fé (cf. Ex 13,21).

O ressuscitado não se afasta, numa ascensão vertical, da terra. Na história consumada do homem Jesus, Ele está, antes, todos os dias "presente para" os seres humanos (Mt 28,20).

### e) A presença atual do Senhor exaltado no Espírito Santo

Nas aparições pascais testemunha-se o Senhor ressuscitado como aquele que havia encomendado aos discípulos a missão de proclamar de maneira eficaz o Reino de Deus escatológico (1Cor 15,11; Mt 28,16-20; At 1,8; Jo 20,21). A missão que a comunidade dos discípulos recebe de Jesus se baseia na missão que Jesus recebeu de seu Pai e que exerce permanentemente por meio da Igreja. A missão salvífica universal que o Pai encomenda a Cristo está presente, no Espírito Santo, nos atos fundamentais da proclamação da doutrina, do testemunho, da celebração do batismo e da ceia, da comunhão, da oração e do seguimento realizados na Igreja instituída por Cristo.

Jesus atua no momento presente por meio da Igreja e se faz pessoalmente experimentável no exercício da comunhão eclesial dos discípulos (cf. Mt 18,20). Continua desempenhando na Igreja seu ministério real, profético e sacerdotal e é também advogado e intercessor junto ao Pai. Jesus "está à direita do Pai intercedendo por nós" (Rm 8,34; cf. Cl 3,1; At 2,23; Hb 7,25; 1Jo 2,1).

À confissão da atividade atual do Senhor ressuscitado junto ao Pai na condição de mediador da salvação se acrescenta a ideia da mediação universal por toda a criação (cf. 1Cor 8,6). Tudo foi criado por Ele e para Ele (Cl 1,16). Em Cristo, cabeça da criação inteira, Deus uniu tudo que existe no céu e na terra (Ef 1,10). Por Cristo foram definitivamente vencidos todos os poderes e potestades hostis a Deus, incluída a morte como "inimigo último do ser humano". E, então, o Senhor ressuscitado entregará seu reino ao Pai: "E Deus será tudo em todos" (1Cor 15,28) e "Cristo será tudo em todos" (Cl 3,11).

### f) A descida de Cristo ao reino dos mortos

Algumas poucas passagens do Novo Testamento falam da solidariedade salvífica de Jesus com os mortos do "mundo subterrâneo" (o *sheol*, o *hades*), ou seja, de sua descida à região dos mortos (cf., entre outros, Ef 4,9 e 1Pd 3,19; 4,8). Oferecem um ponto de conexão as antigas fórmulas de confissão, que fazem alusão a uma ressurreição "ao terceiro dia", ou "ao final de três dias" (cf. Os 6,2: "Após dois dias nos fará reviver, no terceiro dia nos levantará e nós viveremos em sua presença").

A atividade salvífica de Jesus e seu destino messiânico abrangem sua passagem para a morte. Assim, Ele chega ao "lugar dos mortos", os quais estão obrigados a uma existência distante do Espírito vivificante de Javé. Jesus realmente sofreu a morte (cf. 1Cor 15,4; At 2,29: ...como Davi "foi sepultado"). Também Ele esteve no hades e daí foi resgatado como piedoso de Deus (At 2,24.27.31; cf. Sl 16,10). A estada de Jesus no reino dos mortos está tipologicamente preanunciada no episódio em que Jonas foi engolido pelo monstro marinho (cf. Mt 12,40: a interpretação cristológica de Jn 2,1).

A concepção de uma eficácia *ativa* de Jesus na morte resulta do fato de que Ele é o vencedor dos poderes infernais (Rm 10,7; Ef 4,8s.; Ap 1,18). É o Senhor dos vivos e dos mortos (Rm 14,9). Com sua morte os túmulos se abriram "e muitos corpos de santos ressuscitaram" (Mt 27,52s.). Uma importante passagem dos enunciados bíblicos do descenso atesta que Cristo, por causa da morte que sofreu pelos nossos pecados, foi proclamar a salvação inclusive aos "espíritos encarcerados" (1Pd 3,19s.): "Por isso foi anunciado o Evangelho até mesmo aos mortos, a fim de que, julgados como seres humanos na carne, vivam segundo Deus no espírito" (1Pd 4,6). Com a imagem da salvação de algumas pessoas das águas do dilúvio se sugere uma referência tipológica ao batismo (cf. 1Pd 3,21; Rm 6,3).

Na Patrística, o artigo de fé do descenso de Jesus ao reino dos mortos foi realçado, em contraposição à gnose, como uma doutrina de fé (Inácio de Antioquia, Magn. 9,2; Irineu, haer. 5,31; Tertuliano, an. 55,5; Cirilo de Jerusalém, catech. 4,11; Jerônimo, ep. 2,4,10; Leão Magno, serm. 71,2; Agostinho, ep. 104,2,2). Segundo ela, Jesus levou, com auxílio de sua pregação, os justos das épocas passadas à salvação do Reino de Deus e derrotou o pecado, o distanciamento de Deus e a morte como os piores inimigos do ser humano. Às vezes, consta também que os apóstolos e Cristo os teriam batizado.

Em vários escritos apócrifos se constata a formação de um tema em que Jesus aparece como o vencedor dos poderes do mundo subterrâneo ("Leviatã"). Conta-se de forma vívida e dramática o aprisionamento de satanás, o regate dos justos mediante o sangue de Cristo, entregue ao diabo como dinheiro do resgate ou inclusive como uma forma de ludibriar satanás. A referência à atividade soteriológica de Jesus em contraposição a satanás, o senhor da morte (Hb 2,14), é completamente justificada. No entanto, hoje a intensa linguagem em imagens precisa ser traduzida para seu conteúdo objetivo.

Uma "teologia da Sexta-feira da Paixão" pode indicar porque o imortal quis se submeter à lei da morte e porque daí surgiu a salvação para nós (Leão Magno, ep. ad Flaviano.: DH 294). O próprio Deus desce às profundezas da morte e ao abandono de Deus próprios do pecador. Ao experimentar em si mesmo este poder, Deus vence, no Jesus crucificado e sepultado, também a lei do negativo, do diabo e do pecado, cujo salário é a morte eterna (cf. Rm 5,12; Ap 6,8). O portador da salvação de Deus, morto pelos seres humanos, foi ressuscitado por Deus dentre os mortos. Ele é o "autor da vida" (At 3,15).

A expressão *descensus ad inferos* apareceu em 370 d.C. no *Apostolicum*. No niceno-constantinopolitano se traduz o *descensus* por "foi sepultado".

### g) A revelação plena do Reino de Deus na nova vinda de Jesus para o juízo final

Na oração, já a mais antiga comunidade judaico-palestinense cristã se dirige ao Jesus ressuscitado e exaltado, ao seu Senhor: "*Marana tha – Nosso Senhor, vem!*" (1Cor 16,22; cf. Rm 13,12; Fl 4,5; 1Pd 4,7; Tg 5,8; Ap 22,20).

O Reino de Deus escatológico iniciado em Jesus existe agora em sua forma humilde e oculta. Espera-se a revelação de sua glória. À luz do acontecimento pascal e da experiência espiritual do Pentecostes, os discípulos de Jesus identificam o Messias que já veio com o "Filho do Homem por vir" (Dn 7,13), que no final estabelecerá o Reino de Deus. A comunidade espera Jesus, que foi ressuscitado dentre os mortos, para sua segunda e nova vinda como o juiz que vem do céu, onde Ele está sentado no trono à direita do Pai (Fl 3,20; 2Ts 1,7; Cl 3,1; At 3,20s.), que "nos livra do castigo divino que vem" (1Ts 1,9s.).

O "Dia do Senhor", o dia da ira e do juízo final, converte-se no dia da salvação (Is 13,6; 49,8; Ez 30,2s.; Os 14,5; Jl 2,1-11; Sf 1,14; Ml 3,2.17). Coincide com o último dia da história da humanidade, para o interior do qual se transpõe em sua validez definitiva. É o dia do Senhor, o dia de Jesus Cristo (1Cor 4,5; 11,26; 16,22; Fl 4,5). Detalhadamente, esse conteúdo de fé pode ser ilustrado também em alguns autores neotestamentários que recorrem aos tipos de imagem da literatura apocalíptica (cf. Mc 13; Ap). Com a ideia do juízo final universal se articula a esperança da ressurreição universal (2Mc 7,9.14; 12,43). Esta experimentou sua última concreção na ressurreição de Jesus. A escatologia da ressurreição é determinada internamente pela cristologia. Jesus Cristo é a causa da ressurreição do fim dos tempos do grande número daqueles que com Ele e depois dele são ressuscitados por Deus para a vida eterna (Fl 3,10s.; 1Cor 15,20; Cl 1,18; At 26,23). A nova vinda de Jesus é a consumação definitiva do ser humano na figura plena da vida eterna, outorgada a ele já agora "em Cristo" por meio do batismo e do seguimento de Jesus. Desse modo, o ser humano é já agora "uma nova criatura em Cristo" (2Cor 5,17; Gl 6,15). Já antes da ressurreição geral dos mortos, as pessoas falecidas estão com e junto a Cristo, o Senhor exaltado (1Ts 4,14.17; 5,10; Fl 1,23; 2Cor 5,1: "Sabemos, com efeito, que ao se desfazer a tenda que habitamos – nossa casa terrestre – teremos nos céus uma casa preparada por Deus e não por mãos humanas, uma casa eterna"). No entanto, o NT não oferece uma elucidação da relação entre a escatologia individual e geral e tampouco uma reflexão sobre o "tempo intermediário".

A eficácia presente da vinda escatológica de Jesus na plenitude do tempo (Mc 1,15; Gl 4,4; Cl 1,20; Ef 1,10; Hb 1,1-3) marca a relação pessoal de Cristo com maior intensidade que a questão do aspecto temporal de sua consumação no futuro.

Por isso, o cristianismo primitivo pôde assimilar sem maiores problemas a demora da parusia (compreendida em termos temporais). A dimensão futura e final da presença escatológica da *basileia* não pode, porém, ser reinterpretada no sentido de uma espiritualização da mensagem da ressurreição como, por exemplo, nos primórdios da gnose cristã (cf. 1Cor 15,12; 2Tm 2,18). A unidade de vida com Jesus Cristo não exclui, mas inclui a consumação do corpo humano na ressurreição geral dos mortos. Por isso, pertence à expectativa da nova vinda de Cristo também a esperança da ressurreição corporal *depois de* nossa morte. Na sua nova vinda Jesus revela seu ministério de mediador salvífico da *basileia*. Então todos reconhecerão o triunfo de Deus sobre "o pecado e a morte", quando o Filho – em quem se sintetiza, como o novo Adão, toda a humanidade – se submeter ao Pai, a fim de que "Deus seja tudo em todos" (1Cor 15,28). Então todos terão de comparecer perante o tribunal de Cristo (Rm 14,10; 2Cor 5,10), quando Cristo, o Redentor e Salvador, o Messias e Senhor (Lc 1,11), que é reconhecido por todos como o "juiz dos vivos e dos mortos" (At 10,42) instituído por Deus e como o "Filho do Pai".

### 4. A origem de Jesus em Deus

#### a) O mistério pessoal de Jesus: a filiação divina

*O testemunho bíblico*

O conjunto do testemunho bíblico considera que a mediação salvífica de Jesus se fundamenta na sua relação singular e exclusiva com Deus, seu Pai.

A questão soteriológica "Quem é Ele *para nós*?" lança suas raízes na questão cristológica "Quem é Ele?"

É a pergunta acerca da pessoa de Jesus e de sua relação com Deus, o Pai. Os títulos cristológicos (Messias/Cristo, Senhor, mediador, redentor, salvador, autor da vida e da salvação, respectivamente, verdadeiro Deus e vida eterna, e outros) levam aos títulos cristológicos em sentido estrito. Estes descrevem o mistério da essência de Jesus: *É o Filho, igual em essência, ou a Palavra (Logos) de Deus.*

Nesses importantes conceitos fundamentais "do Filho" ou "da Palavra" se expressa que Jesus tem sua origem na essência e na vida interna de Deus.

Jesus é o Filho unigênito de Deus, do Pai eterno, é a Palavra eterna de Deus, que se fez carne e vem ao nosso encontro neste mundo como o ser humano Jesus de Nazaré (cf. Jn 1,1.14.18; 3,16.18; 1Jo 4,9; Hb 2,17).

De modo particular, porém, o título Filho se tornou o conceito mais importante para expressar a relação singular entre Jesus e Deus.

A incomparabilidade, a singularidade, a exclusividade e a insuperabilidade da relação entre Deus e Jesus, fundamentada na essência de Deus, se revelam na conceitualização bíblica.

| Expressões | Passagens bíblicas |
|---|---|
| "Meu Filho amado" | Mc 1,11; 9,6; Lc 3,22; 9,35; Mt 2,15; 3,17; 2Pd 1,17 |
| "Deus enviou/glorificou seu Filho" | Rm 1,3.9; 5,10; 8,3.29.39; 1Cor 1,9; 15,28; Gl 1,16; 4,4.6; 1Ts 1,10; At 3,13.26; 4,27; 13,33 |
| "O Filho de seu amor" | Cl 1,13; Ef 1,6 |
| "O Pai se revela em seu Filho" | Jo 1,14.18; Hb 1,2.8; 3,6; 7,28 |
| "Seu Filho é a vida eterna" | 1Jo 1,3.7; 2,22.24; 3,23; 4,9.14; 5,9.11.12.20; 2Jo 9 |
| "Ele é o Filho unigênito do Pai" | Jo 1,14.18; 3,16.18; 1Jo 4,9 |
| "O Filho do Pai" | 2Jo 3; cf. Mc 13,32; Lc 10,22s.; Mt 11,25-27 |

É preciso levar em conta as diferenças na utilização dos conceitos: Na perspectiva do Antigo Testamento, "filho de Deus" se refere à função inerente ao Messias e filho de Davi no estabelecimento do Reino de Deus (Sl 2,7; 110). Esse emprego funcional do título filho se encontra na proclamação do ministério messiânico de Jesus, quando foi batizado por João. Numa fórmula confessional pré-paulina se fala da instituição do "Filho de Deus" no poder desde sua ressurreição dentre os mortos (Rm 1,4; cf. tb. At 13,33, onde se interpreta cristologicamente o salmo "Tu és meu filho, eu hoje te gerei", referido à exaltação de Jesus à direita do Pai.). Diferente é o uso do "título Filho" para designar a relação pessoal de Jesus com Deus, seu Pai (cf., p. ex., Rm 1,3: "O Evangelho acerca de seu Filho...").

No entanto, o título Filho empregado de forma absoluta é vinculado, por meio de um pronome possessivo, indiretamente ao ser-Pai de Deus. Daí deriva, para a origem do ser humano Jesus na unidade intradivina do Pai e do Filho/Palavra, o predicado de "o Filho de Deus". O título designa aqui, portanto, a filiação intradivina como um constitutivo essencial de Deus, que alcança a plenitude de sua vida na referência interna de Pai, Filho e Espírito Santo. Faz alusão à transcendência de Cristo ou à assim chamada filiação divina metafísica. Deve-se continuar a levar em conta que, em termos bíblicos, "Deus" nunca representa uma essência suprema abstrata nem um gênero. Deus é, antes, um nome próprio da autocomunicação e da eficácia salvífica de Javé, completamente incondicionadas, as quais no uso da linguagem de Israel e especialmente de Jesus recebem a designação de Pai.

A paternidade essencial de Deus se constitui também na realidade chamada Filho ou Palavra, com a qual o Pai se relaciona e por meio da qual se revela, na encarnação, na mediação da humanidade de Jesus.

A fórmula "Filho de Deus" é utilizada especialmente por Paulo e João para se referir à unidade essencial do Filho com Deus, o Pai (a filiação divina metafísica ou a transcendência de Cristo).

*Desenvolvimento equivocado ou explanação consequente?*

A antiquíssima crítica à filiação metafísica de Jesus se baseia na suspeita de que a exaltação religiosa dos discípulos, recorrendo a interpretações mitológicas dependentes da visão de mundo da época ou da filosofia helênica, teria transformado o simples rabino judeu Jesus num Deus ou até mesmo num segundo Deus, junto a Javé (é o que afirmam o judaísmo pós-bíblico, o islã, o arianismo, a crítica da religião, o Iluminismo, o materialismo, a teologia da religião pluralista e, não por último, diversas seitas cristãs neoarianas). Essa objeção contra o testemunho bíblico acerca de Cristo e mais ainda contra a explanação do dogma cristológico se baseia em pressupostos equivocados.

1) Jesus de modo algum foi um mestre religioso judeu, mas entendia a si mesmo – o que se pode comprovar historicamente – como mediador do Reino de Deus, um reino que tem sua origem precisamente na sua relação com Deus Pai como seu "Filho".

2) Nem no Novo Testamento nem no dogma cristão o ser humano Jesus é elevado à categoria de substância divina. A natureza divina nunca é mesclada com a humana. A divindade de Cristo se baseia, antes, numa relação específica do ser humano Jesus de Nazaré com a Pessoa-Palavra pertencente à essência de Deus, por meio da qual Deus constitui Jesus como o mediador do Reino de Deus e por meio da qual Ele se comunica aos seres humanos.

Já na fonte dos *logia* Q, encontram-se alusões à transcendência de Cristo (Jesus como o Cristo, o Senhor, a Sabedoria, o Messias/o Filho do Homem). Essa tradição, que remonta ao encontro pré-pascal com Jesus, aparece em plena luz por meio da experiência de que o próprio Deus, no acontecimento da ressurreição dos mortos, o reconheceu como o mediador escatológico da salvação e está presente nele, de uma maneira insuperável e definitiva, como a salvação dos seres humanos.

O caráter multiforme do processo de formação das confissões cristológicas se baseia na experiência pneumática fundamental histórica e pós-pascal da unidade da revelação de Jesus com Deus, cuja origem se encontra na unidade interior de vida de Deus Pai e Filho.

Distintos enfoques cristológicos no Novo Testamento não estão em contradição uns com os outros quanto ao conteúdo. Enunciam, antes, o mistério único de maneira diferente: cristologia do pascha, cristologia do pneuma, cristologia do Filho de Deus; cristologia do Logos e outras.

Entretanto, não se está lidando aqui com concepções cristológicas cientificamente lapidadas no sentido moderno. Deve-se falar antes de determinados temas fundamentais, segundo os quais se ordenou o material da tradição sobre Jesus moldado na história, na homilia e na catequese. Nesse sentido, é preciso levar em conta que o desenvolvimento da cristologia ocorreu já nos primeiros vinte anos, a saber, no período do acontecimento original de Jesus que fundou as comunidades até os princípios da formação da escritura da tradição cristã primitiva (50 até aproximadamente 100 d.C.):

> É preciso levar em consideração, no fundo, que aqui não pode tratar-se simplesmente da mera reprodução de hipóstases judaicas anteriores ou de especulações sobre mediadores, mas que a cristologia primitiva tem traços totalmente originais e se enraíza, em última instância, no acontecimento contingente da atividade de Jesus, de sua morte e das aparições do ressuscitado: a história comparada das religiões pode explicar a origem de alguns motivos concretos, de algumas tradições, elementos linguísticos e funções, mas não o fenômeno da origem da cristologia como um todo: Aqui se deve contar com a possibilidade de uma inovação para a qual não há "analogias" (HENGEL, M. *Der Sohn Gottes*, 92s.).

*A fundamental relação* Abba *de Jesus e sua autoapresentação como "o Filho"*

O Jesus pré-pascal não relacionou o predicado messiânico "Filho de Deus" com a sua pessoa. No entanto, em conexão com sua missão de mediador do Reino de Deus escatológico falou de si como "*o Filho*" (Mc 13,32; 12,6). A confissão pós-pascal a respeito de Jesus como o "Filho de Deus" se baseia no conhecimento de que Jesus falou de si como "Filho". Porque na ressurreição o Pai o reconheceu como seu Filho, também a comunidade dos discípulos de Jesus pode confessá-lo como Filho que pertence à essência de Deus. Quando Jesus reconhece a Deus como seu Pai (discursos-*Abba*) e quando Deus reconhece a Jesus como seu Filho no acontecimento da ressurreição, podem agrupar-se as experiências pré-pascais e pascais dos discípulos.

*Todos os enunciados predicativos sobre Jesus são a explicação da experiência originária da relação Pai-Filho entre Deus e Jesus: Messias, filho de Davi, servo de Javé, o Profeta, o Justo, o Senhor, a Sabedoria de Deus, o Filho de Deus e o Filho do Homem, único título utilizado pelo próprio Jesus.*

O novo em Jesus é isto: O mediador humano da revelação não se encontra frente a Deus apenas numa relação de missão exterior. Nele se manifesta progressivamente até o ponto culminante do acontecimento da ressurreição a união indissolúvel entre a PALAVRA, que pertença à essência de Deus, e sua aparição na existência e história do mediador humano.

A fim de articular por meio da linguagem essa experiência na reflexão pós-pascal, o predicado de Filho era mais adequado que qualquer outro.

> "A 'coincidência' entre Jesus e Javé não implica simplesmente uma unidade da ação total nas obras, nas palavras e nos pensamentos, mas (como fundamento do todo) uma unidade anterior também no ser" (MUSSNER, F. "Ursprünge und Erfaltung der neutestamentlichen Sohnenchristologie". In: SCHEFFCZYK, L. (org.). *Grundfragen der Christologie heute* [QD 72] 97).

Uma vez que Jesus de Nazaré é, sem dúvida, um ser humano inteiro e verdadeiro e não uma essência divina revestida de aparência humana, coloca-se a questão cristológica fundamental de saber como Ele pode vincular-se ao Filho (ou à Palavra), que pertence à essência interna de Deus, conservando sua plena natureza humana e sua humanidade.

Está formulado, assim, o problema da cristologia em geral, na medida em que se indaga pela união da natureza humana e da natureza divina de Cristo.

### b) Três concepções fundamentais da unidade humano-divina de Cristo: preexistência, encarnação, concepção pneumática

As três concepções cristológicas fundamentais, a de Paulo, a de João e a dos sinóticos, testemunham, de maneira distinta, a unidade relacional da natureza humana de Jesus como o Logos e Filho do Pai eterno. Essas concepções remontam à experiência fundamental de que a revelação de Deus na pró-existência do ser humano Jesus se fundamenta numa relacionalidade interna na consumação da essência de Deus. A autorrelacionalidade interna e a interlocução dialogal de Deus na relação original do Pai e do Filho aparecem aqui como seu ponto de referência mútuo.

A doutrina cristológica da preexistência e, assim, também a doutrina da encarnação e a fé na concepção como obra do Espírito anunciam a respeito do ser humano e do Profeta Jesus de Nazaré tão somente que aquele "ser-a-qui-para" presente em Javé (desde a eternidade) se revelou definitivamente no ser humano Jesus de Nazaré. Mas como este Jesus de Nazaré não foi uma "marionete" de Deus, mas uma pessoa histórica real e concreta, é preciso compreender trinitariamente a revelação definitiva de Javé em Jesus.

> "A doutrina veterotestamentária da sabedoria contribuiu decisivamente, como modelo linguístico, para articular como doutrina da preexistência o 'ser-aqui-para☐ de Javé revelado de maneira definitiva e pessoal em Jesus. Pois a sabedoria é a inclinação, que existe desde a 'eternidade☐, de Deus ao mundo; armou sua tenda em Israel e definitivamente em Jesus de Nazaré (Jo 1,14). Em sua presença definitiva em Jesus de Nazaré revelou seu caráter pessoal" (MUSSNER, F. "Ursprünge und Erfaltung der neutestamentlichen Sohnenchristologie", p. 103s.).

### aa) O que significa a preexistência do Filho?

A "preexistência" não significa o modo de ser celeste do ser humano Jesus nem a existência anterior de sua alma antes de sua concepção e de seu nascimento como ser humano. Tampouco significa a preexistência ideal do mediador salvífico nas ideias eternas de Deus. E muito menos pode ser posta na mesma linha que o modo de ser depois da existência terrestre. A "pós-existência" se refere à exaltação do ser humano Jesus à direita do Pai. A preexistência, por sua vez, é enunciada a respeito da divindade do Logos/Filho. A subsistência relacional do Filho do Pai eterno se apresenta como a portadora da natureza humana de Jesus assumida no tempo e na história.

### Jesus e a sabedoria preexistente

Já em Paulo se encontra uma interpretação da unidade de Jesus com Deus no sentido de uma identificação da sabedoria de Deus com Jesus (cf. 1Cor 1,24; Cl 2,3; Ap 5,12). Também na fonte dos logia e nos sinóticos se encontram alusões a uma identificação deste tipo (cf. Mc 6,2; Mt 11,19; 12,42; 13,34; Lc 2,40; 11,17; 7,35; 11,31.49). O Antigo Testamento forma um pano de fundo para uma "cristologia-sofia" ou uma cristologia da encarnação quando fala de uma espécie de encarnação da sabedoria identificada com Deus (cf. Pr 8,31; Sb 9,10; Br 3,38: a sabedoria "apareceu sobre a terra e conviveu no meio dos seres humanos"). Cf. Jo 1,14.

### A preexistência do Filho em Paulo

Paulo expressa a unidade de Cristo com Deus ao relacionar em sentido possessivo o predicado Filho com Deus. Resulta daí a formula básica "Deus e seu Filho" (Rm 1,3.9; 5,10; 8,3.29.32; 1Cor 1,9; 15,28; Gl 1,16; 4,4.6; cf. Ef 1,6; Cl 1,13; 2Pd 1,17). "Deus" não é aqui um conceito geral a respeito das pessoas divinas, mas que se identifica relacionalmente com elas. O Pai possui seu próprio ser divino somente referido ao Filho. Assim, o Filho pertence inteiramente ao Pai; e, por outro lado, recebe do Pai seu ser-filho divino.

Para nos salvar, o Pai não poupou "seu próprio Filho" (Rm 8,32), de modo que na humanidade do Filho a essência e a ação de Deus se manifestaram como "amor" (Rm 8,39). A relação filial ao Pai é a origem da missão do Filho na forma de carne (Rm 8,3). A revelação de "seu Filho" (Gl 1,1.16; 2,20) é a origem e o centro permanente. Em Jesus todos podem, por meio do dom e da graça do Espírito Santo, "participar da essência e da imagem de seu Filho" (Rm 8,29; 8,15; 5,5).

> *"Mas quando chegou a plenitude dos tempos, Deus enviou seu Filho, nascido de uma mulher e sob a Lei, a fim de que recebêssemos a adoção de filhos. Porque sois filhos, Deus enviou a nossos corações o Espírito de seu Filho que clama: 'Abba, Pai!'" (Gl 4,4-6).*

A relação pertencente à essência de Deus e a unidade histórico-salvífica da revelação do Deus e Pai de Jesus Cristo (1Cor 1,3) e de "seu Filho" se expressa também ao se falar de Jesus como "imagem de Deus" (2Cor 4,4). Deus "brilhou em nossos corações para iluminar o conhecimento da glória de Deus na face de Jesus Cristo" (2Cor 4,6). Deus é o Pai de Jesus Cristo que nos ungiu em Cristo e colocou em nossos corações o Espírito como participação na salvação prometida (cf. 2Cor 1,21s.). É o Deus do amor, da graça de Jesus Cristo e da comunhão do Espírito Santo (2Cor 13,13). A unidade essencial do Filho com o Pai se revela também quando se fala de Jesus como revelação da sabedoria de Deus e se atribui a Ele o predicado divino de "Senhor da glória" (1Cor 2,8; Ef 1,17; Tg 2,1).

No hino a Cristo pré-paulino, transmitido por Paulo, Jesus Cristo é o sujeito dos enunciados (Fl 2,6-11). Estava na mesma condição que Deus, seu Pai. Em obediência ao Pai, despojou-se a si mesmo e assumiu a vida de um ser humano e existiu na mesma condição dos seres humanos. Um único sujeito é o portador de dois modos de existência e de ambos os níveis de humilhação e de exaltação (cf. tb. 2Cor 8,9).

A preexistência do Filho é pressuposta quando se fala de Cristo como o mediador da criação (1Cor 8,6; cf. Cl 1,15-20; Ef 1,3-21).

A preexistência de Cristo é perceptível também quando Paulo interpreta como referência a Jesus a "rocha vivificante" que proporcionou a água da vida aos israelitas em sua caminhada pelo deserto: "[...] e esta rocha era Cristo" (1Cor 10,4). Paulo se refere aqui a uma eficácia salvífica oculta do Filho também na história da aliança veterotestamentária. Com a revelação plena do Filho na encarnação se revela também essa eficácia do Filho.

É deuteropaulina a ideia de que o significado salvífico de Jesus como mediador da criação, redentor, reconciliador e fundador da paz tem sua origem na união e interpenetração de Pai e Filho: "Pois nele habita toda a plenitude da divindade em forma corporal" (Cl 2,9; cf. 1,19; Rm 8,3; 1Tm 3,16; cf. tb. Jo 1,14-18).

## A preexistência na Carta aos Hebreus

Também segundo a Carta aos Hebreus, a preexistência é pressuposto da mediação de Jesus Cristo (Hb 1,1-4). Depois que Deus Pai falou de diversas maneiras aos pais por meio dos profetas, "nos últimos dias" falou aos seres humanos "por meio do Filho" (Hb 1,2). Em relação a Deus, sua essência deve ser definida como "resplendor" da "glória" divina ou como "impressão" de sua essência divina interna.

Essa unidade essencial de Deus na diferença e a irreversibilidade da relação original de Pai e Filho (cf. Hb 1,5; o Pai engendra o Filho) é o pressuposto para redimir os seres humanos de seus pecados na exaltação do Filho à direita da Majestade (Hb 1,3). Na sua filiação, o Filho se encontra no mesmo plano divino que Deus Pai. Somente na unidade do Pai e do Filho se realiza a singularidade do ser e da ação de Deus. Nessa posse plena da essência divina, o Filho sustenta "todas as coisas pela palavra de seu poder" (Hb 1,3). No entanto, para poder se tornar "o autor da salvação dos seres humanos" (cf. Hb 2,10), o Filho do Pai deve se tornar irmão de todos os seres humanos. Aceita, portanto, as condições da existência humana e se expõe ao poder do pecado, do sofrimento, da enfermidade e da morte:

> *"Pois assim como os filhos têm em comum a carne e o sangue, também Ele participou da mesma condição, para destruir pela morte aquele que tinha poder sobre a morte, isto é, o diabo... Por isso, convinha que em tudo fosse solidário com os seus irmãos, a fim de ser um Sumo Sacerdote misericordioso e fiel nas coisas de Deus, para expiar os pecados do povo" (Hb 2,14ss.).*

## A designação direta de Jesus como Deus

A partir do que foi dito até agora, fica evidente que ὁ θεός designa a pessoa do Pai. É por isso que só muito raramente o Filho é chamado de Deus, a fim de evitar uma confusão entre Pai e Filho. O Filho não é um segundo exemplar do gênero "divindade", mas o portador da relacionalidade de Deus, que pertence essencialmente ao ser Deus do Pai. A designação do Filho como Deus é apenas uma maneira distinta de expressão para o Filho do Pai, que pertence à essência de Deus.

No entanto, no hino de louvor, Paulo pode perfeitamente falar de Jesus Cristo como o qual "está acima de tudo, Deus bendito pelos séculos!" (Rm 9,5). Nós cristãos devemos aguardar "a manifestação gloriosa do grande Deus e do Salvador nosso, Jesus Cristo" (Tt 2,13; cf. 2Pd 1,1). O Apóstolo Tomé pode dizer ao Senhor ressurreto: "Meu Senhor e meu Deus" (Jo 20,28). O Filho de Deus veio ao mundo para que conheçamos o Deus verdadeiro e tenhamos em Jesus Cristo a vida eterna. Pois: "Ele é o verdadeiro Deus e a vida eterna" (1Jo 5,20; cf. Jo 17,3).

### bb) A encarnação do Logos

Poucas décadas depois de Paulo, no Evangelho de João, o Filho de Deus preexistente pode ser identificado com a sabedoria ou a Palavra de Deus. O conceito "sofia" foi substituído pelo da Palavra de Deus. O marco de referência, porém, não é o conceito de logos da filosofia helenista, que aceita a existência de uma razão divina que penetra o mundo inteiro.

O conceito de logos em João se articula, antes, com a ideia veterotestamentária da palavra poderosa (*dabar*) de Deus. A LXX traduz esse conceito-chave da "Palavra de Deus" por λόγος. Nos princípios da formação da linguagem cristã, logos significa o Evangelho de Jesus Cristo a respeito do Reino de Deus, que se consuma em seu destino de cruz e ressurreição (cf. Lc 1,2). Por conseguinte, "logos" pode ser uma designação para o Filho de Deus, que se expressa a si mesmo, em palavras e atos, em Jesus Cristo (Jo 1,14-18; Ap 19,13).

> "Portanto, é absolutamente certo que o prólogo (do Evangelho de João) não pode ser derivado de fontes gnósticas, mas que se insere no contexto de uma sólida tradição intracristã e judaica. As principais afirmações cristológicas do quarto evangelho, como 1,1: '...e a Palavra estava com Deus, e a Palavra era Deus' ou 10,30: 'Eu e o Pai somos um', marcam o objetivo e a consumação da cristologia neotestamentária" (HENGEL, M. *Der Sohn Gottes*, 114s.).

Só é possível superar a infinita distância entre Deus e o ser humano quando o próprio Deus assume, em sua Palavra eterna e em seu Filho, a existência humana e se faz carne (= ser humano).

Já Paulo fala de uma vinda do Filho na forma de carne (Rm 8,3). Uma "fórmula de fé" pode falar da "manifestação de Jesus Cristo na carne" (1Tm 3,16; cf. tb. a utilização do motivo da epifania para a vinda de Jesus ao mundo; 2Tm 1,10; Tt 2,13; 3,4-7).

Não se trata, portanto, de uma interpretação qualquer do fenômeno Cristo ou apenas uma dentre muitas outras interpretações, quando a cristologia protoeclesial, na coerência interna de suas intenções, culmina nos conceitos do Evangelho de João. A divindade do Filho/Palavra é o pressuposto da encarnação de Deus e da mediação escatológica salvífica de Jesus Cristo:

> "E a Palavra se fez carne e habitou entre nós; vimos a sua glória, a glória de Filho único do Pai, cheio de graça e verdade... Porque a Lei foi dada por meio de Moisés, a graça e a verdade vieram por Jesus Cristo. Ninguém jamais viu a Deus. O Filho único de Deus, que está junto ao Pai, foi quem no-lo deu a conhecer" (Jo 1,14-18; cf. Hb 2,14; Pr 8,31; Br 3,38).

A negação da vinda do Filho de Deus na carne é, portanto, o sinal inconfundível de um espírito anticristão e hostil a Deus (cf. 1Jo 4,2s.; 2Jo 7). O impulso decisivo para a formação do conceito de "encarnação" (da Palavra de Deus) partiu de Irineu de Lião (haer. III, 19,1) num contexto argumentativo nitidamente antignóstico.

A fim de evitar uma interpretação equivocada do conceito de carne, possível na antropologia dicotômica do helenismo, a partir do século IV se falou de uma "humanização de Deus".

Assim como os conceitos de Pai, Filho e Espírito devem ser empregados analogamente, também as designações aplicadas à relação original em Deus ("engendrar", "nascer", "proceder" e "espirar") devem ser compreendidas analogicamente. O Filho é o unigênito do Pai (Jo 1,14.18; 3,16.18; 1Jo 4,9) ou é engendrado por Deus (1Jo 5,18; Jo 1,18). O conceito "engendrar" se refere aqui à *divindade* do Filho. A natureza humana de Jesus, porém, não é engendrada pelo Pai em sentido biológico ou sexual. Ela passa a existir mediante o ato da encarnação. A expressão do salmo sobre a geração do "filho de Deus" messiânico é aplicada no Novo Testamento à ressurreição e a entronização pública do Messias, mas não ao surgimento da vida do ser humano Jesus a partir da Virgem Maria por obra do Espírito (cf. Sl 2,7; At 13,33; Hb 5,5; em Hb 1,5s. se encontra uma referência do Sl 2,7 à processão intradivina do Filho).

*cc) A concepção do ser humano Jesus por obra do Espírito e seu nascimento da Virgem Maria*

Os evangelistas Mateus e Lucas oferecem uma nova abordagem que apresenta a cristologia na perspectiva da humanidade de Jesus.

Paulo e João expõem o mistério de Cristo imediatamente a partir da referência do Pai ao Filho (*ex parte naturae assumentis*). Diferentemente dessa cristologia "de cima", a cristologia dos sinóticos inicia com a humanidade de Jesus (*ex parte naturae assumptae*). A história de Jesus é descrita em estilo narrativo. Só de maneira indireta e implícita se deduz, a partir de sua atividade e de seu poder divino, a íntima conexão de sua pessoa com Deus Pai.

A questão cristologicamente relevante – a saber, quais os pressupostos necessários para que uma natureza humana possa existir de modo tão imediato na Palavra de Deus – não aparece diretamente no campo de visão numa cristologia de cima.

Portanto, existe coerência interna quando Lucas e Mateus vão além do material procedente de Marcos e elucidam, a partir de sua dimensão cristológica, pneumatológica e teo-lógica, os princípios não só da atividade pública de Jesus, mas de sua vida em geral, na concepção e no nascimento (Mt 1,18-25; Lc 1,26-38; 2,23). Determinante é sua concepção de que a vinculação constitutiva entre a eterna vontade salvífica de Deus e sua revelação na palavra, assim como sua realização histórica, só pode ser obra do "espírito e do poder" de Deus (Lc 1,35; At 4,27; 10,38). *Pneuma* e *dynamis* são aqui sinônimos do poder criador de Deus (cf. Lc 24,49: Espírito = poder de Deus). Porque o ser humano Jesus passou a existir mediante um ato singular de Deus, por meio deste mesmo ato de Deus (de seu Espírito) ele está tão vinculado com Deus Pai que, enquanto ser humano, pode ser a presença de Deus. No entanto, além das alusões e possibilidades concepcionais veterotestamentárias (cf. Is 7,14 LXX), o predicado de Filho transcende seu significado funcional. Converte-se em designação da unidade de ação de Jesus com Deus. Esta se fundamenta, porém, por meio do agir de Deus e de sua autorrevelação, no mediador salvífico escatológico, que está vinculado ao Pai na origem e na existência humana de Jesus, em sua história como ser humano e em sua consumação humana por meio do Espírito de Deus.

As introduções cristológicas em Mateus e Lucas não tematizam que o Filho do Pai se torna ser humano, mas que o ser humano Jesus pode ser, a partir da origem e do princípio de sua humanidade por meio do poder do pneuma divino, o Messias e inclusive mais que isto, a saber, a figura humana da presença do Reino de Deus escatológico. Elas podem dialogar com a tradição de uma cristologia pré-paulina do pneuma. Esta já havia concebido a ressurreição de Jesus como o reconhecimento do Pai da filiação messiânica divina de Jesus e como sua exaltação para a comunhão do trono com Deus por meio do "Espírito de santidade". Por fim, os relatos sinóticos do batismo fundamentam a messianidade de Jesus com o fato de Ele estar cheio do Espírito Santo. É por essa razão que Jesus pode ser proclamado o "Filho amado do Pai".

O enunciado cristológico

O relato bíblico da concepção de Jesus pela Virgem Maria por obra do Espírito não pretende representar uma curiosidade biológica. Na perspectiva dos gêneros literários, em Lc 1,26-38 trata-se de uma *homologia cristológica* e não, como muitas vezes se afirma, de uma lenda, de um midrash ou de um mito (cf. cap. 8, p. 344).

Este novo gênero literário de "homologia de Cristo", criado pela Igreja (SCHÜRMANN. *Das Lukasevangelium*. HThK III/1, 20s.), presente nas "pré-histórias" de Lucas (e Mateus), se refere ao acontecimento singular e incomparável de que a existência humana de Jesus não se deve à dupla causa da mediação da ação criadora de Deus, como ocorre na geração natural do homem e da mulher. Antes, a natureza humana de Jesus existe com base num ato de autocomunicação imediata de Deus. O mediador humano da *basileia* não pode ser engendrado por pessoas humanas (tampouco pelas duas causas), mas só pode ser concebido. Sua mãe não o engendra juntamente com um varão, mas o concebe sozinha, ou seja, não como esposa, mas como virgem.

O acento principal do relato-confissão se baseia no enunciado sobre Jesus. É o *Emanuel* (Mt 1,23). Ocupa o *trono de Davi* (Lc 1,32). O Reino de Deus que Ele proclama *não terá fim* (Lc 1,33). *Salvará* seu povo dos pecados (Mt 1,21). Nele o Deus de Israel *visitou seu povo*, proporcionou salvação e "fez surgir em nosso favor um poderoso Salvador, na casa de Davi, seu servo" (Lc 1,68). Ele é o *Salvador, o Messias, o Senhor* (Lc 2,11). Seu nome é Jesus: "Javé salva" (Mt 1,21; Sl 130,8). É a salvação dos povos e a luz das nações, *glória* (divina) *do povo de Javé* (Lc 2,29-32).

Mateus e Lucas se reportam, por vias independentes entre si, às mais antigas tradições da comunidade palestinense, da qual faziam parte os parentes de Jesus (cf. Mc 3,21.31; 6,3; At 1,14). Assimilaram, portanto, um material da tradição, mas não para oferecer uma verificação biológica ou histórica da origem divina de Jesus, o que é fundamentalmente impossível. A coesão da relação interior entre Deus e Jesus se revela somente na fé. Isto, porém, não exclui, mas inclui que Deus atua realmente no mundo e também determina as condições materiais de sua existência. Assim, a concepção de Jesus tem sua causa na ação pneumático-dinâmica de Deus.

Uma causalidade pneumática como condição para o nascimento não era uma ideia estranha ao judaísmo veterotestamentário. Uma concepção virginal ou até mesmo a preexistência do Messias, por outro lado, suplanta as possibilidades conceituais do Antigo Testamento (cf. Strack-Billerbeck III, 20). Recorde-se a ação pneumático-criadora na concepção de Isaac, Sansão, Samuel e João Batista (cf. Gn 18,14; Jz 13,1-25; 1Sm 1,9-11; Jr 32,27; Lc 1,5-25).

A vontade salvífica criadora de Deus supera as deficiências humanas, como idade ou infertilidade, e faz possível a concepção sexual natural das mulheres com seus maridos. Pois, para a palavra criadora e eletiva de Deus, da qual surge o mundo em toda sua dimensão existencial e também em sua esfera de ação natural, *nada é impossível* (Gn 18,14; Jó 42,2; Jr 32,27; Lc 1,38; 18,27; Mc 10,27).

De modo algum, cabe imputar, neste contexto, aos autores bíblicos desconhecimento das condições naturais da geração (cf. Gn 1,27s.; Sb 7,1s.).

O fato de que no nascimento do ser humano Jesus a partir da Virgem Maria, sem colaboração masculina, não só se supera um limite relativo das possibilidades humanas, mas um limite absoluto, é a prova da singularidade da figura do mediador salvífico Jesus de Nazaré. Supera todas as figuras proféticas, porque deve seu ser humano imediatamente à vontade de autocomunicação de Deus. Na medida em que Deus é o criador de todo ser humano individual, Ele se comunica a todo ser humano no ato transcendente da criação. Somente no caso de Cristo, porém, Deus é o autor da existência de sua natureza humana sem qualquer geração humana criada e natural. Dessa maneira, o ser humano Jesus é constituído como o mediador escatológico da salvação pelo qual e no qual o próprio Deus está presente em toda sua plenitude.

Sabendo quais são as condições naturais da geração humana, Maria pergunta: "Como acontecerá isso, pois não conheço homem?" (Lc 1,34). A resposta que recebe não é uma explicação fisiológica de um acontecimento milagroso arbitrário (no sentido de uma "quebra das leis naturais"). Ela só pode assumir sua vocação de ser a mãe do Senhor por meio da fé e da livre disposição de assumir essa tarefa a partir da palavra revelada de Deus. O *pneuma* e a *dynamis* de Deus, que a cobrirão com sua sombra, não são causas categoriais criadas que possam ser empiricamente verificadas. A presença escatológica de Deus na humanidade de Jesus só é possível na fé na palavra salvífica e onipotente de Deus. A "sombra de Javé" descreve a luz gloriosa de Deus, que se dá a conhecer indiretamente por meio da "nuvem" (cf. Ex 24,12-18).

Nas mitologias egípcias e gregas não há concepção virginal, mas apenas relações sexuais entre deuses e esposas humanas ou meninas virgens, respectivamente, uma fecundação quase física. Na homologia cristológica dos autores neotestamentários justamente *não* se trata da descrição de uma relação teógama entre Javé e Maria. Uma geração sexual por Deus não é excluída por razões de decoro nem por hostilidade ao corpo. Ao contrário, a *sexualidade é expressão da causalidade criada*. No entanto, Javé não é uma criatura. Atua sobre as criaturas, mas não de maneira criada (cf. cap. 3).

Deus faz surgir em seu poder criador soberano a natureza humana de Jesus a partir do "sim" crente de Maria e da disposição material de sua corporeidade feminina. Isto fundamenta uma relação transcendental da natureza humana de Jesus com Deus. Com base na forma singular da criação de sua humanidade, Jesus tem uma relação transcendental exclusiva com Deus (*assumendo creatur*). Com base na relação singular entre Deus e o ser humano Jesus surge uma relação exclusiva do ser humano Jesus, como Filho de Deus messiânico, com "Deus, seu Pai" (cf. Lc 2,49).

A causa transcendental da origem da vida de Jesus em Maria sem a colaboração de um homem não é empírica e objetivamente concebível. Só se pode conhecer a repercussão na criatura na medida em que se produziu a concepção sem colaboração de um homem. *Por isso, o surgimento pneumático da vida de Jesus é causa, e sua concepção virginal é sinal da relação filial de Jesus com o Pai, fundada imediatamente em Deus.*

### A ligação entre a cristologia da preexistência e a cristologia do pneuma

A cristologia da encarnação e a cristologia na perspectiva da humanidade de Jesus partem de problemáticas distintas. No entanto, encontram-se no ponto em que pretendem expressar a unidade da divindade e da humanidade de Cristo. A cristologia da encarnação parte da divindade do Filho e da Palavra e, a partir daí, reflete sobre a humanidade que Ele assume. A cristologia sinótica "de baixo" inicia, por sua vez, pela humanidade de Jesus e indaga pelo fundamento de sua unidade interna com Deus.

> "Um só é o médico da carne e, ao mesmo tempo, do espírito, gerado e ingênito, Deus aparecido na carne, vida verdadeira na morte, de Maria e, ao mesmo tempo, de Deus, primeiro, capaz de sofrer e, depois, incapaz de sofrer, Jesus Cristo, Nosso Senhor" (*Inácio*, Ef 7,2).

### A confissão da Igreja

No credo estão ligadas entre si a encarnação e a concepção de Jesus por obra do Espírito na Virgem Maria: Cremos em Jesus Cristo que, em virtude da encarnação, assumiu a natureza humana e como ser humano "nasceu do Espírito Santo, 'do seio' da Virgem Maria" (DH 10 passim).

A partir do século II, o Magistério da Igreja refutou não só as interpretações espiritualizantes ou simbólico-metafóricas da concepção virginal de Jesus em Maria por obra do Espírito Santo, mas também, obviamente, uma compreensão no sentido de uma "teogamia". Uma interpretação histórico-salvífica e simbólico-real é exigida por meio do enunciado: "nasceu do Espírito Santo, [do seio] da Virgem Maria, sem sêmen viril – *sine virile semine*" (cf. DH 44; 62; 189; 368; 503; 533; 547; 619; 1337).

A concepção por obra do Espírito obviamente não fundamenta a filiação divina do Filho, mas é necessária para a união da natureza humana de Jesus e com a Palavra divina e para a inclusão imediata dessa natureza na relação filial do Logos com o Pai. Só assim se pode dar ao Logos o ser-humano de Jesus como imediatamente seu (cf. Epifânio de Salamina, anc. 119). Por isso é que o Concílio de Éfeso descreve a unidade de sujeito de Jesus de modo a chamar Maria mãe de Deus (*theotokos*). É, em sentido verdadeiro, "mãe do Filho de Deus", que nasceu dela como homem (DH 251).

Contra a influente seita dos socinianos que, em oposição diametral à tradição cristã, negavam a Trindade de Deus, a encarnação do Logos e o caráter sobrenatural da graça, e assim se converteram em mensageiros de uma destruição do cristianismo no racionalismo e na crítica da religião, se dirige a constituição *Cum quorumdam hominum* do Papa Paulo IV, em 1555. Abandona a fé católica aquele que afirma

> "que nosso Senhor não é verdadeiro Deus, em tudo na mesma substância que o Pai e o Espírito Santo; ou que Ele, segundo a carne, não foi concebido do Espírito Santo no útero da beatíssima e sempre Virgem Maria, mas, à semelhança dos outros homens, do sêmen de José" (DH 1880).

## III. A CONFISSÃO DE CRISTO NA HISTÓRIA DA FÉ

### 1 Visão geral dos temas e etapas da história dos dogmas cristológicos

À primeira vista, o desenvolvimento dos dogmas cristológicos, teológico-trinitários e pneumatológicos dos primeiros séculos parece ser extremamente complicado e desordenado. No entanto, é relativamente fácil encontrar uma orientação quando se relaciona as três perspectivas principais da cristologia com o desenvolvimento geral, a saber:

1) A questão da *verdadeira divindade da Palavra divina* que vem ao nosso encontro em Jesus de Nazaré como ser humano;

2) A afirmação da plena, verdadeira e íntegra *natureza humana de Jesus*, que só é imaginável com um corpo humano real e uma alma racional humana dotada de vontade que garante a unidade do *compositum* corpóreo-espiritual da natureza humana e pode, ao mesmo tempo, realizar a referência transcendental a Deus;

3) Por fim, a difícil questão da *unidade de ambas as naturezas na pessoa/hipóstase/subsistência do Logos* ou Filho eterno do Pai.

### a) A confissão de Cristo na época dos Padres da Igreja

A Igreja primitiva empreendeu uma *teologia da encarnação* (entretanto, não em oposição a uma teologia da cruz ou da ressurreição). A fim de poder transmitir no âmbito da cultura helenista a pretensão de verdade universal da revelação, os teólogos da Igreja primitiva tiveram de relacionar a confissão de Cristo com o horizonte conceitual de uma interpretação filosoficamente refletida da realidade. Caso o cristianismo não quisesse se apresentar como uma tradição religiosa específica de fundo judeu, aquela exposição era inevitável. O recurso e a redefinição de categorias filosóficas não era uma traição à origem do cristianismo, mas uma transformação, fiel ao conteúdo, da fé em Cristo no horizonte de compreensão universal da razão humana.

O mistério da fé permanece garantido, uma vez que o fato da encarnação não se deduz a partir das estruturas racionais gerais; mas a universalidade da pretensão da revelação é assegurada, uma vez que o acontecimento se expressa em conformidade com a razão e por meio de uma linguagem humana com conceitos mais precisos.

Os debates em torno das condições objetivas e formais da exposição teológica do acontecimento de Cristo fizeram palpável a necessidade de distinguir duas categorias (natureza e pessoa) para poder expressar numa estrita linguagem teológica a unidade humano-divina de Jesus.

A unidade de toda natureza espiritual depende de duas determinações, a saber, do fato da sua existência individual por causa da ação do Deus criador que forma a pessoa e do conjunto de condições sob as quais uma existência individual se realiza e se consuma na história (alma e corpo).

No caso da natureza humana de Jesus, o princípio atualizador de sua existência como ser humano não é um ato criador geral de Deus, mas o próprio ser do Logos que possui sua divindade numa relação pessoal com o Pai e se une com a natureza humana de Jesus no ato de unificação que forma a pessoa. A essa visão fundamental servem os conceitos cristológicos centrais:

| Grego | ousia/physis etc. | hypostasis/prosopon |
|---|---|---|
| Latim | *essentia/substantia* (*secunda*) | *substantia prima/subsistentia/ persona* |
| Português | essência/natureza | pessoa/ato essencial individualizador |

A formulação clássica do dogma cristológico diz:
*Nosso Senhor Jesus Cristo é a Pessoa única da Palavra divina que subsiste eternamente na natureza do Logos e temporalmente na natureza humana assumida (uma pessoa em duas naturezas).*

Aqui é preciso ter em conta que a palavra "Jesus" não significa apenas a realidade humana sensivelmente perceptível do ser humano Jesus de Nazaré (o *prosopon* da natureza, ou seja, a figura da unidade sensivelmente perceptível do ser humano), mas a pessoa (invisível) do Logos que sustenta a unidade das duas naturezas e individualiza a existência humana concreta de Jesus. Essa pessoa sustenta a relação singular de Jesus com o Pai. Ela fundamenta sua existência como "o Filho".

Uma elucidação conceitual satisfatória se esboça pela primeira vez em virtude da contribuição teórica dos capadócios.

Uma cesura no desenvolvimento dos dogmas e, de certo modo, a conclusão da cristologia da Igreja primitiva representa o III Concílio de Constantinopla (680-681), e mais ainda o II Concílio de Niceia (787), contado como o sétimo concílio ecumênico, na medida em que a veneração de imagens, permitida pela Igreja, apresenta uma referência ao significado salvífico da humanidade de Jesus.

A cristologia patrística estava em estreita conexão com a soteriologia e não surgiu de uma necessidade exagerada de especulação abstrata.

Pode afirmar-se o seguinte: *Só se o Logos realmente é Deus e realmente se fez ser humano, fomos redimidos e participamos, como seres humanos, da graça de Deus* (Atanásio, incarn. 54: "pois Ele se fez ser humano, para que nós fôssemos divinizados").

Além disso, em razão de interesses soteriológicos, é preciso insistir na plena natureza humana de Jesus (cf. Gregório de Nazianzo, ep. 101: "O que não foi assumido não foi redimido: *quod non est assumptum, non est sanatum*").

### b) A cristologia na Escolástica

A Idade Média latina e a bizantina receberam o dogma de Cristo da Igreja Antiga. Na Escolástica latina há uma assimilação criativa da tradição, especialmente no que se refere a uma compreensão conceitual mais rigorosa do mistério da união hipostática (Tomás de Aquino e João Duns Escoto). Também aqui foi determinante a orientação soteriológica.

Somente na Baixa Idade Média se processa uma separação entre a especulação sobre a união hipostática e a soteriologia.

Os reformadores enfatizaram novamente a finalidade soteriológica de toda a cristologia. São céticos quanto a uma cristologia abstrata e realçam a conexão entre a cristologia e a problemática da justificação.

### c) Crise e prova da cristologia no Iluminismo europeu

Sob os pressupostos modernos de uma filosofia subjetiva se intensifica a tendência de se fazer uma contraposição entre a cristologia de base ontológica e uma via de acesso a partir da antropologia psicológica. Uma concepção deísta de Deus não permitia mais chegar à realidade da atuação de Deus na história, nem à realidade da encarnação. O deslocamento da perspectiva da ontologia para a psicologia da personalidade implicava uma inversão da problemática. Não se pergunta mais como o Logos se une com uma natureza humana, mas como pode conhecer-se a si mesmo um ser humano concreto, em sua consciência empírica, quando forma uma unidade com Deus. Aqui entra em cena o moderno dualismo cognitivo entre ideias atemporais e eternas e acontecimentos acidentais e contingentes da história.

Somente uma reflexão epistemológica e ontológica fundamental poderia recuperar o horizonte cognitivo dos enunciados cristológicos. Nesse sentido, foi decisiva uma compreensão histórico-transcendental da realidade. Só diante desse horizonte se pode tornar plausível a autocomunicação do Deus transcendente por meio de uma atuação na história.

### 2 *A formação do dogma cristológico nos sete primeiros séculos*
### a) Primeiras reflexões cristológicas

Em determinados escritos de inspiração judaico-cristã (*Primeira Carta de Clemente, Didaquê,* e apócrifos vétero e neotestamentários reelaborados na perspectiva cristã como, por exemplo, as *Odes de Salomão,* a *Carta de Barnabé* e o *Pastor de Hermas*) se destaca, sob os pressupostos do monoteísmo bíblico, a divindade de Jesus. Ela aparece numa relação singular com Deus Pai. Interpreta-se a filiação numa perspectiva histórico-salvífica funcional. No entanto, seu fundamento está no próprio ser de Deus.

*Jesus, o "nome de Deus"*
Em sua pessoa e em sua história, Jesus é o "nome de Deus", ou seja, a manifestação da sua essência na história (cf. Ex 3,14; Is 7,14; Mt 1,23; 28,19; At 4,12; Jo 17,6).

*Jesus, o "servo de Deus"*
Jesus é descrito como o filho de Davi e o servo de Deus. Ele é a aliança, o início da comunhão com Deus pela graça ou a lei divina em meio à realidade do mundo.

*Jesus, o "angelos de Deus"*
Recorrendo às teofanias veterotestamentárias sob a figura do "anjo de Javé", entende-se Jesus também como o *angelos* de Deus por excelência (que não deve ser confundido com os anjos de natureza criada).

*Jesus, o "pneuma de Deus na carne"*
Assim como no AT *pneuma* e *sophia* representam os modos de atuação de Deus, agora se entende o ser humano Jesus como o modo da presença encarnada da vontade salvífica de Deus.

Só mais tarde, no contexto da controvérsia com o modalismo sabeliano (negação da diferença hipostática entre o Pai, o Filho e o Espírito), seria reconhecida a insuficiência das concepções cristológicas baseadas no esquema *pneuma-sarx*.

O ponto de conexão bíblico é o discurso geral sobre Deus como espírito (cf. Jo 4,24: "Deus é espírito"). Sua manifestação na carne é, por assim dizer, um outro estado de agregação, uma contração do pneuma divino na existência humana e corpórea de Jesus.

Num contexto completamente diferente encontra-se a caracterização de Jesus de acordo com os dois níveis *kata pneuma* e *kata sarka* (cf. Rm 1,3s.). Aqui não se fala da divindade e da humanidade de Cristo, mas dos dois níveis de humilhação e de exaltação do Filho do Pai em sua realidade humana. O pneuma divino não designa a divindade do Logos e do Filho (cf. Gl 4,4-6; Rm 8,3), mas a ligação do ser humano Jesus com Deus ou com o Filho do Pai. Segundo sua humanidade, Jesus é ressuscitado dos mortos e lhe é confiado o exercício do ministério messiânico na *basileia*. Neste sentido, pode-se chamar o Senhor de espírito, e é esse espírito do Senhor que produz a liberdade (2Cor 3,17). Deve-se levar em conta que em Paulo e João o pneuma designa também um portador autônomo da autocomunicação divina distinto do Pai e do Filho. Neste sentido, Logos e pneuma não são idênticos.

Deixar de levar em conta essa diferença pode conduzir a um binitarismo. Lactâncio (inst. 304/313) identifica o Filho com o Espírito Santo. Além disso, Deus havia engendrado ainda um Terceiro. Mas esse teve inveja do Filho, caiu em pecado e se tornou idêntico ao diabo (inst. 2,8).

Por causa desse possível mal-entendido modalista ou binitarista, o esquema *pneuma-sarx* foi perdendo espaço no decorrer do século II, sendo substituído pelo esquema *logos-sarx*, mais adequado ao conteúdo e mais próximo da Bíblia. Já não se pode dizer, de forma indistinta, que Deus se fez ser humano no *pneuma* ou na *sophia*. Antes, foi a hipóstase da palavra eterna, distinta do Pai e do Espírito Santo que se fez carne (Jo 1,14).

### b) A negação da divindade de Cristo (adocionismo)

Nos círculos judaico-cristãos do século II surgiu o *ebionismo*. A vinculação de Jesus com Deus se inscrevia na mesma categoria da eleição de um profeta. No batismo no Jordão, o Espírito desceu sobre Jesus; desse modo, Deus se revelou por meio dele. No entanto, Jesus seria apenas um ser humano a quem Deus confiou uma missão reveladora. O vínculo entre Deus e o ser humano sucederia por meio de uma espécie de *adoção*. Unicamente por meio dessa categoria, os ebionistas acreditavam ser possível salvaguardar o monoteísmo bíblico. Dessa maneira, porém, Jesus é Filho de Deus só em sentido impróprio. Trata-se, neste caso, de uma *cristologia de adoção essencialista*, que não deve ser confundida com a proclamação do Messias (Mc 1,11) ou com sua exaltação e entronização (cf., p. ex., Rm 1,3s.).

A partir dessa interpretação equivocada do ministério profético de Jesus, a cristologia eclesial se mostrou bastante reservada também frente a uma visão em si mesmo legítima de Jesus como "o profeta escatológico". Por causa do erro de interpretação adocionista, de agora em diante não se prestou mais a devida atenção, inclusive ao batismo de Jesus e ao seu significado para o conhecimento de sua messianidade.

No século III, encontram-se ideias semelhantes em *Teodoro Curtidor*, de Bizâncio, e no Bispo *Paulo de Samósata*. Num sínodo de Antioquia, o bispo foi condenado como herege porque afirmava que Cristo era um homem normal (*purus homo*), em que a Palavra eterna somente habitou do mesmo modo que a divindade tem sua morada no templo. Este sistema se chama *monarquianismo dinâmico*. Sublinha a unidade e unicidade (mon-aquia) de Deus Pai. Portanto, Deus só pode estar presente em Jesus segundo o poder (*dynamis*).

*Fotino de Sírmio* († em 376) ensinou um adocionismo radical, segundo o qual Jesus foi só um simples ser humano, externamente vinculado (por adoção) ao Logos em virtude de seus méritos e da prova de sua obediência. Os adeptos dessa doutrina são chamados de *fotinianos* ou também de *homuncionistas*.

Numa certa proximidade com a cristologia adocionista, encontra-se também a contraposição gnóstica entre o ser humano histórico Jesus e o Cristo supra-histórico. Segundo *Irineu* (haer. I,26,1), um certo *Cerinto* ensinava que o filho natural de José e Maria – um nascimento virginal lhe parecia impossível – havia superado a todos os demais homens em prudência e sabedoria. No batismo do Jordão, desceu sobre ele um princípio-Deus, Cristo, na forma de uma pomba. Esse princípio-Cristo, porém, o havia abandonado novamente na sua paixão. Assim, na cruz só Jesus sofreu, mas não o princípio divino de Cristo.

### c) A negação da verdadeira humanidade de Cristo (docetismo e gnosticismo)

O docetismo é um agrupamento de tendências que concordam quanto à negação da realidade plena da natureza humana de Cristo. Já nos escritos de João se encontram debates a respeito de antigas dúvidas gnóstico-docéticas, por exemplo, se Cristo "realmente veio na carne (1Jo 4,2s.; 2Jo 7; cf. Hb 2,14). Também teólogos de orientação eclesial, como Clemente de Alexandria e Orígenes, e mais tarde, no século VI, Juliano de Halicarnasso, que defendia o aftartodocetismo (do grego, *aftharsia* = incorruptibilidade), aceitavam, sobre o pano de fundo de uma antropologia platônica, certas limitações das funções corporais de Jesus, por considerá-las muito "baixas", respectivamente, no monofisismo de Juliano se difundia que o corpo de Cristo já antes da ressurreição era imune a dor, incorruptível e imortal.

É possível estabelecer uma conexão entre o docetismo e a *gnose*. Esta corrente religiosa e especulativa, que nos séculos I e II influenciou intensamente o sentimento cultural do mundo romano-helenista, é completamente inconciliável com a fé cristã, especialmente com sua concepção de um Deus pessoal, com a fé na criação, com a encarnação, com a corporeidade da ressurreição e com a liberdade pessoal do ser humano no seu agir moral. Segundo sua intuição fundamental, a gnose se baseia numa contraposição dualista entre o mundo superior, espiritual e divino, por um lado, e o mundo terreno e material, por outro lado. O ser humano pode escapar deste mundo material inferior e mau se por meio de um movimento cognitivo especulativo (= gnose) se libera de seu cativeiro material e consegue voltar às suas origens espirituais transcendentais na esfera do divino. Essa autolibertação por meio do conhecimento é uma postura diametralmente oposta à concepção cristã, que atribui exclusivamente a Deus a ação libertadora e ensina que o mundo material e sensível é bom e que, portanto, Deus pode estar presente também na realidade histórica do ser humano Jesus. Também a concreção da mediação salvífica da Igreja nos sacramentos, enquanto os meios da união das criaturas com Deus (cf. *Irineu*, haer. I, 21, 4), exclui qualquer desprezo gnóstico do corpo e do mundo. Em sua visão fantástica do mundo, os gnósticos podem inserir, como peças decorativas, inclusive alguns enunciados de conteúdo procedentes das mais diversas religiões. Apesar de negar a realidade histórica da revelação no acontecimento de Cristo, "Jesus" podia ser incluído, mesmo assim, no sistema especulativo da gnose como a materialização, condicionada ao tempo, da figura de um redentor universal supratemporal. O Jesus histórico é, então, apenas o invólucro exterior do Cristo transcendente e impassível ou da ideia especulativa de Cristo. No momento de sua morte, este Cristo havia se despojado da roupagem do corpo de Jesus. A ressurreição significa, então, a imortalidade da ideia de Cristo, independentemente do Jesus histórico, sujeito à decomposição e à dissolução na matéria. O Cristo eterno passou, assim, completamente intocado, através do mundo da matéria natural. Portanto, na cruz, Cristo ou o Logos sofreu só aparentemente (*dokein* = aparecer, parecer).

Também *Marcião* (89-160) defendeu um dualismo radical. Este conhecido herege do século II contrapunha ao Deus do Antigo Testamento, a quem interpretava equivocadamente como o demiurgo criador da matéria má, o Deus bom do amor do Novo Testamento. Cristo havia possuído só um corpo aparente. Na cruz e na ressurreição, Ele havia libertado o ser humano do poder do Deus vingador. Por meio do batismo, os fiéis podem, mediante uma ascese hostil à matéria, escapar a esta criação frustrada. A redenção de refere, porém, apenas às almas, ao passo que o corpo não é afetado por ela (cf. *Irineu*, haer. I,27, 2s.).

### d) A crítica filosófica à encarnação

No marco da cultura helenista, um encontro real entre Deus e o mundo em meio à história era completamente estranha não só ao mito pagão e aos grandes sistemas sincretistas, mas também à reflexão filosófica. O filósofo pagão Celso contrapunha a uma encarnação real a tese da imutabilidade de Deus. Orígenes se refere a essa grave objeção no seu escrito *Contra Celsum* (IV, 5.18): Ou Deus se transformou realmente, como pensam os cristãos, num corpo mortal e, por consequência, se tornou sujeito ao sofrimento, o que é absolutamente impossível; ou Ele mesmo não se transformou, mas fez os espectadores acreditarem que havia se transformado, induzindo-os ao erro, o que o converteria num mentiroso e estaria em contradição com sua divindade.

### e) A cristologia eclesial até o Concílio de Niceia

*Os primeiros enfoques de uma doutrina da unidade do sujeito de Deus e do ser humano Jesus Cristo*

Em face da gnose e do docetismo, a Igreja Católica dos séculos II e III sublinhou inequivocamente que o Logos acrescentou a sua divindade realmente uma verdadeira humanidade e que assumiu a partir da Virgem Maria um corpo verdadeiro e natural, uma verdadeira natureza humana, tal qual Deus a outorgou ao ser humano por meio da criação.

Ainda que, por sua própria natureza, Deus seja impassível e não possa ser essencialmente afetado pela resistência do mundo finito, converteu-se livremente, mediante a recepção de uma natureza humana sujeita ao sofrimento, em sujeito e portador do nascimento do ser humano Jesus, de seus sofrimentos, de sua morte, de seu sepultamento e de sua ressurreição.

É inconcebível uma proximidade maior e uma união mais íntima entre Deus e o ser humano. A encarnação de Deus e a realidade histórica dos acontecimentos salvíficos são, pois, a rocha sobre a qual se assenta a fé cristã (cf. Inácio, Smyrn. 1,1s.).

O pressuposto disto consiste no que se pode chamar de unidade do sujeito da natureza humana e da divina de Jesus Cristo: Jesus e Cristo não são dois sujeitos distintos, mas "um e o mesmo" (*unus et idem*). É o *único Senhor* (1Cor 12,5) e o *único mediador* (1Tm 2,5), o uno e único Filho do Pai (Rm 1,3 passim). É o único e o mesmo que possuiu figura igual a Deus e que, na existência humana assumida, se submeteu à humilhação e à exaltação (cf. Fl 2,6-11).

Dessa maneira, falar a respeito de Jesus Cristo implica tanto seu ser humano (*secundum id quo est homo*) como seu ser divino (*secundum id quo est Deus*).

A condição, dada no próprio Deus, de sua autorrevelação no Filho é que, igual ao Pai, "o Filho é eterno" (Irineu, haer. II, 30,9):

> "Não foi, portanto, um que se manifestou aos homens e *outro distinto* que disse: 'Ninguém conhece o Pai', mas que foi *um e o mesmo*. A Ele o Pai submeteu todas as coisas e de todas recebe o testemunho de que é verdadeiro homem e verdadeiro Deus, do Pai e do Espírito. [...] O conhecimento do Pai é o Filho; o Filho é conhecido no Pai que se revela por meio do Filho [...], e por isto há em tudo e junto a tudo um Deus, o Pai, uma Palavra, o Filho, e um Espírito e uma salvação para todos que creem nele" (Irineu, haer. IV, 6,7; Tertuliano, adv. Prax. II, 1-4; Orígenes, princ. I praef. 4; cf. a respeito da formulação da unidade do sujeito de Cristo na sua unidade com Deus e sua unidade humana com os seres humanos: Inácio, Polyc. 3,2; Eph. 7,2; Melitão de Sardes, pass. 8).

Aqui já se anuncia a doutrina da unidade pessoal de Cristo em seu duplo modo de existência, como Deus e como ser humano.

*Tertuliano* preparou terminologicamente a passagem da primitiva cristologia bíblica dos dois níveis e dos dois estados (= os estados de Cristo) para a posterior doutrina da unidade das duas naturezas na pessoa do Logos.

Em seu escrito contra o modalismo de Práxeas (27,11), disse:

> "Vemos um duplo estado do ser, não mesclado, mas unido numa pessoa (*una persona*), o Deus e o homem Jesus [...] (não obstante, do Autor) se conserva a peculiaridade de cada uma das substâncias [...]".

No Oriente, a diferença entre *pessoa* e *substância* foi acolhida só mais tarde. Durante muito tempo, os termos *hypostasis* e *ousia* foram empregados como sinônimos.

### O termo "homoousia"

Em conexão com a doutrina da unidade do sujeito se encontra também a questão da integridade da natureza divina e humana. Visto que o sabelianismo negava a distinção entre as pessoas divinas, quando se falava da igualdade essencial do Logos com o Pai podia parecer que se defendia a identidade das hipóstases de ambos. A discussão de intensificou ainda mais quando se afirmou no século IV que a sentença dogmática de Niceia sobre a igualdade essencial do Filho com o Pai havia sido justamente rechaçada no Sínodo de Antioquia de 268, no conflito com o modalismo.

Constata-se o termo *homoousia* pela primeira vez nas doutrinas gnósticas da emanação. Aí designa a igualdade das coisas distintas segundo a matéria. Num contexto completamente diferente, é teologicamente empregado para designar a igualdade do Pai e do Filho no tocante à essência divina, salvaguardando a diferença de sua independência pessoal como Pai e Filho. Entretanto, era necessário primeiro fazer uma diferenciação conceitual em que *ousia* significa a essência e *hypostasis* a pessoa.

*Dionísio de Alexandria* pretendia evitar o termo *homoousios* no combate ao sabelianismo. Não seria bíblico, embora fosse objetivamente correto (cf. Atanásio, Sent. Dion. 18). Esse conceito básico do catolicismo niceno havia sido utilizado já por Clemente de Alexandria (strom. II, 16,74,1: "Os homens não são da mesma natureza que Deus") e Orígenes (comm. em Jo 13,25; Cels. 5,39; princ. I, 2,13).

### A cristologia eclesial do Logos antes de Niceia

No século III, a terminologia estava clara: *Logos* designa a pessoa do Filho de Deus como diferente do Pai e da pessoa do Espírito Santo.

Esse termo apresenta uma rica tradição. Lança suas raízes no discurso veterotestamentário da Palavra de Deus e se relaciona com o discurso da sabedoria de Deus nos escritos tardios do Antigo Testamento. Desse modo, João pode identificar o Logos com Deus. O Logos é o Filho único, que repousa no coração do Pai e é Deus (Jo 1,14-18).

No helenismo, o logos designa um princípio cosmológico que assegurava a mediação entre o mundo e o Deus absolutamente transcendente. A essa visão correspondia também o uso conceitual do filósofo judeu Filo de Alexandria (13 a.C.-45 d.C.), que interpretou o testemunho bíblico no horizonte da filosofia helenista.

### Justino Mártir

No período pós-neotestamentário, Justino (falecido por volta de 165 d.C.) retoma as tradições precedentes para formular a pretensão de salvação universal da fé cristã. O Logos divino havia atuado na história já antes da aparição de Jesus, quando espalhou no mundo "gérmens da salvação" (*logoi spermatikoi*). Somente no Jesus histórico, porém, se realizou completamente a presença salvífica de Deus no mundo. Entretanto, pessoas como Sócrates e Heráclito, que haviam vivido em conformidade com o Logos (cf. 1 apol., 46), já estavam orientados para Ele. Aqui, a exemplo de outros apologetas, permanece inexplicado se o Logos tem a mesma essência do Pai (*logos endiathetos* = a Palavra que se encontra em Deus) ou se só pertence a Deus como a Palavra que na criação saiu dele (*logos prophorikos* = a Palavra que saiu de Deus). Justino ensina uma subordinação histórico-salvífica funcional do Filho feito homem, ainda que não do Logos ao Pai (2 apol., 6). A esse *subordinacionismo histórico-salvífico* se reportam mais tarde os arianos, após reinterpretá-lo em sentido essencialista.

### Orígenes

Orígenes (185-254) oferece uma elaboração abrangente da cristologia a partir da ideia condutora do Logos. Em termos filosóficos, ele é cunhado pelo neoplatonismo. Para ele, porém, não se trata de uma compreensão conceitual especulativa do mistério, mas da orientação soteriológica da concepção cristã da realidade. Se Deus quer a salvação como união com os seres humanos, então o mediador Jesus Cristo deve ser inteiramente Deus e inteiramente ser humano. A encarnação é, portanto, a constituição do Deus-homem (*theanthropos*: em Ez 3,3). O Logos é, segundo sua essência e por sua natureza, o Filho eterno do Pai. Isto não exclui um escalonamento histórico-salvífico da ordem (*taxis*) (princ. I,3,5). Se, com efeito, a salvação de Deus deve alcançar todos os seres humanos, todos os quais, enquanto seres racionais, "participam da essência do Logos divino e levam, por conseguinte, em si os gérmens da sabedoria e da justiça que é Cristo" (princ. I,3,6), então é necessário que o Logos seja também verdadeiramente ser humano.

Em consonância com o esquema neoplatônico da saída e do retorno do mundo a Deus (esquema do *exitus-reditus*), Orígenes afirma que Deus chegou ao ser humano para lhe possibilitar o regresso a Deus. O Logos deve encontrar o ser humano em sua totalidade, no corpo e na alma, para que o homem chegue à divinização (*theiosis*). Orígenes ilustra a união da Palavra divina e da realidade humana com a famosa comparação de que o Logos penetra e molda o corpo e a alma da natureza humana do mesmo modo que o fogo penetra e incandesce uma barra de ferro. No final resta uma única realidade: o Deus-homem (princ. II,6,6). Orígenes se refere à unidade concreta do ser e da ação da pessoa do Logos, não, porém, como no posterior monofisismo, a uma quase dissolução da natureza humana na divina.

A união pode ser considerada a partir dos dois lados. Não é problemática a partir do lado de Deus. Questionável é, porém, como uma natureza humana pode se unir com Deus. Segundo Orígenes, por parte da natureza humana é a alma que possibilita a união com o Logos. Para Tomás de Aquino (S. th. III q.6), a união acontece – no sentido de Orígenes – *ex parte naturae assumptae: mediante anima*. A teologia alexandrina, influenciada por Orígenes, conseguiu expressar claramente a igualdade essencial do Logos com o Pai. Daí resulta também a plena realidade da encarnação. Salvaguarda-se a orientação soteriológica:

> "O homem não teria sido inteiramente redimido se (Cristo) não tivesse assumido o homem inteiro. Passa-se por alto a salvação do corpo humano quando se declara que o corpo do Redentor é puramente espiritual" (dial. 6).

Apesar dessa clara exposição conceitual da encarnação, partia de Orígenes uma insegurança referente à função da alma humana de Cristo. Como platônico, ele pressupunha a preexistência das almas humanas, incluída a de Cristo. A alma humana está unida ao Logos "desde o princípio da criação [...] e aparece em sua luz e em seu resplendor" (cf. princ. II,6,3). Neste caso, porém, a encarnação não parece ser um autêntico tornar-se-homem, mas tão somente o acréscimo de um corpo humano a uma união já previamente existente do Logos e da alma.

No mais, a contraposição platônica do espírito e da matéria tem como consequência a compreensão de que o elemento característico do ser humano está na alma. Portanto, a recepção da corporeidade e a passagem para a matéria só pode ser vista como um certo descenso da alma. Em Orígenes, o desterro da alma na matéria aparece como castigo pelo pecado original. A desvalorização da matéria, que lembra a gnose e o docetismo, é insustentável no âmbito da teologia da criação e da antropologia e inteiramente inadequada para a cristologia.

A cristologia pré-nicena havia deixado dois problemas pendentes:

• O problema antropológico: após superar tanto uma antropologia dicotômica como uma tricotômica e a interpretação unilateral do esquema *logos-sarx*, coloca-se de novo o problema da alma de Cristo e de sua plena e verdadeira corporeidade.

• O problema teológico: o monoteísmo essencialista abstrato deveria abrir-se a uma dimensão trinitária; a igualdade essencial do Filho com o Pai, com sua diferença pessoal, revela ser a questão central da cristologia e da teologia da Trindade.

### f) A controvérsia em torno da divindade do Logos e do Filho do Pai

*aa) A doutrina de Ário*

O presbítero alexandrino Ário (256-336) provocou uma das maiores crises experimentadas pela confissão de Cristo da Igreja. Cunhado pelo universo conceitual da gnose e do neoplatonismo, Ário desenvolveu uma concepção que destruiu os fundamentos da fé cristã a partir de dois pontos de vista:

• Ário negava a eterna filiação divina do Logos e sua igualdade essencial com o Pai, ao passo que lhe atribuía, em sentido derivado, o título "Filho de Deus".

• Por outro lado, negava também a existência da alma humana de Cristo. O Logos, como a criatura suprema e mais nobre de Deus, só havia assumido um corpo humano.

A controvérsia se referiu, durante a vida de Ário, basicamente à igualdade essencial (*homoousia*) do Filho divino com o Pai.

O pensamento de Ário tinha por base o esforço de preservar o monoteísmo e apresentar o Logos como o mediador entre Deus e o mundo. Para isso, Ário recorre às concepções neoplatônicas (Plotino, Porfírio), que partem da unidade de Deus e da mediação entre este Deus transcendente e a multiplicidade das coisas do mundo aparente. O uno original não criado é o uno absoluto como princípio original de tudo. É identidade absoluta, que permanece inteiramente fora do alcance do nosso pensamento, porque está além de nossas categorias de unidade e de multiplicidade. Dele sai, primeiro, o Logos, a razão. É o princípio formal da multiplicidade. Deste *nous*-Logos segue um terceiro, a *psyche*, a alma. Ela é o fundamento imediato das coisas concretas. O Logos se situa, pois, inteiramente sob o raio de luz do princípio original não criado e é, assim, de certo modo, divino, mas como princípio criado não pode unir-se essencialmente com o Uno original divino.

Essa concepção emanacionista se apresentava agora como modelo explicativo da autoexteriorização do Deus uno e único nas hipóstases subordinadas do Logos e do Espírito. A convicção eclesial da igualdade essencial do Pai, do Filho e do Espírito deveria desembocar, segundo essa concepção, numa espécie de duplicação ou triplicação do princípio original ingênito. O monoteísmo teria sido deformado numa espécie de biteísmo ou, até mesmo, triteísmo.

Em Ário, a relação de Deus Pai com o Logos é introduzida de tal modo nas perspectivas da mediação da criação e na economia da salvação que o Filho só existe com a criação, ou é concebido em vista dela. Visto que o caráter ingênito de Deus exclui toda diferenciação nele, o Logos se situa radicalmente do lado da criação. Não pertence à autorrealização de Deus. Permanece criatura, criada por Deus a partir do nada. O Logos não procede da essência de Deus por meio de uma geração que lhe confere uma igualdade de essência. É constituído Filho em virtude de um ato da vontade de Deus distinto da essência divina. Esse Filho de Deus criado está sujeito às mudanças e às mutações (sofrimentos) do mundo. Ainda que tenha sido produzido por Deus com o fim de criar o mundo e assume a função de mediador demiúrgico da criação, quando os seres humanos se encontram com o Logos no Filho Jesus Cristo não se relacionam com o próprio Deus. Só se encontram com alguém igual a eles, com uma criatura.

Ário rompe, portanto, o laço entre a Trindade imanente e a econômica. Exclui-se uma automediação de Deus no sentido próprio, bem como um encontro autêntico do ser humano com Deus na graça e uma inclusão interna na vida divina.

Em nenhuma hipótese, ele nega a encarnação do Logos criado. No entanto, o Filho criado aparece como ser humano num invólucro de carne. O corpo humano de Jesus é, antes, um revestimento, uma vestimenta do Logos, com o propósito de permitir sua atuação no mundo visível.

A partir do caráter ingênito e imutável de Deus, Ário concluiu que a Palavra nascida dele teria de ser temporalmente posterior e não poderia ser da mesma essência que Deus. Nem a paternidade de Deus nem a filiação da Palavra fazem parte da essência divina. Deus só é Pai no momento em que cria o Filho.

Nestes debates ainda não se havia chegado a uma diferenciação estrita entre os termos *genetos* (de *gignomai* = devir) e *gennetos* (de *gennao* = gerar). Ário fundamentou a divindade unicamente nas *monas*, ao passo que Palavra e Espírito só fazem parte de Deus num sentido derivado e, a saber, por meio de uma espécie de participação pela graça, não de forma essencial. Ele só podia conceber o processo de uma geração essencial do Logos como distribuição quantitativa de uma única substância. Para poder salvaguardar a unidade indivisa de Deus e sua imutabilidade tinha de refutar a igualdade essencial do Filho com o Pai. Se o Pai tivesse comunicado inteiramente ao Filho sua essência divina, teria que haver renunciado a uma parte de sua divindade. E a *monas* de Deus estaria destruída. A essência de Deus resultaria cindida em três hipóstases distintas:

- "Houve um tempo em que não era" (ἦν ποτε ὅτε οὐκ ἦν).
- "Antes que nascesse não era".
- "Foi feito do que não era" (cf. DH 126).

Essas categorias sistemáticas guiam também o exegeta Ário. Onde quer que encontre na Escritura, nos contextos correspondentes, o conceito "fazer", utiliza-o como prova a favor de sua concepção da condição de criatura do Logos (cf. Cl 1,15; Hb 3,2; 1Pd 3,15). Reporta-se com especial predileção a Pr 8,22 (LXX): "O Senhor criou-me (a sabedoria, do Autor) como início de sua ação".

Também passagens como Mc 13,32, onde se fala que o Filho não conhece o dia do juízo, ou Jo 14,28 ("Se me amásseis, certamente haveríeis de alegrar-vos. Porque eu vou para junto do Pai, e o Pai é maior do que eu") são interpretadas no sentido de um subordinacionismo essencialista, mas sem levar em conta o contexto e a intenção dos enunciados (cf. a exposição do arianismo em Atanásio, cf. syn. 16; Ar I, 5s.).

*bb) A destruição da confissão de Cristo em Ário*

Ário concebeu a essência de Deus, basicamente, com conceitos unívocos. Subsumiu a Deus sob um conceito de unidade desenvolvido a partir da substância das coisas materiais. Segundo ele, a diversidade só pode significar distribuição quantitativa ou multiplicação numérica; a diferença nunca pode se converter num princípio coextensivo de uma unidade essencial (de uma identidade).

Ário jamais chegou ao conhecimento de que, por causa da autocomunicação de Deus nas relações com o mundo que procedem de Deus, a saber, a encarnação do Filho e a efusão do Espírito Santo, essas relações têm de subsistir no próprio Deus e devem constituir a realização própria e relacionalmente subsistente da essência do Deus único.

Pois só se Deus tem sua própria essência e sua vida numa autoexpressão coeterna (= ato de geração de Deus em que Ele se comporta como Pai), num dever-se a outro (como Filho e Palavra) e num dar-se (como Espírito Santo) pode também se comunicar, numa Palavra de igual essência que Ele, às criaturas pessoais e introduzi-las na vida de Deus que se realiza numa relação tripessoal.

Uma vez que Ário não estava disposto a reconhecer o mistério de Deus como realização essencial relacional, em que as três pessoas não dissolvem a unidade, mas a apresentam em sua diferença relacional, escapou-lhe também a ideia de que o monoteísmo histórico-salvífico e bíblico experimenta justamente na fé na Trindade sua justificação derradeira. O Deus de uma unidade monádica não pode comunicar-se. No fundo, só pode, como entende o deísmo, ser o autor do mundo ou o juiz moral sobre o bem e o mal.

O racionalismo de Ário na *theologia* não o impediu de se expressar em termos mitológicos na *oikonomia*. O Logos criado havia assumido no mundo visível, como uma essência angélica criada antes do mundo, um corpo humano como um invólucro terrestre.

A confissão da verdadeira divindade do Logos e de sua unidade essencial com o Pai sem qualquer duplicação ou cisão da essência divina é, porém, o pressuposto de toda doutrina cristã sobre a redenção. Inversamente, a doutrina cristã da redenção necessita de sua fundamentação intradivina, a saber, na unidade de Deus que se realiza trinitariamente.

Na confissão da unidade essencial do Filho com o Pai se evidencia a conexão entre a *doutrina sobre Deus* e a *soteriologia*, entre a *theologia* e a *oikonomia*.

> "Não é como se, sendo primeiro homem, logo se tivesse feito Deus, mas que era Deus e logo se fez homem, para nos aceitar em lugar do Filho... E se todos que na terra e no céu são chamados filhos se converteram em filhos e 'deuses' mediante a palavra, e o próprio Filho é a Palavra, é evidente que todos são por Ele e que Ele é antes que todos ou, melhor dito, que só Ele é o Filho verdadeiro e só Ele é Deus verdadeiro de Deus verdadeiro e que não recebe isto a modo de recompensa pela virtude nem é tampouco distinto deste [do verdadeiro Filho de Deus, nota do autor], mas que o é, de acordo com a substância, por natureza. Porque Ele é a única geração da essência do Pai, de modo que nada pode mudar e que, de acordo com a imutabilidade do Pai, também a Palavra é imutável" (Atanásio, Ar. I,39).

### *cc) O Concílio de Niceia do ano de 325*

O Sínodo de Niceia – que aparece como primeiro concílio ecumênico – refutou a doutrina de Ário e toda forma de subordinacionismo ao definir a igualdade essencial do Pai e do Filho. O Concílio de Constantinopla de 381, reconhecido como o segundo concílio ecumênico, significou, com seus enunciados sobre a verdadeira natureza divina e o ser pessoal do Espírito Santo, a conclusão do processo de formação da confissão trinitária.

Serviu de base para o símbolo de Niceia a confissão de fé da Igreja de Cesareia. As declarações dogmáticas do concílio se apoiavam, portanto, na confissão batismal da Igreja, como era proferida, em concordância de conteúdo, na Igreja universal.

As formulações adicionais serviram para conferir maior precisão à teologia. Pretendiam tornar impossível aos hereges proferir verbalmente a confissão de fé, mas conferindo-lhe um sentido material distinto do da concepção da Igreja.

Devem reter-se três enunciados teológicos centrais:

1) O Filho não é uma criatura.

"Aqueles, porém, que dizem: 'Houve um tempo em que não era' e: 'Antes que nascesse não era', e que foi feito do que não era, ou que dizem ser de outra substância ou essência, ou que Deus é mutável ou alterável, a eles anatematiza a Igreja Católica" (DH 126).

2) O Filho eterno procede do Pai por "geração".

O termo *geração* é entendido em sentido analógico. Deve indicar uma maneira própria com que o Filho procede do Pai, a qual é fundamentalmente distinta da produção das essências finitas pelo Pai na *criação*. Se a essência de Deus existe no Pai em forma de *ser-ingênito* e no Logos em forma de *ser-gerado*, está-se abordando aqui uma relacionalidade que pertence à essência de Deus. A *agênese* do Pai não tem como sujeito um ser divino anterior à geração do Filho. O Pai só possui seu ser divino na realização da geração do Filho e em vista dele.

Embora essas relações originais em Deus sejam eternas e, por conseguinte, não exista uma sequência temporal, tampouco são intercambiáveis. É-lhes própria uma ordem de processões (*ordo relationis*). O Pai pode comunicar ao Filho toda a sua divindade, mas não sua paternidade. É por isso que não pode surgir uma cadeia infinita de "filhos" que procedem do Pai. O Pai realiza sua divindade precisamente ao comunicar ao Filho, de modo único e completo, a essência única e inteira de Deus e ao se possuir a si mesmo como Deus em sua paternidade em vista do Filho.

3) Na diferença relacional entre o Pai e o Filho existe uma unidade essencial da realidade ôntica, numericamente una, de Deus.

Essa unidade se situa no nível da essência que o Pai, o Filho e o Espírito realizam, de maneira específica em cada pessoa, precisamente na unicidade "numérica".

Por isso, o Filho é da mesma substância (*ousia*) que o Pai. É Deus de Deus. É essencialmente igual ao Pai (ὁμοούσιος τῷ πατρί). Refuta-se assim a concepção ariana da diferença essencial do Filho, ou seja, a opinião de que o Filho pertence ao mundo criado, não à realidade essencial de Deus. A diferença entre o Pai e o Filho deve se situar na relação original, constitutiva da pessoa, com o Pai, não no nível da essência divina.

Na fórmula da definição de Niceia não se encontra claramente expressa essa distinção conceitual entre a *ousia* e as portadoras pessoais da vida divina, as *hypostasis* (subsistências ou pessoas).

Desse modo, porém, esse concílio não conseguiu resolver o problema do arianismo. Representou, antes, o início de um enfrentamento cada vez mais intenso com o arianismo, que deveria preceder à plena recepção da doutrina de Niceia pela Igreja universal. O conteúdo do enunciado da confissão nicena é o seguinte:

"Cremos
• *em um só Deus, Pai onipotente...*
• *e em um só Nosso Senhor Jesus Cristo, Filho de Deus, nascido unigênito do Pai, isto é, da substância do Pai, Deus de Deus, luz da luz, Deus verdadeiro de Deus verdadeiro, nascido, não feito, de uma só substância com o Pai, por meio do qual foram feitas todas as coisas...*
• *e no Espírito Santo*" (NR 155; DH 125).

### g) A autoafirmação do catolicismo niceno contra os arianos

Por causa da política pró-ariana dos imperadores Constâncio (337-361) e Valente (364-378), que não abriram mão de recorrer aos meios coercitivos do Estado, parecia que o arianismo obtinha a vitória sobre os defensores do *homoousios* niceno. Mesmo os grandes apologetas do concílio, como Ósio de Córdoba e o Papa Libério, entraram na penumbra do semiarianismo, visto que concordaram em aceitar fórmulas de compromisso ambíguas (cf. DH 138-143; Jerônimo, Dial. c. Lucif., 19: "A órbita da terra suspirou e reconheceu aterrorizada que havia se tornado ariana").

No vai e vem dos sínodos arianos e semiarianos e de cunho inequivocamente católico, a cristologia nicena, por fim, conseguiu se impor quando, após a morte do Imperador Valente na Batalha de Adrianópolis (378), o arianismo se viu privado de seus apoios políticos (cf. os sínodos católicos de Antioquia, 381, e de Roma, 382).

O movimento do arianismo não era, de modo algum, completamente unitário. Uma posição extrema também entre os arianos defendia a ideia da total desigualdade e dessemelhança entre o Logos e Deus. Seus partidários se chamam *anhomeos* (Eunômio de Cízico, Aécio de Antioquia, Eudóxio).

O grupo mais moderado estava constituído pelos *semiarianos*. Estes se dividiam por sua vez em duas orientações. Os *homoianos* (Acácio de Cesareia) consideravam que o Filho é *semelhante* a Deus. Os *homoiousianos* atribuíam ao Filho uma *essência semelhante* à do Pai.

O grupo dos *homoiousianos* se situava muito próximo, em termos de conteúdo, do Concílio de Niceia. Entendia erroneamente o *homoousios* no sentido do já condenado modalismo. Uma vez que *ousia* e *hypostasis* continuaram a ser empregados amplamente como sinônimos e, por isso, a natureza geral e sua existência individual (pessoa, subsistência) ainda não haviam sido detalhadamente diferenciadas, o *homoousios* pôde ser interpretado equivocadamente no sentido de uma identidade das pessoas do Pai e do Filho. Parecia como se o Pai e o Filho fossem apenas duas maneiras distintas da manifestação de uma única pessoa divina. Muitos se sentiam incomodados também com a falta de raízes bíblicas do *homoousios* (cf. Atanásio, Ar. I, 30).

Na maior parte das vezes, os *homoiousianos* foram recuperados para a Igreja, uma vez superadas as fragilidades terminológicas. Nisto, desempenharam um papel determinante os *três Capadócios*, Gregório de Nazianzo, Gregório de Nissa e, sobretudo, Basílio de Cesareia. Diferenciavam entre *ousia* como designação da una e única essência divina e *hypostasis* como a peculiaridade irredutível das pessoas do Pai e do Filho.

No importante Sínodo de Alexandria do ano de 362, aprovou-se, sob a direção de Atanásio, o caráter ortodoxo do discurso de "uma essência de Deus em três hipóstases"; por outro lado, também se admitiu a conformidade com a fé de outra expressão linguística anterior, na qual, por causa da original igualdade de sentido dos conceitos, ainda se evitava falar de *três hipóstases*.

Aqui se mostra de modo exemplar que a ortodoxia depende não só da utilização das fórmulas pertinentes, mas antes do conteúdo que se quer expressar com elas. O labor teológico do concílio abrange, no entanto, também uma precisão conceitual dos termos teológicos. Os enunciados confessionais da Igreja têm uma função de regulação da linguagem. O conteúdo preciso de um conceito teológico pode, portanto, depender de decisões conciliares (cf. Atanásio, tom.: PG 26, 796-803; cf. I. Ortiz de Urbina, *Nizäa und Konstantinopel* = GÖK I, Mainz 1964, 297-303).

### aa) As heresias de Marcelo de Ancira e de Fotino de Sírmio

*Marcelo de Ancira* foi inicialmente um dos paladinos de Niceia. No entanto, sua imagem de Deus é de cunho unitário e monopessoal. O Pai, o Filho e o Espírito Santo só haviam adquirido suas respectivas subsistências através das obras salvíficas da criação, da encarnação e do envio do Espírito. Não há, portanto, segundo Marcelo, uma Trindade imanente, mas só uma tripla autopersonalização de Deus nas três obras salvíficas da Trindade econômica. Por conseguinte, uma vez consumada a *oikonomia*, e após o regresso ao Pai do Filho e do Espírito, desaparece também o reino dos dois últimos. No final, encontra-se de novo apenas a única hipóstase de Deus, concebida em termos unitários.

*Fotino de Sírmio*, discípulo de Marcelo, negava, de maneira consequente, a real encarnação de Deus. Considerava que Jesus era um simples ser humano, em que o Logos não hipostático havia adquirido uma subsistência aparente. Os marcelianistas e os fotinianos (homuncionistas) foram condenados como hereges (Antioquia 344; Milão 345 e 347; Sírmio 348 e 351; Roma 375; Aquileia 381).

O símbolo do Concílio de Constantinopla de 381 acrescentou à confissão de fé de Niceia a seguinte sentença: "Seu reino não terá fim" (cf. Lc 1,33; Dn 7,14; Is 9,6). Com isto se diz que a união hipostática, ou seja, a união da pessoa do Logos com a natureza humana de Cristo permanecerá, desde seu início na encarnação, por toda a eternidade (cf. DH 150).

### bb) A controvérsia sobre a integridade da natureza humana (apolinarismo)

Apolinário (bispo de Laodiceia desde 360) foi um adepto do Concílio de Niceia. Recolocou a questão da alma de Cristo. Acreditava que a divindade do Logos só pode levar a cabo a obra da redenção se está imediatamente unida à carne de Cristo para formar uma única natureza (cf. a esse respeito a fórmula *mia physis*, ou seja, a natureza una). Essa fórmula deveria constituir um problema para Cirilo de Alexandria e para o monofisismo posterior.

Na encarnação, o Logos não havia se unido a uma natureza humana íntegra formada de corpo e alma espiritual, mas apenas a uma carne humana para constituir uma única natureza que poderia ser comparada com a unidade substancial do corpo e da alma dos demais seres humanos. De modo perspicaz, Apolinário conecta o tradicional esquema *logos-sarx* com a antropologia tricotômica helenista segundo a qual o ser humano consiste de corpo, alma e espírito (*nous*). Apolinário acreditava que na encarnação o Logos divino assumiu o lugar da alma humana ou do *nous*. Dessa maneira, suas forças e energias haviam subitamente afluído, em sentido totalmente físico e vital, na forma da carne humana, de onde surgiu a "única natureza feita carne do Logos divino". Assim, porém, o Logos fez da carne um instrumento de sua atividade soteriológica. Daí se segue, no mínimo, que, com o propósito de assegurar a união, Apolinário privava a natureza humana de Jesus da alma espiritual.

Contra isso, porém, deve ser dito que se o Logos divino assumiu apenas o torso de uma natureza humana e não também seu princípio essencial configurador, ou seja, não realizou uma verdadeira encarnação.

O Sínodo de Alexandria de 362 confessa,

> "[...] que o Senhor não teve um corpo sem alma, sem faculdades sensíveis ou sem razão, pois é impossível que pudesse converter-se em homem sem a faculdade da razão. A salvação operada no Logos não foi salvação só do corpo, mas também da alma" (citado segundo I. Ortiz de Urbina, *Nizäa und Konstantinopel*, 301; cf. tb. as cartas do Papa Dâmaso I sobre o tema: DH 144-149).

Os teólogos de orientação antioquena (Eustásio de Antioquia, Diodoro de Tarso, Teodoro de Mopsuéstia) foram os primeiros a conseguir abrir caminho para o esquema *logos-anthropos*, que era mais adequado ao conteúdo.

Permaneceram céticos em face da forte ênfase dada pelos alexandrinos à unidade de Cristo na hipóstase do Logos (hegemonia do Logos). Temiam que isso pudesse levar a uma reativação do apolinarismo. Esse temor ganha força com a utilização da fórmula equivocadamente entendida da "natureza una do Logos encarnado". Esta remonta a Apolinário; porém, através de uma falsificação, foi atribuída a Atanásio de Alexandria.

Numa visão simplificada das tendências antioquenas de garantir a integridade da natureza humana de Cristo, pôde surgir, no nestorianismo, o perigo de tornar a humanidade de Cristo independente em face do Logos. Podia parecer que o Cristo uno acabe cindido em um sujeito divino e outro humano. Daí resulta o problema de uma doutrina dos "dois filhos".

### h) A controvérsia em torno da unidade do sujeito em Cristo (união hipostática)

#### aa) Síntese e evolução

Superado o arianismo, o apolinarismo e o antigo docetismo, estava fora de discussão a encarnação de Deus em Jesus Cristo e a integridade de sua natureza humana e divina.

As heresias que resultaram da controvérsia em torno da união hipostática de ambas as naturezas (nestorianismo, monofisismo, monotelismo) não se baseavam propriamente na negação de um conteúdo de fé. Tiveram sua origem na dificuldade de formular com precisão, mediante os recursos linguísticos e conceituais da razão humana, o mistério da fé da união (*henosis*) e da vinculação (*synafeia*) divino-humana. As assim chamadas igrejas pré-calcedônias surgidas no curso dessas controvérsias defendem, na maioria dos casos, apenas um nestorianismo nominal ou um monofisismo nominal. Não houve uma efetiva contestação dos próprios conteúdos da fé, como ocorreu na heresia fundamental do arianismo.

A discussão se estendeu, desde meados do século IV (Sínodo de Antioquia de 362; I Concílio de Constantinopla de 381), durante três séculos, até a conclusão do processo de formação do dogma cristológico no III Concílio de Constantinopla de 680. O debate se desenvolveu na forma de um movimento pendular entre os dois polos da cristologia da diferença e da separação dos antioquenos (especialmente de Diodoro de Tarso, Teodoro de Mopsuéstia, João Crisóstomo, Teodoreto de Ciro e Nestório), por um lado, e a cristologia da união dos alexandrinos (já em Irineu de Lião, Atanásio e, sobretudo, Cirilo de Alexandria), por outro lado.

A orientação antioquena estava empenhada em enfatizar a diferença entre a natureza humana e a divina. Em contraposição ao apolinarismo, conferia-se especial importância à integridade da natureza humana. O perigo estava em se deixar levar por um difisismo extremo que relaxaria o laço de união de ambas as naturezas e ao menos daria fundamento para a suspeita de que a unidade teria se realizado só na vontade humana e na consciência de Jesus e não como união *hipostática* (*cristologia da prova*).

Por outro lado, os alexandrinos realçaram a união das duas naturezas no único sujeito do Logos. A origem desta clássica *cristologia de cima* se encontra no *Evangelho de João* (cf. Jo 1,14). Essa tradição é continuada por Inácio de Antioquia e Irineu de Lião. Argumentava-se a partir da oposição frontal à divisão gnóstica em um *Cristo celeste* e um *Jesus humano e terrestre*. O perigo aqui consistia (especialmente ao se apoiar na fórmula apolinarista da "natureza una do Logos encarnado") em que se havia formulado a ideia da unidade em detrimento da natureza humana de Cristo (monofisismo), a ponto de se ignorar a realidade própria e a autonomia criadas da liberdade humana e da atividade própria da autoconsciência empírica do ser humano Jesus (como ocorria no monotelismo).

No decorrer desses debates em torno da unidade do sujeito realizaram-se quatro grandes concílios. Sua sequência constitui um certo contraponto e cada um representa uma correção interna dos concílios precedentes ou de suas interpretações unilaterais. Só no final se evidencia uma concepção equilibrada. A união das duas naturezas é claramente realizada por meio da hipóstase do Logos divino. Isto, no entanto, não diminui, mas possibilita precisamente a integridade e inclusive a eficácia própria das duas naturezas, especialmente também da natureza humana de Jesus em sua consciência e em sua liberdade humanas.

Assim, as duas orientações cristológicas das escolas orientais de Alexandria e de Antioquia, com seus pontos fortes e fracos e com suas ênfases, contribuíram para o final feliz da formação do dogma cristológico. Entretanto, não se deve ignorar a contribuição da cristologia ocidental, por exemplo, de Hilário de Poitiers, de Santo Agostinho e, por fim, dos papas Celestino I, Leão Magno (com a carta dogmática ao Patriarca Flaviano) e Martinho I.

O Concílio de Éfeso de 431 realçou a unidade do sujeito em oposição à tese nestoriana de uma vinculação meramente moral das duas naturezas. Sua principal afirmação: Maria deu à luz não só um *ser humano*, mas *Deus*: *theotokos*.

O Concílio de Calcedônia de 451 corrige uma possível interpretação equivocada do efesino por parte do monofisismo. Afirmou a unidade do sujeito de Cristo nas duas naturezas íntegras. Com este concílio se chegou, certamente, ao ponto culminante, se bem que não ao ponto-final do desenvolvimento do dogma cristológico.

No II Concílio de Constantinopla de 553, o pêndulo se moveu mais incisivamente na direção da cristologia da união.

No III Concílio de Constantinopla de 680/681, recuperou-se a tendência antioquena das duas naturezas íntegras. Em face do monoenergetismo e do monotelismo, destacou-se que a natureza humana de Jesus está dotada de uma atividade de índole humana criada e da correspondente vontade própria dessa natureza.

As discussões foram influenciadas também pelas rivalidades da política eclesiástica dos patriarcados de Alexandria e de Constantinopla, bem como, num outro nível, pela reclamação do primado de Roma. No entanto, seria inadequado considerar as questões da política eclesiástica como motivo dos debates e instrumentalizar para fins ideológicos os problemas objetivos da confissão de Cristo.

O verdadeiro interesse de todos os envolvidos era a questão teológica do fundamento cristológico e soteriológico da fé cristã.

### bb) Teodoro de Mopsuéstia

Teodoro de Mopsuéstia (352-428) é considerado o exegeta e teólogo mais importante da escola antioquena. Ainda que condenado no II Concílio de Constantinopla de 533, juntamente com Teodoreto de Ciro e Ibas de Edessa, por ocasião da controvérsia dos três capítulos – mais por considerações táticas na política eclesial do Imperador Justiniano – como um dos autores do nestorianismo (DH 435), não devem ser ignoradas suas contribuições positivas para a formulação do dogma cristológico.

Em sua obra principal *Sobre a encarnação*, contribuiu para abrir caminho de maneira definitiva para o esquema *logos-anthropos*. No antigo esquema *logos-sarx*, a falsa tradução do termo hebraico *basar* pelo grego *sarx* favorecia o enfoque de Apolinário que se baseava na antropologia tricotômica.

Teodoro argumentava que uma redenção do ser humano teria sido impossível se na encarnação o Logos não tivesse assumido a natureza humana inteira, incluída também a alma humana. No entanto, aqui surge o novo problema de saber se o ser humano assumido foi uma natureza humana (*natura humana*) ou um homem individualmente existente, ao menos logicamente, antes da encarnação (*homo assumptus*). Se, porém, a natureza humana de Cristo já estava individualizada em princípio, independentemente do ato da encarnação, por meio de uma atualidade própria da natureza, então a unidade poderia ser equivocadamente entendida em sentido meramente moral. Quanto ao Jesus Cristo concreto, que existe sempre na unidade das duas naturezas, e quanto à pessoa do Logos, constitutiva da unidade, temos a ver com o "uno e o mesmo" (εἷς καί ὁ αὐτός) ou com a pessoa una do Logos e a personalidade do ser humano Jesus, ou seja, o uno e o outro? (ἄλλος καί ἄλλος). Porém, como sucede aqui a unidade?

Em oposição ao apolinarismo, Teodoro enfatiza a liberdade da vontade humana de Jesus. Ao passo que Apolinário acreditava que só poderia asseverar que Jesus *por princípio* era incapaz de pecar (*impeccabilitas*) e que *de fato* estava livre do pecado, ou seja, afirmar sua liberdade do pecado original e dos pecados atuais (*impeccantia*), ao privar a natureza carnal de Jesus da vontade humana; Teodoro afirmava que Jesus não havia pecado não porque não possuísse uma vontade humana, mas justamente porque dispunha de uma vontade humana. Esta havia se acreditado, em sua liberdade em virtude da vinculação pela graça com a vontade do Logos divino, em vista dos desafios concretos de sua vida e em obediência até a morte na cruz.

Ao partir da habitação divina no Logos no ser humano Jesus e do encontro das duas naturezas no beneplácito divino único e na comprovação humana, Teodoro pode perfeitamente falar de uma unidade real da natureza humana e da divina em uma única pessoa.

No entanto, este *prosopon* de Cristo é o resultado da união das duas naturezas e da sua comprovação numa unidade de ação histórica? Ou essa união é idêntica à pessoa do Filho unigênito de Deus que sustenta ontologicamente a unidade das duas naturezas e também é o fundamento essencial da autoatuação da liberdade humana? Em todo caso, Teodoro evita o perigo de uma mistura do criador com a criação ou de Deus com o ser humano.

O conceito de pessoa, entretanto, permanece obscuro. *Prosopon*, *physis*, *ousia* e *hypostasis* são termos utilizados mais ou menos como sinônimos. Por *prosopon* Teodoro entende o ser humano na manifestação de sua natureza concretamente delineada (*prosopon* natural). Nesse sentido, deve falar-se da natureza humana de Jesus como de uma personalidade individual no sentido de que possui uma alma que garante a unidade de alma e corpo.

Em contrapartida, é possível fazer uma diferenciação. Pode-se recorrer à pessoa (*hypostasis*, *prosopon*) também como designação daquela realidade metafísica que indica o princípio de atualização (*principium quod agitur*) de uma universalidade da natureza (*principium quo agitur*).

É claro que, em todos os seres humanos realmente existentes, a atualidade metafísica coincide com a natureza corpóreo-espiritual concreta empiricamente perceptível. Na linguagem cotidiana diz-se, neste sentido, que todo ser humano é pessoa. Com isso se quer fazer referência à especial dignidade do ser humano. Neste caso, dificilmente se presta atenção ao fato de que a pessoa, na medida em que realiza a subsistência de uma natureza corpóreo-espiritual, consiste na relacionalidade com Deus que, num ato criador, produz a pessoa como portadora da natureza espiritual e que, dessa maneira, existe permanentemente no interior do ser humano.

No acontecimento incomparável da encarnação de Deus, essa atualização (hipostação, personalização e individualização) de uma natureza humana não se realiza em virtude da vontade geral de Deus de se defrontar com uma pessoa criada. Pois, neste caso único, Deus quer comunicar a si mesmo por meio da individualidade humana de Jesus. O ato existencial pelo qual Deus faz subsistir a natureza humana de Jesus como individual se identifica com a pessoa do Logos em que subsiste relacionalmente a essência de Deus.

Do lado da natureza humana assumida, o princípio de união é a alma. Esta vale não na medida em que é a forma natural do corpo, mas na medida em que subsiste por meio do ato de autocomunicação que outorga a existência. No nível psicológico, Jesus percebe isso de forma cada vez mais evidente ao compreender e realizar sua autoconsciência empírica como reflexo de uma unidade transcendental e ontológica com Deus, seu Pai, que fundamenta sua existência humana e que, na sua Palavra eterna, quer se expressar e comunicar por meio de Jesus de Nazaré.

Essas reflexões aparecem, porém, no final dos debates cristológicos. Não se deve reprovar a Teodoro de Mopsuéstia porque não conseguiu prever de antemão estes resultados. Em todo caso, ele sempre pressupôs tanto a integridade das duas naturezas como a sua unidade.

Ao contrário de Diodoro de Tarso, um antigo defensor da cristologia da separação, Teodoro de Mopsuéstia evita falar de "dois filhos", a saber, do Filho de Deus segundo a natureza divina e do filho de Maria segundo a natureza humana.

Se, porém, "filho" é um conceito de relação, há tão somente o Filho uno e único do Pai, que realiza numa modalidade temporal essa relação filial na natureza divina que lhe é própria por essência e na natureza humana assumida de Maria.

A insegurança na descrição exata da *henosis* fica evidente na aplicação do título "mãe de Deus" a Maria. Teodoro não renuncia, em princípio, ao título *theotokos*, porque o nascimento do ser humano Jesus não pode ser desligado da Palavra eterna que sai do Pai e é una com Ele segundo a divindade. Mesmo assim, prefere falar de Maria como a mãe de Jesus segundo a natureza humana e somente em sentido impróprio e figurado de Maria como mãe do Logos, que assumiu a partir dela o ser-humano.

No entanto, o título *theotokos* passou a ser agora o foco dos debates em torno da unidade do sujeito travados entre os defensores, por um lado, da cristologia da diferença e, por outro lado, da cristologia da unificação.

### *cc) O nestorianismo*

As tensões, que vinham se avolumando já há muito tempo, eclodiram no conflito entre Nestório (381-451), patriarca de Constantinopla, e Cirilo (falecido em 444), patriarca de Alexandria.

Por ocasião dos debates em torno da legitimidade da palavra *theotokos*, Nestório propôs uma solução de compromisso. Maria não seria somente *anthropotokos*, porque não havia dado à luz um simples ser humano, sem vínculo algum com o Logos. Por outro lado, o título *theotokos* ia muito longe, porque a processão eterna do Filho divino a partir do Pai não havia se realizado de modo algum por meio de Maria. Nestório opta, portanto, pela designação *Christotokos*, porque o termo "Cristo" expressava a união das duas naturezas.

A acusação de que Nestório ensinava, a exemplo de Paulo de Samósata, que Cristo só seria um simples ser humano, distorce completamente, portanto, as suas intenções. Nestório apenas conferia uma grande importância à separação das duas naturezas. Ambas conservam suas qualidades e propriedades específicas (*idiomata*). A encarnação não significa que Deus se faz homem no sentido de uma espécie de transformação num ser humano. Por outro lado, deve rechaçar-se uma divinização substancial do ser humano. Apesar da união, ambas as naturezas permanecem separadas e sem mescla na relação de uma com a outra. No entanto, em virtude da vontade de união de Deus, vivem num contato muito estreito. Portanto, o próprio Deus seria o sustentador da relação das duas naturezas. Deus, porém, não leva a cabo a união considerando que o ser humano Jesus se afirma por meio de sua obediência. Inversamente, a obediência de Jesus tem seu pressuposto na união precedente sustentada por Deus e por seu Espírito (cf. sua carta a Cirilo de 15/06/430; DH 251 a.-d.)

Nestório toma como ponto de partida uma vinculação – a maior possível e realizável só por Deus – entre a natureza da divindade e a natureza da humanidade de Cristo. Sua imagem de que a divindade do Filho habita no corpo de Jesus como num templo que a divindade fez inteiramente seu permanece, porém, mesmo assim, muito mal-interpretada. O Bispo Proclo de Cízico lhe objetava: "Nós não pregamos um homem divinizado, mas um Deus encarnado" (PG 65, 680). O *prosopon Christi*, no qual se dá a união das naturezas, não pode ser considerado simplesmente como o resultado da unificação. Visto que aqui não se distinguia entre *physis* e *hypostasis*, era óbvia a acusação de que em Cristo se encontram duas "pessoas", a saber, o portador da filiação eterna do Logos e o da filiação temporal da humanidade. Com isso, a cristologia da separação desembocaria na doutrina dos dois filhos. A união parecia dada apenas por meio de um ato da graça de Deus e de uma realização da vontade do ser humano Jesus (unidade moral), uma unidade que, segundo a objeção de Cirilo, não se efetuaria *kat' hypostasin*.

Porém, uma vez que os alexandrinos, por sua vez, não podiam formular corretamente uma clara diferenciação das duas naturezas, Nestório deve ter se sentido, com alguma razão, reabilitado ao tomar conhecimento que na carta dogmática do Papa Leão ao Patriarca Flaviano e nas declarações do Concílio de Calcedônia se havia efetuado uma clara distinção entre as naturezas.

### dd) Cirilo de Alexandria

Diferentemente de Nestório, Cirilo parte da única pessoa da Palavra, que existe desde a eternidade em unidade de essência com o Pai e que se fez homem na plenitude dos tempos. A cristologia de Cirilo gira em torno da ideia joânica fundamental do *verbum caro* (Jo 1,14), no que aqui carne significa perfeitamente uma natureza humana completa, dotada de alma racional. Cirilo ensina enfaticamente a unicidade da pessoa do Logos do *verbum incarnatum*. O Logos preexistente seria idêntico ao Logos encarnado. O Logos é o portador da natureza divina *e* da natureza humana de Jesus que lhe foi acrescentada e chegou à existência por meio do ato da unificação.

Uma vez que Cirilo, assim como Nestório, geralmente utiliza os conceitos *prosopon*, *physis* e *hypostasis* como sinônimos no sentido de uma substância subsistente, para ele só existe uma *hypostasis* e uma *physis* da Palavra encarnada. Ele fala, portanto, da "única natureza encarnada da Palavra divina". Mais tarde, isto foi interpretado equivocadamente no sentido de um monofisismo.

Uma vez que os antioquenos recorriam à mesma linguagem, mas, por outro lado, estavam interessados numa diferenciação das naturezas, viram-se obrigados a falar de Cristo em duas naturezas, portanto, também em duas hipóstases, unificadas num só *prosopon*.

Em seu escrito sobre a unidade de Cristo, Cirilo argumenta nestes termos:

> "Não afirmamos dois filhos nem dois senhores. Se a Palavra, o Filho unigênito do Pai, Filho segundo a essência, é Deus, então o ser humano unido e unificado com Ele compartilha o nome e a honra do Filho. [...] Não se pode, pois, dividir o Emanuel num homem que subsiste em si e Deus a Palavra... Afirmo, antes, que deve ser chamado Deus feito homem e que é, em uma só e mesma pessoa, tanto um como o outro. Porque ao se tornar homem não deixou de ser Deus, tampouco perdeu a natureza humana, nem renunciou ao estado de despojamento [...]" (BKV II/12, 132s., 141).

### ee) O Concílio de Éfeso

O Concílio de Éfeso chegou ao fim com um cisma e não com uma união das duas tendências. As conclusões adotadas por Cirilo e seus partidários alcançaram, no entanto, mais tarde, sobretudo em Roma, o reconhecimento geral. A segunda carta de Cirilo é considerada a expressão da fé católica (DH 250s.). O II Concílio de Constantinopla de 553 reconheceu também os 12 anátemas de Cirilo contra Nestório (DH 252-263) como expressão autêntica da doutrina da fé – no contexto das elucidações alcançadas mais tarde e da rejeição de interpretações equivocadas (DH 437). Destaca-se aqui a unidade do sujeito de Cristo. Ele é o "uno e o mesmo" (*heis kai ho autos/unus et idem*). Este sustenta a unidade de Deus e do ser humano. Não é um terceiro, surgido da unificação das duas naturezas. Não existem dois sujeitos em Cristo, ou seja, uma pessoa portadora de sua humanidade e outra pessoa portadora de sua divindade (*allos kai allos/alius et alius*). O sujeito da unidade é o próprio Logos. Ele constitui o *unum esse*, a saber, a realidade indivisa do Deus-homem Cristo. Aqui é determinante o motivo soteriológico. Em Jesus Cristo, o próprio Deus se engajou a favor do ser humano e entrou na sua realidade – nasceu, sofreu, morreu e ressuscitou. Isto garante que é Deus, por Ele mesmo – não por meio de alguma pessoa incumbida dessa tarefa, ainda que intimamente unida a Ele mediante a graça e a livre vontade –, quem realizou a redenção. Portanto, o próprio Deus é o sujeito do acontecimento salvífico. No ser humano Jesus, o próprio Deus é o autor da salvação, bem como o sujeito do sofrimento e da morte vicários. O Logos se submeteu realmente às leis do mundo. A partir da união da hipóstase resulta também o intercâmbio dos predicados e das propriedades das duas naturezas, mas não no nível das naturezas, e sim no tocante ao sujeito portador, a saber, ao Deus-homem Jesus Cristo.

Tudo isso se encontra no título *theotokos* de Maria. Ele se converte no sinal de reconhecimento da ortodoxia no sentido de Cirilo.

Maria não deu à luz um simples ser humano. Deu à luz a pessoa do Logos, não segundo sua divindade, mas na humanidade que assumiu a partir dela. Portanto, o próprio Logos é o sujeito do nascido como ser humano:

> "Se alguém não confessar que o Emanuel é Deus no sentido verdadeiro e que, portanto, a santa Virgem é deípara (pois gerou segundo a carne o Verbo que é de Deus e veio a ser carne), seja anátema" (DH 252).

### ff) A união do ano de 433

O cisma entre Alexandria e Roma, por um lado, e Antioquia, por outro lado, foi superado por meio da união alcançada por *João de Antioquia* e *Teodoreto de Ciro*. Na carta 39 de João de Antioquia (Carta de *Laetentur*), Cirilo constatou a plena concordância das igrejas de Alexandria e de Antioquia e, a partir de então, evitou utilizar a fórmula extremamente equivocada da "única natureza da Palavra encarnada", bem como da união física, que sempre favorecia uma interpretação errada, a saber, no sentido de uma transformação ou de uma mescla das duas naturezas (GÖK II, 250).

A fórmula de união de 433 antecipa, em termos de conteúdo, as declarações do Concílio de Calcedônia:

> "Confessamos, portanto, Nosso Senhor Jesus Cristo, Filho unigênito de Deus, perfeito Deus e perfeito homem, [composto] de alma racional e de corpo, antes dos séculos gerado do Pai segundo a divindade, no fim dos tempos [nascido], por causa de nós e de nossa salvação, da Virgem Maria, segundo a humanidade, consubstancial ao Pai (*homoousios to patri*) segundo a divindade e consubstancial a nós (*homoousios hemin*) segundo a humanidade. Aconteceu, de fato, a união das duas naturezas, e por isto nós confessamos um só Cristo, um só Filho, um só Senhor. Segundo este conceito de união inconfusa, confessamos a santa Virgem deípara, porquanto Deus, o Verbo, foi encarnado e em-humanado e, desde a conceição mesma, uniu a si o templo que dela recebeu. Quanto às expressões evangélicas e apostólicas que dizem respeito ao Senhor, sabemos que os teólogos aplicam algumas indiferentemente como [referidas] a uma única pessoa, enquanto distinguem outras como [referidas] a duas naturezas, atribuindo as dignas de Deus à divindade de Cristo, as mais humildes à sua humanidade" (DH 272s.).

### gg) O surgimento do monofisismo

Num antinestorianismo excessivamente zeloso, o arquimandrita *Eutiques* (falecido em 378) retomou a fórmula de Cirilo, abandonada há muito tempo, de "uma *physis* do Logos encarnado". Ao passo que, em sua época, Cirilo já entendera essa fórmula no sentido da realidade unida do Deus-homem, Eutiques lhe dava uma interpretação que desembocava na dissolução da natureza humana na divina. Disse: "Confesso que, antes da união, Nosso Senhor tinha duas naturezas, mas depois da união confesso uma só e única natureza" (cf. ACO II/I, 1,134s.). É verdade que, contra o docetismo, insistia na realidade da natureza humana de Jesus assumida do corpo de Maria. No entanto, não podia acreditar que em Cristo a natureza humana criada não só não perdeu sua subsistência, mas que pôde aumentá-la e consumá-la. Segundo Teodoreto de Ciro (eran. 2: PG 83, 153), afirmou que a humanidade de Cristo teria sido absorvida pela divindade como uma gota de mel é absorvida pelo oceano.

Após o fracasso de um concílio convocado em Éfeso no ano de 449, no qual o patriarca de Alexandria havia conseguido impor as teses alexandrinas mais extremas (latrocínio de Éfeso), teve lugar, por fim, como o quarto concílio ecumênico, o Sínodo de Calcedônia (8.10-1.11.451). Com uma participação de seiscentos bispos, foi o sínodo mais numeroso e o mais importante da Antiguidade.

## i) O Concílio de Calcedônia de 451

### aa) A definição de Calcedônia

Após o reconhecimento do caráter ortodoxo dos grandes antiquenos Teodoro de Mopsuéstia, Teodoreto de Ciro e Ibas de Edessa e também do Patriarca Flaviano, os símbolos de Niceia e de Constantinopla foram adotados como critérios da ortodoxia. Como sua autêntica interpretação, consideram-se a segunda carta de Cirilo dirigida a Nestório, o símbolo da reunificação de 433 e a carta dogmática de Leão Magno endereçada a Flaviano (*Tomus Leonis*).

Utilizando a diferenciação terminológica obtida da teologia da Trindade, agora a *hypostasis* designa a *pessoa do Logos*. Ele é o sujeito, o *prosopon*, a pessoa que, depois da encarnação, existe em duas naturezas, essências, substâncias ou *ousiai*, a saber, na natureza divina própria do Logos e na humana assumida de Maria.

Daí resulta a breve e densa fórmula "uma pessoa – duas naturezas". Contra uma crítica que parte de um conceito de pessoa estreito, tomado da psicologia da consciência, pode afirmar-se que essa fórmula não quer dizer que ao ser humano Jesus se acrescentou uma natureza divina ou que o ser humano (!) Jesus tem duas consciências. Antes, é a pessoa do Logos divino que se realiza eternamente na natureza divina e que subsiste no tempo e na história na natureza humana assumida.

À pergunta "*O que é Cristo?*" recebemos a resposta: *verdadeiro Deus e, ao mesmo tempo, verdadeiro homem*, mas de tal modo que a divindade e a humanidade subsistem lado a lado, sem mescla nem transformação, e formam, por meio da pessoa do Logos, uma unidade de ser e de ação.

Quando perguntamos "*Quem é Ele*", a resposta é: *A pessoa una do Logos*, ou seja, a hipóstase do Filho na Trindade, que, além da natureza divina própria da sua essência, assumiu a natureza humana para realizar por meio dela, com ela e nela a salvação. Essa salvação consiste na união, pela graça, do ser humano com Deus, também chamada de divinização do ser humano. Em Cristo, porém, Deus e o ser humano se encontram, sem divisão e sem separação, unidos na pessoa do Logos. A Palavra divina é o sujeito do acontecimento salvífico, ao passo que a natureza humana de Jesus Cristo, com sua atividade própria e criada, é o meio unido na Palavra em que se realiza historicamente o acontecimento da salvação. O Deus-homem Jesus Cristo não é um ser intermediário divino-humano, não é metade Deus e metade homem, tampouco uma essência intermediária de tipo platônica. Justamente por causa da unidade que se constitui na pessoa do Logos, é o mediador pessoal. É o Deus-homem na unidade do sujeito divino, o portador das duas naturezas, não mescladas nem transformadas e, portanto, íntegras e completas.

A argumentação não se desenvolve, pois, no sentido de que duas naturezas subsistentes já individualmente realizadas são reunidas para formar uma síntese. Antes, os padres conciliares partiam do *fato* da encarnação de Deus, ou seja, da síntese das duas naturezas sustentada pelo próprio Deus, e se perguntavam como se poderia conceber isso sem incorrer em contradição.

O pensamento teológico refletia sobre um fato aceito na fé. Não se pode elencar a dificuldade de expressar em linguagem humana o mistério da encarnação como argumento para colocar em dúvida a realidade da vinda de Deus ao mundo (como sucedeu, por exemplo, no *debate sobre o mito da encarnação* de J. Hick e M. Wiles, 1979).

A união não se refere à unidade de dois sujeitos distintos numa terceira realidade superior e comum às duas precedentes, que surgiria como resultado da unificação. O ponto de partida é, antes, o sujeito do Logos, que não se une com uma natureza humana, mas que a assume como sua própria. Desse modo, existe, de fato, entre ambas as naturezas uma relação ontologicamente fundada. Essa união é realizada pessoalmente pela pessoa do Logos ao assumir a natureza humana, trazê-la à existência no ato de sua aceitação e, assim, individualizá-la. Pode assumi-la como sua própria, de tal modo que subsiste nela e por meio dela é levada ao supremo desenvolvimento de sua dinâmica como criatura e à sua transcendentalidade. Portanto, o Logos assumiu de tal modo a alma humana de Jesus como sua própria que este Jesus, em sua autoexperiência empírica, em sua consciência objetiva e transcendente, em seu livre-arbítrio e em sua liberdade transcendental, chegou à forma de realização mais elevada da realidade própria da criatura.

*A unidade sucede, portanto, de fato,* kat' hypostasin. *A linha estrutural que percorre o todo se manifesta na múltipla ênfase no* "heis kai ho autos", *diferentemente do nestoriano* "allos kai allos". *No entanto, se a divindade e a humanidade não pertencem cada qual a um sujeito diferente, elas são, em contraponto ao monofisismo, no nível da comparação das naturezas, sem mescla e sem transformação, ou seja,* allo kai allo (aliud et aliud). *No tocante à pessoa do Logos que as une, são indivisas e inseparadas.*

> ## O DOGMA DE CALCEDÔNIA (451)
>
> Seguindo, pois, os Santos Padres com unanimidade, ensinamos que se confesse que *um e o mesmo* Filho, o Senhor nosso Jesus Cristo.
>
> É *o mesmo*, perfeito na sua divindade e perfeito na sua humanidade.
>
> É *o mesmo*, *verdadeiro Deus e verdadeiro homem* [composto] de alma racional e de corpo.
>
> *Consubstancial ao Pai* segundo a divindade e *consubstancial a nós* segundo a humanidade, semelhante em tudo a nós, menos no pecado (cf. Hb 4,15).
>
> Gerado do Pai antes dos séculos segundo a divindade e, nestes últimos dias, em prol de nós e de nossa salvação, [gerado] de Maria, a virgem, a deípara, segundo a humanidade.
>
> *Reconhecido em duas naturezas, sem confusão, sem mudança, sem divisão, sem separação.*
>
> Não sendo de modo algum anulada a diferença das naturezas por causa da união, mas, pelo contrário, salvaguardada a propriedade de cada uma das naturezas,
>
> *concorrendo numa só pessoa e numa só hipóstase.*
>
> Não dividido ou separado em duas pessoas, mas *um único e o mesmo* Filho, unigênito, Deus Verbo, o Senhor Jesus Cristo (DH 301s.).

### bb) *A comunicação de idiomas*

Do fato da união hipostática resulta o uso lógico-linguístico das propriedades (= *idiomata*) das duas naturezas de Jesus Cristo referentes à pessoa do Logos (comunicação de idiomas).

A regra básica da comunicação de idiomas está formulada no *Tomus Leonis*:

> "Pois assim como Deus não muda pela misericórdia, assim o homem não é absorvido pela dignidade. De fato, cada uma das duas formas opera em comunhão com a outra o que lhe é próprio (*agit enim utraque forma cum alterius communione quod proprium est*): isto é, o Verbo opera o que é do Verbo, a carne opera o que é da carne" (DH 294).

Daí resultam as regras clássicas da comunicação de idiomas:
1) Os atributos divinos e humanos concretos de Jesus Cristo são intercambiáveis (p. ex.: "Deus se fez homem").
2) Os atributos divinos e humanos abstratos não são intercambiáveis. Seria falso dizer que a natureza impassível de Deus é a natureza passível do ser humano, ou que o ser humano Jesus é Deus, pois o predicado divindade se refere à pessoa do Logos, não à natureza humana de Jesus.
3) Seria falso negar à pessoa de Jesus um atributo que lhe compete em virtude de uma das duas naturezas. (Seria errado, por exemplo, dizer que o Logos divino não nasceu de Maria, que Deus não sofreu e que não morreu na natureza humana assumida de Jesus, unida à divindade pela pessoa do Logos.)

4) Em enunciados sobre a realização da união hipostática no ato da encarnação, a natureza assumida (ou seja, a humanidade de Jesus) não pode ser o sujeito da afirmação. (Seria absurdo dizer que o ser humano Jesus se fez Deus.)

5) Nas combinações e derivações das palavras "Deus" e "ser humano" deve-se proceder com cautela. É preciso evitar enunciados como "Jesus é um homem portador de Deus"; "Deus habita no ser humano Jesus como em um templo"; "o ser humano Jesus é a vestimenta de Deus"; "o Logos e a carne se unem para formar uma unidade como se unem um homem e uma mulher no matrimônio", em que "se tornam uma carne". Aqui se deve estar atento à diferença entre uma união moral e uma substancial, por um lado, e uma união hipostática, por outro lado, que se dá só em virtude da encarnação.

6) Devem evitar-se as expressões heréticas, mesmo quando num contexto diferente possam ter um sentido perfeitamente ortodoxo, por exemplo, a sentença ariana "Cristo é uma criatura". É falsa se aqui o nome Jesus Cristo designa a pessoa do Logos; é verdadeira no sentido de que a natureza humana de Jesus Cristo foi constituída como realidade criada no ato de ser assumida pelo Logos.

### j) O desfecho da formação do dogma cristológico

#### aa) O monofisismo depois de Calcedônia

Após o concílio surgiu uma forte oposição, principalmente do lado da tradição alexandrina, contra suas conclusões. Os principais representantes dessa orientação foram Timóteo Eluro, Pedro Mongo, Pedro Fulão, Teodósio de Alexandria, Teodoro Asquida, Ântimo de Trebizonda, Timóteo I de Constantinopla e, sobretudo, Severo, patriarca de Alexandria (512-518) e Filoxeno de Hierápolis/Mabbug. O protesto se dirige contra o suposto difisismo do concílio e do *Tomus Leonis*. Na doutrina da única pessoa do Logos nas duas naturezas e de sua lógica consequência de que cada uma delas atua de acordo com sua própria realidade (*agit utraque forma*) identificavam uma recaída no nestorianismo. À doutrina das duas naturezas opunham a fórmula cirílica de "uma natureza encarnada do Logos divino". O monofisismo radical de Juliano de Halicarnasso chegou inclusive a negar que a carne humana de Jesus tivesse estado sujeita aos sofrimentos próprios da natureza do ser humano (*aftartodocetismo*).

Uma vez que os termos *ousia* e *hypostasis* continuavam sendo empregados como sinônimos, teria que parecer contraditório falar de uma hipóstase em duas naturezas. Se os termos *ousia* e *hypostasis* se referem, com um significado completamente idêntico, à existência singular concreta de uma substância, então não pode existir nenhuma natureza essencial sem hipóstase e a natureza humana de Cristo, que segue existindo depois da união, teria que ser também, necessariamente, uma pessoa. A partir daí os monofisitas concluíam que o Concílio de Calcedônia havia ensinado que em Jesus há duas pessoas.

Na realidade, porém, a maioria dos monofisitas era contrária aos defensores do concílio mais quanto à terminologia do que ao conteúdo.

A eles se contrapunha a interpretação estritamente difisita da tradição antioquena.

Os assim chamados neocalcedonianos tentaram uma mediação com a doutrina da en-hipóstase.

#### bb) A doutrina da en-hipóstase

No seu escrito Apologia do Concílio de Calcedônia (514-518), João Gramático tentou viabilizar uma mediação entre o monofisismo e o difisismo. Admitia que a natureza humana de Cristo nunca havia existido, nem lógica nem objetivamente, de forma independente, antes de sua união com a natureza divina. Só havia adquirido sua realidade individual a partir de sua união com a natureza divina. Só assim existe na pessoa do Logos. Considerada em abstrato, a natureza humana seria en-hipostática, e em sua realidade concreta só existe, em sua plenitude e autonomia, em virtude da vontade de aceitação do Logos. O Logos a havia assumido como sua e a havia feito subsistir na sua pessoa como concreta realidade humana e como realidade unida à natureza da divindade.

A doutrina da en-hipóstase (insubsistência) foi desenvolvida principalmente por *Leôncio de Jerusalém* no século VI e, mais tarde, por *João Damasceno*.

No diálogo religioso de 532, Hipátio de Éfeso havia chamado a atenção para a grande importância que tem a definição exata dos termos para uma compreensão adequada da teologia. É importante distinguir estritamente entre os termos *hypostasis* e *ousia*. De modo similar, teria que se diferenciar no latim entre *substância* como designação da essência e *subsistência* como designação do ato existencial que lhe corresponde e a individualiza (Rufino de Aquileia). João Damasceno (675-749), em sua obra principal *A fé ortodoxa*, oferece uma excelente explicação da tese calcedônica da en-hipóstase no contexto de uma coerente continuação da cristologia alexandrina da união:

"Ainda que não exista nenhuma natureza sem hipóstase e nenhuma essência sem pessoa – pois a essência e a natureza se considera nas hipóstases e nas pessoas – não é, contudo, necessário que as naturezas hipostaticamente unidas entre si possuam cada uma sua própria hipóstase. Pode acontecer que concorram numa hipóstase e então nem são en-hipostáticas nem têm cada uma sua própria hipóstase, mas que ambas têm uma e a mesma. Esta hipóstase da Palavra forma, a saber, a hipóstase das duas naturezas, de modo que nem deixa que nenhuma delas seja en-hipostática nem permite certamente que sejam hipostaticamente diferentes, nem é (a hipóstase) ora desta (natureza) ora daquela, mas que é sempre, sem divisão nem separação, a hipóstase de ambas. Não se divide nem se separa, nem se refere a uma parte desta ou a uma parte daquela, mas é indivisa e plenamente (hipóstase) inteiramente de uma e inteiramente da outra. Pois a carne do Logos-Deus não subsiste numa hipóstase própria, nem existe fora da hipóstase do Logos-Deus outra hipóstase, mas subsiste nela, ou, melhor dizendo, está hipostasiada, não tem um ser-para-si independente. Daí que não está sem subsistência (en-hipostática) nem introduz uma nova hipóstase na Trindade" (fid. orth. III, 9).

### cc) A fórmula: "Um da Trindade sofreu"

Na esteira da aproximação com os monofisitas, a fórmula "um da Trindade sofreu na carne" desempenhou um papel significativo. Essa fórmula monofisita, de ressonâncias teopasquistas, foi favorecida como fórmula de compromisso, uma vez que podia ser entendida no sentido ortodoxo (DH 401). O sujeito da paixão de Cristo é a pessoa do Logos divino. Ele é o portador da unidade divino-humana de Cristo. Em Cristo não existem, como temiam os monofisitas, duas pessoas. Tampouco a unicidade da pessoa de Cristo se deu por meio de uma composição.

### dd) O neocalcedonismo no II Concílio de Constantinopla de 553

Este concílio buscou recuperar os monofisitas por meio de uma interpretação do Concílio de Calcedônia no sentido neocalcedônico. A ênfase estava na unidade da pessoa, não na diferença das naturezas.

No quinto anátema se encontra pela primeira vez o termo técnico *união hipostática* (DH 425).

Tenta-se uma mediação entre difisismo e monofisismo no oitavo anátema:

"Se alguém, confessando que a união foi feita das duas naturezas, da divindade e da humanidade, ou, falando de uma só natureza encarnada do Deus Verbo, não entende estas expressões segundo o sentido do ensinamento dos Santos Padres, isto é, que da natureza divina e da natureza humana, pela união segundo a hipóstase, se fez um só Cristo, mas, antes, com esta expressão tenta introduzir uma só natureza ou substância da divindade e carne de Cristo, seja anátema. Ao dizer, de fato, que o Verbo unigênito se uniu à carne segundo a hipóstase, não afirmamos que se tenha operado uma recíproca confusão das naturezas, mas antes entendemos que o Verbo se uniu à carne, mesmo se uma e outra [natureza] permanecem o que são. Em consequência, um é também o Cristo Deus e homem, consubstancial ao Pai segundo a divindade, consubstancial a nós segundo a humanidade. Por isso, a Igreja de Deus rejeita e anatematiza aqueles que dividem ou cortam em partes o mistério da divina economia de Cristo, bem como aqueles que o confundem" (DH 429s.).

### ee) O III Concílio de Constantinopla (680/681) e a superação do monotelismo

O monotelismo deve ser visto principalmente como uma tentativa motivada pela política eclesiástica para recuperar os monofisitas para a Igreja do Império; não obteve, porém, o sucesso almejado.

Sérgio I, patriarca de Constantinopla (610-638), empreendeu um novo esforço de compromisso e falou de uma única energia e uma única atuação da vontade divino-humana de Cristo. A plena existência da natureza humana de Cristo não deveria ser afetada. Ela é, contudo, restringida por meio da doutrina de que não teria energia humana própria, capacidade volitiva e nem atividade volitiva própria (*monoenergetismo e monotelismo*).

O monotelismo é uma acentuação extrema do neocalcedonismo. A natureza humana de Jesus está tão dominada pelo princípio da unificação do Logos que se converte em um simples órgão passivo da atuação do Logos. Carece de toda atividade própria de sua essência. Isto, porém, está em contradição com os enunciados bíblicos sobre a cooperação da vontade humana de Jesus no acontecimento salvífico, sobre sua obediência e sua livre entrega, seu sacrifício e, com Ele, sua atividade mediadora, precisamente como ser humano (cf. 1Tm 2,5).

Os mais importantes representantes do monotelismo foram, além de Sérgio, Teodoro de Faran, Ciro de Fasis e Pirro I de Constantinopla. O patriarca Sérgio conseguiu obter o consentimento do Papa Honório I (625-638) para uma fórmula pouco clara sobre uma única vontade de Cristo (cf. DH 487s.; cf. a posterior "questão de Honório" no Concílio Vaticano I).

Foram adversários declarados do monotelismo o monge Sofrônio de Jerusalém, o Papa Martinho I e Máximo Confessor (580-662).

Máximo Confessor

Na célebre controvérsia com Pirro, Máximo Confessor cunhou a fórmula decisiva contra o monotelismo: "*O mesmo estava dotado, de acordo com suas duas naturezas, de vontade e de capacidade de ação para nossa salvação*" (PG 91, 289).

A base da doutrina das duas vontades em Cristo se encontra na famosa passagem do *Tomus Leonis*: "Pois assim como Deus não muda pela misericórdia, assim o homem não é absorvido pela dignidade. De fato, cada uma das duas naturezas (*agit utraque forma = natura*) opera em comunhão com a outra o que lhe é próprio: isto é, o Verbo opera o que é do Verbo, a carne opera o que é da carne" (DH 294).

As consequências para a soteriologia indicam que aqui não se trata de sutis jogos conceituais. Se a natureza humana de Cristo não tivesse possuído sua própria faculdade volitiva e um exercício fático da mesma, teria sido simplesmente uma marionete do Logos. Neste caso, não teria nenhum sentido para a nossa salvação a doutrina da mediação de Cristo, sua posição vicária e sua entrega ao sacrifício (= obediência da vontade) como ser humano no acontecimento da cruz.

Entre os pressupostos da teologia da criação e da aliança, a graça não pode nunca significar apenas a atividade unilateral de Deus nos seres humanos, mas fundamenta sempre a correspondência da livre aceitação e, assim, da realização criada do ser humano, para que se realize de fato na graça a "aliança" de uma comunicação divino-humana.

Máximo Confessor não empregou mais os conceitos clássicos de *ousia* e *hypostasis* no sentido da linguagem cotidiana, mas no sentido da terminologia técnica agora desenvolvida. Quando entre os elementos constitutivos da essência de uma coisa se enumeram todas as disposições, faculdades e atividades próprias de sua natureza que podem estar presentes, como propriedades, na manifestação de um ente (*logos physeos*), então é possível entender, em comparação com ele, a hipóstase como o modo existencial concreto e a atualidade dessa substância ou natureza (*tropos hyparxeos*). Da natureza (no corpo e na alma) ou da essência do ser humano forma parte a autoconsciência ou uma vontade livre no sentido da autodeterminação (*autoexousia*). Estas reflexões significavam um progresso também no campo da antropologia, pois fica evidente que a consciência e a livre vontade pertencem à natureza do ser humano e não à hipóstase. Se, pois, o espírito e a liberdade fazem parte da natureza da alma, então o ser humano não é uma pessoa espiritual e livre que habita temporalmente no corpo humano, mas uma existência que subsiste na natureza espiritual e livre que lhe é própria, a atualiza e se realiza pessoalmente como tal essência espiritual e livre no *medium* de sua materialidade. Com base nessa definição fundamental do ser humano, a união hipostática só pode acontecer se a hipóstase do Logos subsiste na espiritualidade e na livre autodeterminação que fazem parte da natureza humana. Na pessoa do Logos, portanto, estão mutuamente referidas a vontade divina do Logos própria de sua natureza e a vontade humana de Jesus própria da humanidade assumida na hipóstase do Logos. Porque a vontade está unida à natureza, aqui se pode evitar a doutrina dos dois filhos, ou seja, de uma mera composição exterior de duas subsistências independentes. Por outro lado, também é possível uma verdadeira encarnação de Deus sem que a natureza humana de Jesus seja afetada. As duas vontades se comportam em relação à única hipóstase do Logos, portanto: "*sem mescla, sem separação, sem transformação e sem segregação*". As duas vontades em Cristo não se encontram exteriormente de modo que, em última instância, dependeria da vontade humana de Jesus proceder de maneira positiva no tocante à união hipostática. Aqui não se enfrentam duas vontades abstratas. Seu nível de referência é já a união real de ambas as vontades, realizada mediante a hipóstase do Logos. A doutrina da en-hipóstase assegura a unidade sem mescla das duas naturezas. A fórmula de Calcedônia não é assimétrica, porque a natureza humana de Jesus não está unida com a determinação essencial própria da natureza divina (p. ex., com a consciência, que na filosofia moderna é qualificada de elemento constitutivo da pessoa), mas por meio da hipóstase, distinta logicamente da natureza do Logos.

Portanto, Máximo Confessor faz distinção entre a faculdade volitiva como disposição própria da natureza humana (vontade física) e sua atualização concreta por meio da pessoa. Visto da perspectiva da pessoa do Logos que assume a natureza humana deve ser dito que este Logos é a hipóstase que atualiza a faculdade volitiva de Jesus. Visto da perspectiva da natureza humana de Jesus, isso não significa de modo algum uma limitação da liberdade, mas precisamente sua mais elevada consumação possível, pois a faculdade volitiva se atualiza a partir da união hipostática e em vista dela.

A liberdade humana não pode ser reduzida a uma simples liberdade de escolha entre o bem e o mal. A liberdade de escolha pressupõe sempre uma situação histórica em que a vontade se encontra afastada de Deus. É mais originária a liberdade como união transcendental da vontade com o bem. A faculdade volitiva já está previamente atualizada (= motivada = posta em movimento) em virtude da oferta anterior da comunhão pessoal com Deus na graça e no amor.

Em virtude da união hipostática e da função de Jesus como mediador humano da salvação (novo Adão, representante ou cabeça da nova humanidade), a pessoa do Logos sempre atualiza a vontade humana a partir da autotranscendência, já alcançada, da livre vontade sustentada por meio da presença imediata de Deus. Enquanto realidade criada, a vontade humana de Jesus era mutável como a de qualquer outro ser humano. Não era automaticamente impecável. A partir de sua natureza, Jesus tampouco era onisciente no tocante a sua consciência humana. Tinha capacidade e necessidade de aprender. No entanto, em virtude da atualização por meio da pessoa do Logos e da experiência originária da presença de Deus seu Pai, a vontade humana de Jesus se movia e desenrolava sua autoconsciência empírica e sua experiência objetiva do mundo sempre em união orgânica com a vontade da natureza divina do Filho eterno. A vontade humana de Jesus não deve ser separada nem tampouco mesclada com a vontade do Logos.

Assim, a vontade humana de Jesus é elemento constitutivo da realização histórica e dinâmica do acontecimento da salvação. O Logos realiza sua vontade salvífica em e com a vontade humana de Jesus. A vontade humana de Jesus se concretiza como a aceitação crescente da união hipostática com a vontade do Pai. Desse modo, Jesus realiza sua unidade criada autônoma como autodeterminação que, na obediência, a sua missão de ser o mediador do Reino de Deus se consuma na cruz (cf. Fl 2,6-11). É por isso que também à obediência humana de Jesus se atribui um "mérito" infinito. Justamente na sua vontade humana, Ele é – unido à pessoa do Logos – o único mediador da salvação entre Deus e o ser humano (cf. Hb 5,9; 9,26ss.).

O sínodo laterano de 649

O sínodo, celebrado durante o pontificado de Martinho I, oferece uma interpretação da doutrina genuína de Calcedônia (cf. DH 500-522).

Quem quiser se chamar católico deve afirmar que "professa duas vontades coerentemente unidas do único e mesmo Cristo Deus, a divina e a humana, pelo fato de que Ele mesmo, segundo cada natureza sua, de modo natural, está querendo a nossa salvação" (DH 510).

O III Concílio de Constantinopla de 680/681

Este sínodo, reconhecido como o sexto concílio ecumênico (cf. DH 550-559; cf. tb. as declarações do Papa Agatão, DH 542-545 e também o sínodo romano, DH 546-548), proclama como fé católica:

> "Do mesmo modo, proclamamos nele (Cristo) duas vontades ou quereres naturais e duas operações naturais, sem divisão, sem mudanças, sem separação ou confusão. E as duas vontades naturais não estão – longe disso! – em contraste entre si, como afirmam os ímpios hereges, mas a sua vontade humana é obediente, sem oposição ou relutância, ou melhor, é submissa à vontade divina e onipotente" (DH 556).

### 3 A cristologia da Escolástica

#### a) As principais confissões de fé

Com os reinos católicos dos germanos na Europa Ocidental se inicia também uma nova época teológica. A norma imutável é o dogma da teologia da Trindade, da cristologia e da pneumologia da Igreja da era patrística.

Além do Credo apostólico e do Credo niceno-constantinopolitano, também é normativo o símbolo *Quicumque* (Pseudo-Atanásio, DH 75s.). Foram igualmente importantes para a problemática: o Sínodo de Braga (Portugal) do ano de 561 (DH 451-454); a confissão de fé do Rei Recaredo no III Concílio de Toledo de 589, por ocasião da conversão dos visigodos à fé católica (DH 470); o IV Concílio de Toledo de 633 (DH 485); o VI Concílio de Toledo de 638 (490-493); o XI Concílio de Toledo de 675 (DH 525-541); o XIV Concílio de Toledo do ano de 684 (DH 564), bem como o XV Concílio de Toledo de 688 (DH 566s.), em que o Arcebispo Juliano de Toledo justifica algumas expressões que haviam provocado objeções do Papa Bento II, segundo as quais em Deus a vontade engendrou a vontade e a união hipostática significa a unificação de três substâncias, a saber, a divindade, o corpo e a alma do ser humano; por fim, o Concílio de Toledo de 693 (DH 568-575).

#### b) A rejeição do adocionismo

No século VIII, *Elipando de Toledo* (716-798) e *Félix de Urgel* (falecido em 812) defenderam uma nova espécie de adocionismo. Em oposição a Migécio, que considerava que o ser humano (!) Jesus era uma das pessoas divinas, o que ao final deveria levar a quatro pessoas da Trindade, eles defendiam a dupla filiação divina. Segundo sua natureza divina, o Logos seria o Filho físico (= natural ou próprio da essência); segundo sua natureza humana, seria Filho de Deus por adoção. No afã de não identificar o ser humano Jesus com a divindade, quase incorrem no erro oposto, a saber, na doutrina dos dois filhos.

Em contraposição, o *Papa Adriano I* (DH 595; 619s.) e vários sínodos franceses defendiam a ideia de uma única filiação natural de Cristo (DH 612-615; 616-619). A natureza humana de Jesus não participa da eterna filiação divina do Logos por meio da graça, da eleição ou da adoção, mas em virtude da insubsistência ou da en-hipóstase da humanidade na hipóstase do Logos.

*Alcuíno* (730-804), o mais importante teólogo de seu tempo, assinalou que a *filiação* designa a relação de uma pessoa com outra. A filiação não seria uma qualidade essencial (uma determinação formal) da natureza, como é, por exemplo, a espiritualidade da alma humana etc. Por causa da união hipostática das duas naturezas em Cristo, a pessoa do Logos concretiza uma única relação filial com o Pai eterno. Esta subsiste eternamente na natureza do Logos e temporalmente na natureza humana assumida.

O Sínodo de Friul formulou de modo sucinto:

> "E o nascimento humano e temporal não se opôs ao nascimento divino e fora do tempo, mas na única pessoa de Cristo Jesus [está] o verdadeiro Filho de Deus e verdadeiro Filho do homem; não no sentido de que um é o Filho do homem, o outro Filho de Deus [...]. E por isso o professamos, em ambas as naturezas, Filho próprio de Deus, não adotivo, já que o único e mesmo é, depois de assumido o homem, inconfusa e inseparavelmente Filho de Deus e do homem, 'Filho' por natureza para o Pai segundo a divindade, por natureza para a mãe segundo a humanidade, porém, em ambos, 'Filho' próprio do Pai [...]" (DH 619).

### c) Opiniões conflitantes sobre a união hipostática no século XII

No terceiro de seus quatro livros de sentenças, que iriam se converter no manual dogmático da Idade Média até o século XVI, *Pedro Lombardo* (1095-1160) expôs as teorias correntes sobre a união hipostática na primeira fase da Escolástica.

Ele identifica a primeira *opinio* em *Hugo de São Vítor* (falecido em 1141). É denominada de a *teoria do homo assumptus*. Associa a segunda *opinio* ao nome de *Gilberto Porretano* (1080-1154). Sua *teoria da subsistência* se apoia na doutrina da en-hipóstase do neocalcedonismo. A terceira *opinio*, apresentada como *teoria do habitus*, vincula-se a *Pedro Abelardo* (1079-1142).

Segundo Pedro Lombardo, todos os autores católicos concordam com a confissão de que Deus se fez homem e que Jesus Cristo é verdadeiro Deus e verdadeiro ser humano. As diferenças de opinião só aparecem quando se passa para a interpretação exata das expressões *Deus factus est homo* e *Deus est homo*. O problema especulativo consiste em explicar como o Deus imutável pode se converter na criação em algo (*aliquid*), sem que se produza uma transformação ou mescla do divino e do criado.

A *teoria do homo assumptus* responde a essa pergunta com o argumento de que mediante a encarnação foi constituído um determinado ser humano. Esse ser humano passou a ser Deus, não como natureza divina, mas em relação com a pessoa do Logos. Por outro lado, dizia que na encarnação Deus começa a ser justamente aquele ser humano. Admitia-se que aquele ser humano assumido pela Palavra e unido com a Palavra é, ao mesmo tempo, a Palavra de Deus encarnada. Esse enfoque parte, portanto, da ideia de que Deus se converteu numa substância que subsiste numa alma dotada de razão e na carne do ser humano. Neste caso, pode-se dizer simultaneamente que Deus se converteu em ser humano *e* que este ser humano é Deus. Isto não significa, porém, que o ser humano Jesus consiste em uma substância divina e outra humana. Alguns acreditam que foi somente a aceitação pelo Logos que reuniu as substâncias parciais do corpo e da alma para formar a natureza individual humana de Cristo.

A *teoria da subsistência* afirma que *antes* da encarnação Cristo havia sido só *uma* pessoa (num sentido simples). *Na* encarnação, converteu-se em uma pessoa que subsiste na divindade e na humanidade. Essa pessoa não é distinta da anterior. Antes, a pessoa divina tornou-se, na encarnação, também a pessoa do ser humano Jesus (*una et eadem persona Dei et hominis*). Por causa da encarnação, a pessoa divina subsiste em duas naturezas e as possui, *num* caso, como *própria de sua essência* e, no *outro* caso, como *assumida*. A pessoa, que antes da encarnação só possuía a natureza divina, tornou-se também verdadeiro ser humano. Este existe não só em virtude do ato unificador da alma, que reúne o *compositum* de corpo e alma, mas também por meio da natureza divina hipostaticamente unida com sua natureza humana. Contudo, não se pode dizer que esta pessoa se fez pessoa em virtude da encarnação, ainda que se converta na pessoa do ser humano Jesus. Na medida em que essa pessoa subsiste em duas naturezas, pode-se falar de uma composição. Na medida em que ela é a Palavra, está simplesmente em si mesma.

Por fim, os representantes da *teoria do habitus* queriam evitar, sobretudo, uma composição da pessoa da Palavra divina a partir de duas (divindade e humanidade) ou três substâncias (da divindade, da substância da alma humana e da substância do corpo humano). A fim de não ter de assumir, com o enunciado "Deus se fez homem", a substância criada assumida do ser humano na definição da divindade, eles dizem que o Logos estava apenas presente no ser humano Jesus assim como alguém está presente numa vestimenta com que se envolve (cf. Fl 2,7: "[...] in similitudinem hominum factus et habitu inventus ut homo"). Portanto, a relação da pessoa do Logos com sua natureza divina pertenceria a uma espécie completamente distinta da relação entre a hipóstase-Logos e sua natureza assumida.

Aqui reaparece o problema das duas relações filiais de Jesus. Pois a subsistência da humanidade de Jesus não se identifica com o Logos subsistente. Parece, então, como se o Logos não tivesse assumido uma natureza humana, mas um ser humano concreto que subsiste independentemente da subsistência do Logos.

### d) A crítica do Magistério à teoria do *habitus*

Críticas foram feitas à opinião de alguns autores, entre eles o próprio Pedro Lombardo (Sent. III, d. 10,1), que defendiam, com base na teoria do *habitus*, que o Logos havia habitado na humanidade como em uma vestimenta e que na humanidade de Cristo não havia uma verdadeira presença do próprio Logos, mas só uma aparência dele. A humanidade não poderia ser chamada de "algo" (*aliquid*). Este assim chamado *niilismo cristológico* foi rejeitado pelo Papa Alexandre III. Numa carta dirigida ao Arcebispo Guilherme de Reims, em 1177, consta:

> "Sendo Cristo perfeito Deus e perfeito homem, é estranho o atrevimento com que alguém ouse dizer que *Cristo enquanto homem não é nada* [...]. [É, portanto, proibido [do autor]] que alguém doravante ouse dizer que Cristo enquanto homem não é nada, porque, assim como é verdadeiro Deus, assim também é verdadeiro homem, subsistente de alma racional e de carne humana" (DH 750; cf. 749).

### e) A cristologia tomista

Na terceira parte de sua *Summa theologiae*, *Tomás de Aquino* (1225-1274) apresenta a até então mais abrangente concepção da cristologia. No marco de seu esboço geral, Cristo é o mediador entre Deus e os seres humanos. Deus quis se comunicar com os seres humanos por meio da criação, da encarnação e do envio do Espírito e introduzi-los comunicativamente em sua vida trinitária (S. th. III q.1 a.1). Para que o ser humano, que, quanto à origem e ao fim está orientado para Deus, possa ser mediado para Ele, o próprio Deus deve passar para o lado humano. Como Deus-homem, Jesus Cristo é verdadeiro Deus e verdadeiro ser humano e, portanto, o verdadeiro mediador e titular do acontecimento da redenção. Uma vez que aqui a realidade humana de Jesus é o princípio de toda a soteriologia, Tomás pode conceder em sua concepção geral um lugar de destaque para o mistério da vida de Jesus. A cristologia não significa apenas a penetração especulativa na doutrina da união hipostática. Significa também a exposição da figura exemplar do encontro de Deus e ser humano no curso e na realização da existência criada. No seguimento e na comunhão com o ser humano Jesus, o ser humano encontra Deus. Em alusão aos mistérios da vida de Jesus (a concepção por obra do Espírito e o nascimento a partir da Virgem Maria, sua circuncisão no sentido do cumprimento da lei, a apresentação no templo, o batismo no Jordão, a pobreza e simplicidade de sua vida, sua tentação, sua pregação, seus sinais e milagres, sua transfiguração e, por fim, a culminação de sua atividade na paixão, na morte de Jesus, no seu sepultamento e no descenso para os mortos, a ressurreição e a ascensão, sua exaltação à direita do Pai e sua nova vinda para o juízo), Tomás quer entender a vida de Jesus, sua doutrina, sua atividade salvífica e seu destino como um livro aberto, em que se pode ler a revelação em palavras e vivenciá-la em atos. O cristão vincula com Jesus seu próprio destino existencial. No seguimento de Jesus, todo crente pode entender sua vida e sua dor, sua morte e sua confiança como cópia do modelo Cristo e com auxílio da graça chegar à autoconsumação no amor consumado a Deus e ao próximo. Para ele, Cristo é ao mesmo tempo dom da salvação e exemplo: *sacramentum et exemplum*.

Na doutrina da união hipostática, Tomás ajudou a impor definitivamente a teoria da subsistência (cf. S. th. III q.2). Ao partir da unidade da pessoa do Logos e chegar à determinação da integridade das duas naturezas, pode-se perceber claramente nele a influência da cristologia alexandrina da união. De fato, Tomás havia estudado intensamente os antigos concílios, em especial, porém, as obras de Cirilo de Alexandria, de João Damasceno e, sobretudo, o III Concílio de Constantinopla, que, com o acento na autonomia da vontade humana de Jesus, indica que a soteriologia inteira está construída sobre os *acta et passa* da humanidade de Jesus.

Em oposição ao esvaziamento racionalista do mistério, Tomás busca expor, com base na analogia, a fé em sua racionalidade interna. O ato de fé não pode ser produzido forçosamente pela razão, mas a fé pode fazer frente a qualquer interrogação racional. No ato de fé, a razão realiza suas possibilidades mais elevadas.

A natureza humana é um *compositum* de alma e corpo. Nesse caso, a alma é o princípio que dá a forma e transmite o ser. Portanto, o ser humano é, apesar da composição de seus princípios, uma unidade interna e uma única realidade. Por causa da espiritualidade e da autodisposição, o ser humano está em princípio aberto por meio de sua alma para a totalidade da realidade e para o fundamento de toda realidade, a saber, para Deus. Na sua autorrealização espiritual e voluntária, o ser humano se entende como totalmente mediado a si mesmo (autopertença e autodisposição) e, ao mesmo tempo, como em movimento para Deus em virtude de uma relação pessoal. Deus se abre ao ser humano como a origem que lhe confere o ser e, por meio de sua autocomunicação pessoal, também como o fim e o conteúdo da autotranscendência da realização da pessoa humana. Quanto mais condicionada está uma substância em sua origem e em sua consumação por uma relação pessoal, tanto mais essa relacionalidade fundamenta a atualidade pessoal da natureza espiritual humana.

Portanto, a unificação da natureza humana de Jesus com a pessoa do Logos e sua aceitação na relação do Logos eterno com o Pai não diminui a autonomia humana, mas a conduz ao auge de sua possibilidade criada.

Não apesar, mas justamente por causa da in-existência na hipóstase do Logos e da atualização por meio dela, a natureza humana de Jesus chega ao ponto culminante de todas as suas possibilidades. O Logos não assumiu um ser humano já previamente subsistente, ou seja, existente em virtude de um ato geral do ser (*homo assumptus*), ou uma natureza humana abstrata que pudesse ser concebida como privada de subsistência (*humana natura*). Jesus é realmente um ser humano com existência singular (*homo*). Enquanto este ser humano que vem ao nosso encontro é *aliquid*, é um *ens*. Mas ele existe como este ser humano único precisamente em virtude da unificação de sua natureza humana com sua natureza divina na atualidade da pessoa do Logos eterno. Formulado inversamente: A humanidade de Jesus se realiza num movimento transcendente em direção a Deus. Em virtude dessa orientação é possível que à natureza humana se atribua a subsistência do Logos. O Logos não assumiu uma natureza estática, mas a natureza humana com a dinâmica transcendente que lhe é própria e com sua possibilidade de ser determinada mediante a relacionalidade com Deus, que se revela a ela como sua origem, seu fim e o horizonte de consumação de sua comunicabilidade.

Quanto à questão de saber se em Cristo há só um único ato do ser ou dois, que competem separadamente a cada uma das naturezas e que são reunidos mediante um terceiro ato unificador, Tomás disse mais tarde (na *Summa Theologiae*) que se pode falar apenas de um *unum esse*. O ato que sustenta um ente em sua existência concreta só pode ser uno, mesmo que, como no caso do *verbum incarnatum*, subsista em duas naturezas. Isto corresponde ao princípio metafísico *omne ens est unum*. Pois a unidade de um ente só é possível porque o fundamento de seu ser se identifica com o fundamento de sua unidade. No entanto, o Logos não pode ser, de modo imediato, o princípio formal natural do corpo humano de Jesus. Diferentemente dessa concepção, que se inclinava para um apolinarismo, deve ser dito que a união hipostática do Logos com a natureza humana sucede pela mediação da alma humana – *mediante anima* (S. th. III q.17 a.2 ad4).

Quanto à questão de entender como se produziu a união hipostática, deve distinguir-se entre sua compreensão a partir da natureza divina assumente (*ex parte naturae assumentis*) ou a partir da natureza humana assumida (*ex parte naturae assumptae*).

A natureza humana de Cristo é atualizada num ser humano concreto por meio da hipóstase do Logos. Subsiste na pessoa da Palavra divina. Desse modo, a pessoa do próprio Logos é o princípio de seu ser, de sua concreção, de sua autonomia, de sua unidade e de sua atividade. Só assim também o Logos pode atuar como redentor por meio de um ser humano concreto. O próprio Deus é, portanto, no ser humano Jesus, o redentor, mas na, com e pela humanidade assumida de Jesus. Esta é o instrumento e o *medium* imediatamente adequados da vontade salvífica de Deus (*instrumentum conjunctum divinitatis,* i.e., *verbi incarnati*). A unidade da natureza divina e da humana coincide com a subsistência do ser humano Jesus no ser do Logos. Assim, o Logos é o ato do ser da humanidade de Jesus pela mediação da alma.

Embora Tomás entenda a unidade de Jesus a partir da pessoa do *verbum assumens* e, por isso, permite que a humanidade de Jesus subsista na hipóstase do Logos (hegemonia do Logos), a natureza humana de Jesus não é de modo algum um instrumento inerte. É precisamente a vontade *humana* – conduzida pela união com o Logos ao patamar mais elevado de sua autonomia como criatura – que constitui o "instrumento" da ação redentora de Deus.

O instrumento da salvação é a liberdade da vontade de Jesus, sua livre obediência em face da missão que recebeu do Pai. Justamente porque a liberdade da vontade humana de Jesus chegou à sua consumação suprema em virtude da união com o Logos (*gratia unionis*), Jesus é em sua natureza humana o *novo Adão*, a realização causal exemplar da nova criatura, o representante e cabeça da nova humanidade, o mediador da salvação e o sumo sacerdote da nova aliança, o cabeça da Igreja, de quem flui toda a graça no corpo de Cristo, isto é, na comunidade dos discípulos.

### f) A doutrina de Duns Escoto sobre a união hipostática

Também *João Duns Escoto* (1265/1266-1308) se situa inteiramente sobre o terreno da cristologia da Igreja Antiga. Em face da tradição tomista, entretanto, coloca outros acentos. Sua espiritualidade franciscana tem uma orientação ainda mais cristocêntrica e realça ainda mais a significação própria da humanidade de Jesus. Igualmente importantes são as diferenças no enfoque metafísico. Com a tradição de cunho leonino-agostiniano, Escoto parte, antes, da integridade, concebida em termos difisistas, das duas naturezas, certamente sob o pressuposto da união hipostática. Duns Escoto chega, porém, a uma ênfase mais incisiva da autonomia própria da natureza da humanidade de Jesus referida ao Logos e sob o Logos (*autonomia relativa*).

Caso se queira retomar a antiga fórmula do *assumptus homo* (como *quid*, não como *quis*), que pode perfeitamente receber uma interpretação ortodoxa, então se deve interpretá-la no sentido de uma "filiação adotiva" da natureza humana.

À pergunta "Quem é este homem Jesus?", os tomistas respondem: É a pessoa do Filho eterno na natureza humana nele assumida, com Ele unida e por meio dele existente.

Duns Escoto responderia aqui: É, enquanto ser humano, filho adotivo da Trindade, hipostaticamente vinculado à pessoa do Logos eterno. Quando se fala de Jesus Cristo como sujeito se faz referência a este ser humano em sua natureza humana, com seu centro de atividade humano, que subsiste no Filho eterno de Deus. O ser de Jesus como Filho de Deus é enunciado aqui *in obliquo*.

Essas afirmações mantêm um vínculo estreito com o conceito de pessoa.

Tomás parte de uma distinção real entre a essência e a existência. Pode dizer que a natureza humana de Jesus é atualizada e individualizada pela pessoa do Logos. Para Duns Escoto, no entanto, existe somente uma distinção formal entre a essência e a existência. Recorrendo a Ricardo de São Vítor, busca desenvolver um conceito de pessoa que, com as respectivas modificações, possa ser aplicado fundamentalmente às pessoas da Trindade, à pessoa do Deus-homem e à pessoa de cada ser humano singular. Uma pessoa não é só a atualidade de uma essência geral determinada pelo espírito, mas ao mesmo tempo determinada por sua constituição ontológica, a saber, por sua relação permanente com a origem. A definição de pessoa tem dois momentos constitutivos: a relação com a origem e a essência. As pessoas divinas não se definem por meio de uma participação unívoca numa natureza comum, mas precisamente por suas relações de origem, que se realizam de modo relacional. Na Trindade, as pessoas se definem positivamente em sua autonomia. Em todo caso, a sua autodiferença (não mediatez), por meio da qual elas são elas mesmas, não corresponde um caráter negativo nem privativo. As coisas são diferentes quando se trata da definição da pessoa humana. Na criatura coincidem a natureza e o *suppositum*, de modo que é impossível uma realização positiva de uma natureza essencial concretamente existente em várias pessoas referidas entre si de modo relacional. A autoafirmação de uma pessoa criada subsistente só é possível por meio da autodiferenciação perante a outra pessoa. A autoposição da pessoa em sua singularidade imediata só é possível através da experiência da não identidade com outra pessoa. Portanto, é o momento negativo da não comunicabilidade da pessoa humana que forma o pressuposto metafísico para uma união da hipóstase divina com uma natureza humana. No ato da união hipostática, o momento negativo – que todo ser humano concretamente existente tem na unidade de sua natureza e de seu *suppositum* – é subtraído e substituído pela hipóstase do Logos. Daí resulta que na união hipostática não se priva a natureza humana e o seu *suppositum* de *nenhum* elemento positivo realmente pertencente ao ser humano. A natureza humana de Jesus permanece, portanto, precisamente em sua autonomia criada (*esse existentiae*) (Ord. III d.6.q.1 n.2). Uma vez que em Escoto a pessoa não se define só pela essência, mas ainda mais pela sua relação de origem, ele pode outorgar plenos direitos tanto à natureza divina como à humana de Cristo. Ao mesmo tempo, faz justiça também à ideia da união hipostática no sentido de que em Cristo uma natureza humana alcança a maior realização possível, visto que em sua relação de origem existe e atua historicamente por meio da hipóstase do Logos.

Esse ponto de interesse já aparece também em Tomás. Quando Escoto admite em Cristo dois *esse existentiae*, ainda que subsistentes na hipóstase do Logos, ele tem de admitir também duas relações filiais em Cristo. No entanto, esse enunciado não leva necessariamente à doutrina nestoriana dos dois filhos. As duas relações filiais subsistem, por sua vez, unidas na pessoa do Logos.

A partir dessa autonomia da natureza humana de Jesus resulta também um enunciado específico sobre o valor dos *méritos de Cristo*, sobre sua *visio Dei* como ser humano e sobre seu saber, tanto infuso como adquirido. Escoto fala de uma relativa infinidade do saber de Jesus, de uma relativa impecância do ser humano Jesus etc. Todas essas qualidades especiais lhe cabem, conforme a natureza do ser humano Jesus, somente de maneira finita. Só por causa da união hipostática, a natureza humana de Cristo tem, de maneira participativa, uma certa infinidade em seus méritos, uma certa incapacidade para pecar etc.

### g) A questão do motivo da encarnação

Tomistas e escotistas apresentam respostas diferentes à pergunta sobre o autêntico motivo por que Deus se fez homem: Só por causa do pecado, ou, independentemente dele, em virtude de um amor ilimitado pelos seres humanos, assim como revelado já na criação como eleição eterna?

Tomás se reporta às duas posições opostas que surgiram nos séculos XII e XIII (S. th. III q.1 a.3). À questão de saber se Deus também teria se encarnado caso o ser humano não tivesse pecado (*utrum, si homo non peccasset, nihilominus Deus incarnatus fuisset*), Tomás responde, em conformidade com a Escritura e a tradição, que a *superação do pecado de Adão foi a razão mais evidente*. O Novo Testamento reconhece inequivocamente que a encarnação sucede com o propósito de alcançar o perdão dos pecados, ao passo que, para Deus, o motivo não foi o pecado, mas unicamente seu amor que propicia o perdão.

Sem dúvida, o testemunho da Escritura não exclui a interpretação de que, também sem o pecado, a encarnação faria sentido. Cabe inclusive perguntar se a criação em geral poderia ser concebida sem que Deus se comunicasse ao ser humano pelo caminho da encarnação. No entanto, Tomás insiste na ideia de que o ser humano no estado primitivo já recebeu a graça suficiente para alcançar a Deus como seu objetivo final. A partir do fato da criação não se pode concluir que a encarnação seja uma necessidade intrínseca.

Duns Escoto parte de um cristocentrismo teológico e espiritual mais acentuado. A criação definida em termos cristocêntricos sugere a ideia de que uma mediação salvífica do mundo criado não seria realizada simplesmente pelo *verbum*, mas sim pelo *verbum incarnatum*. Considerando algumas passagens da Escritura, como, por exemplo, Pr 8,22s. e, sobretudo, Cl 1,15-17 (Cristo como o primogênito de todas as criaturas), Escoto chega à conclusão de que na lógica da produção do ser não divino deveria constar também a consumação do ser humano por meio da autocomunicação de Deus na encarnação. Com a decisão de Deus pela criação estava dada também a predestinação absoluta do Logos para a encarnação e, portanto, para a consumação do ser humano por meio da vinda de Deus na carne (cf. Rep. Par. III d.7 q.4; Ord. III d.7 q.3). Por conseguinte, Escoto acreditava que não se poderia pressupor que a queda no pecado era a *conditio sine qua non* da predestinação de Cristo. Do contrário, a encarnação seria apenas uma ação ocasional de Deus, e o ser humano seria quem de certo modo estabeleceria para Deus as condições sob as quais ele seria urgido a atuar. Deus previu o pecado só condicionalmente. Por meio de sua decisão de querer, junto com a criação, e em coerência interna com ela, também a encarnação do Logos, Deus se revelou livremente, no tocante a sua própria essência eterna e necessária, como o criador, redentor e consumador.

À pergunta a respeito do motivo de Deus produzir o mundo criado, Escoto responde que Deus quer ser amado da maneira mais elevada possível por um ser existente fora dele. Na unidade da divindade e da humanidade de Cristo encontram-se o amor despojado de Deus a sua criatura e o amor da criatura a Deus, que responde e busca a plenitude.

Portanto, o motivo da encarnação consiste, ao final, não só na intenção de restabelecer a ordem do mundo caído no pecado, mas na livre autocomunicação de Deus à criatura, e, a saber, na forma da autorrealização criada do ser humano.

## 4 As questões cristológicas na Reforma

O cristianismo luterano e calvinista resultante da Reforma se situa decididamente no terreno da cristologia da Igreja Antiga.

Na *Confessio Augustana* (art. 1 e 3) destaca-se expressamente que no dogma trinitário e cristológico não existem diferenças que separem as igrejas. Assim, Lutero afirma: "Nesses artigos não há disputa nem controvérsia, porque ambas as partes cremos e confessamos o mesmo" (Schm. Art. 1 Parte = BSLK 415).

Por outro lado, é bem conhecida a crítica de *Felipe Melanchton* (1479-1560) a uma cristologia que, no marco da Escolástica nominalista, caiu no campo das acrobacias conceituais especulativas. A cristologia não deveria se desvincular de seu contexto soteriológico, nem se restringir a uma simples elucidação terminológica das categorias de natureza e pessoa. Em seus *Loci communes* de 1521, ele diz:

"Conhecer a Cristo significa conhecer suas boas obras e não o que eles (os teólogos escolásticos, n. do A.) ensinam e especulam sobre sua natureza e os modos de sua encarnação" (STUPPERICH, R. (org.). *Melanchthons Werke*, II/1. Gt, 1978, 20).

Segundo *Martinho Lutero* (1483-1546), a encarnação se identifica com o ministério de Cristo como mediador da salvação e com sua vinda ao mundo para tomar sobre si os nossos pecados. Numa "troca feliz", Cristo assume *nossa pobreza* para nos ofertar sua *riqueza divina* (cf. 2Cor 8,9).

No *Catecismo Maior* de 1529, Lutero descreve o nexo interior entre a cristologia e a justificação do pecador somente pela graça:

"Porque, depois que havíamos sido criados e tínhamos recebido toda sorte de bens de Deus Pai, veio o diabo e nos levou à desobediência, ao pecado, à morte e a toda desgraça, de forma que jazíamos debaixo da ira e do desagrado de Deus, sentenciados à condenação eterna [...]. Aí não havia conselho, nem auxílio, nem consolo, até que este Filho único e eterno de Deus, em sua insondável bondade, se compadeceu de nossa calamidade e miséria, e veio do céu a fim de socorrer-nos. De sorte que aqueles tiranos e carcereiros estão afugentados, e seu lugar foi ocupado por Jesus Cristo, Senhor da vida, da justiça, de todo o bem e ventura, e nos arrancou a nós, homens pobres e perdidos, das fauces do inferno, nos conquistou, libertou e nos trouxe de volta à clemência e graça do Pai [...]. Mas as partes que se seguem umas às outras neste artigo outra coisa não fazem senão explicar e expressar essa redenção, como e por que meio ela se realizou [...]" (LUTERO, L. "Catecismo maior". *Obras Selecionadas* – Vol. 7: Vida em comunidade. São Leopoldo/Porto Alegre: Sinodal/Porto Alegre, 2000, p. 393).

Em conexão com a doutrina da justificação de Lutero, pergunta-se até que ponto a vontade humana de Jesus tem alguma significação salvífica. Não fica claro se o sofrimento expiatório vicário de Cristo foi suportado só pela pessoa do Logos na natureza humana ou se também foi obedientemente aceito pela liberdade humana de Jesus. Essa questão tem desdobramentos sobre a doutrina da Igreja a respeito do sacrifício e do mérito. Se Cristo atuou vicariamente na sua humanidade também *ex persona ecclesiae*, pode-se demonstrar que age também como cabeça da nova humanidade, que une a Igreja com ele numa unidade de ação e, no acontecimento salvífico, insere-a na comunicação do Pai e do Filho.

Na perspectiva da cristologia da Igreja Antiga, Lutero pode ser incluído na cristologia da união. Na doutrina da comunicação de idiomas, chega a ponto de dizer que as propriedades da natureza ou da majestade divina (*genus maiestaticum*) podem ser compartilhadas, num certo sentido, também pela natureza humana. Todavia, estiveram ocultas na vida terrena de Jesus, como indica a doutrina do apóstolo sobre a *kenosis* (cf. Fl 2,6-11).

Na controvérsia com *Zwínglio* (1484-1531), Lutero recorre ao *genus maiestaticum* para rebater a objeção de que o corpo do Senhor ressuscitado não poderia estar presente, ao mesmo tempo, também *localiter*, no pão e no vinho no altar. A natureza humana exaltada e transfigurada de Cristo tomaria parte na onipresença da natureza divina do Logos. Por conseguinte, com a presença da divindade de Cristo nas espécies eucarísticas deve aceitar-se também sempre a presença da humanidade (cf. tb. o desenvolvimento da doutrina na fórmula de concórdia de

1577/1580). Distinguem-se do *genus maiestaticum* o *genus idiomaticum*, ou seja, a referência mútua das propriedades abstratas das duas naturezas à concretude da pessoa, e o *genus apotelesmaticum* que indica que a pessoa do Deus-homem Cristo realiza seu ministério salvífico não apenas por meio de uma natureza, mas sempre na e com as duas naturezas (BSLK 1026ss.).

*João Calvino* (1509-1564) está cunhado, de modo mais acentuado, pela cristologia da separação. Entende que a unidade das duas naturezas se fundamenta dinamicamente no ministério da mediação de Cristo. Porque o Logos participa das duas naturezas e nelas existe, ele media, no Espírito Santo, os seres humanos na comunhão com Deus. Diferentemente de Zwínglio, não aceita um enfraquecimento da comunicação de idiomas. Divergindo da doutrina de Lutero, para ele a natureza humana não participa na onipresença da divindade. É certo que a natureza divina abrange a humanidade de Cristo, mas não está *localiter* vinculada a ela. A natureza divina desceu do céu na encarnação e se uniu a nossa natureza humana na pessoa do Logos. Mas ao mesmo tempo permanece no céu (*extra calvinisticum*).

A exemplo de Zwínglio, também Calvino nega a presença corporal de Cristo na ceia. Se o corpo de Cristo está sentado à direita do Pai e se mantém num determinado lugar do céu, não pode se encontrar ao mesmo tempo *localiter* e *circumscriptive* no altar. É certo que a palavra e o elemento material da Eucaristia representam a Cristo na unidade de sua divindade e de sua humanidade, mas não se dá uma *presença real*, mas uma espécie de *presença espiritual*. Ao comerem e beberem os dons da ceia, o Espírito Santo une os crentes em seus corações com o Deus-homem no céu.

A doutrina de Calvino sobre os três ministérios de Cristo se tornou relevante para a cristologia (Inst. christ. rel. II,15).

No seu ministério *profético*, Cristo anuncia a Palavra de Deus.

No seu ministério *régio*, exerce a soberania de Deus e leva os crentes à vida eterna.

No seu ministério *sacerdotal*, por fim, Cristo realiza sua tarefa salvífica (no sentido estritamente soteriológico). Num sentido um pouco variado, também a dogmática católica adotou, desde o século XVIII, e em seguida, sobretudo o Vaticano II, a doutrina do triplo ministério de Cristo (cf. LG 9-12 passim).

## 5 Os kenotistas luteranos

No desenvolvimento e na transformação da doutrina de Lutero sobre a *kenosis*, no século XIX os kenotistas luteranos defenderam a concepção de que, por ocasião da encarnação, o Logos se despojou também das propriedades de sua natureza divina (G. Thomasius, F.H.R. Frank, J.C.K. Hoffmann, E.W.C. Sartorius, W.G. Gess). Diferentemente dos primeiros kenotistas da ortodoxia luterana, não falavam apenas que o Deus-homem, nos dias de sua vida terrena, se absteve de fazer uso de suas propriedades divinas. Acreditavam que o Logos preexistente, enquanto sujeito da encarnação e da kenosis, havia renunciado realmente a essas propriedades divinas, como onipotência, onipresença e onisciência. Esperavam poder conciliar, dessa maneira, a cristologia da Igreja Antiga com os resultados da investigação histórica e da psicologia de Jesus. Só se o ser humano Jesus não tem uma consciência *a priori* de sua união essencial com a divindade do Logos, pode se dar nele uma consciência *a posteriori* de sua filiação divina. Esta consciência se desenvolveu como resultado de sua autoconsciência humana, segundo as leis psicológicas naturais. Por conseguinte, pode-se falar também de uma inserção dos dados antropológicos do pecado, da dúvida e da resistência na relação de Jesus com Deus que se realiza no tempo e de acordo com as condições psicológicas (no mesmo sentido também o modernismo católico, cf. DH 3433).

Essas ideias refletem claramente a virada que se processou a partir da problemática ontológica da Igreja Antiga para a psicologia de Cristo na Idade Moderna.

## 6 A cristologia sob a influência da antropologia da Idade Moderna

O abandono generalizado da visão metafísica da realidade tem grande importância também para a cristologia da Idade Moderna (cf. neste capítulo I, 4).

Quando a possibilidade humana de conhecimento se reduz à análise das condições transcendentais formais da ordem dos fenômenos sensivelmente dados, a cristologia não pode mais simplesmente partir da realidade transcendente de que a Palavra eterna de Deus se encarnou em Jesus de Nazaré. Os pressupostos ontológicos da cristologia se parecem com uma superestrutura ideológica, incapazes de resistir a uma comprovação crítica das verdadeiras possibilidades e do verdadeiro alcance da razão humana (cf. I. Kant). Diante disso, a teologia da Escolástica simplesmente levou adiante a cristologia dos antigos concílios, ao pressupor acriticamente a velha metafísica, que estava consideravelmente deformada em razão de sua transformação essencialista.

Por outro lado, surgiu uma "jesulogia" histórico-positivista que buscava reconstruir com meios históricos e psicológicos a vida de Jesus como havia sido "realmente". Seria possível descrever somente a consciência de Deus de Jesus, e interpretá-la como fato de sua situação psíquica. Uma vez que a razão teórica não pode enunciar nada a respeito de Deus, e que "Deus" é somente a designação da experiência inobjetiva de um imperativo ético ou de uma comoção existencial em face da realidade enquanto tal e em sua totalidade, Jesus é interpretado como uma personalidade religiosa em que esta experiência transcendental e inobjetiva se condensou de uma maneira singular (assim, p. ex., também os defensores de uma teologia da religião pluralista: J. Hick, P. Knitter, M. Wiles e outros, bem como já os teólogos liberais, como A. Ritschl, A. v. Harnack e outros).

Também para a teologia que conscientemente pretende manter-se no terreno de Calcedônia, a virada da ontologia para a psicologia teve consequências consideráveis. Isso se evidencia principalmente no uso do conceito de pessoa.

Já desde John Locke, a filosofia empírica deixou de entender ontologicamente *pessoa* como *distinctum subsistens in rationali natura*. Identifica, antes, os momentos – passíveis de análise a partir da perspectiva moral, sociológica, jurídica e psicológica – da consciência do eu enquanto sujeito de uma autoconsciência possível ou real ou enquanto titular de um autoprojeto autônomo em liberdade (*causa sui*). No entanto, um conceito de pessoa concebido nesses termos é insuficiente para a teologia.

Se, por outro lado, alguém quiser persistir na doutrina calcedônica da natureza humana completa de Jesus, uma natureza humana sem ser pessoal parece um torso. Pois o ser humano é sim definido como unidade de sensibilidade (natureza) e consciência (= pessoa). O conceito de natureza fica forçosamente reduzido à materialidade, sensibilidade e corporeidade, ao passo que o conceito de pessoa designa o eu empírico e os atos reflexos e autoconscientes.

Na linguagem teológica clássica, o conceito de natureza abrange, no entanto, o conjunto da constituição do ser humano, com sua sensibilidade, sua autoconsciência e sua livre vontade, portanto, também a consciência do eu de Jesus, ao passo que hipóstase ou pessoa significa o ato definido em termos metafísicos por meio do qual o ser humano, em virtude da vontade criadora e reveladora de Deus, se converte num indivíduo existente.

Uma cristologia que parte do Jesus histórico e desenvolve sua relação específica com Deus Pai a partir de sua *consciência empírica do eu* deve, por conseguinte, falar justamente da *personalidade de Jesus*. Por causa das variações de significado dos conceitos fundamentais clássicos da cristologia, fala-se, no entanto, também de uma pessoa humana de Jesus.

Isto leva frequentemente à crítica à doutrina da en-hipóstase da natureza humana de Jesus na pessoa do Logos, respectivamente – considerada em termos abstratos – da en-hipóstase da sua natureza humana.

A "cristologia de baixo", um esforço de base ampla (A. Günther, P. Galtier, J. Ternus, K. Rahner, P. Schoonenberg, E. Schillebeeckx e outros), deve vir acompanhada de uma reflexão mais profunda sobre as condições ontológicas da experiência empírica do eu.

Na autoexperiência, o fato da autoconsciência se distingue da condição coexperimentada de que não devo minha existência a mim mesmo e que existo em virtude de uma realidade distinta de mim. Desse modo, também é fundamentalmente concebível que a consciência humana e reflexa do eu de Jesus se soubesse fundamentada como mediadora da salvação no ato da aceitação e na vontade de afirmação de Deus pela mediação da autotranscendência ilimitada própria da natureza do espírito humano (da "alma"). Assim, pode entender-se, inversamente, a consciência empírica do eu de Jesus na contingência de sua realização histórica através da in-existência do ser humano como constituída na pessoa da Palavra divina em relação ao Pai.

### 7 *As concepções cristológicas na atualidade*

#### a) As perspectivas da cristologia na atualidade

A cristologia se desenvolve hoje a partir da ideia condutora de tornar intelectualmente compreensível e aceitável para o ser humano moderno, marcado pelo pensamento e pela sensibilidade históricos e científico-naturais, os enunciados bíblicos, dogmáticos e dogmático-históricos sobre Jesus, o Cristo. Deve abrir-se a possibilidade de situar a Jesus de Nazaré no horizonte da questão do fundamento último como a figura decisiva para uma vida bem-sucedida na realização da própria existência. Uma enorme dificuldade representa, nesse contexto, a concepção moderna da realidade em sentido acentuadamente não metafísico. Enquanto que a cristologia bíblica e eclesial começa com o enunciado da preexistência, com a afirmação da encarnação e com o testemunho do acontecimento pascal, a teologia contemporânea se concentra na autoexperiência humana. Partindo da questão antropológica básica da origem e do fim, do projeto e da consumação da vida humana, tematiza-se, na conaturalidade com a história do ser humano Jesus de Nazaré, o horizonte transcendental frente ao qual a união específica de Jesus com Deus não pareça uma fantasia mitológica, mas a resposta adequada à questão antropológica.

Neste contexto, também são determinantes as tentativas de descobrir o conteúdo da fé não com auxílio das categorias da filosofia e da concepção de realidade ocidentais, mas das tradições culturais e a experiência de mundo asiáticas, africanas e americanas pré-colombianas. No entanto, se aqui se deve tratar de uma teologia com pretensão científica e não apenas de uma adaptação cultural, as categorias de todas as culturas devem ser submetidas a uma reflexão crítica, epistemológica e ontológica. Só assim se pode empreender uma cris*tologia* que faça frente aos critérios científicos.

#### b) As vias de acesso antropológico-transcendentais ao mistério de Cristo

Ao ser humano ocidental, determinado pela virada antropológica e pela crítica do conhecimento, os discursos sobre a realidade interna de Deus e sobre o fato de sua atuação histórica parecem, antes de tudo, uma coisificação ingênua de Deus. Uma vez que os pressupostos metafísicos do discurso bíblico e dogmático sobre Deus e sobre Cristo (também em seu caráter analógico) se tornaram estranhos para ele, o discurso acerca da divindade de Jesus evoca nele, antes de tudo, concepções mitológicas de deuses que transitam sobre a terra e aparecem em corpos humanos.

*Karl Rahner* procurou, em contrapartida, desenvolver uma *metafísica antropológico-transcendental*. No horizonte do encontro – que pertence à essência do ser humano – com o mistério absoluto da verdade e do amor que, em linguagem humana, se chama de Deus, ele apresenta o ser humano Jesus de Nazaré como a plenitude da referência transcendental a Deus. Jesus seria o ser humano que, justamente na autoentrega absoluta e insuperável da criatura a Deus, torna visível que isso só é possível sob o pressuposto da autocomunicação absoluta de Deus em seu Filho. Desse modo, em Rahner, a cristologia não começa com a simples afirmação de que Deus se revelou em Jesus Cristo. Desenvolve, antes, o que há de peculiar em Cristo no bojo da análise transcendental da relação geral entre criador e criatura. A natureza humana não seria uma entidade fechada em si mesma. Da essência do ser humano faz parte a dinâmica da autotranscendência. Em sua realização, essa seria a prova de que ela só é possível sob o pressuposto da autorrevelação de Deus sempre dada já de forma inobjetiva e atemática. Toda antropologia seria, por conseguinte, cristologia deficiente; a cristologia, porém, seria o caso supremo de antropologia. Jesus viveu a referência transcendental da natureza humana espiritual numa autoentrega absoluta. Em sua realização, porém, seria apenas inaugurada e possibilitada por meio da união da natureza humana com a pessoa da Palavra de Deus, dado que Deus se comunicou de maneira absoluta em Jesus. A autoentrega absoluta do ser humano Jesus a Deus só é possível, segundo Rahner, sob o pressuposto de que Deus se apossou dessa natureza humana de Jesus para se expressar a si mesmo de modo escatológico e insuperável. Nessa união sustentada pelo próprio Deus, o ser humano Jesus não seria instrumentalizado, mas conduzido precisamente a uma realização máxima dos atos humanos fundamentais da liberdade, da obediência e do abandono absoluto a Deus. Só o próprio Deus poderia assumir como sua uma liberdade criada essencialmente distinta dele, de modo que a liberdade criada do ser humano Jesus não seria suprimida nem limitada pela pessoa divina da Palavra, que é seu sujeito ontológico, mas levada a alcançar sua maior autonomia possível, que é a essência da liberdade criada. É justamente nessa liberdade criada de Jesus, unida à pessoa do Logos, que Deus se revela. E na realização de sua liberdade criada, na sua obediência até a morte na cruz, Jesus é também o mediador da salvação.

De modo semelhante, *Bernhard Welte* tenta abrir o horizonte metafísico essencial da dogmática veteroeclesial a uma compreensão histórica do ser. Para isso, recorre também à categoria bíblica da "revelação na história e no acontecimento". Ao recorrer às categorias funcionais, relacionais e históricas, a crescente autoconsciência humana de Jesus pode ser vista numa correspondência dinâmica com o fato de que deve, desde tempos imemoriais, sua existência humana à vontade divina de constituí-lo no mediador do Reino de Deus e no representante permanente da presença da Palavra eterna do Pai.

*Edward Schillebeeckx* não quer derivar a singularidade de Jesus de um "acréscimo sobrenatural". Também ele inicia com a conaturalidade do ser humano Jesus com a situação geral do ser humano no mundo e suas expectativas universais de salvação. Desse modo, Jesus se encontra numa comunhão plena com a constituição criada de todos os seres humanos. No entanto, entende seu ser-si-mesmo e sua humanidade radicalmente como um ser-a-partir-de-Deus. Essa relacionalidade exclusivamente sua com Deus seria a origem de sua filiação divina, de seu ser relacional como Filho de Deus e a mais radical realização do ser humano como ser criado. Essa relacionalidade não se produz em virtude de uma ampliação, por capacidade própria, das potencialidades religiosas e éticas, mas seria um reflexo do modo como Jesus entendeu sua existência humana e sua história como autoexpressão definitiva de Deus.

### c) Jesus Cristo no horizonte da história universal

*Wolfhart Pannenberg* parte da ideia de que a cristologia só pode ser transmitida antropologicamente. A pergunta humana pelo sentido só encontra respostas particulares. Só com o fim da história seria possível uma resposta abrangente e indiscutível. Já a apocalíptica do judaísmo tardio conhece a concepção de uma autodemonstração de Javé por meio da ressurreição escatológica dos mortos. A partir do final, Ele se revela como a resposta total à pergunta humana pelo sentido. A ressurreição de Jesus dentre os mortos como acontecimento histórico singular tem também o caráter de antecipar o fim da história. Nesta antecipação e prolepse compete-lhe uma posição universal e insuperável. Na ressurreição de Jesus, Deus revela também sua autorrelação com este ser humano Jesus. O Pai constitui nela a divindade de Jesus retroativamente na preexistência e prospectivamente no seu poder para julgar. A personalidade de Jesus se mostra, em referência ao Pai, na entrega confiante. Em seu ser pessoal, existiria como distinto de Deus e, ao mesmo tempo, numa relação com Ele, à qual deve sua existência como Filho. Retomando o conceito de pessoa, acentuadamente orientado na relação, de Ricardo de São Vítor, Duns Escoto e Francisco Suárez, Pannenberg busca evitar a compreensão equivocada da doutrina das duas naturezas entendida como uma composição meramente extrínseca de suas substâncias (e com isso também uma despersonalização da humanidade de Jesus que Pannenberg suspeita existir na doutrina da en-hipóstase).

### d) Os aspectos político-escatológicos

*Jürgen Moltmann* não vê na ressurreição o fim antecipado da história, mas a entrada em vigor da *esperança* do que virá a ser um dia. Deus se revela como um Deus da esperança num futuro diferente. A revelação tem, portanto, implicações críticas para o presente. Objetiva não só uma nova interpretação, mas uma práxis da mudança. Em todo caso, Jesus é levado à cruz por causa do protesto contra o domínio dos poderosos sobre os desamparados.

A cruz significa a crítica de Deus aos sistemas de poder que tiram a liberdade e oprimem aos seres humanos. A ressurreição libera uma dinâmica de mudança referida à prática.

De modo semelhante, também a *Teologia da Libertação latino-americana* desenvolve o conceito de *práxis soteriológica* a partir da cristologia.

Em Moltmann pode-se reconhecer também o pano de fundo da teologia da Trindade. Pois, no acontecimento da cruz, Deus revela sua mais íntima vinculação com Jesus. Na paixão de Jesus, a história de sofrimento do ser humano se converteu no sofrimento de Deus. Na morte de Jesus, o Pai sofreu a infinita dor do amor que sabe que só da morte pode vir a vida. Na ressurreição de Jesus, recebemos a oferta da esperança na superação do sofrimento. Os sofrimentos humanos, porém, seriam participação no sofrimento intratrinitário em que o próprio Deus compartilha no Filho os sofrimentos dos seres humanos. A salvação definitiva é dada apenas com o fim da história intratrinitária de Deus entre a cruz e a ressurreição. Em oposição à doutrina clássica da imutabilidade e da impassibilidade de Deus, aqui se recoloca a questão da sua historicidade e da sua capacidade de sofrer (cf. a referência à teologia processual dos autores ingleses e norte-americanos).

### e) Os enfoques da teologia da Trindade

Em oposição aos teólogos citados por último, *Karl Barth* parte diretamente do acontecimento intratrinitário. É nele que Jesus havia estado eternamente unido ao Logos em seu ser-humano, por meio da eleição e da graça, e que havia sido predestinado para a obra da redenção e da reconciliação. Mas é só na humilhação da encarnação e da cruz, e na ressurreição, que Ele se converte para nós na revelação de Deus, e assim efetua também a exaltação do ser humano. Somente no estado de despojamento último (*in statu exinanitionis*) revela-se que Jesus tem sua origem no mistério de Deus. Somente uma cristologia de baixo pode chegar a uma cristologia de cima, e vice-versa. Uma vez que, em Karl Barth, porém, em virtude de uma ênfase exagerada na doutrina da en-hipóstese, a humanidade de Jesus permanece completamente passiva (como que um predicado sem sujeito), a redenção aparece como um acontecimento entre Deus e Deus. A humanidade de Jesus, em sua liberdade criada, não parece ser a *portadora* da entrega humana, mas apenas o *instrumento* (passivo) da revelação. Dessa maneira, a doutrina da graça calvinista predestinacionista alcança na cristologia sua expressão máxima.

Também *Hans Urs von Balthasar* vê que o caminho histórico-salvífico de Jesus tem uma base intratrinitária. Só porque já no próprio Deus se dava a pobreza e o autodespojamento do Filho, o Filho pode percorrer, da encarnação até a cruz, o caminho da kenosis (cf. Fl 2,6-11). Na radical obediência do Filho da Palavra divina inclui-se a radical entrega do ser humano Jesus. Quando Jesus aceita vicariamente a carga do pecado da humanidade no espaço mutuamente aberto do amor entre o Pai e o Filho no Espírito Santo, a superação do pecado e da culpa se torna possível. No sofrimento da cruz e no grito de abandono de Deus de Jesus revela-se a diferença máxima entre o Pai e o Filho. Só na dor deste amor pode ser superada a resistência do pecado contra Deus e convertida em realidade a reconciliação com Deus. Assim se torna possível o novo ser-humano na *forma Christi* em que o crente sofre com e em Cristo a dor de Deus por causa do pecado. Na participação da representação de Cristo, o cristão é também a testemunha do amor reconciliador de Deus para toda a humanidade.

## IV. Jesus Cristo – o mediador da salvação
### 1 A metodologia da soteriologia

*A soteriologia é a doutrina da redenção (grego: σωτηρία) de todos os seres humanos do afastamento de Deus, do desespero e da morte realizada por Deus mediante a ação salvífica de Jesus Cristo.*

Na concepção bíblica e patrística, a doutrina da pessoa e da obra de Cristo formava uma unidade imediata. Somente na Escolástica tardia aparecem separadas na estrutura da dogmática a doutrina sobre a pessoa de Jesus (união hipostática) e a doutrina sobre a obra salvífica do Redentor.

Por causa do acento dado à aceitação subjetiva da graça em oposição ao pelagianismo, na teologia ocidental a redenção é tematizada sob *dois pontos de vista*, a saber:

• Por um lado, a *redenção objetiva* por meio da encarnação do Logos e da instituição da Nova Aliança mediante o sacrifício expiatório vicário de Cristo na cruz.

• Por outro lado, a *apropriação passiva da obra salvífica de Cristo* pelos crentes no acontecimento da justificação e da santificação pessoal. Isto sucede por meio da graça interna do Espírito Santo, que sustenta os atos humanos fundamentais da fé, da esperança e do amor (cf. a *pneumatologia* e a *doutrina da graça*).

Na teologia atual, a cristologia e a soteriologia devem ser expostas novamente, a partir de seu fundamento radical unitário, como *um* tratado dogmático.

A fonte e o conteúdo de toda a soteriologia é a *pessoa de Jesus*. A soteriologia é cristologia na medida em que se realça o aspecto da *pró-existência* de Jesus. A soteriologia é coextensiva com a autocomunicação de Deus que se torna escatologicamente concreta no Filho encarnado de Deus. Jesus é o salvador absoluto e o portador da esperança da humanidade que atrai a todos a si. Nele a universalidade da vontade salvífica de Deus na singularidade de um ser humano histórico alcançou uma concreção insuperável e irreversível (Cristo como o *universale concretum*). Em sua humanidade, Jesus é o caminho pelo qual a Palavra de Deus chega historicamente aos seres humanos, e também o caminho pelo qual os seres humanos podem chegar a Deus. A redenção sucede como uma história da comunicação divino-humana no amor. Deus Pai se revela por meio de seu Filho no Espírito Santo para que os seres humanos possam dizer-lhe no Espírito por meio do e com o Filho: *Abba, Pai* (cf. Gl 4,4-6; Rm 8,15.29). Toda a doutrina da redenção se condensa na autopredicação de Jesus em João: "Eu sou o Caminho, a Verdade e a Vida" (Jo 14,6).

A unidade da pessoa de Jesus em sua natureza divina e humana se apresenta como o ponto de referência dinâmico de toda a soteriologia. Assim escreve Agostinho:

"E com o fim de que nela caminhasse, com maior confiança até a verdade, a própria Verdade, Deus, o Filho de Deus, assumindo o homem, não consumindo o Deus, estabeleceu e fundou a fé, para que o homem tivesse no Homem-Deus caminho até o Deus do homem. Este o Mediador entre Deus e os homens, o homem Cristo Jesus. É Mediador, na qualidade de homem, e por essa mesma razão é também caminho. Porque, se entre quem caminha e o lugar a que se dirige existe caminho, há esperança de chegar. Se, porém, falta ou se ignora por que caminho se há de ir, que aproveita conhecer a porta de chegada da viagem? Só existe um caminho muito guarnecido contra todos os erros, que seja alguém ao mesmo tempo Deus e homem; a meta, Deus; o caminho, homem" (civ. XI, 2 [AGOSTINHO. *Cidade de Deus*. Parte II. Petrópolis: Vozes, 2001, p. 20-21]; cf. Tomás de Aquino, Com. Theol. I,2; cf. RAHNER, K. *Die ewige Bedeutung der Menschheit Jesu für unser Gottesverhältnis*, Schriften III, p. 47-72).

### 2. O testemunho bíblico da salvação e do mediador da salvação

*No Novo Testamento, a "salvação" é a síntese da consumação de todos os anseios humanos por verdade e vida, liberdade e amor em Deus, o criador e consumador de sua criatura. A eterna vontade salvífica de Deus adquire forma histórica em suas obras de redenção, de salvação e de libertação.*

*A salvação não é, pois, uma situação anímica humana distinta de Deus. Em sentido universal, a salvação é antes o próprio Deus, na medida em que está presente na autorrealização criada do ser humano como autor e como objetivo da vida (na comunhão do amor trinitário). A salvação designa a relação pessoal entre Deus e o ser humano. Em torno desse centro se realiza também a nova ordenação da existência criada, do cenário histórico-dramático da experiência da salvação.*

A autorrealização pessoal do ser humano subsiste nas suas condições naturais nos níveis:

• dos princípios estruturais do ser humano em espiritualidade, liberdade e corporeidade;

• da intercomunicação pessoal no tempo (história);

• do entorno natural no espaço (mundo).

A vinda do Reino de Deus em Jesus Cristo e sua revelação na história da obediência da liberdade humana de Jesus evidencia que não se pode estabelecer nenhuma diferença real entre Deus como sujeito do acontecimento salvífico e o conteúdo da salvação. O dom da salvação que Deus nos concede, a saber, Jesus, e o fato de sua proclamação do Reino de Deus e de seu autossacrifício na cruz são idênticos (cf. supra II, 4).

Jesus não é, num sentido externo, o portador de uma salvação distinta de sua pessoa. É a salvação em sua própria pessoa:

| Predicados | Passagens da Escritura |
|---|---|
| Jesus é para nós sabedoria, justiça, santificação e redenção. | 1Cor 1,30 |
| É a paz e a reconciliação. | Ef 2,14 |
| É a verdade, o caminho e a vida. | Jo 14,6 |
| Nele *estão* ocultos todos os tesouros da sabedoria e do conhecimento. | Cl 2,3 |
| Cristo em nós *é* a esperança da glória. | Cl 1,27 |
| É o Deus verdadeiro e a vida eterna. | 1Jo 5,20 |
| Só mediante a comunhão com o ser humano Jesus há também *koinonia* com o Filho do Pai no Espírito Santo. Como Deus e homem Ele é o mediador da comunicação divino-humana no amor. | Cf. Jo 17,21-23; 1Jo 1,1-3 |

Cristo restabelece a relação dos seres humanos com Deus, destruída pelo pecado, ao tomar sobre si, como alguém sem pecado, nossos pecados em nosso lugar, ao sepultá-los com Ele em sua morte e ao revelar e fazer acessível na sua ressurreição uma nova vida de comunhão com Deus no amor (cf. Rm 4,25; 8,3; 2Cor 5,21; Gl 3,13; Hb 4,15).

A queda generalizada, fundada em Adão, na morte, o mais amargo inimigo do ser humano, foi superada em Cristo. Por meio de sua ressurreição, conquistou a vida nova para todos. No Espírito Santo, os discípulos se tornam seus irmãos e irmãs e participam, em virtude da graça que está em seus corações (Rm 5,5), da relação filial com o Pai e da vida interna de Deus como amor (cf. Gl 4,4-6; Rm 8,29; Cl 1,18; Ef 1,5).

Toda a atividade pública de Jesus pode ser resumida na fórmula bíblica *hyper* (ὑπὲρ ἡμῶν, *pro nobis*, por nós) e ser expressa no conceito de *pró-existência*. Jesus é a revelação e a realização histórica da autoentrega do amor do Pai no Filho que faz parte da essência divina. A entrega de Jesus mostra sua maior densidade na ceia anterior à morte. Na ceia, antecipa de maneira incruenta e simbólica a entrega de sua vida e deixa claro que dá sua vida em fidelidade e obediência "por muitos" para o perdão dos pecados e para a instituição da nova aliança entre Deus e os seres humanos (cf. Mc 14,24; Mt 26,28; Lc 22,20; 1Cor 11,25; 15,3; Jo 1,29; 6,53; 1Pd 1,23; cf. Is 53,11s.).

Por meio de diversas imagens, na maioria dos casos inspiradas no AT, se expressa o *acontecimento salvífico* da morte de Jesus:

| Ações salvíficas | Passagens da Escritura |
|---|---|
| *Resgate* da servidão/escravidão do pecado; *justificação* do pecador. | 1Cor 7,23; Gl 3,13; 1Pd 1,18 |
| *Purificação* e *redenção* pelo *sangue de Cristo*. | Rm 5,9; 1Cor 6,20; Ef 1,7; Cl 1,14; Hb 9,14; 13,11s.; 1Pd 1,19; 1Jo 1,7; Ap 5,9 |
| Entrega da vida como *preço do resgate por muitos*. | Mc 10,45; Gl 1,4; 1Tm 2,6 (cf. a referência ao sofrimento vicário do servo de Deus: Is 53.) |
| Autoentrega como sacrifício de expiação. | Rm 3,25; Gl 2,20 |
| Expiação pelos nossos pecados. | Rm 3,25; 8,3; 1Pd 3,18; 1Jo 2,2; 4,10; Hb 2,17; 1Tm 2,6 |

O *resultado* da ação mediadora salvífica de Cristo pode ser expresso nas distintas camadas do NT por meio de diversas categorias teológicas:

| Dom salvífico | Passagens da Escritura |
|---|---|
| Justificação do pecador por meio da graça na fé. | Rm 3,28; 5,9; 8,30; 1Cor 6,11; Gl 2,16; Tt 3,7 |
| Perdão dos pecados. | Passim |
| Reconciliação. | Rm 5,11; 11,15; 2Cor 5,18s.; Ef 2,16; Cl 1,20; Hb 2,17; 1Jo 2,2; 4,10 |
| Libertação e salvação. | Rm 5,9; 6,18; At 2,21; Cl 1,13; Tt 3,5; 1Tm 4,10 |
| Santificação. | 1Ts 4,3.7; Rm 6,22; 1Cor 6,11; Jo 17,17; Hb 2,11; 10,10; 13,12 |
| Redenção. | Lc 1,68; 2,38; 4,19; 21,28; Rm 3,24; 1Cor 1,30; Ef 1,7; Cl 1,14; Hb 9,15 |
| Aliança nova e eternal. | Lc 22,20; 1Cor 11,25; Mc 14,24; Mt 26,28 |
| Comunhão e paz com Deus e com os seres humanos. | 1Cor 1,9; 2Cor 13,13; Rm 5,1; 14,17; Ef 1,3.20; 2,14; 1Jo 1,3; Jo 16,33; At 10,36. |
| Participação na vida e na natureza de Deus. | Rm 8,29; Ef 1,17s.; 2Pd 1,4 |
| Novo nascimento para a vida nova. | Jo 3,5; Tt 3,5 |
| Nova criatura. | 2Cor 5,17; Gl 6,15; Ef 4,24 |

No *Evangelho de João*, a morte sacrificial de Cristo (como "cordeiro de Deus") é o fundamento da redenção (Jo 1,29; 10,11; 12,24.33; 15,13; 19,34). Na morte de Jesus, o Pai revela a glória de seu amor absoluto: "Deus amou tanto o mundo que entregou o seu Filho único (à morte), para que todo aquele que nele crer não morra, mas tenha a vida eterna" (Jo 3,16; cf. 1Jo 4,9s.).

Os fiéis têm já agora como seus os dons da redenção por meio da conversão, do seguimento, do Batismo e da Eucaristia. Os dons essenciais são o recebimento do Espírito Santo, a justificação do pecador e a inserção na filiação divina (Mc 13,11; Gl 3,2s.; Rm 8,12-17).

Também os futuros bens da redenção estão dados já agora. O que está pendente é apenas a sua revelação definitiva na parusia:

| Os bens salvíficos futuros | Passagens da Escritura |
|---|---|
| A ressurreição corporal. | 1Cor 15,12; Jo 5,25 |
| A vida eterna e a glorificação dos filhos de Deus. | Rm 8,17; 1Jo 3,1s. |
| A visão de Deus face a face. | 1Cor 13,12; 1Jo 3,2 |
| A comunhão do santos. | 1Ts 4,14; At 20,32; Ef 1,10; Hb 12,22-24 |
| O novo céu e a nova terra. | Ap 21,1; 2Pd 3,13; cf. Is 65,17; 66,22 |
| A derrota da morte, o último inimigo do ser humano. | 1Cor 15,25s.; Ap 21,4 |

### 3 O dogma soteriológico

O Magistério da Igreja não apresentou sua própria concepção teológica da redenção. No entanto, testemunha o fato da redenção por meio de Jesus Cristo. Todos os enunciados singulares se baseiam, em última instância, na confissão de que Jesus é o único mediador da salvação. O Filho do Pai eterno que por meio do Espírito Santo assumiu o ser humano e nasceu de Maria como ser humano é o titular da autocomunicação divina. Como ser humano, é o mediador na imediatez de Deus. A formulação do símbolo niceno-constantinopolitano oferece uma orientação de todos os enunciados soteriológicos:

> Creio em um só Deus [...] e em um só Senhor Jesus Cristo, unigênito Filho de Deus [...], o qual, *em prol de nós, homens, e de nossa salvação*, desceu dos céus e se encarnou [...]" (DH 150).

Os principais enunciados dos concílios se situam no contexto dos debates cristológicos dos primeiros séculos (cf. cap. 2: Antropologia e cap. 12: Doutrina da graça). E foi justamente a *mediação da salvação* que formou o ponto de cristalização da discussão em torno da verdadeira divindade e da verdadeira humanidade de Jesus Cristo, bem como em torno da unidade das duas naturezas na pessoa da Palavra divina.

Também existem enunciados sobre a doutrina da redenção nos debates em torno da graça, em especial no tocante à dimensão subjetiva da doutrina da redenção (pelagianismo e Reforma).

A base da atividade redentora de Jesus é a vontade salvífica misericordiosa de Deus. Deus realiza esta sua vontade salvífica por meio da missão e da obediência do ser humano Jesus (DH 1522s.).

Em virtude da união hipostática, o Filho de Deus concretiza seu ministério de mediador (sacerdotal, régio e profético) entre Deus e os seres humanos na natureza humana assumida (DH 261). Jesus Cristo não tem pecado; assumiu uma natureza humana sem pecado (DH 533), mas em seu estado concreto de submissão ao poder do pecado, da morte e do diabo (DH 292s.). Em virtude de sua natureza divina, supera a culpa (DH 291s.) ao sofrer a morte, que é o castigo e a expressão do afastamento de Deus através do pecado de Adão (DH 539). Pela sua obediência até a morte na cruz, adquiriu um mérito infinito e superou o pecado de Adão com seus castigos (DH 1025; 1513).

Ele conseguiu uma *nova justiça*, a *vida eterna* e a *reconciliação* (DH 1522s.). O mérito de seu sofrimento voluntário por amor é ilimitado. Abrange todos os seres humanos para os quais ganhou a graça da santificação e da justificação (vontade salvífica universal). Por meio de seu sacrifício na cruz, ofereceu ao Pai satisfação a nosso favor de uma vez para sempre (DH 1529).

No entanto, isto não significa que Jesus fez de um Deus sem conciliação um reconciliado. Antes, o sujeito da reconciliação é o próprio Deus que, por meio do ato de Jesus, configura no mundo a sua vontade de reconciliação e, assim, *reconcilia os seres humanos com Ele por meio de Jesus Cristo* (cf. Jo 3,16; 2Cor 5,21).

Ainda que Cristo tenha oferecido sua morte sacrificial sangrenta no altar da cruz uma única vez, esse sacrifício único permanece presente em sua Igreja de modo sacramental (e, a saber, na pluralidade das celebrações sacramentais, como o mesmo sacrifício, indiviso e irrepetível). Em seu sacrifício, Ele se oferece, como oferenda e como sacerdote ao mesmo tempo, ao Pai para louvor, gratidão, adoração, expiação e súplica (DH 1739-1743; 1751-1754).

Os seres humanos tomam parte da graça da redenção por meio dos sacramentos e da realização subjetiva da relação com Deus na fé, na esperança e no amor (DH 1520-1583). A vereda da vida cristã é compartilhar o caminho de Cristo (seguimento de Cristo). Na graça, os crentes aprofundam a comunhão do amor de Deus. Como membros do corpo de Cristo, a Igreja, adquirem, por meio de um novo estilo de vida a partir do Espírito Santo, isto é, através de uma nova conduta guiada pela graça, verdadeiros méritos e, desse modo, oferecem satisfação por seus pecados. Isto não está em contradição alguma com o sacrifício de Cristo na cruz, que tem um caráter satisfatório pleno, mas justamente o pressupõe (DH 1545ss.). A redenção objetiva se realiza por meio da encarnação do Filho de Deus em sua concepção por obra do Espírito, seu nascimento de Maria, sua atividade salvífica terrena, sua paixão e morte, sua descida aos mortos, a ressurreição, a ascensão, o envio do Espírito e, por fim, a volta de Cristo no final dos tempos para o juízo e para a consumação da criação inteira.

### 4 As concepções soteriológicas na história da teologia

No decorrer da história da teologia formaram-se vários "modelos" soteriológicos. Trata-se de ideias condutoras (em parte também condicionadas pelas orientações políticas culturais e conceituais da época) que servem de princípio de ordenação dos variados enunciados bíblicos. As concepções soteriológicas fundamentais de maior relevância são:

- a redenção como *divinização* do ser humano (Patrística);
- a redenção como *satisfação* (Idade Média, especialmente Anselmo de Canterbury);
- a redenção como *emancipação* (*autonomia* do sujeito: Idade Moderna);
- a redenção como *libertação* integral.

### a) A divinização do ser humano (Patrística)

A doutrina dos Padres da Igreja está cunhada pela unidade interna entre *theologia* e *oikonomia*. O próprio Deus é o sujeito soberano da redenção. Ele atua em sua Palavra encarnada, Jesus Cristo, pelo qual se reconcilia com o mundo. Por causa da união hipostática, em Jesus Cristo se entrelaçam inseparavelmente estes dois movimentos: o de Deus para o ser humano (autocomunicação, Espírito Santo, graça, amor) e o do ser humano para Deus (obediência à aliança, sacrifício, representação vicária). A encarnação tem por meta tornar o ser humano semelhante a Deus. Ao serem vencidos o pecado e a desobediência, chega-se a uma participação da criatura na vida divina (*divinização*). A cruz e a ressurreição, porém, em hipótese alguma, ficam em segundo plano em relação à encarnação. A redenção "física" (que envolve a natureza inteira do ser humano) só pode ser entendida sobre o pano de fundo da visão histórico-salvífica e trinitária geral. A divinização pode ser alcançada unicamente mediante a participação na humilhação do Filho, que se apresentou na figura do servo (Fl 2,7) e foi enviado para "a carne do pecado" (Rm 8,3). O Logos encarnado superou definitivamente, por meio de sua cruz, a profundeza do pecado de Adão, ou seja, o orgulho e a desobediência, e se converteu, na sua ressurreição, no novo Adão. Nele está contida a nova vida para todos os que ingressam na *forma Christi* por meio da obediência da fé, do seguimento do crucificado e da esperança na participação na forma de Cristo ressuscitado.

Os motivos da doutrina da redenção patrística, formulados com sentido antropomórfico (Cristo é mais astuto que o diabo, resgate do pecador do poder do diabo ao preço de seu sangue), são mais ilustrações populares da ideia fundamental da comunicação da vida divina do que enunciados objetivos definitivos a serem entendidos em sentido literal.

Desse modo, a *theosis* (*deificatio*) é a síntese do ato redentor de Cristo e da eficácia abrangente de sua graça. Atanásio reproduz essa fórmula-chave com as seguintes palavras:

> *"Fez-se homem para divinizar-nos. Revelou-se no corpo para que alcançássemos o conhecimento do Pai invisível; deixou-se cair sob a petulância dos homens para que herdássemos a imortalidade"* (incarn. 54).

A divinização tem seu ponto de partida já na criação do ser humano à imagem de Deus (Gn 1,26). Desse modo, porém, se afirma ao mesmo tempo a diferença entre Deus e o ser humano, de modo que a divinização não se confunda com uma deificação ou um endeusamento substancial do ser humano que, negando sua condição de criatura, queira ser igual a Deus (*esse sicut Deus*: Gn 3,5.22). Por isso a ideia da divinização não tem nada a ver com uma apoteose mitológica dos seres humanos como heróis ou semideuses, pois aqui se nega precisamente a diferença essencial entre criador e criatura.

Foi o próprio Deus quem superou, em virtude da ação reconciliadora objetiva em Cristo, a distância que surgiu por causa do pecado. Mediante a fé e o batismo, os discípulos são unidos realmente à figura da morte e da ressurreição de Cristo. A imagem e semelhança original com Deus é renovada e elevada à semelhança com Cristo. Os discípulos estão destinados a participar da essência e da imagem do Filho de Deus (Rm 8,29). Assim, a divinização é apenas outra expressão para a participação por graça na relação filial do Filho de Deus feito homem. Isto significa uma *filiação adotiva* distinta da filiação essencial do Logos.

Justamente por isso, a graça é mais do que simplesmente uma nova atitude anímica de Deus para conosco. É a comunhão (*koinonia*) que temos com o Pai, o Filho e o Espírito Santo. Temos comunhão com a (vida da) natureza divina (2Pd 1,4; At 17,29).

Em Jesus Cristo o plano salvífico universal se torna realidade. Por meio dele sucede o restabelecimento de todas as coisas (At 3,21: *recapitulatio omnium*).

*Irineu* diz:

> "Desse modo demonstramos claramente que a Palavra, que no princípio estava com Deus e pela qual foram feitas todas as coisas, e que permaneceu sempre com o gênero humano, agora, nos últimos tempos, e de acordo com o prazo determinado pelo Pai, se uniu com sua criatura e se fez homem capaz de padecer. Rejeita-se assim a réplica daqueles que afirmam que se Cristo nasceu no tempo significa que não existia antes. Nós temos indicado, com efeito, que o Filho de Deus, que sempre esteve junto ao Pai, não teve então sua origem. Antes, resumiu em si a longa evolução dos homens ao fazer-se homem através da encarnação, e neste resumo deu-nos a salvação, para que pudéssemos recuperar em Jesus Cristo a imagem e semelhança de Deus que havíamos perdido em Adão" (haer. III, 18,1; cf. Cl 1; Ef 1).

O ser humano, que havia se afastado de Deus, se aproxima novamente dele mediante um processo educativo através do ato, do ensinamento e do exemplo de Cristo (Clemente de Alexandria, Orígenes). Daí resulta também uma possível resposta à questão do sentido do sofrimento. Os sofrimentos humanos teriam também o propósito pedagógico de levar à configuração plena com o sofrimento do Jesus humilhado e exaltado.

Esse processo global não é um acontecimento de caráter evolutivo, quase biológico, mas uma história da liberdade. Nela a liberdade criada de Cristo e dos seres humanos chamados ao seguimento de Jesus têm uma significação constitutiva. A graça pretende justamente restabelecer a liberdade e, mediante imitação (*mimesis*), aplicar a semelhança com Deus à realização pessoal da existência e afirmá-la nela. A nova atuação está fundamentada no dom do ser, mas não é uma consequência natural, e sim a realização autônoma da liberdade imbuída da graça.

A concepção helenista do cosmo é aqui superada pela ideia da transcendência absoluta de Deus e da dignidade da pessoa do ser humano agraciado, chamado à parceria de diálogo com Deus.

## b) A doutrina da satisfação vicária (teoria da satisfação)

Na Patrística ocidental, destacou-se, desde o princípio, uma orientação antes prática, mundana e antropológica. Tertuliano, por exemplo, recorre às categorias da linguagem jurídica para expor a relação Deus-ser humano (cf. tb. a doutrina da justificação em Romanos e Gálatas).

A obra de Cristo havia servido para restabelecer uma relação jurídica entre Deus e o ser humano. A perturbação da ordem entre Deus e o ser humano por causa do pecado pode ser superada apenas por meio do castigo ou satisfação (*aut satisfactio aut poena*).

Diversas tendências da soteriologia ocidental são agrupadas por *Anselmo de Canterbury* (1033/1034-1109) em sua obra principal *Cur Deus homo* (1098). A *teoria da satisfação* desenvolvida nesse escrito permaneceu dominante na teologia ocidental, mas nunca foi formalmente definida pelo Magistério.

Note-se que ela não pretende ser uma concepção soteriológica abrangente, mas apenas expor a racionalidade da encarnação como caminho da redenção.

Em face da crítica judaica e muçulmana – de que seria impossível uma encarnação de Deus e ainda menos uma morte expiatória do Filho de Deus, e de que tais concepções seriam prejudiciais à glória de Deus –, Anselmo busca demonstrar que, por razões necessárias (*rationes necessariae*), a redenção teria de se realizar assim como de fato se realizou. Um simples recurso ao argumento da autoridade da Bíblia não é suficiente quando esses parceiros de diálogo não consideram o Novo Testamento como base de sua fé. A demonstração sucede, assim, *sola ratione* e *remoto Christo*.

Anselmo exclui, antes de tudo, determinados *topoi* metafóricos da tradição (pagamento do sangue de Cristo ao diabo como preço de resgate; astúcia em face do diabo, que pretendia devorar a humanidade de Jesus, mas que se engasgou com sua divindade). Basicamente, ele pretende evitar a concepção equivocada que os judeus e os muçulmanos tinham do cristianismo de sua época quando entendiam que um Deus supostamente dominado pela ira teria que ser novamente acalmado e aplacado por meio de uma morte cruel e sangrenta de um ser humano inocente, e mais ainda de seu próprio Filho (cf. aqui também a reinterpretação psicológica da doutrina da Trindade, da encarnação e da soteriologia com auxílio do complexo de Édipo em Freud: "A psicanálise nos ensinou a íntima conexão entre o complexo paterno e a crença em Deus e nos mostrou que o Deus pessoal não é outra coisa que um pai enaltecido". *Gesammelte Werke* VIII, 195).

Anselmo começa sua exposição com a relação fundamental entre Deus e o ser humano no acontecimento salvífico da criação. Por meio de seu ser-criado, o ser humano está essencialmente orientado em Deus. Essa orientação se realiza concretamente (categorialmente) nas ordens vitais garantidas pela autoridade de Deus. Uma vez que o ser humano não existe por si mesmo, deve a Deus honra, adoração, gratidão e amor. A relação com Deus se manifesta na relação com o mundo. Na estrutura do mundo, aparece a retitude (*rectitudo*) e a *ordo justitiae et veritatis* para Deus. A ordem objetiva do mundo, porém, nada mais é que a revelação da glória de Deus (*gloria Dei externa*). O pecado como ofensa a Deus não é entendido no sentido antropomórfico de fazer algo a Deus, mas no de atentar contra a glória que se revela no mundo como o *medium* da própria salvação (cf. tb. Tomás de Aquino, S.c.g. III, 122: "Só pode ofender a Deus o que o ser humano faz contra sua própria salvação". Cf. Tb 12,10: "Aqueles, porém, que cometem pecado e injustiça são inimigos de si mesmos").

Daquela se distingue a glória essencial de Deus (*gloria Dei interna*). Ela não pode ser afetada pela criatura. Aqui o efeito do pecado não é um estado de ofensa interior a Deus (no sentido de um estado psíquico), mas a perturbação de sua ordem salvífica orientada para o ser humano. Segundo Anselmo, o castigo pelo pecado não é uma maldade tramada por Deus para satisfazer seus desejos de vingança e que havia descarregado, num processo de transferência sadomasoquista, sobre seu próprio Filho. O castigo pelo pecado consiste na experiência da perda de Deus como salvação, e se manifesta na supressão da ordem de justiça.

No entanto, quando Deus leva a sério a liberdade do ser humano, não exclui a liberdade criada como um fator da *ordo justitiae*. Na restauração dessa ordem, a liberdade humana deve antes ser incluída. O perdão não pode suceder por meio de uma simples declaração autenticada de Deus, mas só mediante a nova capacitação da liberdade humana de corresponder à *ordo justitiae*. No entanto, o ser humano não pode simplesmente restabelecer por si mesmo essa ordem. Do contrário, ele converter-se-ia a si mesmo na origem da salvação no lugar de Deus.

O dilema em virtude do qual Anselmo desenvolve seus argumentos consiste em como conciliar que só Deus permaneça o fundador da *ordo justitiae* e, ao mesmo tempo, o ser humano corresponda livremente a esta *ordo* em que ele já se encontra. Em face dessa relação entre criador e criatura pretendida pelo próprio Deus, a encarnação revela ser a solução que corresponde à lógica de Deus. A resposta de Deus à perturbação da *ordo justitiae* seria a encarnação da Palavra eterna e a revelação da nova justiça e da nova glória de Deus na criação. Por meio da encarnação, o próprio Deus se coloca do lado do ser humano e, na livre vontade do ser humano Jesus, se realiza a *ordo* da nova justiça, porque Jesus reconhece, em representação de todos, a honra e a glória de Deus no mundo. Porque, segundo Anselmo, a humanidade de Jesus é sustentada pela sua divindade, está, desde o princípio, determinada pela liberdade e pela entrega interiores pelas quais Jesus honra a Deus. Porque não teve pecado, pôde ocupar o lugar da humanidade pecadora, da qual se converteu um membro pela encarnação. Como único sem pecado, pode suportar o castigo que pesa (por culpa própria) sobre os seres humanos. Na obediência, Jesus confere a sua morte um caráter expiatório e vicário. Deus não é movido ou convencido à reconciliação em virtude disso, mas é o Filho quem a consegue, justamente porque aceita a oferta da reconciliação e da nova justiça na realização da liberdade criada, na medida em que honra a Deus até a morte na cruz, a qual assume sobre si por todos como salário do pecado. Desse modo, satisfaz (*satis facere*) de maneira completa à honra de Deus e à ordem de sua justiça, pelas quais somos justificados. E isto significa, no entanto, também e precisamente em Anselmo, que é o próprio Deus que reconciliou os seres humanos consigo no *medium* da liberdade humana de Jesus, que se curvou vicariamente sob o jugo do pecado em obediência até a morte na cruz. De agora em diante, eles são capacitados para reconhecer a honra de Deus e se inserir na nova ordem da aliança e da salvação.

A reconciliação não significa, de modo algum, que em Deus um conflito de motivos antagônicos, como, por exemplo, entre a misericórdia e a justiça, agora tenha chegado a um equilíbrio. Pois a justiça de Deus se identifica com a misericórdia que nos revela em Cristo. Sua misericórdia nada mais é que sua justiça, por meio da qual nos justifica (*justi-ficatio*) em virtude da satisfação (*satis-factio*) vicária de Cristo. Por meio de sua representação/substituição vicária, Cristo se converte em cabeça da nova humanidade e em novo Adão. É a origem da graça e, ao mesmo tempo, também o mediador para os seres humanos que, em sua liberdade agraciada, podem corresponder à ordem da salvação. Essa liberdade a partir da graça, que se consuma nas obras, também se designa mérito (*meritum*).

O horizonte hermenêutico geral da doutrina de Anselmo a respeito da morte expiatória vicária não é uma transposição ingênua das relações feudais da Idade Média à soteriologia e à doutrina da graça. Muito mais determinantes são a ideia bíblica da aliança e a insistência na atividade mediadora de Jesus em sua humanidade, a autonomia de sua vontade humana e, portanto, o significado salvífico da obediência, do sacrifício e dos méritos de Jesus como ser humano.

### c) A redenção no contexto da história da emancipação da Idade Moderna

A crítica à forma tradicional do dogma soteriológico começa com uma teoria (bastante deformada) da satisfação. Muitas vezes seu pano de fundo cristológico-trinitário foi ignorado. Em seu lugar foi se tornando cada vez mais normativo na Idade Moderna uma relação Deus-mundo deísta e moralizada. Para Kant, por exemplo, contradiz a dignidade da liberdade moral e autônoma que um representante tenha de dar satisfação por uma má ação ética. Sua ideia-guia é o autodesenvolvimento do ser humano como personalidade ética. A ideia de que o ser humano só pode mediar-se consigo pela misericórdia, a qual o ser humano não pode conseguir por si só, de Deus e de sua graça suprime a dignidade moral e a livre autodeterminação do ser humano. Aqui a fundamentação sobrenatural do cristianismo e a heteronomia da revelação e da graça caem sob a suspeita de serem contrárias ao movimento, cada vez mais acentuado, da autonomia e da emancipação.

No entanto, se a graça é amor e a liberdade só alcança sua autonomia na autotranscendência a outra pessoa e no espaço da comunicação pessoal do amor, então a redenção não é uma concorrência com a liberdade humana, mas, inversamente, é justamente a sua origem. Precisamente por isso, a liberdade como a ideia-guia da antropologia moderna pode constituir uma nova via de acesso à relação com Deus mediada de forma cristológico-soteriológica.

É determinante, entretanto, a opinião de que o amor não é mera simpatia (sensível). O amor se dá, antes, no ato de se colocar à disposição do outro. Onde o ser humano estabelece como objetivo sua própria identidade em liberdade autônoma, ele se vê referido à contingência da história e ao encontro dialogal com os outros em liberdade pessoal. A união íntima com Deus na fé não se produz, portanto, em virtude de uma identificação interna supra-histórica e pontual. Surge, antes, no encontro com Deus na história pela mediação do ser humano contingente Jesus de Nazaré. A referência ao encontro pessoal com o mediador da graça e o ponto de contato último da identidade humana não está em contradição com a autonomia e com uma experiência de liberdade do ser humano moderno que se desvincula de autoridades heterônomas. É, antes, o fundamento interior e exterior da liberdade finita e de sua consumação na intercomunicação pessoal do amor.

### d) Jesus como portador de um processo de libertação integral

Uma forma especificamente moderna de soteriologia foi desenvolvida na *teologia da libertação* latino-americana. Seu fundamento é o fato de que Deus criou os seres humanos à sua imagem e de que seu Filho foi entregue à morte a favor dos seres humanos para que se possa experimentar a Deus como salvação e como vida *em todas as dimensões* da vida humana. A teologia da libertação critica todos os dualismos e sublinha que Deus não espera o ser humano para além do mundo nem o encontra apenas numa interioridade dissociada do mundo. É, antes, o Deus que criou o mundo e o ser humano em seu modo de realização espiritual-material. Ele se aproxima do ser humano na unidade da criação, da história e da consumação esperada. Na soteriologia, a participação ativa, transformadora e prática se reflete na ação libertadora inaugurada por Deus. A soteriologia é, ao mesmo tempo, também *soteriopraxis*. O crente participa, *compreendendo e atuando*, no processo de transformação da história que Deus inaugurou na atividade salvífica de Jesus.

A teologia se desenvolve por meio de um triplo passo metodológico: em primeiro lugar, na fé o cristão participa ativamente na práxis divina de libertação do ser humano para sua dignidade e para sua salvação; em segundo lugar, à luz do Evangelho é levado a uma reflexão crítica e racional sobre a práxis; e, por fim, passa, no terceiro passo, para uma mudança criticamente refletida da realidade empírica. Transforma a realidade empírica no sentido de uma libertação do ser humano para que alcance a sua liberdade. Este seria, com efeito, o objetivo do Reino de Deus na terra. Daí decorre uma *opção pelos pobres* e pelos seres humanos que foram privados de sua dignidade humana. A ação libertadora de Deus visa converter o ser humano num sujeito. O ser humano não é apenas um receptor passivo da libertação. Sua dignidade pessoal consiste em haver sido chamado a colaborar no processo divino da libertação. A Igreja em seu conjunto deve se converter em portadora, sinal e instrumento de um processo universal de libertação que inclui a humanidade inteira. Esse processo tem na ação libertadora de Deus em Jesus Cristo sua origem primeira e sua referência definitiva.

A ação salvífica de Deus, como testemunhada, por exemplo, na experiência do êxodo, é interpretada como libertação. A ação libertadora de Deus teve seu apogeu histórico no ato libertador de Cristo. Jesus morreu na cruz para manifestar o amor libertador e transformador de Deus frente à resistência do pecador. Por meio da morte de Jesus na cruz, Deus qualificou o mundo como o campo em que se implanta a nova criação. Portanto, a cruz de Cristo é a revelação escatológica da *opção de Deus pelos pobres*. Deus se engaja pelos oprimidos, para libertá-los e possibilitar-lhes a participação na implantação da salvação prometida a todos os seres humanos. Na ressurreição de Jesus, Deus revelou o que é, propriamente falando, a vida e como a liberdade pode ser concretizada, mediante um poder-estar-aí para os outros, nas relações existenciais empíricas. Deus se manifesta como Pai de todos os seres humanos, como seu irmão em Cristo e como seu amigo no Espírito Santo.

A teologia da libertação pode ser perfeitamente vista como uma concretização da soteriologia no horizonte da história da liberdade moderna. Ela se une estreitamente à nova definição de base cristológica e soteriológica da Igreja como sacramento da salvação do mundo e como sinal e instrumento do Reino de Deus, formulada pelo Vaticano II na Constituição Dogmática sobre a Igreja *Lumen Gentium* e na Constituição Pastoral sobre a Igreja no mundo atual *Gaudium et Spes* (cf. LG 1; GS 1,10,22 passim).

### 5 *A redenção no horizonte de uma comunicação divino-humana do amor*

No querigma apostólico está claramente enunciado o significado salvífico da morte de Jesus:

> "Cristo morreu por nossos pecados" (1Cor 15,3).

Parece "escândalo para os judeus e loucura para os gregos" (cf. 1Cor 1,23) que Deus tenha realizado sua vontade salvífica universal justamente por meio do amor de Jesus que se entrega até a morte na cruz.

Constitui a base para uma compreensão pessoal *e* racional de Deus o fato de que Deus concretiza sua vontade salvífica eterna mediante a contingência do destino e da livre decisão do ser humano Jesus.

O pressuposto para a compreensão da real historicidade da revelação é a categoria bíblica fundamental da *aliança*. Porém, faz parte da aliança o *mediador humano*. Nele se realiza e se consuma a aliança da comunicação humana. Desse modo, a Igreja confessa, desde o princípio, a Jesus como o único mediador entre Deus e o ser humano (1Tm 2,5). É o único e eterno sumo sacerdote da nova aliança (Hb 9,15). Só em seu nome há salvação (At 4,12). Nele todos os seres humanos devem ser salvos e alcançar o conhecimento da verdade (1Tm 2,4). O Filho de Deus é verdade e vida e, por conseguinte, o caminho único pelo qual Deus vem a nós e nós vamos até Deus (Jo 14,6). Tudo depende de reconhecê-lo como Filho de Deus (Rm 8,29). Ele nos dá seu Espírito e o Espírito do Pai para que possamos chamá-lo *Abba*, Pai (Rm 8,15; Gl 4,4-6).

Por conseguinte, o destino humano de Jesus não permanece algo exterior à concretização da salvação. A partir da concepção da aliança, é evidente por que o mediador humano representa a realização histórica da misericórdia e da justiça divina, bem como da vontade divina da nova criação. É um amor que se encarna, que não recua diante da impotência humana nem do risco de ser tachado de néscio por entregar-se a si mesmo. O princípio interno da biografia de Jesus foi o sentimento de seu amor, em virtude do qual se despojou a si mesmo, se humilhou e foi obediente ao Pai até a morte na cruz. Por isso Deus o exaltou e instituiu como Senhor "para a glória de Deus Pai" (cf. Fl 2,5-11). O envio (Rm 8,3) ou a entrega de seu único Filho e, portanto, de si mesmo, por amor a sua criação (Jo 3,16), é a instituição da nova aliança, convertida em realidade eficaz na vida de Jesus, para o perdão dos pecados.

Só é possível compreender essa conexão quando se entende que o pecado não é simplesmente um produto moralmente errado, mas significa, num sentido totalmente radical, o fracasso total do ser humano, essencialmente orientado à consumação na comunhão do amor dialogal e pessoal com Deus. Porque a aliança é um acontecimento de comunicação, a salvação requer não só a sua proclamação no mundo. A salvação acontece de modo que o próprio ser humano assuma a graça de Deus por meio de uma mudança interior. Deus "teve que" se tornar ser humano para colocar no lugar vazio *o* ato da liberdade, pelo qual a graça adquire uma forma humana definitiva. Por conseguinte, o Filho eterno de Deus teve que mediar, justamente como ser humano na realização de sua liberdade humana, na fidelidade e na obediência, a vontade salvífica de Deus em sua vida, assumindo inclusive a morte que lhe foi destinada pelos seres humanos.

A morte de Jesus não é um meio para suscitar a vontade salvífica de Deus. É, inversamente, a vontade salvífica de Deus, despojada de si na encarnação do Logos, que se mantém firme até a livre aceitação por Jesus de seu destino de morte. Desse modo, a obediência de Jesus que vai até a morte é a revelação do amor do Pai que se entrega aos seres humanos, justamente no *medium* do amor do ser humano Jesus em resposta a Deus, seu Pai.

Assim como na encarnação do Logos se unem sem mescla a natureza humana e a divina numa só pessoa, assim também na morte de Jesus na cruz se realiza a unidade da vontade salvífica de Deus e da vontade humana na obediência do amor. Ninguém tem amor maior do que aquele que dá sua vida pelos amigos (cf. Jo 10,11; 15,13).

Não é a morte física de Jesus, considerada em si mesmo, que propicia a salvação. É o *amor de Jesus*, que se mantém firme diante de todos os obstáculos, que se converte em símbolo real do amor redentor de Deus. Na autoentrega de Jesus como "oferenda e sacrifício de agradável odor" (Ef 5,2), o mediador da nova aliança instituiu, vicariamente por todos que lhe pertencem, a nova aliança como uma comunicação divino-humana que permanece para sempre. A forma interna do sacrifício da vida de Jesus é a entrega obediente de sua vontade e o despojamento de seu amor até à disposição de entregar sua vida e seu corpo: "Em virtude dessa vontade somos santificados pela oblação do corpo de Jesus Cristo, uma vez para sempre" (Hb 10,10).

O plano salvífico eterno de Deus não está em contradição com a liberdade contingente de Jesus de aceitar a reconciliação. Por outro lado, Jesus tampouco procurou por si mesmo a morte, porque neste caso teria se reconhecido como a vítima predestinada por Deus ao sacrifício no sentido dos sacrifícios humanos da mitologia.

Sua vontade era, antes, permanecer fiel à missão confiada pelo Pai de instituir uma nova aliança e de implantar o Reino de Deus no mundo. Por isso é que não evitou o conflito entre os adversários do Reino de Deus e seu mediador.

O conselho eterno de Deus visa sempre à salvação do ser humano.

O "ter que" histórico-salvífico do sofrimento não resulta de uma necessidade a que Deus estivesse submetido.

É, antes, uma necessidade resultante das circunstâncias da realização histórica da vontade salvífica de Deus no tocante ao ser humano. Onde Deus quis persistir com seu amor aos pecadores mesmo ante a resistência destes, foi *nesse sentido necessário* que o mediador do Reino de Deus suportasse a vontade de aniquilação dos pecadores. Deste modo, a autoentrega amorosa de Jesus até a morte se converteu na forma histórica da aliança eterna entre Deus e os seres humanos.

A justiça da aliança de Jesus, que Ele tornou acessível a todos por meio de seu sofrimento expiatório vicário, é repartida aos crentes que, na liberdade desta justiça da aliança, correspondem à comunicação com Deus também na forma do amor ao próximo.

A redenção não se limita a uma recepção passiva da salvação. O ser humano é redimido para que imite a obediência de Jesus e realize assim sua relação filial como participação na relação de aliança e como membro do corpo de Jesus Cristo que é a Igreja. É verdade que no seguimento de Jesus no sofrimento, na morte e na ressurreição (Fl 3,10s.) o ser humano não evita, na sua existência histórica, o caráter efêmero e todas as diversas necessidades que caracterizam um mundo caído no pecado. No entanto, por meio de Jesus se inaugurou para todos uma história da liberdade que conduz para uma "manifestação dos filhos de Deus" (Rm 8,19). "Pois também a criação será libertada do cativeiro da corrupção para participar da liberdade gloriosa dos filhos de Deus" (Rm 8,21). Para isto, receberam, como primícias, o Espírito Santo. É o Espírito do amor e da liberdade, que capacita aos discípulos de Jesus para transformar tudo o que acontece em sua vida, por meio de sua entrega, no "amor de Deus manifestado em Jesus Cristo, Nosso Senhor" (Rm 8,39).

A cristologia e a soteriologia respondem a duas perguntas:

*Quem* é Jesus e *o que é para* nós?

As duas perguntas têm uma única resposta:

"ELE é o verdadeiro Deus e a vida eterna" (1Jo 5,20).

# SEXTO CAPÍTULO

# A REVELAÇÃO DO ESPÍRITO DO PAI E DO FILHO (PNEUMATOLOGIA)

## I. TEMAS E PERSPECTIVAS DA DOUTRINA DO ESPÍRITO SANTO

### 1 A autorrevelação de Deus em seu Espírito

Na compreensão cristã, a revelação significa a autocomunicação de Deus. Ela acontece e ganha forma em sua concreção histórica. A autocomunicação de Deus, do Pai, tem seu ápice na encarnação de seu verbo eterno. O Deus-homem Jesus Cristo é a mediação plena de Deus e ser humano. No acontecimento da revelação, Deus se apresenta, no entanto, ao ser humano não somente através de sua palavra, mas se oferece também a si mesmo, à medida que se faz a si mesmo comunicável. *O que sai do mais íntimo do ser de Deus e se comunica, e penetra no mais íntimo da realidade pessoal do ser humano ("seu coração" cf. Rm 5,5), é o "Espírito Santo".*

O Espírito Santo não é uma força diferente do ser de Deus ou da realidade pessoal de Deus ou uma ação no âmbito da criação. Mais que isto, Ele é Deus mesmo à medida que atua na criação, na história sagrada, na salvação por Jesus Cristo e na realização final do ser humano pela ressurreição dos mortos; e comunica a vida de Deus. Ele é o Espírito de Javé Eloim, o Espírito de Deus, do Pai de Jesus Cristo (cf. Mt 3,16; 10,20; 28,19; 1Cor 2,11.14; 3,16; 6,11; 7,40; 12,3; 2Cor 3,3; Jo 14,16; 15,26; 1Jo 4,2; At 1,4 e mais vezes).

Também é o Espírito Santo que dá a conhecer Jesus Cristo como Filho do Pai e mediador último da revelação. O Espírito Santo revela a glória divina de Cristo e sua posse do poder divino (cf. 1Cor 12,3; 1Jo 4,2).

Por isso o Espírito de Deus, do Senhor, é igualmente também o Espírito do Filho, o Espírito de Jesus Cristo, que Deus, o Pai, colocou como Senhor, quer dizer, como portador escatológico do poder divino (1Cor 12,3; 15,28; 1Jo 4,2).

O Espírito de Deus, do Senhor (cf. Jz 3,10; 6,34; 1Sm 10,6; Is 11,2; 61,1) é sempre o Espírito do "Filho único do Pai" (Jo 1,18). Como o Espírito pertence ao ser de Deus e é a origem de sua ação, assim o Espírito Santo é também sempre o Espírito do Filho, o Espírito de Jesus Cristo ou o Espírito do Senhor (1Cor 2,16; 3,17; Rm 8,9; Fl 1,19; Gl 4,6; At 16,7; Jo 6,63; 14,26 e mais vezes).

Há única realidade-Deus em seu ser interior e em sua ação exterior na criação, na revelação da história da salvação e na realização final. Chama-se por isso Deus, o Pai, o Filho e o Espírito Santo (Mt 28,19).

> "O amor de Deus se derramou em nossos corações pelo Espírito Santo, que nos foi dado" (Rm 5,5). "No Espírito chamamos pelo Filho a Deus: *Abba*, Pai" (Rm 8,15; Gl 4,4-6).

### 2 A linguagem bíblica sobre o Espírito Santo

O conceito teológico "Espírito Santo" tem origem no uso bíblico: hebraico *ruach*; grego πνευμα; latino *spiritus sanctus*.

A analogia não se refere aos pontos de comparação inteligência ou imaterialidade (como poderia parecer próximo aos conceitos filosóficos gregos contrastantes *espírito e matéria*). A analogia original é a experiência, que ilumina a *pessoa* em si mesma, que ela é portadora de suas ações conscientes e que uma pessoa pode se comunicar com outra pessoa. Esta interiorização não se pode comparar a objetos materiais, que estejam local ou quantitativamente em relação um com o outro. Trata-se da percepção que somente é possível a pessoas, na medida em que elas se podem mutuamente reconhecer e conscientemente aceitar em verdade e amor.

Espírito Santo significa assim a realidade-pessoa Deus, à medida que penetra a profundidade de Deus em completo autoconhecimento e à medida que Deus em seu Espírito se dá a conhecer totalmente ao espírito do ser humano (cf. 1Cor 2,10-16). Como expressão de seu ser e de sua realidade, do ponto de vista bíblico, pode-se dizer resumidamente o seguinte: "Deus é Espírito" (Jo 4,24). Do ponto de vista de Deus como realidade própria e sua autocomunicação como propiciador de vida e salvação, o Espírito também se chama *Espírito de sabedoria* (Dt 34,9; Sb 1,6; 7,17; Is 11,2 Ef 1,17). A teologia joanina fala diversas vezes de *Espírito da verdade* (Jo 14,17; 15,26; 16,13; 1Jo 4,6). Ele também é *Espírito de santidade e santificação*, ou seja, a comunicação da vida santa divina (Rm 1,4; 15,16; 1Cor 6,11; 1Pd 1,2); o Espírito é o amor em Deus e o derramamento do amor de Deus para nós (Rm 5,5; 15,30; Gl 5,13.22; 2Cor 1,22; 3,17ss.; 1Jo 4,8-16). A fala sobre o *Espírito do amor* ou do *amor do Espírito* está em íntima conexão com a ideia de que o Espírito é comunidade (*communio*; comunicação) em Deus mesmo, na unidade do Pai e do Filho e Ele media a unidade dos fiéis com o Pai e o Filho (2Cor 13,13; 1Jo 1,3; 2,20). O Espírito de Deus produz a justiça a partir da fé (Rm 5,2; Gl 5,5). Ele possibilita a realidade da vida nova em Cristo, a liberdade do pecado e da inimizade com Deus (Rm 7,6; 8,2) e promove a filiação divina dos remidos (Rm 8,15s.). O primeiro fruto do Espírito é o amor (Gl 5,22).

Em sua palavra e espírito, Deus faz a *criação* (Gn 1,2). Mas Ele possibilita ao ser humano não apenas a existência como criatura à medida que sopra nele seu Espírito e o faz um ser vivente e uma existência pessoal (Gn 2,7). *Em seu Espírito, Deus também* dá a vida da graça e a expectativa da vida eterna. Como Jesus Cristo em sua humanidade foi ressuscitado dos mortos pelo Espírito e elevado à direita do Pai, assim em Cristo, através do Espírito, os mortos também serão ressuscitados no batismo e na recepção final da vida eterna depois da morte terrena (Rm 1,4; 8,2.11; 1Cor 15,45; 2Cor 3,6; Gl 3,8; Jo 3,5.8; 6,63; 7,39; Ap 11,11).

A ação do Espírito de Deus na criação e na revelação (Rm 8,16; 1Cor 2,10; Ef 3,5) é mostrada na Sagrada Escritura através de diversas imagens. Como Deus e sua ação na criação não podem ser tocados de maneira concreta e não se deixam descrever em forma de demonstração dos sentidos, faz-se necessário o uso de uma linguagem analógica e de utilização metafórica de diversos conceitos da linguagem humana.

Em relação a Ele mesmo, é dito sobre o Espírito de Deus e de Cristo, que Deus em Espírito se *perscruta nas profundezas de seu ser* e se *transpassa* autorreconhecendo-se (1Cor 2,10s.).

Em relação ao ser humano, a fala é de um envio do Espírito *no coração* do ser humano (Gl 4,6; Jo 14,26). O Espírito de Deus é *derramado* como em um movimento *do alto para baixo*, de Deus para o humano (Is 29,10; 32,15; 44,3; Jl 3,1s.; Zc 12,10; At 2,17.33; 10,45; Rm 5,5). O Espírito de Deus enche com sua força e presença o espírito e o coração dos profetas, reis, outros mediadores de salvação, especialmente do messias e também dos fiéis (Ex 31,3; Dt 34,9; Mq 3,8; Mc 12,36; Lc 1,15.41.67; 2,25; 4,1; 10,21; At 2,4; 7,55; 13,52).

Como o Espírito é dádiva divina, à medida que Ele mesmo se doa e através dela Ele inaugura a comunidade pessoal (Nm 27,18; At 1,8; 2,33; 8,20; 1Ts 5,19; Rm 5,5; 1Cor 1,22; 1Jo 4,13), Ele possibilita a *inabitação* de Deus, do Pai e do Filho (Jo 14,23) no ser humano (Is 26,9; Ez 11,19; 36,26s.; 37,14; Ag 2,5; Rm 8; 1Cor 3,16; 2Cor 1,22; 1Jo 3,24; Tg 4,5). O Espírito *impregna* os fiéis (1Cor 12,13) e os *ilumina* (Mt 22,43). Como sacerdotes, reis, profetas e especialmente o messiânico Filho de Deus recebem a unção como sinal da presença do Espírito de Deus, que possibilita o reconhecimento de sua missão (cf. Is 61,1), assim os cristãos também recebem como sinal de sua pertença aos ungidos do senhor, a unção com o Espírito Santo (At 10,38; 2Cor 1,21; 1Jo 2,20.27). Todos os que receberam o Espírito Santo e Santificador como primícias de Deus (Rm 8,23; 2Cor 1,22; 5,5; Rm 8,2; 2Ts 2,13) possuem a dádiva do Espírito como confirmação da ação santificadora definitiva de Deus neles. Os fiéis e os justificados na fé trazem o *selo do Espírito Santo* para o dia da redenção (Ef 4,30; cf. 1Pd 1,2).

Para descrever o movimento do Espírito de Deus para com as suas criaturas, a Escritura utiliza um conceito amplo: o Espírito de Deus *pairava* sobre as águas originárias (Gn 1,2). O que se quer exprimir é que Deus não fez surgir a criação em sua ordem através de uma ação instrumental. Ele criou do nada e do caos através de sua palavra todo-poderosa e da força de seu Espírito. O Espírito é idêntico ao poder divino de redenção e de vida – Ele é a força do alto (Lc 24,49). Por espírito e poder surge a vida do homem Jesus (Lc 1,35). Pelo Espírito os mortos são ressuscitados (Rm 8,17). Mais genericamente se diz também que o Espírito *desce* sobre os profetas ou sobre o messias ou então *repousa* sobre Ele. Isto significa que Deus, o Senhor, está com o seu enviado, o move e o enche (Nm 24,2; Jz 3,10; 6,34; 1Sm 10,6; 16,13; Is 11,2; 42,1; 61,1; Ez 11,5; Lc 1,35; 2,25; Jo 1,32; 1Pd 4,14).

Como imagem da descida do Espírito de Deus ao mundo usa-se a *pomba* na cena do batismo de Jesus. O sentido desta imagem é a capacidade de um pássaro com leveza descer das alturas ao chão. Trata-se, pois, de uma *mediação entre duas esferas da existência*, o mundo celeste de Deus e o mundo terreno do humano (Mc 1,10 e par.; cf. Gn 1,2).

Na iconografia cristã a pomba é utilizada como símbolo do Espírito Santo principalmente por conta deste aspecto.

### 3 Definição da Pneumatologia e seu lugar na Dogmática

*Pneumatologia é a doutrina sobre a natureza divina, a ação e a pessoa (= Hypostasie) do Espírito Santo, que com o Pai e o Filho é um e único Deus.*

Na tradição ocidental não se elaborou um tratado próprio sobre o Espírito Santo. Mas em todas as temáticas da Teologia se encontram afirmações importantes sobre o Espírito Santo, que por sua vez têm sua raiz comum na doutrina trinitária. O desenvolvimento histórico dogmático da questão pneumatológica orienta-se na confissão às três pessoas divinas no ser trinitário de Deus, do Pai, do Filho e do Espírito.

Ao contrário dos *pneumatômacos* (= negadores do Espírito), *Atanásio, Basílio de Cesareia, Gregório de Nissa, Gregório de Nazianzo, Hilário de Poitiers, Ambrósio, Agostinho* e outros mostram que o Espírito Santo é *uma substância* com o Pai e com o Filho, enquanto a *distinção racional* entre estes é constituída pela *hypostase*, a subsistência ou a pessoa. Na doutrina da Trindade houve uma forte contenda entre o Oriente e o Ocidente em torno da questão da procedência do Espírito, ou somente do Pai, ou do Pai *e do Filho*. A disputa sobre o *filioque* serviu de argumentação para o cisma da Igreja do Ocidente e do Oriente.

Sobre a Teologia ocidental falou-se, não de todo sem razão, de um certo *estreitamento cristológico* e de uma espécie de um *esquecimento* do Espírito. Para corrigir este desenvolvimento não se pode, porém, numa unilateralidade contrária, colocar a Pneumatologia no mesmo nível *ao lado* da Cristologia. Pois a encarnação do Verbo Divino em Jesus de Nazaré não é apenas a revelação de uma única pessoa divina ou um corte temporal na história da salvação. Mais que isto, é o Deus trino que se comunica com seu Verbo Eterno de maneira encarnatória, escatológica e universal na humanidade de Jesus Cristo.

A Pneumatologia tem como objetivo tornar claro o âmbito geral da história trinitária da salvação em todos os temas da teologia cristã.

A Pneumatologia tem na Cristologia um duplo papel:

Por um lado o Espírito fundamenta a união e a unidade da humanidade de Jesus com a divindade do Verbo. A relação do Pai com a humanidade do Filho fundamenta-se no surgimento em Maria da natureza humana de Jesus unida com a pessoa do Verbo suscitada pelo Espírito (Pneuma-Cristologia).

Por outro lado, o Espírito de Deus move o homem Jesus em sua história, em sua vida pública, no anúncio do Reino de Deus, em sua prática soteriológica como mediador do reino, inclusive em sua entrega na cruz e, finalmente, Ele suscita a ressurreição de Jesus dos mortos, através da qual Jesus é posto segundo o Espírito de santidade como o Filho messiânico de Deus. O Cristo elevado ao Pai, por força de sua humanidade transfigurada, comunica o Espírito, como prometido para o fim dos tempos. O Espírito do Pai e do Filho assim enviado conduz os homens na fé ao conhecimento da presença escatológica de Deus na humanidade de Jesus de Nazaré. Ele universaliza e interioriza a revelação histórica de Deus em Jesus.

Disto resulta a fundamentação pneumatológica da *doutrina cristã da graça*. O Espírito Santo realiza a oferta universal da graça de Deus em Jesus Cristo e a vontade salvífica universal de Deus.

O Espírito também se mostra como princípio imediato da vida no seguimento de Cristo. Na *doutrina dos sacramentos* se fala do Espírito de Deus, sobretudo no contexto da fundamentação da existência cristã no batismo e crisma.

Na *Eclesiologia*, o Espírito Santo é reconhecido como a força divina que tudo vivifica e transpassa. Ele dá vida à Igreja em sua missão e em sua constituição interna (cf. temas como *carismas, múnus sacramental, espiritualidade, reforma eclesial, eficácia do Espírito Santo no processo de transmissão da revelação, infalibilidade da Igreja e do Magistério, exercício do apostolado laical no sacerdócio comum de todos os fiéis*).

Na *Escatologia*, a ação do Espírito Santo precisa ser tematizada sob o ponto de vista de que somente Ele pode realizar a ressurreição dos mortos e a transformação final do mundo, tendo em vista a comunicação eterna do amor de Deus e das criaturas pessoais.

A Escatologia remonta à origem da criação na presença do Espírito de Deus. A criação surge, ganha vida e um horizonte de objetivo através da presença do Espírito Santo.

De um ponto de vista amplo, pelo qual o Deus trino é origem, meio e objetivo de toda criatura, a Pneumatologia torna consciente a ação específica do Espírito Santo na criação, na história da salvação, na redenção, na reconciliação e na realização final.

### 4 A profissão de fé obrigatória da Igreja ao Espírito Santo

A profissão de fé niceno-constantinopolitana do ano 381 representa o encerramento da formação dogmática da teologia trinitária e pneumatológica:

> *"Creio no Espírito Santo,*
> *Senhor que dá a vida,*
> *E procede do Pai (e do Filho);*
> *E com o Pai e o Filho é adorado e glorificado:*
> *Ele que falou pelos profetas" (DH 150).*

No segundo artigo é feita uma ligação da Pneumatologia com a Cristologia com a afirmação:

> *"E se encarnou pelo Espírito Santo, no seio da Virgem Maria, e se fez homem" (DH 150).*

Através da denominação *Senhor*, bem como a *adoração* e a *glorificação*, que somente à divindade são possíveis, se acentua a unidade do Pai, do Filho e do Espírito em uma única natureza divina. A expressão *que dá a vida* mostra o Espírito como fonte de toda ação salvífica de Deus na criação, redenção e realização final. A fala do Espírito através dos profetas e originação da encarnação demonstram a ação universal do Espírito Santo, que é idêntica à revelação e à autocomunicação do Deus trino. O Espírito Santo não pode, porém, ser chamado "pai" de Jesus, pois o Verbo e a humanidade de Jesus a Ele ligada possuem a filiação divina em relação ao Pai, enquanto o Espírito Santo representa o princípio da união das duas naturezas e a compenetração interna da humanidade (= unção) (DH 533).

À compreensão fundada na teologia trinitária ocidental, de que o Espírito procede de ambos (*ab utroque*), do Pai e do Filho (11º Toletanum, DH 527), deve-se interpretar que Ele procede do Pai e do Filho através de um único princípio e de um único sopro (II Concílio de Lião 1274, DH 850; Concílio de Florença, Decreto para os Gregos 1439, DH 1300). O ponto de vista grego, que *o Espírito procede do Pai através do Filho*, e a expressão latina de que *o Espírito procede do Pai e do Filho* não são contraditórias (DH 1301s.). A unidade de origem do Espírito realiza-se pela maneira que o Pai, origem da procedência do Espírito, é sem origem (*principium sine principio*) e que a origem do Espírito a partir do Filho ocorre pela participação do Filho na procedência do Espírito (*principium de principio*), conforme o formulou o Concílio de Florença em 1442 no Decreto aos Jacobitas (DH 1331).

## 5 Contraposições heréticas

Em contradição com as afirmações eclesiais sobre a divindade da pessoa, da natureza e da ação do Espírito Santo, estão as seguintes três posições:

1) O *modalismo*. Esta posição, também chamada de *sabelianismo* por conta de *Sabélio* do início do século III, rejeita a hipóstase do Filho e do Espírito. Pai, Filho e Espírito Santo seriam formas distintas de aparecimento (= *modi*) de um Deus unipessoal, que em suas ações distintas na criação, na salvação e na reconciliação se dão na perspectiva do ser humano, como se fossem três reflexos da única realidade divina na consciência finita do ser humano. As três pessoas divinas são aqui erroneamente derivadas de uma única natureza divina abstrata, ao invés de ser da pessoa do Pai, que possui originariamente a natureza divina e a comunica eternamente ao Filho e ao Espírito.

2) Os *pneumatômacos* (= macedonianos, eunomianos/arianos). Todas estas tendências derivadas do arianismo convergem no sentido de que elas professam ser criatura tanto o Filho, como o Espírito. Filho e Espírito seriam não apenas subordinados ao Pai, mas também diferentes dele no sentido do ser, da mesma forma como Deus e as criaturas são distintas entre si. Na confissão eclesial sobre a natureza do Espírito, porém, também se reconhece a hipóstase, ou seja, a diferença relacional do Pai e do Filho na unidade e unicidade do ser divino.

3) O fanatismo extático. Sob este conceito amplo podem ser agregados os mais diversos e contraditórios movimentos. Sua característica comum é que eles sob a invocação da ação direta do Espírito (tipo através de revelações privadas, experiências entusiásticas etc.) colocam o Espírito Santo em contradição à comunicação cristológica da revelação e sua forma eclesial de atualização (instituição/magistério em contradição com o carisma). Aqui se pode apontar, sobretudo, os entusiastas de Corinto (1Cor 14); o montanismo; os valdenses e cátaros; a doutrina do abade cisterciense Joaquim de Fiore († 1212) do *evangelium aeternum* e das três eras sucessivas de salvação do Pai, do Filho e do Espírito (DH 803-808); os anabatistas do tempo da Reforma; os grupos espiritualistas e pentecostais das mais diversas formas e origens.

## 6 Documentos mais importantes do Magistério sobre a Pneumatologia

Os documentos do Magistério eclesial sobre a temática da Pneumatologia podem ser divididos esquematicamente em três grupos:

Até a conclusão da formulação do dogma trinitário as afirmações se concentram na questão da divindade ou incriaturidade, bem como na personalidade do Espírito Santo.

Na Idade Média está em primeiro plano a disputa em torno da questão do filioque.

As afirmações mais recentes tematizam, sobretudo, aspectos eclesiológicos e espirituais.

(1.) A *Carta do Bispo Dionísio de Roma ao Bispo Dionísio de Alexandria*, do ano de 260, alerta contra uma forte diferenciação das pessoas divinas e pela manutenção tanto da Trindade como da monarquia divina: DH 112-115.

(2.) No *Escrito do Sínodo de Alexandria aos Antioquenos*, do ano de 362, a Igreja reconhece pela primeira vez a subsistência pessoal do Espírito Santo (tzt/Dogmatik 7.2, 24s.).

(3.) Em sua carta aos bispos orientais no ano de 374, o *Papa Dâmaso I* professa que o Espírito Santo é de natureza divina e não é criatura: DH 144-147.

(4.) A *Profissão de Fé de Santo Epifânio de Salamina* (cerca de 374) confessa a unidade de natureza do Espírito com o Pai e o Filho: DH 42-45.

(5.) O *Símbolo Niceno-constantinopolitano* do ano 381 precisa a profissão de fé de 325 com as determinações: "[...] Senhor que dá a vida, e procede do Pai, e com o Pai e o Filho é adorado e glorificado. Ele que falou pelos profetas" (DH 150).

(6.) No *Tomus Damasi*, de 382, a Igreja do Ocidente reconhece expressamente os concílios de Niceia e Constantinopla e professa a divindade e a personalidade do Espírito Santo: DH 152-177.

(7.) A *Carta Sinodal de Constantinopla ao Sínodo Romano*, de 382, reforça o Credo de ambos os concílios reconhecidos como ecumênicos, Niceia e Constantinopla: tzt/Dogmatik 7.2, 31s.

(8.) No *Decretum Gelasianum* do início do século VI estão recolhidas na primeira parte as decisões sobre a doutrina do Espírito Santo, sua relação trinitária e soteriológica com Cristo e seu nome, que devem reportar-se ao sínodo romano (381) realizado sob o Papa Dâmaso I: *Decretum Damasi seu De explicatione fidei* (DH 178).

(9.) O *Papa Leão I*, na *Carta ao Bispo Turíbio de Astorga*, toma posição contra o Priscilianismo, que, entre outras coisas, defendia uma doutrina trinitária modalista: DH 284.

(10.) A *Profissão de Fé "Atanasiana"* (séculos IV a VI) oferece uma apresentação precisa do mistério da Trindade e da encarnação: DH 75s.

(11.) A Profissão de Fé do *XI Concílio de Toledo* (675) apresenta uma síntese significativa da tradição do Magistério ocidental: DH 525-541.

(12.) O *II Concílio de Lião* fundamenta na Constituição *Fideli ac Devota* (1274) a fé na procedência do Espírito Santo a partir do Pai e do Filho (*filioque*): DH 850.

(13.) Depois de uma discussão difícil, os representantes da Igreja grega e latina concordam que as diferentes interpretações sobre a procedência intratrinitária do Espírito Santo não põe em perigo a unidade na fé: Bula *Laetentur Caeli*, de 1439 (DH 1300-1303; mais detalhado: tzt/Dogmatik 7.2 38s.).

(14.) O *Concílio da União de Florença*, de 1442, une-se com os coptas sobre a questão da procedência do Espírito Santo (Bula *Cantte Domino*): DH 1330-1353.

(15.) Somente alguns séculos mais tarde, o Magistério irá se pronunciar novamente sobre a Pneumatologia: o *Papa Leão XIII* fala da *inabitação* do Espírito Santo nos justos na Encíclica *Divinum illud* de 9 de maio de 1897 (DH 3329-3331).

(16.) O Papa Pio XII chama em sua Encíclica *Mystici Corporis Christi* o Espírito Santo de "alma" da Igreja: DH 3807s.

(17.) Todos os documentos do *Vaticano II* são concebidos de forma trinitária. Especialmente as duas constituições dogmáticas sobre a Igreja (*Lumen Gentium*) e sobre a revelação divina (*Dei Verbum*) falam sobre o Espírito Santo e sua ação.

(18.) O Papa João Paulo II oferece em sua Encíclica *Dominum et vivificantem* de 18 de maio de 1986, em linguagem espiritual, um resumo da renovação pneumatológica até o momento na Igreja latina ocidental e na teologia: DH 4780; texto completo em língua portuguesa disponível no site do Vaticano.

## II. O ESPÍRITO SANTO NO ACONTECIMENTO DA AUTORREVELAÇÃO DE DEUS

### 1 O Espírito de Deus na revelação do Antigo Testamento

A palavra *espírito* no Antigo Testamento, ao lado da utilização antropológica, mas também da possível designação para seres angélicos, é utilizada sobretudo em um contexto de compreensão Teo-lógica. O Espírito próprio de Deus não é nenhuma ação diversa criada ou dom. *O Espírito de Deus é Deus mesmo em sua realidade-pessoa*, à medida que Ele se refere no ato de sua ação salvadora na criação e na história de forma livre e soberana no mundo e nos seres humanos. O Espírito não designa uma energia mágica ou quase física. Igualmente o gênero gramatical de *ruach* não pode levar a uma conotação feminina no sentido da constituição da natureza de Deus, bem como a palavra e o substantivo Deus não lhe podem ser interpretados como um princípio masculino, mas como a subjetividade e a personalidade de Deus.

A experiência de Deus e o encontro com Deus de Israel estão ligados originariamente com a experiência de uma força salvadora e com o poder de Deus em favor do ser humano. Ainda no Novo Testamento, δυναμις e πνευμα de Deus aparecem praticamente como sinônimos (cf. 1Ts 1,5; Lc 1,35; 4,14.36; 5,17; 6,19; 24,49; At 1,8; 10,38; Jd 20; Rm 15,13).

A eficácia de Deus em sua palavra criadora do mundo mostra-se em seu Espírito, que paira sobre a criação (Gn 1,2). De um modo especial o Espírito de Deus atua no espírito de Moisés, o mediador da aliança e nos 70 anciãos que recebem de seu Espírito (Nm 11,25; 12,6). O Espírito de Deus atua de maneira variada nas figuras carismáticas salvadoras dos *juízes* (cf. Jz 3,10; 6,34; 11,29; 13,19.25), nos *sacerdotes* (2Cr 24,20) e também nos *artistas* e *artesãos*. Os construtores do santuário estão cheios "do Espírito de Deus: sabedoria, habilidade e conhecimento para qualquer trabalho" (Ex 31,3). O Espírito Santo age de uma forma muito especial nos *profetas* (1Rs 22,21; 2Rs 2,9; Os 9,7; Mq 3,8; Ez 2,2; Zc 7,12; cf. Mc 12,36; Mt 22,43; At 1,16; 3,18; 4,25; Hb 3,7; 2Pd 1,21).

O *Espírito da revelação* (cf. Rm 8,16; 1Cor 2,10; Ef 3,5) tem por conta de sua ação sobre os profetas, também sua influência inspiradora no surgimento dos escritos proféticos e evangélicos (2Pd 1,21; 2Tm 3,16).

Os *reis de Israel*, chamados como mediadores, são ungidos e ficam cheios do Espírito Santo (1Sm 10,6-13; 16,13; 2Cr 20,14). A presença do Espírito é sinônimo da expressão "O Senhor está *com* (ou) *em* ti" (cf. 1Sm 10,7). Com a esperança em um filho de Davi, um rei "filho de Deus" (cf. 2Sm 7,14), um "ungido do Senhor", está conjugada a compreensão de uma ligação específica entre o Messias e o Espírito (cf. Is 11,2: "Sobre Ele repousará o Espírito do Senhor, Espírito de sabedoria e entendimento, Espírito de conselho e fortaleza, Espírito de conhecimento e temor do Senhor"). Nos cânticos do servo de Deus, através dos quais o Senhor renovará a aliança, o escolhido de Deus é destacado pelo fato de que Deus colocou "seu Espírito" sobre Ele (Is 42,1).

Para o hagiógrafo do Novo Testamento, a messianidade de Jesus se dá justamente a partir de sua unidade com Deus através do Espírito. Ele é a origem de seu envio para o anúncio do Evangelho:

"O Espírito do Senhor Deus repousa sobre mim, porque Ele me ungiu. Enviou-me para levar a Boa-nova aos pobres, medicar os corações despedaçados [...]" (Is 61,1).

A esperança no fim dos tempos messiânicos está ligada com a expectativa de um derramamento universal do Espírito para a restauração e a completude da aliança de Deus com seu povo (Is 32,15; 44,3; 59,21; 63,14; Jl 3,1s.; Ag 2,5; Zc 4,6; cf. At 1,5; 2,17; 15,8; 1Pd 4,14). No fim dos tempos Deus irá por seu Espírito no coração dos seres humanos e fará com que ajam segundo os seus mandamentos, sejam justos e vivam santos (Ez 36,26ss.; 39,29; cf. Rm 5,5). Todos se tornarão, no fim dos tempos, profetas portadores do Espírito (Nm 11,29; Jl 3,1s.; Is 61,6) em verdadeira justiça e santidade (Is 44,3; cf. Lc 1,75; Ef 4,24). Assim Deus mesmo age através de seu Espírito, para que o ser humano viva em fidelidade para com sua aliança e por isso aja no espírito do amor (Ez 11,19; 36,27; Sl 51,12; Is 32,15-19; Zc 12,10).

A completude da revelação acontece "quando apareceu a bondade de Deus, nosso Salvador, e seu amor para com todos. Ele nos salvou não por causa das obras de justiça que tivéssemos praticado, mas por sua misericórdia, mediante o batismo de regeneração e renovação do Espírito Santo. Deus o derramou copiosamente sobre nós por Jesus Cristo, nosso Salvador, a fim de que, justificados por sua graça, nos tornemos, segundo a esperança, herdeiros da vida eterna" (Tt 3,4-7).

## 2 A manifestação da divina soberania messiânica de Jesus através do Espírito de Deus

Como legitimação de Jesus ser verdadeiramente o mediador da soberania divina do fim dos tempos, mostra-se a posse específica do Espírito Santo, própria ao messias. A confissão dos discípulos sobre a messianidade de Jesus antes da Páscoa, mas sobretudo a pós-pascal, está ligada intimamente com a experiência de que Jesus está interiormente cheio do Espírito de Deus, a quem Ele chama de Pai, e está com o poder do Espírito Santo para realizar neste mundo o Reino de Deus escatológico. A unidade do conhecimento e da revelação do Pai e do Filho é comunicada pelo Espírito Santo (cf. Lc 10,21s.).

Tendo por base esta união inseparável entre a messianidade de Jesus e sua posse do Espírito, a falta de fé sobre o seu envio e sua missão pelo Pai é algo que contradiz a própria vontade salvífica de Deus e por isso "pecado contra o Espírito Santo" (Mc 3,29). A ação de Jesus pelo Espírito Santo não é outra coisa que uma ação do poder de Deus ou do pleno poder divino (εξουσία). Quando Jesus, pelo dedo de Deus (= força salvífica divina), expulsa os demônios, então o Reino de Deus chegou aos homens (Lc 11,20). Aqui se mostra a ligação inseparável entre a messianidade do mediador escatológico do poder divino e a presença de Deus através de sua ação (Mt 12,28 iguala o dedo ou o poder de Deus com o Espírito de Deus).

Na passagem do *batismo de Jesus* (cf. Mc 1,9-11 e par.; Jo 1,32-34; 2Pd 1,17) torna-se especialmente claro que há uma unidade entre Deus, o Pai, o Filho messiânico de Deus e o Espírito de Deus, que tem sua origem e seu meio na vontade reveladora do Pai.

Dado que a constituição original de Jesus como ser humano é idêntica à sua constituição como filho messiânico de Deus, a relação do homem Jesus com Deus também pode ser a revelação da relação interna na essência divina do Pai, Filho e Espírito Santo (cf. Mt 1,16.18; Lc 1,26-38; 3,23). Que Jesus tenha sido gerado da Virgem Maria em sua natureza humana através da ação incriada de Deus em seu Espírito criador (sem a intermediação de uma segunda causa criada e material) não pode ser interpretado como uma simples ilustração de uma fundamentação diversa dos fatos. Trata-se da constituição da realidade humana de Jesus e sua relação filial como homem a Deus através da ação de Deus, que somente a Ele é própria em seu Espírito Santo. Sobre a unção de Jesus através do Espírito, quer dizer, a introdução de sua realidade humana na relação da Palavra e do Filho com o Pai no Espírito, esta leva consequentemente à culminação da autorrevelação de Deus no destino do Cristo crucificado e pelo Pai glorificado e elevado. A oferta de Jesus na cruz acontece por força do Espírito eterno e divino (Hb 9,14). Jesus é ressuscitado pelo Pai e como homem elevado à direita de Deus e justificado no Espírito Santo (Rm 1,3s.; 8,11; 1Tm 3,16; 1Pd 3,18). Pela ressurreição Ele é legitimado por Deus, o Pai, com o selo do Espírito (Jo 6,27).

O conhecimento já pré-pascal dos discípulos, de que Jesus é, na força do Espírito de Deus, o messias escatológico, foi totalmente destruído pela catástrofe da Sexta-feira da Paixão. Somente pelo fato de o Senhor mesmo elevado ter transmitido aos seus discípulos a partir de Deus o Espírito escatológico é que eles à luz das aparições pascais puderam reconhecê-lo como o Filho autêntico do Pai e mediador da salvação. A síntese cristológica primitiva "Jesus é o Senhor" somente é possível quando é dado o Espírito Santo (1Cor 12,3). Somente quem se deixa conduzir pelo Espírito de Deus pode proclamar que Jesus é o Filho de Deus que veio na carne (cf. 1Jo 4,2).

### 3 O Senhor elevado como mediador do Espírito do Pai e do Filho

Lucas destaca através da narrativa do envio do Espírito na Festa de Pentecostes a relação entre a ressurreição de Jesus e o envio escatológico do Espírito (cf. Lc 24,49: "Eu vos mandarei aquele que meu Pai prometeu. Por isso permanecei na cidade até que sejais revestidos da força do alto", cf. At 2,1-41).

Também na teologia paulina e em João o evento da ressurreição é visto em ligação próxima com o envio do Espírito Santo. O acontecimento pascal mostra-se como o ponto alto histórico da autorrevelação do nome de Deus: Pai, Filho e Espírito Santo (Mt 28,19; 1Jo 4,8-16).

O evento pascal e a fé pascal são uma ação do Espírito vivificador e doador da fé do Pai e do Filho (Rm 1,3; 8,11; Jo 6,63.65; 1Cor 12,3; Mt 16,16; 1Jo 4,2).

O envio do Espírito (Jl 3,1-5) aponta a ressurreição de Jesus como acontecimento escatológico salvífico. Quem recebe o Espírito, entra na comunidade dos vivos com o Senhor ressuscitado. No batismo ele se torna uma *nova criatura* (Gl 6,15; 2Cor 5,17) e recebe do Espírito a *vida eterna* (cf. *batismo como renascimento* da água e do Espírito Santo: Jo 3,5; Tt 3,5). A existência no Santo Pneuma eleva o batizado acima de sua existência carnal, do mundo da lei antiga, e não salva e doa a ele a graça da justificação, que livra de todo egoísmo, pecado e finalmente da morte (Rm 8,9: "Vós, porém, não viveis segundo a carne, mas segundo o Espírito, se o Espírito de Deus habita deveras em vós").

Como porém o amor de Deus foi derramado no coração dos homens através do Espírito Santo (Rm 5,5), podem eles, por força da comunhão com o Cristo ressuscitado e elevado, tomar parte na comunhão de amor do Pai e do Filho no Espírito: "Porque sois filhos, Deus enviou a nossos corações o Espírito de seu Filho que clama: *Abba*, Pai!" (Gl 4,6; cf. Rm 8,15; Jo 15,26; 16,13; 1Jo 4,13).

O Espírito único do Pai e do Filho realiza nos fiéis uma profunda interiorização do acontecimento da salvação. O Espírito da Verdade testemunha que Jesus é o filho de Deus, que veio em "água e sangue" em sua existência histórica como salvação de Deus (1Jo 5,6).

O Espírito realiza também a universalização escatológica do evento salvífico pascal, porque "Deus deseja que todos sejam salvos e cheguem ao conhecimento da verdade" (1Tm 2,4). Ele revela a relevância salvífica universal da ação do Pai em seu Filho Jesus, o mediador histórico da basileia escatológica, que é a soberania do Pai (1Cor 15,24) e a basileia do Filho (Lc 1,33; 22,30; 23,42; 1Cor 15,28; Ef 5,5; Cl 1,13).

A presença atual do Messias elevado e realizado no Espírito Santo (cf. 2Cor 3,16: "O Senhor é o Espírito, e onde está o Espírito do Senhor há liberdade") é determinante para o envio e a ação de sua Igreja. Ela é o sinal sacramental da vinda da soberania divina e, ao mesmo tempo, o instrumento para a sua realização ainda não completada no coração dos homens. O Espírito Santo é, por assim dizer, a "alma da Igreja" (Papa Leão XIII, Encíclica *Divinum illud munus* [1897], DH 3328). Ele é o princípio que movimenta a existência cristã e a esperança na realização escatológica (Rm 8,22-24). Ele realiza também a unidade de todas as missões, serviços, tarefas, bem como de todos os dons pessoais e forças proféticas que são necessárias à construção da Igreja na história. Não existe então uma contradição entre a ação sacramental-ministerial da Igreja e o carisma, pois é o único e mesmo Espírito, o único Senhor e o único e mesmo Deus, o Pai (1Cor 12,4s.), que fundamenta e vivifica *por um lado* os ministérios dos apóstolos, presbíteros, epíscopos, diáconos, pastores e de ensinar (Rm 12,3-8; 1Cor 12,4-31a; At 20,28; Ef 4,11; 1Tm 4,14; 2Tm 1,14) e dá *por outro lado* os muitos e muitos dons e forças milagrosas como a fala profética, o dom de discernir os espíritos e a fala em línguas para "a edificação da Igreja" (1Cor 14,26; Ef 4,12).

### 4 O Espírito Santo, o outro Paráclito (João)

Nos escritos de João encontra-se uma fala igualmente tão rica sobre o Espírito Santo quanto a de Paulo e Lucas. O Espírito Santo aponta Jesus como a palavra e a revelação do Pai (Jo 1,32; 3,34). A mediação plena do Espírito aos discípulos acontece justamente quando Jesus é glorificado pelo Pai por sua morte e sua elevação e é revelado em sua divindade (Jo 7,39). O Senhor ressuscitado envia os seus discípulos da mesma forma que Ele mesmo foi enviado pelo Pai, depois de ter soprado sobre os discípulos como sinal de terem sido dotados com o Espírito Santo: "Recebei o Espírito Santo. A quem perdoardes os pecados serão perdoados" (Jo 20,22-23).

A ação salvífica da Igreja em toda a sua dimensão mostra-se como uma continuidade do envio do Filho, enviado pelo Pai, e pela presença do Espírito Santo na comunidade dos discípulos.

A ação efetiva do Espírito Santo é acentuada de maneira especial no discurso de despedida (Jo 13–17).

O *Espírito da Verdade* mostra-se em sua unidade originária com o Pai e o Filho, enquanto por outro lado a autonomia de sua ação aponta para uma diferenciação pessoal-relacional com o Pai e o Filho.

O *Espírito da Verdade* ou o *outro Paráclito* revela-se em sua relação:

a) *Com o Pai*

O Espírito procede do Pai para o mundo. O Pai envia o Espírito em nome de Jesus e ao seu pedido (Jo 14,16.26). O Espírito toma do que é do Pai e do que é do Filho para os anunciar aos discípulos (Jo 16,14s.).

b) *Com o Filho*

O Paráclito é diferente do Filho. Frente a ele, este é *o outro* Paráclito (Jo 14,16: "Eu pedirei ao Pai, e Ele vos dará outro Paráclito que estará convosco para sempre"). Ele é dado pela oração de Jesus e enviado em seu nome. O Filho glorificado o enviará (Jo 16,7). Ele dá testemunho de Jesus (Jo 15,26; 16,13). Ele se revela aos discípulos depois que Jesus tiver saído do mundo (cf. 1Jo 4,2; 1Cor 12,3).

c) *Com os discípulos*

O Paráclito permanece para sempre com eles e neles (Jo 14,16). Ele os foi dado (como auto-oferta de Deus) ou foi a eles enviado (Jo 14,26; 15,26; 16,7). Ele os recordará de tudo o que o revelador Jesus lhes disse (Jo 14,26). Ele os conduz na plena verdade, ou seja, no reconhecimento pleno da unidade do Pai e do Filho (Jo 16,13). Ele revela aos discípulos o que irá acontecer (Jo 16,13).

d) *Com o mundo*

O "mundo" como conceito da existência humana diversa da divina não conhece o Espírito e também não o quer receber (Jo 14,17; cf. Mc 3,29: o pecado contra o Espírito. O Espírito põe à luz o que é pecado, justiça e juízo: pecado, que é não crer em Jesus; justiça, que Ele vai para o Pai; e juízo, que o poderoso deste mundo será julgado).

### 5 *Páscoa e Pentecostes como origem da fé trinitária*

A fé na trindade de Deus não é resultado de uma especulação racional ou de uma experiência mística. A profissão da Igreja e a fé no Deus trino é muito mais o reflexo da autorrevelação de Deus como Pai de Jesus Cristo, a palavra eterna tornada humana, e como dom do Espírito. Palavra e Espírito não são forças subordinadas e apessoais da única realidade-pessoa de Deus em sua ação histórica. Quando a teologia na reflexão a partir do testemunho bíblico fala de uma própria personalidade e hipóstase de Filho e Espírito, então não se trata de uma multiplicação da experiência original de Deus em sua realidade como pessoa, mas sim do conhecimento de uma *constituição relacional* da única realidade-pessoa de Deus. Segundo o testemunho da Sagrada Escritura o único nome de Deus é: Pai, Filho, Espírito Santo (Mt 28,19). A economia salvífica da revelação de Deus é concomitantemente também comunicação de seu ser interior (Rm 8,15; Gl 4,4-6; 2Cor 13,13; Ef 1,1-14; Jo 14–17; 1Jo 4; Jd 20 e semelhantes.).

É transmitido o conhecimento da ligação intradivina do Pai, Filho e Espírito, e ao mesmo tempo a sua diferença pessoal através da autorrevelação de Deus no homem Jesus de Nazaré. Em sua relação com o Pai, mostra-se a diferença interna de Palavra e Deus, à medida que Deus, o Pai, é origem de sua autocomunicação na Palavra. Na relação de Jesus com o Espírito do Pai também é visível a diferença do Filho com o Espírito e do Espírito com o Pai e o Filho. Na ação de Deus no homem Jesus de Nazaré na ressurreição dos mortos e em sua introdução como mediador do poder escatológico de Deus, Deus se mostrou como o Pai, que enviou seu Filho e seu Espírito ao mundo. Nestes dois envios de Deus revela-se a essência de Deus em sua diferença pessoal-relacional do Pai, Filho e Espírito.

## III. O CONHECIMENTO DA AÇÃO DIVINA, NATUREZA E HIPÓSTASE DO ESPÍRITO SANTO

### 1 *O fundamento bíblico*

A questão sistemática essencial da Pneumatologia refere-se à natureza divina e à hipóstase do Espírito. Disto depende a fé trinitária da Igreja. O Novo Testamento testemunha a unidade do Pai, Filho e Espírito, mas não na perspectiva da doutrina trinitária imanente. O testemunho neotestamentário reflete a reação espontânea da comunidade dos discípulos ao acontecimento da autorrevelação de Deus em sua Palavra encarnada e no seu envio escatológico do Espírito Santo. Não resta nenhuma dúvida sobre a natureza divina do Espírito, do qual se fala em diversas histórias transmitidas do Antigo Testamento. O Espírito é Deus mesmo em ação da realidade-pessoa divina. No Novo Testamento mostra-se, no entanto, um perfil próprio. Fala-se de uma ação divina que é ligada com o nome do Espírito e que se diferencia da ação do Pai e do Filho.

Num levantamento das passagens bíblicas deve-se levar em conta uma diferença entre a ação e conhecimento do Espírito pré-pascal e a sua ação pós-pascal. Após a Páscoa o Espírito de Deus aparece como próprio portador do caráter divino, que o diferencia claramente do Pai e do Filho.

Ao Espírito Santo são atribuídas atividades em palavra e ação, que do ponto de vista da lógica da linguagem só são atribuídas a um portador pessoal próprio. Ele *fala e ordena* (cf. At 10,9; 11,12; 13,2; Ap 14,13; Hb 3,7), Ele *clama* em nós: *Abba* (Gl 4,6; Rm 8,15), Ele *ajuda* (Fl 1,19), Ele *mora* no ser humano (Rm 5,5; 8,11; 1Cor 6,19), Ele *aparece intercedendo* pelos santos (Rm 8,27), Ele *inspira* cânticos (Ef 5,19; Cl 3,17), Ele *enche* os fiéis com sua presença (Ef 5,18), Ele os *ilumina* (1Ts 5,19; Mt 22,43), Ele *revela* (Ef 3,5), Ele *alerta* contra doutrinas errôneas (1Tm 4,1), Ele *provém* bispos (At 20,28). É inclusive possível que se tente enganá-lo (At 5,9) ou blasfemá-lo (Mc 3,29).

Não se trata aqui do uso de um recurso literário da personificação ou hipostasiação, como por exemplo em um homem pensamentos e sentimentos podem aparecer numa conversa interior como se fossem parceiros de diálogo.

Na fórmula do batismo transmitida por Mateus aparece clara a unidade da única autorrevelação de Deus e sua ação salvífica. O dom total da salvação no batismo procede da ação de Deus, o Pai, e é dado por Ele próprio através e a partir do Filho e do Espírito (Mt 28,19). A salvação pode vir somente de Deus. Portanto, Filho e Espírito não são criaturas.

No batismo testemunhado nos Atos dos Apóstolos em nome de Jesus não se pode perceber em termos de conteúdo nenhuma diferença para o batismo em nome do Pai, do Filho e do Espírito. Pois o nome de Jesus é o conceito da salvação de Deus, que pela ressurreição de Jesus se mostrou como o Pai do Filho e incumbiu o Filho de derramar o Espírito Santo prometido (Lc 24,49; At 2,33).

Uma prova clara da ação autônoma do Espírito é dada por Paulo. Ele fala de um e o mesmo Pneuma, de um e o mesmo Kyrios e um Deus, que realiza todas as coisas em todos (1Cor 12,4-6).

Nas múltiplas ações e dons do Espírito na comunhão da Igreja, é o único e mesmo Espírito que em tudo age e a cada um distribui, como quer (1Cor 12,11). O Espírito penetra o profundo da divindade e é Deus em relação diversa com Pai e Filho. João confirma a independência pessoal do Espírito na unidade da ação divina com o Pai e o Filho. Diante de Jesus, o Espírito é o *outro* Paráclito. Sua ação é claramente distinta da ação do Filho. Pois "quando vier o Espírito da Verdade, Ele vos guiará em toda a verdade" (Jo 16,13: το πνευμα της αληθειας ; Jo 14,16.26; 15,26; 16,7).

No discurso sobre a diferença hipostática do Filho e do Espírito para com Deus, o Pai, deve-se pensar que aqui a unicidade e unidade de Deus não é rejeitada. Já no Antigo Testamento, Deus não é experienciado de forma unitário-monopessoal, mas reconhecido a partir de sua relacionalidade para com o mundo. Por isso é uma última radicalização do monoteísmo, quando Deus se dá a conhecer a si mesmo através da ação revelatória na qual seu ser mostra-se constituído internamente em relacionalidade. Justamente para isto é que está à disposição dos testemunhos neotestamentários a nomeação pessoal *Pai, Filho* e *Espírito Santo*.

## 2 A temática da hipóstase do Espírito em Orígenes

O desenvolvimento da Pneumatologia está intimamente ligado com as discussões da teologia trinitária e cristológica dos primeiros séculos.

Os apologetas não desenvolvem praticamente nenhuma Pneumatologia. Aqui e ali se faz uma diferenciação não muito clara entre Logos e Pneuma. O subordinacionismo fundamentado na história salvífica de muitos teólogos pré-nicenos dificulta uma reflexão mais apurada sobre a substancialidade do Filho e do Espírito com o Pai.

Aliás, na maioria das formulações de profissões de fé, na fórmula trinitária do batismo e na prática de orações dos cristãos, se pressupõe a unidade de essência do Pai, Filho e Espírito. Se está consciente da problemática da doutrina cristã sobre Deus, que não se pode pensar a comunidade de Pai, Filho e Espírito e sua diferenciação fora da unidade, mas que deve justamente ser pensada como uma unidade constituída em relação (cf. *Athenagoras*, leg. 12).

Seguindo a profissão de fé da Igreja e a tradição apostólica, para Irineu a fé na Trindade de Deus mostra-se como o alfa e o ômega de todo o cristianismo. Os três pontos principais da fé cristã são a fé em Deus, o Pai, em Jesus Cristo, o Filho, e o terceiro a fé no Espírito Santo, "que na plenitude dos tempos será novamente derramado sobre a humanidade, para criar o ser humano de novo para Deus" (*Irineu*, epid. 6).

O primeiro, porém, a abordar a temática da hipóstase própria do Espírito é *Orígenes*. Os diversos testemunhos da Sagrada Escritura ensinam claramente que o Espírito é distinto do Pai e do Filho. O Espírito é "partícipe da glória e dignidade do Pai e do Filho" (princ. I praef. 4). A Ele parece, porém, difícil uma diferenciação clara entre a procedência do Filho e do Espírito do Pai. Uma diferença consistiria em que o Filho procede do Pai e que na procedência do Espírito esta se dá do Pai pela mediação do Filho (comm. In Io X, 39). Pai, Filho e Espírito formam a unidade de Deus no trio divino. Eles se diferenciam em ser um o Deus da criação. Filho e Espírito seriam assim incriados e de essência divina. Estes três nomes santos do único Deus indicam de forma diferente a base divina da criação e a ação na história salvífica. A diferença intratrinitária e a autonomia hipostática do Pai, Filho e Espírito são reconhecidas na clara diferenciação mútua do campo de ação. O *Pai* seria o *criador* de todas as criaturas, o *Logos dá a razão* e o *Espírito Santo agracia* (= santifica) os santos. A recepção do Espírito Santo leva ao pleno conhecimento de Jesus Cristo como o Filho. Ele possibilita a nova semelhança de Deus e a comunhão com Deus, o Pai (princ. I, 3,8).

Mesmo com toda a insegurança existente nas formulações individuais, uma coisa é certa: que o Espírito não é criatura, mas pertence totalmente a Deus em diferença de relacionalidade com o Pai e o Filho. E não por último mostra-se a divindade do Espírito por motivos soteriológicos como parte essencial da fé cristã. Ninguém recebe a graça do renascimento do batismo e da divinização "se a trindade não estiver completa"; e é impossível "ter parte com o Pai e com o Filho sem o Espírito Santo. Nesta questão é essencial separar a ação especial do Espírito Santo, da do Pai e da do Filho" (ebd. I,3,5). E logo adiante continua Orígenes: "Não se pode de forma alguma nomear algo maior ou menor na Trindade, pois a fonte única da divindade inclui tudo com seu Logos, mas com o 'Espírito de sua boca' santifica tudo o que for digno de santidade" (ebd. I,3,7).

### 3 A rejeição dos pneumatômacos

Com a rejeição do Sabelianismo, implicitamente se proclamou a hipóstase do Espírito. Nem Pai, Filho e Espírito seriam três deuses, nem três formas de aparecimento de uma natureza divina pensada de forma unitária (cf. Carta de Dionísio de Alexandria ca. 260: DH 112-115; Sínodo de Sirmio e de Ankyra 358: PG 42, 1408). A negação da divindade do Espírito fora uma consequência da negação da divindade do Logos. Os arianos radicais ensinavam consequentemente também que o Espírito era criatura (Eustáquio de Sebaste, Eunômio, Elêusio de Cízico, Maratônio.). Os negadores do Espírito ou pneumatômacos provinham desde Dídimo, o cego, a Macedônio de Constantinopla e por isso chamados de *Macedonianos* (De trinit. II,10: PG 39,633).

Os mais importantes oponentes foram *Atanásio* (quadro cartas a Serapião de Thmuis, 358-362), os capadócios: *Basílio de Cesareia*, "Sobre o Espírito Santo", *Gregório de Nazianzo*, Discursos Teológicos (especialmente Discurso: 31, or. 12,6) e *Dídimo, o Cego*, "Sobre o Espírito Santo".

Basílio invoca expressamente a fórmula trinitária do batismo. Por isso não pode falar de uma subordinação de essência em Deus e se deve excluir a ideia de Filho ou Espírito serem criaturas. Ao lado da fórmula tradicional de oração "Glória ao Pai, através do Filho no Espírito Santo" (cf. Gl 4,4-6), Basílio coloca como igualmente válida a formulação "Glória ao Pai, com o Filho e com o Espírito Santo (spir. I,3: FC 12,79). Ele evita, porém, usar o conceito *Homoousie* em relação ao Espírito Santo, conceito este com o qual o Concílio de Niceia tinha descrito a igualdade de essência do Logos com o Pai. Da comunidade eclesial ele exige somente que o Espírito Santo não seja designado como criatura. A natureza divina e a propriedade do Espírito como portador da vida divina expressam-se sobretudo pelos predicados divinos. A intenção principal dos pais da Igreja nesta discussão era, no entanto, não fazer uma especulação trinitária que se bastasse a si mesma. A referência aqui era também, como já na Cristologia, a questão soteriológica.

O pensamento básico é: *Se o Espírito Santo, que nos foi derramado no coração (Rm 5,5), não é Deus mesmo, mas sim essencialmente uma força ou uma ação dele distinta ou criada, então não podemos nós ser verdadeiramente divinizados.*

Nós teríamos apenas um dom distinto criado por Deus, mas não a vida de Deus em nós e não estaríamos assim verdadeiramente em comunhão de vida com Ele. Não teria sido Deus mesmo que se comunicou, mas uma criatura que teria realizado a comunicação com Deus. Forças criadas como formas de mediação estariam, pois, entre Deus e o ser humano. O contato direto do humano com Deus estaria assim suspenso. Na verdade, somente na relação do humano com Deus que se comunica *a si mesmo* é que o humano – quando ele, agraciado pela humanidade de Jesus, encontra o Filho e o Espírito – pode ver Deus face a face e chamá-lo diretamente de seu Pai. Assim diz *Atanásio*:

> O Espírito é assim diferente das criaturas; está demonstrado que Ele é mais apropriado ao Filho e que não é estranho a Deus... Nele o Logos glorifica a criação, à medida que Ele a conduz ao Pai através da divinização e acolhimento na condição de filha. Mas o que liga a criação ao Logos não pode pertencer em nível de criatura; e aquele, que torna a criação filha, não pode ser estranho ao Filho, pois do contrário ter-se-ia que procurar um outro espírito, para que o primeiro ligasse o último ao Logos... O Espírito não pertence, pois, à criatura, mas sim é apropriado à divindade do Pai, e através dele o Logos também divinifica as criaturas. Aquele, porém, através do qual a criação é divinizada, não pode Ele mesmo estar fora da divindade do Pai [...]. Quem suprime algo da Trindade ou batiza simplesmente em nome do Pai, ou simplesmente em nome do Filho, ou do Pai e do Filho, mas sem o Espírito, este não recebe nada, bem como aquele que parecia estar concedendo, e sai vazio e permanece incompleto, pois a completude repousa na Trindade. Da mesma forma aquele que separa o Filho do Pai ou que rebaixa o Espírito a criatura, não tem nem o Filho, nem o Pai, mas é um sem-deus, pior que um infiel, e pode ser tudo, menos um cristão (ep. Serap. I, 25,30).

## 4 A finalização da formulação dogmática na Pneumatologia

O *Sínodo de Alexandria* (362) exige daqueles que estão sobre a base de Niceia, que também "condenem aqueles que afirmam ser o Espírito Santo criatura (χτισμα) e uma parte da substância de Cristo, pois primeiramente isto significa distanciar-se do partido dos sem-deus dos arianos, pois a Santíssima Trindade não é divisa e não se pode afirmar que nela há algo de criatura" (GÖK I, 299).

Também o bispo romano Dâmaso I ensinou a *homoousie* do Espírito (DH 144-147; 152-177; 178).

O *Sínodo de Constantinopla* (381), que mais tarde foi reconhecido como ecumênico pelo Concílio de Calcedônia, afirma na profissão de fé "niceno-constantinopolitana" claramente a divindade (não criado) e a hipóstase do Espírito. A palavra específica *homoousie* não é, no entanto, utilizada, mas os predicados atribuídos ao Espírito Santo apontam claramente sua divindade e unidade de substância com o Pai e com o Filho. O Espírito Santo recebe os predicados divinos *senhor e vivificador* (πιστευομεν ... και εις το πνευμα το αγιον, το κυριον και ζωοποιον). Ele procede do Pai. Ele é com o Pai e o Filho adorado e glorificado. Ele falou pelos profetas. Ele é assim em si mesmo Deus que se comunica na revelação.

Também o *Sínodo de Roma* (382) expressa claramente em seu 16º anátema: "Quem não disser que o Espírito Santo é de substância divina e Deus verdadeiro, da mesma forma como o Filho e no mesmo sentido do Pai, este é um herege" (DH 168). No 18º anátema consta: "Quem disser que o Espírito Santo é uma criatura ou que foi feito pelo Filho, este é um herege" (DH 170). A fé na Trindade de Deus mostra-se de novo não o resultado de uma especulação teológica. Ele é do ponto de vista soteriológico a condição e o conteúdo da "salvação dos cristãos" (DH 177; cf. também os documentos do Magistério, mais tarde, que se distanciam claramente da ideia de ser o Espírito Santo criatura: Papa Leão I, ep. 15: DH 284; Symbolum "Quicumque" DH 75s.; Profissão de Fé do 11º Toletanums 675: DH 269).

A carta sinodal de Constantinopla aos bispos do Ocidente em 382 traz um bom resumo da formação dogmática até então no que concerne à questão trinitária, cristológica e pneumatológica:

> A fé de Niceia "precisa ser suficiente a vós e a nós todos, que não queremos transviar da palavra da verdadeira fé, dado que ela é muito antiga e corresponde à fórmula batismal e nos ensina a crer no nome do Pai, do Filho e do Espírito Santo, de modo que se acredite na única divindade, poder e essência do Pai e do Filho e do Espírito Santo, bem como na mesma glória e dignidade e no sempiterno poder em três hipóstases perfeitas ou três pessoas completas, de tal forma que não encontre lugar nem a doença de Sabélio, segundo o qual as hipóstases estariam misturadas e com isso estaria eliminado o que é próprio de cada pessoa, nem ganhe força a doutrina blasfema dos eunomianos, arianos ou pneumatômacos, segundo os quais a essência ou a natureza ou a divindade estaria dividida e à Trindade incriada, de igual substância e igualmente eterna, seria acrescida uma espécie de natureza tardiamente nascida, criada ou de substância diversa" (tzt/Dogmatik 7.2,31).

## IV. VISÃO SISTEMÁTICA

Ainda não houve a formação de coordenadas que tenham recepção comum em forma de síntese no comparativamente recente tratado dogmático da Pneumatologia. Um princípio sistemático não deveria ser buscado, porém, na doutrina trinitária imanente. Esta toca na questão básica, se o Espírito Santo deveria ser considerado mais no sentido da tradição ocidental na comunhão de Pai e Filho, ou seja, Ele é o "nós", ou se deveria ser considerado mais fortemente na tradição oriental que acentua a procedência do Espírito do Pai e seu envio para a salvação e divinização do ser humano (cf. a este respeito a controvérsia do *filioque*, cap. 7,III,11).

Como ponto de partida se oferece aqui a experiência da Igreja primitiva da revelação histórico-salvífica de Deus tanto na encarnação da Palavra como o derramamento escatológico do "Espírito do Pai e do Filho".

Páscoa e Pentecostes são os lugares primeiros do conhecimento da divindade e da hipóstase do Espírito Santo. Isto não significa que o Espírito de Deus não tenha agido anteriormente ou se testemunhado, como por exemplo na criação, na comunicação da presença de Deus no mundo e em pessoas individualmente, bem como sua ação em figuras mediadoras do povo de Deus, de profetas, reis e sacerdotes.

Como a PALAVRA eterna já estava soteriologicamente ativa antes da encarnação e se revelou escatologicamente na humanização de Deus em Jesus Cristo, assim também o Espírito de Deus é reconhecido como um portador diferente da essência divina comum do Pai e do Filho através do derramamento escatológico no acontecimento da páscoa e de pentecostes.

O Espírito Santo é dom, no qual Deus se presenteia como é: o amor do Pai, do Filho e do Espírito (Rm 5,5; 1Jo 4,8-16 e outras). O Espírito Santo revela seu nome em sua ação: Ele é *koinonia* (comunidade) e oferece a cada ser humano a comunhão íntima com Deus na participação e na correalização da relação divina de Pai, Filho e Espírito. A koinonia se concretiza sacramentalmente na vida da comunidade dos discípulos (1Jo 1,1-3). Destarte o Espírito Santo é com razão designado como "alma" do corpo de Cristo, que é a Igreja.

Em seu ápice, a Pneumatologia encontra a doutrina da graça. A graça é o conceito essencial da doação sem reservas de Deus ao ser humano. Pela graça, Deus penetra no mais íntimo do humano, em seu coração – o ser humano agraciado torna-se "templo do Espírito Santo" –, e une-se a ele na mais íntima comunidade de *amor*.

Uma Pneumatologia sistemática não deveria, pois, basear-se em resultados individuais da história dogmática, nem nas concepções especulativas específicas da doutrina trinitária.

O ponto de partida é Deus, o Pai, a origem sem origem de Deus e iniciador da criação, da história da salvação e da realização final do ser humano e do mundo.

Ele compartilha eternamente sua vida divina com o Filho e com o Espírito.

Ele deseja, no entanto, também compartilhar-se com suas criaturas no envio do Filho e do Espírito ao mundo.

Na ressurreição de Jesus dos mortos é confirmado o envio do Filho e revelada a filiação eterna da PALAVRA.

No entanto, a revelação da relação intradivina do Pai e do Filho e a ação do poder de Deus no Jesus crucificado não podem ser reconhecidas sem a revelação do Espírito Santo.

O Espírito de Deus intermedeia a relação filial do homem Jesus com o Pai, bem como é intradivinamente a unidade do Pai e do Filho. Jesus é tido como o Filho de Deus, porque Ele, como a criança que surge no corpo de Maria, é resultado da ação do Espírito Santo (Mt 1,18; Lc 1,35). No início da atividade pública de Jesus, no batismo no Jordão, o Espírito vem sobre Jesus, e nisto Deus se deixa reconhecer como o Pai de seu Filho Jesus (Mc 1,9-11). Justamente também na ressurreição, onde a *communio* do Pai e do Filho feito homem se mostra na história salvífica, é o Espírito Santo o mediador desta unidade. À medida que o Espírito completa o envio do Filho, Ele realiza a completude da economia da salvação da filiação de Cristo em relação ao Pai. Uma fórmula pré-paulina do anúncio do Evangelho de Deus e de seu Filho Jesus Cristo assim afirma: "Constituído Filho de Deus, poderoso segundo o Espírito santificador a partir da ressurreição dos mortos, Jesus Cristo Nosso Senhor" (Rm 1,4). Em princípio, o Espírito de Deus é tido como vivificador (cf. 2Cor 3,6; Gl 6,8). Em especial é Ele que introduz Jesus através da ressurreição na condição de Kyrios elevado e glorificado da comunidade, bem como é também Ele que nos conduz à ressurreição, ou seja, à condição de filhos de Deus:

> "E, se o Espírito daquele que ressuscitou Jesus dos mortos habita em vós, quem ressuscitou Jesus Cristo dos mortos também dará vida a vossos corpos mortais pelo seu Espírito que habita em vós" (Rm 8,11).

Ele revela o Senhor ressuscitado como o Filho de Deus, que depois de sua humilhação foi conhecido eternamente na glória como Senhor e Messias (cf. Fl 2,9-11; At 2,33.36; 13,33; Rm 14,9; Hb 1,1-5).

Resumindo, entendemos os acontecimentos da cruz, ressurreição e envio do Espírito como a realização histórico-salvífica da autocomunicação do Deus trino. Trata-se da realização econômica em vida do ser eterno de Deus como autodoação amorosa do Pai e da resposta grata e obediente do Filho ao Pai no amor; trata-se de seu amor unificador que sempre de novo e infinitamente se confirma no Espírito Santo.

O Espírito é o Espírito de Deus, que procede do Pai (Jo 15,26). Ele é também o Espírito do Senhor Jesus Cristo (1Cor 2,16; 2Cor 3,17; Fl 1,19), o Espírito do Filho (Gl 4,6), e está em ligação imediata com sua ação revelatória comum. Na ação revelatória do Filho desvenda-se a ação do Espírito como seu meio. A sequência não pode ser invertida. A ação do Espírito é diversa da ação do Filho, mas não dela separável (de tal forma que Cristologia e Pneumatologia se possibilitam mutuamente). Mais que isto, a ação do Espírito conduz os fiéis ao Filho e através do Filho à comunhão de Pai e Filho: "Eu pedirei ao Pai e Ele vos dará outro Paráclito, que estará convosco para sempre. Ele é o Espírito da Verdade" (Jo 14,16s.), e como tal Ele é o Espírito do amor do Pai e do Filho. Ele conduz à comunidade do Pai e Filho. Então Pai e Filho virão aos que creem e amam e neles fazer morada (Jo 14,23). "Mas o Paráclito, o Espírito Santo que o Pai enviará em meu nome, Ele vos ensinará tudo e vos trará à memória tudo quanto eu vos disse" (Jo 14,26). Este Paráclito, que será enviado pelo Filho e que procede do Pai, dará testemunho do Filho (Jo 15,26). Ele não elimina, pois, nem o teocentrismo de Jesus, nem o cristocentrismo do Pai. Ele os confirma e revela. O mistério da sabedoria divina e seu plano salvífico nos é desvelado somente através do Espírito de Deus. Pois isto só o Espírito nos pode desvelar, dado que somente Ele perscruta as profundezas de Deus (1Cor 2,10). Este Espírito que provém de Deus e é Deus (cf. Jo 4,24), é dado por Deus, para que Pai e Filho sejam reconhecidos (1Cor 2,12). Assim o Espírito Santo é Deus mesmo, que no fim dos tempos será derramado sobremedida em toda a carne (At 2,33). Ele é o dom escatológico divino de salvação (At 2,38), que o Filho nos dá abundantemente (Jo 3,34), o amor do Pai e do Filho. Ele sacia nosso profundo desejo de vida eterna. Por Ele e nele somos assumidos na comunidade do Pai e do Filho: *"E a esperança não engana, pois o amor de Deus se derramou em nossos corações pelo Espírito Santo, que nos foi dado"* (Rm 5,5); "Aquele que nos mantém firmes convosco em Cristo e que nos deu a unção, é Deus. Foi Ele também que nos marcou com seu selo e colocou em nossos corações, como um primeiro sinal, o Espírito" (2Cor 1,21s.; Ef 1,13). Assim acontece no Espírito Santo um novo nascimento e a renovação em Cristo (Jo 3,5; Tt 3,5; Hb 6,6). Este Espírito, o Pai derramou sobre nós em generosa medida através de Jesus Cristo, nosso salvador, para que nós sejamos justificados por sua graça e possamos herdar a vida eterna que esperamos (Tt 3,6).

A profunda existência cristã no Espírito Santo é, porém, o amor de Deus. Dele se diz: "Nisso conhecemos o Amor: que Ele deu sua vida por nós" (1Jo 3,16). Então reconhecemos Cristo como o Filho do Pai, quando guardando os seus mandamentos fazemos nossa a sua existência doada. E assim permanecemos em Deus e Deus permanece em nós através do Espírito, que nos foi dado (1Jo 3,24).

Isto leva a uma unidade mútua insuperável de Deus e humano:

"Sabemos que estamos nele e Ele em nós, porque Ele nos deu o seu Espírito. Nós vimos e testemunhamos que o Pai enviou o seu Filho como Salvador do mundo. Todo aquele que proclama que Jesus é o Filho de Deus, Deus permanece nele e Ele em Deus... Deus é amor, e quem permanece no amor permanece em Deus, e Deus nele" (1Jo 4,13-16).

No Novo Testamento há uma fórmula de profissão de fé resumida, na qual aparece a ação salvífica trina do Pai, do Filho e do Espírito:

"Há diversidade de dons, mas o Espírito é o *mesmo*.
Há diversidade de ministérios, mas o Senhor é o *mesmo*.
Há diferentes atividades, mas é o *mesmo* Deus que realiza todas as coisas em todos [...]" (1Cor 12,4s.).

Também na fórmula de bênção a seguir se resume toda a ação salvadora:

"A graça do Senhor Jesus Cristo, o amor de Deus e a comunhão do Espírito Santo estejam com todos vós" (2Cor 13,13).

O dom salvífico escatológico é transmitido especialmente nos sacramentos do Batismo, Crisma, Eucaristia, bem como na realização da vida carismática e sacramental da Igreja (cf. 1Cor 12,4). A missão salvífica da Igreja de Deus é em sua totalidade marcada pelo Filho e pelo Espírito (At 20,28):

> "Ide, pois, fazei discípulos meus todos os povos, batizando-os em nome do Pai e do Filho e do Espírito Santo, ensinando-os a observar tudo quanto vos mandei. Eis que eu estou convosco, todos os dias, até o fim do mundo" (Mt 28,19s.).

A Igreja é como casa de Deus, a Igreja do Pai; como corpo de Cristo a Igreja do Filho; como criatura do Espírito, templo e Igreja do Espírito Santo.

O Filho transmite aos discípulos o seu envio. Ele os dota com o Espírito Santo, para que a Igreja perdoando os pecados opere a salvação de Jesus Cristo:

> "'Como o Pai me enviou, assim também eu vos envio'. Após estas palavras, soprou sobre eles e disse: 'Recebei o Espírito Santo. A quem perdoardes os pecados serão perdoados. A quem não perdoardes os pecados não serão perdoados'" (Jo 20,21-23).

Resumindo, pode-se dizer ao final com a profissão de fé niceno-constantinopolitana:

*O Espírito Santo é Senhor e doador da vida divina. Ele é Senhor porque é Deus em diferença de pessoa com o Pai e o Filho e em koinonia divina com eles. Ele se mostra em sua ação salvadora especialmente como dom da vida e como o doador da vida divina, que nos foi dada escatológica e historicamente em Jesus Cristo, o Filho do Pai, e que permanece ativo na Igreja até a volta de Cristo. O Espírito conduz a Igreja de Cristo, o Cordeiro de Deus, em sua comunidade nupcial com Deus, ao Pai (Ap 22,17).*

# SÉTIMO CAPÍTULO

# A AUTORREVELAÇÃO DE DEUS COMO AMOR DO PAI, DO FILHO E DO ESPÍRITO SANTO (DOUTRINA DA TRINDADE)

## I. TEMAS E HORIZONTES DA TEOLOGIA TRINITÁRIA

### 1 Definição e significação do tratado da Trindade na dogmática

*A teologia trinitária tem como tema a autoabertura histórico-salvífica ("Trindade econômica") do Deus único, Pai, Filho (Palavra) e Espírito Santo ("Trindade imanente"). O Deus trino é o objeto imediato da fé cristã.*

Assim como a confissão de fé apresenta uma estrutura trinitária, também o ato da fé cristã está internamente estruturado de forma trinitária (*actus ab obiecto specificatur*). Por causa do envio do Espírito Santo ao coração do ser humano (Rm 5,5) e em virtude da participação na relação filial de Jesus com o Pai (Rm 8,15.29; Gl 4,4-6), a existência cristã na graça é correalização concedida das relações entre o Pai, o Filho e o Espírito Santo (Tema: a habitação da Trindade no coração do ser humano, a filiação divina, o ser humano e a Igreja como templos do Espírito Santo).

A teologia cristã está completamente determinada, temática e estruturalmente, pela fé na Trindade divina. Daí decorre também a posição central e centralizadora da doutrina da Trindade na estrutura da teologia dogmática.

O conhecimento da vida trinitária de Deus não resulta de uma especulação abstrata no marco de uma teologia filosófica, mas surge da escuta imediata da autorrevelação histórico-salvífica de Deus. Por isso, a doutrina da Trindade se situa *no centro da dogmática*, logo depois dos tratados da autorrevelação de Deus como Pai, da revelação do Filho na cristologia e da missão do Espírito Santo na pneumatologia, como suma e síntese da autocomunicação de Deus. A partir deste ponto alto, segue-se logicamente então a vida do cristão, tanto no nível individual como no comunitário, que caminha para a consumação final. A doutrina da Trindade estrutura também os tratados que se ocupam com a aceitação humana da revelação (mariologia, escatologia, eclesiologia, sacramentologia e doutrina da graça).

Uma vez que a Trindade não é um acréscimo externo a uma fé geral em Deus, mas a revelação da essência mais íntima de Deus, deve ser considerada insatisfatória a divisão da doutrina sobre Deus em dois tratados, um sobre o Deus uno e outro sobre o Deus trino (*De Deo uno et trino*), como era habitual na Escolástica barroca e na Neoescolástica. Tampouco é convincente a classificação, comum nos manuais evangélicos protestantes, em uma doutrina de Deus geral e outra especial.

Na esteira da metafísica deísta e da religião natural do Iluminismo, o discurso a respeito da unidade e da unicidade de Deus é arrastado pela corrente de uma teologia filosófica geral. A existência de Deus e a unidade do absoluto pareciam ser dedutíveis a partir da estrutura geral da razão e, com algumas variações nos detalhes, demonstráveis em todas as religiões, especialmente no judaísmo e no islã. A Trindade, por outro lado, parece ser uma definição adicional especificamente cristã, que deveria ser deduzida, de maneira puramente positivista, a partir da revelação sobrenatural e que, pelo visto, estava em contradição com a ideia de Deus desenvolvida a partir da razão natural. O Deus da razão natural era uma personalidade (concebida em termos objetivados próprios da metafísica da substância) situada para além do mundo, a qual, em analogia com a pessoa humana, possui seu centro de ação em conformidade com sua consciência e sua vontade. A essa pessoa foram atribuídos todos os predicados próprios de uma pessoa criada, só que numa dimensão ilimitada. Sem qualquer relação com esta concepção, no nível da revelação sobrenatural se encontrava o mistério da unidade de três pessoas em Deus. Partindo destas premissas, a teologia trinitária se esgotou na questão especulativa de saber como a personalidade-una de Deus da teologia natural poderia ser mediada com a personalidade-trina do Deus da revelação. Já esta maneira de colocar o problema indica até que ponto a teologia trinitária havia perdido o contato com a autorrevelação histórica de Deus. Ela ficou sob a suspeita de se dedicar a abstratos mistérios conceituais que, a exemplo dos elementos das "matemáticas superiores" (p. ex., a questão da validade de 1 = 3), eram inacessíveis aos crentes simples.

Uma teologia orientada nas suas fontes devia superar tanto a bipartição do tratado sobre Deus com a concepção de que a Trindade seria apenas um elemento adicional cristão, que não determina essencialmente a relação pessoal dos cristãos com Deus na fé, no amor e na oração, e que, no final das contas, carece de importância para o desenvolvimento dos tratados dogmáticos individuais.

A doutrina da unidade de Deus resulta da autorrevelação de Deus como criador, redentor e reconciliador dos seres humanos, da sua oferta de aliança a Israel e de sua autoabertura como Pai de Jesus Cristo. Desse modo, por meio da identificação de Deus com o Pai de Jesus Cristo, o conceito de Deus se caracteriza tanto pela unidade da divindade como pela relacionalidade constitutiva da sua essência. A relacionalidade interna de Deus na sua Palavra e no seu Espírito se revela na sua relação histórica com o ser humano Jesus e na identificação, implícita naquela relação, da Palavra divina com este ser humano (a encarnação de Deus, a união hipostática). Na relação com Jesus, Deus se revela como Pai. No princípio da vida pública de Jesus, no batismo, na transfiguração, na cruz, na ressurreição, na ascensão e na missão do Espírito, Deus dá a conhecer sua essência íntima: Pai, Filho e Espírito se revelam como os titulares, em mútua referência, da realidade divina única. Portanto, a Trindade de Deus não é deduzida de maneira especulativa a partir de um conceito abstrato nem apresentada ao ser humano de maneira positivista como uma mera comunicação exterior em que "simplesmente se deve crer". A fé na Trindade de Deus é, antes, o conhecimento reflexivo da autoabertura histórica de Deus em Jesus de Nazaré, em sua palavra e em sua essência, que se revela pela mediação da encarnação e da missão escatológica do Espírito.

Assim, é válido afirmar: *A Trindade econômica (histórico-salvífica) é o fundamento do conhecimento da Trindade imanente (intradivina). A Trindade imanente é o fundamento do ser da Trindade econômica.*

## 2 O problema sistemático da teologia trinitária

A teologia trinitária não é uma especulação abstrata sobre a essência de Deus ou uma simples reflexão sobre a identidade e a diferença no absoluto. A formulação linguística primária no testemunho bíblico e a exposição conceitual reflexa no Dogma da Trindade estão determinadas pela experiência histórico-concreta da autorrevelação do Deus trino. A experiência da fé antecede, cronológica e objetivamente, a conceitualização da fé. O ser humano não pode prescrever a Deus, por meio de categorias e conceitos preestabelecidos, as condições de sua realidade e de sua autoabertura histórica.

O problema fundamental da doutrina da Trindade não consiste em alcançar um equilíbrio teórico entre um monoteísmo filosófico e religioso, por um lado, e uma experiência pluralista do divino, por outro lado, que se manifestaria numa multiplicidade de "deuses" pessoais. Uma vez que Deus não se encontra com o ser humano somente na perspectiva da causalidade do mundo nem como garante da lei moral, mas que se comunica a ele pessoalmente, a autocomunicação de Deus Pai, Filho e Espírito Santo é também o chamado à comunhão com Ele, que é em si mesmo o amor.

## 3 A originalidade da doutrina trinitária cristã

A fé na Trindade não se diferencia só gradual ou acidentalmente, mas essencial e originalmente, tanto das mitologias politeístas como das especulações cosmológicas, matemáticas e filosóficas sobre Deus como lei estrutural do mundo. A origem histórico-salvífica e não especulativa da fé trinitária cristã indica também que ela não é o resultado de uma composição externa de elementos heterogêneos, como unidade e multiplicidade (no que seria tomada a unidade do monoteísmo e a multiplicidade do politeísmo). A fé cristã na Trindade não abandona o âmbito da visão, alcançada no Antigo Testamento, da unidade e da unicidade de Deus (Dt 6,4), mas se entende como a realização radical do monoteísmo, revelada pelo próprio Deus. O Pai, o Filho e o Espírito não são diferentes indivíduos de uma espécie geral da natureza divina, mas titulares da natureza divina única e indivisível. O que une a judeus e cristãos é a fé na unicidade de Javé, que os cristãos reconhecem como o Pai na posse ingênita da divindade. O que os separa é a confissão cristã da comunicação plena da essência de Deus ao Filho Jesus Cristo e ao Espírito, uma comunicação que não multiplica a essência de Deus, mas que caracteriza a realização relacional do Deus uno e único.

Não se pode traçar uma linha de conexão nem histórica nem sistemática entre a doutrina da Trindade cristã e o politeísmo. As semelhanças e paralelos algumas vezes apontados pela investigação da história das religiões se baseiam em enlaces associativos e numa falsa compreensão do dogma trinitário cristão. A justaposição de tríades de divindades (ou de outros grupos numéricos) das religiões míticas não tem nada a ver com a teologia trinitária cristã, uma vez que nelas nunca se suplanta o marco do politeísmo. E menos ainda as tríades cósmicas do céu, da água e da terra, ou seja, Anu, Elil, Ea e as tríades siderais do sol, da lua e das estrelas, ou as triunidades míticas do hinduísmo: Brahma, Vishnu, Shiva; ou a tríade imperial politicamente fundamentada de Amun, Re e Ptah, deuses do Egito faraônico; ou a tríade de homem, mulher e filho: por exemplo, Osíris, Ísis, Hórus. Tampouco se deve atribuir a teologia da Trindade às cosmologias filosóficas do platonismo e do aristotelismo, em que se admitem três princípios que se condicionam mutuamente (como entelequia, essência e força) (cf. tb. as concepções teosóficas de um ciclo vital de geração, maturação, morte e novo despertar da natureza ou o esquema da fertilidade de pai, mãe e filho). Também as ideias de Plotino (Enn. 6,9) sobre o totalmente Uno (*Hen*), que só pode se comunicar ao mundo por meio das duas hipóstases distintas dele do *nous* e da *psyche*, se encontram num nível completamente diferente da problemática teológica da Trindade. Elas nascem da pergunta pela relação entre unidade e multiplicidade e não têm nada a ver com a autocomunicação histórico-salvífica de Deus e com a referência interna do Pai, do Filho e do Espírito na natureza única e comum de Deus.

Visto que o Pai, o Filho e o Espírito designam o Deus único em sua realidade pessoal, a doutrina da Trindade não lida com especulações numéricas (como, p. ex., a relação entre o número 1 e o número 3; cf. pitagorismo). Os números são princípios de medida, mas não "pessoas". A doutrina da Trindade não contém problemas matemáticos e tampouco pode ser desenvolvida por meio de operações mentais lógico-matemáticas.

### 4 A Trindade no credo e na liturgia

O Novo Testamento, a confissão de fé e a fórmula batismal falam – sobre a base da unidade e da unicidade de Deus – de Deus Pai, de seu Filho e de seu Espírito. Daí surge o problema da unidade na essência divina e da diferença dos três nomes. Os apologetas do século II foram os primeiros a falar de uma "tríade em Deus". *Atenágoras* (177) disse:

> que os cristãos em sua fé *"adoram a Deus Pai e ao Filho como Deus e ao Espírito Santo e assinalam que possuem o mesmo poder em sua unicidade (henosis) e diferença em sua sequência e ordem (taxis)"* (leg. 10; cf. Theophilus v. Autol. II, 15).

*Tertuliano* reproduz o termo, latinizado, como *Trindade*: *Trinitas divinitatis, Pater et Filius et Spiritus Sanctus* (pudic. 21; adv. Prax. 2). Deve falar-se da unidade de Deus no nível de sua essência, sua natureza ou substância, ao passo que a diferença de Pai, Filho e Espírito requer uma designação específica (*prosopon*, pessoa, subsistência ou hipóstase).

Desse modo, está assentada a fórmula trinitária fundamental: *una substantia, tres personae* – uma essência /uma realidade, três pessoas/titulares.

Deve explicar-se também o que se pretende expressar precisamente com essência e pessoa. De modo algum, a fórmula mencionada contradiz o princípio lógico da contradição, porque se fala da unidade e da trindade cada qual num nível diferente. Contraditório seria só um enunciado como: "Uma natureza são três naturezas ou uma pessoa são três pessoas". O XI Concílio de Toledo (675) realçou o termo trindade e rejeitou a falsa tradução de um Deus triforme (*triplex Deus*: DH 528). Pai, Filho e Espírito Santo são designações das relações de origem, que se identificam com a essência de Deus, não designações de uma multiplicação numérica da essência de Deus (na medida em que o número matemático se obtém da quantidade; cf. DH 530; Sl 146,5, Vulgata: "Nenhum número pode captar a Deus").

A fé trinitária encontra sua expressão imediata na *liturgia batismal* (Mt 28,19; *Didaquê*, 7,1.3; *Justino*, 1, apol. 61,3.10-13), na estrutura trinitária da oração cristã (Gl 4,4-6; Rm 8,15; Jd 20; *Orígenes*, or., BKV 48, 147) e, especialmente, também na estrutura da súplica eucarística (*Justino*, 1 apol. 67; *Hipólito*, trad. apost. 4).

*Irineu de Lião* vê no batismo trinitário a síntese dos conteúdos principais da fé e do caminho da salvação do cristão. O batismo trinitário é o fundamento da *regula fidei*:

> O batismo significa que "o Pai nos agraciou com o renascimento por seu Filho no Espírito Santo, pois aqueles que recebem o Espírito Santo e o carregam em si são conduzidos à Palavra, ou seja, ao Filho. Mas o Filho os conduz ao Pai, e o Pai os faz partícipes de sua imortalidade. Assim, pois, sem o Espírito não se pode ver a Palavra de Deus e sem o Filho ninguém pode chegar ao Pai, porque o Filho é o conhecimento do Pai. O conhecimento do Filho, por sua vez, se consegue pelo Espírito. O Filho, como dispensador, dá o Espírito, segundo o beneplácito do Pai, a quem o Pai quer e como quer" (epid. 7).

*Hipólito* indica a conexão entre o batismo, a catequese e a confissão de fé. Ao batismo no Deus trino corresponde a estrutura trinitária da confissão de fé.

De grande importância são as regras de fé dos séculos II e III (*Irineu*, haer. I,10,1; *Tertuliano*, virg. vel. 1; praescr. 13; adv. Prax. 2; *Novaciano*, trin. 1).

Orígenes menciona como pontos essenciais da proclamação apostólica:

> "Em primeiro lugar, que há *um só* Deus, que criou e ordenou todas as coisas. A questão seguinte é que Jesus Cristo, aquele que veio, nasceu do Pai antes de todas as criaturas... se fez homem, encarnou, Ele que é Deus e se fez homem e sem aniquilar a si mesmo, sem deixar de ser Deus... [Logo concedeu a nós, como partícipes da glória e da dignidade do Pai e do Filho, o Espírito Santo]" (princ. praef. 4).

### 5 Os principais documentos doutrinais sobre a fé na Trindade

Além das fórmulas dos símbolos de estrutura trinitária (cf. DH 1-76; NR 911-940), devem mencionar-se:

(1.) O símbolo "niceno-constantinopolitano" 325/381: DH 125; 150;
(2.) O apostólico do século II: DH 30;
(3.) O pseudoatanasiano "Quicumque", do século IV: DH 75;
(4.) A carta de Dionísio de Roma a Dionísio de Alexandria, de 262: DH 112-115;
(5.) O sínodo romano sob Dâmaso I, em 382: DH 153-175;
(6.) O II Concílio de Constantinopla, de 553, cânones 1 e 2; DH 42s.;
(7.) O Sínodo de Latrão sob Martinho I, cânones 1 e 2: DH 501s.;
(8.) O XI Sínodo de Toledo, de 675: DH 525-532;
(9.) O Sínodo romano sob o Papa Agatão I: DH 546;
(10.) O XV Sínodo de Toledo, de 688: DH 566;
(11.) O XVI Sínodo de Toledo, de 693: DH 568-570;
(12.) O Concílio de Latrão de 1215: DH 800; 804s.;

(13.) O II Concílio de Lião, de 1274, a confissão de fé do Imperador Miguel Paleólogo: DH 851-853;

(14.) O Concílio da união de Florença, de 1439, com as bulas *Laetentur caeli* (DH 1300-1303) e, de 1442, *Cantate Domino* (DH 1330-1333);

(15.) A Constituição *Cum quorumdam hominum* do Papa Pio IV, em 1555, contra os unitaristas e os socinianos: DH 1880.

Deve acrescentar-se ainda a condenação de alguns erros trinitários e de algumas expressões equivocadas: de Pedro Abelardo pelo Sínodo de Sens de 1140 (DH 721-24); de Gilberto de Poitiers pelo Sínodo de Reims de 1148 (DH 745); do Sínodo Diocesano de Pistoia por meio da Constituição *Auctorem fidei* de Pio VI, em 1794 (DH 2657); no século XIX, de Anton Günther pelo Papa Pio IX (DH 2828), de Antônio Rosmini pelo Papa Leão XIII (DH 3225s.); por fim, a declaração da Congregação da fé *Mysterium Filii Dei* (1972) contra algumas novas abordagens infelizes do conceito de pessoa na cristologia e na doutrina da Trindade, que colocam em dúvida a hipóstase do Logos e do Espírito (DH 4520-4522).

## 6 *Os enunciados doutrinais do dogma teológico trinitário*

1) A Trindade é um mistério absoluto que, mesmo depois da revelação, não pode ser internamente compreendido nem reduzido à capacidade cognitiva natural da razão criada. Na fé e no amor, no entanto, não há uma relação dinâmica cognitiva e unificante com o mistério do amor que é o próprio Deus.

2) A Igreja crê no Deus uno e único nas três pessoas (hipóstases, subsistências) do Pai, do Filho e do Espírito. São a única natureza (essência) divina, igualmente eternas e onipotentes etc.

3) O Pai, o Filho e o Espírito se diferenciam realmente, e não só logicamente, entre si como pessoas. Entre eles existe uma *ordem de origens* e de *relações* (*ordo relationis*): O Pai está na posse agênita da essência divina (agênese). O Filho procede da essência do Pai na forma de uma "geração" ou "nascimento" (atemporal) e é com o Pai o único Deus. O Espírito não é engendrado. Procede originalmente do Pai e do Filho como de um único princípio. De acordo com o nome de Espírito e com o uso linguístico da Sagrada Escritura, essa processão recebe o nome de "espiração".

4) Na unidade do Deus único, há diversas relações e propriedades realmente distintas entre si. Uma vez que a relação das pessoas divinas entre si constitui a realização essencial única de Deus, entre a essência de Deus e as pessoas divinas só há uma diferença virtual.

5) As pessoas divinas não são realmente distintas da essência divina; não formam, junto com esta, uma quaternidade. Segue-se como fórmula trinitária fundamental: Em Deus tudo é uno, tanto quanto não existe uma oposição da relação: *In Deo omnia unum, ubi non obviat relationis oppositio* (DH 1330).

6) As pessoas divinas não são partes ou momentos da realização de Deus, mas cada uma é o Deus uno e verdadeiro. Cada pessoa divina está nas outras. Elas se compenetram mutuamente (*pericorese*).

7) As pessoas divinas não podem ser separadas uma da outras em seu ser e agir quando atuam para o exterior (*ad extra*). Na criação, na redenção e na consumação formam um único princípio de ação. Mas isso não significa que na unidade de sua ação não apareça uma diferença entre as pessoas (na revelação histórica). A *operatio Dei* sucede segundo a *ordo relationis*.

## 7 *Posicionamentos heréticos contrários ao Dogma da Trindade*

O conhecimento da Trindade de Deus se baseia no acontecimento de Cristo. Só quando se reconhecem a divindade e a humanidade de Cristo e sua unidade na pessoa divina do Logos pode-se compreender também a Trindade como o sustentáculo da encarnação e da missão escatológica do Espírito. Sem esta base histórico-salvífica a teologia da Trindade seria, entretanto, uma superação arbitrária dos limites a que está sujeito o intelecto criado e a pura especulação do ser humano sobre um absoluto que lhe é totalmente inacessível.

Além dos sistemas especulativos da *gnose*, são possíveis duas outras heresias trinitárias, a saber, a eliminação da distinção das três pessoas, reduzindo-a a simples aparência (*modalismo*) e a dissolução da essência de Deus numa crença em três deuses (*triteísmo*).

## a) O dualismo gnóstico e o plotinismo

Apesar das grandes diferenças de detalhe, os sistemas gnósticos (Basílides, Valentino e Marcião) são cunhados pelo dualismo metafísico entre o bem e o mal. Ao princípio espiritual do supremo e do bem se contrapõe o princípio material associado ao mal. Entre ambos está toda uma ordem escalonada de seres intermediários.

De uma maneira um pouco distinta, no neoplatonismo de Plotino aparecem certas hipóstases por meio das quais se sustenta o processo emanacionista da autoexteriorização do absoluto e do uno indivisível. Na doutrina cristã da essência trinitária de Deus, da encarnação e da obra salvífica de Cristo não se trata, em contraste com as teorias anteriores, de uma implicação de Deus nos processos cósmicos e naturais de descenso e ascenso, nem de um aclaramento especulativo da essência e da processualidade do absoluto. Aqui se trata de Deus que, em sua realidade pessoal como criador, coloca-se livremente frente ao mundo que Ele mesmo produziu com soberana liberdade e que quer percorrer, com esta mesma liberdade, o caminho histórico-salvífico do encontro pessoal com o ser humano. Aqui Jesus Cristo não é uma espécie de natureza intermediária (concebida em termos gnósticos ou neoplatônicos) entre Deus e o mundo. Ele é a Palavra, identificada com a essência de Deus, que assumiu uma natureza humana real e integral, com liberdade e consciência criadas. Em sua natureza humana, indissoluvelmente unida com o Logos na hipóstase, Jesus Cristo pode ser também o mediador único entre o Deus uno e único e a humanidade (1Tm 2,5).

## b) O modalismo

Esta vertente da doutrina trinitária, também chamada de *sabelianismo* em virtude do nome de seu principal representante, *Sabélio*, sustenta que o Filho e o Espírito seriam apenas os modos (*modi*) de manifestação do Deus unipessoal no mundo. Na criação, Deus se apresenta como Pai, na redenção como Filho, na santificação como Espírito. O Pai, o Filho e o Espírito não designam uma realidade interna em Deus, mas apenas os modos de manifestação e as energias de uma hipóstase para o exterior. A essência de Deus não é trinitária. Ele só parece assim para nós por causa das limitações da nossa capacidade de percepção.

Os nomes seriam apenas designações dos sucessivos papéis e máscaras (*prosopon* = máscara) de Deus. Nesse contexto se fazia necessário redefinir o conceito latino de *persona* por meio do conteúdo conceitual de "subsistência". No espaço da língua grega teve de ser esclarecida a diferença entre *ousia* e *hypostasis*. A contribuição teológica, sobretudo dos capadócios no século IV, foi explicar que *ousia* significava a essência, ao passo que *hypostasis* designava a realização da essência.

*Sabélio* foi advertido e, em seguida, excomungado pelo Papa Calisto e, já anteriormente, por Zeferino I (cf. as acusações totalmente injustificadas contra ambos, em Hipólito, ref. IX, 11; DH 105). Para expressar a real diferença das pessoas, Dionísio de Alexandria, no debate com Sabélio, disse que o Filho não pertence originalmente à natureza divina e é alheio ao Pai quanto à essência. Uma vez mais se evidencia a necessidade de esclarecer fundamentalmente os conceitos da unidade na essência e da Trindade nas pessoas e, desse modo, a abrangência conceitual dos termos *ousia* e *hypostasis*. Só assim pôde superar-se a redução da Trindade à *oikonomia*, conceber a unidade de imanência e transcendência e assegurar o enraizamento da Trindade econômica na Trindade imanente. Todos esses nexos são condições da possibilidade de se falar de uma verdadeira autocomunicação de Deus.

Contra a formulação do Bispo Dionísio de Alexandria, obscura, desviada do objetivo e próxima do erro oposto, o bispo romano Dionísio, numa carta de 262, relevante para a história dos dogmas, fazia um balanço dos enunciados da teologia trinitária. Pretende evitar os extremos do modalismo e do triteísmo:

"Com todo direito, falarei a seguir também contra aqueles que dividem, laceram e esvaziam, em três forças indeterminadas, três hipóstases e divindades separadas [...] a monarquia [de Deus]. De fato, fiquei sabendo que alguns dentre os que catequizam e ensinam a palavra divina conduzem a essa opinião, colocando-se, por assim dizer, em posição diametralmente oposta à convicção de Sabélio. Este, com efeito, blasfema quando diz que o próprio Filho é o Pai e vice-versa; aqueles, por sua vez, anunciam em certo modo três deuses, dividindo a santa Unidade em três hipóstases de todo separadas, estranhas uma à outra. É, de fato, necessário que o Verbo divino seja unido ao Deus de todas as coisas; e [é necessário] que o Espírito Santo permaneça e continue morando sempre em Deus. É, pois, absolutamente necessário que também a divina Trindade seja recapitulada e reunida em um só, como que num ápice, quero dizer, no Deus do universo, o Onipotente. O ensinamento, portanto, de Marcião, [homem] de mente vazia, recorta e divide a monarquia em três princípios; é um ensinamento diabólico... Não menos, porém, convém censurar aqueles que afirmam que o Filho seja uma produção... Portanto, não se deve dividir a admirável e divina unidade em três divindades, nem, admitindo uma produção, eclipsar o valor e a insuperável grandeza do Senhor. Mas [é necessário] crer firmemente em Deus Pai Onipotente e em Jesus Cristo, seu Filho, e no Espírito Santo, e que o Verbo está unido com o Deus de todas as coisas. Pois Ele diz: "Eu e o Pai somos uma só coisa" [Jo 10,30] e: "Eu estou no Pai e o Pai em mim" [Jo 14,10]. Assim, de fato, podem ser mantidas tanto a divina Trindade como a santa pregação da monarquia (= a unidade de Deus que parte do Pai, do autor)" (DH 112-115).

### c) O triteísmo

Uma autêntica *doutrina triteísta* jamais foi defendida por um teólogo cristão. Trata-se, antes, de expressões infelizes a partir das quais seria possível deduzir coerentemente um triteísmo, como uma espécie de triplicação da substância de Deus (cf. DH 112; 176; 804). Neste contexto, podem mencionar-se: João Philoponus († 610) e Roscelino de Compiègne († 1120), Gilberto de Poitiers († 1158) e Joaquim de Fiore († 1202). Uma concepção triteísta de Deus sustenta que assim como Pedro, Paulo e João são três indivíduos da espécie (da forma essencial) ser humano, também o Pai, o Filho e o Espírito são três personalidades individuais que possuem a mesma forma essencial (*substantia secunda, essentia*) da divindade. Entre esses indivíduos só pode existir uma unidade moral da vontade ou uma espécie de unidade coletiva (cf. DH 803): Joaquim de Fiore "explica que esta não é uma unidade verdadeira e própria, mas como que coletiva e analógica, como quando se diz que muitos homens são um povo e que muitos fiéis são uma Igreja" (DH 803).

A Igreja, no entanto, confessa:

"que existe alguma única realidade suprema incompreensível e inefável, a qual é verdadeiramente Pai, Filho e Espírito Santo, as três pessoas juntamente e cada uma delas singularmente. Em Deus, portanto, só há *Trindade, não quaternidade*, pois cada uma das três pessoas é aquela realidade, isto é, substância, essência ou natureza divina, que sozinha é princípio de todas as coisas e fora da qual não se encontra nenhum outro [princípio]. Ela não gera, não é gerada, não procede; de tal modo, as distinções estão nas pessoas, a unidade na natureza. Embora, pois, outro seja o Pai, outro o Filho, outro o Espírito, não são todavia outra coisa, mas o que é o Pai, também o é o Filho e o Espírito Santo, de modo todo igual; assim, segundo a verdadeira fé católica, nós cremos que eles são consubstanciais" (DH 804s.).

Também o teólogo sistemático Anton Günther (1783-1863) foi acusado de defender um triteísmo especulativo (DH 2828). Orientado na filosofia do espírito de estrutura trinitária de Hegel, concebe o Absoluto como um processo em que se apresenta Deus, de forma tripla, como tese (o Pai), antítese (o Filho) e síntese (o Espírito Santo). Desse modo, porém, triplica-se a substância divina, porque surgem três substâncias relativas, que se juntam numa unidade formal (como num organismo) e, dessa maneira, numa substância absoluta ou numa personalidade absoluta.

Já em algumas teses do Sínodo de Pistoia, o Papa Pio VI havia criticado que falavam de um Deus dividido em três pessoas (*in tribus personis distinctus Deus*). Essa formulação lembra o conceito de Deus do deísmo, em que se descreve Deus como substância absoluta que, num processo reflexo, se afirma como consciência absoluta do eu. A este conceito de Deus, obtido de uma especulação filosófica, como personalidade absoluta, se acrescenta, a partir da perspectiva da revelação, o discurso das três pessoas. Estas aparecem, por fim, como pessoas parciais subsumidas na unipessoalidade. A Igreja, por sua vez, fala de um só Deus em três pessoas distintas (*Deus unus in tribus personis distinctis*). Desse modo se rejeita qualquer interpretação errônea da Trindade concebida como uma espécie de distribuição da unipersonalidade de Deus em três subpersonalidades (DH 2697).

Já o XI Sínodo de Toledo disse que não cremos num *Deus triplex*, mas num *Deus trinitas* (DH 528):

> "Não se pode dizer corretamente que no único Deus está a Trindade, mas que o único Deus é a Trindade. Pelo nome das pessoas, porém, que exprime uma relação, o Pai é posto em referência ao Filho, o Filho ao Pai e o Espírito Santo a ambos: se bem que, em vista de sua relação, sejam chamadas três pessoas, estas são, todavia, conforme pregamos, uma só natureza ou substância. E como três pessoas não pregamos três substâncias, mas sim uma única substância e três pessoas. De fato, o que é o 'Pai', não o é em relação a si mesmo, mas ao Filho; e o que é o 'Filho', não o é em relação a si mesmo, mas ao Pai; de modo semelhante, também, o Espírito Santo não é referido em relação a si, mas ao Pai e ao Filho, sendo chamado Espírito do Pai e do Filho. Igualmente, quando dizemos 'Deus', isto é dito não em relação a qualquer coisa, como o Pai [em relação] ao Filho, ou o Filho ao Pai, ou o Espírito Santo ao Pai e ao Filho, mas 'Deus' é chamado [assim] de modo particular em relação a si mesmo. De fato, se somos interrogados sobre cada uma das pessoas, devemos professar que é Deus. Por isso, o Pai é chamado Deus, o Filho, Deus e o Espírito Santo, Deus, cada qual singularmente; e todavia não há três deuses, mas um só Deus... Elas têm a única, indivisa e igual divindade, majestade ou poder, sem diminuição em cada uma, nem aumento nas três, pois não há nada a menos quando cada pessoa é chamada singularmente Deus, nem [nada] a mais quando as três pessoas são proclamadas um só Deus. Esta santa Trindade, que é o único e verdadeiro Deus, nem subtrai-se ao número, nem é captada pelo número. Na relação das pessoas, de fato, se reconhece o número; na substância da divindade, porém, não está compreendido o que se enumera. Por isso, só no que são em referência uma à outra é que insinuam o número; e no que são para si mesmas deixam o número de lado" (DH 528-530).

Contraposta ao triteísmo e ao modalismo se encontra a fórmula de que Deus o Pai, o Filho e o Espírito Santo são cada qual um outro (alius) e não uma essência (individual) diferente (aliud).

### d) A negação da Trindade pelos arianos

Uma vez que o arianismo negava a filiação divina eterna do Logos, tinha de rejeitar também que Deus é Pai eterno. Com base neste pressuposto, Deus só *se torna* Pai quando cria a primeira de suas obras, o Filho. A relação de Deus Pai com o Filho permanece exterior à essência divina. A *homoousia* do Filho defendida pelo Concílio de Niceia (325) diz, por outro lado, que a Trindade imanente é o pressuposto da Trindade econômica, em que se revela como verdade e se comunica como graça e vida. Quando o II Concílio de Constantinopla (382) e o sínodo romano sob o Papa Dâmaso I (382) reconheceram a verdadeira divindade (= o caráter não criado) e a hipóstase do Espírito Santo, concluiu-se o processo de formação do dogma teológico-trinitário e do pneumático.

A Igreja responde à autorrevelação de Deus no nome "do Pai, do Filho e do Espírito Santo" (Mt 28,19) com a confissão de fé e a reflexão teológica de que Deus é uma realidade (uma substância e uma essência) nas três hipóstases ("pessoas") do Pai, do Filho e do Espírito Santo.

### e) A crítica à fé trinitária nas religiões monoteístas

*No judaísmo pós-bíblico*

No debate em torno do significado definitivo de Jesus para nossa relação com Deus, desfez-se a unidade do povo de Deus, Israel, cindido em um judaísmo pós-bíblico e em um círculo de judeus que creem em Cristo que, aliados com os pagãos convertidos à fé, formaram o cristianismo e a Igreja cristã. O judaísmo pós-bíblico rejeita estritamente a filiação divina do Logos e o acontecimento da encarnação. Nega, portanto, o pressuposto de que, no acontecimento da revelação, Deus se dá a conhecer em sua autorreferência interna como Deus trino.

No judaísmo pós-bíblico, o discurso sobre a divindade de Cristo é entendido como uma espécie de divinização de um ser humano. Daí resulta a interpretação errônea do discurso sobre a Trindade como uma triplicação numérica de Deus e, por consequência, como uma espécie de doutrina sobre três deuses. A partir dessa compreensão básica equivocada do próprio conteúdo resulta também uma interpretação falsa do desenvolvimento do dogma teológico-trinitário e cristológico. A Trindade seria um retrocesso no paganismo politeísta e a divindade de Cristo seria a apoteose de um ser humano. O Jesus histórico não tinha o menor conhecimento de sua divindade ou de sua existência como segunda pessoa da Trindade. No século IV, acrescentou-se ao segundo Deus o Espírito Santo como terceiro Deus (cf. LAPIDE, P. *Jüdischer Monotheismus*, M, ²1982).

Já em meados do século II, o judeu Trifão contesta o filósofo cristão *Justino*:

> "Tua afirmação de que o mencionado Jesus é Deus desde a eternidade, que se rebaixou a se converter em homem e a nascer, e de que não é homem de homens, parece-me não só inconcebível, mas inclusive disparatada" (dial. 48,1).

Nesta crítica não se percebe que, já no Antigo Testamento, a unicidade e unidade de Javé (Dt 6,4) aparece junto com a Palavra e o Espírito, com uma essência própria de Deus. Na revelação veterotestamentária, Deus não é concebido no sentido da religião natural do Iluminismo como uma personalidade situada além do mundo, dotada de uma consciência do eu análoga à humana (empírico-psicológica e, por conseguinte, limitada). O que Deus é em sua unidade e em sua vida interior e o que podemos conhecer dele é o resultado de sua autorrevelação. Por isso não se pode estabelecer, antes do final histórico da revelação, uma determinada etapa da história da revelação e da fé como norma inquestionável. O judaísmo anterior a Cristo estava convencido de que Javé se revela escatologicamente na sua atividade salvífica. A essência da fé cristã é a convicção de que Deus, na relação com Jesus de Nazaré, se revelou definitivamente como o Pai, o Filho e o Espírito. Por meio disso não se destrói a convicção básica do Antigo Testamento da unicidade de Deus, pois ela continua sendo também o fundamento da fé cristã. A fé cristã se diferencia do judaísmo pós-bíblico unicamente pelo fato de reconhecer que na automanifestação de Deus na encarnação de sua Palavra eterna, Jesus Cristo, se revela a relacionalidade, imanente à divindade, do Pai, do Filho e do Espírito.

*No islã*

Maomé acusava o cristianismo (que, pelo visto, não conhecia muito bem) de ter convertido o Profeta Jesus em um segundo Deus. A rejeição da encarnação está associada à acusação de que a fé cristã na Trindade é um triteísmo: "Crede, pois, em Deus e em seu enviado, mas não fales de uma Trindade... Há um único Deus. Longe está a hipótese de ter tido um filho" (Corão, Surata 4,171; 19,36).

### 8 *O antitrinitarismo desde o século XVI*

Apesar de algumas críticas à linguagem filosófica, a Reforma luterana e calvinista se situa inteiramente no terreno do dogma da Igreja Antiga. A teologia trinitária, a cristologia e a pneumatologia não estão entre os temas clássicos da controvérsia teológica. Nos artigos de Esmalcalde de 1537, Lutero confessa, representando todo o movimento reformista, um só Deus nas três pessoas do Pai, do Filho e do Espírito Santo e também, evidentemente, a encarnação: "Sobre estes artigos não há disputa nem debate, porque ambas as partes os admitimos" (BSLK 414s.)

Desde o século XVI, no entanto, aparecem no âmbito da cultura da Cristandade ocidental influentes movimentos na teologia, na filosofia e na investigação religiosa e histórico-cultural que pretendem superar o dogma trinitário com o argumento de que é estranho à Bíblia ou contrário à razão, ou seja, de que se trata de uma relíquia do politeísmo. Para Miguel Servet, executado como herege em Genebra em 1553, por iniciativa de Calvino, a fé na Trindade parecia ateísmo; a preexistência do Logos, a união hipostática e a comunicação de idiomas pareciam uma alucinação. Pretendia restabelecer o monoteísmo sob uma roupagem panteísta (cf. também as ideias de Giovanni Valentino Gentile e de João Silvanus, executados por governos reformistas, em Berna e Heidelberg, respectivamente).

No círculo dos humanistas italianos favoráveis à Reforma (M. Gribaldi, P. Alciati, F. Stancaro, S. Grellius e B. Ochini) surgiu, especialmente por obra dos irmãos Lélio e Fausto Socino, o *socinianismo*, na Polônia e na Transilvânia. Depois de sua expulsão da Polônia, esses antitrinitários influenciaram os *arminianos*, uma corrente holandesa que se distanciou do calvinismo estrito (Hugo Grotius e Episcópio), e exerceram uma grande influência sobre o deísmo que surgia na Inglaterra, por exemplo, sobre os teólogos anglicanos J. Priestley e os principais representantes da religião do deísmo que rejeitava a revelação sobrenatural (M. Tindal, J. Toland e outros). A partir daí, o unitarismo (com uma cristologia subordinacionista de cunho neoariano) chegou aos Estados Unidos e teve um grande impacto sobre muitas seitas cristãs.

No *Catecismo de Rakow* (1609), Fausto Socino desenvolveu, com base numa interpretação puramente histórico-literária da Escritura, uma confissão de fé construída segundo a regra da "razão" (portanto, sem recorrer ao *lumen fidei* como parâmetro). Deus como a essência suprema recebe, em sentido figurado, o nome de Pai. Jesus havia sido um simples ser humano que se sobressaiu por meio da exemplar santidade de sua vida. A religião fundada por Ele seria o caminho para uma vida após a morte, como recompensa por uma conduta moralmente irrepreensível. Jesus seria unicamente o representante e advogado de Deus. Após sua morte, foi ressuscitado por Deus e ocupa, em nome de Deus, o posto de juiz. Rejeita-se o Dogma da Trindade, da união hipostática e também da expiação vicária de Jesus na cruz, além do pecado original/hereditário, da redenção e da necessidade da graça, da ressurreição da carne e da "eternidade dos castigos do inferno". No final, os maus serão dissolvidos no nada, ao passo que as almas boas entrarão na bem-aventurança da vida eterna (cf. a refutação do unitarismo pelo Papa Paulo IV: DH 1880).

Foi considerável a influência dessa orientação sobre o deísmo, a filosofia do Iluminismo e a crítica da religião, bem como, em grande parte, sobre as concepções religiosas na literatura clássica e romântica.

Um exemplo disso é *Immanuel Kant*. No marco de sua redução da fé à moral, a fé trinitária é a atualização simbólica do poder, da sabedoria e do amor do supremo princípio moral, chamado Deus.

> "A meta suprema, nunca plenamente atingível pelos homens, da perfeição moral de criaturas finitas é o amor da lei. De harmonia com esta ideia, seria na religião um princípio de fé o seguinte: 'Deus é o amor'; nele se pode venerar o que ama (com o amor da complacência moral nos homens, enquanto estes são adequados à sua lei santa), o Pai; nele se pode, ademais, venerar, enquanto se apresenta na sua ideia que tudo conserva, o arquétipo da humanidade por Ele gerado e amado, o seu Filho; por fim também, enquanto restringe esta complacência à condição da consonância dos homens com a condição daquele amor de complacência e, por isso, a mostra como amor fundado na sabedoria, pode venerar-se o Espírito Santo; em rigor, porém, não se pode invocar numa personalidade tão múltipla (pois tal indicaria uma diversidade de seres, quando se trata sempre apenas de um objeto único), mas no nome do objeto venerado e amado por ele acima de tudo, com o qual é desejo e ao mesmo tempo dever estar em união moral" (KANT, I. *A religião nos limites da simples razão* (1793). Covilhã: Universidade da Beira Interior, 2008, p. 169s.)

No final do século XVIII, parecia que a doutrina da Trindade havia sido definitivamente derrotada pela crítica racionalista. Pois se perguntava: Como as três personalidades podem constituir uma só essência do Absoluto como uma *substantia prima*? A isso se acrescenta a crítica fundamental à utilização do conceito de pessoa na doutrina sobre Deus. Na assim chamada controvérsia do ateísmo, J.G. Fichte formula:

> "Atribuis a Deus personalidade e consciência. O que chamais de personalidade e consciência? Aquilo que encontrais em vós mesmos... Assim, ao atribuir estes predicados, converteis esta essência numa essência finita, parecida a vossa, e não concebeis a Deus, como era vossa intenção, mas multiplicais a vós mesmos no pensamento" ("Über den Grund unseres Glaubens an eine göttliche Weltregierung" [Sobre o fundamento de nossa fé num governo divino do mundo]. Fichtes Werke V, 187).

Em oposição à especulação sobre a fé trinitária no idealismo de Hegel, *Ludwig Feuerbach*, um dos principais representantes da crítica da religião do século XIX, atribui a teologia da Trindade a uma representação simbólica da consciência humana no processo de sua autocompreensão como ser humano. O ser humano se veria empurrado a se objetivar em sua substância, seu espírito, seu entendimento e sua vontade com as próprias essências que contempla fora de si mesmo. Ao tentar desvendar e desmascarar esses mecanismos de projeção, Feuerbach desdiviniza o Deus transcendente imaginado. O ser humano compreenderia a si mesmo em sua própria divindade:

> "A consciência que o homem tem de si em sua *totalidade* é a consciência da Trindade" (*A essência do cristianismo*, 1841, Werke, 5,75).

> "Deus sem Filho é *eu*. Deus com Filho é *tu*. *Eu* é *entendimento*. *Tu* é *amor*. O amor com *entendimento* e *entendimento* com amor é *Espírito*, é o homem *inteiro*. O Espírito é a totalidade do homem enquanto tal, do homem total. *Só uma vida em comum é verdadeira, satisfeita, divina* – este pensamento simples, esta verdade natural e inerente ao homem é o segredo do mistério sobrenatural da Trindade" (Ibid. 92).

Na teologia protestante liberal do século XIX baseada nas ideias de *Daniel Friedrich Ernst Schleiermacher*, somente se reconhece a Trindade econômica. A manifestação tripessoal de Deus é apenas a expressão – que vem ao nosso encontro na história e no mundo – da unipersonalidade subjacente do Espírito absoluto. A religião significaria entregar-se a essa personalidade divina com responsabilidade e mostrar uma confiança afetiva ante sua benigna bondade paternal. O ser humano Jesus havia sido o melhor intérprete dessa religiosidade afetiva moral.

Em sua principal obra *Der christliche Glaube* (2. ed., 1831), Schleiermacher acrescenta a "doutrina da Trindade divina" somente como uma observação marginal no final do texto. A doutrina da Trindade não brota da autoconsciência cristã imediata da qual surgiram, como correlato objetivo, os demais conteúdos doutrinais. Seria apenas uma combinação sintética das outras maneiras de expressão do sentimento cristão de dependência total diante do Absoluto. Inteiramente no sentido de Sabélio, identifica somente três diferentes maneiras de atuação do Deus único. Segundo ele, a doutrina da Trindade imanente parece um antropomorfismo. Pois a nossa consciência de Deus estaria indissoluvelmente unida à consciência do mundo dada na nossa autoconsciência. No entanto, não haveria nenhum conhecimento de Deus independentemente de seu ser no mundo.

A crise da fé na Trindade se reflete também no fato de que na historiografia liberal dos dogmas (L. Loofs, W. Köhler, M. Werner) e na escola da história das religiões (E. Norden, R. Reitzenstein, W. Bousset) ou se a desmascara a partir de uma perspectiva histórica evolutiva como o resultado de uma infiltração ontológico-metafísica acerca do cristianismo bíblico ou se a considera um produto da fantasia criadora sob a influência de uma concepção do mundo pré-científica e politeísta (cf. já a exposição de STRAUSS, D.F. *Die christliche Glaubenslehre* I, 1840. • Da 1974, 462-502. • BAUR, F.C. *Die christliche Lehre von der Dreieinigkeit und Menschenwerdung in ihrer geschichtlichen Entwicklung* III. Tu, 1843). Aqui o dogma é apenas a fantasia religiosa compreendida de modo especulativo e conceitual, a qual, anteriormente, no mito, se expressava de modo figurado.

De modo exemplar para a historiografia liberal dos dogmas, *Adolf von Harnack* pode asseverar que a Trindade e a encarnação não teriam nada em comum com o Evangelho original. Para ele, o "núcleo da religião" é a confiança sincera na providência paterna de Deus, o amor serviçal, a seriedade moral e o perdão (*Lehrbuch der Dogmengeschichte* III, 1906). Em suas *Vorlesungen über das Wesen des Christentums* (1899-1900), encontra-se a célebre formulação:

> "Não é o Filho, mas é somente o Pai quem constitui a parte interior do Evangelho, assim como Jesus o anunciou. Mas ninguém nunca conheceu o Pai assim como Ele o conhece; é Ele quem comunica aos outros este conhecimento, e proporciona assim 'a muitos' um serviço incomparável" (M 1964, 92).

Assim como a teologia liberal, também a "teologia da religião pluralista" (John Hick, Paul Knitter) rejeita a Trindade e a encarnação como mito e infiltração metafísica do cristianismo.

O teólogo anglicano *Morris Wiles* acredita que a exegese histórica não permite nenhuma afirmação a respeito de uma "divindade triforme" (*Reflections on the origins of the doctrine of Trinity*. Lo, 1976). Uma vez que o Novo Testamento não pode estabelecer uma delimitação inequívoca da esfera de ação das três pessoas, a Escritura não oferece uma base para uma fé trinitária. Quando se fala do Pai, do Filho e do Espírito, a Escritura não se refere a uma automanifestação de Deus em sua realidade trinitária. Deus seria o Espírito, que colocou seu Espírito sobre os seres humanos, de modo que teria se convertido para Ele em Pai (no sentido adocionista).

*Hans Küng* (*Christsein*, M, 10. ed., 1983, 463-468) considera que o único diferencial do cristianismo é Cristo. Por causa dos aspectos monoteístas comuns com o judaísmo e o islã, todas as afirmações sobre a Trindade imanente deveriam passar para o segundo plano. A cristologia contém somente uma unidade de revelação do Pai, do Filho e do Espírito.

### 9 A renovação do pensamento trinitário

#### a) A filosofia trinitária especulativa de Hegel

Somente no século XX há um amplo movimento na teologia cristã no sentido de recuperar a teologia trinitária. É verdade que a teologia da Escola continuou a transmitir a doutrina da Trindade, na maioria dos casos, da Igreja Antiga e da Escolástica, sem, contudo, apresentá-la nitidamente como o princípio estrutural da revelação inteira, da fé e da vida cristã e sem entrar no debate em torno das diversas questões relacionadas com ela (cf., entretanto, as tentativas de renovação da teologia trinitária feitas, no século XIX, pela Escola Católica de Tübingen, M. Scheeben, H. Schell e outros).

Na redescoberta da doutrina da Trindade como a essência da fé cristã, a teologia cristã tem muito a agradecer – tanto na adesão como na crítica – às especulações trinitárias de Hegel (1770-1831). Hegel tenta suplantar, anular e reconciliar as enormes tensões que haviam se produzido na história do espírito do século XVIII marcada pelas contraposições epistemológicas e metafísicas entre ser e pensamento, espírito e natureza, racionalismo e empirismo, transcendência e imanência, substância e relação, história mundana e história salvífica, metafísica ôntica e transcendentalismo crítico, ateísmo do Iluminismo popular e deísmo ou panteísmo dos eruditos.

A oposição exposta por Kant entre espontaneidade da razão e objetividade das coisas só poderia ser superada por meio de uma identificação de pensamento e ser. Essa união, por sua vez, não pode ser concebida na razão finita. Só é possível no Espírito absoluto, ou seja, em Deus. Quando o Espírito pensa, o pensado é tanto sua realidade como sua manifestação (ou seja, é sua verdade na natureza e na história).

O ponto essencial da crítica à doutrina trinitária de Hegel se refere à constituição das pessoas na Trindade imanente. Segundo Hegel, as pessoas divinas são constituídas mediante uma autodiferenciação na medida em que o vazio e a indeterminação originárias de Deus têm que chegar a sua consumação somente através da autocontraposição no Filho e na autounificação de "tese e antítese" no Espírito.

É verdade que, desse modo, a Trindade econômica está estreitamente unida à imanente, entretanto ao preço de converter a revelação de Deus no mundo num momento necessário de sua autoconstituição. Também se questiona, assim, a realidade própria do mundo e a liberdade do ser humano no processo histórico. Segundo o testemunho bíblico determinante para a fé cristã em Deus, Deus não se constitui mediante *autodiferenciação*, mas mediante *autocomunicação*. A partir da inecessitada plenitude de seu ser divino, o Pai comunica inteiramente sua essência divina ao Filho e a expressa, amando, na pessoa do Espírito Santo. A diferenciação das pessoas se identifica com as relações de origem que formam a personalidade e nas quais se consuma eternamente o amor que se comunica. A diferença entre o Pai e o Filho não significa, portanto, uma autonegação ou uma infinita dor do amor que seria, na Trindade imanente, a não identificação do Pai e do Filho e, na econômica, a morte de Deus na cruz.

Na cruz, Deus assume de fato livremente sobre si a dor do mundo, o sofrimento do amor e a morte do afastamento de Deus. No entanto, isto não acontece para representar no palco do mundo o espetáculo intradivino de um amor que se desune-e-une. A necessidade de redenção da morte (como afastamento de Deus) existe no mundo, porque a criação, que nada mais é que a participação na plenitude positiva do ser de Deus, afastou-se de Deus por meio do pecado. Uma vez que Deus na liberdade de seu amor assumiu em seu Filho o ser humano sob as condições do pecado (cf. Rm 8,3) e deixa que se atenue nele a contradição a respeito do amor do Deus trino, na morte de Jesus na cruz são sanados o pecado e a morte por meio da plenitude infinita do amor trino. Na ressurreição do ser humano Jesus da morte e na revelação do mistério de sua pessoa como Logos eterno, o Deus trino se revela definitivamente como a vida, a verdade e a plenitude do amor, que é Ele mesmo em sua essência (1Jo 4,8.16).

### b) A Trindade como o *specificum christianum*

Apesar da crítica profunda a Hegel, não se pode ignorar que suas ideias deram um impulso significativo para tirar a teologia da Trindade do seu isolamento e devolver-lhe a importância pertinente na reflexão sobre a fé.

Vários expoentes tanto da teologia católica (Karl Rahner, Hans Urs von Balthasar, Yves Congar, Henri de Lubac e outros) bem como da evangélica (Karl Barth, Wolfhart Pannenberg, Eberhard Jüngel, Jürgen Moltmann, Gerhard Ebeling) e da ortodoxa (S.N. Bulgakov, N. Afanassief, L. Chomjakov) converteram a Trindade no ponto de partida de uma nova mediação da fé cristã.

Em sua crítica ao esforço de reduzir a fé a um sentimento religioso geral (a um *a priori* afetivo, moral e racional), *Karl Barth* reivindicou, em primeiro lugar, que não se deve começar por um discurso genérico sobre Deus e a religião, mas que se deve tomar como ponto de partida de toda a teologia o Deus do testemunho bíblico. O Deus testemunhado pela Escritura se revelou como criador, redentor e reconciliador na história da salvação e no acontecimento de Cristo como Pai, Filho e Espírito. No acontecimento de sua autorrevelação, Deus se dá como aquele que é.

*Karl Rahner* pode, portanto, formular como lei fundamental de toda a teologia cristã: "A Trindade 'econômica' é a Trindade 'imanente', e vice-versa" (Mysal II, 328).

Se este Deus uno e trino se comunica ao ser humano (e não só repassa informações teóricas sobre si), então a Trindade também é decisiva para a vida humana e seu caminho para Deus. Daí surgem para a moderna teologia de Trindade quatro séries de problemas:

1) O lugar da doutrina da Trindade na dogmática.
2) A unidade da Trindade econômica e da imanente;
3) A referência vital do conhecimento de Deus em sua tripla atuação. A Trindade não é um mistério conceitual que só seria interessante para os especialistas, mas é uma realidade que diz respeito à relação imediata e viva com Deus de cada um dos cristãos na fé e na oração. Justamente em seu ser e em seu atuar trino, Deus determina as realizações existenciais básicas do ser humano no amor, no sofrimento e na morte. Pois Deus, como amor trino, é a resposta à questão que o ser humano é para si mesmo.
4) A conexão da autorrevelação de Deus na vida e na morte de seu Filho com a história do sofrimento da humanidade.

## II. A FÉ NA TRINDADE NO TESTEMUNHO BÍBLICO

No próprio Novo Testamento não se encontra a formulação dogmática posterior do mistério da Trindade, segundo a qual Deus subsiste na unidade de sua essência nas relações das pessoas do Pai, do Filho e do Espírito. A Escritura, como Palavra de Deus, testifica *o fato* da autocomunicação de Deus em que Ele se revela sob o nome de Pai, Filho e Espírito. O dogma se baseia no acontecimento da autorrevelação histórico-salvífica de Deus (*Trindade econômica*). O dogma explicita a plenitude vital intradivina do Pai, do Filho e do Espírito, assim como ela se dá a conhecer na história da revelação.

Já a partir do Antigo Testamento, a história da autorrevelação de Javé não pode ser interpretada no sentido de um monoteísmo unitário. Deus não se revela como a "essência suprema" no sentido do deísmo, do teísmo especulativo ou da religião natural. Javé se revela, antes, de modo que o ser-para, portanto, a relação com seu povo, seja uma expressão de sua essência.

A abertura da essência divina no *medium* da relacionalidade alcança seu ápice histórico no acontecimento de Cristo. Deus revela a Jesus como "o próprio Filho" (Rm 8,32). Jesus de Nazaré é o mediador do Reino de Deus, escatologicamente manifestado em sua história e em sua figura humana, bem como em sua Palavra divina. Assim, a "relação *Abba*" (Mc 12,6; 13,32; 14,36), testificada na vida e na atividade do Jesus histórico pré-pascal, é a base histórica da fé na Trindade. Isto é válido sob o pressuposto da diferenciação entre a divindade e a humanidade de Jesus Cristo. A relação filial do ser humano Jesus está ancorada na relacionalidade interna de Deus, Pai de Jesus Cristo, com a Palavra divina.

À atuação de Jesus está vinculada a missão escatológica e a efusão do Espírito Santo. A união (hipostática) do ser humano Jesus com a Palavra divina do Pai foi originalmente constituída e dinamicamente revelada na biografia de Jesus por meio do Espírito Santo.

> "Naquela mesma hora Jesus sentiu-se inundado de alegria no Espírito Santo e disse: Eu te louvo, Pai, Senhor do céu e da terra, porque escondeste estas coisas aos sábios e entendidos e as revelaste aos pequeninos. Sim, Pai, porque assim foi do teu agrado. Tudo me foi entregue por meu Pai. Ninguém conhece quem é o Filho senão o Pai, e quem é o Pai senão o Filho e aquele a quem o Filho o quiser revelar" (Lc 10,21-23).

Essa unidade de ser e de revelação do Pai, do Filho e do Espírito – enraizada no acontecimento da revelação e sustentada por Ele – fica evidente na concepção e no nascimento de Jesus (Lc 1,35), no batismo de Jesus no início de suas atividades públicas como proclamador escatológico do Reino de Deus (Mc 1,9) e também na cruz em que "o Filho, esplendor de sua glória e imagem expressa de seu ser" (Hb 1,2s.), "pelo Espírito eterno se ofereceu imaculado" (Hb 9,14). O ponto alto da revelação da Trindade econômica se dá no acontecimento da ressurreição do Jesus crucificado pelo poder do Espírito Santo, por meio do qual Deus revela a si mesmo como Pai, Filho e Espírito (Rm 1,2s.; 8,11). A partir daí, a existência cristã consiste na filiação divina. Ela se realiza como participação na "imagem de seu Filho" (Rm 8,29) e no dom do Espírito nos corações dos homens (Rm 5,5; 8,23) para que nós, que, pelo poder da graça, fomos introduzidos na relação filial de Jesus com o Pai, possamos clamar a Deus por meio de seu Espírito: "*Abba*, Pai!" (Rm 8,15; Gl 4,4-6; Jo 14,15.23.26).

O mediador do Reino de Deus, elevado a compartilhar o trono do Pai ("exaltado à direita do Pai"), dotará sua Igreja, a partir do Pai e da unidade com Ele como seu Filho, com o poder do Espírito Santo (Lc 24,49; At 2,32.39; 5,32; 7,55; Jo 20,22). A Igreja é a Igreja do Deus trino (At 20,28). Também a futura ressurreição dos mortos e a consumação da Igreja e do mundo na parusia de Cristo é obra de Deus e de sua revelação como Pai, Filho e Espírito (Rm 8,9-11; 1Ts 1,5.10; Ap 22,17). A semelhança com Deus e contemplação de sua essência (1Jo 3,2; 1Cor 13,12) se realiza como participação na essência e na vida de Deus que é amor. Deus revelou sua essência como amor mediante o envio de seu "Filho unigênito" (1Jo 4,9) e o dom "do seu Espírito" (1Jo 4,13).

Sob o pressuposto de que Deus não é, no AT e no NT, a essência suprema (privada em si mesmo de relações) no sentido da teologia natural, do deísmo ou de uma especulação abstrata sobre Deus, mas o Deus da livre autocomunicação e da aliança, por fim, o Deus e Pai de Jesus Cristo, é fácil compreender por que no NT em várias fórmulas de bendição, fórmulas litúrgicas e doxologias se crê e se confessa a única realidade da essência e da revelação divina na sequência coordenada dos nomes do Pai, do Filho e do Espírito:

> "A graça do Senhor Jesus Cristo, o amor de Deus e a comunhão do Espírito Santo" (2Cor 13,13);
> "Rogo-vos, irmãos, em nome de Nosso Senhor Jesus Cristo, pelo amor do Espírito, que me ajudeis nesta luta, dirigindo vossas orações a Deus por mim" (Rm 15,30);
> "Orai no Espírito Santo e conservai-vos no amor de Deus, esperando a misericórdia de Nosso Senhor Jesus Cristo para a vida eterna" (Jd 20s.).

O mistério da essência trina de Deus se expressa de modo especialmente nítido nas seguintes fórmulas trinitárias:

| | |
|---|---|
| 1Cor 8,6:<br>(Para nós não há mais do que) um só Deus, o Pai... | εἷς θεὸς ὁ πατήρ |
| E um só Senhor, Jesus Cristo. | εἷς κύριος Ἰησοῦς Χριστός |
| 1Cor 12,4-6:<br>Há diversidade de dons, mas o Espírito é o mesmo. | τό δε αὐτὸ πνεῦμα |
| Há diversidade de ministérios, mas o Senhor é o mesmo. | ὁ αὐτὸς κύριος |
| Há diversidade de atividades, mas Deus é o mesmo. | ὁ δε αὐτὸς θεός |
| Ef 4,4-6:<br>...um Espírito, ...um Senhor,<br>...um Deus e Pai de todos... | ...ἕν πνεῦμα, ...εἷς κύριος,<br>...εἷς θεὸς καί πατὴρ πάντων... |

A salvação escatológica se transmite por meio do batismo "em nome do Pai e do Filho e do Espírito Santo" (Mt 28,19). O batismo "no nome de Jesus" testificado em Atos se identifica objetivamente com a fórmula trinitária porque o "nome de Jesus" (At 4,12) significa a revelação da vontade salvífica de Deus e sua manifestação essencial no ser humano Jesus de Nazaré, que se entendeu a si mesmo somente como o Filho em relação com o Pai e o Espírito e só pode ser entendido desse modo.

As fórmulas triádicas encontradas com frequência em Paulo, João e outros autores neotestamentários não são uma combinação acidental de Deus, chamado impropriamente de Pai, de um simples ser humano como filho messiânico adotivo e de uma força divina espiritual apessoal. Pelo contrário, nestas fórmulas se expressa claramente a Trindade econômica em que se mostra e media a Trindade essencial (cf. além dos exemplos citados anteriormente, também 1Ts 5,18; 2Ts 2,13; Rm 5,1-5; 8,14-17; 15,15.30; 1Cor 2,6-12; 6,11.15-20; 2Cor 1,21s.; 13,13; Gl 4,4-6; Ef 1,3-14.17; 2,18-22; 3,14-19; 5,19s.; Tt 3,4-7; Jo 14,16s.; 15,26; 16,7-11.12-13; 20,22; 1Jo 3,23s.; 4,11-16; 5,5-8; Hb 2,2ss.; 10,29ss.; 1Pd 1,1s.; 4,14; Jd 20s.; At 20,28 passim).

A revelação da Trindade está inserida no mistério da encarnação do Logos, do envio do único Filho de Deus na figura de carne de Jesus de Nazaré. No testemunho neotestamentário, Jesus nunca é considerado um simples parlamentar profético ou um homem chamado a desempenhar um ministério profético ou messiânico, e menos ainda um ser intermediário mítico (metade Deus, metade homem) ou o simples portador de uma força divina espiritual, numinosa e apessoal que de alguma forma tivesse se apossado dele. Em virtude da experiência pré-pascal com Jesus e do reconhecimento de Jesus por parte de Deus (como seu Filho único, pertencente a sua essência, que veio na figura de carne) ao ressuscitá-lo dentre os mortos, percebe-se o conteúdo incomparável do predicado de Filho. Em Jesus o ser humano encontra o Filho único e encarnado do Pai e o mediador escatológico da salvação. Nele Deus faz a si mesmo imediatamente presente. No contexto da história de Jesus, Deus revela o Espírito do Pai e do Filho como o dom escatológico em que Ele oferece a si mesmo. Desse modo, tampouco o Espírito é uma força ou uma eficácia apessoal de Deus ou uma simples descrição metafórica da ação divina. O Espírito, que explora as profundezas da divindade (1Cor 2,10), se situa na unidade e na diferença da relação com o Pai.

Ao autotestemunho de Cristo e à confissão da Igreja Antiga se contrapõe uma interpretação que, no início, vê uma simples unidade moral de Deus e do ser humano Jesus, o qual, por ora, seria chamado só metaforicamente de Filho de Deus, assim como o povo da aliança, os profetas e os reis. No sentido dessa interpretação, uma divinização do ser humano Jesus havia se realizado só mais tarde e aos poucos. Assim seria possível explicar aquelas fórmulas de fé trinitárias que falam do Pai e do Filho sem mencionar expressamente o Espírito Santo. E só bem mais tarde havia sucedido uma divinização e hipostação também do Espírito, de modo que ao final, em vez de um Deus, haviam surgido, por assim dizer, três deuses ou, pelo menos, uma divindade triforme. Por outro lado, o Novo Testamento testemunha que no Filho e no Espírito se revela a presença salvífica escatológica de Deus. O Filho e o Espírito, procedentes do Pai, pertencem inteiramente à esfera da divindade e formam com o Pai a única realidade essencial de Deus, a qual vive e se realiza eternamente como amor. Na encarnação da Palavra divina, bem como no envio universal e escatológico do Espírito, se revela a atividade autônoma do Filho e do Espírito. Junto com o Pai, são os portadores inter-relacionados da divindade única. Porque se trata de uma autocomunicação de Deus como Pai no Filho e no Espírito, constituem a unidade e unicidade de Deus que se realiza não como justaposição, mas na mútua diferença e referência "pessoal".

## III. PERSPECTIVAS HISTÓRICO-TEOLÓGICAS

A teologia trinitária em formação se orienta na unidade e unicidade essencial de Deus, testemunhada na fé, que revelou a realidade relacional interior de sua essência sob o nome de Pai, Filho e Espírito. O apologeta *Atenágoras* explicou aos imperadores romanos Marco Aurélio e Cômodo a problemática fundamental da doutrina cristã sobre Deus. Os cristãos são guiados unicamente pelo desejo de conhecer "qual é a unidade do Filho com o Pai, qual é a comunhão (*koinonia*) do Pai com o Filho, que é o Espírito que constitui a união (*henosis*) destas magnitudes e a diferença dos unidos, ou seja, do Espírito, do Filho e do Pai" (leg. 10).

No tocante aos conceitos e conteúdos a serem elucidados, colocam-se as questões acerca do que significa em geral a unidade e unicidade de Deus em distinção a e em analogia com a experiência e a reflexão sobre a unidade da esfera criada, e o que significa uma relação (imanente à essência) que um portador próprio possui (hipóstase, pessoa).

O testemunho bíblico oferece o ponto de partida da formação histórico-dogmática dos conceitos. Na descrição da ação e da essência de Deus, a própria Sagrada Escritura já utiliza conceitos de relação. "Pai, Filho e Espírito" não remetem para uma existência absoluta e arrelacional, mas designam a realização de essência única numa relação constitutiva da pessoa. Os conceitos de relação seguem-se logicamente: *geração, nascimento, processão, espiração*. De cada um deles se deve excluir o conteúdo vinculado às realidades sensíveis. A relação pessoal se utiliza aqui em sentido estritamente análogo. A precisão dos conceitos da teologia trinitária sucedeu no marco das controvérsias com posições heréticas. Importantes representantes da teologia trinitária são *Irineu de Lião, Orígenes, Tertuliano, Cipriano, Atanásio*, os capadócios, *Basílio de Casareia, Gregório de Nissa e Gregório de Nazianzo*, bem como mediadores entre a teologia trinitária ocidental e oriental, *Hilário de Poitiers, Ambrósio de Milão* e, sobretudo, *Agostinho*, com sua obra monumental *De Trinitate*. Os representantes mais destacados da Escolástica são: *Anselmo de Canterbury* e *Pedro Lombardo, Ricardo de São Vítor, Boaventura* e *Tomás de Aquino*.

A terminologia da teologia trinitária oriental é sintetizada por *João Damasceno* (*De fide orthodoxa*. Livro I); a terminologia trinitária agostiniana ocidental é exposta por *Tomás de Aquino* (S. th. I qq.27-43).

### 1 *A concepção histórico-salvífica de Irineu de Lião*

Numa visão histórico-salvífica universal, Irineu descreveu como na ação salvífica de Deus, desde a criação até a consumação escatológica, se revela tanto a unidade essencial como a diferença entre o Pai, o Filho e o Espírito (haer. I, 10, 1; cf. epid. 6). Como criatura de Deus e consoante a sua imagem natural de Deus, o ser humano está ordenado a uma consumação sobrenatural (haer. V, 6,1). O Pai unirá novamente no amor, também em Cristo, o Filho feito homem e cabeça da nova criação, o ser humano criado em seu Logos. A redenção irá se consumar no dom do Espírito. Assim, o Filho e o Espírito são de certo modo as "duas mãos de Deus". Pertencem à essência de Deus. Diferenciam-se de modo absoluto das criaturas. Porém, por meio delas, Deus realiza sua imanência mundana na criação e na história da salvação, na qual Deus Pai é permanentemente transcendente. Em oposição às especulações gnósticas, Irineu considera que a forma de procedência do Filho e do Espírito a partir do Pai é inconcebível e incompreensível para a razão humana. Isto não o impede de falar da geração e do nascimento do Filho a partir do Pai, distinguindo-a, porém, da procedência temporal da criação a partir de Deus. Na história da salvação, a Trindade se revela, sobretudo, na encarnação da Palavra eterna. Este cristocentrismo da história da salvação havia sido preparado no Antigo Testamento pelo Espírito Santo e chega à consumação na fé dos discípulos em Jesus. A unidade do Pai, do Filho e do Espírito se revela escatologicamente quando o Espírito move a Igreja pelo caminho para o fim, para que um dia o Pai possa reunir em Cristo o universo e a humanidade inteira numa *recapitulatio omnium* (At 3,21) e relacioná-los definitivamente com Ele.

## 2 A contribuição de Tertuliano para a doutrina da Trindade

Em seu escrito *Adversus Praxean* (Práxeas era modalista e patripassiano), Tertuliano combate tanto o triteísmo como o modalismo. A teologia ocidental latina deve a Tertuliano sua série de termos técnicos e as importantes distinções de *unitas – trinitas*, bem como de *substantia – tres personae*.

*Contra o politeísmo*, Tertuliano defende a unidade e unicidade de Deus. É um e o mesmo Deus que se revela como o criador, o Deus de Israel e o Pai de Jesus Cristo. Numa famosa imagem, Tertuliano compara Deus com o sol. Assim como o raio luminoso e a luz formam uma unidade com o sol e não se triplicam, assim, analogamente, também o Filho e o Espírito procedem do Pai, sem multiplicar a essência de Deus no sentido politeísta. O Logos é a Palavra interna (*logos endiathetos*). Pertence com o Pai à essência una e é, Ele mesmo, essência divina. Com o propósito de criar o mundo, aparece como Palavra externa (*logos prophorikos*), sem que a mediação criadora fundamente a personalidade própria. Esta mediação seria, antes, a primeira revelação daquela personalidade. A Trindade imanente é o pressuposto permanente da Trindade econômica e se revela nela. Justamente na Trindade econômica podemos conhecer a diferença relativa do Pai, do Filho e do Espírito e sua autonomia pessoal. Ao mesmo tempo, a substância de Deus se encontra de maneira inteiramente original no Pai. Realiza-se a partir dele, como seu portador primário, mas sempre referido aos participantes (consortes) da substância do Pai. Todas as propriedades da substância divina originalmente dadas no Pai são também próprias do Filho e do Espírito.

*Contra o modalismo*, Tertualiano acentua a diferença real do Pai, do Filho e do Espírito. Refuta a tese do patripassianismo segundo a qual o próprio Pai teria sofrido, porque – segundo a concepção dos modalistas – o Filho seria só outro modo de manifestação do Pai. No *sacramentum oikonomiae* (o mistério da história da salvação, a Trindade econômica), mostra-se que o Pai é distinto do Filho e o Filho é distinto do Espírito. Como pessoas seriam *alius*; como essência divina comum não seriam *aliud*. Especialmente na encarnação, a diferença divina do Pai e do Filho se mostra na relação filial de Jesus com Deus, seu Pai. Uma vez que Jesus ora ao Pai e se submete a sua vontade, fica evidente que o Pai não é o Filho. O enviado é distinto do que envia, o obediente é distinto daquele a quem se obedece. O Pai, o Filho e o Espírito são titulares autônomos de seus próprios atos. Na Trindade econômica, revelam-se como "pessoas em que subsiste o Deus único".

Por fim, Tertuliano deu uma *contribuição para a elucidação do termo "pessoa"*. Este designa o Pai, o Filho e o Espírito, dado que são titulares distintos entre si de uma única natureza divina individual. Entretanto, não se deve confundir o termo latino *persona* com o grego *prosopon*, que originalmente significava papel ou máscara. Quanto ao conteúdo, a pessoa (e mais tarde, derivado dela, também *prosopon*) deve ser determinada, antes, pelo termo grego hipóstase. Entretanto, só a partir da época dos capadócios, existe uma diferenciação exata entre *hypostasis* e *ousia*. Para distinguir no Ocidente o conceito de substância frente ao de uma natureza geral abstrata, o significado de hipóstase ou pessoa foi especificado por meio do conceito de subsistência. Os neocalcedônios (João Gramático, Leôncio de Bizâncio, Leôncio de Jerusalém, Máximo Confessor e João Damasceno) foram os primeiros a alcançar uma diferenciação conceitual precisa entre os termos *hypostasis* e *ousia*, subsistência e substância/*essentia*. Entretanto, aqui não se deve partir de uma definição neutra preestabelecida dos conceitos. Na perspectiva da história dos dogmas e da linguagem se percorreu antes o caminho inverso. O conteúdo dos conceitos de *hypostasis* ou de *persona* deve ser entendido de tal modo que possam designar com a maior precisão possível a diferença, conhecida na fé, do Pai, do Filho e do Espírito no interior da essência indivisível do Deus único em sua mútua referência, segundo a ordem de origem. Não se trata, de modo algum, de que o conteúdo tenha sido remodelado para encaixá-lo num sistema conceitual previamente dado.

Dessa maneira, na definição do conceito de subsistência e de hipóstase aparece também o conceito de relação. Diferentemente das divisões tradicionais das categorias filosóficas, aqui relação não deve ser classificada entre os acidentes. Antes, deve indicar-se que o característico da pessoa divina é a subsistência, que se constitui relacionalmente em referência às outras pessoas divinas.

### 3 Orígenes como o primeiro teólogo da Trindade

Contra o dualismo gnóstico e o modalismo, Orígenes tentou mostrar a racionalidade da fé na Trindade, sem reduzi-la à razão no sentido racionalista. O ponto de partida indiscutível é a fé na unidade de Deus nas três pessoas (*mia ousia – treis hypostaseis*). A fé na Trindade não depende de uma teologia da Trindade conclusiva. Porém, uma exposição teológica pode ser útil para a realização racional da fé, pode aprofundá-la, depurá-la das posições dos hereges e fundamentá-la contra as objeções da religião (judaica) e da filosofia pagã.

#### a) O Pai é a fonte da divindade

Contra a dispersão politeísta do Absoluto, Orígenes aponta que, já a partir de uma consideração filosófica, um Absoluto dividido é contraditório e destrói o conceito de Deus. Deus é uma natureza inteiramente simples (= não composta) e espiritual. Na autorrevelação de Deus como criador e como portador da história da salvação, Deus se revela com o nome de Pai. A relacionalidade não se achega à natureza espiritual de Deus de fora, mas resulta da dinâmica interna de sua realização. O recurso ao discurso filosófico da natureza espiritual e da imutabilidade de Deus não implica a aceitação do axioma grego da *apatheia* de Deus, segundo a qual a essência de Deus se define pela pura carência de referência ao mundo ou pela ausência total de sofrimento (cf. Aristóteles, met. XII). Pois, segundo Orígenes, Deus se revela a si mesmo como um Deus do amor e da misericórdia, da compaixão. Diferentemente do patripassianismo, Orígenes não admite uma capacidade de sofrimento (condicionada pela finitude e pela condição de criatura) na natureza divina. O sujeito do sofrimento é, antes, a pessoa do Logos divino, por meio da qual subsiste a natureza humana assumida. Tampouco se pode dizer que somente a natureza humana de Jesus sofre, ao passo que a natureza divina é imutável e impassível. Antes, confluem (hipostaticamente) na pessoa do Logos os predicados da impassibilidade da natureza divina e da capacidade de sofrimento da natureza humana. Por conseguinte, na teologia alexandrina que parte de Orígenes, fala-se do *Deus passus*, ou seja, do Deus que sofre, dado que na pessoa de Jesus estão hipostaticamente unidas a natureza humana e a divina.

#### b) O Logos é o Filho de Deus eterno e encarnado

O Logos é, de certo modo, ao lado do Pai, o segundo Deus (δεύτερος θεός). Isto não significa uma duplicação numérica da natureza divina, mas a recepção da divindade a partir do Pai. O Pai é a origem da divindade (*ho theos*). O Filho recebe a divindade do Pai (*theos*, sem artigo).

Em contraste com a formulação ariana posterior, deve dizer-se no sentido de Orígenes que nunca houve um tempo em que o Logos não existiu junto com o Pai na unidade de Deus (princ. I, 2, 9). O Filho não procede de um emanar-se natural da essência de Deus. É, antes, a vontade essencial do Pai que faz com que o Filho proceda de sua substância. Orígenes faz uma distinção entre essa processão inexprimível do Logos eterno a partir do Pai e a origem temporal da criação por meio do Logos, o mediador da criação. Isso significa que a criação é possível na unidade interior e na diferença do Pai e do Filho e na sua realização revela (pelo menos de modo alusivo) a unidade e, ao mesmo tempo, a diferença em Deus. A designação ocasional do Logos como criatura em Cl 1,15 e Pr 8,22-25 não pode ser entendida no sentido de uma criação a partir do nada. Enuncia-se, em sentido figurado, a processão do Filho e sua geração arquetípica em virtude da vontade do Pai. O Filho se converte assim em imagem eterna e resplendor do Pai, de cuja essência divina participa (em sentido platônico). Pela encarnação, o mediador da criação passa a ser também mediador histórico da salvação. Sua obra consiste não só no perdão dos pecados, mas também e sobretudo na graça da assunção salvífica da natureza humana. A graça como deificação vincula com a comunhão da Palavra e do Pai que são, na eternidade, a unidade-diferença de seu amor.

### c) O Espírito Santo como doador da vida divina

Para a divinização se requer a santificação através do Espírito. Mesmo sem conseguir indicar exatamente a diferença nas duas processões intratrinitárias, Orígenes entende o Espírito Santo como "partícipe da glória e da dignidade do Pai e do Filho" (princ. I praef. 4). O Espírito e o Filho procedem do Pai, mas na processão do Espírito o Filho é o mediador (comm. in Jo. X,39). Assim, eles seriam a Trindade divina, santa e una e, na unidade de sua essência divina, distintos da criação. O Pai, o Filho e o Espírito seriam, na unidade de sua essência e como sustentação autônoma, a causa original divina da criação. Na história da salvação revelaram-se como distintas forças divinas de ação em diferentes "âmbitos de ação" (princ. I, 3, 4.8).

### 4 A doutrina soteriológica da Trindade segundo Atanásio

No marco do debate em torno da validade do Concílio de Niceia, desenvolveu-se não só a cristologia, mas também a teologia trinitária. Atanásio (295-373) e Hilário de Poitiers (315-368) exerceram uma importante função de mediação entre a teologia oriental e a ocidental. A teologia ocidental partia (contra os arianos) da unidade da essência divina, ao passo que o pensamento oriental (contra os modalistas) enfatizava a diferença das pessoas e sua origem no Pai. A orientação última, porém, foi respectivamente – assim como na cristologia – a soteriologia e a economia da salvação. Além de Atanásio e de Hilário, devem mencionar-se, como pensadores pioneiros, Dídimo o Cego e os três capadócios, no Oriente, e Ambrósio, Jerônimo, Leão Magno e, sobretudo, Agostinho, no Ocidente.

Atanásio parte do acontecimento do batismo. O nome do Pai, do Filho e do Espírito designa o conteúdo da salvação transmitida no batismo. Com isso se afirma que Deus é o fundamento único da salvação e que este nome único "Pai, Filho, Espírito" é o próprio Deus. O Filho e o Espírito seriam, por conseguinte, como o Pai, o Deus único, e não titulares criados da salvação. A autocomunicação de Deus Pai no Filho e no Espírito não pode ter uma origem criada. Só assim se pode dizer que o próprio Deus se fez homem no homem Jesus de Nazaré. A Palavra eterna do Pai vem ao nosso encontro no homem Jesus de Nazaré com o propósito de nos divinizar e de nos tornar partícipes do movimento do Filho para o Pai no Espírito Santo. Por conseguinte, a partir da igualdade essencial resulta a unidade essencial que se realiza no âmbito intradivino e se revela no âmbito da economia da salvação na diferença do Pai, do Filho e do Espírito.

Com os arianos, Atanásio parte da diferença radical entre Deus e o mundo. Contra eles, objeta que a palavra "Deus" não designa uma natureza abstrata nem um sujeito monopessoal absoluto (concebido no sentido da substância metafísica), ao qual se acrescentam acidentalmente as relações. Pois se assim fosse, Deus só seria Pai quando se refere ao Logos criado e o introduz na relação filial. Na realidade, porém, Deus possui sua própria essência, porque é eternamente o Pai do Filho e a origem do Espírito. Para diferenciar a processão intradivina do Filho da procedência do mundo a partir da vontade do Pai e da mediação criadora do Espírito, Atanásio recorre às designações "geração" ou "nascimento eterno". Nesse sentido, ele insiste no caráter inefável da processão do Filho a partir do Pai. Aqui restam ao pensamento humano só analogias débeis que não desvendam o mistério, mas que precisamente querem protegê-lo de qualquer racionalização. Em todas as ações de Deus para fora, Ele se revela sempre como o Pai que atua por meio do Filho no Espírito Santo. Por fim, essa filiação do Logos, igual em essência ao Pai eterno, se revela para nós na encarnação de Cristo na Virgem Maria. Só porque foi Deus quem sofreu por nós na natureza humana assumida é que Ele está próximo do ser humano no amor de Jesus Cristo crucificado e ressuscitado, e assim fomos incluídos na vida divina.

Conhecemos também a processão do Espírito no fato de que nos foi enviado como mestre para nos levar ao conhecimento do Filho e do Pai (1Cor 12,3). O Espírito de Deus, que vem das profundezas da divindade que só Ele penetra (1Cor 2,10s.), é o próprio Deus, mas distinto do Pai e do Filho. Só nele sucede a comunhão vivificante com o Pai e com o Filho (cf. 1Cor 1,9). A processão do Filho a partir do Pai tem que se distinguir da processão do Espírito já pelo simples fato de que entre o Filho e o Espírito não há um paralelismo pleno, como se fossem irmãos. O Espírito não procede do Filho do mesmo modo que o Filho procede do Pai. Ambos procedem do Pai de uma maneira própria e específica, no entanto, sem gradação no sentido de uma subordinação (subordinacionismo), ou seja, ambos possuem a mesma essência divina.

No Sínodo de Alexandria de 362, Atanásio faz alusão às diferenças das formas linguísticas e conceituais dos latinos e dos gregos no que diz respeito à doutrina da Trindade; reconhece, contudo, o ponto comum na fé. Conhece o esforço do espírito humano finito para expressar o mistério por meio da linguagem. Assim como Santo Hilário (obra principal: *De Trinitate*), sabe da problemática fundamental do pensamento teológico, que só pode falar do mistério de Deus de modo analógico. No entanto, fundamentalmente se pode afirmar: as formas linguísticas e conceituais devem ser adaptadas aos fatos; os fatos não devem ser espremidos para dentro de conceitos humanos preestabelecidos.

## 5 *A doutrina trinitária dos capadócios*

Em seus escritos antiarianos, em que defendem a igualdade essencial (*homoousia*) do Filho e a verdadeira divindade do Espírito na diferença pessoal do Filho e do Pai, os capadócios falam também da problemática trinitária. Ofereceram uma contribuição essencial à precisão terminológica e conceitual do mistério da Trindade. Ao rejeitarem uma falsa compreensão modalista do *homoousia* do Filho, chegaram a um aclaramento conceitual: *ousia* (lat. *substantia, essentia*) designa o ser e a essência divina comum, ao passo que *hypostasis* (lat. *subsistentia, persona*) expressa a autonomia pessoal do Pai, do Filho e do Espírito. Gregório de Nazianzo chama a hipóstase também de *prosopon* e estabelece assim uma ponte para a teologia ocidental. No entanto, para não favorecer a equivocada interpretação modalista – *prosopon* significava originalmente a "máscara de um ator", retirada de novo após a apresentação –, Gregório exclui expressamente essa conotação, pois "Pai, Filho e Espírito" não são apenas papéis diferentes de uma divindade monopessoal unitária.

No conjunto, os capadócios lançam mão – a exemplo de seu modelo Atanásio – de argumentos histórico-salvíficos e soteriológicos. Quando, nesse contexto, desenvolvem repetidamente também especulações sobre a Trindade imanente, para eles se trata principalmente – com finalidade apologética – de demonstrar a não contradição da fórmula de uma essência divina única nas três hipóstases divinas. Só de uma maneira muito condicionada, e não sem modificações essenciais, recorrem às categorias neoplatônicas da unidade do Absoluto divino (*Hen*) e da emanação das hipóstases subordinadas. O mesmo se pode dizer a respeito da aplicação das categorias aristotélicas de substância e de relação (que Aristóteles enumera entre os acidentes). Assim como foi preciso reelaborar inteiramente o conceito de hipóstase como termo teológico técnico, assim também se fez necessário dar ao conceito de "relação" uma fundamentação ontológica inteiramente nova, orientada na experiência da autorrevelação de Deus.

As hipóstases divinas não podem simplesmente existir como uma justaposição paralela. São o Deus único somente porque, unidas umas às outras, constituem a unidade de Deus. Foi, sobretudo, Gregório de Nazianzo quem, em conexão com o conceito de hipóstase, introduziu a ideia da relação na doutrina da Trindade e exerceu uma profunda influência nas concepções trinitárias de Agostinho. As hipóstases divinas mantêm entre si uma relação de origem, a saber, a *ordo relationis*. A essência da divindade se encontra originalmente no Pai (= monarquia do Pai) que, na realização de sua própria essência como Deus, engendra eternamente o Filho e faz também proceder eternamente de si mesmo o Espírito Santo. Nesse sentido, Gregório de Nazianzo escreve:

> "Pai não é uma designação da essência nem da atividade, mas da relação (σχέσις), que indica como se relaciona o Pai com o Filho e o Filho com o Pai" (or. 29,16).

As relações que surgem do Pai não representam um movimento depreciativo descendente nem fundamentam uma hierarquização qualitativa em Deus. Antes, trata-se de superar o subordinacionismo por meio de uma coordenação relacional. Cada pessoa tem sua propriedade, por meio da qual se diferencia das duas outras pessoas no sistema de relações de origem que fundamentam a *homoousia* do Filho e do Espírito com o Pai. Nessa hipóstase e relacionalidade, são o ser, a essência e a vida do Deus único. Só assim se pode dizer que o Pai é ingênito (ἀγεννησία), que realiza hipostaticamente sua paternidade e, assim, sua divindade na eterna geração do Filho (ἐκπόρευσις) e na procissão do Espírito Santo (ἔκπεμψις), que o Filho realiza hipostaticamente sua filiação e, assim, a divindade ao ser engendrado pelo Pai ou nascer eternamente dele e que como Filho eterno do Pai se realiza nele (em gratidão), ao passo que o Espírito Santo realiza hipostaticamente sua procissão do Pai e possui a essência divina na autodoação do amor do Pai (Gregório de Nazianzo, or. 25,16).

## 6 A doutrina da Trindade de Agostinho

Agostinho exerceu uma influência extraordinária sobre a doutrina da Trindade da Escolástica ocidental.

Estabeleceu uma clara distinção entre a fé eclesial na unidade de Deus nas três pessoas e as tentativas de aprofundar a compreensão teológica. Devido ao peso atribuído à Trindade imanente, muitos intérpretes o entenderam erradamente como se no primeiro plano de seu pensamento estivesse a unidade essencial de um sujeito/espírito absoluto, concebido de modo monopessoal, a partir do qual se deduziriam as três pessoas como especificações adicionais. Isto fica claro já na fórmula *Deus trinitas est*. O modelo comparativo com a alma humana, dotada das faculdades do entendimento e da vontade, condicionaria de fato uma dedução do mistério da Trindade a partir de um conceito geral da divindade. Surgiria, assim, por um lado, uma teologia metafísico-psicológica, conectada só frouxamente com a Trindade econômica e com o conhecimento da Trindade a partir do mistério de Cristo e do envio do Espírito. Essa objeção, bem como o reparo de que se limitou a transpor o sistema emanacionista neoplatônico às processões intradivinas, poderia estar determinada por uma certa perspectiva de percepção, característica, por exemplo, dos séculos XVII e XVIII, condicionada pelo divergente desenvolvimento da concepção filosófico-deísta de Deus, por um lado, e por uma fé na revelação histórico-contingente constitutiva para a concepção cristã de Deus, por outro lado. Agostinho está convencido de que, apesar de todos os auxílios conceituais oferecidos pelas analogias naturais (*vestigia trinitatis*), só a autorrevelação histórica de Deus é a origem e a condição permanente do conhecimento da Trindade imanente. Também no marco da compreensão da essência divina como amor, ele excede em muito o universo das ideias neoplatônicas. Neste, era completamente estranha a ideia de que o amor eterno de Deus se revela historicamente na humildade, na pobreza e na obediência do Filho de Deus crucificado. Para Agostinho, Jesus Cristo é o mediador único que nos leva ao conhecimento e ao amor de Deus e em que esse amor e esse conhecimento se manifestam. Se a alma, também como imagem criada de Deus, possui uma dinâmica que a orienta para Deus e só pode alcançar sua plenitude na participação da vida divina, então só pode retornar a sua imagem original, na história concreta, por meio da encarnação do Logos e do envio do Espírito Santo a nossos corações (segundo a passagem da Escritura citada frequentemente por Agostinho: Rm 5,5), ou seja, só pode ingressar na comunhão com o Deus do amor trino através da mediação histórico-salvífica do Filho e de seu Espírito.

O pensamento de Agostinho confronta-se com os dois extremos do sabelianismo e do arianismo. Contra o *arianismo* tardio, enfatiza a igualdade essencial do Pai, do Filho e do Espírito. Por conseguinte, também na Trindade imanente de Agostinho, a ideia grega da monarquia (= o princípio sem princípio) perde um pouco da importância, sem ser esvaziada por completo. Pois o Pai é *principium*, *fons et origo* da divindade inteira e da processão do Filho e do Espírito (trin. IV, 20, 29). O Pai é *principium sine principio*, o Filho *principium de principio*. O Espírito Santo procede *ab utroque*. No entanto, na Trindade econômica a ideia da monarquia do Pai reaparece com maior intensidade.

Ao passo que no Oriente se reflete de modo mais linear, avançando da ordem interna da Trindade até a ordem econômico-salvífica (do Pai pelo Filho no Espírito), Agostinho, por sua vez, considerava a Trindade imanente de uma maneira mais circular e fechada em si. O processo trinitário vital vai do Pai ao Filho e se encerra no Espírito Santo, que é a comunhão de ambos como amor. Portanto, o ser pessoal do Espírito Santo pode ser entendido como o amor mútuo do Pai e do Filho. No entanto, também Agostinho faz os processos intradivinos (*productiones*) desembocarem nas missões (*missiones*) temporais. O Filho está de fato no tempo em virtude da encarnação e o Espírito por meio da efusão escatológica. Por isso, nós, seres humanos, lidamos realmente na história e na vida pessoal com o próprio Deus e somos santificados e divinizados pelo Deus trino.

A mais importante contribuição de Agostinho se encontra na doutrina da relação, que ele já vê esboçada em Gregório de Nazianzo. Mantém sempre alguma reserva frente ao já naturalizado conceito de "pessoa" devido à possível interpretação equivocada decorrente do seu significado original como máscara ou papel dos atores do teatro. O conceito de pessoa deveria ser internamente interpretado como orientado à hipóstase e, assim, deveria superar a categoria de substância (concebida como algo fechado em si e carente de relações).

A relacionalidade já está nos nomes bíblicos do Pai e do Filho. Não se deveria partir de um conceito de pessoa concebido como substância e complementá-lo exteriormente com a categoria de relação. Antes, a relacionalidade já se encontra na própria pessoa, a saber, na paternidade, na filiação e no ser-espirado do Espírito Santo. Em Deus, pois, tudo é uno, exceto o que se afirma de cada uma das três pessoas com sua diferente relação com as outras (civ. XI,9,10; cf. Anselmo de Canterbury, *De processione spiritus sancti*, 1; também o Concílio de Florença, DH 1330). Diferentemente da tabela aristotélica das categorias, aqui as relações não são acidentes. Trata-se de relações reais, ou seja, constitutivas da essência. Pertence à essência eterna de Deus ser desde a eternidade Pai do Filho (isto é, *relatio realis*). Diferentemente do ser Pai, o ser criador não é elemento constitutivo da essência eterna de Deus, porque a criação não é necessária, mas livremente posta a partir do amor (ou seja, *relatio rationis*).

As pessoas não são parte, fases ou momentos de Deus, mas cada pessoa singular é em si mesma, na relação com as outras, o Deus único e verdadeiro. Por isso deve dizer-se *Deus est Trinitas*. A diferença entre as pessoas consiste na ordem das relações e não na diferença real de uma essência preexistente a elas ou concebida como realidade abstrata. Antes, o ato essencial de Deus coincide com as pessoas, que só se diferenciam na relação que estabelecem entre si.

A peculiaridade do Espírito Santo consiste em ser, na eternidade, o dom recíproco que o Pai faz ao Filho e em que o Filho se doa de novo, em amor, ao Pai. Nele eles se distinguem entre si e nele se conquistam eternamente como a comunhão no amor. O Espírito Santo é *donum*, *amor* e *communicatio* ou *communio*.

Considerando a partir da perspectiva da Trindade econômico-salvífica, isto significa: O Espírito é o dom (*donum*) soteriológico e histórico-salvífico de Deus e Deus é quem se doa (*se donans*). O Espírito é o amor de Deus a nós e em nós e é, ao mesmo tempo, Deus em sua autocomunicação gratuita, que sustenta nossa resposta na fé, na esperança e no amor e nos insere para sempre na comunhão do amor de Deus. Por conseguinte, o indivíduo (em sua alma) e a Igreja se convertem em imagem, sinal e sacramento da comunhão das pessoas divinas e da comunhão do Pai, do Filho e do Espírito.

A teoria de Agostinho, conhecida como "analogia psicológica da Trindade", não pretende de modo algum deduzir o mistério de Deus trino a partir de uma espécie de estrutura original triádica da alma. As estruturas triádicas (*mens-notitia-amor* ou *memoria-intellectus-voluntas*) são somente *vestígios* e *imagens*, *vestigia* e *imagines trinitatis*. Como auxílios para a compreensão, porém, essas analogias metafóricas obtidas da antropologia são preferíveis às analogias da natureza (peso, número, medida; sol, raio, luz) ou do âmbito da cultura, por exemplo, quando se diz que a gramática, a retórica e a dialética configuram a essência única da linguagem, também quando se as aplica para esclarecer e tornar mais compreensível a afirmação central da fé cristã. Aqui se trata sempre de auxílios para a compreensão e não de esclarecimentos da realidade nem de deduções. O conhecimento da Trindade imanente requer a Trindade econômica. Por isso, a verdadeira *imago trinitatis* é o ser humano Jesus (2Cor 4,4), em sua relação filial como o Pai, mediada pelo Espírito Santo, que subsiste na PALAVRA eterna. Nela se revela a relacionalidade interna de Deus Pai com seu Filho/Palavra e seu Espírito (cf. Lc 10,21s.; 1Jo 4,8-16; Rm 8,3.9 passim).

### 7 *A transição para a Escolástica*

Agostinho foi a autoridade mais significativa para o desenvolvimento da teologia trinitária na Escolástica ocidental. Grande apreço gozaram também os escritos de João Damasceno, que deu uma sistematização conclusiva à doutrina da Trindade ocidental.

A influência agostiniana foi efetiva em três níveis:

1) A *Escola dos vitorinos*, especialmente *Ricardo de São Vítor*, e mais tarde os franciscanos, com *Boaventura e João Duns Escoto*, partiam da ideia de Deus como a essência eterna que é amor e culmina seu movimento no Espírito Santo. O Espírito Santo é o laço do amor entre o Pai e o Filho.

2) *Anselmo de Canterbury* e, em seguida, a *Escola dominicana*, que tem seu ponto alto em Tomás de Aquino, explicaram, a partir da análise do Espírito e de suas realizações básicas do conhecimento e da vontade, a essência do Deus trino. Tampouco a continuação da doutrina psicológica trinitária significa uma dedução da Trindade a partir de um conceito (como, p. ex., espírito ou amor). Ela se estrutura evidentemente com base no conhecimento da Trindade mediado pela revelação.

3) Os esboços histórico-salvíficos abrangentes de *Ruperto de Deutz* e *Joaquim de Fiore* (com sua bastante questionável doutrina dos reinos que se sucedem em escalonamento cronológico do Pai, do Filho e do Espírito) têm seu ponto de referência último no mistério do Deus trino, a origem, o princípio e o fim da criação, da história e do ser humano.

### 8 *A doutrina trinitária de Ricardo de São Vítor*

A originalidade de Ricardo de São Vítor († 1173) consiste em conceber o mistério da Trindade como a vida interior de Deus como amor (1Jo 4,8.16). Entende Deus – diferentemente de Anselmo de Canterbury – não como a realidade, para além da qual não se pode imaginar nada maior, mas como o *bem supremo, para além do qual não se pode almejar nada melhor – summum bonum, quo nihil melius intendi potest* (trin. I,11.20; V,3).

Uma vez que Deus como o supremo bem é almejado pelo nosso amor, deve ser em si mesmo o amor. No entanto, o amor só pode ser concebido em sentido dialogal. Uma mera referência a si mesmo, que existiria sem a mediação de uma autodoação, seria algo imperfeito, impróprio do amor de Deus. Deus deve ser, do modo mais supremo, a unidade do almejado e do almejável, do amor e do ser amado. Só na relação do eu e do tu realiza-se dialogalmente o amor divino, que alcança sua consumação quando a nova relação se abre a um terceiro, em que se mostra seu amor. O terceiro é o *condilectus* dos amantes, na terminologia trinitária o Espírito Santo, em que se encontram e se consumam o amor do Pai e o do Filho. É distinto do Pai e do Filho, mas pertence à esfera de Deus e tem, por conseguinte, sua própria hipóstase divina. O Pai é o puro amor doador, o Filho é o amor receptor e doador, o Espírito Santo é puro amor receptor, em que se amam o Pai e o Filho.

Essas relações de origem constituem as propriedades que formam a pessoa do Pai, do Filho e do Espírito. Não devem confundir-se essas propriedades com as apropriações, ou seja, com as associações, mais acidentais, de determinadas qualidades divinas com determinadas pessoas (p. ex., o poder com o Pai, a sabedoria com o Filho, a bondade com o Espírito Santo). Essas apropriações não configuram a pessoa.

De grande importância é a crítica de Ricardo ao conceito de pessoa de Boécio (tract. theol. V, 3: *persona est rationalis naturae individua substantia*. Aqui se entende *persona* como equivalente de *hypostasis*). Nessa definição falta qualquer referência à relacionalidade, de modo que esse conceito de pessoa não pode ser aplicado à Trindade. A substância individual seria a divindade de Deus. Sob esses pressupostos, uma diferença das pessoas não é concebível, sem cair no triteísmo. Quando Ricardo diz substância em vez de existência, chega à seguinte descrição do conceito de pessoa em si indefinível: "*Persona est intellectualis naturae incommunicabilis existentia* – Pessoa é a existência incomunicável de uma natureza intelectual" (trin. IV, 23).

Em contraste com a definição de Boécio, esse conceito é aplicável analogicamente tanto à pessoa divina como às pessoas criadas. Ao passo que *substantia* designa só estaticamente a imediatez (= a não intercambiabilidade) da pessoa, *existentia* significa tanto a posse individual do ser como o "de onde" do ser individual. Segundo esta concepção, na essência divina as processões (das pessoas do Filho e do Espírito) designam a personalidade como uma autopertença a respeito das outras pessoas. Uma pessoa divina é uma maneira de existência imediata da natureza divina. A natureza divina pertence a todas as três pessoas em virtude das três processões, a saber, do Filho a partir do Pai e do Espírito Santo a partir do Pai por meio do Filho.

## 9 A doutrina trinitária de São Boaventura

Boaventura (1217-1274) desenvolve sua doutrina da Trindade no primeiro livro de seu *Comentário de sentenças*, no *Breviloquium*, no *Itinerarium mentis in Deum*, bem como, por fim, nas *Quaestiones disputatae de mysterio SS. Trinitatis*. No sentido de Ricardo de São Vítor, concebe a essência metafísica de Deus como *summum bonum*. Associa-a com a ideia neoplatônica do bem, que se comunica essencialmente (*bonum diffusivum sui*). Deus consuma sua essência numa comunicação eterna de sua natureza divina, que só pode acontecer no âmbito intradivino. A autocomunicação de Deus à criatura tem outro caráter e deve ser diferenciada daquela. Deus possui a si mesmo como Deus em sua essência como comunicante e comunicado. É a essência de Deus se difundir tanto em virtude de sua natureza como por causa de sua vontade na comunicação de sua essência divina inteira, de modo que está dada a diferença do Pai e do Filho, bem como sua unidade no Espírito Santo com a essência de Deus. As pessoas em Deus adquirem, só de certa forma, um "rosto" e suplantam a definição metafísica formal assim como está posta no conceito de *hypostasis*. O Pai é o princípio sem princípio do amor, o Filho é o *dilectus* e o Espírito é o *condilectus* no amor do Pai e do Filho. Seguindo a tradição latina, Boaventura fundamenta a unidade essencial e a diferença pessoal na transmissão comunicativa da natureza divina. No sentido da doutrina da *pericorese*, é a plena compenetração mútua e a interioridade de cada uma das pessoas divinas nas outras, o que preserva a unidade e a comunhão das pessoas divinas na sua vida e na essência.

### a) As processões intradivinas

Diferentemente de Tomás de Aquino, Boaventura entende que são as processões intradivinas, e não as relações, que constituem as pessoas. As processões fundamentam as propriedades pessoais. Assim, o Pai não é senão o que engendra, o Espírito não é senão o Deus que brota do amor do Pai e do Filho.

A propriedade pessoal/nocional do Pai é seu ser ingênito (inascibilidade, agênese). Com ele seu ser Pai é a fonte geradora da divindade e, derivada dela, também o fundamento gerador do ser da criação e do curso da história da salvação. O Filho possui sua propriedade pessoal no fato de ser imagem ou palavra do Pai. O Espírito Santo a possui pelo fato de ser o dom e o laço do amor entre o Pai e o Filho. Num movimento de aproximação com a doutrina grega da monarquia, Boaventura se refere claramente a uma *primitas* do Pai. Porém, aqui não se pode falar de uma separação entre a essência divina e as relações que marcam a origem.

### b) O Filho de Deus encarnado como mediador

A teologia franciscana está profundamente determinada pelo seu acentuado cristocentrismo. Esse tem raízes no *logocentrismo* intratrinitário de Deus. A mediação do Logos na criação culmina na mediação salvífica do *verbum incarnatum*. Só na cruz e na ressurreição a imagem divina do ser humano chega a sua plena eficácia quando, como consequência do perdão dos pecados, se torna possível a participação na atitude filial de Cristo ante o Pai no Espírito. Assim, Jesus Cristo permanece o meio e o mediador. Não haverá uma nova era em que o Espírito Santo ocuparia o lugar do período de Cristo na história da salvação. O Espírito Santo conduz repetidamente à obra e à verdade de Cristo, que media, tanto na história da salvação como no âmbito intratrinitário, a comunicação com o Pai. Dessa maneira, Boaventura se volta contra a divisão em períodos da história da salvação proposta por Joaquim de Fiore com sua doutrina dos três reinos sucessivos do Pai, do Filho e do Espírito (cf. a condenação das especulações histórico-teológicas da Trindade de Joaquim de Fiore no IV Concílio de Latrão de 1215: DH 803-808).

### c) O Espírito como dom escatológico

Em termos intratrinitários, o Espírito é o laço de amor entre o Pai e o Filho. Em seu envio ao mundo, o Espírito se revela como o laço entre a alma redimida e o Deus trino. Em oposição a Pedro Lombardo (cf. Sent. I.q.17), Boaventura distingue entre o Espírito Santo como pessoa divina e dom incriado da salvação e a condição criada da graça na alma, a chamada "graça santificante". O Espírito procede de Deus e flui na alma. Modifica e eleva a atividade da nossa alma ao capacitá-la para responder ao chamado do amor de Deus mediante as virtudes teológicas/sobrenaturais da fé, da esperança e do amor. Essas podem expressar uma relação adequada (apropriada) a Deus. Na fé concebemos Deus Pai como a verdade, na esperança a Deus Filho como a promessa da salvação futura, e no amor experimentamos o Espírito Santo que faz com que Deus, como o bem supremo, nos atraia e nos abrace.

Ao movimento trinitário de Deus para nós corresponde o movimento de configuração trinitária da alma para Deus. É na alma que habita o Deus trino.

No âmbito eclesiológico, a Igreja deve ser considerada fundação do Pai e corpo místico de Cristo. Ela é vivificada por meio do Espírito Santo, que lhe dá seus serviços, seus ministérios e seus carismas. O Espírito Santo guia a Igreja à sua consumação, quando tem participação plena na vida trinitária de Deus.

### *10 A teologia trinitária de Santo Tomás de Aquino*

#### a) Tomás de Aquino na tradição da doutrina trinitária agostiniana

A doutrina da Trindade de Tomás de Aquino deve ser exposta e valorizada no contexto geral de sua teologia, assim como se evidencia na estrutura da *Summa*. O Deus trino é a origem da criação e da história da salvação. O ser humano é o destinatário da ação salvífica de Deus e, mediado pelo Deus-homem Jesus Cristo, alcança pela graça a comunhão com o Deus trino. Na primeira parte da *Summa theologiae*, Tomás de Aquino expõe a doutrina da unidade da essência divina (I. q. 2-26); nas *quaestiones* 27-43, fala da diferença das pessoas divinas.

Não seria correto identificar aqui a origem da posterior divisão do tratado sobre Deus em *De Deo uno et trino*, habitual desde a Escolástica do Barroco e na Neoescolástica. Essa divisão só é possível com o pressuposto da moderna cisão entre um conceito teísta/deísta de Deus da filosofia, por um lado, e uma doutrina – derivada da revelação sobrenatural concebida nos termos da teoria da informação – sobre a essência de Deus, por outro lado.

Esta cisão tem por base também a divisão entre natureza e graça e, como contexto epistemológico, a divisão entre razão e fé ("ideia dos dois andares").

Dado que Tomás de Aquino não parte da concepção neoplatônica de uma ideia inata de Deus, considera a razão humana capaz de abrir passagem através do mundo até a certeza da existência de Deus. Essa razão vinculada ao mundo pode chegar, através da revelação, a um conhecimento sobrenatural de Deus. Para ela, porém, sempre permanece determinante a mediação interna da razão e da luz da fé. Por conseguinte, nenhum tema teológico, tampouco a doutrina da Trindade, pode ser deduzido simplesmente a partir de um conceito obtido por meio da revelação. Em virtude de sua referência ao mundo, o ser humano adquire inclusive um primeiro acesso à realidade de Deus pela mediação da razão discursiva, que se certifica da validez de seus pressupostos. No entanto, o que se diz da unidade na essência e da Trindade das pessoas é transmitido a essa razão por meio da revelação e, inversamente, é analisado teologicamente por meio da razão (que não se identifica *a priori* com o autoconhecimento de Deus) iluminada pela fé.

Segundo Tomás, a revelação é relevante tanto para nosso conhecimento de Deus como para o conhecimento da Trindade divina. Pois no conhecimento de Deus e na comunhão com Ele como verdade e vida consiste a salvação do ser humano:

> O conhecimento das pessoas divinas era necessário por duas razões.
> A primeira, para julgar retamente sobre a criação das coisas. Com efeito, afirmando que Deus tudo fez por seu Verbo, exclui-se o erro segundo o qual Deus produziu as coisas por necessidade de natureza. E afirmando nela a processão de amor se demonstra que se Deus produziu as criaturas não é porque delas necessite, nem por nenhuma outra causa exterior, mas pelo amor de sua bondade.
> A segunda razão e a principal, para julgar retamente sobre a salvação do gênero humano, que se realiza pela encarnação do Filho e pelo dom do Espírito Santo (S. th. I q. 32 a.1 ad 3).

### b) As processões em Deus

No conceito *pro-cessio* (ἐκπόρευσις; cf. Jo 8,42; 15,26) deve diferenciar-se entre a *processio Dei ad extra*, por exemplo, a processão da criação a partir da capacidade criativa de Deus (*processio operationis*, ou seja, a passagem de uma possibilidade passiva para a existência atual) e a processão intradivina do Filho e do Espírito a partir do Pai (*processio operati*). O Filho e o Espírito não procedem do Pai por causa de uma necessidade de vir a ser (p. ex., porque o Pai se sentiu só), mas porque a atividade absoluta do Pai na consumação de sua paternidade é a mais pura autocomunicação de sua divindade ao Filho na processão do Espírito. O Pai nunca possui sua divindade sem a atividade de gerar o Filho e de espirar o Espírito próprio de sua essência. O princípio dessa comunicação de sua essência (*principium quod*) não é distinto do Pai, mas é o próprio Pai que se comunica (*principium quo*). É a fonte e a origem de toda a Trindade (*fons et origo totius trinitatis*: DH 525). A peculiaridade da processão do Filho é chamada de geração (γέννησις, *generatio*; cf. Jo 1,18; 3,16.18; Hb 1,5). Um conteúdo idêntico se encontra no enunciado de que o Filho de certo modo nasceu da essência (*ex sinu/utero patris*) do Pai (DH 150, 526). Contra a doutrina ariana da condição de criatura do Logos, o conceito de *gerado* enuncia a igualdade essencial do Filho com o Pai. Portanto, o Filho não surgiu do nada ou de uma substância criada, Ele *não foi criado*. Uma vez que o Filho é a Palavra do Pai (Jo 1,1.14; 1Cor 1,24; Cl 1,15; Hb 1,3), o modo de processão pode ser designado como uma *processio per modum intellectus* (cf. Justino, dial. 61,2). O Pai se expressa a si mesmo num *verbum mentis*. Na palavra pronunciada reconhece a si mesmo e, assim, também todo o cognoscível do mundo criado (cf. a mediação do Logos na criação). Consoante à substância, a palavra se identifica com o Pai, mas se distingue dele – e configura a pessoa – em virtude da relação existente entre a ação de pronunciar e o conteúdo do pronunciado.

Na processão do Espírito, o Pai é o princípio original (DH 1330s.). Na forma de espiração (*spiratio*), o Espírito procede do Pai (e do Filho) e, por isso, se chama acertadamente *spiritus sanctus* (= *divinus*) ou πνεῦμα ἅγιον (cf. Jo 20,22).

O processo da espiração está menos associado ao ato da comunicação intelectual do que ao da vontade de fazer proceder. Como pessoa divina o Espírito Santo procede *per modum voluntatis* ou *per modum amoris*.

A diferente concepção da processão do Espírito (segundo a doutrina oriental "só do Pai", segundo a doutrina ocidental "e através do Filho", *filioque*) deu origem à *controvérsia de filioque*. O III Sínodo de Toledo de 589 utilizou, para a concepção latina de que o Espírito procede *ab utroque*, a expressão *filioque* (DH 470). No entanto, o Espírito procede *principaliter* do Pai, que possui a essência divina como *principium sine principio*, ao passo que procede do Filho na medida em que este é *principium de principio* (cf. a concepção oriental em João Damasceno, fid. orth. I, 8.12).

A exemplo de Agostinho, também Tomás parte da unidade essencial de Deus na igualdade das pessoas. Na sua unidade essencial, porém, Deus não subsiste antes ou fora das relações subsistentes que são as pessoas divinas. Os escritos bíblicos falam de uma realização dinâmica vital de Deus e utilizam nomes que designam processões intradivinas (filho, palavra, espírito, sopro). Também Tomás considera que, apesar da infinita diferença entre Deus e o espírito humano, a analogia agostiniana da realização espiritual humana é um auxílio especialmente adequado para uma melhor compreensão. Pois o ser humano foi criado como imagem de Deus. A utilização efetiva dessa analogia, entretanto, já pressupõe o conhecimento da Trindade a partir da revelação positiva e não tem nada a ver, portanto, com uma dedução a partir de um conceito ou de uma ideia inata. No espírito humano, as realizações intelectuais e volitivas jamais podem produzir hipóstases próprias. No entanto, na autorrealização espiritual encontramos em primeiro lugar a autoexpressão na palavra interior (*verbum mentis*). A palavra interior é a expressão figurada e essencialmente igual de meu si-mesmo. Só estou em mim mesmo nesta dualidade interna da afirmação e do afirmado. Ao mesmo tempo, identifico-me com minha palavra interna em que estou presente para mim mesmo, ou seja, em que me afirmo, e essa autoafirmação do falante no falado é um acontecimento do amor. A realização espiritual humana sempre é, ao mesmo tempo, conhecimento e amor. Essa posição interna da palavra pode ser denominada também, em sentido analógico, *geração*, ou seja, *produção em igualdade essencial*. Em Deus pode falar-se, ainda que sempre em sentido analógico, da Palavra ou da imagem eterna como do Filho. À processão do amor se denomina metaforicamente *espiração*. O ato de espirar e respirar (*spirare*) são uma expressão sensível de uma igualação interna do amante e do amado e da vontade de comunicar-se a si mesmo também na palavra.

Aplicado à teologia trinitária, isto significa o seguinte: A Palavra eterna do Pai eterno procede na forma de geração. Por conseguinte, o Filho existe como a imagem perfeita do Pai, dado que se diferencia dele e, justamente nessa diferença, realiza, como subsistente, a plena essência da divindade.

O Espírito Santo procede do Pai quando o Pai de fato quer o Filho procedente dele, é o objetivo de sua vontade e, nesse ato volitivo, realiza também a unidade com o Filho como inclinação amorosa. Isto é uma realização subsistente e própria do ser de Deus que procede da relação do Pai e do Filho, se distingue dos dois e os distingue um do outro. Por isso, o Espírito é uma hipóstase própria em Deus.

Em perspectiva bíblica, o Espírito Santo não tem um nome próprio. A palavra "espírito" designa tanto a essência de Deus como a terceira pessoa divina e é tanto uma definição essencial como uma designação pessoal.

### c) A formação das pessoas por meio das relações

De acordo com a essência, a relação é a referência de alguma coisa a outra. Da relação fazem parte o portador (*hypostasis*), o fim (*terminus*) e o fundamento (*fundamentum*), que fundamenta e sustenta a oposição relativa dos dois correlatos (Tomás de Aquino, S. th. I q. 28 a. 3). Há relações reais e outras que são só lógicas ou mentais; além disso, devem-se distinguir as relações recíprocas (p. ex., entre o homem e a mulher no matrimônio) das unilaterais (p. ex., todas as relações da criação a Deus; elas são uma relação livremente estabelecida por Deus com o mundo, porque o mundo não pertence em si à realização essencial de Deus).

Aplicado à vida intradivina, surgem *quatro* relações:
1) a relação do Pai ao Filho na *geração ativa* ou paternidade (= *generare*);
2) a relação do Filho ao Pai no *ser-gerado/ser-nascido passivo* ou a filiação (= *generari*);
3) a relação do Pai e do Filho ao Espírito Santo na *espiração ativa* (= *spirare*);
4) a relação do Espírito ao Pai e ao Filho no *ser-espirado passivo* ou a personalidade do Espírito (= *spirari*).

Dessas quatro relações, somente três se diferenciam realmente entre si e configuram a pessoa: o gerar (o ser Pai), o ser gerado (o ser Filho) e o ser espirado (o ser Espírito), ao passo que a espiração ativa coincide com o ser Pai e com o ser Filho e somente existe uma distinção conceitual, não real.

Entre a essência divina e as relações configuradoras das pessoas não há nenhuma diferença real (contra a posição de Gilberto de Poitiers). As pessoas divinas não estão referidas à pessoa divina, nem justapostas à única relação configuradora da pessoa (DH 745; 803). As pessoas divinas não procedem de uma natureza comum a elas (como partes ou indivíduos independentes de uma natureza geral), mas do Pai, que possui a natureza divina sem recebê-la de outro princípio e a comunica, em igualdade de essência, ao Filho e ao Espírito. A natureza individual e numericamente una de Deus subsiste na relacionalidade original configuradora da pessoa do Pai, do Filho e do Espírito. Nas coisas criadas, uma substância subsiste por si mesma como portadora de possíveis atividades, de modo que suas manifestações exteriores são acidentais no tocante a sua subsistência. Mas em Deus as coisas são essencialmente distintas, pois o sujeito da atividade da comunicação e da recepção se identifica estritamente com o ato da comunicação. Em Deus não há relações acidentais. A constituição das pessoas divinas se identifica com a relacionalidade do Pai como princípio sem princípio da divindade. As pessoas divinas são, portanto, relações subsistentes, ou as relações subsistentes são as pessoas divinas.

Para assinalar a diferença entre as pessoas não basta considerar as processões. Somente a consciência das relações permite conhecer o nexo entre a Trindade e a unidade essencial.

Das processões surgem quatro relações, das quais três são configuradoras das pessoas: a paternidade, a filiação e a espiração do Espírito; da relação do Espírito com o Pai e com o Filho não surge uma nova pessoa divina.

É nesta oposição das relações de origem, porém, que se realiza a essência trinitária de Deus.

Desse modo, em Tomás, a *relação* é o conceito-chave da doutrina da Trindade. Esse era um passo decisivo que vai além de Aristóteles. Pois na lógica e na epistemologia aristotélica somente há relações predicamentais (porque a categoria de relação pertence aos acidentes), como, por exemplo, a relação de um filho com seus pais, que somente é uma determinação predicamental, enunciada do sujeito. A essência do filho é o ser humano e não a relação com seus pais.

Na esfera da criação, a subsistência não pode se identificar totalmente com uma relação predicamental. Dessa forma, a autonomia da criatura seria anulada e, no ser humano, seu ser pessoal seria destruído, ou pelo menos o ser pessoal na dimensão empírico-psicológica da comunhão de comunicação humana seria reduzido e, dessa maneira, seria excluído que a hipóstase, fundamentada no ato da criação, é o pressuposto metafísico da realização histórica, comunitária e dialogal da personalidade humana.

Segundo Tomás, porém, deve admitir-se em Deus uma *relação subsistente*. Somente em Deus uma relação pode existir como pura referência e, assim, estabelecer o fundamento constitutivo único de uma pessoa divina.

Somente quando o Pai, o Filho e o Espírito subsistem em relação recíproca na realidade pessoal única de Deus, elas podem se entender, justamente por meio desta oposição, como hipóstases ou pessoas distintas entre si.

No ser humano, as realizações fundamentais do entendimento e da vontade só estão acidentalmente referidas à substância humana. Em Deus, porém, que realiza sua essência eterna na geração da imagem-Filho e no amor volitivo, as relações opostas são designadas como as três pessoas divinas. Assim, deve entender-se a essência de uma pessoa trinitária como relação subsistente. A oposição da referência mútua constitui a diferença das pessoas, e a unidade da essência consiste precisamente na relacionalidade das pessoas.

A vantagem dessas reflexões é que não se emprega, primeiramente, o conceito de pessoa de modo absoluto para, em seguida, ter de diferenciá-lo a muito custo por meio do conceito de relação.

Não se defrontam, por assim dizer, três pessoas que, então, devem ser entendidas como constituindo uma unidade posterior, mas que a *pessoa* está caracterizada de antemão pela relação subsistente. A *subsistência* e a *relacionalidade*, porém, são os dois momentos que se constituem reciprocamente e que, por fim, constituem a essência da pessoa divina.

Entre a essência divina e as relações de pessoas subsistentes não surge, de modo algum, uma diferença essencial. Pois as pessoas divinas não se contrapõem à essência comum, mas, antes, ao diferenciar-se apenas se opõem entre si. Por isso, a diferença entre a essência divina e as relações pessoais é só conceitual, não real. A essência de Deus é a oposição entre as relações subsistentes, que nós reconhecemos e adoramos como Pai, Filho e Espírito, de acordo com o exemplo da Sagrada Escritura.

### As três pessoas divinas

Os conceitos de hipóstase (subsistência, pessoa) e natureza são o resultado da compreensão reflexiva do conteúdo da revelação estipulado na fé. Deve-se ter em conta que no dogma trinitário e cristológico e na antropologia teológica não se utiliza o conceito de *pessoa* em sentido unívoco, mas *analógico*. A natureza significa o modo como um ente participa do ser (*principium quo*), um modo de participação do qual se extraem os conceitos gerais (p. ex., árvore, homem). Uma vez que a existência de Deus se identifica com sua natureza divina, a palavra "Deus" não é um conceito geral, cujo conteúdo possa ser realizado em diversos portadores individuais. A palavra Deus designa, antes, a unicidade e indivisibilidade da realidade essencial do poder que se dá a conhecer na criação e na redenção como origem e fim.

Pessoa, no entanto, significa a realidade irredutível e não comunicável (= não intercambiável) desta natureza em seus portadores.

O conceito de pessoa experimentou uma mudança fundamental na filosofia moderna. Dela resultam várias compreensões equivocadas da doutrina trinitária clássica. A antropologia de René Descartes, segundo a qual o ser humano se compõe de uma substância espiritual e outra material, levou a um conceito (antropológico) de pessoa reduzido à consciência que se encontra numa natureza sensível. No período seguinte, influenciado pelo empirismo, identifica-se a autoexperiência do eu empírico-psicológico com a natureza e a soma de suas disposições materiais. Na aplicação deste conceito de pessoa a Deus, renuncia-se à substância espiritual absoluta de Deus, que possui sua essência em três centros de consciência.

*As propriedades e noções*

Da diferença relacional entre as pessoas decorrem determinadas propriedades que só podem ser enunciadas respectivamente a respeito de uma pessoa (embora sempre em vista das outras). Aqui se distinguem novamente:

• As propriedades *configuradoras da pessoa* (*proprietates personales*): a paternidade do Pai, a filiação do Filho e a expiração do Espírito.

• As propriedades *que diferenciam as pessoas* (*proprietates personarum*): por exemplo, a agênese do Pai, o ser gerado do Filho e a processão ativa do Espírito a partir do Pai e do Filho.

Trata-se de noções (*notiones*) das pessoas. Os atos nocionais são atividades em que as pessoas se diferenciam. Nesse sentido, cabem ao Filho o conhecimento e a palavra, ao Espírito o amor, embora o conhecimento e o amor constituam, enquanto tais, também a realidade essencial de Deus (*notiones essenciales*), assim como procede do Pai (cf. Jo 3,16: "Deus Pai amou o mundo").

Embora todas as obras da Trindade voltadas para fora sejam comuns a todas as três pessoas (segundo a *ordo processionis* que parte do Pai), há uma certa coordenação entre as propriedades absolutas (p. ex., poder, misericórdia, bondade) ou as obras de Deus na criação, na redenção e na santificação ou os nomes divinos (Deus como "Pai de Jesus Cristo", o Filho como "redentor e salvador", bem como o Espírito como "Senhor e doador da vida") e as três pessoas divinas (apropriações).

*A pericorese trinitária*

A interioridade de cada pessoa divina nas outras e sua indissolúvel comunhão na unidade da essência divina foi desenvolvida principalmente por João Damasceno na teologia oriental com a ideia da compenetração recíproca das pessoas (pericorese/*circumincessio*) (fid. orth. I, 8; 14; III,5).

A teologia trinitária oriental foi desenvolvida em oposição ao modalismo. Salienta a diferença das pessoas e fundamenta sua unidade na procedência do Pai. Para impedir a desagregação, enfatiza a recíproca in-habitação. A teologia ocidental parte, desde Agostinho, da unidade da essência divina e, contra o arianismo e o subordinacionismo, realça a igualdade das pessoas, motivo pelo qual o discurso sobre o Pai como a origem da Trindade perde um pouco de importância. O perigo aqui é que a essência de Deus se distancie demasiadamente das pessoas divinas. Por isso, a recepção ocidental da teologia de João Damasceno (século XI) sublinha novamente a *circumincessio* ou *circuminsessio* (= in-habitação recíproca) e a unidade das pessoas com a essência divina.

Fazendo referência a Fulgêncio de Ruspe, no *Decreto para os jacobitas* do Concílio de Florença, de 1442, se afirma:

> "Estas três pessoas são um só Deus, não três deuses, porque uma só é a substância das três, uma a essência, uma a natureza, uma a divindade, uma a imensidade, uma a eternidade, e tudo isso uma [unidade], sempre que a oposição de relação não impede. Por essa unidade, o Pai está todo no Filho, todo no Espírito Santo; o Espírito Santo está todo no Pai, todo no Filho... Tudo o que o Pai é ou tem, não o tem de um outro, mas por si mesmo, e ele é o princípio sem princípio. Tudo o que o Filho é ou tem, o tem do Pai e do Filho juntos. Mas o Pai e o Filho não são dois princípios do Espírito Santo, mas um só princípio, como o Pai, o Filho e o Espírito Santo não são três princípios da criação, mas um só princípio" (DH 1330s.).

### d) As missões divinas (*missiones*)

O conceito bíblico de missão (Gl 4,4; Rm 5,5; Jo 20,21) une a Trindade imanente e a econômica. A missão do Filho na encarnação e a missão do Espírito Santo na efusão do amor de Deus não são ações acidentais distintas de Deus, mas o próprio Deus em sua ação e em sua autocomunicação ao mundo. As missões do Filho e do Espírito são, de certo modo, o "prologamento" das processões intradivinas para o interior da criação. Quem se mantém fiel, na fé e no amor, ao Filho de Deus encarnado e se deixa alcançar por seu Espírito, será capacitado, mediante as missões divinas, a participar, pela graça e pelo amor, da vida divina, que se identifica com as processões intradivinas das pessoas (cf. Jo 14,20.25; 17,22s.; Gl 4,4-6; Rm 8,15.29; 1Jo 1,1-3 passim).

## 11 Excurso: O problema do "filioque"

Desde a época do patriarca de Constantinopla Fócio (867) e o cisma definitivo entre as igrejas do Oriente e do Ocidente, em 1054, sob o Patriarca Miguel Cerulário, considera-se, pelo menos da perspectiva da Igreja ortodoxa grega, que o *filioque* foi uma das razões dogmáticas da separação.

Na Igreja ocidental, antes de tudo na Espanha, ampliou-se o enunciado sobre a processão do Espírito Santo *qui ex patre procedit* com o conceito de *filioque*. Quanto ao conteúdo, a convicção de que o Espírito Santo procede originalmente do Pai e por meio do Filho como de um princípio único está ancorada no conjunto da teologia trinitária ocidental. Já o III Sínodo de Toledo de 589 afirma que o Espírito Santo é coeterno com o Pai e com o Filho e procede do Pai e do Filho (DH 470, 485). Da mesma forma, outros sínodos de Toledo disseram que Ele procede *ab utroque* (assim já Leão I, DH 284) ou *ex patre filioque* (DH 485; 490; 527). Nos séculos VII e VIII, essa adição foi incluída na redação tradicional do niceno-constantinopolitano (DH 568). Nessa forma textual, esse símbolo foi acolhido na França, na Inglaterra e em outras regiões da Europa Ocidental e, após séculos de hesitação, e sob a influência dos imperadores carolíngios e sálicos, foi introduzido na Igreja romana.

O IV Concílio de Latrão de 1215 confessa que o Espírito procede do Pai e do Filho, *pariter ab utroque* (DH 800).

Todos os Padres da Igreja concordam que na Escritura se chama ao Espírito de Espírito do Pai e também de Espírito do Filho. Evita-se qualquer confusão das processões. Tanto na Igreja oriental como na ocidental, o Pai é a fonte da divindade. Dele procede, mediante geração, o Filho, e dele procede igualmente o Espírito. Corresponde ao pensamento oriental, porém, a concepção de que o Espírito procede do Pai *por meio do Filho* (Gregório de Nissa, Eun. I: PG 45, 369 A). Mas isso não significa, como interpretou Fócio, que o Espírito procede *unicamente* (!) do Pai. De resto, essa formulação tampouco se encontra na confissão de fé. Já à época da Igreja unida, os Padres da Igreja oriental haviam notado que no problema da processão do Espírito existiam algumas diferenças entre a tradição do Oriente e a do Ocidente. Mas tanto Máximo Confessor (ep. ad Marinum: PG 91, 136) como João Damasceno (fid. Orth. I,9) interpretam o *filioque* mais ou menos no sentido de *per filium*.

Por fim, a diferença não encontra fundamento dogmático, mas resulta do fato de que a teologia trinitária oriental teve de se diferenciar do modalismo, ao passo que a teologia ocidental teve de deixar clara sua diferença frente às formas tardias de arianismo e de priscilianismo da Península Ibérica (cf. os sínodos de Toledo). Na tradição dos Padres da Igreja ocidental, a ênfase maior está, portanto, na igualdade das pessoas e a fundamentação da propriedade das pessoas divinas se dá não tanto a partir das processões intradivinas, mas das relações subsistentes. As propriedades se definem por meio da oposição das pessoas.

Para a tradição oriental, porém, o discurso de uma processão comum do Espírito a partir do Pai e do Filho parecia com uma processão do Espírito imediatamente a partir da natureza de Deus. Pois se a diferença das pessoas divinas surge mediante a processão a partir do Pai, então aquilo que é comum às pessoas, a saber, a natureza, não pode ser a causa da processão do Espírito.

Na perspectiva latina, porém, como formulada já por Ambrósio e Agostinho, as pessoas se diferenciam com base numa oposição das relações. Uma vez que a espiração não acarreta nenhuma oposição relativa entre o Pai e o Filho, ela pode ser comum aos dois. No entanto, o Espírito não procede da natureza divina, visto que esta nunca subsiste abstratamente, mas sempre na hipóstase divina. Portanto, o Espírito procede do Pai *principaliter* na medida em que este é a fonte absoluta da divindade, das processões e das oposições relativas das pessoas. Mas o Pai conferiu também ao Filho que o Espírito proceda também dele como de um princípio único, sem que desapareça a diferença concernente à principialidade do Pai. Pois o Pai permanece na *ordo relationis* sempre *principium sine principio*, ao passo que o Filho é *principium de principio* da processão do Espírito. O Espírito não procede da natureza divina do Filho, mas também da propriedade pessoal conferida ao Filho. Fecha-se assim no Espírito Santo o círculo da divindade ao ser o Espírito Santo o laço entre o Pai e o Filho.

Os latinos (inclusive Tomás de Aquino) admitem a correção do discurso grego da processão do Espírito por meio do Filho. Acentuam, porém, que o Espírito deve proceder também do Filho, porque, do contrário, não se distinguiriam as relações do Filho e do Espírito e do Pai. Por isso, o Filho procede por geração, o Espírito, porém, por espiração, ou seja, procede do amor do Pai ao Filho e do amor de resposta do Filho ao Pai unida àquele amor.

Depois de uma primeira tentativa não aceita de mediação no II Concílio de Lião, de 1274 (DH 850, 853), o Concílio da união de Florença, de 1439, na bula *Laetentur caeli* (DH 1300ss.), chegou à seguinte formulação comum:

> Todos professem esta verdade de fé: que o Espírito Santo é eternamente do Pai e do Filho, que tem a sua essência e o seu ser subsistente ao mesmo tempo do Pai e do Filho, e que procede eternamente de um e de outro como de um só princípio e por uma só espiração.
> E declaramos que o que têm dito os Santos Doutores e Padres, isto é, que o Espírito Santo procede do Pai por meio do Filho, favorece a compreensão de que também o Filho, como o Pai, segundo os gregos é causa, segundo os latinos princípio da subsistência do Espírito Santo.
> E porque tudo o que é do Pai, o próprio Pai o deu ao seu único Filho, gerando-o – à exceção do seu Pai –, o próprio proceder do Espírito Santo do Filho, o Filho tem do Pai desde a eternidade, do qual também desde a eternidade é gerado.
> Definimos, além disso, que a explicação dada com a expressão 'filioque' foi lícita e razoavelmente acrescentada ao Símbolo para tornar mais clara a verdade e por uma necessidade urgente daquele momento" (DH 1300-1302).

Nem no Concílio de Florença nem nas negociações de união posteriores, pediu-se que as igrejas orientais devessem incluir o *filioque* na sua redação do credo niceno-constantinopolitano. Dos gregos se esperava apenas que respeitassem a situação de necessidade da Igreja latina na sua luta contra o arianismo e o priscilianismo. O *filioque* não significa uma ampliação objetiva, mas era entendido como uma adição para precisar a fé na Trindade que é válida para ambas as partes.

A objeção jurídico-formal segundo a qual aqui se havia modificado o teor literal do Credo desdenhando as disposições canônicas não faz justiça à situação histórica do século VI nem ao desenvolvimento que se realizava de modo já amplamente independente, nem ao fato de que tais proibições jamais se referem ao puro teor literal, mas ao conteúdo (DH 265).

No diálogo ecumênico com as igrejas ortodoxas, os assim chamados antigos católicos e os anglicanos declararam que seria preferível renunciar ao *filioque*. A Igreja latina, porém, não iria revisar como objetivamente falsa sua centenária prática de oração. Trata-se, além disso, de uma adição com intuito esclarecedor, que mantém e explica a confissão comum da unidade de Deus na essência e a Trindade das pessoas de acordo com a *ordo relationis* e com os recursos da tradição doutrinal do Ocidente.

Com essa diferenciação, a saber, por um lado, da comunhão na fé e, por outro lado, da diferença legítima da tradição teológica, na manutenção do *filioque* segundo a redação ocidental, junto ao paralelo reconhecimento do Credo em sua versão oriental original, admite-se tanto a confissão da fé comum como uma certa margem de flutuação na sua formulação teológica.

Ambas as tradições teológicas não precisam ser inteiramente equiparadas. Podem permanecer como dois modelos complementares. Não faz parte da confissão de fé a afirmação de que a propriedade das pessoas divinas provenha primariamente das processões e da monarquia do Pai ou das relações subsistentes e das oposições relativas das pessoas divinas.

É comum a fé em Deus Pai, Filho e Espírito Santo e a unidade de Deus na Trindade das pessoas.

## IV. CONCEPÇÕES SISTEMÁTICAS DA TEOLOGIA TRINITÁRIA CONTEMPORÂNEA

No século XX, após vários séculos de esquecimento da teologia trinitária, sucedeu um verdadeiro renascimento deste tema. A Trindade é reconhecida de novo como o *especificum christianum*, retirada de sua existência à sombra (como se fosse apenas um jogo de conceitos reservado a especialistas piedosos) e recolocada no centro da reflexão da fé. Se a fé é comunhão de vida com Deus, então existe uma enorme diferença entre dizer que o ser humano tem a ver com a essência suprema unipessoal, abstratamente concebida, do deísmo e do teísmo, com a qual só é possível uma relação extrínseca da autoridade formal e do estilo de vida moral, ou afirmar que Deus se manifesta na sua própria vida e na realização da comunicação da sua vida na revelação como o mistério da comunhão de amor tripessoal do Pai, do Filho e do Espírito. Somente quando o Espírito Santo enche o coração do ser humano é possível também um encontro do ser humano com Deus.

Aqui a definição do conceito de pessoa configura uma problemática que lança desafios para todos os esquemas recentes.

### 1 A Trindade como origem e consumação de uma teologia da Palavra de Deus (Karl Barth)

Já nos prolegômenos da *Kirchlichen Dogmatik*, Karl Barth aborda a doutrina da Trindade. Pretende mostrar assim que não se trata de um tema secundário. Na Trindade, o ser humano tem a ver com o próprio Deus, que vem ao seu encontro na Palavra eterna do Pai, ou seja, no Jesus de Nazaré histórico, e no Espírito Santo enviado. É o próprio Deus que fala diretamente aos seres humanos na palavra escrita da Sagrada Escritura e na Palavra de Deus proclamada na Igreja pelo poder do Espírito Santo.

Na realização da Palavra de Deus dirigida aos seres humanos, é o próprio Deus que se dá a conhecer e exige ser reconhecido. Nela resplandece para nós a realidade divina, que se constitui em sua diversidade como a unidade do revelador (o Pai), da revelação (o Filho, a Palavra) e do ser-revelado (o Espírito Santo).

Barth sabe que no NT o Dogma da Trindade não está consignado como uma informação teórica sobre a essência interna de Deus. O dogma é, antes, a compreensão conceitualmente ordenada da confissão de fé, que responde ao acontecimento da autorrevelação de Deus, assim como testemunhado na Escritura. No processo de sua revelação, Deus se manifesta como "o Senhor". Somente o próprio Deus pode responder a nossa pergunta sobre o "quem, que e como" de Deus.

A crítica de Barth se dirige, por um lado, contra a teologia natural em sua forma católica, em que, com base na *analogia entis*, estaria acessível e disponível ao ser humano um conhecimento de Deus (uma comprovação da existência de Deus), tão somente ampliado por meio da revelação. Da mesma forma, todavia, o anátema de Barth atinge também a teologia protestante liberal, dado que aceita, antes de qualquer revelação histórica em Jesus Cristo, uma experiência de Deus no sentimento, ou seja, um *a priori* religioso. O significado da autocomunicação histórica seria reduzido assim a proporcionar um simples material de recheio para essas estruturas religiosas subjetivas.

Essas duas orientações questionam, segundo Barth, a soberania da autorrevelação de Deus. A doutrina da Trindade começa com o reconhecimento do *Deus dixit* e consiste na interpretação do conceito *Dei loquentis persona*. Deus se revela como o Senhor (Reino de Deus interno do Antigo Testamento e proclamação da *basileia* de Jesus) e se dá a conhecer como sujeito, predicado e objeto e, portanto, como titular, como acontecimento e conteúdo da revelação. No entanto, não se pode separar o *conteúdo* da autorrevelação de Deus na Palavra e no Espírito (*Trindade imanente*) de sua *forma histórica* de autocomunicação (*Trindade econômica*). A forma com que o próprio Deus se faz presente, falando, na história, nada mais é que a livre repetição da revelação de sua vida trinitária eterna. Em virtude da autorrevelação de Deus, pode dizer-se sobre as três pessoas divinas o seguinte:

> (1) "O Deus único se revela segundo a Escritura como o criador, isto é, como o Senhor de nossa existência. Como este Deus é nosso Pai, porque está antes em si mesmo como Pai do Deus Filho" (KD I-1,404).
> (2) "O Deus único se revela segundo a Escritura como o reconciliador, ou seja, como o Senhor em meio a nossa inimizade contra Ele. É, enquanto tal, o Filho que veio a nós ou a Palavra de Deus que nos foi prometida, porque está antes em si mesmo como Filho ou Palavra de Deus Pai" (KD I-1, 419).
> (3) "O Deus único se revela segundo a Escritura como o redentor, ou seja, como o Senhor que liberta. É, enquanto tal, o Espírito Santo, por meio de cuja recepção nos tornamos filhos de Deus, porque está antes em si mesmo como Espírito do amor de Deus Pai e do Deus Filho" (KD I-1, 470).

Para Barth, a renovação da doutrina da Trindade é a resposta às aporias tanto do teísmo unitarista como do ateísmo da Idade Moderna.

O teísmo unitarista leva à negação da unidade essencial de Deus ou da revelação. Se Deus não é já em si mesmo uma interlocução relacional do Pai, do Filho e do Espírito na autodiferenciação dada com a essência divina, então só seria mediado ao seu próprio ser pessoal por meio da revelação frente ao tu do ser humano. Deus adquire, estão, a unidade e a personalidade por meio de uma realidade que não é Ele mesmo. E se a revelação de Deus no Filho e no Espírito não é o próprio Deus, porque no teísmo se nega tanto a divindade de Cristo e do Espírito como sua unidade essencial com o Pai e a diferença pessoal com Ele, então a revelação é apenas uma peça teatral encenada por Deus.

Em sua origem, o ateísmo moderno é postulatório. Considera que a liberdade do ser humano concorre com Deus e acredita que é preciso negar a Deus para salvar a liberdade e a dignidade do ser humano. Um Deus unitariamente concebido seria, de fato, em virtude de sua natureza absoluta e inteiramente diferenciada, uma interlocução meramente delimitadora no tocante à liberdade humana. No entanto, se a essência de Deus está constituída pela sua autocomunicação e sua autodiferenciação interna, então a autorrevelação de Deus como Senhor significa, ao mesmo tempo, a oferta de uma participação em sua liberdade soberana e em sua vida como amor. A obediência ao Deus trinitário é a maior realização possível da liberdade.

O ateísmo, por outro lado, põe a perder a autonomia e a liberdade do ser humano, porque não concebe a pessoa humana no contexto da relacionalidade e da comunhão. Sob esses pressupostos, a liberdade só pode ser entendida como delimitação persistente em si mesmo frente aos outros, em vez de resposta a uma determinação precedente para uma comunhão bem-aventurada por meio de um amor incondicional.

Barth conhece a problemática do *conceito de pessoa* da Idade Moderna. Por causa da enorme discrepância entre a concepção *veteroeclesial* da hipóstase e da pessoa e o conceito de pessoa limitado ao eu empírico na *filosofia moderna* do racionalismo e do empirismo, surge quase inevitavelmente uma compreensão equivocada, de cunho modalista e triteísta, da fórmula clássica da unidade de Deus nas três pessoas. Por isso, Barth propõe a substituição do conceito de pessoa pela expressão "três modos de ser relativamente distintos de Deus" (KD I-1,380). A acusação do modalismo dirigida a Barth por causa da expressão "modos de ser" somente revela o desconhecimento do modalismo que considerava que a diferença de Pai, Filho e Espírito não se fundamenta em Deus, mas na perspectiva humana de Deus.

## 2 A Trindade como conteúdo da autocomunicação de Deus (Karl Rahner)

Rahner se dirige contra a justaposição desvinculada de natureza e graça ou também de uma ordem da razão e de um conhecimento da fé (extrinsecismo), que caracterizou a Escolástica do Barroco e a Neoescolástica. Se por revelação deveria entender-se somente a soma de verdades a serem aceitas com base na autoridade de Deus, que em si nada teriam a ver com as questões existenciais fundamentais do ser humano, então também a Trindade faria parte dessas informações reveladas sobre Deus que devem ser cridas simplesmente em virtude da autoridade. Em última instância, porém, é indiferente que Deus seja unitário ou trinitário. Rahner contrapõe a essa concepção que no acontecimento da revelação Deus não nos revela aleatoriamente alguns conhecimentos valiosos sobre si mesmo. Antes, no acontecimento da revelação Deus se comunica como a verdade que é Ele mesmo, por meio da qual o conhecemos e na qual é posto o ser humano em suas buscas e em suas perguntas. Tampouco quando outorga a graça (graça santificante, graça criada), Deus dá ao ser humano um dom qualquer ou uma vantagem. Na graça ele mesmo se compartilha como o amor que Ele mesmo é. Nesse amor nos convertemos em amantes, estamos unidos a Ele na comunhão do amor e somos levados à consumação suprema da dinâmica criada e da autotranscendência de Deus.

A ideia condutora que sintetiza a teologia de Rahner é a *autocomunicação de Deus como verdade e como vida*. Dela decorre seu princípio teológico-trinitário fundamental: *A Trindade econômica é a Trindade imanente, e vice-versa* (MySal II, 328). Em sua vinda histórica a nós, Deus se revela como o sujeito da história da salvação (Pai), através da encarnação de sua Palavra escatológica eterna (como Filho ou como Palavra do Pai) e o envio escatológico do Espírito Santo (o Pai e o Filho) ao mundo e ao coração dos crentes. À autoabertura trinitária da essência de Deus em sua vinda histórica corresponde a resposta trinitariamente configurada do ser humano que se abre a Deus. É uma resposta mediada no Espírito Santo, levada a cabo mediante a Palavra encarnada em sua referência a Deus Pai (de acordo com o enunciado escolástico *actus especificatur ab obiecto*). Contra uma interpretação falsa do axioma de que as obras da Trindade para fora são indivisas (*opera trinitatis ad extra sunt indivisa*), e a afirmação de que poderia haver-se encarnado qualquer uma das três pessoas divinas, ainda que fosse sumamente convincente a encarnação do Logos (Tomás, S. th. III q.3 a.8), Rahner sustenta que só o Filho podia se encarnar. Entre as processões eternas de Deus e as missões *para fora* existe uma relação não só apropriada (= exteriormente vinculada), mas uma relação própria da pessoa. É propriedade do Filho que sua processão a partir do ato gerador do Pai se revele no envio ao mundo e na encarnação da Palavra. A processão do Espírito a partir do Pai e do Filho se manifesta na *oikonomia* como a santificação que perdoa e deifica o pecador, que o introduz na comunhão intratrinitária do amor. O pecador justificado não obtém somente uma relação apropriada ao Filho e ao Espírito. Em virtude da autocomunicação do Deus trino, ingressa numa relação pessoal insubstituível com cada uma das pessoas divinas segundo a ordem de sua vida intratrinitária. O ser humano não lida com Deus como uma natureza divina abstrata ou, em termos deístas, como uma unipersonalidade divina, à qual seria acrescentada, de uma maneira como que ornamental ou acidental, a relação com as hipóstases divinas reveladas. O justificado tem a ver, antes, com Deus do modo como Deus se possui eternamente e se comunica temporalmente em sua diferença relacional de Pai, Filho e Espírito. Desse modo, o Deus trino é mistério salvífico em si mesmo e não simples *factum* transcendental crido por causa da autoridade, que em si não teria nada a ver com a comunhão salvífica com Deus.

Contra algumas acusações injustificadas, em Rahner não há nenhum traço de modalismo sabeliano, pois na revelação se trata do verdadeiro si-mesmo de Deus que se comunica, nem de hegelianismo, pois a Trindade imanente se revela na história por livre decisão e a partir da plenitude sem necessidades, e nem de monossubjetivismo de uma personalidade absoluta com fases ou momentos de autodevir somente secundários ou subordinados, pois, também segundo Rahner, o Pai possui originalmente sua própria essência ao comunicá-la consubstancialmente ao Filho e ao Espírito. Rahner não diferencia, portanto, entre o conceito filosoficamente destacado de uma divindade monopessoal absoluta (como apresentado, pelo menos como risco, no tratado dogmático *De Deo uno* sobrecarregado de deísmo) e o conhecimento adquirido meramente da teologia revelada, de modo que a essa monossubjetividade seriam acrescentadas outras duas subjetividades adicionais.

Na perspectiva da revelação histórica e da epistemologia teológica, *Rahner* expõe o nexo entre a Trindade imanente e a econômica nos seguintes termos:

> "O Deus uno comunica-se como autoexpressão absoluta e como dom absoluto do amor. Ora, sua comunicação (é esse o mistério absoluto que não se revelou senão em Cristo) é verdadeiramente autocomunicação, isto é, Deus dá a criatura não somente participação 'nela' (mediada), enquanto por sua todo-poderosa causalidade eficiente cria e dá realidades criadas e finitas, mas em sua realidade *quase formal se dá*, realmente e no sentido mais estrito da palavra, *a si mesmo*. Esta autocomunicação de Deus a nós tem, segundo o testemunho da revelação na Escritura, um tríplice aspecto: É autocomunicação, em que a realidade comunicada permanece soberana, incompreensível, que mesmo como recebida conserva seu caráter de princípio sem origem, indisponível e incompreensível; é autocomunicação em que o Deus que se dá 'está presente' como verdade que se exprime a si mesmo e como poder dispositivo livre que atua na história; finalmente, é autocomunicação em que o Deus que se comunica produz a aceitação amorosa de sua comunicação naquele que a recebe, e a produz de tal modo que a aceitação não degrade a comunicação para o nível de simples realidade criada" (MySal II, 338s.) [FEINER, J. & LOEHRER, M. (orgs.). *Mysterium Salutis* – Compêndio de dogmática histórico-salvífica. Vol. II, Petrópolis: Vozes, 1971, p. 301s.].

De modo similar a Barth, também Rahner tem ciência da enorme confusão na consciência de fé de muitos cristãos decorrente da aplicação do conceito psicológico moderno de pessoa às fórmulas trinitárias clássicas. É inevitável que muitos concebam a Trindade como uma espécie de triteísmo, ao passo que outros se inclinem para um teísmo de inspiração modalista no sentido de um Absoluto monossubjetivo ou até para uma despersonalização panteísta de Deus. O conteúdo conceitual não é mais tomado do significado original de hipóstase, em que a pessoa significava o ser-por-si e a existência real de uma essência fundamentada em si. Na maioria dos casos, hoje se a entende como a autoconcepção reflexiva característica do ser humano enquanto tal. Num diálogo, encontram-se as consciências de dois seres empíricos individuais. Se entendêssemos o discurso sobre as pessoas em Deus desta maneira, surgiriam três centros conscientes contrapostos a diversos seres empíricos individuais. Nesse caso, Pai, Filho e Espírito não designariam as diferenças decorrentes do autodesenvolvimento e da comunicação interior da vida divina, mas seriam a multiplicação de naturezas individuais formalmente iguais. No entanto, a fé ensina a unidade de Deus, que se fundamenta originalmente no Pai e que manifesta uma tripla existência mediante a autoexpressão da natureza divina na Palavra e na autodifusão no amor como relação mútua.

Ainda que o personalismo dialogal do século XX (F. Ebner, M. Buber, F. Rosenzweig) possa ter sido valioso para a superação do ideal burguês da personalidade autárquica, a redescoberta da sociabilidade e da interpersonalidade do ser humano obtida nele não pode ser aplicada simplesmente de modo unívoco ao mistério trinitário de Deus. Pois o Pai, o Filho e o Espírito não se enfrentam no sentido do conceito psicológico ou dialogal de pessoa, como naturezas individuais com uma autoconsciência reflexa. Também em nada contribui aqui o conhecimento de que para construir sua identidade psicológica como pessoas os seres humanos necessitam ser interpelados por outras pessoas numa relação eu-tu. Rahner rejeita a concepção de que o Pai e o Filho se interpelam dialogicamente como eu e tu como duas naturezas individuais distintas, cada uma delas dotada de sua consciência própria. Antes, o Filho é o Deus autoexpressado. No entanto, há uma "consciência" de si das pessoas divinas. Mas esta coincide com a unidade de seu ser-divino, quando o Pai, conhecendo e amando, se expressa a si mesmo e se comunica no Filho e no Espírito. Mas essa diferença relativa das pessoas se identifica com a unidade de Deus.

Diferentemente de Barth, Rahner não pretende superar ou substituir o conceito de pessoa. Propõe, antes, a utilização conjunta da expressão *modo subsistente distinto* obtida do significado original de pessoa e legitimada pela definição de pessoa da escola tomista. Dessa maneira, deve evitar-se uma falsa compreensão triteísta da Trindade decorrente de um conceito psicológico-empírico da pessoa.

O termo "modo subsistente distinto" deve expressar o que no conceito clássico de pessoa da Trindade se entendia no sentido de hipóstase e subsistência (*relatio subsistens*):

O Deus uno subsiste em três maneiras distintas de subsistência; as maneiras de subsistência do Pai-Filho-Espírito distinguem-se como relações opostas e por isso estes 'três' mesmos não são o mesmo;
O Pai-Filho-Espírito são o Deus uno, cada qual em maneira diferente da subsistência, e neste sentido podem contar-se 'três' em Deus;
Deus é 'trino' por suas maneiras de subsistência;
Deus como subsistência num modo determinado de subsistência (p. ex., o Pai) é 'o outro' que Deus subsistente segundo outra maneira de subsistência, mas não é outra coisa;
a maneira de subsistência é distinta por sua oposição seletiva a outra e é real por sua identificação com a essência divina;
em cada qual das três maneiras distintas de subsistência subsiste a única e mesma essência divina;
por isso, 'aquele' que subsiste segundo tal maneira de subsistência é verdadeiro Deus" (MySal II, 392) [ibid., p. 351s.].

### 3 *A mediação da teologia da cruz na fé na Trindade (Eberhard Jüngel)*

A unidade entre a Trindade imanente e a econômica, ou seja, a autoabertura da essência divina na história de sua revelação, foi desenvolvida por Jüngel inteiramente a partir da morte de Jesus na cruz. Somente no Filho crucificado, Deus se definiu por inteiro. Com a impiedade e a hostilidade do mundo a Deus que ficam visíveis na cruz, revelou-se como pretende revelar-se a essência de Deus.

Segundo Jüngel, a doutrina cristã clássica sobre Deus surgiu da combinação do discurso bíblico da revelação e da metafísica grega inconciliável com aquele discurso. Três axiomas filosóficos (impassibilidade, imutabilidade e absolutez) entram em contradição com a essência de Deus revelada na história da salvação e, principalmente, na cruz. Uma vez que a metafísica da substância concebe a Deus como uma realidade objetiva e, inclusive, como um soberano absolutista, o movimento iluminista em favor da autonomia do ser humano deveria culminar inevitavelmente numa negação ateia de Deus. Se, de acordo com os axiomas metafísicos mencionados, a essência de

Deus é imutável e impassível, não pode ter nada a ver com a história. A história não pode possibilitar nenhuma abertura da essência de Deus. Relaciona-se com Deus somente como os acidentes com a substância. Deus não pode se deixar afetar a si mesmo pela história nem pode assumir a necessidade, a dor e a morte do ser humano em seu próprio ser-divino para se revelar neles segundo sua essência. A Escritura, no entanto, indica que Deus se deixou afetar de fato pelos sofrimentos do ser humano. A doutrina teológica metafísica seria, pois, inadequada para compreender mais de perto o discurso bíblico da autocomunicação de Deus na história e na cruz de Jesus.

Recorrendo tanto à concepção trinitária idealista de Hegel, que pode acolher na história até a negação de Deus na morte na cruz de Jesus (Sexta-feira da Paixão especulativa) na realização da essência divina, como à teologia de Lutero, Jüngel chega a uma revelação da Trindade que se define na perspectiva da teologia da cruz.

Deus não se comunica como a essência suprema que está acima do mundo e que, então, num segundo passo, se relaciona com o mundo e relaciona o mundo com Ele. Antes, Deus decidiu livremente desde a eternidade que quer chegar a si mesmo e, dessa maneira, a nós, por meio do ser humano Jesus entregue na cruz pelos seres humanos por causa da maldição dos pecados (Gl 3,13; 2Cor 5,21; Rm 8,3). Portanto, pertence à definição da essência de Deus a historicidade livremente assumida. Não é por meio de um conhecimento da essência precedente à revelação que chegamos, segundo Jüngel, à ação histórica de Deus. Inversamente, é unicamente por meio da ação histórica de Deus que chegamos ao conhecimento de sua essência. E como nos é negado um conhecimento de Deus fora da revelação, podemos conhecer a essência de Deus somente no acontecimento de sua identificação com o Jesus morto. Deus se abre para nós por meio de sua autodiferenciação e de sua autoidentificação. Conhecemos a Deus somente como aquele que se determinou livremente a não chegar a si mesmo sem o Jesus morto, amaldiçoado, sepultado e ressuscitado. Deus definiria seu ser divino como a vida e como o amor mediante a identificação com o Jesus morto, que revela como seu Filho. No acontecimento da morte de Jesus, Deus assume em sua realização essencial a morte como aquilo que lhe é estranho e contraditório, ou seja, a impiedade total do mundo, e se afirma como a vida frente à morte. O não de Deus a si mesmo seria o seu sim para nós. O ateísmo como não para Deus foi superado através da autonegação de Deus e permanece sempre em segundo plano no tocante à autoidentificação de Deus com o Jesus amaldiçoado na cruz, no qual Deus se mostra como a vida. Desde a cruz, a morte pertence ao ser e à essência eterna de Deus. A metafísica teísta (também no âmbito da doutrina cristã clássica) desemboca no ateísmo moderno e na incapacidade de conceber a Deus. A morte de Deus na cruz, em que se determina livremente, em seu ser e em sua cognoscibilidade, a nosso favor, seria a revelação da vida divina como amor, a qual supera a morte. Em virtude de sua autocomunicação como Pai do Filho crucificado pela impiedade dos seres humanos e da unidade vivificante como Espírito Santo desde a ressurreição dentre os mortos, agora Deus novamente se tornou concebível como a unidade e o sentido da sentença bíblica: "Deus é amor" (1Jo 4,8).

> "Este é, pois, o Deus que é amor: Ele que está em tão maior autorreferência quanto mais carece de referência e se derrama assim com sobreabundância e supera seu próprio ser. A partir desta perspectiva deve-se concordar sem reservas com a tese de Karl Rahner: 'A Trindade econômica é a Trindade imanente, e vice-versa'. A afirmação é correta, porque no abandono de Deus de Jesus e em sua morte (Mc 15,34-37) acontece o próprio Deus. O que relata a história da paixão permite compreender a Trindade" (*Gott als Geheimnis der Welt*, 506s.; cf. para uma crítica do enfoque de Jüngel: MÜLLER, G.L. "Hebt das sola-fide-Prinzip die Möglichkeit einer natürlichen Theologie? – Eine Rückfrage bei Thomas von Aquin". *Cath* 40, 1986, p. 59-96).

### 4 Uma doutrina social da Trindade (Jürgen Moltmann)

Moltmann concorda com a crítica aos axiomas da doutrina teológica metafísica que querem fixar a essência de Deus fora da revelação concreta como imutabilidade, impassibilidade etc. O conceito da diferenciação trina de Deus como se deriva da revelação histórica poderia ser apenas um acréscimo com modificações exteriores. A filosofia que se refere a Deus como a uma subjetividade absoluta ainda estaria cunhada pela metafísica da substância. O discurso de Barth sobre a autorrevelação e o de Rahner sobre a autocomunicação permanecem no horizonte do sujeito divino absoluto, que se diferencia da produção do Filho e se identifica com o Espírito Santo novamente como subjetividade absoluta.

Por outro lado, a Bíblia fala de três sujeitos concretos em ação. Sua unidade se apresenta como escatológica e se realiza para o crente como doxológica. Moltmann não parte da unicidade da essência para descobrir, num momento posterior, a diferenciação das pessoas. Ao contrário, ele começa com a história comum das distintas pessoas do Pai, do Filho e do Espírito, para chegar a sua unificação que se realiza escatologicamente. Não seriam "um, mas o mesmo". No decorrer de sua história comum, destaca-se cada vez mais sua *communio* num "sentimento-nós" comum. Essa unidade pericorética do Deus trino indicaria como a própria história de Deus se realiza no processo de uma unificação. Não seria uma unidade de sujeito ou de substância, estaticamente preestabelecida, que se diferencia nos momentos individuais e modos de realização (esse seria o perigo do modalismo). Justamente desse modo a unidade de Deus se converte numa unidade aberta ao ser humano e ao mundo. Não rejeitaria o ser humano, mas, ao contrário, poderia convidá-lo a se deixar introduzir no círculo da Trindade aberta. A unificação, que se realiza na história da salvação, dos três sujeitos divinos deve ser entendida como *Trindade aberta*, de modo que o ser humano pode alcançar a comunhão com Deus. Essa Trindade social não tem seu ponto de comparação na substância da alma de cada ser humano, que se diferencia nos atos do conhecimento e da vontade. A analogia é, antes, a comunhão dos seres humanos individuais (família, Igreja, Estado).

A distinção tradicional entre Trindade imanente e econômica quase não se ajusta à doutrina trinitária social. Moltmann a substitui pela diferenciação entre forma monárquica, eucarística e doxológica de Trindade.

(1.) A *forma monárquica* decorre das obras de Deus. O Pai atua por meio do Filho no Espírito. Toda atividade parte do Pai. A mediação acontece por meio do Filho. Toda a eficácia deve ser atribuída ao Espírito Santo.

(2.) Na *forma eucarística* se dá uma inversão da orientação. Na atitude de resposta do ser humano a Deus no lamento, na oração e na adoração tudo parte do Espírito e é mediado pelo Filho ao Pai, o receptor da resposta humana. Somente na escatologia são compensados em si esses dois movimentos da Trindade do ser humano para Deus e de Deus para o ser humano. Isso, porém, é então

(3.) a *doxologia trinitária*, em que se adora e glorifica o Deus trino por si mesmo.

Segundo Moltmann, a unidade da Trindade e da cruz somente pode ser formulada corretamente numa doutrina trinitária social. Já a criação estaria fundamentada na diferença e na unidade interna de Pai e Filho. Ela seria uma forma de excedente do amor entre ambos. No entanto, o mundo se diferencia também de Deus, que na relação recíproca entre Deus e a criação se torna dependente também do mundo. Nessa relação se expressa o amor criador, mas também sofredor e receptivo entre o Pai e o Filho.

"Por isso é que a história da criação deve certamente ser considerada como *tragédia do amor divino*, mas a história da salvação, por sua vez, deve ser vista como *festa da alegria divina*" (*Trinität und Reich Gottes*, M, 2. ed., 1986, 75) [MOLTMANN, J. *Trindade e Reino de Deus* – Uma contribuição para a teologia. Petrópolis: Vozes, ¹⁹2000, p. 73].

No ato da criação Deus se humilha, limita sua onipotência e assume no seu amor eterno o momento da capacidade de sofrer. Só o amor sofredor poderia, afinal, revelar sua força criadora e redentora. O sofrimento de Deus no mundo e pelo mundo na cruz de Jesus seria, portanto, a forma suprema de seu amor criador e de sua revelação definitiva. Criaria a possibilidade de uma comunhão com o mundo e não se tornaria dependente da livre resposta do mundo. Libertaria, porém, o mundo para a liberdade da resposta no amor. A criação seria desde o princípio parte da história do amor entre o Pai e o Filho. Assim, porém, por meio de nossa resposta amorosa, o próprio Deus, que se tornou vulnerável diante de nós, seria redimido em seu amor ávido de resposta.

"Por isso e nesse exato sentido, a libertação do mundo está ligada à autolibertação divina dos seus sofrimentos. Nesse sentido, não é apenas Deus que sofre com o mundo e por ele, mas também o homem libertado sofre com Deus e por ele. A teologia da paixão de Deus leva ao pensamento da autossujeição divina à dor. Consequentemente, ela deve também chegar ao pensamento da autolibertação divina escatológica. Entre esses dois movimentos situa-se a história da comunhão de Deus e dos homens no sofrimento, na compaixão recíproca e no mútuo amor apaixonado" [Ibid., p. 73s.].

Moltmann acredita, pois, que no centro da Trindade se encontra o Logos crucificado. Não se pode continuar falando da Trindade essencial prescindindo da cruz, pois Cristo é o cordeiro que foi imolado desde o início do mundo (Ap 13,8; 1Pd 1,20); a cruz, porém, é o sinal do amor eterno de Deus e, visto historicamente, o ponto de unificação da história divina e humana do amor e do sofrimento.

### 5 A Trindade na revelação da história universal (Wolfhart Pannenberg)

Pannenberg se volta tanto contra o discurso da história da salvação enquanto uma história especial ao lado da profana como contra uma teologia da palavra que começa direta e imediatamente com a Palavra de Deus e se fundamenta em sua autoridade absoluta (K. Barth, E. Jüngel). Para Pannenberg, a história universal é o lugar da automanifestação indireta de Deus em sua atuação, referida à história. A revelação é a antecipação – que se manifesta no transcurso – do plano salvífico divino que se realiza plenamente só no fim da história. Somente a partir do final dessa automanifestação de Deus no término da história, a verdade de Deus se manifesta em sua ação de encerramento. Até esse momento, porém, a afirmação de que Deus é o criador, redentor e consumador do mundo está sujeita à discussão e deve a cada vez se comprovar para que Deus seja reconhecido no presente como a realidade que determina tudo e a resposta que ilumina tudo. A verdade da revelação encontra sua certificação teológica sempre de maneira provisória na reconstrução sistemática da doutrina cristã. Essa reconstrução deveria partir da concepção bíblica de Deus que levou à formação da doutrina da Trindade. A revelação é a Palavra de Deus em Jesus Cristo, a síntese e o conteúdo do plano divino da criação e da história e do Reino de Deus escatológico que antecipa no tempo sua implantação final. Falar da autorrevelação de Deus na sua Palavra Jesus Cristo só tem sentido se essa Palavra pertence inteiramente a Deus. Não se pode, pois, conceber a divindade de Deus sem Jesus Cristo, assim como não se pode entender a Jesus sem sua pertença a Deus. Demonstrar isto, segundo Pannenberg, é a tarefa da doutrina da Trindade. Ela é a explicação da autorrevelação de Deus em Jesus Cristo e no Espírito Santo (System. Theol. I, 281).

Pannenberg rejeita tanto o modalismo com o subordinacionismo. As tendências a tais esquemas unilaterais têm base também no isolamento da doutrina da Trindade imanente. Não se pode demonstrar de forma especulativa a possibilidade conceitual da Trindade e querer deduzi-la da lógica da sentença bíblica: "Deus é Espírito" (Jo 4,24) ou "Deus é amor" (1Jo 4,16). Assim, Pannenberg identifica o perigo de modalismo tanto na doutrina psicológica da Trindade de Agostinho como numa doutrina teológica que parte da subjetividade concebida em termos pré-trinitários de um Deus monopessoal e a desenvolve em suas realizações (conhecimento e vontade). Esse perigo diz respeito também a Barth e Rahner, que falam apenas de distintos modos de subsistência em Deus. Outro perigo seria começar o discurso pelo modelo do amor, que entende o Pai como amante carente de origem e existente em si, que causa a partir de si mesmo um objeto e produz finalmente a unidade de sujeito e objeto. Segundo este modelo, o Filho e o Espírito estariam, em última instância, subordinados ao Pai. Pannenberg rejeita como ponto de partida tanto a unidade para chegar à Trindade das pessoas como a Trindade pressuposta das pessoas para reuni-las a seguir na unidade da essência. Tampouco se pode começar com um tratado filosoficamente explicitado *De Deo uno*, que atribui à essência divina os predicados de onipotência, onisciência, onipresença etc., e, só num momento posterior, coordená-las de diferentes maneiras com as três pessoas divinas, conhecidas a partir da revelação.

As aporias só podem ser solucionadas quando se parte estritamente da Trindade econômica para conhecer, a partir dela, as missões das pessoas. Somente a partir do testemunho bíblico podem deduzir-se as relações intradivinas. A unidade da Trindade econômica e da imanente deve ser desenvolvida a partir de seu fundamento na Escritura. Não é possível entender a revelação da paternidade de Deus se não se inclui a conduta de Jesus para com Ele como seu Pai. Já Atanásio havia indicado que o conceito de *Pai* não é absoluto, mas está internamente determinado pela relacionalidade. Assim, também o Pai recebe sua divindade e sua glória por meio do Filho, que presta total obediência ao Pai e o glorifica. Ele o revela, pois, em seu ser divino e entrega no final da história seu reino ao Pai, para que Deus seja revelado completamente em seu ser Pai (cf. Fl 2,11; 1Cor 15,28). Da proclamação do reino de seu Pai até a entrega do Reino de Deus ao Pai, manifesta-se a autodiferenciação de Jesus em relação ao Pai. A autodiferenciação do ser humano Jesus frente a Deus, com a simultânea revelação de sua unidade com Ele, indica que em Jesus há um aspecto que pertence à essência eterna do próprio Deus. Isto já havia sido expressado há muito tempo com a ideia da *preexistência* e do título de *Kyrios*, que é um predicado do ser divino.

Além disso, fica claro que Deus nunca é Deus sem Jesus e tampouco sem o Espírito Santo, mas que a unidade de Deus só existe em e como autodiferenciação de Pai, Filho e Espírito e se realiza na interlocução desses três centros de ação.

A dependência mútua das três pessoas não anula a unidade de Deus. Tampouco se deve negar que o ponto de partida do movimento trinitário se situa no Pai. A personalidade, a propriedade das pessoas só pode ser definida pela sua reciprocidade. O que constitui sua identidade pessoal é que cada uma das pessoas é algo diferente quanto às outras duas, a saber, Pai, Filho e Espírito. Por meio da obra do Filho, implanta-se na criação o reino do Pai. Por meio da obra do Espírito, que glorifica ao Filho como plenipotenciário do Pai e nele ao próprio Pai, aquele reino alcança sua consumação. O Filho e o Espírito estão a serviço da "monarquia" do Pai e a levam a sua plenitude. Porém, o Pai nunca tem seu reino (e, portanto, sua divindade) sem o Filho, mas somente sempre por meio do Filho e do Espírito. Se a monarquia do Pai não se realiza nunca de forma direta e imediata, mas sempre pela mediação do Filho e do Espírito, então a unidade do Reino de Deus deve ter sua essência na forma dessa mediação. A essência da monarquia do Pai só obtém a definição de seu conteúdo através daquela mediação. Em todo caso, a mediação do Filho e do Espírito não pode ser exterior à monarquia do Pai. O problema da unidade do Deus trino não pode ser esclarecido sem a inclusão da economia da salvação. É verdade que deve fazer-se uma distinção entre a Trindade imanente e a econômica. No entanto, assim como Deus é o mesmo, tanto em sua essência como em sua revelação histórica, e porque deve ser entendido como distinto do acontecimento da salvação e ao mesmo tempo idêntico com ele, assim, inversamente, tampouco se pode imaginar a unidade do Deus trino abstraindo de sua revelação e de sua ação histórico-salvífica na criação, sintetizada naquela revelação.

"A unidade de Deus na Trindade das pessoas deve conter em si ao mesmo tempo o fundamento da diferença e da unidade da Trindade imanente e da econômica" (System. Theol. I, 361s.).

## 6 *A doutrina teodramática da Trindade (Hans Urs von Balthasar)*

A problemática moderna sobre Deus tem como base a questão da relação entre o Deus infinito e a finitude da criação, bem como a dialética da autodeterminação entre o Absoluto e o finito (Hegel). Aqui surge o perigo ou de uma inclusão idealista ou mitológica de Deus no processo do mundo ou o problema de uma imutabilidade ou impassibilidade metafísica de Deus frente ao mundo, como admitia a teologia filosófica pré-cristã. Segundo Balthasar, somente no acontecimento de Cristo fica visível uma saída para essas aporias. Nas missões econômico-salvíficas do Filho e do Espírito, as relações intratrinitárias resplandecem como condições da possibilidade do ser não divino e da liberdade criada. Em consequência, porém, Deus pode ser afetado pela finitude, pela dor e pela morte, sem ter de primeiro alcançar, mediante a passagem pelo mundo conturbado, sua plenitude e a polaridade em que acontece seu amor. Só o Deus trino oferece aqui uma saída. Frente ao mundo, Ele é o totalmente outro (*aliud*) e, ao mesmo tempo, o Deus que não se media a si mesmo mediante essa diferença (*non aliud*). Se a revelação de Deus em Jesus Cristo não se limita a um simples anúncio do amor eterno de Deus ao pecador no cenário – afinal, exterior a Deus – do mundo, então é preciso que o envio do Filho ao tempo tenha verdadeiramente o caráter de acontecimento dramático de um encontro de Deus com o ser humano e de um prolongamento, desenvolvido na história, da missão eterna do Filho dentro da vida do Deus trino. Portanto, as missões do Filho e do Espírito ao mundo têm sua origem nas processões intradivinas. Na história de Jesus de Nazaré, alcança sua suprema expressão dramática o encontro entre a liberdade divina e a humana. O acontecimento da cruz como ponto culminante deste teodrama é, ao mesmo tempo, o centro da história. Também e justamente a cruz se revela como definitivamente aberta e possibilitada na diferença intradivina do Pai e do Filho e na sua unidade no Espírito. No abandono do Deus vivido por Jesus na cruz se descobre na história a suprema distância entre o Pai e o Filho e se revela a dor em Deus, que é a dor da diferença do Pai e do Filho no amor. Por isso, Cristo pode assumir também a dor do mundo na dor de Deus e na unidade de Deus e, por fim, superá-la no amor do Espírito. A ressurreição de Jesus por meio do Espírito do Pai é a revelação da vida de Deus na unidade do amor do Pai, do Filho e do Espírito. Uma vez que a *communio* humano-divina mostra ser analogia e participação da *communio* intradivina das pessoas divinas, em Jesus Cristo seriam liberadas pela graça também as liberdades finitas do ser humano para si mesmo e os seres humanos passariam a ser atores do teodrama. Só a partir desta unidade tão profundamente entendida da Trindade imanente e da econômica pode superar-se a aporia mencionada no início e entender-se conjuntamente a liberdade absoluta de Deus frente ao mundo e a contingência e o caráter de acontecimento da história como base da *communio* humano-divina.

Se, portanto, na unidade finita de Deus é justamente a diferença interior das hipóstases que constitui a plenitude de Deus nas relações de seu amor, então na processão do Filho está dada a possibilidade de que o poder de Deus libera o não divino no Filho, com a disposição interna de participar de seu amor trinitário. Se o Filho de Deus encarnado traz os seres humanos de volta a Deus, não se trata de uma adoração exterior de Deus, mas antes de uma glorificação de Deus por meio da natureza redimida. Na participação na vida trinitária a criatura já seria glória de Deus, porque a pessoa criada se converte num dom mediante o qual na *oikonomia* das pessoas divinas se consuma junto seu amor trinitário. O enriquecimento que Deus experimenta, de fato, por meio da criatura redimida, não significa nenhum acréscimo externo à glória de Deus nem a satisfação de seu anseio de glória externa e menos ainda a eliminação de algum tipo de deficiência ou de carência ainda apegada a Ele. A "plenitude" da Trindade, como acontece por meio da encarnação, do envio do Espírito e da santificação do ser humano, tem seu fundamento não na criatura, mas no próprio Deus. Somente sua sobreplenitude, a que nada se pode acrescentar e que nada perde ao se derramar, pode abrir a vida eterna à realidade criada. Deus não é um rígido ser unitário nem uma absolutez fechada em si e desprovida de relações. A unidade de Deus consiste, antes, na quietude, que está sempre aumentando e sempre se unindo de novo como amor, da plenitude infinitamente comovida do amor. Permanece a diferença entre o criador e a criatura. Manifesta-se na história da salvação como a diferença entre Cristo como cabeça e a Igreja como seu corpo. Mas a unificação no amor tem fundamento teológico na unidade do Pai e do Filho no Espírito. Tem sua exaltação escatológica no matrimônio de Jesus Cristo, o cordeiro eternamente imolado, com sua esposa, que se prepara com o Espírito para as "bodas do Cordeiro" (Ap 19,8; 22,17). A resposta à pergunta quanto ao *para quê* da criação e quanto ao descenso divino às condições da história da liberdade criada se encontra, segundo Balthasar, na gratuidade do amor que se doa. A criação que se consuma em Deus é

> "um presente adicional que o Pai faz ao Filho, mas também o Filho faz ao Pai e ao Espírito de ambos, um presente porque através das diferentes atuações de cada uma das três pessoas o mundo adquire participação interna no intercâmbio da vida divina e devolve a Deus, como presente divino, juntamente com a dádiva de seu ser criado, aquilo que de Deus recebeu de divino (*Theodramatik* IV, 476).

### 7 Resumo: a consumação do ser humano no mistério trinitário do amor

Pertence irrenunciavelmente à existência humana a necessidade de colocar a si mesmo como tema e questão em relação ao mundo. O ser humano não se encontra em harmonia inquestionada e inconsciente com o ambiente para, em seguida, ser subitamente arrastado por um anjo ou um demônio à angústia do pensamento desagregador.

Quando o ser humano, num ato original que se identifica com sua existência, se compreende como distinto da natureza, ele se entende ao mesmo tempo como um centro espiritual e livre. Nesse caso, também lhe ocorre que só se entende na interlocução com as coisas individuais objetivas se a atualidade de seu espírito se abre para um horizonte inobjetivo. A esse horizonte aberto chama de mundo, e em vista dele pode perguntar pela causa que fundamenta este mundo e os seres humanos. Pode deixar-se inserir na profundidade que há em todos os seres existentes, a qual não pode objetivar-se novamente como fonte de que brota toda a realidade. Como a origem do real, essa profundidade é a realidade mais absoluta que somos capazes de imaginar. E a isto chamamos Deus.

O ser humano indaga, portanto, sobre quaisquer objetos individuais. No entanto, dificilmente poderá visualizá-los em seu conjunto. Tampouco tem importância existencial poder se apropriar (de forma positivista) de todos os conhecimentos objetivos possíveis. No entanto, quando algum deles entra categorialmente no campo de visão, realiza-se sempre e inevitavelmente a transcendentalidade do Espírito cognoscente. Já por meio de sua existência espiritual, o ser humano se depara com a questão da origem da qual nasce o todo e uno transcendental do mundo. Ele é, já em si mesmo, a indagação sobre o de onde e o para onde, sobre o sentido do ser entre o êxito e o fracasso de sua existência. Onde ele explicita e tematiza essa existência como forma espiritual do ser-no-mundo, levanta a pergunta racional sobre Deus; entretanto, somente como uma consideração a partir de baixo dirigida ao Deus distante. Deus em si mesmo só é alcançável aonde Ele mesmo vem ao encontro da questão humana na palavra e no livre agir no âmbito da experiência histórica, ou seja, onde se oferece como a resposta à questão que o ser humano é para si mesmo.

À luz da Palavra de Deus realmente pronunciada, o ser humano conhece o Deus de Israel e o Pai de Jesus Cristo como a resposta a essa questão fundamental. Aqui sucede, numa abordagem nova que reorganiza e integra todo o antecedente, o fato de que Deus se situa, ativo e engajado, no caminho histórico de Israel e dá definitivamente no Deus-homem Jesus Cristo, da maneira mais concreta e humana, a resposta à questão é para si mesmo.

A descrição da essência do ser humano não pode ser obtida unicamente por meio de uma autoanálise imanente, tampouco quando se inclui nessa análise também o tema da sua referência transcendental a Deus. Nessa descrição não se pode abstrair da presença histórica de Deus, qualquer que seja sua forma. Essa é também razão por que uma filosofia e uma antropologia elaboradas sem uma referência à revelação histórica não são capazes de explicar a situação radical do ser humano. Já foi dito na antropologia (cap. 2) que os aspectos formais do ser humano não podem ser analisados sem o conteúdo da consumação procedente de fora, mas apenas como abstração do conteúdo dado. Concretamente, toda a metafísica pré-cristã e extracristã (p. ex., também a aristotélica) carece de uma reflexão sobre a mediação entre o conteúdo e a forma do ser humano, mas precisamente, nas categorias do histórico, do dialogal e do pessoal. Em todo caso, uma antropologia pré-cristã requer uma considerável modificação a partir da revelação. No entanto, não se trata de dados puramente teológicos decorrentes da revelação, que devem ser aportados, de maneira meramente externa, ao pensamento racional. Os conhecimentos procedentes da revelação servem aqui simplesmente como catalisadores e devem auxiliar a razão historicamente condicionada a explicar suas estruturas formais fundamentais.

Se o Deus trino deve ser a resposta à questão que o ser humano é para si mesmo, também a existência humana deve ser concebida de tal modo que Deus, em sua vida trina, possa realmente corresponder a ela. Não se pode, pois, pensar a existência do ser humano simplesmente como uma substância rígida e objetivamente fechada. Um aclaramento antropológico da essência deve penetrar até o ser pessoal e a realização relacional e transcendental do ser humano incluída naquele ser.

Por isso o ser do ser humano deve ser concebido em sentido pessoal e dialogal. O ser humano se situa sempre num horizonte histórico-contingente do ser e do mundo. Em sua essência, ele é constituído de tal modo que Deus pode ir ao seu encontro de maneira pessoal, dialogal, histórica, escatológica, como Palavra e possa se unir a ele numa comunhão do amor pessoal.

Nesse sentido, a autodádiva de Deus como resposta à questão que o ser humano é para si mesmo tem uma constituição pessoal e dialogal e, justamente nisso, é amor trinitário. O ser-amor-trino de Deus é o pressuposto para que o ser humano possa entender o sentido da criação no seu conjunto e possa realizar o sentido de seu ser humano. Ser humano significa, pois, haver sido criado por Deus segundo sua própria imagem eterna e haver sido chamado à participação naquele amor que atua em Deus mesmo como unidade do Pai cognoscente e do Filho conhecido no Espírito Santo.

Esse ser humano consumado dessa maneira sucede, porém, no horizonte da história. A história é o âmbito, adequado à essência do ser humano, de sua realização que avança para um objetivo em que o ser humano se ganha a si mesmo em sua unidade e totalidade e se une definitivamente com Deus no amor. E a isso chamamos de *eschaton*.

Com seu engajamento na criação, o Deus trino tende a se fazer presente na história. Como autoexpressão intradivina e como mediador da criação, a Palavra divina se faz no ser humano Jesus portadora ativa tanto da ação histórica e humana de Deus para os seres humanos como da ação humana para Deus. Pois Jesus é o mediador entre Deus e o ser humano em virtude da união hipostática. Se Deus quer incluir a humanidade em seu próprio amor trino pelo caminho de uma realização escatológica da salvação na história, deve revelar-se como o amor eterno entre o Pai e o Filho no Espírito Santo. No mundo se prolonga não só a processão eterna do Filho a partir do Pai, como também a processão eterna do Espírito a partir do Pai e do Filho. O Espírito Santo leva de tal modo a vida divina aos seres humanos que se orientam segundo a presença de Deus em Jesus Cristo que a *autorrealização* humana se converte numa *correalização* da *communio* do Pai e do Filho no Espírito Santo.

"Ele nos deu o seu Espírito. Nós vimos e testemunhamos que o Pai enviou seu Filho como Salvador do mundo [...]. Nós conhecemos o amor que Deus tem por nós, e nele acreditamos. Deus é amor, e quem permanece no amor permanece em Deus, e Deus nele" (1Jo 4,13-16).

# OITAVO CAPÍTULO

# A MÃE DE CRISTO – MODELO DA EXISTÊNCIA CRISTÃ E TIPO DA IGREJA (MARIOLOGIA)

## I. TEMAS E HORIZONTES DA MARIOLOGIA

### 1 *A mariologia como antropologia concreta e seu lugar na dogmática*

A exposição precedente mostrou que o Deus trino se manifestou como o princípio interno e o conteúdo definitivo de sua autorrevelação na história da salvação. Agora cabe mostrar, num segundo passo, como e sob quais pressupostos o ser humano individual e o conjunto da humanidade se movem no caminho da história da fé para a consumação do ser humano e do mundo em Deus.

O que a comunhão com Deus na graça significa para o ser humano pode mostrar-se no exemplo de Maria, a mãe de Jesus. Portanto, aqui se expõe a *mariologia* como *antropologia concretizada no sentido da teologia da graça* (cf. cap. 2).

Desde que no século XVII a doutrina sobre Maria, a mãe do Redentor, se estabeleceu como um tratado dogmático específico (cf. NIGIDO, P. *Summa Mariologiae*. Palermo, 1602), também se coloca repetidamente a pergunta a respeito do lugar da mariologia no sistema da dogmática.

Somente o II Concílio Vaticano apresentou uma solução satisfatória, no capítulo 8 da Constituição sobre a Igreja *Lumen Gentium* (arts. 52-69). Nessa primeira exposição sistemática geral da doutrina dogmática sobre Maria de autoria do Magistério da Igreja, superou-se a clássica oposição entre uma mariologia *cristo*típica e uma *eclesio*típica. No enfoque cristotípico, Maria é vista imediatamente no contexto da obra salvífica de Cristo, uma vez que compartilha (de maneira coordenada e subordinada) a ação salvífica de Deus em Jesus Cristo em favor da humanidade. A principal dificuldade dessa abordagem é diferenciar claramente entre a mediação singular e incomparável de Cristo e a cooperação de Maria e se referir a ela. Uma mariologia eclesiotípica considera que Maria é o membro mais importante do corpo (eclesial) de Cristo.

O concílio parte, por outro lado, de um enfoque claramente teocêntrico-trinitário e cristocêntrico. Assim se considera Maria no âmbito do mistério de Cristo *e* da Igreja. É, por um lado, membro da Igreja e, como primeira pessoa redimida, tipo e modelo da Igreja. Ao mesmo tempo, porém, supera também a Igreja, como a mãe do Filho de Deus, vinculada originalmente à obra de Jesus Cristo, da qual surgiram a Igreja e a possibilidade da existência cristã.

Desse modo, a mariologia estabelece uma boa ponte entre a obra salvífica de Cristo, na qual Deus deu a conhecer escatologicamente sua essência trinitária, e a existência cristã na graça e na vida da Igreja em seu caminho para sua consumação escatológica.

Na doutrina da graça e na eclesiologia, trata-se da concretização da antropologia, a partir da qual partirão todas as reflexões teológicas, e, com efeito, na presença de Deus, Pai, Filho e Espírito.

*Uma vez que Maria é o modelo da pessoa humana na graça, bem como tipo da Igreja, a mariologia pode ser entendida como concretização da antropologia na perspectiva da teologia da graça, assim como foi desenvolvida a partir da doutrina da criação e da história da salvação, e, com efeito, no tocante à dimensão social e à individual da vida cristã.*

A mariologia possibilita que os enunciados essenciais da fé cristã sobre o ser humano não precisem ser mediados por um sistema doutrinal abstrato, mas possam ser ilustrados numa pessoa individual concreta.

> "Pois Maria, entrando intimamente na história da salvação, une em si de certo modo e reflete as supremas normas da fé. Quando é proclamada e cultuada, leva os fiéis ao seu Filho, ao sacrifício do Filho e ao amor do Pai. A Igreja, porém, buscando a glória de Cristo, torna-se mais semelhante ao seu excelso tipo, e constantemente progride na fé, esperança e caridade, procurando e cumprindo a vontade divina em tudo. Esta é a razão também por que em sua obra apostólica a Igreja se volta para aquela que gerou a Cristo, concebido do Espírito Santo e nascido da Virgem a fim de que pela Igreja nasça também e cresça nos corações dos fiéis. Esta Virgem deu em sua vida o exemplo daquele materno afeto do qual devem estar animados todos os que cooperam na missão apostólica da Igreja para a regeneração dos homens" (LG 65).

## 2 As principais declarações dogmáticas sobre Maria

As diversas declarações doutrinais sobre Maria têm sua origem e seu centro na posição de Maria na história da salvação e, especialmente, na sua relação com Jesus Cristo, o Filho de Deus feito homem e o mediador da salvação (Maria como virgem e mãe de Deus). A partir daqui, o olhar se dirige para o princípio absoluto de sua existência como pessoa humana na graça de Cristo (a preservação frente ao pecado original) e à consumação definitiva, após sua morte, na assunção na glória celeste "em corpo e alma".

A esses quatro dogmas se acrescentou o enunciado dogmático da confissão da vinculação atual de Maria com a Igreja na terra, através da orientação dos fiéis no seu exemplo e da possibilidade de pedir por sua intercessão. A *veneração* de Maria tem, portanto, um claro fundamento na *doutrina* dogmática de Maria e de sua posição na história da salvação, bem como da história da fé da Igreja.

Disso resultam seis enunciados principais:

1) Maria concebeu e deu à luz ao Filho eterno de Deus sem intervenção sexual de um homem (*sine virili semine*), em virtude da ação do Espírito (DH 61, 150, 368, 503, 533, 572, 1337, 1880; LG 52).
A esse enunciado da virgindade antes do parto (*virginitas ante partum*) se acrescenta a doutrina da virgindade no parto (*virginitas in partu*) e de uma vida virginal também depois do nascimento de Cristo até o fim de sua vida (*virginitas post partum*) (DH 294, 427, 502-504).

2) Por causa da união hipostática e da comunicação de idiomas, Maria sustenta com razão o título de mãe de Deus ou deípara (*theotokos*), por meio do que se refuta a doutrina nestoriana das duas filiações, só posteriormente associadas entre si, no Deus-homem Cristo (DH 251).

3) Maria foi preservada, desde o primeiro momento de sua existência no seio de sua mãe, por meio de uma graça singular, do pecado original (DH 2803). Disso decorre uma santidade pessoal, a preservação frente à concupiscência e a liberdade do pecado (DH 1573).

4) No final de sua vida terrena, Maria alcançou, por meio da graça de Cristo, a consumação na totalidade de sua existência humana (= corpo e alma) e foi assumida na glória celeste de Deus (DH 3903).

5) No contexto da práxis eclesial do culto aos santos (*cultus duliae*), pode venerar-se também a Maria e invocar sua intercessão (*cultus hyperduliae*). Não é um ato necessário para a salvação (porque neste caso a graça santificante não é mediada, nem reconquistada, nem especificada, cf. DH 1600), mas é um elemento constitutivo "bom e útil" da piedade cristã (DH 600-603; 1821-1825; LG 66s.).

6) Maria (como membro da Igreja) é paradigma do ser humano crente e agraciado e tipo da comunidade de fé da Igreja (LG 53).

## 3 O princípio mariológico fundamental

Em vista do abundante desenvolvimento do dogma mariológico e dos diversos enfoques do tema de Maria na espiritualidade, na piedade, na poesia e na arte cristãs, levantou-se frequentemente em nosso século a pergunta sobre a possibilidade de se identificar um elemento de coordenação interna dos diversos enunciados de fé e sobre seu peso no contexto geral do dogma eclesial (cf. MÜLLER, A. *Ein mariologisches Fundamentalprinzip*. MySal III/2, 407-421).

Objetivamente, pode dizer-se com certeza que esse princípio é a *maternidade virginal divina de Maria*. Ela é a fonte dinâmica de seu significado histórico-salvífico.

Os enunciados derivados dos dogmas da *immaculata* e da *assumpta* e o da veneração de Maria devem ser remetidos, segundo a sua fundamentação e o seu peso objetivo, a esse enunciado fundamental. O princípio *objetivo* do conhecimento da história dos dogmas mariológicos foi a tarefa histórico-salvífica especial de Maria. O princípio *subjetivo* foi a sua fé, que foi normativa para sua própria biografia no seguimento de Cristo e para seu lugar no interior da comunidade da salvação da Igreja e tem sua correspondência no sentido da fé da Igreja universal (*sensus fidelium*). Este sentido tem sua sólida norma na revelação objetivamente testemunhada na Escritura. A Escritura conserva sua função de norma objetiva da fé na medida em que faz ouvir a revelação divina como autocomunicação pessoal de Deus no âmbito da fé e do desenvolvimento histórico da fé da Igreja e possibilita uma assimilação viva.

A partir da função histórico-salvífica de Maria pode determinar-se todo o espectro dos enunciados mariológicos. Como mãe virginal do redentor divino, está intimamente unida a sua obra soteriológica. No tocante à Igreja, mostra-se como o primeiro membro da comunidade de fé que tem seu princípio em Cristo. Ela é, portanto, a pessoa em quem se revela, de maneira arquetípica e exemplar, o alcance total da relação do ser humano com as três pessoas divinas. Maria é a primeira e plenamente redimida (K. Rahner) e cunha aquela pró-existência que, a partir de Cristo, determina internamente todos os membros da Igreja, de uma maneira universal (intercessão universal de Maria).

Assim o Vaticano II pôde formular:

> "Pois a Virgem Maria, que na Anunciação do anjo recebeu o Verbo de Deus no coração e no corpo e trouxe ao mundo a Vida, é reconhecida e honrada como verdadeira Mãe de Deus e do Redentor. Em vista dos méritos de seu Filho foi redimida de um modo mais sublime e unida a Ele por um vínculo estreito e indissolúvel, é dotada com a missão sublime e a dignidade de ser Mãe do Filho de Deus, e por isso filha predileta do Pai e sacrário do Espírito Santo. Por este dom da graça exímia supera de muito todas as outras criaturas, celestes e terrestres. Mas ao mesmo tempo está unida, na estirpe de Adão, com todos os homens a serem salvos... E por causa disso é saudada também como membro supereminente e de todo singular da Igreja, como seu tipo e modelo excelente na fé e caridade. E a Igreja Católica, instruída pelo Espírito Santo, honra-a com afeto de piedade filial como mãe amantíssima" (LG 53).

### 4 Os enunciados doutrinais mariológicos no contexto global da confissão de fé cristã

No senso comum, o conceito teológico de *dogma* está amplamente associado aos dois dogmas sobre Maria de 1854 e de 1950 (no sentido de uma decisão *ex cathedra* do papa). Ao conceber a revelação no sentido da comunicação de uma soma de verdades singulares, o aspecto formal da obrigação de obediência a uma decisão doutrinal da Igreja recebe um peso excessivo frente ao significado do conteúdo do enunciado dogmático no contexto global da fé cristã. No marco de uma concepção da teoria da comunicação pessoal, no entanto, ocupam o primeiro plano a origem trinitária teológica, o centro cristológico e a mediação pneumatológica da teologia da graça. Por isso, não são secundárias as verdades dogmáticas daqui derivadas e referidas a esse centro. É justamente no diálogo ecumênico sobre conteúdos doutrinais controversos que fica claro "que existe uma ordem ou 'hierarquia' de verdades na doutrina católica, já que o nexo delas com o fundamento da fé cristã é diverso" (UR 11).

### 5 As perspectivas de percepção

#### a) A mariologia como tema ecumênico

Os reformadores persistiram nos dogmas mariológicos da Igreja Antiga sobre o nascimento virginal de Cristo a partir de Maria e sobre a maternidade divina de Maria (cf. MÜLLER, G.L. *Prinzipien katholischer Mariologie im Licht evangelischer Anfragen*. Cath 35, 1991, 181-192). Naquela ocasião, os dogmas de 1854 e de 1950 não foram tema de debate. As controvérsias decisivas giravam em torno do tema a invocação de Maria e de sua intercessão (não do tema de uma veneração intelectual ou orientada no modelo de Maria). Os reformadores viam na doutrina católica da intercessão mediadora de Maria e dos santos um ataque ao princípio da mediação salvífica única de Jesus Cristo (*solus Christus*) e da causalidade única da graça (*sola gratia; solus Deus*) sem recorrer aos méritos humanos – causou escândalo o recurso católico ao tesouro dos méritos de Cristo e dos santos como fundamento da intercessão eficaz destes últimos (*thesaurus sanctorum*) – e, por fim, ao princípio formal de que toda doutrina e práxis devem estar imediatamente fundamentadas na Escritura (*sola scriptura*). A mariologia se converteu em tema de controvérsia popular principalmente porque nela se concretizam as diferentes concepções sobre a doutrina da justificação, a doutrina da graça e a antropologia.

No diálogo com as igrejas e comunidades surgidas da Reforma, um tema especialmente importante é a "função de Maria na obra da salvação" (UR 20), ao passo que a doutrina sobre Maria da Igreja Antiga e o culto litúrgico a Maria representam um importante ponto em comum entre a Igreja Católica e as Igrejas ortodoxas do Oriente.

### b) Maria na teologia feminista

Na teologia feminista, a função da mariologia é vista às vezes de forma crítica e negativa. Por meio dela teria sido fundamentada uma mentalidade patriarcal e uma dominância dos homens na Igreja, porque Maria seria apresentada como "a humilde escrava" que cumpre com pura obediência a vontade de Deus, dando assim fundamentação ideológica à subordinação da mulher e à renúncia ao seu livre autodesenvolvimento. Essa imagem da mulher cristã derivada de Maria teria dado impulso a uma função que a desvaloriza.

Outras correntes da teologia feminista avaliam positivamente a mariologia, entendida como uma correção de uma imagem de Deus nitidamente patriarcal. Maria representaria a dimensão feminina de Deus. Ao passo que o princípio masculino em Deus, a saber, o Filho, se encarna no homem Jesus, o Espírito Santo, como princípio feminino em Deus, teria uma referência específica a Maria, e, nesse sentido, revelaria em Maria a dimensão feminina de Deus.

Não se tem presente, entretanto, que nem Deus no Antigo Testamento (PALAVRA/ESPÍRITO/SABEDORIA), nem as pessoas divinas (do Pai, do Filho e do Pneuma, de que fala o Novo Testamento) são especificamente do sexo masculino ou do feminino. A diferença sexual de ser homem e ser mulher é uma característica da dimensão do criado/terreno, não da dimensão do divino. Maria não pertence à essência de Deus e, por isso, tampouco pode revelá-la. Nela se reflete, porém, a beleza e o encanto da graça. Maria não é o símbolo da feminidade de Deus, mas da capacidade do ser humano de receber a graça e de dar uma resposta livre e libertadora na fé e no seguimento.

### c) Maria na teologia da libertação

Na teologia da libertação, salientou-se, com razão, no contexto da mariologia, que Deus não se coloca do lado dos dominadores e influentes para justificar a opressão e a exploração. Seu chamado se dirige, antes, às pessoas simples e pobres do povo (Abraão, os pastores, José, Maria). Assim, Maria, a mulher do povo de Israel, é entendida como a profetisa que anuncia "a queda e humilhação dos poderosos e a exaltação dos humildes" (cf. Lc 1,52). Contra todas as tentativas de interpretar politicamente de forma unilateral a teologia da libertação ou de utilizá-la de modo abusivo, deve afirmar-se que, também segundo essa concepção, as verdadeiras mudanças não são obtidas por meio de violência física, mas por meio da graça que liberta e se torna eficaz na fé e no amor.

### d) Maria como figura simbólica positiva ou negativa nos movimentos intraeclesiais

Após o Vaticano II, em algumas partes da Igreja, a prática do culto a Maria se converteu no sinal distintivo de alguns grupos extremistas da política eclesiástica. A uma total rejeição do culto a Maria por parte dos "progressistas" correspondia uma excessiva veneração por parte dos "conservadores".

Em oposição às duas orientações, o Vaticano II quis tanto promover o reto culto a Maria na Igreja e desenvolver o significado da mariologia e a compreensão da fé cristã, como ao mesmo tempo refutar uma prática e uma linguagem que obscureçam o cristocentrismo da fé católica e causem escândalo e incompreensão nos irmãos e irmãs separados.

### e) As tendências da nova mariologia científica

Na teologia acadêmica, novamente se colocaram, depois do concílio, as questões acerca da realidade e do significado da virgindade de Maria no contexto das questões exegéticas a respeito do gênero literário e do conteúdo de verdade histórica dos "relatos da infância" em Mateus e Lucas e de uma definição mais exata do pecado original a partir de uma concepção de mundo evolutivo. A isso se acrescenta a pergunta sobre o conteúdo exato do dogma da assunção corporal de Maria no marco das novas tentativas de elaborar em termos antropológicos uma melhor compreensão das relações entre o corpo e a alma (superando uma concepção unilateralmente platônica da alma).

## II. MARIA NO TESTEMUNHO BÍBLICO DA REVELAÇÃO

### 1 *Maria, mãe do Filho de Deus como ser humano (Paulo)*

Sem chamá-la pelo nome, Paulo menciona Maria em Gl 4,4s. como aquela mulher que deu à luz o Filho enviado por Deus. É o Filho que preexiste já no Pai (Rm 1,3), que subsistia na figura de igualdade com Deus (Fl 2,6) e que foi enviado pelo Pai na forma da carne como "expiação pelos pecados" (Rm 8,3). Paulo mostra pouco interesse pelas notícias históricas sobre a vida terrena de Jesus (2Cor 5,16), bem como pela biografia de Maria. A vida terrena e a existência humana do Jesus pré-pascal só é relevante para ele do ponto de vista da história da salvação em sua perspectiva *teológica*. Isto explica também por que a mãe do Filho de Deus só é mencionada uma vez, e, com efeito, na sua teologia, no marco do acontecimento histórico-salvífico da missão do Filho preexistente ao mundo e de sua atuação como ser humano e como mediador da salvação. Paulo não menciona a concepção virginal de Jesus em Maria por obra do Espírito, nem a nega, porque, diferentemente dos sinóticos, parte da preexistência do Filho de Deus e não se pergunta, a partir da humanidade de Jesus, como ela está fundamentada, no momento de seu nascimento, numa ação de Deus constitutiva de sua origem.

### 2 *O "Filho de Deus" como "Filho de Maria" (Marcos)*

Marcos inicia seu Evangelho com a confissão de fé em Jesus Cristo, "o Filho de Deus" (Mc 1,1). Este é Jesus de Nazaré, que diante do sumo sacerdote afirma ser o "Messias e Filho do Deus bendito" (Mc 14,61). Para Marcos, Jesus não é um profeta entre outros. É o proclamador do Reino de Deus escatológico (Mc 1,15). Por meio de suas ações com poder divino, demonstra ser o mediador do Reino de Deus (Mc 1,27). É, por isso, de maneira singular, "o Filho" (Mc 13,32). Ele aceita seu destino de morrer na cruz a que o condenam os homens por causa da singular relação de missão com Deus e da unidade da revelação com Ele, a quem chama, em sentido exclusivo, de "meu Pai" (Mc 14,36).

No entanto, este Jesus não é um ser divino mitológico. É um ser humano real.

Numa caracterização incomum (em que não se menciona o pai), Jesus é chamado de "Filho de Maria" (Mc 6,3). No Evangelho de Marcos (assim como em Paulo), a historicidade do ser humano Jesus de Nazaré é expressa por meio do ser humano histórico de "Maria, a mãe de Jesus" (Mc 3,31).

No início de sua atividade pública, seus familiares quiseram fazê-lo voltar para casa, porque ouviram dizer ou achavam que "estava fora de si" (Mc 3,21.31), ao passo que, antes, as pessoas estavam "fora de si" em virtude da cura do paralítico realizada por Jesus (Mc 2,12). O sentido teológico dessa informação de Marcos consiste, pois, em indicar que a missão de Jesus não pode ser derivada a partir de sua procedência natural religiosa e familiar, nem brota do terreno da tradição religiosa do judaísmo contemporâneo, mas supera sua prática. Uma nova relação com Jesus, em que a pessoa se converte em "irmão e irmã e mãe" (Mc 3,35), surge somente no nível em que as pessoas cumprem a vontade de Deus e reconhecem o poder e a missão divinos de Jesus como mediador do Reino de Deus escatológico.

### 3 A concepção de Jesus por obra do Espírito na Virgem Maria (Mateus, Lucas)

#### a) O testemunho bíblico

Diferentemente de Paulo e João, Mateus e Lucas não partem da *preexistência* do Filho junto ao Pai antes da *encarnação* (Jo 1,1.14.18), de sua *missão* na figura da carne (Rm 8,3) e de seu nascimento como ser humano de uma mulher (Gl 4,4s.).

Eles começam seu relato expondo a relação filial do *ser humano* Jesus com Deus, seu Pai. Pretendem indicar que a essência dessa filiação já está fundamentada no ato do surgimento do ser humano Jesus diretamente na vontade de revelação de Deus. Independentemente um do outro, recorrem às tradições naturais do cristianismo judaico-palestinense, que falavam de uma concepção de Jesus na Virgem Maria por obra do Espírito "sem intervenção masculina". Aclaram seu significado teológico e a antepõe, como "homologia cristológica", ao relato da primeira aparição pública de Jesus.

Com essa abertura de seus evangelhos, não pretendem satisfazer, com os relatos erroneamente denominados "histórias da infância", ao interesse biográfico pela infância e juventude de Jesus. Seu evidente centro teológico é o enunciado da causalidade imediata do Espírito divino na origem do ser humano Jesus em Maria e em sua existência histórica, seu destino e suas aparições poderosas como mediador escatológico do Reino de Deus.

Em *Mateus* (Mt 1–2), é a José, o esposo, a quem se revela a dimensão teológica profunda daquele acontecimento que supera as possibilidades da natureza criada e do conhecimento natural. O filho que Maria espera não foi gerado de forma natural por um homem e uma mulher (Mt 1,18.25), mas veio à existência pela ação do Espírito de Deus (Mt 1,18.20). Aqui se deve levar em conta a compreensão bíblica de que a ação criadora de Deus não requer pressupostos. O Espírito, que se identifica com a essência de Deus, não atua como uma causa criada e empiricamente compreensível, ou seja, no lugar de um progenitor masculino. Por isso, exclui-se *a limine* qualquer ressonância com uma concepção teogâmica (geração divino-humana de um ser misto divino-humano). O Espírito de Deus não atua como uma causa natural e criada. Ele produz, como causa criada, sem condições e sem pressupostos, um efeito no mundo criado que excede o marco da causalidade criada. Jesus não é gerado de uma maneira quase biológico-natural, mas a ação do Espírito tem sua correspondência no nível do criado. A concepção de Jesus pela Virgem Maria sem uma cocausa humana masculina não é, pois, um sinal da ação real de Deus nela que se possa diluir em simples nexos de significados. A teologia pode interpretar a ação divina, mas não deveria condensar as dimensões teológicas da revelação, como se essas não existissem realmente, num acontecimento total e absolutamente natural, como é a geração de um ser humano. (A ação reveladora de Deus não é entendida aqui como a presença geral de Deus como criador em cada ser humano individual.)

Quando em Mateus se expõe a pré-história cristológica também da perspectiva de José, no centro objetivo da narrativa se encontra "o menino com Maria, sua mãe" (Mt 2,11.13.14.20.21). Também o restante da grinalda narrativa (adoração dos magos, fuga para o Egito, matança dos meninos inocentes de Belém, fixação de residência em Nazaré) tem seu centro nos enunciados soteriológicos e cristológicos sobre o Cristo-Messias concebido por Maria por meio do Espírito Santo e reconhecido como "Filho de Davi e Filho de Abraão" (Mt 1,1.16). É justamente o Filho do Pai, o Senhor do céu e da terra, que está numa unidade singular e insuperável de missão, de revelação e de vida com o Pai.

De uma maneira muito mais ampla, *Lucas* descreve o significado cristológico e também mariológico da concepção de Jesus da Virgem Maria por obra do Espírito. Assim como Mateus, conhece a origem da vida de Jesus sem intervenção sexual de um homem. Também ele pressupõe que a relação filial do ser humano Jesus com Deus tem seu princípio constitutivo no ser e na ação do próprio Deus – próprios de sua essência – em *dynamis* e *pneuma*.

Em Lucas, Maria é a destinatária direta do acontecimento da anunciação, em que o mensageiro de Deus, Gabriel, transmite a palavra divina. O enunciado decisivo sobre o *como* e o *quê* da concepção de Jesus sem intervenção masculina ocorre na cena do anúncio, que é moldado segundo o "esquema de revelação" do Antigo Testamento (Lc 1,26-38). Diante da promessa da presença graciosa de Deus e da mensagem de que deve conceber um filho que será chamado "Filho do Altíssimo", Maria pergunta: "Como acontecerá isso, pois não conheço homem?" E recebe a resposta: *"O Espírito Santo ($\pi\nu\varepsilon\tilde{\upsilon}\mu\alpha$) virá sobre ti e o poder ($\delta\acute{\upsilon}\nu\alpha\mu\iota\varsigma$) do Altíssimo te cobrirá com sua sombra; é por isso que o menino santo que vai nascer será chamado Filho de Deus"* (Lc 1,35).

Na expressão "cobrir com sua sombra" não há nenhuma conotação sexual. A frase alude, antes, à "nuvem" por trás da qual se encontra a glória, a presença salvífica e a vontade de revelação de Deus. Deus se manifesta na sombra da nuvem (cf. Ex 13,22; 19,6; 24,16; Lc 9,34; At 1,9).

Nessa cena dialogal é determinante a resposta de Maria: "Eis aqui a serva do Senhor. Aconteça comigo segundo tua palavra!" (Lc 1,38). Essa resposta assertiva é a fé – possibilitada e sustentada pelo Espírito Santo e realizada em liberdade – a partir da qual Jesus procede como o "fruto do seu corpo", e por meio da qual se torna "mãe do Senhor" (Lc 1,43). Jesus divide com Deus, seu Pai, o título "Senhor". Dessa maneira, Maria é a crente por excelência, pois nela se cumpriu o que o Senhor lhe disse (Lc 1,45). Esta mulher, cujo corpo o carregou e cujo peito o alimentou, é mãe de Jesus não só no tocante à concepção da natureza humana de Jesus através dela, mas principalmente por meio da fé – por obra do Espírito Santo – na Palavra de Deus (Lc 11,27). É a ação de Deus, para quem "nada é impossível" (Lc 1,37; 18,27). Ao aprofundamento teológico desse acontecimento central, ou seja, à ancoragem da humanidade de Jesus na essência e na vontade salvífica de Deus, servem outras narrativas e hinos, como o *Magnificat*, ou também o testemunho profético de Simeão e Ana sobre Jesus com a menção à crise que terá por consequência a cruz, bem como o enunciado de que uma espada atravessará a alma da própria Maria, com a qual Lucas faz alusão ao nexo entre fé e seguimento de Jesus e a disposição a assumir a cruz; por fim, o relato da peregrinação de Jesus ao templo, onde, nas palavras inaugurais do Evangelho de Lucas, manifesta que Deus é "meu Pai" num sentido incomparável (Lc 1-2).

### b) O significado teológico

O acontecimento da concepção de Jesus na Virgem Maria por obra do Espírito foge a uma verificação empírica científico-biológica natural, o que, porém, não significa que não foi real nem que seja só uma interpretação. A realidade é mais ampla do que o segmento dela que se pode captar empiricamente. É certo que Deus não atua materialmente; sua ação, no entanto, abrange também a dimensão corporal e vai ao encontro do crente como sinal.

A realidade da concepção por obra do Espírito e seu significado se abrem somente no horizonte da fé bíblica em Deus. O Deus de Israel – em sua transcendência real sobre o mundo criado com suas condições, causas e efeitos naturais – quer se comunicar na história ao assumir uma existência humana real. O próprio Deus como autor do ato da encarnação é, também e imediatamente, o fundamento transcendental da origem da existência humana de Jesus. Deus não se une só posteriormente com um ser humano que já possui uma hipóstase criada, mediada por uma geração natural. Na sua vontade de se tornar ser humano, o próprio Deus é, em sua ação criadora, imediatamente (sem mediação da geração natural e da causalidade criada da origem de um ser humano), o fundamento que sustenta a existência humana de Jesus na hipóstase incriada da PALAVRA divina.

### c) O horizonte de Israel e o "universo semântico" da perícope da anunciação

Uma vez que os enunciados de Mateus e de Lucas não procedem das fontes do primitivo material narrativo sinótico, levanta-se a questão de seu valor como fonte histórica. Trata-se de simples relatos sobre fatos históricos transmitidos pela família de Jesus, ou são narrativas fictícias que querem ilustrar o significado soteriológico de

Jesus, do modo como se deu a conhecer em suas aparições posteriores? Lidamos com um *midrash* ou com uma lenda atualizadora e edificante, com uma saga ou com um empréstimo dos mitos egípcios ou helenistas no marco da antiga concepção de mundo e de seu suposto desconhecimento das condições biológicas da geração humana?

A investigação histórico-crítica demonstrou não ser possível estabelecer uma classificação inequívoca quanto a um gênero literário claramente delimitado. As pré-histórias cristológicas se encontram no contexto abrangente do grande gênero literário do Evangelho, com sua unidade de história e *querigma*.

No conjunto, porém, os escritores bíblicos não estavam determinados por uma concepção dualista do mundo segundo a qual a natureza de uma pessoa só se instala na consciência, num nível puramente natural, no decorrer de sua vida adulta. Assim, tampouco Jesus estabeleceu uma relação específica com Deus só quando chegou à idade adulta, depois de uma longa fase de vida absolutamente normal e após uma vivência vocacional repentina. Nos relatos do nascimento de Jesus da Virgem Maria, que se pode verificar até os anos 40 ou 50 do primeiro século cristão, reflete-se antes a convicção de que Jesus – em cuja ressurreição Deus atuou tão poderosamente e a quem revelou como seu Filho – deve também a origem de sua existência terrena a uma ação imediata de Deus. Aqui não se trata de uma simples dedução teórica. É a convicção de que a realidade de Jesus conhecida na fé (como a autoatualização escatológica de Deus) tem como autor o próprio Deus. Por isso, a fé se refere a um acontecimento e a uma ação especial de Deus na origem humana de Jesus, não a uma retroprojeção piedosa e esclarecedora de uma experiência religiosa com Jesus no início de sua vida.

A alternativa "histórica ou teológica" surgida da situação cognitiva dualista da filosofia moderna não faz justiça à intencionalidade dos enunciados da Escritura. Antes, Deus atua realmente na história. O que se pode perceber no nível da história e da facticidade não se pode fixar como prova objetiva de uma ação de Deus. Trata-se antes de um *sinal*, sustentado e realizado pela realidade da ação invisível de Deus, que torna manifesta a ação de Deus no mundo. O nexo interior entre sinal e realidade se descobre somente na fé, que, como ação do Espírito Santo, se deve ao próprio Deus (cf. 1Cor 12,3).

Ainda que não se consiga reconstruir a história desses relatos até sua primeira origem, pode-se descobrir a facticidade do acontecimento relatado a partir do horizonte da fé, em que se percebe como realidade a encarnação de Deus, a mediação salvífica escatológica de Jesus Cristo e a revelação da filiação de Cristo na ressurreição. A fé constrói sobre dados históricos e é capaz de captar suas dimensões teológicas profundas. A unidade específica de história e teologia, de fé e história, de realidade e símbolo, configura o horizonte hermenêutico, diante do qual deve interpretar-se o relato da anunciação no marco do gênero literário Evangelho:

> "Trata-se nele da poderosa ação de JHWH, Deus de Israel, na Virgem Maria, uma ação por meio da qual novamente se confirma a verdade da sentença de que para Deus nada é impossível, e, a saber, num acontecimento que designo sem hesitação de *factum historicum*, ainda que este acontecimento tenha se desenrolado na *scintilla animae* de Maria e só pode ser descrito, é claro, na forma de 'relato', mas cujo 'universo semântico' se move no 'horizonte de Israel'" (MUSSNER, F. "Das 'semantische Universum' der Verkündigungsperikope". *Maria, die Mutter Jesu im Neuen Testament*. St Ottilien, 1993, 73-96, 93s., nota 30).

Mussner demonstrou de forma convincente que o "universo semântico" da perícope da anunciação (dados topográficos, nomes de pessoas, fórmulas e conceitos teológicos, alusões e citações veterotestamentárias) se move exclusivamente no horizonte linguístico e conceitual bíblico e se reporta concretamente ao judaísmo e ao judaico-cristianismo palestinense do tempo de Jesus. Não existe nenhum nexo, nem objetivo nem histórico, com os mitologemas pagãos.

Nesse caso, o elemento normativo continua o acontecimento de Cristo, interpretado no horizonte da ação salvífica de Deus na história e das promessas veterotestamentárias. A célere citação reflexiva de Is 7,14 (cf. Mt 1,23; Lc 1,31), que, a propósito, não fala de uma concepção por obra do espírito, mas somente de um nascimento, em forma de sinal, de um menino a partir de uma donzela ou de uma mulher jovem, não é a origem de um acontecimento fingido a partir daquela citação. Ao contrário, a aceitação na fé da autorrevelação de Deus em Jesus Cristo é o fundamento para explorar de maneira cada vez mais profunda a natureza de Cristo à luz dos nexos de significado e das categorias linguísticas e conceituais do Antigo Testamento (cf. o caminho que vai da cristologia implícita à explícita).

### d) O caráter incomparável na história das religiões

Especialmente a partir de David Friedrich Strauss (*Das Leben Jesu, kritisch bearbeitet*, 1835), a concepção virginal de Jesus é considerada um mito (como acontecia na propaganda anticristã de Celso e do Imperador Juliano, nos séculos II-IV), que penetrou nos relatos bíblicos a partir da mitologia helenista e egípcia. Além das reclamações racionalistas que exigiam que se eliminasse essa ideia da concepção virginal na confissão de fé e na Bíblia (Marcião, s. II; A. v. Harnack), propôs-se entender este relato como uma história edificante e um romanticismo natalino ou como a interpretação existencial de um mito (R. Bultmann) ou como a ilustração de um modelo arquetípico do inconsciente coletivo (C.G. Jung). Segundo Strauss, os mitos neotestamentários não são mais do que "revestimento de tipo histórico de ideias protocristãs, configurada na saga poética, sem uma intenção prévia" (*Das Leben Jesu*. Tü 1984, 75). Na esteira das ideias de Strauss, a escola da história das religiões do século XX (H. Gressmann, W. Bousset, H. Leisegang, E. Norden, M. Dibélio, G.C. Schneider, E. Brunner-Traut e outros), tentou demonstrar a dependência histórica direta dos relatos de Mateus e Lucas das mitologias egípcias e da Ásia anterior. No final das contas, o tema do parto virginal seria um resquício de uma concepção pré-científica do mundo.

Ainda está faltando uma prova histórica da influência e de uma dependência direta. Até agora não se passou das suposições e das associações. Graves deficiências metodológicas na comparação da história das religiões decorrem da falta de consideração do horizonte hermenêutico incomparável das religiões mitológicas, por um lado, e da fé israelita em Deus, por outro lado. Nesse caso, não se trata unicamente de diferenças na concepção de mundo no nível científico natural, mas do horizonte da realidade em geral. As concepções mitológicas permanecem no nível das relações teógamas entre os deuses e as mulheres humanas, de cuja associação surge um ser misto divino-humano, metade homem e metade Deus. Na maioria dos casos, estes mitos servem à legitimação política dos soberanos ou, em outros contextos, podem ilustrar a concepção de que os deuses produzem a fertilidade da terra maternal.

No horizonte da fé israelita, porém, a radical transcendência pessoal de Deus estabelece uma relação inteiramente diferente entre Deus e a criação. Deus não ingressa no mundo de maneira física e coisificada, mas por meio de sua PALAVRA livre e de sua ação histórica. Entre Deus e Maria não existe uma relação teógama; Deus não mantém nenhum tipo de relação sexual com Maria, mas propicia livremente, sem pressupostos físicos e condicionamentos criados, a partir de sua vontade criadora (ou seja, *pneuma* e *dynamis*), que o ser humano Jesus comece a existir no ventre de Maria, sua mãe. Por isso Cristo se diferencia completamente dos seres intermediários da mitologia. Não é metade Deus e metade homem, mas, como consta na confissão de fé, verdadeiro Deus e verdadeiro ser humano. A unidade não resulta da mescla física de uma natureza humana com elementos divinos, mas surge por meio da pessoa do Logos, que sustenta a unidade das naturezas, tanto a humana como a divina, não mescladas, de Cristo.

### *4 Maria – tipo da fé (Lucas)*

Diferentemente dos outros escritores bíblicos, em Lucas pode falar-se de uma acentuação mariológica consciente. Traça uma imagem de Maria em que aparece tanto a figura histórica em sua singularidade pessoal e humana como o tipo do encontro divino-humano. É agraciada, a quem Deus, o Senhor, prometeu uma proximidade singular, que ela aceita, por meio de sua resposta afirmativa, em sua própria vida e em sua biografia com Jesus Cristo. O diálogo divino-humano na cena da anunciação mostra Maria na plenitude dos tempos, uma vez que a validez escatológica última da antiga aliança chega à consumação e é anulada com a vinda definitiva de Deus como ser humano entre os seres humanos. Na perícope da anunciação, descreve-se a situação fundamental do ser humano diante de Deus na medida em que Deus dirige sua palavra aos seres humanos e convida Maria a aceitar a presença salvífica de Deus na fé e realizá-la em seu seguimento. É bem-aventurada porque acreditou que se cumprirá o que o Senhor lhe disse (Lc 1,45). Este nexo entre palavra e fé se aplica a todos que são bem-aventurados porque ouvem a Palavra de Deus e a cumprem (Lc 11,28). A fé não se limita a uma aceitação passiva da salvação. Na fé, Maria se converte em coautora da salvação que se realiza na história. Por isso, "de agora em diante me chamarão feliz todas as gerações" (Lc 1,48). A glória de Deus será reconhecida no mundo justamente por meio de seus atos salvíficos em favor dos seres humanos e da disposição deles de ouvir sua palavra, seguir sua vontade e, assim, fazer perceptível a salvação de Deus no mundo.

Em seu Evangelho, Lucas interpretou seus enunciados mariológicos a partir do acontecimento de Cristo no marco da ação do Espírito de Deus Pai.

Por isso, não é uma coincidência que no início da "história da Igreja primitiva" volte a mencionar a Maria, uma vez que a mãe de Jesus, juntamente com os apóstolos, os outros discípulos e os irmãos de Jesus, em oração, esperava a vinda do Espírito pentecostal sobre a Igreja (At 1,14). Assim, Maria é, por um lado, membro da Igreja que surgiu por meio da ação de Cristo e do envio do Espírito e, por outro lado, também a ouvinte da palavra, tipo da Igreja, da Igreja de Deus Pai, Filho e Espírito Santo (cf. At 20,28).

### 5 Maria – testemunha da glória divina (João)

João apresenta o conjunto da obra histórica de Jesus a partir do tema fundamental da revelação da glória divina que Ele tinha, junto ao Pai, já antes do início do mundo. Através da revelação da glória divina, Jesus conduz seus discípulos à fé (Jo 2,11). Na fé e no amor, os discípulos participam da comunhão do Pai, do Filho e do Espírito no amor de Deus, um amor que é sua própria essência (Jo 17,24).

João não fala de Maria sob o ponto de vista de recordações biográficas. Maria aparece duas vezes no Evangelho de João: no início da revelação da glória de Jesus, por ocasião das bodas de Caná, e no final da revelação de sua glória divina, na cruz. Não se trata de relações nem tensões familiares ("O que temos nós a ver com isso?"). Fixar a hora da revelação da glória divina é algo que cabe unicamente a Deus. Visto que Maria, contudo, sabe quem é Jesus, pode de certo modo, como sua primeira discípula na fé, chamar imediatamente a atenção dos participantes para Jesus: "Fazei tudo o que Ele vos disser" (Jo 2,5).

Tampouco junto à cruz, onde Maria está com o discípulo amado de Jesus, se trata de notícias históricas concretas ou da indicação de que, mesmo na hora da morte, Jesus havia se preocupado com o sustento material de sua mãe. Aqui deve estar-se atento à profundidade simbólica que permite ver nessas sentenças de Jesus aspectos fundamentais para a compreensão da vida cristã. Nas palavras de Jesus a Maria: "Mulher, aí está o teu filho"; e ao discípulo: "Aí está a tua mãe", bem como por meio da afirmação: "E desde aquela hora o discípulo tomou-a sob seus cuidados" (Jo 19,26s.), se traduz o conteúdo espiritual da relação mãe-filho entre Jesus e Maria para a relação entre a Igreja e Maria. É evidente que, para as comunidades joaninas, Maria é a maior figura da fé e do seguimento perfeito, porque foi em si mesma inteiramente uma referência a Jesus, em quem se revelou a glória de Deus. Maria, mãe de Jesus, testemunha a existência histórica de Jesus como ser humano. Ao mesmo tempo, é a testemunha da glória e da divindade de Jesus, de cuja plenitude todos temos recebido graça sobre graça (Jo 1,16).

### 6 Traços fundamentais da imagem neotestamentária de Maria

1) Maria é a serva, eleita pela graça do Espírito, da vinda escatológica do Filho de Deus, como ser humano, entre nós.

2) Maria é, para a nova aliança, o protótipo da relação de Deus com o ser humano, que acontece na correlação de palavra e fé (amor). Assim, Maria se converte no tipo e ideal do ser humano crente e da Igreja, do povo de Deus da nova aliança (cf. também a interpretação de Maria como *tipo de Israel*, *filha de Sião*, *templo do Espírito Santo* e como *arca da aliança*, em que Deus está presente como redentor em meio ao seu povo: Sf 3,14-17; Jl 2,21-27; Zc 9,9).

A continuidade interna que vai de Israel à Igreja se sugere também por meio de Ap 12,1-8, uma passagem que exerceu uma considerável influência: "Apareceu no céu um grande sinal: uma mulher vestida do sol, com a lua debaixo dos pés e na cabeça uma coroa de dozes estrelas". Um dragão aparece diante da mulher para devorar a ela e ao filho que dará à luz. É "o grande dragão, a antiga serpente, chamada diabo e satanás" (cf. Gn 3,15, onde, segundo a interpretação patrística, se fala do enfrentamento hostil entre o diabo como inimigo da humanidade e a mulher com seu filho, e assim se anuncia pela primeira vez a redenção por Cristo; daqui a denominação *protoevangelho*).

3) Maria é a mãe do Senhor (Deus), que assumiu dela seu ser humano por meio da eficácia casual exclusiva do poder do Espírito divino. Maria, no entanto, assumiu essa graça como tarefa e na sua relação com Jesus e com a comunidade salvífica da Igreja surgida dela transformou-a ativamente em fé, esperança e caridade.

4) O testemunho da maternidade virginal divina de Maria é a afirmação bíblica fundamental sobre Maria e sobre todos os enunciados de fé da Igreja sobre ela, bem como a base de todo o culto a Maria.

### 7 A imagem de Maria nos apócrifos

O protoevangelho de Tiago confirma a maternidade divina de Maria. Fala-se de um voto de virgindade de Maria que deve esclarecer a permanente virgindade de Maria depois do parto. Os irmãos do Senhor são considerados filhos de José nascidos de um matrimônio anterior. Além dos dados legendários sobre os pais de Maria e sobre a infância e juventude da Virgem, há também a tentativa de salientar empiricamente a facticidade do nascimento virginal por meio do testemunho de uma parteira que participou do parto (Protev 19,3).

Nos apócrifos influenciados pela gnose e pelo judaísmo ou se nega o parto virginal ou se o espiritualiza no sentido de uma especulação arquetípica. Marcião e os ebionitas suprimiram as pré-histórias cristológicas dos evangelhos com a intenção de privar os respectivos enunciados de fé de seu fundamento bíblico.

Apesar da grande influência exercida pelos apócrifos romanceados sobre a mentalidade e a piedade de muitos cristãos daquela época, deve negar-se a eles toda capacidade de prova dogmática na cristologia e na mariologia.

## III. O DESENVOLVIMENTO DOS ENUNCIADOS MARIOLÓGICOS NA HISTÓRIA DA FÉ

### 1 O círculo temático da história da salvação: a antítese entre a incredulidade de Eva e a fé de Maria

Repetidamente, a proclamação eclesial apresentou (na catequese e na liturgia) a lembrança do nascimento de Jesus por meio da virgem Maria. Lucas indica que Maria foi a mãe do Senhor e Filho de Deus em virtude de sua fé. A salvação messiânica inicia com Cristo e com a fé de Maria e sua disposição de que a encarnação de Deus se realize nela. Sugere-se aqui, com base na tipologia paulina de Adão-Cristo, uma contraposição entre a desobediência (= incredulidade *voluntária*) de Eva e a obediência crente de Maria (Lc 1,38; Gn 3; Rm 5,19). Uma vez que Deus associou sua encarnação com a livre disposição de Maria de ser a mãe do Filho de Deus, a resposta afirmativa de Maria (Lc 1,38) não é certamente a causa da encarnação e da redenção, mas um *medium* criado e assumido por Deus para sua realização histórica. Eva foi, pela desobediência da incredulidade, causa da morte; Maria, porém, é causa da vida. É, num sentido verdadeiro, "mãe dos viventes" (Gn 3,20), pois assim como a morte provém por meio de ambos os sexos, assim também a vida devia chegar por meio de Cristo, o homem, e de Maria, a mulher (Agostinho, serm. 140; Epifânio de Salamina, haer. 78, 18). Maria está no início da história da fé da nova humanidade, ou seja, da Igreja da Nova Aliança renascida na fé. Por meio de sua fé, Maria é, como virgem, o tipo da Igreja, que recebe a salvação a partir de Deus e, ao mesmo tempo, a condensação tipológica da natureza da Igreja que mediante sua proclamação e seu ministério de salvação pelo poder da fé e do batismo sempre dá à luz novos membros do corpo de Cristo que é a Igreja (cf. *Irineu*, haer. IV, 33, 4,11; *Hipólito*, antichr. 44s.; *Agostinho*, in Jo. 13, 12; serm. 193,2).

Na perspectiva de uma soteriologia desenvolvida a partir da encarnação, Maria aparece como a companheira e auxiliadora de Cristo (*socia Christi*). É também, no tocante à Igreja, intercessora e auxiliadora dos seres humanos (*adiuvatrix*). No entanto, a colaboração de Maria não significa que ela apoie a obra de Cristo, o fundador da nova humanidade. Ela se encontra, antes, do lado da Igreja que recebe a salvação e atua pela graça que lhe foi concedida e com seu exemplo de modo que permite que a Igreja e cada um de seus membros se unam na fé e no amor com Cristo, sua cabeça, consoante a relação do esposo e da esposa, em que se expressa a relação pessoal de Cristo com a Igreja e da Igreja com Cristo (cf. Ef 5,23).

A figura teológica – testificada já em *Justino Mártir* (dial. 100) e *Tertuliano* (carn. 17) – do antítipo da desobediência de Eva e da obediência crente de Maria encontrou em *Irineu de Lião* uma formulação convincente:

> "Que o Senhor chegaria visivelmente a sua propriedade e que sua própria criação, por Ele sustentada, sustentaria a Ele, e que recapitularia a desobediência no madeiro mediante a obediência no madeiro e eliminaria aquela tentação a que tão perversamente sucumbiu a virgem Eva, que já estava destinada a um homem – isto foi convenientemente anunciado pelo anjo à Virgem Maria, que também já estava prometida a um homem. Assim como aquela foi seduzida pelas palavras de um anjo para que se afastasse de Deus e se fechasse à sua palavra, assim esta recebe através das palavras de um anjo o anúncio de que conceberá a Deus porque foi obediente a sua palavra. Ao passo que aquela foi desobediente, esta segue a Deus em livre vontade, para que a Virgem Maria seja advogada (*advocata*) da virgem Eva. E assim como o gênero humano ficou cativo da morte por meio de uma virgem, foi também por uma virgem libertado dele. De modo equilibrado, a desobediência da virgem foi revogada pela obediência da virgem" (haer. V, 19,1; epid. 33).

Assim, se afirma: "Maria foi, por sua obediência, causa da salvação para si e para toda a humanidade" (causa salutis; haer. III, 22,4. – Outras provas em SÖLL, G. *Mariologia*. HDG III/4, Fr 1978, 30-40).

Em virtude do ato histórico de sua obediência à Palavra de Deus que, a partir dela, assumiu a carne para salvar todos os seres humanos, Maria é também tipo e parâmetro do ser humano completamente unido com Deus. É inteiramente agraciada, puramente crente e, portanto, plenamente redimida. Também se indica aqui que as duas palavras elementares "graça – fé", relacionadas entre si como dois focos, são o princípio da história dos dogmas mariológicos. Nos futuros enunciados de fé sobre Maria que se cristalizam na consciência de fé da Igreja, não se trata unicamente de um interesse isolado pela pessoa de Maria. No decorrer da história da fé, ficaram visíveis, antes, os contornos da imagem cristã do ser humano no espelho dos enunciados mariológicos fundamentais.

A partir do *Magnificat* (Lc 1,46-56), os Padres da Igreja também chegaram à conclusão de que Maria é a *profetisa de Cristo* (Clemente de Alexandria, strom. I, 136,1). O profeta é a testemunha de Cristo que, na nova aliança, está plena do Espírito Santo (Jl 3,1; At 2,17). No final dos tempos messiânico, a testemunha profético-pneumática da Igreja de Cristo é personificada da maneira mais clara através de Maria, a *prophetissa* da nova aliança (Tomás de Aquino, S. th. III q.27 a.5. Cf. GRILLMEIER, A. "Maria Prophetin". *Mit ihm und in ihm*, fr 1975, 198-216).

## 2 O horizonte cristológico de compreensão da virgindade e da maternidade de Maria

### a) A virgindade de Maria

*A virgindade de Maria como prova da verdadeira natureza humana de Cristo* (virginitas ante partum).

A concepção da palavra eterna de Deus como ser humano pela Virgem Maria por meio do poder criador do Espírito divino (*conceptus de Spiritu Sancto natus ex Maria Virgine*) já aparece nas mais antigas confissões de fé como parte firmemente integrante do dogma eclesial.

Isto não significa a exceção de uma regra biológica nem a origem de Jesus a partir de uma vinculação teógama, como existe nos mitos egípcios e helenistas e aí tem como consequência a constituição de um ser misto divino-humano. Tematiza-se, antes, o processo – que abrange todas as possibilidades da natureza e da concepção humana – da automediação da Palavra eterna (do Filho) de Deus na existência concreta de um ser humano histórico sem a mediação bicausal e criada de uma geração sexual. A concepção virginal não é a causa da eterna filiação divina do Logos e da aceitação da natureza humana de Cristo na relação do Filho eterno com o Pai, mas seu efeito e sua representação simbólica no marco das condições da experiência humana. A fé se dirige imediatamente para a ação de Jesus e sua atualização no efeito, a saber, na concepção e no nascimento do Filho eterno de Deus como ser humano a partir da Virgem Maria. Assim, a concepção de Jesus pelo Espírito Santo é a causa metafísica da encarnação, ao passo que a concepção e o nascimento a partir da Virgem Maria representa o símbolo real da encarnação.

Inácio de Antioquia menciona a virgindade de Maria e o parto virginal, junto com a morte do Senhor, como os "três mistérios sonoros que se cumpriram no silêncio de Deus" (Ef 19,1; cf. 7,2; 18,2; Philad. 6,1; Smyrn. 1,1-2). Testificam igualmente que a virgindade de Maria antes do parto (*virginitas ante partum*) é parte integrante da fé: Justino (dial. 43,7; 63; 85; 100; 113; 127; 1 apol. 22; 31-34; 46; 63 et passim); Irineu de Lião (haer. III, 21); Tertuliano (praescr. 13,36; adv. Prax. 2; virg. vel. 1); Hipólito (antichr. 4); Orígenes (Cels. I,37; comm. in Jo. 32, 16) e outros. Ao mistério da fé da concepção virginal de Cristo pelo poder do Espírito Santo se contrapõem quatro concepções heréticas:

(1.) A *cristologia adocionista*, verificável desde o início do século II, segundo a qual Jesus havia sido apenas um ser humano sobre o qual havia descido (pela primeira vez) no batismo no Jordão o espírito profético (em contradição com a pneumacristologia sinótica). Em contraposição, os Padres declaram que a natureza humana de Jesus esteve unida com a divindade desde o primeiro instante de sua existência e que existe em virtude de uma ação direta do Espírito.

(2.) O docetismo gnóstico, segundo o qual Jesus só teve um corpo aparente ou uma vestimenta sob a qual se ocultava a divindade. O Logos divino somente passou através de Maria como a água passa através de um canal. Por outro lado, os Padres afirmam que só se pode falar de uma verdadeira encarnação se o Logos assumiu, a partir da carne (= a natureza humana de Maria), a existência física de um ser humano. No intuito de evitar a compreensão equivocada do docetismo, a fórmula latina recorre a uma expressão muito diferenciada quando diz que o Logos assumiu a carne, por meio da ação do Espírito Santo (*de spiritu sancto*), a partir da Virgem Maria (*ex Maria Virgine*).

De acordo com outra variante da *gnosis*, o Logos-Cristo celeste havia descido sobre o ser humano eleito Jesus, que havia sido engendrado por José e Maria. Para uma concepção dualista que ao demiurgo bom contrapõe a matéria como princípio do mal, e ao Deus amante e misericordioso do Novo Testamento o Deus vingativo do Antigo Testamento, devia francamente parecer um horror o contato de Deus com a matéria e a assunção redentora do mundo na relação do Pai com o Filho em virtude de sua humanidade. Consequentemente, Marcião exclui do Evangelho de Lucas, que reconhecia como o único evangelho, a homologia cristológica (os "relatos da infância").

(3.) A *crítica judia*, assim como se percebe na controvérsia de Justino com o judeu Trifão. Justino não só rejeita a insinuação sarcástica de que a concepção de Jesus sem a intervenção de um pai poderia ser comparada com as sagas e os mitos pagãos. A discussão gira em torno de se Is 7,14 é uma prova da messianidade de Jesus. Nas traduções de Áquila e de Teodótio, o termo hebraico *alma* não é traduzido por *parthenos*, como acontece na Septuaginta. Portanto, segundo Trifão, o nascimento de um menino a partir de uma jovem não é nenhuma prova da messianidade de Jesus. Além disso, o Emanuel não faria referência ao Messias, mas a Ezequias, filho de Acaz. Entretanto, a messianidade de Jesus e seu nascimento de uma virgem por obra do Espírito não dependem de uma interpretação filológica exata de Is 7,14. Mateus e Lucas se reportam à passagem profética no sentido de uma citação reflexiva. Não construíram a fé em Jesus a partir do Antigo Testamento, mas com base na messianidade de Jesus, conhecida e confessada por eles, interpretaram cristologicamente o Antigo Testamento. O fundamento cognitivo dos escritores neotestamentários é o acontecimento do autotestemunho da mensagem do Reino de Deus escatológico ressuscitado pelo Pai.

(4.) A *polêmica com a filosofia grega*. Na controvérsia de Orígenes com o filósofo pagão Celso já se encontram todas as objeções que têm sido apresentadas desde então, em variações sempre novas, a partir da perspectiva racionalista contra a confissão cristã, seja a indicação da validez ilimitada das leis da natureza ou também o suposto desmascaramento como mito. A resposta cristã indica que para Deus "tudo é possível". Aqui não se faz referência, porém, a fenômenos naturais extraordinários que estariam fora da ordem do universo empírico e seriam atribuíveis à intervenção de algum poder superior. É, antes, uma alusão ao fato, não dedutível pela razão humana, de que o Deus eterno e transcendente tem, em sua realidade pessoal, o poder de fazer-se imanente ao mundo e de sair ao seu encontro no ser humano Jesus. Assim, é Ele mesmo quem aceita em sua Palavra eterna o ser humano, que é concebido e dado à luz como homem, sofre a morte, ressuscita dentre os mortos e introduz os seres humanos, no Espírito, na sua relação filial com o Pai.

O sentido da fé na concepção virginal de Jesus por obra do Espírito Santo não se abre no horizonte de um caso biológico excepcional, mas unicamente no horizonte teológico do fato singular de que Deus não assume o ser humano preexistente e se expressa através dele, mas que o próprio Deus quer se tornar ser humano.

> "Apesar de toda a autêntica humanidade do devir de Jesus, Ele veio a ser de uma maneira distinta da nossa. Se Jesus é o Filho de Deus, então seu devir é humano-divino, ao passo que o nosso é humano. Aqui não se pode interpretar a sentença agostiniana: *assumendo creatur*, ou seja, o ato da aceitação da autoexpressão de Deus, que é a realidade humana de Jesus, tem, como componente íntimo, o devir da realidade humana de Jesus em si, na medida em que este devir é a ação criadora de Deus. Este é certamente um devir diferente do nosso. Significa um novo começo criador a partir da iniciativa original de Deus, e não a simples continuação da história com os meios do mundo" (KILIAN, R. et al. *Zum Thema Jungfrauengeburt*, St 1970, 121-158, aqui 141).

### *A virgindade de Maria no parto*

Desde o início do século IV, aparecem, com diversas variações, as fórmulas tripartidas da virgindade de Maria antes, no e depois do parto (*semper vigo/aeiparthenos*). Seu fundamento está na maternidade virginal assumida em sua disposição de fé. A partir desse enunciado cristológico sobre a virgindade de Maria antes do parto, segue-se, no sentido de um maior acento mariológico da afirmação, a cunhagem do processo do parto (*virginitas in partu*) por meio do fato de que Maria dá à luz o Deus-homem e redentor e que ela, em consequência de sua entrega absolutamente humana ao acontecimento da redenção, não teve nenhuma relação com José nem, portanto, outros filhos. O conteúdo de fé da virgindade de Maria antes, no e depois do parto e, assim, sua virgindade perpétua, é atestada por todos os Padres da Igreja, por exemplo, contra a seita dos antidicomarianitas (*Epifânio de Salamina.* Panarion III, haer. 78,19) e contra Joviniano (*Jerônimo*, adv. Iovin.; *Agostinho*, ep. 137, 2,8; haer. 82; *Ambrósio*, inst. virg. 8,52; *Isidoro de Sevilha*, orig. VII, 5,46, 57 e outros). Essa virgindade perpétua, com essa expressão triforme (*Zenão de Verona*. Tract. II, 12), foi recebida na Igreja como doutrina de fé vinculante (Sínodo de Milão, 379: C.J. Hefele e H. Leclercq, 78ss. • *Tomus Leonis*: DH 294; cânone 6 do II Concílio de Constantinopla, 553: DH 427; cânones 2-4 do Sínodo Lateranense de 649: DH 502-504). Além da interpretação equivocada do dualismo gnóstico da *virginitas in partu* entendida como negação da realidade da humanidade de Jesus (cf. a hesitação de Tertuliano sobre esse tema, carn. 23; monog. 8), essa doutrina eclesial deve ser entendida no sentido da realidade da encarnação. Não se trata de singularidades fisiológicas no processo natural do parto (como, p. ex., a ausência de abertura do canal do parto, ou a falta de rompimento do hímen ou a inocorrência das dores próprias do parto), mas da influência salvadora e redentora da graça do Redentor sobre a natureza humana, que havia sido "violada" pelo pecado original. Para a mãe, o parto não se reduz a um simples processo biológico. Cria uma relação pessoal com o filho. As condições passivas do parto se integram nessa relação pessoal e estão internamente determinadas por ela. A peculiaridade da relação pessoal de Maria com Jesus está definida pelo fato de que seu Filho é o Redentor e de que sua relação com Ele deve ser entendida num amplo horizonte teológico. Os Padres da Igreja entendem que o paralelismo Eva-Maria oferece a possibilidade de situar o acontecimento do nascimento do Redentor em linha antitética com a sentença do castigo (as penalidades) contra Eva, em que "as dores do parto da mulher" são expressão da criação ferida pelo pecado (Gn 3,16). Também o processo natural do parto, fundamentado na criação, é determinado pelas experiências do estranhamento do ser humano frente a Deus, que é sua origem e seu fim. No ato do parto (como em outras realizações humanas elementares), revela-se uma diferença entre a passividade do acontecimento a que está submetida a parturiente e sua vontade interior de atividade, ou seja, de integração pessoal no conjunto do evento. Essa diferença é experimentada, num sentido antropológico, como "dor", desintegração e ameaça. Em virtude de sua resposta afirmativa para a encarnação de Deus através dela, deve-se ver a relação de Maria, também no ato do nascimento, no horizonte da salvação escatológica que aconteceu em Cristo. O conteúdo do enunciado de fé não se refere, pois, a detalhes somáticos fisiológica e empiricamente verificáveis.

Reconhece, antes, no nascimento de Cristo já os prenúncios da salvação escatológica do tempo final messiânico, já iniciado em Jesus (cf. Is 66,7-10; Ez 44,1s.). Na interpretação teológica da liberação de Maria das "dores" do acontecimento do parto do Redentor deve levar-se em conta também a doutrina biblicamente testificada do seguimento de Maria até a cruz (Lc 2,35; Jo 19,25). A espiritualidade cristã reconhece, segundo o modelo de Maria, que em todo parto que uma mulher aceita na fé há uma experiência da salvação já vinda escatologicamente.

*Karl Rahner* interpretou acertadamente o conteúdo de fé da expressão *virginitas in partu*:

> "[...] a doutrina da Igreja diz com o genuíno núcleo da tradição: o parto (ativo) de Maria é (da perspectiva do filho e de sua mãe), assim como sua concepção, desde a realidade total (como ato inteiramente humano dessa 'virgem'), também em si (e não só desde a perspectiva da concepção [...]) tal como corresponde a essa mãe e, portanto, singular, admirável, 'virginal', sem que a partir dessa sentença (em si compreensível) tenhamos a possibilidade de deduzir enunciados sobre os detalhes concretos deste processo que sejam *seguros* e vinculantes para *todos*" (*Virginitas in partu = Schriften* IV, 173-205, aqui 205).

*A virgindade de Maria depois do parto* (*virginitas post partum*)

Somente a partir do século III (e abstraindo de algumas alusões na literatura extracanônica), a virgindade perpétua de Maria também depois do parto se converte em tema teológico.

Se a maternidade divina de Maria não é somente um episódio biográfico, mas o traço fundamental que determina sua relação com Deus e, por consequência, seu projeto de vida, então resulta daí a questão teológica de seu gênero de vida. Ela, que "por desígnio da Providência Divina, a Bem-aventurada Virgem foi nesta terra a sublime mãe do Redentor, singularmente mais que os outros sua generosa companheira e humilde serva do Senhor" (LG 61), se sabia obrigada ao serviço de Cristo e ao Reino de Deus de uma maneira tal que "por amor do Reino dos Céus" (Mt 19,12) renunciou à consumação do matrimônio com José, seu legítimo esposo, e, em consequência, depois de Jesus, não teve nenhum outro filho. Adversários dessa *convicção de fé* da Igreja, que foi se impondo nos séculos III e IV, foram os antidicomarianitas Joviniano e Bonoso de Sárdica (cf., por outro lado, SIRÍCIO, P. *Carta a B. Anísio de Tes.*, NR 470). Ao ataque de Helvídio, Jerônimo contrapôs intensa polêmica em 381: *Adversus Helvidium de Mariae virginitate perpetua*. O II Concílio de Constantinopla de 553 e o Sínodo laterano de 649 atestam que a Igreja universal aceitou esse desenvolvimento da história dos dogmas.

O problema histórico-exegético dessa convicção de fé é que, no Novo Testamento, não há nenhum testemunho positivo a seu favor. As passagens bíblicas que se referem aos "irmãos e irmãs do Senhor" (Mc 3,31; 6,3; 1Cor 9,5; Jo 2,12; 7,3-12) parecem, à primeira vista, inclusive, falar contra essa convicção.

Em nenhuma hipótese, opõe-se a ela a formulação "E [José] não teve relações com ela até que ela deu à luz um filho" (Mt 1,25), porque aqui se confirma, no final da narrativa, o fato de que José não é o pai carnal, ao passo que nada se diz sobre o período posterior.

O que chama a atenção é que os "irmãos" e as "irmãs de Jesus" nunca são chamados de "filhos" ou "filhas de Maria", ou, como corresponderia à linguagem bíblica, quando se pretende indicar que se trata de verdadeiros irmãos: "filhos da mesma mãe" (Dt 13,7; Jz 8,19; Sl 50,20). Visto que na perícope que fala da verdadeira família de Jesus não se trata de estabelecer historicamente o exato grau de parentesco, mas de destacar a relação com Jesus na fé, diferenciando-a da que se baseia nos laços de sangue, não fica claro o que quer significar a expressão "irmãos e irmãs". Segundo o uso linguístico hebraico e aramaico e também o de outras tantas línguas até os nossos dias, a palavra "irmão" pode aplicar-se a familiares de primeiro e segundo grau, ou seja, aos irmãos e aos primos (cf. Gn 13,8; 14,14; 24,48). Esses conceitos podem ter sido transferidos literalmente da comunidade palestina para a língua grega, em que o vocábulo indica muito mais precisamente que o irmão é o parente em primeiro grau. Reportando-se ao protoevangelho de Tiago e a Clemente de Alexandria, Orígenes entende que os irmãos de Jesus são filhos de um primeiro matrimônio de José (hom. in Luc. 7), ao passo que Jerônimo – que foi normativo para a tradição exegética ocidental – afirma que se trata de primos de Jesus (Helvid, 19).

O enunciado de fé se baseia aqui num argumento de conveniência. Surgiu da reflexão crente. A Igreja primitiva entendeu a virgindade de Maria como uma afirmação sobre sua relevante referência humana total, pessoal e histórico-salvífica ao Deus da revelação e à realização histórica desta revelação na vida de Jesus. À singularidade dessa concepção e do nascimento corresponde também a singularidade da relação de Maria com Deus. Assim, a maternidade virginal divina se converte no núcleo pessoal de sua relação com Deus e da realização de sua vida.

As ideias mariológicas dos Padres da Igreja a respeito da virgindade de Maria depois do parto se formaram especialmente no contexto do ideal cristão do celibato pelo Reino de Deus (Mt 19,12) e do conselho evangélico em favor deste gênero de vida cristão dedicado às "coisas do Senhor" (1Cor 7,25-38).

A base da argumentação não é uma ascese hostil ao corpo, mas a convicção de que Maria esteve inteiramente dedicada ao Reino de Deus. Aqui se indica que a figura cristã da vida em virgindade não está em contradição com a concepção cristã do matrimônio, nem sucumbiu a uma ascese gnóstico-maniqueísta inimiga da criação, alimentada pelo motivo de uma libertação para uma vida espiritual superior, emancipada dos poderes mais baixos da matéria e da sexualidade. A virgindade cristã cresce, antes, de um ato inteiramente pessoal de fé e do amor e da disposição de entrega ao serviço. Deste modo, a abstinência sexual não é um valor em si. É somente um meio para aceitar o carisma de um serviço específico de uma maneira que marca a totalidade da pessoa. Por isso, a entrega de Maria ao serviço da obra salvífica de Deus na encarnação do Logos não pode reduzir-se aos momentos pontuais da concepção e do nascimento de Jesus. Maria não foi mãe do Logos encarnado numa situação singular, para retornar em seguida a uma "vida familiar" normal. Não há uma relação de sequência temporal entre sua virgindade e o matrimônio com José. Aquela virgindade marcou profundamente este matrimônio. Do mesmo modo que neste caso singular, incomparável e irrepetível o Deus feito homem não surge das possibilidades da criatura (mediante a geração sexual e consoante a ordem da natureza), assim também Maria, como mãe virginal de Deus, entra numa relação absolutamente singular com a divindade. Por isso, deve falar-se de seu matrimônio com José de uma maneira tal que não reduza nem anule as características pessoais de Maria como virgem e como deípara.

### b) A maternidade divina de Maria como consequência da união hipostática

O sentido do título *theotokos* (*Deipara, Mater Dei*) consiste na questão cristológica da unidade das duas naturezas de Jesus. Maria não deu à luz um ser humano com o qual posteriormente se uniu o Logos, mas deu à luz a pessoa do Logos na natureza humana que assumiu a partir dela.

A plena aceitação deste título foi o resultado da controvérsia entre a cristologia alexandrina da união, representada por Cirilo de Alexandria, e a cristologia antioquena da separação, defendida de maneira específica por Nestório. O primeiro testemunho seguro do título aparece no Bispo Alexandre de Alexandria (ep. ad Alex. Const. 12). Quanto ao conteúdo, já se encontra na Sagrada Escritura, onde Maria é designada de "mãe do Senhor" (Lc 1,43), mãe de Jesus (Jo 2,2), Logos encarnado (Jo 1,14.18) ou a mulher da qual nasceu o Filho de Deus (Gl 4,4-6).

De acordo com sua concepção da unidade do sujeito Cristo nos dois níveis ou estados do ser divino e do ser humano, a ideia já estava esboçada em Inácio de Antioquia (Eph. 7,2). O *toketos* (Eph. 19,1) é um dos mistérios fundamentais do cristianismo.

Ele se explica facilmente em contraste com o discurso pagão sobre as mães dos deuses. Seus partos são, por causa de suas relações sexuais com o pai dos deuses, a origem das genealogias divinas.

O problema cristológico é completamente diferente. Quanto ao seu ser divino, o Logos procede unicamente de Deus. E assume seu ser humano a partir de Maria no tempo e na história. A maternidade não significa simplesmente uma relação natural. O sujeito gerador é uma pessoa, do mesmo modo que é uma pessoa o sujeito gerado. Desse modo, surge na concepção e no nascimento uma relação pessoal entre a mãe e o Filho.

Por meio da encarnação, o Logos é o portador pessoal das duas naturezas e o princípio de sua unidade. Por isso, o nascimento do Filho de Deus feito homem não cria primariamente uma relação biológica e natural entre Jesus e Maria, mas uma relação pessoal. Assim, na relação com Jesus, Maria não é primariamente o princípio biológico da existência humana e corpórea de Jesus. É, antes, a mãe de uma pessoa que subsiste na natureza humana e na divina e, nessa subsistência, realiza a união de ambas as naturezas. Por isso, Maria não pode ser chamada simplesmente de *anthropotokos* (geradora de um ser humano). No intuito de combater a interpretação errônea de um nascimento mitológico de um deus, ou seja, a concepção de que o princípio da existência do Logos em sua natureza divina havia sido uma mãe humana criada, o patriarca de Constantinopla, Nestório, preferia conciliatoriamente aplicar a Maria o título *Christotokos*, evitando o de *Thetokos*, que dava margem a interpretações equivocadas. Seu adversário, Cirilo, suspeitava que a palavra "Cristo", para Nestório, só significava uma unidade moral, não uma hipostática. Insistiu, portanto, no título *Theotokos*, que concebia no sentido pessoal e concreto, não abstrato ou natural. Aquela hipóstase que Maria deu à luz é o Logos, que sustenta e une em si ambas as naturezas. Assim, deve dizer-se que o Logos nasceu realmente como ser humano, sofreu como ser humano e, em seu ser humano, assumiu sobre si inclusive a morte. O próprio Deus é o sujeito da história da autocomunicação divina que acontece na humanidade de Jesus. Não é o distante diretor de um filme sobre esse acontecimento salvífico, protagonizado por um mediador humano distinto de sua realidade pessoal. Não se pode dizer, portanto, que Maria engendrou um homem que tem, em sua natureza humana, uma relação filial com Deus, mas que estaria unido de uma maneira meramente extrínseca com a relação filial eterna do Logos na realidade trinitária divina. A relação filial eterna do Logos subsiste na relação do ser humano Jesus com Deus e a sustenta. Não há, portanto, em Jesus Cristo dois filhos, mas o Filho único de Deus em sua natureza humana e em sua natureza divina. Na segunda carta de Cirilo a Nestório, acolhida pelo Concílio de Éfeso de 431, se explica o título de *Theotokos* nos seguintes termos:

> "Com efeito, não nasceu antes, da santa Virgem, um homem qualquer, sobre o qual depois desceria o Verbo, mas se diz que [este], unido desde o útero materno, assumiu o nascimento carnal, apropriando-se o nascimento de sua própria carne [...]. Por isso, [os Santos Padres] não duvidaram chamar a santa Virgem de Deípara, não no sentido de que a natureza do Verbo ou sua divindade tenham tido origem da santa Virgem, mas no sentido de que, por ter recebido dela o santo corpo dotado de alma racional ao qual também estava unido segundo a hipóstase, o Verbo se diz nascido segundo a carne" (DH 251; cf. 252 e 272).

### 3 O círculo temático da antropologia a partir da teologia da graça: a abordagem teológica sobre o início e a consumação de Maria

Os pontos de referência da mariologia são, por um lado, a graça da maternidade virginal divina de Maria e, por outro lado, sua resposta na fé pessoal e no seguimento de Cristo. A partir deste núcleo, coloca-se, ante o horizonte da eleição divina para seu ministério de vir a ser a mãe de Deus, a questão teológica do início de sua vida (cf. a respeito da predestinação eterna do ser humano para a graça e para o seu serviço específico: Ef 1,4; 2Tm 1,9s.). Ao mesmo tempo, indaga-se como aquele ser humano, que vivia inteiramente no mistério da graça de Cristo, foi configurado, ao fim de sua vida terrena, consoante à imagem do "primogênito de toda criatura" (Cl 1,15).

As declarações dogmáticas que dão resposta a essas duas perguntas, a saber, "a preservação de Maria do pecado original desde o primeiro instante de sua existência" (*Maria immaculata*) e "a consumação de Maria na graça no corpo e na alma" (*Maria assumpta*), não estão respaldadas por testemunhos expressos da Sagrada Escritura. Decorrem da analogia da fé (Rm 12,6) e de um sentido teológica e espiritualmente refletido da consciência de fé da Igreja (cf. J.H. Newman. *Entwurf einer Zustimmungslehre*, Mz 1961, 241ss.), guiado pelo Espírito Santo. Não se trata, neste caso, de uma multiplicação quantitativa de conteúdos de fé singulares, mas da compreensão explícita e reflexa dos pressupostos internos do fato da maternidade virginal divina, testemunhada largamente na Escritura e na tradição da Igreja.

Maria somente pôde dar sua resposta afirmativa na liberdade humana sob o pressuposto de que estava plena da graça que lhe havia sido prometida (Lc 1,28.41s.). Sua existência humana estava, desde o primeiro momento, tão envolvida pela graça de Jesus Cristo, que elimina o pecado original, que não teve necessidade de ser libertada deste pecado, mas que foi preservada dele em virtude daquela mesma graça. Daí resulta que estava também preservada, pela graça, na livre realização de sua vontade, da concupiscência do pecado original e de todos os pecados restantes, tanto mortais como veniais. No entanto, não se trata simplesmente da graça do estado original (supralapsária), mas da graça redentora de Cristo (infralapsária), que sustenta a vontade e a atividade de Maria. Por isso, Maria tampouco foi preservada de todas as consequências (incluídas as não morais) do pecado original.

O final de sua vida proporciona uma visão especialmente clara da consumação escatológica do ser humano em sua integridade espiritual e corporal. A assunção de Maria ao céu significa a antecipação da plenitude do ser humano em sua corporeidade pneumática.

### a) A preservação de Maria ante o pecado original

O ponto de partida da experiência espiritual com a figura de Maria, com sua missão histórico-salvífica e com sua função atual na comunidade dos santos, que levou por fim ao esclarecimento dogmático da "preservação de Maria ante o pecado original desde o primeiro instante de sua existência" (no dogma de 1854), é a antítese Eva/Maria ou, respectivamente, a fé de Maria. *Irineu* apresenta a concepção de uma purificação de Maria do pecado por ocasião do anúncio da concepção de Jesus. No entanto, muitos teólogos foram fixando o momento da purificação de Maria do pecado original num ponto cada vez mais inicial de sua vida, a ponto de, por fim, se chegar a falar de uma purificação de Maria (da *panhagia*) já no seio de sua mãe. Alguns teólogos bizantinos indicaram que a Virgem havia sido liberada do pecado original no momento de sua concepção (passiva). A ideia da liberação (*liberatio*) e da purificação (*mendatio*) do pecado original não se identificava com a doutrina da preservação (*preservatio*) desde o primeiro instante de sua existência (DH 2803). Este último enunciado tem uma conexão muito mais imediata com a teologia ocidental de orientação antropológica ancorada na teologia da graça e com sua doutrina específica sobre o pecado original.

Aqui dois problemas devem ser solucionados:

1) Como se pode falar de uma preservação de Maria do pecado original e de sua impecância ou santidade atual sem colocar em perigo a universalidade e a necessidade da graça redentora de Jesus Cristo para cada ser humano individual?

2) Como se pode conciliar essa doutrina com a transmissão do pecado original, especialmente na teoria agostiniana, através da concupiscência desordenada, por meio da qual todo ser humano entra na *caro peccati*? (cf. Rm 8,3).

Quanto a Cristo, Agostinho apresentou a solução de que ele carecia de pecado atual (Hb 4,15) e só assumiu a *similitudo carnis peccati* (Rm 8,3), porque se fez homem por meio de uma virgem, ou seja, não mediante uma geração sexual (e, portanto, sem a libido dos pais sujeita às consequências do pecado).

Diferentemente de alguns Padres Orientais (Orígenes, João Crisóstomo), que não entendiam que Maria tivesse estado inteiramente livre de pecados veniais, Agostinho afirmava que não cometeu nenhum pecado real (*impeccantia*). Em vista da graça especial de Maria, de ser mãe do Senhor, Agostinho considerava que foi a única dentre todas as grandes figuras da história da salvação (os patriarcas, os profetas, João Batista) excluída de todo pecado atual, *proper honorem Domini*:

> "[...] por causa da honra do Senhor quero que ela não seja mencionada de modo algum quando se fala do pecado. Sabemos, com efeito, que lhe foi concedida maior graça para vencer o pecado de todos os pontos de vista, porque mereceu conceber e dar à luz aquele de quem se sabe que não teve pecado" (nat. et grat. 36,42).

No entanto, Agostinho não falou nem podia falar de uma autêntica liberação de Maria do pecado original. O líder pelagiano *Juliano de Eclano* acusa Agostinho de, com sua doutrina do pecado original, haver entregado Maria ao diabo e ao pecado.

Uma solução se apresentou somente quando *Anselmo de Canterbury* e seu aluno *Eadmero*, que foi o primeiro a dedicar ao tema uma monografia, compreenderam que a essência do pecado original consiste na ausência da graça sobrenatural e que seu elemento material está constituído pelas consequências daquele pecado. Independentemente da doutrina agostiniana da transmissão do pecado original por meio da geração paterna, pode falar-se da existência ou da inexistência do pecado original, inclusive no caso de uma geração natural, como ocorreu em Maria. No entanto, permanece o problema de como conciliar a redenção universal de Cristo com a preservação do pecado original em favor de Maria. Bernardo de Claraval (ep. 147) e Tomás de Aquino (S. th. III q.27 a.4) mostraram suas reservas à doutrina da *Immaculata conceptio*, porque não queriam questionar o princípio da necessidade da redenção de todos os seres humanos.

*João Duns Escoto* (1265-1308) apresentou uma solução para o problema especulativo. Uma vez que Cristo é o mediador perfeitíssimo da salvação, segue-se que todo ser humano é redimido da maneira que lhe convém. E não é conciliável com a honra de Cristo que sua mãe tivesse estado, nem por um momento, submetida ao domínio do pecado. Deve fazer-se uma distinção, não temporal, mas objetiva, entre o primeiro instante de sua existência e a infusão da graça santificante. Maria, a exemplo dos demais seres humanos, necessita a redenção, mas no primeiro instante de sua existência já foi antecipadamente redimida e preservada da mácula do pecado original (*praeredemptio et praeservativo a macula peccati originalis*) em virtude dos méritos de Cristo. Todos os outros seres humanos foram redimidos do pecado original, em que incorreram com a concepção e o nascimento (ou seja, com seu ingresso na comunidade de destino humana) e dos pecados atuais pessoalmente cometidos. Maria foi redimida pela graça de Cristo de contrair em geral o pecado original e da possibilidade de cometer pecados pessoais (Ord. III d.3 q.1).

Na controvérsia escolástica dos escotistas e dos tomistas, contrapunham-se os imaculistas e os maculistas. Transcorreu um longo período até que se chegou a uma decisão definitiva do Magistério sobre esse tema. O Concílio de Basileia, que nessa época não era mais reconhecido como ortodoxo, já havia se pronunciado no sentido positivo (Mansi, 29, 182); o Papa Sisto IV introduziu no ano de 1477 a festividade da "imaculada concepção de Maria", com seus correspondentes textos litúrgicos para a missa de 8 de dezembro (DH 1400). Igualmente, condenou em 1483 todos os que consideravam herética a opinião dos imaculistas e afirmavam que a Igreja defendia unicamente uma santificação de Maria no seio de sua mãe (DH 1425s.). O Concílio de Trento declarou, no cânon 6 de seu Decreto sobre o pecado original de 1546, que suas afirmações sobre o pecado original não incluíam Maria (DH 1516). Por meio de um privilégio divino especial, Maria foi preservada de todos os pecados mortais e veniais (DH 1573). Depois de outras decisões papais contra as doutrinas de Baio e de Jansênio, que atribuíam a Maria o pecado original (DH 1973, 2015-2017), e em seguida, sobretudo no contexto do grande movimento mariano do século XIX, o Papa Pio IX levou a cabo, com amplo assentimento dos fiéis (*sensus fidelium*) e do episcopado, o desenvolvimento da piedade e da história do dogma na bula *Ineffabilis Dei* e o acolheu como enunciado de fé vinculante da Igreja universal:

> "A doutrina que sustenta que a beatíssima Virgem Maria, no primeiro instante de sua conceição (*in primo instante suae conceptionis*), por singular graça e privilégio do Deus onipotente, em vista dos méritos de Jesus Cristo, Salvador do gênero humano (*intuitu meritum Christi Jesus Salvatoris humani generis*), foi preservada imune de toda mancha da culpa original (*ab omni originalis culpae labe praeservatam immunem*), é revelada por Deus e por isso deve ser crida firme e constantemente por todos os fiéis" (DH 2803).

Este enunciado de fé se reveste de importância antropológica para a compreensão da eleição e da graça para a realização da liberdade humana. A liberdade criada não é limitada pela predeterminação de todos os seres humanos à salvação em virtude da graça, mas que é ativamente motivada para chegar à sua realização própria.

### b) A consumação de Maria na graça do Cristo ressuscitado (assunção de Maria ao céu)

Adquire importância histórica e teológica a última menção a Maria no Novo Testamento, onde se a descreve, no círculo da nascente Igreja, à espera da vinda do Espírito Santo enviado pelo Senhor glorificado (At 1,14). Não existem notícias seguras sobre o lugar, o momento e o modo de sua morte (cf. Epifânio de Salamina, haer. 78, 11.24). As atas apócrifas do trânsito de Maria, do século VI, mencionam uma assunção corporal da Virgem. Ainda que essa notícia não tenha nenhum valor histórico, indica, de qualquer forma, que o tema era conhecido como problema. No Oriente se celebrava já no século VI, e no Ocidente desde os séculos VII e VIII, a Festa da Dormição de Maria (*koimesis/dormitio*). A festa em memória de sua morte e de seu trânsito, unida à ideia da incorrupção de seu corpo, é designada no Ocidente de assunção de Maria ao céu (*assumptio Mariae*). A ideia de que a morte de Maria tem um significado relevante para a fé resulta da prática de aplicar a Maria as sentenças bíblicas gerais sobre o destino dos mortos (1Ts 4,14). A equiparação do batizado com a morte e a ressurreição de Cristo (Fl 3,12; Ef 2,5; Cl 3,3) e a esperança da visão plena de Deus (1Cor 13,12; 1Jo 3,2), em conexão com o dogma da virgindade e da maternidade divina de Maria e a consciência de sua profunda vinculação com a obra salvífica de Cristo levaram à conclusão de que Maria já está, como pessoa humana, totalmente consumada em Deus e de que em seu destino se perfila de modo exemplar e tipológico o destino atribuído por Deus ao ser humano. Também é determinante a doutrina da unidade de eleição, justificação e glorificação do ser humano na graça de Cristo (Rm 8,30; Ef 1,3-6).

Desde o princípio, a convicção de fé da assunção de Maria ao céu está estreitamente relacionada com a confiança na intercessão de Maria, que se encontra, como todos os santos e mártires, próxima do Senhor glorificado e que, em virtude de sua mediação atual, auxilia e sustenta a Igreja peregrina no seu caminho até a união definitiva com Cristo, sua cabeça. Também os grandes teólogos do Oriente defenderam, desde os séculos VII e VIII, a doutrina da assunção corporal de Maria ao céu (Germano de Constantinopla, João Damasceno, Teodoro Estudita).

No Ocidente, no período da Alta Escolástica se impôs a convicção de que o corpo de Maria, que carregou o Logos e seria o templo do Espírito Santo, não poderia cair sob a corrupção derivada do pecado original (Tomás de Aquino, Exp. sal. ang.). Obstáculos para a implantação do dogma da assunção foram o sermão pseudoagostiniano (serm. 208; *Adest nobis*) e uma carta do pseudo-Jerônimo (Ep. 9: *Cogitis me*). À invocação da suposta autoridade destes dois grandes doutores da Igreja se contrapunha um tratado, igualmente atribuído a Agostinho (*Ad interrogata*), dos séculos IX e XI. Ao passo que *Adest nobis* (atribuído presumidamente a Ambrósio Autperto († 784)) defendia a opinião de que não se podia saber nada sobre o destino de Maria, e *Cogitis me* (provavelmente de autoria de Pascásio Radberto († 865)) considerava sem resposta possível a questão de saber se Maria ingressou na glória celeste com ou sem corpo, *Ad interrogata* demonstra, com base numa argumentação cristológica, a coerência interna da fé e da assunção corporal de Maria no céu.

Apesar de algumas opiniões divergentes, a maioria dos teólogos admite a morte corporal de Maria. Pois a morte não é somente o castigo pela culpa original, mas também uma realidade antropológica fundamentada na natureza finita, que guia o processo evolutivo da liberdade finita sob a modalidade de sua consumação (a visão eterna de Deus).

No marco da problemática escolástica corpo/alma, surgiu o problema de como conceber o acontecimento da consumação, que não pode descrever-se com meios empíricos. A pergunta a respeito do destino do cadáver de Maria deve ser levantada no marco da antropologia e da escatologia geral. Não existe um paralelo direto com a questão da unidade de corpo terreno e glorificado de Jesus, porque no corpo de Jesus se trata de um acontecimento imediato da revelação, em que Deus Pai manifesta a identidade do Jesus terreno e ressuscitado por meio da corporeidade pneumática de Jesus nas aparições pascais. No caminho da formação do dogma da *assumpta*, são importantes algumas declarações e disposições do Magistério que se pronunciaram a favor da assunção corporal de Maria: A carta *Ex litteris tuis* de P. Alexandre III, do ano de 1169, na qual consta: *Maria concepit sine pudore, peperit sine dolore, et hinc migravit sine corruptione* (DH 748), posteriormente, a substituição da carta do pseudo-Jerônimo *Cogitis me* pelos textos (favoráveis à assunção) do martirológio, por ocasião da reforma do Breviário (1568) levada a cabo pelo Papa Pio V. A pedido de muitos fiéis e com a aprovação de todo o episcopado católico, Pio XII, na Constituição *Munificentissimus Deus* (DH 3900-3904) proclamou o dogma:

> *"Definimos ser dogma divinamente revelado que a imaculada Deípara, sempre Virgem Maria, completado o curso da vida terrestre, foi assumida em corpo e alma na glória celeste" (DH 3903).*

Continua sem resposta a pergunta sobre a morte corporal e a incorrupção do corpo de Maria, assim como a questão de saber se ela é a única pessoa entre os santos que goza do privilégio de participar já agora inteiramente ("em corpo e alma") da glória do Senhor ressuscitado que se manifestará na parusia, ou se dela já participam outros santos (cf. Mt 27,52; Tomás de Aquino. Symb. Apost. 5; *appendices dominicae ressurrectionis*).

Do ponto de vista especulativo, a peculiaridade da consumação de Maria não pode consistir numa definição da relação de corpo e alma distinta e tomada para si, mas sim na intensidade de sua unidade com Cristo e com sua vontade salvífica universal a respeito da Igreja e da humanidade. Com a morte chega à consumação a relação pessoal do ser humano com Deus em Cristo e com seu Espírito. Podem existir diversos graus de intensidade, que afetam também a união interna e a integridade da natureza humana, que existe na alma e no corpo. O enunciado central do dogma da assunção diz que uma vez que Maria teve, na fé e na graça, uma vinculação tão singular com a obra redentora de Cristo, participa também de sua forma ressuscitada como a primeira criatura plena e absolutamente redimida. Desse modo, ela é tipo da orientação total do ser humano em Deus, o criador e o consumador. Sua diferença a respeito dos demais santos consiste em que ela é, em si mesma e em virtude de sua profunda vinculação com a obra redentora, o protótipo e o exemplo dos redimidos e em que sua intercessão tem, no tocante também à plenitude da humanidade inteira na parusia de Cristo, uma significação mais elevada, um maior raio de alcance e uma intensidade mais profunda.

Maria é tipo da Igreja e, ao mesmo tempo, por causa de sua maternidade divina, o membro mais importante do corpo social de Cristo. Ela

> "terminado o curso da vida terrestre, foi assumida em corpo e alma à glória celeste. E, para que mais plenamente estivesse conforme a seu Filho, Senhor dos senhores (cf. Ap 19,16), foi exaltada pelo Senhor como rainha do universo" (LG 59; cf. Sb 5,16).

A partir do engajamento de Maria na economia da salvação, resulta sua tarefa permanente na "economia da graça".

> "Assunta aos céus, não abandonou este salvífico múnus, mas por sua multíplice intercessão prossegue em granjear-nos os dons da salvação eterna. Por sua maternal caridade cuida dos irmãos de seu Filho, que ainda peregrinam rodeados de perigos e dificuldades, até que sejam conduzidos à feliz pátria. Por isso a Bem-aventurada Virgem Maria é invocada na Igreja sob os títulos de Advogada, Auxiliadora, Adjutriz, Medianeira" (LG 62).

O título de *Corredemptrix* (= corredentora), utilizado desde a Idade Média tardia, que aparece também em alguns documentos do Magistério da Igreja (DH 3370), somente pretende expressar, com outras palavras, a proximidade de Maria com a obra salvífica de Cristo, mas não apagar a diferença de essência e não só de grau a respeito da atividade soteriológica de Cristo, único mediador e redentor (1Tm 2,5; Tomás de Aquino, S. th. III q.26 a.1). Por causa de possíveis compreensões equivocadas, o Vaticano II evitou conscientemente a utilização deste título.

As igrejas da Reforma protestante refutaram ambos os dogmas marianos por razões epistemológicas (falta de fundamentação na Escritura), objetivas e teológicas (ameaça à ação única de Deus na obra salvífica e à mediação exclusiva de Cristo). As igrejas ortodoxas mantiveram distância desses enunciados doutrinários sobretudo desde o ponto de vista formal da pretensão de autoridade e de infalibilidade papal subjacente nelas.

### 4 Maria na comunhão da Igreja

#### a) A Igreja como comunidade salvífica

A Igreja nunca se entendeu como simples acumulação de pessoas piedosas individuais, mas como comunidade salvífica fundamentada no acontecimento de Cristo. Como corpo de Cristo, é a *koinonia* (*communio*) de todos os membros do corpo em sua comunidade entre si e com Cristo, sua cabeça. O convívio e o auxílio mútuo se realizam na ação solidária e na intercessão. O serviço recíproco de uns e outros, cada qual com seu carisma específico (1Pd 4,10; Rm 12,3s.; 1Cor 12,26) serve à "edificação da comunidade" (Ef 4,12). No intercâmbio, na solidariedade no sofrimento e na esperança e também na intercessão dos membros individuais do corpo a favor dos demais, Cristo, cabeça da Igreja, leva cada cristão individual a sua plenitude e une o corpo, formado por múltiplos e diferentes membros, com Ele, que é sua cabeça (Ef 4,13-16). Em conexão com os primeiros mártires cristãos, cresceu a convicção de que a morte não destrói a vinculação vital espiritual dos membros do corpo de Cristo. Existe, antes, uma unidade histórica horizontal e uma unidade vertical, que superam a fronteira da morte, entre a Igreja peregrina (*sancti in via*) e a Igreja consumada no céu (*sancti in patria*; cf. Ap 6,9; Hb 12,22-24).

No capítulo 8 do *Lumen Gentium*, o concílio retomou a ideia da Igreja Antiga e salientou a significação permanente de Maria na economia da graça, fundamentou-a cristologicamente e desenvolveu-a eclesiologicamente. A função de Maria na economia da graça é fundamentada numa missão histórico-salvífica. Ainda que sua missão possa ser descrita também com os títulos cristãos antigos de "Advogada, Auxiliadora, Adjutriz, Medianeira", deve-se ter presente a diferença fundamental a respeito da "mediação única de Cristo" (LG 62). Através do poder recebido de Jesus Cristo, pode exercer um "salutar influxo" (LG 60) em favor dos seres humanos ao depender inteiramente da incomparável mediação de Cristo e receber dela a capacidade de cooperar na sua obra salvífica. No entanto, Maria é também o "tipo da Igreja na ordem da fé, da caridade e da perfeita união com Cristo" (LG 63). Ao representar o tipo da Igreja como virgem em obediência e fé frente a Deus e como mãe de Jesus Cristo, coopera com materno amor "na geração e formação dos fiéis" (LG 63).

### b) O culto a Maria e a súplica pela sua intercessão

*Por culto dos santos a teologia católica entende a recordação de sua vida, guiada pela graça, a gratidão a Deus por sua missão carismática, a imitação de seu exemplo de vida e a consciência, que se realiza na oração a Deus, da comunhão pessoal atual com todos e cada um dos membros da comunidade salvífica.*

Até este ponto, a Reforma concorda com a concepção católica (cf. CA 21). A diferença decisiva se refere à compreensão dos santos como mediadores e às súplicas pela sua intercessão. Nesse caso, a "invocação dos santos" é situada no mesmo nível da adoração/invocação de Deus e, portanto, é entendida de maneira equivocada. Por isso se identifica aí um obscurecimento da autoria exclusiva de Deus na salvação. Deve depositar-se a confiança da salvação unicamente em Deus e só nele deve esperar-se a reconciliação. Essa reconciliação tem seu fundamento único na benevolência de Deus e não na oração e nos méritos dos santos, que deveriam supostamente motivar a Deus para a misericórdia. Segundo Lutero, faz-se de Maria uma espécie de "deusa" (WA 30/II 348) quando alguém se afasta de Cristo como severo juiz e busca refúgio na doce e maternal Maria (WA 30/III 312; cf. CA 21).

O culto e a invocação dos santos somente são entendidos corretamente quando se expõe sua fundamentação teológica e sua prática no tratado da eclesiologia, não no da soteriologia.

Epifânio de Salamina menciona duas correntes opostas: os *antidicomarianitas* rejeitavam os enunciados de fé marianos e o culto a Maria, ao passo que os *filomarianitas* (*colliridianitas*) adoravam abertamente a Maria como uma deusa e, assim, suprimiam a diferença essencial entre Deus e o ser humano, assim como a que existe entre a atividade salvífica divina de Cristo e a cooperação da criatura, possibilitada por essa graça, na execução do plano salvífico divino (haer. 78; 79).

Recorrendo ao II Concílio de Niceia de 787 (DH 601) e ao Concílio de Trento de 1563 (DH 1821), também o Vaticano II distingue entre a *adoração*, que só cabe a Deus, e a *veneração*, que pode prestar-se aos santos como figuras particularmente cunhadas pela graça de Deus. É convicção de fé católica que se pode invocar os santos no céu, que eles oram por nós inclusive individualmente, mas que isto não tem nada a ver com idolatria nem de modo algum está em contradição com a mediação única de Cristo:

> "Os santos que reinam com Cristo oferecem a Deus as suas orações pelos homens; é bom e útil invocá-los suplicantes e recorrer às suas orações e a seu poder e auxílio, para obter benefícios de Deus por seu Filho Jesus Cristo, Nosso Senhor, que é nosso único salvador e redentor" (DH 1821).

O Vaticano II alertou os fiéis tanto contra a desvalorização como contra um falso exagero do culto a Maria. Assim como existe na doutrina uma hierarquia e uma sequência de verdades de acordo com seu nexo e sua orientação ao fundamento comum, há também uma coordenação interna no âmbito global da liturgia, da piedade e da oração cristã:

> "Por graça de Deus exaltada depois do Filho acima de todos os anjos e homens, como Mãe santíssima de Deus, Maria esteve presente aos mistérios de Cristo e é merecidamente honrada com culto especial pela Igreja [...]. Por isso, mormente desde o Sínodo de Éfeso, o culto do povo de Deus a Maria cresceu maravilhosamente em veneração e amor, em invocação e imitação, de acordo com suas próprias proféticas palavras: 'Chamar-me-ão bem-aventurada todas as gerações, porque fez em mim grandes coisas o Poderoso' (Lc 1,48). Este culto, tal como sempre existiu na Igreja, embora seja inteiramente singular, difere essencialmente do culto de adoração que se presta ao Verbo encarnado e igualmente ao Pai e ao Espírito Santo, e o favorece poderosamente. As várias formas de piedade para com a Mãe de Deus – que a Igreja aprovou dentro dos limites da sã e ortodoxa doutrina, segundo as condições dos tempos e lugares e a índole e a capacidade dos fiéis – fazem com que, enquanto se honra a mãe, o Filho, por causa de quem tudo foi criado (cf. Cl 1,15-16) e no qual por agrado do Pai eterno reside toda a plenitude (Cl 1,19), seja devidamente conhecido, amado, glorificado e que sejam guardados seus mandamentos" (LG 66).

## IV. VISÃO SISTEMÁTICA: MARIOLOGIA – PARADIGMA DE UMA ANTROPOLOGIA DE INSPIRAÇÃO TRINITÁRIA (LG 53)

### 1 O ser humano como destinatário da graça

Os numerosos enunciados singulares a respeito da imagem cristã do ser humano podem ser agrupados e estruturados na mariologia, de tal modo que esta pode ser entendida como antropologia concreta. No entanto, uma doutrina de Maria sempre deve partir da amorosa dedicação de Deus – que determina unitariamente a pessoa e a missão de Maria – e da promessa de ser agraciada na presença do Senhor. Por causa dessa promessa e dessa presença, Maria está capacitada para dar uma resposta afirmativa (Lc 1,38), de modo que Deus pode assumir dela a natureza humana sem a intervenção de uma causa criada intermediária. Deus assume o ser humano unicamente em virtude da ação imediata e criadora do Espírito e supera dessa maneira o sistema das causas e dos efeitos naturais.

Os enunciados centrais sobre Maria são "virgem" e mãe de Deus". Isto não exclui, mas inclui o caminho de seu seguimento de Jesus com todas as suas atribulações e obscuridades. Não vai ao encontro da proclamação do Reino de Deus feita por Jesus, seu Filho, em virtude de um conhecimento natural anterior, que teria tornado supérflua a fé sobrenatural. Tampouco seu conhecimento de Jesus Cristo como o Filho de Deus foi um conteúdo da consciência natural, mas um conhecimento na fé que, como a qualquer outra pessoa, lhe foi infundida pelo Espírito Santo e foi exteriormente transmitida por meio da palavra da anunciação.

Uma vez que Maria, em seu centro pessoal, estava inteiramente determinada pela união na graça com Deus, o conhecimento do início e do fim do curso de sua vida se configurou como um enunciado de fé. Uma informação adicional no sentido de uma notícia histórica isolada ou no sentido do resultado de uma "exegese de passagens comprobatórias" não acrescenta nada de novo e por isso é supérflua. A fé na concepção de Maria já na graça, ou seja, sem a falta da comunhão sobrenatural divina (sem pecado original) só pressupõe, e a visão de sua consumação após sua morte só recupera, aquilo que constitui o centro de sua pessoa: a plena união com Jesus Cristo na fé. A doutrina de fé de sua assunção corporal ao céu só pode ser rejeitada como um enunciado que transpõe os limites do revelado quando não se entende a pessoa humana como unidade substancial de corpo e alma. A consumação da pessoa significa a inserção da totalidade do ser humano – que constitui uma unidade de corpo e alma – no amor do Deus trino, tendo como objetivo também a consumação do corpo. Sem dúvida, a nova descrição do nexo entre o princípio espiritual e material no interior da fundamentação natural da unidade da pessoa na graça foge a toda demonstração, e a partir da perspectiva do mundo terreno não se pode fechar completamente a brecha entre a escatologia individual e a geral.

O elemento diferenciador entre a consumação de Maria e os outros santos na morte não consiste em que ela, além de sua alma redimida, recebeu ainda um corpo. A visão principal interpreta equivocadamente a unidade natural do ser humano, como se fosse um composto de partes físicas, ou seja, como se existisse, por si, uma alma humana e, também por si, um corpo humano, ambos unidos num momento posterior, que podem, por conseguinte, ser tomados em separado. Ocorre, por outro lado, que cada alma é só a alma deste corpo, e vice-versa. Assim, permanece também depois da morte corporal uma relação transcendental com a matéria como totalidade do ser finito da criação e, por fim, também a história permanente da humanidade. E, como a história tem no Cristo ressuscitado seu centro e será levado por Ele à sua plenitude na parusia, pode ser entendida como uma unidade, de modo que os mortos e os santos unidos de maneira imorredoura com a figura ressuscitada de Cristo formam conosco uma única comunhão salvífica. Nela o elemento vinculante é o amor, convertido pelo Espírito Santo no centro da autorrealização pessoal.

## 2 O chamado para a cooperação em liberdade

A peculiaridade da assunção de Maria na consumação se identifica com sua participação, que determina inteiramente sua pessoa, na realização histórica da salvação em Cristo. Isto fica evidente também em vista da cooperação de Maria na encarnação de Deus. Se a encarnação é já a autocomunicação de Deus como salvação do ser humano, e essa salvação aconteceu realmente na cruz e na ressurreição como reconciliação e doação da vida eterna, então Maria está relacionada com a obra inteira da redenção na medida em que sua resposta afirmativa é a aceitação humana, sustentada pela graça divina, dessa autocomunicação de Deus. Quando não se limita a graça a uma mera declaração de Deus pela qual diz que se reconciliou conosco, mas se a entende como real autocomunicação de Deus a nós e, assim, também como uma mudança de nossa situação em vista de Deus, então deve falar-se necessariamente de uma resposta do ser humano que consiste na entrega de si mesmo à divindade. Porque Deus, em sua autocomunicação, é o princípio e o conteúdo da nossa autorrealização orientada para Ele, por isso a autorrealização realizada de nossa liberdade é uma real concordância com e uma autêntica *cooperação* na salvação. Nesse caso, não se trata de um complemento da causalidade salvífica que parte de Deus. Tampouco se trata de uma atividade autônoma de nossa parte para, por exemplo, direcionar a Deus ou para levá-lo a mudar sua atitude, guiada pela "ira", para uma conduta reconciliadora, ou de buscar refúgio, fugindo do Cristo juiz severo, em sua mãe, mais acolhedora, a qual exerceria sobre ela um influxo apaziguador. Quanto a Maria, a cooperação na redenção só pode significar que, por causa da graça, aceita a salvação a partir da fé na liberdade e permite assim que a autocomunicação de Deus chegue aos seres humanos em sua liberdade. Desse modo, Maria é – em dependência da união hipostática de Jesus Cristo, em que temos diante de nós a singular maneira da autocomunicação de Deus e da sua aceitação pelo ser humano – o primeiro fruto e a representação mais perfeita da autocomunicação recebida de Deus. E esta é a síntese da salvação. Assim, não podemos simplesmente dizer que Deus chega a nós com sua iniciativa de salvação e que nós respondemos pela nossa própria vontade: dessa maneira, Deus e o ser humano estariam no mesmo plano. O que está em jogo é que Deus é nosso criador, e que Ele se comunica a nós de modo que, por causa de sua graça, nossa condição de criatura se dinamiza livremente e se transcendentaliza até Ele. E, assim, a síntese da salvação não é simplesmente a autocomunicação de Deus, mas a autocomunicação de Deus *aceita* por meio de nossa liberdade em virtude da graça.

A recepção pessoal e livre, corporal e espiritual, da proximidade de Deus na fé não é o fundamento da redenção nem a torna dependente, antes e depois, da autorrealização autônoma da criatura abstraindo da graça. Assim, o ser humano se tornaria um fator eficiente da vontade de reconciliação de Deus. Uma disposição para a *livre aceitação da graça* é certamente indispensável para que o amor como oferta de Deus não fracasse – em consequência da anulação de sua livre aceitação – em seu objetivo, a saber, a livre aceitação no amor. Essa disposição já está dada e presenteada no próprio ato da autocomunicação de Deus ao ser humano no Espírito e na Palavra, de modo que o ser humano pode, em virtude de uma elevação sobrenatural de sua vontade, dar uma resposta amorosa da qual não seria capaz a partir de sua próprias forças.

### 3 A comunidade como lugar e objetivo da salvação

Maria não entendeu seu estado de graça como um assunto religioso privado. Permitiu que a graça dispusesse dela e assumiu sua missão histórico-salvífica de ser a mãe do Senhor (Lc 1,43). Sua santidade pessoal se identifica com o exercício ativo de sua missão (Lc 1,28). Deus oferta a cada ser humano concreto sua graça só para que beneficie aos demais, para que se edifique o corpo inteiro de Cristo por meio dos diversos carismas e serviços (cf. 1Cor 12,7). Neste sentido da unidade exemplar de missão e de determinação pessoal pela graça concedida a uma única pessoa, num ponto decisivo da história da salvação, de ser mãe de Deus, Maria pode ser considerada como exemplo de redimida. E, dessa maneira, é a síntese de todas as intenções da antropologia teológica. A graça, que nunca se concede a cada pessoa concreta somente para ela, já que essa graça é o fundamento da comunhão com Deus e com os seres humanos no amor possibilitado pelo Espírito, alcança, para os crentes, sua validez definitiva na morte cristã, como configuração última com Cristo. Aqui se manifesta plenamente a solidariedade de todos com todos na comunidade da salvação. Nesse caso se aplica um antigo axioma que expõe todos esses nexos no seguinte conceito: quanto mais santo e cheio de graça é um ser humano, tanto mais está aberto para a comunidade e mais se sente obrigado diante dela (cf. *Ambrósio*, virg. I, 9,51). Aqui se encontra o fundamento da mediação intercessora universal de Maria. Nesse ponto, deve salientar-se que o conceito da mediação aqui utilizado não deve ser entendido a partir da soteriologia e da cristologia. Seu campo hermenêutico se encontra na eclesiologia. Aqui não se diz que os membros do corpo de Cristo quando interagem entre si causam a graça de Cristo na diversidade de seus aspectos, mas que a concretizam na dimensão social da salvação e assim manifestam a presença de Deus e a comunhão das pessoas. Quando a linguagem religiosa fala de Maria como a "mãe da graça", não a entende como aquela que transpõe o abismo que separa o ser humano e um Deus distante e inacessível. Tampouco se trata de que transmite indiretamente uma via de acesso a Deus a que, segundo o testemunho da revelação, temos um acesso direto por meio de Jesus Cristo, sem necessidade de outras instâncias criadas intermediárias que atuem como mediadoras. Todas essas concepções distorcidas que se baseiam numa visão confusa do culto dos santos, e também a crítica que decorre dessa falta de clareza, podem ser evitadas se o culto dos santos e cada um dos seus elementos individuais forem situados na eclesiologia e de maneira especial na sua transição para a escatologia, e se forem concebidas a partir dessa perspectiva.

### 4 A vitória da graça

Para a piedade católica, o culto aos santos e a Maria são tão relevantes, porque nele se expressam vivamente ideias decisivas da antropologia cristã, da concepção da graça e de seus impactos na vida da Igreja. Aqui se pode conhecer, sobretudo, o poder transformador da graça e seu caráter de autocomunicação de Deus para a criatura junto com a capacidade de sua livre aceitação. Só na interação da graça e da liberdade sucede a comunhão da salvação e dos santos. Em Cristo não existe apenas a pura transcendência de Deus, a que o ser humano se confronta na esperança. Deus é, certamente, glorificado pelo ser humano. Mas, nos santos, Deus glorifica a si mesmo num sentido eminente. Manifesta sua glória na sua autocomunicação bem-sucedida ao ser humano, ao qual Deus se oferta, salvando e santificando, como conteúdo e possibilidade de sua autorrealização pessoal criada na comunhão com Ele.

A antropologia teológica, em especial em sua condensação na mariologia, serve ao conhecimento de que Deus se fez homem para que nós, mediante a humanidade de Cristo (como cabeça e corpo – o Cristo inteiro) possamos participar da vida do amor trino de Deus. Na correlização da vida divina manifesta-se uma relação específica com as pessoas divinas. Assim como Maria se converteu, pela fé, em filha do Pai, mãe do Filho e esposa do Espírito Santo (cf. LG 53), igualmente todos os fiéis são chamados a se tornarem filhos e filhas de Deus. Na fé e no seguimento, Cristo nasce de certo modo novamente neles, ou seja, é testemunhado diante do mundo. E eles estão destinados, como templo do Espírito, a uma relação amistosa e esponsal com o Espírito Santo.

# NONO CAPÍTULO

# A AUTORREVELAÇÃO DO DEUS TRINO NA REALIZAÇÃO DO SER HUMANO (ESCATOLOGIA)

## I. HORIZONTE E PERSPECTIVAS DA ESCATOLOGIA

### 1 *Temática e lugar da escatologia no conjunto da dogmática*

Nos manuais de dogmática de viés neoescolástico, a Escatologia (segundo Eclo 7,40 par.; Mt 12,45 par.) foi entendida como a doutrina sobre "as últimas coisas". Por isso ela era entendida como o último tratado da dogmática (*de novissimis*) e abordava os temas *morte* e *juízo* (do ser humano como indivíduo após a sua morte), bem como *céu* e *inferno* (como as duas situações escatológicas finais depois do fim do mundo e do juízo final da totalidade).

Aqui, porém, a escatologia foi posta depois da mariologia. O fio condutor geral partiu da antropologia, bem como da doutrina sobre a criação como o lugar de origem da autorrevelação de Deus e seguiu então para o ponto alto, ou seja, para a reflexão sobre a revelação na história e sua ligação sistemática na doutrina da Trindade. Depois da mariologia, com a qual se abriu a série B, e que se entende como a concretização teológico-revelatória da antropologia, apresenta-se agora a escatologia em correspondência à doutrina da criação. Como a mariologia está para a antropologia, assim está a escatologia para a protologia, correspondendo a doutrina da realização à doutrina da criação.

O adjetivo *escatológico* não serve apenas como determinação de todas as realidades que virão depois da morte "como últimas", mas serve, sobretudo para refletir sobre a temática da autorrevelação do Deus trino a partir do ponto de vista de sua *decisão definitiva pela salvação do ser humano*. Deus pronunciou-se como escatológico, quer dizer, *definitivo* e *sem arrependimento* como horizonte, conteúdo e realização da existência humana e o direcionamento transcendental do ser humano, já posto como base na criação, revela-se como sua origem e objetivo. Na criação e na realização Deus *se* revela como o mesmo, como "o primeiro e o último" (Is 41,4), como "o vivente" (Ap 1,18), como "o alfa e o ômega, o primeiro e o último" (Ap 22,13).

Por isso a "escatologia" não é apenas um tratado próprio da teologia, mas é ao mesmo tempo um princípio estruturante que perpassa a revelação e sua resposta à existência cristã. Na fé, na esperança e no amor o ser humano está *já agora* em unidade com Deus e tem já agora participação *definitiva* na vida do Deus trino. Esta compreensão de *escatológico* como uma qualidade já *presente* da revelação e da resposta humana de fé não exclui, no entanto, o horizonte *futuro* da revelação última e da realização do mundo e do ser humano. Mas a dimensão presente e a dimensão futura da escatologia não se encontram contrapostas. A escatologia presente é muito mais um princípio dinâmico, através do qual o fiel se deixa conduzir por Deus ao seu objetivo final futuro.

Ao mesmo tempo se previne o equívoco de entender que a escatologia – como doutrina sobre as últimas coisas – ofereceria, por assim dizer, a física e a topografia da condição do ser humano após sua morte em um espaço determinado no além como um mundo empírico experienciável, ou que a escatologia seria ao mesmo tempo uma apresentação teológica de uma pré-informação sobre uma descrição material-empírica da condição final do cosmos.

A escatologia precisa ser pensada intimamente ligada com a teologia da revelação no horizonte da autocomunicação de Deus ao ser humano. Ela encontra seu ponto alto em Jesus Cristo como o "último homem" (εσχατος

Αδαμ, 1Cor 15,45ss.). A fé na comunicação definitiva de Deus em seu Filho e no derramamento do Espírito de Deus nos "últimos dias" (At 2,17; cf. 1Cor 15,52; 1Tm 4,1; 2Tm 3,1; Jo 5,3; 1Pd 1,5.20; Ap 15,1) são os pontos em torno dos quais gira e para onde aponta uma escatologia cristã. Esta escatologia fundamentada na teologia da revelação e interpretada cristológica e pneumatologicamente serve de esclarecimento sobre todas as consequências da autorrevelação do Deus trino, que já estão incluídas na vida e ação, na morte e ressurreição de Jesus de Nazaré. Pois na autorrevelação escatológica de Deus em Jesus Cristo revela-se *o criador como o plenificador* do humano e do mundo. Por isso se pode dizer:

*Escatologia é teologia da criação concreta. Ela se move no horizonte da autorrevelação plena de Deus no acontecimento de Cristo. Ela aponta – sob o ponto de vista de uma vez por todas (Hb 7,27) – a autoconfirmação sem arrependimento de Deus em seu Filho neste tempo final (cf. Hb 1,1-3), nesta autoentrega obediente na cruz por nós e na comunicação do Espírito Santo.*

## 2. Questões da escatologia

No contexto do dramático encontro divino-humano em Jesus Cristo aparecem três tipos de questionamentos interligados:

(1.) A escatologia *individual*, quer dizer, a questão de cada ser humano ser atingido pela autorrevelação de Deus sob o ponto de vista da liberdade de decisão e da autocondução. Este aspecto se refere a toda a existência humana terrena, também à morte, ao juízo individual, bem como à (eventual) purificação e perfeição no amor ("purgatório") e finalmente ao destino final do humano ou em união amorosa com Deus (= céu) ou em contradição definitiva com o amor de Deus (= inferno). A isto também está ligada a questão da "situação intermediária" entre a morte individual do ser humano e a ressurreição geral no fim dos tempos.

(2.) A *ligação entre Igreja e escatologia*, quer dizer, a questão até que ponto a revelação escatológica de Deus diz respeito à Igreja como um todo – dado que ela é em Cristo sacramento e instrumento da união com Deus e da unidade entre os seres humanos (LG 1). A reflexão escatológica aponta para a Igreja como comunidade de fé, esperança e caridade, bem como de oração uns pelos outros, como comunidade dos santos, que abrange a Igreja terrena e a já plena. Não por último, deve-se colocar aqui também as questões sobre o estilo de vida cristão, seja a decisão pelo matrimônio como sacramento do pacto de fidelidade inquebrável e definitivo de Deus ou à sua renúncia pelo serviço exclusivo ao Reino de Deus do fim dos tempos.

(3.) A escatologia *universal*: a questão que diz respeito ao humano como ser com um direcionamento histórico/universal e sua existência como criatura espiritual/corporal no horizonte da volta de Cristo, do juízo final universal, da ressurreição geral dos mortos, do final da história e finalmente da fé no ato transcendente da nova criação e nova ordem do céu e da terra, para que ao final Cristo seja tudo em todos (Cl 3,11) e Deus reine sobre tudo e em tudo (1Cor 15,28).

## 3 A hermenêutica das afirmações escatológicas

A escatologia não oferece pré-informações nem visões do cenário de acontecimentos além do espaço e do tempo. Mais que isto, ela reflete na decisão sobre o chamado pessoal da autorrevelação de Deus ao humano no tempo e na história a partir do horizonte da realização transcendente prometida. Por isso, as afirmações escatológicas precisam de uma hermenêutica especialmente pensada e cuidadosa. *Karl Rahner* coloca como critério hermenêutico sobre as afirmações escatológicas:

> "[...] o ser humano como cristão sabe de seu futuro porque, em que e no que ele sabe de si mesmo e de sua redenção em Cristo pela revelação de Deus. Seu conhecimento sobre as últimas coisas não é uma revelação à parte da antropologia e cristologia dogmáticas, mas justamente nada mais *que sua* transposição ao modo da realização final. Um tal esboço prospectivo da própria existência cristã projetado para o seu futuro realizado é estritamente revelação, pois esta interpretação revelatória da existência humana é revelação que acontece na Palavra de Deus. Mas a revelação do futuro acontece exatamente *naquilo* que o ser humano ouve de Deus sobre si como abertura da verdade de sua existência e vice-versa" ("Princípios para a hermenêutica das afirmações escatológicas". Schriften IV, 415s.).

Esta compreensão teocêntrica, cristocêntrica e antropológica da nova escatologia também pode ser apresentada por *Hans Urs von Balthasar* da seguinte maneira:

> "Deus é a 'última coisa' da criatura. Como ganho Ele é o céu, como perdido o inferno, como examinador o juízo, como purificador o purgatório. Ele é aquele no qual o finito morre e através do qual para Ele e nele ressuscita. Ele é, porém tal como se mostrou ao mundo, ou seja, em seu filho Jesus Cristo, que é a revelação de Deus e com isto o conceito de 'última coisa'. Assim, escatologia é quase mais que qualquer outro *locus theologicus* na totalidade da doutrina sobre a verdade da *salvação*" (Verbum Caro. Skizzen der Theologie I, 282).

### 4 Afirmações doutrinais importantes da Igreja sobre a escatologia

Tanto do ponto de vista histórico como de conteúdo, as decisões doutrinais que seguem devem ser interpretadas (hermenêutica dogmática) no contexto geral da fé cristã (na hierarquia das verdades), em seu contexto histórico específico e conforme a intenção da afirmação.

#### a) Sobre o destino individual

(1.) A morte é consequência do pecado (Decreto de Trento sobre o pecado original, 1546; DH 1512 referido a Rm 5,12; GS 18).

(2.) A morte é o fim da situação de peregrino. Depois da morte o ser humano não pode mais por méritos influenciar seu destino final (cf. Propositio 38 sobre os erros de Martinho Lutero na Bula *Exsurge Domine*, 1520, DH 1488).

(3.) O poder da morte, morte como expressão de distanciamento da graça, foi superado definitivamente pela morte de Cristo (todas as profissões de fé).

(4.) Depois da morte, segue imediatamente o juízo individual, que decide sobre o destino final tanto de santidade (no céu) ou de purificação no purgatório como sobre a condenação ao inferno (ainda antes da ressurreição corporal ou da parusia); o *status* final não começa, pois, somente no último dia ou depois de um tempo intermediário no xeol (cf. Bula *Benedictus Deus* do Papa Bento XII, 1336; DH 1000-1002. • Bula da união *Laetentur caeli*, do Concílio de Florença, 1439; DH 1304-1306).

(5.) Sobre a *felicidade celeste* é ensinado que ela consiste no gozo, na visão e no amor da essência divina (*fruitio, visio et dilectio essentiae divinae*). Outras expressões para esta felicidade são céu, paraíso celeste, pátria eterna (DH 839; 1000). Deus será reconhecido em sua unidade, sua trindade e na procedência das três pessoas divinas de forma clara, aberta e diretamente sem intermediação de outra criatura; não quer dizer, no entanto, que iremos chegar à contemplação divina de um outro que não ao *modo creaturae*, revelado pelo logos assumido na natureza humana. Também as almas separadas do corpo (quer dizer, o ser humano que não mais se encontra na relação com sua antiga forma mundana, bem como não mais em *statu viae*) contemplam Deus como Ele é, na forma que o *status* delas permite, pois ainda não está completada a realização na comunidade de todos os santos na nova situação final do mundo. Na ressurreição da carne, também o corpo terá parte na visão divina (cf. Bula *Benedictus Deus*).

A visão divina é sobrenatural. O espírito e a vontade são elevados à capacidade de visão da essência divina somente pela *lumen gloriae*, derramada pela graça, que substitui a *lumen fidei* (cf. Constitutio *Ad nostrum qui*, do Concílio de Viena, 1312; DH 895).

A visão divina será para os homens de graus diversos conforme os merecimentos. O bem-aventurado a terá com segurança, e ela é eterna e não poderá ser perdida (Bula *Benedictus Deus*).

Somente quem morre na situação da graça justificante e no amor de Deus e estiver totalmente livre da culpa do pecado e da penitência do pecado a alcançará imediatamente após a morte (Decreto de Trento sobre a justificação, 1547; DH 1546; 1582; cf. Vienne; DH 894).

(6.) Sobre o purgatório se ensina que ele existe e que é o "lugar" (*status*) da purificação (*purgatorium*) do ser humano das penitências que sobraram dos pecados. Refere-se somente aos cristãos que morrem na graça justificante, mas nos quais ainda há resquícios de pecado que os impede em total pureza de unirem-se a Deus no amor (Lião I, 1254; DH 838; Lião II, 1274; Profissão de Fé do Imperador Miguel Paleólogo: DH 856-85; Bula *Benedictus Deus*; Concílio de Florença, 1439, *Laetentur caeli*, DH 1304-1306; Concílio de Trento, Decretum de purgatorio 1563, DH 1820). As almas no purgatório têm sua salvação assegurada (contra Lutero, Errores Martini Lutheri, Prop. 38, DH 1488). No contexto do purgatório utiliza-se a palavra bíblica "fogo" para juízo (*ignis transitorius* ou *temporaneus*; DH 838).

(7.) A pena do pecado original é a perda da visão de Deus. Quem morre sem ter recebido plenamente a graça justificante no batismo sofre somente a *poena dammi*, que é idêntica à retirada da visão de Deus e no caso dos não batizados sem culpa é idêntica a uma situação de felicidade natural, não a da *poena sensus*, quer dizer, de uma pena perceptível aos sentidos depois da ressurreição do corpo (cf. a discussão sobre as crianças que morrem sem o batismo e a teoria do *limbus infantium*; Carta do Papa Inocêncio III a Umberto de Arles, 1201, DH 780; Florença, DH 1306).

Frente a estas afirmações pouco obrigatórias, deve-se observar a nova concepção do Vaticano II sobre a possibilidade de salvação dos não batizados. Com isto considera-se superada toda a teoria do limbo.

(8.) Sobre o *inferno* (*infernum*) ensina-se que nele entra quem estiver em pecado mortal atualmente e nesta condição permanece até a morte (*Benedictus Deus*, DH 1002; Florença, DH 1306).

Importante é a doutrina sobre a *"eternidade" da pena do inferno*. O Sínodo de Constantinopla de 543 acolheu os anátemas do Imperador Justiniano contra Orígenes, que no contexto de sua doutrina da apocatástase falava de uma volta posterior dos demônios e dos condenados (DH 409; 411).

Base para a condenação eterna é a própria e livre vontade (*Fides Pelagii Papae*, 557; DH 443), que pela *facta capitalia* (Sínodo de Arles, 473; DH 342) atrai a rejeição de Deus, pois permaneceu sem arrependimento e penitência em estado atual de pecado mortal até a morte (Valença, 855, DH 627; Lião I, 1245, DH 838; Bula *Benedictus Deus*, DH 1002; Florença, 1439, DH 1306).

### b) Sobre a comunidade em Cristo de vivos e mortos

(1.) Entre todos os que pertencem a Cristo existe uma verdadeira comunidade na santidade, seja os santos no céu, os fiéis que se encontram em peregrinação ou as almas que foram entregues à purificação no purgatório (Papa Leão XIII. Encíclica *Mirae Caritatis*, 1902, DH 3360-64, cf. especialmente também os capítulos 7 e 8 Constituição Eclesial *Lumen Gentium*, 1964, o acréscimo "*communio sanctorum*" do Credo Apostólico, bem como a *Explanatio Symboli* de Nicetas de Remesiana, ca. 400 DH 19).

(2.) Os santos na completude celeste rezam pelas pessoas (Trento, DH 1821; 1867). O *cultus duliae* a eles prestado (não o *cultus latriae*, quer dizer, a adoração que somente a Deus é devida) tem como objetivo a glória do Deus trino que se vê glorificado nas pessoas por Ele agraciadas (Niceia II, DH 601; Trento, DH 1821-25).

(3.) As almas em situação de purificação participam da comunhão dos santos. Elas não podem, porém, fazer nada para a sua própria progressão. Os vivos podem, no entanto auxiliá-las através da prece: pela celebração do sacrifício da missa, pela oração, pelas ações de amor ao próximo e outras obras de piedade (Trento. Decreto do sacrifício da missa, DH 1753; Decreto do purgatório, DH 1820). A elas também se pode dirigir indulgências "*per modum suffragii*" (Sisto IV. Bula *Salvator Noster*, 1476, DH 1398; para seu esclarecimento, Encíclica *Romani Pontificis Provida*, 1477, DH 1405-07; Leão X, Decreto *Cum postquam*, 1518, DH 1447-1449). O escrito a todos os bispos da Congregação para a Doutrina da Fé sobre a escatologia *Recentiores Episcoporum Synodi*, de 17 de maio de 1979 acentuou, neste contexto, que a oração da Igreja, "seus ritos de sepultamento e a veneração aos mortos" representam *loci theologici*, e se deve rejeitar aquelas teorias teológicas para as quais isto não tem sentido (DH 4654).

### c) Sobre a escatologia universal

(1.) Ao final Cristo virá em sua segunda vinda, novamente em uma natureza humana própria tomada por Ele (todos os credos). É rejeitado o quiliasmo ou milenarismo, uma teoria segundo a qual antes do juízo final Cristo irá instaurar neste mundo um reino visível por uma duração de mil anos (Decreto do Santo Ofício, 1944, DH 3839).

(2.) Todos os seres humanos, também os condenados, irão tomar parte na ressurreição dos mortos para a vida eterna ou para a condenação eterna do humano em alma e corpo (*Fides Pelagii Papae*, 557, DH 443; Toledo VI, 638, DH 493; Toledo XI, 675, DH 540; IV Latrão, 1215; DH 801; Lião II, 1274; DH 859; Bula *Benedictus Deus*, 1336, DH 1002).

Todos ressuscitam em sua própria carne ("*in própria carne, cum suis propriis corporibus*", DH 801), não em um corpo etéreo ou fantasmagórico.

Cristo mesmo e somente Ele ressuscita os mortos (todos os credos), e a graça de Cristo, da cabeça de seu corpo, a Igreja, transborda em todos os seus membros (Papa Virgílio. Carta "*Dum in sanctae*", 552, DH 414).

(3.) Depois da ressurreição dos mortos segue o juízo universal sobre toda a humanidade e sua história (todos os credos e documentos atuais).

Este dia é desconhecido de todos os anjos e homens. Cristo conhece este dia *em* sua natureza humana, mas não *a partir de* sua natureza, mas sim somente *a partir da* natureza divina (Papa Gregório I. Carta *Sicut Aqua*, 600, H 474).

Seguirá também o fim do mundo material. Uma teoria sobre o *como* este fim acontecerá é estritamente rejeitada (Papa Pio II, *Propositio* I sobre os erros de Zanino de Solcia, 1459, DH 1361).

Ao final está o Reino de Deus e Cristo. Os bem-aventurados vivem sem fim em vida eterna. É o fruto da justificação, da graça e do merecimento das boas obras (Trento. Decreto sobre a justificação, DH 1545-1547).

A Igreja passará ao reino "celeste". Como *meio* de salvação ela terá seu fim, mas como *fruto* da salvação ela, no entanto, permanecerá (6º Sínodo de Toledo, 638, DH 493). Todos os santos reinam com Cristo na eternidade (= unidos com a vontade de Deus, quer dizer, segundo o amor; 11º Sínodo de Toledo, 675; DH 540; 16º Sínodo de Toledo, 693, DH 575; Trento, DH 1821; Vaticano II, LG 7 e 8).

"[...] seu reino não terá fim" (*cuius regni non erit finis*: cf. Dn 7,14; Lc 1,33; todos os credos, especialmente o niceno-constantinopolitano, 381, DH 150).

## 5 *Diferenças para com a profissão de fé ortodoxa e reformada*

Diferenças na escatologia dizem respeito apenas à questão do "purgatório". As igrejas ortodoxas não acompanharam o desenvolvimento ocorrido na Europa no tocante à escatologia individual. A visão divina ou a perda dela ocorrerem apenas no contexto do fim do mundo e do juízo final. Na compreensão ortodoxa, na situação intermediária as almas permanecem no xeol. Este tem, porém graus diversos, até o ápice do paraíso dos mártires e santos.

As igrejas ortodoxas professam, no entanto, com a Igreja Católica que se pode rezar pelos mortos para aliviar a sua sorte. Pois todos os que morreram em pecados veniais e são "castigados" por isso necessitam de nossa ajuda, pela qual experimentam alívio ou ao final podem progredir a regiões mais altas e santas do Xeol. Esta questão controversa foi, sobretudo, assunto de negociações nos concílios unificadores de Lião II (1274) e Florença (1439).

Não se pode mais ver nisto uma doutrina contraditória de divisão eclesial, pois são comuns o pensamento básico da comunhão dos santos e da oração intercessora. Por outro lado, não se precisa de um modelo totalmente igual em relação à escatologia individual e geral.

Um motivo totalmente diferente está na negação do purgatório em Lutero e Calvino. É a doutrina da justificação que, segundo a compreensão dos reformadores, está em contradição com a doutrina da indulgência e oração em favor dos mortos. O sacrifício da missa por vivos e mortos também estaria em contradição com este pensamento básico, dado que o sacrifício de Cristo é de todas as formas suficiente para o perdão dos pecados.

Aqui Lutero e Calvino interpretam a doutrina católica que a missa, a oração e a indulgência seriam uma influência humana no divino, para reconciliá-lo. Reconciliação é, porém, um dom divino que acolhemos na fé e somente recebemos, mas não podemos influenciar através do fazer humano.

Seriam totalmente sem função tanto as boas obras como as intercessões por outros, em uma fé compreendida, porém somente como adesão confiante de cada qual no merecimento de Cristo, e não como origem de uma nova existência na qual uma decisão básica por uma maneira diversa de vida (também em relevância social) se concretiza, nela se conserva e cresce para uma forma plena.

Uma clareza aqui somente pode vir de uma visão profunda de Igreja como uma comunidade santa unida em Cristo, que leva a sério o ser humano tanto em sua estrutura individual como social, bem como a sua historicidade. Visto desta forma, a santidade e a salvação em Cristo têm também sempre um aspecto comunitário. A partir deste horizonte de compreensão, a intercessão pelos outros é justamente a expressão da solidariedade na santidade e neste sentido uma forma de sua dimensão social como consequência disto.

No tempo da reforma, porém, a antiga compreensão de Igreja como uma *communio sanctorum* estava, do lado católico, muito enfraquecida. Diante das objeções dos reformadores, o Concílio de Trento, em sua 25ª sessão de 1563 nos decretos sobre o purgatório e sobre a veneração aos santos defendeu em forma curta a tradição de fé católica, mas rejeitou todas as ideias populares e por extensão especulativas.

Uma resposta completamente satisfatória do Magistério às objeções reformadoras encontra-se em *Lumen Gentium* cap. VII: "Índole escatológica da Igreja peregrina e sua união com a Igreja celeste".

### 6 Escatologia cristã em relações e contradições

Na cristologia entrelaça-se em totalidade a compreensão cristã da realidade. Em cada afirmação sobre o destino do homem e do mundo aparecem também as questões fundamentais: a compreensão de Deus, o conceito de revelação, a compreensão do mundo como criação, especialmente na imagem do ser humano como criatura chamada à realização sobrenatural na graça de Deus e à comunidade sobrenatural com a vida divina, e como em sua existência natural (em alma e corpo) está incluído o acontecimento da realização transcendente.

Apesar de diferenças básicas na compreensão de Deus, ser humano e mundo, encontram-se fora do cristianismo – com fundamento numa antropologia geral – proposições de esperança em uma realização transcendente, como por exemplo na ideia da imortalidade da alma ou de uma extinção mística da existência individual no Nirvana ou na esperança de uma realização imanente pela participação no progresso da humanidade como espécie ou inclusive na pertença à própria matéria no ciclo cósmico da vida da natureza.

### a) A fé na imortalidade na filosofia grega

A mitologia grega (Homero e Hesíodo) conhece a compreensão de uma existência na sombra dos mortos no hades ou de libertações de alguns preferidos dos deuses no lugar de felicidade de Elísios.

Depois dos inícios na doutrina órfico-pitagórica, a antropologia dualista, segundo a qual o ser humano é uma composição de duas naturezas totalmente distintas, ou seja, a alma e o corpo, foi introduzida na grande filosofia ática. Nesta, a caducidade e a mortalidade referem-se ao corpo, que está intrincado na matéria, enquanto por outro lado a *alma* é portadora da esperança da imortalidade. Partindo desta ideia da participação, Platão entende a alma a partir de sua capacidade de compreender as ideias do belo, do verdadeiro, do justo e do bom. Como estas ideias são eternas e independentes das mudanças nas formas em que aparecem, também se pode atribuir à alma, à medida que é capaz do conhecimento do eterno, a característica de eternidade. A alma preexiste no reino das ideias já antes de sua ligação com o corpo, no qual ela entra então como em um "cárcere". Platão desenvolveu sua teria da imortalidade da alma baseado em sua natureza divina eterna nos grandes diálogos "Menon", "Fedon", "Fedro" e "Político":

> "O caminho para isto é a similaridade a Deus o quanto possível; e esta semelhança que se seja justo e piedoso com consciência [...] mas o verdadeiro queremos apresentar da seguinte forma: Deus nunca é de forma alguma injusto, mas no mais alto sentido completamente justo, e nada nele se assemelha àquele que entre nós é igualmente o mais justo" (Teeteto 176b).

Platão sabe aqui, reportando ao mito, de um juízo sobre os mortos. Ele é realizado conforme a condição de liberdade contemplativa ganha do mundo para as ideias e segundo a ação do bondoso ou do malvado. Para erros leves em uma vida com um – fora isto – bom transcurso, pode-se nutrir a esperança de uma "purificação" no além.

A doutrina de *Aristóteles* diferencia-se bastante da de Platão. Para ele, todo o conhecimento tem início na percepção dos sentidos. Ele rejeita a compreensão de conhecimento como recordação de ideias pela preexistência da alma. Em sua obra *Sobre a alma* ele entende alma e corpo como união substancial em uma única natureza. A alma é a entelequia (finalidade), que realiza e completa a potencialidade própria ao corpo. Para ele é impensável uma existência especial da alma sem o corpo. A alma surge e desaparece com o corpo. Aristóteles entende como fantasia toda a compreensão de uma transmigração das almas. Como toda a diferenciação dos corpos em forma e número está fundamentada justamente em suas almas, uma alma não pode ter corpos diversos.

Na Idade Média surgiu um forte debate sobre a doutrina da alma em Aristóteles. O filósofo muçulmano e comentador de Aristóteles Averróis (1126-1198) nega a imortalidade individual e aceita somente a indestrutibilidade de um conhecimento universal. Já *Tomás de Aquino* critica esta interpretação de Aristóteles. Mais tarde o V Concílio do Latrão rejeita o averroísmo de *Pietro Pomponazzi* (1462-1525) e declara que a imortalidade da alma é uma verdade reconhecível pela razão. Nesta discussão tratava-se não da imortalidade da alma em si, mas da imortalidade de sua *individualidade* (DH 1440s.).

Para Aristóteles não se pode contornar o fato de que o corpo humano está sujeito à lei do se tornar e do desvanecer. Da mesma forma a razão (*intellectus possibilis*) ligada aos sentidos corporais é passível de sofrimento e com isto submetida à transitoriedade. Somente a razão operante (*intellectus agens*) não é tangida pelo mundo. Ela não é capaz de sofrimento e por isso não transitória. Como pura atividade pensante ela é divina e eterna. Parece que Aristóteles tinha a compreensão de que a razão operante possuía independência em certa medida, apesar de sua unidade com a matéria do corpo, e – de origem divina – descia cada vez do alto igualmente sobre os homens. Na morte ela volta para sua esfera própria. Por isso há talvez para Aristóteles somente *um intellectus agens* atuante *em cada um* dos seres humanos, que unicamente é imortal. Permanece como questão a continuidade da existência humana individual, pois a individualidade não pode ser pensada fora ou sem a corporeidade.

Um olhar sobre as compreensões a respeito do destino final do ser humano fora do cristianismo mostra uma certa continuidade com a escatologia cristã, no sentido de que são as mesmas questões existenciais do humano pelo sentido da vida diante do sofrimento, da doença e da morte pessoal, bem como também são tematizados o destino da história e do mundo como um todo. Ao mesmo tempo também é perceptível uma descontinuidade, porque a compreensão cristã da realização do humano baseia-se unicamente na revelação de Deus e a doutrina da ressurreição individual pressupõe um conceito de pessoa advindo da teologia da criação que não se conhece fora da tradição judaico-cristã.

### b) A desconstrução da escatologia na crítica contemporânea ao cristianismo

Segundo o diagnóstico de *Karl Löwiths* (1897-1973), as posições anticristãs da crítica à religião em Feuerbach, no marxismo, no evolucionismo materialista e no positivismo apresentam tão somente "uma secularização de sua compreensão escatológica" (*Weltgeschichte und Heilsgeschichte*. Stuttgart, 1953, 11).

Seguindo *Friedrich Nietzsche* (1844-1900) e *Franz Overbeck* (1837-1905), Löwiths defende uma total emancipação da filosofia da tradição teológica. Contra uma teologia da história judeu-cristã, com sua compreensão de um início e de um fim absoluto da história e sua transposição para a eternidade de Deus, ele volta à compreensão grega da eternidade do cosmos e do "eterno retorno do mesmo".

A crítica desconstrutiva à escatologia cristã é posta no contexto de uma visão antropocêntrica e imanente do mundo e do fim de uma compreensão de base teocêntrica. As grandes ideias "Deus, liberdade e imortalidade" são submetidas funcionalmente à autoevidência do humano como condições necessárias para que o humano possa se realizar como ser moral. Esta nova imagem do homem, que vê a realização do ser humano na cultura, na ciência e no trabalho e que quer entender um Deus que lhe é contraposto somente como o seu concorrente, aparece já na Renascença. Sua difusão é retardada pela controvérsia religiosa a reboque da Reforma. Depois do século do cisma eclesial, ela irá se tornar a corrente dominante no Iluminismo europeu. Frente à pretensão de verdade religiosa e metafísica, abre caminho um grande ceticismo e um agnosticismo de alcance profundo. A convicção religiosa torna-se questão de âmbito privado. No contexto de vida do estado, da jurisprudência, da moral pública e da ordem econômica forma-se um "sistema natural de conhecimento" e um mercado pragmático. A pretensão a uma revelação sobrenatural universal e empiricamente não verificável deve aparecer aqui como um corpo estranho. Ele ameaça a autonomia da razão teórica e ética. O pensamento de uma recompensa ou castigo no além é rejeitado por não ser adequado à verdadeira moral e por vezes tenta-se desmascará-lo inclusive como instrumento de uma ideologia dominante (do clero).

No deísmo inglês tenta-se despir a religião de revelação de sua pretensão heretonômia (quer dizer, do recurso a uma autoridade sobrenatural) e no contexto de uma razão autônoma reconstituí-la como *religião natural* (M. Tindal, J. Toland). Segundo Herbert de Cherbury (1581-1648) todas as religiões históricas concretas têm cinco convicções principais como base, entre elas a existência de um ser supremo bom e uma justiça compensadora após a morte segundo os princípios da recompensa e do castigo.

Os conteúdos das religiões positivas, que se reportam a uma revelação sobrenatural, nada mais seriam que ajudas para perceber as verdades reconhecíveis já na razão, seriam meios pedagógicos com os quais Deus (entendido de forma deísta) determinou o ser humano no desenvolvimento de sua natureza racional. O que vale é purificar o ser humano para uma personalidade racional, livre de preconceitos e moralmente segura. G.E. Lessing deduziu disto a ideia de um possível avanço no mundo do além e rejeitou a afirmação de fé no "castigo eterno no inferno" como algo incompatível com a bondade de Deus e seu objetivo.

Na desconstrução da teoria do conhecimento da metafísica no empirismo inglês, David Hume ao dissolver o conceito de substância tirou também o chão para a argumentação tradicional sobre a imortalidade da alma, que se apoiava justamente na indestrutibilidade de uma substância espiritual e imaterial. Hume entende a alma não mais como uma portadora metafísica da natureza espiritual/corporal do ser humano e como destinatária da ação de realização natural e sobrenatural de Deus, mas simplesmente como um ajuntamento de percepções. Ela evidentemente se apaga com o fim das funções corporais.

Uma tal compreensão de alma, que soa ao atomismo antigo de Demócrito ou Epicuro e reduz a realidade mais íntima do ser humano a uma condição agregada especial da matéria ou a um sistema funcional de partes da matéria, impulsiona o materialismo. Com isto não se tira apenas a base da metafísica, mas especialmente também a da escatologia.

Enquanto Kant, Hegel e Schleiermacher ainda tentaram conciliar as clássicas afirmações cristãs-escatológicas com a nova visão do mundo surgida das ciências empíricas da natureza e do racionalismo filosófico – embora na questão da imortalidade individual tenham ficado indecisos ou inclusive a rejeitado –, no século XIX chegou-se na crítica à religião a um distanciamento definitivo da escatologia cristã.

Em seu escrito "Gedanken über Tod und Unsterblichkeit" (Pensamentos sobre morte e imortalidade, 1830) Ludwig Feuerbach (1804-1872) nega sem rodeios a "imortalidade individual do ser humano". Somente a *espécie geral* do humano é imortal, pois é divina. Esta imortalidade não se realiza, no entanto, no além da história, mas em sua imanência. A espécie geral do humano mostra-se como uma tendência permanente de autossuperação em busca de seu objetivo imanente. O ser humano experimenta a antecipação deste objetivo imanente escatológico onde ele está mais próximo de sua natureza, ou seja, na experiência sensorial-sexual da união de espírito e matéria ou potencializada na união sexual de homem e mulher. A experiência transcendente da unidade amorosa com Deus é transformada no sentimento de unidade sensorial-empírico. Assim o Reino de Deus do fim dos tempos, transmutado na realização da espécie geral do ser humano e no prazer sexual, é experimentado na unificação do individual com o geral.

*Karl Marx* (1818-1886) criticou tanto o pensamento de uma reconciliação da filosofia idealista-cristã como também a imaginação popular-cristã de um paraíso pensado espacialmente no além, como estratégia de consolo, pela qual os beneficiários das condições socioeconômicas injustas enganam os explorados sobre as verdadeiras causas da miséria atual e querem com isso paralisar o potencial de mudança. A escatologia cristã é apenas uma expressão de um mundo duplo. Com isto a alienação do ser humano é apenas ideologicamente fundamentada ao invés de superada. A crítica à religião do além é por isso precondição para uma tomada de partido engajada por uma melhora no aquém:

> "A suspensão da religião como a felicidade ilusória do povo é uma exigência para sua verdadeira felicidade. A exigência por suspender a ilusão sobre sua situação, é a exigência por suspender uma situação que precisa de ilusões. A crítica à religião é, pois, em germe a crítica ao vale de lágrimas, cuja auréola é a religião" (*Zur Kritik der Hegelschen Rechtsphilosophie*, 1843/1844. Landshut, 1964, 208).

A filosofia de Marx não é uma negação da escatologia, mas a sua transposição secularizada para a dinâmica da história em um "paraíso" intramundano de reconciliação das contradições que será realizado não pela graça de Deus, mas sim pela força criativa do ser humano.

O comunismo é por isso o humanismo e o naturalismo realizados, a supressão das contradições de ser humano e natureza, de liberdade e necessidade, de indivíduo e espécie. "Ele é o enigma da história solucionado e sabe-se como esta solução" (*Nationalökonomie und Philosophie*, 1844; ebd. 235).

Também na *filosofia não marxista* chega-se a uma imanentização da esperança por uma identidade escatológica do ser humano.

Frente à finitude humana sentida como radical, vida é interpretada por *Martin Heidegger* como um permanente correr à frente da morte ou como decadência para o ser. O ser humano é chamado ao que é próprio de sua existência.

*Karl Jaspers* vê como saída ao que não é próprio de sua existência somente a experiência de transcendência como iluminação da existência. O ser humano não pode em princípio mudar a sua situação, pode somente torná-la mais suportável através da interpretação.

*Sigmund Freud* quer mostrar ao ser humano o caminho para a identidade consigo mesmo, à medida que aponta para a necessidade da tomada de consciência psicoanalítica da não identidade e para a possibilidade de trabalhar as experiências negativas nas quais esta não identidade está baseada.

Talvez ninguém tenha expressado com mais clareza a desescatologização do sentimento de vida e com isto o fim das esperanças que Friedrich Nietzsche com a sua sentença da "morte de Deus", que Martin Heidegger assim interpreta:

> "A base transcendente do mundo transcendente pensada como a mais efetiva realidade de todo o real, tornada irreal. Este é o sentido metafísico da sentença metafisicamente pensada 'Deus está morto'" (Holzwege, F., $^5$1972, 249).

Face a esta história de desconstrução, a escatologia cristã só pode se desenvolver novamente a partir da pergunta radical do ser humano por si mesmo.

O impulso para o surgimento de uma esperança em uma realidade transcendente parte da experiência da *dialética do Iluminismo*. Os objetivos de um mundo imanente de razão e progresso levaram à massificação, propensão ao totalitarismo e à submissão do espírito à pressão econômica. O exagero inimaginável do excesso humano encontrou sua expressão em Auschwitz, que se tornou o conceito de perversão humana em seu grau máximo (T.W. Adorno). *Ernst Bloch* pode falar de um "princípio esperança", que direciona o agir e o projetar humano para a utopia.

As experiências monstruosas do abismo humano no fazer o mal e no sofrimento das vítimas fez "o desejo pelo totalmente outro" (Max Horkheimer), e com isto entender a teologia judaico-cristã de uma maneira nova como expressão da "esperança, que não permanece nesta injustiça pela qual o mundo se caracteriza, que não possa ter a injustiça a última palavra" (Die Sehnsucht nach dem ganz Anderen, HH 1970, 61).

## 7 A redescoberta da escatologia, determinação cristã básica

Na teologia do protestantismo cultural e do liberalismo do século XIX, o caráter escatológico do cristianismo foi também pouco trabalhado. Segundo uma afirmação famosa de *Ernst Troeltsch*, "O escritório escatológico está fechado a maior parte do tempo". Contraposto a isto, Hans Urs von Balthasar chamou a escatologia de a "mudança de clima na teologia de nosso tempo" ("Umrisse der Eschatologie". *Verbum Caro*. Ei, 1960, 276).

A virada ocorreu no final do século XIX e na época sobretudo sob o impacto catastrófico da Primeira Guerra Mundial, que não apenas levou à crise o otimismo da fé iluminista no desenvolvimento, como também com ela a bem-aventurança cultural da teologia liberal e do cristianismo burguês (Albrecht Ritschl, Adolf von Harnack). O Reino de Deus era aqui ainda entendido – sob influência de Kant – como o reino do bem que se implantava ininterruptamente com o progresso moral e se apresentava na comunidade daqueles que, em seguimento ao imperativo categórico, experimentavam unidade entre moralidade e felicidade.

*Franz Overbeck*, um amigo de Friedrich Nietzsche, já havia constatado a este respeito "o comportamento diferente, estranho e anticultural de Jesus", que fora totalmente marcado pela expectativa próxima do fim. Esta expectativa deveria ser vista justamente como o ponto central da mensagem de Jesus sobre o Reino de Deus. Toda tentativa posterior de fuga do mundo ou de modelar o mundo, de comunicação de cultura e fé seriam já abandono da escatologia radical de Jesus. Esta compreensão não foi, no entanto, para Overbeck motivo de renovação da escatologia teológica. Mais que isto, ele era da opinião de que Jesus havia se enganado, razão pela qual ele tirou as consequências e distanciou-se da fé cristã como um erro histórico ("Über die Christlichkeit unserer heutigen Theologie", 1873. Da, 1963).

Mas a obra que marcou época para a teologia foi o livro de *Johannes Weiss* (1863-1914): *A pregação de Jesus sobre o Reino de Deus* (Gö 1892).

A reflexão sobre o anúncio do Reino de Deus em Jesus tornou-se a partir de então o foco para a tese da expectativa próxima do fim e da protelação da parusia como o problema central da teologia.

A partir desta série de questões surgiram novas concepções de base para a escatologia:

(1.) A *escatologia consequente*. Seus representantes Johannes Weiss, Albert Schweitzer e Martin Werner partem da ideia de que Jesus teria esperado um fim próximo apocalíptico-futuro, que o Reino iria irromper do alto sobre o mundo em um futuro muito próximo. A comunidade teria conservado esta expectativa depois da morte de Jesus. Fundamentado na protelação da parusia, teria acontecido então uma escatologização do anúncio do Reino de Deus, e como consequência a sua transformação num sistema dogmático e moral sob a influência helenística.

(2.) A *escatologia realizada* (C.H. Dodd) vê o Reino de Deus completado na cruz e ressurreição de Jesus. Declarações sobre data seriam coisas secundárias. A dimensão futuro seria apenas a abertura de um caminho para a unidade final com Deus, unidade esta que já se iniciara na realidade.

(3.) A escatologia transcendental-atualizada de *Karl Barth* (no período inicial da teologia dialética) faz soar as trombetas do juízo sobre o cristianismo cultural liberal e a teologia histórica: "Cristianismo que não seja totalmente, absolutamente e sem reservas escatologia, não tem totalmente, absolutamente e sem reservas nada a ver com Cristo" (Der Römerbrief, M, 2. ed., 1922, 298). A esperança escatológica do cristianismo não se refere teologicamente ao fim dos tempos e da história na parusia, mas é expressão da dialética radical entre tempo e eternidade. Ela se refere à pretensão divina de agora e sempre e coloca em crise o ser humano e sua autorrealização continuada historicamente no tempo. O ser humano não se movimenta de forma histórico-linear entre os polos do "já" e do "ainda não". Ao invés disto, a eternidade de Deus irrompe sempre e novamente como instante no tempo e questiona radicalmente o ser humano. A Palavra de Deus é ao mesmo tempo limite, crise e orientação ao ser humano em contradição radical ao caminho religioso do ser humano de si para Deus.

(4.) *Rudolf Bultmann* entende a expectativa do fim próximo temporal e as afirmações sobre o fim do mundo concretas, cósmicas e de fim da história como elementos de uma imagem mítica já superada do mundo. Não se pode simplesmente ignorá-las. Seu conteúdo se deve, porém, acessar por uma *interpretação existencial*. A mensagem de Jesus me convoca para uma decisão e assim para aquilo que é próprio de minha existência. O encontro com Jesus me coloca aqui e agora no fim do mundo e do meu ser próprio e ao mesmo tempo na existência recriada da decisão. É assim que surge em mim a base de meu poder-existir em liberdade. É preciso renunciar a uma compreensão objetivo-histórica das ações salvíficas e das afirmações de credos ou de querer verificá-las de modo empírico-científico. Assim a fé estaria também livre de contestações ou de confirmações de determinada cosmovisão ou das ciências naturais. Jesus Cristo é o "acontecimento escatológico" ("Die christliche Hoffnung und das Problem der Entmythologisierung". St 1954, 58).

(5.) Em sua compreensão de salvação como história, *Oskar Cullmann* retoma as ligações históricas, seculares e sociais do Evangelho que estão implícitas no anúncio do Reino de Deus. Lucas mostra Jesus Cristo como o "centro do tempo". A partir do presente ele engloba as dimensões de passado e futuro. A escatologia presente e futura não mais estão contrapostas. A ressurreição de Jesus garante a realidade de nossa ressurreição futura, que, como realidade ainda em aberto, é a nossa esperança. Cada um dos acontecimentos da ação reveladora de Deus está determinado de uma forma linear numa compreensão de tempo. O Cristo está entre o "já realizado" e o "ainda não realizado". Assim as últimas coisas (*escata*) se encontram em relação com os acontecimentos externos no começo e no fim do tempo e da história.

(6.) Em sua compreensão de história universal, *Wolfgang Pannenberg* entende que a autocompreensão humana está baseada em uma mediação entre relação com Deus e relação com o mundo. A fé tem por base uma história real e não simplesmente um *quê*, uma historicidade vazia, como um existencialismo abstrato. Na palavra da Sagrada Escritura acontece a interpretação dos acontecimentos como autorrevelação de Deus. Sua completude será alcançada somente com a revelação dos últimos acontecimentos no final da história. Para Pannenberg, a história universal é o quadro no qual cada acontecimento histórico – entre eles inclusive a história de Jesus e especialmente o acontecimento histórico de sua ressurreição dos mortos – deve ser percebido como uma parte do todo. Pannenberg entende, no entanto, a ressurreição de Jesus como prolepse e antecipação do fim da história. Assim os crentes ligados no horizonte da história universal, no qual a acolhida do ser humano em Cristo se torna clara através do Deus trino. Esta perspectiva de esperança é uma resposta à questão que o próprio humano é.

(7.) A *teologia da libertação*, que por sua vez recebeu impulsos importantes da teologia da esperança (Jürgen Moltmann) e da teologia política (Johann Baptist Metz), tenta encontrar uma nova dimensão escatológica da fé cristã através do protesto contra o alijar a fé à esfera do privado e sua redução à interioridade, contra uma ética consciente e seu abuso como ideologia da consolação. A prática do Reino de Deus em Jesus engloba também as realidades mundanas como a libertação dos pobres e oprimidos, bem como o julgamento dos exploradores. Mesmo assim Jesus não é entendido – com exceção de algumas popularizações sem pretensão teológica – em primeiro plano como um revolucionário social. A esperança escatológica torna-se muito mais um estímulo à prática transformadora do mundo em participação com a prática de Jesus. Também a memória do sofrimento passado se torna potencial de mudança. Ela engloba tanto as gerações passadas na esperança universal da salvação em Deus, que na cruz de Jesus tomou para si o sofrimento do mundo e na ressurreição de Jesus dos mortos revelou sua graça como poder transformador do mundo. Com isto, a ação da Igreja não é desvirtuada na teologia da libertação na construção de um paraíso intramundano. Mais que isto, é participação no escatológico, que transforma o mundo em história para a eternidade, e na ação libertadora de Deus.

### 8 Categorias de pensamento da escatologia contemporânea

#### a) Teocentrismo, cristocentrismo, antropocentrismo

Do contexto da teologia da criação se dá que o mundo na ordem de seus princípios materiais e espirituais concentra-se no ser humano. A pessoa humana, que se substancializa em natureza espiritual-corporal, é também – tanto em sua origem quanto em seu objetivo – portadora da autotranscendência de toda a criação.

O *antropocentrismo* do mundo ultrapassa-se no humano para um *teocentrismo* do humano, à medida que a pessoa humana justamente se constitui em Deus através de sua autotranscendência.

O encontro entre Deus e o humano acontece de uma forma insuperável em Jesus Cristo. Por um lado a autoexpressão de Deus no filho tornado humano e por outro lado a autoentrega do homem Jesus – representando toda a humanidade – a Deus formam o ponto de encontro e o ponto fulcral do acontecimento salvífico e transmitem o antropocentrismo da criação com o teocentrismo do humano.

Assim o cristocentrismo torna-se a dimensão decisiva tanto para a prática eclesial quanto para a reflexão teológica.

### b) Encontro dialogal com Deus

O ser humano é o ser de diálogo. Somente na linguagem, na palavra, ele vem a si mesmo. Mas ele não vem a si mesmo na *autolinguagem*, para se relacionar com as outras pessoas através do meio da linguagem. O ser humano se experimenta como ser, e somente então vem a si, à medida que ele é interpelado pelo outro. Por isso Romano Guardini pode afirmar em vista da ordem da criação:

> "O impessoal, o sem-vida, bem como o vivente Deus o cria simplesmente como objeto imediato de sua vontade. A pessoa ele não pode e não quer criar desta forma, pois seria sem sentido. Ele a cria através de um ato que preserva sua dignidade e com isto a fundamenta por seu chamado" (*Welt und Person*. Wü. 2. ed., 1940, 114).

Na encarnação do Logos Deus se faz a si mesmo promotor de uma história da comunicação divino-humana. Este acontecimento responsorial encontra sua continuidade na palavra anunciada pela Igreja, que responde à comunidade eclesial na confissão de fé e nos sacramentos como realização simbólica do diálogo divino-humano. O novo ser humano criado em Cristo participa de seu relacionamento filial com o Pai na presença e graça do Espírito, no qual acontece a comunidade de Pai e Filho no amor (cf. Rm 8,15.29; Gl 4,4-6; 1Jo 1-3 e semelhantes).

### c) A constituição corpórea e mundana da mediação salvífica

Sob o pressuposto da criação e inclusive da humanização de Deus, a salvação do ponto de vista cristão não pode ser esperada fora do mundo; pelo contrário, trata-se justamente de uma salvação do mundo e do humano. A constituição corpórea do ser humano e a intercomunicação pessoal não serão desfeitas na morte do ser humano, mas sim plenamente realizadas na comunhão com Deus e com a humanidade. Por isso o cristão espera sua "ressurreição do corpo" e "um novo céu e uma nova terra".

### d) O futuro como dimensão da presença da salvação

Pelo acontecimento salvífico e sua comunicação na fé, no batismo e na pertença à Igreja, a salvação escatológica está presente na realização pessoal do ser humano. O humano, como um ser material, social e histórico precisa sempre integrar o futuro como sua realização do ser. Ele entende o seu futuro histórico como o horizonte a partir do qual ele se unifica na multidimensionalidade de sua realidade criacional e à medida que Deus se lhe garantiu como absoluto futuro transcendental. A presença salvífica escatológica de Deus em Jesus Cristo – no mundo e no coração do humano – não desvaloriza a ação histórica concreta do ser humano, não a ameaça, nem a paralisa. Pelo contrário, ela é a base da esperança, da coragem e da confiança. Ela não deixa – já desde o princípio – o cristão temer o fim iminente da história, mas sim espera e clama: "Marána tha – Vem, Senhor! (1Cor 16,22; Ap 22,20). A escatologia não engloba nem o alarme de uma catástrofe vindoura do mundo ("crepúsculo dos deuses") nem incentiva uma sensação de fim de mundo ("os últimos dias da humanidade").

*Escatologia é o evangelho da autorrevelação de Deus como realizador de sua criação.*

## II. A ESCATOLOGIA DA AUTORREVELAÇÃO DE DEUS NO TESTEMUNHO BÍBLICO

### 1 *Escatologia vindoura no Antigo Testamento*

Na revelação veterotestamentária, aspectos escatológicos começam a aparecer somente pouco a pouco. Mesmo assim eles não são em sua totalidade um conglomerado solto de compreensões e ideias heterogêneas. Eles têm seu centro de gravitação na autorrevelação de Deus como salvação para seu povo na história.

Este desenvolvimento foi determinado tanto pelo crescente conhecimento das consequências que advêm da compreensão do Deus que se revela, bem como através da reflexão sobre certas experiências históricas básicas.

Assim, aos poucos vai-se formando uma escatologia individual com a esperança na ressurreição dos mortos, uma escatologia comunitária que aprendeu a ver o povo da aliança como sinal indestrutível e instrumento da ação salvadora de Deus, e finalmente uma escatologia universal com a esperança em uma nova criação do céu e da terra.

### a) Javé, o Deus da salvação

Javé é experienciado como origem e garantia da salvação que pode ser reconhecida nos dons da saúde, da vida longa, da comunidade com família e clã. Inicialmente não há praticamente nenhuma reflexão sobre o além ou uma salvação após a morte. Abraão experimenta a bênção de Deus na promessa da terra e em seu chamado a ser pai de um grande povo (Gn 12). Na salvação de Israel da escravidão do Egito se confirma a experiência básica da presença salvadora de Javé na ação histórica. Ele garante o futuro como espaço de promessa salvífica. Seu "nome para sempre" é: "Eu Sou Aquele que Sou" (Ex 3,14) em generosidade, misericórdia e fidelidade (Ex 34,6). Ele mesmo mora no meio do povo como realização e promessa (Nm 23,21). Mesmo com a falha e a injustiça de Israel para com o seu compromisso de aliança, Deus se oferece como promessa de salvação messiânica, como resgate de sua vontade salvífica na ação histórica (2Sm 7,12-16).

### b) A transposição da esperança em Javé na teologia profética

Antes da grande divisão da história de Israel, da destruição do Reino do Norte (722 a.C.) e do exílio babilônico de Judá (587 a.C.), não se pode perceber ainda nenhum pensamento escatológico no sentido de um futuro como fim definitivo da história. Ela é vista como um horizonte ilimitado, no qual os acontecimentos vão continuamente se desenrolando. Neste horizonte, Deus age como *senhor da história*, que está presente nos acontecimentos de salvação e bênção, de resgate e vitória ou de juízo e castigo.

A compreensão da relação do povo para com Deus muda na esteira das grandes catástrofes. A desgraça é entendida como expressão do julgamento e do castigo pelo desvio de Israel do Deus da salvação e da bênção.

Já duas décadas antes da derrocada do Reino do Norte, o Profeta *Amós* fala pela primeira vez no "dia de Javé" e alerta para o juízo terrível sobre a alienação do culto e a veneração dos deuses estrangeiros, a leviandade e a decadência do reino, bem como sobre a exploração dos pobres e finalmente sobre a falsa confiança em alianças com povos pagãos. O dia do juízo irá revelar a negação de Deus a Israel, que permaneceu em sua negação a Javé, seu Deus. A palavra de ameaça não é um indício de uma dubiedade do ser divino, mas deve suscitar a conversão do povo. O santo resto de Israel (Am 9,12; Is 4,3), que passará pelo juízo, tornar-se-á portador da promessa salvífica do fim dos tempos. O juízo é uma forma pela qual Deus faz acontecer a salvação e abre caminho para um novo tempo de salvação, que não terá fim (cf. Jr 3,21s.; 4,1s.; 31,2-5.18-22; Ez 39,21; Is 40,1-9; 54,7-10). Este horizonte radicalmente novo da esperança de Javé só pode ser expresso com a categoria de *nova criação*. Como a criação foi um início absoluto (Gn 1,1), assim a ação salvífica definitiva de Deus em meio à história constitui um "novo céu e uma nova terra" (Is 65,17; Ez 36). Será o tempo de uma nova e eterna aliança (Jr 31,31-34; Os 11,8; Ez 37,26), no qual a unidade de Javé com o povo da aliança será de tal intimidade, que ela é descrita inclusive com a imagem do amor entre o esposo e a esposa (Os 2,18-25; Is 62,4). Nesta nova aliança, Jerusalém(Is 52,1) será o centro das nações, que para Sião peregrinarão (Is 2,2-4; Mq 4,1-5), para lá experimentarem a paz e a salvação de Javé (Is 60,2; Zc 2,14s.). Será o tempo de um novo paraíso (Is 11,6-9). Deus mesmo virá como rei e conduzirá o cetro da justiça em seu reino (Jr 23,5s.; Is 32,1).

O Reino de Deus do fim dos tempos será erguido pelo "Filho de Davi", o Ungido (Messias) do Senhor, que sairá como poderoso da cidade real de Belém (Mq 5,1-5) para governar como pastor e príncipe de seu povo (Ez 34,23s.; 37,24s.). Ele anunciará a salvação e a libertação, que Javé mesmo irá realizar (Is 61,1-3). Permanece aqui ainda aberto se o reino messiânico de Deus significa a situação final da história do mundo ou se se fala aqui da projeção de uma realização final transcendente da criação.

### c) A dramatização da esperança em Javé na apocalíptica

Entre a insignificância política de Israel e a sua ameaça, de fato, por um lado, e as promessas proféticas, por outro, há uma divergência praticamente insuperável. Ao Reino de Deus prometido contrapunha-se o poder de grupos inimigos. A luta entre a vontade salvífica de Deus e os poderes contra Deus só poderia ser expressa com categorias da história universal e cósmica. O drama que se mostrava na história foi interpretado como uma luta de contraentes fiéis e infiéis, de amor e ódio, ou como uma luta das forças invisíveis que influenciam as decisões antimessiânicas do ser humano, como o demônio ou mais tarde o "anticristo" e outros. Os textos, escritos e retrabalhados que surgem da reflexão desta tensão e que são marcados por uma "escatologização" dos temas teológicos, bem como na sua forma de apresentação se servem de um enorme imaginário, são classificados normalmente com o conceito amplo de "literatura apocalíptica".

Nos textos do Antigo Testamento influenciados pela apocalíptica (Ez 38; Jl 4,9-17; Zc 13; Dn 2; apocalipse de Is 24-27), mas também nos livros não canônicos (cf. aeth Hen, o Livro dos Jubileus, os Livros de Esdras, o Testamento dos 12 Patriarcas, a Assunção de Moisés, o Apocalipse Sírio de Baruc) a esperança em Javé toma contornos de história universal, de fim dos tempos e cósmicos. Pela apocalíptica, a escatologia muda de direção para um fim da história e sua suspensão num objetivo transcendente. O futuro não mais está escondido do fiel, pois ele sabe dos planos salvíficos de Deus que conduzem invariavelmente a história a um objetivo final. Na apocalíptica canônica e não canônica, na qual também se contam textos da comunidade de Qumran, encontram-se imagens, série de motivos e formas de expressão, que também serão utilizadas como demonstrações na escatologia neotestamentária. Sob o impacto da guerra judaica (66-70 d.C.; cf. Mc 13) e mais tarde sobretudo na situação de perseguição da comunidade cristã primitiva na Ásia Menor (cf. Ap), utilizaram-se fortemente imagens e motivos apocalípticos para a demonstração de uma escatologia concebida cristãmente. Como detalhes, podemos apontar para:

a) A representação de uma *luta final* entre Deus e os poderes antidivinos (satã, demônios, antimessias) ou a ideia da contraposição entre o antigo e o novo tempo, ao final do qual acontecerá uma catástrofe cósmica com a aniquilação do mal.

b) A *espera impaciente* da vitória final de Deus (espera iminente); a esperança na aceleração do correr da história por Deus, que irá logo invocar o juízo final; nisto também está incluído o problema neotestamentário da protelação da parusia.

c) A espera de um *juízo final* sobre o povo e individualmente sobre cada pessoa com recompensa ou pena pelos atos bons e maus, bem como o estabelecimento do novo paraíso.

d) A ideia de um *tempo intermediário* no fim do antigo e antes da irrupção do novo tempo. Neste tempo intermediário Javé não irá reinar ainda direta e imediatamente, mas será representado pelo Messias (Filho do Homem).

e) A esperança segundo a qual será introduzido no reinado (*basileia*) de Deus, todos os bens salvíficos imagináveis, a liberdade e unidade nacional, bem como a existência sem dor ou necessidades.

### d) A esperança numa existência pós-morte

*Javé e os mortos*

O destino individual do ser humano é alvo, sim, de atenção no Antigo Testamento. Não se pode, no entanto, olhar os textos a partir de uma compreensão antropocêntrica individualizada de nosso tempo. O indivíduo é entendido primeiramente como membro do povo escolhido de Deus. E, como todo ser vivente, ele é mortal. A morte o levará ao xeol, a terra sem retorno (Jó 7,9; 38,17), na existência sombria do reino dos mortos (Is 14,10). O poder de Javé não termina nos limites das profundezas (Sl 139,8), mas ele não mais age lá sobre o ser humano (Sl 88,6). O louvor a Deus cala-se no xeol (Sl 6,6; 88,11s.). Ele é o lugar sem qualquer ligação com Deus (mais tarde ainda em Ecl 3,20). Deus domina sobre os vivos e Ele é o seu Deus. Mesmo assim o orante pede a Javé por salvação na situação de morte e expressa sua esperança de que a separação permanente dele no reino dos mortos não venha a ser a última palavra. Por vezes se fala na esperança de ser salvo do xeol (Sl 49; 73) e ser acolhido na glória da luz divina, como no caso de Henoc, cujo desaparecimento é narrado em Gn 5,21-24, ou como o Profeta Elias que "subiu ao céu" (2Rs 2,11s.).

### A ressurreição do corpo

A esperança em uma existência pós-morte que brota lentamente no período pós-exílico, está enraizada na própria fé em Javé e não se trata de algo acrescentado heterogeneamente. Mas somente na apocalíptica (por volta de 250 a.C.) é que a ideia de uma ressurreição do corpo aparece explicitamente. Mas a ela não se acrescenta nem a compreensão da imortalidade da alma, nem de uma salvação complementar do corpo. Mais do que isto, trata-se de afirmações num horizonte de compreensão, por um lado, de uma antropologia da totalidade, e, por outro, da fé no poder criador e redentor de Deus. Se Javé salva o ser humano após a sua morte, Ele o salva como ser vivente, de existência constituída de pó e de hálito divino (Gn 2,7).

O apocalipse de Isaías (Is 25,8) sabe que Javé fez desaparecer a morte para sempre, que "os mortos vivem" e "os cadáveres ressurgirão" (Is 26,19). O único testemunho claro da fé na ressurreição temos em Dn 12,1-3:

> "[...] e haverá um tempo de angústia, como nunca houve até agora, desde que existem nações. Mas neste tempo teu povo será salvo, todos os que se acharem registrados no livro. Muitos dos que dormem na terra poeirenta despertarão; uns para a vida eterna, outros para a vergonha, para ignomínia eterna [...]".

Da mesma forma, um dos sete irmãos macabeus pode dizer antes de seu martírio: "Conservando em Deus a esperança de ser um dia ressuscitado por Ele" (2Mc 7,14). Baseados na confissão de fé em um Deus criador, que em poder ilimitado cria o mundo do nada (2Mc 7,28), Israel chega à convicção de fé num "juízo do Deus todo-poderoso" e numa "garantia divina de vida eterna" para aqueles que pela vontade de seu nome sofreram a morte.

### A ressurreição de Israel

Como compreensão básica permanece, porém, uma ligação da salvação individual com a salvação do povo. Em sua visão, o Profeta Ezequiel vê os ossos dos mortos de Israel ressuscitar. Deus tira o seu povo das sepulturas e o leva de volta à terra de Israel, para que reconheçam que Ele é o senhor (Ez 37,11-14). A interpretação deste texto é controversa. Discute-se se originalmente há aqui uma referência metafórica a uma recomposição de Israel depois da vergonha do exílio ou se de fato se está fazendo referência à ressurreição corporal dos mortos.

### A incorruptibilidade e imortalidade do ser humano

Sob a influência da antropologia helenística (com sua compreensão dualista do ser humano como uma composição de alma e corpo em duas naturezas distintas) no Livro da Sabedoria (ca. de 50 a.C.) se pode falar em eternidade do ser humano, que é no entanto fundamentada a partir de uma teologia da criação: "Ora, Deus criou o ser humano incorruptível e o tornou imagem de sua própria natureza" (Sb 2,23). Apesar de aqui se acolher o conceito de alma, não se trata, porém, de pensar, como em Platão, em uma imortalidade da alma como elemento de substância divina. Ao invés disto, trata-se aqui do ser humano como criatura de Deus, que volta sua esperança para a imortalidade (Sb 3,4), pois sua alma nasceu da mão de Deus. O reconhecimento de Deus e a justiça da aliança são as "raízes da imortalidade" (Sb 15,3) e a base para a "incorruptibilidade" (Sb 6,18).

Até no tempo de Jesus não havia ainda se formado nenhuma compreensão unificada no judaísmo a respeito da questão da ressurreição dos mortos. Os saduceus, ao contrário dos fariseus, a rejeitavam (cf. Mt 22,23; At 23,8).

### O lugar de permanência dos mortos

Quanto mais claro se reconhece que a transformação de vida dos mortos em piedade e justiça tem por base a sua feliz proximidade com Deus, tanto mais premente se torna a necessidade de uma diferenciação na imagem do mundo dos mortos no xeol (do hades). Assim o lugar superior do hades vai se chamar céu, paraíso, Nova Jerusalém ou Monte Sião, enquanto o lugar dos malfeitores, o lugar mais baixo no reino dos mortos aparece como inferno, geena, vale dos desgraçados, mar de fogo, profundezas ou lugar gelado e sombrio.

As duas partes do mundo inferior poderão se tornar também elemento de ligação de uma série de imaginários do xeol que irão se subdividir. O céu, onde Deus reina sobre os anjos, aparece então como um lugar já preparado para os bem-aventurados; o inferno, no entanto, como um lugar da desgraça. As almas dos mortos irão aguardar nestes lugares (*receptacula animarum*) até o juízo final e a ressurreição geral dos mortos.

A isto se liga a ideia de uma situação intermediária dos finados depois de sua morte. Nela eles ficam em proximidade ou distância pessoal de Deus e esperam no fim dos tempos a total recomposição da criação, bem como a realização de sua existência corporal.

*Situação intermediária, purificação, intercessão, oração*

A partir da ideia de uma situação intermediária entre o juízo individual e o juízo final, surge a possibilidade da intercessão pelos mortos, para aliviar sua sorte no além, se eles ainda estiverem presos a determinados pecados e necessidades. Judas Macabeu faz oferendas de expiação pelos mortos de Israel, com os quais foram encontradas imagens de ídolos:

> "Pois, se não esperasse que os soldados caídos haviam de ressuscitar, teria sido supérfluo e insensato orar pelos mortos. Considerando ele, porém, que belíssima recompensa está reservada aos que morrem piedosamente, seu pensamento foi santo e piedoso. Eis por que mandou oferecer aquele sacrifício pelos mortos, para que ficassem livres do seu pecado" (2Mc 12,44s.).

### 2 O anúncio do Reino de Deus em Jesus como centro da escatologia neotestamentária

#### a) A proclamação do Reino de Deus como centro da nova proposta

As compreensões escatológicas e apocalípticas divergentes dos judeus contemporâneos de Jesus são por Ele resumidas, corrigidas e centradas. O centro da mensagem de Jesus é a proclamação da vinda próxima do Reino de Deus na completude do tempo (Mc 1,15). O ensinamento e a ação de Jesus pelo poder divino (Mc 1,19; 2,10) o apontam como o mediador escatológico do poder salvífico de Deus. Ele suscita os sinais da presença escatológica do Reino de Deus:

> "Os cegos veem, os coxos andam, os leprosos ficam limpos, os surdos ouvem, os mortos ressuscitam, os pobres são evangelizados" (Lc 7,22; cf. Is 35,5; 42,7; 61,1).

Jesus não definiu o sentido exato da expressão *Reino de Deus*. Mas Ele o diferencia de uma construção empírico-histórica do poder e reino humano e o define como um reino não pertencente a este mundo (Jo 18,36), que não virá de forma ostensiva (Lc 17,20). Antes disso, o Reino de Deus é muito mais confluência dinâmica da salvação na palavra e ação de Deus que se mostra no anúncio de Jesus, que envolve o ser humano no meio de sua existência pessoal para fazê-lo também experimentar Deus na dimensão corporal e social de sua existência humana. Assim se pode falar concomitantemente da presença (Mc 1,15) e da vinda (Mt 6,9; Lc 11,2) do Reino de Deus, que Jesus ensina os discípulos a pedir. O Reino de Deus está agora presente no meio do mundo, em ação e experienciável na fé. Mas ele permanece escondido aos incrédulos e será relevado como reino universal de Deus somente na realização transcendental após a morte e o fim geral da história no juízo final (cf. Mt 25,34; 26,29; 1Cor 15,28 e semelhantes). Como o Reino de Deus não é algo empiricamente palpável, ele também não pode ser descrito primariamente com categorias de espaço e tempo. O que é decisivo é a relação dinâmica da vontade salvífica de Deus com a obediência de fé do ser humano. Por isso, na escatologia, todas as declarações objetiváveis que digam respeito a uma relação espaçotemporal de uma ligação pessoal de Deus para com o ser humano precisam ser interpretadas, e não o contrário.

Declarações sobre o quando da realização transcendental do Reino de Deus não pertencem ao mandato revelatório de Cristo:

> "Quanto a este dia e a essa hora, ninguém sabe, nem os anjos do céu, nem o filho, mas somente o Pai" (Mc 13,32).

O Reino de Deus acontece, no entanto, de forma definitiva no mundo, quando Jesus se submete totalmente à vontade de seu divino Pai. Assim a obediência ao seu envio até a cruz para a realização do Reino de Deus no fim da história acontecerá na existência de seu mediador humano (Mc 14,36).

No envio do Filho, o Reino de Deus chega definitivamente na história:

> "Mas, se é pelo dedo de Deus que expulso os demônios, então o Reino de Deus chegou até vós" (Lc 11,20; cf. Mt 12,28).

A basileia irromperá definitivamente através da obediência do homem Jesus, que está à frente da nova humanidade como representante do Reino de Deus e da resposta da fé. Neste sentido Ele foi revelado através do ato da ressurreição pelo Pai no Espírito Santo como Filho de Deus (Rm 1,3; Gl 1,16).

Como representante da humanidade Ele é ao mesmo tempo o homem escatológico, o "primeiro dos ressurgidos" e o "espírito vivificador" (1Cor 15,20.45ss.). Ele é, por força de seu anúncio, sua morte de cruz e ressurreição, o "único mediador entre Deus e o ser humano (1Tm 2,5), o mediador representante do reinado de Deus como filho do poder divino no mundo. O Filho, que aprendeu a obediência pelo sofrimento, chegou à realização e tornou-se para todos que o obedecem (na fé) "causa de salvação eterna" (Hb 5,9) e "sumo sacerdote e mediador na nova aliança" (Hb 8,6; 9,15).

Em Jesus se realiza o Reino de Deus no mundo, porque Ele foi enviado e se revelou no fim dos tempos e na plenitude dos tempos como o filho de Deus (Hb 1,1-3). Ele foi acolhido no Reino de Deus em seu destino como humano até a cruz como "autor e consumador da fé" (Hb 12,2).

No cristianismo primitivo, a escatologia é entendida como um aspecto do evento Cristo. Ela engloba a realização transcendental na relação divina com o humano em Cristo e com isto a esperança na parusia. Só então o poder de Deus e Cristo (1Cor 15,28) será revelado a todo ser humano. Até a volta definitiva de Cristo, a realização será apreendida na fé e no amor. Isto não leva à resignação ou à fuga do mundo, mas sim libera nos fiéis uma dinâmica de ação para o amor ao próximo e a mudança do mundo, bem como para o anúncio universal da mensagem de salvação. A tensão entre o reinado de Deus já presente de maneira real em Cristo e sua revelação plena na parusia é apresentada no cristianismo primitivo em forma de pensamento espaçotemporal. Como o componente temporal não é essencial na escatologia do cristianismo primitivo, a protelação da parusia (em sentido temporal) não foi motivo para uma crise de fé mais profunda. A propósito, a ligação entre a presença cristológica e pneumatológica da salvação, por um lado, e por outro a esperança da realização transcendente no futuro absoluto em Deus, caiu mais tarde em parte no esquecimento, de modo que a escatologia – embora sendo ela uma característica essencial própria da revelação de Cristo – foi por muito tempo tratada na dogmática de forma separada e posta no final como o "tratado sobre as últimas coisas".

### b) A escatologia nos sinóticos

Na *fonte Q*, a pregação penitencial do Batista se encontra no início (Lc 3,7-9). Ela termina com uma palavra sobre o julgamento final das doze tribos (Lc 22,28-30; 17,22-37).

Jesus é identificado como o Filho do Homem (Dn 7,13; Lc 7,34 par.) e entendido como revelador escatológico do Pai e o portador espiritual do reinado de Deus (Lc 10,21s.). A relação para com Ele em fé ou descrença define o destino do ser humano, especialmente do povo de Israel (Lc 14,15-24; Mt 22,1-14). Ele é esperado como o juiz do mundo, que no fim do mundo virá *repentinamente* sobre as nuvens do céu (quer dizer, vindo de Deus).

Pela rejeição por parte do povo, Jesus precisa tomar sobre si o caminho do filho do homem sofredor (Mc 8,38). Tendo passado pela Paixão, o Senhor ressuscitado mostra-se também como juiz. Seu verdadeiro sentido será mostrado a todos os homens somente na parusia. Será salvo quem seguir Cristo em seu sofrimento e cruz e o reconhecer na fé como o Filho do Homem.

*Mateus* reconhece em Jesus a realização das promessas escatológicas do Reino de Deus. O Senhor Ressuscitado permanece presente em sua comunidade e atuante até o fim do mundo (Mt 28,19). A Ele foi dado todo o domínio e o poder de Deus sobre o mundo. O discipulado é o verdadeiro Israel e a comunidade salvífica escatológica, que é chamada ao anúncio universal do Evangelho, ao serviço da salvação pelo perdão dos pecados e ao seguimento. Na volta do Filho do Homem no juízo final, os discípulos também se deixarão medir pela medida do amor, especialmente do amor ao próximo (cf. Mt 25,31-46).

*Lucas* acentua o "hoje" da salvação. Depois da morte e ressurreição de Jesus se inicia o "tempo da Igreja". Na presença do Espírito Santo, que o Cristo elevado enviará do Pai à Igreja e ao mundo, o Reino de Deus e o Evangelho de Cristo podem ser levados até os confins da terra (At 28,31). Informações sobre o quando ou sobre imaginários da forma terrena como, por exemplo, a instalação de uma teocracia em Israel são rechaçadas (At 1,6s.). A história da Igreja se realiza no âmbito da história do mundo. O papel da Igreja na história da humanidade é determinado pelo desígnio divino em realizar a sua vontade de salvação na história e no mundo. Lucas tem um interesse especial na salvação individual do ser humano, que já pode se realizar completamente na morte ou depois da morte (Lc 12,16-21; 16,19-31; 23,43). Mesmo assim, a parusia e a realização final permanecem como horizonte de todas as afirmações escatológicas particulares.

### c) Afirmações escatológicas nas cartas paulinas

Paulo vê na cruz e na ressurreição de Jesus o ponto de mudança da história. Pelo envio do filho de Deus e seu nascimento como humano irrompeu a *plenitude dos tempos* (Gl 4,4-6). Jesus é a realização de todas as promessas de Deus (2Cor 1,20; Gl 3,16). A lei, o pecado e a morte como poder do antigo *eon*, foram superadas. O Cristo de Deus, que dá vida aos mortos (Rm 4,17), foi posto como a última forma do novo humano, o último Adão (1Cor 15,20ss.; 15,45ss.; Rm 5,12-21). Deus colocou a maldição do pecado sobre Jesus e nele realizou de maneira vicária o juízo (2Cor 5,21; Gl 3,13), para tornar conhecido o distanciamento de Deus e a falta de salvação de todo o ser humano. A revelação do juízo sobre o pecado na morte vicária de Cristo é ao mesmo tempo também começo de um novo tempo salvífico na ressurreição de Cristo e de todos aqueles que a Ele pertencem na fé. Quem vive em Cristo, tornou-se uma nova criatura (2Cor 5,17; Gl 6,15). Justificado, reconciliado e santificado vive o cristão no Espírito Santo e pode superar o poder sedutor da antiga existência (da carne) (Gl 5,16-24; Rm 8,12-14). Ele vive no espírito da liberdade e na esperança da revelação definitiva da filiação divina "com a salvação de nosso corpo" (Rm 8,18-23). A história chega "ao fim", quando "o Filho" tiver destruído todo poder, violência e força e "tiver entregue seu poder a Deus, o Pai [...], para que Deus domine sobre tudo e em tudo" (1Cor 15,24-28).

Todas as questões em torno da morte, do juízo e do fim do mundo são respondidas por Paulo à luz da cristologia. O tempo exíguo e a caducidade desta vida não levam a uma desvalorização da existência terrena do seu humano. Elas apenas aumentam a expectativa da parusia de Cristo (1Ts 5,11; Rm 13,11-14). No viver e no morrer, o que é decisivo é pertencer ao Cristo (Rm 14,7). O fiel em sua morte está com ou em Cristo (2Cor 5,1-10; Fl 1,21-23; 1Ts 4,17).

Apontando para a parusia de Cristo e a presença do Senhor elevado é que Paulo pode consolar a comunidade sobre a morte individual de seus membros (1Ts 4,13-18). "Cremos também que Deus levará com Jesus os que nele morrerem" (1Ts 4,14). Na parusia, "os que morreram em Cristo ressuscitarão primeiro" (1Ts 4,16).

Em 1Cor 15, o grande capítulo sobre a ressurreição, Paulo esclarece a relação entre o corpo terreno dos falecidos com a realização do ser humano na ressurreição do corpo. "Semeado corpo animal, ressuscita corpo espiritual" (15,44). O corpo corruptível é ao mesmo tempo semente, que através do "espírito vivificador" de Cristo tornar-se-á no "Reino de Deus" corpo espiritual, glorificado, perene e imortal dos salvos (1Cor 15,35-53). Graças à justificação pela cruz e ressurreição de Jesus, os fiéis irão se livrar "do castigo divino que vem" (1Ts 1,10). No "dia da ira julgadora de Deus" o juízo "será revelado pelo fogo qual foi a obra de cada um" (1Cor 3,13).

No juízo sobre as obras e ações, a vida eterna será revelada ou como recompensa pelo bem (Rm 2,7), ou a santidade divina se fará reconhecer no juízo como ira sobre o mal (Rm 2,8). Pois "todos teremos que comparecer diante do tribunal de Cristo. Aí cada um receberá segundo o que houver praticado pelo corpo, bem ou mal" (2Cor 5,10).

### d) A escatologia nas deuteropaulinas (universalidade e protelação da parusia)

Na *Epístola aos Colossenses* e na *Epístola aos Efésios* aparecem visivelmente categorias espaciais e cósmicas. A salvação já está preparada no céu. Em sentimento e forma de vida, o cristão já se movimenta como no céu (Cl 3,3). Ele já foi sepultado e ressuscitado com Cristo (Cl 2,12). No entanto, espera o Cristo vindo do céu como salvador, para que tudo seja revelado "em glória" (Cl 3,4) e receba a forma definitiva.

Através da Igreja se deve dar a conhecer a todos os homens (Ef 3,10s.) como o mistério do plano salvífico de Deus (Ef 1,9) foi conduzido pelo Cristo em sua amplidão que abarca toda a criação e toda a história. Na Igreja habita toda a plenitude do Cristo (Ef 1,23; Cl 2,10). Ele é a cabeça, que molda a Igreja como seu corpo. Nele crescem os fiéis, por Ele quer se doar ao mundo e englobar todos os homens como membros em seu corpo e assim levá-los à realização (Ef 3,1-13; 4,13).

O mundo também é, a propósito, o lugar da luta contra as forças antidivinas. Municiado com as armas de Deus, o cristão pode em justiça e fé resistir na luta espiritual contra os espíritos do mal e os príncipes e potestades das trevas (Ef 6,10-20).

Em reação à protelação da parusia, as aflições atuais são interpretadas como pré-sinais do juízo vindouro sobre os infiéis e os contraentes do Evangelho de Cristo (2Ts 1,4-10).

Em 2Ts 2,1-12 o apóstolo se vê obrigado a discutir com falsas doutrinas. O "Dia do Senhor" já está presente: já se pode reconhecer os sinais do fim dos tempos, mas primeiro haverá uma grande apostasia da fé. Virá o adversário que tentará dominar sobre tudo o que é divino ou sagrado e procurará expulsar Deus do templo (2Ts 2,4). Por sua mentira, ele irá seduzir muitos a abandonar o Cristo; que no entanto o destruirá quando de seu aparecimento na parusia. Mais importante do que pensar em datas do fim dos tempos, é neste contexto chamar os fiéis a estarem vigilantes na fé e a prestarem atenção para os sinais dos tempos.

Nas *cartas pastorais*, a protelação da parusia não é vista como um problema. A comunidade espera pela realização futura na "aparição de Cristo" (1Tm 6,16; 2Tm 4,1.8; Tt 2,13). A vida eterna está prometida pelo Deus verdadeiro desde os tempos eternos, e é agora motivo de esperança e expectativa na fé e na verdadeira adoração divina (Tt 1,1s.).

### e) Outra literatura epistolar

O surgimento de doutrinas falsas é um sinal do começo do fim dos tempos e de que a Igreja iniciou o seu tempo de provação escatológica (Jd 3).

Os sofrimentos, infringidos por um contexto adverso aos cristãos, é experimentado pela comunidade como provação e purificação e já como início do juízo final. A esperança tem um alcance universal, dado que a comunidade se entende como foco da história salvífica, na qual Deus realiza sua eterna decisão de salvação (cf. tb. Tg 5,8s.).

Na *Epístola aos Hebreus* se vê na revelação do Filho (1,1-3) a autorrevelação de Deus na história da salvação em sua fase escatológica. A comunidade dos fiéis, a Igreja, é o povo de Deus peregrino, que na força da salvação dada em Cristo está a caminho de seu objetivo final (10,34; 13,14). Ela caminha para a obra de salvação já realizada no céu (como espaço) na realização que ainda está à sua frente (no tempo). Frente à resignação da fé e ao esmorecimento na prática litúrgica (6,1-8; 10,25), vale é olhar para o Cristo, o autor e realizador da fé (12,2). Pensar nele previne o cansaço e a resignação para resistir na luta (12,1.3): "Realmente, precisais de perseverança, para fazerdes a vontade de Deus e alcançardes os bens prometidos" (10,36).

O escrito mais recente do Novo Testamento conhece a protelação da parusia como motivo para dúvida de fé. Os zombadores perguntam: "O que houve com a promessa de sua vinda? Pois, desde que os pais morreram, tudo permanece como no princípio da criação" (2Pd 3,4). O escritor responde indicando a fidelidade de Deus e uma outra relação de Deus para com o tempo, para quem "mil anos são como um dia" e vice-versa (2Pd 3,8; Sl 90,4). Deus não hesita com o cumprimento de suas promessas. Ele mostra, porém, paciência, para que todos se convertam. O dia do Senhor virá de maneira totalmente surpreendente. Por isso, todos devem viver de maneira santa e piedosa, para aguardar o "dia do Senhor" e inclusive assim "acelerar" a sua chegada. Depois do mundo ter passado, Deus irá realizar sua promessa e criar um "novo céu e uma nova terra" (Is 65,17; 66,22; Ap 21,1; 2Pd 3,13) onde irá habitar toda a justiça de Deus.

### f) A dimensão escatológica em João

Jesus é a palavra eterna, que estava com Deus e que é Deus (Jo 1,1) e que relevou a glória divina em sua encarnação. Em sua vida humana Jesus se revela como luz e vida, como verdade e como caminho para o pai. E ele precede a todos em sua morte e em sua glória na ressurreição, para preparar aos que creem uma morada "na casa de seu Pai" (Jo 14,1ss.).

Para João, a presença da salvação está em primeiro plano. A decisão escatológica acontece aqui e agora através da fé ou da incredulidade no coração do ser humano. O Pai e o Filho tomaram morada nos que creem e amam, e neles age o Espírito de Deus (Jo 14,23.26). Mas a revelação definitiva e a realização acontecem com a volta de Cristo. Ele então buscará a si os discípulos, para que lá eles estejam com o Pai, onde o Filho também está (Jo14,1-3; 16,16-33). Em João, esta dimensão futura da realização escatológica está numa certa tensão, mas não em contradição, com a escatologia presente à medida que ela não é reduzida a uma escatologia existencialista. Quem crê, "tem a vida eterna" (Jo 5,24). Mas ainda virá a hora, na qual também os mortos nas sepulturas irão ouvir a voz do Filho de Deus (Jo 5,25-28). Talvez a introdução da fala sobre a "ressurreição no último dia" (Jo 6,39) queira corrigir algum equívoco docetista ou gnóstico de Jo 5,24, segundo o qual todos os que veem o Filho e nele creem já têm a vida eterna, e que "quem escuta a minha palavra e crê" já tenha saído da morte e passado à vida (Jo 5,24). A 1ª e a 2ª epístolas de São João são perpassadas pela luta contra os docetas negadores da verdadeira humanidade de Jesus (1Jo 4,2). Esta negação é um sinal do fim dos tempos (1Jo 2,18), no qual irá aparecer o anticristo com a sua falsa doutrina (1Jo 2,18.23; 4,3; 2Jo 7; cf. 2Ts 2,2-4; Ap 13). Importante é a ideia da "permanência" na comunhão com o Pai e o Filho e na comunidade dos irmãos. A profissão de fé cristológica e o efetivo amor ao próximo distinguem os verdadeiros dos falsos cristãos na Igreja. A realização consiste na similitude com Deus, quando o veremos, como Ele é (1Jo 3,2). A visão de Deus face a face (1Cor 13,12) e a participação na comunhão de amor do Pai, do Filho e do Espírito são as afirmações centrais da doutrina cristã da realização.

### g) O Apocalipse de João

No único escrito apocalíptico do Novo Testamento não se trata de previsões sobre acontecimentos cósmicos, mas sim de uma interpretação dos acontecimentos históricos e do relacionamento de Deus em Cristo. As imagens apocalípticas servem como visualizações do drama da salvação na alma de cada ser humano e no grande embate da história.

Deus é o senhor da história. Em Cristo se realizou a vitória sobre os poderes antidivinos (Ap 1,5.13-20). Na liturgia da Jerusalém celeste já se celebra a vitória do fim dos tempos. Na consciência de sua união com a Igreja triunfante é que a Igreja terrestre peregrina e sob o sofrimento da perseguição encontra consolo e esperança. No ápice do drama salvífico (Ap 12) aparecem mais uma vez os últimos contraentes de Deus, o dragão, o animal, o falso profeta e a grande prostituta da Babilônia, e arrebatam muitas pessoas consigo pelo brilho ofuscante do sucesso do poder terreno e da riqueza mundana. Depois do vidente ter visto a derrocada da Babilônia e a instalação de um novo céu e de uma nova terra, na qual a morte está aniquilada para sempre, ele vê o tempo de um domínio milenar do Messias (Ap 20,1-6). Não se está pensando em uma história cronológica que se possa exprimir em cifras. É o senhorio de Cristo e seu Espírito sobre seus discípulos, que o confessam como Senhor em meio à opressão, à perseguição e ao martírio. Este senhorio de Cristo está presente como poder criador insuperável em meio ao ataque do inimigo, naqueles que seguem o cordeiro onde quer que ele vá (Ap 14,5). É a presença escondida do Reino de Deus na Igreja, que junto com seu Espírito implora pela vinda de seu noivo Jesus Cristo (Ap 22,17) até sua realização na festa de núpcias do cordeiro, para a qual a Igreja se prepara como noiva (Ap 19,7.9).

## III. ASPECTOS DA HISTÓRIA TEOLÓGICA

### 1 A questão na Patrística

#### a) Escatologia e teologia da história

Pertence às afirmações de fé consolidadas da escatologia a fé na volta de Cristo, juiz dos vivos e dos mortos, na ressurreição geral da morte de todas as pessoas no fim dos tempos, no juízo individual depois da morte e no juízo geral no fim dos tempos, bem como na realização da criação em Deus unitrino, na comunhão com Deus e na vida eterna.

Mesmo que no geral o pensamento escatológico seja cristologicamente concentrado, aconteceram, no entanto, mudanças de perspectivas. Assim, a compreensão dinâmica de tempo e história, que prevalecia no pensamento semita, foi muitas vezes substituída mais por uma contraposição estática de tempo e eternidade, aqui e além.

Passada a expectativa da parusia imediatamente próxima, a história entre o envio do Espírito pelo Senhor elevado aos céus e a volta de Cristo no fim dos tempos tornou-se um tema da história teológica cristã. Partindo do evento Cristo como a virada eônica, quer dizer, como o centro e a plenitude da história, surgiram as periodizações, demarcadas por acontecimentos teológicos fundantes como a criação, o perdão, o pecado de Adão, a dádiva da lei, a plenificação da graça em Cristo e a realização final (seguindo o esquema: *ante legem, sub lege, sub gratia*).

*Eusébio de Cesareia* (265-339) resume em sua obra *Preparatio evangelica* todos os sinais de conhecimento de Deus e da moralidade na história pré-cristã que apontam para Cristo. Assim ele reconhece na filosofia pagã e em suas grandes figuras uma preparação desejada por Deus para o Cristo, comparável com o Antigo Testamento como preparação dos judeus para Cristo.

Em seu grande escrito histórico-teológico *De civitate Dei*, *Agostinho* (354-430) vê na fé e na incredulidade, bem como na graça e no pecado, os dois motivos contrapostos, que em sua luta mútua impulsionam para frente o caminhar da história. Somente em Cristo serão superados o ateísmo, a imoralidade, e a cegueira do paganismo. Mas a controvérsia de base permanece e inclusive se recrudesce, mesmo havendo no final a vitória da *Civitas Dei* sobre a *Civitas terrena*.

#### b) A tensão entre a escatologia individual e a geral (a situação intermediária)

Até a Idade Média (p. ex., com Bernardo de Claraval) a escatologia universal permaneceu como ponto de vista condutor. Não era possível pensar a realização individual sem que este estivesse em união com a sua comunidade. Mesmo assim, começa a haver a questão pela situação dos falecidos na fé antes do fim geral da ressurreição geral (*status intermedius*). Tendo por base uma compreensão da morte como separação entre a alma e o corpo, dominava a ideia de que o ser humano, centrado em sua alma, compareceria imediatamente após a morte diante do trono do juízo divino. Ali o ser humano receberia a sentença sobre seu destino eterno, a recompensa pelo bem e o castigo pelo mal. Nesta situação intermediária a alma permaneceria no xeol. Mas ela já anteciparia a sua condição final de bem-aventurança no céu (os mártires especialmente já estão em comunhão com Cristo) ou de castigo eterno no inferno. No juízo geral na parusia de Cristo, a decisão do juízo individual seria então confirmada. Pela ressurreição do corpo o ser humano será plenamente recomposto, tomando parte da vida eterna e sendo acolhido na comunhão dos santos.

A problemática da situação intermediária está ligada com a acolhida e mudança cristã substancial da compreensão grega da imortalidade da alma. A ideia da imortalidade da alma fora inicialmente rejeitada, pois na filosofia grega a alma era entendida como algo de substância divina, o que não apenas estava em contradição com a compreensão cristã sobre sua condição de criatura, como também faria supérflua a ressurreição como ato do poder de Deus sobre a alma e o corpo. Os filósofos no areópago de Atenas zombaram sobre o anúncio de uma ressurreição dos mortos (At 17,32). O conceito de alma pode ser assumido na teologia somente depois de ter sido redefinido: alma como o *princípio criado de identidade* da existência criatural na história da vida terrena, no acontecimento da morte e na realização do ser humano no além. A indestrutibilidade da alma é entendia – cristãmente – como princípio portador da natureza humana criada, que forma a precondição para o recebimento do ato salvífico sobrenatural da autocomunicação de Deus na ressurreição de Jesus. O corpo como forma de expressão da alma será recomposto e plenificado, quando no final da história toda a criação será renovada, também em sua dimensão material, e se tornará o lugar da comunicação plena do espírito pessoal.

Esta forma de pensamento aparece claramente nos primeiros tratados sobre o tema: "Sobre a ressurreição dos mortos", de Atenágoras (cerca de 170/180). O motivo da ressurreição consiste na vontade de Deus, que criou o ser humano em sua semelhança e o destinou a uma "eterna continuidade" (res. 12). A ressurreição significa "transformação em algo melhor". A intenção primeira da ressurreição não é o juízo, mas a concretização da vontade salvífica de Deus pela realização da natureza humana (ebd. 14). Uma natureza espiritual e dotada de livre vontade, que é composta de corpo e alma, poderá continuar eternamente somente porque Deus a ressuscita dos mortos e lhe dá para sempre a sua vida, de tal forma que o ser humano continua existindo eternamente na visão de Deus e em sua alegria (ebd. 15; 25).

A graça tomou o ser humano para si através da alma racional, mas de tal forma que não somente a alma, mas o ser humano todo, em corpo e alma, foi predestinado pela graça à vida eterna.

> "Se, porém, há somente único destino final do todo, este destino final [...] não pode ser encontrado nem nesta vida, enquanto o ser humano ainda se encontra sobre a terra, nem quando a alma estiver separada do corpo, porque depois do desfazer-se e da total dispersão do corpo, mesmo com a continuidade da alma, o ser humano não estará presente como a propriedade de seu ser precisa ser, de modo que é absolutamente necessário que o destino final do ser humano mostre uma nova composição das duas partes integrantes de seu ser" (ebd. 25).

Depois de um certo desenvolvimento da teologia medieval ocidental, a compreensão tradicional do lugar de permanência da alma em sua condição intermediária foi definitivamente superada pela declaração do *Papa Bento XII*, na Constituição *Benedictus Deus* (DH 1000s.).

*As almas dos mortos que partiram na graça justificante tomarão parte logo e imediatamente na glória celeste, enquanto as almas daqueles, nos quais ainda persiste alguma pequena mácula, depois de um tempo de purgação e purificação, irão igualmente participar plenamente da visão divina. As almas daqueles que falecerem em pecado mortal irão responder pela danação por eles mesmos escolhida. No juízo final e na ressurreição geral dos mortos no fim dos tempos os seres humanos serão então recompostos em sua completa corporeidade.*

### c) Oração pelos mortos, comunhão dos santos, purificação (purgatório)

*A compreensão católica sobre o purgatório diz que, depois da morte, aqueles batizados que morreram em graça justificante, no caso de permanência ainda de alguma pena de pecado temporal ou algum pecado venial, terão impostos ainda um padecimento por um juízo da graça de Deus para que sejam capacitados pela purificação à total visão divina (satispassio). Nisto a Igreja pode, oficial ou privadamente, através de preces, obras de caridade (esmolas) e celebração de missas, apoiar o processo de finalização do padecimento dos penitentes da resistência restante com a purificação divina (Tertuliano, monog. 10,4; Agostinho, De cura pro mort. ger. 1,3; enchir. 110).*

A doutrina do purgatório surge de três experiências básicas biblicamente fundamentadas, ou seja, (1º) a união entre graça e penitência, (2º) a Igreja como comunidade de santidade e dos santos, bem como (3º) a distinção entre escatologia individual e geral (a partir do século XI).

(1º) O ser humano é responsável por seus atos no julgamento diante de Deus após a morte (2Cor 5,10). Ligada a isto está a compreensão de uma purificação após a morte (metáfora do fogo, cf. Dt 4,24; Is 66,15; Hb 12,29; Ap 1,14; Mt 5,26; 12,31 e 1Cor 3,15, como a passagem clássica sobre a doutrina do purgatório). Os Pais da Igreja falam em "fogo purificador" (*Orígenes*, or. 29,15 e outras; *Ambrósio* em Ps. 36,26; *Lactâncio*, inst. 7,21; *Agostinho*, enchir, 69 e outras; *Cesário de Arles*, serm. 104,2s.; *Gregório Magno*, dial. 4,39). Da união entre graça e conversão surge a pergunta sobre o que ocorrerá no juízo individual com aqueles falecidos que, no caso de pecado grave (após o batismo), estavam em processo eclesial de penitência, tendo recebido a total reconciliação com Deus, mas antes de sua morte não conseguiram cumprir a penitência (em si o momento da extinção e de "pagamento" no processo penitencial) que lhes foi imposta. É importante aqui a distinção entre *pecado mortal* (1Jo 5,16), que exclui do Reino de Deus (Gl 5,21; Mt 12,32) e *pecado venial*, que pode ser superado pelo pedido cotidiano de perdão e obras de caridade, bem como a distinção de *pecado* como falta grave, que só pode ser extinto pelo batismo ou pela reconciliação eclesial e as consequências, que permanecem mesmo na retomada da graça justificante e necessitam um esforço para sua superação. As expiações a serem feitas pelas consequências do pecado foram entendidas no Ocidente mais no sentido *vingativo/punidor* (em ligação com Mt 5,26; cf. *Tertuliano*, an. 58; *Cipriano*, ep. 55,20), no Oriente mais como *medicinal/curativo* (*Clemente de Alexandria*, protr. I, 8,3; *Orígenes*, hom. in Num. 25,6).

(2º) A *oração pelos falecidos* surge espontaneamente da ligação natural e da compreensão cristã de fé, de que a morte não suprime totalmente a ligação entre os membros do povo de Deus e da esperança numa recomposição escatológica da comunidade (cf. 2Mc 12,45; Rm 14,8; Fl 3,21; 2Cor 5,9; Jo 11,25). A oração espontânea liga-se com a oração intencional pelos penitentes. Deve ajudá-los a encurtar a pena e também vir em favor daqueles que morreram antes de terem completado o processo da penitência. Somente após o século XIII é perceptível a ideia de que se pode direcionar uma indulgência para os falecidos.

(3º) Na questão sobre o *status dos mortos* ("situação intermediária") a Igreja referiu-se à compreensão bíblico-judaica de um lugar de permanência no além (hades, paraíso, céu). Como santos, necessitados de purificação ou condenados, os mortos esperam pela realização do juízo final. Continuando esta ideia, o Papa Bento XII declara na Constituição *Benedictus Deus* (1336): Todo fiel e batizado, que morre em situação de graça justificante, irá no juízo individual tomar parte "imediatamente" da visão beatífica de Deus e entra para a comunhão dos santos. Quem falece em situação de pecado mortal, recebe já a condenação. Aqueles, porém, que morrem em graça justificante, mas ainda necessitados de purificação de pecados veniais ou penas de pecados temporais, alcançarão a visão de Deus somente "depois" de uma purificação. No fim todos ressuscitam corporalmente para o juízo geral (DH 1000-1002). Nos concílios de união de Lião (1274) e de Florença (1439) pela primeira vez se fala oficialmente sobre a existência de *penas de purificação ou purgação* (*poenae purgatoriae seu catharterii*; DH 856; 1066; 1304). A expressão *ignis purgatorius* ou *purgatorium* é menos utilizada, pois ganhara mais força uma compreensão espaçotemporal (DH 1820; 1867; 1626).

As igrejas ortodoxas do Oriente suspeitam aqui uma aproximação com a doutrina da apocatástase de Orígenes. Não faz parte do dogma o "sofrer" através de um fogo físico ou espiritual (cf. 1Cor 3,15: *quasi per ignem*). O "sofrer" significa a visão de Deus ainda não alcançada (*poena damni*) ou a ainda não alcançada realização interna do ser humano, porém já definitivamente salvo (*poena sensus*).

Os reformadores rejeitaram o purgatório como "*mera diaboli larva [...]*" (Lutero. Schm. Art. II,2) ou como "*exitiale Satanae [...] commentum, quod Christi crucem evacuat*" (J. Calvino, Inst. christ. rel. III,5). O motivo formal é a falta de testemunho na Escritura; o motivo objetivo é a compreensão de que a doutrina do purgatório se baseia na justificação pelas obras; a missa pelos falecidos é uma oferenda humana, que põe em questão a justificação *somente* pela graça e fé ou a quer alcançar através de obras por si ou por outros. Para o diálogo ecumênico atual é importante que o credo evangélico conhece o memento aos mortos na forma de agradecimento a Deus e de oração pelos falecidos (Apol. Conf. 24, 94s.).

O Concílio de Trento mantém-se firme na ideia disto que se chama purgatório; as almas que lá se encontram, que faleceram na graça justificante, mas "que ainda não estão totalmente puras" (DH 1743; 1753), podem ser ajudadas por preces, esmolas ou celebrações eucarísticas da oferenda de Cristo, que podem suscitar a reconciliação para os vivos e os mortos (DH 1820; 1866; 1487s.). São condenadas todas as ideias de purgatório ligadas a formas de superstições ou a abusos das indulgências (DH 1820). O Concílio Vaticano II reforça a consciência da unidade da Igreja em todos os seus membros, os que na terra caminham ao encontro do Senhor, os que depois da morte ainda necessitam de purificação ou os que já estão na visão gloriosa de Deus (LG 49s.).

## 2. O tratado da ressurreição na escolástica

Diferentemente de uma ocupação mais esporádica dos Pais da Igreja, na escolástica se forma uma escatologia sistemática. São discutidas detalhadamente as questões da ressurreição da alma e do corpo, da identidade do corpo ressuscitado, a ligação entre os santos no céu e os fiéis na terra santificados pela graça e as almas dos falecidos no purgatório, a questão da relação entre o juízo individual e o geral, a forma da glória (que segundo Tomás de Aquino está mais ligada à visão beatífica de Deus, enquanto Duns Escoto acentua mais a união amorosa com Deus), a questão da corporeidade dos condenados e sua pena, a diferença entre *poena damni*, quer dizer, a perda da comunhão sobrenatural com Deus e a *poena sensus*, quer dizer as consequências da condenação e sua manifestação no ser espiritual-corporal do ser humano.

Um resumo conciso da concepção tomasiana da escatologia se encontra na *Summa contra gentiles* IV, 79-97.

### a) A ressurreição futura

Pela cruz e ressurreição de Cristo o ser humano foi liberto do pecado de Adão e sua consequência, a morte eterna. A eficácia do sofrimento de Cristo é intermediada pelos sacramentos. No batismo e eventualmente na penitência ocorre o perdão dos pecados. O ser humano entra na relação sobrenatural com Deus e recebe através da graça sacramental, a base para a futura glória. Somente no fim do mundo o ser humano recebe a eficácia total da ressurreição, ou seja, pela superação da morte como castigo pelo pecado, quando Cristo ressuscita pelo seu poder todos os mortos.

Mesmo que a razão não possa obrigar ao pensamento da ressurreição, ela pode, no entanto, iluminá-lo quando se centra a argumentação no ser do humano e no sentido de sua existência. Segundo o desejo criador, a alma foi criada imortal. Ela é o princípio da existência criatural do ser humano. Ela realiza a unidade espírito-corpo e demonstra a disposição da natureza espiritual e livre do ser humano para receber a graça sobrenatural. A alma carrega constantemente a natureza criada do ser humano em todas as suas modalidades espirituais. É contraditório à essência da alma um ser fora da matéria, na qual ela subsistiria. Se na morte a matéria é destruída pela decomposição do corpo, a alma permanece incompleta e por sua natureza existe uma recomposição completa da integridade corpo-espírito. Como uma tal ressurreição supera sua própria força, somente Deus mesmo pode através da graça ressuscitar o ser humano, quer dizer, tanto a recomposição integral da natureza do humano como também a sua realização. O ser humano não se forma depois da morte, no entanto a partir do nada, intermediado pela lembrança divina, como se o ser humano fosse novamente reconstituído de tal forma que entre o ser humano em sua existência terrena e em sua realização no céu não existisse nenhuma identidade natural. Na morte se desfaz somente a ligação do princípio constitutivo da alma e matéria individual. A alma, no entanto, permanece o princípio da identidade e a forma substancial da unidade corpo-alma. A matéria permanece à base da possibilidade, na qual a alma forma a individualidade e a personalidade da pessoa e sua subsistência. A alma nunca existe, pois, de forma totalmente incorpórea, porque ela encontra sua autoexpressão na matéria, como forma substancial da identidade metafísica, e com isto garante também a identidade corporal do ser humano. Neste sentido o ser humano ressuscita em seu "próprio corpo" para a vida eterna e para o aparecimento em identidade material com sua existência terrena: *in numero idem*. É de se observar, aqui, que alma e matéria agem como princípios metafísicos. Não há uma continuidade empírica ou quantitativa que pudesse ser verificada no ser humano em *statu viatoris*. Se faltar um membro por ocasião da morte ou sendo a pessoa deformada desde o nascimento em sua existência corporal, toda falha será suprimida pelo poder e bondade divinas, pois na matéria salva e realizada todas as consequências do pecado serão superadas, pois a alma impregna na matéria a sua necessária forma tridimensional. Assim a forma específica de aparecer do ser humano corresponde à sua forma comum de aparecer.

### b) As condições do corpo ressuscitado

Pela ressurreição de Cristo está posta a base para a ressurreição de todos os seres humanos no fim do mundo, bem como para a sua realização natural e sobrenatural. A perenidade do ser humano ressuscitado baseia-se em sua participação na eternidade divina. Não que a espécie humana seja partícipe da eternidade divina, mas sim cada ser humano individualmente. Isto é acentuado contra a compreensão de uma quase imortalidade de uma sequência sem fim de gerações, como característica da espécie humana, enquanto o indivíduo estaria sujeito à morte. Na condição da realização final, a distinção de gênero permanece, pois pertence à integridade da natureza o corpo masculino e feminino. Isto também é expressão da sabedoria do criador que assim dispôs na ordem das criaturas, na qual a multiplicidade dos seres finitos demonstra a beleza eterna de Deus. A propósito, não pertence à vida eterna o degustar de alimentos, que, como necessário à permanência do indivíduo, não mais terá lugar. Em se tratando do fim da história, também não será mais necessária a produção de descendentes. Deus mesmo será a fonte e a essência de toda alegria, que irá preencher a alma e terá sua ressonância também na existência corporal. O desejo natural do ser humano pela visão divina (*desiderium naturale ad videndum Deum*) encontra sua satisfação no amor. De fato, o ser humano verá Deus diretamente, mas à maneira de criatura, intermediado pela humanidade de Jesus.

O ser humano ressuscita em seu corpo verdadeiro e não em uma forma etérica. Ser-lhe-á dado os dotes, através dos quais a alma irá realizar adequadamente a sua unidade nupcial com a vida divina. Os dotes da alma são a *visão*, o *amor* e a *fruição* de Deus (*visio, dilectio, fruitio*). Os dons corporais são: a libertação do sofrimento e a adaptação melhor possível do corpo à alma (*impassibilitas, subtilitas, agilitas, claritas*).

Com os condenados acontece o contrário. Também eles participarão da ressurreição do corpo, pois a corporeidade pertence à natureza do ser humano e é boa. A eles, no entanto, não será dada a autocomunicação de Deus que acontece na graça da ressurreição de Cristo, pois a vontade destas pessoas as afastou permanentemente de Deus. Suas almas são marcadas pela total frustração do *desiderium naturale*. À perda da visão sobrenatural de Deus (*poena damni*) correspondem os dotes negados do corpo, que se manifestam na desarmonia (*poena sensus*) de alma e corpo e em elementos corporais individuais da pessoa (*affectus carnalis, corpus ponderosum et grave, passibilia opaca et tenebrosa*).

Os bem-aventurados diferenciam-se dos condenados à medida que sua vontade está firme para sempre no bem, que é Deus em si mesmo e que Ele comunica ao mundo. A vontade dos condenados, ao contrário, está firmada na contradição a Deus, de tal forma que não é possível uma nova conversão. A pena do inferno não é consequência de um decreto divino, mas é em última instância o apego à livre contraposição da vontade à oferta da graça. Ela não é reparável, pois faltou definitivamente Deus como objeto transcendental da vontade.

### c) Morte e julgamento

A alma liberta do corpo na morte chegou ao fim de sua situação peregrinante (*status viatoris*). Ela não mais pode acumular merecimentos. Depois da morte, a alma vai imediatamente ao seu fim (*terminus*); seja o céu como sua recompensa ou o inferno como seu castigo. Há salvos, no entanto, nos quais mesmo com o amor, através do qual eles pertencem a Deus de forma definitiva, ainda perdura a necessidade de alguma purificação. Para estes há um retardamento no momento do alcance do destino final. Isto é pensado de maneira soteriológica e não cronológica. A convicção de fé da Igreja na existência de um processo de purificação (purgatório) deu motivo suficiente para o costume na Igreja da oração pelos mortos. Isto não teria sentido se não houvesse nenhuma ajuda a eles através de nossa oração, pois rezar pelos bem-aventurados é desnecessário e rezar pelos condenados não tem sentido. Já antes do juízo final, os bem-aventurados vivem na total visão de Deus. No tocante à *intensidade*, ela não mais pode ser aumentada. Mas na total unificação da alma com o seu corpo, que dizer, na sua expressão na matéria renovada do novo céu criado, da nova terra e da total comunhão com os santos, a visão de Deus é aumentada em *extensão*.

No juízo final se prepara a forma final da criatura. No ser humano acontece a realização de sua tendência natural à visão de Deus. Pela ressurreição de Cristo, a graça chegou definitivamente ao ser humano. Ela é revelada e totalmente realizada na vida do novo mundo.

## IV. DESENVOLVIMENTO SISTEMÁTICO DA ESCATOLOGIA

A apresentação sistemática da escatologia precisa ser orientada de forma teocêntrica, pois Deus mesmo é a origem e a plenitude de sua criação. Pela revelação conhecemos Deus, o Pai, o Filho e o Espírito, em si e em nosso favor como *amor*. Diante do mundo, Ele permanece como a medida da criação, especialmente em seu centro pessoal, o ser humano. Assim Deus se revela como *justiça*. Quando a criatura corresponde ao encontro dialogal-histórico com Deus e à formação de sua vida em espírito e liberdade de sua determinação, situação na qual ela participa então em substância e forma do Filho do Homem tornado humano pelo Espírito Santo (Rm 8,29), nesta condição Deus o encontra como *vida*, isto é, como realização de sua expressão em sentido e ser. Temos assim um aspecto teocêntrico triplo para a escatologia sistemática: 1. Deus é amor: o Pai; 2. Deus é justiça: o Filho; 3. Deus é vida eterna: o Espírito.

### 1 Deus é amor: o domínio do Pai

(1.) Em sua essência: Em sua autorrevelação histórica se mostra que Deus não apenas ama o mundo, mas que Ele é amor em sua essência. Sua essência realiza-se como origem sem origem de amor no Pai, como eterno entregar-se em sua autodeclaração na Palavra (Filho). Neste sentido expressa-se o Filho em seu eterno ser-Deus. Pai e Filho encontram-se no amor, que por sua vez é idêntico com a essência de Deus, e nisto subsiste Deus no Espírito Santo. Assim em Deus tudo é Deus como amor.

(2.) Em relação à criação: A personalidade do ser humano, pela qual ele entra em relação dialogal e parceira com Deus e com Ele toda a criação, não é para Deus necessária à sua autorrealização. Mas se Deus deseja a criação, Ele também a dota de uma estrutura tal, através da qual seu sentido de transcendência pode se realizar em Deus. Assim, faz parte da personalidade criada, devendo ela ser promotora do sentido de transcendência da criação, razão (= verbalização, capacidade de comunicação) e vontade. Pela razão, a pessoa criada participa do autoconhecimento de Deus na Palavra (Filho); pela vontade, participa da autoafirmação de Deus no Espírito. Assim, toda pessoa criada é capacitada para o conhecimento e para o amor de Deus. Pelo seu ser criado, à pessoa é próprio uma relação análoga com Deus como origem e assim ao Pai, uma centralidade divina no Filho e uma relação com Deus como objetivo de participação na autodecisão a si no Espírito Santo. Deus é assim origem, meio e objetivo da criatura dotada com espírito e liberdade. Pertence à natureza humana uma história de liberdade, através da qual ela irá chegar a Deus, sua origem, que se oferece a si mesmo, ou o irá perder. A doutrina da fé diz que o ser humano que rejeitar a oferta divina a ele desde o início destinada, perde com isto Deus mesmo, como realização de sua própria autotranscendência em razão e vontade. Embora ele tenha perdido com isto a comunhão com Deus em conhecimento e amor, permanece no entanto seu condicionamento natural a Deus, quer dizer, sua condição ético-religiosa e seu condicionamento transcendente, que ele mesmo porém não mais pode ativar. Desta maneira, pelo pecado se entende uma enorme ruptura por toda a criação. Pecado é contraposição à vontade salvífica de Deus e contraposição ao ser humano em sua essência e objetivo. Esta ruptura em toda a criação, condicionada pela negação do ser humano à sua autotranscendência ao Deus do amor, do qual o humano procede e ao qual é necessariamente direcionado, só poderá ser sanada pelo próprio Deus. Uma superação só é possível, se Deus mesmo entra na criação de maneira encarnatória, e a leva a partir da própria criação ao objetivo de seu sentido de transcendência.

(3.) Em sua autoabertura histórico-salvífica: Esta nova vontade salvífica de Deus focada na encarnação divina (Jo 1,14; 3,16), direcionada à reconciliação e a uma nova relação com o ser humano na graça salvadora só poderá ocorrer, correspondendo à estrutura histórica da liberdade humana, na forma de uma história salvífica, que, iniciando pela promessa de bênção a Abraão, se estende pela história da aliança veterotestamentária e desemboca na "plenitude dos tempos", na qual Deus mesmo se presencializa em natureza humana. Neste assumir Deus o ser humano, ocorre uma nova ordenação da criação. Sua identidade transcendente a Deus, desfigurada pelo pecado, é reposta em sua condição originária – nisto consiste a essência do perdão dos pecados – e encontra de fato Deus na graça da vida eterna.

Por causa da necessária unidade da autorrevelação de Deus e sua concreção própria no Logos em forma de criatura, entende-se porque somente o Logos poderia assumir a natureza humana. Na sua humanidade assumida de maneira pessoal e permanente, Jesus Cristo é a cabeça da nova humanidade e o intermediador permanente para com o Deus trino. Salvação, perdão dos pecados e nova aliança são por Ele intermediados, de maneira que nós nos tornamos membros no amor de Cristo. Com ele entramos em uma comunhão de vida cheia realmente de graça e em sentido de caráter moral à medida que nos tornamos irmãos e irmãs. A encarnação de Deus ganhou sua expressão histórica máxima na cruz de Jesus. Nela a contradição da própria criação é superada a partir dela mesma na graça divina e na doação como criatura.

Depende agora de reconhecer e amar a Deus em uma criação renovada e novamente aberta para Deus. O novo conhecimento de Deus é, entretanto, intermediado pelo Filho. "Ora, a vida eterna consiste em que conheçam a ti, único Deus verdadeiro, e a Jesus Cristo que enviaste" (Jo 17,3). O novo amor de Deus, pelo qual somos um com o Deus trino à medida que Ele habita em nós e nós estamos a caminho dele, é carregado pelo Espírito Santo, que nos foi dado (Rm 5,5) no coração (= vontade). Por isto pertence ao fim intra-histórico da revelação do Filho na natureza humana também o derramamento do Espírito Santo sobre *toda* a humanidade.

(4.) Em relação à realização do ser humano: Que a realização final do ser humano está na comunhão com Deus, isto só pode ser reconhecido quando percebemos a história como autorrevelação de Deus na fé. Deus revelou-se em seu ser interno e substancial como amor trino e toda criatura livre e espiritual em sua realização é chamada a tomar parte do conhecimento e do amor. Este é o sentido metafísico e histórico-salvífico da afirmação: "Deus é amor" (1Jo 4,8.16b).

## 2 Deus em nossa justiça: o domínio do Filho

### a) O Deus trino como medida da criatura

Todas as afirmações teológico-cristãs básicas sobre Deus se mostram como trinitárias, encarnatórias e pneumatológicas. O ser humano é direcionado por uma relação dialógica a Deus, ao qual ele é determinado como criatura e que a ele, como pecador, será novamente dado na salvação e na santificação através do dom do Espírito Santo. Tudo isto deixa transparecer os limites de uma relação com Deus apenas moral ou deísta.

A luz no mistério trinitário, graça é dom da vida, através da qual Deus capacita novamente as criaturas a Ele ordenadas a ativar sua autotranscendência em espírito e liberdade. Desta forma, o caminho é novamente aberto às criaturas, por uma correspondente conversão interior e uma forma de vida exterior para chegarem a Ele e serem realizadas na comunicação feliz com Ele em seu eterno e encarnado amor. Neste sentido, o "julgamento sobre o ser humano" é um "fazer justo" ou um "tornar justo", de modo que o ser humano em seu sentimento e ação – enquanto forem expressão de seu amor – pode corresponder ao amor de Deus e receber sua santificação com o tornar-se pleno da santidade divina. Em sua unidade de conhecimento e de vontade com Deus ele reconhece – através, com e no Filho – o Pai, na unidade de amor no Espírito Santo, que permite que nossa vontade seja igualada à que o Pai quer o Filho e na qual o Filho sabe-se eternamente desejado pelo Pai e agradecido; quer-se em direção do Pai.

### b) "Cristo, feito para nós justiça, santificação e redenção" (1Cor 1,30)

Em Cristo, a justiça, pela qual Deus nos fez justos (*iustitia Dei passiva*), tornou-se realmente histórica. À medida que o Filho se torna humano, pelo assumir da natureza humana, Ele inclui na graça divina, pela qual Ele se liga a ela (*gratia unionis*), também a graça pela qual Ele, como cabeça da nova humanidade (*gratia Christi capitis*), inclui pelo seu corpo a todo ser humano na natureza humana renovada e a abre para a comunhão com Deus. Assim pode Cristo, que por nós se tornou justiça pela encarnação, também ser a nossa justiça.

Pois a nova justiça tendo por base a encarnação de Deus em Cristo, à qual nós nos unimos para tornarmo-nos justos a Deus, aponta para a cruz e a ressurreição.

Por parte da humanidade de Jesus corresponde sua total obediência da justiça que por Ele nos foi dada, pela qual correspondemos a Deus. A total submissão de sua vontade humana sob a vontade divina – "se faça a tua vontade" (Lc 22,42) – o conduz à fidelidade obediente em sua missão até a morte na cruz (Fl 2,8). Por isso Ele foi elevado por Deus à sua direita na glória do Pai (Rm 1,3). Em seu nome, todos os pagãos devem ser conduzidos "à obediência da fé" (Rm 1,5). O justo pela fé, quer dizer, correspondente em Jesus Cristo à justiça e à santidade de Deus, irá viver.

Jesus chegou à cruz porque "judeus e pagãos" – através de nossa desobediência – não assumiram a justiça a Ele prometida: "Deus encerrou a todos na desobediência para usar com todos de misericórdia" (Rm 11,32). Justamente nisto Deus mostrou sua justiça como misericórdia tornada aberta, que Ele em Jesus manteve em obediência até a morte na cruz e que foi definitivamente revelada ao ser humano ao aceitar a participação nele como *communio* de amor. Na cruz e no corpo transfigurado do ressuscitado, no qual permaneciam as chagas como sinais da vitória, torna-se irrefutável o teocentrismo do mundo cristologicamente interpretado: "Porque dele, por Ele e para Ele são todas as coisas" (Rm 11,36). Quando nós, em obediência na entrega à vontade de Jesus, nos tornamos desta forma, a justiça de Deus nos é partilhada. Então somos justificados: "Quem crê não é condenado" (Jo 3,18).

### c) Sobre a teologia da morte

*A morte como "pagamento do pecado"*

Não é de se pensar a morte somente sob seu aspecto biológico, mas também sob o ponto de vista teológico. A morte é um tornar aberta a nossa confiança em Deus. Por isso a sentimos como um poder des-truidor e des-empoderador, como um distanciamento radical do amor e do sentido transcendente do ser, no medo frente ao nada, à total ausência de vida e amor. Na morte se experimenta o princípio da perda; a visão frente à morte são as sombras do inferno, quer dizer, da perda irretratável de um possível sentido de transcendência no ser com Deus, a plenitude original e final. Esta morte Jesus a tomou para si de maneira substitutiva. Embora estando Ele mesmo "sem pecado" e em comunhão íntima com o Pai, "caiu sobre Ele o castigo que nos salva" (Is 53,5). Sim, "aquele que não conheceu o pecado, Deus o fez pecado por nós, para que nele fôssemos justiça de Deus" (2Cor 5,21). A partir da morte de Cristo, a nossa morte tem um duplo caráter: por um lado, do julgamento sobre a perda de Deus, e, por outro, na entrega livre ocorrida na morte de Cristo fica marcado o maior amor possível de Deus para conosco. O que ocorre no batismo *in mysterio* como ser sepultado sacramentalmente com Cristo e o que os fiéis reconhecem na ressurreição mesma de Cristo como revelação da glória do Pai, isto é ratificado em nossa morte real e levado a uma forma definitiva. "Pois se estamos inseridos na solidariedade de sua morte, também o seremos na solidariedade de sua ressurreição" (Rm 6,5; cf. Fl 3,10). No tornar-se um para sempre em correspondência perfeita no amor com Deus, isto é, em verdadeira "santidade e justiça" (Lc 1,75; Ef 4,24), olharemos retroativamente a partir de Deus sobre nossa morte real e reconheceremos nela nossa transformação na definitividade daquilo que iniciou no batismo e na fé, se conservou na esperança e chegou à maturidade no amor.

Tudo aquilo que de bom foi feito em nome de Jesus, não irá passar, mas será levado à eternidade em forma transformada e internamente transfigurada: "Felizes os mortos que desde agora morrem no Senhor. Sim, descansem dos trabalhos, pois suas obras os acompanham" (Ap 14,13; Hb 4,10). O Reino de Deus realizado não é nenhuma eternidade abstrata, na qual desaparecem em nada o terreno, o histórico e as obras humanas. No mundo ressurreto da nova terra e do novo céu há a *apokatastasis panton* (At 3,21), a *restauração de todas as coisas*.

*A situação dos mortos*

É inapropriado do ponto de vista teológico descrever a morte apenas como algo natural e biológico ou defini-la com a fórmula imprecisa de "separação de corpo e alma", para depois se perguntar sobre o lugar ou a situação da alma após a morte e filosofar sobre a relação temporal para a ressurreição do corpo. No centro da escatologia cristã estão muito mais as afirmações soteriológicas. Não se trata de fazer descrições tipo reportagens antecipadas; trata-se muito mais de determinada relação para com Deus daqueles que acreditamos e sabemos que eles, na morte, entraram num relacionamento definitivo para com Deus. Somente para assegurá-los é que nos voltaremos brevemente para a questão natural da morte.

Do ponto de vista antropológico não entendemos o ser humano como um ser composto de uma alma e um corpo prontos. Como natureza espiritual, o ser humano subsiste em um ato de ser, que se exprime em forma única e total de matéria criada num determinado ser humano empírico no aqui e agora de seu ser-no-mundo (*anima forma corporis*). Em seu si mesmo interior, o ser humano é espírito em abertura ilimitada ao ser e em vontade relacionado a si mesmo em ligação livre com o bem, de modo que a alma do ser humano é ontologicamente determinada por uma relação tríplice:

1) Por uma relação transcendental com Deus.
2) Por sua relação consigo mesmo em autocompreensão e autodeterminação.
3) Por sua relação com o mundo, quer dizer, tanto em sentido individual como mais amplamente em sentido social e histórico, em relação com o mundo como base de possibilidade irrestrita da pessoa, pela qual ela recebe a rica potencialidade de sua realização como ser.

Na morte, estas três relações básicas ganham outra conformação. Por seu sentido de criatura, que no ser humano é manifestado como ato de ser subsistente e espiritual, a morte não pode ser uma destruição, caso contrário a dinâmica da criação iria desembocar não em Deus, mas no nada.

Tendo em vista a sua relação transcendental com Deus, na morte o ser humano entra em uma relação definitiva com o Cristo ressuscitado pelo Espírito Santo. A base natural da realização sobrenatural e gratuita é a hipóstase/pessoa criada do ser humano, que traz em si a composição corporal-espiritual da natureza humana.

No que tange à relação consigo mesmo, o ser humano está em situação de consciência e alegria por sua redenção.

No que diz respeito ao mundo, cuja dimensão empírica – do ponto de vista dos que ficaram – ele deixou, ele se encontra numa relação transcendental natural, no que diz respeito à comunidade humana, ele está em uma relação soteriológica de solidariedade salvífica. Pois sua vontade é conforme a vontade divina, que sempre é pela salvação do ser humano; por isso entre os santos no céu e os fiéis há um reconhecimento mútuo da possibilidade de preces e pedidos na oração. Na visão divina intermediada pelo Logos, os santos veem nosso mundo. Eles mesmos não são imateriais, porque em sua forma definitiva também está o mundo redimido. Eles são, no entanto, ligados à abertura da continuidade da história que está determinada para a transformação proporcionada pela parusia de Cristo, também da matéria em uma nova terra e um novo céu. Desta matéria realizada, e não de uma matéria criada *ad hoc ex nihil* para além do mundo criado, eles tomarão parte em sentido pleno em sua corporeidade redimida.

*Tempo, morte e eternidade*

Não existe um tempo ou uma extensão espacial no sentido como nós os experimentamos agora num mundo decadente e destrutivo, que se põe contra a integração pessoal. Mas uma criatura jamais poderá em sua situação atual ser totalmente idêntica a Deus, cuja eternidade nada mais é que seu próprio ser. O ser humano subsiste em forma *e* matéria, a cuja propriedade de ser pertence essencialmente uma diversidade de formas de expressão. Mas o ser humano consegue focar-se através de suas possibilidades de realização, de tal forma que ele não perde sua diversidade no coletivo e no ordenamento, mas apresenta-se justamente em grande leveza através da diversidade na total riqueza de sua personalidade. A mesma coisa se pode dizer, analogicamente, da nova forma de ser do ser humano transfigurado para sempre em espírito e corpo (*totum et simul*). Esta é a condição para uma participação na vida eterna de Deus, que é eterno já pelo seu ser, pois a substância de Deus ou "*essentia est tota simplex sina ulla compositione*" (Tomás de Aquino. S.th. I, q.10; q.3). O ser humano realizado na comunidade divina não tem eliminados sua história e seu ser-no-mundo. Ele a tem englobada em sua presença imediata junto a Deus, que será seu Deus para todo o futuro.

### *O juízo pós-morte e a purificação (purgatório)*

O juízo pós-morte é testemunhado biblicamente: "*Pois todos teremos de comparecer diante do tribunal de Cristo. Aí cada um receberá segundo o que houver praticado pelo corpo, bem ou mal*" (2cor 5,10).

Para se entender isto de maneira correta, é necessário superar uma compreensão presencial cósmica, física e cronológica. Trata-se em primeiro lugar de nossa relação com Deus. Dela acreditamos que em nossa morte conterá sua forma cristológica definitiva. Nossa morte significa o derradeiro ser tomado na forma da justiça de Jesus Cristo, o Deus-homem. Ele nos possibilitou de maneira vicária a conformação divina. Esta nos foi dada tanto em forma de graça ao nos assumir na fé, como em forma de amor. O amor, para o qual somos capacitados no Espírito Santo, que nos acolhe em Cristo na oferta de comunhão escatológica irreversível, é em si a forma de existência, que se expressa em nossa ação de vida externa. A união com Deus no amor se mostra assim a medida correta, com a qual seremos medidos. O juízo pós-morte é, pois, algo totalmente diferente de um ajuste no além entre dever e ter. É muito mais a constatação se nós correspondemos ao Espírito Santo no amor, como ele tomou forma em nossa "constituição", na justificação com Cristo, que reconhecemos como nossa justificação diante de Deus. Assim Cristo torna-se juiz (Mt 25,31s.) dos ressuscitados no último dia, que exigem os atos de misericórdia corporal. Este dom do Espírito tornar-se-á perceptível nos frutos do Espírito, como vê Paulo, no amor, na alegria, na paz etc. (Gl 5,22). Isto não é outra coisa que a semelhança com Cristo assumida em nossa forma de vida, ou seja, a total acolhida da justiça de Cristo no interior do ser humano e sua total expressão no exterior do ser humano. Dito de forma diferente, o juízo pós-morte é a realização da comunicação definitiva do amor de Deus em nós, pela qual ele transpassa totalmente, a partir de dentro, a pluralidade de nossa autorrealização definitiva, de modo que a nossa existência final nada mais é que ser com Cristo, o Deus-homem, de forma pura, plena e feliz, com o Espírito Santo para o Pai, no qual tem origem tudo o que é intradivino e tudo o que é criado e no qual tudo encontra na comunhão do amor divino o seu fim (cf. 2Cor 13,13). De nossa parte, juízo significa o acolhimento definitivo em nosso ser assumido a partir de nosso centro (a alma), em nossa forma de aparecer (o corpo): *Juízo é nossa acolhida em Jesus, o Cristo, tornada definitiva na morte* (cf. 1Jo 4,13-21).

### *A purificação no juízo*

*Antes da completa bem-aventurada correspondência com Deus, há o processo de purificação, um ser-provado no amor de Deus, uma pena purificante: o purgatório.*

No juízo, Deus transmite ao ser humano a sua própria completude, para uma forma de totalidade realizada. A palavra imagético do "fogo" (1Cor 3,15), que aparece na Bíblia muitas vezes em passagens sobre juízo, significa o amor de Deus em sua força provadora, purificadora e pedagógica. Esta força sustenta o julgado, porque este, pela ligação definitiva na justiça de Cristo, irá experimentar este encontro como união no amor. A dor, que é inerente a este encontro, domina, porém, a experiência de todo amor, que por isso sabe ser mais amado do que poderia a este amor responder através de sua própria pureza e plenitude que permaneceria defasada. Pelo dolorido desta diferença, a alma passa pela forma de *passio*, para poder realizar o amor no sentido pleno como ação livre de autoentrega. Sua consciência de que só conseguirá isto através da prescrição livre e empoderadora do amado, confere à forma de seu amor o momento de gratidão e a confissão de que tudo é graça e que nosso poder-amar tem sua precondição permanente no ser amado por Deus.

*O juízo individual e geral*
Na questão do juízo pós-morte, temos também que abordar a sua relação e a diferença para com o juízo geral no último dia. Trata-se de dois julgamentos?

Num distanciamento crítico de duas tentativas teológicas de compreensão – ou seja, por um lado a ideia de separação entre o corpo e a alma com a entrada imediata da alma após a morte na glória e um julgamento mais tarde sobre o corpo e por outro lado a concepção do adormecimento da alma no sentido de uma queda para a eternidade e no momento da morte – a escatologia se deve orientar unicamente na diretiva soteriológica das afirmações de fé, de que o juízo tem uma dimensão individual e uma dimensão comunitária. Na morte, o ser humano encontra definitivamente o Deus do amor em Cristo, com o qual todos os santos já estão ligados, quer dizer, como inconfundível personalidade individual em sua total e insubstituível liberdade. Mas ele encontra Deus também sempre em seu modo ser, do qual faz parte uma constituição social, que está ligada a toda uma rede de história humana em salvação e desgraça. Este é o julgamento em seu acontecimento universal e humano. Não se precisa supor tanto uma coincidência temporal entre o juízo individual e o geral, mas mais uma coincidência soteriológica na compreensão de que o ser humano sempre é ser humano em sentido individual somente em ligação com sua relação social para com a toda da humanidade e sua história. A totalidade encontra sua realização em Cristo, e irá se revelar quando o Filho entregar o domínio ao Pai, para que Deus reine sobre tudo e em todos (1Cor 15,28) e Cristo seja tudo e em todos (Cl 3,11).

*A acolhida irrefutável do ser aceito: o céu*
*Céu é a autorrevelação aceita de Deus ou a plenitude da graça do* desiderium naturale ad videntum Deum *de maneira definitiva.*

O ser humano não pode encontrar o objetivo para o qual ele está a caminho por natureza, quer dizer, pelo fato de ser criatura, em alguma situação que não seja Deus como o desfrutar ilimitado de uma alegria espiritual e dos sentidos. Seu objetivo é Deus mesmo e céu é o Reino de Deus vindo totalmente a nós. No céu, o ser humano encontra Deus mesmo como conteúdo de sua glória, de sua eterna felicidade e alegria sem fim. Em Deus ele se encontra ao mesmo tempo na comunidade dos salvos. A plenitude da comunhão com todos os santos ele não experimenta como algo externo, como se fosse uma fonte secundária da glória. Deus é a única fonte de tudo e de todo amor pleno, que invade como uma torrente também as relações sociais dos santos. Assim o amor ao próximo não é um ingrediente a mais ao amor divino, mas sua conformação com os cossalvos. A comunhão dos santos não contradiz o teocentrismo e cristocentrismo geral da criação em sua forma redimida. Cada santo só é reconhecido em Deus, e todo amor a ele se mostra como procedente do espírito de Deus, carregado por ele ao mesmo tempo voltado para Deus. Deus não vê então nos seres humanos amados uma concorrência. Ele não precisa temer que algo esteja sendo perdido. Deus mesmo honra seus servos: "Se alguém me servir, o Pai o honrará" (Jo 12,26). Deus não precisa para si nenhuma honra de suas criaturas. Ele se honra a si mesmo em seus atos da criação e da redenção: "A glória de Deus é o ser humano vivente, a vida do ser humano é visão divina" (Irineu de Lião, haer. IV, 20,7).

Este pensamento está também na base cristã da veneração aos santos. Eles não são outros centros ou endereços da piedade, ao lado de Deus ou ao lado de Cristo. Neles o fiel na terra honra o poder da graça transformadora de Deus. Toda honra dada a eles, especialmente no reconhecimento de sua exemplaridade, é honra a Deus por meio deles (DH 675). Também sua prece, pela qual a eles nos podemos dirigir, pressupõe que toda graça de Deus e sua ajuda no dia a dia somente dele provém, que ele relaciona alguns de seus dons com a oração de prece aos santos, para deixar claro a dimensão social e humana da salvação.

A oração dos fiéis se dirige sempre ao Pai pelo Filho no Espírito Santo. Mas Cristo está em dupla relação para conosco. Como cabeça da Igreja Ele é a origem de toda graça e o mediador originário de nossa oração ao Pai. Mas Cristo também está presente na Igreja, seu corpo. Toda ação de um membro pelo outro, também e justamente a oração, é expressão do estar em Cristo. Na oração pelo outro se expressa o ser-com na fé e no amor. A invocação dos santos no céu significa por isso colocar-se no nós da comunidade eclesial, que nos ressuscitados ultrapassa o limite da morte para chegar a ser um em, com e por Cristo no círculo dos membros do corpo de Cristo no Pai, para que nós, em total obediência, que vemos em Cristo, nos abramos à sua vontade que é idêntica com a nossa salvação. Assim a veneração cristã aos santos é um dos aspectos centrais da escatologia *eclesial* (cf. LG 7).

Céu significa participação na vida do Deus trino. No e com o Filho que se tornou humano, nós reconhecemos Deus como Ele é, em sua essência, que subsiste em três pessoas divinas. Deixamos nossa vontade movimentar-se para a participação na comunhão de amor do Pai e Filho no Espírito Santo, que nos foi dado (Rm 5,5).

Será, no entanto o mistério do Deus trino por nós esgotado tanto por nosso pleno conhecimento de Deus, que transforma a fé na visão e a esperança na experiência de Deus, como através de nosso amor pleno e livre a Deus?

Aqui se deve levar em consideração a estrutura de nosso conhecimento limitado, que permanece em sua natureza limitada e de criatura, mesmo quando elevada acima de si no Logos e no Espírito Santo a uma atividade para a qual não estaria em condições a partir de suas próprias forças. Deus mostrou-se a si mesmo em sua revelação. Após a nossa morte, ele não será mais acolhido e crido em nosso conhecimento imaginário de criatura, mas ele se nos mostrará em sua essência, pela qual nós o conheceremos e por isso nos tornaremos íntimos dele à forma de visão, quer dizer, sem intermediação. A limitação consiste, no entanto, em nós não reconhecermos Deus de maneira divina, mas sim à nossa maneira de criatura. É desta forma que compreendemos Deus como objeto de nossa visão, mas porém em profundidade inesgotável de sua realidade pessoal-trinitária.

Desta forma a nossa visão de Deus chegou já ao seu objetivo, mas de tal maneira que o seu presente e ao mesmo tempo o seu futuro seja um devotar-se dinâmico e bem-aventurado, inesgotável e misterioso. Se, no entanto, a nossa realidade de criatura é e permanece encarnatoriamente impregnada pelo tornar-se humano de Deus, então também temos que reconhecer que a natureza humana do Logos, na qual somos formados pela graça da participação, permanece eternamente um no que (meio) e um a que (tendência) do ser humano em direção ao Deus trino.

### A rejeição ao ser assumido em Cristo: o inferno

Como o céu não é um país das delícias no além, assim o inferno também não é uma estação de torturas no além, onde a vingança de um amante desprezado demonstra-se com todos os registros de crueldade, e a situação ainda se agrava por não haver nenhuma perspectiva de escapar deste lugar de sofrimento total.

Assim a teologia cristã sentiu a insistência doutrinal do Magistério sobre o castigo do inferno como uma verdadeira cruz no anúncio. Aqui, o anúncio de uma boa-nova, pareceu se tornar o anúncio de uma ameaça. Por isso, sempre de novo teólogos importantes (Orígenes, Gregório de Nissa) colocaram em discussão a questão da reconciliação total com uma acolhida de conversão também dos demônios e dos desgraçados após um longo período de castigo purificador. Também o cristianismo burguês, que surgiu após a passagem pelo Iluminismo, se coloca contra (baseado, no entanto, em outros motivos) a doutrina da eternidade do inferno. Aqui a relação entre Deus e o ser humano é considerada apenas por seu lado moral. A graça aparece apenas como uma espécie de generosidade divina. A misericórdia, por outro lado, seria por assim dizer um fechar os dois olhos, um ponto mais elevado a partir do qual estaria claro que a ação humana não seria tão levada a sério.

A tudo isto, porém, se contrapõe claramente a doutrina bíblica. Isto se refere não apenas à afirmação sobre o fogo que não se apaga no inferno e/ou sobre um estar eternamente afastado da comunhão com Deus, mas à afirmação básica da liberdade da criatura e do caráter da graça como um processo dialógico de unidade no amor, à qual pertence a dupla unidade entre revelar e acolher. Deve-se evitar, sobretudo, uma minimalização moralista e uma pseudoespeculação sobre uma igualdade entre as duas propriedades divinas pensadas abstratamente da justiça e da misericórdia.

Toda declaração sobre o inferno encontra-se do ponto de vista hermenêutico no âmbito da soteriologia. Cristo é a justiça divina revelada. A justiça divina em Cristo *é* sua misericórdia, e sua misericórdia consiste em que Deus nos fez justos na graça em Cristo. Sua revelação não é outra coisa senão a realização dada em Cristo de sua vontade salvífica geral (1Tm 2,4). Em Cristo ela tomou forma humana como autodoação vinda e acolhida na comunhão do amor. Em seu caminho para a cruz e para o reino dos mortos, Cristo suspendeu toda a distância divina da humanidade (a *poena damni*). Ele mesmo, a comunhão com Ele, torna-se critério para ver se nós assumimos também individualmente para nós o ser assumido de toda a humanidade. A partir de Cristo, a condenação não significa que Deus faltou em misericórdia. Toda a culpa, para qualquer pecado que seja, foi superada. Não há qualquer culpa que não tenha sido perdoada em Cristo. Também os crimes mais cruéis estão incluídos no perdão, pois na cruz de Cristo o seu caráter de pecado é desfeito. Ele carregou tudo na cruz e expiou *toda* culpa. Por isso, no inferno não há culpa não expiada. Não faltam graça e misericórdia divina. Mais que isto, o inferno, e nisto consiste o paradoxo dos paradoxos, é a misericórdia não acolhida na liberdade pervertida.

*O inferno como tal não existe em um sentido paralelo como há o céu. Ele é a revelação vinda em Cristo, que se expressa individualmente no ser humano em forma de rejeição. Ele é o sentido errôneo, a não aceitação do ser acolhido.*

Em cada ato livre e responsável de um espírito pessoal se pode distinguir, por um lado, o princípio do qual ele é constituído e, por outro, a forma externa do ato em si. Cristo superou todo o mal, à medida que era expressão da vontade fraca ou enganada e possibilitou uma nova forma: a máxima realização do amor a Deus e ao próximo. Mas esta vontade não pode ser forçada. Se a influência ultrapassar um convite forçado, então juntamente com a livre vontade, seria também suspensa a autotranscendência ao bem em si e ao Deus de Jesus Cristo. Estaria acontecendo a impossível coexistência lógica e real de coação e amor. O amor só pode, porém, ser a autoexpressão de liberdade. Por isso, tudo o que acontece por culpa e crime é perdoável e superável. Através de seus atos externos é dada ao ser humano a participação na graça da nova comunidade no amor quando ele em arrependimento transcende sua vontade como primeira expressão do amor e do sentimento interior pela aceitação de seu ser acolhido. Esta vontade precisa, no entanto, ser absolutamente livre e permanece em torno do grande bem da comunidade com Deus no amor. É isto o que está dito no discurso do *pecado contra o Espírito Santo*:

> "As pessoas serão perdoadas por todo pecado e blasfêmia. Só não lhes será perdoada a blasfêmia contra o Espírito Santo. Se alguém disser uma palavra contra o Filho do Homem, será perdoado. Mas se alguém falar contra o Espírito Santo, não será perdoado nem neste mundo, nem no futuro" (Mt 12,31).

Não se trata, pois, de uma determinada matéria de pecado. Trata-se da rejeição à autotranscendência ao Deus do amor numa forma de desacordo definitivo: contra a nova forma de nossa vontade derramada pelo Espírito Santo em nós, com a qual estamos unidos com Deus para a vida eterna.

No entanto, somente a Deus é perceptível a ligação entre a vontade interna e os atos materiais da vida. Mesmo um comportamento radicalmente mau da matéria não precisa ser necessariamente uma expressão de uma maldade radical da vontade. Por isso, nas cinzas da vida de todas as pessoas se pode esperar uma faísca de amor, da qual Deus pode fazer surgir fogo.

A doutrina da Igreja sobre o inferno sob o critério da soteriologia se limita a dois momentos:

1) A rejeição definitiva ratificada na morte à autorrevelação de Deus apresentada em Cristo como amor e como objetivo do ser humano é *realmente possível.*

2) *Quem, quantas* e *se por acaso* pessoas conservaram até à morte uma radical rejeição contra o amor, nos é desconhecido não apenas ocasionalmente, mas por princípio. Devemos, porém, esperar e rezar para que o desejo salvífico de Deus para todos alcance seu objetivo em cada pessoa. Talvez exista inclusive amor e a presença da autorrevelação de Deus, onde não se saiba nada explicitamente de Deus e de Cristo. Por isso se admiram aqueles que deram de comer a famintos como ato de misericórdia, por terem chegado ao lado direito do juiz. "Quanto foi que te vimos com fome ou com sede e te ajudamos? – Todas as vezes que fizestes isso a um desses meus irmãos menores, a mim o fizestes" (Mt 25,40). E eles irão entrar como "justos" para a vida (Mt 25,46).

Em Cristo há, pois, uma única saída para história, para a qual também aponta a real possibilidade dos "malditos, para o fogo eterno, preparado para o diabo e seus anjos" (Mt 25,41), mesmo que pareça num primeiro momento, do ponto de vista da composição literária, uma dupla possibilidade. Em Cristo, a humanidade chega definitivamente a Deus como seu único objetivo, podendo alguns talvez permanecer na rejeição a Deus. Imaginar concretamente uma tal forma de existência, nos é no entanto totalmente vedado. Só nos é possível o olhar para o abismo na liberdade dada, para imaginar a felicidade de sua realização no amor de Deus ou para assustarmo-nos com sua perda.

### 3 Deus é a vida eterna: a koinonia no Espírito do Pai e do Filho

Primeiramente tínhamos olhado a escatologia sistemática sob o aspecto de que Deus é em si amor, que se comunica historicamente nos atos da criação, da graça, da redenção e da salvação. Como um seguinte aspecto, foi posto que Deus dispôs o ser humano a si, à medida que nós podemos ser justificados com Deus pela encarnação do Logos, cuja proclamação do poder de Deus e sua total realização foi feita na cruz, ressurreição e elevação de Cristo como única forma possível.

Agora, depois de olhar Deus como *origem* e Deus como *caminho e objetivo*, em terceiro lugar vamos olhar Deus como o *conteúdo da plenitude humana*. Assim olha a fé, que resume todas as estações de sua confissão, para a "vida eterna" ou para a vida no mundo que há de vir (cf. Credo apostólico e niceno-constantinopolitano).

### a) O que é vida eterna?

"Em Deus que vivemos, nos movemos e existimos" (At 17,28). *Vida eterna é a nossa comunhão realizada e plena com Deus.*

Por isso, a forma definitiva de nosso ser chama-se "vida", pois não se trata de um puro fato de existir, como uma pedra existe. "Vida" significa aquela determinação interna de um ser, que lhe possibilita uma interioridade consigo mesmo, uma autonomia e um livre portar-se diante do outro. Em sentido último, vida significa pessoa. Pelas duas atividades básicas do espírito, a da razão e a da vontade, a pessoa humana alcança seu objetivo na comunhão com Deus. A correalização do ser ação absoluta de Deus, à medida que este é realidade e ato puro (*actus purus*), significa vida plena em sentido extensivo. Esta vida é então qualificada de eterna. Aqui há que se perguntar, como se pode pensar em eternidade e tempo. Eternidade não é a mesma coisa que tempo, no qual hipoteticamente se tiraria simplesmente o começo e o fim, ou seja, um tempo empírico lido como "sempre – nunca". Como há uma diferença absoluta no modo de ser entre Deus e criatura, assim temos que pensar eternidade e tempo como formas adequadas do ser de Deus e da criatura, respectivamente. A absoluta identidade de Deus consigo mesmo, quer dizer, seu ser e sua realização, chama-se eternidade divina. Ele existe não "na" eternidade, como se Ele existisse desta forma somente pela inclusão ocasional na eternidade. Não existe nenhuma eternidade ao lado de Deus. O ser divino é sua eternidade. Mas como nós, no entanto, não conhecemos a Deus em sua essência, pela qual ele é Deus, também não sabemos o que é eternidade em seu sentido primeiro. Temos apenas um conhecimento analógico à base de sua ação para fora através do ser, no qual todos os seres têm sua existência por participação e são determinados pelo grau de participação no ser de sua essência.

Como cada existência finita pela realização de sua potencialidade, com a qual ela não é idêntica, precisa chegar à sua plenitude, isto dá base para a experiência do ser finito em sua maneira de realização, o que nós chamamos de tempo. A realização do ser humano na sequência de momentos é sua temporalidade e sua finitude (como condição do ser). No fim e no término de nossa história de liberdade na morte, não podemos deixar para trás a forma de ser temporal em si. Ela perde apenas a dissipação, a caducidade, a incompreensibilidade, o desfazimento e a dissolubilidade. A diferença entre a existência e a essência, entre o ser e a atividade de nossa potencialidade – espírito e liberdade – permanece, pois, se assim não fosse, seríamos idênticos com a divindade. Somente em Deus essência e vida são totalmente unificadas. A autorrevelação de Deus em Cristo, pela qual Ele em decisão sua se nos revelou, baseia-se na irredutibilidade de seu ato de ser. Mesmo assim somos essencialmente diferentes de Deus e não eternos em essência, mas somente eternos *per analogiam et participationem*. Isto, no entanto, possibilita a realização de nossas possibilidades do espírito e da vontade, que, como ativos, transpõe-se numa correalização pessoal-dialógica na vida divina, em seu autoconhecimento na palavra eterna e em seu amor por si no Espírito Santo, em cujo nome divino Ele se revela e chama-se comunhão (2Cor 13,13) ou amor (Rm 5,5). Nisto aquele que é salvo vive em correalização das fenomenologias trinitárias e das relações Deus-eternidade.

Quando se pergunta pela existência dos condenados – que a propósito são simplesmente hipotéticos, pois não sabemos se, fora os demônios, algum deles vai existir – então é preciso primeiramente tomar conhecimento da doutrina positiva bíblica e eclesial, que eles irão ressuscitar corporalmente. Pois a corporeidade pertence à condição de ser do humano. Eles serão mantidos por Deus em existência para todo o sempre, sem poder, porém, deixar-se plenificar em seu eterno amor. Não seria, no entanto, a total destruição mais misericordiosa que a condenação eterna? A isto se contrapõe claramente a doutrina bíblica e eclesial sobre a "eternidade" da pena infernal. Por isso as palavras bíblicas de ameaça sobre a "destruição do mal" não são relacionadas com uma niilização do ser. O que ali se pensa é tornar impotente a ação dirigida contra a sua vontade salvífica divina, ação esta que se encerra na morte. A pena eterna supõe o autor desta pena. Se Deus lhe tirasse a existência, então o inferno seria, do ponto de vista de Deus, a confissão da inutilidade de sua vontade salvífica ou uma autossatisfação de vingança. Pudessem os condenados suscitar uma pequena faísca que fosse de amor sobrenatural a Deus, eles então estariam no caminho da penitência e da conversão. Isto porém é impossível, pois a morte significa o fim da história de liberdade.

Pode-se, entretanto – falando do ponto de vista antropológico –, imaginar Deus no círculo de seus santos, em comunhão feliz de amor, enquanto debaixo dele vegetam algumas pessoas como condenadas em situação de total falta de esperança? Céu ou inferno como acolhimento ou rejeição da autorrevelação de Deus no Deus-homem Jesus Cristo são relações pessoais-soteriológicas e se comportam não como lugares imaginados antropomorficamente de sentir-se bem ou sentir-se mal. No céu os santos não oscilam entre a experiência da própria felicidade e a compaixão pelos condenados. Eles tudo veem à luz da justiça divina. Eles são conformes à sua vontade. Eles podem alegrar-se somente em Deus e em tudo o que é Deus, que é o conteúdo pleno do direcionamento de sua vontade e amor, do qual provém toda alegria, de modo que é impossível qualquer perturbação por alguma impressão contrária. O inferno como liberdade pervertida deve permanecer como inexpugnável "mistério da iniquidade" (2Ts 2,7).

### b) O discurso teológico e das ciências da natureza sobre o "fim do mundo"

Desde os inícios das novas ciências da natureza permanece, é sabido, uma grande tensão em relação às afirmações teológicas sobre o início e o fim do mundo, afirmações estas que teriam sido formuladas num quadro imaginário ultrapassado de mundo. A apreensão empírica do mundo na atualidade não se baseia numa expansão inimaginável de dimensões espaçotemporais da história da natureza e da humanidade.

Começo e fim são em si relações metafísico-antropológicas a Deus. Como a criação material está integrada no ser humano, embora do ponto de vista da assim chamada história natural temporal-evolutiva a precede, a matéria irá realizar-se no ser humano e com ele na comunhão eterna do ser humano corporal-espiritual com Deus. Por outro lado, a perda da graça da comunhão do ser humano com Deus no início do diálogo divino-humano tem uma influência negativa para todo o mundo material e animal e o inclui já previamente.

A realidade teológica da situação primeira ou da situação última não a podemos obter por um prolongamento de nossa imagem de mundo empírico-presencial nem para trás, nem para frente, na qual acrescentaríamos afirmações teológicas, mas somente pela superação transcendente numa afirmação do fato da relação dialógica do ser humano como uma criatura espiritual e livre diante de seu Deus criador, redentor e salvador (cf. 1Cor 3,22s.: "O mundo, a vida, a morte, o presente, o futuro, tudo é vosso; mas vós sois de Cristo, e Cristo é de Deus"). Uma unidade plena da realidade transcendental e categorial só nos será dada, quando nós em graça participarmos no conhecimento eterno de Deus por si mesmo e em sua palavra, pela qual Ele reconhecidamente suscitou o mundo, mesmo quando também mundo, história e ser reconhecerem e estiverem com Ele no amor.

### c) A unidade nupcial do mundo com Deus em Jesus Cristo

A realização só pode ser pensada como uma troca dialógica de Deus e ser humano em uma aliança/parceria de puro amor, assim somente Cristo pode ser o meio e a fonte deste *sacrum commercium*, a comunhão nupcial do cordeiro e sua noiva, a Igreja (Ap 19,7), que reza com o Espírito Santo pela vinda final do poder de Deus (Ap 22,17). Assim o mundo chega totalmente a Deus por Cristo e por Ele interiormente impregnado. Então surge o Reino de

Deus como revelação da glória do Pai. "A fim de realizá-lo na plenitude dos tempos: restaurar em Cristo, sob uma só cabeça, todas as coisas, tanto as que estão no céu como as que estão na terra" (Ef 1,10). Em Cristo pode se tornar concreto o universal e a totalidade, e o individual que ameaça se perder no mar dos acontecimentos e no incrível número dos seres humanos, pode se tornar ponto central da criação, no qual ela se resume e caminha para o seu objetivo. Assim entendemos Cristo como o *universale concretum.* Ele é o humano escatológico, o ser humano totalmente novo e eternamente jovem que nunca é ultrapassado, no qual, tendo por base a escolha absoluta "Deus mora entre nós em sua plenitude e reconciliou tudo por Ele e através de seu sangue derramado na cruz" (Ef 1,20) promoveu a paz e em Deus feito origem e primogênito de toda a criação visível e invisível, como cabeça da Igreja e como princípio de vida dos santos, como o primogênito de todos os mortos.

Em vista de Cristo, que o Pai enviou, e da comunidade que nós temos com Ele no Espírito Santo (Ap 22,17), o cântico de ação de graças da criação redimida para o fim da realização irá sempre mais aumentar: "*Pois o Senhor tornou-se rei, nosso Deus, poderoso sobre toda a criação*". Na esperança do banquete nupcial com Cristo, os fiéis clamam uns aos outros:

"Alegremo-nos, exultemos e lhe demos glória, porque se aproximam as núpcias do Cordeiro. A Esposa está preparada" (Ap 19,7).

# DÉCIMO CAPÍTULO

# A IGREJA – O NOVO POVO DE DEUS DA ALIANÇA (ECLESIOLOGIA)

## I. TEMAS E PERSPECTIVAS DA ECLESIOLOGIA

### 1. Conceito e natureza da tarefa da eclesiologia

*Na nova dogmática, chama-se eclesiologia aquele tratado que transforma em tema teológico a origem, a natureza, a formação e a missão da Igreja, o povo de Deus da aliança.*

A palavra igreja deriva do grego κυριακη (οικια ou εκκλησία) e indica a comunidade dos crentes ( = os "santos") *pertencente ao Senhor Deus*, instituída pelo Filho de Deus encarnado e Senhor exaltado na ressurreição, bem como reunida pelo Espírito Santo. Εκκλησία na Septuaginta e na Vulgata (ecclesia) traduz a palavra hebraica *qahal*. Diferentemente do uso greco-profano, não significa a (democrática) assembleia do povo, constituída por sua própria iniciativa e poder, mas o povo da aliança, Israel, reunido e congregado pela graciosa escolha de Deus (Jz 20,2; 1Rs 8,14.22.25; Nm 20,4; Sl 22,23; 40,10; cf. 1Pd 2,10s.). Na nova aliança, a Igreja é o povo e a casa de Deus espalhada por todo o globo terrestre (cf. *Agostinho*, in Ps. 149,3). Em razão da encarnação do Filho, ela é reconstruída como "Corpo de Cristo" (1Cor 12,27; Rm 12,4s.). Cristo é a cabeça do corpo (Ef 1,23; 4,15; 5,23; Cl 1,18). A fim de unir a escatológica autocomunicação de Deus e a revelação de sua natureza na comunhão do Pai e do Filho com a efusão escatológica do Espírito Santo, a Igreja é também erigida e construída pelo Espírito Santo. Ela é templo do Espírito Santo (1Cor 3,16; cf. Rm 5,5; 8,15; Gl 4,6; Jo 16,13; Ap 22,17).

Na qualidade de "povo reunido na unidade do Pai e do Filho e do Espírito Santo" (*Cipriano*, domin. or. 23; LG 4), a Igreja é o povo (rebanho de Deus) instituído espiritualmente na autocomunicação trinitária de Deus em Jesus Cristo. A natureza da Igreja é determinada por sua missão de ser, em Cristo, o sacramento da escatológica e universal vontade salvífica de Deus. O Concílio Vaticano II oferece, por assim dizer, uma definição:

> "A Igreja é em Cristo como que o sacramento ou o sinal e instrumento da íntima união com Deus e da unidade de todo o gênero humano" (LG 1).

Teologicamente, o mistério da Igreja apresenta-se em diversas dimensões:
• Do ponto de vista *histórico-escatológico*, a Igreja tem sua origem na vontade de autocomunicação do Deus unitrino.
• Como comunidade *empiricamente tangível*, que detém uma missão divina, fundamenta-se na obra salvífica de Jesus Cristo, e justamente tanto em sua atividade pré-pascal quanto na autorrevelação do Senhor ressuscitado.
• A dimensão *pneumatológica* está fundamentada na efusão do Espírito Santo. Assim como a Igreja está inseparavelmente unida à ressurreição de Cristo, assim também ela é sinal da presença escatológica do Espírito e é guiada pelo Espírito Santo em todos os seus empreendimentos. Em sua unicidade, como comunidade de fé empírica, diferente das demais, a Igreja é – como povo dentre os povos – o instrumento do universal desígnio salvífico de Deus que se concretiza e se estabelece historicamente.

## 2 A Igreja como tema do Credo

Na profissão de fé (cf. DH 1-76), a Igreja aparece:
1) como *sujeito da fé*: **"creio/cremos..."**;
2) como *conteúdo da fé* em Deus e em sua obra salvífica: "[...] **e na Igreja una, santa, católica e apostólica** [...]" (*Apostolicum; nicenoconstantinopolitano*, DH 150).

No entanto, a Igreja não crê em si mesma, mas crê em Deus e se compreende, na fé, como fruto do desígnio de Deus espiritualmente realizado; ela crê em Deus, que fez dela um meio de seu desígnio salvífico universal.

## 3 *Temas isolados e importantes documentos doutrinais da eclesiologia*

Até o século XIX, a Igreja foi apenas objeto de declarações doutrinais em relação a determinados temas isolados. Aqui, devem-se mencionar os seguintes círculos de temas:

• A *necessidade da Igreja para a salvação*, com todas as questões com que se deparam os membros da Igreja, bem como a validade dos sacramentos ministrados fora da comunidade visível; incluem-se aí a discussão sobre se a vontade salvífica de Deus é particular ou geral; por fim, também, a disputa em torno da justa compreensão do axioma "*extra ecclesiam nulla salus*" (cf. DH 802; 1351 etc.).

• A *fundação da Igreja* pelo Jesus histórico (contra o modernismo: DH 3407; 3456).

• O *poder da Igreja* de perdoar pecados, e até mesmo todos os pecados (contra novacianos, donatistas, montanistas).

• A *autoridade do Magistério* na interpretação da Sagrada Escritura e a tarefa da Igreja como guardiã do depósito da revelação (contra o princípio protestante da autointerpretação da Escritura: DH 1507; cf. DH 2860s.).

• A *pertença também dos pecadores à Igreja visível* e a rejeição de uma separação entre uma Igreja espiritual dos santos e uma Igreja visível dos pecadores (contra Wycliffe, DH 1121-1139; 1151-1195 e João Hus: DH 1201-1230).

• A *constituição sacramental da Igreja* e a existência do sacerdócio em virtude da missão divina (a constituição episcopal; a ordem, escalonada em bispo, presbítero e diácono; contra o montanismo e um espiritualismo medieval tardio, bem como também contra parte da teologia reformadora: DH 1763-1778).

• A *autonomia e liberdade da Igreja perante o Estado* (em discussão com diversas teorias e constelações históricas: cesaropapismo, concepções estado-eclesiais no galicanismo, no josefinismo, no febronianismo, no jansenismo: DH 22981-2285; 2592-2597; 2603; 941-946; 3165-3169, entre outros).

• *Primado e infalibilidade* da Igreja Romana (no contexto do cisma com a Igreja/Ortodoxia oriental, com o conciliarismo, com a Reforma Protestante, com o febronianismo e com o sínodo diocesano jansenista de Pistoia: DH 2592-2597; 2600-2665 etc.).

Somente a partir do século XIX, encontram-se documentos doutrinais que esboçam um quadro geral da Igreja para além dos aspectos isolados:

• Vaticano I. Constituição Dogmática *Pastor Aeternus*, sobre a constituição episcopal da Igreja em força de direito divino, especialmente a infalibilidade da Igreja na cátedra papal e a primazia da jurisdição do Bispo de Roma (DH 3050-3075).

• Papa Leão XIII. Encíclica *Satis Cognitum*, de 29/06/1896 (a Igreja é tanto uma comunidade visivelmente constituída quanto o corpo místico de Cristo: DH 3300-3309).

• Papa Leão XIII. Encíclica *Divinum Illud Munus*, de 09/05/1897 ("Cristo é a cabeça da Igreja, o Espírito Santo é a alma no corpo de Cristo, que é a Igreja": DH 3328).

• Papa Pio XII. Encíclica *Mystici Corporis*, de 29/06/1943 (superação da estreiteza jurídica e da redução à construção visível de uma *societas perfecta*; em contrapartida, o desdobramento da doutrina da Igreja como o corpo místico de Cristo, a ser compreendido na fé: DH 3800-3822).

• Papa Pio XII. Encíclica *Mediator Dei*, de 20/11/1947 (redescoberta do nexo entre liturgia, Eucaristia, Igreja e sacerdócio comum de todos os fiéis: DH 3840-3855).
• Concílio Vaticano II. Constituição Dogmática sobre a Igreja *Lumen Gentium*, de 21/11/1964, com capítulos para os seguintes temas: 1) O Mistério da Igreja; 2) O Povo de Deus; 3) A Constituição hierárquica da Igreja e em especial o Episcopado; 4) Os Leigos; 5) Vocação universal à santidade na Igreja; 6) Os religiosos; 7) Índole escatológica da Igreja peregrina e sua união com a Igreja celeste; 8) A Bem-aventurada Virgem Maria, Mãe de Deus, no Mistério de Cristo e da Igreja.

Digna de nota é também a constituição pastoral sobre a Igreja no mundo de hoje *Gaudium et Spes* e sua implementação na teologia da libertação latino-americana nas conferências episcopais de Medellín, em 1968, Puebla, em 1979, e Santo Domingo, em 1992.

• A Declaração da Congregação para a Doutrina da Fé *Mysterium Ecclesiae*, de 24/06/1973; nela, tem-se a ênfase na unicidade da Igreja, em sua infalibilidade e em seu Magistério: DH 4530-4541.

### 4 Visão geral de ensinamentos doutrinais essenciais

#### a) A origem da Igreja no desígnio salvífico do Deus unitrino

O desígnio salvífico de Deus Pai revela-se na eleição de Israel como povo da aliança.

Jesus Cristo, a Palavra do Pai encarnada, em sua atividade messiânica e em seu destino, da cruz à ressurreição, realiza o reinado escatológico de Deus. O povo de Deus é reconstituído como "povo da aliança no sangue de Cristo" (At 20,28) e existe como Igreja de "judeus e de gentios" (Ef 2,14). Ela é, portanto, corpo (místico) de Cristo. Igreja é a comunidade visível de pessoas, pertencente ao Senhor, na unidade da fé, dos sacramentos e da constituição concreto-eclesial, chamada a ser sinal e instrumento da realização do desígnio salvífico divino.

O Espírito enviado pelo Pai e pelo Filho faz da Igreja sinal de sua presença escatológica. Destarte, ela é templo do Espírito Santo. Ele conduz as realizações interiores dela de *martyria*, *leiturgia* e *diakonia* em suas pessoas e instituições, carismas e ofícios. O Espírito Santo é a alma da Igreja.

#### b) A natureza sacramental da Igreja

A Igreja é, "em Cristo, sacramento, sinal e instrumento do desígnio salvífico universal de Deus".

A figura visível, social da Igreja é o sinal atuante da invisível comunhão das pessoas com Deus e entre si na vida da graça.

A índole sacramental da Igreja encontra sua mais alta densidade na celebração da Eucaristia (LG 11; SC 10).

Na Igreja e com ela, no Espírito Santo, o Cristo atuante exerce seu múnus sacerdotal, régio e profético.

#### c) Características essenciais que resultam da sacramentalidade da Igreja

A *indefectibilidade* (indestrutibilidade) da Igreja como sociedade visível e comunhão de graça invisível resulta de sua índole sacramental, na medida em que a Igreja é sinal do vitorioso desígnio salvífico de Deus na história, e de sua continuação até o fim dos tempos (Mt 28,20). Uma corrupção total da Igreja em suas realizações fundamentais e na composição de sua natureza é, por conseguinte, impossível, apesar dos pecadores nela existentes. Igualmente, a Igreja visível e peregrina permanece "indelevelmente santa" (LG 39; contra o montanismo, o novacionismo e determinadas afirmações da Reforma protestante).

A Igreja concretiza a *indefectibilidade* de seu ser e de sua índole em suas *três* realizações fundamentais:

a) Nos *martyria*: a Igreja é *infalível* nas decisões definitivas de seus pronunciamentos doutrinais. A Igreja, como um todo (*sensus fidelium*), e o Magistério têm o carisma da infalibilidade, mediante o qual o Espírito Santo garante a indefectibilidade da Igreja no anúncio autêntico do Evangelho.

b) Na *leiturgia*, mediante a eficácia dos sacramentos (*ex opere operato*).

c) Na *diakonia*, como realização do amor de Deus no amor ao próximo (cf. Mt 25).

#### d) Sinais da Igreja

A *unidade/unicidade* (DH 5; 41s.; 44; 46ss.; 51; 150; 350; 446; 684; 792; 802; 870ss.; 1050; 1159; 2885-2888; 2937s.; 2997ss.; 3300-3304; 4530; UR 5):

> A Igreja de Cristo, una e única, "realiza-se (subsiste) na Igreja Católica governada pelo sucessor de Pedro e pelos bispos em comunhão com ele, embora fora de sua visível estrutura se encontrem vários elementos de santificação e verdade. Estes elementos, como dons próprios à Igreja de Cristo, impelem à unidade católica" (LG 8).

A unidade consuma-se como comunhão das igrejas locais constituídas em torno do bispo. Ela realiza-se na comunhão da fé, dos sacramentos e na estruturação eclesial (concílio, sínodos, papado). Apesar de muitas divisões, a unidade e a unicidade da Igreja mantiveram-se também visíveis. A unidade é apanágio da graça divina (concreta no batismo), mas ela tende a uma plena caracterização. A partir da unidade como dom de Deus à sua Igreja, segue-se a tarefa de torná-la nitidamente reconhecível na aparência da totalidade do cristianismo (cf. Jo 17,21: "A fim de que todos sejam um. Como Tu, Pai, estás em mim e eu em ti, que eles estejam em nós, para que o mundo creia que Tu me enviaste"). O *movimento ecumênico* e seus esforços para superar as divisões e a consecução da unidade visível da Igreja estão a serviço desta meta.

A *santidade* da Igreja (DH 1-5; 11-30; 36; 41s.; 47; 51; 60-63; 150; 3300; 3685) é a um tempo dom e missão (mediante o que o sentido *ontológico* e o sentido *moral* de santo não devem ser trocados):

Como obra de Deus, a Igreja é santa em sua natureza e em seu agir, bem como em seus membros, à medida que manifesta em si o Santo e Santificador, e se dispõe a atuar pela salvação das pessoas. Embora pessoas individuais na Igreja possam tornar-se pecadoras e, de fato, se tornam, elas pertencem continuamente à Igreja visível. A Igreja não é apenas santa como a multidão dos previamente conhecidos e predestinados à santidade (contra Wycliffe, Hus, Calvino). Os pecadores também pertencem à Igreja visível (DH 1201; 1203; 1205; 1221; 2408; 2463; 2472-2478; 3803; LG 8). Eles não eliminam a santidade da Igreja, pois a santidade da Igreja consiste na contínua capacitação para o serviço da salvação, e não na irrepreensibilidade moral pessoal de todos os seus membros. É até mesmo possível que o povo de Deus peregrino, como um todo, não corresponda ao desafio de determinada época e se torne "culpado" em sua própria missão. No entanto, isto também não anula a indestrutível missão salvífica da Igreja. E aquele que, através do pecado, foi levado a opor-se à natureza santa da Igreja, pode, mediante o Sacramento da Reconciliação, reintegrar-se plenamente à vida da santa Igreja.

A *catolicidade* da Igreja (DH 3-5; 19; 21; 23; 27-30; 36; 41; 51; 60, 126; 150; 350; 3166; 3685; LG 8):

A partir do desígnio salvífico universal de Deus, segue-se a catolicidade (universalidade) *quantitativa*, na medida em que todas as pessoas, sem restrição (com respeito, p. ex., à nacionalidade, situação vital, idade, sexo etc.), mediante a pertença à Igreja, são chamadas à comunhão com Deus. Do desígnio salvífico escatológico de Deus resulta também a catolicidade *qualitativa*, uma vez que Deus confiou à sua Igreja o anúncio integral da plenitude da verdade da autorrevelação em Jesus Cristo e, por conseguinte, a Igreja detém todos os meios salvíficos, as instituições e ministérios para poder cumprir sua missão (DH 42-49; 575; 792; 802; 870; 1191; 1351; 2720; 2730s.; 2765; 2865; 2867; 2917; 2997-2999; 3304; 3821; 3866-3873; LG 8).

A *apostolicidade* da Igreja

Por causa da mediação histórica da revelação, na doutrina, em sua vida sacramental e em sua composição como edifício social no decurso dos tempos e na alternância das gerações, a Igreja é deveras idêntica à Igreja de todos os tempos e de todos os lugares, especialmente, porém, em sua origem histórica na Igreja primitiva dos "apóstolos", ou seja, no círculo pré-pascal e pós-pascal dos Doze, juntamente com as demais testemunhas da ressurreição e os mais importantes missionários cristãos primitivos. De acordo com a opinião católica e ortodoxa, na doutrina e na vida sacramental, a origem do múnus episcopal sacramental nos apóstolos pertence também à apostolicidade. Os bispos, no exercício da condução da comunidade e no testemunho autorizado da ressurreição, são sucessores dos apóstolos. O múnus apostólico da Igreja primitiva é transmitido, para a unidade histórica, mediante a sucessão apostólica no Sacramento da Ordem, com a continuação do colégio apostólico no colégio episcopal, e a Igreja é revestida de um sinal eficaz de sua configuração apostólica. Por conseguinte, a composição da Igreja, principalmente o ministério eclesial, repousa em "instituição divina" (DH 101; 1318; 1768; 3061; 3307; 3804; LG 20). O Bispo de Roma é, na qualidade de sucessor do Apóstolo Pedro, cabeça do colégio episcopal e princípio e fundamento de sua unidade na doutrina e na comunhão (DH 111; 133s.; 133-136; 181; 217s.; 221; 232s.; 282s.; 306; 343; 350; 363ss.; 444; 661; 747s.; 881; 1053; 1307; 1888; 2593; 3056; 3058; 3073s.; 3112; LG 18).

De igual modo, a missão dos leigos (LG 33) é uma realização imediata da natureza apostólica da Igreja. O apostolado dos leigos não consiste em uma delegação da missão apostólica através dos bispos, mas em uma participação original na missão comum da Igreja Apostólica, em razão do Batismo e da Confirmação. A missão apostólica comum da Igreja é percebida nos diversos carismas e ofícios, cuja coordenação (não autoria) cabe aos bispos como guardiães da unidade da Igreja local e da comunidade das igrejas locais entre si na Igreja universal.

### e) A necessidade de salvação da Igreja peregrina (incorporação à Igreja)

*Para todo ser humano, ao longo de sua vida, a incorporação à Igreja visível é necessária para a salvação (LG 14; AG 7), visto que a Igreja não é uma comunidade religiosa privada, mas instrumento do desígnio salvífico histórico-escatológico de Deus, que se estende a todas as pessoas.*

O axioma da Igreja Antiga "fora da Igreja não há salvação" (cf., a propósito, também o Decreto para os jacobitas do Concílio de Florença, DH 1351) deve ser interpretado como expressão da indissociabilidade entre o desígnio salvífico de Deus e a sacramentalidade da Igreja, e não como uma afirmação categórica sobre o destino final de "judeus, hereges e cismáticos" (ibid.), não cristãos ou não católicos. A afirmação da necessidade salvífica instrumental da Igreja deve ser vista juntamente com as declarações sobre o desígnio universal de salvação, que também pode alcançar sua meta fora das fronteiras da Igreja visível (cf. a rejeição do axioma jansenista, segundo o qual fora da Igreja não haveria a graça: DH 2429). No entanto, onde quer que a graça de Cristo atue, impulsiona a própria natureza deles rumo a uma realização plenamente sacramental e eclesial (cf. DH 741; 788; cf. NR 367; 368; Carta do Santo Ofício ao arcebispo de Boston, 1949, contra uma rigorosa interpretação do axioma "fora da Igreja não há salvação"). A necessidade da Igreja resulta do mandamento de Cristo e de sua determinação, mediante o que a Igreja seria o *meio* para a salvação. Contudo, a expressão "extra ecclesiam nulla salus" deve ser interpretada tal como a Igreja a compreende:

> "Pois para que alguém obtenha a salvação eterna não é sempre necessário que seja efetivamente (*reapse*) incorporado à Igreja, como membro, mas requerido é que lhe esteja unido por voto (*votum fidei*) e desejo" (DH 3866-3873).

No que tange a cada pessoa individualmente, a necessidade salvífica instrumental da Igreja atua de maneira condicional:

> "Por isso não podem salvar-se aqueles que, sabendo que a Igreja Católica foi fundada por Deus através de Jesus Cristo como instituição necessária, apesar disto não quiserem nela entrar ou nela perseverar" (LG 14).

No plano da visibilidade da Igreja há uma forma escalonada de incorporação:

> "São incorporados plenamente à sociedade da Igreja os que, tendo o Espírito de Cristo, aceitam a totalidade de sua organização e todos os meios de salvação nela instituídos e na sua estrutura visível – regida por Cristo através do sumo pontífice dos bispos – se unem com ele pelos vínculos da profissão de fé, dos sacramentos, do regime e da comunhão eclesiásticos" (LG 14).

## f) Historicidade e escatologia da Igreja

A Igreja, como povo de Deus peregrino da nova e eterna aliança (2Cor 5,7; 1Pd 2,10; Hb 3,7-4,11), tanto na natureza quanto na missão, está marcada pela dinâmica da autocomunicação escatológica de Deus, que está presente definitivamente no âmbito ainda aberto da história, e que conduz a história à sua plenitude transcendental. A Igreja não deve ser dividida em uma comunidade espiritual e invisível de ideais interiores, de um lado, e uma Igreja real, externamente institucional, de outro. As contraposições de R. Sohm (NR 405), entre uma supostamente original "Igreja do amor" e uma "Igreja do direito", surgida posteriormente, ou seja, uma Igreja "carismática" e uma Igreja "institucional", que teria aparecido mais tarde, são construtos teológica e historicamente insustentáveis.

A igreja visível é o sinal indestrutível mediante o qual o conteúdo invisível, a saber, a comunhão de graça com Deus, se transmite e, nas circunstâncias temporais e sociais da experiência humana, se realiza.

Contudo, em sua figura sacramental e institucional, a Igreja pertence ao mundo passageiro (LG 48). Na Parusia, a Igreja já não existirá como *instrumento salvífico*. No entanto, permanece como *fruto salvífico*, como a comunhão eterna com Deus e das pessoas entre si (cf. LG 1).

A Igreja peregrina sobre a terra está ligada, na fé e no amor, à Igreja consumada no céu na única *communio sanctorum*. Esta consiste em uma interação de veneração, memória, intercessão e exemplo. À Igreja triunfante no céu pertencem todas as pessoas salvas por Deus, também os santos dos começos da humanidade (LG 49), mesmo que não tenham sido membros da Igreja visível. Pertencem, ademais, à Igreja como comunidade salvífica escatológica os membros falecidos da Igreja que, após a morte, carecem de purificação (purgatório). As três dimensões da Igreja, a saber, a padecente, a combatente/peregrina e a triunfante são unidas mediante o único mediador, Cristo, que é a cabeça de seu Corpo, que é a Igreja (DH 600; 675; 1304; 1820s.; 3362s.; LG 20).

## g) A constituição carismático-sacramental da Igreja

Mediante a profissão de fé, a recepção do Sacramento do Batismo, bem como através da contínua comunhão com os fiéis e com os líderes da Igreja, cada batizado participa da vida cotidiana geral e da missão universal do povo de Deus. Ele faz isso em força do sacerdócio régio comum e do múnus profético de todos os fiéis (LG 9-13), de acordo com os carismas individuais e do dom do Espírito, mediante cuja ação recíproca o Espírito de Deus constrói dinamicamente a Igreja na história (DH 3800s.). O dom do Espírito, porém, acontece no batismo que, por esta razão, é um momento constitutivo da composição da Igreja (cf. a teologia dos leigos).

Outro momento constitutivo da composição da Igreja é o ministério carismático-sacramental ou a hierarquia eclesial que, em forma do direito divino, na Igreja local é constituída por um único bispo (cf. monepiscopado), pelo presbítero e pelos diáconos a eles agregados (DH 108s.; DH 1767-1769; 1775; DH 2602; 3051; 3061).

O ministério carismático-sacramental (hierarquia) mostra-se na constituição episcopal da Igreja local e no colégio de todos os bispos, que representam a comunhão de toda a Igreja. Ao representante visível da unidade do colégio episcopal e de toda a Igreja é confiada a unidade do governo (= primado da jurisdição), bem como o serviço à verdade e à completude da profissão de fé, no sentido de um exercício especial da infalibilidade de toda a Igreja (LG 18-29).

Em nome e na plenipotência de Cristo, cabeça da Igreja, na qualidade de sucessores dos apóstolos, os bispos são servos da unidade sacramental da Igreja e representantes do anúncio público do Evangelho. Como líderes da Igreja local, eles são os pastores na medida em que exercem o pastoreio de Cristo. No exercício autônomo do serviço profético, sacerdotal e régio (= como pastoreio) de Cristo, eles são representantes, mas não os detentores exclusivos da missão comum da Igreja.

## h) A tipologia mariana da Igreja

A Igreja não é nenhuma comunidade religiosa em sentido amplo. Como povo da aliança, ela é, ao mesmo tempo, *pessoa* (cf. Gl 3,28: "Vós sois *um só* em Cristo"), que ouve a Palavra de Deus e é enviada para o anúncio do

Evangelho. No ouvir da Palavra, a Igreja realiza seu relacionamento com Deus como virgem e noiva, ao passo que, no anúncio do Evangelho e no serviço salvífico abrangente em relação aos fiéis, ela aparece como mãe cuidadosa. A Igreja, como virgem e mãe, encontra sua perfeita representação *na* mulher que, na fé, transformou-se em virginal Mãe de Deus. Maria, a mãe de Jesus, como "filha de Deus Pai" (como criatura escolhida por Deus; filiação divina), como "mãe do Filho" (cf. Lc 8,20) e "templo do Espírito", representa a origem trinitária da Igreja. Deste modo, ela é saudada na fé e no amor como membro sublime e inteiramente único da Igreja e como tipo e modelo (= exemplar) mais límpido, e a Igreja Católica, instruída pelo Espírito Santo, honra-a, com afeto de piedade filial (*filialis pietatis affectu*), como Mãe amantíssima (LG 53; cf. 45; 47; 63; 65; *Ambrósio*, in Luc. II, 7).

Em Maria, a Igreja já alcançou a plenitude (cf. a Assunção de Maria ao céu). Visto que a graça é a origem da perfeição, a Igreja vê em Maria, que fora preservada do pecado original, o paradigma de sua própria plenitude escatológica quando da segunda vinda de Cristo (LG 65).

## 5  O tratado da "Eclesiologia" em toda a Dogmática

Apesar das abundantes declarações sobre a natureza e missão da Igreja por parte dos Padres da Igreja e dos grandes teólogos da Escolástica (cf. especialmente os comentários ao Cântico dos Cânticos), e não obstante a discussão em torno de cada uma das questões disputadas (como, p. ex., a organização hierárquico-apostólica, contra a gnose e o montanismo; em torno da necessidade da Igreja para a salvação etc.), só se pode falar de um tratamento sistemático do tema Igreja a partir da Idade Média tardia. Os ensejos eram as discussões entre papado e império, entre poder espiritual e poder temporal no *corpus* cristão e as discussões em torno da supremacia do papa ou do concílio (papalismo, conciliarismo, posteriormente galicanismo). Elas surgiram a partir do ponto de vista do Direito Canônico (Tiago de Viterbo. *De regimine Christiano*, 1301/1302. • João de Torquemada. *Summa de Ecclesia*, 1453. • João de Ragusa. *Tractatus de Ecclesia*, 1140/1141, entre outros).

À ênfase exagerada sobre a Igreja constituída hierárquica e juridicamente, a Reforma Protestante contrapôs a ideia de que a natureza da Igreja seria uma comunidade na fé (*Corpus Christi mysticum*). A teologia apologética católica, em contrapartida, acentuava a Igreja visível, sacramental e oficialmente composta (Roberto Belarmino).

Na crítica iluminista à Igreja e na decorrente orientação a uma religião e revelação naturais (sem consideração para com a transmissão de uma revelação sobrenatural), o interesse deslocava-se ainda mais para a figura exterior da Igreja, que aparecia como *instituição moral e educacional* fundada por Cristo e confiada aos órgãos administrativos.

Proeminentes representantes da Escola de Tübingen (J.S. Drey; J.A. Möhler; F. Pilgram), representantes da escola romana (C. Passaglia, C. Schrader), o teólogo alemão M.J. Scheeben e o cardeal inglês J.H. Newman preparavam uma concepção inteiramente nova do Magistério da Igreja, e não precisamente a partir dos pontos de vista canônicos, mas teológicos e sacramentais. Eles recorreram aos fundamentos bíblicos e às fontes patrísticas, evitaram um dualismo da dimensão visível e invisível da Igreja e compreenderam sua natureza sob a perspectiva central da sacramentalidade. A dimensão exterior, que remonta à atuação histórica de Jesus, é o sinal eficaz da realidade interior, ou seja, da comunidade escatológica das pessoas, instituída por Cristo, na qual elas participam da comunhão do Pai, do Filho e do Espírito.

Como ideia principal sobre a natureza da Igreja, já não serve a imagem da pirâmide, ou seja, a representação de que a Igreja seria uma instituição sagrada rigidamente organizada de cima para baixo, unificada pela autoridade.

*A Igreja é compreendida muito mais como a comunhão criada por Deus entre todas as pessoas, na participação comum tanto na fé quanto nos meios salvíficos e na missão salvífica. Devido à realização comum da missão da Igreja por parte de sacerdotes e leigos, e no fato de a Igreja local, constituída em torno do bispo, estar ordenada para a Igreja universal, a comunhão aparece como o novo paradigma da eclesiologia (eclesiologia de comunhão).*

A respeito da classificação do tratado dogmático-teológico da eclesiologia – que apareceu somente em tempos recentes – no edifício geral da dogmática, ainda não existe nenhuma unidade. Alguns fazem a eclesiologia seguir-se diretamente à cristologia ou à pneumatologia, e compreendem-na como fundamento e moldura para a teologia dos sacramentos e para o tratado da graça. Na concepção do "registro acadêmico" existente, a Igreja é sistematicamente compreendida sob o ponto de vista do povo da aliança, que se fundamenta na eleição do Pai e foi constituído na encarnação da Palavra e na efusão do Espírito. Na fila-B, o tratado (a apropriação da revelação na história da fé) corresponde à eclesiologia da doutrina da autorrevelação de Deus, o Pai, que constitui originalmente o povo da aliança (representado pela fila-A, que inclina o olhar para a autorrevelação histórico-salvífica de Deus). Nesta concepção, segue-se à eclesiologia a doutrina dos sacramentos, que trata das obras salvíficas de Cristo, da encarnação do Filho de Deus, no serviço da missão da Igreja, antes de ser tematizada, em seguida, na doutrina da graça, a presença salvífica do Espírito em cada pessoa individualmente, na comunidade do povo de Deus e em toda a criação.

## 6 Temas atuais

Os desafios concretos da situação histórico-espiritual e cultural do momento apresentam uma série de temas especiais de uma reflexão sistemático-teológica sobre a fé cristã em geral e sobre a natureza da Igreja, de modo especial:

a) A Igreja como *testemunha da transcendência* em um mundo secularizado. Na Europa pós-cristã, de onde brota o processo de uma secularização global da consciência e de uma imanentização do senso da existência, a comunidade dos fiéis não pode simplesmente ser fixada na autopreservação.

Ela deve compreender-se como testemunha da referência transcendental do ser humano a Deus e como intérprete da busca humana pela verdade. O mistério do ser humano torna-se claro "à luz de Cristo", "que é a chave, o centro e a meta" de cada ser humano e de toda história humana (cf. GS 10; 22).

b) Em face de uma comunicação global, da "reaproximação" dos diversos povos e culturas e, principalmente também, da presença das mais diversas "religiões" e "ofertas de salvação", exige-se uma profunda reflexão do nexo entre o desígnio salvífico universal de Deus e da *inconfundibilidade da missão eclesial*, de um lado, e, de outro, a *função salvífica* que pode caber *às comunidades religiosas não cristãs*.

O relacionamento da Igreja com o judaísmo pós-bíblico, bem como com o Islã, que conserva o monoteísmo, tem, no caso, mais uma vez, qualidade própria. Visto que a Igreja não é nenhuma sociedade religiosa, mas uma comunidade de fé que se sabe constituída em livre resposta a uma eleição histórica, na determinação de seu relacionamento com as religiões a Igreja não pode deixar-se subsumir sob uma concepção de religião geral, a-histórica (cf. o projeto de uma "teologia pluralista das religiões"). Em meio à variedade de religiões históricas, a Igreja não tem a pretensão de ser uma entidade absoluta empiricamente demonstrável. A Igreja só pode determinar seu papel levando em conta o acontecimento que ela compreende como a autocomunicação escatológica de Deus e do qual se vê como sinal e instrumento. Somente na liberdade da fé e da consciência pessoal é que se mostra a unidade dinâmica do desígnio salvífico universal de Deus e da missão universal da Igreja (cf. a declaração sobre o relacionamento da Igreja com as religiões não cristãs *Nostra Aetate*, bem como a declaração sobre a liberdade religiosa *Dignitatis Humanae*, do Concílio Vaticano II). O respeito perante a experiência de salvação e de verdade nas religiões que, segundo a concepção cristã, subsistem sob o influxo da graça de Cristo e de seu Santo Espírito, e a convicção de que a Igreja de Cristo é estabelecida pelo próprio Deus como o sinal indestrutível de seu desígnio salvífico universal não são excludentes entre si (cf. LG 16s.). Prontidão para o diálogo, tolerância e respeito no confronto com convicções e tradições religiosas não anulam a certeza da fé cristã de que a Igreja não é a obra de simples necessidade humano-religiosa, mas está ligada ao desígnio salvífico escatológico de Deus que se está realizando historicamente, e que a estabelece como sinal incorruptível deste desígnio de salvação universal, e foi criada como instrumento de sua consecução histórica no âmbito de uma livre resposta de fé.

c) *Catolicidade e inculturação*. A prevalência factual da catolicidade (quantitativa) da Igreja, desde os grandes movimentos missionários no tempo dos descobrimentos (séculos XV e XVI), levou a uma expansão mundial da doutrina e dos costumes cristãos e de uma liturgia sob as formas de mundo da cultura ocidental-cristã.

O sujeito de uma nova síntese entre a fé e sua explicitação cultural são as igrejas na África, na América Latina e na própria Ásia. Nas formas plurais de expressão da única fé cristã, realiza-se também a catolicidade da Igreja. De um lado, esta é uma linha de direção, por outro, porém, também um princípio dinâmico que deve levar à completa configuração de Cristo, o Filho de Deus encarnado, em seu corpo, que é a Igreja (Ef 4,11-16).

d) *A meta ecumênica da restauração da unidade de todos os cristãos.* Dado que Cristo "fundou apenas uma única e una Igreja", mas, no entanto, diversas comunidades cristãs têm a pretensão de serem a verdadeira herança de Cristo, o fato da divisão só pode ser compreendido como uma franca contradição em relação à vontade de Cristo. Ademais, configura-se em um incomensurável dano ao anúncio do Evangelho (UR 1). Por este motivo, "todos os fiéis católicos são chamados a reconhecerem os sinais dos tempos e a participarem ativamente do trabalho ecumênico" (UR 4).

e) *A realização prática da eclesiologia de comunhão.* A eclesiologia de comunhão superou a compreensão de uma Igreja conduzida estritamente do ponto de vista legal, clerical e autoritário, bem como evitou o extremo oposto, o congregacionalismo, ou seja, o mal-entendido da Igreja como uma comunidade religiosa levada a cabo por iniciativa humana. Para hoje, apresenta-se a tarefa de, acima de uma concepção teórica da Igreja, incentivar, também na prática, uma mentalidade que ensine a ver de maneira nova a unidade sacramental originária entre sociedade exterior e comunidade de graça interior, entre carismas e serviços, e ministérios sacramentais, entre clero e leigos. A colaboração de todos na missão da Igreja não prejudica a missão específica do ministério sacramental, tal como a colegialidade dos bispos não diminui o primado do papa, e assim por diante.

## II. A IGREJA SEGUNDO O TESTEMUNHO BÍBLICO

### 1 *O povo da aliança escolhido como instrumento do desígnio salvífico de Yahweh*

#### a) Origem e natureza de Israel como povo da aliança

*A Igreja de Cristo brota da dinâmica da ação histórico-salvífica de Deus. Ela é o resultado historicamente perceptível de sua autorrevelação na Palavra e no Espírito.*

Que Deus, mediante seu agir eletivo, cria (*bara*) um povo da aliança e nas 12 tribos/povos o constitui como o único povo de Deus, resulta de imediato de seu desígnio salvífico, que se realiza em uma revelação histórica. Se a relação de Deus com a criação fosse determinada por uma conscientização atemporal de Deus na alma do ser humano, então uma revelação histórica especial seria supérflua. Ora, o relacionamento de Deus, porém, é constituído pela livre graça de uma doação pessoal em uma revelação histórica. A esta autocomunicação pertence também a *história de sua aceitação humana no ato de fé*. A fé é coessencial para uma comunidade que leve em conta a estrutura social do ser humano e que possibilite sua continuidade no tempo.

A história da revelação, justamente onde ela se pretende universal, precisa de um povo eleito como um sujeito constante e idêntico de uma história de fé na qual a revelação se manifesta. A comunidade de fé Israel é testemunha e mediadora do desígnio salvífico universal de Deus, que no início se revelou como criador de todos os seres humanos e povos (Gn 1,1).

A promessa de uma aliança universal (Gn 9,9) concretiza-se na escolha e na vocação de Abraão (Gn 12,3; 17,5; Rm 4,17; Gl 3,7). Ele é o protótipo de Israel e, ao mesmo tempo, de todos os povos nele escolhidos. A história da eleição e da vocação de Israel chega à sua meta na revelação do mediador universal entre Deus e os seres humanos, Jesus Cristo, o "mediador da nova e eternamente válida aliança" (cf. Hb 9,12-15). Israel, o povo de Deus escolhido e conduzido pelo deserto até à terra prometida, é igualmente destinatário do agir salvífico, libertador e vitalizador de Yahweh, como na fé, na confissão, na reunião litúrgica, na obediência à lei e em uma vida santa, é ouvinte e testemunha da autopromessa de Deus como salvador da humanidade (cf. o nexo entre promessa da aliança, eleição, universalismo salvífico, soteriologia e escatologia).

O relacionamento pactício de Yahweh com Israel expressa-se em três classificações da natureza do povo de Deus:

(1) Israel é *propriedade de Deus*
Israel é sua propriedade na medida em que, em geral, como povo, só é constituído por Deus (Dt 4,37). Em sua unidade, ele é delineado concretamente em sua unidade e isolado dos outros povos como "povo santo" (Lv 20,26). Israel é "criação de Deus" (Is 43,1.7), povo de propriedade de Yahweh (Dt 4,20; 7,6; 14,2; 26,18), seu patrimônio pessoal (Ex 19,5; Dt 7,6; Ml 3,17), sua porção (Dt 32,9; Zc 2,16) e sua herança (Dt 4,20; 32,8; Sl 33,12). A existência de Israel é um anúncio do amor cuidadoso de Deus (Dt 7,6; Ex 3,14).

(2) Israel é *parceiro da aliança de Deus*
A escolha de Israel, da parte de Deus, não atribui a Israel um papel passivo, mas ativo. Israel reconhece e ama Deus. O amor de Deus confirma-se no amor ao irmão. O povo só pode responder à oferta da aliança na dedicação dos corações a Deus. No final das contas, isto só será possível na nova aliança, quando o próprio Deus, no Espírito, recria e muda os corações dos seres humanos (Jr 31,31-34). A reciprocidade da autodoação de Deus e o autocompromisso responsivo de Israel estão expressos nas seguintes palavras: "Eu serei vosso Deus, e vós sereis o meu povo" (Ex 6,7; Dt 29,9-12).

À luz deste arranjo relacional, oriundo de Deus, entre Yahweh e Israel, mostra-se também o sentido das metáforas que compreendem Israel como o primogênito de Yahweh (Is 41,8; Lc 1,54), como a noiva predileta, esposa e filha de Sião (Os 2,16; Jr 2,2; Ez 16; Is 50,1; 54,4-8; 61,10). Israel é a plantação e a vinha de Deus (Is 5,1-7); a videira (Jr 2,21; Sl 80,9); o rebanho de sua pastagem (Sl 95,7; Jr 23,2ss.; Is 40,11; Ez 34,1-31).

(3) Israel é *santuário de Deus* (templo, edifício, casa, reino de sacerdotes)
Como portadora, testemunha e destinatária, principalmente na assembleia de culto, a comunidade de fé de Israel é lugar e meio da presença salvífica de Deus. Como santuário de Deus, Israel é um povo sacerdotal, régio e profético (Ex 19,6). Deus habita e age em meio a seu povo (Ex 29,45; 33,16; 34,9; Dt 2,7; 31,6; Nm 35,34; Is 48). Simbólica e realmente, Deus está presente no Templo no Monte Sião, em Jerusalém, a Cidade Santa. Aqui Deus se mostra como "Deus conosco" (Is 7,14; 8,8; Sl 46; 1Rs 8,13; Jr 3,17).

No final dos tempos messiânicos, Deus concluirá a eterna aliança da paz (*shalom*) com todos e estará no meio de seu povo sem mediação (Ez 37,26; Jr 31,33). A efusão universal do Espírito, ligada ao final dos tempos messiânicos, sobre todos os povos e no coração de cada ser humano (Ez 36,28; Jl 3,1; Ag 2,6) realiza tanto a recondução de Israel da destruição, bem como seu completo restabelecimento como povo da aliança. Nele, o senhorio régio de Deus é plenamente reconhecido. Por conseguinte, o próprio povo da aliança é a morada de Deus e o templo de seu poderoso Espírito (1Cor 3,16; 2Cor 6,16; Ef 2,20; Ap 11,1s.; 21,14; 1Tm 3,14; 1Pd 2,9s.). Na assembleia de culto, Israel compreende-se como "Igreja do Senhor" (Nm 16,3; Dt 23,2ss.; 1Cr 28,8; Ne 13,1). Para o seio do povo santo, Deus envia os dons da expiação (remissão dos pecados), e com isto a plena entrada na justiça da aliança, mediante a qual o povo pode corresponder à eleição e à graça. Assim, no Novo Testamento, a Igreja é chamada de "comunidade dos santificados" (At 20,32) ou de "rebanho de Deus", que Ele adquiriu mediante o sangue de seu próprio Filho e a restauração da justiça da aliança mediante a expiação de Cristo como "Igreja de Deus" (cf. Rm 3,28).

### b) O ministério mediador de Israel

A delimitação de Israel em relação aos outros povos tem por meta preparar o ministério do desígnio salvífico de Deus a todas as nações. Vicariamente, em favor de todos os povos, Deus dirige-se a Israel e o escolhe. Em contrapartida, porém, Israel permanece também em uma ativa substituição vicária por todos os povos diante de Deus.

Israel exerce seu ministério mediador em relação aos povos:

(1) Como povo *régio* mediador da salvação. Na reconstrução do reino davídico (messiânico), Israel exerce o reinado de Deus entre as nações (Dn 7,13; Is 53,3).

(2) Como povo *profético* mediador da salvação. Israel é o mensageiro da aliança enviado por Deus" (Ml 3,1), o "servo de Deus" revestido do Espírito Santo, que traz aos povos justiça e paz, e que é luz para os povos (Is 42,1-9). O ministério profético de Israel é exercido em concreção prototípica mediante portadores individuais, Moisés e os Profetas. O mediador profético é receptor da revelação. Ele tem o encargo de, vicariamente para todo o povo, proclamar o louvor de Yahweh e "apresentar intercessão por todos os povos" (cf. Gn 18,22-32; 20,7-17; Ex 8,4.8s.; Sl 47,2 etc.). O *único* mediador "carrega os pecados de muitos e intercede pelos culpados" (Is 53,12).

(3) Como povo *régio-sacerdotal* mediador da salvação (Ex 19,5; Lv 19,8). Israel é, finalmente, o povo separado, santo, que administra um ministério sacerdotal. Todas as pessoas devem inteirar-se da gesta salvífica de Deus e reconhecer a vida da Igreja na comunidade de fé, amor e ajuda recíproca como sinal do desígnio salvífico de Deus (cf. Rm 15,16; 1Pd 2,9; Ap 1,6; 5,10; 20,6).

### c) O povo de Deus como quase pessoa e o mediador salvífico individual como seu representante

Como povo da aliança, Israel encontra-se em uma relação pessoal, dialógica e de parceria com Deus. A unidade pessoal de Israel, a partir da qual cresce seu ministério mediador, é apresentada em Moisés, o mediador da aliança, e no profeta esperado, que surge do meio do povo (Dt 18,15), o qual, como o sumo sacerdote e mediador da Nova Aliança tirado do meio das pessoas (Hb 3,17), restabelecerá definitivamente a aliança. Na Nova Aliança, o ministério da mediação é exercido unicamente por Jesus Cristo, enquanto Maria, como membro do povo da aliança, é a representante da fé que responde. No NT, Jesus, que é um filho do povo de Israel (Rm 1,3; 9,5; Mt 1,16; Mc 6,3; Lc 1,69; Jo 4,22), aparece como o Filho de Deus encarnado. Em seu serviço messiânico, Ele realiza o ministério mediador salvífico sacerdotal, régio e profético de Israel e, mediante isto, adquire para si o povo da nova e eterna aliança, o "novo Israel", dentre os diversos povos. A Igreja de Cristo transforma-se em instrumento e sinal do desígnio salvífico de Deus realizado e levado a cabo escatologicamente. Através dela, Cristo, como Senhor e Cabeça da Igreja, exerce seu ministério sacerdotal (1Pd 2,5). Em sua missão e em sua comunhão interna, a Igreja é, em Cristo, mediadora do desígnio salvífico universal de Deus em relação aos povos de todo o mundo até à plenitude, no retorno de Cristo. A unidade e a diferença entre Cristo como Mediador e o povo da aliança ao qual foi confiada a mediação consiste nisso que Cristo é cabeça de seu corpo, que é a Igreja.

## 2 A Igreja do Filho de Deus – o povo de Deus na Nova Aliança

### a) A síntese eclesiológica originária: a comunidade dos discípulos de Jesus é a Igreja de Cristo

*Em analogia com a síntese cristológica originária, pode-se falar também de uma síntese eclesiológica originária. Assim como a fé em Jesus Cristo brota da experiência da identidade do Jesus pré-pascal e do Cristo ressuscitado, de igual modo a Igreja, como mistério da fé, pode ser reconhecida mediante o fato de que o próprio Senhor ressuscitado estabelece a ligação entre a comunidade pré-pascal dos discípulos e a comunidade de fé pós-pascal.*

A "Igreja de Deus" (1Cor 15,9) repousa sobre o testemunho de Cefas-Pedro (Mc 1,16; 3,16; Mt 4,18; Jo 1,42) e dos Doze, bem como de "homens que nos acompanharam todo o tempo em que o Senhor Jesus viveu em nosso meio, a começar do batismo de João até o dia em que dentre nós foi arrebatado – um destes se torne conosco testemunha da sua ressurreição" (At 1,21).

Dado que o Senhor torna também testemunhas de sua ressurreição os apóstolos que Ele reuniu no período pré-pascal, a comunidade dos discípulos é novamente constituída como uma comunidade da confissão de fé e do testemunho, do anúncio e da missão. A tarefa desta comunidade reunida em Cristo e no Espírito Santo é ser o povo de Deus, no qual o senhorio de Deus já se tornou incipientemente realidade e através do qual o Cristo exerce sua missão universal e seu ministério de mediação salvífica. Pedro, como primeiro apóstolo e como primeira testemunha da ressurreição (1Cor 15,5; Lc 24,34), mediante a confissão de Jesus, como o "Cristo, Filho do Deus Vivo", torna-se "rocha" sobre a qual o Cristo construirá sua Igreja (Mt 16,18). Elaborada mediante o uso do tempo verbal no *futuro*, a formulação sobre a fundação da Igreja mostra a intenção do evangelista de mostrar a comunidade pré--pascal dos discípulos como embrião da Igreja do povo da aliança escatológico, nascente no período pós-pascal. Ela fundamenta-se na confissão pascal dos apóstolos em Jesus como Cristo. O fosso entre a Sexta-feira da Paixão e a Páscoa não pode ser superado mediante uma identidade unicamente de ideias e de impulsos religiosos. A Igreja não é nenhuma comunidade religiosa que teria surgido por mera iniciativa humana, através dos entusiastas de uma ideia. *A Igreja é, antes, como obra de Deus, a síntese entre o agir eletivo divino e a obediência humana, da revelação divina com o testemunho humano e a profissão de fé.* Por esta razão, o relacionamento do Jesus pré-pascal com a Igreja pós-pascal não pode ser comparado ao relacionamento de um fundador carismático de religião com uma comunidade que surge a partir dele, ou a uma figura histórica importante e a eficácia histórica (talvez até mesmo involuntária) de suas ideias e experiências religiosas na posteridade. Visto que Jesus não é nenhum fundador de religião, Ele também não organizou, à moda de uma associação profana de direito, a comunidade dos discípulos da qual a Igreja do Cristo pascal se construiu. A figura externa da Igreja corresponde à própria missão.

*A Igreja de Cristo compreende-se em sua existência, em sua natureza, composição e missão como o resultado visível do desígnio salvífico universal de Deus, que em Jesus de Nazaré se tornou uma realidade escatológica em meio à história. Ela é comunidade de confissão e comunidade de vida dos discípulos e, como tal, sinal e instrumento do desígnio salvífico de Deus.*

Deve-se levar em conta que a Igreja só é compreensível no horizonte da fé de Israel e no horizonte da obra messiânica de Jesus. A atividade histórica de Jesus, mais uma vez, só é captável no testemunho original de seus discípulos. O querigma apostólico e a práxis eclesial da comunidade primitiva encontraram sua sedimentação escrita nos testemunhos neotestamentários.

### b) A nova constituição do povo de Deus mediante o agir eletivo de Jesus

O povo de Deus, conforme Jesus o revelou, era o destinatário natural do desígnio salvífico escatológico de Deus. Na época de Jesus, o povo de Israel estava afligido por divisão e destruição, bem como pela opressão dos dominadores pagãos. O centro da atividade de Jesus era a proclamação do estabelecimento definitivo do reinado de Deus. Deste reinado, como momento integrador, fazia parte o completo restabelecimento (= recriação) da unidade, perdida há muito tempo, nas doze tribos. Jesus escolhe, em um gesto simbólico significativo, os doze discípulos, dentre os quais Simão Pedro vem mencionado em primeiro lugar (Mc 3,16-19). Deste modo, Ele antecipa a completa restauração e nova criação quantitativa e qualitativa do povo escatológico da aliança. Quem nele crê e o segue, entra no espaço do reinado de Deus. O círculo dos Doze, que Jesus escolhe, e a grande multidão dos discípulos, que Ele reúne como membros do povo de Deus, representam, portanto, o vitorioso desígnio salvífico escatológico de Deus em relação a seu povo da aliança. O povo da aliança restaurado é "sinal para as nações" (Is 11,10) de que se realizou o desígnio salvífico de Deus para com seu povo. A multidão dos discípulos é, por conseguinte, o embrião do novo povo de Deus que se dá a conhecer em sua forma escatológica na cruz e na ressurreição de Jesus.

Portanto, Jesus nem fundou uma nova religião, nem constituiu outro povo da aliança ao lado de Israel. Os destinatários originários da ação salvífica de Jesus são "as ovelhas perdidas da casa de Israel" (Mt 10,6). O Reino de Deus surge sempre onde a vontade de Deus acontece "no céu e na terra" (Lc 11,2). Destarte, mediante a fé e o seguimento, cada ser humano é, em princípio, chamado a fazer parte da vida do povo de Deus. À nova aliança com a Igreja, a Casa de Israel (cf. Hb 8,8.10), também os pagãos são convidados (Mc 7,24-30). No horizonte do advento escatológico do reinado de Deus, realiza-se a promessa da peregrinação das nações rumo a Sião, e a promessa original, universal de salvação feita a Abraão. Com efeito, de todos os quatro cantos do mundo virão pessoas "e tomarão lugar à mesa no Reino de Deus" (Lc 13,29; cf. Zc 2,15; Is 2,2; 66,18.23 etc.).

A intervenção da missão histórico-salvífica de Israel no horizonte dos povos é ocasionada concretamente pela rejeição do ministério salvífico de Cristo por parte dos líderes representantes do povo de Deus (Cf. Rm 11,11). O veredicto de Jesus contra as cidades incrédulas (Mt 12,41; 23,37; Lc 10,13-15; 11,49) abre o olhar também para os povos (pagãos), que também são chamados à esfera do reinado de Deus (Mt 8,11s.; Lc 13,28). Isto, porém, não deve ser compreendido como decepcionado abandono de Israel da parte de Jesus. Visto que Ele, vicariamente, mediante sua obediência, vence os pecados da incredulidade, Ele expia a faltosa justiça da aliança de todas as pessoas, dos judeus e dos pagãos, de modo que, através da reconciliação realizada na cruz, surgem a nova justiça, a paz eterna, a inquebrantável aliança e o povo escatológico da aliança. Jesus, o Cristo, é, em sua pessoa, a origem da unidade de todas as nações. Com a Igreja, Ele adquiriu para si o novo povo de Deus. Ela é seu corpo, e Ele é a cabeça dela. Mediante sua cruz, os pagãos, que inicialmente eram estranhos à comunidade de Israel e estavam excluídos da aliança da promessa, juntamente com os judeus, na pessoa de Cristo, formam "o homem novo".

> "Ele estabeleceu a paz e reconciliou a ambos com Deus em um só Corpo, por meio da cruz, na qual Ele matou a inimizade. Assim, Ele veio e anunciou a paz a vós que estáveis longe e paz aos que estavam perto, pois, por meio dele, nós, judeus e gentios, num só Espírito, temos acesso junto ao Pai" (Ef 2,15-22).

### c) A revelação do mistério da Igreja na ressurreição de Jesus e no envio do Espírito

Na situação de ressurreição, Deus se revela como Pai do Filho, e revela-o como seu "próprio Filho" (Rm 8,32). Ele descerra seu poder no Espírito Santo, mediante o qual Ele ressuscita Jesus dos mortos, e que é o Espírito do Pai e do Filho. Estabelecido como mediador do reinado de Deus (Rm 1,3s.; 8,11; 1Cor 15,28), na doação de sua vida na cruz, Jesus fundou a "Nova Aliança" (1Cor 11,25) em seu sangue (Mc 14,24). O mediador do reinado de Deus crucificado e ressuscitado é, portanto, de maneira imediata o gerador da natureza do novo povo de Deus a partir das diversas nações. A Igreja é, como comunidade de fé e de profissão de fé, a forma de realização da autocomunicação de Deus, do Pai, do Filho e do Espírito Santo. Ela é o sinal do desígnio salvífico escatológico para as nações.

A resistência de Israel e a fuga dos discípulos mostram que não há nenhuma continuidade natural para a escolha de Israel (e, nisso, de todas as nações). Nem a pertença étnica a um povo, nem a máxima eficiência moral garantem o acesso ao desígnio salvífico de Deus. O ingresso na comunidade do povo de Deus é conseguida mediante a fé pessoal, a confissão de Jesus e a assinalação com seu nome, ou seja, o Sacramento do Batismo.

A experiência da presença escatológica e do dom da plenitude do Espírito Santo está essencialmente ligada ao reconhecimento de Jesus como o Filho de Deus encarnado. O povo de Deus escatológico, fundado por Deus no acontecimento Jesus Cristo, desenvolve-se constantemente de modo dinâmico no Espírito Santo. Em sua vida e em suas instituições, o povo de Deus é plenificado e conduzido pelo Espírito. A confissão de Cristo se dá no Espírito Santo (1Cor 12,3). A continuação da missão salvífica do Messias, que provém do Pai, acontece por força do Espírito Santo que Jesus comunica à comunidade dos discípulos (Jo 20,21-23; Mt 18,18).

De acordo com o dramatizado relato de Pentecostes em Lucas, o envio do Espírito "nos últimos dias" é a prova da qualidade definitiva do envio de Jesus (At 2,17). Todas as pessoas serão plenificadas com o Espírito Santo (At 2,14). O povo de Deus escatológico, oriundo de diversas nações e línguas, é o resultado da efusão universal do Espírito, prometida para o fim dos tempos (cf. Jl 3,1).

A Igreja é determinada, por natureza e missão, pela autorrevelação do Deus unitrino na história. Ela é sinal disto. Diz Paulo aos presbíteros da comunidade de Éfeso:

> "Estai atentos a vós mesmos e a todo o rebanho: nele o Espírito Santo vos constituiu guardiães, para apascentardes a Igreja de Deus, que Ele adquiriu para si pelo sangue do seu próprio Filho" (At 20,28; cf. Gl 4,4-6; Rm 8,15.29).

A Igreja existirá como sinal e instrumento da salvação até à plenitude do mundo. Foi-lhe confiado testemunho, foi-lhe prometida a presença do Senhor ressuscitado e a constante atuação do Espírito Santo (cf. At 20,28; Gl 4,4-6; Mt 28,20; Jo 20,22s.; Ef 1,23; Cl 1,18 etc.).

## 3 Indicações neotestamentárias para a eclesiologia

A Igreja, em sua unidade universal e na variedade das igrejas locais, remonta à única testemunha apostólica primitiva na qual o acontecimento da revelação se atualiza.

Visto que a Igreja é o sacramento instituído por Deus de seu senhorio salvífico universal, a expressão institucional da Igreja em sua dimensão visível só pode ser compreendida na fé. Na passagem do tempo apostólico para o tempo pós-apostólico, a figura externa da Igreja, que se vai tornando compreensível, envolvendo a formulação do credo, a constituição da Escritura normativa nos diversos gêneros da transmissão apostólica e, finalmente, a constituição do ministério apostólico, é a expressão da figura característica da Igreja, guiada pelo Espírito Santo, na qual se manifesta sua natureza como norma e medida.

### a) A Igreja na teologia paulina

Consoante as abundantes afirmações das cartas deuteropaulinas, a Igreja provém do mistério do eterno plano salvífico de Deus (cf. Ef 1,3-16; Cl 1,15-20.24-29). Estabelecida mediante o sangue de Cristo, a Igreja constituída por judeus e pagãos é testemunha do desígnio salvífico de Deus que se tornou atuante na história (Ef 3,10). Como comunidade histórica, ela é construída sobre o fundamento dos apóstolos e dos profetas, e de acordo com sua natureza e missão, ela é templo do Espírito, mediante o qual todos, no único Mediador Cristo, têm acesso a Deus o Pai (Ef 2,18).

A Igreja tornou-se um só corpo e um só Espírito com Cristo. Através do *batismo*, o crente entra em uma comunhão de destino com o Senhor crucificado e ressuscitado e tem parte na comunidade dos discípulos (Rm 6,4). Na *Ceia do Senhor*, na ação de graças dos dons do pão e do vinho, a comunidade demonstra a comunhão com o corpo e o sangue de Cristo. O dom sacramental da Eucaristia edifica a Igreja para o que ela é como edifício social: o único corpo de Cristo (cf. 1Cor 10,17).

Paulo fala da comunidade dos discípulos – à diferença do povo de Deus veterotestamentário (cf. Rm 9,25s.; 2Cor 6,16) – como a *Igreja de Deus em Cristo e no Espírito* (1Ts 1,1; 2,14; 1Cor 1,2; 10,32; 11,16; 15,9; Gl 1,13; 2Ts 1,4; cf. At 20,28; 1Tm 3,5.10). A Igreja de Cristo, una e única, é o povo de Deus da aliança escatológica. É confirmado no sangue de Cristo, no qual a nova aliança é fundada (1Cor 11,25).

A única comunidade salvífica *universal* existe tanto nas *igrejas locais* de Corinto, Tessalônica, Roma, entre outras (Rm 16,1.16.23; 1Cor 4,17; 6,4), quanto como *comunidades domésticas* (Rm 16,5; 1Cor 16,19). Contudo, tais comunidades não são conventículos isolados, mas a visualização e a realização da única Igreja universal (1Cor 10,32; 11,22; 12,28; 15,9; Gl 1,13). Os crentes, como os santos chamados à assembleia (1Cor 1,2), são unificados no batismo, na profissão de fé e na Ceia do Senhor. A comunhão com Cristo mostra-se ademais na comunhão recíproca dos crentes e na participação comum nos sofrimentos e nas alegrias de todos os membros do único corpo de Cristo, que foi constituído em um único corpo no batismo, e no qual foram supressas as oposições entre judeu e grego, escravo e livre (1Cor 12,13.26).

O verdadeiro conceito paulino para Igreja do Senhor é, portanto, *Corpo de Cristo*. Corpo significa, em primeiro lugar, em sentido natural, a existência terreno-corporal de Jesus; em segundo lugar, a presença sacramental da humanidade do Senhor glorificado na figura do pão e do vinho na Ceia do Senhor e, em terceiro lugar, a comunhão de vida, que daí resulta, dos fiéis com Jesus Cristo, a cabeça da Igreja, bem como a comunhão de vida recíproca que deriva daí (1Cor 10,16): "Ora, vós sois o corpo de Cristo e sois os seus membros, cada um por sua parte" (1Cor 12,27).

As cartas deuteropaulinas enfatizam o ideograma no qual elas compreendem claramente Cristo como cabeça, que é a origem e o princípio de vida da Igreja que, em relação a Ele, é o corpo e está, ao mesmo tempo, inseparavelmente unida a Ele (Cl 1,18). A Igreja é completamente plenificada por sua presença (Ef 3,19). A vida da Igreja consuma-se como um constante aprofundamento da comunhão com Cristo, como um crescimento interativo de Cristo e da Igreja (Ef 4,4-16). O face a face da Igreja com Cristo é também explicitado mediante o recurso a um ideograma veterotestamentário (cf. Is 62,5; Os 2,21) para o relacionamento de aliança entre Yahweh e Israel: Cristo e a Igreja relacionam-se mutuamente como novo e noiva (Ef 5,25).

Justamente como corpo de Cristo, a Igreja é plenificada pelo Espírito Santo, que é a origem dinâmica da messianidade de Jesus e por cuja força o Cristo foi ressuscitado pelo Pai dentre os mortos (cf. Lc 3,22; Rm 8,9-11). Neste sentido, a Igreja é também, em sentido especial, templo (edifício, casa) do Espírito Santo, uma casa feita de pedras vivas, e um sacerdócio santo (1Pd 2,5).

Como princípio de vida pervagante, o Espírito realiza todas as funções, serviços, ministérios e dons mediante os quais a Igreja, como corpo de Cristo, é construída (Rm 8,1; 12,11; 15,16; 1Cor 6,11; 12,4.11; 2Cor 1,22; 3,3.6; Gl 3,1; 5,6ss.; 1Ts 1,5; Ef 1,13; 2,17; 3,3; 5,18).

Como fruto do Espírito, a Igreja e cada membro individualmente levam uma vida de liberdade e de amor (cf. Gl 5,13-26; Rm 8,1-17).

Da presença do Espírito, resulta também a constituição da Igreja. Paulo não a compreende como uma organização jurídico-profana, mas como a personificação e a manifestação da natureza da Igreja como comunhão com Deus na graça de Cristo, algo que só é compreendido na fé.

A Igreja é reconstruída, a cada vez, mediante o *Evangelho de Cristo* (Rm 1,9.16; 1Ts 2,13). Em sua palavra, Deus mesmo constitui sua Igreja de modo poderoso e salvífico (Rm 1,16; 1Cor 1,18; 2Cor 4,2.4). De maneira especial, o único Evangelho realiza-se no batismo, mediante o qual o cristão é acolhido na comunhão visível da Igreja. O batismo é sinal eficaz da comunhão com o corpo de Cristo e do dom da participação no relacionamento filial de Jesus com o Pai no Espírito (Rm 6,1-11; 1Cor 12,13; Ef 5,26; Tt 3,5). O Evangelho alcança a derradeira condensação na Ceia do Senhor, na qual se realiza a memória real da doação da vida de Jesus na cruz, e o povo da aliança se reconstitui como comunidade de fé: "Todas as vezes, pois, que comeis desse pão e bebeis desse cálice, anunciais a morte do Senhor até que Ele venha" (1Cor 11,26; cf. 1Cor 10,16.21).

O Apóstolo sabe-se revestido do *poder de Cristo* para o serviço do Evangelho (Rm 1,9; 1Cor 9,17; 2Cor 3,14). Seu ministério mostra-se como serviço da palavra de reconciliação. Ele age no lugar de Cristo (2Cor 5,20).

O apostolado de Paulo e dos demais apóstolos, imediatamente ligado à aparição do ressuscitado (Gl 1,1-16; 1Cor 15,3-5), não pode ser transmitido aos ministros da comunidade pós-pascal. Contudo, o serviço da direção da comunidade e do anúncio também fazem parte do apostolado. Deste modo, no círculo dos colaboradores de Paulo, surgem ministros da comunidade ligados localmente: epíscopos e diáconos (Fl 1,1), chefes, líderes, mestres (1Ts 5,12; Gl 6,6; 1Cor 16,16; cf. 1Tm 5,17; Tt 1,5; Hb 13,17). Nas cartas deuteropaulinas, deixa-se claro que as funções originárias dos apóstolos e profetas são exercidas pelos evangelistas, pastores e mestres (Ef 4,11). A tarefa deles é "aperfeiçoar os santos em vista do ministério, para a edificação do Corpo de Cristo" (Ef 4,12).

A atuação do Espírito Santo, porém, não se restringe ao apostolado. Cada cristão, individualmente, mediante seus carismas e seus serviços, contribui para a edificação da Igreja. Esta é uma regra constante da Igreja, e de forma alguma um fenômeno entusiástico pertencente aos começos (1Ts 5,19). Na estrutura da comunidade humana, levada a cabo pelo único Deus, pelo único Senhor e pelo único Espírito, com seus ministérios, serviços e carismas pessoais, quem realiza a construção do corpo na variedade dos membros é o Espírito (Rm 12–14; 1Cor 12; Ef 4,4-16; 1Pd 4,10s.).

O modelo de explicação sociológico, mediante o qual, no começo, uma comunidade carismática livre teria surgido e que, posteriormente, ter-se-ia enrijecido sempre mais em instituição, já não é defensável historicamente. As categorias "carismática" e "institucional", tomadas da sociologia profana, constituem uma visão teológica inadequada da Igreja (ademais, "carisma" aqui é mais compreendido no sentido de compromissos pessoais, e não como dom do Espírito). Ainda que, durante a vida dos apóstolos, as estruturas de ministérios da Igreja pós-apostólica ainda não estivessem claramente marcadas, elas, no entanto, já estavam suficientemente delineadas em sua permanente função em prol da Igreja no apostolado do apóstolo. O ministério do apostolado e a estrutura dos ministérios nele fundamentada não devem, acima de tudo, ser colocadas em confronto com a vocação comum de todos os cristãos para a construção do corpo de Cristo. Com efeito, o batismo é que torna o indivíduo membro do corpo de Cristo, a Igreja. Com isso, cada um contribui ativamente para a edificação da Igreja. Os dons livres do Espírito, os carismas próprios de cada cristão individualmente e também o carisma do ministério sacramental têm a mesma origem no Santo Pneuma. Na passagem para a era pós-apostólica não se dá uma substituição dos "carismas" pelos "ministérios". (Isto seria não apenas uma institucionalização da Igreja, mas a destruição de sua origem cristológica e pneumatológica.) O ministério sacramental é, ao contrário, agora, pela primeira vez, refletido e colocado em relação com a origem apostólica da Igreja. Desta maneira, seu caráter apostólico (*oikonomiai*: ministérios) é reconhecido, bem como a continuidade dos serviços do Apóstolo no ensinamento, no anúncio, na conservação da fé e da comunidade, finalmente também no exercício do ministério de liderança do pastoreio, como agora cabe aos epíscopos/presbíteros (cf. 1Tm 3,5; 4,14; 5,17.22; 2Tm 1,6; Tt 1,5; 1Pd 5,1-4; At 14,23; 20,28).

### b) O fundamento apostólico da Igreja (cartas pastorais)

As cartas pastorais refletem a natureza teológica da Igreja em adiantado estádio da época pós-apostólica. A Igreja surge do plano salvífico de Deus (1Tm 1,4; Tt 2,4-7; cf. Ef 2,22). A "Igreja do Deus vivo" são "as colunas e o fundamento da verdade" (1Tm 3,15). Ela está a serviço do testemunho e do anúncio do desígnio salvífico universal de Deus que, em Cristo, o único mediador entre Deus e os homens, tornou-se escatologicamente presente (1Tm 2,4) e foi revelado no Espírito Santo (1Tm 3,16). As cartas dirigidas aos discípulos dos apóstolos querem apresentar Timóteo e Tito como garantes da autoridade do Apóstolo Paulo. O carisma concedido mediante a imposição das mãos do presbitério (1Tm 4,14; 2Tm 1,16; cf. At 14,23; 20,28) confere ao ministério do discípulo dos apóstolos, proveniente do apostolado, ou seja, ao bispo e ao presbítero, participação na autoridade do Apóstolo: como "anunciador, enviado e mestre do Evangelho de Deus" (1Tm 2,7; 2Tm 1,11; 4,17). Os ministros, sacramentalmente estabelecidos, estão obrigados, como norma, à transmissão ($\pi\alpha\rho\alpha\delta\sigma\sigma\iota\varsigma$) do Evangelho apostólico e ao verdadeiro e são ensinamento ($\delta\iota\delta\alpha\sigma\chi\alpha\lambda\iota\alpha$) (1Tm 4,16; 6,20; 2Tm 1,12s.; Tt 1,9). No alinhamento de seu ministério sacramental com a transmissão apostólica, o ministro ordenado torna-se – como "bom servidor de Cristo Jesus" (1Tm 4,6) – modelo e paradigma na forma de vida cristã (1Tm 4,12; Tt 2,7). A condução consciente do ministério insere o ministro em uma profunda comunhão com Cristo. Desta maneira, finalmente ele se torna também auxílio para os outros, para que alcancem a meta escatológica da vida eterna (1Tm 4,16).

Os discípulos dos apóstolos, isto é, os epíscopos/presbíteros da comunidade são como pais no âmbito do lar: "chefes que cuidam da Igreja de Deus" (1Tm 3,5). Na qualidade de ministro de ordem superior, cabe ao discípulo do Apóstolo autoridade sobre todos os membros e ministros da comunidade (1Tm 5,7.17). Os ministros são chefes da comunidade, a quem cabe a obrigação do anúncio da Palavra, o ensinamento, o testemunho e a cura d'almas (1Tm 5,17). Disso também faz parte a admoestação contra os falsos doutores e sectários (1Tm 4,1-11; Tt 1,9; 2,7; 3,8-11).

Os discípulos do Apóstolo transmitem o poder da ordenação (Tt 1,5; 1Tm 4,14). Há o ministério dos epíscopos/presbíteros (1Tm 3,2; 5,17) e o ministério dos diáconos, que daí se destaca claramente (1Tm 3,8-13; cf. 1Tm 5,22; Fl 1,1).

Nas cartas pastorais torna-se claro que a figura e a aparência da Igreja pós-apostólica não estão de forma causal condicionadas por circunstâncias externas, sociologicamente apreensíveis (situação de perseguição, compulsão por organização), mas que resultam da natureza teológica da Igreja, com as consequências internas. No período compreendido entre 80-90 d.C. é que se vislumbram os primeiros esboços de uma formação do cânone escriturístico neotestamentário (cf. 2Tm 3,15) e da consciência do poder normativo da tradição e do ensinamento apostólicos. Imediatamente ligada a isto está a consciência sobre a origem apostólica de todos os ministérios dos epíscopos/presbíteros e diáconos reconhecíveis em todas as comunidades. Os ministérios permanecem sempre de origem carismática, visto que o Espírito Santo atualiza a graça em ações simbólicas sacramentais da Igreja.

O contexto histórico dos ministérios apostólicos é explicitado simultaneamente com as cartas pastorais na *Primeira Carta de Clemente* (composta nos anos 96-97 d.C.), como um princípio regulador da Igreja e princípio legitimador do ministério (1Clem 42-44). Cristo teria revestido os apóstolos com a missão que recebeu do Pai (Lc 10,16; 20,22s.). Por toda parte, na força do Cristo ressuscitado e na plenitude do Espírito Santo, eles deviam anunciar a alegre Boa-nova do Reino de Deus vindouro. "Depois de prová-los precedentemente no Espírito", eles os teriam instituído "bispos e diáconos para os crentes futuros" (1Clem 42,4). A eles caberia, segundo a instrução dos apóstolos, confiar mais tarde o ministério do bispo/presbítero a outros homens provados, a fim de que, depois da morte daqueles, o ministério da condução e do anúncio fosse exercido por estes (1Clem 44,1-5).

No único ministério originário dos epíscopos/presbíteros, nos começos do II século, é perceptível uma diferença. Certamente as cartas pastorais já conhecem uma ordem superior do discípulo do apóstolo sobre os ministros na disciplina e no poder da ordenação (1Tm 5,17.19.22; Tt 1,5). Segundo *Inácio de Antioquia*, em cada Igreja local a comunidade dos ministros é constituída por um bispo, diversos presbíteros e certo número de diáconos. O bispo individual não elimina a composição colegial do ministério. Ao contrário, ele personifica o princípio da unidade da Igreja e do presbitério, e sua autoridade serve à realização da Igreja como comunidade no amor (Magn. 6,1; Eph. 4,1; Philad. 4,4; 7,1-2). O bispo é, em nome de Cristo, o pastor da comunidade (Rom. 9,1; Filadélfia 2,1).

Neste episcopado, chamado erroneamente de "monárquico", o bispo representa a unidade da comunidade no Batismo e na Eucaristia, e na comunhão com Cristo como fundamento e conteúdo da "Igreja Católica" (*Inácio*. Smyrn. 8,2; cf. Policarpo, praescr.; *Policarpo*, ep., praescr.).

### c) A Igreja como comunidade fraterna dos discípulos de Jesus (João)

No Evangelho de João (e nas cartas de João, que pertencem à escola joaneia), a Igreja nos é apresentada como o verdadeiro discipulado, que na fé, no Batismo e na Eucaristia, está ligado a Cristo, e, nele, o Filho, tem comunhão com o Pai e com o Espírito no amor. Apesar da inimizade e da perseguição por parte do mundo, a Igreja serve às pessoas mediante o testemunho e o anúncio (Jo 14,23.26; 16,14; 17,22; 1Jo 1.3; 4,13 etc.).

O discipulado surge como comunhão de fé e de amor a partir da doação da vida de Jesus ao Pai ou da doação do Filho através do Pai (Jo 3,16; 15,13; 1Jo 1,7–2,2; 3,16). No Espírito do Pai, enviado pelo Filho, desde a vida terrestre de Jesus e desde sua ressurreição e glorificação, os discípulos participam da vida de Deus no amor. A comunhão fraterna deles é participação e atualização da comunhão divina do Pai, do Filho e do Espírito (Jo 14,16.23.26; 17,22; 1Jo 1,3; 4,13-16). A origem da vida da comunidade dos discípulos em Jesus e a íntima contínua comunhão de vida explicitam-se na grande metáfora de *Jesus como a verdadeira videira e os discípulos como os ramos.* Quem permanece ligado a Jesus, produz verdadeiros frutos (Jo 15,1-8). Ele é o bom pastor que dá a vida pelas ovelhas, a fim de adquirir para si os discípulos como o rebanho de Deus, como o povo da aliança (Jo 10,1-18; cf. Ez 34; Jr 23). Assim, Jesus é o único caminho para o Pai (Jo 14,6) e a única fonte da vida eterna, que consiste no reconhecimento de Deus e no amor a Ele, bem como na comunhão com o Pai, com o Filho e com o Espírito Santo (Jo 14,16.26; 17,3; 1Jo 3,24; 4,9-16; 5,6-13.20). O discipulado é sinal do amor trinitário de Deus pelo mundo fundamentado na encarnação da Palavra e no envio do Espírito. Por isso, a figura sacramental da comunidade dos discípulos inclui não somente ser testemunha, em palavra e em ação, da doação de Jesus até à morte, mas também a prontidão de assumir até mesmo a perseguição (Jo 15,16-27).

A comunidade dos discípulos de Jesus é universal. A salvação vem dos judeus (Jo 4,22). Com efeito, Jesus, que pertence ao povo de Deus veterotestamentário, é o "Salvador do mundo" (Jo 4,42). À medida que ele também conduz a esta comunidade os outros que não pertencem ao redil de Israel, o rebanho de Deus, Ele revela-se como o "único pastor do único rebanho" (Jo 10,16). A Igreja vive da palavra e do Espírito de Cristo. No batismo, Deus transmite à comunidade dos discípulos a vida eterna (Jo 3,5). Mediante a doação da palavra encarnada (Jo 6,51; cf. 1,14), o pão oferecido na Eucaristia se torna alimento para a vida eterna. É o verdadeiro pão do céu, que dá vida ao mundo e une novamente o crente a Cristo e à comunidade dos discípulos (Jo 6,22-71). Batismo e Eucaristia jorram sacramentalmente do "lado aberto" de Jesus e unem a comunidade dos discípulos no amor de Cristo (Jo 19,34).

No tocante à questão de um ministério nas comunidades joaneias, deve-se constatar que o alto nível de reflexão e a profunda compreensão da natureza espiritual e teológica da Igreja em João deixam transparecer pouco interesse na concretização da figura e aparição visíveis da Igreja. Contudo, isto pouco tem a ver com espiritualismo eclesiológico. A comunidade visível dos discípulos é muito mais o sinal para o "estar-aí" da Palavra de Deus encarnada. Para João, a Igreja não é também nenhuma comunidade invisível de sentimentos, mas uma comunhão do amor "em ação e em verdade" até à prontidão de "dar a própria vida pelos irmãos" (1Jo 3,18).

Depois da páscoa, a comunidade dos discípulos – representada tipologicamente nos doze discípulos de Jesus – é encarregada, no Espírito, da missão de Jesus no mundo (Jo 17,18): "Recebei o Espírito Santo. Assim como o Pai me enviou, também eu vos envio" (Jo 20,21). Ao lado do "discípulo que Jesus amava" e que representa a figura carismática da Igreja (Jo 13,23; 19,26; 20,2; 21,24), encontra-se a figura histórica de Simão Pedro/Cefas (Jo 1,42; 6,68; 13,24; 20,2). A ele, a rocha (Jo 1,42; Mt 16,18), será confiado pelo Cristo ressuscitado, o único Pastor (Jo 10,7), o ofício pastoral universal para toda a comunidade dos discípulos: "Apascenta os meus cordeiros, apascenta minhas ovelhas" (Jo 2,15-17). Assim como Jesus realizou seu pastoreio na doação de sua vida pelo rebanho (Jo 10,11), de igual modo o pastoreio de Pedro, exercido por mandato de Jesus, conduz ao martírio: "Disse isso para indicar com que espécie de morte Pedro daria glória a Deus" (Jo 21,19).

### d) O povo de Deus sacerdotal (Primeira Carta de Pedro)

A Igreja é fruto da ação salvífica do Deus unitrino, e em sua natureza interior, objeto da fé (1Pd 1,2). Como grandeza histórica, ela surge através da atuação dos profetas e dos apóstolos, que, por força do Espírito divino, difundiram o Evangelho (1Pd 1,12). Deus sempre concede à sua Igreja nova vida mediante sua palavra divina, a partir da qual os crentes, no batismo, renascem. Quem crê em Cristo, por Ele, que é a pedra angular, deixa-se estabelecer como pedra viva para a construção da casa espiritual do sacerdócio régio, a fim de apresentar, mediante Jesus Cristo, sacrifícios espirituais. Em Cristo, a Igreja realiza sua natureza e sua missão como "raça eleita, sacerdócio real, nação santa, povo de sua particular propriedade, como testemunha das obras salvíficas de Deus perante as nações" (cf. 1Pd 2,9s.; Ex 19,5s.).

Na Igreja, povo e casa de Deus (1Pd 4,17), cada um serve ao outro e à construção do todo mediante os diversos dons e carismas (1Pd 4,11; cf. Rm 12,6-8; 1Cor 12,4-11). Desta forma, glorifica a Deus mediante Cristo, no Espírito (1Pd 4,11.14).

O discurso a respeito do caráter *sacerdotal* do antigo e do novo povo de Deus (1Pd 2,9) designa a natureza da Igreja como um todo, tal como está expresso no diferente agir de todos os cristãos. Não se pensa na oposição entre leigos e pessoas que exercem um ministério (presbíteros), que mais tarde foram chamadas também de padres/sacerdotes. Também não se trata de um antagonismo entre "o sacerdócio comum dos leigos" e o "sacerdócio especial dos presbíteros".

O Apóstolo apresenta-se como copresbítero (1Pd 1,1; 5,1). Ele compreende os presbíteros da comunidade como pastores que cuidam vigilantemente do rebanho de Deus. Eles são modelos da comunidade e devem exercer confiantemente seu ministério tendo em vista a aparição do "Supremo Pastor" (1Pd 5,4), ou seja, Cristo, o "Pastor e Supervisor de nossas almas" (1Pd 2,25; cf. Ex 34,1).

### e) O povo de Deus peregrino (Carta aos Hebreus)

No traçado geral da autorrevelação histórico-salvífica de Deus no Filho encarnado e no Espírito Santo (Hb 1,1-3; 2,16; 9,14), a Igreja aparece como o rebanho do eterno Pastor Jesus Cristo. Como mediador e sumo sacerdote da Nova Aliança em sua autodoação – em seu sangue – Ele realizou "de uma vez por todas" a salvação e constituiu o povo da aliança escatológico (Hb 8,6; 9,14; 13,20). Ele é o sumo sacerdote dos bens futuros da plenitude (9,11). Sua Igreja é casa de Deus (10,21) e povo de Deus (4,9; 10,30; 11,35). Ela é a fraternidade dos santificados no nome de Jesus (2,17; cf. At 20,28). O crente obteve definitivamente participação no Espírito (Hb 6,4) e foi levado à perfeição, para sempre, mediante o sacrifício de Cristo (Hb 10,14). Justamente em meio à tensão entre a vinda definitiva de Deus e o caminho aberto da comunidade rumo à plenitude definitiva na morada eterna no céu, agora é necessário perseverança e paciência, tendo os olhos fixos em Cristo, o autor e o realizador da fé (12,1-3). O povo de Deus não tem nenhuma cidade permanente aqui, mas caminha rumo à cidade futura (Hb 13,14). É a Jerusalém celeste, que é nossa mãe (Gl 4,2.26). Nos crentes dos tempos antigos a Igreja tem agora um modelo. O povo de Deus peregrino, com suas grandes testemunhas e mártires nas perseguições, torna-se ensejo de esperança de uma plenitude da unidade entre o povo da aliança veterotestamentário e o neotestamentário, em Cristo (Hb 11,40). Assim, surge uma perspectiva que engloba o povo de Deus em seu passado, presente e futuro, na terra e no céu, e ensina a compreender a Igreja como a comunidade salvífica escatológica (cf. Ap 6,9; 8,3).

> "Mas vós vos aproximastes do Monte Sião e da Cidade do Deus vivo, a Jerusalém celestial, e de milhões de anjos reunidos em festa, e da assembleia dos primogênitos cujos nomes estão inscritos nos céus, e de Deus, o Juiz de todos, e dos espíritos dos justos que chegaram à perfeição, e de Jesus, mediador de uma nova aliança [...]" (Hb 12,22-24).

A comunidade recompõe-se em sua esperança não perdendo de vista os dirigentes mortos que lhe servem de modelo por seu comportamento moral e por sua fé (13,7). Os dirigentes são dignos de obediência e de submissão, "porque velam pessoalmente sobre as vossas almas, e disso prestarão contas" (13,17).

### f) A Igreja militante e triunfante (Apocalipse de João)

Na visão apocalíptica do drama histórico da fé e da descrença, a Igreja aparece como a comunidade sacerdotal e régia, adquirida para Deus por Cristo, "o Cordeiro", em sua doação da própria vida (Ap 1,5s.; 5,10; 20,6). A Igreja reconhece o domínio de Deus e a Ele serve na palavra do anúncio, no testemunho e na prontidão para o sofrimento. Como povo de Deus, a Igreja emerge em nome de Cristo e no sinal dos doze apóstolos. Ela é personificada na mulher apocalíptica (12,1-18), é a esposa do Cordeiro (19,7s.; 21,9) e a nova Jerusalém, que desce do céu à terra (21,2.10s.). Seu caminho é atravessado pela anti-igreja de satanás, o dragão (12,9; anti-igreja, sim, porque esta adora o diabo como senhor). Ao contrário da Igreja de Cristo, ela não é a esposa, mas a prostituta Babilônia (14,8; 16,19; 17,1.5; 18,1). Em vez do reconhecimento do domínio de Deus, ela conduz ao reconhecimento da dominação misantropa do "dragão e de seu falso profeta" (Ap 13). Contudo, a vitória escatológica de Deus já irrompeu e é experimentável no sofrimento e na perseguição dos "santos". O senhorio de Deus e de seu ungido adveio nas "núpcias do Cordeiro", cuja esposa fez-se bela (19,7). No reino de Cristo, todos já participam da ressurreição. Em meio à tribulação deste tempo, "a segunda morte não tem poder; eles serão sacerdotes de Deus e de Cristo, e com Ele reinarão durante mil anos" (20,6).

Após o julgamento final, ouve-se, no Espírito, o chamado da esposa, segundo o qual Cristo, o Senhor, gostaria de vir para as núpcias com a "esposa do Cordeiro" (Ap 19,9; 22,17). A cidade de Deus, a Jerusalém celeste, assenta-se sobre doze pedras fundamentais, os "doze apóstolos do Cordeiro" (Ap 21,14). Como *instrumento* salvífico, a Igreja passou. Ela permanece como *fruto* salvífico. Por esta razão, na cidade já não há templo: "Pois o seu templo é o Senhor, o Deus todo-poderoso, e o Cordeiro" (Ap 21,22). A comunhão eterna com Deus e, portanto, a plenitude da Igreja, consiste na contemplação de Deus face a face (Ap 22,4; 1Cor 13,12; 2Cor 5,7; 1Jo 3,2).

### 4 Resumo de importantes declarações bíblicas sobre a Igreja

(1.) A Igreja é uma comunidade visível de pessoas, unidas na profissão de fé, na vida litúrgica e pela autoridade dos apóstolos primitivos. Como obra do Deus que se autorrevela, ela é o *povo do Deus* Pai, *corpo de Jesus Cristo*, o Filho encarnado, e *Templo do Espírito Santo*. Ela é constituída mediante o agir eletivo de Deus, através da reunião da comunidade dos discípulos no povo de Deus escatológico, em definitivo, porém, por meio da cruz e da ressurreição de Cristo e da efusão escatológica do Espírito Santo. Assim, a Igreja, na condição de comunidade de pessoas, é escolhida por Deus como sinal e instrumento de seu desígnio salvífico.

(2.) Visto que a Igreja representa o *desígnio salvífico universal de Deus*, ela própria é *universal*. Concretamente, ela existe nas igrejas locais. Ela realiza-se como comunidade na oração, no ensinamento dos apóstolos e no governo apostólico (At 2,42; 20,28). Ela é o espaço da verificação da fé, da esperança e do amor. Ela é sempre reconstruída mediante a palavra apostólica do Evangelho e especialmente por meio do Batismo e da Ceia do Senhor.

(3.) Por meio da Igreja e na Igreja, no *Espírito Santo*, o Senhor glorioso desempenha sua missão salvífica universal. A Igreja é revestida de todos os *dons e ministérios* a fim de poder realizar este serviço.

(4.) A Igreja – como comunidade de igrejas – é edificada nos dons, serviços e ministérios carismáticos. A *figura ministerial* pós-apostólica da Igreja nas formas básicas de epíscopos/presbíteros e diáconos tem seu *ponto de referência* histórico *no apostolado primitivo* e nos ministérios municipais e intermunicipais oriundos do apostolado. Estes ministérios são sacramentais, visto que sua conferição, no sinal da imposição das mãos e mediante a oração, é realizada pelo próprio Espírito de Deus, e nela, o próprio Senhor glorioso concede participação em sua missão e poder.

(5.) A consciência da unidade universal da Igreja torna-se evidente na percepção da *responsabilidade conjunta da Igreja,* por exemplo, em Paulo, que tem diante dos olhos, ao mesmo tempo, todas as suas comunidades, compreendendo-as como Igreja de Deus, ou também na assembleia dos "apóstolos e presbíteros" (At 15,4) que, sob a condução do Espírito Santo, tomam uma resolução conjunta quanto a uma importante questão que dizia respeito a toda a Igreja (At 15,22.28).

(6.) De maneira especial, *Pedro,* como porta-voz da comunidade pré-pascal dos discípulos e como primeira testemunha da ressurreição, *é garante da unidade da comunidade pré-pascal dos discípulos de Jesus e da Igreja pós-pascal de Cristo.* No colégio apostólico, Pedro tem precedência como testemunha e anunciador da fé em Cristo (M 16,16-19; Lc 22,32; At 2,32; 10,37-43; 15,8). A ele é confiado pelo Senhor ressuscitado o cuidado pastoral universal de Cristo em relação aos discípulos e, com isso, o serviço à unidade universal de sua Igreja (Jo 21,15-17).

## III. QUESTIONAMENTOS ESCOLHIDOS A PARTIR DA HISTÓRIA DA TEOLOGIA

### 1 Perspectivas na Patrística

Embora não se encontre nenhum tratado eclesiológico nos Padres da Igreja, eles, no entanto, deram contribuições essenciais para a compreensão da natureza, da tarefa e da figura da Igreja.

Nos *Padres apostólicos*, ainda em grande proximidade temporal e factual em relação ao tempo de fundação, trata-se da fidelidade à herança apostólica na "Igreja Católica" (MartPol 8,1). A "Igreja Católica" (Inácio. Smyrn. 8,2) subsiste nas igrejas locais, as quais estão ligadas umas às outras na comunhão da fé, da vida sacramental e na missão apostólica dos bispos. Inácio fala pela primeira vez da unidade das comunidades como "Igreja Católica". Com isso, ele expressa a correspondência eclesiológica ao desígnio salvífico universal de Deus, universal-mundial, justamente católico. A Igreja é fruto do anúncio apostólico e, consequentemente, sua missão é também a verdadeira reprodução do ensinamento apostólico e a conservação da comunhão de todos os cristãos na fé e no amor.

No ápice da controvérsia com a gnose pagão-cristã e, portanto, no cume da apologética do século II, *Irineu de Lião* (cf. também Justino, Hegésipo) apresenta a Igreja Apostólica como norma e critério para a fiel transmissão da revelação do Deus unitrino. A Igreja ensinaria por mandato de Cristo e em seu ensinamento falaria o próprio Jesus Cristo (cf. Lc 10,16: "Quem vos ouve a mim ouve"). Enquanto os gnósticos se apoiavam em supostas tradições secretas da era apostólica, Irineu ressalta que, mediante os notórios escritos apostólicos (NT) e a fidelidade à transmissão apostólica viva no anúncio, na catequese e na práxis da Igreja, a verdadeira Igreja seria identificável na comunhão de todas as igrejas que se acham "na sucessão apostólica de todas as igrejas". Um critério especial para a comunhão universal das igrejas é a conformidade com "a tradição apostólica e com a pregação de fé da maior, mais antiga e universalmente conhecida Igreja, que foi fundada e construída em Roma pelos dois famosos apóstolos Pedro e Paulo, e que chegou até nossos dias através da sucessão de seus bispos" (haer. III, 3,2).

A Igreja compreende-se não como uma soma de círculos esotéricos ou como o grupo organizacional, reunido posteriormente, de grupos de comunidades vivas de cristãos completamente isolados. Na unidade da profissão de fé e da vida sacramental (cf. a permuta de cartas de comunhão entre as igrejas locais individuais), mediante o episcopado, que remonta aos apóstolos, a unidade que existe no mistério da Igreja torna-se também visível e palpável:

> "Nesta ordem e sucessão chegou até nós a tradição apostólico-eclesial, e é perfeitamente conclusiva a prova de que se trata da mesma fé vivificante que a Igreja recebeu dos apóstolos, conservou até agora e na verdade nos transmitiu" (haer. III, 3,3).

Visto que a natureza da Igreja como mistério da fé não é plenamente compreensível unicamente com categorias sociológicas, a teologia dos Padres é capaz de recorrer a diversas imagens bíblicas que eles, em "interpretação escriturística espiritual", relacionam tipológica e alegoricamente à natureza da Igreja: a Igreja, como povo de Deus da aliança, contrapõe-se ao mesmo tempo como *virgem* e *filha de Sião*, ela é a *esposa de Cristo*, que em atitude de escuta e de oração recebe a palavra e a graça de Deus. Deste modo, ela torna-se também *mãe*, que dá à luz, nutre e educa os crentes como a seus filhos, mediante o anúncio do Evangelho, do Batismo e da Eucaristia (*Hipólito*, antichr. 66; *Clemente de Alexandria*, paed. 1,42,1; 1,6,42; *Orígenes*, hom, in Cant. 1,7; hom. In: Gen. 3,6; 19,1: *Tertuliano*, pudic. 1; mart. 1; bapt. 15; *Ambrósio*, in Luc. 2,57; *Agostinho*, virg. 2,5,69). A Igreja é, a um tempo, a *nova Eva*, a única *Arca da Salvação*, o *Barquinho de Pedro*, o *Rebanho de Deus* e sua *Vinha*, o *Paraíso*, a inconsútil e indivisa *Túnica de Cristo*, por fim, também, em referência a Ct 6,9, a *Pomba* (cf. RAHNER, H. *Symbole der Kirche – Die Ekklesiologie der Väter*, S 1964).

Nas controvérsias com o *montanismo* e outros grupos que se afastaram da unidade da Igreja, surge a pergunta sobre como se relacionam a natureza interior da Igreja e sua figura visível, social. O Espírito Santo atua também ali onde alguém se excluiu da comunhão visível? Na qualidade de comunidade dos santificados, a Igreja é plenamente identificada com o número daqueles que pertencem à associação visível da Igreja (*in corpore*)? Tendo em vista todos os que abjuraram da única Igreja, *Cipriano de Cartago* († 258) expressa a unidade entre Espírito e Igreja e fala da *necessidade salvífica da pertença à Igreja*: "salus extra ecclesiam non est" (ep. 73,21). Com efeito, "ninguém pode ter a Deus como Pai se não tem a Igreja como mãe" (unit. eccl. 6; cf. *Ambrósio*, in Luc. 5,92).

Ainda que nos Padres o tema "Igreja", na maioria das vezes, seja desenvolvido sob o viés espiritual e com vistas à sua natureza e missão, nem por isso a dimensão externa, sacramental do credo, do batismo, da comunhão eucarística etc., bem como a constituição apostólica e, aqui, acima de tudo, mais uma vez o ministério episcopal, ficam desbotados. Os bispos, como chefes da Igreja e testemunhas autorizadas da revelação, são universalmente compreendidos como os sucessores dos apóstolos, estabelecidos pelo Espírito Santo no Sacramento da Ordem. A eles foi confiada a autêntica transmissão da doutrina apostólica. Na Igreja, eles exercem o ministério supremo do Magistério, do pastoreio e do sacerdócio. O sacramental *ordo ecclesiasticus* (designado pela primeira vez pelo Pseudo-Dionísio, no séc. VI, com o termo "hierarquia", ambíguo hoje em dia) consiste no colégio dos ministros sacramentalmente consagrados, ou seja, no bispo (individualmente), em uma maioria de presbíteros, que juntamente com o bispo constituem o sacerdócio, e uma maioria de diáconos associados ao bispo (*Hipólito*, trad. apost. 2-8; *Clemente de Alexandria*, strom. 4, 9, 75; 6, 13, 107. • *Orígenes*, hom. in Num 9,1; orat. 28,4. • *Tertuliano*, praescr. 21; 32; 41; bat. 17; fug. 11; monog. 11. • *Cipriano*, ep. 61,3. • *Papa Cornélio. Carta Quantam sollicitudinem*", DH 108s.).

A Igreja visível não se limita, de forma alguma, ao clero. A Igreja é o povo de Deus na totalidade dos crentes como *congregatio fidelium* (*Cipriano*, ep. 63, 13) ou como *communio sanctorum*. A Igreja são todos os que, em primeiro lugar, participam de seus meios de santificação, os *sancta*, e, ao mesmo tempo, encontram-se em uma comunhão pessoal com todos os membros do corpo de Cristo, especialmente com os santos (*sancti*) do passado, os patriarcas, os apóstolos, os mártires e com Maria, a Mãe de Jesus (cf. Apostolicum: *Nicetas de Remesiana*, expl. Symb. 10, DH 19).

Sobre o pano de fundo de uma ontologia fortemente platônico-dualista (Clemente de Alexandria; Orígenes, entre outros) e diante de tensões concretas entre cristãos individuais e a Igreja oficialmente constituída (cf., p. ex., Tertuliano em sua fase montanista ou o conflito com o donatismo), surgiu o problema de uma coordenação mais imediata entre Igreja espiritual e Igreja visível.

Em princípio, a questão é resolvida mediante a referência à constituição sacramental da Igreja, na qual descortina a tensão entre conteúdo e sinal. Ela pode ser interpretada ou no sentido da ideia platônica de participação, ou seja, no esquema de arquétipo-imagem, ou, no entanto – aristotelicamente – na conceitualidade de realidade (*res*) e sinal (*signum/sacramentum*). Cipriano compreende a Igreja como "*sacramentum unitatis et caritatis*" (unit. eccl. 4; 7; ep. 69,6). Dado que a Igreja é constituída por Cristo, sua cabeça, como comunidade viva mediante o Batismo e a Eucaristia, ela completa-se como construção socialmente organizada. Com nitidez especial, a Igreja realiza-se na Eucaristia, ou seja, como "*communio* fraterna que celebra o sacrifício divino com o sacerdote de Deus" (domin. Or. 4).

A comunhão da Igreja Católica global enraíza-se no fato de ter participação na unidade do Deus unitrino. Unificada a este ponto, a Igreja torna-se, por sua vez, sinal da unidade do mundo (unit. eccl. 6).

Concretamente, a unidade sacramental da comunhão com Deus e dos crentes entre si realizar-se-ia na pessoa do bispo: "O bispo está na Igreja e a Igreja no bispo, e quando alguém não está com o bispo, não está na Igreja" (ep. 66,8). Disso resulta também uma definição da Igreja: a Igreja é o povo de Deus unido ao bispo, o rebanho ligado a seu pastor. Ela é a fraternidade reunida em torno do bispo, guiada e instruída no Evangelho por ele (ep. 66,8; 59,5; 69,3). Contra Novaciano, Cipriano insiste expressamente em que somente o batismo ministrado na Igreja é válido e eficaz, ao passo que o batismo ministrado pelos cismáticos e hereges carece de eficácia salvífica.

A unidade da Igreja Católica, já presente no mundo inteiro, encontra sua expressão no *collegium sacerdotale* ou no *corpus episcoporum* (ep. 45; 59,10; 68,1-4).

O episcopado, que os bispos, em sua multiplicidade, detêm, é, na origem, *único* (não apenas um), que tem sua procedência no primado conferido ao Apóstolo Pedro (ep. 55,24; 68,4.8; unit. eccl. 4). Contudo, todos os bispos, individualmente, são depositários, com os mesmos direitos, do poder apostólico de São Pedro (Mt 16,18), e responsáveis por este poder, o qual foi também concedido aos outros apóstolos (Mt 18,18). Cada bispo, individualmente, representa a Igreja Católica obviamente em comunhão com todos os outros.

No entanto, dado que à Igreja Romana foi deixada a cátedra no lugar em que Pedro morreu (*locus Petri*), o bispo romano, como "*episcopus sanctissimae catholicae ecclesiae*" (ep. 49,2), representa, de maneira significativa, a unidade e a comunhão da Igreja Católica e dos bispos (ep. 48,3; 49,2; 55,1; 68,2; unit. eccl. 4). A Igreja Romana é "*ecclesia principalis, unde unitas sacerdotalis exorta est*" (ep. 49,14). Seu papel deve ser visto como análogo à função de Pedro no colégio apostólico, ou seja, ser sinal e fundamento da unidade católica na fé.

Aqui não se pensa em uma supraordem jurisdicional, certamente também não em uma justaposição desconectada de bispos. Tampouco ressoa aqui a ideia de um suposto simples "primado de honra". As declarações de Cipriano devem ser interpretadas na moldura de uma eclesiologia da comunhão eucarística, da comunhão de tradição e da unidade da fé apostólica, que é representada pelos bispos, e, dentre os quais, cabe ao Bispo de Roma uma função especial de sinal para a unidade. Deste modo, a Igreja de Roma é "*ecclesia principalis, matrix et radix*" (ep. 49,14), no sentido da fórmula de Ireneu da "*potentior principalitas*" (haer. III, 3,2).

O conhecimento da origem apostólica única da Igreja, bem como da importância constitutiva do ministério episcopal com esta origem para a unidade da Igreja e também para a unidade horizontal das diversas igrejas locais, encontrou sua expressão em um vivo intercâmbio das comunidades entre si, acima de tudo, porém, na inserção dos bispos no colégio episcopal através da ordenação, que devia ser realizada pelos bispos vizinhos. A consciência da unidade concretizou-se, ademais, nos sínodos e concílios, inicialmente locais e depois ecumênicos (Antioquia 268; Arles 314; Niceia 325). A autoridade de que se valem os bispos para o repúdio de heresias para a superação das divisões repousa na eficácia do Espírito Santo, que concedeu à sua Igreja o dom da infalibilidade na interpretação do credo. Os bispos, como sucessores dos apóstolos, "juntamente com os sucessores do episcopado, receberam o firme carisma da verdade (*charisma veritatis certum*) segundo o beneplácito do Pai" (Ireneu haer. IV, 26,2).

Também faz parte da discussão em torno da figura apostólica da Igreja a reivindicação, que emerge sempre mais claramente nos séculos II e III, da parte do bispo romano (Papa Estêvão, 254-257), de um primado no colégio dos bispos, que lhe caberia como sucessor de Pedro (sob o apelo a Mt 16,18: "Tu és Pedro, a pedra, e sobre esta pedra *construirei* minha Igreja"). Ainda independentemente da configuração mais precisa da ideia do primado e da questão de se ele deveria ser esboçado de modo mais espiritual ou mais jurídico (direito de apelação; Roma como última instância; o recurso à incólume conservação da transmissão apostólica na Igreja Romana), o desdobramento da noção de primado deve ser sempre colocada em conexão com a teologia dos concílios e com a teologia da pentarquia, ou seja, da pertença mútua dos cinco antigos patriarcados, na sequência Roma, Constantinopla, Alexandria, Antioquia, Jerusalém. Digno de nota é também o progressivo reconhecimento no Ocidente e a extensiva reserva nas igrejas do Oriente.

Contudo, conforme declara o *Decretum Damasi*, contido no *Decretum Gelasianum*, por volta de 380, a Igreja Romana está convencida

"de que, embora para a universal Igreja Católica esparsa pelo orbe o tálamo de Cristo seja único, a santa Igreja romana foi anteposta às outras Igrejas não por quaisquer decisões conciliares, mas obteve seu primado da palavra evangélica do Senhor e Salvador: Tu és Pedro [...] (Mt 16,18s). A isso acresce a presença do beatíssimo Apóstolo Paulo [...]. A primeira sé do Apóstolo Pedro é a Igreja Romana [...]" (DH 250s.).

*Em resumo, deve-se dizer que os Padres da Igreja compreendem a Igreja como comunhão sacramental. A Igreja é o mistério da unidade, estabelecido por Deus, das pessoas com Deus e entre si. A unidade da Igreja, operada pelo Espírito Santo, realiza-se na unidade da profissão de fé, do amor fraterno, da comunhão sacramental e da unidade do governo no episcopado* (cf. as exposições abrangentes de Cirilo de Jerusalém, catech. 18; Optato de Milevi, Contra Parmenianum).

## 2 A Igreja em Santo Agostinho

A compreensão eclesial ocidental é essencialmente enriquecida mediante temas agostinianos.

A Igreja, como corpo de Cristo, com sua cabeça, constitui ao mesmo tempo uma unidade pessoal (cf. At 9,4; Gl 3,28: "Vós sois *um só* em Cristo Jesus" – não somente *um*, como uma tradução imprópria sugere). Cristo e a Igreja são como cabeça e corpo o "*unus et totus Christus*" (serm. 341, 1, entre outros). Estão unidos para serem uma só carne, como o noivo e a noiva (cf. Ef 5,21). O corpo de Cristo engloba todos os que, no Espírito Santo, receberam graça e vida. É a "*ecclesia ab Abel usque ad ultimum electum*" (serm. 341, 9, 11). O Espírito do amor realiza, através dos sacramentos do Batismo e especialmente da Eucaristia, a graciosa unidade e, assim, constrói a Igreja como a *communio caritatis* e o *Corpus Christi*.

Agostinho volta-se decididamente contra o donatismo, que limita a Igreja aos santos que vivem de fato na graça da justificação. Se alguém, *per definitionem*, declara os pecadores como não membros da Igreja, já ninguém pode dizer onde está deveras a Igreja, visto que ninguém está em condições de determinar quem é pecador e quem é santo. Agostinho enfatiza que a Igreja visível seria sempre uma *ecclesia mixta* de santos e pecadores (cf. Rel. 6, 10, entre outros). Somente no juízo final se mostraria a diferença, e a Igreja revelar-se-ia "*sine macula e ruga*" (Ef 5,27), em sua plena figura de santidade (Faust. 13,16).

Visto que Agostinho interpreta o relacionamento entre Igreja como comunidade de graça, de um lado, e como sociedade visível e sacramentalmente constituída, de outro, com o esquema platônico arquétipo-imagem e como as ideias de participação aí contidas, ele consegue excluir dois extremos: nem a Igreja é a comunidade somente dos efetivamente justificados, excluindo-se os pecadores, tampouco se torna uma Igreja dilacerada em duas realidades distintas, na Igreja espiritual, mas pura, e na Igreja visível, mas impura. Os pecadores pertencem à Igreja *numero, non merito* (in Io. 61,2).

Entre a Igreja invisível e a Igreja visível, mesmo que não sejam perfeitamente coincidentes, existe um nexo indissolúvel, do qual resulta a necessidade salvífica da Igreja visível.

É rejeitada também por Agostinho a postura donatista segundo a qual somente os sacerdotes que vivem em plena unidade com a Igreja poderiam ministrar validamente os sacramentos. Com efeito, Cristo teria ligado a transmissão sacramental da graça ao poder, e não à santidade pessoal ("*Christus est, qui baptizat*". bapt. 3,10, entre outros). Ao sacramento recebido e ministrado fora da Igreja não faltaria validade, mas a plena eficácia, caso exista uma consciente postura hostil contra a Igreja. Porquanto o Espírito Santo transmitiria a graça mediante a unidade da *communio et societas sanctorum* (serm. 295,2).

Por conseguinte, o partido dos donatistas, regionalmente confinado, não poderia ser a verdadeira Igreja porque lhe faltaria a marca da catolicidade. Quem culposamente deixasse a *Catholica*, perderia sua salvação, pois estaria negando a função mediadora da Igreja para a salvação, desejada por Cristo (bapt. 4, 17, 24). Por outro lado, a mera pertença à *Catholica* ainda não garantiria a obtenção da salvação eterna. Com efeito, somente a graça recebida na *fé* e conservada até o fim no amor (Gl 5,6) constituiria a salvação, que certamente seria transmitida pela pertença à Igreja, mas não automaticamente produzida. Quem, em boa-fé e sem culpa, permanecesse fora da *Catholica* – já hereges, já pagãos –, poderia, no entanto, em razão da graça de Cristo atuante nele, pertencer de certa maneira à Igreja ou estar orientado para ela e, assim, participar da comunidade dos redimidos depois do fim dos tempos (ep. 43, 1; cf. rel. 6,11).

No caso normal, porém, a pertença à Igreja visível-sacramental (a *communio sacramentorum*) transmitiria o Espírito Santo e a unidade salvífica com o corpo de Cristo na comunidade de graça invisível (*societas sanctorum*). Visto que o sinal (*sacramentum tantum*) e a realidade (*res sacramenti*) estão mutuamente relacionados, a pertença à Igreja visível é também necessária à salvação. Todavia, não se exclui que, em casos isolados, esta congruência não se verifique. No que tange ao relacionamento entre Igreja visível e Igreja invisível, deve-se dizer: alguns que nela se encontram estão, em razão de sua fé deficiente e de sua má conduta de vida, na verdade, fora, e muitos, que em inocente *boa fide*, nasceram fora da Igreja, em comunidades cristãs cismáticas e heréticas, ou católicos que foram injustamente excomungados, pertencem à Igreja como comunidade de graça invisível (bapt. 5,38). Somente no céu haverá congruidade plena entre a santidade da Igreja com a santidade de seus membros (post. coll. 8,11).

Em Agostinho não se pode falar de uma dupla noção de Igreja, até mesmo discordante em seus elementos (como, p. ex., Adolf von Harnack). Também na discussão com o pelagianismo, Agostinho interpreta a Igreja como "*numerus praedestinatorum*". Agostinho compreende a predestinação não como um decreto divino primordial, que nada teria a ver com a oferta histórica da graça no anúncio, com o batismo e com a Eucaristia (corr. et grat. 13,39-42; c. Iulian. 5,4,14; persv. 14,35). Efetivamente, não há nenhuma predestinação para o mal e para a danação eterna. Apesar da doutrina agostiniana do desígnio salvífico particular (contra 1Tm 2,5), a Igreja visível é constituída efetivamente das pessoas escolhidas para a salvação. Os sacramentos e a pertença à Igreja são sinais e meios de alcançar também na comunidade eterna dos santos no céu a salvação oferecida na Igreja visível.

A Igreja Católica é a comunidade dos crentes organicamente construída, os quais são unidos na confissão da fé e na comunhão dos sacramentos e reunidos em sua afinidade universal mediante o *ordo ecclesiae*. De modo especial, os bispos, os sucessores dos apóstolos, acham-se na unidade vertical com a doutrina apostólica e garantem também horizontal e presentemente a *communio* de todas as igrejas (Quaest. evang. 2,4; Contra ep. Parm. 2,15,34; doct. christ. 2,12; ep. 52,3).

Agostinho compreende a *Cathedra Petri* em Roma como uma importante função orientadora para a unidade da *Catholica* na *communio ecclesiarum*: "*Iam de hac causa duo concilia missa sunt ad sedem apostolicam: inde etiam rescripta venerunt. Causa finita est, utinam aliquando finiatur error*" (serm. 131, 10). O principado da cátedra apostólica, exercido sempre vigorosamente pela Igreja Romana (ep. 43, 3, 7: "*in qua semper apostolicae cathedrae viguit principatus*"), não significa nenhuma instância doutrinária anteposta aos concílios e independente deles, ou uma monopolização da autoridade canônica e jurisdicional. O ministério episcopal seria, antes, exercido autonomamente nas diversas igrejas particulares. Originalmente, a autoridade doutrinal apostólica caberia aos concílios universais da Igreja Católica (certamente na unidade com o bispo romano) (ep. 43, 19; bapt. 2, 4, 5; 7,53, 102, entre outros).

A noção de *Civitas Dei* e de *civitas terrena*, mencionadas na teologia da história, não deve misturar-se com a questão sobre a Igreja, muito menos ainda com o problema da determinação da relação entre Igreja visível e Igreja invisível. Em *De Civitate Dei*, Agostinho está mais interessado nos princípios mais íntimos da fé e da descrença que, em sua contraposição dialética, determinam a história da humanidade em relação a Deus como meta do ser humano.

## 3 A eclesiologia medieval

A devastadora divisão das igrejas no século XVI foi, entre outras coisas, também o resultado de uma contraposição entre Igreja como comunidade invisível dos santos, de um lado, e Igreja como estrutura social visível da Igreja sacramental e hierárquica, de outro.

A tensão entre ambas as dimensões não era, porém, apenas teológica, mas foi condicionada também pelo desenvolvimento social. A diferença entre Igreja e sociedade/Estado foi superada, sim, e nublada na concepção da sociedade como o único *corpus christianum*. A esta visão instigou a experiência histórica de que o Império Romano tornou-se cristão e também os reinos franco-germânicos se definiam sobre bases cristãs. Acene-se, apenas de passagem, a alguns temas e campos de problema sobre cujo pano de fundo foi tomada a determinação teológica da natureza da Igreja. A reforma cluniacense trouxe não somente uma renovação espiritual da Igreja ocidental, mas fortaleceu também permanentemente a autoconsciência do papa que, aliás, em luta contra a secularização da Igreja, ameaçava ele próprio secularizar-se. No uso comum da linguagem, a noção de *corpus christianum* muitas vezes circunscrevia-se ao clero, cuja reivindicação espiritual e secular de liderança conseguia sua mais nítida expressão na reivindicação do primado do papa. A tensão entre hierarquia e leigos, a disputa pela liderança imperial e principesca da sociedade e da Igreja, rebentou em conflito de investidura por ocasião da questão sobre o direito de nomeação do bispo.

No geral, a Igreja saiu revigorada desta contenda. Sem dúvida, o desenvolvimento conduziu a certa juridificação e, com isto, a uma ênfase muito forte sobre a dimensão visível da Igreja (cf. Graciano, o "pai do Direito Canônico"; decretistas). A alusão à origem divina e à dimensão espiritual da Igreja conseguia apenas aparecer como justificação ideológica de uma reivindicação de poder completamente mundana da hierarquia eclesiástica.

Face a esta pretensão de poder e também à riqueza externa, chegou-se a diversos contramovimentos intraeclesiais. Enquanto o grande movimento dos monges mendicantes (sobretudo dominicanos e franciscanos) preservou a unidade da Igreja, foi ocasionalmente proposta a ideia da *ecclesia spiritualis* de que o caráter sacramental da Igreja visível tinha-se perdido (cf. os movimentos dos cátaros e valdenses; Joaquim de Fiori; os franciscanos espirituais; João Wycliffe; João Hus; Marcílio de Pádua; Guilherme de Ockham, entre outros). No contexto do cisma ocidental (1378-1417), das discussões conciliárias sobre uma superioridade do concílio sobre o papa (cf. o decreto "Sacrosancta", do Concílio de Constância 1415: NR 433) e do apelo generalizado por uma reforma da Igreja na cabeça e nos membros, constituiu-se, por fim, na Idade Média tardia, um potencial conflito que não convulsionou somente a própria Igreja, mas também as concepções eclesiológicas tradicionais.

Por certo, a posição social da Igreja em um *corpus christianum* era da mais alta importância do ponto de vista histórico-espiritual e histórico-cultural. No entanto, as fundamentações teóricas desta posição não são pertinentes para uma concepção teológica da Igreja, especialmente para uma descrição dogmática da natureza sacramental da Igreja e de sua missão sacramental.

Importante, porém, é a tradição de uma eclesiologia teológica que se está formando em conexão com Agostinho (não uma fundamentação teológica de uma ordem social cristã). Deste modo, na escolástica primitiva, no contexto da cristologia e do tratado da graça, formou-se, ao mesmo tempo como passagem para a doutrina dos sacramentos, o tratado *De Christo capite* (Lombardo, sent. III a. 13). Na visão paulina e agostiniana, a Igreja aparece como "o Corpo de Cristo nos diversos membros" e é descrita como *Corpus Christi mysticum*. Esta noção determina a Igreja em um sentido teológico à diferença da noção sociológica da Cristandade como *populus christianus* (cf. Tomás de Aquino, S.th. III q.8). No contexto da discussão em torno do primado papal, na ocasião também se discute detalhadamente até que ponto o papa é a cabeça da Igreja visível. Ambos os aspectos intervêm, à medida que Cristo é denominado a cabeça invisível do corpo místico da Igreja, o papa, no entanto, é o *vigário de Cristo* sobre a terra. Contudo, o conteúdo do título papal ultrapassa a visão eclesial primitiva, segundo a qual cada bispo e cada presbítero é *vicarius Christi*, visto que ele, na plenitude do poder sacramental, age na pessoa de Cristo, que é a cabeça da Igreja (cf. PO 2).

A determinação do relacionamento entre a Igreja e a sociedade secular, válida para hoje – do ponto de vista da missão divina da Igreja de anunciar o desígnio salvífico universal de Deus –, é pormenorizadamente apresentada na Constituição Pastoral *Gaudium et Spes*.

A Reforma Protestante do século XVI surgiu em uma rede de tendências e movimentos contraditórios, bem como em uma violenta situação de transformação social (Igreja secularizada; cisma eclesial ocidental; distorção da prática eclesial da penitência; aborrecimento do sistema fiscal no papado de Avinhão; explosão do universalismo ocidental mediante os ascendentes estados-nações com a tendência de subordinar a Igreja à meta do Estado; movimento rumo ao individualismo; protesto contra uma usurpação clerical da Igreja, da fé e da vida espiritual, entre outras coisas).

### 4 A concepção de Igreja de Lutero e de Calvino

Lutero parte da experiência interior da imediatidade do ser humano em relação a Deus na consciência pessoal e na fé. O pecador sente-se diretamente interpelado, na fé, como pela Palavra de Deus que o justifica.

Esta experiência da imediatidade em relação a Deus contrapõe-se a um sistema eclesial que, segundo a opinião de Lutero, suprime a imediatidade pessoal entre Deus e o ser humano, visto que os leigos estariam confiados à mediação de um sacerdócio sacramental, ao qual unicamente é entregue o sacrifício da reconciliação. A isto se acrescentaria a presunção do papa de poder, sozinho, interpretar de modo definitivo a Sagrada Escritura, mediante o que ele afirmaria seu poder. O acesso à salvação dependeria da submissão ao papa e à hierarquia, bem como da ligação ao sacerdócio sacramental (cf. Papa Bonifácio VIII, bula *Unam Sanctam*: DH 875; necessidade salvífica da submissão ao papa). O discurso da estrutura sacramental aparece-lhe como a fundamentação ideológica de um sistema de dominação clerical que põe em questão a imediatidade salvífica dos cristãos. Este é o pano de fundo para o julgamento de Lutero de que o papa seria o "anticristo".

Em contrapartida, Lutero define a Igreja como uma comunidade de crentes e como corpo de Cristo que, mediante a palavra e o Espírito de Cristo, é construída e conduzida. A Igreja surge sempre de novo da palavra e do Espírito de Deus. Ela seria *creatura verbi*. Por meio da palavra, a Igreja seria reunida, conservada e construída. Assim, a Igreja é "o santo povo de Deus cristão na palavra" (WA 12, 191). *Povo de Deus* e *Palavra de Deus* estão inseparavelmente unidos (WA 11, 408, 13).

Como realidade espiritual, que se move no campo de tensão da palavra e da fé, portanto, dos atos pessoais e das relações, ela é a comunidade oculta, mas real, dos santos e dos justificados: *ecclesia abscondita* (WA 5,47) ou *ecclesia invisibilis* (WA 7, 710). O ocultamento da Igreja acha-se teologicamente em uma conexão com o ocultamento de Deus na cruz de Cristo. A Igreja tem de orientar-se pelo exemplo de Cristo, que não apareceu em poder e glória exteriores, mas que se revelou em sua divindade justamente no ocultamento do sofrimento e da cruz – *sub contrario* (WA 21, 332).

No entanto, o cristianismo é mais do que uma simples soma exterior de crentes. Ele é a *communio sanctorum* ou a *congregatio fidelium* (BSLK 656). Ele se torna manifesto nas *notae ecclesiae*: lá onde a palavra é anunciada, o batismo e a Ceia do Senhor são celebrados, onde a fé é conhecida e Deus é louvado, onde Deus envia à sua Igreja servos do ministério da pregação, onde os crentes são contestados e submetidos à perseguição exterior, e seguem o caminho da cruz de Cristo (WA 50,628ss.). Estas seriam as verdadeiras características da Igreja Apostólica e Católica, de forma alguma, porém, instituições exteriores, que talvez remontem apenas historicamente à Igreja primitiva, mas que teriam sido pervertidas, nisto que se desenvolveram em instâncias intermediárias transmissoras da salvação. Os ministros aqui já não seriam servos da Palavra e dos sacramentos, mas administradores autoassenhoreados de uma salvação que, no entanto, somente Deus pode conceder.

Todavia, o ministério é *de direito divino*, pois ele consiste na missão de anunciar o Evangelho e servir à edificação da Igreja (CA 5; 28).

Sua figura concreta como hierarquia eclesial é, no entanto, puramente *de direito humano*. A submissão aos ensinamentos do papa e dos concílios, desde que não se harmonizem com a Palavra de Deus, ligaria a salvação a condições humanas exteriores (WA 26,506). Disso resulta a famosa definição de Igreja na *Confessio Augustana*:

"Ensina-se também que sempre haverá e permanecerá (*perpetuo mansura*) uma única santa Igreja cristã, que é a congregação de todos os crentes, entre os quais o Evangelho é pregado puramente e os santos sacramentos são administrados de acordo com o Evangelho (*Est autem ecclesia congregatio sanctorum, in qua evangelium pure docetur et recte administrantum sacramenta*). Porque para a verdadeira unidade da Igreja cristã é suficiente que o Evangelho seja pregado unanimemente de acordo com a reta compreensão dele e os sacramentos sejam administrados em conformidade com a Palavra de Deus. E para a verdadeira unidade da Igreja cristã não é necessário que em toda a parte se observem cerimônias uniformes instituídas pelos homens [...]" (CA 7).

"Além disso, ainda que a Igreja cristã, propriamente falando, outra coisa não seja senão a congregação de todos os crentes e santos, todavia, já que nesta vida continuam muitos falsos cristãos [...], os sacramentos nada obstante são eficazes [...]" (CA 8).

*Calvino* não está tão fortemente movido quanto Lutero pela questão pessoal do Deus gracioso, mas pela questão da imposição do senhorio de Deus no mundo. Em um agostinismo interpretado de maneira extremista, a Igreja aparece-lhe, de um lado, como a comunidade dos escolhidos para a bem-aventurança eterna (*numerus praedestinatorum*). Por outro lado, ele compreende a Igreja como os confessores de Cristo dispersos pelo mundo. Do ponto de vista organizacional, estariam reunidos em uma instituição visível, que é caracterizada por uma organização ministerial de pastores, mestres, diáconos e anciãos (Inst. Chr. Rel. 1559, IV, 1,7). Contudo, na associação eclesial visível estariam misturados muitos hipócritas, que seriam cristãos apenas de nome. A fé relacionar-se-ia apenas à Igreja invisível. O cristão, porém, seria obrigado a respeitar a comunidade visível da Igreja e permanecer em comunhão com ela.

Na Segunda Confissão Helvética de 1566, em uma importante declaração confessional reformadora, no Capítulo 17, ensina-se sobre a "Igreja de Deus, católica e santa, e a única Cabeça da Igreja, Cristo":

"Visto que Deus desde o princípio quis salvar os homens e trazê-los ao conhecimento da verdade, é absolutamente necessário que a Igreja tenha existido no passado, exista agora e continue até o fim do mundo, isto é: a assembleia dos fiéis convocada ou reunida do mundo, a comunhão de todos os santos, ou seja, dos que verdadeiramente conhecem, adoram corretamente e servem o verdadeiro Deus em Cristo, o Salvador, pela palavra e pelo Espírito Santo, e que, finalmente, participam, pela fé, de todos os benefícios gratuitamente oferecidos mediante Cristo (p. 179) [...]. Há uma só cabeça do corpo a qual com ele se ajusta. Por isso a Igreja não pode ter nenhuma outra cabeça além de Cristo... Consequentemente, não necessita de vigário, que é substituto de quem está ausente. Mas Cristo está presente com sua Igreja e é sua cabeça vivificadora [...]. Consideramos a comunhão com a verdadeira Igreja de Cristo coisa tão elevada que negamos que possa viver perante Deus aqueles que não estiverem em comunhão com a verdadeira Igreja de Deus, mas dela se separam (p. 183) [...]. Por outro lado, nem todos os que são contados no número da Igreja são santos ou membros vivos e verdadeiros da Igreja. Pois há muitos hipócritas que externamente ouvem a Palavra de Deus e publicamente recebem os sacramentos [...]" (STEUBING, H. *Bekenntnisse der Kirche*. Wuppertal 1970, 179-183).

### 5 A definição antirreformista de Igreja de Roberto Belarmino

Na tradição da controvertida teologia pré-tridentina e do Concílio de Trento, o Cardeal *Roberto Belarmino* (1542-1621) ofereceu uma definição de Igreja que marcou a eclesiologia católica até o século XX. A crítica reformatória não foi tomada positivamente, mas apenas a tradição vigente foi defendida. Em estrita contraposição, ele define a natureza da Igreja não a partir de sua figura invisível, mas de sua configuração visível:

"Igreja é uma comunidade de pessoas que, mediante a confissão da mesma fé e da partilha dos mesmos sacramentos, estão reunidas sob a direção dos legítimos pastores, especialmente do único vigário de Cristo sobre a terra, o papa romano" (Controv. 4,3,2).

Contra qualquer eliminação da diferença entre sacerdotes e leigos, a Igreja é definida como uma *societas inaequalis*. À negligência da dimensão visível de Igreja e também ao desprezo da importância salvífica justamente desta visibilidade, Belarmino contrapõe a afirmação de que a Igreja seria uma assembleia de pessoas "tão visível e palpável como o reinado de França ou a república de Veneza" (id. 3,2). Decisiva é a afirmação de que a hierarquia eclesiástica pertenceria à natureza constitutiva da Igreja, na medida em que ela transmite o serviço da salvação e a graça sacramental. A alusão de Lutero ao sacerdócio comum (cf. 1Pd 2,5) não é nenhum argumento, pois este passo da Escritura não pode ser interpretado no sentido de uma imediatidade de todo fiel em relação a Deus. Contudo, de acordo com Lutero, o serviço sacerdotal do ministério apostólico aparece como uma instância intermediária criatural francamente perigosa para a salvação, e que deveria ser desativado.

Mesmo que – em contraposição dialética à crítica reformatória – a visibilidade da Igreja seja acentuada, no programa da reforma católica, no entanto, a dimensão espiritual da Igreja assume plena importância (cf. a mística espanhola, uma série de fundações de Ordens importantes, as missões populares e a piedade barroca).

### 6 *A eclesiologia sob a influência do deísmo e da Igreja-Estado*

Sob as influências de uma imagem deísta de Deus e da redução da religião à moral (cf. Kant. A religião dentro dos limites da simples razão, 1793), a imagem da Igreja também muda. Ela já não é, em primeira linha, serva da revelação divina e comunidade confessional obrigatória para a fé. Depois que a pergunta pela verdade do dogma foi reprimida pelo desafio à tolerância religiosa, pela indiferença e por posições agnósticas, a Igreja apareceu como instituição educacional moral, que poderia se tornar útil ao elevado objetivo do Estado (Igreja-Estado). No absolutismo ilustrado (cf. josefinismo e febronianismo) irrompeu esta alienável compreensão de Igreja. A composição da Igreja, aqui, já não resulta de sua natureza sacramental, mas deve organizar-se de acordo com teorias sociais de direito natural. A Igreja é classificada no Estado como associação utilitarista voltada para o bem-estar intramundano.

Esta usurpação, porém, vai de encontro à liberdade da Igreja, que não pode ser subordinada a uma meta estatal intramundana.

Por conseguinte, é compreensível que o Magistério eclesiástico nos séculos XVIII e XIX tenha-se colocado na defensiva contra tal agressão à substância da autocompreensão eclesial. A luta pela liberdade da Igreja foi conduzida sob o lema: "*societas perfecta*". Em contraposição ao Estado e à sociedade, a Igreja, como organização eclesiástica, serviria ao destino sobrenatural do ser humano. Sua estrutura foi, certamente, de maneira bastante positivista, remontada à simples vontade fundacional do Jesus histórico, que a teria revestido da necessária autoridade, razão pela qual os leigos seriam simplesmente receptores das instruções da hierarquia eclesiástica. Aquele que, na obediência da fé, submeter-se à autoridade eclesial e utilizar o serviço sacerdotal-mediador-da-salvação dos ministros, este pertenceria à associação eclesial visível e teria a garantia de alcançar a salvação sobrenatural.

Esta compreensão eclesial clerical e hierarquiológica tinha seu correspondente em uma noção bastante positivista da revelação. Johann Adam Möhler ironicamente assim descreveu esta concepção: "No princípio, Deus criou a hierarquia, e para a Igreja, até o fim do mundo, foi providenciado mais do que o necessário" (ThQ 5/1823, 497).

### 7 *O surgimento de uma eclesiologia teológica*

Sob a influência do idealismo e do romantismo, mas recorrendo especialmente à Igreja do tempo dos Padres, Johann Sebastian Drey e Johan Adam Möhler (1796-1838) puderam chamar a atenção para a necessidade de uma fundação da Igreja na encarnação e no envio do Espírito. Sob o impulso de Möhler e da teologia escolástica romana (G. Perrone; C. Passaglia; C. Schrader; J.B. Franzelin), sobretudo *Matthias Josef Scheeben* (1835-1888) ensinou a ver novamente a Igreja como mistério. O Deus trino comunica-se com o ser humano na encarnação e no envio do Espírito. Ele inclui o crente no mistério da filiação divina sobrenatural. O ser humano é chamado, mediante a graça no Espírito Santo, a participar do relacionamento filial de Cristo com o Pai. Visto que o ser humano, no entanto, de acordo com sua natureza, carece de uma mediação visível da invisível comunhão com Deus, o próprio Deus, na natureza humana de Jesus, fez da dimensão visível, corporal e social da vida criacional o sinal sacramental de sua autocomunicação salvífica. Esta conjunção da vida sacramental e comunitária na Igreja é o meio apropriado da comunicação humano-divina. A realidade interior e a realidade exterior da Igreja estão, assim, interligadas mutuamente, como em um sacramento a graça interior e o sinal sacramental exterior. A Igreja está fundada no mistério da encarnação e necessita do Espírito como constante princípio de vida. Por este motivo, o Espírito Santo deve ser compreendido, ao mesmo tempo, como a alma da Igreja. A associação social que surgiu da atividade histórica de Jesus é o Corpo de Cristo, o qual através do Espírito Santo, é dotado da vida sobrenatural (cf., a este respeito, o esquema da Igreja, o surgimento de uma eclesiologia para o Concílio Vaticano I, no qual a Igreja é concebida como mistério de Cristo e como o Corpo místico de Cristo: NR 387-394; cf. também Papa Leão XIII, a Encíclica *Satis Cognitum*, 1896; *Divinum Illud Munus*, 1897).

O modernismo representa certa interrupção no desenvolvimento eclesiológico dos séculos XIX e XX. Na simples negação de uma fundação da Igreja compreendida de maneira meramente positivista, mediante o Jesus histórico, diz-se ali: "Foi alheio à mente de Cristo constituir a Igreja como sociedade que devia durar sobre a terra por longo decurso de anos; mas, na mente de Jesus, estava prestes a chegar o Reino do Céu juntamente com o fim do mundo" (DH 3452; cf. LOISY, A. *L'Évangile et l'Église*, 1902, 153: "Jésus annonçait le royaume, et c'est l'Église qui est venue" – Jesus anunciava o Reino, e o que veio foi a Igreja").

Depois da crise do modernismo e da catástrofe da Primeira Guerra Mundial, começou o "século da Igreja" (O. Dibélio. Berlim, 1926). Romano Guardini formulou classicamente: "O acontecimento religioso de alcance imprevisível começou: a Igreja desperta nas almas" (*Vom Sinn der Kirche*. Mainz, 1922, 1).

As múltiplas contribuições da exegese, da patrística, da ciência litúrgica e os estímulos provenientes da teologia ortodoxa e da protestante conduziram a um movimento eclesiológico que devia desembocar no Concílio Vaticano II, em última instância, na Constituição Eclesial *Lumen Gentium*, de 1964.

## IV. ECLESIOLOGIA SISTEMÁTICA

### 1 A Igreja como sacramento da comunhão com o Deus trino

#### a) A origem da Igreja na autocomunicação de Deus Pai

A Igreja é, em Cristo, sacramento da salvação do mundo, de acordo com sua realidade interior e sua forma simbólica exterior (LG 1).

A Igreja não é nenhuma associação religiosa fundada por homens. Seu ser e sua missão só se deixam compreender no horizonte universal da autocomunicação do Deus trino na criação, na redenção e na consumação final. Deus comunica-se à raça humana como um todo e a cada pessoa individualmente como verdade e vida. A autocomunicação de Deus tem por meta que as pessoas alcancem a unidade com Ele e entre si. O ser humano individual e socialmente pleno é capaz de participar da comunhão de amor do Pai, do Filho e do Espírito e correalizar a vida das pessoas divinas. Na origem e na estrutura interna, a Igreja resulta da Trindade econômica e da eleição, por Deus Pai, do povo da aliança, e pela origem da história da salvação. Historicamente, ela está radicalmente marcada pela vida e pela atividade, bem como pela morte e ressurreição de Jesus Cristo. Nele, o povo de Deus torna-se "Corpo de Cristo", porque Ele, Cristo, é o mediador da salvação. Ele é a cabeça e a origem da Igreja, e ela é seu corpo. Na medida em que o Senhor glorioso conduz as realizações fundamentais da Igreja no Credo, no Batismo e na Eucaristia e enche-as com sua vida, Ele torna a Igreja sempre de novo apta como seu próprio corpo e a edifica mediante sua presença e seu Espírito. A partir de Cristo, a cabeça, o corpo cresce e é construído no amor (Ef 3,16). A efusão escatológica do Espírito Santo está ligada à encarnação do Filho. Assim, a Igreja, como povo de Deus Pai, mediante sua unidade com Cristo, na graça, é o Corpo de Cristo e Templo de Deus (1Cor 3,16). Somente quando o Espírito do Senhor (2Cor 3,17) enche, com sua vida, a Igreja que se reporta à atividade histórica dele é que a Igreja pode, como a noiva de Cristo, ir ao encontro de seu noivo e, na força deste Espírito, invocá-lo: "Vem, Senhor Jesus!" (Ap 22,7.20). Através da realidade trinitária e da perspectiva histórico-salvífica geral, a natureza da Igreja encerra-se nos axiomas inter-relacionados:

> A Igreja é povo de Deus Pai (LG 2),
> como Corpo de Cristo, Igreja do Filho (LG 3)
> e Templo do Espírito Santo (LG 4).

### b) A origem da Igreja em Jesus de Nazaré

Jesus não se relaciona com a Igreja como um fundador de religião. Ela surge, ao contrário, como o povo de Deus por Ele reunido e reconstituído, a partir da atividade histórica dele, nisso que Ele se revela como o Filho encarnado do Pai. A proclamação do Reino, feita por Jesus, completa-se em sua doação até à morte, mediante a qual ele fundamenta a "Nova Aliança no sangue de Cristo" (Lc 22,20). Por meio da comunhão de vida com Jesus, o Senhor ressuscitado, a Igreja, através da participação no Corpo e no Sangue sacramentais de Cristo, constitui-se, ela mesma, no "único Corpo". Neste está presente o próprio Cristo, nele age como o Senhor glorioso no Espírito (1Cor 10,7). Ele age não somente em sua Igreja. Ele *torna-se presente* também através da comunhão de vida, das realizações sacramentais e dos ministérios constitutivos da Igreja. Cristo, como portador do senhorio de Deus (1Cor 15,28), faz-se experienciável em sua comunidade de discípulos e age mediante a Igreja, que é seu Corpo, como sinal de sua presença atuante no mundo.

Uma eclesiologia teológico-trinitariamente fundada e teológico-encarnadamente transmitida pode também mostrar o caminho para uma solução teologicamente adequada para o antigo problema de como se deveria pensar o nexo entre a dimensão visível e a dimensão invisível da Igreja. Com efeito, a Igreja exterior, como organização social, pode ser reconduzida histórico-sociologicamente ao homem histórico Jesus. A reunião visível dos fiéis sobre a terra é providenciada por Cristo, com todos os meios salvíficos e com o ministério apostólico. O edifício visível da Igreja remonta à vontade do Jesus histórico. Como o Senhor ressuscitado, Ele intermedeia a unidade invisível da comunhão no amor com o Deus trino. Esta unidade concretiza-se na vida sacramental e na comunidade hierárquica da Igreja (LG 8; 14).

### c) A presença do Espírito Santo em sua Igreja

A Igreja é o novo Israel e a nova comunidade salvífica, ligada ao antigo Israel, reunida dos muitos povos (LG 9). A noção de povo não deve ser interpretada no sentido de direito natural ou constitucional (no sentido, portanto, seja de uma ordem social composta de modo monárquico, aristocrático, seja democrático-parlamentarista), mas deve ser antropologicamente compreendida como expressão da intrínseca dimensão social da pessoa humana.

> "Aprouve contudo a Deus santificar e salvar os homens não singularmente, sem nenhuma conexão uns com os outros, mas constituí-los num povo, que o conhecesse na verdade e santamente o servisse" (LG 9).

Este povo é escolhido por Deus não no sentido de um privilégio especial, mas para um serviço específico para toda a humanidade:

> "Constituído por Cristo para a comunhão de vida, caridade e verdade, é por Ele ainda assumido como instrumento de redenção de todos, e é enviado ao mundo inteiro como luz do mundo e sal da terra (cf. Mt 5,13-16)" (LG 9).

Na Igreja está presente o Reino de Cristo. Nele, o senhorio de Deus segue seu caminho através do tempo, no sinal do povo de Deus peregrino, até a pátria eterna no céu, que é oferecida a todas as pessoas como meta.

O povo de Deus messiânico, como um todo, participa do ministério salvífico profético, régio e sacerdotal de Cristo (LG 13). Visto que a Igreja, como lugar de atuação da presença de Deus, está cheia do Espírito do Pai e do Filho, é também o Espírito de Cristo a única fonte de todas as diversas missões, serviços, ministérios e carismas livres, mediante o que se realiza o único ministério salvífico profético, régio e sacerdotal da Igreja. Assim "a Igreja Católica, eficaz e perpetuamente, tende a recapitular toda a humanidade com todos os seus bens sob Cristo cabeça, na unidade e seu Espírito" (LG 13).

### 2 Realizações fundamentais da Igreja no testemunho, na liturgia e na diaconia

A natureza sacramental da Igreja articula-se em três realizações sacramentais fundamentais: o exercício do múnus profético no testemunho, do ministério sacerdotal na liturgia e do ministério régio na diaconia.

#### a) O serviço profético da Igreja no testemunho

O santo povo de Deus, no seguimento de Cristo, sabe-se encarregado da tarefa de anunciar o Evangelho e de proclamar a irrupção do Reino de Deus mediante o testemunho vivido e a pregação explícita. Integrados ao Corpo místico de Cristo mediante o Batismo, a Confirmação e a recepção da Eucaristia, geralmente mediante os próprios carismas e especialmente no serviço profético específico do ministério sacramental e apostólico, os crentes servem a Cristo Mediador, "o apóstolo e sumo sacerdote de nossa profissão fé" (Hb 3,1). Por isso, "o conjunto dos fiéis, ungidos que são pela unção do Santo (cf. 1Jo 2,20.27), não pode enganar-se no ato de fé" (LG 12). A infalibilidade da Igreja e do ministério eclesial resulta do caráter sacramental do testemunho.

#### b) O serviço salvífico sacerdotal de Cristo na liturgia

Na liturgia e nos sacramentos, Cristo atualiza sua salvação nas grandes ações simbólicas de sua Igreja, instituídas por Ele (LG 11). Ele exerce seu sacerdócio na comunhão de todos os membros da Igreja. O singular ministério régio e sacerdotal de Cristo torna-se sacramentalmente palpável na atuação conjunta da Igreja de acordo com a estrutura interna, quando leigos exercem a missão sacerdotal à medida que agem como membros do Corpo de Cristo e, assim, representam o Corpo de Cristo como um todo, ao passo que, por outro lado, os cristãos que foram chamados, pela ordenação, ao serviço apostólico do governo (presbíteros e bispos), representam para o Corpo o agir de Cristo, a Cabeça, de maneira simbólica e atuante (PO 2). O sacerdócio comum dos fiéis e o sacerdócio ministerial, ou seja, o sacerdócio hierárquico, diferenciam-se não quantitativamente (segundo o grau), mas qualitativamente (segundo a natureza) no que tange à participação no ministério sacerdotal de Cristo (LG 10), nisso que o sacerdote age *in persona Christi* pela Igreja e torna sacramentalmente presente o contínuo avanço da missão através do Senhor. A isto não se contrapõe o fato de que justamente na Eucaristia e nos sacramentos se representem a unidade da Igreja e sua missão sacerdotal em todos os membros, leigos e ministros. O ministério sacramental é, antes, a garantia de que a reunião eclesial não é devida a si mesma, mas ao único centro, que é o próprio Senhor.

"Pois a liturgia, pela qual, principalmente no divino sacrifício da Eucaristia, 'se exerce a obra de nossa redenção', contribui do modo mais excelente para que os fiéis exprimam em suas vidas e aos outros manifestem o mistério de Cristo e a genuína natureza da verdadeira Igreja. Caracteriza-se a Igreja de ser, a um tempo, humana e divina, visível, mas ornada de dons invisíveis... Por isso, enquanto a Liturgia cada dia edifica em templo santo no Senhor, em tabernáculo de Deus no Espírito aqueles que estão dentro dela, até à medida da idade da plenitude de Cristo, ao mesmo tempo admiravelmente lhes robustece as forças para que preguem Cristo. Destarte ela mostra a Igreja aos que estão fora como estandarte erguido diante das nações, sob o qual se congreguem num só corpo os filhos de Deus dispersos, até que haja um só rebanho e um só pastor" (SC 2).

O desdobramento da única natureza sacramental da Igreja nos sacramentos isolados é apresentado em LG 11 e no âmbito do presente manual de estudos, será tratado no capítulo seguinte como tratado autônomo da doutrina sacramental.

### c) O ministério régio-salvífico de Cristo na diaconia de sua Igreja

No ministério salvífico abrangente da Igreja no mundo, o Cristo, como Senhor glorioso, exerce também seu senhorio régio universal.

A Igreja não detém a posse do senhorio de Deus, e ela também não se identifica com o Reino de Deus. No entanto, como comunidade visível, ela serve à realização do senhorio de Deus, o qual historicamente se impõe, em persistente expectativa e esperança no cumprimento universal da vontade salvífica de Deus no final dos tempos. Cristo exerce seu ministério como mediador do senhorio de Deus, na medida em que a Igreja serve à "unidade das pessoas entre si" (LG 1). A Igreja colabora com o progresso da humanidade na cultura e no humanismo, bem como na construção de uma ordem social dignamente humana e justa. Ela serve às pessoas em toda parte onde elas carecem de auxílio espiritual e corporal. Também na diaconia a Igreja é, por assim dizer, infalível, porque em cada ato de amor ao próximo o próprio Cristo é amado e vice-versa: em cada gesto desinteressado de amor ao próximo "encarna-se" no mundo o amor de Deus pelas pessoas (Mt 25,31-46; 1Jo 3,13-17). *O amor ao próximo é o sacramento do amor de Deus.* A Igreja vê-se comprometida com a "elevada vocação do ser humano". Ela

> "oferece ao gênero humano a colaboração sincera da Igreja para o estabelecimento de uma fraternidade universal que corresponda a esta vocação. Nenhuma ambição terrestre move a Igreja. Com efeito, guiada pelo Espírito Santo ela pretende somente uma coisa: continuar a obra do próprio Cristo que veio ao mundo para dar testemunho da verdade, para salvar e não para condenar, para servir e não para ser servido" (GS 3).

### 3 *A constituição sacramental-carismática da Igreja*

#### a) A origem da constituição da Igreja em sua natureza sacramental

A natureza e a constituição fundamental da Igreja não podem ser compreendidas com meras categorias do direito natural e da sociologia. Igualmente, o surgimento da Igreja não se deu assim que, inicialmente, os membros individuais da Igreja, mediante impulso meramente subjetivo, a partir da atuação interna do Espírito, ter-se-iam reunido, para somente depois do progressivo arrefecimento deste entusiasmo inicial fossem transformados em uma organização legalmente institucionalizada. A teoria de Rudolf Sohm (1841-1917), o qual, do ponto de vista protestante, estabeleceu uma oposição entre a incipiente Igreja do amor e a posterior Igreja do direito, não resiste a uma verificação histórica, e revela-se como um conceito que origina determinados preconceitos. A conformação externa da Igreja resulta, antes, de sua própria natureza sacramental:

> "O único Mediador Cristo constituiu e incessantemente sustenta aqui na terra sua santa Igreja, comunidade de fé, esperança e caridade, como organismo vivo pelo qual difunde a verdade e a graça a todos. Mas a sociedade provida de órgãos hierárquicos e o corpo místico de Cristo, a assembleia visível e a comunidade espiritual, a Igreja terrestre e a Igreja enriquecida de bens celestes, não devem ser considerados duas coisas, mas formam uma só realidade complexa em que se funde o elemento divino e humano [...]. Esta é a única Igreja de Cristo que no Símbolo confessamos una, santa, católica e apostólica [...]. Esta Igreja, constituída e organizada neste mundo como uma sociedade, subsiste na Igreja Católica governada pelo sucessor de Pedro e pelos bispos em comunhão com ele" (LG 8).

Pertencem à composição natural da Igreja:
1. as realizações sacramentais fundamentais que lhe foram outorgadas.
2. O apostolado dos leigos como exercício autêntico da missão salvífica da Igreja.
3. A hierarquia eclesiástica, que na Igreja primitiva consistia de um único bispo, do presbitério e dos diáconos, e que no plano da Igreja universal, no episcopado, com o Bispo de Roma como sucessor de Pedro, exerce o primado.

### b) Os leigos como portadores da missão sacramental da Igreja

*Leigo é todo fiel integrado ao Corpo de Cristo mediante o Sacramento do Batismo e ligado a toda a Igreja, ao qual não foi confiado nenhum ministério sacramental.*

A participação dos leigos no ministério profético, sacerdotal e régio da Igreja está fundamentada sacramentalmente (LG 30-38). A participação dos leigos na missão comum da Igreja não resulta de uma delegação do ministério apostólico, mas da participação original no exercício do ministério salvífico de Cristo, concedida com o Batismo e com a Confirmação. Assim, "todo leigo, em virtude dos próprios dons que lhe foram conferidos, é ao mesmo tempo testemunha e instrumento vivo da própria missão da Igreja" (LG 33). Além disso, também existe, ainda, a possibilidade de que o bispo nomeie leigos para a cooperação "com o apostolado da hierarquia" (LG 33), criando, através disso, ministérios por força do direito eclesial, os quais, aliás, se distinguem da "Ordem" transmitida no Sacramento da Ordem.

Sem detrimento da "verdadeira igualdade quanto à dignidade e ação comum a todos os fiéis na edificação do Corpo de Cristo" (LG 32), cada fiel deve permitir que seus serviços especiais e os dons do Espírito sejam incluídos, pelos pastores da Igreja, na missão comum da Igreja. Efetivamente, o serviço à unidade da comunhão da Igreja faz parte dos plenos poderes do ministério sacramental. O critério é a edificação da Igreja como Corpo de Cristo (cf. 1Cor 14,37-39; Hb 13,17). A esperada submissão dos leigos à "diaconia do ministério pastoral episcopal" (LG 24) não resulta pragmaticamente das exigências de uma associação religiosa em funcionamento, mas tem, ela mesma, uma origem na missão sacramental da Igreja. Trata-se, aqui, de uma obediência fundamentada religiosa/espiritualmente e não de um relacionamento ordem/obediência, baseado sócio-organizacionalmente com vistas à maximização do sucesso. A obediência espiritual na Igreja, tal como fundamentada no Evangelho de Cristo, não se refere aos bispos como pessoas privadas, mas na medida em que são "testemunhas da verdade divina e católica" (LG 25).

### c) A hierarquia eclesial

*A existência da hierarquia por força do direito divino*

A designação usual da ordem ministerial (= *ordo ecclesiasticus*) desde o tempo do Pseudo-Dionísio (*De ecclesiastica hierarchia*) não quer indicar uma organização rigidamente conduzida e uma instância do poder de mando de cima para baixo.

*"Hierarquia" é o ministério espiritual, que se articula nos graus do bispo, do presbítero e do diácono, que é constituinte da própria natureza sacramental da Igreja e age nos plenos poderes de Jesus Cristo. O próprio Espírito Santo produz a atividade espiritual dos ministérios eclesiais na doutrina, na dispensação dos sacramentos e no governo (como ministério sacramental à unidade da comunhão).*

Sem provocar ruptura na igualdade dos fiéis, em seu relacionamento pessoal com Deus e na tarefa conjunta na participação na missão comum da Igreja, nesta são escolhidos homens por Deus Pai (1Cor 12,28; Gl 1,1), ou pelo Senhor ressuscitado (Gl 1,1; 1Cor 12,5) ou pelo Espírito Santo (1Cor 12,4; At 20,28; 1Tm 4,14), para exercerem o ministério pastoral de Cristo no "povo de Deus escatológico", o "rebanho de Deus". Na comunidade não têm todos os mesmos ministérios. Nem todos são apóstolos, profetas, mestres, evangelistas e pastores (1Cor 12,28; Gl 6,6; Ef 4,11). Nem todos são chefes dirigentes (1Ts 5,12; 1Cor 16,16; Hb 13,17). Nem todos são bispos e diáconos (Fl 1,1; 1Tm 3,1-13). Nem todos são presbíteros, que proveem ao ministério de dirigentes, dos quais se exige uma inclinação especial e dos quais também se requer especial responsabilidade (1Tm 5,17; Tt 1,5-9; At 20,28).

O ministério do bispo/presbítero radica-se no apostolado (em sentido teológico e de revelação). A fé cristã não é um sistema educacional descartável por seu transmissor humano, ou uma práxis religiosa geral. A revelação na Palavra só é atual na comunidade dos discípulos. Contudo, alguém só pode ser transmissor da Palavra de Deus quando age pela *autoridade e missão de Jesus* (cf. Mc 3,14; 6,7), e, portanto, em sua pessoa, representa tanto a autoridade de Cristo na comunidade quanto a autoridade de toda a Igreja. O poder transmitido ao portador de um ministério é o sinal exterior da íntima eficácia do Espírito de Deus. Por conseguinte, o ministério pastoral na Igreja, que na pessoa de Cristo representa as realizações fundamentais no testemunho, na liturgia e no serviço na tensão estrutural do Cristo como Cabeça e do Cristo como Corpo, é, por sua natureza, sacramental.

O "apóstolo" é "colaborador de Deus" na construção da casa de Deus (1Cor 3,9). É-lhe confiada a palavra de reconciliação para o anúncio eficaz (2Cor 5,19). O apóstolo é um enviado em lugar do Cristo. Através dele, o próprio Deus exorta e realiza a reconciliação (2Cor 5,20; Lc 10,16: "Quem vos ouve a mim ouve"; Jo 20,21: "Como o Pai me enviou, também eu vos envio [...]. Recebei o Espírito Santo. Aqueles a quem perdoardes os pecados ser-lhes-ão perdoados [...]").

Também os ministros do período pós-apostólico, que dão continuidade aos ministérios de apóstolos, profetas e evangelistas, servem como "pastores e mestres" dos santos, a fim de prepará-los para o cumprimento de seu ministério. Eles servem à construção do Corpo de Cristo na fé e no amor (Ef 4,12). Os bispos/presbíteros são ministros da Palavra, eles presidem a comunidade, exercem o múnus pastoral em nome de Cristo e garantem a unidade da Igreja na fé, bem como o nexo histórico como a Igreja primitiva mediante uma confiável transmissão da fé que lhes foi entregue. Dado que o próprio Deus é o pastor de seu povo (Jr 3,15; 23,4) e Jesus Cristo, como mediador da Nova Aliança, é o verdadeiro "Pastor e Supervisor de vossas almas" (1Pd 2,25; cf. Jo 10,11), Ele torna presente seu ministério como Cabeça da Igreja mediante aqueles aos quais, na Igreja, foi confiado o exercício do múnus pastoral de Deus e de Cristo (At 20,28; 1Pd 5,1-4; 1Tm 3,5; Jo 21,15-18).

Já na atividade pré-pascal de Jesus pode-se reconhecer uma estrutura sacramental do ministério apostólico. Jesus, o mediador do senhorio de Deus, chamou, por livre escolha, os "Doze", estabeleceu-os (εποιησεν = criou, Mc 3,14; cf., em Is 43,1.7, o agir criador de Deus: "Deus *criou* [bara] Israel") no ministério, a fim de que estivessem em comunhão com Ele, para que pudessem enviá-los a pregar e a ter participação em seu poder de vencer os poderes do mal que ameaçam o ser humano (cf. Mc 3,14s.).

Do círculo dos Doze – que se tornava especialmente visível a partir do período pós-pascal –, dos apóstolos, dos evangelistas, dos mestres e de outros missionários cristãos primitivos (1Cor 15,3ss.), em pouco tempo surgiu o ministério apostólico (= o que é exercido pelo poder apostólico), que exerceu sua tarefa tanto no âmbito da comunidade como também no âmbito de toda a Igreja (cf. os missionários ambulantes). "Bispos e diáconos" prestavam à comunidade "o ministério dos profetas e dos mestres [...] eles são vossos veneráveis, juntamente com os profetas e os mestres" (Did. 15,1s.). De acordo com 1 Clem 42-44, os epíscopos e os diáconos têm, no povo de Deus neotestamentário, um serviço análogo ao dos "sumos sacerdotes da Antiga Aliança" (cf. Did 13,3; 1 Clem 40,5; *Hipólito*, trad. apost. 3).

Nas cartas de *Inácio de Antioquia*, no começo do século II, é perceptível a diferenciação entre o ministério do epíscopo e o do presbítero. No colégio dos presbíteros, que preside a comunidade, sobressai-se um ministro que, como bispo, preside o presbitério e toda a comunidade. O título "bispo" já não é usado como sinônimo de presbítero, e também já não serve apenas como designação comum do ministério do supervisor e do pastor. Bispo agora é a designação para o pastor superior em uma Igreja local, que encarna todas as funções fundamentais do ministério de maneira original e unificadora.

A própria Igreja entendeu este processo de diferenciação de seus ministérios e a preparação de um claro contorno teológico de cada um dos graus ministeriais não como um processo que lhe teria sido ditado por circunstâncias externas, por exemplo, pela necessidade de centralizar sua organização para o combate contra os hereges e cismáticos, ou proteger-se melhor contra a ameaça do Estado romano. Ao contrário, esta diferenciação da estrutura dos ministérios, que se produzira em tempo admiravelmente curto para as condições antigas, a Igreja entendeu-a como uma operação do Espírito Santo, e, de maneira rápida e coerente, também aceitou para toda a Igreja. Corresponde à vontade de Cristo para sua Igreja que Ele não tenha criado nela apenas um ministério, mas também ainda acompanha e provoca a proliferação deste ministério na passagem (teologicamente significativa) da era apostólica para a pós-apostólica, através da ação de seu Espírito (cf. *Papa Cornélio I*. Carta aos bispos Cipriano e Fabiano: DH 108s.).

A mediação da origem teológica permanente do ministério no agir de Deus e a proveniência historicamente horizontal do ministério episcopal a partir do apostolado da Igreja primitiva acontecem no sinal da "imposição das mãos e da oração" (At 6,6; 1Tm 4,14; 2Tm 1,6). Visto que a transmissão de ministério representa um sinal eficaz da graça, ela é também um acontecimento que será posteriormente chamado de sacramento.

Segundo a detalhada apresentação da transmissão eclesial de ministério na *Traditio apostolica* de *Hipólito de Roma*, que, no começo do século III, resumiu toda a tradição que lhe foi possível alcançar a respeito da constituição sacramental do ministério, o bispo recebe dos bispos vizinhos, mediante a imposição da mão e da oração, "a força do Espírito de liderança", o Espírito que provém de Cristo e atua nos apóstolos e nos bispos, como seus sucessores (trad. apost. 3). Na ordenação, o bispo recebe "o poder de, mediante um espírito de sumo sacerdote, perdoar pecados [...] distribuir ministérios..." (idem).

Os presbíteros são instituídos em seu ministério pelo bispo, mediante a imposição da mão e da oração, e recebem de Deus, através de Jesus Cristo, "o Espírito da graça e do conselho do presbítero" (id. 7), "a fim de que ele ajude teu povo e o governe com coração puro" (idem).

O diácono "não é ordenado pelo bispo para o sacerdócio, mas para o serviço ao bispo, para fazer o que este lhe ordenar" (id. 8).

A hierarquia eclesial, em sua existência e no desmembramento dos ministérios de bispo, presbítero e diácono, pertence à natureza sacramental da Igreja. A ordem eclesial participa da indefectibilidade e da indestrutibilidade da Igreja e, através da contínua sequência da sucessão apostólica, é um sinal eficaz da permanência de Cristo em sua Igreja e em sua missão até sua volta no fim dos tempos (cf. Mt 28,19s.).

Visto que a figura exterior da Igreja não é nenhuma dada forma de organização arbitrária, segundo o direito natural, de sociedade religiosa, mas a visualização e a realização sacramental de sua íntima natureza compreendida como mistério da fé, a eliminação do ministério apostólico-sacramental seria uma contradição da sacramentalidade da própria Igreja.

Contra a negação da origem divina e da sacramentalidade da hierarquia eclesial, o Concílio de Trento, no decreto solene de 1563, Cânone 6, afirma inequivocamente como doutrina católica a existência da hierarquia eclesial por força de disposição divina:

"Se alguém disser que na Igreja Católica não há uma hierarquia instituída por disposição divina (*divina ordinatione institutam*) e constando de bispos, presbíteros e ministros: seja anátema" (DH 1776; cf. 1768)

A respeito da existência de uma hierarquia eclesial como elemento essencial da fé na origem divina da Igreja (Credo... *ecclesiam*), o Concílio Vaticano II também não deixa nenhuma dúvida (cf. LG 20). Toma-se a terminologia clássica e define-se a hierarquia de uma Igreja local como sendo constituída pelo bispo (monoepiscopado) e o presbitério a ele associado como "sacerdotes de segundo grau", que juntamente com ele, mas de maneira diferente, participam do sacerdócio (*Hipólito*, trad. apost. 8; *Cipriano*, ep. 71,1; *Inocêncio I.* Carta a Decêncio, DH 215):

"Cristo, a quem o Pai santificou e enviou ao mundo (Jo 10,36), fez os bispos participantes de sua consagração e missão, através dos apóstolos, de quem são sucessores. Os bispos passaram legitimamente o múnus de seu ministério, em grau diverso, a pessoas diversas na Igreja. Assim o ministério eclesiástico, divinamente instituído, é exercido em diversas ordens pelos que desde a Antiguidade são chamados bispos, presbíteros e diáconos" (LG 28).

### O episcopado

*Por episcopado entende-se, de um lado, o ministério episcopal como sacramento e, de outro, o assim constituído colégio dos bispos da Igreja universal. No colégio dos bispos subsiste o colégio dos apóstolos, na medida em que os bispos, por força do Espírito Santo, exercem o ministério doutrinal, pastoral e sacerdotal* (LG 22).

O episcopado é um ministério da Igreja instituído para sempre por Deus (LG 18). Os "bispos, instituídos pelo Espírito Santo" (At 20,28), presidem, no lugar de Deus, ao rebanho de Cristo (LG 20).

Na ordenação sacramental, o Espírito age "de tal modo que os bispos, de maneira eminente e visível, fazem as vezes do próprio Cristo, Mestre, Pastor e Pontífice e agem em seu nome" (LG 21). Eles são "representantes e enviados de Cristo no exercício de seu ministério" (LG 27).

Já o fato de que na ordenação sacramental dos sucessores acena-se à consagração mediante "bispos vizinhos de outras igrejas", mostra-se a dimensão eclesial-universal do ministério episcopal. Não é uma única comunidade que se constitui a si mesma e a seu ministério. Ao contrário, mediante as realizações sacramentais, a Igreja recebe a graça para a santidade pessoal e o poder para executar sua missão e especialmente o ministério episcopal. A consagração episcopal integra o bispo simbolicamente no colégio episcopal e confere-lhe a responsabilidade pela única Igreja Católica em todo o mundo, que consiste na *communio ecclesiarum*.

Em uma igreja local, o bispo é "princípio e fundamento visíveis da unidade" (LG 23). Isto diz respeito à *Communio* de todos os fiéis e ao colégio dos ministros presbíteros, diáconos e demais ministros eclesiais. O único ministério episcopal não absorve a pluralidade das missões e serviços. Mediante o ministério episcopal, impede-se não somente o desmoronamento dos ministérios individuais, mas também se estimula a variedade dos serviços em cada um dos membros e assegura-se a unidade da missão da única Igreja no testemunho, na diaconia e na liturgia. Portanto, aplica-se tanto o princípio de que o santo povo de Deus participa do ministério sacerdotal e profético de Cristo, e a totalidade dos fiéis, em razão da unção do Espírito Santo, não pode errar no ato de fé (LG 12), quanto o princípio de que os bispos, que ensinam em comunhão com o bispo romano, "devem ser respeitados como testemunhas da verdade divina e católica" (LG 25).

"Devem os fiéis acatar uma sentença sobre a fé e a moral proferida por seu bispo em nome de Cristo, e devem ater-se a ela com religioso obséquio do espírito" (idem).

## O primado da Igreja e do Bispo de Roma

*Visto que o colégio episcopal serve à unidade da Igreja, ele precisa trazer em si mesmo o princípio de sua unidade. Isto não pode ser apenas um mero princípio objetivo (decisão da maioria, delegação de direitos a um conselho administrativo etc.). Uma vez que a natureza interna do ministério episcopal é um testemunho pessoal, o próprio princípio da unidade do episcopado encarna-se em uma pessoa. Consoante a concepção católica, o princípio pessoal da unidade é dado, tanto na origem quanto na aplicação atual, no bispo romano. Na condição de bispo, ele é sucessor de Pedro, que, como primeiro apóstolo e primeira testemunha da ressurreição, incorporou, ele próprio, em sua pessoa, a unidade do colégio apostólico. Decisivo para uma teologia do primado é a caracterização do múnus petrino como missão episcopal, bem como o reconhecimento de que este ministério não é de direito humano, mas de direito divino, na medida em que só pode ser exercido nos plenos poderes de Cristo, por força de um carisma concedido pessoalmente ao representante.*

A doutrina do primado do Vaticano I e II argumenta a partir da natureza sacramental da Igreja. O episcopado, que é o sinal da unidade na fé e na comunhão (DH 3060), deveria, em última instância, ser, "ele mesmo, uno e indiviso":

*"E para que o próprio episcopado fosse uno e indiviso... (o eterno pastor Jesus Cristo) prepôs aos demais apóstolos o bem-aventurado Pedro e nele instituiu o perpétuo e visível princípio e fundamento da unidade de fé e comunhão (LG 18; DH 3051).*

Com vistas à fundamentação bíblica e ao desenvolvimento histórico da doutrina do primado, uma hermenêutica a-histórica não pode ser determinante. As fontes provenientes de diversas épocas e contextos não devem ser indagadas de maneira puramente positivista sobre se elas confirmam ou não a doutrina do primado de ambos os concílios vaticanos.

Não é absolutamente a existência do primado como um elemento instituído por Deus para sua Igreja que deve ser objeto da pesquisa teológica, mas sim a pergunta pelo desenvolvimento desta doutrina e da práxis do primado.

Dificilmente pode haver dúvidas quanto à primazia de Pedro na comunidade pré-pascal dos discípulos e na Igreja primitiva. Sua fé na messianidade e na filiação divina de Jesus é a rocha sobre a qual a Igreja, como comunidade de fé, é construída. Por isso, é-lhe atribuída a função de porta-voz e – representado no símbolo das "chaves do Reino dos Céus" – especialmente o poder de ligar e de desligar (cf. Mt 18,18; 16,19). Sua tarefa será, depois de sua conversão através do encontro com o Ressuscitado, "fortalecer seus irmãos na fé" (Lc 22,32) e servir a comunidade pós-pascal dos discípulos como o pastor universal (Jo 21,15-19). Neste sentido, também os Padres da Igreja falavam de um primado de Pedro (cf. *Tertuliano*, monog. 8; *Clemente de Alex.* q.d.s 21,4; *Cipriano*, unit. Eccl.; *Cirilo de Jer.* 2,10; *Leão I*, serm. 4,2).

Embora as fontes neotestamentárias, segundo seu estilo literário, também não falem e não pudessem falar de um sucessor de Pedro, existem, porém, indícios na mais antiga tradição pós-apostólica que ligam o apostolado de Pedro de maneira especial à Igreja Romana. Assim, no relacionamento da Igreja Romana com as outras igrejas da *communio ecclesiarum* mostra-se um relacionamento semelhante àquele entre Pedro e o restante dos apóstolos. Testemunha disto é a estada de Pedro e Paulo em Roma e o martírio deles nesta cidade (cf. 1Pd 5,13; 1Clem 6,1; 58,2; 59,1; 63,2; *Inácio de Ant.*, Rom. 4,3; *Dionísio de Corinto*, o escritor romano *Gaio*; *Clemente de Alexandria*, cf. também a propósito *Eusébio de Cesareia*, h. E. II, 25,8; 25,6s.; VI, 14,6; VII, 5,4; *Irineu de Lião*, haer. III, 1, 1; 3,2s.; *Tertuliano*, praescr. 36; adv. Marc. 5,6; scorp. 15). Deste fato, a Igreja Romana e seus bispos derivaram uma responsabilidade também para as outras igrejas no caso de divisões (por ex., 1Clem 57), da disciplina comum (por ex., a discussão em torno da data da Festa da Páscoa: Eusébio, h. e. IV, 14,1; V, 24,1-9) e, acima de tudo, nas grandes discussões com os hereges (Marcião, Montanismo, Sabelianismo, Novacianismo, Pelagianismo) e nas grandes questões teológico-trinitárias, cristológicas, em torno da teologia da graça e teológico-sacramentais (por ex., a discussão em torno do batismo de hereges). A origem petrina da Igreja Romana é indiscutível (*Irineu de Lião*, haer. III, 2). A Igreja Romana tem a cátedra de Pedro (*Cipriano*, ep. 59,14), a primeira sé (DH 351). Ela é a "superiora no amor" (*Inácio de Anti.*, Rom. prol.), ela é a *ecclesia principalis*. Mediante a garantia da tradição apostólica e da unidade disciplinar da Igreja, a Igreja de Roma não está, por certo, simplesmente acima das outras igrejas. Contudo, *na* comunhão da Igreja, ela tem uma função orientadora da qual não deve esquivar-se e que não pode ser ignorada.

Uma vez que ela remonta à fundação mediante os apóstolos Pedro e Paulo, "devido à sua primazia especial (*propter potentiorem principalitatem*), com esta Igreja deve harmonizar-se cada igreja, ou seja, os fiéis de toda parte; [...] na verdade, nela foi constantemente conservada a tradição apostólica" (*Irineu*, haer. III, 3,2; cf. *Tertuliano*, praescr. 36; *Hegésipo*, segundo Eusébio, h. E. IV, 22,4; *Cipriano,* ep. 55,8; 59,14). O reconhecimento deste significado especial da comunidade romana no interior da comunhão da única Igreja e seu ministério em prol da unidade da Igreja Católica com sua tradição apostólica – mesmo que manifestado diferentemente – está claramente testemunhado também por *Ambrósio* (in Ps. 40,30; cf. *Jerônimo*, ep. 15,2; *Agostinho*, ep. 43,3,7). Os Padres do Concílio de Calcedônia concordam com a Carta Dogmática de Leão I a Flaviano com o assentimento: "Pedro falou através de Leão" (DH 306).

Mas também os próprios bispos romanos testemunham, mediante o emprego de uma autoridade eclesial universal, a consciência da Igreja Romana de repousar sobre a especial sucessão de São Pedro. Objetiva e temporalmente, tal consciência em torno da origem petrina e da autoridade petrina da Igreja Romana parte de toda fundamentação teórica da Escritura (especialmente em relação a Mt 16,18) e da tradição (cf. *Papa Estêvão*, meados do séc. III, por *Cipriano*, ep. 75,17).

A partir do século III, em todos os bispos romanos se percebe uma nítida consciência do primado em todas as questões da profissão de fé eclesial e da comunhão das igrejas católicas (cf. *Júlio I*, DH 181; *Inocêncio I*, DH 217; *Zósimo I*, 332; *Bonifácio I*, DH 233; *Leão o Grande*, DH 382). A propósito do Papa Leão, dizem os Padres do Concílio de Calcedônia que ele teria conduzido o concílio dos bispos tal como a cabeça aos membros (cf. Simplicius I, DH 343; o *Decretum Gelasianum*, DH 350; Hormisdas, DH 363ss.; Pelágio I, DH 444s.; Pelágio II, DH 468). O Sínodo de Sérdica

(DH 133-136) descreve a *sedes Petri Apostoli* como *caput* das igrejas locais. No contexto da concepção dos cinco patriarcados e da edificação de um ministério episcopal imperial no patriarca de Constantinopla, por força do direito imperial, a Igreja Romana enfatiza que sua primazia não estaria fundamentada politicamente, como que sobre a antiga posição de Roma como capital imperial, nem que lhe teria sido concedido um primado de honra por força de decisões sinodais a partir do direito eclesial (DH 350s.). O primado de Pedro e de seus sucessores remonta antes ao próprio Cristo, que fez de Pedro a rocha da Igreja e entregou-lhe as chaves do Reino dos Céus (Mt 16,18s.).

Uma vez que o Bispo de Roma, em sua posição primacial, representa a totalidade da Igreja e a unidade do episcopado, ele também, de maneira especial, participa da indestrutibilidade e da inerrância (infalibilidade) da Igreja. Nele, em razão de um poder específico de Cristo, estes fundamentos da Igreja se verificam de maneira autônoma. (Como problema histórico especial no que diz respeito a um eventual erro teológico subjacente ou até mesmo uma heresia de bispos romanos individuais, devem-se considerar as questões de Libério [DH 42] e de Honório [DH 496; 550; 561].)

Se e como a teologia romana do primado deva ser fundamentada eclesiologicamente, e como ela poderia ser exercitada individualmente, sem prejuízo do direito divino do episcopado, tornou-se uma questão disputada entre a Igreja Católica do Ocidente e a do Oriente, da qual surgiram as igrejas ortodoxas. Elas compreendem a doutrina romana do primado como uma entre muitas razões do cisma entre Oriente e Ocidente. Em todo caso, não se nega que a Igreja Romana possua a primeira sé na comunidade das igrejas. Uma importante estação no caminho rumo à separação são as discussões com o Patriarca Fócio, no século IX. Sela-se o cisma oriental entre a Igreja Católica Romana e a Ortodoxa por volta de 1054, mediante excomunhão recíproca. Desde então, não faltaram tentativas de união. Não por último, deve-se mencionar a união alcançada no Concílio de Florença, em 1439, a qual, aliás, foi em pouco tempo posta novamente em questão do lado oriental.

Desde o período patrístico, era contenciosa a exata circunscrição de sua função doutrinal e, sobretudo, de seu poder jurisdicional, não absolutamente o primado da cátedra de Pedro em Roma. Os discursos dos legados papais no Concílio de Éfeso, em 431 (cf. DH 3056), a fórmula de união do Papa Hormisdas (11.8.515), que faz da comunhão com a sé apostólica um critério da verdade da fé e da unidade da Igreja (DH 365), e o IV Concílio de Constantinopla (869/70, DH 661) valem como prova para o conhecimento e o reconhecimento da primazia de Roma da parte de importantes representantes das igrejas orientais. Outros documentos doutrinais decisivos para o primado são:

*Inocêncio III*, Carta aos patriarcas de Constantinopla 1199, DH 774;

*Bonifácio VIII*, Bula *Unam Sanctam*, 1302, DH 875, com a ênfase da necessidade salvífica da obediência em relação ao Bispo de Roma, isto é, o primado do papa participa a necessidade salvífica instrumental da Igreja visível;

*João XXII*, condenação do erro de Marsílio de Pádua 1327, DH 942;

*Pio IX*, Enz. *Qui pluribus*, 1846, DH 2781.

De grande importância para a união com os patriarcados orientais em geral e para a temática do primado, de modo especial, são, por fim, as confissões de fé do Imperador romano-oriental Miguel Paleólogo no II Concílio de Lião 1274 (DH 861) e a união no Concílio de Florença, em 1439, com o Decreto *Laetentur Caeli* (DH 1307).

O Concílio Vaticano I enfeixou o desenvolvimento anterior e em uma solene declaração conciliar esboçou dogmaticamente o primado do papa:

O dogma reza:

1) Pedro, como o primeiro apóstolo, foi constituído cabeça visível da Igreja militante e peregrina (DH 3055).

2) Por força do direito divino, o primado de Pedro passou a seus sucessores no ministério episcopal romano (DH 3058). O Bispo de Roma é, por conseguinte, como sucessor de Pedro, "verdadeiro vigário de Cristo, e cabeça de toda a Igreja e pai e doutor de todos os cristãos" (DH 3059; LG 18); isto sem prejuízo do poder ordinário e imediato dos bispos em sua ordenação e em sua jurisdição (DH 3061), sem prejuízo também da competente infalibilidade do episcopado em um concílio ecumênico, em união com o papa, em questões de fé e de costumes (DH 3063).

3) O bispo romano possui o pleno e supremo primado de jurisdição em todas as questões da doutrina e da disciplina eclesiais, no que diz respeito – dito em terminologia bíblico-teológica – à salvaguarda da unidade na comunhão (DH 3060). Ele pode, a qualquer momento, exercer imediatamente seu poder ordinário em relação a todos os fiéis e bispos. Contudo, isto não significa que toda jurisdição na Igreja provenha do papa. Os bispos detêm seu poder de jurisdição em suas igrejas locais com a participação na jurisdição de toda a Igreja imediatamente a partir do poder sacramental. No entanto, eles só podem exercê-lo legalmente na comunhão hierárquica com o papa e com o colégio episcopal (DH 3064; LG 25).

4) Ao bispo romano cabe o carisma da infalibilidade na decisão em matéria de fé e de costumes quando ele, em seu exercício, *como* doutor supremo e pastor de toda a Igreja, expõe um ensinamento como revelado por Deus para crer. Esta não é nenhuma outra infalibilidade diferente daquela prometida por Cristo à Igreja como um todo, mas uma forma especial de seu exercício. Isto não obstante, ela obtém sua autoridade não da Igreja, mas imediatamente em virtude do carisma do Espírito Santo prometido ao bispo romano no exercício de seu ministério de doutor e de pastor (DH 3074; LG 25).

O Concílio Vaticano II reiterou e desenvolveu ainda mais a "doutrina sobre a instituição, perpetuidade, poder e natureza do sacro primado do romano pontífice e sobre seu infalível Magistério" (LG 18). Torna-se clara, pois, a natureza colegial da hierarquia eclesial, na qual primado e episcopado estão imediatamente ligados entre si (LG 22).

A doutrina do primado do Concílio Vaticano I, formulada em categorias jurídicas, hoje é situada na moldura de uma renovada eclesiologia de comunhão e, a partir da origem bíblica e patrística, reformulada em categorias teológicas. O primado na infalibilidade e na jurisdição é descrito como "princípio e fundamento da unidade de fé e de comunhão" (LG 18).

Decisiva é a dinâmica para-os-outros e com-os-outros de todos os membros da Igreja e dos princípios portantes da constituição da Igreja (apostolado dos leigos, LG 12; episcopado, colegialidade de bispos, presbíteros e diáconos: LG 22s.). Quanto à natureza colegial da hierarquia da Igreja, o Concílio determina expressamente:

> "Enquanto composto de muitos, este Colégio exprime a variedade e a universalidade do povo de Deus; e, enquanto unido sob um chefe, exprime a unidade do rebanho de Cristo. Nele, os bispos, respeitando fielmente o primado e principado de seu chefe, gozam do poder próprio para o bem dos seus fiéis e mesmo para o bem de toda a Igreja, revigorando sempre o Espírito Santo sua estrutura orgânica e a sua concórdia" (LG 22).

O único magistério eclesial dos bispos e do papa, colegialmente formado, pode tornar-se ativo de *três* maneiras:

1) Como colégio, juntamente com o papa, como *Concílio ecumênico* (LG 22).

2) Como agir colegial do papa, juntamente com os bispos, por exemplo, em uma pesquisa de opinião dos bispos, em *sínodos provinciais, conferências episcopais*, entre outros (LG 22).

3) Por fim, o *papa sozinho* (*ex sese*), em virtude de sua autoridade sobre toda a Igreja como sucessor de Pedro, pode tomar decisões dentro de determinados limites, bem-estabelecidos, no que ele, no entanto, sempre age como cabeça do colégio episcopal. Assim, tal realização do agir magisterial da Igreja permanece, segundo sua íntima natureza, também colegialmente determinada (LG 22; 25).

### 4 A consumação escatológica da Igreja

No Espírito do Senhor ressuscitado, a Igreja foi feita sacramento salvífico universal do senhorio de Deus (LG 48). Ela não é uma sociedade religiosa separada do mundo, mas sinal e instrumento mediante o qual a vontade salvífica escatológica e universal de Deus realiza-se dinamicamente no curso da história e no horizonte do mundo dos povos, com vistas à revelação e à realização definitivas do desígnio salvífico de Deus por ocasião do retorno do Cristo.

Os fiéis compreendem este caráter escatológico da Igreja peregrina mediante seu conhecimento da comunhão com a Igreja celeste dos santos já consumados. Com isso, resulta uma consciência da unidade da única Igreja em seu passado, presente e futuro.

Como *instrumento* da salvação, a Igreja peregrina pervaga o tempo. Na qualidade desta ferramenta, estará superada por ocasião da parusia de Cristo. Como *fruto* do desígnio salvífico de Deus, porém, como a já existente comunhão definitiva, na fé e na esperança, das pessoas com Deus e entre si, ela será transformada, quando da parusia de Cristo, na "eterna Igreja dos santos" (LG 51). A ela pertencerão todos os que, sem culpa própria, durante o tempo de sua vida, ainda não pertenceram à Igreja peregrina (LG 13-17).

Na consumação da Igreja, na glória, no final dos tempos, "segundo se lê nos Santos Padres, todos os justos desde Adão, 'do justo Abel até o último eleito', serão congregados junto ao Pai na Igreja universal" (LG 2). O mistério da Igreja, compreensível somente na fé, por ocasião da parusia, quando o Reino de Deus tiver chegado e o desígnio salvífico universal de Deus se tiver cumprido, revelar-se-á como o eterno Israel, a Cidade Santa, a nova Jerusalém:

"ELE habitará com eles; eles serão o seu POVO" (Ap 21,3; cf. Ez 37,27; Jr 31,31).

# DÉCIMO PRIMEIRO CAPÍTULO

# O MÚNUS SACERDOTAL DE CRISTO NA LITURGIA DE SUA IGREJA (DOUTRINA DOS SACRAMENTOS)

## A. A MEDIAÇÃO SALVÍFICA SACRAMENTAL (OS SACRAMENTOS EM GERAL)

### I. TEMAS DA SACRAMENTOLOGIA CLÁSSICA

#### 1 A sacramentalidade como categoria teológica

Graças a sua autotranscendência espiritual, o ser humano encontra Deus em imediatidade pessoal. Contudo, visto que ele, em sua natureza, é estruturado de maneira corporal, mundana, social, interpessoal, histórica e temporal, o encontro com Deus na fé e na graça assume uma forma visível. A sacramentalidade, como categoria teológica, caracteriza a íntima unidade da autocomunicação divina na figura encarnacional da graça e na adoração humana a Deus, possibilitada por ela, em toda a dinâmica da vida, na fé e no seguimento de Cristo. Esta sacramentalidade condensa-se nas ações litúrgicas simbólicas, cuja eficácia fundamenta-se em Cristo, o portador universal da salvação. Elas comunicam ao ser humano a salvação que elas manifestam: a comunhão pessoal com Deus e com todos os redimidos.

> "Para realizar a obra da salvação, Cristo está sempre presente em sua Igreja, sobretudo nas ações litúrgicas [...]. Com razão, pois, a liturgia é tida como o exercício do múnus sacerdotal de Jesus Cristo, no qual, mediante sinais sensíveis, é significada e, de modo peculiar a cada sinal, realizada a santificação do homem; e é exercido o culto público integral pelo Corpo Místico de Cristo, Cabeça e membros. Disto se segue que toda a celebração litúrgica, como obra de Cristo sacerdote, e de seu Corpo que é a Igreja, é uma ação sagrada por excelência, cuja eficácia, no mesmo título e grau, não é igualada por nenhuma outra ação da Igreja" (SC 7).

As ações litúrgicas simbólicas, já praticadas na Igreja primitiva e testemunhadas no NT, desde meados do século XII estão condensadas no conceito de "sacramento".

#### 2 Construção e lugar da sacramentologia na dogmática

A doutrina sacramental clássica é constituída por *duas partes principais*:

A. A *doutrina sacramental geral* começa com
I. os temas da teologia sacramental clássica.
II. Ela começa antropologicamente na medida em que busca as dimensões sacramental e simbólica da autor-realização humana.
III. Ela está fundamentada cristológica e escatologicamente, no sentido em que Cristo é irreversivelmente a única origem do encontro com Deus e o mediador da salvação e, por conseguinte, todo o ministério salvífico profético, sacerdotal e diaconal da Igreja tem sua origem na natureza humana de Jesus, unida à divindade.

IV. A teologia sacramental geral, por fim, considera a dimensão eclesial e escatológica da mediação da salvação.

B. A *doutrina sacramental especial* lida com os sacramentos individualmente.
I. Fundamento da existência cristã
   1) Batismo
   2) Confirmação
II. Celebração da comunhão divino-humana
   3) Eucaristia
III. A reação de Cristo ao pecado e à enfermidade
   4) Penitência/Reconciliação
   5) Unção dos Enfermos
IV. Construção e figura da Igreja
   6) Ordem
   7) Matrimônio

Na construção da dogmática, a teologia sacramental foi frequentemente apresentada imediatamente em conexão com a Cristologia (cf. Tomás de Aquino, S.th. III 1. 60ss.) ou no contexto da doutrina sobre a justificação ou da temática da graça (cf. Concílio de Trento, 1547. Decreto sobre os sacramentos: DH 1600).

No esquema deste manual de estudos, a teologia sacramental segue-se à Eclesiologia, encontrando-se, portanto, dentro da série de tratados que devem ser listados entre os que estudam a revelação a partir da história da fé. A teologia sacramental corresponde à Cristologia, que se encontra em um lugar central na série de tratados (A) que se ocupam da revelação a partir da perspectiva histórica.

### 3 *A crise da ideia sacramental na consciência moderna*

A percepção atual da realidade está marcada pela oposição entre racionalismo (idealismo) e empirismo (materialismo, positivismo). Consequentemente, com vistas aos sacramentos, põe-se a questão: Como podem o mundo e a história, que são determinados pela contingência, efemeridade e finitude, mediar o acesso ao Deus eterno, que está para além do mundo? Como pode o óbvio sinal da ablução de uma pessoa com água e a recitação de uma fórmula batismal ser decisivo para nosso destino eterno? Para *Kant*, é uma ilusão supersticiosa achar que, "mediante o uso de simples meios naturais, pode-se produzir um efeito que para nós é misterioso, ou seja, a influência de Deus em nossa moralidade" ("A religião nos limites da simples razão", B 302). Liturgistas católicos esclarecidos, como, por exemplo, *Vitus Anton Winter* (1754-1814), compreendiam a liturgia e os sacramentos como meios para a instrução do povo simples, para a educação e edificação dos corações. Para eles, o culto divino é um meio pedagógico de tornar mais ilustrativas as ideias abstratas da doutrina e da moral cristã, com elementos do jogo e da festa.

A mudança decisiva da compreensão litúrgica vigente sob a impressão do Iluminismo pode ser sintetizada na seguinte fórmula: *os sacramentos são transformados de meios da graça em meios da instrução e da edificação*.

O declínio do pensar simbólico no *nominalismo medieval tardio* configura um pano de fundo na história do pensamento. As coisas individuais são consideradas apenas em sua particularidade individual. Não existe nenhum relacionamento das coisas criadas entre si. Não lhes cabe nenhum simbolismo natural. Elas não têm nenhuma relação com o ser que as rodeia e possibilita, que elas representam. As substâncias das coisas não são gradualmente escalonadas, tampouco as diferenciadas participações do mundo no ser abrangente (ausência da analogia entis).

A conexão entre graça e sinal sacramental deve aparecer, portanto, como arbitrária, fundamentada simplesmente em positivista palavra instituidora de Cristo. De acordo com Guilherme de Ockham, Deus poderia ter ligado a graça justificadora também a outras formas de oração (Sent. IV. dist. 1). A íntima relação entre graça e símbolo sensível, tal como corresponde à natureza corporal do ser humano, já não é percebida claramente.

Como o pensamento histórico emergente do século XVIII, uma noção fundamental, rica em tradição, como, por exemplo, a instituição dos sacramentos por Jesus Cristo, teve de ou ser verificável como ato fundador meramente jurídico-institucional, ou, por outro lado, supressa.

Aqui, a teologia sacramental deve começar a desenvolver, antropologicamente, uma abrangente compreensão da realidade e elaborar nitidamente o nexo entre a atividade salvífica do Jesus pré-pascal, a incumbência da comunidade pós-pascal e a continuação da missão salvífica de Cristo.

### 4 A formação da sacramentologia clássica

#### a) A necessidade de uma reflexão sacramentológica

O impulso para a formação da teologia sacramental na escolástica medieval foi dado pela discussão em torno do significado da presença real de Cristo na Eucaristia, especialmente na segunda disputa eucarística, na discussão com Berengário de Tours. O abalo do pensamento arquetípico-imagético patrístico, frente a uma densa compreensão germânica da realidade, orientada concreto-sensorialmente, mediante a qual um sinal de uma coisa parece ser apenas exterior e serve unicamente à instrução ou à lembrança subjetiva, tornou necessária nova explicação da teoria do sinal válida até então.

Neste caso, a escolástica primitiva se atinha às intuições fundamentais que Agostinho havia conquistado na oposição ao donatismo. Depois de ter sido elaborada a noção de um sinal que é eficaz em virtude de sua realização (*opus operatum*), dentre o grande número de sinais eclesiais salvíficos, puderam ser incluídos nesta específica noção de *sacramentum* aqueles que têm importância comparável à das ações sacramentais fundamentais indubitavelmente mais importantes do Batismo/Confirmação, Eucaristia. São estes: Penitência, Unção dos Enfermos, Ordem, Matrimônio.

Disso se pode deduzir que o número sete dos sacramentos não representa o resultado de um estreitamento arbitrário da noção simbólica, mas resulta de um esclarecimento teológico objetivo.

#### b) A cunhagem de "sacramento" como termo técnico teológico

Como vocábulo, nas traduções latinas da LXX e do NT, *sacramentum* corresponde ao termo grego μυστήριον. Na maioria das vezes, com a palavra mistério (no singular) indica-se a revelação do eterno plano salvífico de Deus na obra da redenção de Cristo (cf. 1Cor 2,7-10; Rm 16,25s.; Cl 1,26s.; Ef 1,8-10; 3,3-12; cf. Mc 4,11). A partir daí, resultou o uso linguístico de designar como mistério também realidades da fé como Trindade e encarnação.

Pela primeira vez, em Atanásio, Batismo, Eucaristia e Matrimônio são denominados mistérios (cf. PRÜMM, K. *Mysterion und Verwandtes bei Athanasius*. ZKTh 63 [1939] 350-359). Isto tem aparentemente sua origem factual nisso que o único mistério salvífico é atualizado nas ações litúrgicas da Igreja.

Independentemente de semelhanças cerimoniais externas, histórica e conteudisticamente os mistérios da liturgia cristã têm pouco a ver com os assim chamados cultos mistéricos pagãos. O quadro de referência da liturgia cristã não é uma compreensão cósmica da natureza, mas um relacionamento pessoal de Deus, que se realiza na pessoa histórica de Jesus de Nazaré (cf. PRÜMM, K. *Christentum als Neuheitserlebnis*. Fr 1939, 412-447).

A cunhagem de *sacramentum* como termo técnico não resultou de uma simples tradução de mistério. Por trás disto está, antes, uma decisão prática, como se torna claro pela primeira vez em *Tertuliano*. Ele designa Batismo, Eucaristia e Matrimônio (cf. Ef 5,22) como *sacramenta* (bapt. 1;3;9; virg. vel. 2; adv. Marc. 4,34; 3,22; resurr. 9; exh. cast. 8; 7; cor. 3). Sob este conceito estão justapostos alegorias e símbolos igualmente. Mais adiante, a religião cristã é designada como *sacramentum fidei*. A história da salvação chama-se *sacramentum oikonomiae* ou *sacramentum humanae salutis* (adv. Marc. 2,2; 5,17).

Tertuliano infere a palavra *sacramentum* da raiz *sacer* (santo). Trata-se de um objeto que é dedicado aos deuses ou mediante o qual algo é consagrado. Especialmente o juramento da bandeira por parte dos soldados foi designado como *sacramentum*. O soldado comprometia-se com seu comandante sob a invocação dos deuses. Na ocasião, imprimia-se no soldado um selo que o ligava ao imperador. Tertuliano compreende o batismo igualmente como uma estampilha com as insígnias de Cristo. O cristão é inserido na milícia de Cristo (cf. Ef 6,10-20). O batizado é assinalado com o selo de Cristo e do Espírito e obrigado a uma vida no Espírito (2Cor 1,22; Gl 5,22ss.).

Um significado particularizante resulta do emprego do conceito *sacramentum* à Eucaristia. Partindo do fato de que Jesus chamou pão e vinho de seu corpo e sangue (e com isto indicava não simplesmente as partes constituintes de seu corpo, mas Ele próprio, na doação de sua vida), pode-se inferir que pão e vinho relacionam-se ao corpo e ao sangue de Cristo como figura, *imago, typus, similitudo* com *veritas*. Por conseguinte, *signum, typus, similitudo* e *imago* são considerados como sinônimo de *sacramentum*. Eles apontam para a realidade invisível da graça, contêm-na e tornam-na presente nos sinais e nas ações. Cipriano também compreende *signum, typus* etc., como sinônimos de *sacramentum*. Digno de nota é que ele aplica igualmente a noção de *sacramentum* à Igreja: esta seria *sacramentum unitatis et caritatis* (unit. eccl. 7).

Tal como Cipriano, *Ambrósio de Milão* compreende Batismo, Confirmação, Eucaristia e Matrimônio, em seus grandes escritos, como sacramentos (*De sacramentis: De Mysteriis*. Cf. tb. Gregório de Nissa, bap. Christi: PG 46, 581). O sacrifício eucarístico é o ponto central de toda a liturgia cristã e, portanto, o sacramento dos sacramentos. A estrutura do sacramento corresponde à natureza espiritual-corporal do ser humano. O invisível torna-se presente nos elementos visíveis mediante sua relação com a ação salvífica de Cristo e a atuação do Espírito. O efeito espiritual invisível é produzido por Deus em virtude da execução, na fé, da ação litúrgica.

### c) A atribuição de sacramento à categoria dos sinais (Agostinho)

Segundo Agostinho, o *sacramentum incarnationis* (nat. et grat. 2,2) representa o maior de todos os sinais, o que de maneira óbvia transmite a presença salvífica de Deus. A natureza humana de Cristo é, em virtude de sua subsistência no Logos divino, o sacramento da divindade do Logos. Já os sinais da Antiga Aliança (circuncisão, Festa da Páscoa, lei ritual, unção sacerdotal e régia, culto do templo, entre outros) prefiguram este sacramento da Nova Aliança. Também os sinais sensíveis dos pagãos, os sacramentos da natureza, nos quais se expressa o ato religioso deles, apontam ocultamente para a futura salvação de Cristo e são expressão da esperança de salvação deles.

Em Agostinho, a dimensão sacramental da mediação da salvação resulta também da antropologia, que ele também desenvolve na dimensão simbólico-ontológica. Neste caso ele está influenciado pela ontologia neoplatônica. O mundo efêmero e material no tempo é sinal do mundo imortal/imperecível do Espírito, para o qual todo movimento se dirige. Mostra-se uma íntima inclinação entre realidade (*res*) e sinal (*signum*). Por outro lado, Agostinho orienta-se pela noção bíblica de σημεῖον (Jo 2,11). Elementos da ordem da criação tornam-se meios com os quais Deus realiza a ordem da redenção. Deus dá a conhecer a graça não evidente em meio às condições materiais da percepção humana e construção da comunidade no horizonte da história da salvação e da escatologia. Graças a uma ação eficaz de Deus (*virtus Dei*), os sinais da ordem da criação conseguem produzir, na ordem da redenção, o que eles designam; e eles designam o que realizam (*efficiunt quod figurant; significando causant*).

Em geral, um sinal é uma realidade que, além da aparência que evoca em nossos sentidos, pode também expressar algo diferente em nosso mundo intelectual (doctr. christ. 1,2,2). Entre as diversas classes de sinais (p. ex., sinais naturais como a relação entre fumaça e fogo, ou símbolos convencionais), os sinais mais importantes são as palavras da linguagem humana. Na palavra falada, produz-se a unidade entre o som sensorialmente perceptível das palavras e a compreensão intelectual possibilitada mediante isso.

Uma classe própria de sinais constituem os sacramentos. Sacramento é um sinal natural de um elemento e de uma palavra evidentes, que produz um efeito sobrenatural: é *signum sacrum* ou *signum rei sacrae* (civ. 10,5).

O sinal natural não pode, por si, produzir o efeito sobrenatural. Para isso, ele precisa da palavra significante que, na força do Espírito Santo, é pronunciada. Somente na força de Deus (*virtus Dei*) o sinal sacramental (em elemento e palavra) produz o efeito sobrenatural (*gratia Dei*).

Daqui resulta a famosa definição do sacramento: acrescentando-se a palavra ao elemento, então surge o sacramento que, por assim dizer, deve ser compreendido como palavra visível (in Io. 80,3: "*Accedit verbum ad elementum et fit sacramentum, etiam tamquam visibile verbum*").

A eficácia dos sacramentos é produzida pelo próprio Cristo, a saber, mediante o poder concedido ao ministro dos sacramentos. A mediação da graça, no entanto, não está ligada à santidade subjetiva do ministro dos sacramentos ou transmitida através dela, como Agostinho ressalta claramente contra os donatistas. Os sacramentos agem *ex opere operato*.

Visto que eles têm sua raiz no encontro encarnatorial Deus-homem, em sua recepção eles estão também condicionados à estrutura sociocomunicativa do ser humano. Por conseguinte, deve-se produzir um nexo essencial entre sacramentos e Igreja.

Por conseguinte, o conteúdo do sacramento (*res sacramenti*) não é apenas a comunhão do indivíduo com "seu" Cristo. Antes, aquele que tem a ver com Cristo, tem a ver também com a Igreja, cuja cabeça é Cristo. Isto é, como conteúdo do sacramento, deve-se entender o Cristo total e único: como cabeça e corpo (*Christus totus caput et corpus*. Cf. in Ps. 62,2; serm. 171, 1, 1; 285, 5). A mediação sacramental da graça é determinada essencialmente de maneia eclesial.

### d) A definição escolástica de sacramento

Na controvérsia em torno de Berengário de Tours († 1088), os esforços dirigem-se para uma clara definição da noção de sacramento. Em conexão com Agostinho e Isidoro de Sevilha (orig. 6,19,39s.), diz-se que *os sacramentos não são apenas sinais exteriores, mas sinais eficazes, ou seja, símbolos reais* (signa efficacia: "Summa sentantiarum" 4,1).

A definição escolástica da noção de sacramento é oferecida por Hugo de São Vítor: "*Sacramentum est corporale vel materiale elementum foris sensibiliter propositum ex similitudine repraesentans et ex insitutione significans et ex sanctificatione continens aliquam invisibilem et spiritualem gratiam*" (De sacr. christ. Fidei 1, 9, 2. PL 176, 317). No influente livro didático e manual de estudos da escolástica (até o século XVI), diz Pedro Lombardo: "*Sacramentum proprie dicitur, quod ita signum est gratiae Dei et invisibilis gratiae forma, ut ipsius imaginem gerat et causa existat*" (IV Sent. dist. 1 cap. 4).

Uma concisa definição de sacramento que restringe a noção de sacramento ao Batismo, à Confirmação, à Eucaristia, à Penitência, à Unção dos Enfermos, à Ordem e ao Matrimônio é oferecida por *Tomás de Aquino*: "O sacramento é um sinal de uma realidade santa na medida em que serve à santificação das pessoas" (S. th. III 1. 60 a. 2: "*Sacramentum est signum rei sacrae inquantum est sanctificans homines*").

Os sacramentos operam em nós a graça justificante na medida em que tratam do fundamento, do aumento, da restauração e da especificação do relacionamento de Deus com cada fiel. (Com a graça justificadora, sacramentalmente transmitida, a graça santificadora é entendida como algo realizado na alma, mediante o que o ser humano é capacitado para acolher a incriada e incausada autocomunicação do Deus trino em seu desempenho pessoal.)

*Os sacramentos designam primeiramente a razão de nossa santificação: o sofrimento e a ressurreição de Cristo. Em segundo lugar, a forma desta santificação: a graça e as virtudes (seguimento de Cristo e mesma configuração); em terceiro lugar, a meta de nossa santificação: a vida eterna.* Os sacramentos são *signa* rememorativa do sofrimento histórico de Cristo, são *signa* demonstrativa, na medida em que operam em nós a graça que provém do sofrimento de Cristo, e *signa prognostica*, nisso que prenunciam a glória futura e apresentam um penhor da vida eterna. Eles são ações sagradas do culto divino (*cultus divinus*) e da santificação das pessoas em eficácia simbólica (S.th III q. 60 a. 3).

*João Duns Escoto* define o sacramento como sinal sensível que designa a graça ou um agir de Deus que, em razão de uma determinação divina, opera gratuitamente, e está ordenado à salvação das pessoas na situação de peregrinas (Op. Ox. IV d. 1 q. 2 n. 9: "*Sacramentum est signum sensibile gratiam Dei vel effectum Dei gratuitum ex institutione efficaciter significans, ordinatum ad salutem hominis viatoris*").

### 5 Noções fundamentais da sacramentologia clássica

### a) A instituição dos sacramentos por Jesus Cristo

*Cristo é o instituidor dos sacramentos e autor da graça.* Somente Deus pode produzir a graça justificante na alma do ser humano. Mas também somente Ele pode determinar a maneira pela qual a graça chega à natureza espiritual-corporal do ser humano. Os sacramentos não são necessários para Deus, porque Ele também tem outras possibilidades, além dos sacramentos, de enviar sua graça ao ser humano (Tomás de Aquino, S.th. III q. 61 a. 1 ad 2: *"Gratia Dei est sufficiens causa humanae salutis; sed Deus dat hominibus gratiam secundum modum eis convenientem. Et ideo necessaria sunt hominibus sacramenta ad gratiam consequendam"*), mas o são para os seres humanos. Pode-se falar da instituição e da autoria de Deus de tríplice maneira:

1) Somente o Deus trino tem o poder de, por meio de sinais sensíveis, operar a graça na alma (*potestas auctoritatis Dei*).

2) Somente o Cristo, em virtude de sua natureza humana e de sua livre obediência, pode deixar transparecer a salvação na história: sua natureza, em razão de sua obediência, funciona como instrumento do desígnio salvífico divino (*instrumentum coniunctum*). Na medida em que a salvação foi atuada na natureza humana de Cristo, nos sacramentos, mediante a humanidade de Cristo, a salvação é atualizada. A estrutura humana da mediação salvífica, tal como era realizada na Igreja, radica-se, por conseguinte, na humanidade de Jesus. Os sacramentos são *instrumenta separata* do agir salvífico divino mediante a humanidade de Jesus. Graças à sua humanidade, Jesus exerce seu ministério de sumo sacerdote e de mediador da Nova Aliança.

3) Devem-se distinguir o ministério e o poder de Jesus do poder dos ministros humanos dos sacramentos, que agem vicariamente e na pessoa de Cristo, Cabeça da Igreja. Contudo, as pessoas não podem operar causalmente a graça nem tampouco instituir sacramentos. Nem mesmo os apóstolos puderam instituir sacramentos. Por esta razão, Santo Tomás fala de uma instituição imediata de todos os sacramentos por Cristo (cf. tb. o Concílio de Trento. DH 1601). Contudo, isto não deve ser entendido de maneira histórico-positivista, mas histórico-teológica. Tomás rejeita uma instituição mediata dos sacramentos (também Hugo de São Vítor, Pedro Lombardo, Boaventura em relação ao Batismo e à Extrema Unção). Errônea é a opinião segundo a qual a Confirmação só teria sido instituída pela Igreja no Concílio de Meaux (845).

No que diz respeito à instituição imediata dos sacramentos por Cristo, há diversas interpretações:

a) A *institutio in individuo*, segundo a qual Cristo teria instituído não somente a matéria e a forma específicas, mas também os ritos correspondentes.

b) A *institutio in specie*, segundo a qual Cristo teria estabelecido somente matéria e forma de todos os sacramentos;

c) A *institutio in genere*, segundo a qual o Jesus pré-pascal teria instituído o conteúdo dos sacramentos (*res sacramenti*) e teria expresso sua vontade de uma mediação sensível da graça em palavras e ações simbólicas humanas. A determinação precisa do sinal sacramental resultaria da tradição religiosa de Israel, da práxis de Jesus e do cunho simbólico do ministério salvífico eclesial na Igreja primitiva. Estas interpretações são teológica e historicamente mui provavelmente adequadas.

### b) Os sinais sacramentais

Deve-se distinguir o conteúdo do sacramento (*res sacramenti*) da forma externa dos sinais (*signum tantum*). O sinal sensível consiste na palavra pronunciada pelo ministro na ação litúrgica, no elemento material (água, óleo, pão e vinho) ou na ação simbólica (imposição da mão, a palavra "sim" na celebração do matrimônio). Deve-se diferençar o sinal material enquanto tal (matéria remota) do uso desse sinal na ação sacramental (matéria próxima). Da execução do sinal sacramental pode surgir um intermediário entre conteúdo e ato simbólico: *res et sacramentum*. Trata-se, no caso, do caráter sacramental impresso pelo Batismo, pela Confirmação e pela Ordem, da presença real de Cristo nos dons transformados do pão e do vinho, e do indissolúvel laço que une os cônjuges um ao outro ao longo da vida.

Em meados do século XIII, através da admissão de Aristóteles, as noções vigentes de matéria e forma, que constituem o sinal sacramental, foram frequentemente interpretadas no sentido hilemorfista (assim no Decreto para os armênios de 1439. DH 1312). Para o dogma, certamente, não se erigiu uma concepção filosófica. O hilemorfismo serve simplesmente como uma forma de expressão adequada. Forma, aqui, significa mais do que a figura sensível externa do ato sacramental. Segundo Aristóteles, a forma é a atualidade interna de algo que está sendo, mediante a qual ele existe em seu ser-coisa. A palavra, como forma, portanto, não tem caráter demonstrativo e explicativo, mas sim função constitutiva e consecratória. No século XIII, a concepção desta causalidade simbólica levou à preferência da forma de administração indicativa: "Eu te batizo..." e a uma retração da forma de administração deprecativa: "Seja batizado o servo de Deus..." Ambas as formas de formulação, porém, devem ser vistas como equivalentes.

### c) O efeito dos sacramentos

O efeito dos sacramentos consiste:
1) Na comunicação da graça justificante (*gratia creata*) como capacitação para a acolhida da autocomunicação de Deus (*gratia increata*).
2) Na impressão do caráter sacramental nos batizados, confirmados e consagrados.

### d) A comunicação da graça santificante

A justificação acontece mediante a infusão da graça santificante na alma. De um lado, o ser humano é assumido constitutivamente na vida de Deus. Fundamentalmente, isto acontece no Batismo, respectivamente, na Penitência, tendo em vista da graça do Batismo perdida e, possivelmente, na Unção dos Enfermos (como sacramento dos "mortos", ou seja, daqueles que perderam a vida da graça de Deus). A graça santificante pode, por outro lado, crescente e especificamente, desenvolver a vida divina no abençoado: Confirmação e Eucaristia, Matrimônio e Ordem (sacramentos dos vivos). A alma é plenificada em sua realidade (substância) mediante a graça santificante, isto é, capacitada para a comunhão divino-humana. A graça santificante também marca a alma em suas potências (entendimento e vontade) mediante os dons sobrenaturais e as virtudes sobrenaturais da fé, da esperança e da caridade. Por meio dos *dona et virtutes*, a pessoa torna-se apta para o seguimento de Cristo, para a plena incorporação em Cristo e para a participação na natureza divina (S.th. q. 62 a. 2). Dado que a fé, que recebemos no sacramento, justifica, os sacramentos chamam-se sinais da fé (S.th. III q. 61 a. 4). Na medida em que a graça, no sacramento, não representa apenas uma forma geral de mediação da graça divina, mas produz no ser humano um efeito específico (*gratia creata*), é própria de cada um dos sacramentos uma *gratia sacramentalis* específica e que deve ser claramente distinta dos outros sacramentos.

### e) O caráter sacramental

Batismo, Confirmação e Ordem produzem um caráter espiritual e indelével (*character: "hoc est signum spirituale et indelebile"*) na alma (DH 1609).

O sentido da palavra caráter tem, inicialmente, um ponto de partida no uso veterotestamentário da circuncisão: a pessoa humana torna-se propriedade de Deus (Gn 17,11). Isto ainda continua válido onde o ser humano transgride sua própria vocação. Os eleitos são assinalados com o sinal (*sphragis*) de Deus (Ap 7,2-8; cf. Is 44,5; Ez 9,3-6). Assim como Cristo é o caráter do Pai (Hb 1,3) e foi confirmado por Ele com o selo do Espírito (Jo 6,27), assim também os batizados em Cristo receberam o Espírito de Deus como selo de sua comunhão com Deus Pai e com Cristo (Rm 4,11; 2Cor 1,23; Ef 1,13; 4,30; Jo 6,27; cf. tb. Rm 8,14-17.27-30; Gl 4,4-6).

Em Agostinho, o caráter indica a execução externa dos sacramentos, que produz o caráter interior na alma através de Deus (o *sacramentum* ou a *consecratio*) (contra ep. Parm. 2, 13, 18). Portanto, segundo o costume de não rebatizar hereges batizados que desejam ser aceitos na Igreja, deve-se tirar a conclusão de que também no batismo que é ministrado fora da Igreja acontece algo que liga a Cristo e à Igreja de modo indissolúvel. Através da reconciliação com a Igreja, com a graça santificante, garante-se a plena vida da graça. Por isso, a graça do batismo deve ser diferenciada do fato da apropriação do batizado por Cristo (*res et sacramentum*).

A esta íntima apropriação do ser humano por Cristo no acontecimento do batismo, em contraste com a graça santificante, desde o século XIII chama-se de marca espiritual da alma ou caráter sacramental. (Atribui-se aos escotistas a opinião de que o caráter representaria apenas uma relação real do ser humano com Deus, ao passo que já Tomás o compreende como algo sobrenatural que Deus põe na alma [*aliquid in anima*], que fundamenta a relação com Deus.) O caráter do batismo diferencia os batizados dos não batizados (*signum distinctivum*). Ele obriga o receptor a um comportamento correspondente ao sacramento (*signum obligativum*). Ele predispõe para a graça adjuvante, a fim de poder exercer um serviço ao Reino de Deus, e para uma recuperação da graça santificante quando a pessoa foi privada dela através do pecado (*signum dispositivum*). Além disso, ele assinala a participação no exercício do sacerdócio de Cristo (*signum configurativum*).

### f) A eficácia objetiva dos sacramentos (*ex opere operato*)

A fim de, em contraposição ao donatismo, sustentar que o próprio Deus, nos sacramentos, opera a santificação, e que a santidade subjetiva do ministro e do receptor não é causativa da graça, desenvolveu-se, no século XIII, a noção do *opus operatum*. Os sacramentos atuam a graça ex opere operato, ou seja, em virtude do rito realizado e por força do poder concedido ao ministro. Os sacramentais, isto é, os sinais externos adequados aos sacramentos, em contrapartida, operam em virtude da piedade pessoal do ministro e do receptor (*ex opere operantis*). Eles não produzem nem a graça justificante, nem o caráter sacramental.

### g) Os efeitos dos sacramentos

Os sacramentos contêm a graça assim como um efeito na realização de um sinal ou o poder imaginativo do artífice está contido no instrumento de trabalho – portanto, não fisicamente material ou mágico. Eles são o meio de encontro pessoal do Deus que se revela e do ser humano que responde na fé, na esperança e no amor. O modo exato da atuação sacramental é compreendido de diversas maneiras.

*O efeito moral*
Segundo a concepção escotista, os sacramentos operam uma disposição objetiva da alma (*ornatus animae*) na qual Deus comunica infalivelmente a graça (Guilherme de Melitona; Summa Hallensis). Segundo esta ideia, a graça não é transmitida mediante a forma interna do sacramento (*causa formis*), mas mediante um autocompromisso positivo de Deus no sacramento (*ex pactione quadam*): no caso de sua execução, ele comunica a graça à alma (Boaventura; Duns Escoto, Op. Ox. IV, d. 1).

*O efeito "físico" (tomistas)*
A graça não é compreendida apenas como uma relação entre Deus e o ser humano; nela se vê primeiramente uma *qualitas* da alma provocada por Deus no ser humano. A causa eficiente para a produção das qualidades criadas na alma é Deus. Contudo, o efeito é instrumentalmente produzido no ser humano através do sacramento: através do poder efetivo da forma imanente ao sinal que, como na palavra pronunciada, passa daquele que fala àquele que ouve (S.th. III q. 62 a. 4 ad 1: A graça é, ao mesmo tempo, um *esse fluens ex uno in alio*, ou seja, de Deus para o ser humano).

*O efeito intencional (Cardeal Billot, † 1931)*
Consoante esta concepção, a recepção crente do sacramento opera na alma uma necessária disposição que possibilita Deus, como autor da totalidade da ordem do ser e da ordem da graça, comunicar a graça.

*O efeito simbólico-causal (Karl Rahner, entre outros)*
Sinal e graça, segundo esta compreensão, não estão simplesmente ligados exteriormente em razão de um decreto divino. O símbolo pertence ao parentesco do mundo da graça: o símbolo é a própria graça no modo de

sua realização no mundo e na história. Os sinais sacramentais, portanto, não apontam apenas para uma graça diferente deles. O sinal, mediante a graça, é transformado em espaço de sua visualização temporal. Assim, leva-se a sério o axioma: *significando causant, causando significant* (RAHNER, K. *Zur Theologie des Symbols*: Schriften IV, 299s.).

### h) A necessidade relativa dos sacramentos

Deus não limita sua liberdade quando se liga a ações simbólicas criadas. Nos sacramentos, Deus adapta sua obra salvífica às condições existenciais corporais, históricas e sociais do ser humano (Tomás de Aquino, S.th. III. Q. 61 a. 1). Disso resulta a relativa necessidade da graça em sua forma sacramental.

Visto que o pecado original feriu a natureza do ser humano e, por isso, ele oscila entre uma desmundanização e espiritualização da fé, de um lado, e uma absorção sensorial-mágica do divino, do outro, Deus encontra-o precisamente nos sinais sensíveis. Através disso, o ser humano deve ser advertido quanto à sua natureza finita e à sua salvação. Eles se tornam meio do encontro pessoal com Deus.

Em si, fé, batismo, pertença à Igreja são meios salvíficos necessários para a obtenção da graça justificante. Contudo, em determinadas circunstâncias, a graça também pode ser concedida ou alcançada sem a realização do sinal sacramental e sem a pertença visível à Igreja. Pressupõe-se um desejo consciente ou inconsciente da salvação em Cristo, da comunhão da Igreja e da participação em sua liturgia (*votum fidei, votum ecclesiae, votum sacramenti*).

No interior da vida eclesial emerge uma diferenciada necessidade instrumental dos sacramentos. O Batismo, em todo caso, é o meio salvífico necessário (*necessitas medii*), ao passo que a Confirmação, por exemplo, é necessária porque corresponde ao mandamento de Deus (*necessitas praecepti*). Isto também vale – sob diversas condições – para a Eucaristia e Unção dos Enfermos. A Ordem e o Matrimônio são necessários para a vida conjunta da Igreja. Todavia, nem todo cristão, individualmente, deve recebê-los, visto que eles não servem exclusivamente à salvação pessoal.

### i) O ministro dos sacramentos

Pertence à estrutura dos sacramentos a relação polar entre ministro e receptor. A contrapartida de Deus como autor dos sacramentos em Cristo e do ser humano como receptor da graça entra na estrutura da ação sacramental: o ministro dos sacramentos representa Cristo como Cabeça do Corpo, e o receptor, a Igreja como Corpo de Cristo. Com isto, diz-se também que o verdadeiro ministro da graça é o próprio Cristo, no Espírito Santo (Agostinho, contra ep. Parm. 2, 11, 23: *"Christus est, qui baptizat"*). O ministro humano simplesmente faz as vezes de *causa ministerialis et instrumentalis*.

Só pode ministrar sacramentos quem para isso detém o poder sacramental e realiza os sacramentos no sentido que Cristo e a Igreja atribuem a esta ação (Praepositinus [† 1210]: *Intentio faciendi, quod facit ecclesia*). Discute-se o tipo exato da intenção (atual, virtual, direta, indireta).

### j) O receptor

Receptora dos sacramentos é a pessoa humana vivente (*in statu viatoris*). Os mortos não podem receber sacramentos (cf. 1Cor 15,29; a rejeição do batismo vicário dos mortos ou de uma comunhão pelos mortos no III Sínodo de Cartago 397).

Pertence à válida recepção a disposição de uma atitude de fé fundamental e a orientação pessoal para a graça oferecida no sinal sacramental. Contudo, a falta de disposição não elimina a íntima conexão entre a graça e a forma do sinal do sacramento. No entanto, impede que a graça, através do sinal sacramental, realmente chegue às moções pessoais da pessoa.

Deve-se distinguir entre recepção válida e recepção digna dos sacramentos. Uma recepção válida não pressupõe a plena ortodoxia e o estado de graça justificante. Quem, certamente, não crê de forma alguma, nada recebe, por exemplo, nenhuma fé batismal. Aqui se opõe um obstáculo (*obex*) intransponível ao sacramento. No caso do Sacramento do Matrimônio, tal obstáculo representa algo como a falta de espontaneidade para engajar-se no matrimônio. Onde, porém, fundamentalmente não falta ao receptor a disposição (descrença) em relação ao sacramento, apenas existe deficientemente, o sacramento é também recebido. Além do mais, nos sacramentos do Batismo, da Confirmação e da Ordem, é concedido o caráter sacramental, e no Sacramento do Matrimônio é instituído o indissolúvel vínculo conjugal, de modo que se pode chegar a um reavivamento da *res sacramenti* (*reviviscentia sacramentorum*).

### k) Número e sequência dos sacramentos

Somente com a formação de uma noção de sacramento e de uma teologia sistemática incipiente é que os sinais salvíficos do Batismo, Confirmação, Eucaristia, Penitência, Unção dos Enfermos, Ordem e Matrimônio são unificados sob o título de "sete sacramentos" e delimitados em relação aos sacramentais (*Sententiae divinitatis* 1147; Pedro Lombardo, *Sentenzen* 1152-1158 e a Suma dos Mestres Simão de Tournai, 1165-1170). A Igreja oriental, em conexão com a Igreja ocidental, acolheu a sacramentalidade dos sinais salvíficos citados (cf. FINKENZELLER, J. *Die Zählung und die Zahl der Sakramente*: Wahrheit und Verkündigung, M 1967, 1005-1033 [org. por L. Scheffczyk]).

Na verdade, dogma não é o número sete como tal, mas a sacramentalidade dos mencionados sinais salvíficos segundo as noções específicas de sacramentos (instituição por Cristo, graça interior da justificação e sinal externo de palavra e elemento). Pela primeira vez o número sete como tal é discutido por Pedro de Poitiers (1170).

A explicação antropológica do número sete a partir de determinada analogia entre a vida corporal e a vida espiritual, dada por Tomás de Aquino (S.Th. III q. 65 a. 1), foi também amplamente retomada por Florentino (1491) e pelo Concílio Vaticano II (LG 11).

A sacramentalidade convém, sem dúvida, aos sete sinais salvíficos individualmente de maneira análoga, de modo que os sacramentos, em sua importância para a vida individual e eclesial, distinguem-se uns dos outros como sacramentos básicos ou sacramentos principais (Batismo e Eucaristia) e *sacramenta minora* (chamados assim ocasionalmente na Idade Média) (cf. DH 1603. • cf. CONGAR, Y. "Die Idee der sacramenta maiora". Conc. 4, 1968, 9-15).

### l) Os sacramentais

Por sacramentais compreendem-se tanto as cerimônias autônomas quanto os ritos elucidados dentro da dispensação dos sacramentos. Um sacramental é oração de intercessão da Igreja, ligada a um sinal sensível, em favor de pessoas em determinadas situações vitais, mas também especialmente a bênção de objetos de uso cotidiano, ou de lugares, que desempenham um papel decisivo na vida do ser humano (casa, locais de trabalho etc.), de objetos do culto (água-benta, entre outros) e de pessoas que receberam uma tarefa eclesial ou passam a determinado estado de vida (consagração das virgens). Os sacramentais perfazem uma importante tarefa na concretização antropológica da fé. Por esta razão, devem ser respeitados, mas também protegidos contra abusos e mal-entendidos (DH 1255; 1613; 1746; 1775).

### 6 *Importantes declarações magisteriais sobre a doutrina geral dos sacramentos*

### a) O efeito objetivo

Contra os donatistas: Sínodo de Cartago (411), contra os pedrobrusianos: o II Concílio Lateranense (1139: DH 718), contra os valdenses, albigenses, cátaros, entre outros: os Sínodos de Verona (1184): DH 716; cf. a profissão de fé para os valdenses, apresentada pelo Papa Inocêncio III (1208) DH 793; IV Concílio Lateranense 1215, DH 812. Contra Wycliffe (DH 1154), Hus e seus seguidores (DH 1262) diz-se que a realização de um sacramento é independente da dignidade subjetiva do ministro dos sacramentos. Também um mau sacerdote, que usa a matéria e a forma corretas, e tem a intenção de pelo menos fazer o que a Igreja faz, realiza o sacramento.

## b) O decreto para os armênios

Na importante decisão doutrinal para os armênios, o Concílio de Florença (1439) enfatiza que existem sete sacramentos da Nova Aliança (DH 1310ss.). Eles se diferenciam dos veterotestamentários mediante o fato de que eles não somente apontam para a graça, mas que também a contêm e a comunicam aos que os recebem dignamente. Os cinco primeiros sacramentos servem ao aperfeiçoamento do ser humano; os dois últimos, Ordem e Matrimônio, servem ao governo e ao incremento de toda a Igreja. Em uma analogia à vida corporal, o Batismo aparece como renascimento espiritual, a Confirmação como fortalecimento e aprofundamento da fé. A Eucaristia é a refeição espiritual que caracteriza e garante a comunhão de vida com Deus. O Sacramento da Penitência comunica a cura espiritual dos pecados. Cura espiritual e, ocasionalmente, corporal, traz o Sacramento da Extrema-Unção (Unção dos Enfermos). Através daqueles que receberam o Sacramento da Ordem, a Igreja é conduzida e espiritualmente alimentada.

Três momentos estruturais pertencem aos sacramentos (DH 1312): 1) o elemento físico: a matéria; 2) a palavra como fórmula; e 3) a pessoa do ministro, que confere o sacramento na intenção de fazer o que a Igreja faz.

Batismo, Confirmação e Ordem imprimem na alma um sinal espiritual indestrutível. Estes sacramentos não podem ser repetidos e só podem ser recebidos uma única vez pela mesma pessoa, ao passo que os outros sacramentos permitem uma repetição (DH 1313).

## c) O Concílio de Trento

A decisão doutrinal mais importante para a doutrina sacramental em geral é tomada pelo Concílio de Trento, que na sétima sessão, no ano 1546, apresenta 13 proposições sobre os sacramentos em geral, e delimita e pormenoriza a doutrina católica em relação à protestante-reformadora. O que se pretende, no entanto, não é uma apresentação geral da doutrina sacramental eclesial. O decreto sobre os sacramentos deve ser compreendido como continuação imediata do decreto sobre a justificação: trata-se dos sacramentos da Igreja, "pelos quais começa a verdadeira justiça [...] ou aumenta [...] ou é restaurada" (DH 1600).

Cân. 1. Todos os sacramentos foram instituídos por Cristo, e não há nem mais nem menos do que estes sete: Batismo, Confirmação, Eucaristia, Penitência, Extrema-Unção, Ordem e Matrimônio. Estes sinais são, em sentido próprio, sacramentos (DH 6001).

Cân. 2. Devem-se distinguir os sacramentos da Nova Aliança dos da Antiga Aliança, e não somente em relação às cerimônias e ritos exteriores (DH 1602).

Cân. 3. Os sacramentos não são, entre si, completamente iguais, de modo que em determinado aspecto, um sacramento pode ser mais importante do que outro (DH 1603).

Cân. 4. Os sacramentos são necessários para a salvação, embora nem todos sejam necessários para cada pessoa (DH 1604).

Cân. 5. Contra Lutero, diz-se que os sacramentos não foram instituídos por Cristo unicamente para nutrir a fé (DH 1605).

Cân. 6. Os sacramentos contêm a fé que eles significam e conferem-na aos que não opõem obstáculos (*obex*). Eles não são apenas sinais exteriores da graça obtida somente pela fé. Eles não são simplesmente distintivos da profissão de fé cristã, para distinguir fiéis de infiéis (DH 1606).

Cân. 7. No que depende de Deus, a graça é dada, mediante os sacramentos, sempre e em toda parte, a todos os que os recebem com reta disposição, e não somente ocasionalmente e a alguns (DH 1067).

Cân. 8. Os sacramentos conferem a graça em virtude do rito realizado (*opus operatum*). Para a obtenção da graça não basta simplesmente a fé na promessa divina (DH 1608).

Cân. 9. Mediante o Batismo, a Confirmação e a Ordem imprime-se na alma um sinal espiritual e indelével que exclui sua repetição (DH 1609).

Cân. 10. Nem todos os cristãos têm, de modo igual, poder sobre a palavra e sobre a administração de todos os sacramentos (DH 1610).

Cân. 11. Nos ministros, exige-se no mínimo a intenção de fazer o que a Igreja faz. Somente assim acontece o sacramento (DH 1611).

Cân. 12. Também o ministro dos sacramentos que se encontra em estado de pecado mortal realiza e confere o sacramento quando observa tudo o que é essencial para a constituição e para a administração do sacramento (DH 1612).

Cân. 13. A Igreja exige estima pelos ritos recebidos e aprovados, que são usados na administração solene dos sacramentos (como ritos explicativos). De nenhuma maneira cabe ao ministro individualmente ou a um bispo individualmente, segundo seu arbítrio, desdenhar ou substituir estes ritos por outros (DH 1613).

Na XXI Sessão (1562), diz o Concílio na decisão sobre a Comunhão sob as duas espécies, no II Capítulo, que a Igreja sempre teve o poder de, na administração dos sacramentos, desde que conservada sua essência (*salva illorum substantia*), encontrar disposições ou modificações correspondentes às situações de tempo e lugar e à exigência da salvação da alma de quem o recebe (DH 1728; cf. DH 1061).

### d) Postura contra o modernismo

Devem-se mencionar dois pareceres doutrinais a respeito da doutrina geral dos sacramentos para o século XX.

Contra o modernismo, o Papa Pio X enfatiza a origem histórica dos sacramentos em Jesus. A participação dos apóstolos e da Igreja primitiva na constituição dos sacramentos não deve ser sobre-estimada. Critica-se a teologia do sentimento do modernismo, mediante a qual a natureza da religião seria uma apriorística emoção básica, que impulsiona para fora e deseja tornar-se visível em formas sensíveis. Deste modo, os sacramentos seriam principalmente símbolos e sinais nos quais a religiosidade humana se expressa. Eles não conteriam nenhuma causalidade, mediante a qual o próprio Deus opera em favor do ser humano através de sinais (DH 3439-3441; 3489).

### e) O Vaticano II

Uma declaração essencial do Magistério eclesial sobre a teologia sacramental em geral é feita pelo Concílio Vaticano II (1962-1965), acima de tudo na Constituição Eclesial *Lumen Gentium* (1964). Ali, a vida sacramental do batismo ao matrimônio é desenvolvida e incluída no contexto geral da natureza sacramental e da missão da Igreja, que é atualizar o serviço sacerdotal de Cristo (LG 11).

A Constituição sobre a Sagrada Liturgia *Sacrosanctum Concilium* (1963) oferece uma visão da "natureza da sagrada liturgia e sua importância para a vida da Igreja" (SC 5-10, 14, 47s.).

### 7 *Os sacramentos na controvérsia católico-reformadora e a tarefa da teologia ecumênica*

Por causa da severa crise da Igreja no final da Idade Média, a crítica reformadora-protestante da compreensão escolástica da graça dirige-se à função mediadora sacerdotal da Igreja, acima de tudo, também, à compreensão e à práxis dos sacramentos.

O que importa é que Lutero, a partir de sua experiência decisiva da justificação do pecador somente através da Palavra absolvente de Deus e da confiante aceitação na fé (cf. seu escrito programático de 1520, *De Captivitate Babylonica Ecclesiae*), rejeitou como um todo a teologia sacramental vigente. Ele não somente reduziu o número dos sacramentos de sete para dois, a saber, Batismo e Ceia do Senhor (eventualmente também a Penitência), como também desenvolveu outra noção de sacramento:

A religião cristã consiste em uma relação pessoal entre Deus e o ser humano: ela acontece na correlação, que parte de Deus, entre a palavra e a fé. Por conseguinte, para ele, os sacramentos são palavras de promessa, as quais se acrescenta um sinal sensível. A água do Batismo ou o pão e o vinho da Ceia do Senhor apenas visualizam a palavra do Evangelho (*verbum visibile*). Através do Evangelho da graça, Deus concede o perdão ao pecador. Quando o pecador, em confiança pessoal, acolhe esta palavra, ele é justificado. Somente em deferência para com a natureza corporal do ser humano é que a palavra da promessa assume uma figura sensível na confissão, isto é, no pedido de perdão.

No contexto da temática sacramental, Lutero critica a compreensão escolástica da graça, mediante a qual a graça é predominantemente vista como "graça criada", como acidente e qualidade da alma humana. Em contrapartida, ele via na graça a disponibilidade para a reconciliação da parte de Deus, a qual é acolhida na confiança pessoal e na fé. Contudo, ela não se torna imediatamente uma propriedade da alma, de modo que o ser humano pudesse dela dispor. Por conseguinte, os sacramentos não operariam a graça santificante na alma em virtude do rito realizado (*ex opere operato*). Isto favoreceria um mágico mal-entendido de iludir a decisiva dimensão dinâmico-pessoal da confiança crente e de colocar a graça no poder de controle do ser humano. Assim, a mediação da salvação através do sacerdote poderia ser usada indevidamente como instrumento de domínio sobre as consciências das pessoas. Os que recebem os sacramentos oscilariam, em determinadas circunstâncias, em uma falsa segurança de salvação.

Todavia, contra Zwínglio, Lutero e Melanchton enfatizam que os sacramentos não fortalecem exclusivamente a lembrança subjetiva da atividade histórica de Jesus, nem devem ser compreendidos como sinais distintivos externos dos cristãos. Sinais e testemunhas do desígnio salvífico para conosco, Ele se apresentam antes com a determinação de despertar e fortalecer a fé naqueles que utilizam esses sacramentos (CA 13).

Contudo, ficou acertado: o acontecimento da justificação se dá no plano "espiritual-pessoal" da palavra e da fé, ao passo que os elementos sensíveis, que são acrescentados à palavra no Batismo e na Ceia do Senhor, devem ser qualificados como apêndices da palavra mediadora da salvação.

Esta circunstância levantou o problema antropológico fundamental de se os atos pessoais do ser humano realizam-se somente no plano da consciência, ou se a natureza humana, estruturada corporal, linguística, social e historicamente, deva ser incluída constitutivamente na realização pessoal. No diálogo ecumênico do presente deve-se recorrer a uma antropologia que não situe os atos pessoais em oposição à natureza corporal e social do ser humano, mas que lhes atribua uma subsistência na natureza humana espiritual-corporal. Com isto se abre a possibilidade de desfazer o temor reformador de que o poder do ministério, a relativa necessidade salvífica dos sacramentos e da Igreja representassem elementos que impediriam a imediatidade pessoal do fiel à Palavra de Deus e, ao mesmo tempo (separando, em vez de ligar), se colocariam "entre" Deus e o ser humano. Dado que o ser humano já se relaciona consigo mesmo e com os outros através da mediação sensível-corporal, assim também fazem parte da imediatidade pessoal do ser humano em relação a Deus os meios sensíveis e as formas comunitárias da mediação: Igreja, sacramentos, ministérios em carismas e em poder sacramental. Esta mediação radica-se na mediação fundamental encarnatória do ser humano em relação a Deus, ou seja, na natureza humana do Filho de Deus.

Na controversamente discutida *doutrina da graça* delineiam-se também convergências que apaziguam a oposição à justificação em razão de uma pura disposição gratuita de Deus em relação a nós, e a graça justificante como qualidade criada (*gratia creata*) e, portanto, como nova criação da pessoa humana (nova criatura: 2Cor 5,17): a graça surge como uma comunicação que parte de Deus e inclui o ser humano. Deus comunica-se (como graça incausada e incriada) ao ser humano e opera, no Espírito Santo, uma mudança real do pecador em um verdadeiro justificado, que na presença do Espírito divino pode realizar os atos pessoais da fé, da esperança e da caridade voltados para Deus.

Em favor desta perspectiva, também do lado reformador, parece depor, não por último, a discussão de Lutero com o fanatismo espiritualizante. Aqui, sua teologia acentua claramente a dimensão encarnacional, eclesial e física do fenômeno da graça.

### 8 Novas abordagens da teologia sacramental no presente

A teologia dos sacramentos participa da ruptura e da renovação de toda a teologia católica do século XX, a partir das fontes bíblicas, patrísticas e litúrgicas. A terminologia orientada para a causalidade natural se retrai em favor das categorias do pessoal, do dialógico, da intersubjetividade e da comunicação. Ao lado das tentativas da fundamentação antropológica e filosófica de uma teoria do símbolo, colocam-se as alusões à dimensão sociopolítica da liturgia cristã e a tentativa de uma superação ecumênica da clássica oposição católico-protestante na compreensão dos sacramentos.

### a) A reformulação da relação entre palavra e sacramento

A caracterização superficial da Igreja Evangélica como Igreja da Palavra, e da Católica como Igreja dos sacramentos perdeu sua validade. Importantes teólogos evangélicos (W. Elert, R. Prenter, P. Althaus, P. Tillich, O. Cullmann, M. Thurian, J. v. Allmen, G. Ebeling, J. Jüngel, W. Pannenberg, entre outros) procuraram ressaltar a importância dos sacramentos.

Inicialmente, mostra-se um dilema da doutrina sacramental evangélica, algo assim como

> "ou depreciar os sacramentos mediante uma compreensão meramente simbólica e, fundamentalmente, torná-los supérfluos, ou compreendê-los, de forma tal, como complemento necessário ao simples acontecimento da palavra, que mediante isso coloca-se em questão o *solo verbo/sola fide* reformadores" (EBELING, G. *Erwägungen zum evangelischen Sakramentsverständnis*. • EBELING, G. *Wort und Tradition*. Göttingen. 2. ed., 1996, 217-226; aqui, 217).

Assim, *Karl Barth* reduz os sacramentos a uma função pedagógica e cognitiva; eles simbolizam a palavra da pregação (KD K/1, 61).

De acordo com *Paulo Althaus*, os sacramentos servem para um esclarecimento da Palavra, que é ao mesmo tempo exigido pela constituição física do ser humano (*Die christliche Wahrheit*. Gütersloh, 1972, 536-547).

Recorrendo à declaração de Lutero de que Cristo, na verdade, é o único sacramento da Igreja (WA 6, 86,5ss.), *Eberhard Jüngel* quer aprender a compreender novamente os sacramentos como acontecimentos mediadores. Contudo, não é "algo" que é comunicado. Ao contrário, Deus mesmo se comunica e se torna presente na humanidade e na história de Jesus, seu Filho. A autocomunicação de Deus na humanidade de Jesus traz também a palavra anunciada, na qual esta autocomunicação se dá efetivamente. Quando o próprio Deus, mediante sua palavra, comunica-se com o ser humano, pela assistência da graça, dá-se também o julgamento dos pecados, da autonomia do ser humano e da tentação de ter o controle direto do acontecimento salvífico. À medida que a palavra é transmitida aos fiéis, ela adquire uma forma situacional que é chamada de sacramento. O sacramento é uma autoconcreção da única palavra salvífica na situação do fiel no mundo.

> "Batismo e Ceia do Senhor, na verdade, perfilam, de um lado, a situacionalidade da palavra, que pertence à natureza de Cristo, e, de outro, a verbalidade da situação do fiel" ("Das Sakrament – was ist das? Versuch einer Antwort". • JÜNGEL, E. & RAHNER, K. *Was ist ein Sakrament*? Fr 1971, 16).

O acontecer do sacramento já não é compreendido como apêndice do acontecer da palavra, mas entendido como fora do acontecimento da palavra, sem, por isso, relativizar a exclusividade do acontecimento da justificação, reservado unicamente a Deus, mediante um "componente" humano.

À revalorização evangélica do sacramento corresponde, do lado católico, a revalorização da palavra (G. Söhngen, F.X. Arnold, M. Schmaus, H. Volk, O. Semmelroth, K. Rahner, E. Schillebeeckx, L. Scheffczyk, W. Kasper, entre outros): a palavra é compreendida como acontecimento salvífico. Ela é mais do que mera informação catequética. Atribui-se significado salvífico à pregação no culto divino e ao elemento da palavra nos sacramentos porque neles Deus se torna presente e se comunica em sua palavra.

*Karl Rahner* compreende a revelação como autocomunicação de Deus: Deus explica-se a si mesmo em sua palavra encarnada. Com isto, a palavra da salvação penetra nas condições da forma humana de vida estruturada de diversas formas. Correspondentemente a esta forma plural, o único sacramento, que é Cristo, especifica-se em variadas ações sacramentais fundamentais da Igreja. Por conseguinte, os sacramentos devem ser compreendidos como meios da comunicação em sua presença imediata.

Definindo-se os sacramentos como formas de realização da comunicação pessoal-dialógica com Deus, as clássicas objeções protestantes contra uma compreensão "material" da graça e contra um encontro de Deus com o ser humano, interpretado em sentido pouco pessoal, tornam-se infundadas. Esta compreensão do sacramento faz jus à importância da natureza espiritual-corporal do ser humano e capta também a realidade da mediação salvífica encarnatória em todos os sentidos.

### b) A Igreja, em Cristo, como sacramento fundamental e sua concreção em cada um dos sacramentos

Os sacramentos, individualmente, não podem ser remontados de maneira positivista a atos institucionais definidos do Jesus pré-pascal. Que na Igreja primitiva se desenvolvam ações rituais fundamentais como batismo, Eucaristia, entre outros, deve ser considerado como um acontecimento que resulta da dinâmica geral da eficácia salvífica do Jesus pré-pascal, dos acontecimentos primitivos da Igreja na Páscoa e em Pentecostes e da incumbência da Igreja com a missão salvífica de Cristo. A Igreja é, como um todo, instrumento e ferramenta do desígnio salvífico escatológico de Deus, tornado realidade histórica em Cristo. Os sacramentos são autorrealizações concretizantes da natureza e da missão salvífica da Igreja, mediante os quais o próprio Cristo, como Cabeça da Igreja, atua para a salvação de cada ser humano (cf. RAHNER, K. *Kirche und Sakramente*, 36).

Contudo, o conteúdo dos sacramentos remonta ao desígnio salvífico de Deus, historicamente tangível na atividade do Jesus pré-pascal. Em seu ser e em seu agir (em sua pregação do Reino de Deus, na vocação e missão dos discípulos e dos apóstolos, no perdão dos pecados, na comensalidade com os pecadores, na cura dos enfermos, na revalorização do matrimônio a partir do desígnio salvífico de Deus e na instituição da memória real de sua morte na Última Ceia), Jesus Cristo é o sacramento originário da salvação, que é comunicado nos sacramentos eclesiais. Por conseguinte, a Igreja é o sacramento-raiz do desígnio salvífico escatológico, mas, em suas realizações sacramentais concretas, está ligada à atividade salvífica de Jesus. A Igreja primitiva não criou sacramentos, de maneira alguma, por iniciativa própria. Tampouco os sacramentos provêm da profunda consciência religiosa do espírito eclesial popular (modernismo), mas da eficácia histórica de Jesus Cristo.

### c) Impulso da teologia dos mistérios

Além da tese de determinada conexão dos cultos mistéricos pagãos com a realização do mistério cristão nas ações litúrgicas da Igreja, a teologia dos mistérios, de Odo Casel (*Das christliche Kultmysterium*. 4. ed. Rb, 1960), exerceu ampla influência na compreensão litúrgica do Vaticano II. A teologia sacramental clássica havia explicado a relação entre o ato salvífico histórico e a salvação presente mediante a assim chamada teoria do efeito. Nos sacramentos, o efeito do sofrimento histórico de Jesus é aplicado aos fiéis. Além disso, deve ser dito, porém, que a salvação, como coparticipação livre, acontece no mistério pascal. O batismo significa tornar-se incluído no morrer e no ressuscitar de Jesus (Rm 6,3ss.). A Eucaristia é comunhão com o corpo doado e com o sangue derramado de Cristo (1Cor 10,16s.).

Todavia, a atividade salvífica histórica de Jesus não pode ser repetida; como acontecimento histórico passado, tampouco continua simplesmente no tempo. Visto que na atividade salvífica de Jesus está dada a plenitude dos tempos, ela transcende o acontecimento histórico singular na dimensão do espaço e do tempo, e alcança, assim, a realização de fé pessoal das pessoas em qualquer tempo (diferentemente do culto místico, que pretende passar para a supratemporalidade). O único-concreto torna-se universal, sem perder sua concreção histórica. O mistério salvífico escatológico, que acontece em determinado momento, mas que alcança todos os tempos, está presente *in mysterio*. Com isso se indica a ação simbólica litúrgico-sacramental na palavra e na fé da Igreja. O conteúdo e portador real do mistério pascal é o Jesus histórico elevado a Senhor. A portadora da ação cultual simbólica, que atualiza este mistério, é a Igreja. Mediante a ação cultual realizada, ela entra, com seus membros, em comunhão de destino com Jesus. Na medida em que a Igreja participa do sofrimento de Cristo, Ele conduz os cristãos em seu sofrer e em seu morrer e os faz, assim, participar de sua forma gloriosa como ressuscitados (cf. Fl 3,10s.; Rm 6).

Esta concepção é a importante ideia a ser deduzida de uma *participatio actuosa* no mistério pascal, que se tornou decisiva para a compreensão litúrgica do Vaticano II.

### d) Os sacramentos à luz da moderna teoria da comunicação

À luz de uma compreensão da revelação sob a ótica da teoria da comunicação torna-se claro que o próprio Deus comunica-se como ser humano como vida. Este intercâmbio de vida exige, porém, comportamentos e sinais significativos, nos quis ele se realiza e se mostra. A comunicação acontece em atos de fala simbólicos e em comportamentos comunicativos. Assim, surgem no campo de tensão da autocompreensão e da compreensão do mundo "figuras da vida" que fundam um novo para-o-outro e um novo com-o-outro do ser humano. A contraposição do locutor e do destinatário mostra-se como a aceitação de papéis específicos em um sistema abrangente de comunicação. Os comportamentos comunicacionais fundam a identidade no ponto de interseção da interação social, e até mesmo em meio à corporeidade e no espaço do mundo material correspondente. O nível do sinal e do significado conduz, portanto, ao nível real como momento nele. Estes aspectos são transpostos para a teologia dos sacramentos.

O Deus trino é já, em si mesmo, comunicação de amor pessoal. Na encarnação, o ser humano e, com isso, também o mundo, são incluídos neste acontecimento de comunicação. A humanidade de Jesus é o símbolo primordial da comunicação divino-humana. Esta é continuada e concretizada pela Igreja no tempo e no espaço. Os sacramentos podem ser compreendidos, então, como formas de realização desta comunicação divino-humana eclesialmente mediada. Eles inserem o ser humano ao mesmo tempo em uma rede de comunicação abrangente que se constitui mediante comunhão, história e natureza, e através da esperança universal em um último sentido da história: a vida indestrutível de Deus (LIES, L. "Sakrament als Kommunikationsmittel". In: LIES, L. & KOCH, G. [orgs.]. *Gegenwärtig in Wort und Sakrament*. Fr. 1976, 110-148. • SCHAEFFLER, R. & HÜNERMANN, P. *Ankunft Gottes und Handelns des Menschen*. Fr 1980, 51-87).

### e) O potencial sociocrítico dos sacramentos

Os sacramentos não se esgotam em seu significado cúltico-religioso; eles dizem respeito a toda a realidade vital do ser humano. É, portanto, contrário à natureza deles, quando se faz mau uso de sua dimensão cúltica para a justificação ou estabilização da opressão e da injustiça social. Como expressão, sinal e instrumento do agir libertador de Deus no ser humano, eles obrigam à colaboração: para a construção da justiça, da liberdade e da fraternidade na sociedade (cf. Mt 5,23: "Portanto, se estiveres para trazer a tua oferta ao altar e ali te lembrares de que o teu irmão tem alguma coisa contra ti, deixa a tua oferta ali diante do altar e vai primeiro reconciliar-te com o teu irmão; e depois virás apresentar a tua oferta". Ademais: Mt 25,31-46; 1Cor 10,16s.; Tg 1,27; 1Jo 3,17.

> "Na Eucaristia celebramos a cruz e a ressurreição de Cristo, sua páscoa da morte para a vida, nossa passagem do pecado à graça [...]. A libertação do pecado está na raiz mesma da libertação política: a primeira faz ver o que está deveras em jogo na segunda. Por outro lado, porém, a comunhão com Deus e com os demais supõe a abolição de toda injustiça e exploração [...]. Para os judeus, a refeição comunitária era um sinal da fraternidade, que unia os participantes em um tipo de pacto sagrado. Por outro lado, pão e vinho representam sinais da fraternidade e, ao mesmo tempo, apontam para o presente da criação. A matéria da Eucaristia esconde tal referência em si e lembra que a fraternidade tem sua raiz na vontade de Deus de confiar a todas as pessoas os bens deste mundo, a fim de que elas criem um mundo humano" (GUTIÉRREZ, G. *Teologia da Libertação*. São Paulo: Loyola, 2000, p. 217).

## II. ABORDAGEM ANTROPOLÓGICA DOS SACRAMENTOS

### 1 A redescoberta dos símbolos

A crise da ideia sacramental é a expressão de uma profunda incapacidade do homem moderno de compreender simbolicamente a realidade total da vida. Esta crise é condicionada por uma mundivisão mecanicista que considera a matéria unicamente sob o ponto de vista da quantidade e cada coisa funcionalmente. Por conseguinte, o mundo material e as coisas individuais quase já não são compreendidas pelo ser humano como meios que o ajudam a realizar seu parentesco com o horizonte universal do ser e com o fundamento de todos os seres. Se um símbolo materialmente composto não pode ser compreendido como meio e forma de expressão de uma realidade transcendente, então os sacramentos são impensáveis.

No racionalismo hodierno até que se concedem certos apoios simbólico-pedagógicos de um pensamento que se move, porém, acima de tudo no nível das noções e das ideias claras. Em contrapartida, no empirismo e no positivismo, os símbolos aparecem como resíduo de um mundo oculto por trás do mundo real empiricamente dado. Real é o sensivelmente verificável; espírito, valor, fé são irreais ou irracionais. Em sua redução empírica, o mundo já não oferece nenhuma base para a experiência transcendental.

Na direção oposta a isto é notável a redescoberta dos símbolos nas ciências empíricas isoladamente. A psicologia do profundo mostra como o inconsciente das experiências se materializa em percepções visuais (p. ex., sonhos, projeções, tratamentos de reposição), representando-se, portanto, simbolicamente, figuradamente. Na sociologia, fala-se de interação simbólica e de intercomunicação. Atos simbólicos servem à descoberta da identidade de indivíduos e de sociedades (P.L. Berger, T. Luckmann).

Esta redescoberta do símbolo encontra uma confirmação nas ciências das religiões comparadas e na antropologia cultural: nenhuma sociedade aparece sem rituais e símbolos. Isto se atribui até mesmo às modernas sociedades industriais (M. Eliade). A filosofia da linguagem desenvolve o nexo entre o conteúdo do pensamento e a expressão simbólica como pressuposição da comunicação. A linguagem, como mundo dos símbolos, é o contexto no qual acontece uma mútua comunicação entre espírito e mundo (E. Cassirer, P. Ricoeur).

Para além destas diversas novas abordagens do símbolo, a teologia sacramental depende da elucidação filosófico-ontológica do símbolo. Com efeito, com esta reflexão ontológica, alcança-se a fundamentação mais abrangente e profunda do símbolo. Todas as outras abordagens e aspectos constroem-se a partir daí.

### 2 A propósito da ontologia do símbolo

Símbolos não representam nenhum sistema artificial de sinais desligados da realidade. Ao contrário, a realidade deve estar compreendida simbolicamente em sua estrutura mais geral: o ser, como atualidade geral do ente individual, manifesta-se neste: o ente é autoexpressão do ser que, por si, não existe independente do ente. Como autoexpressão do ser, o ente aponta para além de si. O ente, segundo a medida de sua natureza limitadora da atualidade geral do ser, representa a totalidade deste apenas no "fragmento". Mediante isto, no entanto, o ente transmite o sentido do ser, em todo caso, a experiência supraobjetiva da unidade e da solidariedade primordial de toda realidade. Ao mesmo tempo, o ser do ente aponta para Deus: dado que Ele não é realmente para si, mas a tudo comunica a existência atual, Ele deve ser reconduzido a uma razão de ser fundamental absoluta, realmente existente. Por conseguinte, o mundo pode, em sua existência, ser o símbolo no qual "o poder de Deus e sua divindade se representam e se deixam perceber, com a razão, nas obras da criação" (Rm 1,20; At 17,24; Sb 13,1-9; Eclo 17,8s.).

O ser simbólico do ente diz respeito também ao ente "para si": ele é simbólico, na medida em que se apresenta e se expressa em determinadas propriedades, realizações – em outro: o espiritual no material, por exemplo, a alma no corpo, sim, como corpo (cf. a seguir).

> "O sentido original de símbolo e de simbólico, mediante o qual todo ente em si e para si e por esta razão (e na medida em que) é simbólico para um outro, significa, portanto, isto: à medida que um ente se realiza em sua própria alteridade interior (constitutiva da natureza), em sua pluralidade íntima e conservada (estabelecida na autorrealização), como em sua expressão originária e, portanto, correspondente, dá-se a conhecer. Esta expressão pertinente, originária e correspondente à estrutura do próprio ente é o símbolo resultante do ente a ser reconhecido para o próprio ente que reconhece (subsequente somente porque já incipiente na profundidade de ambas as razões de ser constituintes), no qual este ente é reconhecido e sem o qual não pode ser de maneira alguma reconhecido, e somente assim o símbolo no sentido originário (transcendental) da palavra" (RAHNER, K. *Zur Theologie des Symbols* – Schriften IV, 286. • RAHNER, K. *Wort und Eucharistie* – Schriften IV, 313-355.

### 3 O corpo humano como símbolo originário

Se o ser humano (como todo os outros entes) é chamado por Deus à existência, isto não exclui que o ser humano, por força de sua natureza espiritual, possua uma autêntica e própria – e dada para apropriar-se – causalidade (*causa formalis*), que lhe confere o poder de uma autorrealização pessoal, e com isto, capacita-o para a uma autoexpressão nas condições naturais de sua natureza espiritual corporal (na história, na sociedade, em escatológica dinâmica). A natureza espiritual-corporal do ser humano torna-se possibilidade fundamental maleável, mediante a qual ele, na atualidade de sua autopresença e de seu ser pessoal, comunica-se com os outros. Este acontecimento *é* o ser humano. Ele não é, antes de mais nada, espírito em si, que em um segundo passo comunica-se e move-se em direção a outras pessoas. A autoexpressão na matéria e na comunicação interpessoal representa fator essencialmente constitutivo de seu espírito pessoal e de sua liberdade.

Outra palavra para esta autoexpressão é corpo. O corpo é o símbolo real da alma. O corpo outra coisa não é senão a atualidade da própria alma em seu ser-expressão na *materia prima*, ou seja, da pura possibilidade mediante a qual ela se torna presente e se realiza. A corporeidade, portanto, não se coloca disjuntivamente entre duas almas que se querem encontrar, mas possibilita, carrega e condiciona o encontro pessoal.

Do mesmo modo, a imediatidade pessoal do ser humano em relação a Deus não acontece fora destas condições concretas da existência humana, mas dentro delas. (Uma imediatidade pessoal com Deus em esfera puramente espiritual, sem levar em conta a natureza criada, é impossível ao ser humano. Somente o próprio Deus está em pura imediatidade com Deus.) Quando a Palavra de Deus se encarna, as pessoas podem, no encontro pessoal com o homem Jesus e na comunicação com a comunidade dos discípulos, entrar em uma imediatidade pessoal com Deus, a qual tem esta (teológico-criacionalmente fundada e teológico-encarnacionalmente ratificada) estrutura de mediação como seu inseparável momento.

Os outros meios sensíveis (pão, vinho), trazidos pelo ser humano, apoiam a comunicação corporal (comensalidade). Estes meios podem, finalmente, por sua vez, ligados a uma mímica e gestualidade correspondentes, transformar-se no sinal para o ser humano que se realiza simbolicamente. Pão e vinho, que Jesus durante a Última Ceia toma em suas mãos, simbolizam, em conexão com o gesto de doação dos dons da refeição aos discípulos, sua auto-oferta sacrifical pela salvação da humanidade. Nestes dons, portanto, os discípulos participam da autodoação de Jesus, constroem uma comunhão de vida com Ele e entre si.

### 4 O símbolo no horizonte do tempo e da história

À definição do ser humano pertence sua relação com o tempo e com o espaço. Isto convém à já esclarecida autoexpressão material-corporal do ser humano. A relação tempo-espaço caracteriza mais precisamente a autorrealização simbólica do ser humano no horizonte da história e da sociedade. Por isso, o ser humano pode ser alcançado, no passado ou no futuro, por uma ação de Deus transmitida histórica e sociocomunitariamente, e deixar-se determinar por isso; pode participar deste acontecimento, especificamente através de símbolos correspondentes. No caso pressupõe-se, ao mesmo tempo, que esta ação de Deus seja apresentada em um mediador humano; do contrário, esta comunicação e mediação universal da singular ação na forma simbólica não aconteceriam.

Por conseguinte, Jesus Cristo, o mediador do reinado de Deus, pode permitir, através de símbolos, que as pessoas participem de sua ação salvífica histórica: por meio da memória real desta ação no passado e através da realização simbólica, que representa e antecipa uma promessa futura, a saber, a plena realização escatológica da salvação operada por esta ação.

### 5 A concretização existencial na pluralidade dos símbolos

A história de vida de cada ser humano jamais lhe fica de fora. Ela é a autoexpressão temporalmente estruturada, mediante a qual ele se recupera na completude de sua atualidade pessoal. Nesta história de vida existem acontecimentos significativos que se tornam símbolos-chave e momentos decisivos da existência humana.

Concepção e nascimento do ser humano, na verdade, para além da positividade do acontecimento, são símbolos do começo de um espírito finito no mundo. Por conseguinte, é-lhes naturalmente inerente uma dimensão simbólica que aponta para o começo absoluto do ser humano em Deus (cf. o Batismo).

O crescimento do ser humano é o símbolo natural da estrutura temporal, da historicidade e do caminho do ser humano para sua plenitude. A partir deste fundamento, a representação simbólica do crescimento e do amadurecimento pode transformar-se em expressão simbólica para o fato de o cristão seguir seu caminho vital na força do Espírito Santo de Deus que o revigora (cf. o Sacramento da Confirmação).

O alimentar-se do ser humano é o símbolo fundamental de sua constante subsistência. A alimentação indispensável para o sustento faz do alimento símbolo da força vital, da autocomunicação característica do ser humano com a matéria. Por esta razão, cada refeição já encerra em si a simbologia natural de que o ser humano, em um sentido absoluto, recebe sua vida de Deus, o autor da vida (cf. a Eucaristia).

O símbolo originário do corpo, devido à sua composição histórica e social, desmembra-se em determinadas concretizações que, por sua vez, podem tornar-se pontos de interseção comunicativo-simbólicos do ser humano com Deus e de Deus com o ser humano. Somente pelo fato de o desenrolar da existência humana ser simbólico é que Deus pode determiná-lo como um meio de sua comunicação pessoal.

## III. A ORIGEM DOS SACRAMENTOS NAS AÇÕES E NO DESTINO DE JESUS CRISTO

### 1 As ações simbólicas escatológicas do Jesus pré-pascal

Mediante sua mensagem e sua pessoa, Jesus é o mediador do Reino de Deus. Ele anuncia e realiza a salvação. Contra os "demônios", Ele manifesta a força salvífica do Espírito de Deus (Mc 1,34). Pelo poder divino, Ele perdoa os pecados (Mc 2,10). A salvação do Reino de Deus consiste na comunhão com Deus, a qual, porém, é representada simbolicamente em determinados fenômenos: na cura do corpo, na alegria da alma, na paz das pessoas entre si, na experiência da justiça e do cuidado. Assim, os sinais nos quais o senhorio de Deus é reconhecido não são elementos probatórios intrinsecamente diferentes do Reino de Deus, mas o próprio senhorio de Deus na forma de sua realização histórica. Em sua compaixão humana, Jesus simboliza a compaixão e o cuidado salvífico de Deus para com os seres humanos.

O senhorio de Deus é da mesma maneira representado simbolicamente através da refeição com os cobradores de impostos e pecadores. A refeição, uma vez mais, aponta para a imagem do banquete nupcial que, por sua vez, é imagem do Reino de Deus que se avizinhou (Mc 2,16).

Jesus concede aos discípulos poder de anunciar o Reino de Deus, de convocar as pessoas à conversão, à fé e ao seguimento, de expulsar demônios e de ungir os doentes com óleo e curá-los (Mc 6,6-13).

Em João, os prodígios de Jesus nos doentes e pecadores valem como *sinais* nos quais se revela a glória divina (Jo 6,2.14).

Todos estes sinais acontecem diante dos olhos e dos ouvidos de seus discípulos, a fim de que eles, através desta experiência sensível, cheguem à fé em Jesus como filho de Deus, e por meio da fé tenham a vida (Jo 20,31;

6,54; 17,3). Eles são, portanto, ações simbólicas sensíveis perceptíveis que conduzem à fé em Deus Pai, no Filho e no Espírito.

Na visão de conjunto da atividade do Jesus pré-pascal, pode-se constatar: o Reino de Deus está presente no mediador Jesus, na forma de seu agir salvífico e em seu destino. Ele é o representante do senhorio de Deus. Ele comunica, de maneira sensível, a salvação. A salvação alcança a corporalidade do ser humano.

Os atos simbólicos mais importantes de Jesus são o chamado à fé, à conversão e ao seguimento, o convite dos pecadores à comensalidade, seu combate contra o mal e o plenipotente perdão dos pecados, a cura dos doentes, a vocação e a missão dos discípulos, que são investidos do poder de cumprir sua própria missão, especialmente os doze apóstolos, que simbolizam, ao mesmo tempo, a reunião do povo escatológico de Deus. Jesus é, em sua pessoa, o símbolo real da proximidade do Reino de Deus. Ele é o sinal – que certamente é contradito – mediante o qual, porém, muitos em Israel são soerguidos (Lc 2,34). *Na atividade pré-pascal de Jesus, torna-se visível uma iniciação ao Reino de Deus: através da fé, da conversão, do seguimento, da concreta realização da comunhão de vida com Ele e mediante a pertença ao círculo dos discípulos.*

## 2 O símbolo real do Reino escatológico de Deus: a cruz e a ressurreição de Cristo, e a atualização simbólica deste acontecimento salvífico

O destino de Jesus, até sua morte na cruz, torna-se sinal de sua missão de ser mediador do Reino de Deus, e de sua obediência, na qual Ele assume esta missão e a leva a cabo até o extremo: "O Filho do Homem veio para servir e dar sua vida como resgate por muitos" (Mc 10,45). Na Última Ceia, antes de sua morte, Jesus oferece aos discípulos pão e vinho. Ele esvazia-se em seu desejo de doação aos discípulos e revela-lhes, assim, a possibilidade de participarem de seu destino, bem como de sua vida de indestrutível comunhão com Deus Pai, conquistada na ressurreição:

> "Tomai, isto é meu corpo [...]. Isto é meu sangue, o sangue da aliança, que será derramado por muitos. Em verdade vos digo: já não beberei do fruto da vinha, até o dia em que dele beberei no Reino de Deus" (Mc 14,22-25; 1Cor 10,16s.).

A doação da vida de Jesus na cruz por nós e sua ressurreição dentre os mortos por meio do Pai são, portanto, os símbolos nos quais Deus mostra e realiza sua dedicação salvífica escatológica ao ser humano e, mais uma vez, faz-se comunicável nos símbolos da morte e da ressurreição de Jesus, acima de tudo no Batismo e na Eucaristia.

Em razão das aparições pascais, a comunidade pré-pascal dos discípulos sabia-se chamada à reunião da Igreja do novo povo de Deus (= Igreja de Deus em Jesus Cristo) e encarregada do anúncio e da comunicação simbólica do senhorio de Deus, fundamentada na atividade do Jesus pré-pascal, tal como precisamente na morte e na ressurreição de Cristo receberam última expressão: portanto, especialmente no Batismo e na Ceia do Senhor (cf. tb. At 2,42: ensinamento dos apóstolos, comunhão, partir do pão, oração). Na forma externa do sinal, podia-se remontar, em detalhes, à práxis religiosa do povo de Deus veterotestamentário. Contudo, estes ritos serão completamente redefinidos mediante um conteúdo cristológico e pneumatológico.

## 3 Crítica ao culto e à liturgia cristã

A crítica contra um culto exteriorizado e contra uma observância legalista da Lei, encontrada nos profetas veterotestamentários e também em Jesus (cf. Lc 11,40), não depõe contra a forma sacramental de seu agir salvífico. Também a forma da adoração a Deus "em Espírito e Verdade" (Jo 4,24) não pode ser deslocada no sentido de uma espiritualização platônica do cristianismo ou de uma redução a uma ideia moral (I. Kant).

A ereção do sacerdócio eterno e imutável de Cristo (cujo sacrifício não pode ser repetido nem completado: Hb 4,16; 7,24-28; 8,6; 9,28; cf. 1Tm 2,5; Ef 5,2) significa o fim dos sacrifícios veterotestamentários e no sentido da história das religiões.

A liturgia cristã e os sacramentos não são expressão de uma iniciativa que provém do ser humano, a fim de obter algo de Deus e de apaziguá-lo. O culto cristão já pressupõe a reconciliação com o ser humano efetuada pelo próprio Deus (2Cor 5,20) e é a celebração simbólica da comunhão garantida com Deus na Nova Aliança. Nele acontece a participação na autodoação de Jesus ao Pai e na comunhão com Ele no Espírito Santo (Gl 4,4-6; 1Cor 10,16s.; 11,24s.).

Obviamente, o agir total da Igreja não se esgota na liturgia (SC 9). Nos sacramentos, o fiel é capacitado para participar do amor a Deus e ao próximo e por este amor em prática no serviço. Através do amor ao próximo os fiéis apresentam-se "pela misericórdia de Deus [...] eles mesmos como hóstia viva e santa, agradável a Deus; este é [...] o verdadeiro e adequado culto espiritual" (Rm 12,1). Não holocaustos exteriores e outros sacrifícios de ordem material, mas o amor a Deus de todo coração e ao próximo é a mais íntima realidade que determina a vida e o sacrifício de Jesus e que é realizada na ação simbólico-litúrgica da comunidade (Mc 12,33s.; 14,24). De maneira especial a realização do banquete sagrado, que congrega os participantes no único Corpo de Cristo (1Cor 10,16s.; 11,26), e com o amor de Cristo, une a Deus e às pessoas, atesta que a liturgia cristã apresenta uma indissolúvel unidade entre o amor a Deus e o amor ao próximo.

## IV. A DIMENSÃO ECLESIAL DOS SACRAMENTOS

Pertence à implementação do senhorio de Deus a constituição do povo escatológico de Deus que se apresenta simbolicamente na vocação dos Doze (apóstolos). Por conseguinte, estes recebem a missão de anunciar a proximidade do reinado de Deus, e convidar à conversão e à fé. Eles recebem o poder de realizar eficazmente os sinais do senhorio de Deus: expulsar demônios, ungir os doentes com óleo e curá-los (cf. Mc 3,1-6.7-12). De acordo com Jo 4,2, os discípulos batizam em nome de Jesus. Em nome de Cristo, Paulo admoesta a reconciliar-se com Deus (2Cor 5,20). No anúncio e nos sinais dos apóstolos e dos discípulos encontra-se Jesus: "Quem vos ouve a mim ouve" (Lc 10,16). "Aqueles a quem perdoardes os pecados ser-lhes-ão perdoados" (Jo 20,22s.; cf. Mt 18,18). Mediante esta incumbência dos apóstolos e dos discípulos, Jesus continua sua missão salvífica, recebida do Pai, no serviço sagrado de sua Igreja.

A sacramentalidade da Igreja torna-se, portanto, igualmente evidente nisso que ela, como comunidade dos discípulos, participa do destino de Jesus: nas perseguições ela se torna sinal que muitos contradizem e a que muitos se voltam. Ela é sal da terra, luz do mundo, cidade sobre a colina, que a ninguém pode passar despercebida, porque ela representa Cristo como a Luz do mundo (Mt 5,13-16). A comunhão dos discípulos entre si não é, portanto, consequência secundária da comunhão de cada ser humano com Deus. A comunhão visível dos discípulos personifica em si mesma o sinal da comunhão divino-humana e a representação da comunhão intradivina do Pai, do Filho e do Espírito Santo (Jo 17,23; 1Jo 1,3; 3,24). Como sinais da presença do Deus trino, a Igreja é o templo santo (Ef 2,20), o sacerdócio santo que constrói a casa de Deus e, mediante Jesus Cristo, oferece o sacrifício espiritual (1Pd 2,5). A Igreja é o Corpo de Cristo, seu símbolo. Na medida em que Cristo preenche a Igreja, seu corpo, com sua presença salvífica (Ef 1,23), ela é sinal e instrumento da mais íntima união da humanidade com Deus e das pessoas entre si (LG 1). O culto divino sacramental da Igreja realiza-se em cada um dos sacramentos.

## B. A DOUTRINA ESPECIAL DOS SACRAMENTOS

### I. O FUNDAMENTO DA EXISTÊNCIA CRISTÃ

#### 1 O Batismo: o sacramento da fé e da comunhão eclesial

##### a) Noção e pré-história do batismo cristão

A noção de "batismo", tirada do procedimento sensivelmente perceptível do mergulhar (derramar sobre ou banhar), indica especificamente o ato litúrgico da Igreja mediante o qual uma pessoa, em razão de sua fé, é aceita na comunidade de fé, que é sinal e meio da comunhão de vida de Deus com as pessoas.

O sinal exterior consiste no "banho de água" e na "Palavra" (Ef 5,25; Tt 3,5): batiza-se em "Nome do Pai, e do Filho e do Espírito Santo" (Mt 28,19; Jo 3,5).

O efeito do batismo, a incorporação salvadora e justificadora no povo de Deus da Nova Aliança, já não pode ser reversível (caráter sacramental indelével). No batismo, são perdoados todos os pecados mortais, todos os pecados veniais e todas as punições contra os pecados. Aquele que renasceu da água do batismo é libertado da culpa de Adão e revestido da força para vencer o mal. A amizade com Deus que foi perdida é renovada e sobrepujada: o batizado é assumido no relacionamento filial de Cristo com o Pai no Espírito (Gl 4,4-6; Rm 8,15.29). Desta maneira, o batizado é assemelhado a Cristo (Fl 3,10s.). Ele entra em sua comunhão de destino e tem parte na cruz e na ressurreição de Cristo (Rm 6).

*O Batismo é o começo da Comunhão (koinonia) e da participação na vida triuna de Deus. Ao batizado são concedidos os dons da graça da fé, da esperança e da caridade (virtudes sobrenaturais, infusas). O cristão batizado participa da missão salvífica da Igreja, é membro de sua "comunidade sacerdotal"* (cf. LG 11).

### *A incorporação no povo de Deus da antiga aliança no sinal da circuncisão*

O rito de iniciação da circuncisão, já conhecido na época pré-mosaica entre os povos do Oriente (cf. Gn 17,10), foi assumido por Israel como uma ação simbólica a ser praticada em cada israelita do sexo masculino (Lv 12,3). Este sinal tornou-se sinal normativo de distinção em relação aos pagãos (Zz 14,3; 1Sm 14,6; 1Mc 1,60; 2,46; 2Mc 6,10). Somente o circunciso pertence ao povo de Deus da aliança e pode participar de seu culto (Ex 12,48).

Diferentemente dos ritos pagãos de iniciação, a circuncisão não insere em um ciclo cósmico (supratemporal e a-histórico) do "morre e torna a viver", tampouco se trata de uma inserção no círculo vital dos adultos. A circuncisão é, antes, uma ação simbólica que está em conexão com a experiência da atuação histórica de Deus: este Deus fez de Israel seu povo da aliança, escolheu-o como portador de seu desígnio salvífico.

Através da incorporação no povo da aliança, o "circuncidado" participa dos atos salvíficos de Deus, da eleição, da libertação da escravidão do Egito, da salvação das ondas do mar, da conclusão da aliança, na Torá, da posse da terra. Por fim, ele participa da promessa do tempo salvífico messiânico: da efusão do Espírito de Deus no estabelecimento definitivo da nova e eterna aliança (Ez 36,26; Jl 3,1-5; Jr 31,31-33; cf. Jo 3,23s.; Gl 5,22s.; At 2,17).

A circuncisão, portanto, não é apenas um ato exterior. O ser humano, por causa da "circuncisão do coração" (Dt 10,16; 30,6; Rm 2,25), é tomado pessoalmente. A partir da participação na aliança e em correspondência à fidelidade de Deus à sua aliança e do amor por seu povo, segue-se a obrigação da doação do coração no amor, na obediência, no cumprimento da Lei e de uma santificação que se pauta pela santidade de Deus (1Ts 1,3; 5,23); segue-se a obrigação do amor a Deus e ao próximo (Mc 12,28-31; Gl 5,13-26).

Devido à falta de fidelidade à lei, à resistência contra Deus, à inclinação aos ídolos, à injustiça em relação ao próximo, chega-se à base da irrevocabilidade da aliança, que se apresenta simbolicamente na irrepetibilidade da circuncisão, ao apelo profético da conversão, do pedido de perdão dos pecados e da renovação do coração.

No final dos tempos messiânicos, o próprio Deus reunirá seu povo de todos os países e o salvará. Aqui, pois, entra o tema da água:

> "Borrifarei água sobre vós e ficareis puros [...]. Dar-vos-ei um coração novo [...]. Porei no vosso íntimo o meu espírito e farei com que andeis de acordo com os meus estatutos" (Ez 36,25-27).

A imagem da água encerra em si as grandes ideias do perdão dos pecados, da reanimação revigorante, sim, da nova criação do ser humano, da restauração definitiva do povo da aliança. Cada um dos fiéis, como membro do corpo deste povo de Deus participa do relacionamento de Israel como filho em relação a Deus Pai, ou também no relacionamento nupcial da Filha de Sião, a Virgem Israel, com Yahweh, o noivo de Israel. (No NT estes motivos são retomados: Cristo é a Cabeça e o Esposo de sua Igreja, que é seu Corpo e sua Esposa.)

Os ritos de purificação e de ablução, que renovam a pureza cúltica (Lv 1–15; Nm 19), encontram nos banhos cúlticos de purificação de agrupamentos e seitas judaicos (fariseus, essênios, Qumrã) sua continuação. Em parte, eles se tornam ritos de iniciação da comunidade dos puros, que se separam de todos os outros. Uma observação radical da lei e os banhos de purificação ritualmente realizados em água viva, isto é, corrente, devem preservar do julgamento vindouro dos pecados e do aniquilamento dos pecadores.

No batismo de prosélitos, difuso somente depois do tempo de Jesus, os pagãos que passavam para o judaísmo, além da circuncisão e do sacrifício de expiação, devido à impureza deles, deviam realizar o rito de purificação de um autobatismo.

*O batismo de penitência de João Batista*

Na condição de profeta do Juízo Final imediatamente iminente e do emergente tempo escatológico messiânico, João Batista anuncia a conversão dos corações e o batismo para o perdão dos pecados (Mc 1,4). Ele salva do batismo de fogo vindouro: o julgamento escatológico de Deus sobre os pecadores (Mt 3,11; Lc 3,7-16; cf. Is 4,4; 29,6; 30,27; 4Esd 13,27).

## b) A origem do batismo cristão

*Jesus e a Igreja primitiva*

Jesus não deu continuidade à práxis do batismo de João (cf., no entanto, Jo 3,22; 4,2). No centro de sua atividade, encontra-se não a proteção contra o juízo, mas o anúncio da salvação. De certa maneira, ele "batiza" mediante seu chamado à fé, à conversão, ao seguimento, na medida em que ele mostra o senhorio de Deus atuante.

No começo de sua atividade messiânica, Jesus deixa-se batizar por João Batista no Jordão (Mc 1,9). O Espírito de Deus revela-o como o Filho amado do Pai e como o mediador da salvação, que vicariamente (como o Cordeiro de Deus), "tira o pecado do mundo" (Jo 1,29; 1Jo 3,5; Is 53,7). Na morte violenta de Jesus completa-se a missão messiânica, que foi revelada no batismo no Jordão. Em seu sofrimento e em sua morte, Ele é batizado com um batismo e deve beber um cálice (Mc 10,38), mediante os quais se opera a salvação de todos os seres humanos (Mc 10,45). Em virtude do batismo de sua morte, Cristo deseja completar o senhorio de Deus.

Por conseguinte, um acesso ao Reino de Deus só é possível mediante uma comunhão de destino com Jesus Cristo, o Senhor crucificado e ressuscitado.

À luz da experiência pascal e do envio do Espírito, a Igreja primitiva pôde compor uma imagem teologicamente coerente do significado de Jesus. Ele, o Cristo e Senhor ungido com o Espírito Santo (At 10,38), inaugurou o Reino de Deus escatológico e ofereceu o Evangelho da graça. Jesus "batizou" (não ritualmente, mas de maneira real) no Espírito Santo (Mc 1,8; Lc 3,16; At 1,5; 11,16). Ele, que completou sua atividade no batismo de sua morte e em virtude do Espírito Santo, ofereceu ao Pai um sacrifício sem mancha (Hb 9,14), pela força do Espírito foi ressuscitado dos mortos (Rm 1,4; 8,11; At 13,33; 1Tm 3,16). O Senhor ressuscitado é quem comunica o Espírito, e nestes últimos tempos infunde-o em generosa medida sobre todos os seres humanos (Jl 3,1-5; Zc 12,10; Ez 39,29).

A efusão do Espírito aperfeiçoa o povo escatológico de Deus, que já tem sua origem na atividade do Jesus terreno, levada a cabo no Espírito. O Espírito capacita os discípulos a reconhecer a ressurreição de Jesus (1Cor 12,3) e testemunhá-la. Na condição de tais testemunhas, eles se sabem enviados a reunir o povo escatológico de Deus e a exercer o serviço salvífico de Cristo na Igreja (At 1,8).

Em sua pregação de Pentecostes, Pedro reafirma que Deus agiu poderosamente no Jesus crucificado, na medida em que o ressuscitou e agora derrama o Espírito prometido sobre todos os seres humanos. À pergunta sobre o que se deveria fazer perante esta mensagem, o apóstolo responde: "Arrependei-vos, e cada um de vós seja batizado em nome de Jesus Cristo para a remissão dos vossos pecados. Então recebereis o dom do Espírito Santo" (At 2,38; Lc 3,14; Mc 1,15).

Este batismo é realizado em nome de Jesus, revelado pelo Pai, no Espírito Santo, como o único acesso à salvação e ao Reino de Deus (At 4,12). O batismo "em nome do Senhor Jesus" (At 2,38; 8,16; 19,5; Rm 6,3) outro não é senão o batismo em nome do Pai, do Filho e do Espírito Santo (Mt 28,19), porque o nome de Jesus contém em si mesmo a relação do Filho com o Pai e com o Espírito Santo. (Portanto, não se trata de uma compreensão diferente do batismo; trata-se de um e mesmo batismo; cf. formulações paralelas na Didaqué 7,1.3; 9,5.)

A forma litúrgica do batismo liga-se ao aspecto veterotestamentário do rito de incorporação e da renovação escatológica do povo de Deus, bem como ao batismo de Jesus no Jordão, que revelou a plenitude do Espírito em Cristo: o discurso da efusão escatológica do Espírito e da purificação dos pecados (At 22,16) por força da ação salvífica de Jesus impele à expressão do acontecimento espiritual no batismo.

Apesar das escassas notícias, não há, porém, nenhuma dúvida quanto à realização ritual do batismo na Igreja primitiva. Filipe batiza com água o eunuco etíope (At 8,36ss.). É um "banho de água na Palavra" (Ef 5,26), um "banho da regeneração e da renovação no Espírito Santo" (Tt 3,5). Ele produz o renascimento do fiel e a nova comunhão com o Pai e com o Filho, e acontece na "água e no Espírito Santo" (Jo 3,5). Faz parte da forma ritual do batismo com água na Palavra a invocação do nome de Deus Pai, do Filho e do Espírito Santo (Mt 28,19).

No período neotestamentário posterior, surgem claramente elementos individuais no rito de incorporação. Há uma instrução preparatória sobre a doutrina da fé. A isto se acrescenta o repetido mergulho e a profissão de fé no Reino de Deus e no Evangelho de Jesus (At 8,12). Na tradição lucana, acrescenta-se ao batismo o sinal da imposição da mão, mediante o qual os batizados em nome de Jesus recebem o Espírito Santo (At 8,17; 15,8; cf. tb. Hb 6,2). A fé e o batismo são as formas de acesso à salvação: "Quem crer e for batizado, será salvo" (Mc 16,16). Batismo na água em nome de Jesus e imposição da mão para a recepção do Espírito possibilitam a participação no "ensinamento dos apóstolos, na comunhão, no partir do pão e na oração" (cf. At 2,42).

*O batismo na teologia paulina e deuteropaulina*

Batismo e fé são as inesgotáveis fontes da vida cristã. O Batismo une a Igreja na unidade do Corpo de Cristo: "Fomos todos batizados num só Espírito para ser um só corpo" (1Cor 12,13; cf. Ef 4,4-6). Ele faz da Igreja, na pluralidade dos membros, por assim dizer uma única pessoa de todos em Cristo (Gl 3,28: "[...] todos vós sois *um só* em Cristo Jesus [...]"). O Espírito de Deus supera as barreiras que as pessoas erguem umas contra as outras. Ele tira os batizados da escravidão dos poderes dos elementos do mundo para a liberdade dos Filhos de Deus (Gl 5,13). Eles já não vivem segundo a lei do pecado e da morte, "da carne e do mundo antigo", mas segundo a "lei do Espírito e da vida em Cristo Jesus" (Rm 8,2). A purificação dos pecados no batismo opera "santificação, justificação em nome de Nosso Senhor Jesus Cristo e no Espírito de Nosso Deus" (1Cor 6,11). Quem vive no Espírito, produz, na fé, o fruto do amor (Gl 5,6.25) e colherá a vida eterna (Gl 6,8). Quem está em Cristo, tornou-se nova criatura (2Cor 5,17; Gl 6,15) e, à semelhança de Deus, seu criador, é renovado a fim de reconhecê-lo (Cl 3,10). Vive em verdadeira "justiça e santidade" (Ef 4,24), destinado a realizar em sua vida as boas obras que Deus previamente lhe preparou (Ef 2,10).

Um ponto alto da teologia batismal paulina constitui a apresentação do batismo no contexto da doutrina da justificação (Rm 6,1-14; Cl 2,11-15). Como em Adão todos se tornaram pecadores e estão condenados à morte, assim em Cristo todos são justificados e recebem, nele, a vida nova do Espírito. Quem pertence a Cristo está morto ao pecado. Vive uma vida para Cristo e participa do seu ser-para-os-outros.

No símbolo do mergulho, o batismo mostra uma semelhança (ὁμοίωμα) com o morrer de Jesus; no sair da água, uma forma de semelhança com sua ressurreição ou uma participação em sua forma de ressurreição (Rm 6,5). Esta comunhão pessoal com Cristo fundamenta a participação gratuita em seu relacionamento filial com o Pai no Espírito Santo. O Espírito do Filho, que Deus enviou aos nossos corações, clama em nós ou leva-nos a clamar: "*Abba*, Pai" (Rm 8,11.15; Gl 4,6). Os batizados são filhos de Deus e participam, portanto, na natureza e na forma do Filho de Deus (Rm 8,29). A filiação divina do povo de Deus (Rm 9,4s.) completa-se na pertença ao Corpo de Cristo, que é a Igreja (Cl 1,18). Os fiéis e os batizados vivem na comunhão com todos os membros do Corpo de Cristo e, deste modo, na comunhão geradora de vida com Deus Pai, com o Filho e com o Espírito Santo (Rm 12,4-21; Ef 2,11-22; 4,4-16).

### *O batismo na Primeira Carta de Pedro*

Semelhantemente à teologia paulina, segundo a Primeira Carta de Pedro a morte vicária do justo Jesus e sua ressurreição abrem aos pecadores um acesso a Deus. Assim como, antigamente, por ocasião do dilúvio, alguns foram salvos através das águas, agora todas as pessoas são salvas mediante o batismo. Ele não purifica o corpo de imundície exterior. Ao contrário, é um "compromisso solene de uma boa consciência para com Deus pela ressurreição de Jesus Cristo" (1Pd 3,20s.). O dom do batismo compromete a uma vida nova no Espírito de Cristo. Os batizados são escolhidos pelo Pai, santificados pelo Espírito, a fim de serem obedientes a Cristo, e para serem aspergidos com seu sangue (1Pd 1,2). Os fiéis são como filhos regenerados, que crescem com o leite espiritual do Evangelho, que são nutridos e regenerados de uma semente incorruptível: da Palavra de Deus (1Pd 1,23; 1Jo 3,9).

Aqueles que foram batizados reconheceram Cristo como a pedra viva sobre a qual toda a Casa de Deus é construída. Agora, como pedras vivas, em Cristo eles se deixam edificar em um edifício espiritual, em um sacerdócio santo, a fim de apresentar, através de Jesus Cristo, sacrifícios espirituais que agradam a Deus (1Pd 2,5.9). Aqui se ressalta nitidamente a íntima conexão entre o batismo e a atuação sacerdotal da Igreja em seus membros (LG 11).

### *O batismo no Evangelho de João e na Primeira Carta de João*

No Prólogo, são chamados de "filhos de Deus" todos os que creem em seu nome e nasceram do próprio Deus (Jo 1,13; cf. 1Pd 1,3.23; Tt 3,5). "Nascidos de Deus" significa não cometer nenhum pecado, porque o "sêmen" de Deus, ou seja, sua graça e seu Espírito permanecem em nós (1Jo 3,9; 5,3). No diálogo com Nicodemos, diz Jesus:

> "Quem não nascer da água e do Espírito não pode entrar no Reino de Deus. O que nasceu da carne é carne, o que nasceu do Espírito é espírito" (Jo 3,5-6).

O batismo fundamenta a filiação divina (1Jo 3,2). Dão testemunho de Jesus o Espírito e a água (no batismo no Jordão) e o sangue (da cruz; cf. 1Jo 5,6-8). Daí a sugestiva interpretação dos Padres da Igreja, que ligaram o jorrar do sangue e da água do lado aberto de Cristo na cruz com o dom sacramental da salvação no Batismo e na Eucaristia (Jo 19,34).

À luz da teologia batismal, foram também interpretadas as perícopes da água viva corrente, que Cristo dá (Jo 4,14), bem como a cura do paralítico junto a piscina de Betesda (Jo 5,1-15) e a do cego de nascença junto à piscina de Siloé (Jo 9,1-38).

### *Resumo da teologia batismal do NT*

(1.) Consoante o rito, o batismo é um banho de água na Palavra (em Lucas, acompanhado da imposição da mão para o fortalecimento, a unção e a ratificação do Espírito Santo). O sinal da palavra é a invocação do Pai, do Filho e do Espírito, ou de Jesus de Nazaré.

(2.) Como eficácia espiritual, mencionam-se o perdão dos pecados, a santificação e a justificação no Espírito Santo. Opera-se uma nova criação ou uma regeneração em virtude da participação na vida do Deus unitrino. A comunhão com Deus é comunicada através da comunhão com o Filho de Deus encarnado e através da conformação em seu sofrimento, sua morte e sua ressurreição. O batismo comunica o dom da vida eterna, para a qual nos encaminhamos pela fé (2Cor 5,7). Depois de nossa morte, completa-se a vida eterna já começada no batismo como a contemplação de Deus face a face (1Cor 13,12) e como comunhão de conhecimento e comunhão de amor com o Pai e com o Filho no Espírito (1Jo 1,3; 4,3; 5,11s.).

(3.) Fazem parte inseparavelmente do batismo a fé, a esperança e a caridade como dons e como ações pessoais, bem como a conduta de vida daí resultante.

(4.) Através do batismo, os fiéis são inseridos na comunhão da Igreja como sociedade visível e como comunidade salvífica invisível. Por meio do Espírito Santo, o batismo faz dos fiéis membros vivos do Corpo de Cristo.

Na unidade de ação de cabeça e corpo, de Cristo e da Igreja, cada batizado participa da missão salvífica eclesial. O batismo substitui a circuncisão como sinal da aliança do antigo povo de Deus. Na Nova Aliança, o batismo é expressão da vocação de todas as nações à salvação no reinado escatológico de Deus.

### c) Aspectos da teologia batismal na história

*A forma externa do batismo*

Para os séculos II e III, resulta o quadro seguinte (Did. 7: batismo de imersão e de infusão [= tríplice efusão com água] Justino, 1 apol. 61; Hipólito, trad. apost., 21; Tertuliano, bapt.): *Banho de água na Palavra com a epiclese do nome das três pessoas divinas, unção, ratificação e imposição da mão.*

No caso das unções pós-batismais, devem-se diferençar as que pertencem ao batismo em sentido estrito e que hoje são compreendidas como ritos explicativos, e aquelas ligadas à imposição da mão e que pertencem ao rito da imposição da mão na Confirmação, destacado do banho de água. No Oriente, veio mais fortemente ao proscênio a unção da Crisma como indicação do batizado com o Espírito Santo (Cirilo, 3. Catech. myst.). No Ocidente, compreende-se a imposição da mão muito mais como um complemento do Batismo e como uma investidura especial do batizado com o Espírito Santo. No Ocidente, desde o século V, ao lado da unção pós-batismal, torna-se sempre mais importante uma unção própria da Crisma, que está ligada com a imposição da mão. Desde o século XII, a unção na Crisma vale sempre mais como o rito da confirmação.

Decisivo para todo o período patrístico é a consciência da unidade da iniciação no Batismo e na Confirmação (banho de água na Palavra e imposição da mão, unção e ratificação), com a primeira participação na celebração da Eucaristia como sinal da plena incorporação na comunhão da Igreja.

*Temas patrísticos: eficácia objetiva dos sacramentos, batismo de crianças*

De importância permanente para a compreensão do batismo foram a disputa contra os hereges, no século III, e as discussões de Agostinho com o donatismo em torno da eficácia objetiva dos sacramentos, e com o pelagianismo a respeito da primazia da graça comunicada sacramentalmente antes do agir ascético e ético do cristão.

Em sintonia com a tradição eclesial norte-africana e em grande parte também oriental, Cipriano de Cartago era de opinião que o batismo ministrado ou recebido por hereges não seria eficaz, porque o Espírito Santo não comunicaria a graça do perdão dos pecados e da justificação fora da Igreja. O Papa Estêvão I, em contrapartida, em consonância com a tradição romana e alexandrina, enfatizava a eficácia objetiva do batismo também ali onde ele é ministrado fora das fronteiras da Igreja visível e ortodoxa (DH 110s.).

No Concílio de Arles (314), reconhece-se em geral a práxis romana no Ocidente. Para a validade, exige-se a confissão da Trindade, o uso da fórmula batismal trinitária, a realização física do banho de água com a imposição da mão para a recepção do Espírito Santo (DH 123). O Concílio de Niceia (325) enxerga na então diferenciada práxis da única Igreja menos um problema dogmático do que disciplinar (can. 8; 19).

Contra os donatistas, Agostinho diz que a validade do Batismo (diferentemente de sua fecundidade) não depende da santidade pessoal, da ortodoxia de fé e da pertença real à Igreja do ministro e do receptor. Com efeito, Cristo é o verdadeiro ministro dos sacramentos. Na verdade, não existe sacramento fora da Igreja. Mesmo ali onde os sacramentos são usurpados pelos hereges, eles permanecem sacramentos da Igreja. Deve-se distinguir a falsa doutrina dos hereges do uso dos sacramentos que pertencem a Cristo e à Igreja (bapt. I,2). A esta eficácia objetiva, em virtude da forma *sacramenti*, corresponde a ligação da eficácia subjetiva do batismo no receptor com a forma *iustitiae* (fé e graça justificadora). Somente quem não opõe nenhum empecilho (obex opponit: ep. 98,10; cf. Trento: DH 1606) ao sacramento recebe também remissão dos pecados e o Espírito Santo. Não opor obstáculo algum significa possuir a *fides ecclesiae* e, acima de tudo, a *caritas*, o vínculo da comunhão eclesial (Cl 3,14).

Quanto ao batismo de crianças e de lactantes, trata-se de uma práxis que é demonstrável desde o século II e que foi considerada pelos Padres da Igreja como tradição apostólica. A conexão necessária entre fé e o batismo está dada: as crianças são batizadas na fé da Igreja, que é representada pelos pais, a quem, posteriormente, é confiada a catequese elementar. Deve-se lembrar, em todo caso, que não são os atos objetivos da fé, da conversão e da obediência que produzem a justificação; dá-se, antes, o contrário. O batismo de crianças é possível por causa do primado da graça perante o ato pessoal da fé. Em contraposição a uma redução do cristianismo à ética e à ascética, como Agostinho acredita reconhecê-las no pelagianismo, deve-se salientar a primazia da graça sacramental.

Destarte, também as criancinhas, que não cometeram pessoalmente nenhum pecado, são batizadas, segundo o rito da Igreja, "para o perdão dos pecados". Daí se segue que elas, já antes de sua decisão pró ou contra a fé, encontram-se sob o poder do pecado de Adão. Quando são batizadas, recebem a fé objetiva da Igreja como graça. Quando se tornarem adultas, esta fé deve ser livremente assumida e interiorizada.

Contra os pelagianos, diz o Sínodo de Cartago (418), no Cânone 2: "Quem negar que se devam batizar as crianças recém-nascidas, ou diz que são batizadas para remissão dos pecados, mas nada trazem do pecado original de Adão que o banho da regeneração deveria expiar – de onde segue que no caso delas a forma do batismo 'para remissão dos pecados' é compreendida não como verdadeira, mas como falsa –, seja anátema" (DH 223. Cf. "Indiculus", DH 247).

Devido à necessidade do batismo para a salvação, põe-se a questão pelo destino das crianças que morrem sem terem sido batizadas. Agostinho era de opinião que elas não alcançariam a contemplação de Deus, porque a graça não lhes teria sido transmitida, ao passo que elas não deveriam sofrer nenhuma punição; a punição atingiria somente aqueles que fossem capazes de pecados pessoais reais.

Em contraposição a esta postura, hoje a Igreja acentua o desígnio salvífico geral e a necessidade relativa (ou seja, condicionalmente ligada à convicção subjetiva da verdade) do batismo no contexto da doutrina da necessidade salvífica da pertença à Igreja (LG 14).

Digna de nota é a convicção da época patrística de que o batismo de sangue pode comunicar a graça batismal sem a realização ritual do batismo com água, visto que a fé testemunhada com o próprio sangue implica um desejo pelo Sacramento do Batismo (*votum sacramenti*).

*Teologia escolástica e o decreto armênio do Concílio de Florença*

Depois das discussões com os donatistas e pelagianos em torno do batismo, este sacramento já não foi objeto de grandes controvérsias. A escolástica tematiza o batismo nas categorias de sua teologia sacramental sistemática (*P. Lombardo,* Sent. IV, d. 2-6). *Tomás* compreende o batismo na base de Rm 6 e em assonância com a II Catequese Mistagógica de Cirilo de Jerusalém como conformação no sofrimento, na morte e na ressurreição de Cristo. O que se explicita no rito, é realizado no íntimo e se torna princípio da vida cristã (S.th. III q. 66 a. 2). A configuração com Cristo no batismo significa igualmente incorporação em seu Corpo, na Igreja.

Esta configuração com Cristo no batismo é uma regeneração única e irrepetível para a vida eterna. A Eucaristia garante sempre de novo participação na cruz e na ressurreição de Cristo, visto que Ele, na Ceia Pascal, doa-se para consumação frequente com o objetivo de atualizar a união com Ele no amor e alimentar a vida espiritual (id. a. 10). Em todos os sacramentos a graça é oferecida *ex passione Christi et ex interna operatione Spiritus Sancti* (id. a. 11; 12). O decreto armênio do Concílio de Florença (1439) resume o desenvolvimento da teologia do batismo (DH 1314-1316):

1) O primeiro e fundamental sacramento é o Batismo (*ianua vitae spiritualis*). Por meio dele, os fiéis tornam-se membros do Corpo de Cristo. O Batismo é renascimento da água e do Espírito, a fim de que possam chegar ao Reino de Deus e escapar à morte eterna que "Adão" trouxe para todas as pessoas.

2) Ao sinal visível pertence a palavra dispensadora pronunciada deprecativa ou indicativamente, mediante a qual o Deus triuno é invocado. O primeiro e decisivo autor da graça e do batismo é o Deus unitrino; autor instrumental é o ministro humano.

3) O ministro ordinário é o sacerdote. Em caso de necessidade, um diácono, um leigo do sexo masculino ou feminino (cf. Tomás de Aquino, S.th. III q. 67 a. 4), até mesmo um herege ou um pagão podem batizar. A condição é unicamente a conservação da forma estabelecida pela Igreja, e a intenção de realizar esta forma litúrgica.

4) Os efeitos do batismo são: a remissão da culpa, da culpa original, dos pecados pessoais e das punições devidas pelos pecados; a entrada no Reino de Deus e a expectativa da visão do Deus uno e trino.

5) O decreto do mesmo Concílio para os jacobitas (1442) enfatiza que o batismo representa o único meio mediante o qual nos livramos do domínio da morte e somos adotados como filhos de Deus. Por conseguinte, deve-se considerar o batismo o único meio salvífico para as crianças menores, razão pela qual o batismo deve ser ministrado o mais cedo possível e em caso de perigo de morte (DH 1349).

### Um novo campo de referência para a justificação, a fé e o batismo na Reforma

A Reforma Protestante endossou as decisões doutrinais da Igreja contra o donatismo e o pelagianismo. Na teologia do batismo como tal não há nenhum ensinamento contraposto à interpretação católica (cf. CA 9; AC 9).

Para *Lutero*, o batismo está na mais estreita conexão com sua compreensão da justificação. A justificação do pecador acontece quando ele, na fé, capta a graciosa disposição de Deus em relação a ele, revelada na cruz de Jesus. O batismo sela a justificação mediante a Palavra de Deus e a graça unicamente, e indica a aceitação da justificação na fé do ser humano. O batismo não produz no ser humano um efeito criado (*gratia creata*); esta é a razão por que o ser humano não é transferido do *status* ontológico de pecador para o *status* de santo. Contudo, a doutrina da justificação luterana também fala de uma nova criaturalidade do justificado. No entanto, ele não pode, a partir de si mesmo, empregá-la em seu relacionamento com Deus. Ele deve, sempre de novo, pedi-la no dirigir-se, na fé, ao Deus que perdoa. Visto que a graça *extra me* vive, o fiel é advertido contra toda autoconfiança e remetido à graça clemente de Deus, que é adjudicada ao pecador na palavra do anúncio. Por isso, a fé é recurso a este perdão por toda a vida. O batismo não é um acontecimento no passado biográfico que desenvolve continuamente sua eficácia até no hoje (*praeteritum praesens*), o que Paulo enfatizaria (Rm 6,4). Para Lutero, o batismo indica apenas o anúncio exclusivo do julgamento gracioso de Deus sobre nós. A totalidade da nova vida e da nova criaturalidade reside na disposição graciosa de Deus a nosso respeito. Movemo-nos nesta direção na medida em que diariamente, na fé, matamos o pecador em nós e cotidianamente, na fé, deixamos que ressuscite em nós a confiante devoção ao mérito de Cristo. Desta maneira, recebemos a vida nova (*praesens perpetuum*).

Por causa desta compreensão da justificação que se reflete na teologia batismal, produzem-se consequências para o relacionamento do batismo com os outros sacramentos e, acima de tudo, com relação à necessidade do Sacramento da Penitência para aquele que, por causa de um pecado mortal, incorreu na perda da graça batismal.

Consoante a doutrina patrística e escolástica, a graça justificadora pode ser perdida através dos pecados graves, ainda que o caráter sacramental permaneça no batizado. Por isso, o rito da reconciliação do pecador com a Igreja é um sinal de um perdão real dos pecados e da plena restauração da graça justificadora.

Visto que Lutero desloca a natureza própria do pecado para a incredulidade, a conversão só pode consistir na renovação da fé. Esta renovação acontece mediante o regresso à Palavra de Deus, tal como foi revelado definitivamente no acontecimento do batismo como disposição de Deus para o perdão. Por esta razão, a penitência não é nenhum sacramento propriamente dito, que produza um efeito sacramental próprio. A penitência é a renovação e a conservação da fé na lembrança da Palavra de Deus prometidas no batismo. Mediante arrependimento e penitência diários, o velho Adão é "afogado" em nós. Na fé, morremos para o pecado e para o mau desejo – a concupiscência – que ainda atua em nós.

Na altercação com os anabatistas e com os antissacramentalistas, Lutero atém-se à práxis do batismo de crianças. Isto não é possível sem uma compreensão da eficácia objetiva dos sacramentos (CA 9; Lutero, Kl. Kat.: BSLK 515ss.).

### A doutrina do Concílio de Trento

Sobre a teologia do batismo, o Concílio chega a falar no contexto do decreto sobre o pecado original (1546) e sobre a justificação (1547).

Por justificação, o Concílio compreende "não somente remissão dos pecados, mas também santificação e renovação do homem interior, mediante a voluntária recepção da graça e dos dons pelos quais o homem de injusto se torna justo, de inimigo amigo [de Deus], para que seja herdeiro segundo a esperança da vida eterna" (DH 1528). A justificação tem sua origem na graciosa vontade de Deus e nos méritos de Cristo. O Sacramento do Batismo é a causa instrumental da justificação. O batismo é considerado sacramento da fé. Ele não oferece apenas a justificação, mas desperta também, além disso, as virtudes divinas da fé, da esperança e da caridade. A partir deste fundamento a graça pode ser assumida livremente na realização subjetiva da existência (DH 1529). Por esta razão, como o diz o decreto sobre o pecado original, o batismo é um instrumento necessário para a remissão dos pecados pessoais e para a supressão do pecado original. Por conseguinte, também as crianças são batizadas não em aparência, mas para real "remissão dos pecados" (can. 4: DH 1514).

Em todo aquele que é batizado já não se encontra nada de pecaminoso. O ser e a natureza do pecado são erradicados completamente. Seria falsa a afirmação de que o pecado simplesmente seria não imputado. O velho Adão deveras morreu no batismo com Cristo. A nova criatura ressuscitou com Cristo, criada em verdadeira justiça e santidade (cf. Ef 4,22; Cl 3,9s.). Sem a mancha do pecado, ela se torna filha de Deus e co-herdeira de Cristo (Rm 8,17). Se no batizado, durante o período de sua vida terrena, ainda existe também o desejo (*concupiscentia*) ou o estopim para o pecado (*fomes peccati*), a concupiscência não é, porém, verdadeiro e próprio pecado. Isto não contradiz o fato de Paulo ocasionalmente (Rm 6,12) assim chamá-la em formulação abreviada, porque ela provém do pecado e inclina ao pecado. Ela permanece no justificado não porque a eficácia do batismo seria, por assim dizer, demasiado fraca, mas para o combate, para a conservação e para o crescimento da vida cristã (can. 5: DH 1515), a fim de que o ser humano mesmo possa, na graça, dizer seu sim ativo à própria redenção. O ser humano é assumido com sua liberdade no acontecimento da redenção e capacitado para a livre colaboração.

O decreto sobre a doutrina geral dos sacramentos contém também 14 cânones sobre o Batismo e três sobre a Confirmação (DH 1614-1630). Positivamente, constata-se:

Cân. 3. Na Igreja Romana existe a verdadeira doutrina sobre o Sacramento do Batismo (DH 1616).

Cân. 4. O batismo ministrado na forma justa e com a reta intenção, mesmo que ministrado e recebido por hereges, é verdadeiro batismo (DH 1617; cf. Cân. 12: 1625).

Cân. 5. Não é facultado ao indivíduo decidir se recebe ou não o batismo como causa instrumental da comunicação da salvação. Ele é instrumentalmente necessário para a salvação (DH 1618).

Cân. 6. O batizado pode, por meio do pecado, perder novamente a graça, mesmo no caso em que não renuncie à fé (DH 1619).

Cân. 7-9. O batismo obriga não somente à fé, mas também à observância dos mandamentos de Cristo, à consideração da ordenação disciplinar da Igreja e à fidelidade aos votos contraídos depois do batismo (contrariamente à afirmação de Lutero de que o batismo poderia liberar dos votos monásticos assumidos posteriormente: DH 1620-1622).

Cân. 10. Os pecados que são cometidos depois do batismo não podem ser redimidos mediante a mera lembrança ou através da fé no batismo recebido, ou reduzidos a pecados veniais (DH 1623).

Cân. 11-14. Uma repetição do batismo validamente ministrado é proibida em quaisquer circunstâncias. O batismo de crianças é um batismo válido e verdadeiro, e não deficiente. As crianças batizadas fazem parte dos fiéis e são verdadeiros membros da Igreja. São batizadas na fé da Igreja, que, no entanto, através da instrução, deve desdobrar-se em uma fé pessoal (DH 1624-1627).

### Novas ênfases do Concílio Vaticano II

A Constituição Litúrgica (SC 6) e a Constituição sobre a Igreja (LG 7) compreendem o batismo como inserção no mistério pascal e, portanto, como conformação no morrer, no sofrer, na morte e na ressurreição de Cristo.

"Os fiéis, incorporados à Igreja pelo batismo, pelo caráter batismal são qualificados para o culto cristão e, regenerados para filhos de Deus, devem confessar diante dos homens a fé que de Deus receberam por meio da Igreja" (LG 11).

Em virtude do batismo, todos os fiéis participam da natureza sacramental e da vida da comunidade eclesial e da missão sacerdotal salvífica da Igreja. Eles exercem seu sacerdócio na recepção dos sacramentos, na oração, na ação de graças, no testemunho de uma vida santa e na autoabnegação de um ativo amor ao próximo (LG 10). Batismo e confirmação constituem os fundamentos sacramentais do apostolado dos leigos. Os leigos realizam, de maneira que lhes é própria, a natureza apostólica e a missão da Igreja:

> "Existe na Igreja diversidade de serviços, mas unidade de missão. Aos apóstolos e seus sucessores, foi por Cristo conferido o múnus de, em nome e com o poder dele, ensinar, santificar e reger. Os leigos, participantes do múnus sacerdotal, profético e régio de Cristo, compartilham a missão de todo o povo de Deus na Igreja e no mundo" (AA 2).
>
> "Os leigos derivam o dever e o direito do apostolado de sua união com Cristo-Cabeça. Pois, inseridos pelo batismo no Corpo Místico de Cristo, pela confirmação robustecidos na força do Espírito Santo, recebem do próprio Senhor a delegação ao apostolado [...]. Pelos sacramentos, porém, particularmente pela Santíssima Eucaristia, comunica-se e alimenta-se aquela caridade que é como que a alma de todo apostolado. Exercem o apostolado na fé, esperança e caridade, virtudes que o Espírito Santo derrama nos corações de todos os membros da Igreja" (AA 3; cf. LG 31).

O batismo estabelece também um laço sacramental entre todos, o qual liga entre si e com Cristo todos os que foram batizados (LG 14). Por esta razão, não existe também total separação das comunidades e igrejas cristãs umas das outras, nem da Igreja Católica. Por meio do batismo constitui-se um primeiro plano da unidade sacramental e da conduta de vida sacramental da única e indivisível Igreja de Jesus Cristo. Consequentemente, o batismo deve ser compreendido como o fundamento sacramental de todos os movimentos ecumênicos (UR 22).

Como a totalidade da tradição cristã, o Concílio reconhece em Cristo o verdadeiro ministro do batismo (SC 7). Em certo distanciamento da tradição, estabelece-se que, ao lado de bispos e sacerdotes, também os diáconos podem realizar a celebração solene do batismo (LG 29; cf. tb. no CIC 1983 cân. 861). No decreto para os armênios, do Concílio de Florença, somente o bispo e o sacerdote foram mencionados como ministros ordinários do batismo. O diácono devia ser constituído ministro extraordinário dos sacramentos unicamente em caso de necessidade (DH 1315).

## 2 A Confirmação: o sacramento da conservação da fé cristã

### a) Noção e circunscrição

*A Confirmação é um sacramento próprio, distinto do Batismo.* Contudo, pertence ao processo geral de incorporação dos cristãos à Igreja. A *única* iniciação tem dois pontos principais, nitidamente distintos entre si.

Originariamente, a iniciação geral podia ser chamada "o batismo". Orígenes chama a imposição da mão na confirmação (conforme At 8) de batismo (comm. in Rom. 5.8): "Somos batizados na água visível, e somos batizados na unção do crisma".

*A diferenciação entre Batismo e Confirmação diz respeito também ao rito: imposição da mão, unção, ratificação e assinalação do batizado, bem como ao conteúdo do sacramento: o dom do Espírito, que, no entanto, não faz parte da imediata fundamentação da vida cristã. Esta fundação acontece no batismo, que igualmente concede o Espírito como aliança originária com Deus. A Confirmação fortalece e ratifica a vida começada no batismo.* At 8,18 e 19,6 testemunham uma imposição da mão que é realizada pelos apóstolos depois do batismo, e certamente como sinal de uma concessão especial do Espírito Santo.

### b) Origem da Crisma

Jesus é o ungido pelo Espírito Santo, ou seja, o Cristo e Messias como o Filho de Deus (Filho de Deus refere-se aqui à humanidade de Jesus e tem um significado messiânico). Por força do Espírito, Ele é o mediador do reinado de Deus (Mc 1,1; Lc 4,18.21; At 4,27; cf. Is 61,1). Em decorrência de Jesus, o Cristo, os fiéis são chamados "cristãos" (At 11,26): eles são os ungidos e ratificados pelo Espírito de Deus, os assinalados com um selo (*sphragis*) espiritual (2Cor 1,21s.; Ef 4,30; 1Jo 2,20.27).

Assim como no batismo, o conteúdo espiritual se traduziu no rito do "banho de água na Palavra" e se encontra na práxis da Igreja pós-pascal, a imagem da unção (crisma, fortalecimento, ratificação, assinalação) pode ter sido ensejo para expressá-la em uma forma ritual. Já nos primeiros tempos, foram associados ao batismo, em sentido estrito, ritos pós-batismais que mostravam a eficácia do Espírito Santo e que puderam ser expandidos: de modo especial a imposição da mão, a unção e a ratificação.

Lucas, nos Atos dos Apóstolos (8,14-17), oferece um texto fundamental que atesta a autonomia de uma imposição da mão na confirmação para a recepção especial do Espírito Santo:

> "Os apóstolos, que estavam em Jerusalém, tendo ouvido que a Samaria acolhera a Palavra de Deus, enviaram-lhes Pedro e João. Estes, descendo até lá, oraram por eles, a fim de que recebessem o Espírito Santo. Pois não tinha caído ainda sobre nenhum deles, mas somente haviam sido batizados em nome do Senhor Jesus. Então começaram a impor-lhes as mãos, e eles recebiam o Espírito Santo". Cf. tb. 19,1-7: "[...] receberam o batismo em nome do Senhor Jesus. E quando Paulo lhes impôs as mãos, o Espírito Santo veio sobre eles".

Ainda que a práxis ali indicada de uma ligação entre batismo de água e imposição da mão não deva ser considerada, sem mais, como informação histórica dos primeiros anos da comunidade primitiva hierosolimitana, Lucas, porém, testemunha uma distinção e determinação pneumatológicas autônomas da existência cristã.

Aliás, em seu evangelho e nos Atos dos Apóstolos, ele desenvolve uma marcante teologia do Espírito. Esta teologia do Espírito pretende ressaltar a presença pneumatológico-salvífica de Deus em Jesus Cristo. Na medida em que Lucas, por meio de um lapso de tempo de cinquenta dias, destaca o acontecimento pascal do envio escatológico do Espírito em Pentecostes, ele criou a precondição de que a iniciação seja realizada em dois ritos sacramentais interligados, mas não completamente coincidentes: o banho de água e a imposição da mão.

Lucas também está interessado na unidade da comunidade cristã que surgiu na Samaria, mediante a atividade missionária de Filipe, com a comunidade de Jerusalém. Por este motivo, Pedro e João descem de Jerusalém a fim de, através da imposição da mão, confirmar o batismo e conceder o Espírito Santo.

Uma descrição detalhada do rito só se encontra no final do século II e começo do século III em Hipólito (trad. apost. 21) e em Tertuliano (bapt. 6-8).

Enquanto (possivelmente) em algumas áreas de igrejas (Síria, Palestina) conhecia-se apenas uma unção pré-batismal que, no entanto, juntamente com o batismo de água, formavam uma unidade indissolúvel e comunicavam um dom de Deus, seu perdão, *Hipólito* conhece, além de algumas unções pós-batismais que pertencem imediatamente ao batismo, um rito próprio, exclusivamente realizado pelo bispo. Consiste em: imposição da mão, unção na cabeça e assinalação. As unções, juntamente com a celebração da iniciação, podem ser realizadas pelo presbítero e pelo bispo. Por ocasião da imposição da mão, o bispo ora:

> "Senhor Deus, que os [= os batizados] tornaste dignos de merecer a remissão dos pecados pelo banho da regeneração, torna-os dignos de ser repletos do Espírito Santo; lança sobre eles a tua graça para que te sirvam conforme a tua vontade, pois a ti são a glória, ao Pai, ao Filho e com o Espírito Santo na Santa Igreja, pelos séculos dos séculos. Amém" (trad. apost. 21).

*Tertuliano* oferece a seguinte sequência: banho de água, unção com o crisma (correspondente à unção de Jesus como Cristo e sumo sacerdote), em seguida, a imposição da mão (bapt. 6-8; id., resurr. 8,3; cf. em Cipriano, ep. 70,2).

Em algumas igrejas a sequência dos chamados elementos do rito é variada. Obviamente, também nem sempre aparecem todos os três elementos. Os diferentes achados histórico-litúrgicos não podem ser aqui mais precisamente ressaltados. Para o problema dogmático, é importante que, em todo caso, é transmitido um sinal sob o qual se comunica uma graça que pode ser diferençada da graça batismal.

### c) A questão da graça específica da Confirmação

*Tertuliano* associava o banho de água ao perdão dos pecados, que fundamenta a relação ao Pai, ao Filho e ao Espírito. Por meio da imposição da mão, invoca-se a força do Espírito Santo. Contudo, o efeito da iniciação é *único*: o dom do Deus triuno como a vida eterna do ser humano.

*Cipriano* diferençava na iniciação três distintos *sacramenta*: *baptismus aquae*, *baptisma spirituale seu confirmatio* e o *sacramentum eucharistiae* (ep. 73,9; Ps-Cipriano, rebapt. 10).

*Cirilo de Jerusalém* fazia clara distinção ritual e teológica entre Confirmação e Batismo. Tal como Cristo, depois do batismo no Jordão, foi batizado com o Espírito Santo, assim os cristãos recebem a unção do Espírito depois do banho de água. Batismo e unção espiritual são figura (antítipo) do protótipo do batismo e da recepção do Espírito de Cristo. Depois que nós, pelo batismo, nos tornamos amigos de Cristo, recebemos, como Ele, o óleo espiritual da "alegria do Espírito Santo" (1Ts 1,6): isto é, a presença salvífica escatológica de Deus. O óleo usado na ocasião, colocado na fronte como em todos os sentidos, é o meio para a graça de Cristo, para a recepção do Espírito. Tal como *Cristo*, no deserto, resistiu às investidas do diabo, assim o ungido com o Espírito é confirmado para o combate contra os inimigos de Deus, guarnecido de armas espirituais (segundo Ef 6,6-20): verdade, justiça, fé, salvação, Palavra de Deus (3. catech. myst.).

*Ambrósio* compreende o batismo de água como começo e a ratificação conclusiva no Espírito como plenitude da iniciação. O Espírito é derramado com seus dons septiformes. "Deus Pai marcou-te com o seu sinal, o Senhor Jesus Cristo confirmou-te e pôs em teu coração o penhor do Espírito" (myst. 7,42; cf. sacr. III, 2, 8). Este dom espiritual purifica o receptor e capacita-o para a participação na vida sacramental e sacerdotal da Igreja.

Ao lado de algumas unções imediatamente ligadas ao batismo mesmo, *Agostinho* conhece a imposição da mão e uma assinalação na fronte episcopais próprias. Estas comunicam o dom do Espírito Santo e completam o batismo. Somente aquele que, de fato, recebeu a imposição da mão, tem em medida plena o Espírito Santo e, portanto, o perdão dos pecados, do pecado original. Ele tem a vida eterna, o dom do amor, da comunhão com Cristo e a participação no ministério sacerdotal, régio e profético de Cristo em sua Igreja (bapt. III, 16,21; serm. 266,3-6).

Um problema hermenêutico apresenta a questão da irrepetibilidade da imposição da mão na confirmação, visto que Agostinho diz a respeito dela que outra coisa não seria que "uma *oratio super hominem*" (bapt. III, 16,21). Também não fica plenamente clara a relação entre a imposição da mão na Confirmação com o rito da conciliação com imposição da mão. Na práxis da Igreja Romana, em todo caso, impôs-se a não reiteratividade da imposição da mão na Confirmação (cf. P. Virgílio, ep. III: PL 69,18).

Na conclusão da teologia patrística no Ocidente, *Isidoro de Sevilha* (cerca de 560-633) documenta a afinidade do batismo de água e a confirmação, e ao mesmo tempo, a convicção de que a confirmação apresentaria um sinal salvífico autônomo (off. e. 21-25: *De bapt.*, 26: *De chrismate*, 27: *De manuum impositione vel confirmatione*).

No Oriente, *João de Damasco* (c 650-750) descreve o batismo como as primícias do Espírito Santo para a regeneração, para a proteção e para a iluminação. A unção com o óleo faz de nós um Cristo, um Ungido. Ela anuncia a misericórdia de Deus mediante o Espírito Santo (fid. Orth. IV, 9).

Até o final da Patrística preserva-se a consciência da unidade da iniciação. O batismo concede o perdão dos pecados, a vida de Deus e o Espírito Santo. A imposição da mão, a unção da Confirmação e a assinalação completam e concluem o acontecimento do Batismo. A consciência de uma diferença objetivamente mais forte e da autonomia sacramental do Batismo e da Confirmação só se desenvolveu quando a administração do Batismo e da Confirmação foi separada uma da outra temporalmente. Quatro fatores contribuíram para isso:

1) O assim chamado batismo clínico: os cristãos batizados sobre o leito de enfermo (= clínicos) deviam, depois da recuperação da saúde, dirigir-se ao bispo a fim de receberem a imposição da mão e a unção.

2) O surgimento de igrejas rurais: os cristãos batizados por um sacerdote ou diácono deviam, posteriormente, ser confirmados pelo bispo na Igreja-mãe/Igreja da cidade.

3) O grande número de catecúmenos: mesmo onde o bispo, por ocasião das grandes celebrações de iniciação na Páscoa e em Pentecostes, estava presente, ele já não podia confirmar todos; para isso, foram solicitados sacerdotes. A pergunta pelo ministro ordinário da confirmação produziu, então, também a diferença entre o batismo de água e a unção da confirmação como ritos sacramentais nitidamente autônomos.

4) A práxis do batismo de crianças: depois que o batismo de crianças tornou-se práxis dominante, já não se podia pensar em uma iniciação comunitária através do bispo. No Oriente, a unidade entre o Batismo e a Confirmação foi mantida porque o sacerdote batiza e confirma ao mesmo tempo as crianças. A ideia de que o bispo endossa essencialmente a iniciação na vida eclesial está esmaecida. No Ocidente, mantém-se o bispo como o ministro ordinário da Confirmação, de modo que Batismo e Confirmação são ministrados distanciados por um grande lapso de tempo um do outro. Por meio da práxis da comunhão das crianças e do adiamento da Confirmação para a passagem da criança para o jovem adulto, a clássica sequência dos sacramentos se confunde de maneira duvidosa (agora: Batismo, Penitência, Eucaristia, Confirmação).

Sobre o pano de fundo da noção sacramental desenvolvida em geral, desde meados do século XII, a sacramentalidade da Confirmação é claramente enfatizada. Ela tem um rito próprio e comunica um dom da graça determinado. A confirmação é uma ação simbólica da Igreja que surgiu do desígnio salvífico de Cristo e é realizada mediante sua real atuação salvífica como Senhor glorioso.

*Pedro Lombardo*, após uma declaração geral sobre o bispo como ministro, reflete propriamente sobre a irrepetibilidade e sobre o rito sacramental da Confirmação, bem como o dom da graça específico da Confirmação, à diferença do Batismo. Na Confirmação, o Espírito Santo é dado para fortalecimento. Trata-se do Espírito que também no Batismo foi concedido para o perdão dos pecados, para a justificação e para a regeneração. Por conseguinte, a Confirmação não é "maior" do que o Batismo. Pode-se, porém, em certo sentido, chamá-la de "maior", porque é ministrada pelo bispo que, ao contrário do simples sacerdote, tem a plenitude do Sacramento da Ordem. Deve-se compreendê-la como um *augmentum*, uma ampliação da graça batismal. Por meio do batismo, o Espírito Santo faz de nós sua morada e consagra-nos como Templo do Espírito. Este comunica seus septiformes dons e comunica sua força ao ungido. Ele faz dos cristãos *pleni christiani*. A Confirmação, na verdade, não completa o Batismo que, como sacramento pleno, não deve ser completado. Ao contrário, o Espírito Santo recebido na Confirmação conduz o batizado pelo caminho até à perfeição: para a vida eterna, que foi fundada no batismo (IV. Sent. d. 7).

*Boaventura* diz que o batizado é confirmado pelo bispo com a imposição da mão, a unção e a palavra dispensadora correspondente, a fim de que seja fortalecido como lutador em nome de Cristo e possa confessar a fé corajosa e abertamente. Deus instituiu a Confirmação para que a meta fundada e mostrada no Batismo seja também alcançada (Brevil. VI, 7).

*Tomás de Aquino* fundamenta antropologicamente a variedade dos sacramentos. Assim, a vida humana é fundada no nascimento. Em seguida, deve tornar-se maior (*augmentum*) até à condição de maturidade (*perfecta aestas*). Analogamente ao desenvolvimento e ao crescimento da vida humana, necessita-se, portanto (*motus augmenti*), de um sacramento diferente do Batismo: a Confirmação. O efeito especial da Confirmação visa ao crescimento e ao fortalecimento da vida cristã fundada no Batismo no Espírito Santo (*robur ad augmentum vitae spiritualis in Spiritu Sancto*. S.th. III q. 72 a. 2). Devido à função especial do Batismo e da Confirmação, sua sequência não pode ser alterada. A Confirmação pressupõe sempre o Batismo, bem como o caráter da Confirmação pressupõe o caráter do Batismo. O caráter do batismo delega o batizado para a ação santa, que serve à sua própria salvação. O caráter da Confirmação concede-lhe o poder para o combate contra os inimigos da fé e capacita-o para contribuir com o serviço salvífico eclesial.

Ainda que todos os sacramentos sejam necessários para a salvação, há, no entanto, diferença. Cristo instituiu sacramentos que são indispensáveis a fim de que, em todo caso, a salvação seja comunicada, como, por exemplo, o Batismo. Há outros sacramentos que são administrados para o aperfeiçoamento da salvação. A estes pertence a Confirmação. Esta concede a graça da justificação e da santificação sob o ponto de vista do fortalecimento espiritual para a consecução da estatura plena de Cristo.

De acordo com Tomás, Jesus estabeleceu antes da Páscoa o Sacramento da Confirmação não através de entrega pública, mas mediante a promessa do Espírito Santo (*non exhibendo, sed promittendo*), e precisamente por isso: o sacramento comunica a plenitude do Espírito, a qual, porém, não devia ser dada antes da ressurreição e da ascensão de Cristo ao céu. A Confirmação é, de certa maneira, "Pentecostes" na vida do cristão.

### d) A doutrina eclesial do Sacramento da Confirmação

1) O *Concílio de Elvira* (cerca de 300) estabelece no Cânone 38, que aquele que, devido à doença grave, recebeu o batismo de emergência e sobreviveu, deveria ser conduzido ao bispo, a fim de que este lhe impusesse a mão e, assim, completasse o batismo. Isto também vale para os cristãos que recebem o batismo do diácono (DH 120s.).

2) O *Concílio de Arles* estabelece no Cânone 9 que os hereges batizados que regressam para a Igreja deveriam receber uma imposição da mão para a recepção do Espírito (DH 123). O Papa Sirício I diz, em uma carta ao Bispo Himério de Tarragona (385): os hereges que querem regressar voluntariamente, mas que são validamente batizados, deveriam ser acolhidos novamente na Igreja mediante a invocação do Espírito Santo. Neste contexto, pela primeira vez, também se faz referência aos sete dons do Espírito Santo segundo Is 11,2 LXX (DH 183). De maneira semelhante exprime-se o Papa Leão I em sua carta *Frequenter Quidem* ao Bispo Neão de Ravena (458): os hereges que querem regressar voluntariamente deveriam receber a imposição episcopal da mão e, mediante esta, a força do Espírito Santo (DH 320). Em particular, é simplesmente demasiado difícil distinguir aqui entre imposição da mão para a reconciliação e imposição da mão para confirmação.

3) Desde o Papa *Virgílio* (537-555), está estabelecido que a imposição da mão para a confirmação é única e irrepetível (ep. 3: PL 69, 18B).

4) Na importante carta sobre a Confirmação e a Unção dos Enfermos *Si Instituta Ecclesiastica*, do Papa *Inocêncio I* ao Bispo Decêncio de Gúbio, de 19/03/416, lê-se:

> "A respeito da confirmação das crianças, é claro que não deve ser feita por nenhum outro senão pelo bispo. De fato, os presbíteros, se bem que sejam sacerdotes do segundo grau, não possuem o ápice do pontificado. Que este múnus pontifical de confirmar e transmitir o Espírito Paráclito seja próprio somente dos bispos, o demonstra não só o costume eclesiástico, mas também a passagem dos Atos dos Apóstolos que narra que Pedro e João foram mandados para transmitir o Espírito Santo àqueles que já tinham sido batizados. Na verdade, aos presbíteros, toda vez que batizam, quer sem o bispo quer em sua presença, é permitido ungir os batizados com o crisma – consagrado, porém, pelo bispo –, mas não podem assinalar a fronte com este óleo, o que compete só aos bispos quando transmitem o Espírito Paráclito" (DH 215).

Contudo, deve-se distinguir esta unção da que o bispo faz na fronte do batizado.

5) A um bispo búlgaro, escreve o Papa *Inocêncio III*, na Carta *Cum Venisset* (1204):

> "Com a unção da fronte é designada a imposição da mão, que, com outro nome, é chamada Confirmação, porque por meio dela é dado o Espírito Santo *ad augmentum gratiae et roboris*. Somente os bispos realizam esta unção, segundo o exemplo dos apóstolos. Outras unções cabem ao simples sacerdote ou ao presbítero [a saber, as unções batismais, a última unção ou Unção dos Enfermos]" (DH 785).

Da mesma maneira se expressa também o I Concílio de Lião 1245 (DH 831).

6) Na *Profissão de fé que o Papa Inocêncio apresentou aos valdenses*, menciona-se a Confirmação como sacramento autônomo e é indicada uma imposição da mão feita pelo bispo (DH 794).

7) Entre os sete sacramentos, o *II Concílio de Lião* (1274) menciona em segundo lugar o *sacramentum confirmationis*. É realizado pelos bispos mediante imposição da mão, à medida que eles ungem com o crisma os fiéis renascidos no batismo (DH 860).

8) Em sua carta aos católicos dos armênios, o Papa Clemente VI estabelece para a Confirmação: somente o bispo pode consagrar validamente o crisma. Somente os bispos são os ministros ordinários da Confirmação. Contudo, com a plenitude do poder papal, simples sacerdotes podem também ministrar a Confirmação. Sem esta designação, a Confirmação não é somente proibida, mas também inválida (DH 1068-1071).

9) O documento mais importante é o *Decreto para os armênios do Concílio de Florença* (1439). Segundo este, mediante o Batismo somos regenerados espiritualmente, mas na Confirmação somos nutridos na graça e robustecidos na fé (*augemur in gratia, et roboramur in fide*; DH 1311). A Confirmação vale como o segundo dos sete sacramentos. A matéria é o óleo do crisma consagrado pelo bispo. A imposição da mão não é mencionada. Como forma, serve a palavra dispensatória, pronunciada pelo bispo segundo o costume da Igreja.

Ministro ordinário é o bispo como sucessor dos apóstolos, que realizaram a imposição da mão. Somente em casos excepcionais é que o sacerdote pode ministrar a Confirmação mediante autorização papal. O efeito deste sacramento consiste no dom do Espírito para o fortalecimento. Ademais, o Espírito foi também enviado aos apóstolos e a toda a Igreja em Pentecostes. O cristão confirmado recebe a força para confessar o nome de Jesus. Já não lhe é permitido envergonhar-se por causa do nome dele e da cruz de Cristo (DH 1317-1319). A Confirmação, tal como o Batismo e a Ordem, confere um caráter indelével (DH 1313).

10) *A doutrina do Concílio de Trento*: os reformadores haviam rejeitado o Sacramento da Confirmação porque lhe faltava a instituição por Cristo. Os Atos dos Apóstolos falariam apenas dos apóstolos, não de bispos. A apologia da *Confessio Augustana* de 1530/1531 define sacramento de maneira tal que a sacramentalidade da confirmação é excluída *a priori*. Um sacramento seria um rito manifesto, que tem um mandato de Deus, ou seja, que foi instituído por Jesus, e a que está associada uma promessa da graça. Por conseguinte, somente Batismo, Ceia do Senhor e Penitência, e, circunstancialmente, também a Ordem, seriam verdadeiros sacramentos. A Confirmação e a última unção seriam apenas ritos herdados dos antigos Padres da Igreja, os quais, porém, não são necessários para a salvação. Não repousam sobre a ordem de instituição de Deus. Falta-lhes, portanto, a promessa da graça de Deus. Seriam cerimônias veneráveis, mas não verdadeiros sacramentos (CA 13).

Frente à crítica ao Sacramento da Confirmação por parte dos reformadores, o Concílio de Trento declara a sacramentalidade de todos os sete sacramentos e, por conseguinte, da confirmação no decreto sobre os sacramentos (DH 1601).

O decreto sobre os sacramentos contém três cânones sobre a Confirmação.

Cân. 1. "Se alguém disser que a confirmação dos batizados é uma cerimônia inútil e não um verdadeiro e próprio sacramento; ou que, outrora, não foi mais que uma espécie de catequese, na qual os jovens, ao chegar à adolescência, davam contas de sua fé perante a Igreja: seja anátema" (DH 1628).

Cân. 2. "Se alguém disser que quem atribui alguma força ao santo crisma da Confirmação faz injúria ao Espírito Santo: seja anátema" (DH 1629).

Cân. 3. "Se alguém disser que o ministro ordinário da santa Confirmação não é só o bispo, mas qualquer simples sacerdote: seja anátema" (DH 1630; cf. tb. o Cân. 7 do decreto sobre o Sacramento da Ordem: DH 1777 e 1767).

11) *A renovação da teologia e da liturgia da confirmação pelo Concílio Vaticano II*: a Constituição Litúrgica (SC 71) aconselhou uma renovação do rito da Confirmação, a fim de que a unidade do mistério da iniciação fosse mais

bem-iluminada. Para que também a justa sequência seja restabelecida, em quatro casos deve o sacerdote ser solicitado como ministro do Sacramento da Confirmação com o óleo consagrado pelo bispo, e isto segundo o exemplo da Igreja oriental (OE 13s.).

Por isso é que, na Constituição sobre a Igreja, o bispo já não é chamado, como até então, *minister ordinarius*, mas *minister originarius*, portanto, o primeiro ministro autorizado da Confirmação (LG 26).

No contexto de uma renovada compreensão da natureza sacramental da Igreja, torna-se também evidente o significado da confirmação para os fiéis que foram incorporados à Igreja mediante o batismo: *"Pelo Sacramento da Confirmação são vinculados mais perfeitamente à Igreja, enriquecidos de especial força do Espírito Santo, e assim mais estritamente obrigados à fé que, como verdadeiras testemunhas de Cristo, devem difundir e defender tanto por palavras como por obras"* (LG 11).

O apostolado dos leigos é participação na missão salvífica da Igreja. A ele "todos são destinados pelo próprio Senhor através do Batismo e da Confirmação" (LG 33).

12) No novo *Ordo Confirmationis* e na Constituição Apostólica *Divinae Consortium Naturae* (1973), o Papa Paulo VI declara: "O Sacramento da Confirmação é ministrado mediante a unção com o crisma e a imposição das mãos e por meio das palavras: 'Sê confirmado pelo dom de Deus, o Espírito Santo'". Como sinal material, valem os elementos coesos para uma realização: imposição da mão, unção e ratificação. A fórmula dispensatória da liturgia latina, conhecida desde a Idade Média, agora é substituída por uma formulação que remonta à liturgia antioquena do século IV.

### e) A propósito da teologia da iniciação no Batismo e na Confirmação

A Confirmação é, portanto, sacramento, porque ela, estando ligada desde os primeiros começos ao batismo, opera a inserção salvífica no mistério de Cristo e da Igreja, e certamente como sinal eficaz do fortalecimento e da ratificação com o Espírito Santo mediante a imposição da mão e da unção.

Visto que Deus transmite o único dom de sua autocomunicação em favor do ser humano de maneira plural e adequada a si mesmo, corresponde também à origem e ao começo da fé cristã no Batismo um crescimento e um desdobramento no caminho da fé na Confirmação.

A dupla figura sacramental da iniciação não é sugerida somente antropologicamente a partir do caráter gradual da vida espiritual. Ela resulta também da variedade de ambas as processões intratrinitárias em Deus e seu anúncio na missão externa do Filho e do Espírito Santo.

Ambas as missões têm sua origem na processão intradivina das pessoas. Elucidando-se isto, brevemente, em relação ao Espírito: se o Espírito de Deus, no qual nós participamos da vida de Deus no amor do Pai e do Filho, fosse apenas uma força impessoal, proveniente de Deus, então certamente criaturas pessoais poderiam ser assumidas por Deus, mas elas jamais poderiam, em sua própria liberdade, acolher o próprio Deus, porque Deus não poderia ser o mais íntimo do autodesenvolvimento e da autotranscendência pessoais em direção a Ele. Contudo, na medida em que as pessoas, em Jesus Cristo, foram feitas filhas de Deus, Ele envia o Espírito de seu Filho aos corações delas, Espírito que clama: "*Abba*, Pai!" (Gl 4,4-6; Rm 8,3.15).

Ambas as missões são inseparáveis uma da outra; no entanto, elas devem ser também diferençadas. Por meio da missão do Filho, o Pai realiza a salvação na história. Mediante a missão do Espírito, Ele opera a presença constante do Evangelho do Reino de Deus e de Cristo em sua Igreja. No Espírito Santo Deus derrama seu amor nos corações dos seres humanos e opera, assim, a justificação a partir da fé, bem como a paz por meio de Deus com Jesus Cristo (Rm 5,5).

Do fato, pois, de que o Filho de Deus se fez carne em Jesus, resulta uma comunicação cristocêntrica da graça. A isto corresponde o batismo: ele produz para o receptor a relação fundamental com o acontecimento Cristo. O Espírito de Deus é dado nele de maneira tão inclusiva, que não se pode falar de Jesus como o Cristo sem o Espírito. Contudo, não recebemos a autocomunicação do Deus trino apenas em aceitação passiva. Respondemos a ela também graças ao Espírito doado, no desejo libertado para a verdade. Para isto existe a confirmação, a recepção do Espírito como força do poder de resposta. O Espírito ratifica nossa fé em Deus, no senhorio salvífico de Deus no ser humano histórico Jesus de Nazaré. Por conseguinte, ao lado da relação teológico-trinitariamente fundada e cristologicamente condensada com Jesus, o Filho encarnado, tal como de modo especial se apresenta no batismo, existe também uma relação especial própria, teológico-trinitariamente fundada, mas pneumatologicamente específica com a *pessoa* do Espírito Santo, o qual conduz os fiéis a Cristo e ao Pai, e permite participar de sua comunhão com o Pai e com o Filho (cf. Jo 16,13s.).

A irreversibilidade do Batismo e da Confirmação reflete ainda a impermutabilidade das missões do Filho e do Espírito.

Na medida em que a Igreja, sob o impulso do Espírito Santo, reconheceu sua própria missão sacramental e exprimiu-a nos ritos sacramentais concretos, ela também chegou ao firme reconhecimento da sacramentalidade própria da Confirmação. Certamente esta se encontra em uma íntima e inseparável ligação com o batismo.

> "Mas, quando a bondade e o amor de Deus, nosso Salvador, se manifestaram, Ele salvou-nos [...] lavando-nos pelo poder regenerador e renovador do Espírito Santo, que Ele ricamente derramou sobre nós, por meio de Jesus Cristo, nosso Salvador, a fim de que fôssemos justificados pela sua graça, e nos tornássemos herdeiros da esperança da vida eterna" (Tt 3,4-7).

## II. A CELEBRAÇÃO SACRAMENTAL DA COMUNHÃO DIVINO-HUMANA

### 3 A Eucaristia: o sacramento do amor de Deus

#### a) Temas da doutrina eucarística

##### O lugar central da Eucaristia

À celebração da incorporação do fiel à Igreja segue-se a primeira participação na celebração da Eucaristia. Diferentemente de todos os outros sacramentos, na Eucaristia Cristo encontra o fiel não apenas na força santificadora do sinal sacramental, mas pessoalmente. Nos demais sacramentos, os sinais sacramentais transmitem uma presença real dinâmica; na Eucaristia, uma presença real de Cristo (DH 1639). Por causa deste lugar central, a Eucaristia é também designada como o sacramento de todos os sacramentos (cf. Tomás de Aquino, S.th. III q. 65 a. 3: *potissimum sacramentum*).

Para o sacramento do Corpo e do Sangue de Cristo, ademais, convergem todas as linhas como para um ponto focal: antropologia, autoabertura histórico-salvífica do Deus unitrino (doutrina trinitária), cristologia, pneumatologia, eclesiologia, escatologia.

##### Declarações doutrinais essenciais

De maneira expressiva, o Concílio Vaticano II descreve a natureza, o significado e a realização da Eucaristia:

> "O Nosso Salvador instituiu na Última Ceia, na noite em que foi entregue, o sacrifício eucarístico de seu Corpo e Sangue para perpetuar pelo decorrer dos séculos, até Ele voltar, o sacrifício da cruz, confiando à Igreja, sua Esposa amada, o memorial da sua morte e ressurreição: sacramento de piedade, sinal de unidade, vínculo de caridade, banquete pascal em que se recebe Cristo, a alma se enche de graça e nos é concedido o penhor da glória futura" (SC 47).

Desta afirmação devem-se extrair elementos essenciais da doutrina eucarística:

1) *A fundamentação cristológica: Jesus Cristo*, o Filho encarnado do Pai eterno e o mediador do Reino de Deus (no anúncio, na cruz e na ressurreição), instituiu a Eucaristia *na Última Ceia*, como uma *memória real* (anamnesis/memória) de toda a sua atividade salvífica, do sacrifício de sua vida na cruz e de sua ressurreição dos mortos. Ele

é o sujeito do sacrifício da cruz *e da atualização sacramental de seu sacrifício* no modo da ação litúrgica da Igreja (= presença atual). Por esta razão, todos os aspectos característicos do sacrifício da cruz são dados também, sacramentalmente, na Eucaristia: louvor de Deus, ação de graças, pedido e expiação como aceitação da graça do agir pactício de Deus na obediência humana.

2) *A dimensão eclesial*: Esta comemoração foi confiada à Igreja por Jesus até o fim dos tempos, quando Ele, como juiz e aperfeiçoador do universo, completar sua ação salvífica histórica. Quando a Igreja, por mandato de Jesus, celebra a Eucaristia, por meio deste gesto ela é edificada para o que é: comunhão de vida com Cristo, sinal da unidade entre a Cabeça e o Corpo e dos membros do corpo entre si. Em obediência à instituição de Cristo e realizada pela presença do Espírito Santo, a Eucaristia é autorrealização da Igreja que, por sua vez, representa o sacramento geral do desígnio salvífico de Deus.

3) *O aspecto teológico de gratuidade*: nos sinais eucarísticos do pão e do vinho, e em todo o procedimento durante a refeição, o próprio Cristo comunica ao fiel a comunhão com sua divindade e com sua total humanidade (= presença real), com sua "carne e seu sangue". Aquele que, na fé, admite a presença de Cristo nos sinais sacramentais, é incluído no amor entre o Pai e o Filho no Espírito Santo. Nisto consiste a íntima realidade do sacramento. Quanto ao efeito, diz o Concílio de Florença (1439): "O efeito que este sacramento opera na alma de quem o recebe dignamente é a união do homem ao Cristo. E como, pela graça, o homem é incorporado a Cristo e unido a seus membros, segue-se que este sacramento, naqueles que o recebem dignamente, aumenta a graça e produz na vida espiritual todos os efeitos que o alimento e a bebida materiais produzem na vida do corpo, alimentando-o, fazendo-o crescer, restaurando-o e deleitando-o" (DH 1322).

4) *A perspectiva escatológica*: na Eucaristia, a autocomunicação universal de Deus no Filho encarnado e no Espírito Santo permanece oferecida concretamente ao ser humano e presente no mundo até à vinda de Cristo no final dos tempos.

5) *A propósito dos sinais sacramentais*, o Concílio de Florença (1439) diz, no Decreto para os armênios:

"O terceiro sacramento é a Eucaristia, cuja *matéria* é o pão de trigo (*panis triticeus*) e o vinho de uva (*vinum de vite*), ao qual antes da consagração se deve acrescentar alguma gota de água [...]. A *forma* deste sacramento são as palavras com as quais o Salvador o produziu. O sacerdote, de fato, produz este sacramento falando *in persona Christi*. E em virtude dessas palavras, a substância do pão se transforma no Corpo de Cristo e a substância do vinho em sangue. Isto acontece, porém, de modo tal que o Cristo está contido inteiro sob a espécie do pão e inteiro sob a espécie do vinho" (DH 1320-1321).

6) *Ministro e receptor*: o sujeito da celebração sacramental da Eucaristia é a Igreja como um todo, correspondentemente à sua forma sacramental: na medida em que o sacerdote age na pessoa de Cristo, como Cabeça da Igreja; na medida em que os leigos, no exercício do sacerdócio comum da Igreja, representam a atitude de recepção da Igreja como Corpo de Cristo em relação a Cristo-Cabeça; portanto, na medida em que a Igreja apresenta simbólica e eficazmente a autodoação sacrifical de Jesus Cristo ao Pai e sua amorosa união com Ele.

Somente "o sacerdote legalmente ordenado segundo o poder das chaves da Igreja" possui o poder de presidir à celebração da Eucaristia e realizar este sacramento (DH 794; 802; 1771; 4541). Verdadeiros concelebrantes e cossacrificantes são todos os participantes da Eucaristia (SC 48; DH 3851). Concelebrar e receber só pode exclusivamente aquele que é batizado e se encontra em plena comunhão com a Igreja. Excluídos também estão aqueles que perderam a graça santificante através de pecados graves.

*Importantes documentos magisteriais sobre a doutrina eucarística*
(1.) A Profissão de fé de *Berengário de Tours*, em 1079 (DH 700).
(2.) A Profissão de fé que o Papa Inocêncio III apresentou aos *valdenses* (DH 794).
(3.) O Decreto *Cum in Nonnullis*, do Concílio de Constança (1415) sobre a "Comunhão somente sob a espécie do pão", contra João Hus (DH 1198-1200).
(4.) A Bula *Inter Cunctas* (1418), do *Papa Martinho V*, que expõe diversas questões aos seguidores de João Wycliffe e João Huss, entre elas sobre a presença real e a transubstanciação (DH 1256s.).

(5.) O *Decreto para os armênios* (1439), do Concílio de Florença (DH 1320-1322).
(6.) As três declarações do Concílio de *Trento* em relação à Reforma Protestante:
- o Decreto sobre a Eucaristia na XIII Sessão, no dia 11/10/1551 (DH 1635-1661);
- a doutrina da comunhão sob ambas as espécies e a comunhão de criancinhas na XXI Sessão de 16/07/1562 (DH 1725-1734).
- o grande Decreto sobre o sacrifício da missa, da XXII Sessão, de 17/9/1562 (DH 1738-1759; cf. 1864; 1866).

(7.) A Encíclica *Mediator Dei* (1947), do Papa Pio XII (DH 3840-3855).
(8.) A Encíclica *Humani Generis* (1950) sobre a transubstanciação (DH 3891).
(9.) O Vaticano II: a Constituição Litúrgica *Sacrosanctum Concilium* (04/12/1963); a Constituição sobre a Igreja *Lumen Gentium* (21/11/1964), entre outras.
(10.) A Encíclica *Mysterium Fidei* (1965), do Papa Paulo VI sobre a transubstanciação (DH 4410-4413).

Dado que a Eucaristia se encontra no centro da vida cristã, devem-se destacar como fontes da fé eucarística eclesial não somente os documentos do Magistério, mas também os da liturgia romana, egípcia, síria, bizantina, visigótica, ambrosiano-milanesa, moçárabe (entre outras), as pregações e as catequeses, bem como os exercícios de devoção eucarística, nos quais de maneira variada e diferenciada expressa-se a fé na Eucaristia.

Também segundo estas fontes, a Eucaristia é compreendida como a celebração da memória dos atos salvíficos de Cristo e, ao mesmo tempo, participação neste acontecimento salvífico no Espírito. Em meio à memória (*anamnesis*), o fiel é inserido objetivamente no evento salvífico da revelação de Deus em seu Filho e no dom do Espírito Santo. Subjetivamente, na fé, ele participa da autodoação do Filho ao Pai, no Espírito, simbolicamente apresentado no ato de oferenda da Igreja (*prosphora*).

Inconteste permanece a convicção da presença de Cristo como o verdadeiro sujeito da ação e de sua presença nos dons eucarísticos do pão e do vinho que são apresentados para recepção no sacramento como sua carne e seu sangue (presença real).

*Estádios do desenvolvimento doutrinal*

1) No desenvolvimento da compreensão oriental da Eucaristia podem-se distinguir de preferência entre um tipo de argumentação alexandrina e outro antioquena (cf. abaixo). A patrística ocidental está determinada por um pensamento preferentemente simbólico em Agostinho e uma visão bem mais realista-metabólica em Ambrósio. No geral, os Padres da Igreja argumentam no horizonte metafísico do pensamento platônico de arquétipo-imagem.

2) A compreensão simbólica da realidade vigente na Antiguidade passa por uma crise mediante a compreensão germânica da realidade, o que, no que tange à Eucaristia, significa: o símbolo real é ou reduzido a mero símbolo ou compreendido de maneira extremamente realista. Atesta-o a primeira disputa em torno da Ceia do Senhor do século IX e, acima de tudo, a segunda, no século XI. No final desta discussão encontra-se a doutrina da transubstanciação na alta escolástica.

3) Nova crise da compreensão da realidade, provocada pela concepção mecanicista da natureza e das novas ciências naturais, leva à crítica da doutrina da transubstanciação na Idade Média tardia. Ao mesmo tempo, há um esforço em prol de novos modelos de compreensão (consubstanciação; impanação).

4) A Reforma Protestante do século XVI (luteranismo; calvinismo) critica uma frequentemente questionável práxis da piedade eucarística. O ponto crítico essencial resulta, porém, da compreensão da justificação e relaciona-se com o caráter sacrifical da Eucaristia. Imputa-se ao Magistério católico uma compreensão da Eucaristia mediante a qual o sacrifício da missa aparece como obra humana e surge autonomamente ao lado o sacrifício da cruz de Cristo, a fim de alcançar de Deus o perdão dos pecados.

5) Depois do Concílio de Trento, com as assim chamadas "teorias sacrificais da missa", busca-se tornar compreensíveis o nexo e a diferenciação entre o sacrifício da cruz e o sacrifício da missa.

6) Na esteira da renovação geral da teologia a partir de suas fontes bíblicas, patrísticas e litúrgicas, chega-se, no século XX, a uma amplamente nova concepção teológica da doutrina eucarística. Sobre o pano de fundo

desta compreensão global, podem-se, pois, tratar também questões individuais, que pertenciam aos clássicos temas controversos e que agora são discutidos em perspectiva ecumênica (presença real, caráter sacrificial, comunhão sob uma espécie).

Importantes são os esforços de tornar acessível a presença real através de uma compreensão da realidade que está marcada pela moderna ciência natural e pela filosofia natural (palavras-chave aqui: transignificação; transfinalização).

### b) A Eucaristia no testemunho bíblico

*A comensalidade com Jesus como sinal do reinado escatológico de Deus*

A instituição de uma refeição memorial sacramental na Última Ceia de Jesus com seus discípulos, antes de seu sofrimento, acha-se no estilo característico de sua missão de anunciar o Reino de Deus e de realizá-lo no destino de sua pessoa. Às ações significativas, nas quais a proximidade do Reino de Deus aparece, ao lado da cura dos doentes, da expulsão dos poderes maus dos pecados e da morte, pertence também a comensalidade de Jesus com os pobres, com os pecadores e com os excluídos (cf. Mc 2,16.19). Deste modo, Jesus antecipa o banquete nupcial escatológico (Mt 8,11; 22,1-14; 25,1-13; cf. Is 25,6; 65,13; Ap 19,9).

A miraculosa alimentação de vários milhares de pessoas deve ser entendida como um sobrepujante paralelo com a alimentação do povo de Deus no deserto por meio do maná que Deus deixa cair do céu (Mc 6,31-44; 8,1-10; Mt 14,14-21; 15,32-39; Lc 9,10-17). Deste modo, Jesus mostra-se como o novo Moisés. Ele é o mediador da Nova Aliança, "o profeta que devia vir ao mundo" (cf. Jo 6,14.32; Dt 18,15.18).

Esta práxis do senhorio de Deus é inseparável do destino da pessoa de Jesus. Sua sorte está influenciada pela fé e pela descrença, pela aceitação e pelo não mortífero à sua missão. Com sua doação obediente até à morte na cruz, Ele responde vicariamente pelos destinatários do Reino de Deus. Por este motivo, a cruz de Jesus torna-se sinal eficaz do amor vitorioso de Deus pelos pecadores e da abertura de um novo espaço vital para as pessoas no reino vindouro. Durante a Última Ceia, na qual as outras celebrações comensais e sinais do senhorio de Deus se completam, explicita Jesus a íntima conexão entre sua singular comunhão com o Pai (relação-*Abba*) e sua missão como mediador do Reino de Deus.

*A Última Ceia e a instituição da aliança escatológica por Jesus*

A Eucaristia eclesial tem um inequívoco ponto de referência histórico na celebração da Última Ceia de Jesus com seus discípulos. Foram transmitidos quatro relatos sobre o acontecimento na Última Ceia: de um lado, a forma paulino-lucana da tradição e do texto: 1Cor 11,23-26; Lc 22,15-20, e, de outro, a forma do texto marcano--mateana: Mc 14,22-25; Mt 26,26-29. Acrescenta-se a isso o grande discurso de Jesus na sinagoga de Cafarnaum, no qual o mistério da Eucaristia é desdobrado cristologicamente (Jo 6,22-71).

A refeição memorial sacramental, instituída por Jesus na sala da Última Ceia, inicialmente foi chamada de "Ceia do Senhor" (1Cor 11,20), "Mesa do Senhor" (1Cor 10,21) ou "Partir do pão" (1Cor 10,16; At 2,42; 20,11). Na época pós-apostólica, logo "Eucaristia" (= ação de graças) torna-se termo técnico (Did. 9,5; Inácio de Antioquia, Epf. 13,1; Philad. 4,1; Smyn. 7,1; 8,1; Justino, 1 apol. 65/66). (No âmbito da língua latina, a palavra "missa" tornou-se comum, derivada de *"ite missa est"*, a saudação de despedida.)

Posto que não seja possível reconstruir historicamente o conteúdo exato das palavras interpretativas de Jesus sobre o pão e o vinho (os relatos dos evangelhos já estão impregnados da práxis litúrgica da comunidade), é possível, no entanto, reconhecer a verdadeira intenção significativa.

A forma de tradição literária mais antiga, testemunhada por Paulo, em seu colorido linguístico aponta para uma origem palestinense, de modo que a forma da tradição textual pode ser remontada até o ano 40 d.C. Todos os transmissores são unânimes em narrar que Jesus, antes de sua morte, reuniu-se com seus discípulos para uma última refeição. Tal como os patriarcas e os mensageiros de Deus, segundo a compreensão judia tardia (cf. Gn 27: despedida de Isaac), agora Jesus resume também a obra de sua vida e relaciona-a a seus discípulos em forma de bênção. Sua bênção é seu testamento e sua herança para os discípulos. Este testamento vale para o futuro. A ceia de despedida está em conexão com a celebração da ceia pascal; acontece em um dia antes da Festa da Páscoa e retoma traços fundamentais da refeição pascal. Dentro desta refeição, Jesus institui algo completamente novo, na medida em que Ele confere ao rito de abertura e ao rito de conclusão um novo sentido. A fórmula de bênção usual (*eulogia*) do pai de família com a distribuição (= quebrar) do pão torna-se ensejo para uma oração de ação de graças de Jesus que o revela como o mediador da Nova Aliança. Ele toma o pão em suas mãos e o entrega a seus discípulos como "seu corpo", que Ele doa por eles e pela salvação da humanidade. Depois da refeição, Ele pega do cálice de bênção, pronuncia sobre ele a oração de ação de graças, passa-o aos discípulos como "seu sangue", que "por muitos" (os muitos do povo em relação ao único mediador, ou seja, por todos) é derramado e institui a Nova Aliança (cf. Ex 24,8), uma vez que no pão e no vinho distribuídos, Jesus torna presente sua doação na cruz, seu corpo doado e seu sangue derramado.

### *A evolução da forma básica da Eucaristia da Igreja primitiva*

A ordem de repetição, dada por Jesus – "Fazei isto em memória de mim" –, transmitida por Paulo e Lucas, não significa que os discípulos devessem repetir a Última Ceia como tal; *como refeição de despedida*, não pode ser repetida. Contudo, o que deve ser feito em memória de Jesus diz respeito às duas ações eucarísticas prefiguradas por Ele: a doação do pão e do vinho como sinais da doação vicária de sua vida para o cumprimento do reinado de Deus.

Em breve, a sequência: palavra eucarística sobre o pão – celebração da refeição – palavra eucarística sobre o cálice é desfeita em prol de uma nova sequência: refeição comunitária precedente (ágape) e na conclusão desta, a dupla ação eucarística. A celebração total, em Paulo, ainda se chama Ceia do Senhor, ao passo que a celebração eucarística, em sentido estrito, também pode ser celebrada independentemente da refeição comunitária precedente. De modo especial, aos domingos, a refeição comunitária é associada à dupla ação eucarística (1Cor 16,2; At 20,7; cf. Ap 1,10). Ao mesmo tempo, o Evangelho é anunciado (recitado a partir das lembranças dos apóstolos) e se reza em comum, a fim de fortalecer a comunhão (At 2,42). Já a narrativa pascal dos discípulos de Emaús aponta para uma íntima conexão entre interpretação da Escritura e o partir do pão (Lc 24,25-32). Mais na frente, salmos, hinos e canções espirituais são cantados (Ef 5,19).

Durante a visita de despedida do Apóstolo Paulo em Troa, os cristãos estão reunidos no primeiro dia da semana (= domingo). Depois de ter feito uma longa pregação, Paulo "partiu o pão com eles" (At 20,7-12).

Devido a possíveis desvios na refeição comunitária (consumo excessivo de vinho, isolamento dos pobres que nada podiam trazer para esta refeição), chegou-se finalmente a uma separação desta refeição da Eucaristia em sentido estrito (cf. 1Cor 11,20). Celebra-se a Eucaristia nas primeiras horas da manhã, visto que Cristo ressuscitou na manhã de Páscoa (cf. Plínio, Ep. ad Trajanum 10,96).

Por volta de meados do século II, *Justino Mártir* testemunha a construção litúrgica e a compreensão de fé da Eucaristia:

"No dia que se chama do sol, celebra-se uma reunião [...]. Aí se leem, enquanto o tempo o permite as Memórias dos apóstolos ou os escritos dos profetas. Quando o leitor termina, o presidente faz uma exortação e convite para imitarmos esses belos exemplos. Em seguida, levantamo-nos todos juntos e elevamos nossas preces (intercessões). Terminadas as orações, nos damos mutuamente o óculo da paz. Depois, àquele que preside aos irmãos é oferecido pão e uma vasilha com água e vinho; pegando-os ele louva e glorifica ao Pai do universo através do nome de seu Filho e do Espírito Santo, e pronuncia uma longa ação de graças (Eucaristia), por ter-nos concedido esses dons que dele provêm. Quando o presidente termina as orações e a ação de graças, todo o povo presente aclama, dizendo: 'Amém' [...]. Depois que o presidente deu ação de graças e todo o povo aclamou, os que entre nós se chamam ministros ou diáconos dão a cada um dos presentes parte do pão, do vinho e da água sobre os quais se pronunciou a ação de graças e os levam aos ausentes. Este alimento se chama entre nós Eucaristia, da qual ninguém pode participar, a não ser que creia serem verdadeiros nossos ensinamentos e se lavou no banho que traz a remissão dos pecados e a regeneração e vive conforme o que Cristo nos ensinou. De fato, não tomamos essas coisas como pão comum ou bebida ordinária, mas da maneira como Jesus Cristo, nosso Salvador, feito carne por força do Verbo de Deus, teve carne e sangue por nossa salvação, assim nos ensinou que, por virtude da oração ao Verbo que precede de Deus, o alimento sobre o qual foi dita a ação de graças – alimento com o qual, por transformação se nutrem nosso sangue e nossa carne – é a carne e o sangue daquele mesmo Jesus encarnado. Foi isso que os apóstolos nas Memórias por eles escritas, que se chamam evangelhos, nos transmitiram que assim foi mandado a eles, quando Jesus, tomando o pão e dando graças, disse: 'Fazei isto em memória de mim, este é o meu corpo'. E igualmente, tomando o cálice e dando graças, disse: 'Este é o meu sangue' [...]" (1 apol. 65-67).

O Concílio Vaticano II resume, portanto, justificadamente: *"As duas partes, de que consta de certa forma a missa, a liturgia da palavra e a liturgia eucarística, estão tão estreitamente unidas, que formam um único ato de culto"* (SC 56).

### c) Estádios históricos da doutrina eucarística

*Aspectos da patrística pré-nicena*

*Inácio de Antioquia* († 110 d.C.) recorre ao modo de falar joaneu (cf. Jo 6) contra a falsificação gnóstica e docetista da encarnação do Logos divino e explicava isto com o mistério da presença corporal nos dons eucarísticos, bem como a esperada verdadeira ressurreição da carne por ocasião da vinda de Cristo. Temos comunhão com o Logos somente por meio da natureza humana assumida, por meio da carne de Cristo (cf. Smyrn. 7,1). Em assonância com a declaração do Cristo joaneu de que seu corpo e seu sangue seriam verdadeira comida para a vida eterna, Inácio pode designar a Eucaristia como "remédio da imortalidade" e "antídoto contra a morte", "a fim de que se possa viver continuamente em Cristo" (Eph. 20,2).

Para além desta relação entre cristologia e compreensão eucarística, ele faz uma ligação entre eclesiologia e Eucaristia. Esta designa a unidade com Cristo e com toda a Igreja:

> "Preocupai-vos em participar de uma só Eucaristia. De fato, há uma só carne de Nosso Senhor Jesus Cristo e um só cálice na unidade do seu sangue, um único altar, assim como um só bispo com o presbitério e os diáconos, meus companheiros de serviço. Desse modo, o que fizerdes, fazei-o segundo Deus" (Filad. 4).

Da dimensão eclesial da Eucaristia como sinal e meio da unidade da Igreja resulta também uma ligação com o ministério que representa a unidade da Igreja, isto é, o ministério pastoral do bispo que, por esta razão, preside à Eucaristia:

> "Considerai legítima a Eucaristia realizada pelo bispo ou por alguém que foi encarregado por ele. Onde aparece o bispo, aí esteja a multidão, do mesmo modo que onde está Jesus Cristo, aí está a Igreja Católica. Sem o bispo não é permitido batizar, nem realizar o ágape" (Esmirn. 8,1-2).

*Justino Mártir* († por volta de 165 d.C.) compreende a Eucaristia como ápice da encarnação do Logos (cf. Jo 1,14 com 6,57) e como celebração da memória da Paixão e da Ressurreição de Jesus (1 apol. 66; dial. 117,3). A Eucaristia é sacrifício espiritual (*hostia spiritualis*) da Igreja. Todos os outros sacrifícios são resumidos e sobrepujados pelo único sacrifício de Cristo.

*Irineu de Lião* (haer. IV, 19,1; 18,6s.; 38,1) coloca a Eucaristia em um horizonte de teologia geral da criação. O evento salvífico começa com a criação e visa a uma geral "restauração de todas as coisas" (cf. At 3,21) mediante a encarnação do Logos. Portanto, uma vez que a presença de Deus na carne e no sangue de Jesus Cristo é constitutiva para o processo de salvação, por esta razão também o é sua apresentação simbólica nos dons eucarísticos do pão e do vinho. Estes dons comunicam a comunhão com o Logos: a redenção. Eles são prova da bondade da criação. Deste modo, todo princípio dualista e hostil à matéria recebe uma negação:

> "Quando, pois, o cálice misturado e o pão preparado recebem o Verbo de Deus e a Eucaristia se torna Corpo de Cristo, com o qual a substância de nossa carne ganha aumento e estabilidade, como podem dizer (os gnósticos) que nossa carne não seria capaz de acolher o dom de Deus, que é a vida eterna, visto que tal carne, no entanto, é alimentada com o corpo e o sangue do Senhor e feita membro dele?" (haer. V, 2s.)

No começo do século III, *Hipólito de Roma* resume, em seu modelo de oração eucarística, a práxis eucarística dos dois primeiros séculos. Deve-se destacar, antes de tudo, a estrutura trinitária da oração (ao Pai, por Jesus Cristo, no Espírito), o horizonte teológico-criacional e histórico-universal do acontecimento salvífico, o lugar central de Cristo como mediador da redenção e sumo sacerdote. A Eucaristia é uma ação de graças na qual a Igreja une a celebração da memória real dos atos salvíficos de Deus em Jesus Cristo com a própria auto-oferta responsorial com Cristo, sua cabeça, e unificadora no Espírito Santo, ao Pai. Elementos essenciais da celebração eucarística são, por conseguinte: *anamnese* (= memória dos atos salvíficos), *prosphora* (= apresentação) e *epiklese* (= invocação do Espírito Santo):

"Damos-te graças, ó *Deus, por* teu amado servo Jesus Cristo, que nos últimos tempos nos enviaste como salvador, redentor e mensageiro de tua vontade; Ele, que é teu Verbo inseparável, por quem fizeste todas as coisas e que, na tua complacência enviaste do céu ao ventre de uma virgem; e Ele, tendo sido concebido no seio, se encarnou e se manifestou como teu Filho, nascido do Espírito Santo e da Virgem. Ele, querendo cumprir tua vontade e adquirir-te um povo santo, estendeu as mãos, enquanto sofria, para libertar do sofrimento os que creram em ti. Ele, quando se entregava ao sofrimento voluntário para destruir o poder da morte [...] e manifestar a ressurreição [...]. Celebrando (*memores; anamnesis*), pois, o memorial de sua morte e ressurreição, nós te oferecemos o pão e o cálice (*offerimus; Prosphora*), dando-te graças (*eucharistein*) porque nos tornaste dignos de estar diante de ti e de *sacerdotalmente te servir.* E te pedimos que *envies (Epiklese)* teu Espírito Santo sobre a oblação da tua Igreja [...]" (trad. apost. 4).

## A compreensão eucarística da patrística oriental

Os *alexandrinos* Clemente e Orígenes explicavam todo o evento salvífico no horizonte de uma ontologia platônica. Certamente, o mundo visível, em razão de sua participação, é aparência e cópia das ideias arquetípicas. A meta, porém, é a elevação do ser humano acima do mundo sensível para o mundo espiritual. Na Eucaristia, temos a comunhão com o Logos redentor, porque recebemos a carne e o sangue do Logos. Mas não é simplesmente o degustar físico das formas eucarísticas que comunica uma unidade plena de graça com o Logos, mas somente a comunicação crente e espiritual com Ele.

Para *Orígenes*, o Logos é o meio salvífico e sacramento. As formas do pão e do vinho servem para a elevação do fiel sobre o mundo sensível até à participação no mundo espiritual e na unidade com a Palavra de Deus.

Em *Atanásio*, a dimensão histórica da salvação adquire um peso maior. Redenção é participação do ser humano inteiro na vida divina. A fim de que o ser humano possa participar da vida divina, Deus deve previamente encarnar-se (incarn. 54).

À pergunta de onde carne e sangue obtêm sua força salvífica, *Cirilo de Alexandria* responde que o corpo histórico e natural de Jesus, bem como o corpo sacramental de Jesus estariam imediata e substancialmente unidos com o Logos. Os dons eucarísticos já não existem em um sentido absoluto por si mesmos. Eles existem no Logos, de modo que eles apresentam sacramentalmente a carne e o sangue do Logos.

Em contrapartida, os *antioquenos* enfatizaram a autonomia da natureza humana, sua impossibilidade de misturar-se à natureza divina e tornaram bem clara a diferença entre o corpo histórico e o corpo sacramental de Jesus. Representante especial desta concepção é o "Doctor Eucharistiae": João Crisóstomo. Ele traça o perfil do homem histórico Jesus: sua vida, com os mistérios da cruz e da ressurreição, é compreendida como realização da salvação. A figura histórica do homem Jesus relaciona-se com a presença eucarística de Cristo como protótipo e imagem, tipo e antítipo, ou realidade e símbolo. No entanto, a imagem participa realmente do protótipo, e o protótipo apresenta-se inteiramente na imagem, embora de maneira oculta e somente reconhecível no profundo reconhecimento da fé. A realidade histórica e humana de Jesus, em sua unidade sem mistura com o Logos é, por sua vez, mistério (símbolo) dele. Na Eucaristia, portanto, está Jesus Cristo como pessoa humana, em sua história e em seu ato sacrifical na cruz, no ato sacramental da Igreja, simbólica e representativamente presente.

Idêntico ao ser humano é o Cristo histórico e sacramental; eles se diferenciam, no entanto, segundo o modo de sua presença. Idêntico também é o sacerdote sacrifical, os dons sacrificais e o ato sacrifical de Cristo e da Igreja; eles se distinguem, porém, no modo de sua realização.

Um texto famoso de João resume sua compreensão da Eucaristia:

> "Não sacrificamos nós também a cada dia? Sim, também nós sacrificamos (diariamente), mas na medida em que fazemos memória de uma morte; e esta é uma, não várias [...]. Porque ele foi oferecido apenas uma vez, como aquele sacrifício oferecido no Santo dos Santos. Este é uma imagem daquele, e igualmente o nosso é uma imagem daquele. Com efeito, nós oferecemos sempre o mesmo (Cristo), não hoje um e amanhã outro Cordeiro, mas sempre o mesmo. Portanto, trata-se de um único sacrifício (oblação). Em razão de ser oferecido em muitos lugares, há, pois, diversos Cristos? De maneira nenhuma! Ao contrário, em toda parte é o único Cristo, aqui em sua totalidade e lá em sua totalidade, um único corpo. Como, pois, o que é oferecido em diversos lugares é (tão somente) *um* corpo e não vários corpos, assim também trata-se de um único sacrifício (*thysia* = ação sacrifical). Nosso sumo sacerdote é aquele que ofereceu (na cruz) o sacrifício que nos purifica. *Aquele* nós oferecemos também *agora*, um único oferecido, o inesgotável (o sacrifício de Cristo na cruz). O atual acontece, na verdade, em memória do sacrifício que aconteceu uma vez. Com efeito Ele diz: Fazei isto em memória de mim! Não outra memória que não a do Sumo Sacerdote de outrora, mas oferecemos constantemente a mesma, ou antes: nós fazemos a memória do sacrificador!" (hom. in Hebr. 17,3 citado em MySal IV 2: 218s.).

Esta identidade, vista diferentemente, do corpo histórico do homem Jesus com o corpo eucarístico ocorre mediante a mudança dos dons do pão e do vinho na carne e no sangue de Jesus. Os termos específicos para a transformação são *metaballein/convertere.*

Como, porém, elementos materiais naturais podem conter e revelar uma realidade sobrenatural? Isto só é possível quando o Espírito criador de Deus se apossa das coisas naturais, reorienta-as e preenche-as, de modo que o sabor físico destes dons mostre e opere a comunhão sobrenatural com o homem Jesus e com sua divindade. Isto acontece apesar de os dons permanecerem visíveis na forma natural do pão e do vinho.

As grandes controvérsias cristológicas tiveram também efeito sobre a compreensão da Eucaristia. A fundamentação cristológica da Eucaristia, já reconhecível em João e em Inácio de Antioquia, leva a uma comparação da união hipostática com a *unio sacramentalis* do pão e do vinho com o Corpo e o Sangue de Cristo. Esta paralelização pode dar ensejo a mal-entendidos. A unidade hipostática de duas naturezas autônomas não corresponde à transformação mediante a qual pão e vinho tornam-se sinais nos quais Cristo se torna presente em sua divindade e em sua humanidade.

A fim de ir de encontro a uma elevação monofisista da humanidade de Jesus à divindade de Cristo, nos círculos que seguiam Nestório chegou-se a uma negação da transformação eucarística. Permanece inalterada e imutável a humanidade em sua unidade com o Logos; igualmente permanecem inalterados pão e vinho em sua unidade com a carne e o sangue de Cristo. Assim como ambas as naturezas, em Cristo, estão unidas mediante a vontade, do mesmo modo pão e vinho também só podem estar unidos à carne e ao sangue históricos de Jesus mediante o laço da graça (cf. GELÁSIO, P. *De duabus naturis in Christo*, tr. VI; Leôncio de Bizâncio, Nest. et Eut. 53). Contudo, não se duvida de que pão e vinho sejam preenchidos pelo Espírito de Deus, que os dons, simbolicamente, comunicam realmente uma comunhão com Jesus Cristo.

Quanto à patrística oriental, *João de Damasco* traça um resumo. A transformação eucarística acontece mediante a descida do Espírito Santo sobre os elementos naturais, fazendo deles sinal sacramental da carne e do sangue de Cristo. Por conseguinte, já não temos diante de nós pão ordinário, que unicamente nos oferece um apoio para a fé subjetiva no Jesus histórico. Ao contrário, por meio dos próprios dons transformados é que Deus oferece a presença de Cristo no Espírito. Em representação simbólica e antitípica, os dons sacramentais são idênticos ao Corpo de Cristo, que nasceu da Virgem, jazeu na gruta de Belém, morreu na cruz e ressurgiu do túmulo.

João de Damasco explica, porém, a *unio sacramentalis* segundo o critério da *unio hypostatica*. Em sua opinião, para atingir a ideia da transformação, ele deveria servir-se da visão alexandrina. Segundo esta, o Logos apropria-se imediatamente do pão e do vinho, de modo que estes dons (independentemente de sua forma física) subsistem e inerem no Logos como o corpo histórico e físico de Jesus está verdadeiramente no Logos.

### A compreensão eucarística da patrística ocidental

*Tertuliano* parte menos do acontecimento geral da memória sacramental. Como toda a tradição ocidental, seu olhar volta-se mais para os momentos eucarísticos individuais; eles são *figurae corporis* (adv. Marc. 4,40). Na figura (forma) do pão e do vinho aparece a realidade do corpo e do sangue de Cristo. Tertuliano indica que, em contraposição a uma volatização docetista da presença de Cristo na Eucaristia, por esta razão também a visualização do sangue de Cristo deveria ser acrescentada. Ele interpreta carne e sangue de Cristo como parte do corpo do homem Jesus. Todavia, biblicamente não se quer indicar as partes físicas do corpo, mas a totalidade da pessoa em sua concretitude física e histórico-vital (cf. a este propósito o problema tardio da comunhão sob uma única espécie e a doutrina da concomitância, pela qual em cada forma da Eucaristia é recebido o Cristo total).

Em Tertuliano, a Eucaristia não é apenas memória e representação do sacrifício de Cristo na cruz. Ela é, ao mesmo tempo, resposta da Igreja ao agir de Deus por nós em Jesus Cristo. Por conseguinte, a Eucaristia é também – em Cristo e por meio dele – um sacrifício da pessoa humana (or. 19; cult. fem. 2,11) ou uma *oblatio* (cor. 3; uxor. 2,8). Na autodação sacrifical, na qual nos abrimos ao amor salvífico de Deus por nós e nos unimos à doação de Cristo, ele se torna novamente, por assim dizer, o cordeiro de Deus imolado (immolatur; pudic. 9,11). No entanto, Jesus não morre de maneira cruenta, na realidade natural e histórica, mas simbolicamente.

*Cipriano de Cartago* mostra que o relacionamento de Deus com o ser humano não deve ser interpretado simplesmente segundo o esquema de dom salvífico divino e recepção passiva. Com efeito, Jesus Cristo, como Deus e homem, já é prototipicamente uma íntima comunicação do agir de Deus para conosco e a resposta humana na obediência e na fé em relação a Deus. Nesta (assimétrica) permutabilidade consiste a *communio* do amor, realiza-se a unidade de aliança entre Deus e o ser humano. Quando, portanto, a Igreja celebrar a memória sacramental da paixão histórica de Jesus, ela se doa a Deus no amor, na unidade do Corpo de Cristo, por Cristo, cabeça dela, que em sua paixão adquiriu a Igreja como seu corpo (cf. Ef 5, 23). Assim, pode-se dizer que Cristo, por meio da realização obediente da Eucaristia, no sinal externo e na íntima realização da fé, nas formas da carne e do sangue sacramentais, é oferecido a Deus pela Igreja (ep. 63,9).

Cipriano vê no pão e no vinho símbolos da paixão de Jesus. Assim como as uvas são esmagadas para se tornarem vinho, assim Jesus passa pelo lagar do sofrimento a fim de que nós, pela recepção de sua carne e seu sangue sacramentais, tenhamos comunhão com Ele (cf. o motivo iconográfico "Cristo no lagar").

Ao mesmo tempo, os dons simbolizam também a unidade da Igreja em Jesus: dos muitos grãos se fez um pão; das muitas uvas, fez-se o vinho – assim estão unidos os membros da Igreja na fé da única Igreja.

*Ambrósio* busca uma interpretação mais precisa da identidade real entre o corpo sacramental e o corpo histórico de Jesus (cf. *De mysteriis* e *De sacramentis*). Uma simples lembrança subjetiva dos fiéis não consegue produzir esta identidade. Somente o próprio Cristo pode realizá-la mediante a Palavra de Deus que cria a realidade. Unicamente a palavra criadora de Deus possui o poder de determinar e transformar de tal maneira os elementos naturais do pão e do vinho, de modo que eles não se chamam apenas corpo e sangue de Cristo ou sejam simplesmente vistos como tais, mas que estão também presentes na forma sacramental.

Contudo, deve-se distinguir esta transformação por meio da palavra de uma transformação material: por exemplo, da mudança da água em vinho, nas Bodas de Caná. Do contrário, comeríamos o corpo físico de Jesus e beberíamos seu sangue material, tal como os ouvintes do discurso de Jesus na sinagoga de Cafarnaum (cf. Jo 6) haviam entendido mal (cafarnaísmo). Todavia, através da palavra de Cristo, as coisas materiais são tomadas, esvaziadas de sua essência natural e são preenchidas pelo Espírito Santo de Deus, de modo que nelas se torna presente o Cristo em sua forma humana real.

Chama-se a esta posição de realismo ou metabolismo. Ambrósio oferece também um rico vocabulário a fim de exprimir mais precisamente o fato da transformação (*esse, fieri, efficere, conficere, mutare, convertere, transfigurare*).

Fausto de Riez desenvolveu ainda mais a terminologia. O sacerdote, em virtude da palavra de Cristo, transforma a "substância" do pão na "substância" do Corpo de Cristo (Ps.-Hieronymus, ep. 38,2; PL 30, 275).

*Contribuição de Santo Agostinho para a doutrina eucarística ocidental*

Agostinho estava convencido da presença real de Cristo na Eucaristia. A partir de sua ontologia platônico-neoplatônica, ele distingue fundamentalmente entre protótipo e imagem (*res und signum*). Sacramentum é *signum*, figura, *similitudo* da realidade histórica (*res*) de Jesus. Quanto ao conteúdo, esta visão chamada de simbolismo não se diferencia do metabolismo. A diferença entre realidade e sinal torna possível que os infiéis e indignos recebam Cristo apenas segundo os sinais sacramentais (*secundum signum sacramenti*), mas não a comunhão espiritual com Cristo em sua carne e em seu sangue aí designada, a *res sacramenti*. Para a autenticamente espiritual e não apenas externamente sacramental recepção de Cristo e de sua salvação (*manducatio oralis*) são decisivos a fé e o amor pessoais, o estado de justificação, a ortodoxia da fé e a pertença à Igreja Católica.

De maneira teologicamente profunda, Agostinho explica a dimensão eclesial da Eucaristia. Na Eucaristia, recebemos não somente a comunhão com o Cristo individual. Ao conteúdo espiritual (*res sacramenti*) pertence, em todo caso, a comunhão com os membros da Igreja, que é o Corpo de Cristo; a constituição eclesial e a constituição sacramental do Corpo de Cristo condicionam-se mutuamente. Na Eucaristia torna-se presente sempre o Cristo único e total na unidade e na diferenciação da Cabeça e do Corpo (*caput et corpus*).

Há, portanto, um relacionamento multiplamente estruturado do Corpo de Cristo histórico, sacramental e eclesial.

Nesta visão de conjunto, Agostinho pôde também desenvolver uma convincente explicação do caráter sacrifical da Eucaristia. Ele deriva os aspectos formais da noção de sacrifício do ato pessoal da autodoação da criação a Deus: a natureza íntima do sacrifício é o amor e não, em sentido pagão, a apresentação de um dom ou de um produto, a fim de aplacar um Deus irreconciliável. A íntima disposição sacrifical apresenta-se no *sacramentum*, na ação sacrifical externa: quando, segundo esta, a Igreja, em obediência ao mandato de Cristo, realiza a memória sacramental de seu sacrifício na Eucaristia, nos dons do pão e do vinho ela se apresenta a si mesma e se deixa apropriar interiormente por Cristo e assim assimilar-se em seu ato sacrifical em relação ao Pai:

> "[...] toda esta cidade resgatada, isto é, a assembleia e a sociedade dos santos, [é] oferecida a Deus como um sacrifício universal [...] pelo Magno Sacerdote que, para de nós fazer o corpo de uma tal cabeça, a si mesmo se ofereceu por nós na sua paixão sob a forma de escravo. Foi, efetivamente, esta a forma que Ele ofereceu, foi nela que Ele se ofereceu, porque é graças a ela que Ele é mediador, é nela que é sacerdote, é nela que é sacrifício [...]. Assim nós, que muitos somos, constituímos em Cristo um só corpo [...]. Tal é o sacrifício dos cristãos: muitos somos um só corpo em Cristo. E este sacrifício a Igreja não cessa de o reproduzir no sacramento do altar bem conhecido dos fiéis: nele se mostra que ela própria é oferecida no que oferece" (*De civ. Dei*, 10,6).

No final da patrística ocidental, *Isidoro de Sevilha* tenta uma síntese (Etymol. 6,19,38). Infelizmente ele separa o *sacrificium*, ou seja, a presença atual do sacrifício de Cristo na liturgia sacrifical da Igreja, do *sacramentum*, portanto, da presença real do corpo e do sangue de Cristo. Assim, desenvolveu-se na Idade Média ocidental a visão distorcida de que o sacerdote apresentaria o *sacrificium* para o povo, que não participava da realização litúrgica, e que os leigos recebem simplesmente o fruto da Eucaristia na recepção do sacramento.

Aqui se encontra o início da crítica posterior de Lutero de que a Eucaristia seria um dom salvífico de Deus (*testamentum*) e não uma ação de reconciliação realizada por um mediador salvífico humano, na forma de um *sacrificium* que colocaria em questão a suficiência do sacrifício de Cristo na cruz, Ele, que é o único sumo sacerdote da Nova Aliança.

### *A I e a II controvérsias eucarísticas no início da Idade Média*

A controvérsia que se deu entre *Pascásio Radberto* († 851 ou 860) e *Ratramo* († 868), um monge da mesma abadia de Corbie, em torno de uma interpretação realista da presença eucarística ou uma interpretação mais fortemente simbólica só pode ser compreendida sobre o pano de fundo de uma mudança na ontologia.

Os Padres da Igreja podiam, através do esquema platônico de "protótipo-imagem" e das ideias de participação expressar a diferença-unidade entre *res sacramenti* e *sacramentum tantum* (*signum*). A compreensão germânica da realidade, porém, afirma algo diferente: o real é o materialmente palpável, ao passo que o espiritual possui uma minguada densidade de realidade. Em contraposição à afirmação de uma identidade real entre o corpo histórico de Jesus e o corpo sacramental (em razão da transformação dos elementos em *figurae corporis Christi*), Ratramo ressalta agudamente a diferença das formas de presença: somente o Jesus histórico possui corpo e sangue de verdade (*in veritate*). Nos dons eucarísticos, ao contrário, ele se torna presente, na verdade, apenas figura, imagem ou símbolo. Pela transformação, a *virtus divina* liga os elementos naturais ao corpo e ao sangue do Senhor histórico e glorificado. Os dons eucarísticos tornam presente sua realidade humana. Na constituição essencial dos elementos, porém, nada se modifica.

Contra esta compreensão da Eucaristia chamada simbolismo, os realistas contrapunham que Cristo, por conseguinte, não estaria presente de verdade (*in veritate*) na Eucaristia, mas "apenas" simbolicamente (*in signo seu sacramento*). A noção de símbolo aqui, portanto, já está tão diluída, que chega a ser usada meramente no sentido de substituição vicária, e já não no sentido de um verdadeiro tornar presente o Cristo.

Esta tensão entre realismo e simbolismo só irrompeu plenamente na II controvérsia eucarística (século XI). No centro da discussão acha-se o sagaz dialético e racionalista Berengário de Tours († 1088). Recorrendo à terminologia agostiniana, ele enfatiza que as *res sacramenti* seriam corpo e sangue de Jesus Cristo, mas no próprio sinal, no *sacramentum tantum*, não estaria contida. Os sinais sacramentais tornam-se um meio mais exterior para a recepção espiritual do conteúdo deste sacramento na fé. Portanto, não é o sinal sacramental mesmo que nos liga ao Jesus histórico e Senhor elevado ao céu, mas propriamente a fé subjetiva. Entre o corpo histórico e o corpo sacramental de Cristo não há nenhuma unidade interior. A unidade surge apenas na consciência do fiel; os dons sacramentais e o sinal sacramental não estão unidos.

Consequentemente, Berengário nega a presença real de Cristo na Eucaristia e sua pressuposição: a transformação eucarística. Confrontando a doutrina eclesial, ele diz que esta implicaria a concepção de que o corpo glorioso de Cristo deveria ser trazido do céu para a terra e distribuído em porções. Caso se levasse a sério a transformação, isto então significaria que os acidentes restantes do pão e do vinho continuariam a persistir sem sujeito, visto que eles, pois, não poderiam naturalmente inerir ao Jesus histórico. Por conseguinte, lógico-dialeticamente e, por isso também, realmente, seria impossível uma transformação. Poder-se-ia falar não de uma mudança no ser dos elementos, mas apenas de uma mudança do significado dos elementos para o fiel.

Em estreita oposição ao esvaziamento simbólico da presença real, o Sínodo de Latrão de 1059 (aliás, com convictas fórmulas realistas, quase de tom cafarnaístas) faz Berengário confessar:

> "que o pão e o vinho que são postos sobre o altar não são, depois da consagração, somente sacramento [= mero sinal], mas o verdadeiro corpo e sangue de Nosso Senhor Jesus Cristo, e que podem de modo sensível – não só no sacramento [= como símbolo esvaziado], mas de verdade –, ser tocados e partidos pelas mãos dos sacerdotes ou mastigados pelos dentes dos fiéis" (DH 690).

A nítida demarcação em relação a Berengário teve também como consequência uma mudança no tradicional uso da linguagem. Até então, designava-se o corpo sacramental de Cristo como *Corpus Christi mysticum*, porque só pode ser reconhecido espiritualmente na fé, ao passo que a Igreja, como comunidade visível, era chamada de *Corpus Christi verum*. Em contraposição a Berengário, agora a Eucaristia passou a ser chamada de *Corpus Christi verum*, enquanto a Igreja se chamava *Corpus Christi mysticum*.

*A presença real no horizonte de uma nova ontologia: a doutrina da transubstanciação*

Origem

Contra Berengário, sobretudo Guitmundo de Aversa († 1095) e Lanfranc de Bec (1010-1089) elaboram uma nova concepção. Segundo esta, o corpo de Jesus não está presente em sua forma natural de aparecimento, mas se torna presente sob o aspecto de sua substância ou essência. Somente a substância do pão e do vinho se torna substância da carne e do sangue de Cristo. As formas exteriores da aparência do pão e do vinho permanecem imutáveis e representam o sinal sacramental que contém em si a realidade interior da comunhão com Jesus Cristo, segundo sua humanidade e sua divindade. "Substância" não significa, como em uma ontologia sensualista, a coisa natural sensivelmente perceptível e transferível, mas o não explícito princípio da realidade ou o portador metafísico da forma de aparição espaçotemporal de uma coisa. O intelecto humano consegue reconhecer a substância de um ente graças à unidade entre conhecimento sensível e espiritual. Para a compreensão da presença real e da transformação, cristalizam-se como termos técnicos: *substantialiter converti* e *transubstantiatio*. A partir de 1150 estas noções tornam-se de uso geral.

### A recepção magisterial da doutrina da transubstanciação

Baseando-se na explicação de que Cristo realmente está presente no sacramento, *per modum substantiae*, o *Sínodo lateranense de 1079* pode fazer Berengário confessar quanto segue:

> "[...] que o pão e o vinho que são postos sobre o altar, em virtude do mistério da santa oração e das palavras de nosso Redentor, são transformados, quanto à substância (*substantialiter converti*), na verdadeira e própria vivificante carne e sangue de Nosso Senhor Jesus Cristo; e que, depois da consagração, são o verdadeiro Corpo de Cristo (*verum corpus Christi*), que nasceu da Virgem [...] e o verdadeiro sangue de Cristo, que foi derramado do seu flanco; não só pelo sinal e pela força do sacramento, mas na propriedade da natureza e na verdade da substância (*non tantum per signum et virtutem sacramenti, sed in proprietate naturae et veritate substantiae*)" (DH 700).

O *IV Concílio lateranense* também descreve no *Caput firmiter* a presença real na linha da doutrina da substanciação:

> "Ora, existe uma Igreja universal dos fiéis, fora da qual absolutamente ninguém se salva, e na qual o mesmo Jesus Cristo é sacerdote e sacrifício, cujo corpo e sangue são contidos verdadeiramente (*veraciter continentur*) no sacramento do altar, sob as espécies do pão e do vinho, pois que, pelo poder divino, o pão é transubstanciado no corpo e o vinho no sangue (*transsbustantiatis pane in corpus, et vino in sanguinem potestate divina*); de modo que, para realizar plenamente o mistério da unidade (*mysterium unitatis*), nós recebemos dele o que Ele recebeu de nós" (DH 802; cf. DH 794).

### Discussão da doutrina da transubstanciação

A noção-chave de substância, que foi desenvolvida para a salvaguarda ontológica a presença real, é resultado de uma movimentada história de desenvolvimento terminológico. Os primeiros escolásticos ainda entendiam por matéria o substrato corpóreo da propriedade, ao passo que a forma substancial ainda era reconhecida fenomenalisticamente mediante a totalidade da determinação essencial de um ente. No século XII, o termo "substância" foi interpretado no horizonte da filosofia aristotélica da metafísica do ser. Segundo esta, a substância designa a origem atuante e a permanência da coisa concreta em forma e matéria na existência. A transubstanciação eucarística significa, portanto, a mudança da origem atual da permanência do pão e do vinho na existência através do próprio criador, que escolheu estes sinais a fim de, por meio deles, comunicar a comunhão com o Logos encarnado. Para tal mudança de substância, não há um único exemplo em nossa experiência da realidade natural. Não se trata nem de uma mudança meramente formal, nem simplesmente material, mas de uma mudança tanto da forma quanto da matéria da substância, portanto de uma *conversio substantialis*: no momento da consagração, mediante o poder de Deus, no lugar da substância natural do pão entra a substância do Corpo de Cristo, não porém sua forma natural de aparição (cf. Tomás de Aquino, S.th. III q. 73-83; S.c.g. IV, c. 61-69).

A Eucaristia se diferencia dos demais sacramentos em um ponto essencial: os sinais sacramentais contêm em si, em virtude da consagração, a presença corporal de Cristo e não apenas sua presença nos efeitos da graça, como nos outros sacramentos.

A presença de Cristo nos dons eucarísticos, também segundo sua humanidade, apresenta algumas dificuldades para a compreensão, pois evidentemente Cristo não pode estar presente em forma humana própria e física (*in propria specie*). Berengário, portanto, havia colocado a doutrina da Eucaristia diante das alternativas de um cafarnaísmo tosco-material e de um esvaziado simbolismo. No entanto, o problema da presença real, introduzido por Berengário, só pode ser resolvido no horizonte de outra compreensão da realidade. Inicialmente, porém, deve-se afirmar com Tomás: a fé da Igreja na presença real de Cristo nos sinais eucarísticos não depende da possibilidade de uma explicação naturalista ou racionalista. Por outro lado, a fé não deve apelar unicamente a um poder de Deus concebido positivamente, que também poderia realizar o que é contrário à razão. A teologia pode mostrar uma razoabilidade interior da doutrina, visto que a revelação de Deus se dá no horizonte da realidade da criação.

A verdade de fé da presença real de Cristo nos sinais eucarísticos pressupõe a estrutura simbólica da realidade, tal como já foi desenvolvida na doutrina geral dos sacramentos. De acordo com ela, a fé apoia-se no poder de Deus, mediante o qual Ele pode comunicar seu cuidado salvífico às pessoas por meio de sinais sensíveis. Nestes, a fé reconhece a Palavra de Deus a ser acolhida, que dá a conhecer a verdade ao nosso intelecto. No conhecimento, também em questões de fé, parte sempre também da aparência sensível, no caso, da aparência do pão e do vinho. Contudo, o intelecto atinge a *intelligible species*, comunicada nas aparições sensíveis, ou seja, a substância das coisas. No caso da Eucaristia, a Palavra de Deus ensina-nos o que é a profunda razão de ser que sustenta as espécies do pão e do vinho. Enquanto, normalmente, o intelecto humano reconhece na aparência do pão e do vinho o ser substancial do pão e do vinho como alimento e meio de comunhão, o mesmo intelecto humano compreende, em razão da Palavra de Deus, as formas de aparência do pão e do vinho como meios da presença de Cristo em sua humanidade consistente em carne e sangue, e sua divindade.

Ademais: visto que Deus, em Jesus Cristo, se fez gente, a maneira humana de encontrar-se com Ele, também depois de sua ressurreição e elevação, deve também ser possível mediante uma imagem de reconhecimento mediada sensivelmente. Contradiria a constituição corporal-espiritual do ser humano se Ele, tanto com seus semelhantes quanto com Deus, devesse comunicar-se unicamente de maneira espiritual. A natureza corporal-material força a uma comunicação nas espécies de uma corporalidade ligada ao tempo e ao espaço. E o corpo outra coisa não é senão o ser-aí da própria pessoa para o outro. Por isso, o Cristo pascal quis permanecer corporalmente, em sua humanidade, com seus discípulos. Esta presença corporal, *per modum substantiae*, é comunicada e realizada mediante as espécies sacramentais.

No caso, trata-se de uma forma singular de comunicação da corporalidade, visto que Cristo, como foi problematizado, não está presente na tridimensionalidade natural da corporeidade de seu corpo humano, mas na aparência, que lhe é estranha, do pão e do vinho. A fim de que a estranha aparência dos dons se torne aquela do Cristo, pressupõe-se a mudança de substância das espécies.

Esta *unio sacramentalis*, fundamentada na transformação da substância, deve ser distinguida da união hipostática, bem como da unidade substancial da alma e do corpo. Nos acidentes do pão, que continuam a existir depois da mudança de substância, Jesus não está em uma espécie natural, mas justamente em forma sacramental e simbólica, mediante a qual Ele comunica a realidade (substância: *esse proprium*) de sua humanidade à comunidade humana. As espécies eucarísticas consagradas não tornam presente o corpo de Jesus como um corpo físico (*esse animatum*).

Neste contexto, duas teorias devem ser rejeitadas (cf. S.th. III q. 77):

1) A assim chamada *doutrina da impanação*: a concepção de que Jesus se acharia no pão mais ou menos como um rei no palácio real. O corpo do Jesus histórico e o pão natural não constituiriam nenhuma unidade físico-aditiva. A doutrina da impanação apresentada como possível por alguns teólogos no início da Idade Média (cf., porém, AVERSA, G. *De corporis et sanguinis Christi veritate in Eucharistia*. PL 149, 1430) e mais tarde como declaração de fé por Wycliffe († 1384), foi rejeitada pelo Concílio de Constança, de 1418, como contrária à fé (DH 1256). O Concílio de Trento vê nela uma negação da singular maravilha da mudança da substância eucarística (DH 1652).

2) Deve ser também rejeitada a teoria da *aniquilação dos acidentes*. Caso o pão fosse reduzido à matéria-prima, já não haveria nenhuma aparência do pão para nossa experiência.

Aqui, não é decisivo se se fala, com os tomistas, de uma reprodução, ou seja, de um estabelecimento positivo da substância do corpo e do sangue de Cristo, ou mais com os escotistas, de uma adução da substância de Cristo à aparência acidental do pão e do vinho. Efetivamente, a questão, pois, de onde ficaria a substância do pão depois da transformação, é indício de uma falsa compreensão de substância. A questão "Onde?" volta-se para a aparição acidental da substância (situação, lugar e determinação do tempo). Uma vez que Cristo na Eucaristia está presente *substantialiter*, mas não na forma de presença de seu corpo histórico e transfigurado, certamente é o sinal sacramental que está exposto a mudanças acidentais, não Ele próprio (cf. S.th. III q. 75 a. 1 ad 3).

A consistência da explicação teológica e a razoabilidade da doutrina da fé a respeito da presença real não estão também limitadas pelas questões da filosofia natural sobre o sujeito da inerência dos acidentes do pão e do vinho. Vistos fisicamente, os acidentes não estão ligados à substância como a um portador físico, mas são reunidos pela substância em uma unidade ontológica, ao passo que a unidade física de uma coisa sensível é realizada mediante uma força de adesão a ser fisicamente determinada. Pão e vinho são conservados justamente em sua constituição e aparência concretas por meio de causas materiais que conservam cada coisa sensível. Por esta razão, a transformação de natureza eucarística não representa nenhuma maravilha da natureza fisicamente verificável: os acidentes não persistem sem uma força física de inerência.

A transubstanciação eucarística fundamenta-se na potencialidade e simbologia de todo o criado, também na potencialidade dos produtos culturais produzidos pelos seres humanos (artefatos), portanto, na capacidade de absorção de modificação. As ocorrências do pão e do vinho, criadas por Deus e produzidas pelos seres humanos em seu simbolismo natural, podem, em razão desta potencialidade substancial, ser apropriadas por Deus de tal sorte que elas se tornam símbolos e meios de sua autovisualização na humanidade de Jesus. O mistério da presença eucarística radica-se na maravilha primordial da encarnação da PALAVRA divina.

### Aspectos da doutrina eucarística tomista

Como todo sacramento, assim também a Eucaristia é, para Tomás, um *signum rememorativum*: ela reporta-se ao evento salvífico histórico. Como comemoração e representação simbólica do sofrimento e da ressurreição de Jesus Cristo, a Eucaristia é *sacrificium* e *hostia*. Na medida em que a Eucaristia também se refere à presença, ela é, como todo sacramento, um *signum demonstrativum*: ela designa a unidade com Cristo, a *communio* ou *synaxis* (S.th. III q. 73 a.4). A unidade com Cristo aponta, ao mesmo tempo, para a incorporação do indivíduo no Corpo de Cristo, a Igreja. A Eucaristia opera, portanto, em todo caso, a *communio* e a unidade dos fiéis entre si.

A Eucaristia, porém, como todo sacramento, relaciona-se também com o futuro. Como *signum prognosticum* designa a plenitude definitiva de nossa salvação na fluição de Deus (*fruitio Dei*) e na contemplação de Deus em sua vida eterna (*Visio beatifica*). A Eucaristia é farnel (*viaticum*) do ser humano para esta meta. Ou ela é *eu-charistia*, *bona gratia* (como traduz Tomás): dons da vida eterna (cf. S.th. III q. 73 a. 4).

Por que Jesus, na Última Ceia, instituiu uma memória sacramental de seu sofrimento na imagem de um banquete? Razões para isto são (S.th. III q. 73 a. 5): 1) Para indicar a encarnatória presença salvífica de Deus no mundo. 2) Porque sem a fé no sofrimento salvífico de Cristo ninguém pode ser salvo – assim como também a celebração da Páscoa é lembrança do ato salvífico histórico e permite uma participação real no agir libertador de Deus em relação a seu povo. 3) Em sua despedida deste mundo, Jesus teve de instituir uma celebração memorial *sub sacramentali specie*, a fim de despertar a emoção do amor de seus discípulos e marcar mais profundamente as relações mútuas entre Ele e os cristãos.

Para a Eucaristia encontram-se outras prefigurações no Antigo Testamento (cf. S.th III q. 73 a. 6). O *sacramentum tantum* tem seu modelo no sumo sacerdote Melquisedec, que oferece ao Deus Altíssimo vinho e pão (cf. Gn 14,17-20); os sacrifícios veterotestamentários de expiação e de reconciliação prefiguram *res et sacramentum* da Eucaristia: Jesus em sua figura sofredora que expia a culpa da humanidade. Neste sentido, a celebração da Festa da Páscoa judaica, com um cordeiro sem defeito, como lembrança da salvação perante o anjo exterminador e da servidão do Egito, também prefigura Jesus como o Cordeiro de Deus que tira o pecado do mundo e liberta da escravidão do pecado (cf. Jo 1,29). O maná, o pão do céu, que contém em si toda doçura, isto é, a alegria dos resgatados em Deus (cf. Sb 16,20), aponta, no final das contas, para a *res sacramenti*, para a comunhão com o Deus unitrino.

A Eucaristia é o ápice e a meta de toda a vida espiritual. Com justiça, é designada como o sacramento do amor (S.th. III q. 73 a. 3 ad 3; q. 75 a. 1). O ato interior dos fiéis, o ato do amor operado pelo Espírito Santo (Rm 5,5), é o *opus operantis*, mediante o qual o amor obsequioso torna-se *opus operatum* (S.th. III q. 79 a. 1).

### A crítica da doutrina da transubstanciação no nominalismo da Idade Média tardia

Na Idade Média tardia, falta uma visão de conjunto da Eucaristia como memória sacramental do sacrifício de Cristo e a interpretação da presença real no contexto geral de uma teoria do símbolo ontologicamente fundida. A Eucaristia torna-se objeto de especulação natural-filosófica. De certa maneira, não se parte da fé na presença real a fim de explicá-la também racionalmente: coloca-se a fé sob uma compreensão da realidade que se orienta para a física, a fim de, possivelmente, demonstrá-la racionalmente. Por conseguinte, a pergunta decisiva parece ser como é pensável uma consistente permanência dos acidentes sem sujeito. De maneira especial é considerada a relação entre substância e quantidade.

Tomás incluía a quantidade entre os acidentes. Durante a consagração, a quantidade de pão e de vinho é conservada. Ela é até mesmo a razão unificante que conduz o pão e o vinho para um contínuo de aparência. A quantidade do corpo de Cristo natural e transfigurado não está presente no modo da quantidade, mas no modo da substância nos símbolos eucarísticos (cf. abaixo). Existe, portanto, certa relação entre o Cristo celestial e as espécies sacramentais, *quaedam habitudo* (S.th. III q. 76 a. 6). O corpo celestial de Cristo, mediante sua presença substancial e nas espécies eucarísticas, não recebe nenhum complemento acidental adicional, isto é, quantitativo.

Segundo João Duns Escoto, no entanto, o Cristo celestial, por meio de seu ser na matéria do pão, recebe um complemento acidental adicional como esse *hic*.

No nominalismo, substância e quantidade são quase identificadas. Se Cristo deve estar presente segundo a substância, como o diz a fé, Ele deve também estar presente quantitativamente – assim o exige a nova definição. Diferencia-se uma quantidade aglomerada em um ponto, mas que permanece circunscritiva, de uma quantidade da parte em um segmento espaçotemporal natural. Se, pois, na Eucaristia, se acham, porém, duas quantidades, a saber, o corpo natural de Cristo e as espécies do pão e do vinho, então há também duas substâncias. Como já foi explicado, "substância", aqui, já não significa "portador metafísico de uma espécie sensível", mas antes, a unidade fenomenal de acidentes, captada na experiência dos sentidos. Especialmente também na ciência natural mecanicista do começo da Modernidade, a matéria é compreendida como quantidade. O que, a partir de então, em química, física e biologia se chama substância, em oposição à linguagem da filosofia medieval, é o que nela foi denominado de acidentes.

No contexto de tal mudança da visão da realidade e desta linguagem, uma transfiguração aparece, pois, francamente como irracional. Ela é compreendida como um tipo de "transquantificação".

Diversos teólogos marcados pelo nominalismo (Guilherme de Ockham, Henrique de Langenstein, Jean Gerson, Pierre d'Ailly, Gabriel Biel, entre outros) ativeram-se à doutrina da transubstanciação, definida pelo IV Concílio de Latrão, mas muito mais por obediência formal à Igreja. Eles consideram mais sensata a doutrina da consubstanciação. Segundo esta, subsistem no sacramento eucarístico duas quantidades-substâncias, uma ao lado da outra. Os acidentes não continuariam a existir sem sujeito, mas em sua substância natural. Em cossucessão com eles, o corpo e o sangue de Cristo são alcançados na comunhão.

A doutrina da impanação, igualmente (cf. abaixo), ganha terreno. Durando de S. Pourçaint e João Quidort de Paris retomam formas naturais de transformação como modelos de explicação (p. ex., a mudança de forma de uma lagarta em borboleta). A diferença entre uma mudança de forma natural e uma mudança de forma realizada por Deus do pão no corpo é vista na rapidez do processo.

Apela-se também, mais uma vez, à união hipostática como paralelo. A substância do pão e do vinho permanece igualmente intocada na união sacramental, tal como a natureza humana de Jesus, que subsiste na pessoa do Logos.

A consequência inaceitável é que agora também entre o corpo e o sangue de Cristo, e o pão e o vinho, deve-se admitir uma comunicação de idiomas. O pão é revestido de propriedades divinas, por exemplo, com a onipresença de Deus. Visto que quantidades-substâncias estão unidas hipostaticamente e pertencem a um único suposto (como natureza divina e humana ao Logos), dever-se-ia concluir que a Eucaristia é um "pão-corpo" e um "vinho-sangue", ou seja, que nas espécies eucarísticas a substância do pão e do vinho existe paralelamente à substância da Carne e do Sangue de Cristo. A doutrina da consubstanciação é contraditória na medida em que uma substância não se torna presente mediante sua espécie natural ou estranha, mas mediante outra substância com sua espécie natural.

A crise da Igreja e da teologia da Idade Média tardia impulsionou para uma nova abordagem, a uma recuperação de uma compreensão eucarística e de uma práxis eucarística a partir de suas fontes bíblicas no contexto da grande tradição eclesial.

### A crítica protestante-reformadora da compreensão eucarística católica

#### A crítica luterana e reformada ao caráter sacrifical da missa

A redescoberta de uma "justificação unicamente pela graça e pela fé", sem nenhuma conquista, condição e colaboração humanas aguça-se na mais intensa crítica contra a existência, a práxis e a doutrina da missa como sacrifício. O sacrifício da missa entra em conflito com o artigo central da suficiência, unicidade e irrepetibilidade do sacrifício redentor de Cristo na cruz, pelo qual Cristo, como o único e eterno sumo sacerdote, se teria oferecido (cf. Calvino, Inst. chr. rel. IV, 18: A propósito da missa papal, mediante cujo sacrilégio a Última Ceia de Cristo é não somente profanada, mas completamente destruída) ao Pai como sacrifício expiatório, uma vez por todas (cf. Hb 7,27; 9,28). No que diz respeito ao sacrifício da missa católica, Lutero pode declarar: "Então estamos e permanecemos eternamente separados e contraditórios. Na verdade, eles sentem que onde falta a missa, o papado se abala".

O importante documento confessional calvinista, *O Catecismo de Heidelberg*, à 80ª pergunta: "Que diferença há entre a Ceia do Senhor e a missa do papa?", dá a seguinte resposta:

> "A Ceia do Senhor nos testemunha que temos completo perdão de todos os nossos pecados, pelo único sacrifício de Jesus Cristo, que Ele mesmo, uma única vez, realizou na cruz; e também que, pelo Espírito Santo, somos incorporados a Cristo, que agora, com seu verdadeiro corpo, não está na terra, mas no céu, à direita do Pai e lá quer ser adorado por nós. A missa, porém, ensina que Cristo deve ser sacrificado todo dia, pelos sacerdotes na missa, em favor dos vivos e dos mortos, e que estes, sem a missa, não têm perdão dos pecados pelo sofrimento de Cristo; e, também, que Cristo está corporalmente presente sob a forma de pão e vinho e, por isso, neles deve ser adorado. A missa, então, no fundo, não é outra coisa senão a negação do único sacrifício e sofrimento de Cristo e uma idolatria abominável" (STEUBING, H. (org.). *Bekenntnisse der Kirche*. Wuppertal, 1970, p. 146).

Depois que Lutero, em 1519, em alguns sermões, havia desenvolvido uma teologia da Eucaristia de orientação completamente agostiniana, sob a ideia de uma comunhão real com a vida, o sofrimento e a ressurreição de Jesus e da comunhão dos cristãos entre si, daí subsequente, a partir de 1520, em seus grandes polêmicos escritos reformadores, ele fala de um antagonismo intransponível à compreensão sacramental católica e do papel da Igreja na intermediação da salvação.

Em seu escrito *Do cativeiro babilônico da Igreja*, ele fala de três aprisionamentos a que a cúria romana levou o Sacramento da Eucaristia:

O primeiro confinamento consiste na recusa do cálice aos leigos. A comunhão *sub una specie* contradiria não apenas a clara instituição de Jesus; deste modo, os sacerdotes tiranizariam também os leigos e os tornariam dependentes de sua pretensão de domínio. Os sacerdotes humanos, porém, não seriam mediadores da salvação. Mediante o sacerdócio comum (1Pd 2,9), estaria aberto um acesso imediato a todos os cristãos às espécies sagradas.

O segundo cativeiro consistiria na doutrina da transubstanciação, pela qual a fé estaria entregue à filosofia do pagão Aristóteles.

A terceira servidão seria a mais medonha. A missa como dom de Deus para nós (*testamentum seu sacramentum*) passou a ser dom do ser humano para Deus (*sacrificium seu bonum opus*). A Igreja teria invertido literalmente o caminho da salvação, o qual parte de Deus para o ser humano. O ser humano faria de suas obras e méritos a base de uma subida autônoma para Deus. Isto conduziria à autojustificação ou à autobem-aventurança. Batismo e Eucaristia seriam, porém, sinais da bondade de Deus para conosco, confinados em formas sensíveis, não um dom do ser humano a Deus, a fim de coagir Deus à reconciliação e ao perdão dos pecados (WA 6,520). O dom sagrado de Deus nos sinais sacramentais só poderia ser recebido na fé pessoal e não poderia ser oferecido por outrem.

Por este motivo, o sacrifício da missa pelos mortos seria impossível; a missa seria um anúncio e, por conseguinte, deveria ser celebrada na língua materna, e não na língua dos eruditos – o latim. A missa não seria sacrifício para Deus, mas suma e compêndio do Evangelho do perdão gratuito dos pecados apenas (WA 6,525).

Segundo Lutero, a teologia da missa sacrifical repousa, portanto, sobre uma confusão de dom divino com resposta humana na oração e no sacrifício:

> "Por esta razão, estas duas coisas não devem ser confundidas. A missa e a oração, o sacramento e a obra, o testamento e o sacrifício; efetivamente, um vem de Deus até nós mediante o ministério do sacerdote e exige a fé; o outro vem de nossa fé para Deus mediante os sacerdotes e pede para ser atendido. Aquele desce, este sobe" (WA 6, 526).

A *Confessio Augustana*, de 1530, resume a crítica à doutrina da missa como sacrifício (cf. CA 24).

1) Os reformadores atribuem aos católicos a doutrina de que Cristo teria morrido na cruz antigamente apenas para a redenção do pecado original, ao passo que teria instituído a missa como sacrifício adicional mediante o qual os sacerdotes deveriam oferecer a Deus satisfação para os pecados atuais cometidos posteriormente. A missa diária seria necessária, portanto, para o apaziguamento cotidiano do Deus sempre de novo ofendido, a fim de dissuadi-lo da execução de seu justificado juízo. Daí resultaria todo o feixe de inconvenientes na práxis: a celebração mecânica e o mais frequente possível de missas, missas encomendadas e missas privadas, missa das almas para defuntos no purgatório, a fim de abreviar-lhes os tormentos. A isto se opõe a afirmação bíblica de que Cristo, mediante seu sacrifício na cruz, teria efetuado, uma vez por todas, a satisfação por todos os pecados.

2) Porque Cristo teria morrido, uma vez por todas, pelos pecados de todas as pessoas, não deveria haver nenhum sacrifício adicional ao da cruz. A missa não poderia ser uma repetição ou um complemento do sacrifício da cruz. Contudo, visto que o perdão dos pecados seria recebido pela fé e não mediante a obra das pessoas, a doutrina da eficácia dos sacramentos *ex opere operato* deveria também ser rejeitada.

3) A missa não seria nenhum sacrifício expiatório. O corpo e o sangue de Cristo não seriam dados à Igreja a fim de que ela oferecesse Cristo como uma oferta sacrificial a Deus, entendida reificantemente, para a reconciliação. A Eucaristia teria sido instituída a fim de corroborar em nós a certeza do perdão dos pecados, que teria acontecido definitivamente na cruz, que nos teria sido eficazmente prometida na palavra do anúncio e na fé, e recebida como puro dom de Deus.

4) Uma vez que a missa não seria nenhum sacrifício, mas um *sacramentum e testamentum*, todos os termos sacrificiais deveriam ser cancelados do cânone da missa.

*A divisão intrarreformadora por causa da presença real*

A reforma suíça e do sudoeste alemão ensinava, com Zwínglio, uma simples graciosa-externa presença de Cristo nas espécies eucarísticas e negava uma presença substancial (cf. LOCHER, G.W. *Die Zwinglische Reformation*. Gö, 1979, 283-343). Os sacramentos não seriam meios da graça, mas sinais da fé e marcas distintivas da confissão cristã. Eles confirmam primeiramente não os receptores, mas a comunidade que realiza o batismo como cerimônia de entrada e a Eucaristia como compromisso pessoal da fé e do agir cristãos (cf. ZWÍNGLIO. *De vera et falsa religione*, 7 III, 773-820). A missa, como memória exterior, estimularia apenas a fé subjetiva, na medida em que o fiel, agora, no Espírito Santo, receberia a força salvífica da cruz. Depois da ascensão, o Corpo de Cristo habitaria *localiter* no céu. Não poderia, ao mesmo tempo, tornar-se presente sobre o altar. Segundo as palavras de Jesus, "a carne para nada" serviria (Jo 6,63; Rm 14,17). Por conseguinte, o comer da carne de Cristo outra coisa não significaria senão crer em Cristo. O *est* deveria ser traduzido simbolicamente por: "O pão significa (= *significat*) meu corpo".

No Diálogo sobre a Religião, de Marburgo, 1529 (WA 30, II, 110-144), contra Zwínglio, Lutero insistiu em uma interpretação fiel ao texto das palavras institucionais de Jesus. Contra uma concepção de fé idealística e espiritualizante, ele enfatiza que o "é" deveria ser compreendido como uma identidade real do pão e do vinho com o corpo e o sangue de Cristo.

Posto que Lutero rejeite também a doutrina da transubstanciação e se aproxime mais do modelo da consubstanciação ou da impanação, em estreita oposição a Zwínglio, ele não deixa nenhuma dúvida quanto a uma presença real sacramental (cf. *Vom Abendmahl Christi*. Bekenntnis, 1528). A Fórmula de Concórdia, de 1580, diz na clássica formulação, que Cristo, *"cum, in et sub pane"* (com, no e sob o pão) estaria presente (Solida declaratio VII. De coena Domini: BSLK 970-1016, 984, entre outras).

Contra o argumento de Zwínglio, de que o Cristo que habita o céu não poderia ao mesmo tempo estar presente na forma do pão e do vinho, Lutero responde com a doutrina da ubiquidade: apoiando-se na comunicação cristológica dos idiomas (que resulta da união hipostática), ele diz que o corpo natural de Cristo no céu, cheio da onipresença de Deus, ligar-se-ia com o pão e com o vinho sobre o altar. Destarte, em virtude da *unio sacramentalis*, o Cristo poderia estar presente em toda parte, também na celebração eucarística. E a natureza humana, cheia da onipresença divina, estaria presente na Eucaristia por vontade de Deus, contanto que a Eucaristia seja recebida na fé (doutrina da onipresença voluntária).

Por mais que a fé, com vistas à recepção da Eucaristia, deva ser acentuada, visto que o sacramento visaria ao despertar e ao fortalecimento da fé salvífica, seja, no entanto, mantido que não é a fé que instituiria a presença de Cristo nas formas sacramentais. Daí se segue que tanto os fiéis quanto os infiéis usufruem *sacramentaliter* do Corpo e do Sangue de Cristo, uns para a salvação, outros para o juízo (cf. 1Cor 11,29).

Esta consequência opõe-se a Calvino (Inst. chr. rel. IV, 17). Em razão da doutrina da predestinação, somente os cristãos verdadeiramente predestinados ao céu poderiam ter autenticamente comunhão com o Corpo de Cristo na Eucaristia. No caso da unidade das substâncias do Corpo e do Sangue de Cristo com as substâncias do pão e do vinho em virtude da *unio sacramentalis*, os infiéis receberiam também, de fato, o Corpo de Cristo (*manducatio impiorum*).

Por certo, Calvino, influenciado por Agostinho, pretende ver o sinal sacramental e o conteúdo do sacramento mais próximo um do outro do que Zwínglio. Para ele, o sacramento não é apenas um meio subjetivo de estímulo para a fé. Mas é menos que um meio da graça, ou seja, não é nenhum sinal com o qual estaria ligado indissoluvelmente um dom salvífico.

A Eucaristia intermedeia a comunhão com o Corpo de Cristo no céu, mas uma presença deste corpo sobre a terra seria impossível. As palavras da instituição teriam intenção simbólica. Contudo, o Espírito Santo faria com que os fiéis, ao tomarem os sinais eucarísticos, realmente participem do corpo e do sangue do Cristo celestial. Por conseguinte, o Espírito Santo realizaria um tipo de presença real que, aliás, deveria ser diferençada de uma presença real sacramental. O Espírito de Deus operaria a salvação exclusivamente nos predestinados à vida eterna, de modo que somente eles teriam comunhão com o Corpo de Cristo. Os infiéis e os predestinados à condenação receberiam, durante a liturgia eucarística, simplesmente pão natural e vinho natural, ao passo que, de acordo com a compreensão católica e luterana, o cristão carregado de pecados graves receberia o corpo e o sangue de Cristo – embora para a perdição.

### *A afirmação da doutrina da fé católica mediante o Concílio de Trento*

O Concílio de Trento não respondeu com uma nova compreensão teológica abrangente de toda a doutrina eucarística. Em três decretos que surgiram independentemente uns dos outros, faz-se referência a questionamentos individuais da reforma. O Concílio ocupa-se dos seguintes temas: 1) A presença real (Decreto sobre a Eucaristia, 1551). 2) A doutrina sobre a comunhão sob as duas espécies (1562). 3) O caráter sacrificial da missa (doutrina do santo sacrifício da missa, 1562).

#### *A doutrina da presença real*

O Cân. 1, contra a afirmação de Zwínglio de que Cristo estaria presente "somente como que em sinal" e "somente na eficácia por meio do Espírito Santo", declara "que no sacramento da Santíssima Eucaristia está contido verdadeira, real e substancialmente (*vere, realiter et substantialiter*) o corpo e sangue, juntamente com a alma e a divindade de Nosso Senhor Jesus Cristo, e, portanto, o Cristo inteiro" (DH 1651; 1636). Segundo o Cânone 8, não basta dizer que se comeria apenas espiritualmente o Corpo de Cristo, não porém também *sacramentaliter ac realiter* (DH 1658).

Cân. 2: Rejeitam-se as doutrinas da consubstanciação e da impanação, a saber, o ensinamento de que, depois da mudança, as substância do pão e do vinho perdurariam (*remanentismus*). A fé católica na maravilhosa e singular mudança de toda a substância do pão no corpo e de toda a substância do vinho no sangue de Cristo, permanecendo só as espécies de pão e de vinho (*dumtaxat speciebus panis et vini*) – mudança que a Igreja Católica chama com muita propriedade de transubstanciação (*aptissimet transsubstantiationem appelat* (DH 1652).

Cân. 3 e 4: sob cada espécie e sob cada parte de cada espécie está contido o Cristo inteiro. Esta ligação da presença de Cristo nos sinais sacramentais exclui a opinião (de Lutero) segundo a qual Cristo estaria presente somente no uso (*tantum in usu*) do sacramento e não enquanto as espécies sacramentais durarem (DH 1653s.).

Cân. 5 e 11: exclui-se a opinião de que o fruto excelente ou até mesmo exclusivo da Eucaristia seria a remissão dos pecados. Para aqueles que se fizeram culpados de um pecado grave, não basta a fé como preparação para a recepção da Eucaristia. Para eles, faz-se necessária a recepção do Sacramento da Penitência ou pelo menos o desejo dele (DH 1655; 1661).

Cân. 6 e 7: da presença real, segue-se a dignidade da adoração e da veneração de Cristo no sacramento. São fundamentadas, portanto, também as diversas formas de conservação do sacramento, seja para a comunhão dos enfermos, seja para as procissões sacramentais etc. (DH 1656s.).

*A comunhão sob uma espécie*

Condena-se o ensinamento de que, segundo o mandamento de Deus, os fiéis deveriam, como exigência para a salvação, receber Cristo sob as duas espécies (DH 1726; 1731). Porque sob cada espécie é recebido o Cristo inteiro, a Igreja pôde aceitar, legitimamente, o costume que se constituía, desde o começo da Idade Média, de comungar unicamente sob uma espécie. Pertence à fé a certeza de que sob cada uma de ambas as espécies recebe-se o Cristo inteiro (DH 1729; 1733). O poder da Igreja de mudar a forma concreta e a realização de cada um dos sacramentos não se estende, porém, à substância deles (DH 1728: "*salva illorum substantia*"). Para a realização da Eucaristia, portanto, são necessários pão e vinho, ao passo que para a recepção sob as duas espécies não é obrigatória para cada um dos participantes, individualmente, mas pelo menos para o sacerdote celebrante. Evidentemente isto não exclui que a recepção sob as duas espécies constitua a forma normal (DH 1731-1733).

"As crianças que não têm o uso da razão não são obrigadas por nenhuma necessidade à comunhão sacramental da Eucaristia, já que, regeneradas pelo banho do batismo e incorporadas a Cristo, não podem perder naquela idade a graça de filhos de Deus anteriormente recebida" (DH 1730; 1734).

*A doutrina da missa como sacrifício*

Cap. 1 (cân. 1 e 2): embora o próprio Cristo se tenha oferecido ao Pai como vítima "de uma vez por todas no altar da cruz" (*semel se ipsum in ara crucis*), exerce, no entanto, seu eterno sacerdócio igualmente no sacrifício visível da Eucaristia, que ele deixou para sua Igreja na sala da Última Ceia: "Aquele sacrifício cruento que se havia de realizar uma vez por todas na cruz, [deveria] ser tornado presente (*repraesentaretur*) e seu memorial permanecer até o fim dos séculos e seu poder salutar aplicado para a remissão dos pecados que diariamente cometemos" (DH 1740). A missa é, portanto, "um verdadeiro e próprio sacrifício" (*verum et proprium sacrificium*). A ação sacrifical não consiste simplesmente em que o Cristo se nos seja dado como alimento (DH 1751).

Cap. 2 (e cân. 3): E, como neste divino sacrifício que se realiza na missa está contido e é incruentamente imolado o mesmo Cristo que se ofereceu, uma vez por todas, de maneira cruenta no altar da cruz, consequentemente o sacrifício eucarístico deve também ser compreendido como sacrifício propiciatório (DH 1743). "Se alguém disser que o sacrifício da missa só é de louvor e ação de graças, ou mera comemoração do sacrifício realizado na cruz, porém não sacrifício propiciatório; ou que só aproveita a quem o recebe e não se deve oferecer pelos vivos e defuntos, pelos pecados, penas, satisfações e outras necessidades: seja anátema" (DH 1753).

Sacrifício e vítima são um e mesmo Cristo, que age na Eucaristia, mediante o ministério da Igreja. Sacrifício da cruz e sacrifício da missa são diferentes apenas na forma de oferecer (*sola offerendi ratione diversa*): na cruz, como vítima cruenta; aqui, como sacrifício memorial incruento, realizado sacramentalmente (DH 1743).

A celebração eucarística, portanto, nada mais é do que o sacrifício da cruz no qual o Cristo é sujeito, e sua obra salvífica sacerdotal é tornada presente sacramentalmente sob a forma da *repraesentatio*, da *commemoratio* e da *applicatio*. Neste sentido, a missa é verdadeiro e próprio sacrifício (DH 1740).

Seguem-se outras explicações sobre as missas, aquelas que são celebradas em honra dos santos, sobre o cânone da missa e sobre cada uma das cerimônias, sobre missas nas quais somente o celebrante comunga, sobre a água que deve ser misturada ao vinho, sobre a língua vernácula nas missas (DH 1744-1750; 1755-1759).

### A teologia da missa pós-tridentina

A teologia pós-tridentina buscou especialmente nos sinais sacramentais uma semelhança com a doação sacrificial da vida de Jesus na cruz. O problema consistia em como o sacrifício da missa, como sacrifício relativo, inteiramente dependente do sacrifício da cruz, mas, como "verdadeiro e próprio sacrifício" (DH 1740), devia ser mais precisamente determinado. No caso, tudo se orientava mais por uma concepção de sacrifício segundo a ótica da história das religiões, mediante a qual o sacrifício, de certa maneira, consistia na destruição das ofertas, em vez de definir a noção de sacrifício a partir de sua estreita concentração cristológica, do ato pessoal de doação de Jesus ao Pai, no qual os fiéis, mediante o ato da doação a Deus e ao próximo, se deixam envolver.

Ao lado da *teoria da destruição* (G. Vázquez), que partia da destruição dos dons, desenvolveu-se também uma *teoria da imolação*: segundo esta, a dupla consagração simbolizaria uma imolação místico-simbólica de Jesus como Cordeiro de Deus (A. Tanner, L. Lessio, L. Billot), que na comunhão, segundo seu ser sacramental, é "consumido" e "aniquilado" (R. Belarmino). De acordo com a *teoria da oblação* (F. Suarez, P. de Berulle, J. de Maldonado, V. Thalhofer, M. Lepin, M. de la Taille), a natureza do sacrifício consiste na oferta dos dons sacrificiais. Dever-se-ia ainda mencionar a concepção de um ato sacrificial duradouro de Jesus na liturgia celestial, que se torna visível na celebração terrestre da Eucaristia (cf. RENZ, F.S. *Die Geschichte des Messopferbegriffs I-II*. Freising, 1901/1902).

### Princípios para uma nova teologia da Eucaristia no século XX

No contexto de uma reorientação da teologia sacramental (teologia dos mistérios; nova compreensão do símbolo da herança bíblica e patrística), supera-se o tratamento da Eucaristia segundo aspectos individuais isolados (sacrifício, sacramento, presença real) e se prepara uma visão orgânica geral.

Depois que, na Encíclica *Mediator Dei*, do Papa Pio XII, ressaltou-se a participação ativa dos leigos no ministério sacerdotal da Igreja, e a Eucaristia foi ressaltada novamente como memória real e participação sacramental na pessoa e no destino de Jesus Cristo (DH 3847-3854), o Concílio Vaticano II pôde definir as ideias básicas da presença sacramental do mistério pascal de Cristo: na Eucaristia toda a Igreja celebra, segundo o mandato de Cristo, a vitória e o triunfo de sua morte, para, ao mesmo tempo, dar graças a Deus em Cristo e na força do Espírito Santo, pelo imenso dom da salvação (cf. SC 6).

A Eucaristia é o acontecimento simbólico, fundando no próprio acontecimento da revelação, da autopresentificação de Cristo na comunidade sacerdotal do povo de Deus e de todos os seus membros:

> "Participando do sacrifício eucarístico, fonte e ápice de toda a vida cristã, [= os fiéis] oferecem a Deus a Vítima divina e com ela si mesmos. Assim, quer pela oblação, quer pela Sagrada Comunhão, todos – cada um segundo sua condição – exercem na ação litúrgica a parte que lhes é própria. Reconfortados pelo Corpo de Cristo na Sagrada Comunhão, mostram de modo concreto a unidade do povo de Deus, apropriadamente significada e maravilhosamente realizada por este augustíssimo sacramento" (LG 11).

No período anterior e no posterior ao concílio, havia na teologia uma ampla discussão que queria difundir uma melhor compreensão da presença real.

Durante muito tempo, a noção de substância causou problema devido à sua mudança de significado no final da Idade Média e começos da Modernidade. No personalismo moderno, ademais, foi criticada a metafísica clássica da substância, orientada para a materialidade do ente. A fim de explicar o mistério da fé da presença real nesta nova compreensão da realidade, desenvolveu-se a concepção de uma *transignificação* e de uma *transfinalização* (E. Schillebeeckx, J. Powers, P. Schoonenberg, entre outros).

O discurso da mudança de significado e da mudança de fim, porém, não podia reproduzir completamente a intenção declaratória da doutrina da transubstanciação, pois a transubstanciação significa uma mudança na constituição das coisas e não apenas uma mudança do significado que o ser humano atribui às coisas. Por esta razão, o Papa Paulo VI, na Encíclica *Mysterium Fidei*, de 1965, reforçou a indispensabilidade da noção de transubstanciação, a fim de que se pudesse conservar a identidade das espécies simbólicas do pão e do vinho com a realidade do corpo e do sangue de Cristo (DH 4410-4413).

Deve-se considerar, porém, que a mudança na constituição das espécies eucarísticas não é considerada como físico-sensitiva, mas ontológica. Somente o reconhecimento humano tem acesso ao ser transformado do pão e do vinho, ainda que o ser humano não possa produzir independentemente tal mudança. Se, consequentemente, as proposições da transfinalização e da transignificação são desenvolvidas no âmbito de uma teoria geral do símbolo-real, elas podem tornar compreensíveis tanto a mudança de ser, realizada por Deus, quanto a mudança de sentido, acessível somente pela fé. Na medida em que Deus faz dos sinais do pão e do vinho meios realistas da presença da corporeidade de Cristo, eles se tornam símbolos reais que mostram e comunicam realmente a presença de Cristo como Senhor glorioso, em sua humanidade gloriosa e em sua divindade. O portador do ser das espécies simbólicas é o próprio Deus, que torna presente e comunicável sua singular presença na PALAVRA eterna encarnada, de maneira ímpar, em mediação sacramental.

### d) Perspectivas de uma teologia da Eucaristia

#### *A Eucaristia como memória sacramental da morte de Jesus na cruz*

A ordem que Jesus deu a seus discípulos foi: *1. Fazei, 2. isto, 3. em memória de mim* (cf. 1Cor 11,24s.; Lc 22,19). Mediante o fato de que Jesus encarregou a comunidade dos discípulos da realização litúrgica da celebração que Ele instituiu, uma celebração que vale até seu retorno (1Cor 11,26), Ele institui o "isto" da Eucaristia, ou seja, a realidade da doação de sua vida (cf. Jo 6,51: "O pão que eu darei é a minha carne para a vida do mundo"). Na memória sacramental permanece presente escatologicamente a nova aliança realizada em Cristo. Na Eucaristia, o sacrifício da cruz torna-se presente quer em sua singularidade histórica, quer em sua validade que já não pode ser anulada (entrelaçamento das dimensões do passado, do presente e do futuro). Uma vez que o sujeito da celebração eucarística é idêntico ao sujeito do sacrifício da cruz, na ação simbólica de sua comunidade, instituída por Ele, o próprio Jesus se faz memória e comunica sua presença. A Eucaristia não é uma celebração memorial subjetiva dos discípulos, na qual eles se lembram de Jesus. A Eucaristia é, antes, uma memória real objetiva: Jesus, de quem se faz memória, torna-se, Ele mesmo, presente na Palavra e na celebração eucarística. Deste modo, Ele permite que os discípulos participem de sua autodoação ao Pai, no Espírito Santo, e em sua *koinonia/communio* como o Pai, mediada pneumaticamente (cf. a relação-*Abba*; Mc 14,36; 15,34; Jo 1,13; 1Jo 1,1-3).

#### *A presença atual de Jesus na Eucaristia*

A Eucaristia outra coisa não é senão o sacrifício da cruz no modo de sua presença sacramental, e precisamente na ação simbólica confiada por Jesus à Igreja. Uma vez que a instituição da Eucaristia durante a Última Ceia representa uma antecipação do sacrifício da cruz, a celebração da Eucaristia, ordenada por Jesus, é uma presentificação sacramental do sacrifício da cruz. Mediante as espécies eucarísticas, ele se doa à sua Igreja, no Espírito, como o Filho de Deus encarnado, crucificado e ressuscitado (Jo 17,26; Hb 9,14) e, assim, faz da Igreja o que ela é: Corpo de Cristo, comunidade crente e amorosa de discípulos, Igreja do Pai, do Filho e do Espírito (cf. a estrutura trinitária da oração eucarística no modelo de oração de Hipólito).

## A presença real de Cristo nos sinais eucarísticos

O próprio Jesus identifica pão e vinho com sua carne e seu sangue: "Quem come a minha carne e bebe o meu sangue tem a vida eterna, e eu o ressuscitarei no último dia. Pois a minha carne é verdadeiramente uma comida e o meu sangue é verdadeiramente uma bebida. Quem come a minha carne e bebe o meu sangue permanece em mim, e eu nele. Assim como o Pai, que vive, me enviou e eu vivo pelo Pai, também aquele que de mim se alimenta viverá por mim" (Jo 6,54-57).

Por presença de uma pessoa, compreende-se: 1) Sua presença em minha consciência, quando dela me lembro subjetivamente, ou seja, uma imagem sensitiva cognitiva armazenada, que é ativada conscientemente. 2) Quando uma imagem ou uma foto me traz tal pessoa à memória. 3) Quando alguém, com sua corporalidade natural, entra no âmbito de minha experiência sensitiva atual. Contudo, uma pessoa também pode fazer-se presente a mim em sua corporeidade mediante elementos e sinais sensíveis que ela associa à sua corporeidade e pelos quais ela se torna tão presente a mim, que consigo entrar em comunhão com ela.

No caso incomparável da presença real eucarística, chega-se a uma incomensurável unidade e diferença entre o pão e o Corpo de Cristo, de modo que, por meio deste sinal sensível palpável, ele mesmo se dá a conhecer e, na fé, torna-se pessoalmente comunicável. Ao mesmo tempo, porém, conserva-se ainda a diferença entre o sinal sacramental e o conteúdo, na medida em que o pão não se torna uma parte física do corpo natural, histórico e glorioso de Cristo. Trata-se, aqui, do caso único de uma presença real sacramental-anamnésica. Somente Deus é capaz de constituí-la. Ela é interiormente razoável porque tanto repousa na vertente da vinda encarnatória e histórico-salvífica de Deus ao mundo quanto corresponde à natureza corporal e social do ser humano, destinatário da revelação.

Por isso, a fé na presença real não resulta de uma simples interpretação filológica das palavras explanatórias de Jesus, ou de uma submissão positivista à autoridade de Cristo. Em sua redação aramaica, do ponto de vista gramatical, não aparece o "é". Contudo, a tradução "Isto é (τοῦτό ἐστιν) meu corpo, que será entregue por vós", para a língua grega está objetivamente correta, porque o próprio Jesus interpelou o pão que Ele mantinha na mão, e identificou-o com seu corpo. Trata-se da comunhão vivificante com Jesus, o mediador da Nova Aliança, que por sua autodoação da cruz instituiu a Nova Aliança em seu sangue e adquiriu a Igreja como o novo povo da aliança. Na Eucaristia, o fiel não come partes físicas do corpo de Jesus, mas, nos sinais do pão e o do vinho consagrados, comunga da humanidade de Jesus, de sua missão e de seu destino na cruz e na ressurreição.

*Em razão de a humanidade de Jesus ser o símbolo real da comunicação divino-humana, a Eucaristia pode ser compreendida como a mais sublime condensação deste acontecimento mesmo como símbolo real da comunicação divino-humana: como comunhão com o Deus triuno, que é vida eterna para o ser humano. O receptor do Corpo de Cristo torna-se amigo de Deus* (Jo 15,15; 17,3.22-26).

### O efeito da Eucaristia: nova vida, reconciliação, nova aliança

Durante a Última Ceia, Jesus interpretou sua morte como morte expiatória vicária do Servo de Deus para os muitos, ou seja, a pluralidade ou a totalidade do povo, por quem Ele entrega sua vida (Is 53,10). Mediante isso, na contingência do mundo, Deus realiza a reconciliação da humanidade com Ele (2Cor 5,20).

A nova aliança no sangue de Cristo (Mc 14,24; Hb 9,12-26) ilumina-se à luz dos pactos de aliança veterotestamentários (Ex 24,5-8). Antigamente, Moisés espargiu sobre o altar o sangue da vítima sacrificial imolada (= símbolo da presença salvífica de Deus). Com este mesmo sangue, porém, ele também aspergiu o povo. Nesta ação simbólica, Yahweh e o povo são unidos pelo sinal do sangue. Assim, agora Jesus é o verdadeiro cordeiro que tira os pecados do mundo (Jo 1,29).

---

"Cristo, porém, veio como sumo sacerdote dos bens vindouros. Ele atravessou uma tenda maior e mais perfeita, que não é obra de mãos humanas [...]. Ele entrou uma vez por todas no santuário, não com o sangue de bodes e de novilhos, mas com o próprio sangue obtendo uma redenção eterna [...]. Quanto mais o sangue de Cristo que, por um Espírito eterno, se ofereceu a si mesmo a Deus como vítima sem mancha, há de purificar a nossa consciência das obras mortas para que prestemos um culto ao Deus vivo. Eis por que Ele é mediador de uma nova aliança" (Hb 9,11-15; cf. Jr 31,31; Is 24; 42,6; 52,13.15; Is 49,8: "Modelei-te e te pus por aliança do povo [...]").

Quando o Concílio de Trento designa a Eucaristia também como sacrifício de intercessão e de expiação não está dando a entender um acréscimo humano ao sacrifício expiatório de Cristo. Visto que a Eucaristia, como presentificação sacramental, atualiza todos os aspectos do sacrifício da cruz, nela Cristo concede aos fiéis a graça da reconciliação. Assim, como membros do Corpo de Cristo e do novo povo da aliança, eles podem receber o dom da reconciliação e impregná-lo em si em uma vida de seguimento de Cristo e de conformação em seu sofrimento e em sua ressurreição (Fl 3,20, entre outros).

Expiação, na vida cristã, não significa uma atuação que visa primeiramente à reconciliação com Deus, mas uma ligação consciente, por meio da graça de Cristo, dos que foram reconciliados em Jesus. Ele morreu por todos, "a fim de que aqueles que vivem não vivam mais para si, mas para aquele que morreu e ressuscitou por ele" (2Cor 5,15). Deste modo, eles completam para o Corpo de Cristo, a Igreja, na vida terrena deles, "o que falta ao sofrimento de Cristo" (Cl 1,24), isto é, a plenitude do desígnio salvífico de Deus no amor responsorial e na unificação da cabeça e do corpo (Ef 4,13-16).

### *O Corpo de Cristo como sacramento e como Igreja*

A Igreja também é designada como Corpo de Cristo (Rm 12,5; 1Cor 12,12-31a; Ef 1,23; Cl 1,18). Corpo significa, falando de modo geral, a presentificação de uma pessoa espiritual e livre. Ao se falar, portanto, da Igreja como Corpo de Cristo, expressa-se: ela é a constante presença do Senhor glorioso na comunidade visível de pessoas que estão reunidas em seu nome. Na medida em que Jesus Cristo, como cabeça, está unido à Igreja, age por meio dela e por meio das ações simbólicas prescritas por Ele, torna-se o princípio de vida de sua Igreja. Ao celebrar a Eucaristia, em obediência à vontade instituidora de Jesus, ela se deixa sempre de novo reconstruir, por sua Cabeça, como Corpo de Cristo.

A fruição do corpo sacramental reúne os muitos fiéis na unidade do corpo eclesial de Cristo (1Cor 10,16s.). Igualmente os fiéis que já morreram e que foram plenificados em Cristo pertencem ao único Corpo de Cristo (Rm 10,8s.; 1Ts 5,9; Hb 12,22-24; Ap 6,9; 8,3).

A partir desta intuição, no curso da crescente veneração dos santos e da solidariedade com os membros defuntos da comunidade que ainda carecem da perfeição de sua contrição e de sua conformação interior a Cristo (Igreja padecente no processo de purificação/purgatório), resulta a concepção de que em cada celebração eucarística toda a Igreja, com todos os seus membros é, em Jesus Cristo, sujeito da memória sacramental. A práxis das missas em honra dos santos e em socorro dos mortos no purgatório não surgiu de uma iniciativa própria da Igreja, ao lado da mediação salvífica de Cristo, mas acentuava a acolhida e implementação do infinito valor do sacrifício da cruz na subjetividade individual e coletiva da comunidade dos fiéis (veneração e solidariedade intercessora).

A dimensão eclesial da Eucaristia expressa-se também no cuidado pelo bem-estar físico do próximo, por uma organização social, econômica e constitucional e pela justiça. Lucas via a comunhão de bens da Igreja primitiva em estreita ligação com a Eucaristia (At 2,42; cf. 1Cor 11,21).

### *A Eucaristia como penhor da vida eterna*

Na cruz e na ressurreição de Jesus o desígnio salvífico de Deus tornou-se irrevogavelmente reconhecível no mundo. No processo da acolhida individual e social da salvação na fé e no amor, Deus inclui as pessoas na acabada obra da salvação. "Agora, no fim dos tempos [...], Cristo foi oferecido uma vez por todas para tirar os pecados da multidão. Ele aparecerá uma segunda vez, com exclusão do pecado, àqueles que o esperam para a salvação" (Hb 9,28).

Já no ato da instituição da Eucaristia, Jesus indicara uma nova comensalidade, visto que Ele só voltaria a beber do fruto da vinha no Reino de seu Pai (Mt 26,29; Lc 22,18; Mc 14,25).

Com vistas ao futuro escatológico do desígnio salvífico de Deus presente em Cristo, o apóstolo pode dizer: "Todas as vezes, pois, que comeis desse pão e bebeis desse cálice, anunciais a morte do Senhor até que Ele venha"

(1Cor 11,26). Na Comunhão eucarística da Igreja, o discípulo sabe-se relacionado, em esperança, à comunhão eterna de Deus com as pessoas e das pessoas entre si (LG 1), na medida em que ele crê na Palavra de Deus: "Felizes aqueles que foram convidados para o banquete das núpcias do Cordeiro" (Ap 19,9).

## III. A REAÇÃO DE CRISTO AO PECADO, À ENFERMIDADE E AO PERIGO DE MORTE

### 4 A Penitência: o sacramento da reconciliação com Deus e com a Igreja

#### a) Visão geral do Sacramento da Penitência

*Declarações de fé sobre o Sacramento da Penitência*

Na sequência, tem-se como quarto sacramento a Penitência ou a Reconciliação em relação a pecados pós-batismais (*sacramentum poenitentiae seu reconciliationis*).

O Sacramento da Reconciliação pode ser considerado sob três aspectos:

1) A graça deste sacramento opera a reconciliação do batizado que perdeu a graça justificante, por meio de um pecado grave, com Deus, o único autor e conteúdo da salvação. A reconciliação com Deus Pai realiza-se como renovação da comunhão com Deus, com o Filho encarnado do Pai, que, como Cristo Jesus, por meio de seu anúncio do Reino de Deus, de sua cruz e de sua ressurreição, realizou a nova aliança e a reconciliação da humanidade com Deus. O sacramento contém também a reconciliação com o Espírito Santo, que é o amor autocomunicativo de Deus (Rm 5,5; 2Cor 13,13), que produz a nova criaturalidade do ser humano e permite participar da filiação de Cristo com o Pai (Gl 4,4-6).

2) O sinal perceptível do Sacramento da Penitência (*res et sacramentum*) é a reconciliação do pecador com a Igreja (*pax cum ecclesia*). Na medida em que a Igreja realiza seu ser, santificado no Espírito Santo, em prol do pecador, e lhe permite participar de sua vida, Deus opera a realidade da unidade de vida com ele em sua graça.

3) A ação simbólica (*sacramentum tantum*) é o procedimento penitencial eclesial: absolvição sacerdotal, intercessão poderosa da comunidade (= indulgência), ato de contrição (como arrependimento do coração), reconhecimento dos pecados, confissão e obras de penitência da satisfação.

De acordo com a teologia tomasiana, o *Concílio de Florença* (1439), no Decreto para os armênios, descreve este sacramento da seguinte maneira:

*"O quarto sacramento é a Penitência, do qual são como que a matéria os atos do penitente, distintos em três grupos: o primeiro é a contrição do coração, que consiste na dor do pecado cometido acompanhado do propósito de não pecar para o futuro. O segundo é a confissão oral, na qual o pecador confessa integralmente ao seu sacerdote todos os pecados de que tem memória. O terceiro é a penitência pelos pecados, segundo o arbítrio do sacerdote, à qual se satisfaz especialmente por meio da oração, do jejum e da esmola. A forma deste sacramento são as palavras da absolvição que o sacerdote pronuncia quando diz: 'Eu te absolvo'. O ministro deste sacramento é o sacerdote, que pode absolver com autoridade ordinária ou por delegação do superior. O efeito deste sacramento é a absolvição dos pecados" (DH 1323).*

Levando em conta a pesquisa histórico-penitencial do século XX (B. Xiberta, H. de Lubac, B. Poschmann, M. de la Taille, K. Rahner, entre outros), o *Concílio Vaticano II* ressaltou uma vez mais a dimensão penitencial da Igreja. A penitência é uma realização da natureza sacramental da Igreja, que se realiza como comunidade santa e sacerdotal nos sacramentos:

*"Os que procuram o Sacramento da Penitência obtêm da misericórdia de Deus o perdão da ofensa E ele infligida e ao mesmo tempo se reconciliam com a Igreja, que feriram com seu pecado, mas que pela caridade, exemplo e oração trabalha por sua conversão" (LG 11; cf. PO 5).*

A *Ordo Poenitentiae*, de 1973, exigida pelo Concílio (cf. SC 72), leva em conta a visão eclesial da penitência e, com isso, supera uma visão relativamente individualista da "confissão" como acontecimento exclusivo entre sacerdote e penitentes.

Além da liturgia geral da penitência e da oração da Igreja, que são eficazes *ex opere operantis*, há três diferentes formas litúrgicas do Sacramento da Penitência. A elas pertence necessariamente a absolvição sacerdotal, a contrição, o reconhecimento e o ato de confessar do pecador, que é apoiado pela intercessão da Igreja:

1) A *celebração da reconciliação particular*, com a confissão individual dos pecados em particular.

2) A *celebração comunitária da reconciliação,* na qual é feita somente a confissão individual dos pecados diante de um sacerdote presente.

3) A *celebração comunitária da reconciliação com uma confissão geral e uma absolvição sacramental* para todos os presentes. A isto é vinculada a resolução de confessar eventuais pecados graves na próxima oportunidade em uma confissão individual diante de um sacerdote, com exceção de uma impossibilidade física ou moral. Esta necessidade resulta da integridade do sacramento e é de *iure* divino. A celebração da penitência com absolvição sacramental geral exige a permissão episcopal, vale dizer, está limitada a emergências.

*Importantes decisões doutrinais da Igreja*

Na *antiguidade eclesial* levantou-se, do lado de tendências rigoristas (montanismo, novacionismo e donatismo), a questão de se a Igreja possuiria, enfim, o poder de perdoar, ou se determinados pecados graves não ficariam fora do poder da Igreja de perdoar pecados (p. ex., apostasia, assassinato, adultério).

A isto se opunha a amplamente atestada convicção do fundamental e ilimitado poder da Igreja de perdoar pecados (Hermes, mand. 4, 3.6. • Justino, dial. 141. • Irineu, haer. I, 6,3; 13,5; 7; IV, 40,1. • Clemente de Alexandria, q.d.s 39,2. • Orígenes, hom. in Lev. 2,4. • Cels. III, 51. • Tertuliano, paenit. 7-12. • Cipriano, laps. 16; 55,27). Hipólito, porém, mais uma vez, viu a Igreja guiada pelo Espírito como a reunião dos sem-pecados (ref. IX, 12,20-27), semelhante a Novaciano, que foi excluído da Igreja em um sínodo romano (251). Novaciano acusava seu oponente, o Papa Calixto I (217-222), de ter garantido a comunhão com a Igreja e a absolvição dos pecados a todos os pecadores desejosos de voltar.

Perante os novacianos, que se denominavam os puros, o *Concílio de Niceia* (325) rejeitou todo rigorismo no trato com os pecadores e também para com os apóstatas em razão das perseguições sofridas pela Igreja (cân. 8,11-14; COD 9-12).

Diversas seitas medievais (cátaros) questionavam principalmente o poder de perdoar pecados do ministério eclesial. O *Concílio de Constança* condenou alguns erros de Wycliffe (DH 1157) e de João Hus (DH 1260-1) e declarou que o perdão dos pecados acontecia não somente mediante a contrição interior, mas também mediante o ministério do sacerdote. O já mencionado decreto para os armênios, do *Concílio de Florença*, deverá ir mais longe (DH 1323).

As consequências para o Sacramento da Penitência, tiradas pelos reformadores a partir de sua nova doutrina da justificação, foram rejeitadas e corrigidas da XIV Sessão do Concílio de Trento, em 1551, em nove capítulos doutrinais (DH 1667-1693) e 15 cânones (DH 1701-1715).

Em um decreto do Santo Ofício de 1667, o *Papa Alexandre VII* mandou explicar com mais detalhes a liberdade doutrinal na interpretação do Cânone 5 do decreto tridentino sobre a penitência (DH 1705). Isto aconteceu por ocasião das controvérsias entre o contricionismo e o atricionismo. O ponto de partida de ambas as concepções era a doutrina do Concílio de Trento, segundo a qual o começo do amor de Deus deveria estar ligado com a contrição imperfeita, a fim de que no Sacramento da Penitência a graça do perdão pudesse ser recebida. O contricionismo afirmava, pois, que este amor incipiente deveria consistir em um ato formal do incipiente *perfeito* amor de Deus. O atricionismo, em contrapartida, enfatizava que, para a consecução da graça justificante no Sacramento da Penitência, além do arrependimento imperfeito, que poderia ser motivado pelo medo do castigo do inferno, não seria exigido nenhum ato formal de perfeito amor de Deus. O papa afastou-se de toda condenação das respectivas posições contrapostas. Tanto o arrependimento por temor quanto o incipiente perfeito amor de Deus conduzem ao perdão dos pecados no Sacramento da Penitência (DH 2070).

Na Constituição *Auctorem Fidei*, de 1796, o *Papa Pio VI* rejeita alguns erros do sínodo diocesano de Pistoia sobre a penitência, a confissão devocional, a absolvição, as indulgências e sobre a reservação episcopal e papal do perdão em determinados casos (DH 2634-2645).

Já se mencionou a renovação da teologia penitencial e da práxis penitencial realizada pelo *Concílio Vaticano II*.

## b) A penitência na época do Novo Testamento

### *A reconciliação dos pecadores com Deus segundo o testemunho do Novo Testamento*

No Antigo Testamento, o pecado não foi compreendido apenas como violação (material) dos mandamentos de Deus. No pecado, o ser humano ofende a santidade de Deus, essencial e dada a seu povo para que dela se aproprie. A culpa diante de Deus tem consequências interiores e expressa-se em uma atitude contra a santidade do mandamento e contra o santo povo de Deus da aliança. O pecador coloca-se sob o pecado, que se tornou um "poder da morte" (Rm 8,2) dominante no mundo. Ele deve suportar o efeito dos pecados em suas consequências individuais e sociais.

Jesus anuncia o reinado de Deus (Mc 1,14s.). Ele possibilita e exige a penitência, a conversão e o seguimento, a fim de poder acolher o reinado de Deus que está prestes a acontecer. Por isso ele se dirige aos pecadores e aos excluídos e liberta-os da situação desastrosa do pecado.

### *Reconciliação do mundo com Deus na cruz de Cristo*

O reinado de Deus irrompe definitivamente na doação da vida de Jesus na cruz, que Deus aceita como sacrifício vicário expiatório do Filho em obediência a Ele (Rm 3,24s.). Como sumo sacerdote e mediador da nova aliança, Cristo realiza uma "redenção eterna" (Hb 9,12), válida para todas as pessoas (2Cor 5,15; 1Tm 2,5). Na cruz e na ressurreição de Jesus é oferecida ao mundo, para sempre, uma reconciliação universal e uma nova comunhão de vida com Deus.

Paulo pode descrever a obra de Cristo como "libertação da lei do pecado e da morte" e estabelecimento do domínio do "Espírito e vida " (Rm 8,2). O senhorio de Deus é o julgamento sobre o dominador deste mundo (Jo 12,31), que impera mediante o pecado, a desgraça, o orgulho e a morte. O senhorio de Deus se completará quando Cristo aniquilar todo poder e força inimigos, e a morte, o último inimigo, e entregar seu reinado a Deus Pai (1Cor 15,24).

Cristo, na doação de sua vida, criou para si a Igreja como seu corpo, que deve aparecer diante dele sem "mancha, ruga ou qualquer falha". "Ela deve ser santa e imaculada" (Ef 5,27). A Igreja serve à santidade das pessoas mediante o exercício de sua missão, bem como através da concessão da colaboração e da participação em sua comunhão e em suas autorrealizações fundamentais (Batismo, Eucaristia).

### *A Igreja no serviço da reconciliação*

A missão eclesiológica confiada pelo Senhor ressuscitado indica um poder de "ligar e desligar", transmitido pelo Espírito Santo (Mt 16,19; 18,18) e pelo "perdoar e reter" (Jo 20,23) os pecados. Deste "ligar" e "reter" dos pecados não é, absolutamente, apenas um ato jurídico-disciplinar. Este procedimento tem um significado salvífico. Nele acontece o juízo escatológico e, eventualmente, também o perdão. Este serviço da reconciliação (2Cor 5,20) diz respeito também aos batizados que agiram de maneira grave contra o Espírito de Cristo e o Espírito do amor.

Devido à íntima unidade do amor de Deus e do próximo, o relacionamento do batizado com Deus sempre diz respeito também à Igreja que, como comunidade santa, deve reagir ao pecado. Há uma graduada reação da comunidade contra os pecadores em seu meio, que obviamente tem a ver com a gravidade da culpa, a intenção e a disposição do pecador para a conversão (cf. Mt 18,19). Também faz parte da preocupação da Igreja pela santificação de seus membros e pela superação do pecado a exigência da confissão do pecado perante os demais (1Jo 1,9; Tg 5,16).

No caso de falta grave, como o do incestuoso, de acordo com 1Cor 5, reage-se contra sua falta e se provam seu distanciamento de Deus e sua submissão ao poder do mal. Por este motivo, "em nome do Senhor", o apóstolo exclui-o da comunidade santa e santificadora, especialmente de sua refeição eucarística. O efeito salvífico do batismo é suspenso, não acontece uma exclusão total. A pungente medida tem o sentido de mostrar ao pecador seu ato, que o exclui da salvação, a fim de que ele se converta e, pela intercessão da comunidade, obtenha novamente a comunhão com a Igreja e com seus sacramentos (2Cor 2,6ss.).

Ademais, já na época neotestamentária, desenvolveu-se a consciência de que há pecados que separam do Reino de Deus (cf. a lista de vícios: Rm 1,29-32; 1Cor 6,9s.; Gl 5,19-21; Ef 5,5), e os que, diferentemente dos outros pecados (leves), conduzem ao julgamento e à morte eterna (1Jo 5,16).

Um problema que permanece insolúvel no NT consiste na questão de um novo perdão de pecados pós-batismais graves, que atraem para si a morte eterna. O discurso da impossibilidade de uma renovada conversão do batizado (Hb 6,4ss.; 10,26) traz à tona esta tensão. Nada é dito, porém, contra uma possível reconciliação por meio da comunidade. Obviamente trata-se de tornar-se consciente do irrepetível começo e do compromisso definitivo com a graça do batismo.

No geral, do NT emerge claramente a ideia fundamental de um procedimento penitencial: a santa Igreja distancia-se do membro impuro e que se tornou pecador (entrega-o ao âmbito do domínio do pecado, do antigo mundo e de satanás, a quem ele efetivamente se abandonou), e, assim, mostra que ele próprio tornou ineficaz o laço santificante com Cristo, seu Espírito e sua Igreja. Ao mesmo tempo, porém, a Igreja pede pela conversão, arrependimento e penitência do pecador, a fim de que ela possa novamente acolhê-lo em sua comunhão. Esta readmissão é o sinal visível da repetida reconciliação com Deus. O pecador é reconfortado de tal sorte pela reconciliação uma única vez concedida, que a força santificante do Espírito pode voltar a viver e ser operante nele. Este ato da readmissão acontece mediante a comunhão com toda a Igreja e é realizada concretamente por toda a Igreja sob participação e autoridade especiais do apóstolo e dos ministros da comunidade que se desenvolveram a partir do serviço apostólico (2Cor 2,6; 2Ts 3,14; 2Tm 2,2). Imposição da mão e invocação do Espírito são sinais concretos do perdão dos pecados e da nova reconciliação (cf. 1Tm 5,22).

### c) A propósito da história do Sacramento da Penitência

*Formas fundamentais da penitência na Igreja Antiga*

Na Igreja primitiva há indícios claros sobre o contexto eclesial da graça e do pecado. Cada pecado é um atentado contra a natureza santa da Igreja. Os pecados (mesmo os ocultos) contra Deus perturbam a comunhão pneumática com Ele. A Igreja distancia o pecador de si, a fim de conceder-lhe o perdão dos pecados mediante a conservação de uma nova comunhão com ela. Disto fazem parte, como no NT, arrependimento, conversão, confissão, obras de penitência como renovação do amor (1Clem. 48,1; 51,1; 56,1; 59,4; 60,1-3, entre outros. • Inácio, Philad. 8,1; Did. 15,3. • Policarpo de Esmirna, ep. 6,1s.; 11, 1.4. • Justino, 1 apol. 16,8. • Irineu de Lião, haer. I, 6,3; 13,5; III, 3,4).

A partir do século III, especialmente em Cipriano de Cartago, tornam-se conhecidas as formas fundamentais do procedimento penitencial eclesial. Dela fazem parte a exomologese (constatação dos exigidos resultados da penitência, a confissão dos pecados, os resultados penitenciais obtidos pelo pecador) e a reconciliação mediante a imposição da mão do bispo e dos presbíteros (ep. 15,1; 17,2; 64,1). Atribui-se força expiatória especialmente às obras de satisfação (ep. 30,3; 31,6.7). Esta satisfação, porém, não deve ser compreendida como um resultado independente, que unicamente move Deus ao perdão dos pecados. Ao contrário, a penitência resulta de um cuidado gracioso do salvador para com as pessoas e da capacitação para reelaborar a culpa mediante um profundo amor a Cristo e ao próximo. A unidade agora plenamente alcançada com o Santo Espírito no amor fundamenta a expectativa da reconciliação por meio da Igreja. A paz com a Igreja (*pax cum ecclesia*) é o sinal eficaz da comunhão com a Igreja plenificada pelo Espírito Santo. A função do bispo é, por assim dizer, constatar como "juiz" se as pressuposições para uma nova reconciliação estão dadas, a fim de, em uma sentença judicial, conceder novamente a comunhão eclesial (ep. 57,5; 66,3.5). Atribui-se importância especial à oração de intercessão ministerial do bispo, de toda a comunidade e particularmente dos confessores e dos mártires para a realização das obras de penitência (aqui jaz a origem da ideia da indulgência; cf. a seguir).

Esta penitência, via de regra empreendida uma única vez na vida, é um dos diversos procedimentos salvíficos do batismo, "um batismo laborioso, de certa maneira " (Gregório de Nissa, orat. 39,17. • João de Damasco, fid. Orth. IV,9), a "segunda tábua de salvação depois do naufrágio da graça perdia" (Tertuliano, paenit. 4,2. • Jerônimo, ep. 84,6; 130,0. • cf. Pedro Lombardo, Sent. IV d. 14, c.1s.).

### A mudança para a penitência privada ("confissão")

Acima de tudo, a dissociação de uma excomunhão canônica em relação à penitência sacramental, bem como o perigo de discriminação pública e a dureza das penitências motivaram a que a penitência eclesial pública fosse previsivelmente adiada para o fim da vida. As penitências de excomunhão e de reconciliação da Igreja Antiga decaíram. Por conseguinte, a partir do século VI, a forma do sistema penitencial irlandês-anglo-saxônico espalhou-se facilmente pelo continente. Como diferença decisiva em relação à penitência na Igreja Antiga, deve-se ver a múltipla repetibilidade da penitência, em seguida a possibilidade de uma confissão secreta (privada) dos pecados diante do padre. Depois da realização das obras (privadas) de penitência, que eram bastante esquematicamente estabelecidas nos livros penitenciais (penitência tarifária), seguia-se a absolvição sacerdotal pessoal.

Quando, finalmente, na virada do milênio, as obras de penitência podiam ser realizadas cronologicamente depois da absolvição, o Sacramento da Penitência modelou-se na forma individualista até hoje predominante, que rechaça a dimensão eclesial: a oração de intercessão da comunidade, a intercessão magisterial do sacerdote, a reconciliação visível na readmissão à Eucaristia. A absolvição sacerdotal aparecia como poder magisterial especial (quase fora de seu contexto eclesial). Nesta confissão sacramental privada podiam-se incluir também os pecados veniais (confissão de devoção). Em todo caso, na Idade Média conservou-se viva a consciência de que os pecados cotidianos deviam ser perdoados e superados de diversas maneiras (confissão geral dos pecados, boas obras, esmolas e jejum).

A Igreja oriental conhecia, do século VIII ao século XIII, a práxis de que os monges, como pneumáticos, administravam o sistema penitencial da Igreja. Atribuía-se a eles o perdão dos pecados e a transmissão do Espírito Santo. Este poder, porém, dever ser entendido mais no sentido da Igreja Antiga da intercessão eficaz para o apoio do pecador no arrependimento e na penitência, que verdadeiramente eliminam os pecados, e não como uma absolvição sacramental; esta permaneceu reservada ao bispo e ao presbítero.

As notícias ocasionais de que diáconos confeririam a reconciliação (Cipriano, ep. 18,1; Cân. 32 do Sínodo de Elvira) são controversas em sua interpretação (absolvição do pecado ou da excomunhão).

A confissão a um leigo, comum até o século XIII, quando não se conseguia um padre (Pedro Lombardo. Sent. IV, 17,4. • Tomás de Aquino, suppl. • Pseudo-Agostinho. *De vera et falsa poenitentia*, séculos XI/XII), não atribui aos leigos um poder de absolvição, mas corresponde à compreensão da confissão dos pecados como auto-humilhação salvífica do pecador. Quando, com Duns Escoto, colocou-se todo o peso da penitência na absolvição, a confissão leiga desapareceu. Devido a sua interpretação abusiva no sentido protestante do sacerdócio dos fiéis, ela foi combatida pelas controvérsias teológicas pós-tridentinas.

### O desenvolvimento da teologia penitencial na Escolástica

No combate contra o pelagianismo havia-se enfatizado a gratuidade da graça perante toda iniciativa do ser humano. O interesse passou dos atos eclesialmente visíveis da penitência para os atos interiores do arrependimento pessoal e da mudança de mentalidade. Esta tendência a uma internalização e uma individualização do perdão dos pecados foi fortalecida pela emergente penitência privada.

Assim, punha-se para a Escolástica a questão de por que a absolvição através do sacerdote ainda seria necessária se a graça de Deus age no arrependimento, na conversão e, portanto, já na reconciliação do pecador. Como pano de fundo, entrou a visão bíblica e antigo-eclesial de que a reconciliação com a Igreja não representa nenhum acréscimo à reconciliação com Deus, mas é seu sinal sacramental.

Nas teorias sobre a causalidade da absolvição sobre o perdão dos pecados buscava-se conservar determinada conexão. Quando o pecador, por meio da *poenitentia interior* (portanto, por meio da graça de Deus), já como justificado, chega à recepção do sacramento, a absolvição eclesial pode ser apenas declaratória (Pedro Lombardo, Sent. IV d. 17 c. 1). Ou a absolvição diz respeito à punição pelos pecados (*reatus poena*), que deve ser diferençada da dívida dos pecados (*reatus culpae*) (Hugo de São Vítor, sacr. II p. 14 c. 8). Outra possibilidade consiste em que o desejo do sacramento (*votum sacramenti*) e a própria absolvição têm uma influência predisponente à *attritio* (= arrependimento sem *votum*) e mudam-nos para a *contritio*, para o arrependimento perfeito, mediante o qual o perdão é concedido (Guilherme de Alvergne, Hugo de Saint Cher, Formel: *ex attrito fit contitus*).

*Tomás de Aquino* (S.th. III q. 84-90; suppl. q. 1-28) apresenta um ponto central da teologia penitencial escolástico na conservação ideal das intuições antigo-eclesiais. A graça perdoadora de Deus, como a causa da *poenitentia* interior, é vista encarnatória e eclesial-sacramentalmente a partir da cristologia. Na medida em que o perdão dos pecados, mediante a *contritio*, portanto por meio do arrependimento com *votum sacramenti*, é determinada pela absolvição eclesial-sacramental, pode-se dizer que no sacramento, o perdão é operado pela absolvição, sem que se ponha em questão a força que o arrependimento interior tem de tirar os pecados. Normalmente, o penitente achega-se ao Sacramento da Penitência como justificado, no qual se realiza a dimensão eclesial e sacramental que, por sua vez, tem como próprios o arrependimento e o perdão interior dos pecados. Os atos pessoais do penitente (arrependimento, confissão dos pecados e satisfação) entram, portanto, como quase matéria na constituição do sinal sacramental. Eles são também, neste ponto, constitutivos para o sacramento como sinal eficaz da graça. Eles são formados pela palavra da absolvição, a fim de mostrar e atuar o perdão da parte de Deus. As dimensões pessoal e sacramental aparecem aqui imediatamente uma na outra. O pecador é justificado por Deus por meio da graça que produz nele a disposição para a recepção dela e habilita-o a uma vida de fé segundo a lei do amor. Na absolvição, o sacerdote exerce o poder das chaves da Igreja (= ministério da santificação). Na absolvição ele age como ministro e instrumento de Deus, que é o único que perdoa os pecados. No entanto, como a fórmula de absolvição deixa claro, é autorizado para esta ação. Ela não exprime apenas o que aconteceu entre Deus e o penitente, mas nisso que ele pronuncia a absolvição, ele opera *em nome de Cristo* o que as palavras significam. Neste sentido, o sacerdote age ao mesmo tampo como juiz, que deve conhecer a culpa em razão de uma confissão, julga a dignidade do penitente e anuncia o perdão dos pecados na palavra de perdão e age *instrumentaliter* (S.c.g. IV c. 70-73).

Esta unidade diferenciada de visão pessoal e sacramental é desfeita por *João Duns Escoto* em um âmbito extrassacramental do perdão dos pecados mediante o perfeito arrependimento (sem o efeito prévio do sacramento), e um sacramental, no qual o pecador, com imperfeito arrependimento (arrependimento por temor), de maneira mais fácil alcança o perfeito arrependimento. Para Duns Escoto, a natureza do Sacramento da Penitência consiste na absolvição. Os atos pessoais já não são parte integrante, mas, antes, condições do sacramento (Ord. IV d. 14 q. 4 n. 2 s.). No caso de um perdão dos pecados mediante arrependimento perfeito, a recepção do sacramento só pode aumentar a graça já recebida.

Na teologia da Idade Média tardia, influenciada nominalisticamente, formou-se a convicção de que pelo arrependimento perfeito (reformulada por Gabriel Biel segundo o motivo do arrependimento por amor), em razão do poder absoluto de Deus (*potentia Dei absoluta*), operar-se-ia o perdão propriamente dito dos pecados. Apenas segundo a disposição positiva de Deus (*potentia Dei ordinada*) o caminho da penitência cristã seria também necessário.

### *A doutrina reformadora da penitência*

A Reforma Protestante do século XVI inflamou-se contra o sistema de indulgências, uma subárea da práxis penitencial eclesial (cf. abaixo). A crítica de Lutero contra a falsa confiança nas obras humanas e nos frutos da penitência encontra-se em conexão com sua experiência de justificação. No Sacramento da Penitência ele não pôde encontrar a resposta à questão de como se poderia ter certeza da justificação, da graciosidade de Deus. A descoberta da justificação pela graça e pela fé somente (Rm 1,17; 5,1) teve, consequentemente, um efeito revolucionário sobre a teologia penitencial convencional. A penitência não é produção humana para certificar-se do perdão dos pecados (ou talvez apenas para ganhar), mas a fim de morrer cotidianamente ao pecado, na fé, e como nova criatura, ressuscitar com Cristo.

À palavra divina da promessa do perdão dos pecados corresponde, da parte do ser humano, não atos próprios do penitente (arrependimento, confissão, satisfação), mas unicamente a fé. Contudo, que estas formas de comportamento, desde que não sejam malcompreendidas como mérito, sejam reconhecidas como frutos necessários da fé.

O sentido do sacramento consiste na confiança, no fortalecimento da consciência assustada pelo seu pecado, não em lembrar-se escrupulosamente de pecados individuais e contá-los em detalhes ao sacerdote.

Visto que Lutero reconhece na descrença o verdadeiro pecado, já não se pode fazer uma distinção estrita entre pecados mortais e pecados veniais. Sua concepção de pecado não visa aos atos pecaminosos individuais, mas à constituição humana marcada pelo pecado original. Mediante isto, a exigência de uma integridade da confissão torna-se obsoleta. Quem experimenta a palavra da absolvição como evangelho pode confiantemente dizer os pecados que sobrecarregam sua natureza, sem nisso dever ficar preso a dúvidas de consciência. Existe uma liberdade para a confissão, mediante a qual todo dilema moral e toda tutela clerical é desarmada. Lutero enfatiza o real poder das chaves da Igreja (Mt 16,19). Por isso a palavra do anúncio da absolvição tem influência sobre o perdão da parte de Deus, mas segundo o critério da fé subjetiva. A chave do desligar permanece acima da chave de ligar, como o Evangelho se antepõe à da lei. O sacerdote não tem nenhuma função judicial; ele não pode julgar sobre o arrependimento e a fé do penitente. Ele está apenas a serviço da Palavra, que ela mesma e somente ela opera a fé e o perdão. Em princípio, em razão do sacerdócio comum, todos são chamados a este serviço do anúncio: todos podem ouvir a confissão e anunciar o Evangelho como consolação e certeza. O vigário é o administrador oficial do poder eclesial das chaves.

Lutero menciona a penitência sempre em estreita ligação com os sacramentos do Batismo e da Eucaristia, pelo que, de um lado, ela é movida para perto do sacramental (Schm. art. III, 3,7-8, BSLK 436-449, 452-457; Gr. Kat., uma breve admoestação para a confissão, BSLK 725-733; Kl. Kat., como se devem ensinar os simples a confessar, BSLK 517-519). Segundo os sinais manifestos, a penitência tem, por assim dizer, as características do sacramento. Por outro lado, "no mais estrito uso linguístico [...] ela não pode ser chamada de sacramento" (WA 6,572). Na *Confessio Augustana*, a absolvição é mais uma vez chamada expressamente de sacramento e se recomenda conservar a confissão privada (CA 11; 12; 25, BSLK 66s., 97-100).

A penitência é um combate vitalício contra o emaranhamento do eu, que permanece também depois do batismo. A melhor penitência é uma nova vida (*Sermo de poenitentia* 1518: WA 1,321), um constante *reditus ad baptismum* (Gr. Kat.: BSLK 706). Em reflexão espiritual existencial, no Evangelho torna-se presente ao pecador o perdão dos pecados do batismo e a fonte de toda consolação perante os próprios pecados.

Um sacramento independente para a redenção dos pecados pós-batismais, que é salvificamente necessário para a recuperação da graça da justificação perdida no pecado mortal, dificilmente pode, por conseguinte, encontrar um lugar na concepção luterana. Ademais, Lutero vê tornar-se atuante no Sacramento da Penitência uma compreensão da graça como realidade criada, compreensão que pode colocar a graça sob o poder de disposição do ser humano, especialmente também do ministério eclesial.

Para o próprio Lutero, a confissão privada permanece um significativo meio de sua piedade, posto que ele justamente não a qualifique como um sacramento necessário à salvação em virtude de um direito divino. Ele conhece diversas formas de confissão dos pecados: confissão do coração, confissão pública, diálogo mútuo e consolação recíproca dos irmãos, confissão geral, confissão pessoal diante de um irmão.

Em uma visão fundamentalmente semelhante do Sacramento da Penitência como reflexão existencial sobre o batismo, na fé, e na confissão individual voluntária para aquele que dificilmente pode ter certeza do perdão (Inst. rel. chr., 1559, III, 4, 12, 16), *Calvino* liga a penitência à disciplina da Igreja, e *Melanchton* a um questionamento da fé (no combate contra os fanáticos).

A confissão individual remanescente, conservada nas disciplinas eclesiásticas protestantes, na ortodoxia protestante assumiu, de preferência, um impulso de um questionamento sobre as fórmulas de fé corretas. No pietismo valorizava-se a confissão como a possibilidade de incluir a fé na experiência pessoal. No começo do século XVIII, em diversos estados protestantes, foi abolida a confissão privada obrigatória, e substituída por uma confissão geral. Somente nos séculos XIX e XX há tendências a uma recuperação da confissão individual (C. Harms, T. Kliefoth, W. Löhe, F. Vilmar, J.C. Blumhardt), por exemplo, em comunidades de intensa vida cristã (Irmandade Evangélica de São Miguel, Irmandade Evangélica de Maria, Taizé).

Em última análise, é decisiva a nova visão da Igreja como *communio sanctorum*, como Corpo de Cristo, como a reelaborou claramente *Dietrich Bonhoeffer* e desenvolveu para uma nova compreensão da confissão como abertura à comunhão, à cruz e à nova vida e à certeza do perdão dos pecados (Gemeinsames Leben, 1939: DBW 5, M 1978).

*Doutrina do Concílio de Trento sobre o Sacramento da Penitência*

A doutrina católica do Sacramento da Penitência acha-se em íntima conexão com a compreensão da justificação. Assim, o *"Decreto sobre os sacramentos em geral"*, conta a penitência entre os sacramentos da Igreja, mediante o qual "a verdadeira justiça..., quando foi perdida..., é restaurada" (DH 1600).

No *Decreto sobre a justificação*, no XIV e XV capítulos (DH 1542-1544) e nos cânones 27-30 (DH 1577-1580) apresenta-se a necessidade do Sacramento da Penitência para a recuperação da graça justificante para aqueles que caíram em pecados graves e, mediante isto, incorreram na perda da vida eterna. A fim de abrir novamente ao pecador a possibilidade da conversão, Cristo especificou o mandato da Igreja no ministério da salvação mediante a instituição de um sinal salvífico próprio da penitência (cf. Jo 20,22s.). O Sacramento da Penitência diferencia-se do espírito de penitência e do perdão dos pecados, assim como devem ser distintas do batismo. Elementos especialmente constitutivos são: o arrependimento do coração, a confissão sacramental, vale dizer, a intenção de fazê-la no momento oportuno, a absolvição sacerdotal e a satisfação mediante exercícios e obras de amor ao próximo. As obras de satisfação servem para a cura interior dos ferimentos que foram provocados pelos pecados à vida da graça da pessoa. Estas obras superam as punições temporais. Estas não devem ser vistas como sanções arbitrárias impostas por Deus, mas como os efeitos negativos resultantes da natureza do pecado sobre a disposição da conduta de vida pessoal e interpessoal. Portanto, permanece também, após a recuperação da graça justificante, uma "culpabilidade para uma punição temporal [...], que deve ser expiada nesta vida, ou na futura no purgatório" (DH 1580).

Ademais, acentua-se que a graça justificante é perdida não somente mediante a descrença, mas também por meio de qualquer outro pecado mortal. O pecado mortal é sempre uma ação contra o amor; no entanto, é possível que ainda perdure determinada fé, embora esta, sem o amor, não possa ser chamada de viva e atuante (cf. Gl 5,6).

O *Decreto sobre o Sacramento da Penitência*, da XIV Sessão de 1551, por sua definição doutrinal, orienta-se pela tradição escolástica. No Capítulo I (DH 1668-1670) ressalta-se a necessidade e a instituição do Sacramento da Penitência por Cristo. É a misericórdia divina que, com a palavra de ordem de Jesus, concede à Igreja um ministério salvífico especial e um meio de graça especial, o Sacramento da Penitência, mediante o qual é aplicado ao que caiu em pecado depois do batismo o benefício da morte salvífica de Cristo. Contra os novacianos, realça-se novamente o poder da Igreja de perdoar os pecados.

O Capítulo II (DH 1671-1672) trata da diferença entre batismo e penitência. Eles se diferenciam segundo a matéria e a forma e pelo fato de que o ministro do batismo, diferentemente do caso do Sacramento da Penitência, não é juiz. "Este Sacramento da Penitência é necessário para a salvação aos que caíram depois do batismo, assim como aos não regenerados é necessário o batismo".

O Capítulo III (DH 1673-1675) sublinha os elementos essenciais do Sacramento da Penitência. A forma do Sacramento da Penitência são as palavras da absolvição. Devem ser considerados matéria, por assim dizer, os atos pessoais do penitente: arrependimento, confissão e satisfação. Estes atos, "requeridos por instituição divina" (HD 1673), são partes constituintes do sinal sacramental e da eficácia sacramental. Realidade e efeito deste sacramento é a reconciliação com Deus (DH 1674), também a fé e a alegria da consciência e maior confiança da alma. É rejeitada a afirmação daqueles "que afirmam que os elementos constitutivos da penitência seriam o temor, que abala a consciência, e a fé" (DH 1675).

Nos capítulos 4, 5, 6 e 8 são descritos os componentes do Sacramento da Penitência.

O Capítulo IV (DH 1676-1678) trata do importante tema da contrição. É definida como "dor da alma e detestação do pecado cometido, com propósito de não tornar a pecar" (DH 1676). Ela é necessária para a obtenção do perdão dos pecados.

O Concílio distingue entre a contrição perfeita (*contritio*), que acontece mediante a força do amor, e a contrição imperfeita (*attritio*). A primeira opera imediatamente a reconciliação com Deus, quando nela está contido o propósito de receber o sacramento. A contrição imperfeita não pode ser difamada (como em Lutero) como hipocrisia ou pesar fingido. Quando ela surge do reconhecimento da torpeza do pecado, do temor da pena do inferno e de outras penas, e contém a disposição de evitar o pecado, então ela já deve ser compreendida como um presente de Deus e como moção do Espírito Santo (DH 1678). Ademais, alguns exemplos bíblicos atestam que a ameaça de punição (no sentido analógico-metafórico de "pena") é um momento no exercício da misericórdia divina: o pecador deve ser sacudido, a fim de que retome o caminho da salvação e se deixe levar à conversão.

O Capítulo V (DH 1679-1683) diz, a propósito da confissão dos pecados, que uma confissão perfeita dos pecados diante do sacerdote, que exerce o poder das chaves da Igreja, "por direito divino", seria necessária (DH 1679). Com efeito, sem o conhecimento dos fatos, os juízes não poderiam nem proferir a sentença nem conservar a justa medida na imposição da pena (na forma da reparação). A necessidade da confissão refere-se a "todos os pecados mortais de que (os penitentes), depois de diligente exame de consciência, se sentirem culpados". Os pecados veniais podem, mas não devem, ser conhecidos todos ou em detalhes. Não há nenhum mandamento divino a respeito da forma da confissão: é possível tanto uma confissão secreta quanto uma pública. A opinião expressa pelo concílio de que a confissão secreta já teria sido exercitada desde o princípio não se deixa verificar historicamente desta maneira. Faz-se referência ao que está prescrito no IV Concílio de Latrão de, no caso de pecados graves, confessá-los ao menos uma vez ao ano (DH 812). Rechaça-se a opinião de que este Concílio teria em primeiro lugar introduzido a obrigação da confissão, e que esta, por conseguinte, deveria ser compreendida como mera medida disciplinar.

O Capítulo VI (DH 1684-1685) trata da absolvição como forma do sacramento. Somente sacerdotes e bispos, com a autoridade do poder das chaves da Igreja, podem conferi-la (cf. Cipriano, laps. 29. • Ambrósio, paen. I, 2, 7. • Leão I, ep. 108, 2: DH 323; ali já se menciona a práxis de uma confissão secreta diante do sacerdote). Também os sacerdotes em estado de pecado mortal, em virtude do Espírito Santo que lhes foi conferido na ordenação, podem, como ministros de Cristo, conferir a absolvição dos pecados; este ministério cabe-lhes não em força da santidade pessoal (contra os donatistas: DH 1684). A absolvição não se esgota no ministério do anúncio do Evangelho ou na mera declaração do perdão de pecados acontecido (fora do sacramento). Antes, este ministério realiza-se "segundo uma espécie de ato judicial, pelo qual o sacerdote, como juiz, pronuncia a sentença" (DH 1685).

(A metáfora da "sentença", aqui empregada como ponto de comparação, não visa a possível condenação na ação judicial, mas à absolvição definitiva. Trata-se, portanto, de tornar compreensível a absolvição sacerdotal como ação simbólica *salvífica*.)

Tendo tratado do problema dos casos reservados ao bispo e ao papa no Capítulo VII (DH 1693), o Capítulo VIII (DH 1689-1692) e o Capítulo IX (DH 1693) tratam da temática da satisfação. As obras de satisfação consistem na acolhida dos exercícios de penitência impostos pelo sacerdote, e a paciente tolerância das adversidades, sofrimentos e aflições que Deus associou à nossa existência temporal. A satisfação não consiste em um resultado obtido pelo ser humano, mas são os "frutos dignos da penitência" (Lc 3,8; Mt 3,8). Conseguintemente, o mérito de Cristo, mediante o qual somente conseguimos a reconciliação com Deus, não é diminuído. Na medida em que assumimos as dolorosas consequências dos pecados, superamo-las pelas obras de penitência e deixamos que o amor de Cristo aja em nós, conformamo-nos a Cristo: sofremos com ele, a fim de que também com ele sejamos glorificados (Rm 8,17).

(Nos cinco cânones, estas declarações doutrinais são resumidas de maneira incisiva. DH 1701-1715.)

### d) Perspectivas de uma teologia penitencial sistemática

A teologia do Sacramento da Penitência deve hoje levar em conta o fato de que, em grande parte da Igreja, a práxis tradicional da "confissão individual" está fora de uso. O anúncio, portanto, deve despertar uma nova compreensão do pecado e de sua dimensão pessoal e social. Deve-se também redescobrir a estrutura eclesial da reconciliação.

O conceito teológico de pecado não pode ser reduzido apenas ao aspecto de uma transgressão das leis divinas em ações concretas materiais. A palavra e o mandamento de Deus não são estatutos diferentes dele mesmo (decretados, em última análise, arbitrariamente), com os quais ele pretende testar a obediência humana. Eles são antes a manifestação histórica de seu desígnio salvífico e, portanto, de seu amor, que ele é em si mesmo. Quem, por conseguinte, age contra o mandamento de Deus, opõe-se não somente à vontade do "legislador divino", mas ao ser e à santidade de Deus. Lá onde o ser humano, espontaneamente, entra em conflito com a exigência das estruturas de sentido inseridas na criação (meio ambiente, mundo social pessoal, a própria personalidade), ele realiza (implícita ou explicitamente) uma autorrecusa de Deus e de seu amor. Nisso ele inverte a dinâmica de sua natureza espiritual, destinada à perfeição no amor de Deus. Enquanto tal, o pecado é sempre autoperturbação e morte como distanciamento de "Deus, amigo da vida" (Sb 11,26).

Este ato interior da autorrejeição e autoperturbação, que se materializa em comportamentos concretos, chama-se pecado mortal. Por causa da íntima unidade entre a liberdade humana, em sua estrutura transcendental (personalidade) voltada para Deus, e em suas manifestações concretas, a oposição do ser humano em relação a Deus, em relação a seu semelhante e em relação a si mesmo (cf. Sb 11,16: "No pecado está o castigo". Tb 12,10: "Os que cometem o pecado e a injustiça são inimigos da própria vida") já não pode ser adequadamente dissociada uma da outra. A recusa do amor em relação a Deus significa descrença e rejeição da esperança de que Deus também cumpra sua promessa salvífica. A recusa do amor em relação ao próximo manifesta-se nos ataques ao amor, à vida, à saúde etc. O amor-próprio recusado expressa-se, entre outras coisas, no desespero ou na recusa de situar-se em seu projeto de vida.

O pecado volta-se contra o desígnio salvífico de Deus que se tornou patente na cruz de Cristo. Pecar, depois da singular conversão no batismo, significa, portanto, "crucificar novamente o Filho de Deus e o expor às injúrias" (Hb 6,6), calcar aos pés o Filho de Deus, desprezar o sangue da aliança, mediante o qual se é santificado. O pecado volta-se contra o Deus trino, que oferece sua graça na Igreja como povo de Deus, Corpo de Cristo e templo do Espírito Santo; portanto, é sempre também uma violação contra a natureza santa e a missão sacerdotal da Igreja.

Em sentido inverso, a renovada reconciliação com a Igreja designa a reconciliação garantida por Deus. Em uma ação simbólica própria, a Igreja concretiza o ministério salvífico que Cristo lhe confiou. Ela reage, ao mesmo tempo, aos pecados que excluem do Reino de Deus ou que conduzem à morte (Gl 5,21; 1Jo 5,16), para, finalmente, acolher o pecador em sua comunhão que torna presente o amor divino.

A estrutura fundamental do Sacramento da Penitência torna-se particularmente clara na forma antigo-eclesial. A Igreja indica a contradição do pecador em relação à própria natureza santa dela mediante o fato de que ela o distancia de si (excomunhão litúrgica) e readmite-o à sua plena comunhão em razão da contrição dele e de seu desejo de regressar, depois dos sinais produzidos de seu desejo de conversão e da íntima superação do pecado. A plena participação na comunhão da Igreja é o sinal eficaz da plena comunhão com a vida divina. Toda a Igreja participa do acontecimento penitencial. Na intercessão e na oração, todos acompanham o pecador. Ela apoia-o em seu desejo de conversão. Ao sacerdote, em quem Cristo age como cabeça da Igreja, cabe, como representante da unidade da Igreja, a acreditada realização da reconciliação ou da adjudicação do perdão na absolvição.

Uma teologia penitencial renovada deveria orientar-se a esta forma de base. No entanto, deve-se também considerar a diferenciada elaboração prática e a acentuação teológica (uma vez que na Antiguidade o peso principal recaía sobre a satisfação; na Idade Média, na contrição perfeita ou na absolvição). Perante a longa tradição da confissão por devoção, deve-se evitar uma possível falsa perspectiva. A absolvição também de pecados veniais no Sacramento da Penitência não deve levar ao engano: para a superação dos pecados cotidianos há diversas outras possibilidades extrassacramentais que, porém, por sua vez, não tornam supérflua a confissão de devoção.

### e) A indulgência como forma especial da práxis penitencial ocidental

*Conceito de indulgência*

No contexto da penitência, deve-se conclusivamente tratar da teologia da indulgência.

A teologia atual compreende por indulgência "a remissão, diante de Deus, da pena temporal devida pelos pecados já perdoados quanto à culpa" (Papa Paulo VI. Const. Ap. sobre a reorganização da natureza das indulgências, *Indulgentiarum Doctrina*; cf. CIC cân. 992-997).

A indulgência representa uma forma específica, crescida apenas na tradição latina, de a Igreja lidar com o pecador desejoso de conversão. As igrejas ortodoxas não incluíram este desdobramento. No Ocidente a controvérsia das indulgências (Lutero, Tetzel, Card. Alberto de Brandemburgo) tornou-se ensejo para a divisão da Igreja no século XVI. A crítica protestante, no caso, visava não somente ao abuso fiscal, mas à pressuposta concepção quantitativo-objetiva da graça, a uma pretensa mecanização da mediação salvífica e a uma arrogada disposição do ministério eclesial sobre salvação que depende unicamente da misericórdia de Deus.

*A origem histórica da indulgência*

Na prática e na fundamentação teológica, a indulgência não tem nenhum modelo no NT e na penitência pública da Igreja do século I. Deve ser compreendida como uma resposta criativa a um novo tipo de constelação no campo de transição da penitência-reconciliação pública antigo-eclesial para a confissão sacramental privada (século VI-século X). Uma vez que, aqui, o procedimento sacramental estava concluído com a contrição e a confissão privada dos pecados diante do sacerdote, bem como com a imediata subsequente absolvição sacramental da culpa e das penas eternas pelos pecados, as obras de penitência canônicas que agora deveriam ser realizadas posteriormente, e que antes foram vistas como causadoras do perdão da culpa e do castigo diante de Deus, foram afastadas do Sacramento da Penitência propriamente dito e careciam de uma iniciativa extrassacramental do ministério salvífico eclesial. Embora a indulgência represente uma autêntica reconstrução histórico-dogmática, ela encontra-se plenamente no contexto da tradição com seus elementos de construção.

Conforme visto, na Igreja primitiva o Batismo valia como o sacramento do perdão dos pecados. No caso do pecado grave pós-batismal, o pecador contrito devia obter o perdão de Deus em um procedimento público regulamentado diante do bispo e da comunidade, por meio de uma dura penitência. A pena, afastada pela penitência subjetiva no sofrimento e na ação, produzia a reconciliação com Deus e encontrava expressão e garantia na plena readmissão do batizado na comunidade salvífica da Igreja por meio da reconciliação episcopal (*pax cum ecclesia*). À diferença da concepção da alta Idade Média, o fator que tirava o pecado não residia imediatamente na reconciliação ou na absolvição sacramental, mas na obra de penitência, mediante a qual o batizado apresentava correspondentes satisfação e expiação à santidade e à justiça de Deus, que haviam sido feridas pelo pecado. Sem que já se diferençasse o pecado segundo a culpa e a pena, ele já era considerado como tirado por Deus mediante a tolerância da *justa pena*. No caso especial da penitência dos enfermos, a penitência canônica podia ser abreviada e, no perigo de morte, a reconciliação com a Igreja e, através disso, com Deus, podia ser garantida, mediante o que se construía a concepção de que a penitência faltante deveria ser compensada através do sofrimento purificador no "fogo" do julgamento (cf. Cipriano de Cartago, ep. 55, 20). Havia também possibilidades de diminuição e de abreviação temporal da penitência canônica, quando os bispos, em razão da intercessão dos mártires e dos confessores, julgavam que o perdão já fora operado por Deus (p. ex., no caso dos apóstatas [*lapsi*] durante a perseguição de Décio) e, por este motivo, garantiam a paz com a Igreja. Portanto, desde o início, pertence à concepção do caráter da penitência capaz de tirar pecados, a valorização do apoio da intercessão dos mártires (e dos santos do céu), de toda a comunidade e da intercessão magisterial dos sacerdotes (*suffagia sacerdotum*; cf. DH 246).

O nexo de eficácia exato entre a força da penitência subjetiva, capaz de tirar pecados, e da reconciliação eclesial permaneceu teologicamente no limbo. Tinha-se a convicção de que Deus somente perdoa o pecado e a pena, de que os elementos subjetivos e objetivos da penitência eclesial têm nisso uma influência eficaz, sem, no entanto, a este respeito, alcançar uma certeza absoluta.

Depois que, no final da Antiguidade, a penitência pública efetivamente (por causa das obrigações penitenciais frequentemente vitalícias) foi sempre mais adiada para o final da vida e, com isso, o ministério salvífico da Igreja em relação aos cristãos que voltaram a pecar depois do batismo tornou-se, de alguma forma, deslocado, o sistema penitencial irlandês-escocês trouxe um recomeço decisivo com a reconciliação diversas vezes repetível. A reconciliação foi realizada, por assim dizer, imediatamente depois da expressão de contrição e da confissão privada dos pecados diante do sacerdote, e a penitência canônica imposta devia ser realizada depois da conclusão do agir sacramental. Consequentemente, o verdadeiro fator eliminador do pecado devia ser visto na contrição ou na absolvição/reconciliação sacramental. As obras de penitência deviam ser interpretadas ou como ratificação subsequente posterior do perdão já acontecido ou como as consequências do pecado no pecador conciliado. No importante escrito pseudoagostiniano *De vera et falsa paenitentia* 10,25 (PL 42, 1122), diz-se que a confissão e a absolvição sacramentais mudavam o pecado grave em um pecado venial, ao qual agora a penitência extrassacramental podia referir-se. Onde, com a teologia penitencial tomista, a fórmula da eliminação do pecado é confirmada na absolvição sacerdotal, e a contrição, a confissão e a satisfação são compreendidas como disposição material, começa a dar frutos a diferenciação do pecado segundo a *culpa* dos pecados e a *pena* dos pecados (cf. Tomás de Aquino, S.th. III q. 86 a. 4), já esboçada na escolástica primitiva (Hugo de São Vítor, sacr. II, 14, 8. • Pedro Lombardo, Sent. IV, 18,4), e até mesmo com recurso a citações bíblicas (cf. Gn 3,17ss.; Nm 20,12; 23,13s.; 2Sm 12,10-14): por meio do Sacramento da Penitência, a culpa e a pena eterna do pecado são eliminadas por Deus; as obras de penitência pós-sacramentais são, em contrapartida, expressão da verdadeira intenção penitencial e referem-se às penas devidas aos pecados, temporalmente remanescentes.

Transmitidas pela Igreja Antiga, a intercessão dos santos e a intercessão magisterial dos sacerdotes pelos penitentes, que eram chamadas também de absolvição do pecado e da pena (e não deve ser confundida com a absolvição sacramental posterior, por meio do bispo e do sacerdote), agora foram relacionadas à remissão das remanescentes penas temporais dos pecados depois da reconciliação sacramental (cf. 1Cor 5,5; 1Tm 1,20; Ap 2,22s.). Inicialmente, estas *intercessões-absolvições* tinham um efeito sobre o perdão dos pecados por Deus, isto é, sobre as remanescentes penas temporais dos pecados depois da reconciliação sacramental, mas ainda não sobre a remissão da satisfação, precisamente estabelecida segundo as normas dos livros de penitência para cada tipo de pecado, em uma obra penitencial (penitência tarifária). Aqui, em determinadas circunstâncias, havia reduções temporais ou substituição por outras obras (esmolas, doação de dinheiro para fins eclesiais, complemento de uma parte da penitência por um substituto), portanto, o sistema das redenções (= remissões) e comutações (= possibilidades de permuta).

A indulgência é, pois, uma combinação de intercessão/absolvição com amenas redenções jurisdicionalmente concedidas. *Existe indulgência quando o efeito presumidamente remissório de penas devidas pelos pecados da intercessão/absolvição papal e episcopal junto a Deus é contado como abreviação ou completa remissão das obras de penitência canonicamente fixadas para cada um dos pecados.* Por conseguinte, encontra-se também nas primeiras indulgências parciais ou incompletas a especificação de anos e dias da assim obtida compensação do tempo de penitência canônica. Permanecia a questão de como a jurisdição eclesial, para além das penitências canônicas por ela impostas, pode ter uma influência jurisdicional sobre o perdão, que cabe unicamente a Deus, das penas temporais dos pecados. Em todo caso, conforme observado, a antiga fórmula da *absolutio, a culpa et poena* (como eco do efeito eliminador de pecados da intercessão/absolvição), doravante malcompreendida no novo contexto, não podia e não pode ser confundida com a absolvição sacramental, concebida judicialmente.

As indulgências (*absolutio, relexatio, condonatio, remissio, venia*, chamadas de *indulgentia* a partir do século XII), concedidas pela primeira vez no século XI por bispos do sul da França e do norte da Espanha, foram aprovadas por papas durante muito tempo de modo reservado apenas. O IV Concílio de Latrão (1215), na Const. 62 (COD 263s.; DH 819), aconselhava moderação, pois indulgências frivolamente concedidas lançavam suspeitas quanto à vontade penitencial dos cristãos e ao poder das chaves da Igreja. Contudo, este Concílio, na Const. 71 (COD 267-271), apelando ao poder de ligar e de desligar da Igreja, garante uma indulgência aos participantes de uma cruzada pela libertação da Terra Santa.

Se, originalmente, a indulgência, como remissão de penas temporais devidas pelos pecados, era apenas uma solução parcial das taxas penitenciais canônicas mediante o complemento de uma obra de indulgência equivalente (visita a igrejas, esmolas), a práxis da indulgência plenária começou com o Papa Alexandre II (1063) e Urbano II (1095), que concederam aos participantes da cruzada a remissão *de todas* as penas temporais devidas pelos pecados, porque as tensões e perigos constituíam uma substituição perfeita para as penas canônicas. Famosa foi a indulgência por ocasião do ano jubilar, que o Papa Bonifácio VIII (1300) prometera pela primeira vez aos visitantes das basílicas romanas (DH 868). No século XIII torna-se comum que viventes possam ganhar uma indulgência pelos mortos. Na Idade Média tardia, no catolicismo pós-tridentino até a primeira metade do século XX, a indulgência desempenhou grande papel na vida de piedade católica.

*Declarações magisteriais*

O Magistério eclesial não apresentou nenhuma teoria fechada sobre a indulgência. Por ocasião do questionamento teológico-pastoral da (frequentemente duvidosa) práxis da indulgência, por parte dos seguidores de Von Hus, Wycliffe (cf. DH 1192; 1266-1268) e de Lutero (cf. DH 1447s.; 1467-1472), foram detalhados, porém, natureza e mecanismo de ação, utilidade e condições para recepção de indulgências. Na bula do jubileu *Unigenitus Dei Filius* (27/01/1343), pela primeira vez, o Papa Clemente VI apresenta a doutrina do tesouro da Igreja como fundamento da indulgência (DH 1025-1027). O sofrimento redentor de Cristo, mediante o qual foi conseguida satisfação plena e infinita para *toda* dívida de pecados e pena de pecados para *todas* as pessoas, é (juntamente com os méritos da Mãe de Deus e de todos os eleitos, aí radicados) um tesouro inesgotável (segundo a imagem do inexaurível tesouro no céu, cf. Sb 7,14; Lc 12,33), que foi transmitido ao poder das chaves da Igreja em Pedro e em seus sucessores para sensata administração (cf. DH 1059). Motivos razoáveis justificam o fato de o papa e os bispos, para a salvação dos fiéis, permitirem que sejam beneficiados por este tesouro os que seriamente expiam e confessam seus pecados, a fim de que recebam o perdão total ou parcial das penas temporais devidas pelos pecados que, quanto à falta, já foram perdoados no Sacramento da Penitência.

Na Bula *Salvator Noster* (03/08/1476), bem como na Encíclica Suplementar *Romani Pontificis Provida* (27/11/1477), o Papa Sisto IV (DH 1398) esclarece a forma como as indulgências agem em favor dos mortos (DH 1405-1407; cf. 1416). Face à crítica de Lutero à indulgência como piedoso engano e sedução para a diminuição das boas obras e para a falsa segurança, o Papa Leão X resume a doutrina, até aquele momento, no Decreto *Cum Postquam* (09/11/1518; DH 1447-1449), dirigido ao Cardeal Caetano, e também na Bula de ameaça de excomunhão *Exsurge Domine* (15/06/1520), com a designação do erro de Lutero (DH 1467-1472). O sucessor de Pedro e vigário de Cristo sobre a terra, em razão do poder das chaves que lhe foi conferido, tem a tarefa de limpar os empecilhos ao acesso ao Reino dos Céus. Os pecados pós-batismais são, segundo a culpa e a pena eterna, perdoados pelo Sacramento da Penitência; as remanescentes penas temporais devidas pelos pecados, mediante a indulgência eclesiástica. O papa pode, por razões justas e sensatas, aplicar aos fiéis, do superabundante tesouro dos méritos de Cristo e de seus santos, a comutação da pena: aos vivos, *per modum absolutionis*, às almas no purgatório, *per modum suffragii* (DH 1448).

O Concílio de Trento confirma, na XXV Sessão, com o decreto sobre a indulgência (04/12/1563), a práxis até então (COD 796s.; DH 1835; cf. 1867; 2537). Cristo concedeu à Igreja o poder de garantir a indulgência. Isto é beneficente e, portanto, deve ser conservado. Só é ferido pelo anátema aquele que a considera inútil e nega à Igreja o direito de conferi-la. Exorta-se a um uso comedido, a fim de que a disciplina eclesiástica não sofra danos. Devem-se prevenir abusos.

O Magistério eclesiástico expressou-se, depois de algumas censuras contra Miguel Baio (DH 1960), o representante do laxismo (DH 2057), o jansenista Miguel de Molinos (DH 2216) e o Sínodo Diocesano de Pistoia, de cores jansenistas (DH 2640-2643), somente de novo em 1967, com a Constituição Apostólica *Indulgentiarum Doctrina*, do Papa Paulo VI. Enquanto, em uma discussão sobre o Concílio Vaticano II (09-13/11/1965), uma interpretação tradicional e outra nova (Poschamann, K. Rahner, entre outros) se confrontavam, esta constituição fica próxima da direção tradicional, sem rejeitar as posições da nova teologia da indulgência: a indulgência não é fundamentada biblicamente de forma imediata; ela resulta, porém, do ministério salvífico geral da Igreja. O tesouro da Igreja não deve ser compreendido quantitativo-coisisticamente. Ele é Jesus Cristo mesmo, o Redentor, e certamente na íntima unidade e variedade de Cristo como Cabeça e Corpo, que é a Igreja como comunidade dos santos (n. 5). A indulgência não é fundamentada, em sentido estrito, jurisdicionalmente a partir do poder das chaves, mas pode ser compreendida como oração acreditada, certa de ser atendida, da Igreja em seu ministério salvífico (n. 8). As penas devidas pelos pecados são mais compreendidas como consequências imanentes dos pecados do que como punições impostas exteriormente. A remissão das penas devidas pelos pecados não substitui a penitência, mas a pressupõe – pelo menos como disposição ao amor maior e à evitação do pecado. Mediante a indulgência, o pecador é mais facilmente reintegrado à ordem geral da comunhão de amor entre Deus e as pessoas (n. 11). Visto que a indulgência não é necessária para o cristão individualmente (à diferença da reconciliação sacramental), o indivíduo é livre para ganhar as indulgências oferecidas pela Igreja (n. 11).

*Interpretação teológica*
Com a teologia acadêmica do início da escolástica, que se formava nos séculos XI e XII, que dissolve um pensamento mais tradicional e ligado à autoridade, chega-se também a uma avaliação teológica e a uma crítica das indulgências. Além da rejeição de interesses fiscais da parte de alguns bispos, está em debate acima de tudo a problemática de uma substituição parcial ou total da penitência pela eficácia dos sufrágios eclesiásticos junto a Deus, concebidos agora jurisdicionalmente.

Não há nenhuma avaliação teológica da parte de Pedro Lombarbo, porque a indulgência ainda não é sentida como problema teológico. Na segunda metade do século XII, tomando-se como base a legítima práxis eclesial, busca-se uma fundamentação da substituição da penitência na indulgência (Pedro Cantor, Estêvão Langton, Alano de Insulis, Hugúcio, que visa ao jurisdicional, Guilherme de Auxerre e Guilherme de Auvergne). No tempo de transição, somente com dificuldade se pode distinguir onde ainda existe uma mitigada redenção da penitência, em razão da intercessão sacerdotal, e onde já existe uma indulgência. Somente com a formação da doutrina do tesouro da Igreja (testemunhada pela primeira vez por Hugo de Saint Cher, por volta de 1230; atestada por Henrique de Susa [Hostiensis], Summa aurea V, de remissionibus § 6) ficou claro que o princípio agostiniano "*nullum peccatum imponitum*" ("nenhum perdão dos pedaços sem justa punição") é contentado por que Cristo, em seu sofrimento substitutivo expiatório e punitivo, satisfez infinitamente a justiça punitiva divina e sua verificação em nós na misericórdia perdoadora. Os méritos dos santos estão incluídos no mérito infinito de Cristo (cf. Cl 1,24) e atuam na comunidade salvífica da Igreja como *communio sanctorum* (cf. Rm 12,1; 1Cor 12; Ef 4,11-16; 1Jo 2,1). De acordo com isto, um carrega o fardo do outro (Gl 6,2); a intercessão pelo irmão pecador tem força perdoadora (Mt 18,19; Mc 11,24; Jo 5,16; Tg 5,16; 1Jo 5,15s.) e é apoio eficaz no processo de reconciliação com Deus (Mt 6,12; 1Jo 3,20ss.; 2Tm 1,18), também em vista da expiação dos mortos (2Mc 12,43-46). Paralelamente, encontram-se como fundamentações de possibilidade a teoria da avaliação do portador das chaves (Pedro de Cápua), a doutrina da translação, mediante a qual a Igreja mesma assume uma parte da penitência a ser praticada (Prepositino de Cremona).

A alta escolástica juntou estes princípios em uma teoria coerente. Enquanto Alberto Magno (IV Sent. d. 20 a. 17) e Boaventura (IV Sent. d. 20 p. 2 a. 1 q. 6) ainda inclinavam-se à antiga concepção de que a indulgência seria uma concessão aos fracos, que não podiam praticar, eles mesmos, a penitência, e deixavam que o indulto ficasse diretamente dependente da quantidade da obra de indulgência, Tomás de Aquino (S.th. suppl. q. 25-27) representava a nova posição que se impunha cada vez mais: a indulgência age imediatamente em virtude do poder papal das chaves (cf. Mt 16,16-19; Jo 20,22s.). O papa, portanto, administra o tesouro da Igreja e concede, com justa competência, a remissão, operada por Deus, das penas temporais devidas pelos pecados que, quanto à falta, já foram tirados, de modo que um cristão que morre no estado de justificação, provido de uma indulgência plenária, entra imediatamente na visão beatífica de Deus, livre das penas devidas pelos pecados (Quodl. II q. 8 a. 2). Também os cristãos perfeitos carecem dos méritos dos santos, justamente porque os méritos outra coisa não são senão a realização da comunhão salvífica no amor, na qual todos os cristãos, unidos entre si com Cristo, entram na comunhão do amor divino. A obra da indulgência, portanto, já não é uma causa efetiva da garantia do indulto no além, mas tão somente uma causa motiva, que move o ministro da indulgência à garantia do indulto das penas temporais devidas pelos pecados. A obra inerente à indulgência é simplesmente o sinal exterior da decisiva intenção penitencial, que tem poder de tirar os pecados e se incorpora na absolvição sacramental.

Tomás representa também a visão que se vai confirmando de que a Igreja teria um tipo de competência jurídica sobre as almas no purgatório. Obviamente, somente um cristão em estado de graça pode aplicar a indulgência aos mortos que partiram na graça da justificação. Contudo, isto levou os críticos da Idade Média tardia a perguntar por que o papa não "esvaziava de uma vez por todas o purgatório". Neste contexto, foi esquecida a origem da indulgência na oração intercessora da Igreja, que deixava à discrição do próprio Deus a eficácia exata do perdão dos pecados e da remissão das penas.

Em detalhes, o Magistério eclesiástico não assumiu todas as posições tomistas. Permanecia aberta a abrangência exata do efeito da indulgência na eliminação das penas devidas pelos pecados diante de Deus. Era preferível ater-se à compreensão intercessora, de modo que "jurisdição", aqui, em sentido amplo, significa a percepção do ministério salvífico em geral.

Na Idade Média tardia e especialmente no começo da Reforma, a práxis contraditória e a obscuridade teológica levaram à dúvida quanto à fundamentação bíblica (Melanchton, AC 12), sobre a existência do tesouro da Igreja e dos abundantes méritos dos santos, e à crítica a um acesso papal ao direito de Deus. Calvino via o perigo de questionamento da plena suficiência do sofrimento de Cristo (Inst. christ. rel. III, 5, 6). Lutero ainda não negava, nas 95 teses de 1517 (WA I, 233-238), a existência de indulgências, mas reduzia o poder eclesiástico à redução da penitência canônica, ao passo que a remissão das penas temporais devidas pelos pecados dos vivos e das almas do purgatório permanece reservada unicamente a Deus, cabendo à Igreja apenas uma participação intercessora. Mais importante do que a diligente aquisição de indulgências seria o desejo pelo Evangelho e pelo amor ativo. Contudo, Lutero pode também, sobre o pano de fundo da compreensão agostiniana da *communio sanctorum*, desenvolver em seus sermões de 1519 e 1520 a ligação solidária de todos os fiéis. Por causa da modificação luterana do Sacramento da Penitência para uma retorno vitalício ao batismo, a indulgência se acha teologicamente deslocada. Em todo caso, sobrevive aqui também certa tensão entre a unicidade da conversão e uma apropriação processual da graça na vertente da justificação e da santificação, que, em certa analogia, mantêm a diminuição de tensão do Sacramento da Penitência e da colaboração da Igreja e do pecador justificado no combate contra o resto dos pecados.

A teologia atual não deve satisfazer-se apenas retrospectivamente com interpretações afirmativas. Em uma inovação criativa, ela deve levar em conta a situação religiosa e pastoral completamente mudada, semelhantemente à Igreja, no século XI, na passagem para uma nova forma do Sacramento da Penitência. Com base na pesquisa histórico-penitencial de Nikolaus Paulus, Bernhard Poschmann e, posteriormente a ele, Karl Rahner (cf. tb. M. Schmaus, O. Semmelroth, B. Häring, P. Anciaux, E. Schillebeeckx, G. Muschalek, J. Finkenzeller, H. Vorgrimler) desenvolveram um novo contexto de compreensão. Rejeita-se uma fundamentação imediata de uma visão concebida de maneira estritamente jurídica do poder eclesiástico das chaves, porque a Igreja, então, paradoxalmente, poderia perdoar extrassacramentalmente, por assim dizer, *ex opere operato*, penas devidas pelos pecados, que ela não pode perdoar no sacramento, embora, ali, ela exerça, em nome de Cristo, o inigualavelmente mais importante poder de perdoar a culpa e a pena eterna devida pelos pecados. A indulgência reporta-se muito mais à intercessão certa de ser atendida e tão eficaz da Igreja pelo pecador contrito, a qual, dentro da solidariedade salvífica da Igreja, torna também sempre mais clara uma dimensão eclesial de pecado, perdão, penitência e metanoia. Após a descontinuação da penitência canônica, de fato jurisdicionalmente promulgada, para cuja diminuição ou substituição a oração da Igreja já fora contada, a obra de indulgência é a expressão da colaboração entusiasta do fiel com a intercessão magisterial-autorizada de toda a Igreja e de seus ministros, cuja cabeça e origem é, pois, Cristo, no sentido de uma superação das penas temporais devidas pelos pecados. K. Rahner oferece um necessário aprofundamento teológico da noção a ser entendida, em todo caso, apenas analogamente, de culpa, pena, sofrimento, justiça punitiva e misericórdia de Deus etc. Deus não impõe vindicativamente um sofrimento punitivo, a fim de conseguir satisfação para sua "natureza ofendida". Trata-se, antes, da consequência interior da culpa, que o ser humano, em uma dolorosa desproporção, traz para si mesmo, para seu ambiente pessoal e ambiente objetivo. Visto que também, depois do batismo, o cristão ainda vive sob as condições do antigo mundo, que ele o suporta, no seguimento de Cristo, em amor ativo e em confortada confiança, assim também, na influência salvífica e santificadora da Igreja sobre as penas restantes, trata-se de um sofrer e de um reelaborar em uma penitência subjetiva. A meta é levar a efeito a misericórdia definitiva de Deus, a qual já está garantida, e a reconciliação com a Igreja, na pluralidade e complexidade das dimensões finitas, existenciais, sociais e naturais da existência humana. A contribuição objetiva da Igreja na penitência subjetiva baseia-se na eficácia salvífica de Cristo (o "tesouro da Igreja"), completamente atual, que emerge na vida da Igreja como a comunidade santa. A referência a este "tesouro" empresta à intercessão magisterial-eclesiástica uma maior e diferente certeza de ser atendida do que a oração privada. Ela mostra que seu ministério salvífico haure da graça de Jesus Cristo e não deve somente induzir a vontade de Deus à reconciliação e, assim, quer ser precisamente um apoio para a receptividade do ser humano em relação à graça de Deus. A indulgência não pode e não quer substituir, mas capacitar para ela. Deixa claro, porém, que a reconciliação é mais do que uma aceitação passiva da declaração de perdão das culpas por Deus. Trata-se da suposição e realização histórica da autocomunicação de Deus e de seu agir reconciliador em nós.

No diálogo ecumênico deve-se perguntar como os momentos do ministério eclesiástico, biblicamente fundamentados e salientados na mudança histórica, a serviço da santificação e da reconciliação dos fiéis, podem ser oferecidos, para além da penitência sacramental em sentido estrito, como penitência subjetiva sob as condições culturais e impressões mentais do mundo moderno (p. ex., na celebração comunitária de liturgias penitenciais). Tentativas de uma compreensão da doutrina do "tesouro da Igreja" existem também na nova teologia evangélica (D. Bonhoeffer, M. Lackmann, entre outros).

### 5 O Sacramento da Unção dos Enfermos

#### a) A Unção dos Enfermos na vida sacramental da Igreja

O exercício do serviço salvífico que foi confiado à Igreja em relação aos seus membros que foram atingidos por grave doença corporal ou espiritual chama-se unção dos enfermos, e é contado como o quinto sacramento na série dos sinais salvíficos eclesiásticos. Assim o descreve o Concílio Vaticano II:

> "Pela sagrada unção dos enfermos e pela oração dos presbíteros, a Igreja toda entrega os doentes aos cuidados do Senhor sofredor e glorificado, para que os alivie e salve (cf. Tg 5,14-16). Exorta os mesmos a que livremente se associem à paixão e morte de Cristo (cf. Rm 8,17; Cl 1,24; 2Tm 2,11-12; 1Pd 4,13) e contribuam para o bem do povo de Deus" (LG 11; cf. PO 5).

No *Decreto para os armênios* do *Concílio de Florença* (1439), este sacramento, que é chamado de "extrema-unção", é caracterizado segundo as categorias escolásticas (DH 1324-1325):

Sua *matéria* é o óleo de oliva, abençoado pelo bispo. O sacramento deve ser ministrado apenas a enfermos para os quais se teme a morte. A *forma* deste sacramento são as palavras: "Por esta unção e pela sua piíssima misericórdia, o Senhor te perdoe todos os pecados cometidos [...]" *O ministro* deste sacramento é o sacerdote. O *efeito* consiste na saúde da mente e, se aproveita à alma, também a do corpo.

Já na Idade Média o acento, na práxis, deslocou-se de tal modo que a unção dos enfermos foi mais bem-compreendida como extrema-unção, que prepara imediatamente para a recepção da vida eterna depois da morte (*praeparatio ad gloriam*). De modo igual, a teologia pós-tridentina e a práxis pastoral levavam a compreender este sacramento mais como derradeiros ritos e como um tipo de consagração da morte (SCHELL, H. *Kath. Dogmatik* III/2. Paderborn, 1893, 614).

Em razão das novas percepções nos fundamentos bíblicos e em virtude das pesquisas patrísticas, o *Vaticano II* exigiu uma revisão teológica e litúrgica profunda deste sacramento (SC 73-75). Na nova declaração "Celebração da Unção dos Enfermos", publicada pelo *Papa Paulo VI*, em 1972, a designação "extrema-unção" é sistematicamente substituída por "Unção dos Enfermos". A forma de base é apresentada como celebração comunitária e compreendida como acontecimento comunicativo. A Igreja não lida apenas com o doente; o enfermo mesmo age como membro da Igreja. Deste modo, este sacramento torna-se um sinal de sua fé e, assim, da prática sacerdotal de toda a Igreja.

Durante a celebração deste sacramento com um único enfermo, no pequeno círculo da comunidade doméstica (visita do sacerdote para administração do sacramento ao enfermo), a sequência do sacramento foi reordenada: Sacramento da Penitência (confissão), Unção dos Enfermos e Comunhão (*viaticum*). O número de unções é reduzido a duas. À unção da fronte, o sacerdote reza: "Por esta santa unção e pela sua infinita misericórdia, o Senhor venha em teu auxílio com a graça do Espírito Santo". À unção das mãos, ele reza: "Para que, liberto dos teus pecados, Ele te salve e, na sua bondade, alivie os teus sofrimentos". (De acordo com o decreto para os armênios, todos os cinco sentidos devem ser ungidos, bem como os pés e a região dos rins: DH 1324.)

O verdadeiro sacramento dos moribundos é a santa Comunhão. Aliás, não se deve esquecer que, em sentido teológico, toda doença grave é sinal da finitude e da caducidade mortal do ser humano que, em sua necessidade espiritual e corporal, volta-se para a autodoação santificadora e salvífica de Deus. Isto se torna mais claro mediante as seguintes reflexões.

### b) Reflexões antropológicas

A enfermidade não é nenhuma fenômeno marginal para o ser humano. Visto que o ser humano é um ser espiritual-corporal, a enfermidade, no sentido das modernas ciências naturais, não pode ser considerada unicamente sob o aspecto de um distúrbio funcional físico-psíquico. Por causa da integridade da natureza espiritual e corporal do ser humano, o sentido da enfermidade deve também ser aprofundado antropologicamente em uma análise das experiências fundamentais pessoais do sentir-se ameaçado, do ser entregue ao sofrimento, do ser dominado pelas dores, do fim da liberdade de dispor de si mesmo, devido às forças malogradas.

À visão bíblica juntam-se a visão das ciências naturais e a da filosofia, e vão além de uma reflexão de base sobre o relacionamento pessoal do ser humano com Deus. Segundo esta, o ser humano se acha como um todo em sua esperança transcendental e na concretização histórica de sua vida diante de Deus. A enfermidade torna-se, para o ser humano que acredita, um possível meio cognitivo de que a salvação oferecida por Deus está ameaçada, perdida ou ainda não foi alcançada. Na doença grave manifesta-se uma situação humana de miséria. Através do pecado (cf. Gn 3,15), a doença é um campo no qual o domínio do pecado e da morte aparece.

Doença e morte como punição devida pelos pecados não são, no entanto, uma sanção imposta arbitrariamente por Deus, mediante a qual Deus se vinga do pecador, por assim dizer, como satisfação por uma ofensa pessoal. A necessidade que o ser humano experimenta em sua enfermidade é muito mais a experiência da desesperança que cresce da perda da comunhão de graça com Deus e da desintegração do princípio de construção espiritual e material do mundo da criação.

Não se pode também estabelecer uma correlação imediata entre pecados de ação individuais, doenças pessoais e fatalidades (cf. Jo 9,2). Uma pessoa que é inocente, no sentido de pecados de ações pessoais, também está sob o domínio do pecado e da morte em razão da universalidade da perda original da graça (cf. Rm 5,14).

Na enfermidade, o ser humano é colocado diante de uma última alternativa. Em meio ao sofrimento e a seu abandono, procede ele rumo ao Deus da vida (Sl 22,2.25s.: "Meu Deus, meu Deus, por que me abandonaste? As palavras do meu rugir estão longe de me salvar [...]. Sim, pois Ele não desprezou, não desdenhou a pobreza do pobre, nem lhe ocultou sua face, mas ouviu-o, quando a Ele gritou [...]"), ou se deixa cair na profundidade do nada, e com ceticismo e sarcasmo abandona toda esperança, ou brigando com seu destino, rejeita a dedicação salvífica de Deus?

### c) O testemunho bíblico

*A superação da enfermidade e da morte por meio da Boa-nova de Jesus e da práxis do reinado de Deus*

Os sinais salvíficos de Jesus são um poderoso anúncio do Reino de Deus que está irrompendo em sua Boa-nova. Se Ele, com o Espírito de Deus, vence o domínio do mal e do poder das trevas (= demônios), "então o Reino de Deus já chegou a vós" (Mt 12,28; Lc 11,20). Tal como Yahweh apresentou sua autocomunicação histórica como salvação de seu povo ("Eu, o Senhor, serei teu médico" (Ex 15,26)), assim Jesus, o mediador do reinado de Deus, se revela em sua missão divina como "o médico dos doentes" (Mc 2,17); Ele cura "todas as enfermidades e sofrimentos do povo" (Mt 8,16; Mc 1,34).

Contudo, não se trata de nenhuma técnica medicinal que, graças ao poder divino, possa registrar especiais sucessos de curas. Nos enfermos que são curados mediante a palavra de Jesus, revela-se a promessa salvífica e a autocomunicação graciosa de Deus ao ser humano. Os milagres de Jesus levam os curados à fé, na medida em que acontece o encontro pessoal com Deus; eles manifestam a misericórdia de Deus. Ainda que alguns milagres de cura não visem diretamente ao despertar da fé, mesmo assim jamais se trata de mero restabelecimento de funções corporais disturbadas, especialmente porque o testemunho bíblico jamais considera o ser humano dualisticamente e não faz nenhuma aguda delimitação entre saúde mental, emocional-espiritual e corporal.

A promessa salvífica de Deus em Jesus Cristo para os doentes, sofredores, até mesmo para os mortos, cumpre-se no sofrer e no morrer substitutivos de Jesus na cruz. A propósito do sofrimento vicário do Servo de Deus, diz-se:

> "Era desprezado e abandonado pelos homens, homem sujeito à dor, familiarizado com o sofrimento [...]. E, no entanto, eram nossos sofrimentos que Ele levava sobre si, nossas dores que Ele carregava" (Is 53,3s.).

A superação da morte acontece por meio da ressurreição de Cristo. Dores, sofrimentos, doença e caducidade na morte estão marcados, agora, por uma dimensão cristológica e pneumatológica que se abre a uma plenitude escatológica.

> "Penso, com efeito, que os sofrimentos do tempo presente não têm proporção com a glória que deverá revelar-se em nós. Mas também nós, que temos as primícias do Espírito, gememos interiormente, suspirando pela redenção do nosso corpo como filhos [em Cristo]. Pois nossa salvação é objeto de esperança" (Rm 8,18.23.24).

*O encargo da Igreja para o ministério salvífico dos enfermos*

Cristo concedeu aos discípulos participação em sua missão. Em seu nome, eles anunciaram o reinado de Deus. Consequentemente, eles também expulsavam os "muitos demônios, e curavam muitos enfermos, ungindo-os com óleo" (Mc 6,13). Os discípulos são enviados a impor as mãos sobre os doentes, a fim de que sejam curados (Mc 16,18). Aqui também não se acha isolada, em primeiro plano, a capacidade de curar maravilhosamente os enfermos; trata-se da comunicação e da experiência simbólicas da comunhão salvífica com Deus.

O óleo que os discípulos usam em seu ministério junto aos doentes é sempre um sinal para o agir de Deus junto a pessoas que são ungidas como sacerdotes, reis e profetas. O Messias é o Ungido com o Espírito de Deus. Ademais, o óleo também pode ser um sinal da cura e da expiação (cf. Lv 14,10-31).

O testemunho de uma práxis da Igreja primitiva de, em nome de Jesus, ungir os doentes como membros da Igreja, e pedir a cura de Deus para suas almas e seus corpos, é oferecido pela Carta de Tiago, que se tornou a clássica referência desta ação simbólica eclesiástica:

> "Alguém dentre vós está doente? Mande chamar os presbíteros da Igreja para que orem sobre ele, ungindo-o com o óleo em nome do Senhor. A oração da fé salvará o doente e o Senhor o porá de pé; e se tiver cometido pecados, estes lhe serão perdoados" (Tg 5,14s.).

Distinguem-se os seguintes elementos essenciais desta ação simbólica:
1) Há um compromisso concreto do agir salvífico de Cristo para com o ser humano, individualmente, em uma situação vital específica – na doença.

2) Empresta-se a esta ação simbólica uma eficácia salvífica, porque ela é realizada *"em nome do Senhor"*, ou seja, em seu poder e em sua presença atuante.

3) Esta ação simbólica está ligada a um sinal sensível: óleo (imposição da mão) e à oração da Igreja, confiante em que será ouvida.

4) Não se trata-se de um dom pessoal (carisma) de curar os doentes (1Cor 12,28), mas de um agir autorizado do dirigente da Igreja.

5) O *efeito* esperado, na fé, destas ações simbólicas da oração são a salvação, recuperação por meio do Senhor e (se necessário) o possível perdão dos pecados.

### d) A Unção dos Enfermos na história da teologia

Na Igreja Antiga surgem apenas testemunhos esparsos. Na constituição eclesial transmitida por *Hipólito* encontra-se um pedido de santificação do óleo "que fortalece os que o saboreiam, e dá saúde aos que dele se utilizam" (trad. apost. 5; semelhantemente, Serapião de Thmuis, Euchologion). Orígenes fala de perdão dos pecados em relação a Tg 5,14s. (hom. in Lev. 2,4). Segundo João Crisóstomo, os sacerdotes ungem os doentes para o perdão dos pecados e, evidentemente, segundo o testemunho do Apóstolo Tiago (sac. 3,6).

O documento mais importante provém do *Papa Inocêncio I*, em sua carta *Si instituta ecclesiastica*, ao Bispo Decêncio de Gúbio (09/03/416; DH 216). Interpretando a passagem de Tiago, diz-se:

> "Não há dúvida de que isto deva ser recebido e entendido a respeito dos fiéis enfermos, os quais podem ser ungidos com o santo óleo do crisma, que, consagrado pelo bispo, pode ser usado para unção não somente pelos sacerdotes, mas também por todos os cristãos para necessidade própria ou dos parentes. De resto, consideramos supérfluo o acréscimo que pergunta se é lícito ao bispo o que certamente o é aos presbíteros. Pois nesta matéria são mencionados os presbíteros porque os bispos, empenhados em outros afazeres, não podem visitar cada doente. Mas se um bispo pode ou julga digno visitar alguém, pode também, já que lhe compete a consagração do crisma, sem dúvida, tanto benzer como ungir com o crisma. Ora, não pode ser derramado sobre quem é penitente, pois é do gênero do sacramento. Como pensar que àqueles aos quais são negados outros sacramentos, possa ser concedido um gênero de sacramento?" (DH 216).

Desta carta emerge a existência de uma unção realizada pelo bispo ou pelo sacerdote, a qual é compreendida como um sinal salvífico eficaz. Para além disso, os fiéis têm a possibilidade de utilizar o óleo consagrado pelo bispo para unção nas próprias necessidades ou na de seus parentes.

Na interpretação desta carta, ainda hoje se discute a questão de se a ação de ungir realizada pelo bispo e pelo presbítero diferencia-se da unção privada realizada pelos leigos, portanto, se se trataria, primeiramente, de uma unção propriamente sacramental, ou se a unção feita pelos leigos seria apenas um sacramental.

*Beda o Venerável* († 735) testemunha a administração da Unção dos Enfermos pelo bispo e pelo presbítero e o uso privado do óleo consagrado pelo bispo por parte dos leigos, portanto, a práxis tal como descrita por Inocêncio I (PL 92, 188; 93, 39).

Em vez de exigir poção mágica do adivinho, os cristãos devem ungir-se com o óleo consagrado pelos sacerdotes (cf. Cesário de Arles, serm. 13,2; 50,1; 52).

Um corte importante na história deste sacramento é assinalado pela Reforma Carolíngia. Da parte de diversos sínodos, os sacerdotes são exortados à administração da unção dos enfermos. A unção realizada pelo sacerdote é claramente distinta do uso privado do óleo pelos leigos. A sacramentalidade da Unção dos Enfermos ressalta-se inequivocamente (cf. H. Vorgrimler, HDG IV/3, 220ss.).

No início da Idade Média, porém, Unção dos Enfermos e Penitência andavam de tal modo juntas que o sacramento dos moribundos se torna um tipo de consagração da morte. No entanto, somente no século XII, a noção de Unção dos Enfermos torna-se sempre mais deslocada pela de "última unção" como sacramento dos moribundos. *Pedro Lombardo* fala da *extrema unctio* (Sent. IV d. 23 c. 1-4).

Desde a elaboração de uma noção precisa do sacramento em meados do século XII, a Unção dos Enfermos passa a ser contada incondicionalmente entre os sete sacramentos. *Boaventura* (IV Sent. d. 23 a. 1 q. 1) fala de uma instituição mediata deste sacramento por Cristo, *Alberto o Grande* (IV Sent. d. 23 a. 13) fala dos apóstolos como autores deste sacramento (isto é, do sinal sacramental). Dado que, porém, segundo *Tomás de Aquino*, todos os sacramentos são imediatamente instituídos por Cristo, mas uma palavra diretamente instituidora de Jesus não é perceptível, no caso da Unção dos Enfermos deve haver uma instituição por Deus e uma promulgação por meio dos apóstolos (suppl. q. 29 a. 3; cf. Duns Escoto, Rep. Paris. IV d. 23 n. 9).

No que tange ao efeito deste sacramento, o peso inclinou-se para o dom do perdão dos pecados. A Unção dos Enfermos teria sido instituída para a superação das fraquezas humanas oriundas do pecado. Por meio dela, o doente fica fortalecido, espiritualmente curado e preparado para a glória celestial (Boaventura, Brevil. VI c. 11; Tomás de Aquino, S.c.g. IV c. 73; S.th. III q. 65 a. 1 c.).

### e) A crítica da Reforma, a doutrina de Trento e a declaração do Vaticano II

Segundo a opinião dos reformadores, a Unção dos Enfermos não é nenhum sacramento instituído por Cristo (LUTERO. *De Captivitate Babylonica*: WA 6,567-571). Calvino compreende-a como um sacramento aparente (Inst. christ. rel. IV c. 19 n. 18-21). Tratar-se-ia simplesmente de um dom da unção dos enfermos na Igreja primitiva, do qual a Igreja posterior já não dispõria.

A apologia da *Confessio Augustana 1531* considera a confirmação e a última unção como "cerimônias" provenientes dos antigos Padres, mas a Igreja jamais as considerou necessárias para a bem-aventurança. Com efeito, a Igreja não teria nem ordem nem mandamento de Deus (AC 13). A unção dos enfermos, portanto, não é nenhum sacramento.

O Concílio de Trento, em sua XIV Sessão, de 25/11/1551, em conjunto com a doutrina do Sacramento da Penitência, em três capítulos doutrinais (DH 1694-1700) e quatro cânones (1716-1719), contrapõe a concepção católica à contestação reformadora da sacramentalidade e confirma a práxis em vigor.

No Capítulo I (DH 1695), a Unção dos Enfermos designada como um "verdadeiro e próprio sacramento do Novo Testamento, que *foi instituído por Cristo*, indicado por Marcos (6,13) e *promulgado por Tiago*. Por conseguinte, este sacramento não é um mero rito recebido dos padres ou uma invenção humana. Sua *matéria* é o óleo abençoado pelo bispo, que representa de modo bem-apropriado os dons do Espírito, com os quais a alma do enfermo é invisivelmente ungida. Sua *forma* são as palavras dispensadoras.

O Capítulo II (DH 1696) descreve o *efeito* do sacramento. Consiste no "aumento da graça justificadora" (dadas as circunstâncias, também, no caso de pecado grave, a recuperação da graça: DH 1600). O conteúdo (*a res sacramenti*) pode ser mais precisamente determinado: "Pois o conteúdo é a graça do Espírito Santo, cuja unção apaga os delitos – se ainda houver que devam ser expiados – e as sequelas do pecado, consola e confirma a alma do doente, excitando nele uma grande confiança na divina misericórdia, pela qual o enfermo é reanimado e suporta com mais leva os incômodos e sofrimentos da doença e resiste mais facilmente às tentações do demônio, que arma ciladas ao calcanhar (cf. Gn 3,15); e eventualmente obtém a saúde do corpo, quando for conveniente à salvação da alma".

No Capítulo III (DH 1697-1700), mencionam-se o bispo e os presbíteros como *ministros* do sacramento. O Cânone 4, portanto, estabelece: "Se alguém disser que os presbíteros da Igreja que o bem-aventurado Tiago exorta sejam levados para ungir os enfermos, não são sacerdotes ordenados pelo bispo, mas os mais velhos pela idade em qualquer comunidade, e que portanto não é só o sacerdote ministro próprio da extrema-unção: seja anátema" (DH 1719).

O sacramento deve ser ministrado acima de tudo aos doentes graves, que se aproximam do fim da vida. Enfatiza-se que a Igreja teria conservado toda a substância deste sacramento e que seu desrespeito deveria ser visto como uma grave ofensa e uma impiedade contra o Espírito Santo (DH 1699).

Ainda que a recepção da Unção dos Enfermos, por si mesma, não seja necessária para a salvação, o cristão, no entanto, deve acolher este sacramento como dedicação concreta da graça divina. Seria um pecado se alguém quisesse desdenhar este sacramento (DH 1695; 1718).

Segundo o *Vaticano II*, a recepção da Unção dos Enfermos por parte dos fiéis na "enfermidade ou em idade avançada" (SC 73) opera uma inserção especial e profunda no mistério pascal, no qual Cristo, morrendo, destruiu nossa morte e, por meio de sua ressurreição, recriou a vida, a fim de, deste modo, "[...] completar a obra da redenção e a perfeita glorificação de Deus" (SC 5).

## IV. CONSTRUÇÃO E FORMA DA IGREJA

### 6 O Sacramento da Ordem: a transmissão do poder espiritual para a realização do ministério salvífico de Cristo em sua Igreja

#### a) Temas e perspectivas

*Declarações doutrinais essenciais*

Na sequência dos sacramentos, menciona-se em sexto lugar a ordenação (*sacramentum ordinis*). Visto que o ministério transmitido pela ordenação pertence à estrutura hierárquica sacramental da Igreja, já se mencionaram aspectos essenciais no interior da eclesiologia (cf. acima, p. 401ss.).

> "O Sacramento da Ordem é a ação simbólica na qual a Igreja, através do bispo legítimo, confere a um batizado (do sexo masculino) o poder espiritual e capacita-o, em virtude do Espírito Santo, para "em nome de Cristo [...] apascentar a Igreja [como rebanho do Senhor] com a palavra e a graça de Deus" (LG 11).
>
> "Este encargo [múnus]..., que o Senhor confiou aos pastores do seu povo é um verdadeiro serviço, na Sagrada Escritura significativamente chamado 'diaconia' ou ministério" (LG 24).

A ordem que, em si, é sacramental, é exercida, por mandato divino em graus diversos, que desde antigamente são chamados bispos, presbíteros (= sacerdotes) e diáconos (LG 28; PO 2).

O ministério sacerdotal não deve ser separado da missão salvífica de toda a Igreja, que é exercida de diversas maneiras em martírio, liturgia e diaconia por todos os fiéis (LG 1; 10; 11). Contudo, a fim de poder exercer o ministério salvífico da Igreja na pessoa de Cristo, cabeça da Igreja, este ministério é transmitido por um sacramento próprio. A transmissão do Sacramento da Ordem pressupõe a recepção dos sacramentos cristãos de base, mas não pode ser derivado deles.

Quem é ordenado pelo bispo recebe o Espírito Santo, que empresta ao agir do ministro uma eficácia espiritual, que não consegue ser produzida pelo próprio ser humano. O ordenado recebe um caráter específico e intransferível (*character indelebilis*), mediante o qual é expressa sua utilização pessoal e instransferível para o serviço de Cristo, o sacerdote, pastor e profeta da Igreja. Por esta razão, o ordenado pode agir na pessoa de Cristo, cabeça da Igreja (*in persona Christi capitis ecclesiae agere*; PO 2).

No Decreto para os armênios, o *Concílio de Florença* (1439) descreve o Sacramento da Ordem da seguinte maneira: ele *faz parte dos sete sacramentos* no verdadeiro sentido (não somente dos demais sinais semelhantes a sacramentos da Igreja). A *matéria* do sinal sacramental consiste na transmissão dos instrumentos específicos para cada um dos graus da ordenação (*traditio*, DH 1326), enquanto que o Papa Pio XII, com a Constituição Apostólica *Sacramentum Ordinis*, de 1947 (DH 3859) estabeleceu que nem a unção nem a entrega dos instrumentos são matéria essencial do sinal da ordenação, mas, segundo o modelo bíblico e antigo-eclesial, a imposição da mão. A *forma* do sinal sacramental, segundo o concílio florentino, consiste nas palavras dispensadoras (oração consecratória) do bispo, estabelecidas detalhadamente pela Igreja (DH 1326). O *ministro* da ordenação sacramental é o bispo. "O *efeito* é o aumento da graça (*augmentum gratiae*), a fim de que o ordenando seja um servo digno de Cristo" (DH 1326). Como efeito, vê-se também "o poder da ordem concedido (*potestas ordinis*) e a graça do Espírito Santo" (DH 3859).

*Quanto à terminologia*

Na época neotestamentária, os pastores, dirigentes e doutores da Igreja não eram chamados de sacerdotes (*sacerdos*; *hiereus*). A atividade do apóstolo, no entanto, é descrita como administração sacerdotal do Evangelho de Deus (Rm 15,16). De modo semelhante, a Igreja, como comunidade e em razão de sua missão salvífica geral, é caracterizada como povo de Deus sacerdotal, régio e santo (cf. 1Pd 2,5.9s.; Ap 1,6; 20,6; cf. Ex 19,6).

A partir do século III, a noção de *sacerdos*/sacerdote pode também ser usada como designação do ministério de dirigente eclesiástico. A isto não se chegou por que se quisesse colocar em pé de igualdade este ministério com os sacerdotes e mediadores pagãos, mas a fim de expressar a representação do ministério salvífico de Cristo no pastor da comunidade. Como derivação do conceito de "*presbyeteros*", temos "presbítero", com que se designa o padre como o segundo grau depois do bispo (cf. Inocêncio I, ep. 25,3; DH 215. • Papa Gelásio I, ep. 9,6. • João Diácono, ep. ad Senarium c. 7: PL 49, 403). Sacerdócio indica a participação específica do bispo e do presbítero no ministério sacerdotal de Cristo. No uso linguístico neotestamentário e ainda pelo século II adentro, presbítero serve como nome genérico para os ministros eclesiásticos em geral ou é o título do ministro que algures (nas comunidades de origem paulina) é chamado de epíscopo, ao lado dos quais se acham os diáconos (cf. Fl 1,1; At 20,28; Tt 1,5; 1Pd 5,1).

Visão geral
O *ministério sacerdotal* (*sacerdotium*) é representado pelo
1) Bispo (*summus sacerdos*).
2) Presbítero (*sacerdos secundi gradus*).

*Sacerdotal* designa
1) A participação qualificada do ministro no ministério salvífico sacerdotal de Cristo, cabeça da Igreja, à diferença do magistério e do ministério pastoral.
2) A participação qualificada de toda a Igreja e de todos os seus membros na comunhão sacerdotal do Corpo de Cristo.

*Sacerdócio* designa
1) *Cristão*
   a) O ministro que, em razão de um poder especial, exerce o ministério salvífico de Cristo.
   b) A presentificação do ministério salvífico de Cristo em razão do batismo e da confirmação (= sacerdócio comum dos fiéis).

2) *Veterotestamentário*
   A execução dos sacrifícios do Templo pelos sacerdotes como celebração da comunhão de aliança com Yahweh (ação de graças, petição, remissão, expiação).
3) *Pagão/história das religiões*
   A realização de um ministério mediador para a propiciação das divindades e para a intermediação de cada pessoa com as exigências da natureza, da sociedade e dos poderes históricos.

*Importantes documentos doutrinais*

(1.) O IV Concílio de Latrão, de 1215, declara: somente o ministro regularmente ordenado possui o poder de consagração na Eucaristia (DH 802; cf. tb. a Declaração *Mysterium Ecclesiae*, de 1973: DH 4541).

(2.) O Decreto para os armênios do Concílio de Florença, de 1439 (DH 1326).
(3.) O Decreto do Concílio de Trento sobre a ordenação sacerdotal, de 1563 (DH 1764-1778).
(4.) A Constituição Apostólica *Sacramentum Ordinis*, de 30/11/1947 (DH 3857-3861; cf. tb. DH 826).
(5.) O Concílio Vaticano II:
  • Constituição Eclesial *Lumen Gentium*, de 1964, Cap. III (LG 18-29).
  • O Decreto sobre o ministério e a vida do sacerdote *Presbyterorum Ordinis*, de 1965 (PO 1-22).
6.) Sobre a questão de se mulheres podem ser receptoras do Sacramento da Ordem, expressam-se:
  • A Congregação para a Doutrina da Fé, *Inter Insigniores*, de 1976 (DH 4590-4606).
  • Papa João Paulo II, Epístola Apostólica *Ordinatio Sacerdotalis*, de 1994.

*Novos temas de discussão*

1) As raízes do ministério na missão dos discípulos enviados pelo Jesus pré-pascal; a origem no apostolado das testemunhas da ressurreição; a transformação do ministério apostólico nos ministérios comunitários na era apostólica tardia e pós-apostólica.

2) O ministério sacramental como elemento essencial na construção e na missão da Igreja: a forma articulada do único ministério nos diversos graus de ordenação do bispo, do presbítero e do diácono (*ordines maiores*; cf. tb. as ordens menores, respectivamente, os sete, vale dizer, oito ou nove graus da ordem, no todo). É pertinente também a questão de se o bispo representa um grau da ordem próprio ou apenas uma dignidade mais elevada do que a do ministério presbiteral. As linhas de tradição teológicas, mas não doutrinais, que remontam ao Ambrosiastro e a Jerônimo (cf. abaixo), e que foram amplamente retomadas pelos canonistas da Idade Média, segundo as quais bispo e presbítero se distinguem mais sob aspectos jurídico-eclesiais do que dogmáticos, no sentido da tradição total da Igreja, foi decidido, a este respeito, pelo Concílio Vaticano II, que, através da ordenação episcopal, "é transmitida a plenitude do Sacramento da Ordem" (LG 21) e, portanto, o ministério episcopal representa um grau de ordenação próprio e, certamente, mais elevado.

3) O Sacramento da Ordem faz parte dos temas clássicos das controvérsias entre católicos e protestantes. Os reformadores questionavam a sacramentalidade da ordem, o caráter sacramental e a dimensão sacerdotal (sacerdotal-litúrgica). A dimensão sacerdotal do ministério, ligada ao poder da consagração e à compreensão da missa como sacrifício, foi (mal) compreendida como instituição divina, que perverte a graça em uma obra humana, anula a imediatidade de cada fiel à palavra de justificação da graça divina e constitui uma mediação e um sacerdócio sacrificial falsos entre Deus e o ser humano.

4) No contexto da compreensão sacramental da Igreja do Vaticano II rearticula-se a unidade do ministério nos três graus, mas também a íntima pertença do ministério comum do sacerdote, do mestre e do pastor de toda a Igreja e de todos os fiéis, bem como do ministério sacerdotal e pastoral do bispo, do presbítero e do diácono. Existe a única missão da Igreja para a liturgia, o martírio e a diaconia, da qual todos os membros da Igreja, cada um segundo sua missão específica e autorização, participam, e através da qual eles, de modo eficaz, representam simbolicamente (sacramentalmente) a eficácia de Cristo como cabeça ou como corpo, que é a Igreja (LG 10; 11).

## b) O testemunho bíblico da origem e da natureza do Sacramento da Ordem

O ponto de referência específico do ministério sacramental na Igreja pós-pascal é a missão de Jesus, o mediador escatológico do reinado de Deus. Sua atividade e seu destino na cruz e sua ressurreição são a origem do povo neotestamentário da aliança, sua perene fonte e fundamento.

Uma característica essencial da atividade de Jesus é o poder divino (*exousia*) no qual Ele age. Ele exerce sua missão salvífica e seu poder igualmente através de pessoas que Ele chama, a fim de representá-lo e torná-lo presente lá aonde Ele próprio ainda quer chegar ou aonde não pode chegar. Assim, em virtude de seu poder divino, Jesus chama os Doze. Eles são sinais e representantes de seu direito escatológico sobre todo o povo de Deus, o qual neles deve ser reunido e restaurado. Ademais, Ele estabelece os Doze como um círculo estável, que está unido a

Ele em comunhão. Ele envia-os como seus mensageiros/apóstolos para pregar, para expulsar demônios: para a realização do bem-estar da *basileia*. Para isto, confere-lhes poder de poderem agir em seu nome (Mc 3,13ss.).

*A raiz de toda a missão salvífica da Igreja e de seus dirigentes, mestres e pastores é, portanto, o poder que o próprio Jesus concedeu a seus discípulos escolhidos, vocacionados e enviados (cf. Mc 6,7).*

Através do acontecimento pascal e do evento de Pentecostes, o testemunho, a missão e o poder dos Doze não são supressos, mas transformados mediante o encontro com o Ressuscitado.

O ministério salvífico dos Doze, das testemunhas da ressurreição e dos missionários cristãos primitivos (os apóstolos) é uma presentificação da perene atividade salvífica de Cristo, o Senhor glorificado em sua Igreja através do Espírito Santo, e é exercido no anúncio do Evangelho, na celebração do Batismo, da Eucaristia, no perdão dos pecados, na condução e na edificação das comunidades.

No perímetro do apostolado primitivo, surgem (factual-historicamente e teologicamente refletidos) os serviços e ministérios dos superiores (1Ts 5,12; Rm 12,8; 1Cor 12,28), os ministérios dos "bispos e diáconos" (Fl 1,1; 1Tm 3,2; Tt 1,7), dos dirigentes (Hb 13,7.17.24) ou dos "presbíteros", que exercem a presidência [...] e se dedicam com todas as forças à palavra e ao ensinamento" (1Tm 5,17).

*O elemento essencialmente determinante e a base do ministério dos presbíteros/epíscopos é a atividade deles de, em força do Espírito Santo, em nome de Cristo, o pastor da Igreja ou o primeiro pastor (At 20,28; 1Pd 5,4), apascentar a Igreja por meio do Evangelho (At 11,30; 15,2; 16,4; 20,17; 21,8; Tg 5,14; 1Tm 5,17.19; Tt 1,5; 1Pd 5,1-4) e encorajar a conversão ao "pastor e bispo de vossas almas", Cristo (1Pd 2,25). O ministério da reconciliação e do anúncio dos apóstolos dá-se "no lugar de Cristo" (2Cor 5,20). Os ministros da comunidade podem ser compreendidos como "cooperadores de Deus, na construção do edifício de Deus, que é a Igreja" (1Cor 3,9). Como servos de Jesus Cristo, eles são "administradores dos mistérios de Deus" (1Cor 4,1).*

Consoante o testemunho bíblico, os próprios apóstolos organizam a passagem da Igreja primitiva para a Igreja pós-apostólica (Tt 1,5). Isto aconteceu mediante o ato específico da *imposição da mão e por meio da oração*, que invoca o Espírito Santo e, segundo seu poder, descreve mais detalhadamente o ministério. O rito da imposição da mão está enraizado em toda a tradição bíblica e designa a transmissão do Espírito e da força de Deus sobre dirigentes e anciãos do povo de Deus (Nm 8,10; 11,16s.24s.; 27,18.23; Dt 34,9).

O rito da instituição do ministério mediante a *"imposição da mão e da oração"* (At 6,6; 14,23; 15,4; 1Tm 4,14; 2Tm 1,6), proveniente dos apóstolos e presbíteros (reconhecido, respectivamente, palas testemunhas da tradição bíblica e pós-bíblica como apostólico), é designado por Tertuliano com o termo técnico de *ordinatio* (praescr. 41,6; monog. 12,2). Cipriano também (ep. 1,1; 38,1s.; 55,8; 66,1; 67,4ss.) chama a instituição sacramental do ministério de ordenação.

*Seu efeito é um dom (carisma) do Espírito Santo, que confere o poder espiritual para o exercício do ministério* (cf. 1Tm 4,14: "Não descuides do dom da graça que há em ti, que te foi conferido mediante profecia, junto com a imposição das mãos do presbítero". 2Tm 1,6: "Reaviva o dom de Deus que há em ti pela imposição das minhas mãos [...]").

Este dom não confere, em uma compreensão profana, o poder que um superior exerce sobre seus subordinados; não se trata de um senhorio tal como o exercem os dominadores mundanos, mas de um serviço que é prestado em nome de Cristo (cf. Mt 23,9-11).

O poder concedido na ordenação dá às ações simbólicas que são realizadas em nome de Cristo uma eficácia que provém de Deus e perdura diante de Deus. Aos ministros é transmitido de modo especial o poder "de ligar e desligar" (Mt 16,19; 18,18), ou seja, o perdão dos pecados em virtude do Espírito Santo recebido (Jo 20,22s.), do anúncio universal do Evangelho e da convocação de todas as pessoas a se tornarem discípulas de Jesus mediante o batismo (Mt 28,19), da celebração da Eucaristia (1Cor 11,26; At 20,11), mediante a qual a Igreja, como comunidade, é edificada, do serviço de liderança, no qual se expressa o cuidado pastoral de Cristo por sua Igreja (At 20,28; 1Pd 5,1-4).

### c) O Sacramento da Ordem na história da teologia e dos dogmas

*O Sacramento da Ordem segundo Hipólito*

Um primeiro testemunho abrangente da liturgia da ordenação é oferecido por *Hipólito*. A *traditio apostolica*, que surgiu no início do século III, representa uma tradição que remonta ao século II e é demonstrável em seu rito central nos testemunhos neotestamentários tardios.

A instituição de bispos, presbíteros e diáconos é feita pelo bispo. Ele é o único ministro da ordem sacramental. Os ministros nominados mediante eleição e assentimento do povo são apresentados diante do bispo e são por ele consagrados mediante a imposição da mão e da oração para a descida do Espírito Santo, e instituídos em seu ministério (cf. Did. 15,1: escolha de bispos e de diáconos que devem prestar o serviço de superior sacerdócio dos profetas e mestres; 13,3: sem menção de um rito de instituição).

O *bispo* de uma igreja local recebe a ordenação de bispos vizinhos. A oração consecratória dirige-se a Deus Pai e a seu Filho Jesus Cristo, que enviou o Espírito do Pai aos santos apóstolos, que fundaram a Igreja em todos os lugares como seu Templo para a glorificação e louvor incessantes de seu nome. O candidato é escolhido para o ministério episcopal, a fim de apascentar o rebanho de Deus (cf. At 20,28; 1Pd 5,2s.; Ez 34,11-16), como sumo sacerdote, servir a Deus dia e noite e oferecer os dons da santa Igreja. O candidato a bispo, "sobre o qual é derramada a virtude do Espírito de liderança", recebe "o poder de, mediante o Espírito de superior sacerdócio, conforme instrução [divina], perdoar pecados, conforme preceito [divino], distribuir cargos e, em virtude do poder que [Deus] concedeu aos apóstolos", desatar quaisquer laços[...]" (trad. apost. 3).

Os *presbíteros* consagrados pelo bispo (com a participação do presbitério como sinal de comunhão), mediante a imposição da mão e da oração, recebem "o Espírito da graça e do presbitério" (id. 7), de modo que, em comunhão com o bispo (fora o poder da ordenação), possam realizar os ministérios salvíficos essenciais, confiados ao bispo.

O *diácono* é ordenado pelo bispo "para o serviço do bispo" (id. 8).

Quando, nos séculos VIII e IX, no âmbito da liturgia galicana, segundo o exemplo veterotestamentário, retomou-se a unção, e, a partir do século X, a entrega dos apetrechos litúrgicos na liturgia de ordenação, surgiu a questão de quais elementos faziam parte da constituição e quais elementos contribuíam apenas para a festividade (solenidade) especial do ato da ordenação. Conforme já mencionado, o Papa Pio XII, em 1947, estabeleceu que a *imposição da mão* seria o elemento material constitutivo do sinal sacramental da ordenação.

*O bispo como ministro da ordenação e representante da unidade da Ordem*

Indubitavelmente, de acordo com os testemunhos patrísticos, o bispo ocupa o mais alto grau do Sacramento da Ordem. A contestação da diferença e da superioridade dogmática dos bispos por parte do ariano Aério de Sebaste, no século IV, é considerada herética (Epifânio de Salamina, haer. 74,5. • Agostinho, haer. 53).

Sob diferentes condições, Jerônimo (ep. 146,6; na ep. ad Tit. 1,5; ep. 69,3) fala que, no período neotestamentário, mal se fazia distinção entre presbiterado e episcopado. A diferenciação entre ambos os ministérios diz menos respeito a uma determinação divina do que a uma decisão eclesiástica. O Ambrosiastro (Quaes. Veteris et Novi Testamenti q. 101) e João Crisóstomo (na ep. 1 ad Tim, hom. 11) falam também de uma grande proximidade de ambos os ministérios que constituem o único sacerdócio: cada bispo é presbítero, mas nem todo presbítero é bispo. Permanece, em geral, indiscutivelmente válido, porém, que apenas o bispo pode e está autorizado a ministrar a ordenação sacramental. "É que o presbítero tem apenas o poder de receber o Espírito, mas não o poder de comunicá-lo. Por esta razão, não ordena nenhum clérigo. Conduto, ele confirma (mediante imposição da mão) a ordenação do presbítero, enquanto somente o bispo ordena" (Hipólito, trad. apost. 8).

Do ponto de vista da eficácia histórica, foi importante a distinção entre bispo e presbítero feita por Beda, o Venerável (Exp. in Luc. 10,1: CCL 120, 213), que via prefigurados o bispo nos doze apóstolos e os presbíteros nos 72 discípulos (Lc 10,1).

Passando pelo escrito pseudojeronimiense *De septem ordinibus* (cap. 6), bem como por Isidoro de Sevilha (off. e. II 7,2), a opinião teológica e exegética parte da diferença mínima entre ministério do bispo e ministério do presbítero, acima de tudo na tradição canônica da escolástica (*Decretum Gratiani* e Huguccio).

Daí resultou a opinião teológica segundo a qual o papa poderia, em virtude do poder apostólico, conferir a um simples sacerdote o poder de ordenação (exceto da ordenação de bispo), visto que ele, por assim dizer, já o possuiria latentemente (*potestas ligata*). Surgiu a questão pela fundamentação mais precisa e pelo significado de privilégios de consagração especiais para não bispos: o Papa Bonifácio IX, em 1400 (DH 1145s.) e o Papa Inocêncio VIII, em 1489 (DH 1435), conferem a abades o poder da conferição da ordenação diaconal. O Papa Martinho V confere, em 1427, a alguns abades o poder da ordenação sacerdotal (DH 1290). O fato da concessão destes privilégios de ordenação é uma prova de que o bispo é o ministro ordinário do Sacramento da Ordem, enquanto o presbítero é ministro extraordinário? Se o poder de ordenação, no entanto, não está, em essência, originalmente ligado ao ministério do bispo, a Igreja poderia, em princípio, renunciar ao ministério do bispo, e o papa, como único bispo restante, poderia conduzir, por meio de presbíteros, a Igreja em geral e as igrejas locais. Contudo, visto que o ministério episcopal é de direito divino, que também não pode ser suspenso pelo papa (DH 3051; 3061), tais privilégios de ordenação deveriam ser vistos como exceções "altamente questionáveis", que devem ser interpretadas a partir da regra de toda a tradição da Igreja, e não o contrário. De resto, elas não podem questionar a inviolável práxis e convicção da Igreja, pelas quais o bispo, em virtude do direito divino, é o único ministro da ordenação episcopal e presbiteral.

Boaventura (Sent. IV, d. 25 a. 1 q. 1) e Tomás de Aquino (Sent. IV d. 25 q. 1 a ad 3) ensinavam que, em virtude da autoridade divina, ao bispo cabe o poder de ordenação. O papa não pode transmiti-lo a um sacerdote em um ato extrassacramental.

A escolástica absorve a posição agostiniana da eficácia objetiva dos sacramentos. Segundo esta, a questão frequentemente ainda discutida na Igreja Antiga, de se a ordenação realizada por um bispo herege e cismático, ou recebida por um herege ou cismático seria válida, é assim respondida: tal ordenação seria, por certo, não permitida pelo direito eclesiástico, mas na dimensão da ordem sacramental, ela seria validamente conferida e recebida. À validade, perteneceria, certamente, a intenção de fazer o que a Igreja quer fazer com este sinal sacramental (cf., a este respeito, a Declaração de Leão XIII a respeito da nulidade da ordenação anglicana, 1896: DH 3315-3319). Uma reordenação de bispos, sacerdotes e diáconos ordenados validamente fora da Igreja, os quais assumem a plena comunhão com a Igreja Católica, não seria possível. Um importante deslocamento de acento na compreensão do ministério foi provocado pela determinação escolástica da natureza do sacerdócio ministerial exclusivamente a partir do poder de consagração da Eucaristia. Quando se determina o sacerdócio ministerial apenas com vistas ao poder de consagração, já não fica, pois, evidente, como a sacramentalidade da ordenação episcopal pode ser afirmada. A ordenação do bispo não contém nenhum poder adicional em relação à Eucaristia (*corpus Christi mysticum*), mas certamente quanto ao governo da Igreja (*corpus Christi verum*). A ordenação episcopal, portanto, apenas confere nova dignidade, que se acresce ao ministério sacerdotal (Pedro Lombardo, Sent. IV, 24,13. • Boaventura, Sent. IV d. 24 p. 2 a. 2 q. 3.). Neste sentido, diz também Tomás de Aquino (suppl. q. 40 a. 5): visto que o bispo, em relação à Eucaristia, não possui nenhum poder mais elevado do que um sacerdote, o ministério episcopal não representa nenhum grau próprio de ordenação (*ordo*). Um *ordo* próprio é a ordenação do bispo como capacitação para um ministério (*officium*) que excede o ministério sacerdotal com relação ao poder (*potestas*) para atividades hierárquicas no âmbito da Igreja.

Com razão, João Duns Escoto (Ord. 4 d. 24 q. un. a. 2) contrapõe a opinião de Alberto, o Grande, de uma mera diferenciação jurídica entre presbiterado e episcopado, pelo que o papa, pois, poderia suspender o poder episcopal e permaneceria como o único bispo restante (cf. acima). Isto é contradito, como já se mencionou, pela doutrina da existência do episcopado em virtude do direito divino na Igreja.

## O receptor do Sacramento da Ordem

O Sacramento da Ordem só pode ser recebido por um membro batizado da Igreja que tenha sido declarado digno segundo as regras e as condições de admissão. Uma ulterior determinação dada com o sacramento da ordenação (com o sinal para o *vis-à-vis* de Cristo, como cabeça e esposo da Igreja, e da Igreja como seu corpo e sua esposa) é que somente candidatos do sexo masculino podem recebê-lo validamente. Contudo, as mulheres podem exercitar serviços sacramentais na Igreja (LG 33), para cuja execução válida não se exige a ordenação sacerdotal.

Na Igreja primitiva, as diaconisas foram, em parte, contadas dentro do clero (Const. Apost., VIII, 19s.; Concílio de Calcedônia, Cân. 15), em parte, porém, também não (Concílio de Niceia, Cân. 19; Epifânio de Salamina, haer. 79,9). Os diáconos do sexo feminino não exerceram as funções litúrgicas do diácono. Epifânio de Salamis (haer. 49,2s.) fala a propósito do fato de a seita dos montanistas terem admitido mulheres na ordem dos bispos e dos presbíteros.

Invocando a vontade instituidora de Cristo e a inequívoca práxis da Igreja, o Papa João Paulo II declara, na Carta Apostólica *Ordinatio Sacerdotalis*, de 22/05/1994: "Portanto, para que seja excluída qualquer dúvida em assunto da máxima importância, que pertence à própria constituição divina da Igreja, em virtude do meu ministério de confirmar os irmãos (cf. Lc 22,32), declaro que a Igreja não tem absolutamente a faculdade de conferir a ordenação sacerdotal às mulheres, e que esta sentença deve ser considerada como definitiva por todos os fiéis da Igreja (*sententiam definitive tenendam*)".

## A crítica da Reforma Protestante à compreensão católica do Sacramento da Ordem

A crítica reformadora à ordem não se refere a algumas deficiências e excessos no exercício do ministério sacerdotal, mas ao fundamento dogmático do sacerdócio ministerial. O pano de fundo é oferecido pela doutrina da justificação pela fé e pela graça, da parte de Deus e do único mediador Cristo. Por isso, rejeita-se toda a compreensão da missa como um sacrifício oferecido por sacerdotes e mediadores humanos para a reconciliação com Deus e para a comunicação da graça. Originalmente, o ministério eclesial teria sido um serviço à Palavra e ao sacramento, que foi pervertido em um ministério sacerdotal expiatório. Assim, os sacerdotes católicos imaginam poder oferecer Cristo ao Pai como sacrifício e boa obra, em vez de ensinar que o ser humano pode receber a graça de Deus unicamente na fé (WA 6, 522). Por conseguinte, *Lutero* atribuía um significado pagão à compreensão do ministério sacerdotal e episcopal e ao poder da consagração.

No grande escrito polêmico reformador *Do cativeiro babilônico da Igreja*, de 1520, ele contesta a instituição do Sacramento da Ordem por Cristo (WA 6,560). E visto que a Igreja seria *creatura verbi* (WA 6,560), ela não pode, por si mesma, a partir de um costume como o da unção do sacerdote ou o da entrega de instrumentos, estilizar à altura de um verdadeiro sacramento. Como consequência desta invenção humana do Sacramento da Ordem, Lutero enxerga "a contínua tirania do clero contra os leigos" (WA 6,563). Dos pastores da Igreja fizeram-se lobos; o clero estaria mais interessado em vantagens mundanas e em poder pessoal do que em um serviço abnegado à Palavra e ao sacramento (WA 6,564). A doutrina do sacerdócio ministerial parece estar desmascarada como ideologia dominadora. Mediante o apelo ao caráter indelével, que fundamenta ontologicamente a diferença entre sacerdotes e leigos (WA 6,567), de uma verdadeira comunhão dos santos, a Igreja teria sido pervertida em uma comunidade de subordinados e superiores. Isto contradiria o Evangelho, segundo o qual todos são irmãos na fé, sob a única Palavra de Deus. Os ministros não podem reivindicar para si a posse exclusiva do sacerdócio, pois todos os batizados pertencem ao reino do sacerdócio régio (1Pd 2,5.9). O sacerdócio comum anularia a distinção entre sacerdotes e leigos. Haveria uma imediatidade pessoal em relação à palavra justificadora de Deus na fé, bem como o chamado a que cada cristão, segundo o conselho do Evangelho, seja para seu irmão na fé um consolador e um "mediador" da palavra do perdão dos pecados (WA 6,564). Lutero ensina que todos os batizados, como sacerdotes, "teriam o mesmo poder em relação à Palavra de Deus e a cada sacramento" (WA 6,566).

Certamente, o sacerdócio comum só poderia ser exercido segundo a determinação da comunidade. Por conseguinte, não caberia a cada indivíduo, sem mais, pregar publicamente, ensinar, batizar ou presidir à Eucaristia etc., como dirigentes da comunidade. Em prol da construção ordenada da comunidade, Cristo teria deixado à sua própria Igreja um ministério do anúncio e do poder das chaves. Este ministério só poderia ser exercido por quem tivesse sido legitimamente chamado pela comunidade e (ou) pelos ministros (*rite vocatus*; cf. LUTERO. *De instituendis ministris*, WA 12, 169-196). Neste sentido, a transmissão de um ministério é uma "sagrada ordenação". Por meio desta é-se chamado ao serviço da Palavra em virtude da autoridade de Cristo. A partir daí começa a emergir no anúncio da Palavra um *vis-à-vis* da autoridade de Cristo com o ouvinte humano do Evangelho, que se espelha no *vis-à-vis* do ministério com os ouvintes da pregação. Este ministério pastoral seria um *ministerium verbi* (WA 1, 566; 38, 239).

Contudo, o rito do encargo de dirigentes da comunidade e de pregadores não seria nenhum sacramento que os distinguiria essencialmente dos leigos, mas significaria um chamado divino ao serviço público e eficaz do anúncio do Evangelho e das manifestações sacramentais da Palavra no batismo, na Eucaristia e na absolvição (WA 6, 560; 54, 428).

O Lutero posterior também se mantém firme nesta concepção, quando, na destituição dos fanáticos, fundamenta mais fortemente o ministério "do alto", ou seja, a partir da representação de Cristo. No formulário de ordenação, criado por ele próprio, a ordenação é caracterizada como confirmação pública dos candidatos determinados pela comunidade, pelos ministros ou pela autoridade secular.

Se o ministério é compreendido apenas como serviço à Palavra de justificação e à construção da comunidade eclesial, anula-se todo fundamento objetivo para uma diferenciação dogmática entre bispo e presbítero, como também podem ser atribuídas determinadas funções ao bispo em virtude do direito humano (CA 28; AC 28).

"Pois, onde há legítima Igreja, que haja também o poder de escolher e de ordenar ministros da Igreja, tal como, pois, na necessidade, também um simples leigo pode absolver outro e ser seu vigário" (MELANCHTON. *De potestate papae*, 1537. BSLK 491).

Considera-se que "segundo o direito divino, não há diferença entre bispo e vigário" (id. 490).

A ordenação significa vocação (*vocatio*). A missão efetiva acontece através de Cristo, e a bênção para o exercício do ministério significa uma comunicação do Espírito Santo (WA 38, 401-433).

Na apologia da *Confessio Augustana*, a ordem é contada entre os sacramentos, sob a condição de que o ministério não seja compreendido como sacerdócio sacrifical, mas como serviço à Palavra e ao sacramento (AC 13). Obviamente, como sacramento, não pertence à categoria do batismo, da Eucaristia e da penitência. A ordem difere-se deles essencialmente, porque lhe falta a promessa (*promissio*) do perdão dos pecados.

*Calvino* assume a crítica fundamental de Lutero à compreensão católica do Sacramento da Ordem (Inst. christ. rel. IV c. 19). Em certo sentido, porém, ele pode contar a ordenação entre os sacramentos extraordinários: não pode faltar a promessa do Espírito à imposição da mão e à vocação de pastores, doutores, presbíteros e diáconos, realizadas pelos apóstolos. A ordenação é um sinal eficaz da instituição do ministério. Segundo o exemplo apostólico, não são os fiéis que ordenam, mas os pastores.

A doutrina da sucessão apostólica dos bispos não aparece entre os reformadores. De acordo com a concepção católica, ela é um sinal sacramental e constitutivo para a unidade da Igreja, com sua origem apostólica, e para a unidade da Igreja na *communio ecclesiarum*. Segundo a visão protestante, a sucessão apostólica, hoje, em perspectiva ecumênica, deveria ser recuperada como elemento útil para a unidade da Igreja e sua ligação com a origem apostólica (Documento de Lima, 1982. DwÜ I, 510-550).

### *A doutrina do Concílio de Trento sobre o Sacramento da Ordem*

Na XXIII Sessão (15/07/1563), o Concílio de Trento reagiu com quatro capítulos doutrinais e oito cânones ao questionamento reformador do ministério sacramental (DH 1763-1778). Não aconteceu, no entanto, uma abordagem fundamentalmente nova e um esclarecimento hermenêutico da noção básica de "sacerdote" e de "sacrifício". Como princípio orientador para a determinação da natureza do sacerdócio ministerial, serviu a definição escolástica do Sacramento da Ordem, portanto, o poder de consagração e o poder de perdoar os pecados no Sacramento da Penitência. Consequentemente, o presbiterado funcionou como o verdadeiro ponto de orientação para a teologia do sacerdócio ministerial.

No Capítulo I (e no Cânone 1), a instituição divina de um sacerdócio sacramental visível da nova aliança é ensinada como verdade de fé. Visto que a Eucaristia é um sacrifício sacramental e visível, mediante o qual não há reconciliação a partir do ser humano com Deus, mas mediante o qual Cristo presentifica seu sacrifício expiatório na cruz (cf. o Decreto sobre a miss: DH 1740), Cristo também transmitiu aos apóstolos e a seus sucessores (aos bispos e aos presbíteros) o poder de agir como sacerdotes (DH 1764; 1771).

O Capítulo II retoma a doutrina medieval dos sete graus da ordem, sem, no entanto, comprometer-se mais precisamente com cada um dos graus da ordem, especialmente em relação às ordens menores. O decisivo é que faz parte da construção hierárquica da Igreja uma hierarquização do ministério (DH 1765). O Cânone 2 exclui todo aquele que afirma que além do sacerdócio (do presbítero) não haveria nenhum grau de ordem superior ou inferior (DH 1772).

No Capítulo III, confirma-se a ordem como um verdadeiro e próprio sinal salvífico, pertencente aos sete sacramentos da nova aliança (DH 1766). O Cânone 3 estabelece que o Sacramento da Ordem não seria apenas um rito exterior para o encargo de servos da Palavra e do sacramento, mas um sacramento instituído por Cristo (DH 1773), que – segundo o Cânone 4 – "comunica o Espírito Santo" (DH 1774). Quem recebeu validamente este sacramento do bispo não pode voltar a ser leigo, pois nele foi impressa uma marca indestrutível, que representa o fundamento inalterado do poder da ordem (DH 1767). No Cânone 5, defende-se a unção usual durante a ordenação contra os que a ridicularizam ou consideram supérflua (DH 1775). Isto não significa que a unção seja constitutiva do sinal material. Apenas se protege o costume da Igreja de utilizar a unção como sinal (interpretativo).

O Capítulo IV e os cânones 6, 7 e 8 tratam da organização eclesial, a hierarquia, que resulta do Sacramento da Ordem. Quem nega a existência da organização sacramental dos ministérios e seu exercício nos graus de bispo, presbítero e servos (diáconos), que existe em virtude de preceito divino, e afirma uma igualdade indiferente "de todos os cristãos no sacerdócio da Nova Aliança e do poder espiritual", seja anátema (DH 1767; 1776).

Os bispos são sucessores dos apóstolos e instituídos pelo Espírito Santo (DH 1768). O povo e a autoridade secular não podem instituir, por sua própria autoridade, bispos e sacerdotes, não podem declarar válida ou inválida a ordenação, nem podem apresentar como "servidores legítimos da Palavra e dos sacramentos" ministros instituídos diferentemente (DH 1768; 1777). Por meio do Cânone 8 são excluídos aqueles que negam aos bispos designados em virtude do poder papal o ministério episcopal sacramental ou simplesmente o consideram invenção humana (DH 1778).

O Cânone 7 ressalta a diferença essencial entre o ministério episcopal e o ministério sacerdotal. Ele próprio demonstra aí que os sacerdotes não possuem da mesma maneira o poder de confirmar e de consagrar, e que eles não têm em comum este poder com os bispos. Os bispos, como sucessores dos apóstolos, estão no ministério, instituído pelo Espírito Santo, de conduzir a Igreja de Deus. Eles estão acima dos presbíteros, dado que dispõem de diversos poderes, cujo exercício não cabe a outros que se encontram em grau inferior (DH 1777).

Quando, em virtude da autoridade papal, um sacerdote recebe o poder de dispensar a Crisma, disso não resulta nenhuma contradição, e ele não evolui automaticamente para ministro extraordinário do Sacramento da Ordem. Com efeito, a confirmação serve à salvação pessoal do indivíduo, mas o Sacramento da Ordem serve à organização e à construção da Igreja, para o que o bispo possui um poder próprio e imediato.

Na teologia pós-tridentina foram discutidas especialmente questões históricas individuais: o costume da Igreja alexandrina, no século II, de escolher o bispo, por aclamação, a partir de uma série de presbíteros; a questão de se os corepíscopos (= bispos rurais, em dependência do bispo urbano) eram verdadeiros bispos ou simples sacerdotes que, com o poder papal, haviam ministrado a ordenação; o problema dos privilégios papais da ordem na Idade Média tardia (cf. acima).

A Constituição Apostólica *Sacramentum Ordinis*, do Papa Pio XII estabelece que bispo, presbítero e diácono representam respectivamente um grau próprio do Sacramento da Ordem.

## A doutrina do Concílio Vaticano II

Sem nenhuma ênfase antirreformadora, o Concílio Vaticano II pôde desenvolver a doutrina do Sacramento da Ordem no contexto de uma eclesiologia de comunhão. A Igreja é, em Cristo, o sacramento mediante o qual o Senhor glorioso realiza o reinado de Deus, e através dela Ele exerce seu ministério de mediador régio, sacerdotal e profético (LG 1). Pertence também à natureza desta comunidade sacerdotal eclesial que a primazia de Cristo e seu *vis-à-vis* em relação à comunidade seja simbolicamente visível. Assim, o serviço sacerdotal da Igreja é exercido através da Igreja como Corpo de Cristo, mas não menos através de Cristo, na medida em que Ele é a cabeça e a origem imutável da missão salvífica eclesial (LG 10). Por conseguinte, o sacerdócio hierárquico, que é exercido na pessoa de Cristo, a cabeça sacerdotal, também se distingue do sacerdócio exercido por todos os fiéis.

O ministério sacramental tem suas raízes no poder espiritual e na missão dos apóstolos e de seus sucessores no ministério, os bispos (LG 20). Por meio da ordenação episcopal é transmitida a plenitude do Sacramento da Ordem. Por conseguinte, o bispo pode ser princípio e fundamento da unidade da Igreja local e da comunhão com os outros bispos da Igreja universal.

> "A consagração episcopal, juntamente com o poder de santificar, confere também os poderes de ensinar e governar [...]. De fato, consta pela tradição [...] que a graça do Espírito Santo é conferida pela imposição das mãos e pelas palavras da consagração, e o caráter sagrado é impresso de tal modo que os bispos representam de forma eminente e conspícua o próprio Cristo, Mestre, Pastor e Pontífice, e atuam na pessoa dele" (LG 21).

Em comunhão com o bispo, os presbíteros participam destas funções fundamentais – exceto do poder da ordenação –, do ministério pastoral superior do bispo (governo da Igreja local) e do autorizado poder de ensinar, do ministério doutrinal ordinário e extraordinário da Igreja. O essencial, porém, é que os presbíteros, em razão de seu poder espiritual, agem na pessoa de Cristo, cabeça da Igreja (LG 28; PO 2).

Na ordenação diaconal, os ordenandos recebem, mediante a imposição da mão e da oração do bispo, a "graça sacramental" (LG 29). A sacramentalidade da ordenação diaconal, portanto, está fora de questão.

O Decreto sobre o múnus pastoral dos bispos (CD) e o Decreto sobre o ministério e a vida dos sacerdotes (PO) tratam detalhadamente da temática fundamental da constituição eclesial (LG).

Esclarecimentos essenciais, que também se tornam importantes para o diálogo ecumênico sobre Igreja e ministério, são:

1) A relação entre os leigos e os portadores do ministério clerical é derivada de uma anteposição ou de uma sobreposição social, isto é, de uma legalidade ou de uma funcionalidade. A unidade resulta de uma participação comum na única missão salvífica da Igreja. A distinção resulta da diferente autorização e dos poderes e funções individuais daí resultantes que, por sua vez, estão ligados à sacramentalidade da Igreja e da distinção de "Cristo como cabeça e corpo da Igreja".

2) Realça-se a unidade do Sacramento da Ordem, que é exercido nos graus do ministério episcopal, presbiteral e diaconal.

3) A qualificação da Igreja como comunidade sacerdotal e a designação da função específica de bispos e sacerdotes (ao lado do Magistério e do múnus pastoral) não provêm do empréstimo de concepções pagãs de sacrifício e de sacerdote. Trata-se da dimensão cristológica e pneumatológica específica do ministério apostólico e espiritual, mediante o qual o próprio Cristo exerce seu ministério sacerdotal salvífico na liturgia da Igreja e especial nos sacramentos.

As controvérsias católico-reformadoras em torno da compreensão do ministério sacerdotal como um serviço mediador tornou-se, finalmente, irrelevante. Consoante a ideia católica nenhum ministro humano, como sacerdote, mediador no sentido da causação da salvação. Ele é ministro do Mediador Cristo, o único que realiza a salvação:

> "Os sacerdotes [...] da Nova Aliança podem ser chamados de mediadores entre Deus e as pessoas desde que sejam ministros do verdadeiro mediador, em cujo lugar eles oferecem às pessoas os sacramentos portadores da salvação" (Tomás de Aquino, S.th. III q. 26 a. 1 ad 1: "Portanto, eles exercem o ministério do mediador não *principaliter et perfective, sed ministerialiter et dispositive*" (id. ad 2).

### d) A questão sistemática do princípio dogmático do sacerdócio ministerial em uma "eclesiologia de comunhão"

A ideia de base do Sacramento da Ordem não se deixa construir arbitrariamente, na medida em que, por exemplo, se parte dos três ministérios de Cristo como mestre, sacerdote, pastor/rei, ou da doutrina medieval da potestade, que determina o sacerdote exclusivamente a partir do poder da consagração, ou ao retraí-lo para uma esfera sagrada, que se subtrai ao mundo profano-laical.

1) Decisiva é uma eclesiologia que compreende a Igreja como sacramento e como comunhão. Neste contexto, pode-se estabelecer um contato com a eclesiologia paulina: a construção interior da Igreja mediante ministérios, carismas e ordens que Deus Pai, Cristo e o Espírito Santo lhe concedem (Rm 12; 1Cor 12). O ministério fundamenta-se em Cristo e é determinado interiormente pelos dons do Espírito. Representa e efetua a unidade da comunidade na pluralidade dos carismas. *O carisma do ministério sacramental consiste no governo da comunidade:* promove e desenvolve as diversas tarefas e ministérios. Deste modo, o sacerdote exerce o ministério de Cristo, Senhor e cabeça de sua Igreja. Efetivamente, a natureza de Cristo como cabeça da Igreja consiste em que Ele é fonte, origem e unidade de sua Igreja. O ministério funciona como presentificação sacramental da função de cabeça de Cristo em seu corpo, a Igreja.

A fim de exercer este ministério, é preciso, para além do fundamento do ser-cristão no batismo e na crisma, um encargo próprio, que acontece na ordenação. A graça concedida na ordenação não serve principalmente à santificação pessoal, mas justamente à edificação da Igreja por meio do serviço à Palavra e aos sacramentos, portanto, à santificação das pessoas. Dado que a Eucaristia, já segundo a convicção cristã primitiva (1Cor 10,17), é a consolidação sacramental da unidade da Igreja em seus membros individualmente e com Cristo, sua cabeça, na celebração da Eucaristia a presidência cabe ao ministério da unidade. Por conseguinte, a ligação entre ministério sacerdotal sacramental e celebração da Eucaristia não é uma determinação meramente positivista (com vistas à legitimação ideológica do poder), mas resulta interior e organicamente da forma de vida da Igreja, compreendida como unidade de sentido, a partir de Cristo, de quem ela recebe o poder de realizar sua missão (KASPER, W. "Sein und Sendung des Priesters". *Zukunft aus dem Glauben.* Mainz, 1978, p. 85-112).

Por mais que a Igreja seja caracterizada pela unidade com Cristo, fundamentada na encarnação, ela não deixa de assinalar sua constante distinguibilidade em relação a Cristo. Esta diferença é também apresentada de maneira simbólico-sacramental no relacionamento recíproco entre os dirigentes da comunidade e os fiéis.

2) Se a Igreja, como um todo, é sacramento da salvação para o mundo, ela deve ser compreendida como presentificação da palavra da promessa de Deus, realizada na história, que se vai impondo vitoriosamente, tendo-se tornado uma realidade personificada em Jesus Cristo. Nas diversas situações da vida humana chega-se a testemunhar esta palavra fundamental, especialmente na celebração da morte e da ressurreição de Jesus Cristo. Por mais que também algumas destas funções do serviço à Palavra possa ser concedido a outras pessoas fora do ministério sacramental (professores de religião, catequistas etc.), com isto não se suprime a necessidade de um ministério que prove ao *serviço da Palavra* especialmente no contexto da celebração eucarística.

Este ministério da Palavra diz respeito ao sacerdote igualmente em sua existência pessoal. A palavra salvífica não pode ser-lhe indiferente; ele não é mero funcionário da Palavra (RAHNER, K. *Der theologische Ansatz für die Bestimmung des Wortes des Amtspriestertums* – Schriften IX, 366-372).

3) A ideia do ministério sacramental pode também ser desenvolvida a partir da *missão apostólica*. Deve-se começar pela vocação dos discípulos, da parte de Jesus, que é, Ele próprio, em toda a sua existência, determinado pela missão que o Pai lhe confiou. Ele passa adiante esta missão aos apóstolos. Por esta razão, a natureza interior do apostolado consiste em uma relação pessoal com Jesus semelhante à relação de missão que existe entre Jesus, o Filho, e o Pai (Jo 20,22s.). O ministério sacerdotal não deriva, portanto, de necessidades sociológicas de uma instituição ou de uma associação religiosa, mas de uma relação pessoal de missão. Por isso, o presbítero, em sua função, é representante de Cristo.

"Exercendo o múnus de Cristo Cabeça e Pastor na parte de autoridade que lhes toca, os presbíteros reúnem, em nome do bispo, a família de Deus, como fraternidade animada por um só objetivo, e levam-na por Cristo no Espírito a Deus Pai" (PO 6).

Por conseguinte, o poder espiritual, por natureza, tem pouco a ver com o que, de outra forma, se chama ministério, jurisdição e autoridade. Trata-se de uma representação pública da fonte cristológica, designada pela Igreja, de toda a realidade salvífica (RATZINGER, J. "Zur Frage nach dem Sinn des priesterlichen Dienstes". *Geist und Leben*, 41, 1968, 347-376).

4) Fundamental é o ponto de vista de que Deus quer a salvação de todas as pessoas. Ele a realiza em seu Filho encarnado e a torna presente no Espírito Santo. Por conseguinte, a contínua presentificação da salvação em Cristo e no Espírito acontece de maneira sacramental: a Igreja, como um todo, é sacramento da salvação para o mundo. Na dimensão sacramental da Igreja deve também ser expresso simbolicamente que somente Cristo é a eterna fonte e a origem de toda a vida eclesial em sua missão e em sua realização como comunidade. Isto quer dizer: *esta primazia de Cristo como cabeça da Igreja emerge no ministério apostólico*. O apóstolo faz sobressair o primado de Cristo nas comunidades por ele fundadas. Ele é representante de Cristo: "Sendo assim, em nome de Cristo exercemos a função de embaixadores, e por nosso intermédio é Deus mesmo que vos exorta" (2Cor 5,20). Entre o apóstolo e a comunidade delineia-se, portanto, uma relação essencialmente eclesial, que é irreversível e que logra na celebração eucarística uma expressão especial (cf. 1Cor 3,9: "Nós somos cooperados de Deus, e vós sois a seara de Deus, o edifício de Deus").

Por esta razão, cabe ao ministério eclesial também o exercício do ministério salvífico de Cristo nos atos fundamentais do martírio, da liturgia e da diaconia, de maneira específica, que é sublinhada pela correalização da missão sacerdotal e profética da Igreja mediante os leigos (LG 9-12). Contudo, o que une ministros e leigos é a realização comum do único ministério profético e sacerdotal de Cristo.

"Está presente [Cristo] no sacrifício da missa, quer na pessoa do ministro [...] quer especialmente sob as espécies eucarísticas. Está presente, com sua força, nos sacramentos, de modo que, quando alguém batiza, é o próprio Cristo que batiza. Está presente na sua palavra [...]. Está presente, enfim, quando a Igreja reza e canta, Ele que prometeu: 'Onde estiverem dois ou três reunidos em meu nome, eu estou no meio deles' (Mt 18,20) [...]. Com razão se considera a liturgia como o exercício da função sacerdotal de Cristo. Nela, os sinais sensíveis significam e realizam, cada um à sua maneira, a santificação do homem, e é exercido pelo Corpo Místico de Jesus Cristo, Cabeça e membros, o culto público integral" (SC 7).

### 7 O Sacramento do Matrimônio: sinal da aliança de Cristo com sua Igreja

#### a) Temas, perspectivas e declarações doutrinais sobre a sacramentalidade do matrimônio

O matrimônio cristão é contado entre os "sete sacramentos da Nova Lei" (DH 1800; 1891). *Por matrimônio cristão compreende-se uma comunhão de vida total, exclusiva e pessoal entre um homem batizado e uma mulher batizada, realizada em liberdade, na qual se reflete a aliança de Cristo com sua Igreja, e mediante a qual o matrimônio se torna sinal eficaz da comunicação da graça divina.*

A *teologia dogmática* considera o matrimônio cristão sob o aspecto formal da sacramentalidade e das propriedades essenciais que daí jorram, quais sejam, a indissolubilidade, a monogamia e a fecundidade nos filhos, ligadas à disposição de educá-los e de ser para eles as primeiras testemunhas da fé.

A *teologia moral* discute o matrimônio mais fortemente sob o ponto de vista de uma antropologia da sexualidade, da paternidade responsável. A *teoria do Direito Canônico* trata o matrimônio sob o aspecto da legítima realização, dos impedimentos matrimoniais etc., e a *teologia pastoral*, a partir da perspectiva do desafio de um matrimônio bem-sucedido e do lidar com pessoas separadas e pessoas separadas que voltaram a casar-se.

Contudo, o matrimônio é também *tema do direito civil, das ciências humanas e sociais.*

No decreto para os armênios do *Concílio de Florença* (1439), o Sacramento do Matrimônio é descrito nas categorias da teologia sacramental patrística e escolástica como "sinal da união de Cristo e da Igreja", segundo Ef 5,32 (DH 1327). Dado que as categorias do ministro humano do sacramento, diferentemente dos demais sacramentos, não devem ser facilmente aplicadas ao matrimônio (o casal mesmo ou o sacerdote assistente), o Concílio fala unicamente da causa eficiente que produz o sinal sacramental. Ela consiste na recíproca palavra "sim" (*consensus*), que o noivo e a noiva dizem um ao outro. Segundo a realidade da graça (*res sacramenti*), o matrimônio encerra um bem tríplice:

1) O bem de aceitar a prole e educá-la para Deus (*bonum prolis*).
2) O bem da fidelidade mútua, pessoal, exclusiva e perpétua (*bonum fidei*).
3) O bem da indissolubilidade e da indestrutibilidade do laço matrimonial, que tem um inabalável fundamental (*bonum sacramenti*) na indissolúvel união de Cristo e da Igreja, que é representada sacramentalmente no matrimônio. Ainda que seja possível uma suspensão limitada ou ilimitada da comunhão carnal e de vida ("separação de mesa e de cama"), "continua, porém, sendo contra o mandamento de Deus contrair outro matrimônio, pois o vínculo do matrimônio legitimamente contraído é perpétuo" (DH 1327). O indissolúvel vínculo matrimonial, por toda a vida de ambos os cônjuges, corresponde, de certa maneira, ao caráter (*rest et sacramentum*), tal como é concedido no Batismo, na Confirmação e no Sacramento da Ordem.

A nova teologia inclui o matrimônio em uma compreensão eclesiológica. Sobre o pano de fundo de uma antropologia pessoal abrangente e comunicativa, o *Concílio Vaticano II* descreve o matrimônio como uma das realizações sacramentais fundamentais da Igreja:

> "Os cônjuges cristãos participam, significando-o, do mistério da unidade do amor fecundo entre Cristo e a Igreja (cf. E 5,32), e assim auxiliam-se mutuamente para a santidade, pela vida conjugal e pela procriação e educação dos filhos, e têm, no seu estado de vida e na sua ordem, um dom próprio no povo de Deus (cf. 1Cor 7,7). Desta união origina-se a família, na qual nascem novos cidadãos da sociedade humana, os quais, para perpetuar o povo de Deus através dos tempos, se tornam filhos de Deus pela graça do Espírito Santo, no batismo. Na família, como numa igreja doméstica, devem os pais, pela palavra e pelo exemplo, ser para os filhos os primeiros arautos da fé e a favorecer a vocação própria de cada um, especialmente a vocação sagrada" (LG 11).

### b) Documentos doutrinais importantes

(1.) O decreto para os armênios, do Concílio de Florença, de 1439 (DH 1327).

(2.) O decreto sobre o Sacramento do Matrimônio com um capítulo doutrinal e 12 cânones do Concílio de Trento, de 1563 (DH 1797-1816) contra o questionamento e a contestação reformadores do Sacramento do Matrimônio; especialmente o Decreto *Tametsi* (DH 1813-1816), no qual foi inserida instrução geral para a realização do matrimônio.

(3.) A Bula *Auctorem Fidei*, do Papa Pio VI, de 1796 (DH 2658-2660), contra o Sínodo de Pistoia, que queria separar o contrato matrimonial do Sacramento do Matrimônio, submeter totalmente o matrimônio ao direito civil e reprimir a jurisdição eclesiástica (cf. tb. Papa Pio IX. *Syllabus*, 1864: DH 2965-2974).

(4.) Papa Leão XIII, Encíclica *Arcanum Divinae Sapientiae*, de 1880 (DH 3142-3146), a respeito da natureza do matrimônio sacramental, do poder canônico da Igreja, da inseparabilidade do contrato matrimonial e do sacramento matrimonial. O sacramento acontece de tal modo mediante o contrato matrimonial (contractus) validamente realizado, "que todo matrimônio legítimo entre cristãos *em si e por si é sacramento*" (DH 3146).

(5.) Papa Pio XI, Encíclica *Casti Connubii*, de 1930 (DH 3700-3724); a encíclica precedente de Leão XIII é levada adiante. Todo cristão é livre para contrair ou não um matrimônio. Quando, porém, foi realizado, por sua própria natureza, já não está à disposição arbitrária do indivíduo. Quem contraiu matrimônio, através deste está comprometido em seu projeto de vida pessoal: concernente à responsabilidade pelo cônjuge e pelos filhos.

(6.) Concílio Vaticano II: *Lumen Gentium* 11 (cf. acima): o matrimônio na vida sacramental da Igreja: *Gaudium et Spes* 47-52: matrimônio e família no mundo de hoje.

(7.) Papa Paulo VI, Encíclica *Humanae Vitae*, de 1968 (DH 4470-4479): a propósito das características do amor conjugal: totalidade e personalidade; a frutuosa abertura da união conjugal para o filho: "A Igreja ensina que necessariamente qualquer ato matrimonial deve permanecer aberto à transmissão da vida", e com maior razão nos dias da fecundidade feminina (DH 4475).

(8.) Papa João Paulo II, Exortação Apostólica *Familiaris Consortio*, de 1981 (DH 4700-4716): atualização da temática da *Humanae Vitae*, "Carta dos direitos da família"; ênfase sobre o matrimônio como fonte da humanidade e como caminho para a santidade e plenitude do ser humano com Deus.

### c) O matrimônio no testemunho bíblico

1) No relato *veterotestamentário* da criação, os autores (J/P) ultrapassam a práxis matrimonial concreta de seu tempo na medida em que recorrem à vontade criadora original e à ordem da criação ainda não perturbada pelo pecado: questiona-se ou relativiza-se fundamentalmente a concepção patriarcal-moral-legalista do relacionamento entre homem e mulher, os múltiplos casamentos, a divorcialidade como princípio, a possibilidade de repúdio do parceiro, a formulação de impedimentos matrimoniais especiais.

No poema *javista* da criação, sobressai-se claramente a relação pessoal e equivalente entre homem e mulher. Somente a mulher tirada de Adão e formada a partir dele pode ser para ele uma correspondente e, assim, representar a interlocutora pessoal em "auxílio" recíproco (Gn 2,18; não se está falando de uma serva particular, mas da relação intersubjetiva da pessoa como princípio de sua plenitude). O homem, que reconhece na mulher a natureza humana comum e a igualdade ("carne de minha carne"), deixa sua família de origem e une-se a sua mulher, de modo que ambos se tornam "uma só carne", ou seja, uma comunhão de vida, de amor e de corpo (Gn 2,24).

No poema *sacerdotal* da criação se diz que o ser humano é criado como homem ou como mulher à imagem e semelhança de Deus. A relação intracriatural entre homem e mulher no matrimônio é, por conseguinte, sinal da relação de cada ser humano para com Deus. Homem e mulher, em sua comunhão pessoal, são os dons e as tarefas da fecundidade, da dominação da terra e da responsabilidade sobre o mundo. Esta comunhão encontra-se sob a bênção de Deus e sob a palavra da promessa (Gn 1,27s.).

Dos *escritos mais recentes* do AT emerge que a bênção de Deus sobre o amor pessoal entre homem e mulher reflete-se na ação de graças do ser humano a Deus pelos dons do matrimônio e em uma vida conjugal que busca glorificar a Deus (cf. Tb 8,4-9).

No estado original, o matrimônio não foi fundado como mera ordem natural. Conforme já indicado, como realidade criada ele era alusão simbólica à origem do ser humano em Deus e, ao mesmo tempo, meio pelo qual Deus transmite bênção à sua criação. Como comunhão humana de amor, ele representa simbolicamente a comunhão de vida divino-humana. O matrimônio representa a unidade original entre natureza e graça, criação e aliança.

Mediante a perda da comunhão originária com Deus, o matrimônio também sofreu a maldição e o fardo da graça perdida; isto se torna claro pelas "palavras de maldição" pronunciadas sobre o homem e sobre a mulher (Gn 2,25–3,24).

2) No NT, o matrimônio também está inserido no processo histórico-salvífico da redenção do ser humano e do restabelecimento da unidade original entre aliança e criação, entre graça e natureza. À luz do evento Cristo, mos-

tra-se novamente o propósito original do matrimônio. Ele está intimamente assinalado pela nova aliança de Deus com seu povo – não por acaso a aliança de Deus com Israel já havia sido apresentada simbolicamente como amor entre o noivo e a noiva (Ml 2,14; Pr 2,17); de modo correspondente, a descrença e a quebra da aliança por parte do povo era abominada como adultério (Ex 20,14; Os 1,2). Na autodoação amorosa de Cristo na cruz, a Igreja tem sua origem como novo povo da aliança; ela é a noiva. O amor do homem e da mulher, através do qual o matrimônio existe, tem sua origem, por conseguinte, nesta autodoação de Jesus pela Igreja, representa-a simbolicamente e é interiormente plenificado por esta doação de Cristo (Ef 5,21.33; 2Cor 11,2; Ap 19,7): a Igreja é a noiva que se prepara para as núpcias do Cordeiro, com Cristo, autor e mediador da nova aliança.

Assim, finalmente, na relação mútua do ágape do homem para com a mulher e na obediência (que não deve ser confundida com subserviência) da mulher em relação ao homem, o autor da Carta aos Efésios vê fundada a comunhão de amor entre homem e mulher, e pode chamar essa comunhão de amor de mistério profundo (*mysterion/sacramentum magnum*), que diz respeito a Cristo e à sua Igreja (Ef 5,32).

*O Jesus pré-pascal situa o matrimônio no contexto de sua proclamação-do-Reino-de-Deus.* Assim, ele supera a casuística matrimonial e as regulamentações pragmáticas para o divórcio, rumo a uma ordem originária da criação, na qual se revela o desígnio salvífico de Deus. Esses regulamentos, segundo os quais o homem pode deixar e repudiar sua mulher, foram apenas concessões à "dureza de coração", maltoleradas por Moisés e pelos legisladores da antiga aliança, mas não aprovadas. "Desde o princípio da criação", porém, não era assim. Homem e mulher tornam-se definitivamente uma só coisa, já não são dois: "O que Deus uniu, o homem não separe" (Mc 10,6-9; cf. Mt 19,1-9).

Jesus não compreende o matrimônio, de forma alguma, como uma instituição neutramente salvífica, como um campo de conservação da moral cristã. O matrimônio é a forma original do encontro com Deus e do encontro com o desígnio salvífico de Deus. Por esta razão, Jesus pode fazer do matrimônio indissolúvel e da comunhão pessoal de vida sinal do indestrutível, real e eficaz senhorio de Deus. Nisto se fundamenta a ética do matrimônio.

O homem que repudia e dispensa sua mulher, ou a mulher que repudia e abandona seu marido "cometem adultério" e, com isso, atentam contra a "nova aliança" (Mc 10,11; Lc 16,18; 1Cor 7,10). Esta intenção de Jesus não é também abrogada pela causa secundária da "prostituição" (Mt 5,32; 19,9), onde, no caso de adultério, uma separação é possível, muito menos mediante o "privilégio paulino" de 1Cor 7,15s.: segundo este, a separação do cônjuge que se tornou cristão, daquele que permaneceu não cristão, é possível desde que o parceiro não cristão não queira conviver livremente com aquele que crê. Até que ponto novas núpcias são possíveis para aquele que crê, resta questão aberta em Paulo.

O ser humano, a partir de sua própria força moral e de sua disposição psicológica pessoal, não pode corresponder à pretensão de indissolubilidade do matrimônio como sinal da nova e eterna aliança e do reinado de Deus realizado. Somente quando ele acolhe o apelo à conversão, à fé e ao seguimento de Cristo (Mc 1,15) e "vive segundo o Espírito" (Gl 5,25) é que ele consegue concretizar pessoalmente a realidade do matrimônio como sinal da comunhão de aliança de Cristo e da Igreja. A comunhão espiritual e corporal do homem e da mulher deve ser santa e deve servir à santificação por meio de Deus e do Espírito Santo (1Ts 4,3-8).

Por mais que o matrimônio se encontre no contexto do senhorio de Deus, também deve ser visto que ele, como forma de vida humana, pertence a este mundo passageiro e, no mundo futuro, já não subsistirá desta maneira (Mc 12,25). Por conseguinte, após a morte de um dos cônjuges, é possível um novo matrimônio.

A vocação pessoal para o serviço no futuro reinado de Deus e a exigência de Jesus (1Cor 7,7) podem levar a que, como no caso de Jesus, o matrimônio já não se torne a perspectiva pessoal de vida, mas alguém "segue o apelo de Deus" (1Cor 7,17; Lc 14,20), a fim de, com o dom espiritual (carisma) da vida celibatária, dedicar-se, em todos os sentidos, "às coisas do Senhor" (1Cor 7,32).

Matrimônios entre os cristãos, os "santificados em Cristo Jesus" (1Cor 1,2) são concluídos e vividos "no Senhor" (1Cor 7,39; cf. 1Cor 11,11). Paulo também testemunha, assim, uma dimensão teológica e graciosa do matrimônio, fundamentada cristologicamente.

Perante todo o desdém por parte dos hereges gnósticos, que queriam proibir o casamento (1Tm 4,3), enfatiza-se que o matrimônio participa da bondade de toda a criação. Um matrimônio vivido em fidelidade recíproca corresponde à vontade de Deus e "deve ser honrado por todos" (Hb 13,4).

Se nos assim chamados "códigos domésticos" percebe-se também certo relacionamento de submissão das esposas (Cl 3,18; Ef 5,22-33; 1Pd 3,1-7), não se deve inferir uma intenção expressa de sancionar religiosamente relacionamentos sociais. Trata-se, antes, da submissão recíproca, "no temor comum do Cristo" (Ef 5,21), que em seu amor e em sua obediência é o modelo da comunhão de vida de Deus com seu povo. Mediante o serviço desinteressado, homens incréus são "conquistados sem palavras, para a Palavra do Evangelho, pelo comportamento de suas mulheres, ao observarem seu comportamento casto e respeitoso" (1Pd 3,1s.; cf. 1Cor 7,14: "[...] o marido não cristão é santificado pela esposa [...]").

### d) A sacramentalidade do matrimônio como tema histórico-teológico

*Patrística*

Perante os *gnósticos*, que descreviam casamentos e geração de crianças como obra do diabo (cf. Irineu, haer. (I, 24, 2), diante do herege *Marcião* (cf. Hipólito, ref. VII, 28.30; VIII, 16), dos *encratitas*, um rigoroso movimento de ascetismo (Hipólito, ref. VIII, 20) e do *maniqueísmo* dualista, que declarava a matéria e, por conseguinte, também a sexualidade, como princípio do mal (Agostinho, bono coni. 33; haer. 46,13), os Padres da Igreja defendiam unanimemente a bondade natural do matrimônio e sua importância para a salvação e para a vida na graça. O *I Sínodo de Braga* (Portugal), em 561, excluía da comunhão da Igreja todo aquele que "condena os matrimônios humanos e despreza a procriação dos filhos, como o disseram Maniqueu e Prisciliano" (DH 461).

No confronto com os *albigenses, os cátaros* e outras seitas da alta Idade Média, o *IV Concílio de Latrão, de 1215*, diz que "não somente as virgens e aqueles que observam a continência, mas também as pessoas casadas que procuram agradar a Deus com reta fé e vida honesta, merecem chegar à eterna beatitude" (DH 802). De modo igual, o *Papa João XXII*, na Constituição *Gloriosam Ecclesiam*, de 1318, adverte contra os Fraticelli, um ramo radical do movimento franciscano, que "vão motejando contra o venerável Sacramento do Matrimônio" (DH 916).

Alguns padres avaliavam o matrimônio mais do que uma concessão à fraqueza humana por parte daqueles que não podem viver abstinentemente (Tertuliano, Orígenes, Jerônimo). Contudo, ele seria tolerável por causa da necessidade da procriação.

Sob o influxo do espiritualismo platônico, alguns formulavam a opinião de que a diferença sexual do ser humano e, por conseguinte, o casamento, seria consequência do pecado previsto por Deus, que Deus, portanto, apenas por levar em conta o pecado, teria criado o ser humano como homem e mulher e disponibilizado para o matrimônio. Sem o pecado, também teria sido possível uma multiplicação assexuada dos seres humanos na sucessão de gerações (Gregório de Nissa, hom. opif. 17; Jerônimo ep. 22,19). Por razões teológico-criacionais, esta opinião deve ser declarada completamente insustentável (assim, Tomás de Aquino, S.th. I q. 98 a. 2). A diferença sexual é um sinal da bondade da criação.

Discutiu-se também a questão de se seria possível outro matrimônio após a morte do primeiro cônjuge (Tertuliano, monog. 10: o segundo matrimônio seria adultério; Atenágoras, suppl. 33: o segundo matrimônio seria um adultério decente). No geral, porém, vai-se na direção de uma permissão de outros casamentos depois da morte do parceiro (Hermas, mand. 4,4. • Clemente de Alexandria, strom. III, 12. • Jerônimo, ep. 48,9. • Agostinho, bono BID. 12. • Basílio, ep. 188, 4). No *II Concílio de Lião*, de 1274, o imperador bizantino Miguel Paleólogo, juntamente com a Igreja ocidental, reconhece que, depois da morte do primeiro parceiro, todo cristão estaria livre para contrair um segundo, respectivamente, terceiro e outros matrimônios (DH 860; cf. 795).

*Para os Padres da Igreja, o matrimônio cristão vale como comunhão de vida instituída por Deus e santificada por Cristo.* O matrimônio é sacramento, segundo a palavra de Paulo, de modo que o matrimônio é contraído "no Senhor" (1Cor 7,39). Em assonância com Ef 5,21s., diz *Inácio de Antioquia*:

> "Convém que os homens e as mulheres que se casam contratem sua união com o parecer do bispo, a fim de que seu matrimônio seja feito segundo o Senhor e não segundo a concupiscência. Que tudo seja feito para a honra de Deus" (Polyc. 5,2; cf. Tertuliano, uxor. II,9).

Também na participação de Jesus nas Bodas de Caná (Jo 2,1-12), reconheceu-se uma santificação e uma bênção do matrimônio por Cristo. O próprio Deus seria aquele que une os parceiros, que confere ao matrimônio força santificadora e sua graça (Agostinho, bono coni. 3,3. • João Damasceno, fid. Orth. IV, 24). *Orígenes* determina:

> "O próprio Deus foi quem fundiu os dois em um, de modo que já não sejam dois, a partir do momento em que o homem desposa a mulher. Contudo, visto que o autor da união é Deus, assim a graça [carisma] habita naqueles que foram unidos por Deus. Sabendo bem disso, Paulo declara um dom o matrimônio correspondente à Palavra, bem como é um dom o celibato casto" (comm. in Mt 14,16).

Uma indicação para a compreensão posterior do matrimônio é oferecida especialmente por *Agostinho*. Para ele, a referência do matrimônio aos sacramentos não resulta simplesmente da ressonância da palavra (*mysterion, sacramentum*: Ef 5,32), mas de uma proximidade objetiva aos indubitavelmente mais importantes sinais salvíficos da nova aliança, principalmente o batismo (nupt. et conc. I, 10, 11) ou a ordenação (bono coni., 32). Tal como o batismo e a ordenação, o matrimônio opera algo duradouro (*quiddam coniugale*; portanto, algo que corresponde à doutrina posterior do permanente vínculo conjugal e ao quase caráter do vínculo conjugal). Trata-se, segundo Agostinho, não somente de um vínculo conjugal natural, mas de um "santo Sacramento do Matrimônio" (fid. et op. 7). À censura dos pelagianos, de que ele, com seu ensinamento acerca do pecado original e da concupiscência, perturbaria o bem do matrimônio, Agostinho contrapõe que a relação marital, como dom do criador, é boa, e que somente mediante o pecado e o desejo egoísta (concupiscência), que o ser humano, sem a graça, não pode dominar, foi estragada e tornou-se carente de redenção (pecc. Orig. II, 33-37). No sentido da doutrina posterior, Agostinho formula o pensamento dos três bens do matrimônio:

> "O bem do matrimônio reside [...] entre todos os povos e entre todas as pessoas na procriação e na conservação da castidade; contudo, no que diz respeito ao povo de Deus, também ainda na santidade do sacramento, razão pela qual constitui-se um crime contra a lei divina e natural, caso uma mulher separada se case com outro homem, enquanto seu próprio marido ainda vive [...]. Tudo isto: descendência, fidelidade e mistério são bens pelos quais também o matrimônio é um bem" (bono coni. 32).

### *Escolástica*

Na formação da noção de sacramento nos começos da escolástica, o matrimônio é contado, sem problema, dentre os sete sacramentos em sentido próprio e verdadeiro da palavra. O II Concílio lateranense, de 1139, menciona o Matrimônio sem interrupção, juntamente como Batismo, a Eucaristia e a Ordem. O concílio nega a comunhão com a Igreja a todos os que o desprezam (DH 718). O Sínodo de Verona, de 1184, excomunga os cátaros e os albigenses e outras seitas que ensinam algo diferente do que ensina a Igreja Romana a respeito da Eucaristia, do Batismo e da Penitência, bem como do "Matrimônio e dos demais sacramentos eclesiásticos" (DH 761).

A profissão de fé prescrita aos valdenses, em 1208, conta o matrimônio entre os sete sacramentos da Igreja (DH 794), que nela é celebrado sob a colaboração e pela força do Espírito Santo (DH 793). Também o II Concílio de Lião, de 1274 (DH 860 s), o decreto para os armênios, do concílio florentino, de 1439 (DH 1327), e o decreto-geral sobre os sacramentos, do Concílio de Trento, de 1547 (DH 1601), bem como o decreto sobre o Sacramento do Matrimônio (DH 1800; 1801), igualmente as novas declarações, por exemplo, contra o modernismo (DH 3142; 3451) confirmam e corroboram a sacramentalidade do matrimônio como doutrina de fé dogmática da Igreja. Na alta Idade Média chega-se a maiores esclarecimentos em relação aos elementos constitutivos do sinal sacramental.

De igual modo, as igrejas locais separadas reconheceram a sacramentalidade do matrimônio como doutrina de fé (cf. DALMAIS, J.-H. "Die Mysterien/Sakramente im orthoxen und altorientalischen Christentum". In: NYSSEN, W. (org.). *Handbuch der Ostkirchenkunde II*. Düsseldorf, 1989, 168ss.).

A fim de distinguir-se de alguns dos primeiros escolásticos que compreendiam o matrimônio, de preferência, como um meio contra a concupiscência e que ainda são reservados perante uma comunicação positiva da graça

(P. Lombardo, IV Sent. d. 26, c. 3), Tomás enfatiza claramente que pertenceria à *ratio sacramenti* a comunicação positiva ou o aumento da graça santificante (cf. tb. DH 1600):

> "Uma vez que os sacramentos operam aquilo que indicam, pertence à doutrina da fé que àqueles que contraem matrimônio é comunicada a graça mediante este sacramento, mediante a qual eles pertencem à união de Cristo e da Igreja [...]" (S.c.g. IV, c. 78).

O sinal sensível da palavra "sim" matrimonial indica e realiza o dom espiritual e a graça interior da união de Cristo e da Igreja, que é representada no matrimônio e da qual o matrimônio participa (suppl. q. 42 a. 3).

Da sacramentalidade resultam propriedades naturais: unidade, indissolubilidade e os bens do matrimônio.

O sinal sacramental consiste, segundo a concepção predominante na Igreja latina, no consenso matrimonial entre os batizados, e não na bênção sacerdotal (Inocêncio III: DH 766; 768; 776; decreto para os armênios: DH 1327; Pio IX: DH 2966; Leão XIII: DH 3145; Pio XI: DH 3701).

Contudo, somente o consenso marital, em conexão com a consumação do matrimônio (*ratum et consumatum*) faz o matrimônio absolutamente indissolúvel. O matrimônio apenas contraído, mas não consumado, pode ser desfeito, em determinadas circunstâncias, por meio de privilégio papal, quando um dos parceiros quer entrar em uma Ordem, enquanto o outro parceiro fica livre para a aceitação de outro matrimônio (DH 754-756; Inocêncio III: DH 786).

Alguns teólogos (Melchior Cano e outros) consideravam o contrato matrimonial como matéria, e a bênção sacerdotal como a forma do sinal sacramental do matrimônio (assim o fazem ainda hoje as igrejas orientais ortodoxas).

Uma vez que o esquema "ministro humano e receptor humano" dificilmente se deixa aplicar ao matrimônio, porque, do contrário, receptor e ministro seriam idênticos, pode-se dizer, com razão, que Cristo é o verdadeiro ministro da graça matrimonial, ao passo que o casal constitui o sinal sacramental da comunhão da Igreja. O sacerdote (ou diácono) participante, porém, é mais do que mera testemunha autorizada do matrimônio ou administrador da fórmula de consenso a ser seguida. Ele evidencia a dimensão simbólica eclesial do matrimônio, na medida em que participa da cerimônia do matrimônio como representante de Cristo e da Igreja, e como ministro da Igreja, pronuncia a bênção de Deus sobre os nubentes (cf. Tomás de Aquino, S.c.g. IV, 78).

*Crítica dos reformadores à compreensão do matrimônio como sacramento*

Em seu escrito *Do cativeiro babilônico da Igreja*, de 1520, M. Lutero questiona a sacramentalidade do matrimônio (WA 550-560). Certamente este poderia, em sentido geral, ser contado entre os sinais e alegorias que aparecem amiúde na Sagrada Escritura e que, segundo a palavra do Apóstolo Paulo, representa uma configuração do relacionamento de Cristo para com sua Igreja. A palavra *sacramentum*, que aparece em Ef 5,31, não passaria de uma simples igualdade de palavra com a noção posterior de sacramento. O matrimônio não poderia objetivamente situar-se no mesmo nível que os meios da graça do Batismo, da Eucaristia e da Penitência. Falta-lhe a palavra bíblica instituidora de Cristo, que faria dele uma palavra da promessa e da certificação da justificação. Uma vez que também no AT e entre os pagãos existiria matrimônio regular, o matrimônio deveria ser contado entre as disposições naturais seculares, e não entre os sacramentos. O matrimônio seria, por certo, uma instituição divina, mas justamente uma prescrição natural:

> "O matrimônio [...] a despeito de toda Escritura, é considerado sacramento [...]. Dissemos que em toda noção de sacramento acontece a Palavra da promessa divina (*promissio*), que deve ser acreditada por aquele que recebe o sinal [...].Ora, em parte alguma encontra-se que receberia algo da graça de Deus aquele que toma esposa. Deus também não instituiu o sinal no matrimônio. Visto que em lugar nenhum se lê que ele teria sido instituído por Deus, e por isso, que deveria significar alguma coisa, embora tudo seja tratado tão visivelmente, que poderia ser compreendido como figuras e alegorias das coisas invisíveis. Contudo, as figuras e as alegorias não são sacramentos, como nós falamos dos sacramentos" (WA 6, 550).

Por conseguinte, visto que o matrimônio não é nenhum sacramento, a jurisdição eclesiástica não se aplica a ele. Está sujeito ao sistema legal civil. Não se aplica igualmente a estrita indissolubilidade do matrimônio, que deve ser derivada da sacramentalidade. Posto que Jesus tenha proibido o divórcio, no caso de uma união arruinada ou por outras circunstâncias, pelo menos para o cônjuge abandonado, pode haver uma nova oportunidade de casamento.

Embora o matrimônio seja um "negócio mundano" (LUTERO. *Traubüchlein*. BSLK 528), ou seja, não submetido à jurisdição eclesiástica, não pode, porém, ser descartado simplesmente como um assunto profano. De acordo com Lutero, o matrimônio seria uma "condição divina" (id. 529) que, justamente por ter um mandamento divino, seria superior à vida claustral. O matrimônio teria sido instituído por Deus e por Ele abençoado (AC 13: BSLK 294). Esta bênção, no entanto, serve mais à "vida corporal", e não à reafirmação salvífica da justificação ou do perdão dos pecados.

> Quem contrai o matrimônio como "obra e mandamento divinos" deve solicitar do pároco "oração e bênção", e com isto mostrar "quanto ele precisa da bênção divina e da oração comunitária para a condição que ele assume, tal como se encontra cotidianamente: quanta infelicidade o diabo provoca no matrimônio através do adultério, da infidelidade, da discórdia e de toda sorte de miséria" (id. 530).

Com semelhante fundamentação, também *Calvino* nega a sacramentalidade do matrimônio, embora ele o compreendesse como instituição divina. Por certo o matrimônio não passa de uma forma básica de vida humana que remonta a Deus, mas que nada tem a ver diretamente com a graça justificadora ou com a ordem da salvação (Inst. christ. rel. IV, c. 19).

### A doutrina do Concílio de Trento

Diante da crítica dos reformadores, o Concílio de Trento, na XXIV Sessão de 11/11/1563, no decreto sobre o Sacramento do Matrimônio, defende a doutrina e a práxis jurídica da Igreja até aquele momento (DH 1797-1812).

No Cânone I se diz: "*Se alguém disser que o Matrimônio não é, verdadeira e propriamente, um dos sete sacramentos da Lei evangélica e instituído pelo Cristo, Senhor, mas inventado por homens na Igreja, e que não confere a graça: seja anátema*" (DH 1801).

O Sacramento do Matrimônio é fundamentado com a palavra de Adão, que o Espírito Santo lhe pôs na boca: "serão dois em uma só carne" (DH 1797). Daí resulta o "vínculo perpétuo e indissolúvel do matrimônio", bem como a exclusão de toda poligamia, e a monogamia como característica essencial do matrimônio na natureza e na ordem da graça (DH 1798) e *Cânone 2*: DH 1802). O próprio Cristo renovou o matrimônio sobre o fundamento da ordem da criação e confirmou-o no sentido da nova ordem da salvação (DH 1798).

"Ora, a graça que levou à perfeição aquele amor natural, confirmou a unidade indissolúvel e santificou os cônjuges, o próprio Cristo, que instituiu e levou à perfeição os veneráveis sacramentos que mereceu para nós por sua paixão" (DH 1799). Isto estaria pelo menos indicado (*innuit*), quando Paulo relaciona o amor entre homem e mulher com o exemplo do amor e da doação de vida de Cristo por sua Igreja na obediência ao Pai (cf. Ef 5,25.32). Uma vez que o matrimônio, já fundamentado como comunhão sagrada na ordem da criação, depois da desintegração geral da comunhão entre Deus e o ser humano mediante o pecado, foi inserido na ordem da redenção e da graça de Cristo, o matrimônio cristão excede os matrimônios do Antigo Testamento e do paganismo. Por conseguinte, os Padres da Igreja e os concílios e toda a tradição eclesiástica "sempre ensinaram que, com razão, deve ser contado entre os sacramentos da Nova Lei" (DH 1800; cf. 1801; 1601).

Cân. 3 e 4 corroboram a jurisdição eclesiástica sobre o matrimônio (impedimentos matrimoniais e dispensa: DH 1803s.).

Cân. 5 confirma a indissolubilidade do vínculo matrimonial (DH 1805).

Cân. 6 diz que um matrimônio rato, mas não consumado, no caso da entrada em uma Ordem, pode ser dirimido (DH 1806).

Cân. 7 afirma a práxis latina, pela qual também no caso de adultério (cf. a cláusula mateana da fornicação: Mt 5,32; 19,9), durante o período de vida do parceiro, é impossível um novo matrimônio. Não se condena a práxis diferente de alguns Padres da Igreja oriental e das Igrejas ortodoxas.

O Papa Pio XI, na Encíclica *Casti Connubii*, declarou terem força obrigatória geral a doutrina e a práxis da Igreja latina de, em nenhum caso, permitirem o divórcio ou novas núpcias enquanto o vínculo persistir (DH 3710-3714).

Cân. 8 confirma a concessão de permitir, sob condição, por tempo determinado ou indeterminado, uma "separação de leito e de coabitação" (DH 1808).

Cân. 9 determina que os clérigos ou religiosos que estão ligados por leis canônicas ou por votos não podem contrair nenhum contrato nupcial válido, mesmo que posteriormente deem a entender que não possuíam ou já não possuem o *donum castitatis* (DH 1809).

Cân. 10 contradiz a prioridade reformadora do matrimônio em relação à condição de virgindade. Em assonância com a tradição bíblico-paulina e patrística, o Concílio exclui da comunhão da Igreja quem diz que "o estado conjugal deve ser preferido ao estado de virgindade ou celibato, e que não é melhor e mais valioso permanecer na virgindade ou celibato do que unir-se em matrimônio: seja anátema" (DH 1810).

Cân. 11 e 12 protegem alguns ritos e cerimônias durante a celebração do matrimônio contra a censura dos descrentes, e confirmam a competência da jurisdição eclesiástica nas questões matrimoniais dos cristãos (DH 1811s.).

### e) A teologia da aliança como princípio sistemático para uma nova compreensão do Sacramento do Matrimônio

Uma teologia geral do matrimônio ainda continua a ser na nova dogmática um desiderato. O Concílio Vaticano II, reportando-se à nova antropologia, estimulou uma compreensão mais pessoal do matrimônio. Por conseguinte, suprimiu-se também a doutrina da "hierarquia dos fins do matrimônio" na fórmula atual, e buscou-se um relacionamento integral de amor pessoal, disponibilidade para a procriação e responsabilidade pelo filho.

O Concílio está ciente dos pressupostos cada vez mais difíceis para uma vida matrimonial e familiar feliz na sociedade moderna (dissolução dos vínculos, a compreensão da sexualidade como meio de satisfação fora de um relacionamento pessoal destinado a perdurar etc., cf. GS 47).

Perante o aumento significativo do número de divórcios nos países industrializados, emergiu também a necessidade de uma pastoral para os divorciados e para os divorciados que voltaram a casar-se.

Para uma consideração teológico-dogmática é importante o ponto de partida sistemático: o Concílio insere o Sacramento do Matrimônio em um contexto teológico de aliança. Em primeiro lugar, corrobora-se a doutrina clássica do matrimônio. O matrimônio concreto brota de um ato pessoal e livre, no qual o casal se doa e se acolhe reciprocamente. Deste modo, eles entram na forma de vida da comunhão conjugal, que consiste em uma instituição sólida segundo a determinação divina. Com isso, o matrimônio já não está sujeito ao arbítrio do ser humano. "O próprio Deus é o autor do matrimônio dotado de vários bens e fins" (GS 48). O matrimônio é da máxima importância para a continuidade da humanidade, para o progresso pessoal de cada membro da família e para a salvação eterna destes. Matrimônio e família servem à humanização do ser humano e a toda a sociedade humana. O amor conjugal está ordenado à procriação e à educação dos filhos. O matrimônio é descrito, ao mesmo tempo, como aliança entre homem e mulher, da qual aliança fazem parte a comunhão de vida e a indispensável fidelidade.

"Cristo Senhor abençoou largamente esse amor multiforme originado da fonte da caridade divina e constituído à imagem de sua própria união com a Igreja. Pois, como outrora Deus tomou a iniciativa do pacto de amor e fidelidade com seu povo, assim agora o Salvador e Esposo da Igreja vem ao encontro dos cônjuges cristãos pelo Sacramento do Matrimônio. Permanece daí por diante com eles a fim de que, dando-se mutuamente, se amem com fidelidade perpétua, da mesma forma como Ele amou a sua Igreja e por ela se entregou. O autêntico amor conjugal é assumido no amor divino, e é guiado e enriquecido pelo poder redentor de Cristo e pela ação salvífica da Igreja para que os esposos sejam conduzidos eficazmente a Deus e ajudados e confortados na sublime missão de pai e mãe. Por isso os esposos cristãos são robustecidos e como que consagrados para os deveres e dignidades de seu encargo por um sacramento especial. Exercendo seu múnus conjugal e familiar em virtude desse sacramento, imbuídos do Espírito de Cristo que lhes impregna toda a vida com a fé, a esperança e a caridade, aproximam-se cada vez mais de sua própria perfeição e mútua santificação e, assim unidos, contribuem para a glorificação de Deus" (GS 48).

# DÉCIMO SEGUNDO CAPÍTULO

# COMUNHÃO DE VIDA COM DEUS NO ESPÍRITO SANTO (DOUTRINA DA GRAÇA)

## I. TEMAS E PERSPECTIVAS

### 1 Tarefas da doutrina da graça e seu lugar na dogmática

*Tema da doutrina da graça é a comunhão de vida do ser humano libertado do pecado e da morte, e chamado à vida eterna com o Deus unitrino.*

A doutrina da graça é, por assim dizer, ápice e ponto culminante de toda a teologia cristã. Na medida em que Deus Pai enviou ao nosso coração o Espírito de seu Filho, temos, na graça, participação na relação filial de Jesus Cristo com o Pai (cf. Gl 4,6). A mais íntima natureza da graça é o amor que Deus é, na plenitude de sua vida trinitária, e que Ele concede aos seres humanos:

> "Nisto se manifestou o *amor de Deus* por nós: Deus enviou o seu *Filho único* ao mundo para que vivamos por Ele [...]. Nisto reconhecemos que permanecemos nele e Ele em nós: Ele nos deu *seu Espírito*" (1Jo 4,9.13; cf. Rm 5,5).

A doutrina da graça pode, portanto, colocar-se como conclusão e cume no sistema da dogmática, a partir do qual a totalidade da fé e da teologia pode ser apreciada sob o aspecto da autodoação do Deus unitrino como vida do ser humano.

Na estruturação deste manual de estudos, o tratado da graça segue-se à eclesiologia, na qual a vocação da Igreja a ser povo de Deus Pai foi tematizada, bem como à doutrina da liturgia e dos sacramentos, nos quais se discutiu a ação salvífica de Cristo, Cabeça da Igreja e Senhor glorioso. Na sequência dos tratados que explicitam a resposta de fé do ser humano, no decorrer da história, à autocomunicação histórico-salvífica de Deus, o tratado da graça corresponde à pneumatologia, na qual o vértice da autocomunicação do Deus triuno é tematizado.

Como tratado independente, a doutrina da graça é resultado de um desenvolvimento especial da teologia latino-ocidental. Na teologia oriental, o tema da graça aparece, sobretudo, na soteriologia (*oikonomia*). Uma doutrina específica da graça desenvolveu-se na significativa rejeição histórico-intelectual do pelagianismo. Santo Agostinho (354-430), o "doutor da graça" (*doctor gratiae*) era normativo. O pelagianismo – assim denominado por causa do monge britânico Pelágio – sustentava que o ser humano poderia, a partir de iniciativa pessoal, operar a graça. A pessoa não precisaria de uma elevação interior própria (*gratia interna Spiritus Sancti*) a fim de poder assumir na própria realização pessoal a redenção realizada historicamente na obra salvífica de Jesus Cristo (*gratia externa*). Em contrapartida, Agostinho enfatizava a completa impotência do ser humano para realizar os bens sobrenaturais e para a elevação da própria vontade (autotranscendência) para Deus. A razão para isso seria o dano causado à natureza humana pelo pecado original de Adão. Sem o auxílio da graça (*auxilium gratiae*) o ser humano não consegue alcançar sua meta, a saber, a vivificadora comunhão com Deus.

Aqui, pela primeira vez, formula-se com toda clareza o relacionamento com Deus tipicamente ocidental, isto é, pessoal-psicológico. Põe-se a questão de como o relacionamento pessoal-interior de cada um com Deus deve ligar-se à ação salvífica exterior, histórica de Cristo, bem como à comunicação eclesial-sacramental (necessária à salvação) do Espírito e da graça.

A controvérsia agostiniano-pelagiana apresentou, em seguida, à Idade Média os grandes temas. Ela conduziu também à decisiva discussão em torno do tema da justificação na Reforma. Não por último, a filosofia contemporânea confrontou-se com a herança cristã: no centro, encontra-se a (presumida) contradição entre a graça de Deus e a liberdade humana.

Dentre os problemas clássicos do tratado da graça contam-se o relacionamento da participação divina e da participação humana no processo de salvação, a relação entre a graça divina e o mérito humano, as questões de se o desígnio salvífico de Deus seria particular ou universal, se haveria uma dupla predestinação, um para a vida, outro para a condenação eterna (*praedestinatio gemina*) e se a Deus ou ao ser humano caberia a iniciativa na justificação (*initium fidei*).

A escolástica ocupou-se especialmente com a questão de se a graça é simplesmente a pessoa do Espírito Santo que inabita no justificado, ou se há em nossa alma uma qualidade diferente de Deus, mas criada em nós (*habitus, accidens*), mediante a qual Deus nos capacita a corresponder à graça da autocomunicação.

Uma vez que a graça é o próprio Deus que se comunica na criação (*gratia creatoris*), na redenção (*gratia Christi*) e na santificação e na reconciliação (*gratia Spiritus Sancti*), ela não pode ser uma realidade criada. A graça é o próprio Deus no evento de sua autocomunicação (*gratia increata*). Dado que Deus, devido à infinita distância, não pode encontrar o ser humano no mesmo nível, Ele cria no ser humano, na comunicação pessoal com Ele, as condições mediante as quais o ser humano pode acolher a autocomunicação divina (*gratia creata*). Esta apropriada disposição (*gratia habitualis*) criada por Deus no ser humano chama-se *graça santificante* (*gratia sanctificans, iustificans*). Através dela o ser humano consegue, em seus atos pessoais, participar de maneira agradecida, confiante e amorosa, do amor trinitário, que é o próprio Deus, e certamente nas atitudes (virtudes) sobrenaturais (divinas) e nos atos da fé, da esperança e do amor.

No decurso das discussões histórico-teológicas estabeleceu-se uma terminologia diferenciada. Contudo, pode-se apreendê-la facilmente sob dois aspectos diferentes:

1) Em relação à autocomunicação de Deus como o amor autocomunicativo (*gratia increata*).
2) Em relação à autocomunicação de Deus na medida em que ela, no perdão dos pecados, na justificação e na nova criação, produz no ser humano a disposição através da qual ele pode entrar na comunicação da auto-doação de Deus (*gratia creata*). A graça "criada" aparece, pois, ora como graça santificante (*gratia santificans*) e como uma disposição básica doada (*gratia habitualis*), ora como graça adjuvante (*gratia adiuvans actualis*). Por meio dela, o ser humano é elevado ao nível da filiação divina (*gratia elevans*) e é feito templo do Espírito Santo. Ela é necessária a fim de que o ser humano através de seu auxílio preveniente (*gratia praeveniens*), concomitante (*concomitans*) e pleno mude a graça habitual nos atos de fé, esperança e caridade, nos quais ele realiza a comunhão com Deus. À proporção que Deus envia a capacidade para o ato salvífico sobrenatural, ela é suficiente (*sufficiens*), na medida em que Ele envia a força para a realização, ela é *gratia efficax*.

Pode-se também diferençar a graça enquanto serve à justificação e à santificação de cada ser humano (*gratia gratum faciens*) e na medida em que é dada a fim de poder exercer um ministério no poder divino, por exemplo, como o caráter indelével, mediante o qual o batizado, confirmado e ordenado ao sacerdócio possa exercer a missão que lhe corresponde (*gratia gratis data*).

## 2 Importantes documentos doutrinais

(1.) O XV (ou XVI) Sínodo de Cartago, de 418 (DH 222-230) aprovou oito cânones para o pecado original, para o pecado hereditário e para a graça, contra os pelagianos.

(2.) O *Indiculus* (DH 238-249): em oito capítulos, Próspero de Aquitânia (390-455) reuniu os decretos dos papas romanos sobre a temática da graça e do livre-arbítrio, que foram publicados sob o nome do Papa Celestino I (capítulos pseudocelestinos).

(3.) O Concílio de Éfeso, de 431 (DH 267s.): condenação geral do pelagianismo.

(4.) O Sínodo de Orange (Arausicano II), de 529 (DH 370-400): 22 cânones contra o pelagianismo e o semipelagianismo sobre os temas do pecado original, da graça, do começo da fé, da cooperação humana e da predestinação.

(5.) O Sínodo de Quiercy, de 853 (DH 621-624) contradiz a doutrina do Monge Gottschalk de Orbais da dupla predestinação, e esclarece a determinação da relação entre o livre-arbítrio humano e a predestinação divina.

(6.) O Sínodo de Valença, de 855 (DH 625-633) corrobora a doutrina da dupla predestinação por meio de uma orientação estritamente agostiniana e uma crítica ao Sínodo de Quiercy e a Hincmar de Reims; no Sínodo de Langres, de 859, e no de Toul, de 860, reconciliaram-se ambas as orientações e superaram a oposição inicial dos Sínodos de Quiercy e de Valença.

(7.) O Concílio de *Trento*, no Decreto sobre a justificação de 13/01/1547 (DH 1520-1583), em 16 capítulos doutrinais e em 22 cânones, rejeita os ataques dos reformadores e apresenta positivamente a compreensão católica da doutrina da justificação, que foi o ponto de partida da reforma e da divisão da Igreja; aqui se deve também dar atenção ao decreto sobre o pecado original, de 1546 (DH 1510-1516).

(8.) O Papa *Pio V*, na Bula *Ex Omnibus Afflictionibus*, de 1567 (DH 1901-1980), condena o erro de Miguel Baio sobre a natureza do ser humano e da graça.

(9.) Na Constituição *Cum Occasione*, de 1653, do *Papa Inocêncio X* (DH 2001-2007), cinco sentenças de Cornélio Jansen sobre a graça (cf. tb. DH 2010-2012; 2301-2390; 2390) são caracterizadas e reprovadas como erro.

(10.) O *Papa Clemente XI*, na Constituição *Unigenitus Dei Filius*, de 1713 (DH 2400-2502), rejeita 101 erros jansenistas de Pascásio Quesnel (1634-1719).

(11.) Os papas *Paulo V*, em 1607 (DH 1997s.), *Inocêncio X*, em 1654 (DH 2008) e *Bento XIV*, em 1748 (DH 2564s.) declaram a liberdade de ensino na questão dos auxílios da graça (tomistas, agostinianos, molinistas) e da determinação mais exata da graça auxiliadora e da liberdade humana na preparação para a justificação.

(12.) O Papa *Pio VI*, na Constituição *Auctorem Fidei*, de 1794 (DH 2616-2626), assume posição contra algumas declarações impregnadas de jansenismo do Sínodo Diocesano de Pistoia sobre a condição original, a graça inspiradora e a fé.

(13.) O Papa *Pio XII*, na Encíclica *Mystici Corporis*, de 1943 (DH 3814s.), trata, entre outras coisas, do tema "graça criada e incriada", e fala da graça como autocomunicação de Deus e unidade comunicativa com Ele: "Naquela visão poderemos, com os olhos da mente iluminados pela luz superna, contemplar de modo totalmente inefável o Pai, o Filho e o Divino Espírito, assistir de perto por toda a eternidade às processões das divinas pessoas e gozar de uma bem-aventurança muito semelhante àquela que faz bem-aventurada a santíssima e indivisível Trindade" (DH 3815).

(14.) Na Encíclica *Humani Generis* (DH 3875-3899), *Pio XII* ensina, contra posições equivocadas da *Nouvelle Théologie*, a gratuidade da graça e a possibilidade fundamental de uma "natura pura": "Outros desvirtuam a verdadeira 'gratuidade' da ordem sobrenatural, sustentando que Deus não pode criar seres inteligentes sem ordená-los e chamá-los à visão beatífica (*visio beatifica*)" (DH 3891).

(15.) A Constituição Pastoral do *Concílio Vaticano II* sobre a Igreja no mundo de hoje *Gaudium et Spes* (07/12/1965) oferece um amplo desenvolvimento cristológico e pneumatológico da antropologia teológica (GS 11-23).

### 3 Declarações doutrinais essenciais sobre a graça

a) A graça (= benevolência, afeição) é o *cuidado de Deus para com o ser humano*, sua criatura, que se tornou pecador. Na autocomunicação de Deus em Jesus Cristo e no Espírito Santo, tal cuidado se revela, perdoa, justifica e plenifica.

b) A graciosa dedicação acontece de maneira completamente *livre*. Ainda que o ser humano não possa coagir, merecer ou extorquir a graça, ele, no entanto, mediante sua natureza espiritual e livre (autotranscendência, *potentia oboedientialis*) está ordenado à acolhida da graça e predisposto, pelo próprio Deus, à comunicação no amor. Epítome do encontro humano-divino é "a graça do Senhor Jesus Cristo, o amor de Deus e a comunhão do Espírito Santo" (2Cor 13,13). Aqui resulta uma tensão interior fecunda e uma associação entre natureza e graça.

c) Todos os seres humanos estão sob a graça do desígnio salvífico geral de Deus (1Tm 2,5) e já foram escolhidos "antes" da criação, no Filho do Pai eterno, para a comunhão com o Deus unitrino e predestinados à salvação (Ef 1,4). Nenhuma pessoa humana pode adquirir ou merecer a graça da predestinação. Mas certamente o ser humano é livre para recusar a acolhida da graça.

d) A graça é perdoadora e justificadora e realiza-se historicamente no evento Cristo. Somente mediante a graça preveniente, atual, o ser humano pode preparar-se para a recepção da justificação, dela apropriar-se e realizá-la (= mérito) na história de sua própria vida como conformação a Cristo (seguimento do Cristo crucificado e ressuscitado).

e) Mediante a graça justificadora, o pecador torna-se nova criatura em Cristo e em um "templo" habitado pelo Espírito Santo. Por esta razão, a graça inere nele (DH 1530s.; 1561). O ser humano é *verdadeiramente justificado* (DH 1528; 1561), e não apenas exteriormente ("de modo forense", "como se"). Contudo, ele não dispõe da graça santificante como de um bem. Ela o predispõe sempre de novo para a acolhida atual da autocomunicação de Deus e para a realização da comunicação divino-humana no amor por meio dos atos fundamentais da fé, da esperança e da caridade.

f) A graça do Deus unitrino assumiu uma forma encarnatória no evento Cristo. O Senhor glorioso comunica sua presença encarnatória mediante o Espírito Santo e, via de regra, na figura eclesial-sacramental da missão salvífica da Igreja e em suas realizações fundamentais (Batismo, Eucaristia, entre outras).

g) Toda a graça de Cristo, por meio da inabitação do Espírito Santo nos corações das pessoas (Rm 5,5), visa à divinização (*theiosis*) da criatura, ou seja, à participação pessoal-dialógica na koinonia do amor trinitário de Deus. A participação na vida divina por força da graça acontece na coexecução das relações do Filho e do Espírito com o Pai, que se realizam eternamente no ser-agradecido e no ser-doação.

h) A graça é o pináculo da revelação e da fé cristã. A nova teologia busca superar a estreiteza idealista e individualista, e articular a graça em um contexto cristológico-histórico-salvífico, pneumatológico e eclesial do ser e da vida cristã. Neste caso, significativas são as intuições da antropologia, que levam em conta o ser-pessoa do ser humano, sua composição dialógica e sua autorrealização comunicativa, a historicidade, a dimensão social, política e societária da existência humana.

## II. O TESTEMUNHO BÍBLICO DA GRAÇA

### *1 Referências do Antigo Testamento*

#### a) Ao campo conceitual

O termo teológico técnico graça (χάρις, *gratia*) não tem nenhum correspondente imediato no Antigo Testamento, mas precisa, do ponto de vista do conteúdo, ser esclarecido dentro de um campo semântico mais amplo: *hen* (graça, boa vontade, simpatia); *hesed* (LXX: χάρις) significa a comunhão salvífica com Iahweh, constantemente renovada mediante a aliança divina; *sedeq* (justiça, justificação); *rahamum* (misericórdia); *ehmet* (fidelidade).

O sujeito da graça e sua dedicação ao ser humano é sempre Deus. Por meio de sua Palavra e de sua ação, Ele realiza salvação, bênção, eleição, perdão, promessa e uma aliança eterna. Nos atos salvíficos de Deus revela-se sua fidelidade, amor e cuidado por seu povo eleito e por toda a criação.

#### b) Eleição e aliança

Em liberdade soberana, Deus instituiu um relacionamento de eleição e de aliança com seu povo, que resulta de seu livre amor comunicativo e eficaz (Ex 3,14). A este corresponde o amor responsal de Israel (Dt 6,4-6). O povo só faz "jus" à aliança divina quando, no cumprimento dos mandamentos, submete-se à vontade de Deus na obediência e santifica-se tanto quanto o próprio Iahweh é santo (cf. Ex 19; 24). Neste caso, deve-se observar o significado exato de justiça e santidade, justificação e perdão dos pecados. Todos esses conceitos devem ser interpretados no horizonte da teologia da aliança. Não se trata de justiça por obras, mas da atitude correspondente, resultante do dom da graça, em relação a Iahweh e às irmãs e aos irmãos no povo de Deus da aliança.

### c) A criação do ser humano à imagem de Deus

O ser humano criado à imagem de Deus (Gn 1,26ss.; Sl 8; Sb 2,23; cf. Eclo 17,3) experimenta a comunhão com Ele, a bênção, que contém vida e que possibilita os relacionamentos sociais (entre homem e mulher, irmão e irmã, bem como dos povos entre si). À ruptura da amizade originária do ser humano com Deus, Iahweh reage por meio da promessa de uma nova iniciativa salvífica, que se revela progressivamente em seu horizonte universal (cf. Gn 3,15; 12,3).

### d) A mensagem profética: Deus é amor

O Antigo Testamento testemunha também a luta de Deus pelo coração de seu povo. Ele quer superar a recusa coletiva e os pecados pessoais que se opõem à acolhida de sua oferta de aliança. Deus reage ao pecado com a promessa de um perdão ainda maior, oriundo do amor, que é a fonte de sua graça e da dedicação da aliança:

> "Eu te desposarei a mim para sempre, eu te desposarei a mim na justiça e no direito, no amor e na ternura" (Os 2,21; cf. Is 42–53).

### e) A promessa de uma nova aliança universal

No horizonte de um senhorio escatológico e universal de Deus, a graça aparece como redenção e perdão de todas as culpas e como instituição de uma nova (renovada e consumada) criação (Is 65,17). A aliança da graça consiste em uma comunicação do amor e em uma revelação do coração divino, bem como na renovação e na dedicação do coração humano, portanto, do centro da pessoa, a Deus:

> "Eis que dias virão – oráculo de Iahweh – em que concluirei com a casa de Israel (e com a casa de Judá) uma aliança nova. Não como a aliança que concluí com seus pais, no dia em que os tomei pela mão para fazê-los sair da terra do Egito – minha aliança que eles próprios romperam, embora eu fosse o seu Senhor, oráculo de Iahweh! Porque esta é a aliança que concluirei com a casa de Israel depois desses dias – oráculo de Iahweh. Porei minha lei no fundo de seu ser e a escreverei em seu coração. Então serei seu Deus e eles serão meu povo. Eles não terão mais que instruir seu próximo ou seu irmão, dizendo: 'Conhecei Iahweh!' Porque todos me conhecerão, dos menores aos maiores – oráculo de Iahweh –, porque perdoarei sua culpa e não me lembrarei mais de seu pecado" (Jr 31,31-34).

Iahweh permanece como o bom pastor junto a seu povo (Ez 34,11). Ele apascenta seu povo por meio de seu "servo Davi" (Messias), aquele que Ele dará a seu povo como um único pastor (Ez 34,33s.; cf. Jo 10,11; 1Pd 2,25). Ele concede ao ser humano um novo coração (Ez 36,26) e, no final dos tempos, derramará seu Espírito sobre toda carne (Jl 3,1-5). Isto acontecerá quando o Espírito Santo de Deus chamar o Salvador escatológico, o Messias, e revesti-lo para sua obra salvífica (cf. Mc 1,10) e quando o novo povo de Deus for o sinal e o instrumento do senhorio escatológico de Deus e da efusão universal do Espírito (At 2,17).

### 2 A graça no Novo Testamento

### a) O Reino de Deus como graça e Jesus como seu mediador

Jesus anunciou o Evangelho da graciosa proximidade de Deus. Em suas ações salvíficas simbólicas junto aos doentes e mediante a superação dos poderes hostis a Deus, Ele realiza "no Espírito e na potência de Deus" a chegada do Reino de Deus (Lc 10,20). O novo relacionamento de Deus para com seu povo mostra-se no mandamento do amor a Deus e ao próximo. O amor é a medida e a plenitude de todos os mandamentos e a verdadeira forma de realização do encontro entre Deus e o ser humano (Mt 22,37-39; Rm 11,9s.; Gl 5,6). Por conseguinte, o amor é essencialmente mais do que um mandamento moral. O reinado de Deus *acontece* no amor. Na medida em que a vontade de Deus é cumprida, seu Reino vem e a Nova Aliança se consuma como comunhão entre Deus e o ser humano e das pessoas entre si.

Jesus anuncia a incondicional prontidão de Deus para o perdão e para a reconciliação para com os pecadores (cf. Lc 15: a parábola do filho perdido e do Pai misericordioso).

O discurso da recompensa pelas boas ações (obras do amor) nada tem a ver com uma autojustificação pelas boas obras ou com a autojustificação legalista da piedade farisaica. Recompensa e mérito não provêm de fora para o amor, mas são consequência deste (cf. as bem-aventuranças do Sermão da Montanha: Mt 5,3-12; cf. tb. Rm 2,6s.: "Ele retribuirá a cada um segundo suas obras: a vida eterna para aqueles que pela constância no bem visam à glória, à honra e à incorruptibilidade").

As raízes da doutrina cristã da graça repousam no agir do Jesus pré-pascal. Diversos aspectos, que já foram tratados na cristologia (cf. o capítulo 5), devem ser lembrados aqui: a práxis do Reino de Deus de Jesus; sua mensagem da incondicional prontidão de Deus para o perdão, sua misericórdia e o amor do Pai celestial; o chamado dos pecadores; o apelo à conversão, à fé, ao seguimento e ao relacionamento pessoal com Deus Pai; o convite à oração e a ênfase na responsabilidade do ser humano por seu destino eterno.

A chegada da graça de Deus realiza-se no destino de seu mediador, isto é, na doação da vida de Jesus na cruz, onde Ele, por meio de seu sangue derramado, institui a Nova Aliança (Mc 14,24). A autodoação do homem Jesus na cruz pelas pessoas é a revelação escatológica do *estar-aí de Iahweh para seu povo* (Ex 3,14). Por conseguinte, a cruz de Cristo é a fonte da graça, porque nela o amor de Deus é encontrado em seu esvaziamento definitivo (cf. Fl 2,6-11). Por esta razão, Jesus nasceu como pessoa humana, "pois Ele salvará o seu povo dos seus pecados" (Mt 1,21). Ele é o Emanuel, o Deus-conosco (Mt 1,23).

Por força do Espírito Santo recebido, que será derramado sobre todos no final dos tempos, os apóstolos podem anunciar que somente no nome de Jesus é oferecida a salvação para todas as pessoas (At 4,12) e que nele se pode esperar a restauração de toda a criação (At 3,21).

### b) Graça é vida e comunhão com Deus (João)

Cristo é o "Salvador do mundo" (Jo 4,42; 1Jo 4,14) através da doação de sua vida, mediante o que Ele, como "Cordeiro de Deus", tira os pecados do mundo (Jo 1,29). Ele doa sua vida pela vida do mundo (Jo 6,51). Ele morre como o Bom Pastor por seu rebanho (Jo 10,11). Não é possível um amor maior do que o da doação da vida por seus discípulos, a quem Ele adquiriu como seus amigos e amigos de Deus (Jo 15,13). Assim, o dominador deste mundo é julgado e o poder do mal no mundo é superado (Jo 12,31). A natureza da graça pode ser resumida com as seguintes palavras do evangelista:

> "Ora, a vida externa é esta: que eles te conheçam a ti, o único Deus verdadeiro, e aquele que enviaste, Jesus Cristo" (Jo 17,3).

Graça é comunhão com Deus, que vive, Ele mesmo, como koinonia do Pai, do Filho e do Espírito (cf. Jo 17,20-26; 1Jo 1,1-3; 4,8-16). Em Jesus Cristo, os discípulos reconheceram a Palavra do Pai encarnada e contemplaram a glória do Filho único do Pai, cheio de graça e de verdade (cf. Jo 1,14). Como luz, vida e verdade, Jesus Cristo é a graça de Deus em pessoa e em sua história humana. Da autodoação de Deus no Filho encarnado provém o dom que consiste no poder de "tornar-se filhos de Deus" (Jo 1,12). Todos os que nele creem, "nasceram de Deus" (Jo 1,13) e de sua plenitude receberam "graça sobre graça" (Jo 1,16). Os discípulos têm parte na graça através da fé, que "dá vida em seu nome" (cf. Jo 20,31). "Aquele que crê tem a vida eterna" (Jo 6,47), já "passou da morte para a vida eterna" (Jo 5,24), mediante a comunhão de vida pneumática com Cristo (cf. Jo 15), e tem confiança no dia do juízo (Jo 5,29; 1Jo 4,17).

A graça é comunicada através da Palavra de Cristo e de seu Espírito, que dá vida (Jo 6,63) e por meio do batismo, através do qual o ser humano renasce na água e no Espírito e se prepara para o Reino de Deus (Jo 3,5; cf. Tt 3,5). Deus comunica sua presença encarnatória mediante a Eucaristia, pois o próprio Jesus é o "pão da vida, descido do céu, que dá vida ao mundo" (Jo 6,41.48.51). "Quem vê o Filho e nele crê tem a vida eterna, e eu o ressuscitarei no último dia" (Jo 6,40).

### c) Graça como nova justiça e santidade (Paulo)

Na Carta aos Romanos e na Carta aos Gálatas, Paulo desenvolve largamente o mistério da redenção sob o ponto de vista da "justificação do pecador" (*iustificatio impii*). O horizonte hermenêutico da terminologia aí utilizada (santidade, "ira" de Deus, jurisprudência, justificação, lei e Evangelho, entre outros) é a teologia veterotestamentária da aliança. Contudo, Paulo pôde interpretar a obra salvífica de Deus em Jesus Cristo também em outras categorias: paz, reconciliação, nova aliança, nova criação, comunhão com Cristo e com o Espírito Santo, conformação a Cristo, filiação divina, o indivíduo ou a Igreja como templo do Espírito Santo.

Através do pecado, o ser humano perdeu a justiça e a santidade originais. De amigo, tornou-se inimigo de Deus. Do âmbito do senhorio de Deus, que dá alegria e vida, o ser humano caiu sob o domínio do pecado, que traz consigo sofrimento e morte (= distanciamento de Deus, des-amor). O ser humano já não vive *no Espírito de Deus*, mas na autorreferência e na petulância de oposição a Deus (inimizade com Deus). Ele é tentado a louvar a si mesmo e compartimentar-se em sua existência carnal (= modo de ser des-espiritualizado). Por conseguinte, o ser humano não pode apropriar-se da nova oferta do encontro com o desígnio salvífico de Deus na lei, porque interiormente ele não está disponível para o encontro com o desígnio salvífico de Deus, e a lei transforma-se em instrumento de autojustificação. Somente mediante o Evangelho da graça o ser humano é de tal modo interpelado por Deus e preenchido de tal sorte pelo Espírito de Deus, que ele pode, na fé, em conexão com a obediência de Cristo, acolher a justiça doada por Deus e realizar plenamente a esperança e o amor (cf. Gl 5,6).

A justiça mediante a qual Deus nos justifica em sua livre graça chega ao ser humano em Jesus Cristo. Por nós, Deus o fez pecado (2Cor 5,21). Em seu sangue, ou seja, na obediência até à morte na cruz (Fl 2,8), Cristo realizou aquela expiação que o cuidado gracioso de Deus para com o ser humano e a acolhida de Deus na obediência da aliança possibilitam. Por meio de sua obediência substitutiva, Cristo tornou-se a origem da aptidão de todos para a acolhida, no coração, da graça salvífica no Espírito. Por conseguinte, a fé significa entrar na forma de obediência de Jesus:

> "Todos pecaram e todos estão privados da glória de Deus – e são justificados gratuitamente, por sua graça, em virtude da redenção realizada em Cristo Jesus: Deus o expôs como instrumento de propiciação, por seu próprio sangue, mediante a fé. Ele queria assim manifestar sua justiça, pelo fato de ter deixado sem punição os pecados de outrora, no tempo da paciência de Deus; Ele queria manifestar sua justiça no tempo presente para mostrar-se justo e para justificar aquele que apela para a fé em Jesus" (Rm 3,23-26).

Somos justificados não mediante um cumprimento legalista da lei, voltada para a autojustificação, mas por meio da fé como um puro dom da graça. Vivemos da fé em razão da livre autoentrega de Deus e da comunicação da justiça de Deus em Cristo e no Espírito (Rm 1,17). Visto que todos estavam encerrados "na ira de Deus" e haviam perdido a glória de Deus, Cristo é o único mediador da justiça de Deus para todos os seres humanos. Ele é o único caminho através do qual os seres humanos, em conexão com sua obediência e com a conformação a Ele, conseguem chegar a Deus e, no Espírito, tornar-se filhos de Deus, nisso que eles podem participar da filiação de Cristo no relacionamento com o Pai (Gl 4,4-6; Rm 8,15.29). Para os judeus, já não existe nenhum caminho para a justiça de Deus passando pela lei, e para os pagãos nenhum caminho para Deus passando por um conhecimento de Deus apenas natural e por uma obediência meramente ética em relação a um imperativo da consciência

(Rm 1,20; 2,24). "Se é pela Lei que vem a justiça, então Cristo morreu em vão" (Gl 2,21). Por meio de Cristo todos os seres humanos que se acham sob a lei do pecado transformam-se em justificados, redimidos, vocacionados da nova aliança, santificados (1Cor 1,30).

Quem está justificado em Cristo tornou-se nova criatura diante de Deus (2Cor 5,17; Gl 6,15; Rm 6,4), chamada a "participar da natureza e da imagem de seu Filho" (Rm 8,29). "Nele habita o Espírito de Deus" (Rm 8,9). "A lei do pecado e da morte" já não tem poder sobre aquele que vive em Cristo e no Espírito Santo. Ele vive sob a "lei do Espírito e da vida", que o libertou em Cristo (Rm 8,2). Libertados pelo Cristo para a liberdade, os que creem em Cristo podem "aguardar a esperada justiça em virtude do Espírito e em razão da fé" (Gl 5,1.5). Viver na graça do Espírito Santo (Gl 5,25) significa "ter a fé, que age pela caridade" (Gl 5,6). O fruto do Espírito é: "amor, alegria, paz, longanimidade, benignidade, bondade, fidelidade, mansidão, autodomínio. Contra estas coisas não existe lei" (Gl 5,22).

### d) Graça como comunhão com Deus e participação em sua vida

João parafraseia a graça como comunhão com Deus e participação na amorosa unidade do Pai, do Filho e do Espírito Santo. Paulo compreende a nova existência do cristão como "ser em Cristo" (1Cor 1,30). Nós somos "santificados, justificados em nome do Senhor Jesus Cristo e pelo Espírito de nosso Deus" (1Cor 6,11). Mediante a fé e o batismo, os justificados têm o dom da filiação divina (Rm 8,17; 9,26; Gl 3,26; 4,5; Fl 2,15; Ef 5,1; Jo 1,12; 1Jo 3,1; Mt 5,9). Como irmãos e co-herdeiros, os batizados são membros do Corpo de Cristo, a Igreja (Rm 12,4; 1Cor 12,27; Ef 1,23; Cl 1,18). Mediante a graça de Cristo, eles se tornaram templo santo de Deus, no qual o Espírito Santo de Deus habita (1Cor 3,17; 6,19; 2Cor 6,16). No horizonte do eterno plano salvífico cósmico de Deus, universal, que abrange céu e terra, mostra-se que Deus, em Cristo e no Espírito Santo, levou os tempos à plenitude, a fim de tudo unificar, o que existe no céu e sobre a terra. Através do Evangelho os fiéis têm o selo do Espírito Santo prometido, recebido na acolhida da fé (Cl 1,12-20; Ef 1,3-23; Tt 3,4-7).

A graça de Deus só pode ser compreendida sob aspectos escatológicos e universais: "Com efeito, a graça de Deus se manifestou para a salvação de todos os homens" (Tt 2,11; 1Tm 2,5). A comunhão com Deus e a inclusão no relacionamento filial de Cristo com o Pai, no Espírito Santo, são expressas também como "participação na natureza divina" (2Pd 1,4). "A justiça de nosso Deus e Salvador Jesus Cristo", "graça e paz em abundância" são concedidas a todos os que, "mediante a fé, chegam ao conhecimento de Deus e de Jesus, Nosso Senhor" (2Pd 1,1s.), e no Espírito, confessam-no como filho de Deus Pai (2Pd 1,17.20; 1Cor 12,3).

## III. DESENVOLVIMENTO HISTÓRICO DA DOUTRINA DA GRAÇA

### 1 A visão patrística da redenção antes de Agostinho

*O princípio orientador é: Deus fez-se pessoa humana, a fim de que o ser humano se torne Deus* (Irineu de Lião, haer. III, 18, 7; 19,1; IV, 33,4; Atanásio, incarn. 54). Esta é a ideia da *Theiosis* ou da *Theopoiesis*. No Ocidente, até à Idade Média afora, ela desempenha um papel principal.

Para os teólogos orientais, o processo da graça é idêntico ao agir salvífico universal de Deus, sua assim denominada *oikonomia*. O agir de Deus em nosso favor tem seu começo na criação e tem seu ponto culminante em Cristo. A atividade salvífica de Deus em Cristo permanece presente no Espírito Santo mediante a liturgia divina.

O ser humano, sendo criado à imagem de Deus, Deus deveria ser a plenitude definitiva do ser humano. Esta imagem não foi desfeita no pecado, posto que tenha sido danificada. Somente Deus pode reconstituí-la. E assim compreendem os Padres da Igreja toda a história da salvação e da Igreja como um único grande processo de educação, no qual Deus renova e plenifica o ser humano como sua imagem. O primeiro grande cristão platônico, *Clemente de Alexandria*, descreveu a redenção como educação mediante a qual somos ajustados a Deus. No âmbito da educação helenista, esta ideia era muito popular. Platão (Theat. 176) já falara da assemelhação a Deus na justiça. O ser humano seria orientado por sua imagem ideal. Segundo a concepção cristã, o Logos de Deus é, pois, esta imagem ideal. Este tornou-se pessoa humana a fim de apresentar em si mesmo a semelhança divina do ser humano.

Ser cristão significa imprimir em si a imagem de Cristo; quer dizer, reconhecer a salvação da encarnação, a fim de, no seguimento de Jesus, deixar-se transformar nessa imagem. Nisto o ser humano adquire em Cristo a nova forma da semelhança com Deus.

Aqui todo o peso da noção de redenção recai sobre a encarnação, e cruz e ressurreição são interpretadas a partir da encarnação. Do seguimento depende se ao ser humano é concedido participar da salvação, se a imagem de Cristo é impressa plenamente nele.

Destarte, na doutrina oriental da graça, dá-se grande ênfase à livre colaboração do ser humano. Posteriormente, compreendeu-se erroneamente esta visão como sinergismo, ou seja, como um tipo de segmentação do efeito da salvação entre Deus e o ser humano.

Uma concepção conceitual desta visão oriental encontra-se em *Gregório Palamas* (1296/1297-1359), bispo de Tessalônica. Ele tornou-se porta-voz do hesicasmo, um movimento da mística monástica. A Igreja bizantina declarou-o doutor da Igreja. O palamismo parte da experiência de Deus na alma. Esta experiência seria comunicada unicamente mediante a humanidade de Cristo, que está ligado hipostaticamente com o Logos divino. Aqui, a imanência de Deus sobe ao extremo. Deus, porém, deve permanecer a transcendência radical. Portanto, dever-se-ia distinguir: a natureza (*ousia*) absolutamente incognoscível de Deus e sua atividade salvífica para conosco (suas *energiai*). Nós só podemos reconhecer as ações de Deus, mas nelas o próprio Deus se revela, e poderíamos entrar em contato com Ele. Nisso, porém, mais uma vez, mostrar-se-ia, ao mesmo tempo, a diferença do ser humano em relação a tudo o que foi criado por Deus. Tudo o que pode encontrar Deus apenas mediante as ações divinas é criatura. Contudo, nestas ações divinas (humanidade de Cristo, Batismo, Eucaristia), o ser humano seria de novo inteiramente refeito (corpo e alma, ser e agir). Também em seu agir, ele estaria, assim, escatologicamente ligado à "imortalidade". Na ação divina, Cristo estaria, no Espírito Santo, ativamente agindo na construção da Igreja, Corpo de Cristo, e igualmente como força educadora, recriadora, iluminadora no ser humano (a assim chamada "luz do Tabor"). Todo o agir da graça visaria à restauração da imagem de Deus no ser humano. E dado que, a este respeito, o agir também faz parte, com isto também o novo agir do ser humano está completamente condicionado pela ação divina. A meta total de Deus iria na direção da *apokatastasis* (cf. At 3,21), ou seja, a restauração de tudo (o que não exclui a eternidade do castigo do inferno). A redenção consistiria na plenitude da criação. Nesta concepção unitária não há nenhuma distinção aguda entre criação e redenção, entre natureza e graça.

## 2 *Fase inicial da doutrina ocidental da graça: a luta contra o dualismo gnóstico-maniqueu*

Nos primeiros quatro séculos, o dualismo gnóstico era, em suas variadas manifestações, o grande desafio. Ele compreende o mundo material como a fonte de todo mal. Quando o ser humano, mediante o revelador, chega ao conhecimento (*gnosis*), ele compreende a redenção como retorno da parte espiritual ao mundo divino da luz. A redenção é compreendida como libertação da matéria, da fonte do mal.

Todavia, isto está em profunda contradição com a fé cristã na criação. Na criação, por meio do bom Deus, nada existe que seja ontologicamente mau. A matéria, como princípio de construção do cosmo, é tão boa quanto o outro princípio de construção, o espiritual.

O sistema gnóstico contém, ademais, a negação do livre-arbítrio e, portanto, no final das contas, leva a supressão da ética. É indiferente como o ser humano se comporta em relação ao mundo concreto. A matéria como essência da existência mundana do ser humano é eticamente indiferente.

Na controvérsia com os gnósticos, os cristãos deviam ressaltar, portanto, quer a bondade da criação, quer também a constante importância do livre-arbítrio para a prática do bem. A convicção da vocação ao seguimento de Jesus, também e justamente de fato, bem como o esforço ascético para o domínio das forças motrizes espirituais e corporais tornaram-se características da mundivisão primitivo-cristã. O cristianismo primitivo realça o lado ético e ascético da nova criatura, que está fundado na graça.

Para os Padres da Igreja, portanto, a origem do mal não devia ser buscada na matéria como tal, mas na vontade do ser humano, que se afasta de Deus. No plano da espiritualidade, o Cristo experimenta certamente sua fraqueza perante as motivações dos sentidos, na medida em que elas, por meio da dinâmica própria, opõem-se ao propósito da vontade para o bem.

Aqui jaz, pois, uma grade distinção. Em primeiro lugar, deparamo-nos com ela na África do Norte. *Tertuliano*, primeiramente, afastou *a natureza e a graça* uma da outra (test. an. 17). Esta terminologia de natureza e graça deveria tornar-se um tema contínuo. Para Tertuliano, tratava-se do asseguramento do ser-bom do ser humano, ou seja, de sua natureza. Assim, no Apologeticum 17,6, diz-se: *anima naturaliter christiana*. O ser humano recebeu o livre-arbítrio da parte de Deus como configuração básica. Por certo, através do pecado de Adão, o mal estabeleceu-se no ser humano (an. 41: *vitium originis*). Contudo, ele não é sua natureza. Ele se sobrepõe ao ser humano apenas como, por assim dizer, uma segunda inautêntica natureza. Como, porém, relacionam-se natureza e culpa original? De acordo com Tertuliano, a natureza perturbada, não destruída, encontra-se diante da nova iniciativa da graça de Deus. Através do batismo, o ser humano toma parte no desígnio salvífico de Deus. Este dom, da parte de Deus, à diferença da natureza, agora chama-se graça. Ela não é simplesmente conteúdo da natureza criada. Ela lhe vem de fora, é sobrenatural e abrange os atos salvíficos históricos de Deus (encarnação, redenção, concepção de Jesus, realizada espiritualmente em Maria etc.), bem como seus efeitos no ser humano (perdão dos pecados, nova criaturalidade). Esta diferenciação, que era sugerida na discussão com o maniqueísmo, vinha ao encontro da exegese de Gn 1,26. Já a encontramos em Irineu de Lião (haer. V.2.1; V.6.1; V.16.3): o ser humano é criado à imagem de Deus; ele tem uma semelhança natural. E ele é criado à semelhança de Deus, isto é, ele tem uma semelhança sobrenatural com Deus. O ser humano não perdeu a semelhança natural, ela foi apenas danificada. A semelhança sobrenatural é restabelecida mediante a graça de Jesus Cristo.

A rememoração da doutrina paulina da graça por Agostinho encontrou-se com uma mentalidade cristã fortemente enraizada no Oriente e no Ocidente, a qual estava bem situada na liberdade, na ética e na ascética. Sobre isto os pelagianos podiam apoiar-se parcialmente. Eles pressupunham (erroneamente) na doutrina de Agostinho sobre o pecado original uma reanimação da doutrina maniqueia da caducidade radical e da escravidão do ser humano. Clemente de Alexandria, por exemplo, achava que só podia contrapor-se a uma materialização do pecado de Adão desde que formulasse a situação assim (strom. 2,62/64; 4,93): Adão tornou-se pecador porque ele furtou-se à influência educadora de Deus. Os descendentes de Adão receberam o pecado através da imitação de seu exemplo.

### 3 As controvérsias agostiniano-pelagianas em torno da graça e o surgimento de um tratado próprio da graça (separação entre soteriologia e doutrina da graça)

A disputa pelagiana na primeira metade do século V encontra-se, segundo a categoria, em pé de igualdade com as discussões teológico-trinitárias e cristológicas na Igreja primitiva.

Autor da interpretação herética da graça é o monge britânico Pelágio, que trabalhou durante vários anos em Roma (por volta de 410) como professor de ascese e orientador espiritual. Foram sobretudo alunos de Pelágio que, no decurso das discussões com Agostinho, levaram as abordagens de Pelágio ao extremo (Celéstio, Juliano de Eclano).

No fundo, o próprio Pelágio era mais um fanático religioso do que um profundo pensador teólogo. Diferentemente da opinião que lhe atribuía Agostinho, ele não nega, de forma alguma, a graça. Tampouco ele atribui simplesmente ao agir humano a força para a autorredenção. Também Pelágio sabe que são redimidos pela graça. No entanto, ele a compreende principalmente como aptidão natural da vontade para fazer o bem, como graça exterior (*gratia externa*). A graça, para ele, é todo o passo da história da salvação, através da qual Deus, na lei e na doutrina dos profetas e, por fim, em Jesus Cristo, influencia-nos, conduz-nos, transforma-nos e educa-nos. Cristo torna-se modelo para o pecador que, desta maneira, pode ajustar a semelhança com Deus, nele disturbada, segundo o arquétipo. Se aqui Cristo é chamado de modelo, isto não deve ser simplesmente compreendido, de forma abreviada, no sentido moralista de hoje – é Deus, porém, que em Cristo nos deu o exemplo. No entanto, ele se teria mostrado gracioso a nós somente à moda de exemplo, e nos justificado. Nós, porém, estaríamos chamados, em nossa liberdade natural, a acolher esta oferta. Mediante nosso próprio esforço moral, poderíamos esculpir em nós a forma de Cristo, que seria o verdadeiro dom da graça (cf. a autonegação de Pelágio no Sínodo de Jerusalém e Lida/Dióspole 415).

Contudo, a divergência em relação a Agostinho consiste, pois, em que, segundo ele, o ato de nossa liberdade, no qual respondemos à graça de Deus, está igualmente condicionado pela graça.

Em seu ímpeto ascético-ético, os pelagianos negavam também a doutrina da completa perdição da natureza humana e da supressão de nossa liberdade mediante o pecado. A imagem de Deus em nós não estaria completamente destruída. O livre-arbítrio decidiria a respeito de se nós percorrermos o caminho de Cristo e evitamos o mau exemplo de Adão. O problema do pecado de Adão reduz-se, para os pelagianos, à contaminação mediante o mau exemplo.

Perante tal posição, abre-se um abismo em relação a Agostinho. Ele orienta-se pela doutrina paulina do pecado e da justificação, e ensina que o ser humano, na situação de Adão, seria completamente incapaz para o amor. Ele teria padecido a morte espiritual, o que se manifestaria na morte corporal. Faltar-lhe-ia toda liberdade para o bem. O ser humano seria até mesmo inapto de, na fé, dar o primeiro passo para Deus, caso não nos preceda sua graça (*gratia praeveniens*) e a fé em Deus primeiramente o possibilite (*gratia actualis*). Segundo Agostinho, o ser humano não pode responder ao dom exterior da graça na história da salvação se ele não for tomado pela graça interior, pelo Espírito Santo, em sua íntima subjetividade, e se não for conduzido para o bem sobrenatural (*gratia interna Spiritus Sancti*). Somente através desta graça interior é que a graça, como o único auxílio eficaz para a salvação, pode ser assegurada (a "gratuidade da graça", em estrita oposição ao ato de liberdade humano autônomo). Isto se mostra especialmente na necessidade salvífica do batismo para as criancinhas. Elas estariam sem atos de pecado, mas em razão do pecado natural de Adão que lhes é inerente, caem sob a ira de Deus e ficam sem direito à vida eterna. Por este motivo, no batismo elas recebem o perdão do pecado original e a graça sobrenatural de Cristo e do Espírito Santo.

Certamente Pelágio também conhece um suporte da vontade por meio da graça e uma iluminação de nossa compreensão mediante o Espírito Santo. Contudo, este limita-se a que reconheçamos mais facilmente o mandamento moral e também o cumpramos mais facilmente. Com isso ele não quer dizer que nós, em todo caso, somente mediante a graça reconhecemos e podemos fazer a vontade de Deus. Para o pelagianismo, a graça não significa um manuseamento total de nossa pessoa, mediante o que e em que nós unicamente podemos verdadeiramente agir.

A deficiência teológica do pelagianismo consiste nisto que ele não captou a mudança epocal na história intelectual tardo-antiga. A moldura de compreensão tradicional estava rompida. O ser humano já não se compreende em um enquadramento cósmico abrangente de uma graça de Deus comunicada histórico-eclesial-pedagogicamente e eclesial-sacramentalmente comunicada, a fim de, a partir daí, em sua liberdade, voltar-se para Deus. Ele experimentava Deus muito mais psicológico-interiormente como aquele que o interpela e santifica pessoalmente e, portanto, o introduz no âmbito da vida eclesial.

### 4 Agostinho, mestre da graça (354-430)

Agostinho é o mais importante Padre da Igreja do Ocidente. Ele conferiu ao cristianismo ocidental uma marca especial, até hoje determinante. Certamente ele se envolveu com temas que reiteradamente levaram a grandes tensões e, por fim, no período da reforma protestante, até mesmo a uma divisão da Igreja. Basta pensar na doutrina da predestinação e a teoria específica da transmissão do pecado original mediante a concupiscência (cf., a propósito, o tema em KUNZELMANN, A. & ZUMKELLER, A. (orgs.). *Sankt Agustinus – Lehrer der Gnade*, Lat.-al. Gesamtausgabe seiner antipelagianischen Schiften. Wü, 1955ss. • Prolegomena I–III, 1989ss. • Schriften zum Semipelagianismus. 2. ed. Wü, 1987).

Resumidamente, a doutrina da graça de Agostinho, teocêntrica, cristológica e pneumatologicamente comunicada, apresenta-se assim: através do pecado original e hereditário, o ser humano tornou-se enseio da "ira" divina. A humanidade tornou-se uma *massa damnata* (serm. 26,12; civ. 21,12). A natureza humana, marcada pelo pecado original, está enfraquecida e se encontra, acima de tudo, sob a pressão da concupiscência. Por certo o ser humano não deve pecar, pois lhe restou a liberdade de escolha (*liberum arbitrium*), mas ele peca efetivamente sob as condições factuais. Embora ele – não obstante o pecado – continue a estar determinado ao fim sobrenatural, em razão da carência de fé e da graça condicionada pela fé, não reconhece este bem sobrenatural e não pode também aspirar a ele. A concupiscência, que em determinado sentido é pecado, visto que resulta do pecado original, age como punição tão poderosa, que só pode ser plenamente superada na graça do batismo (c. Iulian. op. imperf. I, 9, 45; nupt. et. conc. I, 25,28). Esta impotência só é superada mediante a graça justificante, adquirida em força da morte de Cristo, a qual restaura no ser humano a semelhança de Deus, opera uma conversão e uma renovação interiores, bem como, ao mesmo tempo também, a verdadeira liberdade (*libertas*; à diferença de simples liberdade de escolha), ou seja, concede a necessária força do livre-arbítrio para a realização do bem sobrenatural.

A graça justificadora, em relação à sua obtenção, posse duradoura e também seu uso, depende da ação da graça atual. Sem esta, o ser humano não consegue sequer querer um pouco do bem sobrenatural, para não falar, pois, de realizá-lo, e muito menos ele consegue perseverar até o fim (*donum perseverantiae*).

Evidentemente, antes das querelas pelagianas, Agostinho nem sempre havia atribuído a mesma importância à graça atual, principalmente não em relação ao começo da fé. Contudo, sob a influência das discussões, ele levou consequentemente adiante a doutrina de que, nos eleitos, a vontade de acolher a irresistível graça seria preparada por Deus. Por este motivo, graça e livre-arbítrio deveriam ser vistos em conjunto (praed. sanct. 5,10).

No confronto com o pelagianismo, ele também não se cansa de enfatizar a gratuidade da graça. Por mais que alguém pratique o bem, ele não pode merecer a graça, não tem nenhum direito sobre ela. Efetivamente, ela "não é graça, se não for dada de graça (grátis)" (cf. 1Cor 4,7; Ef 2,8; Fl 1,29).

Visto que, de um lado, toda a raça humana, mediante o pecado de Adão, está sujeita à decadência, e do outro, ninguém tem direito sobre a graça e sem a graça preveniente também não consegue realizar nenhum bem sobrenatural, a salvação do indivíduo depende da misericórdia de Deus. Por conseguinte, o problema é: Deus concede a todas as pessoas a graça necessária, ou Ele faz uma escolha? Ora, em todo caso, segundo Agostinho, uma parte da humanidade está condenada. Ele escreve: "Sabemos: Deus não concede sua graça a todas as pessoas". Com isto, o desígnio salvífico de Deus parece efetivamente ser apenas parcial ou uma "escolha" feita. A situação, porém, não é conclusiva. Possivelmente, os réprobos, como se diz, vão ao encontro de sua triste sina porque não fizeram uso algum da graça suficiente que lhes foi concedida, e não porque não tenham absolutamente recebido graça nenhuma. Enquanto esta questão não for esclarecida, a "escolha" parcial também não pode ser afirmada com exatidão.

Uma dificuldade adicional consiste nisto: Por que Deus concede aos réprobos a graça atuante, como aos santos, mas não, em todo caso, a graça suficiente? Por que Ele permite que uma parte das crianças não chegue ao batismo? Para a resposta, Agostinho aponta para a inescrutabilidade das decisões de Deus e à sentença: "O vaso pode discutir com o oleiro?" (gratia et lib. arb. 22,44). Com outras palavras: ele admite uma perplexidade e confia na justiça de Deus.

A concessão da graça, vista em conexão com o plano universal divino, condiciona, pois, finalmente, o problema da predestinação. Por que Deus, em sua decisão eterna, admitiu santos e condenados? Ninguém reprova Agostinho por ele não conhecer nenhuma solução, mas porque ele, em sua doutrina da predestinação, representa uma compreensão da graça que suprime o livre-arbítrio e proclama a coação da vontade: isto lhe é censurado. Esta repreensão, porém, é injustificada. Com efeito, Agostinho, de um lado, jamais abandonou a liberdade e, de outro, apenas constatou a disponibilidade de uma graça que seguramente alcança sua meta. Ele não fala de coação. Certamente, ele também não indica como liberdade e graça operante segura devem ser unidas.

Para a compreensão hodierna, deve-se atentar para o seguinte:

(1) Agostinho é um teólogo tipicamente existencial que não pensa segundo os conceitos abstrato-especulativos de uma teologia posterior, mas consoante a ordem histórico-concreta da tradição bíblico-cristã. Portanto, ele desconhece a noção abstrata da natureza humana (*natura pura*), que jamais foi realizada, mas observa o ser humano nas formas existenciais concretas, tais como a raça humana, segundo a Bíblia, experimentou e experimenta

como situações efetivas de salvação ou de perdição. Consequentemente, são-lhe desconhecidas também algumas expressões técnicas de uma teologia posterior, por exemplo, a palavra *supernaturalis* e os termos *gratia sufficiens* e *gratia efficax*, bem como *gratia irresistibilis*.

(2) Igualmente as noções de Agostinho sobre pecado, pecado original e graça não são as da teologia de hoje. Por pecado, como pensador antigo-cristão, ele compreende a revolta contra a ordem das coisas querida por Deus, que necessariamente influencia o ser humano por inteiro. Ela conduz à desarmonia, corporal e mentalmente compreendida – uma desarmonia que também domina o convívio com os outros. Semelhantemente, o pecado original abrange todo o ser humano concreto e se mostra na revolta culposa contra o Espírito, mediante o que esta concupiscência é interpretada por Agostinho em sentido amplo como a cobiça desviada de Deus, voltada para as criaturas por causa delas mesmas. Em contraposição à compreensão naturalista da graça de Pelágio e seus alunos, que subestimavam a ordem da salvação e da redenção, para Agostinho trata-se da *gratia Christi* – aquela graça gratuita que age com poder interior e indizível no coração do ser humano, desperta boas determinações da vontade e a justiça, na medida em que lhe infunde o amor mediante o Espírito Santo.

(3) Para a doutrina agostiniana do livre-arbítrio, é importante sua distinção entre o *liberum arbitrium* e a *vera libertas*. Com o primeiro, ele simplesmente indica a possibilidade de escolha do ser humano, sua autodeterminação, que lhe restou também depois da queda do pecado. Em contrapartida, segundo Agostinho, a liberdade de escolher e realizar o bem foi perdida pelo ser humano decaído e – segundo Jo 8,36 e Rm 6,20-22 – só é readquirida mediante a graça.

(4) A avaliação demasiado otimista da natureza humana e de sua força de vontade da parte de Pelágio, bem como sua reduzida compreensão da graça não foram vistas tão ofensivamente na Igreja de então como na teologia do período posterior. De fato, ainda não se haviam tomado decisões eclesiásticas sobre pecado e graça. Além do mais, Pelágio podia apelar, com certa razão, a autores mais antigos, por exemplo, Lactâncio e o Ambrosiaster. Também os "massilienses", em sua negação da doutrina agostiniana da graça indispensável, julgavam poder apoiar-se na tradição (ZUMKELLER, A. "Prefácio". In: KUNZELMANN, A. et al. (orgs.). *Aurelius Agostinus, Schriften gegen die Semipelagianer VII*. 2. ed. Wü, 1987).

## 5 Discussão com o semipelagianismo

*Semipelagianismo é o conceito usual desde o século XVI para designar a reação que surgiu na África e no sul da Gália à doutrina agostiniana da necessidade absoluta da graça para toda ação meritória.*

Se todo mérito (*meritum*) é dom da graça, nenhuma boa obra e nenhum oração parecem já não ter nenhum valor próprio. Contra isto, o semipelagianismo afirma que, perante o desígnio salvífico geral de Deus, a eleição ou a rejeição do ser humano não dependeriam da decisão salvífica de Deus, mas da vontade aquiescente ou recusante do ser humano. As crianças falecidas teriam ou recebido ou não recebido o batismo como renascimento para a vida eterna com vistas ao mérito ou ao demérito previstos por Deus, que elas teriam produzido se tivessem continuado a viver. Igualmente a persistência na graça seria um mérito, e não um dom. Destarte, o início da justificação (*initium fidei*; *pius credulitatis affectus*) dependeria da iniciativa do ser humano. A gratuidade da graça fica, assim, extremamente ameaçada.

Contudo, deve-se sustentar, com Agostinho, que o começo, o conteúdo e a consumação da justificação repousam unicamente na graça de Deus, de modo que também o ato da preparação para a justificação, a perseverança e as boas obras são fruto da graça. Os semipelagianos, chamados na ocasião de massilienses ou "resto dos pelagianos", foram definitivamente condenados no II Concílio de Orange (529). Estas decisões, em seguida, caíram no esquecimento e somente se tornaram novamente conhecidas no século XIII. No entanto, com elas exclui-se todo sinergismo, que atribui uma parte da justificação a Deus e outra parte ao ser humano. Os atos preparatórios são produto da graça sobrenatural preveniente. Contudo, uma vez que a graça não exclui a liberdade de sua acolhida (*voluntaria susceptio*), mas a suscita, resulta o sutil problema do relacionamento entre graça e livre-arbítrio. Isto deveria tornar-se um tema independente na controvérsia da graça dos séculos XVI e XVII entre tomismo e molinismo.

## 6 Disposições magisteriais

Os três documentos magisteriais mais importantes são os 8 cânones do Concílio de Cartago (418), o assim chamado Indiculus Coelestini e os 25 cânones do Arausicano II (529).

No geral, eles repousam sobre a linha de Agostinho e na de seus maiores discípulos Próspero de Aquitânia e Cesário de Arles. Não foi assumida a doutrina de Agostinho sobre o desígnio salvífico particular, suas exageradas teses sobre a predestinação e nem tampouco as teorias específicas da transmissão do pecado original mediante a *infectio carnis*.

No caso dos presentes documentos, não se trata de concílios ecumênicos ou de decisões papais catedráticas no sentido hodierno da palavra. Todavia, eles foram recebidos por toda a Igreja. Por conseguinte, valem como expressão autêntica da fé da Igreja.

### a) A doutrina do pecado original

Os dois primeiros cânones do Concílio de Cartago referem-se ao pecado original (um terceiro cânone vale como *tertium extravagans*).

Em primeiro lugar, rejeita-se a doutrina de que a morte corporal seria uma necessidade da natureza e não o preço do pecado.

O Cân. 1 do Indiculus e os Arausicano II, no Cân. 1 e 2 vão mais adiante. O ser humano deve ser compreendido a partir de seu estado originário (*status integritatis*). O ser humano era, por natureza, uma criatura destinada a Deus, a quem Deus, na graça como a vida, comunicou-se. Através do ato livre da rejeição, ele tornou-se pecador. A consequência é a morte de todo o ser humano, segundo a alma e o corpo. Também a alma que pecou está sujeita à violência da morte (cf. Ez 18,20).

Em segundo lugar, refuta-se também a opinião segundo a qual nós teríamos apenas *herdado* o castigo de Adão. Na realidade, através dele nós nos tornamos pecadores. "Pecador" designa o ser humano não por causa de uma transgressão pessoal do mandamento, mas devido à perda da presença vivificante de Deus, na condição de pecador e de devedor da justiça e santidade que lhe foram doadas original e sobrenaturalmente. Daí se segue a práxis eclesial de batizar, "para o perdão dos pecados", também as crianças, que não têm atos de pecado pessoais.

No geral, está esclarecido: somente a graça de Cristo pode fazer de um pecador um santo, um justificado, ou seja, do que está morto diante de Deus um vivente (em Deus, através dele e para Ele). Por isso é que a graça é necessária, que também possibilita a fé como fé salvífica (e não apenas como convicção subjetiva de um fato). No batismo, esta graça é concretamente comunicada como renascimento, nova criação e justificação.

### b) A doutrina do efeito da graça de Cristo

No Cân. 22, o Arausicano II diz que o ser humano *in statu Adae* não passa de mentira e de pecado. Ele é incapaz de amar a Deus sobre tudo. Ele é incapaz de realizar o bem por causa de Deus. Ele também não está em condições de dar o primeiro passo rumo a Deus. Porque já somos agraciados, é também o próprio Deus quem estimula nossa vontade de pedir o batismo. Não nos é permitido dizer, portanto, que o ser humano, quando faz o que pode a partir de si mesmo, sem dúvida a graça é recebida de Deus. Isto se expressa também em um axioma que na teologia medieval desempenhou um papel e que foi a ocasião para a reforma abrigar as tendências pelagianas da teologia convencional: "*Facienti quod est in se, Deus non denegat gratiam* – a quem faz o que lhe cabe, Deus não nega sua graça". Portanto, devemos confessar que o começo, o aprofundamento e o aumento e que, finalmente, a consumação da fé, do amor e de nossa moralidade, isto é, o cumprimento dos mandamentos só é possível mediante a graça. O ato mediante o qual nós cremos em Deus, no qual nós o amamos, não é simplesmente o que nós temos a partir de nós mesmos. É um ato condicionado pela graça, o qual vai além das possibilidades de nossa natureza. De "vasos da ira", tornamo-nos vasos da "misericórdia" de Deus, como se diz na frequentemente citada passagem de Rm 9,22. Somente nas virtudes sobrenaturais infusas (fé, esperança e caridade) pode a criatura ativar sua liberdade para

Deus de modo significativo para a salvação. Deste modo, também o ato moral do ser humano recebeu um valor de eternidade. A graça não anula o livre-arbítrio; ela liberta o livre-arbítrio para sua substancialidade, vale dizer, para a liberdade. No Cân. 9 do Indiculus, diz-se, portanto:

> "Pois tão grande é a graça de Deus para com todos os homens que Ele quer que sejam nossos os méritos (*merita*) que são seus próprios dons (*dona*). Ele age verdadeiramente em nós de tal maneira que queiramos o que Ele quer. Ele age em nós de modo que Ele concede o prêmio (*praemium*) eterno por aquilo que Ele nos deu. Assim, somos também cooperadores da graça de Deus (*ut et nos cooperatores simus gratiae Dei*)" (DH 248).

Trata-se, portanto, do efeito da graça em nós e conosco (*in nobis cum nobis*). Esta colaboração não é agir do ser humano de si próprio sobre a graça, mas um agir do agraciado em prol da *meta* da graça já existente na própria agraciação: a vida eterna. Neste sentido, a colaboração *consecutiva* do livre-arbítrio redimido rumo à meta é necessária à salvação (DH 397).

Portanto, se confessarmos que sem Jesus nada podemos fazer (Jo 15,5), devemos também confessar que Cristo nos perdoa todos os pecados. Por esta razão, não somente a partir de um sentimento de humildade o justificado, ou seja, o santo, reza também a petição do Pai-nosso: "Perdoai nossas ofensas". Os santos – referimo-nos aqui não aos santos perfeitos (*in patria*), mas aos santos da terra (= os batizados) – rezam, portanto, porque eles, de fato, carecem de constante perdão. Também os santos não conseguem evitar todos os pecados (veniais). Por fim, o aumento da graça e a perseverança no bem até o fim são obra da graça. A vida do justificado permanece marcada pelo combate contra a tentação. É preciso uma contínua crucifixão do amor-próprio egoísta.

### c) A questão do começo da fé

A isto responde o Cân. 5 do Arausicano II:

> "Se alguém diz que, como o crescimento, assim também o início da fé (*initium fidei*) e a própria inclinação para crer (*pius credulitatis affectus*), pela qual cremos naquele que justifica o ímpio (*impium iustificat*) e chegamos à regeneração do sagrado batismo, está em nós, não pelo dom da graça (*per gratiae donum*) – isto é, pela inspiração do Espírito Santo que corrige a nossa vontade da incredulidade à fé, da impiedade à piedade –, mas pela natureza, se mostra adversário aos ensinamentos dos apóstolos" (DH 375).

## 7 O desenvolvimento do problema na teologia medieval

A teologia ocidental permanece ao longo de um milênio sob a influência de temas agostinianos. Evidentemente, na escolástica, a reflexão sobre a graça – originalmente a quintessência de toda a salvação em Cristo – desenvolveu-se em um tratado autônomo da graça com uma temática completamente específica e delimitada (cf. LANDGRAF, A.M. *Dogmengeschichte der Frühscholastik I. Die Gnadenlehre*. Rb, 1952).

### a) Controvérsia em torno da predestinação

A recuperação da teologia no renascimento carolíngio, depois de longo silêncio que se seguira à desintegração da cultura romana, começou com acaloradas discussões em torno da doutrina da dupla predestinação, defendida por Gottschalk, um monge de Orbais. Gottschalk foi condenado pelos sínodos de Mogúncia (848) e de Quiercy/Oise (853), sob a direção de Hinkmars, arcebispo de Reims. Aqui, defenderam-se o desígnio salvífico universal de Deus e o livre-arbítrio do ser humano, bem como ensinou-se uma e única predestinação para a salvação (cf. Rm 8,33; Ef 1,1). Diz-se, aqui, que Deus conheceria antecipadamente os perdidos, que permaneceriam na *massa perditionis*. Contudo, ele não os destinaria ao mal e à condenação.

Contrariamente a isto, reuniram-se os agostinianos estritos no Sínodo de Valença (855). Eles advogavam uma *praedestinatio gemina*, obviamente em forma moderada e sem expressá-la claramente.

No Sínodo de Toul (860) houve unificação nisso que se deixou que as declarações de ambos os sínodos subsistissem umas ao lado das outras, sem nivelá-las em sentido positivo (cf. DH 621-633).

### b) A preparação para a graça

Mais importante era a determinação exata da relação do livre-arbítrio com o começo da salvação na graça e a partir dela.

Curiosamente, deste o século VIII, já não eram conhecidos os decretos do Arausicano II. Consequentemente, também já não se tinha consciência adequada da problemática do *initium fidei*. Certamente, o puro caráter gracioso da salvação (o *gratuitas gratiae*) estava fora de questionamento. O problema, porém, é como o livre-arbítrio se orienta para a recepção da graça, visto que a graça não cai simplesmente de cima sobre o ser humano. O ser humano, portanto, não é passivo diante da graça, mas receptivo, ou seja, inteiramente ativo, de certa forma. Ele acolhe-a como o destinatário da graça e recebe-a segundo a estrutura de sua criaturalidade. Se, por conseguinte, o ser humano é o ser do livre-arbítrio, então a graça deve ser assumida pela vontade segundo sua composição liberal. Aqui se diz, pois: a graça não é apenas uma relação que Deus institui para nós, mas também o princípio com o qual nossa livre vontade responde perante a oferta de Deus. A graça é, portanto, o princípio de nosso agir ou, dito de outra maneira, o princípio da virtude. O livre-arbítrio deve, portanto, a seu modo, preparar-se para a recepção da graça.

Isto se torna mais compreensível quando se considera a forma de pensar aristotélica existente aí por trás. Somente uma matéria disponível pode assumir uma forma. Deste modo, por exemplo, somente uma matéria humanamente formada pode assumir de tal maneira uma alma humana que a alma, como o princípio que dá forma, agora faz desta determinada matéria o corpo concreto do ser humano.

Por conseguinte, somente também uma vontade disponível para Deus pode acolher a graça como forma, isto é, como princípio da resposta mediante a qual ela, como vontade agraciada, entra na comunhão de amor com Deus.

Mas o que, pois, move a vontade a dispor-se para Deus? É apenas um auxílio de Deus, portanto um dom universal, mediante o qual o criador encontra-se sempre na criatura, ou aqui já se trata, em sentido específico, da graça de Cristo ou do Espírito Santo, que move a vontade? Caso alguém diga que a vontade é movida por Deus, mas não pela graça de Deus, então resvala facilmente para o canal do semipelagianismo. No final das contas, de alguma maneira, a vontade, por iniciativa própria, terá dado o primeiro passo rumo a Deus. O ser humano, por conseguinte, pode, em tudo, a partir de seu livre-arbítrio, preparar-se para a graça, se nesta ocasião Deus também certamente o apoia com seu auxílio, mas não é o princípio de seu agir. Com efeito, o auxílio de Deus não é precisamente a própria graça. Assim, coloca-se a questão do que o ser humano poderia fazer em relação a Deus, sem a graça, puramente a partir de suas forças naturais (*ex puris naturalibus*). No caso, precisamos considerar que ninguém questionou que o ser humano natural, também como pecador, poderia fazer o bem ao próximo. Aqui se trata da questão de se ele, em relação a Deus, pode agir de modo salvificamente relevante, ou seja, amar a Deus sobre todas as coisas (*Deum amare super omnia*) e cumprir, na força do Espírito Santo, os mandamentos de Deus.

Ora, poder-se-ia fazer uma referência a Zc 1,3. Ali se fala de um voltar-se recíproco do ser humano para Deus e de Deus para o ser humano. Diz Deus: "Retornai a mim e eu retornarei a vós". Evidentemente o ser humano deve voltar-se para Deus em virtude da vontade humana a fim de alcançar a graça. Assim isto se esclarece a partir do deduzido axioma: *Facienti quod est in se, Deus non denegat gratiam* (cf. Landgraf I/2, 249-264).

Contra esta concepção, os franciscanos, sobretudo, atribuem este primeiro voltar-se da vontade, de alguma forma, à graça que já nos advém. Eles chamam a isso de *gratia gratis data*. Posteriormente, esta noção adquire outro significado, a saber, como caracterização dos carismas, à diferença da graça justificadora (*gratia gratum faciens*). Os teólogos aqui em questão diferenciam esta disponibilidade da alma da própria graça derramada em nós (*a infusio gratiae spiritus sancti*; cf. Rm 5,5).

Esta disposição da vontade é, por assim dizer, uma instância intermediária entre a plena indisposição (ódio a Deus e descrença) e a informação da alma mediante a graça santificante. Nesta instância já existem o temor de

Deus, a fé e a esperança. Mas elas ainda não estão formadas (*timor servilis ou spes et fides informis*). Portanto, trata-se de uma fé nos fatos salvíficos, sem confiança em Deus, ou seja, sem o ato pessoal da fé. A estas virtudes falta ainda a graça como amor, o qual forma a fé e a esperança e só então a torna em fé operante de salvação (*fides caritate informata*; cf. Gl 5,6).

Neste contexto, os teólogos falavam de um mérito de adequação (*meritum de congruo*). Se o ser humano só fizer o que está em suas forças, a fim de seguir o apelo de conversão de Deus, então isto seria um mérito a que Deus responderia adequadamente com a infusão da graça justificante. Obviamente não entra em questão nenhum *meritum de condigno* (um mérito de dignidade), que obrigue Deus justamente à *infusio gratiae*.

Em todas estas reflexões, deve-se observar que aqui se trata somente da remota preparação do pecador para a recepção da graça. Permanece decisivo que a preparação imediata (*ultima dispositio*) coincide com a infusão da graça. A forma, ou seja, a própria graça dispõe da matéria no momento (*in instanti*) em que ela se une à alma. Assim, imediatamente o ser humano, em contrapartida, é tornado capaz de acolher a graça. O ser humano, portanto, não produz, como posteriormente temia a crítica reformadora, uma "contribuição" precedente à agraciação como condição desta. Em sentido inverso, o ser humano, no momento da infusão da graça, torna-se tão perfeitamente disponível para a comunhão com Deus, que a graça pode tornar-se o princípio da dinâmica de seu espírito e de sua vontade para Deus. Portanto, a graça mesma é o princípio de sua recepção livre (ativa) pelo ser humano.

### c) O problema da graça criada e incriada

Até à escolástica, havia-se compreendido a graça precipuamente como inclinação de Deus, mediante a qual Deus nos admite em sua comunhão. Destarte, a graça é propriamente uma relação do ser humano para com Deus em razão de uma benevolência de Deus (*favor Dei*). A graça é, portanto, o próprio Deus, na medida em que nos ama e se nos doa como a vida eterna (= autocomunicação de Deus ou inabitação de Deus em nós; cf. Tomás de Aquino, S.th. I. q. 43 a5.6.; q.44 a.4).

A escolástica chamava a isto de graça incriada (*gratia increata*). O que deve ser, então, inversamente, a graça criada? Se ela for algo (*aliquid*) junto ao ser humano ou nele, então há o risco de pensar numa graça pessoal. A partir disso, justificadamente, a teologia reformadora viu, do lado católico, o insinuar-se de uma reificação e de uma disponibilização da graça. A graça passa à posse do ser humano. Ela tornar-se-ia uma obra meritória desvalorizada. Tais condenações, sob as condições histórico-intelectuais completamente diferentes, 400 anos mais tarde, não levaram em consideração, porém, a ideia original que tornou necessária a mencionada diferença. A fim de compreender o que aqui se quer dizer, é preciso remontar à famosa *Distinctio* 17 do I Livro de Sentenças de Lombardo. Segundo este, o amor derramado em nossos corações, pelo qual amamos a Deus, é o próprio Espírito Santo (Rm 5,5).

A objeção contra o Lombardo reza: então, Deus ama a si mesmo em nós ou através de nós. Não somos nós mesmos que amamos a Deus pela força do Espírito Santo. É essencial que a criatura seja o sujeito do amor de Deus. O livre-arbítrio, no entanto, já completa e inteiramente enfraquecido pelo pecado, não consegue, por si só (*in suis naturalibus*) amar a Deus sobre todas as coisas, ou unificar-se com Ele na unidade do amor. Por conseguinte, o Espírito Santo deve santificar o livre-arbítrio em suas raízes. Somente mediante esta aptidão da vontade é que o ser humano consegue, em sua liberdade, transcender para Deus e cumprir de tal modo a lei moral, que ela se torna um passo rumo a Deus. A vontade move-se em uma conformação afetada pela graça (= predisposição da atividade). Pode-se falar aqui também de uma consistência (*qualitas*) da alma operada pelo Espírito Santo. Com ela, as funções naturais da alma (do crer, do esperar, do confiar, do amar) são formadas pela graça. Elas são relacionadas para além de si (sobrenaturalmente), isto é, inclinadas para o Deus da revelação (S.th. I/II q. 110 a. 1). A isto se chama graça inerente ou criada, a conformação de nossa alma operada por Deus, a graça santificante, respectivamente, justificante. Agora se chega à justa determinação do relacionamento entre graça criada e incriada. Os grandes teólogos medievais pensavam a partir da soberana autocomunicação de Deus. Na medida em que Deus, pois, em seu amor, vem até nós, sua graça abarca como seu momento próprio também o aspecto de que ela cria em nós os pressupostos para que nós, como criaturas, possamos acolher a graça em nossa realidade e responder amorosamente ao amor de Deus em agraciada vontade. A graça, portanto, opera uma transformação no ser humano (um *effectus*). Ela o torna nova criatura. Ela possibilita o cumprimento dos mandamentos como expressão do amor a Deus. Pensando-se a graça como amor, então a ideia de uma graça criada resulta inevitável. Ela é o agir de Deus na criação, mediante o que Ele nos torna aptos a que, para além da infinita distância, sejamos, em todo caso, aproximadamente elevados a seu nível, a fim de poder encontrá-lo, o Criador.

> "A graça santificante dispõe (*disponit*) a alma a receber uma Pessoa divina (enquanto o Espírito Santo mora no justificado como em um templo). É o que se entende, quando se diz que o Espírito Santo é enviado segundo o dom da graça. E, no entanto, o próprio dom da graça provém do Espírito Santo (como dom e doador, ao mesmo tempo). Por isso se diz: o amor de Deus foi derramado em nossos corações mediante o Espírito Santo" (Tomás de Aquino, S.th. I q. 43 a. 3 ad 2).

A seguir, porém, a reforma protestante compreendeu a graça principalmente como perdão dos pecados. Por isso, a fé no mérito justificador de Cristo, que sempre permanece *extra me*, entrou em primeiro plano. Neste contexto, o discurso da graça inerente pode ser, pois, malcompreendido.

### d) Graça como o tema central da antropologia (Tomás de Aquino)

A ideia básica é radicalmente teocêntrica. Deus é, em si, vida e movimento. A criação significa comunicação da vida divina ou orientação à sua recepção. Deste modo, parte do Deus unitrino o movimento para o mundo (*motio Dei ad creaturam*), que leva até o ser humano. Todavia, no ser humano acontece a mudança, de modo que nele toda a criação move-se novamente para Deus, certamente como sua plenitude no amor eterno (*motio creaturae ad Deum*). Mas a comunicação destes dois movimentos acontece mediante o Verbo de Deus. Por causa do pecado, Deus modifica seu movimento para o mundo através da encarnação do Logos e de seu sofrimento vicário por nós como revelação do amor de Deus também para com o pecador.

Deste modo, o movimento de retorno da criatura passa unicamente por Jesus Cristo, ou seja, o Filho de Deus crucificado e ressuscitado, que verdadeiramente assumiu a natureza humana. Por esta razão, a suma da teologia articula-se nas seguintes três partes: 1) Deus e sua obra. 2) O ser humano e seu caminho (= sua autotranscendência) para Deus. 3) Jesus Cristo, o caminho e o mediador de Deus para o ser humano e o caminho do ser humano para Deus.

Nesta concepção, pois, não se deve falar da graça somente depois da cristologia, mas ela já deve transformar-se em tema-ápice da antropologia. Neste lugar é preciso mostrar que a graça de Deus, que nos é dada em Jesus Cristo, é aquela realidade mediante a qual o ser humano completa seu movimento para Deus.

Agora se coloca a questão de como o humano pode ser mais exatamente descrito. À questão sobre o que algo é, a filosofia responde com o conceito de "natureza". Então, agora deve-se observar o que, afinal de contas, significa criaturalidade. À criaturalidade não pertence somente a ideia da derivação de Deus e da constante dependência e ligação em relação a Ele. A criaturalidade é mais profundamente compreendida quando concebe a si mesma como a comunicação do criado dada por Deus (ser-por-si, livre autodisposição). Assim, nos limites da criaturalidade de ser uma natureza concreta, está o princípio de seu próprio reconhecer e seu atuar. Por conseguinte, pertence a uma natureza criada também a noção da realidade própria, da atividade própria e da dignidade própria. A autorrealização real de uma natureza criada não depende respectivamente de ações adicionais de Deus a excederem o ato da criação ou de uma intervenção física de Deus (como a teoria da iluminação ou da cognição dá a entender), a fim de pôr a criatura em movimento, ou seja, substituir as causas características dos seres por causas transcendentes. A onicausalidade divina não deve, de forma alguma, limitar ou passar por cima da causalidade criacional. Deus e criatura não se encontram como concorrentes no mesmo nível. Deus move, em soberana plenitude de sua onicausalidade, os seres criados de modo tal que eles não podem conter o princípio de sua natureza. Assim, a partir de dados teológicos, Tomás desenvolve uma metafísica da liberdade infinita. Faz parte da natureza humana não somente o fato de que ela também tem uma porção de liberdade, ao lado de diversos determinismos biológicos e sociais. Deve-se dizer, ao contrário: *o ser humano, como criatura espiritual, é liberdade.* Isto inclui a realização da liberdade no âmbito de suas condições materiais. Onde a onicausalidade de Deus e a atividade própria do ser humano se encontram, estamos diante, portanto, de uma relação pessoal de profundidade ontológica. O ser humano jamais pode encontrar Deus ao lado ou até mesmo contra sua natureza, isto é, sua liberdade, mas justamente somente na ativação da vontade e do conhecimento em relação a Ele, isto é, justamente em sua natureza (S. th. I/II, q. 113 a. 3). Torna-se evidente como Tomás transformou totalmente a noção aristotélica de natureza no sentido de uma teologia cristã da criação. "Natureza" já não é o que determina, de antemão, a vontade a um modelo rígido A natureza significa muito mais a liberdade que se consuma em sua meta. Esta determinação teológica radical do ser humano é alcançada mediante uma finalização, uma dinamização e transcendentalização da natureza humana. Criatura espiritual, portanto, outra coisa não é senão autotranscendência da liberdade rumo à sua meta: a participação na comunhão do amor trinitário de Deus. O ser humano só chega, portanto, à consumação de sua liberdade e à sua meta quando ele se conscientiza de sua derivação transcendental de Deus e sua orientação para ele. Neste sentido, Tomás descreve o ser humano como *"desiderium naturale ad videndum Deum"* (S. th. I, q. 12 a.5).

Só há uma única meta da natureza humana, a saber, sua consumação mediante a autocomunicação de Deus, e certamente na unificação do amor. Este êxtase natural condiciona, pois, a sentença da doutrina tomista da graça: *"Gratia non tollit, sed perficit naturam* – a graça não suprime a natureza, mas aperfeiçoa-a" (S.th. I q. 1 a.8).

Contudo, disso se segue que a liberdade como concentração da concepção teológica da criação não se encontra contra a graça, mas é condicionada e consumada pela graça em sua realização. Sem a graça, a natureza não poderia alcançar sua meta, porque a meta encontra-se fora dela, e não pode ser atingida mediante suas possibilidades. A este êxtase e autotranscendência chama-se, pois, neste sentido, sobrenatural. Ele é unicamente este suplemento para a realização da substância do ser humano (*substantia hominis*), mediante o qual ele relaciona sua transcendentalidade interior a Deus e alcança-a em Deus. Por isso diz Tomás que o ser humano é redimido e incluído na vida de Deus somente pela graça (*sola gratia*) (cf. S. th. I/II, q. 109 a. 7).

Contudo, o dom da graça de Deus, que já é sua autocomunicação em nós, no final das contas visa à união do amor: esta relação ou unificação singular pressupõe certamente a subsistência (realidade própria e atividade própria da criatura pessoal) e aciona-a. Se o ser humano não fosse pessoa, não se poderia falar de amor, pois no amor trata-se da unificação e da comunhão de diversidades pessoais. O ser humano, porém, não pode ser amado por Deus, no verdadeiro sentido da palavra, sem que este amor não capacite a própria pessoa criada para amar e nisso alcançar a comunhão com Deus: "Por meio da graça justificante, o ser humano é constituído em um amante-de-Deus, porque ele, por meio da graça, é orientado para a meta de que Deus lhe permite participar [...]. O primeiríssimo efeito da graça santificante é que o ser humano ama a Deus" (S.c.g. III, 151).

Assim, fica claro: o ser humano só chega a Deus mediante a graça. Contudo, a chegada da graça de Deus em nós faz com que também nossas atividades do conhecer e do querer aconteçam por si sós. E, portanto, a doutrina da graça faz parte da antropologia porque a graça é a consumação da liberdade. Ela é a *perfectio* do *perfectibile* do *liberum arbitrium*. A liberdade, por conseguinte, não está, ao lado da graça, agindo junto a Deus, mas em razão da graça, ela busca a meta que lhe foi proposta e já doada em Cristo, mediante a qual a graça não é um dom que influencia de fora a vontade, mas é o próprio Deus, como Espírito Santo, que nos encontra na e como graça. Em resumo: a graça é o amor eterno de Deus, com o qual Ele predestina à filiação divina e conduz à comunhão eterna da Igreja com Ele (S. th. I/II q. 110 a. 1).

## 8 Desenvolvimentos tardo-medievais como pano de fundo do protesto reformador

Uma primeira mudança importante é que o tema da graça já não é tratado no âmbito da antropologia. Na Idade Média tardia cessa a literatura de sumas. Escrevem-se principalmente comentários em sentenças e se fazem pesquisas sobre questões individuais. A problemática da justificação encontra-nos na doutrina sobre Deus, porque, ao tratar deste tema, a referência era Pedro Lombardo (in I Sent. dist. 17). Ali se pergunta se o amor em nós é o próprio Espírito Santo. Contra isso vem a objeção de que nós, em virtude de uma disposição criada em nós pelo Espírito Santo, podemos presentemente amar a Deus, portanto, por meio de uma graça criada. Na escolástica tardia inverte-se todo o relacionamento de graça causadora incriada e criada. Em primeiro lugar, o ser humano deve esforçar-se pela qualidade da graça como por uma característica, a fim de que lhe seja comunicada, em seguida, a graça da autocomunicação, da justificação e da vida eterna. Contudo, visto que a doutrina da justificação agora é tratada na doutrina sobre Deus, coloca-se a difícil questão a respeito do relacionamento entre graça e liberdade. O problema já não é como o ser humano poderia permanecer livre ou tornar-se livre perante o agir de Deus, mas como Deus, em relação à graça por Ele enviada, conservaria sua liberdade.

*João Duns Escoto* dá muita importância à liberdade de Deus. Uma sentença-chave dele diz: "*Nihil creatum formaliter est a Deo acceptandum*". Portanto, nada há de criado, seja uma obra meritória, seja também uma qualidade da graça criada, a que Deus devesse responder com o dom da vida eterna. Deus é, do ponto de vista moral, plenamente livre em relação a toda coerção por parte da criação. O ser humano é justificado unicamente mediante o ato divino da aceitação (*acceptatio divina*).

Deus poderia, portanto, caso quisesse, aceitar também o pecador mortal. Todavia, em uma liberdade divina assim excogitada, o anúncio do Evangelho e da conversão parece ser supérfluo, porque Deus, sem levar em consideração nossa situação como agraciados ou pecadores, acolhe-nos ou rejeita-nos.

Para progredir aqui, Duns Escoto diferencia duas liberdades de Deus. De um lado, existe a potência de Deus, mediante a qual Ele sempre faz o que Ele quer (*potentia Dei absoluta*). De outro, há a liberdade à qual Ele se ateve na ereção da ordem salvífica factual (*potentia Dei ordinata*).

*De potentia Dei absoluta* Deus é sempre livre para aceitar quem Ele quiser. Em contrapartida, Ele comprometeu-se *de potentia Dei ordinata* com a conservação da ordem salvífica factual. Ele está comprometido a acolher para a vida eterna aquele que, mediante o próprio Deus, tem graça e amor, e rejeitar aquele que, por sua própria culpa, não os possui.

No entanto, problemática é o íntimo afrouxamento do laço entre Deus e a história da salvação. A isto, em alguns autores, ligam-se especulações sobre se Deus poderia também ter feito tudo diferente. A liberdade de Deus tornou-se uma soberania absoluta (arbitrária) da vontade (cf. ISERLOH, E. *Gnade und Eucharistie in der philosophischen Theologie des Wilhelm von Ockham*. Wiesbaden, 1956, 67-77). E este querer-poder arbitrário de um número ilimitado de possibilidades é limitado apenas mediante a autofixação de Deus em uma dentre as várias possibilidades. Por que, pois, nosso caminho para Deus está justamente ligado aos sacramentos, à Igreja, à pessoa histórica de Jesus? – assim indagavam muitos que aí por trás ou paralelamente ainda buscam outro Deus. A resposta da teologia da Idade Média tardia era positivista: Deus dispôs precisamente as coisas de tal sorte, que Ele só concede a vida eterna àquele que preenche as condições estabelecidas pelo próprio Deus, que se dispõe para a graça da vida eterna mediante a recepção da graça nos sacramentos e por meio de uma vida segundo os mandamentos de Deus, aquele, portanto, que dá uma contribuição através de um mérito de adequação (*meritum de congruo*).

A ansiosa pergunta do ser humano: "Como chego a um Deus gracioso, ou seja, como alcanço a vida eterna?", recebe, portanto, a partir daí uma resposta: "Quando fazes o que está em ti, ou seja, quando recebes a graça dos sacramentos, especialmente da penitência, e quando tu, a partir de tuas forças naturais, amas de tal maneira Deus, como Deus o ordenou, então Deus, *de potentia Dei ordinata*, já te concede a graça da vida eterna". O ser humano, portanto, parece poder contribuir com algo, porque ele deve. Ele deve colocar-se na situação da graça (*habitus und qualitas*), a fim de ser salvo. Portanto, há um mandamento de Deus de ter a graça.

Contudo, o ser humano, totalmente estragado no pecado, este escravo da concupiscência, está em condições mínimas de oferecer uma contribuição prévia, a partir de suas próprias forças, quando já não dispõe de força alguma para este direcionamento para Deus, devido à perdição do pecado original? Esta é a pergunta de Martinho Lutero. Sua própria experiência com a escravidão de nossa vontade sob o pecado e seu profundo pessimismo no que diz respeito à bondade natural da vontade humana levaram-no a considerar a doutrina da graça tardo-medieval como pelagiana. Segundo esta, o ser humano, mediante a aquisição da qualidade da graça (*gratia creata*), contribuiria, ele próprio, com algo para a justificação. Todavia, uma vez que ele, a partir de sua vontade pecadora, que odeia a Deus, já nada mais poderia, a salvação já não dependeria de forças humanas e, portanto, o ser humano jamais poderia estar seguro de sua salvação. O ser humano não poderia amar a Deus a partir de forças naturais. Por esta razão, Lutero polemizava contra a fórmula *fides caritate formata*. Ele dava a entender que nela a fé seria portada pela obra humana do amor, e isto confundiria, pois, a fé, como o verdadeiro ato salvífico, com uma obra humana. Com isto, Lutero crê poder assentar a doutrina católica sobre um sinergismo no sentido de que o ser humano seria justificado e alcançaria a vida eterna em parte por meio da fé dada por Deus, e em parte mediante as próprias obras (a partir de suas forças naturais).

### 9 Traços fundamentais da concepção luterana da justificação do pecador

*A justificação do pecador, unicamente mediante o encorajamento da justiça de Cristo, o qual só pode ser acolhido na fé, é o centro da teologia reformadora. Trata-se da* iustificatio impii per verbum Evangelii. *Ela é realizada, de modo objetivo, somente por meio de Cristo* (solus Christus). *Ela é pura graça* (sola gratia). *Ela é concedida mediante a palavra do Evangelho* (solo verbo) *e acolhida unicamente pela fé* (sola fide).

Para Lutero, no caso da justificação, trata-se do artigo com o qual a Igreja se erige e cai (*articulus stantis et cadentes ecclesiae*, cf. WA 40 III, 352,3). Assim, "o artigo da justificação é mestre e príncipe, soberano, governador e juiz sobre todos os tipos de doutrina. Ele contém e rege toda a doutrina eclesiástica e ergue nossa consciência diante de Deus. Sem esse artigo, o mundo está inteiramente morto e em trevas" (WA 39 I, 205, 2). Passagens centrais, às quais Lutero sempre de novo apela, devem ser encontradas sobretudo na Carta aos Romanos (Rm 1,17; 3,21-26; 4,25; 5,18; cf. 2Cor 5,21). Lutero reconhece na doutrina paulina, redescoberta por ele, uma contradição com a justificação pelas obras, na qual teriam caído a escolástica medieval e todo o "sistema eclesiástico papal". Portanto, não se trata apenas de isolados pontos doutrinais controversos, mas de outra concepção geral da existência cristã que se estava impondo. Condutora era a questão salvífica existencial: "Como obtenho um Deus gracioso?" A questão salvífica liga-se à concepção escatológica do Juízo Final. Como pode o ser humano, que mereceu a morte por causa de seus pecados, ser justificado perante Deus? Quem o defenderá, a fim de que a sentença de morte (em sentido figurado: separação eterna de Deus) seja mudada em uma declaração de inocência (isto é, a consolação de uma nova vida)?

Para compreender corretamente a noção de justiça (*iustitia Dei*) de Lutero, não se deve dar a entender que ele, com isto, teria querido somente contrapor-se à mania humana de autojustificação, isto é, atacar uma ética do desempenho (cf. a descrição que Lutero faz de sua descoberta da justiça graciosa de Deus, ou seja, a "irrupção reformadora": WA 54, 186). Para ele, trata-se mais radicalmente da execução da bem merecida condenação à morte eterna e à danação. Esta sentença, porém, será evitada não porque o delinquente teria a apresentar algo em sua defesa, mas porque, em Cristo, alguém intervém, o qual, como justo, merece incondicionalmente a vida. A maldição que merecemos, recaiu sobre Ele (Is 53,6.11; 2Cor 5,21; Gl 3,13). Ele morre como inocente em nosso lugar. Contudo, visto que Ele é justo, porque nele não havia pecado algum, Deus o faz viver e o justifica mediante a ressurreição dentre os mortos. E uma vez que Ele se coloca diante de nós, também nós, por causa de Cristo, por meio da fé nele, diante do fórum do divino juiz, seremos absolvidos (*propter Christum per fidem*). Realiza-se aqui, portanto, um "santo intercâmbio". Cristo era rico, tornou-se pobre por nossa causa; e nós, que éramos pobres e culpados de morte, tornamo-nos, pois, por meio dele, ricos e participamos de sua vida (cf. 2Cor 8,9; 5,21: "Aquele que não conhecera o pecado, Deus o fez pecado por causa de nós, a fim de que, por Ele, nos tornemos justiça de Deus"). E, assim, a justificação objetiva em Cristo, agora, se torna também nossa justificação subjetiva. A nova vida de Cristo começa a ocupar lugar em nós incoativamente. Esta justiça, porém, não é propriedade minha (cf. o discurso escolástico da *gratia inhaerens*). Não é nenhuma qualidade em mim, mas surge sempre de novo na relação atual com Cristo, na qual eu a Ele me doo na confiança e na fé, e doravante tudo, fora de mim mesmo (*extra me*), coloco no Cristo. Com efeito, esta justiça é propriedade de Cristo, não propriedade minha (*iustitia aliena*). Com isto, cabe a Deus somente, em Cristo, a honra da redenção e da justificação. Se, porém, olho para Cristo, na fé posso estar seguro da justificação, da absolvição da morte e da consolação da vida. A justificação, portanto, não é minha propriedade, mas me é adjudicada e fora (justiça da imputação). Assim, porque construo completamente sobre Cristo, posso sentir-me consolado em minha consciência. Fujo continuamente de mim mesmo e busco meu refúgio em Cristo. Todo o acontecimento é um acontecimento de julgamento. Trata-se, portanto, de uma justificação forense. Este discurso não deve, pois, como amiúde aconteceu, ser compreendido de modo tal que se trataria apenas de um "como se". A consolação da graça é muito mais eficaz em mim pelo fato de eu ser, de certa forma, uma nova criatura (justificação efetiva). Cristo suprime de mim os pecados. Contudo, na medida em que eu sei que eu, por mim mesmo, diante de Deus nada sou, e que só vivo sempre a partir da relação a Cristo, começa, pois, aqui, também incoativamente, uma salvação, e uma salvação do ser humano. Durante o tempo de sua vida terrena, o ser humano permanece, no entanto, *justo e pecador ao mesmo tempo* (*simul iustus et peccator*). Isto não é expresso simplesmente de maneira ontológica, mas existencial. O ser humano, de fato, seria um justificado diante de Deus, mas ao longo da vida permaneceria nele este íntimo conflito entre graça e concupiscente inclinação ao pecado. Este seria precisamente o sentido da vida cristã: tudo construir sobre a graça; na confiança em Cristo, superar o apelo e o desespero que provêm do pecado. Assim, a vida cristã é um comorrer e um corressuscitar cotidianos com Cristo (*mortificatio et vivificatio cum Christo*).

### 10 A doutrina da justificação do Concílio de Trento

Juntamente com o decreto sobre o pecado original, o decreto sobre a justificação é o mais importante pronunciamento doutrinal do Concílio de Trento (1545-1563): *Decretum de iustificatione*, sess. VI, de 13/01/1547 (DH 1520-1583; NR 790-851).

Para a interpretação, três pontos devem ser conservados diante dos olhos: (1) o concílio quer apresentar a equilibrada doutrina católica; (2) por conseguinte, nenhuma corrente teológica deveria ser favorecida, a saber, nem a tomista, nem a escotista; tampouco a agostiniana estrita ou a nominalista; (3) o concílio renuncia a uma condenação das pessoas dos reformadores. Somente a doutrina deles deve ser combatida.

O decreto tem 16 capítulos doutrinais e 33 cânones doutrinais, os quais são extraídos dos capítulos doutrinais. Em razão da imensa importância destes 16 capítulos não somente para a doutrina da fé católica, mas também para o diálogo ecumênico, cada capítulo será apresentado e interpretado a seguir.

*1º capítulo. A impotência da natureza humana e da Lei de Moisés para a justificação do ser humano*

Todos os seres humanos perderam a inocência pela culpa de Adão, isto é, eles devem a Deus a justiça perdida. Eles estão cheios de pecados, entregues ao poder da morte e do diabo. Eles não podem libertar-se ou elevar-se a Deus nem através de suas forças naturais, nem por meio da Lei de Moisés. Contudo, restou-lhes o livre-arbítrio (como situação natural). Portanto, o pecador tem o *liberum arbitrium*, mas não a *libertas*, ou seja, o livre-arbítrio plenificado pela graça. Portanto, sem a graça ninguém pode ser salvo.

*2º capítulo. O mistério salvífico da vinda de Cristo*

Na plenitude dos tempos, veio o Filho de Deus como reconciliador dos seres humanos, tanto dos judeus quanto dos gentios.

*3º capítulo. Os justificados por Cristo*

Certamente Cristo morreu por todos. Contudo, só é justificado aquele que recebe o mérito do sofrimento de Cristo. Quem renasceu em Cristo, recebe a graça mediante a qual é justificado.

*4º capítulo. O que é propriamente justificação*

Aqui está a verdadeira definição: "*translatio abe eo statu, in quo homo nascitur filius primi Adae, in statum gratiae et 'adoptionis filiorum'* (Rm 8,15) *Dei, per secundum Adam esum Christum Salvatorem nostrum*" (DH 1524). O inevitável meio para isto é o batismo, respectivamente, o desejo do batismo (*votum sacramenti*).

*5º capítulo. A necessidade e a razão da preparação dos adultos para a justificação*

O início da justificação (*initium fidei*) é a graça preveniente de Deus em Jesus Cristo (portanto, já a graça redentora). Ela surge em nós sem nenhum mérito precedente. Por meio dela, Deus nos chama a dedicar-nos à justificação. Portanto, é a graça que move – mas nunca constrange – a vontade, cheia do Espírito Santo, a voltar-se para Deus. Por conseguinte, não se excluem a livre-anuência nem a colaboração (cooperativo) humana. A atividade própria é deslanchada somente pela graça. O livre-arbítrio não foi extinto em Adão. Por esta razão, o ser humano permanece livre para a acolhida ou para a rejeição da graça, e responsável por seus atos, apesar de a colaboração não originar nem condicionar a graça, mas somente por ela ser capacitada (DH 1554s.).

*6º capítulo. O modo da preparação*

Em uma descrição psicológico-espiritual, agora se apresenta de maneira idealizada o processo de conversão. No entanto, trata-se menos de uma sucessão temporal do que a menção dos momentos adequados mais importantes: em razão da graça, a fé é acolhida pelo ouvido (*fides ex auditu*); na fé, segue-se a aceitação como verdadeiras as revelações e as promessas de Deus, especialmente a justificação do ímpio pela graça de Deus em Cristo; perturbação por causa da própria pecaminosidade; confiança na misericórdia de Deus por causa de Cristo; início do amor de Deus; ódio ao pecado; disposição para a penitência e para a conversão; pedido do batismo e o propósito de começar nova vida e de observar os mandamentos de Deus.

*7º capítulo. A natureza da justificação do ímpio e suas causas*

A esta preparação operada pela graça segue-se a justificação. Ela não é apenas perdão dos pecados, mas também contém a renovação do ser humano interior. O ser humano torna-se santo, justo, amigo e filho de Deus e, em Cristo, herdeiro da vida eterna, e certamente mediante a voluntária recepção (*voluntaria susceptio*) da graça e de seus dons (DH 1528). A justificação, portanto, não é simplesmente imputação da justiça de Cristo ou apenas um favor de Deus (*favor Dei*). Ela é muito mais uma mudança geral do ser humano (DH 1561).

Agora o concílio estrutura as causas da justificação segundo o esquema aristotélico causal em cinco aspectos: (1) a *causa finalis* é a glória de Deus e a vida eterna; (2) a *causa efficiens* é a misericórdia de Deus, que sem nenhum mérito humano salva, ajuda e renova; (3) a *causa meritoria* é o sofrimento de Cristo na cruz por nós por puro amor e, portanto, sua satisfação por nós diante de Deus Pai; (4) a *causa instrumentalis* é o batismo. Este é o sacramento da fé, sem a qual ninguém é justificado, e, finalmente (5), a *causa formalis* é a *iustitia Dei* passiva, ou seja, a justiça mediante a qual Deus nos santifica e justifica.

O concílio, porém, diz ainda, pois, que nós não somente somos chamados justos, mas o somos de fato. A fim de sublinhar que na graça não somente muda o comportamento de Deus em relação a nós, enquanto permaneceríamos o que somos, mas que, mediante o comportamento de Deus em relação a nós, também algo em nós muda fundamentalmente, o concílio fala, portanto, de uma graça aderente (*gratia inhaerens*). O amor de Deus, que é infundido em nosso coração no Espírito Santo, tornou-se-nos inerente. Estar enxertados em Cristo significa que agora a fé, a esperança e o amor foram derramados em nós. Mediante eles, estamos salvificamente ligados a Deus na realização de nosso ser pessoa. Sem entrar aqui nas diversas teorias escolásticas de *habitus* e *actus*, diga-se, porém, que um comportamento humano significativamente salvífico em relação a Deus e ao próximo se segue ao dom do novo ser, que mudou o ser humano em sua mais íntima profundidade e ordenou-o para Deus. É algo assim como, segundo Lc 15,22, uma veste festiva (a veste batismal), com a qual um dia poderemos ser admitidos no salão das bodas celestiais.

*8º capítulo. Como se compreende a expressão de que o ser humano é justificado gratuitamente pela fé (Rm 3,24)*

Sobre esta frase da Carta aos Romanos apoia-se de modo especial o luterano *iustificatus sola fide*. O contrário, em Paulo, é a fé em confronto com o mérito (como autojustificação por meio das obras da Lei). Os Padres Conciliares de Trento compreenderam de tal modo o *sola fide* de Lutero como se ele entendesse a fé em detrimento da esperança e do amor. Em Paulo e em Lutero, porém, a fé significa o ato inteiramente humano da doação confiante e da conexão com o mérito de Cristo. A fim de compreender a oposição aqui, é preciso lançar um olhar retrospectivo sobre a escolástica. Efetivamente, aqui a fé, a esperança e o amor foram ordenadas às potências individuais da alma do conhecimento e do querer. Certamente isto já tem inteiramente nas formas de expressão bíblica seus primeiros indícios. Contudo, não se chega ali a uma definição sistemática do conceito. Se o ser humano, porém, é tomado como um todo por Deus, então ele também responde com todo o impulso de sua alma. A fé como ato cognitivo não é suficiente. A graça aparece essencialmente também na vontade renovada. Uma vez que, no final das contas, a graça de Deus é o amor, em sua última profundidade ele é correspondido pelo amor. Por conseguinte, os Padres Conciliares compreendem o amor como a mais íntima consumação da fé e como a mais íntima forma de todo o agir do novo ser humano em relação a Deus e ao próximo (*caritas est forma virtutum*), e também a fé só justifica na medida em que for informada pelo amor (cf. Gl 5,6), isto é, se ela for *fides caritate et spe formata*. Por isso, no Capítulo VIII, em conexão com Hb 11,6, diz-se que a fé é o começo da salvação, fundamento e raiz de toda justificação (*initium fundamentum, radix*), ou seja, ela é formada interiormente pelo amor e no sentido escolástico da esperança, consumada na vida eterna. A fé como ato cognitivo, como acontecimento teórico, já conhecido também por Lutero e compreendido como *fides historica* (cf. Tg 2,19), não pode tampouco, evidentemente, como as obras, servir à justificação. Portanto, à diferença da fé meramente histórico-teorética, aquilo a que Lutero chama de fé como ato de confiança, fundamentalmente outra coisa não é senão o que vem expresso no discurso da "fé informada pelo amor". Igualmente Lutero não pode discutir que não pode existir de forma alguma uma confiança na fé sem um ato inicial do amor. Com efeito, confiar nada mais é do que o primeiro movimento de uma devotada vontade de amar.

O mal-entendido reformador surge primeiramente onde existe esta diferenciada definição de conceitos, e a fé e o amor, respectivamente, são compreendidos como realizações vitais humanas autônomas. Trento, porém, já entende o amor como dom de Deus, o qual, agora aparece no direcionamento de nossa vontade para Deus.

### 9º capítulo. Contra a fé fiduciária dos hereges

Lutero havia compreendido a fé como apreensão da salvação em confiante conexão com a justiça alheia de Cristo (*iustitia aliena*). Trento compreendeu mal isto como certeza subjetiva da salvação: através de uma simples firmeza de fé no perdão, poder-se-ia, por assim dizer, forçar Deus ao perdão. Ademais, o comportamento moral parecia ser indiferente, caso alguém tivesse apenas a *fides como fiducia*. Ora, Trento distingue nossa certeza com relação à objetividade da redenção, à eficácia dos sacramentos e à infalibilidade da fé objetiva da Igreja da *fé subjetiva*. Na fé subjetiva deve-se levar sempre em conta a fraqueza humana, razão pela qual devemos operar nossa salvação no temor e no tremor (cf. Fl 2,12). Para Lutero, porém, bem no centro se tratava da certeza da fé e da redenção do coração angustiado. Hoje está claro que, de acordo com o uso linguístico escolástico, não pode haver na fé nenhum tipo de certeza da salvação. De fato, isto significaria uma antecipação teorético-cognitiva do destino final do ser humano. Subjetivamente, porém, na escolástica existe também para o ser humano uma certeza da esperança. Nela, o fiel, em sua relação existencial, pessoal com Jesus Cristo, espera a salvação inteiramente dele, na medida em que põe inteiramente sua confiança na misericórdia que se tornou evidente em Cristo. Ele sabe que o anúncio da misericórdia de Deus é confiável.

### 10º capítulo. O aumento da justificação recebida

Na força da graça existe um crescimento do justo em uma maior proximidade em relação a Deus através da luta contra a tentação e o egoísmo em nós, e através do fazer das boas obras exteriormente.

### 11º capítulo. A possibilidade e a necessidade da observância dos mandamentos de Deus

Desde o início, a doutrina reformadora da fé como a única coisa que justifica – também nas próprias raias – estava exposta ao mal-entendido do libertinismo. Segundo este, a ética cristã seria, no final das contas, supérflua, pois tudo seria permitido àquele que crê, pois este estaria acima dos mandamentos de Deus.

O concílio rejeita a opinião de que a observância dos mandamentos de Deus seria impossível para o justo; contudo, também o justificado, nesta vida, não pode evitar todos os pecados veniais. Por esta razão, ele deve, no "Pai-nosso", pedir constantemente perdão de suas culpas. No entanto, de forma alguma ele está obrigado, interiormente, a cair em pecado mortal. São rejeitadas também proposições exageradas do Lutero primitivo, segundo as quais em toda boa obra até o justo peca. Igualmente é refutada a proposição de que incorreria em pecado todo aquele que, a não ser na confiança em Deus como meta principal, realizasse as boas obras, deixando-se estimular ainda pela promessa da recompensa eterna.

*12º capítulo. É preciso precaver-se contra a presunçosa fé em sua absolutamente certa predestinação à salvação*
Isto contradiria a evidente situação de salvação do ser humano em peregrinação (*in statu viae*).

*13º capítulo. O dom da perseverança*
O concílio volta-se contra uma falsa interpretação de Mt 10,22: "Aquele, porém, que perseverar até o fim, esse será salvo", pois também a constância na fé não é nenhum resultado particular, mediante o qual se poderia coagir o céu. O cristão não foi regenerado já para a glória, mas para a esperança da glória (Rm 8,24; cf. Cl 1,27). A perseverança é necessária a fim de alcançar a meta, mas ela não é um dom que abriga a comodidade, mas que mostra a estrutura agônica da fé cristã. Ela conclama o cristão, pois, à autodisciplina e ao fazer o bem responsavelmente em todos os âmbitos da vida humana.

*14º capítulo. Os que caíram em pecado depois do batismo e sua recuperação*
Também o justificado e batizado pode perder novamente a justificação através do pecado mortal. Ele conserva, contudo, o selo do batismo. Encontra-se, portanto, em situação diferente da do pecador antes do batismo. Já não pode, uma vez mais, ser justificado mediante o batismo (como os anabatistas davam a entender). Contudo, ele também não readquire a justificação por meio do mero reavivamento da fé no batismo (Lutero). Ele só pode conseguir novamente a justificação no Sacramento da Penitência, diferente do batismo, mas igualmente requerido. Para isso, ele deve renegar os pecados, o que certamente inclui a renovação do ato de fé interior. Ademais, ele deve fazer a confissão individual dos pecados e solicitar a absolvição sacerdotal, vale dizer, despertar em si o desejo do sacramento e, na próxima ocasião propícia, fazer a confissão sacramental (*votum sacramenti*). Disto também faz parte a cura interior da vontade que foi novamente agraciada, através da autodisciplina e das boas obras, do jejum, da oração, de profunda vida espiritual e das esmolas. Por meio da absolvição, agora certamente foi perdoada a pena eterna devida pelos pecados, mas não, como no batismo, também toda pena temporal devida pelos pecados. Aquele que foi novamente justificado deve, portanto, de outra maneira, também curar a ferida do amor de Deus na força da graça que lhe foi concedida. De resto, aqui se retoma uma importante decisão da Igreja Antiga: ou seja, que é possível, vale dizer, várias vezes, o perdão dos pecados mortais também dos batizados (*de lapsis*). Assim, o Sacramento da Penitência é, por assim dizer, uma segunda tábua de salvação depois do naufrágio (*secunda tabula post naufragium*).

*15º capítulo. Através de todo pecado mortal perde-se a graça, não, porém, a fé*
A concepção de fé de Lutero implica que a infidelidade é o único pecado mortal. Certamente a única infidelidade manifestar-se-á em diversa formas (pecaminosas) de comportamento. De acordo com a concepção de fé tridentina, que é considerar verdadeiros os mistérios da salvação, a proposição de Lutero é contraditória. De fato, alguém pode teorético-cognitivamente acreditar em tudo o que a Igreja ensina sobre a revelação e, no entanto, afastar-se de Deus mediante um comportamento contra o amor derramado em nós, o primeiro e universal fruto do Espírito de Deus em nós. Ele também pode afastar-se por meio de uma recusa da oração ou das celebrações comunitárias da liturgia. Pode também decair por meio da ofensa ao cuidado pelos pais e parentes, através dos ciúmes, do assassinato, do adultério, por meio do lento desperdício dos talentos, da negligência do bem desejado etc.

*16º capítulo. O fruto da justificação, ou seja, o mérito das boas obras e a natureza do mérito*

Aqui torna-se claro, mais uma vez, que o princípio de todo mérito e da recompensa da vida eterna seria a graça preveniente, acompanhante e consumadora de Jesus Cristo. Mas justamente por isso as boas obras se orientam teologicamente para o fim da justificação, a unificação eterna com Deus no amor. Assim, certamente, o fiel em nada contribuiu para a justificação (com auxílio de méritos próprios). Contudo, o justificado, em razão de sua vontade movida pelo Espírito Santo, deve adquirir méritos, porque somente através destes é que ele é orientado por Deus para a vida eterna. Nós, igualmente, não podemos, no final das contas, absolver-nos pessoalmente, ou seja, pelo próprio julgamento ou pelo julgamento dos outros sermos considerados justos. No final, cada um encontra-se sozinho diante do juízo de Deus. Somente Deus vê nos corações e recompensará a cada um segundo sua obra.

## 11 Aspectos da doutrina da graça pós-tridentina

### a) Caracterização geral

A época de Trento, até à Revolução Francesa e ainda até o século XIX, ficou completamente sob o signo da controvérsia antiprotestante. Numa visão de conjunto, o desenvolvimento católico move-se entre os extremos de um pessimismo reformador em relação à natureza completamente corrompida e de uma emergente e continuamente crescente imagem otimista da natureza humana no humanismo e nos começos do Iluminismo. No decorrer do tempo, espalhou-se sempre mais a atmosfera do pensamento imanentista-atropocêntrico. Entre os extremos representantes do Iluminismo, na direção hostil à revelação e a Igreja, assumiu-se posição contra uma mundivisão teocêntrica e uma presumida determinação heteronômica da livre vontade do ser humano. A bondade originária da natureza humana, de que fala Jean-Jacques Rousseau, e a concepção de uma capacidade de completeza natural-autônoma do ser humano conduziram ao agudo protesto contra a doutrina do pecado original.

### b) A controvérsia da graça e os assim chamados sistemas da graça

Por controvérsia da graça entende-se a discussão em torno do relacionamento entre a graça divina e a liberdade humana nos atos preparatórios para a recepção da graça justificante. O decreto tridentino da justificação havia descrito a justificação como salvação e renovação do ser humano interior mediante a aceitação voluntária e anuente da graça (*voluntaria susceptio*) (DH 1528). Disto também fazem parte os atos preparatórios do pecador para a recepção da graça. Estes só são possíveis mediante a graça preveniente de Deus, que capacita o ser humano para a livre aceitação. Esta graça atual é apenas suficiente (*sufficiens*) ou também eficaz (*efficax*)? No primeiro caso, poder-se-ia dizer que Deus permite que falte a graça; no segundo caso, a graça poderia sobrepujar ou suprimir a liberdade. Segundo o sistema do teólogo dominicano *Domingo Bañez* (1528-1604) – apresentado em seu comentário à *Prima secundae*, de Santo Tomás de Aquino –, Deus já comunica antes do livre assentimento uma graça atual, suficiente, que concede ao ser humano a possibilidade (potência) para o estabelecimento do ato salvífico (preparatório para a recepção da graça). Contudo, para que a possibilidade dada se torne uma realização atual, é preciso uma segunda graça atual e, de fato, eficaz. Esta, predestinadamente (*praemotio physica*), em precedência à livre decisão, efetua infalivelmente a passagem da potencialidade dada na *gratia sufficiens* para o ato livre, importante para a salvação, efetivamente realizado, da aceitação da graça santificante. A liberdade perdura, visto que Deus justamente com sua graça qualificaria justamente como livre a realização do livre-arbítrio.

No contraposto sistema da graça do teólogo jesuíta *Luís de Molina* (1535-1600) – explicado em sua *Concordia liberi arbitrii cum gratiae donis*, de 1588 (org. de J. Rabneck. Ma, 1953 – de maneira completamente moderna, a liberdade encontra-se no ponto central. Rejeita-se o movimento físico (intrínseco) antecedente da vontade mediante Deus. A colaboração da graça (*concursus divinus*) com a vontade seria assegurada por meio da noção de uma "ciência média de Deus" (*scientia media*). Deus saberia como o ser humano se comportaria nas mais variadas circunstâncias que Deus apresenta por sua livre, todo-poderosa predestinação. No momento em que a livre decisão da vontade acontece nas circunstâncias estabelecidas por Deus, a graça preveniente tornar-se-ia adjuvante e a graça suficiente tornar-se-ia eficaz em razão da *scientia media*. Mais do que o agostiniano-tomismo de Bañez, o molinismo leva mais fortemente em conta a problemática moderna da liberdade, mas corre o perigo de não explicitar plenamente a onicausalidade da graça testemunhada na revelação.

A maior falha do bañezianismo e do molinismo (também dos sistemas de comunicação como o congruísmo, o codeterminismo, o sistema sorbonista da graça, o agostinismo) consiste certamente em uma interpretação demasiado mecânico-coisista das categorias causais. Na forma de pensar pessoal-dialógica, porém, o nexo permanentemente misterioso entre liberdade infinita e finita pode ser compreendido como a autorreveladora autodoação de Deus, a qual liberta para si e capacita para o amor responsorial a liberdade criada no ato da consolação e da aspiração. Porque o conteúdo da liberdade é autodoação no amor, o ser humano não se oprime sob a impressão do amor eletivo de Deus, mas ver-se-á libertado justamente da prisão do autofechamento e sentir-se-á movido ao jovial amor responsorial (*in actu*).

Chegou-se a uma acalorada disputa entre as duas posturas a respeito da respectiva ortodoxia. Os molinistas caíram sob a suspeita de semipelagianismo. O Papa Paulo V decidiu, em 1607, que esta discussão sobre a graça atual na preparação para a graça (a discussão *de auxiliis*) deveria terminar, e proíbe que ambos os partidos se condenem mutuamente.

### c) O jansenismo como agostinismo herético

Ao lado do tomismo e do molinismo, deve-se mencionar também um agostinismo extremado. Com isto não se quer indicar a tradição agostiniana da culpa na doutrina da graça, sempre reconhecida na Igreja. Nomes importantes aqui são Jerônimo Seripando (1491-1563), que estava em atividade durante o Concílio de Trento, e, em seguida, Henrique Noris (1631-1704), bem como J.L. Berti (1696-1766). No espírito agostiniano vivia também a importante espiritualidade da assim chamada escola franciscana (Francisco de Sales, Cardeal de Bérulle, Charles de Condren).

Contudo, uma interpretação extrema de Agostinho, o assim chamado jansenismo, resvalou para o conflito com o Magistério eclesial. Comum a todos os seus representantes é a rejeição de uma teologia escolástica que lhes parecia estéril. Nisso eles sempre se referiam à teologia da culpa de seu tempo, não à alta escolástica. A meta é, um pouco como com Agostinho, vencer a reforma.

O centro era a Universidade de Lovaina, nos Países Baixos espanhóis. Portanto, o opositor é menos Lutero do que Calvino.

Em primeiro lugar deve-se mencionar *Miguel de Baio*, lat. *Bajus* (1513-1589). O ponto de partida é a forma de pensar existencial de Santo Agostinho, que havia entendido descrever as moções e as experiências interiores da alma com Deus. Portanto, trata-se menos de uma descrição objetiva do que a análise de uma posição ôntica. Ao existencialismo e atualismo na tradição de Agostinho não importa uma condição ou uma forma facilmente confundível de maneira estática, para qual a alma é transladada por meio da justificação, portanto, da graça santificante. O relacionamento de Deus para conosco deve ser preferentemente interpretado como atualista, personalista e dialético. Onde a graça de Deus encontra o ser humano, ela evoca o novo agir dele. Nisso o ser humano cumpriria a vontade e os mandamentos de Deus, e portanto seria unido a Deus no amor. Somente o que deste amor (*caritas*) brotasse seria moralmente bom e salvificamente significativo. Contudo, o que brotasse do amor-próprio, vale dizer, do amor isolado para as criaturas seria pecado no sentido estrito da palavra. Este amor-próprio, desde Agostinho, chama-se também *concupiscentia* ou *libido*. Com libido não se que indicar, por exemplo, como na moderna psicanálise, simplesmente a estrutura psicologicamente perceptível do impulso, mas o íntimo afastamento da vontade em relação à sua meta, a saber, Deus e o bem. Aqui, o ser humano deveria, portanto, ficar formalmente sempre sob o apelo do amor de Deus a fim de fazer justiça ao seu sentido de criatura, que o direciona para Deus. Se o ser humano permanecesse sob o apelo do amor de Deus, sua vontade se revestiria irresistivelmente da beleza de Deus, e se extinguiria a aversão contra Deus (*delectatio victrix*). Para a situação original de justiça resulta, como consequência, que não pode existir uma natureza pura (*natura pura*), porque o ser humano já foi criado para a comunhão com Deus. Somente na presença do próprio amor de Deus é que ele poderia ativar sua faculdade volitiva como *caritas*.

Os opositores de Baio perguntaram-se, então, se aqui, como em Lutero, graça e natureza não estão simplesmente identificadas uma com a outra. Certamente eles compreendiam por natureza simplesmente o próprio ser-criatura (que por força da causalidade formal entre razão e vontade, age imediatamente por si mesma), e não como Agostinho, a situacionalidade concreta do ser humano em sua relação ou não relação com Deus. A partir desta diferenciada compreensão da natureza, pensaram dever também concluir que, segundo Baio, a graça seria devedora da natureza. Com isto, porém, Deus teria feito custar à sua criatura a liberdade. Em oposição a Baio, eles moldaram, pois, a expressão *natureza pura* (*natura pura*). Primeiramente eles a compreenderam como conceito-limite hipotético contra a teoria da graça devida, e não afirmavam que jamais tal natureza pura tenha existido factualmente. Na formação desta teoria apelava-se, injustamente, aliás, a Tomás de Aquino. Certamente existe, em Tomás, a distinção entre natureza e graça. Para ele, porém, ela é equivalente à distinção entre criação e Deus. Se a graça nada mais é do que o próprio Deus que se comunica, ela não pode ser a natureza (a forma essencial) da criatura, do contrário Deus e a criação seriam idênticos, vale dizer, a criatura seria apenas a matéria de um comportamento unicamente causal de (um) Deus (compreendido quase teofanicamente). Esta diferenciação entre natureza e graça não continha a consequência de que a criação existiria apenas devido à graça com a qual, porém, desde todo o começo, isto é, na condição original, tinham existido juntas (*status integritatis*). Em Tomás, portanto, depois da queda original, opõe-se à natureza agraciada (*natura elevata*) não simplesmente uma *natura pura*, mas uma *natura corrupta*. Com efeito, esta natureza, para a consumação de seu desejo transcendental, foi conduzida a Deus, e, ademais, sua estrutura constitucional está interiormente fraturada.

No próprio Baio dificilmente se pode falar de uma intenção herética em sentido estrito. A ele, porém, bem como a seu seguidor *Cornélio Jansen*, poder-se-ia fazer a censura de uma rígida repetição de proposições agostinianas. No alterado contexto intelectual, depois de 1000 anos de agitada história da teologia, não bastava uma simples repristinação das fórmulas de Agostinho. Teria sido necessário uma criativa reformulação a fim de tornar novamente frutífera a riqueza de Agostinho.

*Cornélio Jansen* (o mais jovem), chamado *Jansênio* (1585-1638), queria aprofundar os ensinamentos de Baio. Sua obra principal *Augustinus* só foi publicada depois de sua morte, em 1640, em Lovaina. Dela foram tiradas cinco proposições conforme o sentido e condenadas pelo Papa Inocêncio X na Constituição *Cum Ocasione*, de 1653 (DH 2001-2005), entre as quais também a afirmação do apenas particular desígnio salvífico de Deus.

Seguidores importantes eram o famoso abade *Jean Duvergier des Hauranne*, chamado *Saint-Cyran*. Também *Blaise Pascal* esteve inicialmente próximo do movimento que surgiu na discussão em torno do assim chamado jansenismo. Na discussão em torno deste movimento, também entram em jogo motivos político-eclesiásticos do galicanismo. Foi mais longe em torno de uma áspera discussão com a assim chamada moral laxista dos jesuítas. No confronto com estes, os jansenistas, movidos pelas ideias de um cristianismo radical, orientavam-se por uma moral rigorista e puritana. Depois de longo cabo de guerra, o jansenismo foi finalmente condenado em 1713 na Bula *Unigenitus Dei Filius* (DH 2400-2502) do Papa Clemente XI: 101 proposições do jansenista *Paschasius Quesnel* são censuradas. Subsequentemente, em 1723, um grupo jansenista separa-se da Igreja. Continua a existir ainda hoje como a Igreja de Utreque.

### 12 Carências na teologia hodierna da graça: como superá-las

A deficiência dos "sistemas da graça" e da teologia da graça pós-tridentina, de todo modo até os séculos XIX e XX, consiste em uma insuficiente interpretação do decreto tridentino da justificação.

Novas abordagens, que resultam das aporias, encontramos em J.A. Möhler, M.J. Scheeben, M. Blondel, P. Rousselot, M. de la Taille, H. Rondet, H. de Lubac, K. Rahner, H. Urs von Balthasar, O.H. Pesch, G. Greshake, entre outros.

Progressivamente reconheceu-se que, em fixação tipicamente antirreformadora, contra a negação da graça criada, ou seja, da graça inerente, habitual e formal, havia-se ressaltado a graça habitual como a decisivamente católica. Fazia-se apelo ao VII Capítulo do decreto sobre a justificação de Trento. Ali, a *iustitia Dei* era passiva, portanto, a justiça e a misericórdia de Deus, mediante as quais Ele nos justifica, foram mencionadas como a única causa formal de nossa justificação. Por meio desta graça somos chamados justificados, e de fato o somos. Contudo, cada um a toma segundo a medida que o Espírito Santo lha comunica e de acordo com a preparação participativa de cada ser humano. Nesta declaração a respeito da *iustitia Dei* passiva certamente nada há para ser excluído. Contudo, o discurso da causalidade formal pode levar a uma interpretação errônea.

Quando se interpreta a noção de causa formal de modo estritamente técnico-filosófico, ela é o que resulta da aplicação de uma forma. Isto, aqui, porém, é a graça santificante, ou seja, o efeito criado (causado) da graça da autocomunicação de Deus para nós. Se o decreto tridentino for interpretado desta maneira, opera-se uma quase aventureira reversão em relação à Escritura, à Patrística e à alta escolástica: Deus, que se nos comunica e que habita em nós, é, por assim dizer, o aspecto acidental da graça, ao passo que o efeito criado em nós, relacionado a isto, torna-se a natureza da graça. Ora, se acrescentamos também o "axioma" (frequentemente malcompreendido) da doutrina de Deus, a saber, que todas as ações exteriores de Deus devem-se atribuir às pessoas divinas, portanto, à natureza divina como tal, então a graça criada, isto é, santificante, fundamenta apenas um relacionamento geral com Deus. Um respectivo relacionamento específico com as três pessoas divinas segundo a ordem de sua processão imanente e econômica dificilmente seria visto. Em primeiro lugar, se temos respectivamente um relacionamento específico com as três pessoas divinas, não apenas como uma soma de três, mas segundo a ordem da vida interior delas, então participamos efetivamente da vida de Deus como amor trinitário e somos assumidos na vida de Deus. As pessoas participam da vida de Deus, a partir da graça que lhes foi dada, quando são assumidas no relacionamento filial de Cristo, de modo que elas podem participar de sua procedência do Pai, no Espírito, e de sua doação responsorial ao Pai, no Espírito Santo. No entanto, com a doutrina das relações meramente apropriadas, isto é, tencionadas, mas não características das pessoas divinas para com o agraciado, a teologia separara a doutrina trinitária de Deus da doutrina da graça porque ela via na graça um relacionamento com Deus estabelecido apenas de modo geral. A Trindade permaneceu, pois, como uma ideia especulativa enigmática, que já não parecia ter nada a ver com o mistério da vida cristã.

A isso se deve ainda acrescentar que ficou obscurecido o valor da experiência religiosa, isto é, a íntima comunhão de vida da alma com o Deus unitrino. Acreditar significava apenas uma convicção intelectual do objeto da graça e um movimento voluntariamente moralista para Deus. Contudo, já não é a viva realização da unidade com o Deus triuno na esperança e no amor, de acordo com a participação, concedida pela graça, nas procedências e relações intradivinas. A consequência foi um deslize para um tipo racionalista de cosmovisão religiosa e uma espécie de deontologia estoica. Depois de Kant, por exemplo, a religião nada mais é do que uma acepção dos deveres como mandamentos religiosos. No sentido contrário, porém, a como sempre buscada experiência religiosa pôde resvalar para o irracionalismo, que então se fazia passar por um corretivo da noção racionalista da fé.

Estas discussões pós-tridentinas, para nós, hoje, são antes de interesse puramente histórico-teológico. Um significativo novo recomeço esboçou-se principalmente depois da Primeira Guerra Mundial (E. Przywara, K. Rahner, H. de Lubac, H. Urs von Balthasar, Y. Congar, R. Guardini, entre outros). Reportando-se à tradição bíblica, patrística e da alta escolástica, eles conceberam uma nova e ao mesmo tempo originária visão da graça, e incluíram também a história mística e espiritual do cristianismo.

A nova formulação só pode acontecer em discussão com a experiência secular do mundo e com a percepção de mundo do homem moderno, tal como está impregnada pela ciência natural e pela técnica, e pelo contexto socioeconômico da existência humana.

É também essencial a dimensão ecumênica do problema. Justamente a problemática da graça e da justificação esteve no começo da contemporânea divisão da Igreja no Ocidente. De grandes consequências é, finalmente, a redescoberta (do ponto de vista da teologia da libertação) da força transformadora e geradora de vida da graça (cf. o cap. 5).

A moderna doutrina da graça está, de novo, de forma acentuada, trinitariamente marcada. A fundamentação pneumatológica assegura o primado da autocomunicação de Deus (*gratia increata*) antes do efeito criado da graça no ser humano. A graça surge eclesial e sacramentalmente no espaço histórico e escatológico do reinado de Deus que está irrompendo em virtude da encarnação de Deus em seu Filho e no envio do Espírito nos corações das pessoas (cf. Rm 5,5).

## IV. A GRAÇA DO ESPÍRITO SANTO: PRINCÍPIO DA EXISTÊNCIA CRISTÃ NA FÉ, NA ESPERANÇA E NA CARIDADE

### 1 A graça como resumo do Evangelho

A graça é a essência de todo o movimento divino-humano na autorrevelação do Pai, da encarnação do Filho e da efusão do Espírito Santo em nossos corações. A graça é o Deus unitrino que se autocomunica e salva. Em sua misericórdia para conosco Ele torna possível, ao mesmo tempo, que o ser humano possa relacionar-se com Ele responsorialmente, e expresse esta comunicação com Ele em toda a sua existência. A relação do ser humano com Deus, levada adiante pelo próprio Deus, contém, como um momento em si, também um efeito transformador e libertador no ser humano: a regeneração, a perfeita passagem da condição de pecador para a condição de justificado em Cristo, a escolha para a filiação divina. A isto também pertence a capacitação de orientar para Deus a personalidade do ser humano em suas realizações fundamentais de conhecimento, vontade e doação. A graça como unificação no amor entre Deus e a criatura humana contém em si, na medida em que ela provém de Deus e se volta para o ser humano, ao mesmo tempo o dom da acolhida e da admissão do ser acolhido devido ao envido do Espírito Santo do amor em nossos corações (Rm 5,5). A graça do Espírito Santo é o autocompromisso escatológico de Deus para conosco, no qual Deus, em fidelidade irreversível, torna-se o princípio mais íntimo mediante o qual o ser humano existe, encontra em Deus seu apoio (fé) e, ao mesmo tempo, move-se na esperança rumo à consumação definitiva de sua vida. Na fé e na esperança o cristão é inserido na unidade do amor do Pai, do Filho e do Espírito, e assim é levado à sua plenitude (cf. Jo 17,26).

A justificação do pecador acontece quando,

> "por mérito da mesma santíssima paixão (de Jesus Cristo), o amor de Deus é difundido mediante o Espírito Santo nos corações (Rm 5,5) daqueles que são justificados e a eles se torna inerente. Com isso, ao ser justificado, o ser humano recebe junto com a remissão dos pecados, por meio de Jesus Cristo no qual é enxertado, todos estes dons infusos: fé, esperança e caridade" (DH 1530; cf. 1553).

De acordo com a compreensão bíblica, a fé, a esperança e a caridade são atos possibilitados e realizados pelo Espírito Santo. No entanto, são os atos inteiramente humanos do perfeito autocompromisso do ser humano em toda a sua existência, em seu a agir e no seu projeto de vida com a autocomunicação de Deus Pai, do Filho e do Espírito (cf. 2Cor 13,13; 1Ts 1,2; 2Tm 2,22, entre outros).

Nas três realizações fundamentais existenciais, o ser humano volta-se para as três pessoas divinas.

### 2 "[...] caminhamos pela fé e não pela visão" (2Cor 5,7)

Consoante a visão bíblica, a "fé" indica a resposta espontânea do ser humano – possibilitada pelo próprio Deus – à sua autorrevelação histórica, bem como a disposição de deixar-se guiar por seu desígnio salvífico. A fé expressa-se como confiança (Mc 11,24), como obediência (Gn 12,4; Rm 4,11; 10,16; 2Cor 9,13) e como conhecimento de Deus Pai e do Filho (Jo 17,3, entre outros). Na fé, o ser humano reconhece o desígnio salvífico de Deus em meio à atividade salvífica de Jesus Cristo, seu Filho. Mediante a fé, os discípulos chegam a reconhecer a ação salvífica de Deus Pai, no Jesus crucificado, na ressurreição. Somente na fé eles reconhecem a autorrevelação escatológica de Deus em Jesus Cristo, por força do Espírito Santo (1Cor 12,3). A fé significa acesso à realidade de Deus, "garantia antecipada do que se espera, a prova de realidades que não se veem" (Hb 11,1). A fé é comunicada por meio de Jesus Cristo, "princípio de salvação eterna, autor e realizador da fé" (Hb 5,9; 12,2; At 3,15). Por meio da fé, o cristão participa do ser e do destino de Jesus Cristo. Mediante a fé ele obtém a justificação (Rm 1,17; 3,21-31; Gl 3,15-18) e toma parte da glória de Deus, revelada em Cristo, desde que simplesmente reconheça Cristo como vida, caminho e verdade (Jo 14,6; 20,31, entre outros). Assim, consoante a definição tridentina, "a fé é o princípio da salvação humana, o fundamento e a raiz de toda justificação, sem a qual é impossível agradar a Deus (Hb 11,6) e chegar à comunhão dos seus filhos" (DH 1532). A fé ocorre como encontro e unidade com a graça de Deus, quando "Deus toca o coração do ser humano pela iluminação do Espírito Santo" e quando o ser humano, guiado pelo Espírito Santo, "consentindo livremente à graça e cooperando com ela" (DH 1325), leva uma vida no seguimento de Cristo e em uma nova existência guiada pelo Pneuma.

O ato da autodoação (*fides qua creditur*) dirigido a Deus é eficaz para a salvação. No entanto, visto que Deus só se torna acessível aos seres humanos mediante a comunicação de seus atos salvíficos e da missão do Filho e do Espírito Santo, a fé substancial no que Deus fez por nós (criação, redenção e reconciliação), a fé nas pessoas divinas nas quais Ele se revela (o Pai como sujeito da história da salvação, a revelação do Filho e do Espírito) é o meio pelo qual a comunicação pessoal divino-humana se realiza.

### 3 *"[...] na esperança da glória de Deus" (Rm 5,2)*

O caráter peregrinante da existência humana entre a imperdível promessa do dom da salvação e a ainda pendente plena revelação do que já somos corresponde à atitude existencial fundamental da esperança. Podemos "gloriar-nos na esperança da glória" (Rm 5,2), porque o "Deus da esperança" (Rm 15,13) interveio em favor do ser humano, porque Cristo, em nós, é a esperança da glória (Cl 1,27) e porque nós, no Espírito, podemos aguardar a esperança da justiça (Gl 5,5). Na esperança, o Espírito Santo move o ser humano à firmeza da fé, à perseverança e à paciência em cada desafio. Na esperança, o Espírito move o ser humano à oração que, na confiança na salvação prometida, orienta o ser humano para o próprio Deus:

> "Mas também nós, que temos as primícias do Espírito, gememos interiormente, suspirando pela redenção do nosso corpo. Pois nossa salvação é objeto de esperança; e ver o que se espera não é esperar. Acaso alguém espera o que vê? E se esperamos o que não vemos, é na perseverança que o aguardamos. Assim também o Espírito socorre a nossa fraqueza. Pois não sabemos o que pedir como convém; mas o próprio Espírito intercede por nós com gemidos inefáveis, e aquele que perscruta os corações sabe qual o desejo do Espírito; pois é segundo Deus que Ele intercede pelos santos" (Rm 8,23-27).

### 4 *"[...] a maior delas, porém, é a caridade" (1Cor 13,13)*

Na fé, o cristão obtém acesso fundamental à realidade transcendente de Deus e de sua comunicação na história da salvação e no evento Cristo. Na esperança ele se volta para o futuro cumprimento de todas as promessas de Deus em Jesus Cristo. Contudo, o amor é o próprio Deus, que nos ama e com quem nós, amorosamente, entramos na comunhão do Pai, do Filho e do Espírito: o Deus do amor revela-se na "graça de Nosso Senhor Jesus Cristo, do amor de Deus Pai e da comunhão do Espírito Santo" (2Cor 13,13).

O encontro do ser humano com Deus no amor, que é o próprio Deus em sua realização de vida eterna (1Jo 4,8), significa insuperável plenitude e imperdível felicidade (cf. Rm 5,5).

*O Espírito do amor assemelha o ser humano crente e esperançoso a Deus (1Jo 3,2) e prepara-o para a contemplação de Deus "face a face"* (1Cor 13,12).

O ponto de partida do discurso dogmático foi a tentativa da razão de, à luz da fé, alcançar um discernimento do santo mistério do amor autocomunicativo de Deus segundo a analogia da compreensão humana, com a atenção voltada para a meta final do ser humano: o reconhecimento do Deus triuno e da unidade com Ele no amor, que é Ele próprio.

> "Agora vemos em espelho e de maneira confusa, mas, depois, veremos face a face. Agora meu conhecimento é limitado, mas, depois, conhecerei como sou conhecido" (1Cor 13,12).

# REFERÊNCIAS

A seguinte compilação oferece uma *seleção* de obras, predominantemente monográficas, para os tratados singulares.

**Cap. I. Epistemologia e doutrina da revelação**

*1 Introduções à fé*

KASPER, W. *Einführung in den Glauben*. 4. ed. Mz, 1975.

LUBAC, H. *Glauben aus der Liebe* [= Catholicisme]. Ei, 1970.

RAHNER, K. *Grundkurs des Glaubens*. Fr, 1976 [*Curso fundamental da fé* - Introdução ao conceito de cristianismo. São Paulo: Paulus, 1989, p. 140s. [Coleção Teologia sistemática]].

RATZINGER, J. *Einführung in das Christentum*. M, 2000.

SCHNEIDER, T. *Was wir glauben* - Eine Auslegung des Apostolischen Glaubensbekenntnisses. 2. ed. D, 1986.

*2 Introduções ao estudo da teologia*

BARTH, K. *Einführung in die evangelische Theologie*. Z, 1962.

BEINERT, W. *Dogmatik studieren*. Rb, 1985.

DREY, J.S. *Kurze Einleitung in das Studium der Theologie*. Tü, 1819 [Da, 1971].

EICHER, P. *Theologie* - Eine Einführung. M, 1980.

KASPER, W. *Die Methoden der Dogmatik*. Mz, 1967.

LONERGAN, B.J.I.F. *Methode in der Theologie*. L, 1991.

MAURER, B. *Einführung in die Theologie*. Gö, 1976.

WAGNER, H. *Dogmatik*. St, 2003.

WOHLMUTH, J. (org.). *Katholische Theologie heute*. Wü, 1990.

*3 Livros e manuais de dogmática*

Católicos

AUER, J. & RATZINGER, J. *Kleine Katholische Dogmatik*. 9 vols. Rb, 1970ss.

BALTHASAR, H.U. *Trilogie*: Herrlichkeit, Theodramatik, Theologik. 14 vols. Ei, 1961ss.

BARTMANN, B. *Lehrbuch der Dogmatik*. 2 vols. Fr, 1911 [8. ed., 1932].

BEINERT, W. (org.). *Glaubenszugänge*. 3 vols. Pb, 1994ss.

EICHER, P. (org.). *Neue Summe der Theologie*. 3 vols. Fr, 1988s.

FEINER, J. & LÖHRER, M. (orgs.). *Mysterium Salutis* - Grundriss heilsgeschichtlicher Dogmatik. 5 vols. e 1 vol. complementar. Ei, 1965-1976; vol. complementar, 1981.

NICOLAS, J.-H. *Synthese dogmatique*. 2. ed. P-Beauchesne, 1986.

OTT, L. *Grundriss der Dogmatik*. 11. ed., 1981.

POHLE, J. & GUMMERSBACH, J. *Lehrbuch der Dogmatik*. 3 vols. Pb, 1902-1905 [10. ed., 1952-1960].

RAHNER, K. *Schriften zur Theologie*, L-XV. Ei/Fr, 1954ss.

SCHEEBEN, M.J. *Handbuch der katholischen Dogmatik*. 4 vols. [vol. IV de L. Atzberger]. Fr, 1875-1903 [23. ed., 1948-1961].

SCHEFFCZYK, L. & ZIEGENAUS, A. *Katholische Dogmatik*. 8 vols. Ac, 1996ss.

SCHELL, H. *Katholische Dogmatik*, I-III. Pb, 1889-1893 [M, 1968ss.].

SCHMAUS, M. *Katholische Dogmatik*. 5 vols. M, 1937-1955 [6. ed., 1960-1964] [essencialmente revisado, em 6 vols., com 1 vol. de índice. St. Ottilien, 1979-1982].

SCHNEIDER, T. (org.). *Handbuch der Dogmatik*. 2 vols. D, 1992.

SCHULZ, M. *Dogmatik/Dogmengeschichte*. Pb, 2001.

Dogmáticas ortodoxas

BRATSIOTIS, P. *Die orthodoxe Kirche in griechischer Sicht*. 2. ed. St, 1970.

MEYENDORFF, J. *Byzantine Theology* – Historical Trends and Doctrinal Themes. 2. ed. NY, 1983.

STANILOAE, D. *Orthodoxe Dogmatik*. Z, 1985.

TREMBELAS, P.N. *Dogmatique de L'Eglise orthodoxe catholique*. 3 vols. Chevetogne, 1966-1969.

Dogmáticas protestantes (antigas)

CALVINO, J. *Institutio christianae religionis*, 1536 (1539, 1559). 5 vols. M, 1926-1967 [org. de B. Barth e D. Scheuner].

GERHARD, J. *Loci theologici*. 9 vols., 1610-1622 [ed. B, 1863-1875].

HEPPE, H. & BIZER, E. *Die Dogmatik der evangelisch-reformierten Kirche* – Dargestellt und aus den Quellen belegt. 2. ed. Neukirchen, 1958.

MELANCHTON, P. *Loci communes rerum theologicarum*, 1521 (1535, 1543). 4. ed. L, 1925 [org. de T. Kolbe].

SCHLEIERMACHER, F.D.E. *Der christliche Glaube*. B, 1821s. [2. ed., 1830s.].

SCHMID, H. & PÖHLMANN, H.G. *Die Dogmatik der evangelisch-lutherischen Kirche* – Dargestellt und aus den Quellen belegt. 9. ed. Z, 1979.

Dogmáticas protestantes (recentes)

ALTHAUS, P. *Die christliche Wahrheit*. Gt, 1972.

BARTH, K. *Die kirchliche Dogmatik*. 4 vols. em 13 tomos e 1 tomo de índices. Zollikon, 1932-1970 [várias reedições].

BRUNNER, E. *Dogmatik*. Z, 1946-1960 [várias reedições].

BURI, F.; LOCHMANN, J.M. & OTT, H. *Dogmatik im Dialog*. 3 vols. Gt, 1973-1976.

EBELING, G. *Dogmatik des christlichen Glaubens*. 3 vols. 2 ed. Tü, 1982.

FRITZSCHE, H.G. *Lehrbuch der Dogmatik, Handbuch der Dogmatik*. 4 vols. 2. ed. Gö, 1982-1988.

GRASS, H. *Christliche Glaubenslehre*. 2 vols. St, 1973s.

KRECK, W. *Grundfragen der Dogmatik*. 3 ed. M, 1985.

LOEST, W. *Dogmatik*. 2 vols. Gö, 1984-1986.

PANNENBERG, W. *Systematische Theologie*, I-III. Gö, 1988ss.

RATSCHOW, C.H. (org.). *Handbuch Systematischer Theologie*. 18 vols. Gt, 1979ss.

SCHLINK, E. *Ökumenische Dogmatik*. Gö, 1983.

THIELICKE, H. *Der evangelische Glaube*. 3 vols. Tü, 1968-1978.

TILLICH, P. *Systematische Theologie*. 4. ed. 3 vols. St, 1973.

TRILLHAAS, W. *Dogmatik*. 3. ed. B, 1972.

WEBER, O. *Grundlagen der Dogmatik*. 2 vols. 4. ed. Neukirchen, 1972.

*4 História da teologia*

ALTANER, B. & STUIBER, A. *Patrologie – Leben, Schriften und Lehre der Kirchenväter*. 9. ed. Fr, 1980.

BARDENHEWER, O. *Geschichte der Altkirchlichen Literatur*. 5 vols. Da, 1962.

BARTH, K. *Die protestantische Theologie des 19. Jahrhunderts – Ihre Vorgeschichte und ihre Geschichte*. 5. ed. Z, 1985.

DELGADO, M. *Das Christentum der Theologen im 20. Jahrhundert*. St, 2000.

DROBNER, H. *Lehrbuch der Patrologie*. Fr, 1994.

FRIES, H. & KRETSCHMAR, G. *Klassiker der Theologie*. 2 vols. M, 1981/1983.

FRIES, H. & SCHWAIGER, G. (orgs.). *Katholische Theologen Deutschlands im 19. Jahrhundert*. 3 vols. M, 1975.

GEYER, B. *Die patristische und scholastische Philosophie*. 11. ed. B, 1928.

GIBELLINI, R. *Handbuch der Theologie im 20. Jahrhundert*. Rb, 1995.

GRABMANN, M. *Die Geschichte der katholischen Theologie seit dem Ausgang der Väterzeit*. Fr, 1933 [Da, 1983].

GRESCHAT, M. (org.). *Theologen des Protestantismus im 19. u. 20. Jahrhundert*. 2 vols. [= UTB 284/85]. St, 1978.

HIRSCH, E. *Geschichte der neueren evangelischen Theologie – Im Zusammenhang mit den allgemeinen Bewegungen des europäischen Denkens*. 5 vols. 3. ed. Gt, 1964 [Ms, 1984].

HÜBNER, E. *Evangelische Theologie in unserer Zeit – Thematik und Entfaltung in Darstellung und Dokumentation: Ein Leitfaden*. 2. ed. Bremen, 1966.

KOLPING, A. *Katholische Theologie gestern und heute – Thematik und Entfaltung deutscher katholischer Theologie vom I. Vatikanum bis zur Gegenwart*. Bremen, 1964.

LUBAC, H. *Exégèse médiévale – Les quatre sens de l'Ecriture*. 2 vols. cada um, em dois tomos. P-Aubier, 1959-1964.

MILDENBERGER. F. *Geschichte der deutschen evangelischen Theologie im 19. und 20. Jahrhundert*. St, 1981.

QUASTEN, J. *Patrology*. 4 vols. Westminster/Maryland, 1986.

STEENBERGHEN, F.V. *Die Philosophie im 13. Jahrhundert*. M, 1977.

STEPHAN, H. & SCHMIDT, M. *Geschichte der evangelischen Theologie in Deutschland seit dem Idealismus*. B, 1973.

VORGRIMLER, H. & VANDER GUCHT, R. (orgs.). *Bilanz der Theologie IV. Bahnbrechende Theologen*. Fr, 1970.

WERNER, K. *Geschichte der katholischen Theologie seit dem Trienter Konzil bis zur Gegenwart*. M, 1866 [NY, 1966].

*5 História dos dogmas (em ordem cronológica)*

DIONYSIUS PETAVIUS [Dionys Petau]. *De theologicis dogmatibus*. 5 vols., 1644-1650.

BAUR, F.C. *Lehrbuch der Dogmengeschichte*. L, 1847 [3. ed., 1867 = Da, 1979].

SCHWANE, J. *Dogmengeschichte*. 4 vols. Ms, 1862-1890.

THOMASIUS, G. *Die christliche Dogmengeschichte als Entwicklungsgeschichte des kirchlichen Lehrbegriffs*. 2 vols. Er, 1874-1876.

HARNACK, A. *Lehrbuch der Dogmengeschichte*. 3 vols. Tü, 1886-1890 [4. ed., 1909 = Da, 1964].
LOOFS, F. *Leitfaden zum Studium der Dogmengeschichte*. Hl, 1889. 7. ed. Tü, 1969 [revisado por K. Aland].
SEEBERG, R. *Lehrbuch der Dogmengeschichte*. 4 resp. 5 vols. L, 1895-1898 [2.-4. ed., 1922-1930 = Da, 1974s.].
SCHMAUS, M.; GRILLMEIER, A.; SCHEFFCZYK, L. & SEYBOLD, M. (orgs.). *Handbuch der Dogmengeschichte*. 7 vols. em 46 fasc. Fr, 1951ss.
LANDGRAF, A.M. *Dogmengeschichte der Frühscholastik*. 4 vols. Rb, 1952-1955.
DUMEIGE, G. & BACHT, H. (orgs.). *Geschichte der ökumenischen Konzilien*. Mz, 1964ss.
ADAM, A. *Lehrbuch der Dogmengeschichte*. 2 vols. Gt, 1965-1968 [2. ed., 1970, 1972].
ANDRESEN, C. (org.). *Handbuch der Dogmen- und Theologiegeschichte*. 3 vols. Gö, 1980-1984.
BRANDMÜLLER, W. (org.). *Konziliengeschichte*. Pb, 1980ss.
BEYSCHLAG, K. *Grundriss der Dogmengeschichte*. 2 vols. Da, 1982ss.
HÄGGLUND, B. *Geschichte der Theologie*. M, 1983.
MILDENBERGER, F. *Theologie der Lutherischen Bekenntnisschriften*. St, 1983.
ROHLS, J. *Theologie reformierter Bekenntnisschriften*. Gö, 1987.

## 6 Sobre o tratado introdutório

BEINERT, W. *Vom Finden und Verkünden der Wahrheit in der Kirche* - Beiträge zur theologischen Erkenntnislehre. Fr, 1993.
FÜRST, A. *Hieronymus* - Askese und Wissenschaft in der Spätantike. Fr, 2003.
GRABMANN, M. *Die theologische Erkenntnis- und Einleitungslehre des hl. Thomas von Aquin*. Fri, 1948.
HOFF, G.M. *Die prekäre Identität des Christlichen* - Die Herausforderung post Modernen Differenzdenkens für eine theologische Hermeneutik. Pb, 2001.
KERN, W. & NIEMANN, F.J. *Theologische Erkenntnislehre*. D, 1981.
LANG, A. *Die Loci Theologici des Melchior Cano und die Methode des dogmatischen Beweises*. M, 1925.
RATZINGER, J. *Theologische Prinzipienlehre*. M, 1982.
SCHILLEBEECKX, E. *Offenbarung und Theologie*. Mz, 1965.
SCHOCKENHOFF, E. & WALTER, P. *Dogma und Glaube* - Bausteine für eine theologische Erkenntnislehre, FS W. Kasper. Mz, 1993.

## 7 Revelação e teologia

BIEMER, G. *Überlieferung und Offenbarung* - Die Lehre von der Tradition nach John Henry Newman. Fr, 1961.
BOTTE, B. et al. (orgs.). *Das Konzil und die Konzile*. St, 1962.
CAMPENHAUSEN, H.F. *Die Entstehung der christlichen Bibel*. Tü, 1968.
CHAVANNES, H. *L'Analogie entre Dieu et le Monde selon saint Thomas d'Aquin et selon Karl Barth*. P-Cerf, 1969.
CONGAR, Y. *Die Tradition und die Traditionen*. Mz, 1965.
DALFERTH, I.U. *Jenseits von Mythos und Logos* - Die christologische Transformation der Theologie. Fr, 1993.
DULLES, A. *Was ist Offenbarung?* Fr, 1970.
EICHER, P. *Offenbarung* - Prinzip neuzeitlicher Theologie. M, 1977.
GEISELMANN, J.R. *Lebendiger Glaube aus geheiligter Überlieferung* - Der Grundgedanke der Theologie Johnann Adam Möhlers und der Katholischen Tübinger Schule. Fr, 1966.

_____. *Die Heilige Schrift und die Tradition.* Fr, 1962.

GRUBER, F. *Diskurs und Konsens im Prozess theologischer Wahrheit.* I, 1983.

KERN, W. *Die Theologie und das Lehramt.* Fr, 1982.

KÖNIG, O. *Dogma als Praxis und Theologie - Studien zum Begriff des Dogmas in der Religionsphilosophie Maurice Blondels.* Graz, 1983.

KONRAD, F. *Das Offenbarungsverständnis in der evangelischen Theologie.* M, 1971.

KÖPF, U. *Die Anfänge der theologischen Wissenschaftstheorie im 13. Jahrhundert.* Tü, 1974.

KREINER, A. *Ende der Wahrheit?* Fr, 1993.

KRUSE, H. *Die Heilige Schrift in der Theologischen Erkenntnislehre.* Pb, 64.

LENGSFELD, P. *Überlieferung.* Pb, 1960.

LOSER, W. (org.). *Dogmengeschichte und katholische Theologie.* Wü, 1985.

LUBAC, H. *Die göttliche Offenbarung.* Fr, 2001.

MILDENBERGER, F. *Theorie der Theologie.* St, 1972.

MÜLLER, P.G. *Bibel und Christologie.* St, 1987.

_____. *Der Traditionsprozess im Neuen Testament.* Fr, 1981.

NAAB, E. *Zur Begründung der analogia entis bei Erich Przywara.* Ei, 1987.

NEWMAN, J.H. *Über das Zeugnis der Laien in der Glaubenslehre (1859): AW IV.* Mz, 1959, 255-318.

PANNENBERG, W. *Wissenschaftstheorie und Theologie.* F, 1973.

PANNENBERG, W. & SCHNEIDER, T. (orgs.). *Verbindliches Zeugnis, I. Kanon - Schrift - Tradition* [= Dialog der Kirchen 7]. Fr, 1992.

PETUCHOWSKI, J. & STROLZ, W. (orgs.). *Offenbarung im jüdischen und christlichen Offenbarungsverständnis.* Fr, 1981.

RAHNER, K. *Über die Schriftinspiration.* 4. ed. Fr, 1965.

RAHNER, K. & RATZINGER, J. *Offenbarung und Überlieferung.* Fr, 1965.

RATZINGER, J. *Das Problem der Dogmengeschichte in der Sicht der katholischen Theologie.* K, 1966.

RATZINGER, J. (org.). *Schriftauslegung im Widerstreit.* Fr, 1989.

SALMANN, E. *Neuzeit und Offenbarung - Studien zur trinitarischen Analogik des Christentums.* Ro, 1986.

SAUTER, G. *Die Theologie und die neuere wissenschaftstheoretische Diskussion.* M, 1973.

SAUTER, G. (org.). *Theologie als Wissenschaft.* M, 1971.

SCHAEFFLER, R. *Glaubensreflexion und Wissenschaftslehre.* Fr, 1980.

SCHEFFCZYK, L. *Die Theologie und die Wissenschaften.* Aschaffenburg, 1979.

SCHOONENBERG, P. (org.). *Die Interpretation des Dogmas.* D, 1969.

SECKLER, M. *Im Spannungsfeld von Wissenschaft und Kirche.* Fr, 1980.

SIMONS, E. & HECKER, K. *Theologisches Verstehen.* D, 1969.

WIEDERKEHR, D. *Der Glaubenssinn des Gottesvolkes.* Fr, 1984.

## Cap. II. A antropologia teológica

*1 A antropologia filosófica*

BRUGGER, W. *Grundzüge einer philosophischen Anthropologie.* M, 1986.

CORETH, E. *Was ist der Mensch?* I. 3. ed., 1980.

GERI, H.-B. *Die bekannte Unbekannte* - Frauen-Bilder in der Kultur- und Geistesgeschichte. Mz, 1988.

GUARDINI, R. *Welt und Person*. Wü, 1940.

HAEFFNER, G. *Philosophische Anthropologie*. St, 1982.

KNAPP, B. *Der antimetaphysische Mensch* - Darwin - Marx - Freud. St, 1973.

LOTZ, J.B. *Person und Freiheit*. Fr, 1979.

MÖLLER, J. *Menschsein*: ein Prozess. D, 1979.

SPAEMANN, R. *Grenzen* - Zur ethischen Dimension des Handelns. St, 2001.

SPLETT, J. *Denken vor Gott* - Philosophie als Wahrheits-Liebe. F, 1996.

_____. *Der Mensch: Mann und Frau* - Perspektiven christlicher Anthropologie. F, 1980.

_____. *Der Mensch ist Person*. F, 1978.

RIESENHUBER, K. *Die Transzendenz der Freiheit zum Guten*. M, 1971.

ULRICH, U. *Der Mensch als Anfang*. Ei, 1970.

## 2 A antropologia teológica

AUER, J.P. *Ein Schlüssel zum christlichen Mysterium*. Rb, 1979.

BAUMERT, N. *Frau und Mann bei Paulus* - Überwindung eines Missverständnisses. Wü, 1992.

BOUYER, L. *Frau und Kirche*. Ei, 1977.

DAUTZENBERG, G. (org.). *Die Frau im Urchristentum*. Fr, 1983.

FISCHER, H. (org.). *Anthropologie als Thema der Theologie*. Gö, 1978.

GEISELMANN, J.R. *Die theologische Anthropologie Johann Adam Möhlers* - Ihr geschichtlicher Wandel. Fr, 1955.

GRELOT, P. *Mann und Frau nach der Heiligen Schrift*. Mz, 1964.

HEILER, F. *Die Frau in den Religionen der Menschheit*. B, 1977.

METZ, J.B. *Christliche Anthropozentrik*. M, 1962.

MOORE, H.L. *Mensch und Frausein*. Gt, 1990.

PANNENBERG, W. *Anthropologie in theologischer Perspektive*. Gö, 1983.

PETERS, A. *Der Mensch*. Gt, 1979.

SCHARBERT, J.F. *Geist und Seele im Pentateuch*. 2. ed. St, 1967.

SCHEFFCZYK, L. (org.). *Der Mensch als Bild Gottes*. Da, 1969.

SCHNEIDER, T. *Die Einheit des Menschen*. Ms, 1973.

SEIFERT, J. *Leib und Seele*. S, 1973.

SIEWERTH, G. *Der Mensch und sein Leib*. 2. ed. Ei, 1963.

WOLFF, H.W. *Anthropologie des Alten Testamentes*. 3. ed. M, 1977.

## 3 Sobre o tema do "pecado original"

BAUMANN, U. *Erbsünde?* Fr, 1970.

BÖHME, W. (org.). *Das Übel in der Evolution und die Güte Gottes*. Karlsruhe, 1983.

DEXINGER, F. (org.). *Ist Adam an allem schuld?* - Erbsünde oder Schuldverflochtenheit?, 1971.

DUBARLE, A.-M. *Le péché originel* - Perspectives théologiques. P-Cerf, 1983.

FRAINE, J. *Adam und seine Nachkommen* - Der Begriff der "Korporativen Persönlichkeit" in der Heiligen Schrift. K, 1962.

GROSS, J. *Entwicklungsgeschichte des Erbsündendogmas.* 4 vols. M, 1960ss.

HAAG, H. *Biblische Schöpfungslehre und kirchliche Erbsündenlehre.* 3. ed. St, 1967.

HÄRING, H. *Das Problem des Bösen in der Theologie.* Da, 1985.

HOPING, H. *Freiheit im Widerspruch* – Eine Untersuchung zur Erbsündenlehre im Ausgang von I. Kant. I, 1990.

KNAPP, M. *"Wahr ist nur, was nicht in diese Welt past"* – Die Erbsündenlehre als Ansatzpunkt eines Dialoges mit Theodor W. Adorno. Wü, 1983.

KÖSTER, H.M. *Urstand, Fall und Erbsünde in der katholischen Theologie unseres Jahrhunderts.* Rb, 1983.

PIEPER, J. *Über den Begriff der Sünde.* M, 1977.

SCHARBERT, J. *Prolegomena eines Alttestamentlers zur Erbsündenlehre.* Fr, 1968.

SCHMITZ-MOORMANN, K. *Die Erbsünde.* Olten, 1969.

SCHÖNBORN, C.; GÖRRES, A. & SPAEMANN, R. *Zur kirchlichen Erbsündenlehre.* Ei, 1991.

SIEVERNICH, M. *Schuld und Sünde in der Theologie der Gegenwart.* F, 1982.

SIEWERTH, G. *Die christliche Erbsündelehre.* Ei, 1964.

_____. *Die Freiheit und das Gute.* Fr, 1959.

STROLZ, W. *Vom alten zum neuen Adam.* Fr, 1986.

WEGER, K.-H. *Theologie der Erbsünde.* Fr, 1970.

*4 Angelologia*

DANIÉLOU, J. *Die Sendung der Engel.* S, 1962.

MÜLLER, G.L. "Die Engel – Aspekte der systematischen Theologie". *Diakonia*, 21, 1990, p. 323-329.

PETERSON, E. "Von den Engeln". *Theologische Traktate.* M, 1951, p. 323-407.

WESTERMANN, C. *Gottes Engel brauchen keine Flügel.* St, 1978.

*5 Os demônios, o diabo, o mal*

BÖCHER, O. *Das Neue Testament und die damonischen Mächte.* S, 1972.

GÖRRES, A. & RAHNER, K. *Das Böse* – Wege zu seiner Bewältigung in Psychotherapie und Christentum. 4. ed. Fr, 1984.

KASPER, W. & LEHMANN, K. *Teufel, Dämonen, Besessenheit* – Zur Wirklichkeit des Bösen. Mz, 1978.

SCHNACKENBURG, R. *Die Macht des Bösen und Glaube der Kirche.* D, 1979.

## Cap. III. A doutrina da criação

BAYER, O. *Schöpfung als Anrede*, Tü 1986.

BEINERT, W. *Christus und der Kosmos.* Fr, 1974.

BÖHME, W. (org.). *Evolution und Gottesglaube* – Ein Lese- und Arbeitsbuch zum Gespräch zwischen Naturwissenschaft und Theologie. Gö, 1988.

_____. *Evolution und Bewusstsein* – Über die Grenzen naturwissenschaftlicher Erkenntnis. Karlsruhe, 1987.

BOSSHARD, S.N. *Erschafft die Welt sich selbst?* – Die Selbstorganisation von Natur und Mensch aus naturwissenschaftlicher, philosophischer und theologischer Sicht. Fr, 1985.

BRESCH, C. (org.). *Kann man Gott aus der Natur erkennen?* Fr, 1990.

DOLL, P. *Menschenschöpfung und Weltschöpfung in der alttestamentlichen Weisheit.* St, 1985.

DÜMPELMANN, L. *Kreation als ontisch-ontologisches Verhältnis – Zur Metaphysik der Schöpfungstheologie des Thomas von Aquin.* Fr, 1969.

GANOCZY, A. *Schöpfungslehre.* 2. ed. D, 1987.

HATTRUP, D. *Einstein und der würfelnde Gott.* 3. ed. Fr, 2001.

HENGSTENBERG, H.-E. *Evolution und Schöpfung – Eine Antwort auf den Evolutionismus Teilhard de Chardins.* Rb, 1963.

KAISER, P. & PETERS, D. (orgs.). *Evolutionstheorie und Schöpfungsverständnis.* Rb, 1984.

LÜTGERT, W. *Schöpfung und Offenbarung.* 2. ed. Gi, 1984.

MAY, G. *Schöpfung aus dem Nichts.* B, 1978.

MEIER H. (org.). *Die Herausforderung der Evolutionsbiologie.* 2. ed. M, 1989.

METZ, J.B. *Theologie der Welt.* Mz, 1968.

MEURERS, J. *Die Frage nach Gott und die Naturwissenschaft.* M, 1962.

MOLTMANN, J. *Gott in der Schöpfung – Ökologische Schöpfungslehre.* 3. ed. M, 1987.

NEIDHART, W. & OTT, H. *Krone der Schöpfung? – Humanwissenschaften und Theologie.* St, 1977.

OVERHAGE, P. *Die biologische Zukunft der Menschheit.* F, 1977.

OVERHAGE, P. & RAHNER, K. *Das Problem der Hominisation.* 3. ed. 1965.

PEÑA, J.L.R. *Teología de la creación.* 2. ed. Bilbao, 1986.

RAHNER, H. *Der spielende Mensch.* Ei, 1952.

SAXER, E. *Vorsehung und Verheissung Gottes – Vier theologische Modelle (Calvin, Schleiermacher, Barth, Sölle) und ein systematischer Versuch.* Z, 1980.

SCHEFFCZYK, L. *Einführung in die Schopfungslehre.* 3. ed. Da, 1987.

SCHLIER, H. *Mächte und Gewalten im Neuen Testament.* 3. ed. Fr, 1959.

SCHMITZ-MOORMANN, K. (org.). *Schöpfung und Evolution.* D, 1992.

SCHNEIDER, T. & ULLRICH, L. *Vorsehung und Handeln Gottes.* Fr, 1988.

SPAEMANN, R. et al. (orgs.). *Evolutionismus und Christentum.* Weinheim, 1986.

THILS, G. *Theologie der irdischen Wirklichkeiten.* S o.J.

WELKER, M. *Universalität Gottes und Relativität der Welt.* 2. ed. Neukirchen, 1988.

WESTERMANN, C. *Schöpfung.* St, 1971.

WILHELM, F. *Der Gang der Evolution – Die Geschichte des Kosmos, der Erde und des Menschen.* M, 1987.

WÖLFEL, E. *Welt als Schöpfung – Zu den Fundamentalsätzen der christlichen Schöpfungslehre heute.* M, 1981.

**Cap. IV. Sobre a teologia, cf. a doutrina da Trindade (cap. VII)**

**Cap. V. Cristologia/soteriologia**

*1 Sobre o método da cristologia*

GÄDE, G. *Christus in den Religionen – Der christliche Glaube und die Wahrheit der Religionen.* Pb, 2003.

MÜLLER, G.L. "Das Problem des dogmatischen Ansatzpunktes in der Christologie". *MThZ*, 44, 1993, p. 49-78.

MÜLLER, P.G. (org.). *Bibel und Christologie* – Ein Dokument der Päpstlichen Bibelkommission. St, 1987.

RAHNER, K. & THÜSING, W. *Christologie* – Systematisch und exegetisch. Fr, 1972.

SCHEFFCZYK, L. *Grundfragen der Christologie heute.* 2. ed. Fr, 1978.

SCHILSON, A. & KASPER, W. *Christologie im Präsens, Kritische Sichtung neuer Entwürfe.* Fr, 1974.

WIEDERKEHR, D. "Weiterführende Perspektiven. In: LÖHRER, M.; SCHÜTZ, C. & WIEDERKEHR, D. (orgs.). *MySal* [vol. complementar: meios auxiliares e novas exposições]. Z, 1981, p. 220-250 [sobre a cristologia e a soteriologia recentes].

ZIEGENAUS, A. *Wegmarken der Christologie.* Donauwörth, 1980.

*2 O Antigo Testamento*

CAZELLES, H. *Alttestamentliche Christologie* – Zur Geschichte der Messiasidee. Ei, 1983.

SCHARBERT, J. *Heilsmittler im Alten Testament und im Alten Orient.* Fr, 1964.

*3 O Novo Testamento*

BERGER, K. *Theologiegeschichte des Urchristentums,* Tü, 1994.

FRANKERNÖLLE, H. & KERTELGE, K. (orgs.). *Vom Urchristentum zu Jesus.* FS J. Gnilka. Fr, 1989.

GNILKA, J. *Theologie des Neuen Testaments.* Fr, 1994.

_____. *Jesus von Nazaret* – Botschaft und Geschichte. 2. ed. Fr, 1991.

HAHN, F. *Christologische Hoheitstitel* – Ihre Geschichte im frühen Christentum. 4. ed. Gö, 1974.

HENGEL, M. *Der Sohn Gottes* – Die Entstehung der Christologie und die jüdisch-hellenistische Religionsgeschichte. 2. ed. Tü, 1977.

HOFFMANN, P. (org.). *Orientierung an Jesus* – Zur Theologie der Synoptiker, FS J. Schmid. Fr, 1973.

KERTELGE, K. (org.). *Metaphorik und Mythos im Neuen Testament.* Fr, 1990.

_____. *Der Tod Jesu* – Deutungen im Neuen Testament. 2. ed. Fr., 1982.

_____. *Rückfrage nach Jesus* – Zur Methodik und Bedeutung der Frage nach dem historischen Jesus. Fr, 1974.

KIAPPERT, B. *Die Auferweckung des Gekreuzigten* – Der Ansatz der Christologie Karl Barths im Zusammenhang der Christologie der Gegenwart. 3. ed. Neukirchen, 1981.

KREMER, J. *Das Evangelium von Jesu Tod und Auferstehung.* St, 1982.

_____. *Das älteste Zeugnis von der Auferstehung Christi* – Eine bibeltheologische Studie zur Aussage und Bedeutung von 1 Kor 15,1-11. 2. ed. St, 1967.

MUSSNER, F. "Rückfrage nach Jesus – Bericht über neue Wege und Methoden". In: PFAMMATTER, J. & FURGER, F. (org.). *Theologische Berichte 13. Methoden der Evangelien-Exegese.* Z, 1985, 165-182.

SCHEFFCZYK, L. *Auferstehung* – Prinzip christlichen Glaubens. Ei, 1976.

SCHILLEBEECKX, E. *Die Auferstehung Jesu als Grund der Erlösung.* Fr, 1979.

SCHOLTISSEK, K. *Die Vollmacht Jesu* – Traditions- und redaktionsgeschichtliche Analysen zu einem Leitmotiv markinischer Christologie. Ms, 1992.

SCHÜRMANN, H. *Jesus. Gestalt und Geheimnis.* Pb, 1994.

_____. *Gottes Reich - Jesu Geschick* – Jesu ureigener Tod im Licht seiner Basileia-Verkündigung. Fr, 1983.

TÖDT, H.E. *Der Menschensohn in der synoptischen Überlieferung.* 5. ed. Gt, 1984.

VÖGTLE, A. *Die "Gretchenfrage" des Menschensohnproblems.* Fr, 1994.

VÖGTLE, A. & PESCH, R. *Wie kam es zum Osterglauben?* D, 1975.

WEISS, J. *Die Predigt Jesu vom Reiche Gottes.* 3. ed. Gö, 1964 [org. por F. Hahn].

WILCKENS, U. *Theologie des Neuen Testaments.* 3 vols. NV 2003ss.

## 4 Sobre a história dos dogmas

BACKES, L. *Die Christologie des hl. Thomas von Aquin und die griechischen Kirchenväter.* Pb, 1931.

BALTHASAR, H.U. *Kosmische Liturgie –* Das Weltbild Maximus' des Bekenners. 2. ed. Ei, 1961.

BERRESHEIM, H. *Christus als Haupt der Kirche nach dem heiligen Bonaventura –* Ein Beitrag zur Theologie der Kirche. Ms, 1983.

"Der schwarze Christus". *Wege der afrikanischen Theologie* [= Theologie der dritten Welt 12]. Fr, 1989.

GRILLMEIER, A. *Jesus der Christus im Glauben der Kirche.* 2 vols. (em 5 tomos). Fr, 1986-1990 [3. ed., Fr, 2004].

_____. "Hellenisierung – Judaisierung als Deuteprinzipien der Geschichte des kirchlichen Dogmas". *Mit ihm und in ihm –* Christologische Forschungen und Perspektiven. Fr, 1975, p. 423-488.

GRILLMEIER, A. & BACHT, H. (orgs.). *Das Konzil von Chalkedon –* Geschichte und Gegenwart I-III. 5. ed. Wü, 1979.

HATTRUP, D. & HOPING, H. (orgs.). *Christologie und Metaphysikkritik.* FS Peter Hünermann. Ms, 1989.

HAUBST, R. *Die Christologie des Nikolaus von Kues.* Fr, 1956.

HICK, J. (org.). *Wurde Gott Mensch? –* Der Mythos vom fleischgewordenen Gott. Gt, 1979.

HÜNERMANN, P. *Offenbarung Gottes in der Zeit –* Prolegomena zur Christologie. Ms, 1989.

KAISER, P. *Die Gott-menschliche Einigung in Christus als Problem der spekulativen Theologie seit der Scholastik.* M, 1968.

MINGES, P. "Beitrag zur Lehre des Duns Scotus über die Person Jesu Christi". *ThQ,* 89, 1907, p. 384-424.

MOSTERT, W. *Menschwerdung –* Eine historische und dogmatische Untersuchung über das Motiv der Inkarnation des Oottessohnes bei Thomas von Aquin. Tü, 1978.

RUELLO, F. *La Christologie de Thomas d' Aquin.* P, 1987.

SCHEFFCZYK, L. (org.). *Die Mysterien des Lebens Jesu und die christliche Existenz.* Aschaffenburg, 1984.

WELTE, B. (org.). *Zur Frühgeschichte der Christologie –* Ihre biblischen Anfänge und die Lehrformel von Nikaia. Fr, 1970.

WILLERS, U. *Friedrich Nietzsches antichristliche Christologie.* I, 1988.

## 5 Esquemas sistemáticos

BOUYER, L. *Das Wort ist der Sohn –* Die Entfaltung der Christologie. Ei, 1976.

CANTALAMESSA, R. *Jesus Christus –* Der Heilige Gottes. K, 2002.

CARDEDAL, O.G. *Jésus de Nazaret –* Aproximación a la cristología. Ma, 1978.

DUQUOC, C. *Messianisme de Jésus et Discretion de Dieu –* Essai sur la limite de la Christologie. G, 1984.

DURWELL, F.-X. *Die Auferstehung Jesu als Heilsmysterium.* S, 1958.

FORTE, B. *Jesus von Nazaret: Geschichte Gottes –* Gott der Geschichte. Mz, 1984.

GERTLER, T. *Jesus Christus –* Die Antwort der Kirche auf die Frage nach dem Menschsein. L, 1986.

HÜNERMANN, P. *Jesus Christus; Gottes Wort in der Zeit –* Eine systematische Christologie. Ms, 1994.

KASPER, W. *Jesus der Christus.* 11. ed. Mz, 1992.

KESSLER, H. *Sucht den Lebenden nicht bei den Toten –* Die Auferstehung Jesu Christi. 2. ed. D, 1987.

MENKE, K.H. *Die Einzigkeit Jesu Christi im Horizont der Sinnfrage*. Friburgo, 1995.

MOINGT, J. *L'homme qui venait de Dieu*. P, 1993.

MOLTMANN, J. *Der Weg Jesu Christi* – Christologie in messianischen Dimensionen. M, 1989.

_____. *Der gekreuzigte Gott* – Das Kreuz Christi als Grund und Kritik christlicher Theologie. 2. ed. M, 1973.

MÜLLER, G.L. *Gott sandte seinen Sohn* – Impulse einer inkarnatorischen Christologie. Rb, 2005.

OHLIG, K.-H. *Fundamentalchristologie* – Im Spannungsfeld von Christentum und Kultur. M, 1986.

PANNENBERG, W. *Systematische Theologie II*. Gö, 1991, p. 315-511 [cristologia e soteriologia].

RATSCHOW, C.H. *Jesus Christus* [= Handbuch systematischer Theologie, vol. 5]. Gt, 1982.

RATZINGER, J. *Unterwegs zu Jesus Christus*. Ab, 2003.

SCHIERSE, F.J. *Christologie*. 4. ed. Dü, 1984.

SCHILLEBEECKX, E. *Christus und die Christen* – Die Geschichte einer neuen Lebenspraxis. Fr, 1977.

_____. *Jesus* – Die Geschichte von einem Lebenden. Fr, 1975.

SCHOONENBERG, P. *Der Geist, das Wort und der Sohn* – Eine Geist-Christologie. Rb, 1992.

*6 Soteriologia*

BOFF, L. *Jesus Christus, der Befreier*. Fr, 1986 [*Jesus Cristo Libertador*. Petrópolis: Vozes, 1972, 282 p.]

BREUNING, W. *Christus der Erlöser*. Mz, 1968.

GÄDE, G. *Eine andere Barmherzigkeit* – Zum Verständnis der Erlösungslehre Anselms von Canterbury. Wü, 1989.

GUTIÉRREZ, G. *Theologie der Befreiung*. 10. ed. rev. e ampl. Mz, 1992.

HENGEL, M. "Der stellvertretende Sühnetod Jesu – Ein Beitrag zur Entstehung des urchristlichen Kerygmas". *IKaZ*, 9, 1980, p. 1-25, 135-147.

HILLENBRAND, K. *Heil in Jesus Christus* – Der christologische Begründungszusammenhang im Erlösungsverständnis und die Rückfrage nach Jesus. Wü, 1982.

HOFFMANN, N. *Sühne* – Zur Theologie der Stellvertretung. Ei, 1981.

MENKE, K.-H. *Stellvertretung* – Schlüsselbegriff christlichen Lebens und theologische Grundkategarie. Ei, 1991.

MÜLLER, G.L. *Für andere da. Christus - Kirche - Gott in Bonhoeffers Sicht der mündig gewardenen Welt*. Pb, 1980.

PRÖPPER, T. *Erlösungsglaube und Freiheitsgeschichte* – Eine Skizze zur Soteriologie. 2. ed., 1988.

RITSCHL, A. *Die christliche Lehre von der Rechtfertigung und Versöhnung I-III*. Bn 1882/1883. Hildesheim/NY, 1978.

SCHEFFCZYK, L. *Urstand, Fall und Erbsünde* – Von der Schrift bis Augustinus [= HDG II/3a (1ª parte)]. Fr, 1981.

SCHEFFCZYK, L. (org.). *Erlösung und Emanzipation*. Fr, 1973.

SCHWAGER, R. *Jesus im Heilsdrama* – Entwurf einer biblischen Erlösungslehre, 1990.

STUDER, B. *Gott und unsere Erlösung im Glauben der Alten Kirche*. D, 1985.

THÜSING, W. *Die neutestamentlichen Theologien und Jesus Christus*. Vol. 1. D, 1981.

WENZ, G. *Geschichte der Versöhnungslehre in der evangelischen Theologie der Neuzeit*. 2 vols. M, 1984/1986.

WERBICK, J. *Soteriologie*. D, 1990.

WIEDERKEHR, D. *Glaube an Erlösung, Konzepte der Soteriologie vom Neuen Testament bis heute*. Fr, 1976.

## Cap. VI. Pneumatologia

BALTHASAR, H.U. *Theologik III* – Der Geist der Wahrheit. Bs, 1987.

BERKHOF, H. *Theologie des Heiligen Geistes*. 2. ed. Neukirchen, 1988.

BOHREN, R. *Vom Heiligen Geist* – Fünf Betrachtungen. M, 1981.

COMBLIN, J. *Der Heilige Geist*. D, 1988.

CONGAR, Y. *Der Heilige Geist*. Fr, 1982.

DIRSCHERL, E. *Der Heilige Geist und das menschliche Bewusstsein* – Eine theologiegeschichtlichsystematische Untersuchung. Wü, 1989.

DORRIES, H. *De Spiritu Sancto* – Der Beitrag des Basilius zum Abschluss des trinitarischen Dogmas. Gö, 1956.

GANNE, P. *Selten Bedachtes über den Heiligen Geist*. Ei, 1985.

GARRIGUES, J.-M. *L'esprit qui dit "Père"* – L'Esprit Saint dans la vie trinitaire et le problème du filioque. P, 1981.

HAUSCHILD, W.-D. *Gottes Geist und der Mensch* – Studien zur frühchristlichen Pneumatologie. M, 1972.

HILBERATH, B.-J. *Heiliger Geist - heilender Geist*. Mz, 1988.

JASCHKE, H.-J. *Der Heilige Geist im Bekenntnis der Kirche*. Ms, 1976.

KASPER, W. (org.). *Gegenwart des Geistes* – Aspekte der Pneumatologie. Fr, 1979.

KNOCH, O. *Der Geist Gottes und der neue Mensch*. St, 1975.

KRAUS, H.J. *Heiliger Geist* – Gottes befreiende Gegenwart. Rb, 1986.

KREMER, J. *Pfingstgeschichte und Pfingstgeschehen* – Eine exegetische Untersuchung zu Apg 2,1-13. St, 1973.

LIENHARD, M. & MEYER, H. (orgs.). *Wiederentdeckung des Heiligen Geistes* – Der Heilige Geist in der charisamtischen Erfahrung und theologischen Reflexion [Ökumenische Perspektiven 6]. F, 1974.

LUBAC, H. *La postérité spirituelle de Joachim de Fiore* – Vol. I, de Joachim à Schelling. P-Lethielleux, 1979; Vol. II, de Saint-Simon à nos jours. P-Lethielleux, 1981.

_____. *Geist aus der Geschichte* – Das Schriftverständnis des Origenes. Ei, 1968.

MOLTMANN, J. *Der Geist des Lebens* – Eine ganzheitliche Pneumatologie. M, 1991.

MÜHLEN, H. *Der Heilige Geist als Person* – In der Trinität, bei der Inkarnation und im Gnadenbund [MBTh 26]. 5. ed. Ms, 1988.

PENNA, R. *Lo Spirito di Cristo*. Bréscia, 1976.

SANDFUCHS, W. (org.). *Die Gaben des Geistes*. Wü, 1977.

SAUTER, G. *In der Freiheit des Geistes* – Theologische Studien. Gö, 1988.

SCHNEIDER, T. *Gott ist Gabe* – Meditationen über den Heiligen Geist. Fr, 1979.

SCHÜTZ, C. *Einführung in die Pneumatologie*. Da, 1985.

SCHWEIZER, E. *Heiliger Geist*. St, 1978.

SIEBEL, W. *Der Heilige Geist als Relation* – Eine soziale Trinitätslehre. Ms, 1986.

THIELICKE, H. *Theologie des Geistes* – Vol. III: Der evangelische Glaube; Grundzüge der Dogmatik. Tü, 1978.

WELKER, M. *Gottes Geist* – Theologie des Heiligen Geistes. Neukirchen, 1992.

## Cap. VII. A doutrina da Trindade

*1 Enfoque filosófico*

BRUAIRE, C. *Die Aufgabe, Gott zu denken* – Religionskritik. Ontologischer Gottesbeweis; Die Freiheit des Menschen. Fr, 1973.

BRUGGER, W. *Summe einer philosophischen Gotteslehre*. M, 1979.

BRUNNER, A. *Dreifaltigkeit, Personale Zugänge zum Geheimnis*. Ei, 1976.

COBB, J.B. & GRIFFIN, D.R. *Prozesstheologie*. Gö, 1979.

CREMER, H. *Die christliche Lehre von den Eigenschaften Gottes*. Gi, 1983.

DALFERTH, I.U. *Existenz Gottes und christlicher Glaube*. M, 1984.

DUQUOC, C. *Dieu différent*. P-Cerf, 1977.

DURWELL, F.-X. *Der Vater – Gott in seinem Mysterium*. St. Ottilien, 1992.

ELDERS, L.J. *Die Metaphysik des Thomas von Aquin – II: Die philosophische Theologie*. S, 1987.

GARRIGOU-LAGRANGE, R. *Dieu – Son existence et sa Nature*. P-Beauchesne, 1923.

HEMMERLE, K. *Thesen zu einer trinitarischen Ontologie*. Ei, 1976.

JÜNGEL, E. *Gott als Geheimnis der Welt*. Tü, 1977.

KALIBA, C. *Die Welt als Gleichnis des dreieinigen Gottes – Entwurf zu einer trinitarischen Ontologie*. S, 1952.

KITAMORI, K. *Theologie des Schmerzes Gottes*. Gö, 1972.

KRENSKI, T.R. *Passio Caritatis – Trinitarische Passiologie im Werk Hans Urs von Balthasars*. Ei, 1990.

LAFONT, G. *Dieu, le temps et l'etre*. P-Cerf, 1986.

LEUZE, R. *Gotteslehre*. St, 1988.

LINK, C. *Die Welt als Gleichnis – Studien zum Problem der natürlichen Theologie*. 2. ed. M, 1982.

LONNING, P. *Der begrifflich Unergreifbare*. Gö, 1986.

LUBAC, H. *Auf den Wegen Gottes*. 2. ed. Ei, 1992.

_____. *Über Gott hinaus – Tragödie des atheistischen Humanismus*. Ei, 1984.

MAAS, W. *Unveränderlichkeit Gottes*. Pb, 1974.

MILDENBERGER, F. *Gotteslehre*. Tü, 1975.

MÜHLEN, H. *Die Veränderlichkeit Gottes als Horizont einer zukünftigen Christologie*. 2. ed. Ms, 1976.

PREUSS, H.D. *Theologie des Alten Testaments – Vol. 1: JHWHs erwählendes und verpflichtendes Handeln*. St, 1991.

RATZINGER, J. (org.). *Die Frage nach Gott*. Fr, 1972.

SPIEKERMANN, I. *Gotteserkenntnis – Ein Beitrag zur Grundfrage der neuen Theologie Karl Barths*. M, 1985.

SPLETT, J. *Gotteserfahrung im Denken – Zur philosophischen Rechtfertigung des Redens von Gott*. Fr, 1973.

TRACK, J. *Sprachkritische Untersuchungen zum christlichen Reden von Gott*. Gö, 1977.

WEISSMAHR, B. *Philosophische Gotteslehre*. St, 1983.

*2 Enfoque sistemático*

AUER, J. *Person – Ein Schlüssel zum christlichen Mysterium*. Rb, 1979.

BARBEL, J. *Der Gott Jesu im Glauben der Kirche – Die Trinitätslehre bis zum 5. Jh*. Aschaftenburg, 1976.

BOFF, L. *Der dreieinige Gott*. D, 1987 [*Trindade e sociedade*. 5. ed. Petrópolis: Vozes, 1999, 296 p.].

BÖNKE, M. & HEINZ, H. *Im Gespräch mit dem dreieinigen Gott*. FS W Breuning. Dü, 1985.

BOURASSA, F. "Dreifaltigkeit". In: NEUFELD, K.-H. (org.). *Probleme und Perspektiven dogmatischer Theologie*. D, 1986.

BRACKEN, J. *What are they saying about the Trinity*. NY, 1979.

BREUNING, W. (org.). *Trinität – Aktuelle Perspektiven der Theologie*. Fr, 1984.

COURTH, F. *Der Gott der dreifaltigen Liebe*. Pb, 1993.

FORTMAN, E. *The triune God*. Lo, 1972.

GANOCZY, A. *Der dreieinige Schöpfer – Trinitätstheologie und Synergie*. Da, 2001.

GRESHAKE, G. *Der dreieine Gott – Eine trinitarische Theologie.* Fr, 1997.

HAUBST, R. *Das Bild des Einen und Dreieinen Gottes in der Welt des Nikolaus von Kues.* Trier, 1952.

HEINZ, H. *Trinitarische Begegnungen bei Bonaventura – Fruchtbarkeit einer appropriativen Trinitätstheologie.* Ms, 1985.

HEMMERLE, K. (org.). *Dreifaltigkeit – Schlüssel zum Menschen; Schlüssel zur Zeit; Beiträge zu Zeitfragen des Glaubens.* M, 1989.

HILBERATH, B.J. *Der Personbegrift in der Trinitätslehre.* I, 1986.

KASPER, W. *Der Gott Jesu Christi.* 2. ed. Mz, 1983.

KRETSCHMAR, G. *Studien zur frühchristlichen Trinitätstheologie.* Tü, 1956.

LE BRETON, J. *Histoire du dogme de la Trinité.* 2 vols. P-Beauchesne, 1927s.

LE GUILLOU, M.-J. *Das Mysterium des Vaters.* Ei, 1974.

LONERGAN, B.J.F. *De Deo trino.* 3. ed. Ro, 1984.

MARGERIE, B. *La trinité chrétienne dans l'histoire.* P-Beauchesne, 1975.

MEUFTELS, H.O. *Einbergung des Menschen in das Mysterium der dreieinigen Liebe – Eine trinitarische Anthropologie nach Hans Urs von Balthasar.* Wü, 1991.

MINZ, K.-H. *Pleroma Trinitatis – Die Trinitätslehre bei Matthias Joseph Scheeben.* F, 1982.

RAHNER, K. (org.). *Der eine Gott und der dreieine Gott – Das Gottesverständnis bei Christen, Juden und Muslimen.* M, 1983.

REGNONS, T. *Etudes de théologie positive sur la Sainte Trinité.* 4 vols. P, 1892-1898.

SCHEFTCZYK, L. *Der eine und dreifaltige Gott.* Mz, 1968.

SCHMAUS, M. *Die psychologische Trinitätslehre des Hl. Augustinus.* Ms, 1927.

STUBENRAUCH. *Dreifaltigkeit.* Rb, 2002.

VORGRIMLER, H. *Theologische Gotteslehre.* D, 1985.

WIPFLER, H. *Die Trinitätsspekulation des Petrus von Poitiers und des Richard von St. Viktor – Ein Vergleich.* Ms, 1965.

WITTSCHIER, S.-M. *Kreuz; Trinität; Analogie – Trinitarische Ontologie unter dem Leitbild des Kreuzes, dargestellt als ästhetische Theologie.* Wü, 1987.

## Cap. VIII. Mariologia

BALTHASAR, H.U. & RATZINGER, J. *Maria – Kirche im Ursprung.* Fr, 1980.

BEINERT, W. *Heute von Maria reden? – Kleine Einführung in die Mariologie.* 2. ed. Fr, 1974.

BEINERT, W. & PETRI, H. (orgs.). *Handbuch der Marienkunde.* Rb, 1984.

BLINZLER, J. *Die Brüder und Schwestern Jesu.* St, 1967.

BROWN, R.E. *Maria im Neuen Testament – Eine okumenische Untersuchung.* St, 1981.

CONGAR, Y. *Christus; Maria; Kirche.* Mz, 1959.

DELIUS, W. *Geschichte der Marienverehrung.* M, 1963.

FIORES, S. *Maria Madre di Gesú.* Bo, 1992.

_____. *Maria nella teologia contemporânea.* 2. ed. Ro, 1987.

FORTE, B. *Maria – Mutter und Schwester des Glaubens.* Z, 1990.

GEBARA, I. & LUCCHETTI-BINGEMER, M.C. *Maria, Mutter Gottes und Mutter der Armen.* D, 1988.

GRAEF, H.M. *Eine Geschichte der Lebre und Verehrung.* Fr, 1964.

HUHN, J. *Das Geheimnis der Jungfrau-Mutter nach dem Kirchenvater Ambrosius*. Wü, 1954.

IMHOF, P. & LORENZ, B. *Maria Theotokos bei Cyrill von Alexandrien*. M, 1981.

KOEHLER, T. *Storia della mariologia*. Vercelli, 1971-1976.

LAURENTIN, R. *Kurzer Traktat der marianischen Theologie*. Fr, 1965.

_____. *Kurzer Traktat der Marianischen Theologie*. Rb, 1959.

MENKE, K.H. *Fleisch geworden aus Maria – Die Geschichte Israels und der Marienglaube der Kirche*. Rb, 1999.

MÜLLER, A. *Glaubensrede über die Mutter Jesu*. Mz, 1980.

MÜLLER, G.L. *Maria – Die Frau im Heilsplan Gottes*. 2. ed. Rb, 2003.

MUSSNER, E. *Maria – Die Mutter Jesu im Neuen Testament*. S. Ottilien, 1993.

NELLESSEN, E. *Das Kind und seine Mutter, Struktur und Verkündigung des 2. Kapitels im Matthäusevangelium*. St, 1969.

NEWMAN, J.H. *Die Katholische Marienverehrung (1866)*: AW IV. Mz, 1959, p. 3-109.

PESCH, R. (org.). *Zur Theologie der Kindheitsgeschichten – Der heutige Stand der Exegese*. M, 1981.

POTTERIE, I. *Marie dans le mystere de l'Alliance*. P, 1988.

RATZINGER, J. *Die Tochter Zion – Betrachtungen über den Marienglauben der Kirche*. Ei, 1977.

RIESENHUBER, K. *Maria im theologischen Verständnis von Karl Barth und Karl Rahner*. Fr, 1973.

SCHEEBEN, M.J. *Die bräutliche Gottesmutter*. Essen, 1951.

SCHEFFCZYK, L. *Das Mariengeheimnis in Frömmigkeit und Lehre der Karolingerzeit*. L, 1959.

SEMMELROTH, O. (org.). *Die leibliche Himmelfahrt Mariens*. F, 1950.

SEYBOLD, M. (org.). *Maria im Glauben der Kirche*. Ei, 1985.

STIRNIMANN, H. *Marjam*. Fr, 1989.

THURIAN, M. *Maria*: Mutter des Herrn; Urbild der Kirche. Mz, 1978.

VOLK, H. *Das neue Marien-Dogma*. Ms, 1951.

ZMIJEWSKI, J. *Die Mutter des Messias*. Kevelaer, 1987.

## Cap. IX. Escatologia

AHLBRECHT, A. *Tod und Unsterblichkeit in der evangelischen Theologie der Gegenwart – Darlegung und kritische Stellungnahme*. Pb, 1963.

ALTHAUS, P. *Die letzten Dinge*. 9. ed. Gt, 1964.

ASENDORF, U. *Eschatologie bei Luther*. Gö, 1967.

ATZBERGER, L. *Geschichte der christlichen Eschatologie innerhalb der vornicänischen Zeit*. Fr, 1896.

AUER, J. *"Siehe, ich mache alles neu" – Der Glaube an die Vollendung der Welt*. Rb, 1984.

BACHL, G. *Über den Tod und das Leben danach*. Graz, 1980.

BECKER, J. *Auferstehung im Urchristentum*. St, 1976.

BOFF, L. *Was kommt nach dem Tode? – Das Leben nach dem Tode*. S, 1982 [*Vida para além da morte*. 20. ed. Petrópolis: Vozes, 2002, 206 p.].

BREUNING, W. (org.). *Seele* – Problembegriff christlicher Eschatologie. Fr, 1986.

BÜHLMANN, W. *Leben - Sterben - Leben – Fragen um Tod und Jenseits*. Graz, 1985.

DEXINGER, F. (org.). *Tod - Hoffnung - Jenseits* – Dimensionen und Konsequenzen biblisch verankerter Eschatologie. W, 1983.

FASTHENRATH, E. *"In vitam aeternam"* – Grundzüge christlicher Eschatologie in der ersten Hälfte des 20. Jahrhunderts. St. Ottilien, 1982.

FINKENZELLER, J. *Was kommt nach dem Tod?* – Eine Orientierungshilfe für Unterricht, Verkündigung und Glaubensgespräch. 2. ed. M, 1979.

FISCHER, J.A. *Studien zum Todesgedanken in der alten Kirche* – Die Beurteilung des natürlichen Todes in der kirchlichen Literatur der ersten drei Jahrhunderte. Vol. 1. M, 1954.

FLEISCHBACH, E. *Fegfeuer* – Die christlichen Vorstellungen vom Geschick der Verstorbenen, geschichtlich dargestellt. Tü, 1969.

GERHARDS, A. (org.). *Die grössere Hoffnung der Christen*. Fr, 1990.

GRESHAKE, G. & KREMER, J. *Resurrectio mortuorum* – Zum theologischen Verständnis der leiblichen Auferstehung. Da, 1986.

GRESHAKE, G. & LOHFINK, G. *Naherwartung – Auferstehung – Unsterblichkeit* – Untersuchungen zur christlichen Eschatologie. 4. ed. Fr, 1982.

HATTRUP, D. *Eschatologie*. Pb, 1992.

HENGSTENBERG, H.E. *Der Leib und die letzten Dinge*. Rb, 1955.

JÜNGEL, E. *Tod*. St, 1971.

KEHL, M. *Eschatologie*. Wü, 1986.

KLAUCK, H.-J. (org.). *Weltgericht und Vollendung*. Fr, 1994.

KRECK, W. *Die Zukunft des Gekommenen* – Grundprobleme der Eschatologie. M, 1961.

KÜNG, H. *Ewiges Leben?* 5. ed. M, 1985.

LE GOFF, J. *Die Geburt des Fegfeuers*. St, 1984.

LIBÂNIO, J.B. & LUCCHETTI-BINGEMER, M.C. *Christliche Eschatologie*. D, 1987.

MÜLLER-GOLDKUHLE, P. *Die Eschatologie in der Dogmatik des 19. Jahrhunderts*. Essen, 1966.

MUSSNER, F. *Was lehrt Jesus über das Ende der Welt?* – Eine Auslegung von Mk 13. Fr, 1958.

ÖLSNER, W. *Die Entwicklung der Eschatologie von Schleiermacher bis zur Gegenwart*. Gt, 1929 [Ms, 1983].

OTT, H. *Eschatologie* – Versuch eines dogmatischen Grundrisses. Z, 1958.

PIEPER, J. *Tod und Unsterblichkeit*. 2. ed. M, 1979.

RAHNER, K. *Zur Theologie des Todes*. Fr, 1959.

RATZINGER, J. *Eschatologie* – Tod und ewiges Leben. Rb, 1977.

SAUTER, G. *Zukunft und Verheissung* – Das Problem der Zukunft in der gegenwärtigen theologischen und philosophischen Diskussion. Z, 1965.

SCHEFFCZYK, L. *Auferstehung* – Prinzip christlichen Glaubens. Ei, 1976.

SCHELKLE, K.H. *Vollendung von Schöpfung und Erlösung*. D, 1974.

SCHERER, G. *Das Problem des Todes in der Philosophie*. Da, 1979.

SONNEMANS, H. *Seele – Unsterblichkeit – Auferstehung* – Zur griechischen und christlichen Anthropologie und Eschatologie. Fr, 1984.

VÖGTLE, A. *Das Neue Testament und die Zukunft des Kosmos*. D, 1970.

VOLZ, P. *Die Eschatologie der jüdischen Gemeinde im neutestamentlichen Zeitalter*. Tü, 1934.

VORGRIMLER, H. *Hoffnung auf Vollendung* – Aufriss der Eschatologie. Fr, 1984.

_____. *Der Tod im Denken und Leben des Christen*. 2. ed. D, 1982.

WALDENFELS, H. (org.). *Ein Leben nach dem Leben?* – Die Antwort der Religionen. D, 1988.

WEBER, H.J. *Die Lehre von der Auferstehung der Toten in den Haupttraktaten der scholastischen Theologie von Alexander von Hales zu Duns Skotus.* Fr, 1973.

WIEDERKEHR, D. *Perspektiven der Eschatologie.* Z, 1974.

WIPLINGER, F. *Der personal verstandene Tod* – Todeserfahrung als Selbsterfahrung. Fr, 1970.

WOHLGESCHAFT, A. *Hoffnung angesichts des Todes* – Das Todesverständnis bei K. Barth und in der zeitgenössischen Theologie des deutschen Sprachraums. Pb, 1977.

WOSCHITZ, K.M. *Elpis* – Hoffnung; Geschichte; Philosophie; Exegese; Theologie eines Schlüsselbegriffs. Fr, 1979.

## Cap. X. Eclesiologia

ANGENENDT, A. *Heilige und Reliquien.* M, 1994.

BARAÚNA, G. *De Ecclesia* – Beiträge zur Konstitution "Über die Kirche" des Zweiten Vatikanischen Konzils. 2 vols. Fr, 1966.

BATIFFOL, P. *Cathedra Petri* – Études d'Histoire ancienne de l'Eglise. P-Cerf, 1938.

BÄUMER, R. & DOLCH, H. (orgs.). *Volk Gottes* – Zum Kirchenverständnis der katholischen, evangelischen und anglikanischen Theologie. FS Josef Höfer. Fr, 1967.

BEINERT, W. *Um das dritte Kirchenattribut* – Die Katholizität der Kirche im Verständnis der evangelisch-lutherischen und römisch-katholischen Theologie der Gegenwart. 2 vols. E, 1964.

BOFF, L. *Die Kirche als Sakrament im Horizont der Welterfahrung.* Pb, 1972.

BOUYER, L. *Die Kirche* – I: Ihre Selbstdeutung in der Geschichte; II. Theologie der Kirche. Ei, 1977.

BRANDENBURG, A. & URBAN, H.J. (orgs.). *Petrus und Papst. Evangelium; Einheit der Kirche; Papstdienst; Beiträge und Notizen* – Vol. II: Neue Beiträge. Ms, 1978.

_____. *Petrus und Papst; Evangelium; Einheit der Kirche; Papstdienst* – Vol. I: Beiträge und Notizen. Ms, 1977.

BRAUN, F.M. *Neues Licht auf die Kirche* – Die protestantische Kirchendogmatik in ihrer neuesten Entfaltung. Ei, 1946.

BREUNING, W. *Communio Christi* – Zur Einheit von Christologie und Ekklesiologie. D, 1980.

CONGAR, Y. *Priester und Laien im Dienst am Evangelium.* Fr, 1965.

_____. *Der Laie.* 3. ed. St, 1964.

_____. *Das Bischofsamt und die Weltkirche.* St, 1964.

DANIÉLOU, J. & VORGRIMLER, H. (orgs.). *Sentire Ecclesiam* – Das Bewusstsein von der Kirche als gestaltender Kraft der Frömmigkeit. FS Hugo Rahner. Fr, 1961.

DÖRING, H. *Grundriss der Ekklesiologie.* Da, 1986.

_____. *Die Sakramentalität der Kirche in der ökumenischen Diskussion.* Pb, 1983.

DVORNIK, F. *Byzanz und der römische Primat.* St, 1966.

FORTE, B. *Laie sein* – Beiträge zu einem ganzheitlichen Kirchenverständnis. M, 1987.

GANOCZY, A. *Ecclesia ministrans* – Dienende Kirche und kirchlicher Dienst bei Calvin. Fr, 1968.

GARIJO-GUEMBE, M.M. *Gemeinschaft der Heiligen* – Grund, Wesen und Struktur der Kirche. D, 1988.

GENN, F. *Trinität und Amt nach Augustinus.* Ei, 1986.

GNILKA, J. (org.). *Neues Testament und Kirche.* FS Rudolf Schnackenburg. Fr, 1974.

HAHN, F. et al. (orgs.). *Einheit der Kirche* – Grundlegung im Neuen Testament. Fr, 1979.

HAINZ, J. *Kirche im Werden* – Studien zum Thema Amt und Gemeinde im Neuen Testament. Pb, 1976.
HOLBÖCK, F. & SARTORY, T. *Mysterium Kirche in der Sicht der theologischen Disziplinen*. 2 vols. S 1962.
HORN, S.O. *Petrou Kathedra* – Der Bischof von Rom und die Synoden von Ephesus und Chalcedon. Pb, 1982.
HORST, F. *Das Schema über die Kirche auf dem I. Vatikanischen Konzil*. Pb, 1963.
HORST, U. *Unfehlbarkeit und Geschichte*. Mz, 1982.
JOURNET, C. *L'Eglise du Verbe Incarné*. 2 vols. P-Desclée, 1955 [2. ed., 1962].
KEHL, M. *Die Kirche* – Eine katholische Ekklesiologie. Wü, 1992.
KERTELGE, K. (org.). *Das kirchliche Amt im Neuen Testament*. Da, 1977.
KLAUSNITZER, W. *Der Primat des Bischofs von Rom*. Fr, 2004.
KLINGER, E. *Ekklesiologie der Neuzeit* – Grundlegung bei Melchior Cano und Entwicklung bis zum 2. Vatikanischen Konzil. Fr, 1978.
KRECK, W. *Grundfragen der Ekklesiologie*. M, 1981.
KÜHN, U. *Kirche*. Gt, 1980.
KÜNG, H. *Die Kirche*. 2. ed. Fr, 1967.
LE GUILLOU, M.-J. *Sendung und Einheit der Kirche* – Das Erfordernis einer Theologie der communio. Mz, 1964.
LEHMANN, K. (org.). *Das Petrusamt* – Geschichtliche Stationen seines Verständnisses und gegenwärtige Positionen. M, 1982.
LÖSER, W. (org.). *Die Römisch-Katholische Kirche*. F, 1986.
LUBAC, H. *Quellen kirchlicher Einheit*. Ei, 1974.
_____. *Die Kirche* – Eine Betrachtung. Ei, 1968.
MEINHOLD, P. (org.). *Das Problem der Kirchengliedschaft heute*. Da, 1979.
MERSCH, E. *Le corps mystique du Christ*. 2 vols. Lv, 1933.
MOLTMANN, J. *Kirche in der Kraft des Geistes*. M, 1975.
MÜLLER, G.L. *Mit der Kirche denken* – Bausteine und Skizzen zu einer Ekklesiologie der Gegenwart. 2. ed. Wü, 2002.
_____. *Gemeinschaft und Verehrung der Heiligen* – Geschichtlich-systematische Grundlegung der Hagiologie. Fr, 1986.
MÜLLER, G.L. (org.). *Die Heilsuniversalität Christi und der Kirche* (org.). Wü 2003.
RAHNER, H. *Symbole der Kirche* – Die Ekklesiologie der Väter. S, 1964.
RAHNER, K. (org.). *Zum Problem Unfehlbarkeit* – Antworten auf die Anfrage von Hans Küng. Fr, 1971.
RAHNER, K. & RATZINGER, J. *Episkopat und Primat*. Fr, 1963.
RATZINGER, J. *Weggemeinschaft des Glaubens* – Kirche als Communio. Ab 2002.
_____. *Volk und Haus Gottes in Augustins Lehre von der Kirche*. 2. ed. ampl. com um novo prólogo. St. Ottilien, 1992.
_____. *Das neue Volk Gottes* – Entwürfe zur Ekklesiologie. D, 1969.
SCHATZ, K. *Der päpstliche Primat* – Seine Geschichte von den Ursprüngen bis zur Gegenwart. Wü, 1990.
SCHEFFCZYK, L. *Diakonat und Diakonisse*. So, 2002.
SCHLOCHTERN, J.M. *Sakrament Kirche* – Wirken Gottes im Handeln der Menschen. Fr, 1992.
SCHNACKENBURG, R. et al. (orgs.). *Die Kirche des Anfangs*. FS Heinz Schürmann. Fr, 1978.
SCHREINER, J. (org.). *Unterwegs zur Kirche* – Alttestamentliche Konzeptionen. Fr, 1987.
SCHREINER, J. & WITTSTADT, K. (orgs.). *Communio sanctorum*. FS P.-W. Scheele. Wü, 1988.
SCHWAIGER, G. *Päpstlicher Primat und Autorität der Allgemeinen Konzilien im Spiegel der Geschichte*. Pb, 1977.

SEMMELROTH, O. *Die Kirche als Ursakrament*. 3. ed. F, 1963.

STÄHLIN, W. et al. *Das Amt der Einheit* – Grundlegendes zur Theologie des Bischofsamtes. St, 1964.

STEINACKER, P. *Die Kennzeichen der Kirche* – Eine Studie zu ihrer Einheit, Heiligkeit, Katholizität und Apostolizität. B, 1982.

TILLARD, J.M.R. *L'évêque de Rome*. P-Cerf, 1982.

VALESKE, U. *Votum Ecclesiae*. M, 1962.

VÖGTLE, A. *Die Dynamik des Anfangs* – Leben und Fragen der jungen Kirche. Fr, 1988.

WICKERT, U. *Sacramentum Unitatis* – Ein Beitrag zum Verständnis der Kirche bei Cyprian. B, 1971.

WERBICK, J. *Kirche* – Ein ekklesiologischer Entwurf für Studium und Praxis. Fr, 1994.

WIEDENHOFER, S. *Das katholische Kirchenverständnis* – Ein Lehrbuch der Ekklesiologie. Graz, 1992.

## Cap. XI. Sacramentologia

*1 Introdução à sacramentologia*

GANOCZY, A. *Einführung in die katholische Sakramentenlehre*. 2. ed. Da, 1984.

SCHNEIDER, T. *Zeichen der Nähe Gottes* – Grundriss der Sakramententheologie. 7. ed. Mz, 1998.

VORGRIMLER, H. *Sakramententheologie*. D, 1987.

WENZ, G. *Einführung in die evangelische Sakramentenlehre*. Da, 1988.

*2 Bibliografia sobre os sacramentos em geral*

ADAM, A. *Sinn und Gestalt der Sakramente*. Wü, 1975.

BEHM, J. *Die Handauflegung im Urchristentum*. L, 1911.

BOUYER, L. *Mensch und Ritus*. Mz, 1964.

CASEI, O. *Das christliche Kultmysterium*. Rb, 1960.

FINKENZELLER, J. *Die Lehre von den Sakramenten im allgemeinen* – Von der Reformation bis zur Gegenwart [HDG IV/1b]. Fr, 1981.

_____. *Die Lehre von den Sakramenten im allgemeinen* – Von der Schrift bis zur Scholastik [HDG IV/1a]. Fr, 1980.

GEYER, B. "Die Siebenzahl der Sakramente in ihrer historischen Entwicklung". *ThG1*, 10, 1918, p. 325-348.

HEINEN, W. (org.). *Bild - Wort - Symbol in der Theologie*. Wü, 1969.

HÜNERMANN, P. & SCHAEFFLER, R. *Theorie der Sprachhandlungen und heutige Ekklesiologie*. Fr, 1987.

KLEINHEYER, B. *Sakramentliche Feiern I* – Die Feier der Eingliederung in die Kirche [HLW 7,1]. Rb 1989.

KLOCKENER, M. & GLADE, W. (orgs.). *Die Feier der Sakramente in der Gemeinde*. Kevelaer, 1986.

LIES, L. *Sakramententheologie*. Graz, 1990.

LUTHE, H. (org.). *Christusbegegnung in den Sakramenten*. Kevelaer, 1981.

MÜLLER, G.L. *Bonhoeffers Theologie der Sakramente*. F, 1979.

O'NEILL, C. "Die Sakramentenlehre". In: VORGRIMLER, H. & VANDER GUCHT, R. (orgs.). *Bilanz der Theologie im 20. Jahrhundert III*. Fr, 1970, p. 244-294.

RAHNER, K. *Kirche und Sakramente*. Fr, 1960.

RATZINGER, J. *Die sakramentale Begründung christlicher Existenz*. 4. ed. Meitingen, 1973.

SCHAEFFLER, R. & HÜNERMANN, P. *Ankunft Gottes und Handeln des Menschen* – Thesen über Kult und Sakrament. Fr, 1977.

SCHILLEBEECKX, E. *Christus* – Sakrament der Gottbegegnung. 2. ed. Mz, 1965.

_____. *De sakramentale Heilseconomie*. Antuérpia, 1952.

SCHILSON, A. *Theologie als Sakramententheologie* – Die Mysterientheologie Odo Casels. Mz, 1982.

SCHUPP, F. *Glaube - Kultur - Symbol* – Versuch einer kritischen Theorie sakramentaler Praxis. D, 1974.

SCHÜTZ, C. "Tendenzen in der Sakramentenlehre der Gegenwart". *MySal*: vol. complementar. Z, 1981, p. 347-352.

VERWEYEN, H.J. *Warum Sakramente?* Rb, 2001.

ZADRA, D. & SCHILSON, A. *Symbol und Sakrament* [CGG 28]. Fr, 1982.

## 3 O debate ecumênico

"Bilaterale Arbeitsgruppe der Deutschen Bischofskonferenz und der Kirchenleitung der Velkd". *Kirchengemeinschaft in Wort und Sakrament*. Pb, 1984.

"Gemeinsame römisch-katholische/evangelisch-lutherische Kommission". *Das Herrenmahl*. Pb, 1978.

HOTZ, R. *Sakramente* – Im Wechselspiel zwischen Ost und West. Z, 1979.

JÜNGEL, E. & RAHNER, K. *Was ist ein Sakrament?* –Vorstösse zur Verständigung. Fr, 1971.

KASPER, W. *Sakrament der Einheit* – Eucharistie und Kirche. Fr, 2004.

_____. "Ekklesiologische und ökumenische Implikationen der Taufe". In: RAFFELT, A. (org.). *Weg und Weite* [= FS Lehmann]. 2. ed. Fr, 2001, p. 581-600.

LEHMANN, K. & SCHLINK, E. (orgs.). *Das Opfer Jesu Christi und seine Gegenwart in der Kirche* – Klärungen zum Opfercharakter des Herrenmahles. Fr, 1983.

_____. *Evangelium - Sakramente - Amt und die Einheit der Kirche* – Die ökumenische Tragweite der Confessio Augustana. Fr, 1982.

MOOS, A. *Das Verhältnis von Wort und Sakrament in der deutschsprachigen Theologie des 20. Jahrhunderts*. Pb, 1994.

SATTLER, O. "Wesensverwandlung – Zur bleibenden Bedeutung der Rede von "Transsubstantiation" in einer ökumenischen Eucharistielehre". *ThG*, 42, 1999.

SCHÜTTE, H. *Ziel*: Kirchengemeinschaft. Pb, 1985.

SKOWRONEK, A. *Sakrament in der evangelischen Theologie der Gegenwart* – Haupttypen der Sakramentsauffassungen in der zeitgenössischen, vorwiegend deutschen evangelischen Theologie; Mit einem Geleitwort von A. Brandenburg. M, 1971.

VOSS, G. (org.). *Wachsende Übereinstimmung in Taufe, Eucharistie und Amt* – Hilfen zur Beschäftigung mit den Lima-Erklärungen, im Auftrag der Ökumenischen Kommission der katholischen Bistümer in Bayern. Meitingen et al., 1984.

## O Batismo e a Confirmação

ADAM, A. *Das Sakrament der Firmung nach Thomas von Aquin*. Fr, 1958.

ADLER, N. *Taufe und Handauflegung*. Ms, 1951.

AMOUGOU-ATANGANA, J. *Ein Sakrament des Geistempfangs*. Fr, 1974.

BAUMGARTNER, J. *Das Sakrament der Taufe*. Fri, 1976.

FRANKEMÖLLE, H. *Das Taufverstandnis des Paulus*. St, 1970.

HARTMANN, L. *Auf den Namen Jesus* – Die Taufe in den neutestamentlichen Schriften. St, 1992.

KLEINHEYER, B. *Sakramentliche Feiern I* – Die Feiern der Eingliederung in die Kirche [HLW7, l]. Rb, 1989.

NEUNHEUSER, B. *Taufe und Firmung* [HDG IV/2]. Fr, 1983.

RECKINGER, F. *Kinder taufen* – Mit Bedacht. Wü, 1979.

REGLI, S. *Das Sakrament der Firmung*. Fri, 1975.

SCHNACKENBURG, R. *Das Heilsgeschehen bei der Taufe nach dem Apostel Paulus*. M, 1950.

ZERNDL, J. *Die Theologie der Firmung*. Pb, 1986.

**A Eucaristia**

*Na exegese*

BARTH, M. *Das Mahl des Herrn*. Neukirchen, 1987.

GESE, H. "Die Herkunft des Herrenmahles". *Zur biblischen Theologie*. 2. ed. M, 1983, p. 107-127.

_____. "Psalm 22 und das Neue Testament". *Vom Sinai zum Zion* – Alttestamentliche Beiträge zu biblischen Theologie. M, 1974, p. 180-201.

JEREMIAS, J. *Die Abendmahlsworte Jesu*. 4. ed. Gt, 1967.

KLAUCK, H.-J. *Herrenmahl und eucharistischer Kult*. 2. ed. Ms, 1986.

NEUENZEIT, P. *Das Herrenmahl, Studien zur paulinischen Eucharistieauffassung*. M, 1960.

PESCH, R. *Wie Jesus das Abenmahl hielt* – Der Grund der Eucharistie. Fr, 1977.

SCHLIER, H. "Johannes 6 und das johanneische Verständnis der Eucharistie". *Das Ende der Zeit* – Exegetische Aufsatze und Vorträge. Fr, 1971, p. 102-123.

SCHÜRMANN, H. "Das Mahl des Herrn". *Ursprung und Gestalt* – Erörterungen und Besinnungen zum Neuen Testament. D, 1970, p. 77-196 [inúmeras contribuições].

*Na história dos dogmas e da teologia*

BETZ, J. *Eucharistie* – In der Schrift und Patristik [= HDG IV/4a]. Fr 1998.

FELD, H. *Das Verständnis des Abendmahls*. Da, 1976.

LIES, L. *Origenes' Eucharistielehre im Streit der Konfessionen*. I, 1985.

LUBAC, H. *Corpus mysticum* – Eucharistie und Kirche im Mittelalter. Ei, 1969.

MANN, E. *Das Abendmahl beim jungen Luther*. M, 1971.

MEYER, H.B. *Eucharistie* – Geschichte, Theologie, Pastoral; Mit einem Beitrag von I. Pahl [= HLW 4]. Rb, 1989.

PRATZNER, E. *Messe und Kreuzesopfer* – Die Krise der sakramentalen Idee bei Luther und in der mittelalterlichen Scholastik. W, 1970.

SLENCZKA, N. *Realpräsenz und Ontologie* – Untersuchungen der ontologischen Grundlagen der Transsignifikationslehre. Gö, 1993.

UBBIALI, S. *Il Segno sacro*. Milão, 1992.

WISLÖFF, G.E. *Abendmahl und Messe* – Die Kritik Luthers am Messopfer. B, 1969.

WOHLMUTH, J. *Realpräsenz und Transsubstantiation im Konzil von Trient* – Eine historisch-kritische Analyse der Canones 1-4 der Sessio XIII. 2 vols. Be, 1975.

*O debate atual*

HINTZEN, G. *Die neuere Diskussion über die Eucharistische Wandlung.* F, 1976.

KASPER, W. "Einheit und Vielfalt der Aspekte der Eucharistie – Zur neuerlichen Diskussion um Grundgestalt und Grundsinn der Eucharistie". *Theologie und Kirche.* Mz, 1987, p. 300-320.

RATZINGER, J. "Das Problem der Transsubstantiation und die Frage nach dem Sinn der Eucharistie". ThQ, 147, 1967, p. 129-158.

SCHILLEBEECKX, E. *Die Eucharistische Gegenwart* – Zur Diskussion über die Realpräsenz. D, 1969.

WETTER, E. "Die Eucharistische Gegenwart des Herrn". In: VOLK, H. & WETTER, E. *Geheimnis des Glaubens* – Gegenwart des Herrn und Eucharistische Frömmigkeit. Mz, 1968, p. 9-35 [uma boa exposição sobre as mais recentes interpretações da presença real].

*Enfoque sistemático*

GERKEN, A. *Theologie der Eucharistie.* M, 1973.

LIES, L. *Praesentia Christi* [FS J. Betz.] D, 1984.

MÜLLER, G.L. *Die Messe* - Quelle christlichen Lebens. Ab, 2002.

RAHNER, K. "Wort und Eucharistie". *Schriften zur Theologie,* IV. 5. ed. Ei, 1967, p. 313-355.

_____. "Die Gegenwart Christi im Sakrament des Herrenmahles". *Schriften zur Theologie,* IV. 5. ed. Ei, 1967, p. 357-385.

RATZINGER, J. *Das Fest des Glaubens* - Versuche zur Theologie des Gottesdienstes. Ei, 1981.

_____. *Eucharistie* - Mitte der Kirche. M, 1978.

SCHEFFCZYK, L. *Die Heilszeichen von Brot und Wein* - Eucharistie als Mitte christlichen Lebens. M, 1973.

SCHNEIDER, T. *Deinen Tod verkünden wir* - Gesammelte Studien zum erneuerten Eucharistieverständnis. D, 1980.

*Enfoque ecumênico*

AVERBECK, W. *Der Opfercharakter des Abendmahls in der neueren evangelischen Theologie.* Pb, 1966.

GASSMANN, G. (org.). *Um Amt und Herrenmahl* - Dokumente zum evangelisch/römisch-katholischen Gespräch. 2. ed. F, 1974.

GEMEINSAME RÖMISCH-KATHOLISCHE & EVANGELISCH-LUTHERISCHE KOMMISSION. *Das Herrenmahl.* Pb-F, 1978.

LEHMANN, K. "Dogmatische Vorüberlegungen zum Problem der 'Interkommunion'". *Gegenwart des Glaubens.* Mz, 1974, p. 229-273.

LEHMANN, K. & PANNENBERG, W. (orgs.). *Lehrverurteilungen - kirchentrennend?* – 1: Rechtfertigung, Sakramente und Amt im Zeitalter der Reformation und heute. Fr/Gö, 1986, p. 89-124.

LEHMANN, K. & SCHLINK, E. (orgs.). *Das Opfer Christi und seine Gegenwart in der Kirche* - Klärungen zum Opfercharakter des Herrenmahls [= Dialog der Kirchen 3]. Fr/Go, 1983.

## A Penitência

ANCIAUX, P. *Das Sakrament der Buße. Wesen und Form der kirchlichen Busse.* Mz, 1961.

_____. *La Théologie du Sacrement de Pénitence au XII$^e$ siècle.* Lv, 1949.

ARENDT, H.P. *Busssakrament und Einzelbeichte* – Die tridentinischen Lehraussagen über das Sündenbekenntnis und ihre Verbindlichkeit für die Reform des Busssakramentes. Fr, 1981.

BEZZEL, E. *Frei zum Eingeständnis* – Geschichte und Praxis der evangelischen Einzelbeichte. St, 1982.

BÖHME, W. *Beichtlehre für evangelische Christen*. St, 1956.

DASSMANN, E. *Sündenvergebung durch Taufe, Busse und Märtyrerfürbitte in den Zeugnissen frühchristlicher Frömmigkeit und Kunst*. Ms, 1973.

HÄRING, B. *Die grosse Versöhnung* – Neue Perspektiven des Busssakramentes. S, 1970.

HAUSAMANN, S. *Busse als Umkehr und Erneuerung von Mensch und Gesellschaft*. Z, 1975.

HÖFLINGER, H. *Die Erneuerung der evangelischen Einzelbeichte* – Pastoraltheologische Dokumentation zur evangelischen Beichtbewegung seit Beginn des 20. Jahrhunderts. Fri, 1971.

JUNGMANN, J.A. *Die lateinischen BuBriten in ihrer geschichtlichen Entwicklung*. I, 1932.

KARPP, H. *Die Busse* – Quellen zur Entstehung des altkirchlichen Busswesens. Z, 1969.

KLEIN, L. *Evangelisch-lutherische Beichte. Lehre und Praxis*. Pb, 1961.

LENDI, R. *Die Wandelbarkeit der Busse*. F, 1983.

LOHSE, B. "Die Privatbeichte bei Luther". *KuD*, 14, 1968, p. 207-228.

MESSNER, R. & KACZYNSKI, R. *Sakramentliche Feiern I/12, Feiern der Umkehr und Versöhnung; Feier der Krankensalbung*. Rb, 1972 (HLW 7,2).

MEYER, H.B. et al. *Einzelbeichte - Generalabsolution - Bussgottesdienst*. I, 1975.

MÜLLER, G.L. "Art. Beichte". *Handbuch der Ökumenik*. Bd. III/2. Pb, 1987, p. 154-171 [org. por por H.J. Urban].

_____. "Wiederversöhnung in der Gemeinde – Das streitbare Engagement Dietrich Bonhoeffers für die Erneuerung der Einzelbeichte". *Cath*, 33, 1979, p. 292-328.

POSCHMANN, B. *Paenitentia secunda* – Die kirchliche Busse im ältesten Christentum bis Cyprian und Origenes; Eine dogmengeschichtliche Untersuchung. Bn 1940 (reimpressão 1964).

RAHNER, K. "Frühe Bussgeschichte in Einzelforschungen". *Schriften*, XI. Z, 1973.

_____. "Das Sakrament der Busse als Wiederversöhnung mit der Kirche". *Schriften*, VIII. Ei, 1967, p. 447-471.

_____. "Vergessene Wahrheiten über das Bussakrament". *Schriften*, II. 7. ed. Ei, 1964, p. 143-183.

ROTH, E. *Die Privatbeichte und Schlüsselgewalt in der Theologie der Reformation*. Gt, 1952.

STADEL, K. *Busse in Aufklärung und Gegenwart* – Busse und Bussakrament nach den pastoraltheologischen Entwürfen der Aufklärungszeit in Konfrontation mit dem gegenwärtigen Sakramentsverständnis. M, 1974.

THURIAN, M. *Evangelische Beichte*. M, 1958.

UHSADEL, W. *Evangelische Beichte in Vergangenheit und Gegenwart*. Gt, 1961.

ZIEGENAUS, A. *Umkehr - Versöhnung - Friede* – Zu einer theologisch verantworteten Praxis von Bussgottesdienst und Beichte. Fr, 1975.

## A Unção dos Enfermos

ARX, W.V. *Das Sakrament der Krankensalbung*. Fri, 1976.

MAYER-SCHEU, J. & REINER, A. *Heilszeichen für Kranke* – Krankensalbung heute. Kevelaer, 1972.

RAHNER, K. *Bergend und heilend* – Über das Sakrament der Krankensalbung. M, 1965.

VORGRIMLER, H. *Busse und Krankensalbung* [HDG, IV/3]. Fr, 1978.

**A Ordem**

BACHT, H. et al. *Amt im Widerstreit.* B, 1973.

BECKER, K.J. *Der priesterliche Dienst - II. Wesen und Vollmachten des Priestertums nach dem Lehramt.* Fr, 1970.

BEHM, J. *Die Handauflegung im Urchristentum.* 2. ed. Da, 1968.

BLÄSER P. et al. *Ordination und kirchliches Amt.* Pb, 1976.

CAMPENHAUSEN, H.F. *Kirchliches Amt und geistliche Vollmacht in den ersten drei Jahrhunderten.* 2. ed. Tü, 1963.

COLSON, J. *Ministre de Jésus-Christ ou le sacerdoce de l'Evangile.* P-Beauchesne, 1966.

DEISSLER, A. & SCHLIER, H. et al. *Der priesterliche Dienst, I - Ursprung und Frühgeschichte.* Fr, 1970.

GRELOT, P. *Eglise et ministers.* P-Cerf, 1983.

GRESHAKE, G. *Priestersein - Zur Theologie und Spiritualität des priesterlichen Amtes.* 5. ed. Fr, 1991.

GUYOT, J. (org.). *Das apostolische Amt.* Mz, 1961.

KERTELGE, K. *Gemeinde und Amt im Neuen Testament.* M, 1972.

LÉCUYER, J. *Le sacrement de l'ordination - Recherche historique et théologique.* P-Beauchesne, 1983.

LIPS, H.V. *Glaube - Gemeinde - Amt – Zum Verständnis der Ordination in den Pastoralbriefen.* Gö, 1979.

MARTIN, J. *Der priesterliche Dienst - III: Die Genese des Amtspriestertums in der frühen Kirche.* Fr, 1972.

MERKLEIN, H. *Das kirchliche Amt nach dem Epheserbrief.* M, 1973.

MÜLLER, G.L. *Der Diakonat - Entwicklung und Perspektiven.* Wü, 2004.

_____. *Priestertum und Diakonat.* Fr, 2000.

_____. *Frauen in der Kirche - Eigensein und Mitverantwortung.* Wü, 1999.

_____. *Der Empfänger des Weihesakraments.* Wü, 1999.

OTT, L. *Das Weihesakrament* [HDG, IV/5]. Fr, 1969.

PESCH W. et al. *Zum Thema Priesteramt.* St, 1970.

RAHNER, K. *Vorfragen zu einem ökumenischen Amtsverständnis.* Fr, 1974.

RAUCH, A. & IMHOF, P. (orgs.). *Das Priestertum in der Einen Kirche.* Aschaffenburg, 1987.

SCHILLEBEECKX, E. *Christliche Identität und kirchliches Amt - Plädoyer für den Menschen in der Kirche.* D, 1985.

SCHNEIDER, T. & WENZ, G. *Das kirchliche Amt in apostolischer Nachfolge.* Fr, 2004.

SCHÜTTE, H. *Amt - Ordination und Sukzession.* D, 1974.

VOLK, H. *Der Priester und sein Dienst im Lichte des Konzils.* Mz, 1966.

VORGRIMLER, H. (org.). *Der priesterliche Dienst, V - Amt und Ordination in ökumenischer Sicht.* Fr, 1973.

**O Matrimônio**

DEMEL, S. *Kirchliche Trauung.* St, 1993.

CROUZEL, H. *L'église primitive face au divorce.* P-Beauchesne, 1971.

GREEVEN, H. et al. *Theologie der Ehe.* Rb, 1969.

KASPER, W. *Zur Theologie der christlichen Ehe.* Mz, 1977.

REINHARDT, K. & JEDIN, H. *Ehe – Sakrament in der Kirche des Herrn.* B, 1971.

RICHTER, K. (org.). *Eheschliessung mehr als ein rechtlich Ding?* Fr, 1989.

SCHILLEBEECKX, E. *Marriage – Human Reality and Saving Mystery.* Lo, 1980.

SCHNACKENBURG, R. et al. *Ehe und Ehescheidung* – Diskussion unter Christen. M, 1972.

SPLETT, J. & SPLETT, I. *Meditation der Gemeinsamkeit* – Aspekte einer ehelichen Anthropologie. St. Michael [Bläschke], 1981.

VOLK, H. *Das Sakrament der Ehe*. 4. ed. Ms, 1962.

WEBER, L.M. *Mysterium magnum* – Zur innerkirchlichen Diskussion um Ehe, Geschlecht und Jungfräulichkeit. 2. ed. Fr, 1965.

## Cap. XII. A doutrina da graça

*1 Visão geral*

GANOCZY, A. *Aus seiner Fülle haben wir alle empfangen* – Grundriss der Gnadenlehre. D, 1989.

GRESHAKE, G. *Geschenkte Freiheit* – Einführung in die Gnadenlehre. Fr, 1992.

LUTHE, H. *Christusbegegnung in den Sakramenten*. Kv, 1994.

MENKE, K.H. *Das Kriterium des Christseins* – Grundriss der Gnadenlehre. Rb, 2003.

PESCH, O.H. & PETERS, A. *Einführung in die Lehre von Gnade und Rechtfertigung*. Da, 1981.

WIEDERKEHR, D. *Glaube an Erlösung*. Fr, 1976.

*2 Aspectos específicos*

BALTHASAR, H.U. *Karl Barth* – Darstellung und Deutung seiner Theologie. 4. ed. Ei, 1976.

BETZ, J. & FRIES, H. (orgs.). *Kirche und Überlieferung*. Fr, 1960.

BOFF, L. *Erfahrung von Gnade* – Entwurf einer Gnadenlehre. D, 1978.

BOUILLARD, H. *Conversion et grace chez S. Thomas d'Aquin*. P-Aubier, 1944.

BRUNNER, A. *Gnade*. Ei, 1983.

DETTLOFF, W. *Die Entwicklung der Akzeptations- und Verdienstlehre von Duns Scotus bis Luther mit besonderer Berücksichtigung der Franziskanertheologen*. Ms, 1963.

_____. *Die Lehre von der acceptatio divina bei Johannes Duns Scotus mit besonderer Berücksichtigung der Rechtfertigungslehre*. Werl, 1954.

GRESHAKE, G. *Gnade als konkrete Freiheit* – Eine Untersuchung zur Gnadenlehre des Pelagius. Mz, 1972.

GUTIÉRREZ, G. *Theologie der Befreiung*. 10. ed. rev. Mz, 1992.

KÜNG, H. *Rechtfertigung* – Die Lehre Karl Barths und eine katholische Besinnung. Ei, 1957.

LAIS, H. *Die Gnadenlehre des hl. Thomas von Aquin*. M, 1951.

LOHRER, M.; PESCH, O.H. & FRANSEN, P. "Gottes Gnadenhandeln als Erwählung und Rechtfertigung des Menschen". *MySal*, IV/2, 1973, p. 595-984. Ei/Z/K.

LUBAC, H. *Petite catéchese sur Nature et Grace*. P-Fayard, 1980.

_____. *Die Freiheit der Gnade*. 2 vols. Ei, 1971.

MARTIN-PALMA, J. *Gnadenlehre* – Von der Reformation bis zur Gegenwart [HDG III/5b]. F, 1980.

PESCH, O.H. *Frei sein aus Gnade* – Theologische Anthropologie. Fr, 1983.

_____. *Theologie der Rechtfertigung bei Martin Luther und Thomas von Aquin* – Versuch eines systematisch-theologischen Dialogs. Mz, 1967 [reimpr., Da, 1985].

PETERS, A. *Rechtfertigung*. Gt, 1984.

_____. *Gesetz und Evangelium*. Gt, 1981.

RAHNER, K. *Grundkurs des Glaubens, Einführung in den Begriff des Christentums* – 4. Gang: Der Mensch als das Ereignis der freien vergebenden Selbstmitteilung Gottes. Fr, 1976, p. 122-144.

ROSSMANN, H. & RATZINGER, J. *Mysterium der Gnade*. FS Johann Auer. Rb, 1975.

SCHILLEBEECKX, E. *Christus und die Christen* – Die Geschichte einer neuen Lebenspraxis. Fr, 1977.

SCHÜTZ, C. "Anmerkungen zur Neuorientierung in der Gnadenlehre". *MySal*, vol. complementar, 1981, p. 355-363. Ei/Z/K.

STUDER, B. *Gratia Christi - gratia Dei bei Augustinus von Hippo* – Christozentrismus oder Theozentrismus? Ro, 1993.

VORSTER, H. *Das Freiheitsverständnis bei Thomas von Aquin und Martin Luther*. Gö, 1965.

WEIMER, L. *Die Lust an Gott und seiner Sache oder*: Lassen sich Gnade und Freiheit, Glaube und Vernunft, Erlösung und Befreiung vereinbaren? Fr, 1981.

WILLIG, I. *Geschaffene und ungeschaffene Gnade* – Bibeltheologische Fundierung und systematische Erörterung. Ms, 1964.

# ÍNDICE DE PASSAGENS DA ESCRITURA

*Com apócrifos, escritos de Qumran e Padres Apostólicos*

*Antigo Testamento*

**Gn**
1,1   26, 123s., 136, 171, 180, 377, 409
1,1-2,4a   95
1,2   282s., 286
1,26   100, 141, 148, 169, 185, 273
1,26-27   99
1,26-29   95
1,26.27   93
1,26s.   93
1,26ss.   545
1,27   91, 171
1,27s.   231, 533
1,28   106
1,31   99, 111, 127, 137, 159
1–11   103, 130
2,4b-25   95
2,4b–3,24   134
2,7   91, 95, 379
2,7ss.   99
2,10   180
2,8–3,24   114
2,15   106
2,18   179, 533
2,24   533
2,25–3,24   533
2–3   93, 115
3   349
3,3   107
3,5   107
3,5.22   273
3,14-19   107
3,15   349, 516, 519, 545
3,16   352
3,17ss.   511
3,20   105, 349
3,23s.   107
4,26   173
4-11   107, 115
5,1-3   93
5,21-24   379
6,2   101
6,6   176
8,22   135
9,6   93

9,6s.   93
9,9   409
9,9ss.   171
12   377
12,3   171, 180, 409, 545
12,4   570
13,8   353
14,14   353
14,17-20   490
14,18   184
14,19   173
14,19.22   135
15,6   172
16,7-13   182
17   171
17,1   178
17,2   173
17,2-13   180
17,5   409
17,10   462
17,11   447
18,1ss.   169
18,14   231
18,22-32   411
20,7-17   411
24,3   135
24,48   353
27   480
28,3   178
28,13   176
32,10   176
48,3   178
48,15   173
49,10   183
49,25   173, 178

**Ex**
3,2   172, 218s.
3,2-14   182
3,5   175
3,13   173
3,14   26, 177, 180, 188, 205, 211, 235, 377, 410, 544, 546
3,14s.   172
4,21   176

4,22  173, 209
6,3  173, 178
6,7  171, 173, 410
7,14  176
8,4.8s.  411
12,48  462
13,21  222
13,22  345
15,18  173
15,26  517
19  545
19,5  173, 410s.
19,5s.  418
19,6  173, 185, 345, 410, 521
19,11.18.20  178
20,1-3  174
20,3s.  94
20,4  175
20,5  176
20,18-21  172
24  184, 545
24,5-8  498
24,8  214, 481
24,10  170
24,12-18  231
24,16  345
24,17  175
29,45  410
31,3  282, 287
32  184
33,11  50
33,16  175, 410
33,20ss.  175
34,1  418
34,6  178, 377
34,9  410
34,10  135
34,14  176

**Lv**
1–15  463
12,3  462
14,10-31  517
19,2  173
19,8  411
20,26  410
26,12  173

**Nm**
8,10  523
11,16s.24s.  523
11,25  184, 286
11,29  185, 287
12,6  286
16,3  410
19  463
20,4  401

20,12  511
23,13s.  511
23,19  176, 178
23,21  377
24,2  283
24,17  183
27,18  282
27,18.23  523
35,34  410

**Dt**
1,31  173, 180
2,7  410
4,15  175
4,20  173, 410
4,24  387
4,37  176, 410
5  184
5,9s.  178
5,23-31  172
6,4  299, 305
6,4-6  544
6,4s.  172, 174
7,6  173, 410
8,5  173
9  184
10,15  176
10,16  462
12,7  178
13,7  353
14,2  173, 410
18,15  184, 411
18,15.18  201, 212, 480
21,23  200, 204, 216
23,2ss.  410
26,18  173, 410
29,9-12  410
30,6  462
30,15-20  176
31,6  410
32,4  178
32,6  170, 173, 209
32,8  410
32,9  173, 410
32,39  173
33,27  178
34,9  183, 282, 523

**Js**
24,24  173

**Jz**
3,10  281, 283, 287
6,34  283, 287
8,19  353
11,24  174
11,29  287

13,1-25  231
13,19.25  287
14,3  463
20,2  401

**Rt**
1,20  178
4,11-18  203

**1Sm**
1,9-11  231
10,6  281, 283
10,6-13  287
10,7  287
13,14  176
14,6  462
15,29  178
16,13  283, 287
16,14  176
17,12s.  203
26,19  174

**2Sm**
7,12-16  377
7,13s.  183, 187
7,14  209, 287
7,14.24  173
7,16  181
12,10-14  511

**1Rs**
8,12  135
8,13  410
8,14.22.25  401
8,27  178
8,41.60  180
16,7  98
18,39  174
22,21  287

**2Rs**
2,3.11  222
2,9  287
2,11s.  379
3,27  174
19,21  173

**1Cr**
28,8  410

**2Cr**
20,7  173
20,14  287
24,20  287

**Ne**
9,17  178
13,1  410

**Tb**
5  100
8,4-9  533
12  100
12,10  108, 176, 275, 509
12,15  100
13,4  173

**Jt**
16  178

**1Mc**
1,60  462
2,46  462

**2Mc**
1,24s.  178
1,27  180
6,10  462
7,9  221
7,9.14  181, 216, 223
7,14  379
7,28  136, 140, 379
8,18  178
12,43  216, 223
12,43-46  513
12,43s.  181
12,44s.  380
12,45  387

**Jó**
7,9  378
19,25  181
22,17  178
28,12-27  138
28,28  138
36,5  176
38–42  138
38,17  378
42,2  231

**Sl**
2  173, 184
2,7  183, 225, 230
6,6  378
8  93, 137, 545
8,5  89
8,6s.  93
8,7  185
9,8  178
16,10  181, 220, 222
19,2  135
22,2  215
22,2.25s.  516
22,23  401
22,29.32  216
33,11  176

33,12  410
33,9  136, 178
40,10  401
45  184
46  410
47,2  411
49  378
50,20  353
51,7  115
72  184
73  378
73,1  181
80,9  410
86,9  180
88,6  378
88,11s.  378
89  173, 183
89,27-30  209
89,37  181
90,4  384
92,9  178
95  137
95,7  173, 410
96,5  174
100,3  173
102,27  178
104  137
104,30  181, 185
106,20  138
110  173, 183s., 225
110,1  212
110,1-4  221
110,1.4  184
111,9  180
130,8  231
139,8  378
145,3  178
146,5  300

**Pr**
1,7  138
2,17  534
3,18s.  138
8  183
8,1-21  138
8,22s.  241, 262
8,22-25  314
8,22-31  138
8,31  227, 229
9,1-6  138
9,10  138

**Ecl**
3,20  378

**Ct**
6,9  421

**Sb**
1,6  282
2,18  183
2,23  93, 96, 108, 115, 379, 545
2,23s.  107
3,1.4  216
3,4  379
3,8  185
5,16  359
6,18  379
7,1s.  231
7,7  183, 282
7,14  512
7,21  138
7,22-8,1  138, 183
8,3-8  183
9,9  138
9,10  227
10,17  181
11,15  138
11,16  176, 509
11,26  173, 509
12,1  138
12,24  138
13,1  138, 177
13,1-9  459
13,5  138
13,10s.  138
13-15  174
15,2  173
15,3  379
15,7  135
16,20  490
16,24  176
18,13  173
19,1  178

**Eclo**
1,5  183
1,11-21  138
4,10  173
7,40  365
17,1-4  93
17,3  545
17,8s.  457
18,1  142
19,20  138
24,1-6  138
24,1-24  138
25,24  115
43,29  178
51,10  173

**Is**
1,4  173
2,1-3  180
2,2  179, 412

2,2-4  377
2,3  180
2,6ss.  181
2,8.18  174
4,3  377
4,4  463
5,1-7  410
6,3  137
7,14  172, 180, 183, 230, 235, 346, 351
8,8  410
8,10  180
9,5s.  184
9,6  182, 244
9,7  181
10,10  174
11,1-3  185
11,1-12  184
11,1.10  187
11,2  180, 281-283, 287
11,6-9  377
11,6ss.  180
11,10  180, 412
11,10ss.  180
13,4.13  181
13,6  223
14,10  378
18,7  180
19,3  174
19,24  180
24  498
24–27  181, 378
25,6  480
25,8  181, 379
26,4  178
26,9  282
26,19  379
29,6  463
29,10  282
29,16  135
30,20s.  181
30,27  463
32,1  377
32,15  181, 282, 287
32,15-19  287
33,14  178
33,22  181
35,5  380
35,9  180
37,22  173
40,1-9  377
40,10  178
40,11  173, 180, 410
40,13  178
40,15ss.  178
40,18  94, 179
40,28  176, 178
40–45  137

41,4  137, 177s., 365
41,8  173
42,1  181, 185, 283, 287
42,1-9  173, 184, 411
42,6  185
42,7  380
42–53  545
43,1.7  410, 434
43,10  173
43,15  170
44,3  282, 287
44,5  447
44,6  137, 177s.
45,3  170
45,7  176
45,9  135
45,15  137
45,15.21  174
45,21  174
46,10  179
48,3  178
48,12  137, 177
49,1-6  173
49,1-9c  184
49,6  185
49,8  223, 498
49,15  179
49,26  181
50,1  410
50,4-9  184
50,4-11  173
51,3  180
52,1  377
52,10  173, 180
52,13–53,12  184, 214
52,13.15  498
53  183, 270
53,3  411
53,3s.  517
53,5  392
53,6.11  561
53,7  463
53,10  270, 498
53,10-12  213
53,11s.
53,12  411
54,4-8  410
54,5  171, 173, 184
54,7-10  377
55,3  180, 214
56,6-8  180
59,21  180s., 185, 287
60,2  377
60,11-14  180
60,16  181
61,1  181, 185, 281s., 287, 380, 471
61,1-3  377

61,6   251, 287
61,6s.   173
61,10   410
62,4   377
62,5   173, 180, 415
62,12   173
63,9   181
63,14   287
63,16   173, 179
64,4   179
64,6   176
64,7   135
65,13   480
65,17   123, 138, 181, 271, 377, 384, 545
65,25   180
66,7-10   353
66,13   179
66,15   387
66,18-24   180
66,18.23   412
66,19   123
66,19.23   180
66,22   138, 181, 271, 384

**Jr**
2,2   173, 410
2,2.10.15   174
2,3   173
2,21   410
3,15   176, 434
3,17   410
3,19   173, 209
3,21s.   377
4,1s.   377
5,22-24   135
14,17   173
15,1   176
16,19   174
17,10   98
18,6   135
23   417
23,2ss.   410
23,3   180
23,4   434
23,5   184
23,5s.   377
24,7   173, 180s.
27,5   135
30,3   180
30,22   173, 184
31,2-5.18-22   377
31,3   172, 176, 179
31,9   170, 173, 209
31,20   181
31,31   173, 179, 181, 214, 440, 498
31,31-33   462

31,31-34   377, 410, 545
31,31ss.   180
31,33   181, 410
31,35   173
31,35s.   135
32,27   231
33,14   184
50,5   180

**Lm**
4,22   173

**Br**
2,13   180
2,26   173
2,34   185
2,35   180
3,28   183
3,36   178
3,38   227, 229

**Ez**
2,2   287
9,3-6   447
11,5   283
11,19   282, 287
11,20   180
16   410
16,60   180
18,20   554
28,13   135
30,2s.   223
34   173, 417
34,1-31   410
34,11   181, 545
34,11-16   524
34,11s.   184
34,23s.   181, 377, 545
34,24   187
36   377
36,22-28   185
36,24   180
36,26   462, 545
36,26s.   282
36,26ss.   287
36,28   173, 410
36,35   180
36,37   181
37,11-14   379
37,12   181
37,14   282
37,24s.   377
37,26   180, 377, 410
37,26-28   185
37,27   440
38   378

39,21   377
39,29   287, 463
44,1s.  353
47,1-2  180

**Dn**
2   378
2,44    181
7,13    181, 223, 381, 411
7,14    212, 244, 369
12,1-3  379
12,2    181, 216, 221

**Os**
1,2     100, 534
1,9     172, 180
2,1     173
2,16    410
2,18    174
2,18-25 377
2,20    180
2,21    180, 415, 545
2,21s.  172s.
2,25    173
6,2     222
9,7     287
11,1    173, 176
11,1-9  181
11,8    176, 377
13,14   181
14,6    172, 180

**Jl**
2,1-11  223
2,21-27 348
3,1     173, 350, 410, 413
3,1-3   185
3,1-5   288, 462s., 545
3,1s.   282, 287
3,1ss.  181
4,9     181
4,9-17  378
4,18    180

**Am**
3,2     173
5,2     173
5,18    181
9,2-4   135
9,12    377

**Ab**
15   181

**Jn**
2,1     222

**Mq**
3,8     282, 287
4,1-3   180
4,1-5   377
5,1     183
5,1-3   203
5,1-5   377
7,12    180

**Na**
1,2s.   155

**Sf**
1,14    223
2,9     180
3,9     180
3,14    173
3,14-17 348

**Ag**
2,5     181, 282, 287
2,6     410

**Zc**
1,3     556
2,14    173
2,14s.  377
2,15    412
2,16    410
4,6     287
6,12    184
7,12    287
8,8     180
8,20    171
8,23    172
9,9     348
9,9s.   184
10,6    180
12,10   181, 282, 287
13      378
14,8    180

**Ml**
1,2s.   176
1,6     173
1,11    180
2,10    173, 180
2,14    534
3,1     183, 411
3,2.17  223
3,6     178
3,17    173, 410
3,23    212

## Novo Testamento

**Mt**
1,1   202, 212
1,1.16   344
1,16   187, 202, 411
1,16.18   288
1,18   294
1,18.20   344
1,18.25   344
1,18-25   230
1,21   180, 188, 231, 546
1,23   172, 183, 231, 235, 346, 546
1,25   353
1-2   344
2,1   203
2,11.13.14.20.21   344
2,15   173, 224
3,8   508
3,11   463
3,16   281
3,17   224
4,17   205
4,18   411
4,23-25   207
5,3-12   546
5,9   183, 548
5,12   208, 215
5,13-16   430, 461
5,23   456
5,26   387
5,32   534, 539
5-7   212
6,9   206, 380
6,12   513
6,13   215
7,21   206, 209
8,11   480
8,11s.   413
10,6   412
10,20   281
10,22   565
10,35   205
11,19   227
11,25   138, 203
11,25-27   170, 209s., 224
12,6   209
12,24   208
12,28   207, 288, 381, 517
12,31   387, 397
12,32   387
12,40   222
12,41   209, 412
12,41s.   212
12,42   209, 227
12,45   365
12,50   209
13,34   227
13,35   138
13,55   203
14,14-21   480
15,2   61
15,13   209
15,31   170
15,32-39   480
16,13-20   212
16,16   202, 212, 288
16,16-19   420, 513
16,17.27   209
16,18   80, 412, 418, 437
16,18s.   423, 438
16,19   437, 502, 506, 523
17,3   220
18,10   100
18,10.19.35   209
18,18   413, 422, 437, 461, 502, 523
18,19   513
18,20   222, 531
19,1-9   534
19,8   138
19,9   534, 539
19,12   212, 353s.
19,17   178
22,1-14   381, 480
22,23   379
22,34-40   206
22,37-39   546
22,43   282, 287, 290
23,8-12   78
23,9-11   523
23,10   211
23,37   412
24,21   138
25,1-13   480
25,31-46   382, 432, 456
25,34   138, 380
25,40   397
25,41   397
25,46   397
26,26-29   480
26,28   270s.
26,29   380, 499
26,29.39.53   209
27,52   359
27,52s.   222
27,53   220
28,1-20   217
28,5s.   201
28,7   204
28,11-15   220
28,16-20   222
28,18   205

28,19   21, 26, 69, 80, 170, 188, 205, 210, 235, 281, 288,
    290s., 300, 304, 382, 462, 464, 523
28,19s.   296, 435
28,20   62, 78, 222, 403, 413

**Mc**
1,1   68, 343, 471
1,4   463
1,9   202, 310, 463
1,9-11   288, 294
1,10   283, 545
1,11   187, 224, 236
1,14s.   502
1,15   115, 205, 224, 343, 380, 463, 534
1,16   411
1,19   380
1,22   209, 211
1,24   202
1,27   343
1,34   101, 459, 517
2,5   212
2,7   212
2,10   380, 459
2,12   212, 343
2,16   459
2,16.19   480
2,17   517
2,28   212
3,1-6   461
3,7-12   461
3,13-19   211
3,13ss.   523
3,14   433s.
3,14s.   434
3,16   411
3,16-19   412
3,21   212
3,21.31   231, 343
3,29   287, 290
3,31   343, 353
3,35   344
4,11   443
4,30-32   215
4,35-41   208
5,21-43   208
5,34   208
6,1   203
6,2   227
6,3   203, 231, 343, 353, 411
6,5a   208
6,6-13   459
6,7   433, 523
6,13   517, 519
6,14-19   215
6,31-44   480
6,45-52   208
7,7   61

7,24-30   412
8,1-10   480
8,27-29   212
8,31   213
8,31-33   215
8,34-37   211
8,34-38   208
8,38   209, 382
9,4   220
9,6   224
9,13   215
9,30-32   215
10,6   138
10,6-9   534
10,11   534
10,18   178
10,27   231
10,32-34   215
10,38   463
10,39   215
10,45   183, 213, 270, 460, 463
11,15-19   212
11,24   513, 570
11,28   212
12,6   207, 226, 310
12,25   534
12,26   203
12,28-31   462
12,33s.   461
12,36   282, 287
12,37a   212
12,39   174
13   223, 378
13,9-13   208, 215
13,11   271
13,19   138
13,32   207, 209, 224, 226, 241, 310, 343, 381
14,22-25   460, 480
14,24   270s., 413, 461, 498, 546
14,25   207, 499
14,31   207
14,36   170, 207, 209, 213, 310, 343, 381, 497
14,38   215
14,61   209, 343
14,61s.   212
14,62   183
14,65   209
15,26   203, 212
15,32   203, 209
15,34   497
15,34-37   332
15,36   215
15,39   216
16,1-8   217
16,6   201
16,9-20   217
16,16   464

16,18  517
16,19  222

**Lc**
1,1-4  21, 57, 68
1,2  55, 58, 229
1,4  55
1,5-25  231
1,11  220, 224
1,15.41.67  282
1,26-38  230, 288, 345
1,28  363
1,28.41s.  355
1,31  346
1,32  173, 187, 202, 231
1,33  231, 244, 289, 369
1,34  231
1,35  222, 230, 283, 286, 294, 310, 345
1,37  345
1,38  231, 345, 349, 361
1,43  345, 354, 363
1,45  345, 348
1,46s.  203
1,46-56  350
1,48  348, 361
1,52  342
1,54  410
1,55  203
1,68  231, 271
1,69  411
1,75  139, 287, 392
1–2  345
2,1-7  203
2,11  231
2,19.51  74
2,23  230
2,25  282s.
2,29-32  231
2,32-34  185
2,34  460
2,35  353
2,38  271
2,40  227
2,49  209, 232
3,7-9  381
3,7-16  463
3,8  508
3,14  463
3,16  463
3,22  224, 415
3,23  202, 288
4,1  282
4,14.36  286
4,14s.  205
4,16  203
4,18.21  471
4,18-19  185

4,18s.  181
4,19  271
5,17  208, 286
6,19  286
7,11-17  208
7,16  208
7,22  380
7,34  381
7,35  227
9,10-17  480
9,18-22  212
9,27  207
9,34  345
9,35  224
9,43a  208
10,1  524
10,13-15  412
10,16  416, 420, 434, 461
10,20  546
10,21  138, 203, 282
10,21-23  310
10,21s.  170, 287, 318, 381
10,22  210
10,22s.  224
11,2  380, 412
11,17  227
11,20  207, 287, 381, 517
11,27  345
11,28  348
11,31  209
11,31.49  227
11,32  209
11,40  460
11,49  215, 412
11,50  138
12,16-21  382
12,33  512
13,29  412
14,15  203
14,15-24  381
14,20  534
15  546
15,22  563
16,18  534
16,19-31  382
17,20  380
17,21  206
17,22-37  381
18,27  231, 345
20,22s.  416
20,35s.  203
21,28  271
22,15-20  480
22,18  499
22,19  497
22,20  180, 270s., 430
22,28-30  381

22,29  209
22,30  203, 289
22,32  420, 437, 526
22,42  392
23,34.46.49  209
23,42  289
23,43  382
24,1-31  217
24,5-7  201
24,25-32  481
24,26  213
24,34  217, 219, 412
24,49  51, 230, 283, 286, 288, 291, 310
24,51  222

**Jo**
1,1  50, 229, 384
1,1-18  51
1,1.14  322
1,1.14.18  188, 224, 344
1,3  104, 137, 139, 187
1,11  173
1,11s.  172
1,12  546, 548
1,13  187, 465, 497, 546
1,14  26, 50, 170, 186s., 208, 227, 235, 246, 249, 391, 417, 482, 546
1,14-18  200, 228s., 238
1,14.18  224, 230, 354
1,16  348, 546
1,17  184, 546
1,18  50, 170, 175, 230, 281, 322
1,29  270s., 463, 490, 498, 546
1,32  283, 289
1,32-34  288
1,42  411, 418
1,45  202
2,1-12  536
2,2  354
2,5  348
2,11  208, 348, 444
2,12  353
3,3.5  205
3,5  67, 115, 118, 288, 295, 417, 462, 464s., 547
3,5.8  282
3,16  271s., 278, 325, 391, 417
3,16.18  224, 230, 322
3,22  463
3,23s.  462
3,34  51, 289, 295
4,2  461, 463
4,14  180, 465
4,22  411, 417
4,24  178, 235, 282, 295, 334, 460
4,42  417, 546
4,46-54  208
5,1-15  465

5,1-18  208
5,3  366
5,16  513
5,24  384, 541
5,25  271
5,25-28  384
5,29  547
5,36  51
6  482, 485
6,2.14  459
6,14.32  480
6,22-71  417, 480
6,27  288, 447
6,29  187
6,39  384
6,40  547
6,41.48.51  547
6,42  203
6,47  546
6,51  497, 546
6,53  270
6,54  459s.
6,54-57  498
6,57  482
6,63  281s., 493, 547
6,68  418
7,3-12  353
7,39  217, 282, 289
8,34  121
8,36  553
8,42  322
8,44  115
8,57  203
8,58  212
9,1-38  465
9,2  516
9,11-41  208
10,1-18  417
10,7  418
10,11  271, 278, 418, 434, 545s.
10,16  417
10,30  229, 303
11,1-44  208
11,25  387
12,16  217
12,24  215
12,24.33  271
12,26  395
12,31  121, 502, 546
13,1.3  217
13,23  418
13,24  418
13–17  289
14,1ss.  384
14,1-3  384
14,6  21, 188, 269s., 277, 417, 571
14,9  51

14,10  303
14,15.23.26  310
14,16  281, 289, 295
14,16.23.26  417
14,16.26  289, 291, 417
14,16s.  311
14,17  282, 290
14,20.25  325
14,23  282, 295
14,23.26  384, 417
14,26  51, 281s., 289, 295
14,28  241
14,30  101
14–17  290
15  547
15,1-8  417
15,5  555
15,13  278, 417, 546
15,15  498
15,26  170, 281s., 288s., 291, 294s., 311, 322
16,7  289, 291
16,7-11.12-13  311
16,9  220
16,13  51, 282, 288s., 291, 401
16,14  417
16,14s.  289
16,16-33  384
16,33  271
17,1  217
17,3  122, 208, 229, 391, 417, 459s., 546, 570
17,3.22-26  498
17,4  51
17,6  235
17,17  271
17,18  418
17,20-26  546
17,21  404
17,21-23  270
17,22  417
17,22s.  325
17,23  461
17,24  139, 348
17,26  497, 570
18,36  380
19,25  353
19,26  418
19,26s.  348
19,34  271, 417, 465
20,2  418
20,8s.  201
20,21  217, 222, 325, 418, 434
20,21-23  296, 413, 502
20,22  289, 310s., 322
20,22s.  413, 461, 507, 513, 523, 531
20,28  229
20,31  54, 459, 546, 571
21,15-17  418, 420

21,15-18  434
21,15-19  437
21,19  418
21,24  418
21,25  61

**At**
1,1-4  222
1,3  205
1,4  281
1,4-11  217
1,5  287
1,6s.  382
1,8  222, 282, 286, 463
1,9  345
1,9-11  222
1,14  231
1,16  287
1,21  411
2,1-42  288
2,4  282
2,14  413
2,14-36  217
2,17  287, 350, 366, 413, 462, 545
2,17.33  282
2,21  271
2,23  222
2,24.27.31  222
2,29  222
2,30-36  204
2,31  220
2,32  204, 217, 420
2,32.36  216
2,32.39  310
2,33  217, 282, 291, 295
2,33.36  294
2,38  295, 463
2,42  61s., 69, 419, 460, 464, 480s., 499
3,11-26  217
3,13.26  224
3,15  188, 208, 223, 570
3,18  287
3,20s.  223
3,21  141, 274, 313, 393, 482, 546, 549
3,25  187
4,8-12  217
4,12  21, 138, 180, 188, 205, 235, 277, 311, 464, 546
4,24  139
4,25  287
4,27  224, 230, 471
5,9  290
5,30  216
5,30-33  217
5,30s.  216
5,31  217
5,32  310
6,6  435, 523

7,2.26.30.35  220
7,55  282, 310
8  470
8,12  205, 464
8,14-17  471
8,16  464
8,17  464
8,18  470
8,20  282
8,36ss.  464
9,4  222, 423
9,17.31  220
10,9  290
10,36  271
10,37-43  217, 420
10,38  230, 282, 286, 463
10,42  224
10,45  282
11,12  290
11,16  463
11,26  187, 471
11,30  523
13,2  290
13,31  220
13,33  216, 224s., 230, 294, 463
13,52  282
14,4  174
14,11  169
14,15  139
14,17  138
14,22  205
14,23  79, 416, 523
15,2  523
15,4  420
15,6  78
15,8  287, 420, 464
15,22-25  70
15,22.28  420
16,4  70, 523
16,7  281
17,22-31  139
17,23  174
17,24  139, 178, 457
17,24s.  178
17,25  219
17,27  165
17,28  398
17,29  273
17,31  219
17,32  386
19,1-7  471
19,5  464
19,6  470
19,8  205
20,7  481
20,7-12  481
20,11  480, 523

20,17  523
20,28  62, 77, 79, 289, 295, 310s., 348, 403, 413, 416, 418s., 433s., 436, 521, 523
20,32  271, 410
21,8  523
22,16  464
23,8  379
26,16  220
26,23  223
28,23.31  205
28,27  176
28,31  382

**Rm**
1,1-3  202
1,1.3  54
1,1-4  200
1,1.9.16  415
1,1.16-20  92
1,2  54
1,2s.  310
1,3  68, 185-187, 201, 205, 216, 219, 225, 237, 288, 343, 381, 392, 411
1,3s.  204, 235s., 288, 413
1,3.9  224, 227
1,4  216, 225, 282, 463
1,5  392
1,9  415
1,16  415
1,17  505, 547, 561, 570
1,18  107, 115
1,18-20  136
1,18-25  138
1,19  165
1,19s.  124, 138
1,20  92, 105, 139, 174, 457, 548
1,22-24  107
1,23  174
1,24  108
1,28-31  108
1,29-32  503
2,5  107
2,6  108, 546
2,7  383
2,8  383
2,14  174
2,24  548
2,25  462
3,3  107
3,21-26  213, 561
3,21-31  570
3,23  93, 116
3,23s.  214
3,23-26  547
3,24  271, 563
3,24s.  502

3,25   187, 270
3,28   271, 410
3,29   174
3,30   178
4,11   447, 570
4,17   136, 139, 172, 216, 382, 409
4,24   204, 216
4,25   217, 270, 561
5,1   271
5,1-5   311
5,2   282, 571
5,5   122, 181, 191, 227, 270, 281s., 287s., 290, 292, 294, 297, 310, 317, 325, 391, 396, 398, 401, 476, 490, 500, 541, 544, 556s., 570s.
5,9   270
5,10   108, 224, 227
5,11   271
5,12   110, 112, 115, 118, 223, 367
5,12-21   382
5,13   110
5,14   107, 516
5,17   116
5,17ss.   172
5,18   115, 561
5,19   107s., 110, 116, 349
5,21   107
6   456, 462, 467
6,1-11   415
6,1-14   464
6,3   223, 464
6,3ss.   455
6,4   414, 468, 548
6,5   392, 464
6,9   202
6,12   469
6,18   271
6,20-22   553
6,22   271
6,23   107, 155
7,6   282
8   282
8,1   415
8,1-17   415
8,2   101, 107, 282, 464, 502, 548
8,2s.   106
8,2.11   282
8,3   68, 188, 200s., 204, 216, 227-229, 235, 270s., 273, 278, 308, 332, 343s., 356, 476
8,3.9   318
8,3.29.32   227
8,3.29.39   224
8,6s.   108
8,9   281, 288, 548
8,9-11   310, 415
8,11   139, 202, 216, 219, 288, 290, 294, 310, 413, 463
8,11.15   464
8,12-14   382

8,12-17   271
8,14-17   311
8,14-17.27-30   447
8,15   180, 209, 227, 277, 281, 288, 290, 300, 310, 410, 562
8,15s.   282
8,15.29   104, 115, 187, 269, 297, 325, 376, 413, 462, 547
8,16   282, 287
8,17   271, 283, 469, 508, 515
8,18-23   382
8,18.23.24   517
8,19   279
8,19-21   107
8,21   106, 108, 279
8,22-24   289
8,23   139, 282, 310
8,23-27   571
8,24   565
8,27   290
8,29   93, 122, 191, 227, 270s., 273, 310, 390, 464, 548
8,30   271, 358
8,32   227, 309, 413
8,33   555
8,34   222
8,39   107, 227, 279
9,3   201
9,4   173, 180, 209
9,4s.   171, 464
9,5   170, 185, 187, 229, 411
9,18   176
9,21   135
9,22   555
9,25s.   414
9,26   548
10,7   222
10,8s.   499
10,9   201, 204, 217
10,16   570
10,17   21
11,9s.   546
11,11   412
11,15   271
11,29   178
11,32   108, 116, 392
11,34   178
11,36   139, 171, 178, 392
12   513, 530
12,1   461
12,3s.   359
12,3-8   289
12,4   548
12,4s.   401
12,4-21   464
12,5   499
12,6   355
12,6-8   418
12,7   78
12,8   523

12,11  415
12–14  415
13,11-14  382
13,12  223
14,7  382
14,8  387
14,9  222, 294
14,10  224
14,17  205, 271, 493
15,13  286, 571
15,15.30  311
15,16  282, 411, 415, 521
15,30  282, 310
16,1.16.23  414
16,5  414
16,25s.  443

**1Cor**
1,2  414, 534
1,3  228
1,9  205, 224, 227, 271, 315
1,18  415
1,21  161
1,22  282
1,23  213, 277
1,23s.  33
1,24  227, 322
1,30  188, 270s., 392, 548
2,4  78
2,5-8  33
2,6-12  311
2,7-10  443
2,8  228
2,10  282, 287, 295, 311
2,10s.  282, 315
2,10-16  282
2,11s.  162
2,11-13  202
2,11.14  281
2,12  295
2,16  281, 294
3,9  168, 434, 523, 531
3,13  383
3,15  387, 394
3,16  281s., 401, 429
3,17  281, 548
3,22s.  399
4,1  523
4,5  223
4,7  168, 552
4,15  78
4,17  414
4,20  205
5  502
5,5  511
6,4  414
6,9s.  503

6,11  271, 281, 415, 464, 548
6,11.15-20  311
6,19  290, 548
6,20  270
7,7  532, 534
7,10  534
7,14  535
7,15s.  534
7,17  534
7,23  270
7,25-38  354
7,32  534
7,39  534
7,40  281
8,4  174
8,6  104, 139, 187, 222, 228, 311
9,5  353
9,17  415
10,7  430
10,16  414, 480
10,16s.  455s., 460s., 499
10,16.21  415
10,17  414, 530
10,21  480
10,32  414
11,2  61, 180
11,7b  93
11,11  534
11,16  414
11,20  480s.
11,21  499
11,22  414
11,23  61, 67
11,23-26  204
11,24s.  461, 497
11,25  187, 271s., 413s.
11,26  67, 415, 461, 497, 500, 523
11,29  494
12  415, 513, 530
12,3  58, 202, 204, 219s., 281, 288s., 315, 346, 413, 463,
    548, 570
12,4  295, 433
12,4s.  289
12,4-6  291, 311
12,4.11  415
12,4-11  418
12,4-31a  289
12,5  237, 433
12,7  363
12,11  291
12,12-31a  499
12,13  282, 415, 464
12,13.26  414
12,26  359
12,27  401, 414, 548
12,28  78, 414, 433, 518, 523

13,12   310, 358, 384, 419, 465, 571
13,13   571
14   285
14,26   289
14,37-39   433
14,38   77
15   104, 382
15,1   21, 61
15,3   213, 270, 277
15,3s.   213
15,3ss.   434
15,3-5   54, 61, 68, 201, 204, 217, 220, 415
15,3-11   52
15,4   222
15,5   172, 219, 412
15,9   411, 414
15,11   222
15,12   224, 271
15,15   217
15,20   223
15,20ss.   382
15,20.45ss.   381
15,22   108
15,24   205, 289, 502
15,24-28   382
15,25s.   271
15,26   108, 181
15,28   121, 127, 139, 184, 192, 202, 216, 222, 224, 227, 281
   289, 334, 366
15,29   449
15,35-53   382
15,44   221, 382
15,45   221, 282
15,45ss.   366, 382
15,49   93, 108
15,52   366
16,2   481
16,16   415, 433
16,19   419
16,22   223, 376

**2Cor**
1,3   170, 216
1,20   53, 382
1,21   282
1,21s.   228, 295, 311, 471
1,22   282, 415, 444
1,23   447
2,6   503
2,6ss.   503
3,3   281
3,3.6   415
3,6   180, 294
3,14   415
3,16   289
3,16-4,6   53
3,17   178, 235, 294, 429

3,17ss.   282
3,18   93
4,2.4   415
4,4   93, 228, 318
4,6   228
4,14   216
5,1   223
5,1-10   382
5,5   282
5,7   406, 419, 465
5,9   387
5,10   224, 383, 387, 394
5,14-21   214
5,15   499, 502
5,16   343
5,17   139, 223, 271, 288, 453, 464, 548
5,18-20   67
5,18s.   271
5,19   434
5,20   79, 187, 415, 434, 461, 498, 502, 523, 531
5,21   270, 272, 332, 382, 392, 547, 561
6,16   410, 414, 548
8,9   228, 263, 561
9,13   570
11,2   100, 534
11,31   170, 216
13,13   170, 228, 271, 282, 290, 295, 310s., 394, 398, 500
   544, 570s.

**Gl**
1,1   216, 433
1,1-16   415
1,1.16   227
1,4   270
1,8   61, 77
1,11   21
1,13   414
1,16   61, 200, 216, 219, 222, 224, 227, 381
2,16   187, 271
2,20   214, 227, 270
2,21   548
3,1   415
3,2s.   271
3,7   409
3,8   282
3,13   200, 204, 216, 270, 332, 382, 561
3,15-18   570
3,16   382
3,22   116
3,26   548
3,28   188, 406, 423, 464
4,2.26   418
4,4   187, 198, 202, 204, 224, 325, 476
4,4-6   26, 68, 104, 122, 170, 180, 187, 200s., 205, 219, 228,
   235, 269s., 277, 281, 290, 292, 297, 300, 310s., 325, 354,
   376, 413, 447, 461s., 500, 547
4,4-6   224, 227

4,4.6  224, 227
4,4s.  343s.
4,5  548
4,6  170, 209, 281s., 288, 290, 294, 401, 464, 541
4,19  93
5  106
5,1.5  548
5,5  282
5,6  424, 507, 546, 564
5,6ss.  415
5,6.25  464
5,13  464
5,13.22  282, 571
5,13-26  101, 415, 462
5,16-24  382
5,19-21  503
5,21  387, 509
5,22  206, 282, 394, 548
5,22s.  462
5,22ss.  444
5,25  534, 548
6,2  78, 513
6,6  415, 433
6,8  294, 464
6,15  139, 223, 271, 288, 382, 464, 548

**Ef**
1  274
1,1  555
1,1-14  290
1,3  170, 216
1,3-6  358
1,3-14  139
1,3-14.17  311
1,3-16  414
1,3.20  271
1,3-21  228
1,3-23  548
1,4  137, 139, 171, 355, 544
1,5  270
1,5s.  122
1,6  24, 227
1,7  270s.
1,8-10  443
1,9  50, 383
1,10  187, 222, 224, 271, 400
1,10-13  121
1,13  70, 295, 415, 447
1,17  228, 282
1,17s.  271
1,20  217, 400
1,23  383, 401, 413, 461, 499, 548
2,3  108, 112, 116
2,5  358
2,8  552
2,8-10  168
2,10  464

2,11-22  464
2,12ss.  208
2,14  186, 188, 270s., 403
2,15  70
2,15-22  413
2,16  271
2,17  415
2,18  50, 186, 414
2,18-22  311
2,20  52, 62, 410, 461
2,22  416
3,1-13  383
3,3  415
3,3-12  443
3,5  282, 287, 290
3,9  139
3,10  414
3,10s.  383
3,14-19  311
3,16  429
3,19  21, 414
4,4-6  311, 464
4,4-16  414s., 464
4,6  151, 163, 165, 171, 174, 180, 188
4,8s.  222
4,9  222
4,11  62, 289, 415, 433
4,11-16  409, 513
4,12  289, 359, 415, 434
4,13  21, 93, 171, 383
4,13-16  360, 499
4,15  401
4,22  469
4,24  139, 271, 392, 464
4,30  171, 282, 447, 470
5,1  548
5,2  278
5,2.25  214
5,5  289, 503
5,18  290, 415
5,19  290, 481
5,19s.  311
5,21  423, 535
5,21.33  534
5,22  443
5,22-33  535
5,23  180, 350, 401, 485
5,25  100, 415, 462
5,25-32  538
5,26  67, 415, 464
5,27  423, 502
5,31  537
5,32  532, 534, 536
6,6-20  472
6,10-20  383

**Fl**
1,1   78, 416, 433, 521, 523
1,19   281, 290, 294
1,21-23   382
1,23   223
1,29   552
2,5-11   278
2,6   343
2,6s.   216
2,6-8   204
2,6-11   68, 188, 201, 204, 207, 228, 237, 256, 263, 268, 546
2,7   258, 273
2,8   392, 547
2,8.11   215
2,9   217
2,9-11   294
2,9.11   216
2,11   334
2,12   564
2,13   168
2,15   548
2,16   67
3,10s.   223, 279, 392, 456, 462
3,12   358
3,20   223, 499
3,21   93, 387
4,5   223

**Cl**
1   274
1,3   170, 216
1,11s.   205
1,12-20   139, 548
1,13   224, 227, 271, 289
1,14   270s.
1,15   50, 93, 241, 314, 322, 355
1,15-16   361
1,15-17   262
1,15-18   209
1,15-20   139, 228
1,15-20.24-29   414
1,16   100, 139, 187, 222
1,16s.   104
1,18   223, 270, 401, 413s., 464, 499, 548
1,19   228, 361
1,20   224, 271
1,24   499, 513, 515
1,26s.   443
1,27   270, 565, 571
2,3   227, 270
2,8   61
2,8s.   100
2,9   228
2,10   383
2,11-15   464
2,12   217, 383
2,14   70
3,1   222s.

3,3   358, 383
3,4   383
3,9s.   469
3,10   93, 139, 464
3,10s.   121
3,11   192, 222, 366, 395
3,14   466
3,16   66s.
3,17   290
3,18   535

**1Ts**
1,1   414
1,2   570
1,3   462
1,5   286, 415
1,5.10   310
1,6   472
1,9   222
1,9s.   217, 223
1,10   201, 217, 224
2,13   54, 415
2,14   414
4,3.7   271
4,3-8   534
4,13-18   382
4,14   201, 217, 271, 358, 382
4,14.17   223
4,14-18   204
4,17   382
5,9   204, 499
5,10   223
5,11   382
5,12   415, 433, 523
5,18   311
5,19   282, 290, 415
5,23   96, 462

**2Ts**
1,4   414
1,4-10   383
1,5   205
1,7   223
2,1-12   383
2,4   383
2,7   399
2,13   282, 311
2,15   61
3,6   54
3,14   503

**1Tm**
1,4   416
1,17   50, 174
1,20   511
2,4   277, 289, 396, 416
2,4s.   21, 172, 187
2,4-6   214

— 616 —

2,5  50, 100, 174, 184, 214, 237, 255, 277, 302, 359, 381, 424, 460, 502, 514, 548
2,6  270
2,7  416
3,1-13  433
3,2  416, 523
3,5  416, 434
3,8-13  416
3,14  410
3,15  62, 80
3,16  68, 201, 220, 222, 228s., 288, 416, 463
4,1  290, 366
4,1-11  416
4,3  534
4,6  416
4,10  271
4,12  416
4,14  79, 289, 416, 433, 435, 523
4,16  416
5,7.17  416
5,17  415s., 433, 523
5,17.19  523
5,17.19.22  417
5,17.22  416
5,22  79, 416, 503
6,3  54
6,5  70
6,14  51
6,16  175, 383
6,20  22, 62, 416

**2Tm**
1,6  79, 416, 435, 523
1,9s.  355
1,10  229
1,11  416
1,12s.  416
1,13  78
1,14  62, 79, 289
1,16  416
1,18  513
2,2  62, 503
2,8  201
2,11-12  515
2,14-26  77
2,15  70
2,18  70, 224
2,22  570
2,24  78
3,1  366
3,8  70
3,15  416
3,15s.  58
3,16  287
4,1.8  383
4,4  70
4,17  416

**Tt**
1,1s.  383
1,3  67
1,5  79, 415-417, 521, 523
1,5-9  433
1,7  523
1,9  416
1,10-16  77
1,14  70
2,4-7  416
2,7  416
2,11  214, 548
2,13  51, 229
3,4-7  229, 287, 311, 477, 548
3,5  67, 118, 271, 288, 295, 415, 462, 464s., 547
3,6  295
3,7  271, 383
3,8-11  416

**Hb**
1,1-2  51
1,1-3  139, 179, 188, 200, 224, 366, 381, 383, 418
1,1-4  228
1,1-5  294
1,2  104, 187, 228
1,2s.  310
1,2.8  224
1,3  228, 322, 447
1,5  173, 187, 209, 228, 322
1,5s.  230
1,10  139
1,14  100
2,2ss.  311
2,10  139, 228
2,11  271
2,14  101, 108, 223, 229, 236
2,14ss.  228
2,17  224, 270, 418
3,1  431
3,2  241
3,4  139
3,6  224
3,7  287, 290
3,7–4,11  406
3,17  411
4,9  418
4,10  392
4,11  139
4,14-16  184
4,15  252, 270, 356
4,16  460
5,5  230
5,6  184
5,7-10  100
5,9  256, 381, 570
6,1-8  383
6,2  68, 464
6,4  418

6,4ss. 503
6,6 295, 509
6,17 178
7,24-28 460
7,25 214, 222
7,27 366, 492
7,28 224
8,6 214, 381, 418, 460
8,6.13 187
8,8.10 412
9,11 418
9,11s. 51
9,11-15 498
9,12 187, 502
9,12-15 409
9,12-26 498
9,14 270, 288, 310, 418, 463, 497
9,15 271, 277, 381
9,26ss. 256
9,28 220, 460, 492, 499
10,5.10 214
10,10 271, 278
10,14 418
10,21 418
10,25 383
10,26 503
10,29 311
10,30 418
10,34 383
10,36 384
11,1 570
11,6 564, 571
11,35 418
11,40 419
12,1-3 418
12,1.3 384
12,2 51, 381, 383, 570
12,22-24 271, 360, 419, 499
12,29 387
13,4 534
13,7 78, 419
13,7.17.24 523
13,8 177s.
13,11s. 270
13,12 271
13,14 383, 418
13,17 77, 415, 419, 433
13,20 180, 418

**Tg**
1,17 178
1,27 188, 456
2,1 228
2,19 564
4,5 282
5,8 223
5,8s. 383
5,14 523

5,14s. 517s.
5,14-16 515
5,16 502, 513

**1Pd**
1,1 418
1,1s. 311
1,2 282, 418, 465
1,3 170, 216
1,3.23 465
1,5.20 366
1,12 78, 418
1,18 270
1,19 270
1,20 139, 334
1,23 270, 465
2,5 411, 415, 428, 461
2,5.9 465, 521, 525
2,9 411, 418, 492
2,9s. 410, 418
2,10 406
2,10s. 401
2,23-25 214
2,25 418, 523, 545
3,1-7 535
3,15 21, 241
3,18 201s., 217, 270, 288
3,19 222
3,19s. 222
3,20s. 465
3,22 222
4,6 223
4,7 223
4,10 359
4,10s. 415
4,11 418
4,11.14 418
4,13 515
4,14 283, 287, 311
4,17 418
5,1 79, 418, 521
5,1-4 416, 434, 523
5,2s. 524
5,4 418, 523
5,13 437

**2Pd**
1,1 229
1,1s. 548
1,4 50, 271, 273, 548
1,17 224, 227, 288
1,17.20 548
1,21 287
2,1-3 77
2,4 101
3,4 384
3,8 384

3,13  271, 384
3,15s.  57

**1Jo**
1,1-3  191, 205, 270, 294, 325, 497, 546
1,3  271, 282, 417, 461, 465
1,3.7  224
1,7-2,2  417
1-3  376
2,1  100, 184, 222, 513
2,2  270s.
2,18  384
2,18.23  384
2,18-27  77
2,20  282
2,20.27  78, 282, 431, 471
2,22.24  224
3,1  548
3,1s.  271
3,2  122, 271, 358, 384, 419, 465, 571
3,5  463
3,8  112
3,9  465
3,13-17  432
3,16  295, 417
3,17  456
3,18  418
3,20ss.  513
3,23  224
3,23s.  311
3,24  282, 295, 417, 461
4  290
4,2  202, 219, 281, 288s., 384
4,2s.  229, 236
4,3  384, 465
4,6  282
4,8  178, 332, 571
4,8-16  282, 288, 294, 318, 546
4,8.16  172, 176, 309, 319
4,8.16b  391
4,9  224, 230, 310
4,9s.  271
4,9.13  541
4,9.14  224
4,9-16  417
4,10  270s.
4,11-16  311
4,13  282, 288, 310, 417
4,13-16  295, 338, 417
4,13-21  394
4,14  546
4,16  334
4,17  547
5,3  465
5,5-8  311
5,6  288
5,6-8  465
5,6-13.20  417
5,9.11.12.20  224
5,11s.  465

5,15s.  513
5,16  387, 503, 509
5,18  230
5,20  229, 270, 279

**2Jo**
3  205, 224
7  229, 236, 384
9  224

**Jd**
3  62, 78, 383
6  101
20  286, 290, 300
20s.  310s.

**Ap**
1,4  177
1,5  209
1,5s.  419
1,5.13-20  384
1,6  185, 411, 521
1,10  481
1,14  387
1,18  222, 365
2,22s.  511s.
4,8.11  139
4,11  137
5,5  187
5,9  270
5,10  185, 411, 419
5,12  227
5,13  100, 139
6,8  223
6,9  360, 419, 499
7,2-8  447
8,3  419, 499
8,17  177
10,6  139
11,1s.  410
11,11  282
11,15  185
12  384
12,1  220
12,1-8  348
12,1-18  419
12,9  419
13  384, 419
13,8  334
14,5  385
14,6  181
14,7  139
14,8  419
14,13  290, 392
15,1  366
16,19  419
17,1.5  419

18,1 419
19,6s. 140, 178
19,7 100, 180, 399, 419, 534
19,7s. 419
19,7.9 385
19,8 336
19,9 419, 480, 500
19,13 229
19,16 359
19,19 220
20,1-6 385
20,6 411, 419, 521
21,1 138, 181, 271, 384
21,1-7 139
21,2.10s. 419
21,3 440
21,4 271
21,6 177
21,9 419
21,14 410, 419
21,22 419
22,1-3 180
22,4 419
22,13 177, 365
22,17 100
22,20 376

## Apócrifos
4Esd 13,3 183
13,27 463

Henoque etíope 48 183

Protev 19,3 349

## Escritos de Qumran
1 QS IX, 11 184
1 QS II, 11-21 184

## Padres apostólicos

### 1Clem
6,1 437
40,5 434
42,4 417
42-44 416, 434
44,1-5 417
48,1 503
51,1 503
56,1 503
57 437
58,2 437
59,1 457
59,4 503
60,1-3 503
63,2 437

*Inácio de Antioquia*

### Ef.
4,1 417
7,2 232, 238, 354
13,1 480
18,2 351
19,1 351, 354
20,2 482

### Magn.
6,1 417
9,2 223
13,1 70

### Philad.
2,1 417
4 482
4,1 480
4,4 417
6,1 351
7,1-2 417
8,1 503

### Polyc.
3,2 238
5,2 535

### Rom.
prol. 437
4,3 437
9,1 417

### Smyrn.
1,1s. 237
1,1-2 351
7,1 480, 482
8,1-2 482
8,2 417, 420

*Carta de Barnabé*

1,6 70
6,12 141
10,1.9s. 70

*Hermas*

### Mand.
1,1 140
4,3.6 501
4,4 535

*Policarpo de Esmirna*

### ep.
6,1s. 503
11,1.4 503

*Didaquê*

7 466
7,1.3 464
9,5 464, 480
13,3 434, 524
15,1 524
15,1s. 434
15,3 503

# ÍNDICE ONOMÁSTICO

Abelardo, P. 26, 82, 112, 190, 258, 301
Acácio de Cesareia 243
Adam, K. 87
Adão de São Vítor 82
Adorno, T.W. 373
Adriano I 190, 257
Aécio de Antioquia 243
Aério de Sebaste 524
Afanassieff, N. 309
Agatão I 256, 300
Agostinho 22, 26, 33, 38, 44s., 63, 81, 94, 96s., 99, 102, 108s., 111s., 114-118, 129, 143-146, 177, 223, 246, 269, 283, 312, 315-318, 322, 325s., 334, 349, 352, 356, 358, 385-387, 401, 423-425, 437, 443-445, 447, 449, 467, 472, 479, 485s., 494, 524, 535, 541s., 550-554, 567s.
Alano ab Insulis 82, 513
Albert, H. 159
Alberto de Brandemburgo 510
Alberto Magno 27, 81, 83, 149, 513, 519, 525
Alciati, P. 305
Alcuíno 82, 257
Alexandre de Alexandria 354
Alexandre II 512
Alexandre III (Bandinelli, R.) 82, 190, 259, 358
Alexandre VII 501
Alfarábi 81, 149
Alfonso de Castro 84
Algazel 81, 149
Allatius, L. 84
Allmen, J. 454
Altaner, B. 87
Althaus P. 38, 86, 161, 454
Amalário de Metz 82
Amalrico de Bena 147
Ambrosiaster 522, 524, 553
Ambrósio Autperto 358
Ambrósio de Milão 57, 81, 117, 283, 312, 315, 326, 352, 363, 387, 407, 421, 437, 444, 472, 479, 485, 508
Amort, E. 84
Anastácio Sinaíta 81
Anaxágoras 131
Anciaux, P. 514
Ângelo Silésio 147
Anísio de Tessalônica 353
Anselmo de Canterbury 42, 82, 118, 273-276, 312, 318s., 356

Anselmo de Laon 82
Ântimo de Trebizonda 253
Apolinário 244s.
Áquila 351
Ário 240-242, 304s., 315, 317, 325
Aristides 70, 81
Ariston de Pella 81
Aristóteles 22s., 26-28, 34, 37s., 45, 81s., 96, 98, 129, 131-133, 136, 140, 142, 148-150, 314, 316, 318, 323, 337, 371, 422, 446s., 448, 492, 556, 559
Arno de Reichersberg 82
Arnold, F.X. 454
Atanásio 26, 56, 72, 81, 116s., 234, 238, 241-245, 273, 283, 292, 312, 315s., 434, 443, 483, 548
Atenágoras 81, 140, 291, 299, 312, 386, 386, 535
Aurélio 553
Averróis 81, 98, 149, 371
Avicebron 81
Avicena 81, 149
Aymans, W. 31

Baader, F. 157
Baier, J.W. 84
Baio, M. 102, 113, 357, 512, 567s.
Balmes, J. 86
Balthasar, H.U. 86, 268, 309, 335s., 367, 374, 568s.
Bañez, D. 84, 566
Barônio, C. 84
Barth, K. 29, 36, 38, 46, 49, 86, 94, 161, 268, 309, 328s., 331, 334, 374, 454
Basílides 302
Basílio de Cesareia 26, 63, 81, 117, 244, 283, 292, 312, 535
Bäumker, Cl. 86
Baur, F.C. 67, 307
Bautain, L.-E.-M. 33
Bayle, P. 85
Beda o Venerável 82, 518, 524
Belarmino, R. 22, 65, 84, 118, 407, 427, 496
Bento II 257
Bento XII 367, 386
Bento XIV 543
Berengário de Tours 82, 443, 445, 478, 487, 488
Berger, P.L. 457
Berlage, A. 86
Bernanos, G. 168

– 621 –

Bernardo de Chartres 81
Bernardo de Claraval 82, 357, 385
Bernardo Silvestre 82, 147
Berti, J.L. 567
Bérulle, P. 567, 596
Bessarion, B. (card.) 83
Biel, G. 83, 491, 505
Billot, L. 86, 448, 496
Billuart, C.-R. 84
Blau, F.A. 85
Bloch, E. 159, 373
Blondel, M. 74, 86, 568
Blumhardt, J.C. 507
Boaventura 27, 83, 148-150, 155, 312, 319s., 446, 448, 473, 513, 519, 525
Boécio 81, 319
Böhme, J. 147, 157
Bolland, J. 33, 84
Bolzano, B. 85
Bonhoeffer, D. 86, 507, 515
Bonifácio I 437
Bonifácio VIII 426, 438, 512
Bonifácio IX 525
Bonnetty, A. 33
Bonoso de Sárdica 353
Bossuet, J.B. 84
Bousset, W. 307, 347
Brenner, F. 85
Brunner, E. 38, 86, 161
Brunner-Traut, E. 347
Bruno, G. 157
Buber, M. 331
Buchner, A. 85
Buddeus, J.F. 84
Bulgakov, S.N. 309
Bultmann, R. 49, 86, 195, 198s., 214, 347, 377

Caetano de Vio, T. 84, 512
Calisto 302
Calixt, G. 31, 84
Calixto I. 501
Calov, A. 84
Calvino, J. 45, 84, 264, 305, 369, 387, 404, 426s., 492, 494, 506, 519, 527, 538, 567
Canísio, P. 84
Cano, M. 84, 537
Carnap, R. 35, 159
Carranza, B. 84
Casel, O. 455
Cassirer, E. 457
Celestino I 246, 542
Celéstio 111, 550

Celso 169, 237, 347, 351
Cerinto 236
Cesário de Arles 387, 518, 554
Chardin, T. 87, 114
Chemnitz, M. 65, 84
Chomjakov, L. 309
Cícero 142
Cipriano de Cartago 79, 81, 117, 312, 387, 401, 421s., 434s., 437, 444, 465, 471s., 485, 501, 503s., 508, 510, 523
Cirilo de Alexandria 56, 244s., 248-250, 259, 354s., 466, 483
Cirilo de Jerusalém 44, 81, 223, 423, 437, 467, 472
Ciro de Fasis 255
Clemente de Alexandria 26, 63, 70, 79, 81, 116, 142, 236, 238, 274, 350, 353, 421, 437, 483, 501, 535, 548, 550
Clemente de Roma 57, 81
Clemente VI 438, 475, 512
Clemente XI 543, 568
Clichtoveus, J. 84
Cocleo, J. 84
Codina, V. 87
Commer, E. 86
Condillac, É.B. 157
Condren, C. 567
Congar, Y. 87, 309, 450, 569
Copérnico 157
Cornélio a Lapide 84
Cornélio I 421, 434
Cullmann, O. 49, 375, 454

Dalmais, J.-H. 536
Dâmaso I 57, 190, 245, 285s., 293, 300, 304
Daniélou, J. 87
Darwin, C.R. 133, 144
David von Dinant 147
Decêncio de Gubbio 435, 474, 518
Demócrito 95, 131, 372
Denifle, H. 86
Denzinger, J.H. 86
Dereser, J.A. 85
Descartes, R. 23, 34, 72, 157, 159s., 194, 324
Deutinger, M. 85
Dibélio, M. 347, 429
Dídimo o Cego 292, 315
Diepenbrock, M. 85
Dieringer, F. 86
Dietenberger, J. 84
Diodoro de Tarso 81, 245, 248
Dionísio Cartuxo 83
Dionísio de Alexandria 190, 238, 285, 292, 300, 302
Dionísio de Corinto 437
Dionísio de Roma (papa) 190, 285, 300, 302
Dionísio o Exíguo 202

Dionísio Petávio 84
Dobmayr, M. 85
Dodd, C.H. 374
Döllinger, J. 86
Drey, S. 85, 407, 428
Duns Escoto, J. 27, 34, 38, 83, 118, 155s., 234, 261s., 319, 357, 388, 445, 448, 491, 504s., 519, 525, 560
Duperron, J.-D. 84
Durando de S. Pourçain 491
Duvergier de Hauranne, J-A. 568

Eadmero 356
Ebeling, G. 309, 454
Ebner, F. 331
Eck, J. 22, 84
Eckhart 83, 125, 147, 157
Egídio Romano 83
Ehrhard, A. 86
Ehrle, F. 86
Eigen, M. 133
Einstein, A. 134
Elert, W. 454
Elêusio de Cízico 292
Eliade, M. 130, 457
Elipando de Toledo 257
Emser, H. 84
Epicuro 372
Epifânio de Salamina 81, 232, 285, 349, 352, 357, 360, 524, 526
Episcópio 306
Erasmo de Roterdã 84, 115, 120
Ernesti, J.A. 84
Estius, W. 84
Estêvão 422, 437, 466
Eudóxio 243
Eulógio de Alexandria 190
Eunômio 292
Eusébio de Cesareia 26, 385, 437
Eustáquio de Sebaste 292
Eustásio de Antioquia 81, 245
Eutiques 250

Faber Stapulensis 84
Fabiano 434
Fausto de Riez 81, 485
Feiner, J. 23
Felipe o Chanceler 82
Félix de Urgel 257
Feuerbach, L. 21, 25, 157, 196, 371s.
Fichte, J.G. 36, 50, 157, 160, 175
Filo de Alexandria 142, 238

Filoxeno de Hierápolis/Mabbug 253
Fingerlos, M. 85
Finkenzeller, J. 450, 485
Fischer, J. 84
Flaviano 190, 246, 249s., 437
Fócio de Constantinopla 326, 438
Fotino de Sírmio 236, 244
Fraine, J. 114
Francisco de Vitória 84
Francisco Silvestre de Ferrara 84
Francke, A.H. 84
Frank, F.H.R. 264
Franzelin, J.B. 86, 428
Frassen, C. 84
Freud, S. 25, 158s., 275, 373
Friedhoff, E. 86
Fries, H. 86
Frohschammer, J. 33
Fulberto de Chartres 81
Fulgêncio de Ruspe 44, 81, 525
Funk, F.X. 86

Gaio 622
Galeno 142
Galilei, G. 133, 157
Galtier, P. 265
Galura, B. 85
Gaufried de Poitiers 82
Geiselmann, J.R. 87
Gelásio I 484, 521
Genádio de Marselha 45, 81
Genádio Escolário 83
Gentile, G.V. 305
Geraldo de Abeville 83
Gerbert, M. 84
Gerhard, J. 22, 65, 84
Gerhoh de Reichersberg 82
Germano de Constantinopla 358
Gerson, J. 83, 491
Gess, W.G. 264
Geyer, B. 86
Gilberto de Poitiers 26, 82, 147, 258, 301, 303, 323
Godofredo de Fontaines 83
Godofredo de São Vítor 82
Goethe, J.W. 19
Gogarten, F. 86
González de Cardedal, O. 87
Görres, J. 85
Gotti, V. 84
Gottschalk von Orbais 543, 555
Grabmann, M. 86

Graciano 82, 425
Gregório de Nazianzo 26, 56, 81, 117, 177, 234, 244, 283, 292, 312, 316-318
Gregório de Nissa 44, 81, 142, 178, 244, 283, 312, 326, 396, 444, 535
Gregório de Palamas 83, 549
Gregório de Valência 84, 118
Gregório Magno 81, 190, 369, 387
Grellius, S. 305
Greshake, G. 568
Gressmann, H. 347
Gretser, J. 84
Gribaldi, M. 305
Grillmeier, A. 28, 87, 199, 350
Grisar, H. 86
Grócio, H. 306
Gropper, J. 84
Grosseteste, R. 148
Guardini, R. 87, 429, 569
Guido de Orchelles 82
Guilherme de Auvergne 82, 508, 513
Gilherme de Auxerre 82, 513
Guilherme de Conches 82, 147
Guilherme de Melitona 448
Guitmundo de Aversa 82, 487, 489
Günther, A. 85, 126, 265, 301, 303
Gutiérrez, G. 30, 87, 456

Haeckel, E. 158
Hafenreffer, M. 84
Haffner, P. 86
Haimo de Halberstadt 82
Häring, B. 514
Harms, C. 507
Harnack, A. 25, 38, 70, 74, 195, 265, 307, 347, 424
Hawking, S. 134, 158
Hefele, C.J. 86, 352
Hegel, G.W.F. 24, 36, 85, 143, 147, 157, 160, 196, 303, 308, 335, 372
Hegésipo 79, 91, 420, 437
Heidegger, M. 25, 86, 373
Heiler, F. 130
Heinrich, J.B. 86
Helvetius, C.-A. 157
Helvídio 353
Hengel, M. 204, 226
Henrique de Gante 39, 83
Henrique de Langenstein 83, 491
Henrique Totting de Oyta 83
Heráclito 131
Herbert E. Cherbury 372

Hergenröther, J. 86
Hermann, W. 38
Hermes, G. 85, 126
Hesíodo 130, 370
Hettinger, F.S. 86
Hick, J. 25, 195, 251, 265, 307
Hilário de Poitiers 81, 246, 283, 312, 315s.
Himério de Tarragona 474
Hincmar de Reims 82, 543, 555
Hipátio de Éfeso 254
Hipólito de Roma 64, 67, 79, 81, 300, 302, 349, 351, 421, 434s., 466, 471, 482, 497, 501, 518, 524, 535
Hirscher, J.B. 86
Hofmann, J.C.K. 264
Holbach, P.-H.D. 157, 159
Hollaz, P. 84
Homero 130, 370
Honório I 190, 255, 438
Honório III 147
Hooker, R. 85
Horkheimer, M. 373
Hormisdas 190, 437s.
Hostiensis 513
Hubble, E. 134
Hugo de Saint Cher 82, 513
Hugo de São Vítor 22, 28, 45, 82, 148, 258, 445s., 505, 511
Huguccio 82, 513, 521
Hume, D. 35, 85, 95, 113, 158, 372
Hünermann, P. 456
Hus, J. 402, 404, 425, 450, 478, 501
Hutter, J. 84

Ibas de Edessa 246, 250
Inácio de Antioquia 57, 62, 70, 81, 223, 232, 237s., 246, 351, 354, 417, 420, 434, 437, 480, 482, 484, 535
Inocêncio I 57, 435, 437, 474, 518, 521
Inocêncio III 125, 368, 450, 474, 478, 537
Inocêncio VIII 525
Inocêncio X 543, 568
Irineu de Lião 21, 62, 69, 79, 85, 93, 108, 111, 116, 129, 141, 169, 223, 229, 236-238, 245s., 274, 291, 300, 312, 349, 351, 356, 395, 420, 422, 437, 482, 501, 503, 535, 548, 550
Iserloh, E. 560
Isidoro de Sevilha 45, 78, 81, 352, 495, 472, 486, 525

Jansênio, C. 113, 357, 405, 543, 568
Jaspers, K. 86, 373
Jedin, H. 86
Jerônimo 56, 81, 117, 223, 243, 352, 437, 504, 522, 524, 535
João Crisóstomo 81, 117, 245, 483, 518, 524
João Damasceno 44, 78, 81, 177, 253s., 259, 312s., 318, 322, 325s., 358, 472, 484, 504, 536

João de Antioquia 190, 250
João de Ragusa 407
João de Salisbury 82, 147
João de São Tomás 84
João Diácono 521
João Escoto Erígena 82, 143, 146s.
João Gramático 253, 313
João Paulo II 522, 526, 533
João Quidort de Paris 491
João XXII 125, 439
Joaquim de Fiori 303, 319s., 425
Joest, W. 38, 161
Jonas de Orléans 81
Joviniano 352s.
Juliano (imperador) 347
Juliano de Cos 190
Juliano de Eclano 111, 356, 550
Juliano de Halicarnasso 236, 253
Juliano de Toledo 257
Júlio I 437
Jung, C.G. 347
Jüngel, E. 36, 38, 86, 94, 161, 309, 331s., 334, 454
Jungmann, J.A. 87
Junílio Africano 81
Justiniano 368
Justino Mártir 21, 57, 81, 140, 239, 300, 305, 322, 350s., 420, 466, 480-482, 501, 503

Kähler, M. 198
Kant, I. 23s., 36, 39, 42, 50, 85, 89, 113, 157, 196, 265, 276, 306, 308, 372, 374, 428, 442, 460, 569
Käsemann, E. 199
Kasper, W. 87, 454, 530
Kepler, J. 148, 157
Kilian, R. 352
Klee, H. 86
Kleutgen, J. 86
Kliefoth, T. 507
Klüpfel, E. 85
Knitter, P. 25, 265, 307
Koch, G. 456
Koenig, J.F. 84
Köhler, W. 307
Kraus, F.X. 86
Krebs, E. 86
Kuhn, J. 86
Küng, H. 308
Kunzelmann, A. 551, 553

Lackmann, M. 515
Lactâncio 235, 387

Lagrange, J.M. 87
Lamennais, J.-M.-R. 33
Lamettrie, J.-O. 157, 159
Landgraf, A.M. 86, 555s.
Lanfranc de Bec 82, 487
Langton, S. 82, 513
Lapide, P. 305
Laplace, P.-S. 158
Leão Magno 81, 190, 223, 246, 249, 251, 286, 293, 315, 352, 437, 508
Leão X 368, 508
Leão XIII 286, 289, 301, 368, 402, 429, 525, 532, 537
Lecklercq, H. 352
Leibniz, G.W. 23, 72, 84s., 157
Leisegang, H. 347
Leôncio de Bizâncio 81, 484
Leôncio de Jerusalém 81, 253, 313
Lepin, M. 496
Le Roy, É. 86
Lessing, G.E. 24, 50, 195, 197, 372
Léssio L. 84, 496
Leucipo 131
Libério 243, 438
Liebermann, B.F. 85
Lies L. 456
Linné, C. 133
Locke, J. 265
Locher, G.W. 493
Löhe, W. 507
Löhrer, M. 23
Loisy, A. 86, 429
Loofs, F. 307
Lortz, J. 86
Lotz, J.B. 86
Löwith, K. 371
Lubac, H. 87, 103, 309, 500, 568s.
Luckmann, T. 457
Lugo, C. 108
Lugo, J. 84
Luís I, rei da Baviera 85
Lúlio, R. 83
Lutero, M. 28s., 64, 67, 84, 112, 263s., 305, 332, 360, 367-369, 387, 426-428, 451-454, 468s., 486, 492-495, 505s., 508, 510, 512, 514, 519, 526s., 537, 560s., 563-565, 567s.

Mabillon, J. 84
Macedônio de Constantinopla 292
Mackie, J.L. 90
Maffei, S. 84
Maimônides, M. 81, 149
Maldonado, J. 496

Mansi, G.D. 84
Maomé 305
Maratônio 292
Marcelo de Ancira 244
Marcião 57, 111, 237, 302s., 347, 349, 351, 437, 535
Marco Aurélio 312
Maria Teresa 31
Marin-Solá, F. 86
Marsílio de Inghen 83
Marsílio de Pádua 438
Martin de Cremona 82
Martinho I 246, 255s., 300
Martinho V 478, 525
Marx, K. 25, 158s., 372s.
Marxsen, W. 214
Máximo Confessor 81, 146, 255s., 313, 326
Mayr, B. 84s.
Meissner, B. 189
Melanchton, F. 22, 84, 263, 453, 506, 514, 527
Melitoão de Sardes 81, 108, 117, 238
Metz, J.B. 375
Miguel Cerulário 326
Miguel Paleólogo 301, 368, 438, 535
Michaelis, J.D. 84
Migécio 257
Milcíades Apolinário 81
Mirândola, G.P. 157
Mogila, P. 85
Möhler, J.A. 64, 85, 407, 428
Molanus, G.W. 84
Molina, L. 84, 566
Molinos, M. 512
Moltmann, J. 86, 267s., 309, 332-334, 375
Monod, J. 133, 159
Montfaucon, B. 84
Morgott, F.P. 86
Morino, J. 84
Moufang, F. 86
Müller, A. 341
Müller, G.L. 341
Müller, M. 86
Muratori, L.A. 57, 84
Muschalek, G. 514
Mussner, F. 226s., 346
Muth, C. 86
Mutschelle, S. 85

Natalis, A. 84
Neão de Ravena 474
Neilos Cabasilas 83
Nestório 190, 245-250, 340, 354s., 484

Newman, J.H. 74, 85, 355, 407
Newton, J. 148, 157
Nicetas de Remesiana 421
Nicolau de Amiens 82
Nicolau de Cusa 83, 157
Nietzsche, F.W. 25, 158, 371, 373
Nigido, P. 339
Norden, E. 307, 347
Noris, E. 567
Novaciano 300, 422, 501
Nyssen, W. 536

Oberthür, F. 85
Ochini, B. 305
Ockham, W. 83, 156, 425, 442, 491, 560
Ognibene 82
Olivi, P.J. 91, 98, 112
Optato de Milevi 423
Orígenes 26, 44s., 70, 79, 81, 142-144, 236-240, 274, 291,
    300, 312, 314s., 351, 353, 356, 368, 387, 396, 421, 470,
    483, 518, 535s.
Ósio de Córdoba 243
Oswald, H. 86
Overbeck, F. 371

Pannenberg, W. 38, 49, 86, 161, 267, 309, 334s., 375, 454
Papías de Hierápolis 57, 81
Pascal, B. 568
Pascásio Radberto 82, 358, 486
Passaglia, C. 86, 407, 428
Pastor, L. 86
Paulo de Samósata 236, 248
Paulo IV 232
Paulo V 543, 567
Paulo VI 476, 479, 497, 510, 512, 515, 533
Paulus, N. 514
Pedro Auréolo 83
Pedro Cantor 82, 513
Pedro Comestor 82
Pedro Damião 82
Pedro de Cápua 82, 517
Pedro de Poitiers 82, 450
Pedro Fulão 253
Pedro Lombardo 22, 28, 45, 82, 148, 190, 258, 312, 320, 425,
    445s., 450, 467, 473, 504s., 511, 518, 525, 537, 557, 559
Pedro Mongo 253
Pedro o Venerável 82
Pelágio 111, 541, 550s., 553
Pelágio I 437
Pelágio II 437
Perrone, G. 86, 428

Pesch, C. 86
Pesch, O.H. 568
Pierre d'Ailly 88, 491
Pigge, A. 108
Pilgram, F. 407
Pio II 369
Pio IV 301, 306
Pio V 358, 543
Pio VI 303, 502, 543
Pio IX 301, 357, 432, 537
Pio X 452
Pio XI 533, 537, 539
Pio XII 91, 120, 191, 286, 358, 402, 479, 496, 524, 528, 543
Pirro de Constantinopla 255
Platão 22, 26, 38, 96, 129, 131s., 143, 145-148, 370, 379, 548
Plínio 142, 481
Plotino 131, 144, 146, 240, 310
Pohle, J. 86
Pole, R. 84
Policarpo de Esmirna 57, 81, 417, 503
Pomponazzi, P. 91, 98, 371
Porfírio 169, 240
Poschmann, B. 500, 514
Powers, J. 496
Práxeas 313
Prenter, R. 454
Prepósito de Cremona 82, 449
Priestley, J. 306
Proclo 146, 169
Proclo de Cízico 248
Próspero de Aquitânia 81, 542, 554
Prümm, K. 443
Przywara, E. 38, 86, 161, 166, 569
Pseudo-Dionísio Areopagita 26, 81, 101, 143, 146, 421, 433
Pseudo-Jerônimo 358
Pulleyn, R. 82

Quadrado 81
Quenstedt, J.A. 84
Quesnel, P. 113, 543, 568

Rábano Mauro 82
Radulfo Ardens 82
Rahner, H. 86, 421
Rahner, K. 30, 44, 74, 86s., 101, 103, 119, 265s., 269, 309, 329-331, 334, 341, 353, 366, 448, 454s., 458, 500, 512, 514, 530, 568s.
Raimundo de Peñaforte 83
Raimundo de Sabunde 83
Ratério de Verona 82
Ratramno de Corbie 82, 486

Ratzinger, J. 87, 531
Rautenstrauch, S. 31, 85
Reding, A. 84
Reimarus, H.S. 197, 218
Reinhardt, L.F. 31
Reitzenstein, R. 307
Remígio de Auxerre 82
Renz, F.S. 496
Ricardo de Mediavilla 83
Ricardo de São Vítor 82, 261, 267, 312, 319
Ricoeur, P. 457
Riedl, R. 25
Ritschl, A. 25, 38, 67, 198, 265, 374
Roberto Courcon 82
Roberto de Kilwardby 82
Roberto de Melun 28, 82
Robinson, H.W. 114
Roger Bacon 83, 148
Rondet, H. 103, 568
Roscelino de Compiégne 303
Rosenzweig, F. 331
Rosmini, A. 301
Rousseau, J.-J. 85, 113, 566
Rousselot, P. 568
Rufino de Aquileia 254
Ruge, H. 157
Ruinart, T. 84
Ruperto de Deutz 44, 82, 148, 319
Russel, B. 159
Ruysbroeck, J. 83

Sabélio 285, 293, 302s., 330
Sailer, J.M. 85
Salat, J. 85
Sales, F. 567
Salmerón, A. 84
Sartorius, E.W.C. 264
Sartre, J.-P. 25
Sattler, B. 85
Schaeffler, R. 456
Schanz, P. 86
Schatzgeyer, G. 84
Schätzler, C.Y. 86
Scheeben, M.J. 23, 85s., 103, 108, 308, 407, 428, 568
Scheffczyk, L. 450, 454
Schell, H. 86, 308, 515
Schelling, F.W.J. 85, 157
Schillebeeckx, E. 87, 265, 267, 454, 497, 514
Schleiermacher, E. 29, 38, 42, 46, 85, 196, 372
Schlier, H. 76, 87
Schlink, E. 38

Schmaus, M. 86, 454, 514
Schmid, A. 86
Schmid, J. 87
Schnackenburg, R. 87
Schneider, G.C. 347
Schoonenberg, P. 109, 265, 497
Schrader, C. 407, 428
Schürmann, H. 230
Schweitzer, A. 197, 374
Schwetz, J.B. 86
Semler, J.S. 84, 195
Semmelroth, O. 454, 514
Serapião de Thmuis 518
Sérgio de Constantinopla 190, 255
Seripando, J. 84, 567
Servet, M. 305
Seuse, H. 83
Severo de Antioquia 253
Sicardo de Cremona 82
Siewerth, G. 86
Sigério de Bravante 98
Simão de Tournai 82, 450
Sirício I 353, 437, 474
Sisto IV 120, 357, 368, 512
Sisto de Siena 56
Socino, F. 113, 195, 305s.
Socino, L. 305
Sofrônio de Jerusalém 81
Sohm, R. 406, 432
Söhngen G. 86, 454
Söll, G. 350
Soto, D. 84
Soto, P. 84
Spalding, J.J. 84
Spener, J. 84
Spinoza, B. 23, 72, 147, 157, 160
Stancaro, E. 305
Stapleton, T. 84
Staudenmaier, E.A. 86
Stegmüller, E. 86
Steinbüchel, T. 86
Steubing, H. 427
Stirner, M. 157
Strauss, D.F. 157, 196s., 218, 307, 347
Suárez, F. 39, 84, 118, 267, 496
Swinburne, R. 90
Sylvanus, J. 305

Taciano 81
Taille, M. 496, 500, 568
Tajus de Saragoça 81

Tanner, A. 84, 496
Tauler, J. 83
Ternus, J. 265
Tertuliano 79, 81, 111, 117, 223, 238, 274, 299s., 312s., 350-352, 386s., 421, 437, 443s., 466, 471s., 484s., 501, 504, 523, 535, 550
Tetzel, J. 510
Thalhofer, Y. 496
Teodoreto de Ciro 245s., 250
Teodoro Asquida 253
Teodoro de Faran 255
Teodoro de Mopsuéstia 81, 190, 245-248
Teodoro Estudita 358
Teodósio de Alexandria 253
Teodótio 351
Teodoro de Bizâncio 236
Teodulfo de Orleans 82
Teófilo de Antioquia 81, 140
Teofrasto 142
Thierry de Chatres 82, 147
Tomás Bradwardino 83
Tomás de Aquino 22, 27s., 33s., 37, 45, 58s., 81, 83, 86, 94, 102s., 118s., 126, 148, 150-157, 167, 177s., 234, 239, 259-262, 269, 275, 312, 319-325, 330, 350, 357-359, 371, 388-390, 394, 425, 442, 445s., 448-450, 467, 473, 477, 488, 491, 504s., 511, 513s., 519, 525, 530, 535, 537, 557-559, 566, 568
Thomasius, G. 264
Thomassin, L. 84
Thurian, M. 454
Tiago de Viterbo 407
Tillich, P. 38, 49, 86, 454
Timóteo Eluro 253
Timóteo I de Constantinopla 253
Tindal, M. 85, 306, 372
Toland, J. 85, 306, 372
Toledo, F. 84
Torquemada, J. 407
Tournely, H. 84
Trifão 351
Troeltsch, E. 373
Tyrell, G. 86

Umberto de Arles 368
Urbano II 512

Valentino 302
Valla, L. 84
Vázquez, G. 84, 496
Verônio, F. 70, 84
Vicente de Beauvais 83
Vicente de Lérins 22, 73, 81

Vilmar, F. 507
Virgílio 369, 472, 474
Vögtle, A. 87, 214
Volk, H. 86, 454
Voltaire 85, 113
Vorgrimler, H. 514, 575

Walafrido Strabo 82
Walenburch, A. 84
Walenburch, P. 84
Walter de São Vítor 82
Weiss, J. 198, 374
Welte, B. 267
Werkmeister, B.M. 85
Werner, K. 86
Werner, M. 67, 70, 307, 374
Wiest, S. 85
Wiles, M. 251, 265, 307

Winter, V.A. 85, 442
Wittgenstein, L. 25, 35
Wolff, C. 23, 72, 85, 157
Wrede, W. 211
Wuketits, E. 25, 134
Wyclif, J. 402, 404, 425, 450, 478, 489, 501, 512

Xiberta, B. 500

Zanino de Solcia 369
Zenão de Verona 352
Zeferino I 302
Zimmer, P.B. 85
Zinzendorf, N.L. 84
Zósimo 437
Zumkeller, A. 551, 553
Zwínglio, H. 84, 112, 263, 453, 493s.

# ÍNDICE ANALÍTICO

**Abba** (relação de Jesus)
  ponto de partida para títulos cristológicos posteriores 208-211, 310, 334s., 480
    cf. tb. Jesus Cristo
**Absolução geral** 500s.
**Adão-Cristo** (tipologia de) 110
  enunciados básicos do dogma do pecado original 115s., 118
**Adocionismo** 235s., 351
**Agênese** 301, 320
    cf. tb. Doutrina da Trindade
**Aliança** 171, 208, 276, 480, 533s.
  a livre autocomunicação de Deus 176
  esperança de uma nova aliança 179s.
  história da aliança: visão geral das imagens e dos esquemas de esperança escatológica 47
  manifestação plena do ser aqui escatológico de Javé 180
  nova aliança: não revoga a antiga 179s.
  o próprio Deus opera no ser humano a aceitação 179s.
**Alma** 91, 94-99
  como princípio de identidade 385s., 388
  criada por Deus 91
  doutrina (herética) da preexistência 90, 99
  doutrina (herética) da queda no corpo causada pelo pecado 90s.
  espírito/alma: forma substancial 91, 94s.
  espiritualidade 145s.
  imagem do Deus trino 94, 153, 318-320, 322s.
  imortalidade (indestrutibilidade) 95-98, 145s., 153
  imortalidade (na visão platônica) 370s.
  imortalidade individual (na perpectiva tomista) 371, 388
  irredutibilidade à matéria 95, 97
  "morte da alma" 108s.
  negação da imortalidade individual no aristotelismo de Averróis 149
  princípio da ação ressuscitadora de Deus 96
  princípio da imortalidade individual 96s.
  realidade própria 95
  referência constitutiva a Deus 91
  substancialidade 145s.
  teorias sobre a origem da alma humana individual 98s.
  transformação do conceito 96s.
**Amor** 571
    cf. tb. Antropologia e Doutrina da graça
**Analogia, análogo** 24, 26s., 33, 36-40, 58, 71, 75, 100, 110, 135, 148, 175, 179, 324
  analogado 37
  analogia de atribuição 37
  *analogia nominum* 36
  *analogia operationis* 38

*analogia relationalis* 38
   categorial 37
   de conteúdo de ser 37
   de proporcionalidade 37
   metafórica 37
   transcendental 37
**Analogia entis** 36, 328
   criticada pela teologia protestante 161
**Analogia fidei** (analogia da fé) 38, 59, 75
**Anima unica forma corporis**; cf. Alma
**Anjo** 100s.
   angelologia (na *Summa Theologiae*) 151
   anjo de Javé: figura celeste de mediador da salvação 182s.
   compreensão sistemática 101
   condição de criatura 100
   existência 100
   *fides implicita* 101
   hierarquização 101
   servidores do Reino de Deus em expansão 101
**Antidicomarianitas** 352, 360
**Antigo Testamento** 169-186
   a esperança da ressurreição no AT 379
   a interpretação cristológica: o NT é parâmetro interno da exegese cristã 57, 351
   a proibição de imagens 94, 175
   a teologia sistemática pressupõe seus resultados 171
   centro: a relação de aliança de Javé com Israel 171-173
   compreensão errônea marcionita 170
   exegese veterotestamentária 31
   revelação da essência relacional de Deus no AT 169-186
   Sentido dos antropomorfismos 175s.
   seu significado constitutivo para a fé cristã 169-171
   unidade dos temas essenciais 170s.
   universalidade de Javé 174
**Antropologia, antropológico** 20, 46
   ponto de conexão antropológico para a revelação 38s.
      cf. tb. Antropologia teológica
**Antropologia teológica** 20, 36s., 44, 47, 89-122, 324
   em correspondência com a mariologia como concretização da história da salvação 47
   horizonte transcendental 90
   objeto formal da teologia da revelação 90
**Antropocentrismo, antropocêntrico** 30, 98, 164, 375s.
   do mundo 94
**Antropomorfismo, antropomorfo** 175s.
**Aparições do Ressuscitado**
   fundamento da fé pascal 200-204
**Apocalíptica** 184, 206, 378
**Apocatástase** (reconciliação universal) 141, 143, 368, 387, 393, 549
**Apologética** (como disciplina teológica) 31
**Apostolicidade** (sinal da Igreja) 57
   símbolo apostólico (*Symbolum Apostolicum*) 69
   sucessão apostólica 78

testemunho apostólico, *medium* da revelação 52
  cf. tb. Igreja
**A *priori*** (anterior a todo conhecimento, em oposição a *a posteriori*)
  aprioridade da razão humana 43, 48
  limites aprioristicos do conhecimento segundo Kant 23-25
**Apropriações** 325, 330
**Arianismo** 140, 240-242, 285, 304, 317
    cf. tb. Jesus Cristo
**Aristóteles (recepção de)** 81, 97, 118, 129, 148s., 446s.
  aristotelismo averroísta 91
  concepção aristotélica de ciência 22, 26, 28, 33s.
  epistemologia aristotélica 37s.
  interpretação de Aristóteles 98
**Arminianos** 306
**Arrependimento**; cf. Sacramento da Penitência
***Assumptio Mariae***
  antecipação da consumação escatológica do ser humano 358s.
***Assumptio-Dogma***
  conteúdo e fundamentação 357-359
    cf. tb. Maria e Mariologia
**Ateísmo** 24, 92, 131, 159, 306, 329, 332
**Autobasileia** (Cristo é o "Reino de Deus em pessoa")
  fórmula cristológica breve e genial de Orígenes 210
**Autonomia moderna** 372
  autonomia do ser humano entendida equivocadamente no ateísmo 329, 335
**Autoridade** (teológica, no sentido dos *loci theologici*)
  da Igreja Católica 23, 63
  da história da humanidade 23
  da Sagrada Escritura 23
  da tradição 23
  da razão natural 23
  das realidades terrenas 40
  do direito civil 23
  dos canonistas 23
  dos concílios 23
  dos doutores da Igreja 78
  dos filósofos 23
  dos Padres da Igreja 23, 53
  dos teólogos 53
  dos teólogos escolásticos 23
  e razão 23
**Autotranscendência**; cf. Ser humano
**Averroísmo** 91

**Baianismo** 567s.
    cf. tb. Graça (controvérsia em torno da)
**Banecianismo** 566-568
    cf. tb. Graça (controvérsia em torno da)
**Bara** (a incomparável ação criadora de Deus) 135s.
  ação bara de Jesus: prova da legitimidade de sua missão 138
**Batismo** 461-471
  acolhida na relação filial de Jesus (filiação divina) 22, 56, 463-465, 467-470

bebês e crianças que falecem sem batismo  467
caráter do batismo  461s., 468s., 473
causa da graça batismal (efeitos)  468s.
causa instrumental da graça batimal  468s.
como condensação máxima do querigma  66s.
como fundamento do sacerdócio geral  406, 470, 526s.
como sacramento da fé  466, 469
comunidade de destino com Cristo  461s., 464, 467s., 470
conceito  461s., 467s.
concupiscência  468s.
controvérsia donatista  466
de bebês  466s., 469, 473, 551, 554
de crianças  116s., 120
e *ecumene*  470
efeitos
   aceitação no novo povo sacerdotal de Deus (Igreja)  464s., 468, 470
   lavar a culpa de Adão (pecado original)  462, 468s.
eficácia
   objetiva  466
   perdão dos pecados  462-465, 467s., 472
   subjetiva  466
é irrepetível  467, 469
em nome do Deus trino  291
fora da Igreja  466
forma do batismo, sinal externo  463-469
fórmula batismal trinitária  299s.
importantes enunciados do Magistério
   Concílio de Arles  466
   Concílio de Trento  468s.
   Concílio Vaticano II  469s.
   Decreto para os Armênios  467s.
   Sínodo de Cartago  467
incorporação ao corpo de Cristo  415-415
início da vida eterna  462, 464s., 467s.
ministro  467, 469s.
na concepção da justificação da Reforma  468
necessidade de salvação  115
necessidade do batismo (*necessitas medii*)  449, 467, 469, 551
pressupõe a divindade do Espírito  292
recepção do Espírito  462-464, 467
receptor  462, 469, 665s.
sinais antecipadores do batismo na antiga aliança
   aceitação no povo de Deus, Israel, por meio da circuncisão  462
   a Igreja primitiva  463, 465s.
   banhos de purificação cúlticos no judaísmo  463
   o batismo de João  463
   o batismo no NT  463, 465s.
   o Jesus pré-pascal  463
   tempo final messiânico e o simbolismo da água  462
vocação para o apostolado leigo  470

**Bíblia**; cf. Sagrada Escritura

**Bispo** 63, 458s.
   de Roma: titular da missão apostólica da Igreja 77
   Magistério episcopal 79
   missão de julgar a doutrina 79
   sucessor dos apóstolos 79
   titular da proclamação da doutrina 79
     cf. tb. Igreja e Ordem (sacramento da)

**Cânon (formação do)** 22, 56s., 416
    cf. tb. Sagrada Escritura
**Caráter sacrificial da missa**; cf. Eucaristia
**Carisma e instituição**
   contraposição historicamente insustentável entre a Igreja "carismática" e a Igreja "institucional" 406, 432s.
**Cátaro** 101, 125
**Catolicidade**; cf. Igreja
**Censuras e qualificações** 76
**Certeza, grau de** (dos enunciados teológicos) 76
**Ceticismo** 22, 41s., 48, 90
**Céu**
   como aceitação definitiva de haver sido aceito 295s.
   como visão bem-aventurada de Deus 367, 386, 395
   e inferno 399
   na crítica marxista 372s.
   presença do 383
*Character indelebilis*; cf. Batismo e Ordem (sacramento da)
*Christotokos* 355
**Ciência** 27, 25, 41
   cientificidade (critérios) 35s.
   da teologia 32-36
   teoria científica 35
**Ciências naturais** 25, 35, 55, 87, 133s.
   conflito desnecessário com a teologia 133
   cunhadas por uma visão de mundo fundamentalmente diferente 133
   fundamentalmente diferente da teologia quanto ao objeto formal 133s.
**Comunicação de idiomas**; cf. Jesus Cristo
**Concepção de Jesus por obra do Espírito Santo** 344s., 361
   é incomparável em termos da história das religiões 347
   não verificável empiricamente 345, 351s.
   objeto de polêmica com a filosofia grega 351s.
   objeto de polêmica com os judeus 351
   prova da verdadeira natureza humana de Cristo 350-352
   realidade histórica acessível somente na fé 345-347, 351s.
   símbolo real da encarnação 351
**Concílio**; cf. Igreja
**Concomitância**; cf. Eucaristia
**Concupiscência** 102, 110, 117s., 468s., 551-553, 562, 567; cf. tb. Pecado original
*Concursus divinus* (possibilidade de conciliar a eficácia universal divina e a liberdade humana) 166-168
**Condenação**
   a questão da possibilidade de arrependimento dos condenados 367s., 396s.
   a questão de sua maneira de ser 387-389, 398s.
   e a misericórdia de Cristo 396
   seu caráter definitivo com base na morte em pecado mortal sem arrependimento 368, 387

**Confirmação** 295s., 470-477
  a questão da instituição por Cristo 473, 475s.
  argumentos para uma clara diferenciação entre confirmação e batismo 472s.
  caráter da confirmação 470s., 473, 475
  conceito 470s.
  declarações doutrinárias 474-476
  definição trinitária sistemática da relação entre batismo e confirmação 476s.
  efeitos:
    doação do Espírito (unção) 470-477
    selar e consumar o batismo 470-472
  é irrepetível 472s.
  ministro 473, 475s.
  perfilação antropológica da confirmação frente ao batismo 473
  receptor (o batizado) 473s., 671s.
  relação entre batismo e confirmação 465s., 470-473, 475s.
  sacramentalidade da confirmação 472s., 475-477
  sinal externo, forma 470-476
  sua necessidade (*necessitas praecepti*) 449
  testemunhos neotestamentários 471
**Consubstanciação**; cf. Eucaristia
**Consumação**
  como semelhança com Deus 384, 391s., 394s., 399s.
  consumação material do mundo 369, 393
**Controvérsia ateísta** (em torno de Fichte) 175, 306
**Coração** (centro da personalidade) 97s.
**Corpo**
  corporeidade (dimensão do ser humano) 39, 49
  definição da relação corpo/alma: não é primariamente objeto da fé, mas pressuposto da compreensão da revelação 95
  e alma: princípios constitutivos 94, 97s.
  *medium* da alma 96
  *medium* do encontro salvífico 94-98, 443, 456-461
  ressurreição do corpo 369, 382, 388-390
  sua bondade 127
  sua dignidade 94
  unidade corpo/alma 94-98, 375s., 393, 489
*Creatio*; cf. Criação
**Crença no destino** 91
**Criação (*creatio*)** 55, 123-168
  alusão à bondade, ao poder criador e à sabedoria de Deus 125, 153s., 535
  ameaçada pelo isolamento do pensamento histórico-salvífico 140s.
  antropocentrismo 127s.
  a ordem da criação 125
  autorrevelação original de Deus 124, 129
  bara (a incomparável ação criadora de Deus) como *terminus technicus* para o incomparável agir criador de Deus 136, 138
  bondade 127
  causa final da aliança e na graça 124
  completamente estranha ao mundo grego 136, 140
  conceito teológico 123s., 126s., 151, 153
  desafio teológico para os Padres da Igreja: mediação racional com a questão metafísica da origem 141, 143
  diferença absoluta frente a Deus 315s., 336s.

    e a ordem da redenção  129
    e ciências naturais  156-161
    encontro com Deus mediador da salvação  123s.
    e escatologia  139
    e evolução  163-165
    e graça  167s.
    enunciado da criação: não está em contradição com a ciência da natureza  103-105
    fé neotestamentária na criação  138
    formulável somente à luz do acontecimento de Cristo  129
    mediação pneumatológica  139
    motivo: a bondade e o amor de Deus  28, 32, 73, 144
    na literatura sapiencial  138
    na vida do Jesus terreno  138
    no discurso de Paulo no Areópago (At 17,16-34): síntese da obra criadora de Javé, realizada soteriologicamente em Jesus  139
    no escrito sacerdotal e no Dêutero-Isaías  135-138
    no exílio babilônico: Israel traz a experiência histórico-salvífica da universalidade e do poder criador de Javé  136
    no período pré-exílico  134-136
    nos relatos da criação  95s., 99
    no testemunho bíblico  134-140
    o ato criador indivisível  137
    possibilita a correalização da liberdade de Deus  127
    princípio da liberdade criada  167s.
    procedência temporal de Deus  314s.
    propósito: a felicidade do ser humano  127
    proto-história da relação Deus/ser humano  128
    realidade própria das coisas criadas  127, 143
    referida, pela sua essência constitutiva, a Deus (*relatio realis*)  92
    relação transcendental do mundo com Deus  123
    responsabilidade do ser humano pela criação  124
    ruptura da visão cosmocêntrica da Antiguidade  139s.
    sempre vinculada à história da salvação e à escatologia  137s.
    supera as vias de acesso filosófico a Deus  124
    teocentrismo  139

**Criacionismo**
    como teoria da criação da alma humana  98, 117
    como teoria fundamentalista da criação  99

**Criatura, condição de**  50
    como relação transcendental  91s.
    concretização cristocêntrica  92
    consumação histórica-escatológica  92
    teocentrismo como definição básica  92

**Cristianismo**
    base comum com outras religiões: tematização das questões fundamentais do ser humano  174
    encontro com o mundo da Antiguidade  140
    não é uma religião de livro  54
    particularismo e pretensão de universalidade  129

**Cristo, acontecimento de**
    em seu conjunto a autocomunicação de Deus  51
    revela a determinação do ser humano  121
    revela a identidade do criador com o Pai de Jesus Cristo  123

**Cristo como imagem de Deus** 93
**Cristocentrismo** 192, 312, 320
**Cristocentrismo do Pai** (em oposição ao teocentrismo do Filho) 209s.
   logocentrismo do Pai 320
**Cristologia** 20, 47, 187-279
   a questão soteriológico-cristológica fundamental: O que significa este Jesus para nossa relação com Deus? 189, 278s.
   aspectos essenciais da fé em Cristo (fórmula breve) 191s.
   como disciplina teológica, sua tarefa e posição, em conexão com os demais tratados 188-190
   conceito 189
   documentos doutrinais (visão geral) 189-191
   e a virada antropológica 189, 193
   eixo central e ponto cardeal de toda dogmática 189
   implícita/explícita 347
   fórmula breve da fé em Cristo 191s.
   o enunciado cristológico culminante no NT 189
   seu dogma fundamental: uma pessoa divina (hipóstase, subsistência) em duas naturezas (essências, substâncias), uma divina e outra humana 261
   reflexão científica sobre os pressupostos e a estrutura da fé em Jesus como o Cristo 189
   sua questão fundamental: Quem é este Jesus de Nazaré? 188s., 278s.
**Cristologia da separação** (antioquena) 248, 354
**Cristologia da união** (alexandrina) 245, 354
**Cruz** 213-216
   e ressurreição: centro do querigma 68
   e ressurreição: revelação do amor de Deus 162
   revelação da Trindade 332, 334-336
   teologia da cruz 161
      cf. tb. Jesus Cristo e Cristologia
**Culpa**; cf. Antropologia, Penitência

**Deísmo, deísta** 24, 126s., 133, 158, 169, 297s., 303, 309s., 327, 372, 428
   a ideia do Deus "relojoeiro" 158
**Demônios** 101
*Depositum fidei* 62
   oral 23
   escrito 23
**Descenso de Cristo ao reino dos mortos** (*descensus ad inferos*) 222s.
**Desdivinização** (do mundo por meio do conceito de criação) 93
**Desmitologização** 198, 307
   dos mitos da criação por meio da fé bíblica na criação 135
**Desobediência**
   negação da autotranscendência 107s.
**Deus (Javé), Pai** 169-186
   *actus purus* 132, 177
   a demonstração de Deus 162-164
   a fé na criação fundamentalmente distinta da concepção da filosofia (grega) de Deus (p. ex., como primeiro Motor imóvel) 140s.
   a ideia de Deus: dada com a autorrealização espiritual do ser humano 164
   além da diferença de sexos das criaturas 179
   amor 176s., 310, 317, 332, 390s.
   asseidade 29, 178
   atividade criadora (Deus "relojoeiro") 129

bondade 37, 126
*bonum diffusivum sui* 143, 147, 320
caráter de mistério 33, 36
"castigo de Deus": consequência interior da liberdade que se fecha para Deus 146s.
causa exemplar de todas as coisas 152
causa final de toda a criação (*causa finalis*) 152
*causa sui* 160
*coincidentia oppositorum* 157
como ideia inata (neoplatonismo, Descartes) 23, 321s.
como ideia reguladora (Kant) 24, 48
como postulado da razão prática (Kant) 24
condição real da autotranscendência do espírito humano 162
conhecimento de Deus: análogo 38
coração de Deus 176
criação: início da revelação da Trindade 123-125
criador 37, 40, 123-168
é incognoscível (segundo Kant) 24, 160
em sentido pleno, conhecível como criador só à luz do acontecimento (redentor) de Cristo 166
eternidade 127, 142, 144, 152, 178
fim do ser humano 21
governo universal do mundo 166-168
ilimitação 178
imediatez da atividade criadora 152
imediatez com seu povo 181-183
impassibilidade (*apatheia*) 314
imutabilidade (= fidelidade) 126s., 178, 314, 331, 335s.
incompreensibilidade 33
inconceptibilidade 33
*ipsum esse per se subsistens* 151, 177
"ira de Deus": consequência interior da liberdade que falha com ela mesma 107, 176
liberdade frente à criação(*relatio rationis*) 92, 124, 127, 136, 140s., 143, 153, 155s.
luz gloriosa 181
"morte de Deus" 308s., 331s.
possibilidade, necessidade e limites do conhecimento natural (filosófico) de Deus 28, 38, 124, 165, 178
onieficiência 37, 168, 178
onisciência 178
onipotência 178s.
onipresença 178
origem e fim do ser humano 42, 365, 389-392, 398
o sujeito único e o autor único do AT e do NT 56-58, 125s., 185
pantocrator 178
parâmetro de todo conhecimento criado da verdade 40
perfeição 178
personalidade absoluta, realidade pessoal 127, 175-177, 303, 330s.
plenitude não necessitada 308, 322, 330s., 335
*potentia Dei absoluta, ordinata* 156
presença ativa no mundo 166s.
presença definitiva na criação 391
pró-existência (existência-para) 179-181
propriedades da essência 177s.
reconhecido à luz de sua eficácia histórico-salvífica 135-138

revelação de sua essência relacional no AT 169-186
revelação do amor zeloso de Deus 155
revelação do nome 172s.
sabedoria 37, 181
Senhor da história 377, 384s.
singularidade única 172-174, 298s., 304s.
sua essência: autocomunicação 329
substância espiritual absoluta 181s., 303, 324, 331s.
*summum bonum* 319-321
teorias sobre o "devir e o sofrimento de Deus" 147s., 333s., 335s.
transcendência absoluta frente ao mundo 140
trancendência do conhecimento de Deus 36
transcendência frente ao mundo 175, 178
unidade de conhecimento e amor 152
unidade de ser e essência 36-38, 151, 163, 326s.
unidade do criador e do consumador (redentor) 21, 38, 92, 123s.
unidade e simplicidade 37, 150s., 178, 314
verdade e vida do ser humano 42
vontade universal e irrevogável de salvação 101, 115, 312s., 365s., 390s., 396s.

**Diácono, diaconato** 77, 417, 433
consagração dos diáconos 435
portador da missão apostólica da Igreja 77
cf. tb. Ordem (sacramento da)

**Dia de Javé** 337, 383s.
cf. tb. Escatologia

**Dialética**
de lei e Evangelho 38
de pecado e graça 29
de vida 33, 148

**Divinização (*theiosis*)** 141, 315, 544, 548
ideia teológica central da Patrística 116

**Docetismo, docético** 351, 384

**Dogma** 70-72
aspectos de conteúdo 71s.
conceito 70s.
conteúdo transcende a expressão linguística 72
contido na fé do conjunto da Igreja 70
diferença básica permanente frente à heresia 77
*dogma fidei* 70
e história: sua suposta inconciliabilidade 160
em sentido estrito 341
em sentido formal 42, 68
em sentido geral 42
forma do querigma 68
no horizonte de um conceito histórico da verdade 72-74
participa da verdade da revelação 71

**Dogmas, desenvolvimento dos**
acidental 73
elementos teóricos 74-76
substancial 73

**Dogmas, hermenêutica dos** 76

**Dogmas, história dos** 31, 43, 72-74
**Dogmática** 32, 41-47
   comprovação teórica da confissão de fé 327-329
   diferencia-se das demais disciplinas teológicas 42
   sua tarefa 21
   "tronco científico" teológico 31
**Dogmático** 42
   suposta oposição entre dogmático e histórico 72-74
**Dogmatismo** (Kant) 43
**Donatismo, donatistas** 423s.
**Dons preternaturais** 106
**Dor e morte**
   enigma do ser humano solucionado unicamente no mistério de Cristo 189
**Doutrina da consumação** (= escatologia) 47, 365-400
**Doutrina da criação (protologia)** 47, 123-168
   a teologia da criação 131
   correspondência com a escatologia 47, 128-130, 150, 365s.
   *creatio continua* 137, 142, 166s.
   *creatio ex nihilo* 124, 126, 136, 140
   diálogo fecundo com as ciências da natureza 129
   diferenças entre doutrinas científicas e religiosas sobre a origem do universo 129-134
   Dogma da criação 76, 126-128
   enfrentamento entre a ordem do ser e a ordem do conhecimento 129
   entre a teologia natural e a filosofia 131-133
   enunciados sobre Deus 127
   enunciados sobre o mundo 127s.
   enunciados sobre o ser humano 127s.
   ideia da criação simultânea 142, 144
   implica uma concepção teológica da história e da verdade 128
   mediação crítica com a filosodia grega 140
   na história da teologia 140-161
   perigo de seu esquecimento numa teologia existencial 129
   posicionamentos do Magistério 124-126
**Doutrina da graça** 20, 44, 47, 541, 571
   a graça como *oikonomia* e processo educativo em vista do Logos encarnado 548
   a réplica do Magistério 554s.
   compreensões atuais 552s.
   conceito e tema 541, 543s., 570
   concepções gnósticas da redenção e da graça 549
   conclusão da dogmática 541
   controvérsia com o semipelagianismo 553
   controvérsia com Pelágio 551, 553
   controvérsia da graça, sistemas da graça 566s.
   declarações doutrinais (visão geral) 543s.
   desenvolvimento sistemático 570s.
   disputa com o gnosticismo 549s.
   documentos do Magistério (visão geral) 542s.
   doutrina da aceitação em Duns Escoto 560
   doutrina da graça antes de Agostinho 548s.
   doutrina da graça pós-tridentina 566-568
   em Agostinho 541s., 550-554, 567s.

    em correspondência com a pneumatologia  47
    Tomás de Aquino  558s.
    em Pelágio  550s.
    enfoques atuais  568-570
    formação especial no Ocidente por causa da controvérsia pelagiana  541
    ideia central: Deus se tornou ser humano para que o ser humano se torne Deus  548s.
    início da fé  542s., 552s., 555s.
    na Idade Média  555-557
    na Reforma  560-562
    no Concílio de Trento  562-565
    origem do mal na vontade do ser humano, não na matéria  549
    Pelágio, pelagianismo  541s., 550-553
    problemática doutrina da predestinação  552, 554
    resumo de sua doutrina da graça  551s.
    semipelagianismo, conceito  553
    transmitida pela encarnação  549
    visão geral  541-543

**Doutrina das ideias (platônicas, neoplatônicas)**  132s., 142, 144, 317

**Doutrina da Trindade**
    a Doutrina da Trindade psicológica de Agostinho  94, 317, 319
    a relação como base constitutiva das pessoas divinas  312-314, 316, 318, 323s.
    como elemento específico e síntese da teologia cristã  20s., 47, 297-338
    conceito de pessoa na  302, 313s., 318s., 323-325, 371
    conceitos elementares  300s., 313, 316
    espiração (*spiratio*) do Espírito Santo  301, 312, 322
    esquemas sistemáticos atuais  327-336
    filosofia da Trindade  308s.
    função e método  298s.
    geração eterna  301, 312, 314, 317
    *homoousia*  317
    missões  317, 319, 322
    missões temporais como prologamento das processões intradivinas  325s.
    "monarquia do Pai"  316-318, 320-335
    mudança de significado fatídica para a teologia  175
    na era moderna  324, 330
    na história da teologia  312-320
    noções  325
    obtida primariamente na experiência de Deus  175
    o elemento cristão diferenciador  298s., 309, 327s.
    o Filho: *principium de principio*  284, 326
    o Pai como origem eterna (*principium sine principio*)  284, 314, 317, 320, 322, 326
    *ousia*  316
    o uso analógico do conceito de pessoa  324
    ponto de partida  309
    processões intratrinitárias  315, 317, 322-324, 335s.
    propriedades  301, 316, 320, 325, 330
    relações diferentes  323
    seu lugar sistemático  44, 46s., 297s., 309

**Doutrina dos sacramentos**
    clássica  441s.
    declarações do Magistério  450-452

em correspondência com a cristologia  20, 44, 46s.
ensejo para sua formação  443
específica  461-540
problemas atuais  442
visão geral  441s.
**Doutrina sobre Deus**
primado da revelação frente à filosofia  178
sua posição na dogmática  169
   cf. tb. teologia
**Doxologia, doxológico**  38
**Dualismo**  97, 101, 127, 129, 302
cartesiano  95

**Eclesiologia**  20, 44, 47, 401-440
conceito e função  401s.
Contrarreforma  427s.
documentos magisteriais  402s.
eclesiologia-*communio*  75, 78, 404, 409, 439
enfoques neotestamentários  414-420
evolução do tratado eclesiológico  407
Iluminismo  428
na Idade Média  425s.
novas questões  408s.
novos enfoques teológicos  428s.
posição dentro da dogmática  407s.
Protestantismo  426s.
*Ecumene,* **ecumênico**  27, 31, 76, 341, 452-454, 470, 568
movimento ecumênco  404, 409
**Emanação, emanacianismo**  99, 127, 147, 302, 316
**Empirismo**  22, 24, 33s., 48, 95, 157-159
**Encarnação**  95, 116, 229, 309-312, 315-317, 329
dogma fundamental  20
realização da vontade salvífica divina  390-392
   cf. tb. Jesus Cristo
*Enhipostasia*  253s.
*Epiclese* (súplica pelo Espírito Santo)  483
**Episcopado**; cf. tb. Igreja e Bispo
**Epistemologia**
   cf. tb. Epistemologia da teologia da revelação
**Epistemologia da teologia da revelação**  19-80
lugar sistemático  20, 47
**Escatologia, escatológico**  20, 23, 44, 47, 92, 123, 365-400
categorias conceituais  375s.
conceito relativo às últimas coisas  365s.
consumação escatológica: revelação definitiva da vontade criadora de Deus  139s.
crítica moderna da  371-373
declarações doutrinárias da Igreja  367-369
diferenças frente à confissão ortodoxa e reformadora  369s.
e hermenêutica  366
e história da teologia  385
e Igreja  366

    em religiões não cristãs 370s.
    futuro 365, 384
    histórico-teológica 385-390
    individual 366, 377, 385, 387
    na teologia da libertação 375
    neotestamentária 380-385
    presente 365, 383s.
    "redescoberta" da 373-375
    sentido escatológico definitivo 365s., 376s., 394
    seu teocentrismo cristológico 375s., 390, 392
    sua posição na dogmática em correspondência com a doutrina da criação (protologia) 365s., 376s.
    sua secularização moderna 373
    universal 366, 377, 385s.
    veterotestamentária 376-380

**Esperança**
    na existência após a morte 378-380
    na força que transforma o mundo 373, 375, 381

**Esperança próxima** 378, 385
    cf. tb. Escatologia

**Espiração (*spiratio*)**; cf. Doutrina da Trindade

**Espírito**
    autotranscendência 162
    dualidade de espírito e matéria 163-165
    experiência original: iluminação do ser 281s.
    primado ante a matéria 144
    cf. tb. Espírito Santo

**Espírito Santo** 281-296
    alma da Igreja 289, 403
    atua nos juízes, profetas, sacerdotes e artífices 286s.
    autorrevelação de Deus 281
    batismo no 287s.
    como *condilectus* do Pai e do Filho 319s.
    conceito 281
    derramado nos corações dos seres humanos 180
    divindade e personalidade 290-294
    doador da vida divina 315, 330
    dom incriado da salvação 320
    e a graça como dogma fundamental 20
    e batismo 292
    e divinização 292
    efetua a universalização escatológica do acontecimento pascal 288
    efusão escatológica 185s.
    enche o mediador escatológico da salvação 185s.
    enche os reis de Israel 287
    envio do Espírito como realização histórico-salvífica da autocomunicação do Deus trino 294
    espírito da revelação 286s.
    espírito da sabedoria 281s.
    espírito da santidade e da santificação 281s.
    espírito da verdade 289
    espírito do amor 281s.
    geração de Jesus por obra do Espírito 288

    hipóstase como tema (Orígenes)  291s.
    igualdade de essência (*homoousia*) com o Pai e o Filho  304, 315s.
    linguagem figurada  281s.
    media a unidade da revelação do Pai e do Filho  287
    na práxis da oração  291s.
    no Antigo Testamento  281-283
    no Novo Testamento  287-291
    o batismo de Jesus  288
    o outro Paráclito (João)  289s.
    o próprio Deus na sua realidade pessoal (AT)  286s.
    origem da fé  51
    o servo de Deus portador do Espírito de Deus  287
    pecado contra o Espírito Santo  287, 397
    personalidade (hipóstase)  218s., 322
    portador da história da fé da Igreja  74s.
    portador da história da recepção da revelação  70
    possibilita a existência cristã no amor  295
    possibilita a fidelidade da aliança  179
    princípio da santificação deve ser divino  290s.
    sua ação na criação  281s.
    sua presença permanente na Igreja  23
    titular de atividades pessoais  290s.

**Estado intermediário**  380, 385-388

**Estado original**  102s.
    diferença frente ao estado da plenitude  106
    doutrina do estado original  104-106
        cf. tb. Ser humano

**Estoicismo, estoico**  96

**Estrutrura da dogmática**  47

**Et...et** (princípio católico)  65

**Eternidade**  178, 398s.
    cf. tb. Deus

**Eucaristia**  477-500
    a concepção da Eucaristia segundo Calvino  493-495
    a concepção da Eucaristia segundo Zwínglio  493-495
    acontecimento simbólico radicado no acontecimento da revelação  497
    a crítica de Lutero  492
    a crítica na Idade Média tardia  491
    adoração  495
    adução da substância de Cristo  489
    a Igreja em Cristo  478, 483, 495-497
    a problemática da compreensão de substância  491
    as crianças (Trento)  479, 495
    autorealização da Igreja na Eucaristia  477s.
    cálice dos leigos  492
    cafarnaísmo  485, 487
    como sinal e celebração da unidade da Igreja  482, 485s., 496s., 498s.
    como sinal eficaz da consumação escatológica  478, 499
    compreensão e controvérsia em torno da Eucaristia
        a missa e a Eucaristia como sacrifício  499, 495-497
        caráter sacrificial  486

crítica da Reforma ao caráter sacrificial 485s., 492s., 522
　　docética, gnóstica 482, 485
　　físico-sensitiva 491, 497
　　germânica 486
　　liturgia sacrificial 486
　　oferendas 483s., 496
　　primeira controvérsia da ceia 479, 486s.
　　sacerdote sacrificante 486, 492, 522
　　sacrifício da Igreja 483-486, 496-499
　　sacrifício no paganismo e na história das religiões 486, 496
　　sacrifício sangrento, não sangrento 495
　　segunda controvérsia da ceia 479, 486-488
　　sentido sacrificial 486
　　simbólica 479, 483, 485-487, 489, 491, 496s.
　　teorias sobre o sacrifício da missa 495s.
　　Trento 479, 495-497, 499
comunhão dos enfermos 495
conceito, descrição, síntese sistemática 477, 497-500
conceitos para a transformação
　　*conficere* 485
　　*conversio substantialis* 488
　　*convertere* 484s.
　　*efficere* 485
　　*esse* 485
　　*fieri* 485
　　*metaballein* 484
　　*mutare* 484
　　*per modum substantiae* 488s.
　　*substantialiter converti* 488
　　*transfigurare* 485
condensação máxima do querigma 67
conhecimento natural da substância e conhecimento da fé da presença substancial de Cristo no pão e no vinho 489
declarações do Magistério 478s., 488s., 495-498
diferença frente a outros sacramentos 477
dimensão social da Eucaristia 499
doutrina da concomitância 485
doutrina da consubstanciação 491, 494s.
doutrina da impanação 489, 491, 494s.
doutrina da transubstanciação
　　intenção e debate 488-492, 497
　　origem 487
doutrina tomista da Eucaristia 488-491
efeitos
　　ajuda os falecidos no purgatório 499
　　*communio vivificante* com Cristo 498
　　mediação da vida eterna 498-500
　　não só perdão dos pecados 495
　　participação na vida divina 483
　　reconciliação, expiação 498s.
　　unidade da Igreja 498s.

estrutura
    celebração da missa dominical  481
    celebração da missão diária 483, 493
    missa (conceito: *ite missa est*)  480
    Oração Eucarística de Hipólito  482s.
    serviço da Palavra de Deus e celebração eucarística  481
etapas do desenvolvimento da doutrina (visão geral)  479
forma
    as palavras da consagração  478
instituição por Cristo  484, 497s.
matéria
    pão de trigo e vinho  478
memória real  496s.
metabolismo  485-487
ministro  478, 482
missa em honra dos santos  496, 499
missa pelos falecidos  492s., 499
mistério pascal  496
modificação da substância e permanência dos acidentes dos modelos explicativos de seu significado  489s.
não há aniquilação dos acidentes  489s.
normativa para o conceito geral do sacramento  433s.
Novo Testamento
    a Igreja primitiva  686
    antecipação do sacrifício da cruz na Última Ceia  497
    a refeição comunitária como sinal do Reino de Deus  480
    a Última Ceia de Jesus  480s.
    sinais externos  478
o batizado em comunhão plena com a Igreja e sem culpa grave  478, 494
o Corpo de Cristo como Eucaristia e Igreja  486, 499s.
o Corpo de Cristo histórico e sacramental
    visão antioquena  483s.
    visão alexandrina  484s.
pão e do vinho  489s.
participação de todos os crentes  496s.
Patrística ocidental  484s.
presença atual  478, 497
presença real  477-479, 485, 491, 493-495, 498
problemática atual do conceito de substância  497
procissões sacramentais  495
questão do sujeito da in-hesão  489-491
recepção "para o juízo"
    o incrédulo ou o batizado, com pecado grave  494s.
receptor  478
remanentismo  495
reprodução da substância de Cristo  489s.
reserva da Eucaristia  495
sem outro exemplo ou base de comparação  488, 498
símbolo real  497s.
sinais veterotestamentários  480s., 490
só os predestinados (Calvino)  494

– 647 –

sujeito da celebração da Eucaristia
  Cristo  479, 496s.
    como sumo sacerdote  484, 486, 492, 495, 498
  termos e palavras técnicos
    *ágape*  481
    *anamnese*  477, 479, 483
    *bona gratia = eucharistia*  490
    *communio*  485, 490
    *Corpus Christi Mysticum, verum*  487
    *epiklese*  483
    *eucharistia*  481
    *eulogia*  481
    *figurae corporis*  484
    *hostia spiritualis*  482, 490
    *in figura*  485
    *in imagine*  485
    *in propria specie*  488
    *in signo seu sacramento*  487
    *in symbolo*  484s.
    *in veritate*  487s.
    *koinonia*  400s.
    *manducatio impiorum*  494
    *manducatio oralis*  486
    *memoria*  477, 479, 483-486
    *oblatio*  485
    *opus operantis*  490
    *opus operatum*  490
    *potissimum sacramentum*  477
    *prosphora*  479, 483
    *res*  485
    *res und signum*  485
    *sacramentum tantum*  490
    *sacrificium*  486, 490
    *sacrificium seu bonum opus*  492
    *signum*  485s., 488
    *similitudo*  485
    *synaxis*  490
    *testamentum*  486, 492
    *viaticum*  490
  transfinalização  497
  transignificação  497
  transubstanciação  478s., 487s., 490-492, 497
  Trento  494-496
  *unio hypostatica e unio sacramentalis*  484, 489, 494
  Vaticano II  477, 479, 496
**Eunomianos**  285
**Eva/Maria** (tipologia antitética)  349-353, 356
**Evolução**  25, 73, 105, 114, 142
  suposta refutação da fé na criação  133s.
  teoria da  91
  teoria evolutiva do conhecimento  25

Exaltação de Jesus, cristologia da exaltação 221s.
*Extra ecclesiam nulla salus* 402
   necessidade instrumental da pertença à igreja para a salvação 402, 404s., 421
**Extrinsecismo** 329; cf. tb. Doutrina da graça

## Fé (*fides*)
   caráter de mistério 27, 69
   como norma da adoção de conceitos filosóficos 41
   confissão de fé (credo) 20, 67-69
   da Igreja 51, 63
   decisão de fé 49
   dogma de fé (*dogma fidei*) 70, 77
   e ciência 32
   e razão 21, 32, 33, 321
   errônea compreensão católica 564
   fideísmo 33
   fé, esperança e amor como princípios articuladores da teologia 44
   fé fiducial 564
   *fides caritate formata* 557, 561
   *fides implicita* 72, 75
   *fides quae creditur* (conteúdo da fé) 21, 28, 68
   *fides qua creditur* (ato de fé) 21, 68
   *fides quaerens intellectum* 82
   intelecção da fé (*intellectus fidei*) 21, 23, 58
   marco de referência da teologia dogmática 70
   modalidade de realização do ser humano em espírito e liberdade sustentada pelo Espírito 32, 51s.
   luz da fé (*lumen fidei*) 22, 28, 33, 36, 39, 51, 321
   *medium* da teologia 53-80
   obediência na fé 52
   objeto da teologia 20
   participação mediada no autoconhecimento de Deus 77
   proclamação da fé (querigma) 67s.
   regra da fé 41, 64, 68s.
   resposta à revelação histórica 21, 185
   sentido da fé (*sensus fidelium*) 23, 62, 67, 78, 403
   separação na Idade Média tardia 158
   *sola fide* 64
   sua estrutura trinitária 299s.
   sua racionalidade 32s.
   trinitária
      obra do Pai, dom de Cristo, efeito do Espírito 20, 51s.
**Fé na imortalidade** 370, 379s., 385s.
   metafísica 371s.
   sua negação ateísta e materialista 372
**Fidelidade de Deus**; cf. Imutabilidade de Deus
**Filho de Deus**; cf. Jesus Cristo
**Filho do Homem**
   figura celeste do mediador da salvação 182s.
      cf. tb. Jesus Cristo
**Filiação divina**; cf. Sacramentos e Batismo
**Filiação divina de Jesus Cristo** 187s., 225s.
   convertida em ideal intuitivo (Kant) 24

negada pelo arianismo 304s.
negada pelo judaísmo 304-306
negada pelo islamismo 305
negada pelo socianismo 205s.

**Filioque** 293, 322, 326-328

**Filomarianitas** (colliridianistas) 360

**Filosofia (e teologia)**
debate sobre sua legitimidade 161
necessário para a fundamentação da pretensão de verdade universal 161s.

**Filosofia do sujeito** 22s., 30, 48, 89, 157

**Filosofia transcendental** 23, 85

**Finitude, finito** 38, 48
transformada, pela perda de Deus, na escravidão ao pecado e à morte 106

**Formas distintivas de subsistência**; cf. Doutrina da Trindade e Conceito de pessoa

**Generacionismo** 99, 118

**Geração**
do ser humano 98
cf. tb. Doutrina da Trindade

*Gloria Dei*
externa/interna 275
objetiva (revelação de Deus em suas obras) 126
subjetiva (= oração, gratidão, adoração) 126

**Gnose, gnóstico** 21, 57, 81, 93, 101, 111, 116, 129, 141, 236, 302, 349, 351

**Graça** (*charis, gratia*) 102, 117, 541-571
bañezianismo 567
capacitação para a recepção da autocomunicação de Deus 362
certeza da salvação, nenhuma segurança da 565
hesicasmo 549
coisificação da 557
como consumação da liberdade 559
como *habitus* (= pré-cunhagem da atividade das faculdades da alma) 552, 557s., 563, 568
como posse disponível 557
como qualidade 542, 557s., 560
concepção católica 544, 563s., 565, 570
concepção da Reforma 544, 561s.
concepção tomista 558s., 567s.
cf. tb. Natureza e graça
concupiscência 551-553, 562, 567
corrupção do ser humano, radica 550, 560s., 566
controvérsia em torno da graça, sistemas da graça 542, 553s., 566s.
cooperação da vontade livre redimida 555
debates sobre a relação de graça e liberdade nos atos 566s.
diferenciada claramente, pela primeira vez, por Tertuliano 550
dimensão social da doutrina da graça 544
distorcida 548-551
divinização (*theiosis*) 544
doutrina da graça e teologia trinitária 569s.
dupla predestinação 542s., 552, 555
efeitos (*effectus*) da autocomunicação de Deus no ser humano, a fim de poder encontrar a autocomunicação de Deus 542, 557s.

e a disposição para sua recepção  555-557, 562
e liberdade  542
em Agostinho  551s.
em Irineu  550
em M. Baio  567s.
em Pelágio  550s.
e predestinação  542s., 552, 555
graça irresistível?  552, 555
gratuidade, liberdade da graça  102, 112, 543s., 552, 560
imagem de Deus  548s.
incriada: Deus como amor que se comunica  541-543, 557s.
jansenismo  543, 567s.
justiça da graça como propriedade de Cristo, não do ser humano  561
justiça imputativa  562
justificação  109, 118, 129, 547s., 561-566
liberdade de Deus frente à *gratia creata*  560
liberdade por meio da graça  548, 551-553, 555, 560
livre-arbítrio  552s., 562
méritos  544, 555, 557s., 560, 563s., 566, 570
molinismo  543, 553, 567
na Bíblia  544s.
na teologia da controvérsia prós-tridentina  568s.
não há contradição entre a causalidade universal de Deus e a atividade do ser humano  558
natural  550
natureza e graça  543s., 550, 558s.
neotestamentária  545-548
*Nouvelle théologie*  543, 568
o amor de Deus como Espírito Santo em nós (Lombardo)  557, 559s.
objetivo da natureza humana  363, 559
palamismo  549
para a salvação  544, 555
Patrística oriental  548s.
pecado hereditário, estado original  546-566
    cf. tb. Pecado original
perdição do ser humano, incapacidade radical para o amor  544, 547, 550-552
perseverança na  565
preparatórios para a recepção da graça da justificação  566
princípio da liberdade criada  167s.
reflexões ecumênicas  568s.
reflexões sistemáticas  569-571
renovada  551s.
*sed perficit naturam*  559
sinergismo  549, 553, 561
sobrenatural  547, 550
termos e palavras técnicos
  *acceptatio divina*  560
  *anima naturaliter christiana*  550
  *articulus stantis et cadentis ecclesiae*  561
  *auxilium gratiae*  541
  *caritas est forma virtutum*  564
  causa (e) da justificação  563

*finalis, efficiens, meritoria, instrumentalis, formalis*  563
*concupiscentia*  567
*concursus divinus*  566
*cooperatores gratiae Dei*  555
*de auxiliis*  567
*delectatio victrix*  567
*desiderium naturale ad videndum Deum*  559
*Deum amare super omnia*  556
*dona*  555
*ex puris naturalibus*  556
*extra me*  561
*facienti quod est in se, Deus non denegat gratiam*  554, 556
*favor Dei*  557, 563
*fides caritate formata*  561
*fides ex auditu*  563
*fides historica*  564
*fides qua creditur*  571
*fiducia*  564
*gratia adiuvans actualis* (graça que ajuda)  52, 542, 551, 566
*gratia als aliquid*  557
*gratia concomitans*  542
*gratia creata*  542, 560
*gratia creatoris*  542
*gratia efficax*  542, 552s., 566
*gratia elevans*  542
*gratia externa*  541, 550
*gratia gratis data*  542, 556
*gratia gratum faciens*  542, 556
*gratia habitualis*  542
*gratia increata*  542, 557
*gratia inhaerens*  561, 563
*gratia interna Spiritus Sancti*  541, 551
*gratia irresistibilis*  553
*gratia non tollit, sed perficit naturam*  559
*gratia praeveniens* (graça preventiva)  542, 551
*gratia sanctificans, iustificans* (graça santificante)  118, 321, 329, 542
*gratia sufficiens*  542, 552s., 566
*gratia supernaturalis*  553
*gratuitas gratiae*  556
*habitus* (qualitas)  542, 560
*infectio carnis*  554
*initium fidei*  553, 555s., 563
*iustificatio impii*  547
*iustificatio impii per verbum Evangelii*  561
*iustificatus sola fide*  563
*iustitia Dei*  561
*iustitia Dei aliena*  561, 564
*iustitia Dei passiva*  563, 569
*liberum arbitrium*  552s., 559, 562
*libido*  569
*massa perditionis*  555

*merita* 555
  *meritum de condigno* 557
  *meritum de congruo* 557, 560
  *mortificatio et vivificatio cum Christo* 562
  *motio creaturae ad Deum* 558
  *natura corrupta* 568
  *natura pura* 543, 552, 567
  *nihil creatum formaliter est a Deo acceptandum* 560
  *pius credulitatis affectus* 553, 555
  *potentia Dei absoluta* 560
  *potentia Dei ordinata* 560
  *potentia oboedientialis* 543
  *praedestinatio gemina* 542, 555
  *praemotio physica* 566
  *propter Christum per fidem* 561
  *scientia media* 566
  *simul iustus et peccator* 562
  *sola fide* 561, 563
  *sola gratia* 561
  *solo verbo* 561
  *solus Christus* 561
  *spes et fides informis* 557
  *status integritatis* 554
  *theopoiesis* 548
  *theiosis* 544, 548
  *timor servilis* 557
  *ultima dispositio* 557
  *vera libertas* 553
  *vitium originis* 550
  *voluntaria susceptio* 553, 563
 tomismo 543, 553, 567
 trinitária 569
 troca feliz 561
 veterotestamentária 544-546
 vinculação positivista entre ordem da salvação e salvação definitiva 560s.
 virtudes (fé, esperança, amor) 554s., 557-559, 563s., 570

**Hermenêutica** 41, 43, 72, 76, 103-105, 193
 fato ou interpretação: alternativas falsas 52
**Hierarquia**; cf. Igreja e Bispo
**Hierarquia das verdades** 66, 72, 341, 361
**Hilemorfismo** 22, 133
**História**
 conceito de verdade histórica 43s.
 desvalorização da historicidade 24, 34
 filosofia da história 86, 144
 historicidade 26, 39, 48, 50
 mediação histórica 23s., 34, 48
 mediação histórica da revelação 23, 30, 39s.
  cf. tb. Jesus Cristo e Mediação
 *medium* da revelação 37s., 43s.

    possibilitada pela confluência das liberdades  152, 179
    teologia da história  374s., 385
**História da perdição**  101, 106
**História da teologia** (períodos da)  81-87
**Homologia cristológica**  230, 344-347, 351
*Homoousia*  304, 314-317
    cf. tb. Jesus Cristo
**Honório (questão de)**  255, 438
*Hypostasis*, **hipóstase** (**subsistência**)  302, 313, 316, 324
    cf. tb. Doutrina da Trindade

**Igreja**  401-440
    a autoridade da  415s.
    a consumação  439
    a esposa de Cristo  385, 399s., 421, 462
    a falsa anternática: "de cima/de baixo"  78
    apostolicidade  404, 416s.
    Bispos, episcopado
        colegialidade  422, 424, 436, 439
        como pastores das Igrejas locais  406, 417, 424
        como sucessores dos apóstolos  406, 421, 434
        definição  435s.
        funções dos  434
        ordenação dos  422, 435s.
        princípio da unidade  417, 436
    caráter escatológico e histórico  403, 406, 418s.
    caráter pessoal  415
    Católica Romana como Igreja de Jesus Cristo  404
    catolicidade (universalidade)  404, 414, 419-421
    celestial (triunfante)  406, 418s.
    *communio*  359s., 363, 404, 407, 417s., 422
    como serviço de Pedro à unidade  79, 404, 436s.
    concílio, conciliarismo  22, 64, 402s., 425
    constituição (hierárquica, carismática, sacramental)  402s., 406
    constituição (origem)  432s.
    corpo de Cristo  64, 402s., 414s., 423, 429
    *corpus Christi mysticum*  425
    crítica à Igreja visível, ministerial  425s.
    declarações da Igreja  402s.
    de pecadores  402
    e Estado  402
    Espírito Santo e  401-403, 413, 415, 430
    fidelidade à tradição apostólica  420s.
    igrejas locais  406s., 420
    inadequação de uma interpretação meramente sociológica de sua natureza  415, 421, 431s.
    inculturação  408
    indefectibilidade  403 435
    infalibilidade  403, 406
    instância comprovatória no processo do desenvolvimento dos dogmas  74
    instrumento da união escatológica de Deus e do ser humano  365s.
    *ius divinum*  402, 406, 430s.

Jesus Cristo: fundador e fundamento constitutivo da Igreja 411-413
leigos 74, 403, 431-433, 470
mãe Igreja 421
Magistério (apostolicamente fundamentado) 23, 54, 77s., 416, 424, 438-440
Maria: realização simbólica real e modelo original da Igreja 339s, 403, 407
*martyria/leiturgia/diakonia* como funções fundamentais 403, 430-432, 436
*medium* da atualização da revelação 23
ministério da santificação
  comunidade salvífica 95, 359s., 363s., 387
  ministério sacerdotal e régio da salvação 404, 431s.
ministério profético da 431
na confissão de fé 401s.
na história da teologia
  compreensão da Reforma 426s.
  concepção do Iluminismo 428
  definições 401, 422
  definições da Contrarreforma 430, 432
  definições patrísticas 423, 427s.
  Vaticano II, *Lumen Gentium*: Igreja como sacramento da unidade entre Deus e os seres humanos entre si 401
não é uma comunidade religiosa 429, 435, 439
natureza 53, 413, 421, 432
necessidade da salvação 402, 405, 421
no Novo Testamento 414-420, 428-430
notas (*notae ecclesiae*) 403-405
o novo povo da aliança: continuidade e distinção frente ao povo da aliança do Antigo Testamento 403, 409, 412-414
origem na Páscoa e em Pentecostes 411-413, 429s.
origem na Trindade e na encarnação 320, 401, 403, 422, 428s.
Ortodoxa e sua concepção do primado 438
ouvinte, testemunha e intérprete vinculante da Escritura 59s.
Papa, papado 22
peregrina 367, 383s.
pertença à Igreja 405
povo de Deus
  caráter pessoal 411
  caráter sacerdotal 418s.
  peregrino da nova aliança 401, 404, 406, 411-413
  testemunha da revelação de Deus para a salvação de todos os seres humanos 49, 66s.
prefigurada no Antigo Testamento 409-411
realidade empírica 401
reciprocidade pessoal da Igreja Cristo 414s.
representada no bispo 417
sacerdócio comum 406, 418
sacramento da vontade salvífica de Deus 401s., 405s., 408, 413, 422-424, 431s., 439s.
santidade 404
sentido literal 401
*societas inaequalis* 427
*societas perfecta* 402, 428
sucessão apostólica 21, 53
titulares da missão apostólica da Igreja
triunfante 384
unidade da 404, 413, 420-422, 429s.
visível/invisível 22, 423-425, 427s.

**Iluminismo** 31, 34, 42, 61, 85, 113, 193-196, 305, 371, 373, 428
**Imagem**
   Jesus Cristo: imagem do Pai 93
   ontologia (platônica) da imagem 93
     cf. tb. Graça, o ser humano como imagem de Deus
   veneração de imagens 63
**Imagem de Deus** (do ser humano) 92, 99, 312, 320
     cf. tb. Doutrina da graça
   como referência à relacionalidade do homem e da mulher 94
   diferenciação entre a imagem de Deus natural e sobrenatural 93s.
   qualidade essencial própria da natureza do ser humano 94
   interpretações 93-95
**Imediatez**; cf. Mediação
*Immaculata Dogma*; cf. Mariologia
**Indulgência** 500, 510-515
   cf. tb. Penitência
**Infalibilidade** 67
   cf. tb. Igreja
**Inferno**
   a questão da sua existência 397s.
   e céu 399
   estado de rejeição definitiva (perda da visão de Deus) 368, 388s.
   eternidade de seus castigos 368, 389, 396s., 399
   não aceitação de haver sido aceito 395-398
   para aquele que na morte persiste sem arrependimento no pecado mortal 368, 389
**Iniciação**; cf. Sacramentos (Batismo, Confirmação, Eucaristia)
**Início da fé** (*initium fidei*) 555s., 563, 563s.
**Inspiração**; cf. Sagrada Escritura
**Intercessão** (de Maria e dos santos) 340, 342, 359-361
**Intercessão pelos falecidos** 368-370, 389s., 393, 395
   por meio da oração e das boas obras 368, 386
   por meio do oferecimento do sacrifício da santa missa 368, 386s.
**Islã** 305, 408
   crítica ao cristianismo 169
**Israel**
   povo eleito da aliança 409-411
   serviço de mediação de Israel 410s.

**Jansenismo, controvérsia jansenista** 102, 113
   cf. tb. Disputa da graça
**Jesus Cristo**
   a cristologia de Schleiermacher como reação à crítica do conhecimento de Kant 196
   a destruição da cristologia no empirismo 197
   a investigação da vida de Jesus 197
   a natureza humana subsiste no Logos 260
   Anselmo de Canterbury: *Cur Deus homo*
     a redenção acontece por meio da livre aceitação, por meio da "satisfação" da justiça de Deus ofertada através de Jesus 276
   Atanásio: uma essência divina em três hipóstases 244
   autointerpretação do Pai 50
   a virada antropológica 193

concepção cristológica da unidade de Jesus e Deus, o Pai, em Mateus e Lucas  230s.
Concílio de Calcedônia (451)  250-252
Concílio de Constantinopla (II) (553)  254s.
Concílio de Constantinopla (III) (680/681)  246, 254-257
Concílio de Éfeso (431)  246, 249
Concílio de Niceia (325)  242s.
conceito de pessoa impreciso: *hypostasis* e *physis* muitas vezes empregados como sinônimos  250s., 253
consumação da natureza humana de Jesus por meio da sua assunção pelo Logos  259s.
cristologia escotista  261s.
cristologia pré-nicena e sua tentativa de explicação da unidade do sujeito da divindade e da humanidade de Cristo  237-239
cristologia tomista (teoria da subsistência)  259-261
crítica filosófica à encarnação baseada na imutabilidade e impassibilidade de Deus  237
dissoluções utilitárias da diferença Pai/Filho
    apolinarismo  244s.
    Fotino de Sírmio  244
    Marcelo de Ancira  244
docetismo, gnose (negação da plena realidade humana de Jesus, *apatheia* do Logos, morte aparente de Jesus)  236s.
doutrina do significado universal de Jesus para nossa relação com Deus  188s., 268s.
  em Balthasar  268
  em Barth  268
  em Calvino  264
  em Irineu  237s.
  em Justino  239
  em Moltmann  267s.
  em Pannenberg  267
  em Paulo  227s.
  em Rahner  266
  em Teodoro de Mopsuéstia  246s.
  em Welte  267
  em Zwínglio  263s.
  esquema *Logos-anthropos*  245
  esquema *Logos-sarx*  244
filiação divina de Jesus
  a relação filial Javé/Israel consumada na relação filial de Jesus  187s.
  Filho de Deus absoluto, metafísico, no NT  187s., 225
  Filho de Deus messiânico no NT  187s., 224
  Filho de Deus no AT  187
  preexistente (cristologia neotestamentária "de cima")  226s., 231s.
  sabedoria veterotestamentária  227s.
  uma explicação consequente  225s.
*heis kai ho autos*: "um e o mesmo" é Cristo na humanidade e na divindade  249
heresias
  adocionismo  235s.
  monofisismo  253
  monotelismo  254-256
  nestorianismo  248
  visão geral  192
história dos dogmas
  os inícios da história dos dogmas  234
    visão geral  233s.

Jesus histórico/Cristo da fé no contexto do dualismo do conhecimento moderno  193s.
Jesus histórico e cristologia dogmática e histórico-transcendental, uma mediação positiva  199s.
Máximo Confessor: "O mesmo esteve dotado, de acordo com suas duas naturezas, de vontade e capacidade de ação para nossa salvação"  255
mediador da criação  104, 123s., 139
messianidade de Jesus  211
motivo da encarnação  262
na história da teologia e nas declarações do Magistério  232
nascimento virginal, concepção pneumática de Jesus (cristologia sinótica "de baixo")  230-232
nos tratados restantes além da cristologia
   a ressurreição como antecipação do fim da história  375, 382s.
   a ressurreição como revelação escatológica do poder criador de Deus  186
   como palavra interior (*verbum mentis*)  313, 322s.
   como revelador do Pai, da Trindade (cristologia)  188, 205
   conceito das últimas coisas  367, 399s.
   concepção na Virgem Maria por obra do Espírito  288, 344s., 350s., 361
   consumador do ser humano e do mundo  365s., 399s.
   Cristo cósmico  114
   cumprimento de todas as promessas divinas  381s., 385
   cumprimento de todas as promesas messiânicas  49
   da mesma essência que o Pai  314-317
   demonstração da filiação messiânica divina por meio do Espírito de Deus  287s.
   diferença essencial frente ao mediador humano da salvação  50
   e cruz  314, 331s., 337s.
   encarnação  309-312
   encarnação direta por obra de Deus, sem uma segunda causa humana  345, 348s., 350s.
   imagem (e semelhança) de Deus  93
   imagem original do Pai  317, 322s.
   juiz  382, 394
   Logos  26, 302, 309s., 315
   ministério pastoral  418
   não é o fundador de uma religião  54, 412
   o Senhor exaltado como mediador do Espírito do Pai e do Filho  288s.
   o ser humano escatológico  366, 381s., 399s.
   pertence à autorrelação de Deus Pai  188, 205
   plena realização da resposta de fé do ser humano  50s.
   portador da natureza divina e humana  347, 354s.
   preexistência  335, 343
   pró-existência  341
   relação *Abba*  310, 334s.
   representante  104
   resplendor eterno do Pai  314, 317
   revela a máxima vocação do ser humano  90
   revelador da Trindade  327-329
   sacerdote, rei e pastor  77
   vinculação indissolúvel de messianidade e vocação do Espírito  288
nova vinda de Cristo  223s.
Novo Testamento
   a alocução *Abba*, histórica  210
   a morte violenta como realização do Reino de Deus em face do pecado  214s.
   a prática do Reino de Deus de Jesus  207s.

a relação *Abba* e a autoridade de Jesus  209
a relação *Abba* e a missão de Jesus  209
a relação *Abba* e a pró-existência de Deus na pró-existência de Jesus  210s.
a relação *Abba* e a revelação do Pai e do Filho  210, 226
a relação *Abba* como origem da proclamação da basileia  208-211
a síntese cristológica primitiva  200-202
basileia e suas equivalentes  206
 espera próxima, presente e futuro da basileia  206s.
Jesus como figura histórica  202s.
Jesus como mediador da salvação  269
Jesus proclama o Reino de Deus  205-207
modalidades de conhecimento da ressurreição e a síntese primitiva  201s., 217-220
o conhecimento de Jesus sobre a significação salvífica de sua morte  213-215
o crucificado é o ressuscitado; conhecimento: Jesus é o Filho de Deus  200
ofthe, o conhecimento da ressurreição como acontecimento da revelação  220
o Reino de Deus como comunhão do amor e experiência redentora do poder de Deus  205s.
o Reino de Deus mediante a cruz e a ressurreição  214s.
parábolas  207
os milagres de Jesus  207s.
relevância salvífica da morte de Jesus (visão geral)  270
reunião do povo da aliança como sinal da basileia, os Doze  208
salvação, conceito, descrição bíblica (visão geral)  269-272
significado salvífico da morte de Jesus  213-216
teocentrismo de Jesus  208-210
testemunho pascal, unidade e diversidade  200s.
objeções "biológicas", suspeita de mitologia  231s.
o "Filho único do Pai"  50
o Messias como o servo sofredor de Deus  213
o mistério do Messias  211
o querigma de Cristo (Kahler, Weiss, Bultmann)  198-200
o único mediador humano entre Deus e o ser humano  26, 50, 73, 175, 302, 309-312, 317, 320, 337s., 341s., 357, 359s., 380-382, 413
*ousia* e *hypostase*, conceitos diferentes nos capadócios  243s.
problemáticas modernas da cristologia  193-200, 264-266
querigma pascal
  a fé pascal não pode ser explicada como resultado das faculdades psicodinâmicas dos discípulos  216
  a modalidade da realidade do ressuscitado  220
  a permanência do ressuscitado por meio do Espírito  222
  ascensão ao céu; os 40 dias entre a ressurreição e a ascensão  221s.
  corporalidade pneumática  221
  descenso de Jesus ao reino dos mortos  222s.
  exaltação de Jesus  221
  fórmulas de confissão neotestamentárias da fé pascal  204, 217s.
  o significado do sepulcro vazio para a fé pascal  220s.
  Páscoa como ponto de partida da repercussão de Jesus  203s.
  Páscoa como revelação da Trindade  200s., 205, 217s.
  relatos de aparições (Galileia)  217
  relatos sobre o sepulcro vazio  217
reconstruções racionalistas da cristologia que fazem da razão a medida  195
redução do conhecimento da realidade ao fato finito, "neutro" e acidental, e a interpretação subjetiva (fé)  194, 196s.
significado soteriológico do mistério da vida de Jesus  259

sujeito da unidade das naturezas é o Logos; não há dois sujeitos em Cristo  249
   teologia da libertação  276
      opção em favor dos pobres  277
      participação no processo de libertação e redenção em Cristo  276s.
   teoria da subsistência  258
      cf. tb. Cristologia tomista
   teoria do *habitus*  258
      sua crítica pelo Magistério  258s.
   teoria *homo assumptus*  258
   termos e palavras técnicos
      *autoexousia*  255
      esquema *exitus-reditus*  218s.
      *gennetos, genetos*  241
      *heis kai ho autos*  251
      *homo assumptus*  247
      *homoousios*  243s.
      *kata pneuma*  235
      *kata sarka*  235
      *logoi spermatikoi*  239
      *logos endiathetos*  239
      *logos physeos*  255
      *logos prophorikos*  239
      *mia physis*  244
      Pessoa = *hypostasis, prosopon (principium quod agitur)*  247
      *theanthropos*  239
      *theiosis*  239
      *tropos hyparxeos*  255
   títulos de glória  209s.
   tradição dos "relatos da infância"  231
   "unidade de sujeito" de Jesus aparece como termo técnico pela primeira vez no II Concílio de Constantinopla (553)
   unidade de mediador e mediação  48
   união hipostática  245-252, 257-259
**Juízo** (após a morte)
   em concepções mitológicas  370
   individuais  367, 378, 380, 382s., 385-387, 394
   neotestamentárias  381-384
   purificação da culpa do pecado  367s., 394s.
   universal (final)  369, 377s., 380s., 385, 394s.
   veterotestamentárias  377
   vitória sobre os poderes hostis a Deus  384s.
**Justificação**  547s., 560-566; cf. Graça

**Leigos**; cf. Igreja
*Lex credendi, lex orandi (supplicandi)*  68
**Liberdade**
   como participante da vida divina  329, 335s.
   da teologia  41
   de Deus (frente à criação)  28, 38, 165, 308, 322, 329s., 335-337
   do ser humano  92
   e graça  91, 542s., 559
      cf. tb. Doutrina da graça

    fundamento da possibilidade da história 50
    livre-arbítrio (*liberum arbitrium*) 117
    possibilitada pela liberdade de Deus 165
    suprimida na filosofia hegeliana 160
***Limbus infantium* (*puerorum*):** teoria superada 109, 368
**Liturgia** 31, 67s., 100, 431
    como ciência 32, 87
    corporificação do querigma 67
    movimento litúrgico 87
      cf. tb. Sacramentos
    primeira e indispensável fonte da fé 67
***Loci theologici*** (lugares teológicos) 22, 67
**Logos**; cf. Cristologia
**Lugares teológicos (*loci theologici*)** 22

**Macedônios** 285, 292
**Magistério**; cf. Igreja
**Mal**
    ausência da liberdade criada 146, 154s.
    conceito 154
    distanciamento pessoal da livre vontade frente a Deus 137
    espírito desordenado é castigo para si mesmo 155
    falta do *actus secundus* 154
    levado a sério somente no horizonte da liberdade humana 127s.
    não está necessariamente dado com a criação 127s.
    nenhuma substância criada 137, 154
    o problema de sua natureza 141
    *privatio boni* 144, 146
    se tudo vem de Deus, de onde procede o mal? 153-156
**Maniqueismo, maniqueu** 81, 95s., 101, 111, 116, 118, 126, 143s.
**Maria** 339, 366
    a maternidade divina virginal como princípio mariológico fundamental 340s.
    a primeira e totalmente redimida 339, 341, 350, 358s., 363
    *assumptio* 339-341, 355, 357-359
    auxiliadora de Cristo 349, 360, 362
    causa da salvação 350
    como símbolo de dedicação 354
    como tema ecumênico 341s.
    cooperação na mediação salvífica de Cristo (*corredemptrix*) 348, 359, 362s.
    desenvolvimento histórico 339
    dogmas sobre Maria
    dormição (*dormitio*) 358
    fundamentação dogmática 340, 360s.
    *immaculata conceptio* 340, 346, 355-357
    intercessora 340s., 349, 358s., 363
    invocação de Maria e sua intercessão 340, 342, 360s.
    José, seu esposo 344, 353
    livre de pecados atuais 356
    mãe da graça 363
    mãe da Igreja 350
    mãe de Deus (*theotokos*) 340, 349, 354s.

mãe dos seres vivos (nova Eva) 349s.
mariologia, antropologia concretizada na história da salvação 20, 44, 47, 89, 339-363
modelo do ser humano agraciado 339, 358
na ortodoxia 341s., 358
na perspectiva dos reformadores 341s., 360
na perspectiva do Vaticano 361-363
na teologia da libertação 342
na teologia feminista 342
na visão da ortodoxia 359
na visão do protestantismo 359
no testemunho bíblico 343-349, 354s.
principais enunciados dogmáticos 340s.
princípio mariológico fundamental 340s.
profetisa 342, 350
representante (modelo, tipo) da Igreja e de sua origem trinitária 339-341, 347-349, 359s., 407
representante de Israel 345s., 348, 352s.
representante (modelo, tipo) dos crentes 347s., 349s., 411
significação cristológica 350-355
sua fundamentação na Escritura com base na analogia da fé 355s., 357s.
sua imagem nos apócrifos 349
sua posição na história da salvação 339, 341, 349-351, 357s.
testemunha da divindade de Jesus 348s.
veneração, não adoração 360
virgindade permanente (*aeiparthenos*) 340s., 350-355

**Martyria** 31
    cf. tb. Igreja

**Matéria**
    bondade 127
    cognoscível como matéria só no Espírito 164
    como princípio de individuação 97
    materialismo 34, 41, 90, 96, 131, 157-159
    mudanças de compreensão 22
    resistência 106

**Matrimônio** 531-540
    Antigo Testamento (relatos da criação) 533
        aliança de Javé com Israel na figura da aliança matrimonial
        igualdade de homem e mulher 533
        imagem de Deus 533
    como símbolo da dimensão eclesial do matrimônio 537
    conceito 531s.
    documentos doutrinais (visão geral) 532s.
    doutrina tridentina 538
        "cláusulas de fornicação" não são um argumento para permitir um segundo matrimônio 539
        confirmação de sua sacramentalidade 538
        indissolubilidade 538
        obstáculos ao matrimônio 538
    efeito 531s.
        indissolubilidade, monogamia, fecundidade nos filhos, sua educação cristã 531s., 536s., 538
    Escolástica 536s.
        crítica da Reforma ao Sacramento do Matrimônio 537s.
    forma/matéria
        resposta afirmativa, o consentimento matrimonial 537s.

    instituição por Cristo 533-535
  Jesus pré-pascal:
    crítica da dureza de coração como motivo da possibilidade de divórcio, renovação da ordem original como sinal do Reino de Deus 734
  ministro/receptor
    os contraentes 532, 536s.
  novo matrimônio de divorciados
    discussão, impossibilidade 533, 535, 538s.
  Novo Testamento 533-535
    exposição da relação entre Cristo e a Igreja (Ef 5) 534
    matrimônio no contexto da nova aliança 534
  Patrística 535-537
    rejeição do matrimônio pelos gnósticos, cátaros e outras seitas 535-537
  Paulo
    matrimônio e celibato 534s.
    privilégio paulino 534
    submissão da mulher ao marido? 533-535
  Sacramentalidade:
    fundamentada no exemplo de união e amor entre Cristo e a Igreja 95, 100, 531-533, 538-540
  Termos e palavras técnicos
    *bonum fidei* 532
    *bonum prolis* 532
    *bonum sacramenti* 532
    *consensus* 532
    *contractus* 533
    *donum castitatis* 539
    *ratum et consumatum* 537
    *res et sacramentum*: laço matrimonial como quase caráter 532, 536
    *res sacramenti* 532
  Vaticano II 533, 539
    celibato por causa do Reino de Deus 534, 539
    cláusulas de fornicação 534, 539
    divórcio 534, 539
    enfoque da teologia da aliança para a teologia do Sacramento do Matrimônio 538s.
    fecundidade do matrimônio 532, 539
    *Humanae Vitae* 533
    privilégio paulino 535
    problemas pastorais 539s.
    sacramentalidade do matrimônio reconhecida pelas igrejas orientais 536s.
    separação de cama e mesa 532, 539

**Mediação do Logos na criação** 313s., 320
    cf. tb. Jesus Cristo

**Mediador, mediação** 180-185
  figuras celestes do mediador da salvação 182s.
  figuras terrenas do mediador da salvação 182-185
    cf. tb. Jesus Cristo

**Messias**
  a expectativa do Messias 183s.
  o mediador régio da salvação 183s.
  o mistério messiânico 184
  promessas messiânicas 171

realeza davídica 183s.
  cf. tb. Jesus Cristo
**Mediação** 36s.
  conteúdo semântico da tradição 61
  da revelação 22
  mediação da imediatez 30
    cf. tb. Jesus Cristo, único mediador entre Deus e o ser humano, e Historicidade
**Metafísica ontológica, essencialismo** 48
**Milagre**; cf. Jesus Cristo
**Mistério,** *mysterium*; cf. Deus e Fé
**Ministério (espiritual)**
  diferenciação em graus 434
  e carisma 415s.
    cf. tb. Ordem (sacramento da), Igreja e Apostolicidade
  e comunidade 436
  fundamentação apostólica 416, 419
  ministérios de Cristo: doutrina dos três ministérios 77
  sacramental 434
  transmissão 435
**Mitos, mítico** 26, 99, 123, 198, 225, 231, 298, 307, 335, 345-347
  como pano de fundo dos cantos da criação do Antigo Testamento ligados à visão de mundo da época 130
  doutrinas míticas sobre o surgimento do mundo 130s.
**Modalismo, modal** 302s., 330s.
**Molinismo**; cf. Doutrina da graça
**Monarquianismo**; cf. Doutrina da Trindade
**Monismo** 127
  idealista 95
  materialista 95
**Monofisismo**; cf. Jesus Cristo
**Monogenismo** 120
**Monoteísmo, monoteísta** 173s., 299
  a fé na Trindade como monoteísmo radicalizado 291, 297s., 304s.
  bíblico: caso singular na história das religiões 173
  diferença essencial frente ao politeísmo 174
  judaísmo, cristianismo e islã: não são propriamente três religiões monoteístas distintas 298s.
**Monoteletismo**; cf. Jesus Cristo
**Montanismo** 402s., 407, 421
**Morte** 146
  a "morte eterna" 115
  como separação de corpo e alma 385, 388, 392s.
  confere validez definitiva à relação com Deus 393
  do ser humano 98
  fim do estado de peregrinação 367
  morte em pecado 368
  pior inimigo do ser humano 108
  provoca a condenação eterna, sem arrependimento 368, 387
  ressurreição dos mortos 369
  salário do pecado 107s., 392
  teoria-da-morte-total 98
  vencida pela morte e pela ressureição de Cristo 367
**Morte expiatória de Jesus**; cf. Jesus Cristo e Soteriologia

**Mudança de significado, transformação conceitual**
   na esteira de adoção crítica de conceitos filosóficos na teologia  26, 40s., 96s., 136s., 140, 142, 207
**Mulher**
   igualdade entre homem e mulher  99s.
**Mundo** (cosmo)
   analogia da Trindade  149
   consumação  376s.
   lugar da luta Deus/satanás  383-385
   *medium* da revelação  124
*Mysterion*; cf. Sacramentos
*Mysterium*; cf. Deus e Mistério
   *mysterium iniquitatis*  128
      cf. tb. Mal

*Natura naturans, natura naturata*  160
*Natura pura*  120
   cf. tb. Doutrina da graça
**Naturalismo**  22, 34, 41, 48, 158-160
**Natureza** (*physis*)
   como consistência própria do ser criado  128
   do ser humano  50, 97, 103, 117s.
      ordenada à graça  151
   na perspectiva teológica como participação do ser  324
   natureza e graça  34, 103, 166, 321, 329
   natureza humana, divina de Jesus, sua unidade
      cf. Jesus Cristo, união hipostática
**Neocalcedonismo**; cf. Jesus Cristo
**Nestorianismo**; cf. Jesus Cristo
*Nexus mysteriorum* (conexão com os mistérios)  27
**Niceno-constantinopolitano** (credo)  69, 123
   conclusão da formação dos dogmas pneumatológicos  293s.
**Noções**; cf. Doutrina da Trindade
**Nominalismo, nominalista**  22, 83, 133, 156, 158
*Nouvelle théologie*; cf. Doutrina da graça

**Ofthe** (palavra técnica para teofania)  172, 219s.
   cf. Jesus Cristo
*Oikonomia, theologia*  26
**Onipotência** (eficácia universal) de Deus  37, 168, 178
   conciliável com a liberdade humana (*concursus divinus*)  168
   predicado muitas vezes erroneamente entendido  178
**Onisciência**; cf. Deus
**Ordem** (*ordo*)  520-531
   conceito  520s.
   Concílio de Florença (1439)
      do sexo masculino  520, 526
      entrega dos objetos litúrgicos próprios de cada nível  520
      forma: oração de consagração  520, 523s., 529
      ministro: bispo  520, 524, 528
      receptor: batizado e confirmado  520
   documentos doutrinais (visão geral)  521s.

efeitos
- aumento da graça, para ser servidor de Cristo 521
- *character indelebilis* 520, 528s.
- transmissão de poder espiritual por causa do Espírito Santo para atuar *in persona Christi* como cabeça da Igreja 520, 523, 529

instituição por Cristo 520s., 522s., 527s.

na história da teologia
- Hipólito, sobre o bispo, o sacerdote e o diácono 524
- Antiguidade e Idade Média 524s.

na Igreja primitiva 523
- instalação em cargo mediante a imposição de mãos e oração 523
- matéria: a imposição de mãos (Pio XII, 1947) 520, 523s., 529
- um sacramento em três níveis: diáconos, presbíteros, bispo 520, 524

Novo Testamento
- chamado dos discípulos, dos Doze 522

questões atuais sobre o ministério 529s.

sacerdote, sacerdotal, conceito 521s.

O problema da relação de sacerdote e a ordem episcopal
- as diaconisas 526
- diaconato, sacramentalidade 515, 529
- o bispo como o nível máximo da Ordem 524s.
- o bispo como um nível específico da Ordem? 522-524
- o bispo, por causa do direito divino, é ministro único da ordenação episcopal e sacerdotal 525
- o diácono como integrante do clero 526
- os abades como ministros da Ordem 525

Trento: doutrina do Sacramento da Ordem 527s.
- composta de sete graus 528
- diferença entre o bispo e o presbítero 528
- diferença essencial entre sacerdote e leigos 528
- instituição por Cristo 528

Vaticano II 520, 522, 529s.
- integração da teologia do ministério numa eclesiologia da *communio*, sucessão apostólica 527
- níveis da ordem 520, 521s., 527-529
- ordenação de mulheres 522, 526 *termini technici in persona Christi capitis ecclesiae agere* 520
  - *officium* 525
  - *ordinatio* 523
  - *ordines maiores* 522
  - *potestas* 525
  - *potestas ordinis* 521
  - *sacerdos* 521

**Ousia (substância)** 302, 313
cf. tb. Doutrina da Trindade

**Padres da Igreja** 22s., 63, 67, 78, 81, 94, 96, 129
- características 78
- testemunho unânime como critério 78

**Panteísmo, panteísta** 126s., 147, 160

**Papa, papado**; cf. Igreja

**Parábolas de Jesus**
- proclamação do Reino de Deus 207

**Parusia de Cristo** 367s., 381-386

**Patripassianismo** 313s.
**Pecado**
  como fator contrarrevolucionário (Teilhard) 114
  como perturbação da relação pessoal com Deus 38
  conceito analógico 110
  condição universal de entrega à culpa 115
  contradição com a autotranscendência da criatura 94
  contradição com a condição de criatura 106-108
  limitação, mas não supressão das possibilidades de realização da liberdade humana 128
  pecado e graça: alternativa fundamental da relação humana com Deus 104, 106-122
  pecado contra o Espírito Santo 287, 397
  uma questão de liberdade 114
**Pecado original**
  a insustentável interpretação da historiografia liberal dos dogmas 114
  a interpretação de Agostinho 117s.
  conceito, natureza 108-110
  conflitos históricos 111-114
  Dogma do Pecado Original 114
  doutrina 108, 120s.
  doutrina protestante da corrupção total da natureza 111-113
  estágios da história da teologia 114-117
  interpretação errônea como pecado pessoal 110s.
  não é mera imputação do pecado 115, 118
  não é objeto da ciência empírica 103s.
  naturalização numa concepção evolutiva do mundo 114
  no contexto da antropologia teológica 38s., 104, 106-121
  no contexto da doutrina da graça 553-567
  o ponto de vista antes de Agostinho 116
  o protesto de Rousseau contra a doutrina do pecado original 566
  testemunho da Escritura 114-116, 546-548
  tipologia Adão/Cristo: núcleo de enunciados do Dogma do Pecado Original 114s., 118, 547s.
  pode-se avaliar seu alcance somente a partir do mistério da redenção 106, 108s.
  privação (*privatio*) da justificação do estado original 118s.
  redução a castigo hereditário 112
  sistemático
    codeterminação transcendental pela culpa da situação de liberdade 119
    conciliação com a liberdade humana 109s.
    perda da graça santificadora 119
    perda da visão de Deus como castigo 368
  situação de privação 110
  "supressão" do pecado original pela Convenção Nacional francesa 113
  transmissão 109s., 117
    por meio da natureza humana 118
**Pelagiano** 81, 111, 116s., 120, 541s., 550-553
  cf. tb. Doutrina da graça e Pecado original
**Penitência** 500-513
  absolução geral, condições 500s.
    arrependimento perfeito, imperfeito 500s., 505-507
    contricionismo/atricionismo 501
  autoridade da Igreja para perdoar pecados
    questionada ou totalmente negada
      pelo donatismo 501

      pelo montanismo 501
      pelo novacionismo 501
      pelos cátaros 501
    relativizada
      pelos reformadores 501, 505s.
      por Wyclif e Hus 501
    afirmada
      pelo Concílio de Constança 501
      pelo Concílio de Florença 501
      pelo Concílio de Niceia 501
      pelo Concílio de Trento 508, 565s.
      pelos Padres da Igreja 501
castigos temporais pelos pecados 507, 565s.
causalidade da absolvição na Escolástica
    pela absolvição? 504s.
    pela contrição? 505s.
conceito 500
dimensão eclesial da penitência e da confissão na Igreja primitiva e na Antiguidade 503
    desenvolvimento sistemático 509
    elementos de um procedimento penitencial 502s.
    em Tomás de Aquino 505
    excomunhão 502s.
    formas básicas do procedimento penitencial da Igreja na Antiguidade 503
    necessidade da penitência para os batizados caídos no pecado 507
    pecados imperdoáveis dos batizados? 503
    retomada por meio do Vaticano II contra uma visão individualista 501
    sinal exterior: a imposição de mãos 503
    sua perda, visão individualista 501, 505s.
doutrina de Lutero sobre a penitência
    a absolução como evangelho 505s.
    apreço pela confissão privada 506
    ato do penitente: a fé 506
    desaparecimento da confissão privada no protestantismo 506
    não é uma função judicial do sacerdote 506
    pecado como incredulidade 506, 565s.
    penitência como recordação do batismo 506, 565
    penitência diária como graça, não como mérito humano 505
    penitência e justificação 505
    penitência tem traços sacramentais, mas não é um sacramento 506
doutrina tridentina do Sacramento da Penitência 507s., 565s.
efeitos
    perdão da ofensa 500
    reconciliação do batizado com o Deus trino 500, 507
enunciados doutrinários 501s.
formas de celebração da penitência 500s.
    diversas formas de perdão dos pecados 504, 510
indulgência 500, 510-514
    absoluções de intercessão (não sacramentais) das penas temporais (não eternas) dos pecados e de outras compensações, comutações e remissões 511s.
    conceito 510s.
    considerações e discussões da história da teologia 513-515

crítica da Reforma  510, 512-514
  declarações do Magistério  512s.
  diferenciação entre o castigo pelo pecado e a culpa pelo pecado na primeira fase da Escolástica como pressuposto para as indulgências  510s.
  dimensão ecumênica  515
  fogo purificador (purgatório), redução por meio da intercessão  510s., 513
  indulgência completa de todas as penas temporais dos pecados  511s.
  indulgência pelas pessoas falecidas  511-514
  Novo Testamento: nenhum modelo  510
  perdão das penas eternas do pecado por meio da absolvição  512, 565
  questões atuais  514s.
  surgimento no Ocidente  510-512
  Teoria da Translação  513
  tesouro dos méritos de Cristo e dos santos como fonte das indulgências  512, 515
 Novo Testamento  502s.
   implantação do Reino de Deus que reconcilia o pecador por meio da cruz e da ressurreição de Jesus  502
   mensagem do Reino de Deus e chamado à conversão  502
 o Reino de Deus como juízo sobre o pecado  502
   ação simbólica (*sacramentum tantum*)  500
   atar/desatar, perdoar/reter  502
   sinal realizador  500, 508s.
 pecado, novo desenvolvimento de seu significado  508s.
 pecados mortais e veniais  506s., 509s., 565
 penitência segundo tarifa  504
 perspectivas sistemáticas  508-510
 reconciliação com a Igreja (*pax cum ecclesia*)
   absolvição não sacramental dos monges  504
   atos pessoais do penitente como quase matéria  505, 507s.
   confissão (dos pecados mortais)  500s., 507s.
   confissão com leigos, sua desaparição  504
   contrição do coração  500s., 507s.
   forma: as palavras da absolução  500s., 507s.
     declaratória  505
     indicativa  505
   matéria  500, 507
   ministro: sacerdote, bispo como "instrumento"  500s., 505
     como "juiz"  503, 505, 507s.
   satisfação, obras de penitência  500s., 507s.
 termos e palavras técnicos
   *attritio*  505, 508
   *contritio*  505, 508
   *pax cum ecclesia*  500, 503
   *poenitentia interior*  504
   *reatus culpae*  505
   *reatus poenae*  505
   *reditus ad baptismum*  506
   *secunda tabula post naufragium*  565
   *votum sacramenti*  505, 565
**Platonismo, platônico**  96, 98, 143
**Plotinismo**  299, 302

**Pluralismo**  41s., 61
  debate em torno do pluralismo  73
  teologia pluralista das religiões; renúncia ao específico cristão  25, 265, 307, 408
**Pneumatologia**  20, 44, 47, 281-296
  antagonismos heréticos  285
  como tratado dogmático próprio  283
  credo niceno-constantinopolitano como conclusão do desenvolvimento dos dogmas pneumatológicos  284
  definição  283
  documentos do Magistério  285s.
  e cristologia  283s.
  e doutrina dos sacramentos  284
  e eclesiologia  284
  motivo sistemático  293-296
  motivo soteriológico  291
  na história dos dogmas  291-293
  pneumatômacos  285
  ponto de partida na experiência histórico-salvífica  293
  seu lugar na dogmática; em correspondência com a doutrina da graça
  sua refutação  292-294
*Poena damni, poena sensus*  109, 389
*Potentia oboedientiae*  103
*Potentia oboedientialis* (como abertura fundamental do ser humano à revelação)  30, 32, 36, 92, 107
  cf. tb. Ser humano, ouvinte da palavra (da revelação)
**Povo de Deus**
  controvérsia em torno da predestinação  147
    cf. tb. Igreja e Eclesiologia
*Praeambula fidei*  36, 161
**Predestinação**  166-168
**Preexistência de Jesus**; cf. Jesus Cristo
**Presença real**; cf. Eucaristia
**Pretensão de universalidade do cristianismo**  19, 25s., 28, 40, 42, 71-73, 85, 140, 157, 174
  e tolerância  408
**Pretensão universal do cristianismo**  40, 129
**Primado**
  definição  436
  de jurisdição  406
  infalibilidade do papa  438s.
  reclamação do  425
  sistemático  436-440
    cf. tb. Igreja
**Priscilianistas**  125
**Problema do sentido, o sentido da vida**  32, 35, 50, 90s.
    cf. tb. Ser humano
**Proexistência (existência para) de Javé**  172s.
    cf. tb. Jesus Cristo
**Profeta**
  ministério profético de Cristo  212s.
  no Antigo Testamento: figura terrena do mediador da salvação  184
  nos livros dos profetas  56
**Projeção** (suspeita de)  21, 25, 42, 48, 175s., 306
*Prosopon*  302, 316

**Protologia**  92, 103-105, 123-168
  em correspondência com a escatologia  47
    cf. tb. Doutrina da criação
**Providência divina**  124, 166-168
**Purgatório, lugar de purificação (*purgatorium*)**  367s., 386-388
  como certeza da salvação da alma  368
  na visão da ortodoxia e dos reformadores  387s.
  purificação como capacitação para a visão de Deus  386s., 389s., 394
    enraizada nas experiências bíblicas fundamentais  387s.
    cf. tb. Escatologia

**Querigma**  53
  diversas formas de expressão  68
  querigmático  32
***Quod nou est assumptum, non est sanatum***
  argumento soteriológico para a natureza humana plena e sem mescla de Jesus (Gregório de Nazianzo)  234

**Racionalismo**  23, 33, 36, 39, 43, 48, 72, 85, 194s., 321
**Razão**  21, 23, 36
  capacidade de verdade  43, 72
  ditadura da  113
  iluminada pela fé (*ratio fide illustrata*)  27s.
  *medium* da teologia da revelação  39
  original  113s.
  receptiva  43
  vinculada ao mundo e aos sentidos  321
  vínculo com a sensibilidade  39
**Reconciliação**; cf. Jesus Cristo e Soteriologia
**Reconstituição da metafísica**  159-161
**Redenção**; cf. Jesus Cristo e Soteriologia
**Redução da fé**
  à ética e moral  25, 29, 41
  à exposição de sentimentos religiosos  41
  à função de domínio do contingente  25
  a uma religião prática do seguimento de Jesus  42
  à visão de ideias supratemporais  25
**Referência transcendental do ser humano a Deus**; cf. Ser humano
**Reino de Deus (basileia)**
  a proclamação do Reino de Deus de Jesus  205-207
  implantação definitiva  377s., 380s.
  Jesus Cristo como a autobasileia (Orígenes)  211
  presença oculta  380
    cf. tb. Jesus Cristo
**Relação**  323
  como base constitutiva das pessoas divinas  323s.
  *relatio rationis*  153
  *relatio realis*  153
    cf. tb. Pessoa (conceito)
  subsistente em Deus  323s.
**Relação, relacional**; cf. Doutrina da Trindade e Pessoa (conceito)

**Releitura** (reinterpretação da Escritura à luz de uma nova experiência da história da salvação)
    no Antigo Testamento  134
    no sentido da interpretação cristológica  104
**Religião**
    *a priori* religioso  38, 307, 309, 328s.
    crítica da religião  25, 307
    filosofia da  30
    liberdade religiosa  91
    natural  305
    religiões  19
**Ressurreição**
    corporal  95, 368s., 379, 388-390
    de Jesus, e não a concepção geral da imortalidade da alma como fundamento da esperança cristã na ressurreição  96, 366s., 386
    esperança do ser humano na ressurreição  97
    esperança veterotestamentária na ressurreição  379
    ressurreição de Jesus  216-224
    revelação da Trindade econômica  310, 335s.
      cf. tb. Jesus Cristo
**Revelação**
    aceitação sob as condições da existência humana  40
    a entrega de fé como única resposta adequada  174, 176s.
    a perspectiva da Teoria da Comunicação do Vaticano II  33, 48s., 56, 66, 73s., 341
    a perspectiva da Teoria da Projeção  48
    conceito (autocomunicação do Deus trino)  23, 28, 49-51, 309-312, 329s.
    concluída em Jesus Cristo  50s.
    dupla estrutura de mediação  48s.
    epistemologia da teologia da revelação  19-80
    história da revelação  19
    indedutível  48
    modelos de compreensão: a interpretação da Teoria da Informação  48
    por meio da criação  105, 136s.
    princípio do conhecimento teológico  23, 43
    realidade de referência da teologia  36, 48-53
    resposta ao problema do sentido do ser humano  121
    transmissão pelos apóstolos  53
    universalidade da  19

**Sabelianismo**  285, 302, 317
    cf. tb. doutrina da Trindade
**Sacerdócio de Cristo**
    sacramentos como realização do ministério sacerdotal de Cristo na liturgia de sua Igreja  441-540
**Sacerdote**
    no Antigo Testamento: figura terrena do mediador da salvação  184
      cf. tb. Ordem (sacramento da)
**Sacramentais**  450
**Sacramentos (geral)**  95, 441-461
    ações simbólicas do Reino de Deus  459s.
    aspectos sistemáticos
      antropologia do símbolo  444s., 458s.
      causalidade dos símbolos  447s.

    cruz e ressurreição de Jesus  460
    dimensões da crítica social  456, 499
    dimensões eclesiais  461
    Jesus pré-pascal  459s.
    ontologia do símbolo  444, 457s.
    reflexões da Teoria da Comunicação  456
    teoria dos símbolos  454, 456-459, 479
  caráter sacramental  446-448, 451s.
  como sinal  444, 446, 448s.
    natural  444, 457-459, 490
    puramente exterior  452
  conceito de  441, 443s.
  concepção dos sacramentos na Reforma  452-454
  crítica do culto  460s.
  da antiga aliança  444
  da nova aliança  444
  declarações do Magistério  450s.
  definições  441, 444
  eficácia
    *ex opere operantis*  448
    *ex opere operato*  403, 448, 453
    por Cristo  441, 445
  errônea compreensão mágica dos sacramentos  453
  instituição por Cristo  445s., 451
  ministro dos sacramentos  445, 449
  modalidades  446s.
    física  448
    intencional  448
    moral  448
    simbólica  448, 454
  necessidade  449
  novos enfoques ecumênicos na compreensão dos sacramentos (palavra e sacramento)  453-455
  número de sete  450s.
  receptor  449s.
  sacramentalidade como categoria teológica: a autocomunicação divina em forma encarnada  441, 444
  teologia dos mistérios  455s.
  termos e palavras técnicos
    *figura*  444
    *imago*  444
    *gratia sacramentalis*  447
    *materia proxima*  446
    *materia remota*  446
    *obex*  451, 466
    *res*  444
    *res et sacramentum*  446s.
    *res sacramenti*  445s.
    *sacramentum tantum*  490
    *signum*  444s.
    *signum demonstrativum*  490
    *signum prognosticum*  490
    *signum rei sacrae*  444s.

*signum rememorativum* 490
  *signum sacrum* 444
  *similitudo* 444
  *typus* 444
  *veritas* 444
**Sagrada Escritura** 23, 53
  alma da teologia 53, 60
  causalidade instrumental do ser humano 58
  como tema do Concílio de Trento 65
  definição de sua relação nas igrejas evangélicas 64
  Deus: *auctor primarius* da Escritura 58
  doutrina do Vaticano II 66
  Escritura e tradição 23, 59, 62-64, 77
  experiência precede a formação da Escritura 172
  formação
    da Escritura 54s.
    do cânon 53, 56s.
  inerrância 53, 59
  inspiração 22, 53, 57-59
    real 58
    verbal 58
  interpretação
    Escritura 22, 44, 55s., 64
    existencial 49
  normatividade para a teologia 41, 54, 59s., 65
  o cristianismo não é uma religião de livro 54
  o hagiógrafo: *auctor secundarius* da Escritura 58
  o NT como parâmetro interno de interpretação do AT 57
    cf. tb. Hermenêutica
  Palavra de Deus na palavra do ser humano 391, 464
  pensamento bíblico: não é ametafísico 40s.
  suficiência 53, 65
  suposta oposição histórico-dogmática 55, 72
  surge da fonte divina única 66
  unidade de AT e NT 170
  testemunho da revelação 53s., 172
**Salvação**
  após a morte 378-380, 385s.
  consiste na aceitação da autocomunicação de Deus 362s.
  geral 365
  individual 382
  presente 377, 383-385
  vontade salvífica de Deus 101, 312
**Santidade**
  vocação universal à 403
**Satanás, demônio, diabo** 101
**Satisfação**; cf. Cristologia e Teoria da Satisfação
**Sensualismo** 34, 48, 95, 158s.
**Sentimento** 29
  da mais absoluta dependência
  religioso 307, 309, 328
  teológico 36, 42

Sepulcro vazio; cf. Jesus Cristo
**Ser, ente** 37
  como metáfora de Deus 37
  conceito de ser, unívoco 156
  experiência do 39
  filosofia do 24, 38
  metafísica ôntica 23, 159
  participação no 151s.
  univocação 160

**Ser humano** 89-122
  condição de criatura 91s., 101-106, 151
  conhecimento originário de Deus 105s.
  constituição originária em santidade e justiça 102, 104-106, 108, 115
  consumação corpóreo-anímica da pessoa 358-360
  coroa da criação 98
  dialética de grandeza e miséria 121
  diferença frente ao animal 105
  dimensões do ser humano (como meio da revelação)
    autoentrega 94, 103
    autopertença 92
    autotranscendência a Deus 103
    corporeidade 39, 48, 127
      cf. tb. Corpo
    criação mediante chamado 375s.
    faculdade de linguagem 36s., 39s.
    historicidade 39, 48
    identidade relacional 92
    pessoa 92, 97
    pressupostos transcendentais apriorísticos 89
    referência a Deus 97
    singularidade 96
    situação categorial *a posteriori* 89
    sociabilidade 39, 48, 100
    sua dignidade 91
    unidade da pessoa 94
  doutrina da dupla finalidade 102
  espírito 36, 97
  finitude 106
  fundamentado na ordem da criação 128
  homem e mulher 92s., 99s.
  igualdade 99s.
  *imago trinitatis* 150
  insuficiência da definição de relação platônica 99
  modos de realização 102
  não é um rival de Deus 126
  não só tem, mas é espírito e liberdade 92, 167
  necessidade de redenção 109s., 111
  referência transcendental do ser humano a Deus ("ouvinte de palavra", *potentia oboedientialis*) 26, 30, 37, 48, 92, 124
  passagem da história da natureza para a história do espírito 165
  referência categorical com o mundo e os semelhantes 97
  responsável pela criação e pelo mundo 124, 128

    responsável pelo seu agir 155
    ser genérico (Adão e Eva) 105
    sexualidade 99s.
    sob a promessa da graça e da vida 120s.
    sob o domínio do pecado e da morte 106-121
    só uma vocação, a divina 103
    sujeito e tema da teologia 89-91
    *Status*
      agraciado 102
      consumado 102
      imagem de Deus 91, 175
      pecador 102
      redimido 102
    transcendentalidade 337
    unidade substancial de corpo e espírito 94

**Servo de Deus** 184s., 287
**Sexualidade do ser humano** 99s.
*Sheol*
    como parada intermediária 367
    na ortodoxia 369
    no Antigo Testamento 378, 397s.
**Símbolo** 49
    cf. tb. Sacramentos
**Símbolo real, simbolismo real** 67
    cf. tb. Sacramentos
**Singularidade da fé cristã na história das religiões** 54, 123, 129, 172s., 298s., 346s.
**Síntese cristológica primitiva** 58, 200-202, 288
**Síntese eclesiológica primitiva** (união, proporcionada pelo espírito, entre a comunidade pré-pascal dos discípulos e a Igreja pós-pascal) 411s., 420
**Sobrenatural** 102
    conhecimento de Deus 321
    existencial 115
**Socinianismo** 113, 305s.
**Soteriologia, soteriológico** 268-279
    cf. tb. Jesus Cristo
***Status viatoris*** (Igreja como povo de Deus peregrino) 367, 383s., 389s., 393
    cf. tb. Jesus Cristo e Soteriologia
**Subordinacionismo, subordinacionista** 316
    relação subsistente 324
      cf. tb. Conceito de pessoa na doutrina da Trindade
**Subsistência** 302
**Substância** 313, 316, 318
    do ser humano 97, 102
    mudança de significado 158, 491
    princípio da delimitação 163
    redefinição por Descartes 160
    verdades substanciais 43
***Summa Theologiae*** (Tomás de Aquino)
    estrutura e sistematização 150s.
**Supranaturalismo** 42, 48

**Teleologia, teleológico** 133
**Tempo**
   característica do mundo criado 142
   criado 144
   plenitude do tempo em Jesus Cristo 365, 376, 380-382, 385
   reflexões de Agostinho 144
**Tempo final, fim do mundo** 382s.
   nas ciências naturais 399
   prenúncios 383s.
**Teodiceia** 113
**Teogamia** 344, 347, 250, 354s.
**Teologia** (como ciência) 20, 26s.
   assimilação reflexa da revelação 40
   cânon de especialidades 31
   caráter científico 31-36
   ciência prática ou teórica? 26
   crítica da 40, 140
   definição de Lutero 28s.
   definição escolástica 28, 33-35
   diálogo necessário com as ciências 40
   discurso racional com a filosofia 131
   divisão 27
   eclesialidade 41
   e filosofia 40s.
   e helenismo: dialética de adaptação e contradição 142
   encontro fecundo com a filosofia helenista 140s.
   equivalentes 25s.
   epistemologia teológica 44, 47
   especulativa 25, 27, 31
   estudo da teologia: objetivo 27
   existencialista 28
   explicação da fé 23
   fundamenta a unidade da teologia 28
   histórica 27
   lugar da autocompreensão humana 31-33
   natural 24, 26, 29, 36, 38s.
   necessidade para a Igreja 27
   negativa 147
   objeto formal 20, 27
   objeto material 20, 36
   prática 41
   referência ao mundo 26
   relevância social 26
   *sapientia* 33s.
   *scientia subalternata* 33
   significado da subjetividade 90
   sobrenatural 24, 38
   sua distinção frente à ciência da religião 28, 41
   sua distinção frente a outras ciências 28
   *theologia crucis* 29
   *theologia gloriae* 29

**Teologia** (como tratado próprio)
    dialética de aceitação e crítica da teologia filosófica pré-cristã 177
    doutrina da autorrevelação do Pai 20, 47, 169-186
**Teologia da física** 158
**Teologia da libertação** 26, 30, 276s., 342, 375, 456
**Teoria da satisfação** 274-276
    cf. tb. Jesus Cristo e Soteriologia
**Teoria dos dois andares** 48, 102
**Tese da helenização** 25, 41
*Theiosis*, cf. Divinização
*Theologia, oikonomia* 26
*Theotokos* (Maria: deípara); cf. Jesus Cristo e Concílio de Éfeso
*Thesaurus sanctorum (Ecclesiae)* 342
    cf. tb. Penitência e Indulgência
**Títulos de glória**; cf. Jesus Cristo
**Tradição** 22, 53, 60-77
    apostólica 21
    como mediação histórica 61
    complementa, explica e unifica a interpretação da Escritura 63
    conceito teológico 61s.
    crítica da Reforma à tradição 64
    crítica da tradição 61
    dogmas da tradição 66
    em sentido objetivo 62, 64
    em sentido subjetivo 62, 64
    fenômeno antropológico 60
    formas de realização 66
    função anamnética e antecipadora no desenvolvimento dogmático 75
    fundamentada no próprio querigma 61
    no NT 416
    princípio da tradição 21s., 62
    princípio de conhecimento da Igreja 61s.
    tradição apostólica como elemento distintivo 420s.
    tradicionalismo 33, 61
    tradições não escritas 65
    *traditio additiva* 65
    *traditio divino-apostolica* 64
    *traditio explicativa et interpretativa* 65
    *traditio mere ecclesiastica* 64
**Traducianismo** 99, 118
**Transfinalização**; cf. Eucaristia
**Transubstanciação**; cf. Eucaristia
**Tricotomismo** 95
**Trindade** 42, 141, 297-338
    a errônea compreensão do triteísmo 304s., 309s., 324s.
    a fé na Trindade: origem no acontecimento da Páscoa e do Pentecostes 290
    a origem única da criação 125, 127, 143
    a revelação da Trindade: resposta à questão fundamental do ser humano 337s.
    a revelação histórica como fundamento do conhecimento 317-319, 321, 334
    a Trindade imanente como pressuposto da econômica 304, 313
    dogma fundamental 20

consumação do ser humano na correalização da vida trinitária 121
crítica ao Dogma da Trindade 304-308
crítica racionalista à Trindade 306
e a existência cristã 309, 329, 336s.
enunciados do Magistério 300-302
Espírito Santo como laço do amor 317s., 320
fórmula trinitária fundamental 299-302, 311
heresias trinitárias na teologia 301-304
identidade da Trindade econômica e imanente 297s., 309, 328s., 331, 335s.
joaquinismo 320
na liturgia 299s.
o Espírito media a unidade da revelação do Pai e do Filho 287
pressuposta de maneira atemática na fórmula do batismo e na práxis da oração 291
origem e objetivo da criação 153s.
relação mútua de fundamentação da ordem do ser e da ordem do conhecimento 298
revelação da Trindade
  fundamental no AT 169s.
  fundamental no NT 298, 309-312, 334
Trindade econômica 309
unidade na diferença 299s., 308, 313, 314s., 322, 331, 334, 336
unidade do agir salvífico 148
*vestigia trinitatis* 94, 145, 150, 153, 317s.

**Triteísmo** 302s., 319, 330s.
acusação de 169s.

**Tübingen, Escola de** 64, 85s.

**Últimas coisas** 365s.
cf. tb. Morte, Juízo, Céu, Purgatório, Inferno e Escatologia

**Unção dos enfermos**
Carta a Tiago 517
conceito 515, 519
doença e morte como castigos pelo pecado 516
doença e sofrimento à luz da ressurreição de Jesus e da consumação escatológica 517
elementos essenciais da ação simbólica da "unção dos enfermos" na Igreja primitiva
  crítica da Reforma 518s.
  doutrina tridentina da unção dos enfermos 519s.
  história da teologia da unção dos enfermos 518s.
Igreja: serviço salvífico aos enfermos 517
Igreja primitiva 517
instituição por Cristo? 519s.
Jesus: superação da doença como sinal do Reino de Deus 516s.
reflexões antropológicas 516s.
Vaticano II 515s., 520
  a partir da reforma carolíngia, clara diferenciação entre a unção dos sacerdotes e bispos e a dos leigos 518s.
  efeitos (*res sacramenti*): aumento da graça que justifica (ou sua restituição) 519
    cura espiritual 518
    força para suportar o sofrimento 519
    inserção do mistério da Páscoa 520
    perdão dos pecados 515, 518-520
    recuperação, possivelmente cura 519

    embora não seja necessária à salvação, não deve receber pouco apreço  449, 520
    extrema-unção como unção dos enfermos (*praeparatio ad gloriam*)  515
    forma: "por esta santa unção..."  515s., 518s.
    leigos na unção não sacramental  518
    matéria: óleo abençoado pelo bispo, unção, imposição de mãos  515, 518s.
    ministro: sacerdote, bispo  515, 518s.
    ordo do "rito da unção dos enfermos"  515
    sacramentalidade  518s.
    sacramento ao morrer: a sagrada comunhão  515
    unção dos enfermos como celebração comunitária  515
    unção dos enfermos em vez de extrema-unção  515

**União hipostática**  245-252, 302, 310s., 338, 347, 354s., 362
    cf. tb. Jesus Cristo

**Unitarismo**  306, 329

*Universale concretum*  188, 269
    cf. tb. Jesus Cristo

**Universalidade do pecado, universalidade da misericórdia**  108

**Veneração dos santos**  63, 341s., 360, 363

**Verdade**
    busca da verdade  32
    capacidade de verdade da razão  43
    compreensão da verdade  26
    conceito de verdade das ciências naturais  40
    dupla verdade (teoria da)  22
    teológica  40
    verdades atemporais  24, 34
    verdades da razão  24
    verdades históricas  24

**Vida eterna**
    dom de Deus  107
    fruto da justificação e dos méritos  369, 383, 398s.

**Virada antropológica**  23, 29, 44, 189, 569

**Virgindade**; cf. Mariologia, Seguimento de Jesus, Celibato por causa do Reino de Deus

**Virgindade de Maria**
    *ante partum*  350-352
    *in partu*  352s.
    *post partum*  353s.

**Virtudes**  445
    infusas: fé, esperança, amor  570s.
    sobrenaturais  321

**Visão de Deus**  396s.
    cf. tb. Céu como *status gloriae*

**Voluntarismo**  156

**Vontade**; cf. Liberdade

**Vontade de salvação universal de Deus**; cf. Deus, propriedades essenciais

# ÍNDICE GERAL

*Sumário*, 5
*Prefácio à 6ª edição*, 9
*Índice de abreviaturas*, 11

## PRIMEIRO CAPÍTULO
## EPISTEMOLOGIA DA TEOLOGIA DA REVELAÇÃO, 19

**I. Temas e perspectivas**, 19
   1 Objetivo e programa do *Manual de dogmática*, 19
   2 Teologia: a ciência da confissão e da prática da fé cristã, 20
      a) A necessidade de uma reflexão científica fundamental, 20
      b) A história da "doutrina da introdução teológica", 21
      c) As tarefas da epistemologia teológica na atualidade, 26
   3 A teologia como ciência, 26
      a) Conceito e objetivo da teologia cristã, 26
      b) A unidade da teologia quanto ao seu objeto formal, 27
      c) A unidade da teologia no marco da coordenação de suas disciplinas singulares, 31
      d) A questão do caráter científico da teologia, 32
      e) A analogia como princípio do conhecimento teológico, 36
      f) A relação dialogal da teologia com a filosofia e com as ciências, 40
      g) A eclesialidade da teologia, 41

**II. A dogmática como especialidade teológica**, 41
   1 Definição, 41
   2 Pode legitimar-se ainda hoje o método dogmático a partir da perspectiva científica e moral?, 42
   3 O conceito de verdade histórica da dogmática, 43
   4 A estruturação da dogmática, 43
   5 Esquema da estrutura da dogmática, 47

**III. A realidade de referência da teologia: a autorrevelação de Deus em Jesus Cristo**, 48
   1 Conceito e concepção de "revelação", 48
   2 A revelação como autocomunicação do Deus trino, 49
   3 Jesus de Nazaré: a revelação do "Filho único do Pai" e do mediador da Nova Aliança, 50
   4 A missão do Espírito Santo como origem da fé da Igreja, 51
   5 A presença da revelação de Cristo no *medium* do testemunho apostólico, 52

**IV. O *medium* da teologia: a fé da Igreja**, 53
   1 A doutrina da Sagrada Escritura, 53
      a) A consignação por escrito da Palavra de Deus como consequência da encarnação da revelação, 54
      b) A interpretação histórico-teológica da "Palavra de Deus na palavra humana", 55
      c) A formação do cânon, 56
      d) A inspiração da Escritura, 58
      e) O caráter normativo da Sagrada Escritura para a teologia, 59
   2 A doutrina da tradição, 60
      a) A tradição: um fenômeno antropológico fundamental, 60

  b) O conceito teológico de tradição, 61
  c) A tradição como princípio cognitivo da Igreja pós-apostólica, 62
  d) A formulação do princípio da tradição na história da teologia, 62
  e) A Escritura e a tradição como tema do Concílio de Trento, 65
  f) A doutrina do II Concílio Vaticano, 66
  g) A tradição apostólico-eclesial em suas formas de realização, 66
  h) O dogma no horizonte de um conceito histórico da verdade, 72
 3 Proclamação da doutrina e Magistério da Igreja, 77
  a) A comunidade dos crentes como titular da proclamação, 77
  b) A autoridade dos doutores da Igreja, 78
  c) O Magistério episcopal da Igreja (*Magisterium ecclesiasticum*), 79
  d) A infalibilidade da Igreja na recepção e na proclamação da revelação, 79

## V. Visão geral de grandes épocas da história da teologia, 81

 1 A Patrística, 81
 2 A teologia da Idade Média (a Escolástica), 81
  a) A pré-Escolástica (700-1000), 82
  b) A primeira fase da Escolástica (1000-1200), 82
  c) A Alta Escolástica (1200-1350), 82
  d) A Escolástica tardia (1350-1500), 83
 3 A Reforma e a Escolástica católica tridentina, 83
 4 As grandes mudanças da era do Iluminismo, 85
 5 A Escola de Tübingen e a Neoescolástica, 85
 6 A teologia no século XX, 86

## SEGUNDO CAPÍTULO
## O SER HUMANO COMO DESTINATÁRIO DA AUTOCOMUNICAÇÃO DE DEUS (ANTROPOLOGIA TEOLÓGICA), 89

## I. Temas e perspectivas de uma antropologia teológica, 89

 1 O conceito, 89
 2 O ser humano concreto como sujeito e tema da teologia, 89
 3 O horizonte transcendental de toda antropologia, 90
 4 Documentos do Magistério a respeito da antropologia, 91

## II. Perspectivas essenciais de uma antropologia transcendental, 91

 1 O ser humano como criatura, 91
 2 O ser humano como imagem e semelhança com Deus, 92
  a) Um enunciado essencial da antropologia teológica, 92
  b) As interpretações da imagem de Deus na história da teologia, 93
 3 A unidade da pessoa humana e sua natureza corpóreo-espiritual, 94
  a) A declaração da fé, 94
  b) O testemunho bíblico, 95
  c) O desenvolvimento histórico-teológico do tema, 96
  d) Declarações do Magistério, 98
  e) Teorias sobre a origem da alma humana individual, 98
 4 A sexualidade do ser humano ou a existência pessoal como homem e mulher, 99
 5 Os anjos como criaturas pessoais companheiras do ser humano, 100
  a) Os dados bíblicos, 100
  b) Declarações do Magistério da Igreja, 100
  c) Uma abordagem sistemática para chegar à compreensão, 101
  d) O diabo, os demônios e seu envolvimento na história da perdição, 101

III. **A condição da criatura humana em sua realização histórica**, 102
   1  A situação histórica da relação entre Deus e o ser humano, 102
   2  A comunhão de vida com Deus como objetivo único da história humana, 102
   3  A hermenêutica dos enunciados protológicos, 103
   4  A constituição do ser humano em "justiça e santidade", 104

IV. **A existência humana entre o pecado e a graça**, 106
   1  Sob o domínio do pecado e da morte, 106
      a) O pecado como oposição à condição de criatura do ser humano, 106
      b) A doutrina do pecado original, 108
      c) Conflitos históricos em torno do Dogma do Pecado Original, 111
      d) As etapas da história da teologia, 114
   2  O ser humano sob a promessa da graça e da vida, 121
      a) A ordenação permanente do ser humano para a salvação de Deus ou Cristo como finalidade do ato criador, 121
      b) A consumação da criatura na comunhão eterna com Deus e na correalização de seu amor trinitário, 121

## TERCEIRO CAPÍTULO
## A AUTORREVELAÇÃO DE DEUS COMO CRIADOR DO MUNDO (DOUTRINA DA CRIAÇÃO), 123

I. **Temas e perspectivas de uma teologia da criação**, 123
   1  A "criação": um conceito teológico, 123
   2  A criação como autorrevelação original de Deus, 124
   3  Importantes posicionamentos magisteriais sobre a doutrina da criação, 125
   4  Os elementos constitutivos do Dogma da Criação, 126
   5  A teologia da criação na estruturação da dogmática, 128
      a) Problemas estruturais da teologia da criação, 128
      b) A tensão entre a visão histórico-salvífica e a sistemática, 129
      c) A particularidade do cristianismo e sua pretensão de universalidade, 129
      d) A coordenação interior da ordem da criação e da ordem da salvação, 129
   6  A diferença entre a teologia da criação e as doutrinas religiosas e científicas sobre a origem do universo, 130
      a) Doutrinas míticas sobre a origem do universo, 130
      b) As cosmologias filosóficas, 131
      c) A teologia natural da filosofia, 131
      d) A cosmovisão das ciências naturais modernas, 133

II. **A fé no Deus Criador segundo o testemunho bíblico**, 134
   1  A fé na criação no Antigo Testamento, 134
      a) Os testemunhos pré-exílicos, 134
      b) A teologia israelita da criação segundo o P e o Dêutero-Isaías, 135
      c) A criação na doutrina sapiencial, 138
   2  Enunciados do Novo Testamento sobre a criação, 138
      a) A fé na criação na vida do Jesus terreno, 138
      b) O teocentrismo da criação, 139
      c) Jesus Cristo como o mediador da criação e da redenção, 139
      d) A mediação pneumatológica da fé na criação, 139
      e) A escatologia da criação, 139

III. **A formação da doutrina da criação na história da teologia**, 140
   1  Na Patrística, 140
      a) Os apologetas do século II, 140
      b) A unidade histórico-salvífica da criação e da redenção segundo Irineu, 141
      c) A tentativa de uma mediação racional da fé na criação com a questão metafísica da origem (Clemente, Orígenes), 142
      d) A teologia da criação de Santo Agostinho, 143

2 O tema da criação na teologia no início da Idade Média, 146
      a) A teologia neoplatônica da criação de João Escoto Erígena, 146
      b) A tensão entre a teologia da criação metafísica e a histórico-salvífica, 147
   3 A teologia da criação da Alta Escolástica, 148
      a) A preparação das sínteses da Alta Escolástica por meio da recepção do pensamento de Aristóteles, 148
      b) A teologia da criação de São Boaventura, 149
      c) A teologia da criação de Santo Tomás de Aquino, 150
      d) Desenvolvimentos na Idade Média tardia, 155
   4 No contexto da nova imagem do mundo das ciências naturais e da crise das bases da metafísica e da teologia filosófica, 157
      a) O contexto geral, 157
      b) A teologia física como resposta à nova física, 158
      c) A tendência filosófica ao naturalismo, 158
      d) A nova constituição filosófica subjetiva da metafísica e da teologia filosófica, 159
   5 A recente controvérsia católico-reformadora em torno da teologia filosófica como via de acesso à revelação histórica, 161

## IV. Investigação sistemática, 162

   1 A realização do ser não divino mediante a atualidade de Deus, 162
   2 A criação no *medium* da evolução e da história da liberdade humana, 163
   3 A autorrevelação de Deus como criador e redentor, 165
   4 O governo universal de Deus e sua presença atuante no mundo, 166
   5 A criação e a graça como princípios da liberdade criada ou o mistério da providência, 167

# QUARTO CAPÍTULO
# A AUTORREVELAÇÃO DO CRIADOR COMO DEUS DE ISRAEL E PAI DE JESUS CRISTO (TEO-LOGIA), 169

## I. A origem da fé cristã em Deus na autorrevelação de Deus Pai, 169

   1 A revelação da essência relacional de Deus, 169
   2 O centro do Antigo Testamento: A relação de aliança de Javé com Israel, 171
      a) O princípio hermenêutico, 171
      b) A revelação do nome, 172
   3 Javé, Deus, Senhor, Criador e Pai de Israel, 173
      a) A singularidade única de Javé (o monoteísmo da revelação), 173
      b) A realidade pessoal de Javé, 175
      c) A revelação da essência de Deus através de suas obras (as propriedades divinas), 177
      d) Algumas compreensões errôneas (a onipotência e a paternidade de Deus), 179
      e) A escatologia do "ser-aqui-para" de Javé e a universalidade do Reino do Pai, 179

## II. A imediatez de Javé a seu povo e a automediação na *Palavra* e no *Espírito* (sabedoria), 181

## III. A autorrevelação escatológica no "Filho de Deus" e a promessa do mediador messiânico da salvação, 182

   1 Figuras celestes de mediadores da salvação, 182
      a) O anjo de Javé, 182
      b) A sabedoria, 183
      c) O filho do homem, 183
   2 Figuras terrestres de mediadores da salvação, 183
      a) O mediador messiânico-régio, 183
      b) O sacerdote como mediador, 184
      c) O profeta como mediador da salvação, 184
      d) Israel e o servo de Javé, 184

IV. Resumo sistemático, 185
   1 A comunhão escatológica com Deus no Espírito Santo, 185
   2 A revelação de Javé como Pai de Jesus e a revelação de Jesus como PALAVRA encarnada no ESPÍRITO,

## QUINTO CAPÍTULO
## A REVELAÇÃO DE JESUS COMO "FILHO DO PAI" E COMO MEDIADOR DO REINO DE DEUS (CRISTOLOGIA/SOTERIOLOGIA), 187

I. Temas e horizontes da cristologia, 187
   1 A consumação histórica da autorrevelação de Javé em Jesus de Nazaré, 187
   2 A metodologia no tratado da cristologia, 188
   3 O dogma cristológico-soteriológico, 190
      a) Visão geral dos principais documentos magisteriais, 190
      b) Aspectos essenciais da fé em Cristo da Igreja, 191
      c) Heresias cristológicas, 192
   4 A cristologia moderna na tensão entre dogma e história (O "Jesus da história frente ao Cristo do dogma"), 193
      a) A cristologia sob os pressupostos da virada antropológica da filosofia moderna, 193
      b) A origem da diástase entre o Jesus histórico e o Cristo da fé no dualismo do conhecimento moderno, 193
      c) Reconstruções racionalistas da cristologia, 195
      d) A destruição do dogma de Cristo sob a influência do empirismo e do positivismo, 197
      e) A descoberta do querigma de Cristo, 198
      f) O reencontro da questão histórica e dogmática e o enfoque de uma cristologia "a partir de baixo", 199
   5 A protossíntese cristológica: o Jesus crucificado é o Cristo ressuscitado pelo Pai, 200
      a) O acontecimento da Páscoa como origem do testemunho pascal, 200
      b) A unidade da confissão pascal na pluralidade dos testemunhos bíblicos, 201
      c) A aplicação da experiência pascal à forma linguística do testemunho pascal, 201

II. O testemunho da Igreja primitiva sobre Jesus, o Cristo, 202
   1 A origem e a transmissão da confissão de Cristo, 202
      a) Jesus de Nazaré: uma figura histórica, 202
      b) A origem judaica de Jesus e as concepções da fé, 203
      c) O acontecimento da Páscoa como "impulso inicial" da história da repercussão de Jesus de Nazaré, 203
   2 A atividade pública de Jesus até sua morte na cruz, 205
      a) O centro de sua pregação: a proclamação do reino escatológico de Deus, 205
      b) O teocentrismo da *basileia*, 205
      c) A prática do Reino de Deus de Jesus, 207
      d) A relação filial de Jesus com Deus como origem da proclamação da *basileia*, 208
      e) A messianidade de Jesus, 211
      f) A consumação da pró-existência de Jesus na morte na cruz, 213
   3 A ressurreição de Jesus dentre os mortos como reconhecimento do Pai de que Jesus é "seu Filho", 216
      a) O querigma pascal (testemunho e confissão), 216
      b) A historicidade da experiência pascal e a transcendência do acontecimento pascal, 218
      c) O horizonte teocêntrico de compreensão da fé pascal, 219
      d) A ressurreição de Jesus como exaltação "à direita do Pai", 221
      e) A presença atual do Senhor exaltado no Espírito Santo, 222
      f) A descida de Cristo ao reino dos mortos, 222
      g) A revelação plena do Reino de Deus na nova vinda de Jesus para o juízo final, 223
   4 A origem de Jesus em Deus, 224
      a) O mistério pessoal de Jesus: a filiação divina, 224
      b) Três concepções fundamentais da unidade humano-divina de Cristo: preexistência, encarnação, concepção pneumática, 226
         aa) O que significa a preexistência do Filho?, 227
            Jesus e a sabedoria preexistente, 227

　　　　A preexistência do Filho em Paulo, 227
　　　　A preexistência na Carta aos Hebreus, 228
　　　　A designação direta de Jesus como Deus, 228
　　bb) A encarnação do Logos, 229
　　cc) A concepção do ser humano Jesus por obra do Espírito e seu nascimento da Virgem Maria, 230
　　　　O enunciado cristológico, 230
　　　　A ligação entre a cristologia da preexistência e a cristologia do pneuma, 232
　　　　A confissão da Igreja, 232

## III. A confissão de Cristo na história da fé, 233

1 Visão geral dos temas e etapas da história dos dogmas cristológicos, 233
　　a) A confissão de Cristo na época dos Padres da Igreja, 233
　　b) A cristologia na Escolástica, 234
　　c) Crise e prova da cristologia no Iluminismo europeu, 234
2 A formação do dogma cristológico nos sete primeiros séculos, 234
　　a) Primeiras reflexões cristológicas, 234
　　b) A negação da divindade de Cristo (adocionismo), 235
　　c) A negação da verdadeira humanidade de Cristo (docetismo e gnosticismo), 236
　　d) A crítica filosófica à encarnação, 237
　　e) A cristologia eclesial até o Concílio de Niceia, 237
　　f) A controvérsia em torno da divindade do Logos e do Filho do Pai, 240
　　　　aa) A doutrina de Ário, 240
　　　　bb) A destruição da confissão de Cristo em Ário, 241
　　　　cc) O Concílio de Niceia do ano de 325, 242
　　g) A autoafirmação do catolicismo niceno contra os arianos, 243
　　　　aa) As heresias de Marcelo de Ancira e de Fotino de Sírmio, 244
　　　　bb) A controvérsia sobre a integridade da natureza humana (apolinarismo), 244
　　h) A controvérsia em torno da unidade do sujeito em Cristo (união hipostática), 245
　　　　aa) Síntese e evolução, 245
　　　　bb) Teodoro de Mopsuéstia, 246
　　　　cc) O nestorianismo, 248
　　　　dd) Cirilo de Alexandria, 249
　　　　ee) O Concílio de Éfeso, 249
　　　　ff) A união do ano de 433, 250
　　　　gg) O surgimento do monofisismo, 250
　　i) O Concílio de Calcedônia de 451, 250
　　　　aa) A definição de Calcedônia, 250
　　　　bb) A comunicação de idiomas, 252
　　j) O desfecho da formação do dogma cristológico, 253
　　　　aa) O monofisismo depois de Calcedônia, 253
　　　　bb) A doutrina da en-hipóstase, 253
　　　　cc) A fórmula: "Um da Trindade sofreu", 254
　　　　dd) O neocalcedonismo no II Concílio de Constantinopla de 553, 254
　　　　ee) O III Concílio de Constantinopla (680/681) e a superação do monotelismo, 254
3 A cristologia da Escolástica, 257
　　a) As principais confissões de fé, 257
　　b) A rejeição do adocionismo, 257
　　c) Opiniões conflitantes sobre a união hipostática no século XII, 258
　　d) A crítica do Magistério à teoria do *habitus*, 258
　　e) A cristologia tomista, 259

    f) A doutrina de Duns Escoto sobre a união hipostática, 261
    g) A questão do motivo da encarnação, 262
  4 As questões cristológicas na Reforma, 263
  5 Os kenotistas luteranos, 264
  6 A cristologia sob a influência da antropologia da Idade Moderna, 264
  7 As concepções cristológicas na atualidade, 266
    a) As perspectivas da cristologia na atualidade, 266
    b) As vias de acesso antropológico-transcendentais ao mistério de Cristo, 266
    c) Jesus Cristo no horizonte da história universal, 267
    d) Os aspectos político-escatológicos, 267
    e) Os enfoques da teologia da Trindade, 268

IV. Jesus Cristo – O mediador da salvação, 268
  1 A metodologia da soteriologia, 268
  2 O testemunho bíblico da salvação e do mediador da salvação, 269
  3 O dogma soteriológico, 271
  4 As concepções soteriológicas na história da teologia, 272
    a) A divinização do ser humano (Patrística), 273
    b) A doutrina da satisfação vicária (teoria da satisfação), 274
    c) A redenção no contexto da história da emancipação da Idade Moderna, 276
    d) Jesus como portador de um processo de libertação integral, 276
  5 A redenção no horizonte de uma comunicação divino-humana do amor, 277

## SEXTO CAPÍTULO
## A REVELAÇÃO DO ESPÍRITO DO PAI E DO FILHO (PNEUMATOLOGIA), 281

I. Temas e perspectivas da doutrina do Espírito Santo, 281
  1 A autorrevelação de Deus em seu Espírito, 281
  2 A linguagem bíblica sobre o Espírito Santo, 281
  3 Definição da Pneumatologia e seu lugar na Dogmática, 283
  4 A profissão de fé obrigatória da Igreja ao Espírito Santo, 284
  5 Contraposições heréticas, 285
  6 Documentos mais importantes do Magistério sobre a Pneumatologia, 285

II. O Espírito Santo no acontecimento da autorrevelação de Deus, 286
  1 O Espírito de Deus na revelação do Antigo Testamento, 286
  2 A manifestação da divina soberania messiânica de Jesus através do Espírito de Deus, 287
  3 O Senhor elevado como mediador do Espírito do Pai e do Filho, 288
  4 O Espírito Santo, o outro Paráclito (João), 289
  5 Páscoa e Pentecostes como origem da fé trinitária, 290

III. O conhecimento da ação divina, natureza e hipóstase do Espírito Santo, 290
  1 O fundamento bíblico, 290
  2 A temática da hipóstase do Espírito em Orígenes, 291
  3 A rejeição dos pneumatômacos, 292
  4 A finalização da formulação dogmática na Pneumatologia, 293

IV. Visão sistemática, 293

## SÉTIMO CAPÍTULO
## A AUTORREVELAÇÃO DE DEUS COMO AMOR DO PAI, DO FILHO E DO ESPÍRITO SANTO (DOUTRINA DA TRINDADE), 297

I. Temas e horizontes da teologia trinitária, 297
  1 Definição e significação do tratado da Trindade na dogmática, 297

2 O problema sistemático da teologia trinitária, 298
  3 A originalidade da doutrina trinitária cristã, 298
  4 A Trindade no credo e na liturgia, 299
  5 Os principais documentos doutrinais sobre a fé na Trindade, 300
  6 Os enunciados doutrinais do dogma teológico trinitário, 301
  7 Posicionamentos heréticos contrários ao Dogma da Trindade, 301
      a) O dualismo gnóstico e o plotinismo, 302
      b) O modalismo, 302
      c) O triteísmo, 303
      d) A negação da Trindade pelos arianos, 304
      e) A crítica à fé trinitária nas religiões monoteístas, 304
  8 O antitrinitarismo desde o século XVI, 305
  9 A renovação do pensamento trinitário, 308
      a) A filosofia trinitária especulativa de Hegel, 308
      b) A Trindade como o *specificum christianum*, 309

**II. A fé na Trindade no testemunho bíblico, 309**

**III. Perspectivas histórico-teológicas, 312**
  1 A concepção histórico-salvífica de Irineu de Lião, 312
  2 A contribuição de Tertuliano para a doutrina da Trindade, 313
  3 Orígenes como o primeiro teólogo da Trindade, 314
      a) O Pai é a fonte da divindade, 314
      b) O Logos é o Filho de Deus eterno e encarnado, 314
      c) O Espírito Santo como doador da vida divina, 315
  4 A doutrina soteriológica da Trindade segundo Atanásio, 315
  5 A doutrina trinitária dos capadócios, 316
  6 A doutrina da Trindade de Agostinho, 317
  7 A transição para a Escolástica, 318
  8 A doutrina trinitária de Ricardo de São Vítor, 319
  9 A doutrina trinitária de São Boaventura, 320
      a) As processões intradivinas, 320
      b) O Filho de Deus encarnado como mediador, 320
      c) O Espírito como dom escatológico, 320
  10 A teologia trinitária de Santo Tomás de Aquino, 321
      a) Tomás de Aquino na tradição da doutrina trinitária agostiniana, 321
      b) As processões em Deus, 322
      c) A formação das pessoas por meio das relações, 323
      d) As missões divinas (*missiones*), 325
  11 Excurso: O problema do "Filioque", 326

**IV. Concepções sistemáticas da teologia trinitária contemporânea, 327**
  1 A Trindade como origem e consumação de uma teologia da Palavra de Deus (Karl Barth), 328
  2 A Trindade como conteúdo da autocomunicação de Deus (Karl Rahner), 329
  3 A mediação da teologia da cruz na fé na Trindade (Eberhard Jüngel), 331
  4 Uma doutrina social da Trindade (Jürgen Moltmann), 332
  5 A Trindade na revelação da história universal (Wolfhart Pannenberg), 334
  6 A doutrina teodramática da Trindade (Hans Urs von Balthasar), 335
  7 Resumo: a consumação do ser humano no mistério trinitário do amor, 336

## OITAVO CAPÍTULO
## A MÃE DE CRISTO – MODELO DA EXISTÊNCIA CRISTÃ E TIPO DA IGREJA (MARIOLOGIA), 339

### I. Temas e horizontes da mariologia, 339
1 A mariologia como antropologia concreta e seu lugar na dogmática, 339
2 As principais declarações dogmáticas sobre Maria, 340
3 O princípio mariológico fundamental, 340
4 Os enunciados doutrinais mariológicos no contexto global da confissão de fé cristã, 341
5 As perspectivas de percepção, 341
   a) A mariologia como tema ecumênico, 341
   b) Maria na teologia feminista, 342
   c) Maria na teologia da libertação, 342
   d) Maria como figura simbólica positiva ou negativa nos movimentos intraeclesiais, 342
   e) As tendências da nova mariologia científica, 343

### II. Maria no testemunho bíblico da revelação, 343
1 Maria, mãe do Filho de Deus como ser humano (Paulo), 343
2 O "Filho de Deus" como "Filho de Maria" (Marcos), 343
3 A concepção de Jesus por obra do Espírito na Virgem Maria (Mateus, Lucas), 344
   a) O testemunho bíblico, 344
   b) O significado teológico, 345
   c) O horizonte de Israel e o "universo semântico" da perícope da anunciação, 345
   d) O caráter incomparável na história das religiões, 347
4 Maria – tipo da fé (Lucas), 347
5 Maria – testemunha da glória divina (João), 348
6 Traços fundamentais da imagem neotestamentária de Maria, 348
7 A imagem de Maria nos apócrifos, 349

### III. O desenvolvimento dos enunciados mariológicos na história da fé, 349
1 O círculo temático da história da salvação: a antítese entre a incredulidade de Eva e a fé de Maria, 349
2 O horizonte cristológico de compreensão da virgindade e da maternidade de Maria, 350
   a) A virgindade de Maria, 350
   b) A maternidade divina de Maria como consequência da união hipostática, 354
3 O círculo temático da antropologia a partir da teologia da graça: a abordagem teológica sobre o início e a consumação de Maria, 355
   a) A preservação de Maria ante o pecado original, 356
   b) A consumação de Maria na graça do Cristo ressuscitado (assunção de Maria ao céu), 357
4 Maria na comunhão da Igreja, 359
   a) A Igreja como comunidade salvífica, 359
   b) O culto a Maria e a súplica pela sua intercessão, 360

### IV. Visão sistemática: Mariologia – Paradigma de uma antropologia de inspiração trinitária (LG 53), 361
1 O ser humano como destinatário da graça, 361
2 O chamado para a cooperação em liberdade, 362
3 A comunidade como lugar e objetivo da salvação, 363
4 A vitória da graça, 363

## NONO CAPÍTULO
## A AUTORREVELAÇÃO DO DEUS TRINO NA REALIZAÇÃO DO SER HUMANO (ESCATOLOGIA), 365

### I. Horizonte e perspectivas da escatologia, 365
1 Temática e lugar da escatologia no conjunto da dogmática, 365
2 Questões da escatologia, 366

3  A hermenêutica das afirmações escatológicas, 366
4  Afirmações doutrinais importantes da Igreja sobre a escatologia, 367
   a) Sobre o destino individual, 367
   b) Sobre a comunidade em Cristo de vivos e mortos, 368
   c) Sobre a escatologia universal, 368
5  Diferenças para com a profissão de fé ortodoxa e reformada, 369
6  Escatologia cristã em relações e contradições, 370
   a) A fé na imortalidade na filosofia grega, 370
   b) A desconstrução da escatologia na crítica contemporânea ao cristianismo, 371
7  A redescoberta da escatologia, determinação cristã básica, 373
8  Categorias de pensamento da escatologia contemporânea, 375
   a) Teocentrismo, cristocentrismo, antropocentrismo, 375
   b) Encontro dialogal com Deus, 376
   c) A constituição corpórea e mundana da mediação salvífica, 376
   d) O futuro como dimensão da presença da salvação, 376

II. A escatologia da autorrevelação de Deus no testemunho bíblico, 376
   1  Escatologia vindoura no Antigo Testamento, 376
      a) Javé, o Deus da salvação, 377
      b) A transposição da esperança em Javé na teologia profética, 377
      c) A dramatização da esperança em Javé na apocalíptica, 378
      d) A esperança numa existência pós-morte, 378
   2  O anúncio do Reino de Deus em Jesus como centro da escatologia neotestamentária, 380
      a) A proclamação do Reino de Deus como centro da nova proposta, 380
      b) A escatologia nos sinóticos, 381
      c) Afirmações escatológicas nas cartas paulinas, 382
      d) A escatologia nas deuteropaulinas (universalidade e protelação da parusia), 383
      e) Outra literatura epistolar, 383
      f) A dimensão escatológica em João, 384
      g) O Apocalipse de João, 384

III. Aspectos da história teológica, 385
   1  A questão na Patrística, 385
      a) Escatologia e teologia da história, 385
      b) A tensão entre a escatologia individual e a geral (a situação intermediária), 385
      c) Oração pelos mortos, comunhão dos santos, purificação (purgatório), 386
   2  O tratado da ressurreição na escolástica, 388
      a) A ressurreição futura, 388
      b) As condições do corpo ressuscitado, 389
      c) Morte e julgamento, 389

IV. Desenvolvimento sistemático da escatologia, 390
   1  Deus é amor: o domínio do Pai, 390
   2  Deus em nossa justiça: o domínio do Filho, 391
      a) O Deus trino como medida da criatura, 391
      b) "Cristo, feito para nós justiça, santificação e redenção" (1Cor 1,30), 392
      c) Sobre a teologia da morte, 392
   3  Deus é a vida eterna: a koinonia no Espírito do Pai e do Filho, 398
      a) O que é vida eterna?, 398
      b) O discurso teológico e das ciências da natureza sobre o "fim do mundo", 399
      c) A unidade nupcial do mundo com Deus em Jesus Cristo, 399

# DÉCIMO CAPÍTULO
# A IGREJA – O NOVO POVO DE DEUS DA ALIANÇA (ECLESIOLOGIA), 401

### I. Temas e perspectivas da eclesiologia, 401
   1 Conceito e natureza da tarefa da Eclesiologia, 401
   2 A Igreja como tema do Credo, 402
   3 Temas isolados e importantes documentos doutrinais da eclesiologia, 402
   4 Visão geral de ensinamentos doutrinais essenciais, 403
      a) A origem da Igreja no desígnio salvífico do Deus unitrino, 403
      b) A natureza sacramental da Igreja, 403
      c) Características essenciais que resultam da sacramentalidade da Igreja, 403
      d) Sinais da Igreja, 404
      e) A necessidade de salvação da Igreja peregrina (incorporação à Igreja), 405
      f) Historicidade e escatologia da Igreja, 406
      g) A constituição carismático-sacramental da Igreja, 406
      h) A tipologia mariana da Igreja, 406
   5 O tratado da "Eclesiologia" em toda a Dogmática, 407
   6 Temas atuais, 408

### II. A Igreja segundo o testemunho bíblico, 409
   1 O povo da aliança escolhido como instrumento do desígnio salvífico de Yahweh, 409
      a) Origem e natureza de Israel como povo da aliança, 409
      b) O ministério mediador de Israel, 410
      c) O povo de Deus como quase pessoa e o mediador salvífico individual como seu representante, 411
   2 A Igreja do Filho de Deus – o povo de Deus na Nova Aliança, 411
      a) A síntese eclesiológica originária: a comunidade dos discípulos de Jesus é a Igreja de Cristo, 411
      b) A nova constituição do povo de Deus mediante o agir eletivo de Jesus, 412
      c) A revelação do mistério da Igreja na ressurreição de Jesus e no envio do Espírito, 413
   3 Indicações neotestamentárias para a eclesiologia, 414
      a) A Igreja na teologia paulina, 414
      b) O fundamento apostólico da Igreja (cartas pastorais), 416
      c) A Igreja como comunidade fraterna dos discípulos de Jesus (João), 417
      d) O povo de Deus sacerdotal (Primeira Carta de Pedro), 418
      e) O povo de Deus peregrino (Carta aos Hebreus), 418
      f) A Igreja militante e triunfante (Apocalipse de João), 419
   4 Resumo de importantes declarações bíblicas sobre a Igreja, 419

### III. Questionamentos escolhidos a partir da história da teologia, 420
   1 Perspectivas na Patrística, 420
   2 A Igreja em Santo Agostinho, 423
   3 A eclesiologia medieval, 425
   4 A concepção de Igreja de Lutero e de Calvino, 426
   5 A definição antirreformista de Igreja de Roberto Belarmino, 427
   6 A eclesiologia sob a influência do deísmo e da Igreja-Estado, 428
   7 O surgimento de uma eclesiologia teológica, 428

### IV. Eclesiologia sistemática, 429
   1 A Igreja como sacramento da comunhão com o Deus trino, 429
      a) A origem da Igreja na autocomunicação de Deus Pai, 429
      b) A origem da Igreja em Jesus de Nazaré, 430
      c) A presença do Espírito Santo em sua Igreja, 430

2 Realizações fundamentais da Igreja no testemunho, na liturgia e na diaconia, 431
    a) O serviço profético da Igreja no testemunho, 431
    b) O serviço salvífico sacerdotal de Cristo na liturgia, 431
    c) O ministério régio-salvífico de Cristo na diaconia de sua Igreja, 432
3 A constituição sacramental-carismática da Igreja, 432
    a) A origem da constituição da Igreja em sua natureza sacramental, 432
    b) Os leigos como portadores da missão sacramental da Igreja, 433
    c) A hierarquia eclesial, 433
        A existência da hierarquia por força do direito divino, 433
        O episcopado, 435
        O primado da Igreja e do Bispo de Roma, 436
4 A consumação escatológica da Igreja, 439

## DÉCIMO PRIMEIRO CAPÍTULO
## O MÚNUS SACERDOTAL DE CRISTO NA LITURGIA DE SUA IGREJA (DOUTRINA DOS SACRAMENTOS), 441

### A. A MEDIAÇÃO SALVÍFICA SACRAMENTAL (OS SACRAMENTOS EM GERAL), 441

**I. Temas da sacramentologia clássica, 441**
1 A sacramentalidade como categoria teológica, 441
2 Construção e lugar da sacramentologia na dogmática, 441
3 A crise da ideia sacramental na consciência moderna, 442
4 A formação da sacramentologia clássica, 443
    a) A necessidade de uma reflexão sacramentológica, 443
    b) A cunhagem de "sacramento" como termo técnico teológico, 443
    c) A atribuição de sacramento à categoria dos sinais (Agostinho), 444
    d) A definição escolástica de sacramento, 445
5 Noções fundamentais da sacramentologia clássica, 445
    a) A instituição dos sacramentos por Jesus Cristo, 445
    b) Os sinais sacramentais, 446
    c) O efeito dos sacramentos, 447
    d) A comunicação da graça santificante, 447
    e) O caráter sacramental, 447
    f) A eficácia objetiva dos sacramentos (*ex opere operato*), 448
    g) Os efeitos dos sacramentos, 448
    h) A necessidade relativa dos sacramentos, 449
    i) O ministro dos sacramentos, 449
    j) O receptor, 449
    k) Número e sequência dos sacramentos, 450
    l) Os sacramentais, 450
6 Importantes declarações magisteriais sobre a doutrina geral dos sacramentos, 450
    a) O efeito objetivo, 450
    b) O decreto para os armênios, 451
    c) O Concílio de Trento, 451
    d) Postura contra o modernismo, 452
    e) O Vaticano II, 452
7 Os sacramentos na controvérsia católico-reformadora e a tarefa da teologia ecumênica, 452
8 Novas abordagens da teologia sacramental no presente, 453
    a) A reformulação da relação entre palavra e sacramento, 454
    b) A Igreja, em Cristo, como sacramento fundamental e sua concreção em cada um dos sacramentos, 455
    c) Impulso da teologia dos mistérios, 455

      d) Os sacramentos à luz da moderna teoria da comunicação, 456
      e) O potencial sociocrítico dos sacramentos, 456

### II. Abordagem antropológica dos sacramentos, 457
    1 A redescoberta dos símbolos, 457
    2 A propósito da ontologia do símbolo, 457
    3 O corpo humano como símbolo originário, 458
    4 O símbolo no horizonte do tempo e da história, 458
    5 A concretização existencial na pluralidade dos símbolos, 459

### III. A origem dos sacramentos nas ações e no destino de Jesus Cristo, 459
    1 As ações simbólicas escatológicas do Jesus pré-pascal, 459
    2 O símbolo real do Reino escatológico de Deus: a cruz e a ressurreição de Cristo, e a atualização simbólica deste acontecimento salvífico, 460
    3 Crítica ao culto e à liturgia cristã, 460

### IV. A dimensão eclesial dos sacramentos, 461

## B. A DOUTRINA ESPECIAL DOS SACRAMENTOS, 461

### I. O fundamento da existência cristã, 461
    1 O Batismo: o sacramento da fé e da comunhão eclesial, 461
      a) Noção e pré-história do batismo cristão, 461
        A incorporação no povo de Deus da antiga aliança no sinal da circuncisão, 462
        O batismo de penitência de João Batista, 463
      b) A origem do batismo cristão, 463
        Jesus e a Igreja primitiva, 463
        O batismo na teologia paulina e deuteropaulina, 464
        O batismo na Primeira Carta de Pedro, 465
        O batismo no Evangelho de João e na Primeira Carta de João, 465
        Resumo da teologia batismal do NT, 465
      c) Aspectos da teologia batismal na história, 466
        A forma externa do batismo, 466
        Temas patrísticos: eficácia objetiva dos sacramentos, batismo de crianças, 466
        Teologia escolástica e o decreto armênio do Concílio de Florença, 467
        Um novo campo de referência para a justificação, a fé e o batismo na Reforma, 468
        A doutrina do Concílio de Trento, 468
        Novas ênfases do Concílio Vaticano II, 469
    2 A Confirmação: o sacramento da conservação da fé cristã, 470
      a) Noção e circunscrição, 470
      b) Origem da Crisma, 470
      c) A questão da graça específica da Confirmação, 472
      d) A doutrina eclesial do Sacramento da Confirmação, 472
      e) A propósito da teologia da iniciação no Batismo e na Confirmação, 476

### II. A celebração sacramental da comunhão divino-humana, 477
    3 A Eucaristia: o sacramento do amor de Deus, 477
      a) Temas da doutrina eucarística, 477
        O lugar central da Eucaristia, 477
        Declarações doutrinais essenciais, 477
        Estádios do desenvolvimento doutrinal, 479

b) A Eucaristia no testemunho bíblico, 480
    A comensalidade com Jesus como sinal do reinado escatológico de Deus, 480
    A Última Ceia e a instituição da aliança escatológica por Jesus, 480
    A evolução da forma básica da Eucaristia da Igreja primitiva, 481
c) Estádios históricos da doutrina eucarística, 482
    Aspectos da patrística pré-nicena, 482
    A compreensão eucarística da patrística oriental, 483
    A compreensão eucarística da patrística ocidental, 484
    Contribuição de Santo Agostinho para a doutrina eucarística ocidental, 485
    A I e a II controvérsias eucarísticas no início da Idade Média, 486
    A presença real no horizonte de uma nova ontologia: a doutrina da transubstanciação, 487
    A crítica da doutrina da transubstanciação no nominalismo da Idade Média tardia, 491
    A crítica protestante-reformadora da compreensão eucarística católica, 492
    A afirmação da doutrina da fé católica mediante o Concílio de Trento, 494
    A doutrina da missa como sacrifício, 495
    A teologia da missa pós-tridentina, 496
    Princípios para uma nova teologia da Eucaristia no século XX, 496
d) Perspectivas de uma teologia da Eucaristia, 497
    A Eucaristia como memória sacramental da morte de Jesus na cruz, 497
    A presença atual de Jesus na Eucaristia, 497
    A presença real de Cristo nos sinais eucarísticos, 498
    O efeito da Eucaristia: nova vida, reconciliação, nova aliança, 498
    O Corpo de Cristo como sacramento e como Igreja, 499
    A Eucaristia como penhor da vida eterna, 499

**III. A reação de Cristo ao pecado, à enfermidade e ao perigo de morte, 500**
  4  A Penitência: o sacramento da reconciliação com Deus e com a Igreja, 500
    a) Visão geral do Sacramento da Penitência, 500
        Declarações de fé sobre o Sacramento da Penitência, 500
        Importantes decisões doutrinais da Igreja, 501
    b) A penitência na época do Novo Testamento, 502
        A reconciliação dos pecadores com Deus segundo o testemunho do Novo Testamento, 502
        Reconciliação do mundo com Deus na cruz de Cristo, 502
        A Igreja no serviço da reconciliação, 502
    c) A propósito da história do Sacramento da Penitência, 503
        Formas fundamentais da penitência na Igreja Antiga, 503
        A mudança para a penitência privada ("confissão"), 504
        O desenvolvimento da teologia penitencial na Escolástica, 504
        A doutrina reformadora da penitência, 505
        Doutrina do Concílio de Trento sobre o Sacramento da Penitência, 507
    d) Perspectivas de uma teologia penitencial sistemática, 508
    e) A indulgência como forma especial da práxis penitencial ocidental, 510
  5  O Sacramento da Unção dos Enfermos, 515
    a) A Unção dos Enfermos na vida sacramental da Igreja, 515
    b) Reflexões antropológicas, 516
    c) O testemunho bíblico, 516
    d) A Unção dos Enfermos na história da teologia, 518
    e) A crítica da Reforma, a doutrina de Trento e a declaração do Vaticano II, 519

IV. **Construção e forma da Igreja**, 520

    6 O Sacramento da Ordem: a transmissão do poder espiritual para a realização do ministério salvífico de Cristo em sua Igreja, 520

        a) Temas e perspectivas, 520

            Declarações doutrinais essenciais, 520

            Quanto à terminologia, 521

            Importantes documentos doutrinais, 521

            Novos temas de discussão, 522

        b) O testemunho bíblico da origem e da natureza do Sacramento da Ordem, 522

        c) O Sacramento da Ordem na história da teologia e dos dogmas, 524

            O Sacramento da Ordem segundo Hipólito, 524

            O bispo como ministro da ordenação e representante da unidade da ordem, 524

            O receptor do Sacramento da Ordem, 526

            A crítica da Reforma Protestante à compreensão católica do Sacramento da Ordem, 526

            A doutrina do Concílio de Trento sobre o Sacramento da Ordem, 527

            A doutrina do Concílio Vaticano II, 529

        d) A questão sistemática do princípio dogmático do sacerdócio ministerial em uma "eclesiologia de comunhão", 530

    7 O Sacramento do Matrimônio: sinal da aliança de Cristo com sua Igreja, 531

        a) Temas, perspectivas e declarações doutrinais sobre a sacramentalidade do matrimônio, 531

        b) Documentos doutrinais importantes, 532

        c) O matrimônio no testemunho bíblico, 533

        d) A sacramentalidade do matrimônio como tema histórico-teológico, 535

            Patrística, 535

            Escolástica, 536

            Crítica dos reformadores à compreensão do matrimônio como sacramento, 537

            A doutrina do Concílio de Trento, 538

        e) A teologia da aliança como princípio sistemático para uma nova compreensão do Sacramento do Matrimônio, 539

## DÉCIMO SEGUNDO CAPÍTULO
## COMUNHÃO DE VIDA COM DEUS NO ESPÍRITO SANTO (DOUTRINA DA GRAÇA), 541

I. **Temas e perspectivas**, 541

    1 Tarefas da doutrina da graça e seu lugar na dogmática, 541

    2 Importantes documentos doutrinais, 542

    3 Declarações doutrinais essenciais sobre a graça, 543

II. **O testemunho bíblico da graça**, 544

    1 Referências do Antigo Testamento, 544

        a) Ao campo conceitual, 544

        b) Eleição e aliança, 544

        c) A criação do ser humano à imagem de Deus, 545

        d) A mensagem profética: Deus é amor, 545

        e) A promessa de uma nova aliança universal, 545

    2 A graça no Novo Testamento, 545

        a) O Reino de Deus como graça e Jesus como seu mediador, 545

        b) Graça é vida e comunhão com Deus (João), 546

        c) Graça como nova justiça e santidade (Paulo), 547

        d) Graça como comunhão com Deus e participação em sua vida, 548

### III. Desenvolvimento histórico da doutrina da graça, 548
   1 A visão patrística da redenção antes de Agostinho, 548
   2 Fase inicial da doutrina ocidental da graça: a luta contra o dualismo gnóstico-maniqueu, 549
   3 As controvérsias agostiniano-pelagianas em torno da graça e o surgimento de um tratado próprio da graça (separação entre soteriologia e doutrina da graça), 550
   4 Agostinho, mestre da graça (354-430), 551
   5 Discussão com o semipelagianismo, 553
   6 Disposições magisteriais, 554
      a) A doutrina do pecado original, 554
      b) A doutrina do efeito da graça de Cristo, 554
      c) A questão do começo da fé, 555
   7 O desenvolvimento do problema na teologia medieval, 555
      a) Controvérsia em torno da predestinação, 555
      b) A preparação para a graça, 556
      c) O problema da graça criada e incriada, 557
      d) Graça como o tema central da antropologia (Tomás de Aquino), 558
   8 Desenvolvimentos tardo-medievais como pano de fundo do protesto reformador, 559
   9 Traços fundamentais da concepção luterana da justificação do pecador, 561
   10 A doutrina da justificação do Concílio de Trento, 562
   11 Aspectos da doutrina da graça pós-tridentina, 566
      a) Caracterização geral, 566
      b) A controvérsia da graça e os assim chamados sistemas da graça, 566
      c) O jansenismo como agostinismo herético, 567
   12 Carências na teologia hodierna da graça: como superá-las, 568

### IV. A graça do Espírito Santo: princípio da existência cristã na fé, na esperança e na caridade, 570
   1 A graça como resumo do Evangelho, 570
   2 "[...] caminhamos pela fé e não pela visão" (2Cor 5,7), 570
   3 "[...] na esperança da glória de Deus" (Rm 5,2), 571
   4 "[...] a maior delas, porém, é a caridade" (1Cor 13,13), 571

*Referências*, 573
   Cap. I. Epistemologia e doutrina da revelação, 573
      1 Introduções à fé, 573
      2 Introduções ao estudo da teologia, 573
      3 Livros e manuais de dogmática, 573
      4 História da teologia, 575
      5 História dos dogmas (em ordem cronológica), 575
      6 Sobre o tratado introdutório, 576
      7 Revelação e teologia, 576
   Cap. II. A antropologia teológica, 577
      1 A antropologia filosófica, 577
      2 A antropologia teológica, 578
      3 Sobre o tema do "pecado original", 578
      4 Angelologia, 579
      5 Os demônios, o diabo, o mal, 579
   Cap. III. A doutrina da criação, 579
   Cap. IV. Sobre a teologia, cf. a doutrina da Trindade (cap. VII), 580
   Cap. V. Cristologia/soteriologia, 580
      1 Sobre o método da cristologia, 580
      2 O Antigo Testamento, 581

    3 O Novo Testamento, 581
    4 Sobre a história dos dogmas, 582
    5 Esquemas sistemáticos, 582
    6 Soteriologia, 583
Cap. VI. Pneumatologia, 583
Cap. VII. A doutrina da Trindade, 584
    1 Enfoque filosófico, 584
    2 Enfoque sistemático, 585
Cap. VIII. Mariologia, 586
Cap. IX. Escatologia, 587
Cap. X. Eclesiologia, 589
Cap. XI. Sacramentologia, 591
    1 Introdução à sacramentologia, 591
    2 Bibliografia sobre os sacramentos em geral, 591
    3 O debate ecumênico, 592
        O Batismo e a Confirmação, 592
        A Eucaristia, 593
        A Penitência, 594
        A Unção dos Enfermos, 595
        A Ordem, 596
        O Matrimônio, 596
Cap. XII. A doutrina da graça, 597
    1 Visão geral, 597
    2 Aspectos específicos, 597
Índice de passagens da Escritura, 599
Índice onomástico, 621
Índice analítico, 631

Conecte-se conosco:

 facebook.com/editoravozes

 @editoravozes

 @editora_vozes

 youtube.com/editoravozes

 +55 24 2233-9033

www.vozes.com.br

Conheça nossas lojas:
www.livrariavozes.com.br

Belo Horizonte – Brasília – Campinas – Cuiabá – Curitiba
Fortaleza – Juiz de Fora – Petrópolis – Recife – São Paulo

**EDITORA VOZES LTDA.**
Rua Frei Luís, 100 – Centro – Cep 25689-900 – Petrópolis, RJ
Tel.: (24) 2233-9000 – E-mail: vendas@vozes.com.br